글로벌 금융 패러다임과 한국 금융산업:

이론과 정책

KOREAN FINANCIAL INDUSTRY IN THE NEW GLOBAL PARADIGM :
THEORY AND POLICY

글로벌
금융 패러다임과
한국 금융산업

: 이론과 정책

임양택 지음

한양대학교 출판부

머리말

/

인생은 '선택의 연속'이라고 말할 수 있다. 인생의 주인공에겐 선택의 자유도 있지만 선택에 대한 책임도 있다. 또한, 선택으로 인한 결실은 그 인생의 개인적 성과임과 동시에 사회적 자산이 될 수 있다. 그러나 한 생애의 선택과, 결실을 위한 노력은 온전히 자신의 몫이다. 강물은 흘러가도 자갈은 남듯이, 세월은 흘러 어느덧 칠순(七旬)이 된 경제학자가 세상에 남기는 것은 이러한 연구결과라고 저자는 사유한다.

평생 학문으로서 '경제학'의 선택

모든 사람들의 인생 사제가 그러하듯이, 저자의 인생도 수많은 '선택의 연속'이었다. 그 중에서 가장 중요한 선택은 한평생의 학문으로서 '경제학'(Economics)을 전공분야로 선택한 것이었다.

잠시 회고해 보면, 저자가 정치외교학과 학부생으로서 20대 청년 시절, 최루탄이 난무하고 눈물과 콧물을 흘렸었던 당시, 대다수 한국의 대학생들은 깊은 고뇌에 빠져 방황하고 있었다. 5·16 군사 쿠데타로 집권한 박정희 정부 시대였었던 1960년대 말과 1970년대 초, 한국 사회에는 양호한 직장(decent job)의 기회가 많지 않았었다. 더욱이, 당시에는 정치외교학과 졸업생에게는 '말썽꾸러기'라고 아예 취업원서조차 제출할 기회가 없었다. "하나님, 저는 어떠한 길을 걸어야 합니까? 저에게 주신 사명은 무엇입니까?"하고 저자는 수없이 하나님을 찾았다. 때로는 밤 12시에 굳게 닫힌 교회 문을 두드리기도 했었다.

고심 끝에, 도미(渡美) 유학을 떠나 '경제학'을 새로운 전공과목으로 바꾸어 아예 학부에서부터 시작하였다. '경제학'을 선택한 이유는 '경제학'의 의미가 '경세제민(經世濟民)'을 위한 학문'이라는 뜻이 저자 뇌리에 박혀있었기 때문이었다. 그러나 경제학의 기초지식조차 없었던 처지에서 수많은 낯선 용어들이 알알히 박혀있는 경제학 교과서 및 참고문헌들을 읽고 이해하여 말로해야 되니 실로 죽을 지경이었다. 그러나 '한줄기 빛'이 항상 비추어주었다. 그 '빛'이란 수학(數學)과 통계학(統計學)이었다. 경제학은 상기 두 학문을 도구(道具)로 사용하여 경제 현실 문제를 분석하고 제한된 범위내에서 명쾌한 결론을 도출하는 것은 하나의 마술(魔術)과 같았다.

당시, 세계적 경제학자인 루빈 사포스닉(Rubin Saposnik) 교수님은 "Lim에게 A+++를 주었다"라고 극구 칭찬해주셨는데, 그분의 공개적 칭찬과 격려는 언어 장벽과 인종차별에 시달리고 있었던 저자에게 실로 보약(補藥)이었고 마치 휴화산(休火山)에 핵폭발을 일으킨 것과 같았었다. 그분은 저자에게 수업료 면제와 장학금 수여도 추천해주셨다. 그 덕분에 저자의 가정경제는 매우 넉넉해졌다.

저자는 귀국하여 "잊지 못할 사람 : 루빈 사포스닉 교수님"(한국경제신문, 1985. 3. 31字)이라는 제목으로 그분의 은혜를 기렸었다. 그것을 영문으로 옮겨 우송해드렸더니, 스승은 얼마나 좋아하시던지……. 한국인 유학생들만 만나면, 영문으로 번역된 그 신문기사를 들고 자랑하셨다.

또 한 분의 '잊을 수 없는' 은사님이 계신다. 그분은 저자의 박사학위 논문 지도교수이셨던 존 클라인(John J. Klein) 교수님이시다. 1974년 도미 유학 시(時), 정말 기대조차 못하였던 경제학 박사 학위를 무난히 통과한 날, 저자는 감격하여 면접시험에서 그분에게 "제가 귀국하면 교수님 내·외분을 한국에 초대하고 싶습니다"라고 말씀드렸더니, 지도교수님은 "OK!"라고 간단히 말씀하셨다. 그 후, 20년 후인 1994년 8월 17일 그분의 교수 정년 퇴임 기념으로 지도교수님 내·외분을 한국에 초대하여 전국 관광을 해드렸다. 당시, 조지아주립대학교(G.S.U) 한국 총동창회 창립인 겸 초대회장이었던 저자는 전국의 후배들에게 연락하여 융숭한 대접을 해드렸다. 그 후, 존 클라인(John J. Klein) 교수님은 저자를 모교(G.S.U)에 초청하여 과거 저자의 은사님들을 모두 불러모아 조촐한 환영파티를 열어주셨으며, G.S.U 경제학과는 저자에게 '가장 우수한 졸업생'이라는 패(牌)를 내려주셨다. 수년 후, 은사님께서 작고하신 며칠 후, 장거리 전화로 사모님(Sylvia Klein)과 1시간가량을 통화하며 울면서 위로 드렸다. "산소가 어디입니까?"라는 저자의 질문에 "John의 재(災)는 바로 나의 화장대에 놓여있는데, 내가 죽으면 함께 묻어달라고 유언하셨다"라고 답변하셨다. 아! 이러한 것이 진정 사랑하는 부부의 모습이구나 하고 저자는 크게 깨달았었다.

저자는 다시 태어나 학자의 길을 또다시 걷는다고 하더라도 '경제학(經濟學)을 전공으로 선택할 것이다. 저자는 1979년 가을에 귀국한 후 약 36년 동안 줄곧 「한양대학교」에서 경제학 교수로서 연구와 강의에 종사해왔으며, 2014년 가을에 정년 퇴임한 후 '명예교수'로서 현재까지 이 저서의 집필에 전력투구해 왔다. 금년(2018년)에 1948년생(生)인 저자가 칠순(七旬)이 되었으니, 실로 세월은 쏜살같다는 것을 새삼 느낀다.

평생 직업으로서 '교수'의 선택

저자는 평생의 직업으로서 '경제학 교수'를 선택했다. 그 선택의 덕분에, 저자는 대학교 캠퍼스에서 상대적으로 '맑은 공기'를 호흡하고 강의실에서 '신선한 영혼'들과 교류할 수 있었다.

1978년 미국 조지아주립대학교(Georgia State University)를 졸업한 후, 박사학위 지도교수님이셨던 존 클라인(John J. Klein) 교수님(2008년 작고)의 배려로, 만 30세에 미국 테네시주(州)에서 고색창연한 유니온 대학교(Union University, Tennessee)에서 생애 처음으로 교수생활을 시작했었다.

'파란 눈'의 미국인 학생들은 갓 고용시장에 나온 '새내기'일 뿐만 아니라 영어능력이 변변찮았던 저자에게 "Dr. Lim" 혹은 "Professor Lim"이라고 부르면서 무척 따라주었을 때, 가슴이 두근거렸었다. "7년 전 미국으로 출국할 때, 감히 미국대학교 경제학 교수가 될 수 있을 것이라고는 꿈에도 상상하지 못했었는데……"하고 감개가 무량했었다.

1979년 7월, 교수로서 첫 여름방학을 맞이하여 7년의 유학 기간 줄곧 한 번도 뵙지 못했었던 고국의 부모님을 뵙기 위해 소위 금의환향(錦衣還鄕)했었다. 그러나 김포공항에서 마중 나와 주셨던 아버님의 건강 상태에 놀라 「한양대학교 부속병원」에서 종합검진을 받게 해드렸었더니만 '위암 말기'라는 청천벽력과 같았던 판정을 받았었다. 마치 소설의 주인공이 되어버린 저자는 아버님께 '짧은' 효도라도 해드리기 위해, 미국대학교 교수직을 과감히 사직하였고 1979년 9월(10·26 사태 1개월 전) 다시 귀국하였다.

큰아들·며느리와 두 손녀(채숙과 채윤)를 맞이하셨던 아버님은 약 2년 동안 암 투병을 하셨다가 1981년 9월 19일「한양대학교 부속병원」에서 결국 돌아가셨다. 마치, 천지(天地)가 무너지는 듯한 심리적 공황을 느꼈었다. 그토록 큰아들의 성공과 귀국을 7여 년 동안 애타게 기다렸다가 이제 큰아들과 며느리와 함께 두 손녀(채숙과 채윤)의 재롱을 받으면서 행복하게 여생을 보내고 싶어 하셨던 아버님의 소박한 꿈은 하늘로 사라져버렸다. 저자는 약 3년 동안 슬픔과 아버님에 대한 그리움으로 나날을 보냈었다. 이젠, 아버님뿐만 아니라 어머님도 돌아가신 '장년(長年)의 고아'가 되어 간혹 가족 앨범 속의 '영원한 순간들'을 회상한다.

본 저서가 생애의 '마지막 저술'일 수도 있다고 예감하고 있기 때문에, 저자는 이 기회를 빌려 하늘에 계신 부모님의 명복을 빌며 두 분의 기대에 못 미치는 큰아들의 부족함을 사죄드린다. 실로, 큰아들인 저자에 대한 아버님의 기대는 끝이 없었다. 못난 아들은 아버님의 기대를 도저히 충족해드릴 수가 없었다. 다만, '독립운동가의 자손'이라는 긍지를 지키면서 불우한 일제강점기(日帝强占期) 시대에서 학업의 기회를 갖지 못하셨던 아버님의 몫까지 채워야겠다고 결심했었던 저자는 한평생 열심히 공부했을 뿐이다. 어느덧, 저자가 시인 천상병(千祥炳) '귀천'(歸天)을 염두에 두지 않을 수 없는 칠순(七旬)이 되어가니, 더욱더 부모님이 무척 그립다.

한편, 당시「한양학원」이사장이셨던 백남 김연준(白南 金演俊) 총장님(당시)의 권유로 저자는 한양대학교 상경대학 경제학 교수로 근무하게 되었다. 그 후 2014년 현재까지 줄곧 만 36년을 한양대학교 교단을 지켰다는 것은 저자 개인의 의지만으로써는 불가능했었다는 것을 잘 알고 있다. 그러므로, 저자는 '교수'가 저자에겐 천직(天職)이었다는 것을 확신하고 있다. 따라서 저자로 하여금 교단에서 한평생을 보낼 수 있도록 인도해 주시고 지켜주신 하나님의 은혜를 항상 감사드린다.

또한, 1978년 경제학 박사학위를 취득한 후 현재까지 만 40년의 학자생활 동안, 저자는 훌륭한 학문적 업적을 남길 수 있는 '능력의 은혜'를 베풀어 주십사하고 수많은 기도를 드려 왔다. 그러나 저자의 기도에 대한 응답은 '능력'이 아니라 '노력'이었으며 '자긍심'이 아니라 '소명감'이었다. 그러한 은혜로 인하여, 저자의 가슴에는 불꽃 같은 지적 탐구욕이 마치 용암류(鎔巖流)처럼 흐르고 있는 것 같다. 부디, 마지막 숨을 거둘 때까지, 하나님의 섭리를 깨닫고 철학과 역사에 바탕을 둔 진리를 탐구할 수 있는 '축복'이 주어지기를 기도한다.

가족에 대한 감사와 기도

한편, 다소 쑥스러운 이야기이지만, 학부 시설 열애에 빠졌던 대상인 권오련(權五蓮)을 내자(內子)로 선택하였다는 것은 학문으로서 경제학의 선택과 직업으로서 교수의 선택에 못지않게 매우 중요한 선택이었다. 저자의 2007년도 저서인 『한국의 비전과 국가경영전략』(나남출판사)의 서문에서도 남겼듯이, 저자는 "다시 태어나더라도 '그녀'를 찾아 현세(現世)의 가정을 똑같이 꾸리겠다"라는 고백을 다시 한번 더 남기고 싶다.

실로, 아내는 남편에게 헌신적이었다. 미국 유학생 시절, 명화(名畵)인 '바람과 함께 사라지다'('Gone with Wind')로 유명한 아틀란타(Atlanta)에 소재하는 ADP 회사에 근무하면서 7년 동안 남편의 유학생 생활을 뒷바라지하였다. 귀국 후에도, 아내는 일(日)요일을 제외한 주 6일, 「한국예탁결제원」(KSD) 상임감사 재직기간(2012. 8. 12~2014. 10. 29)을 제외한 만 33년 동안(1979~2014) 남편의 도시락을 챙겨주었다. 그 덕분에, 저자는 하루에 1시간을, 한 달에 하루를, 한 해에 약 12일을 각각 절약할 수 있었으며, 그 결과 지난 36년 동안 추가로 1년 반(半)을 더 산 셈이다.

가장(家長)이 선비이니 물질적 넉넉함을 주지 못하였지만 풍파(風波) 없이 1남 2녀 채숙(采淑)·채윤(采潤)·채하(采河)를 낳고 기르고 해로(偕老)하고 있다는 것은 인간의 노력으로써만 성취할 수 없는 하나님의 축복임을 깊이 깨닫고 항상 감사드리고 있다.

아내는 성격상 남편과는 이질적이지만 그것이 오히려 상호보완적이어서 다이나믹(dynamic)한 저자에겐 유일한 '안장점'(鞍裝點, Saddle Point)이었다. 어느 자식이 부모님의 기대를 한껏 충족시켜 드릴 수 있으랴! 그러나 남편은 아내의 사랑에 보답할 수 있다고 믿어왔다. 그러나 세월이 갈수록, 한평생 묵묵히 뒷바라지해온 아내의 사랑마저도 제대로 보답할 수가 없다는 것을 최근에 깨닫고, 가끔 무기력하게, 먼 산을 바라볼 때도 있다. 그러나 매우 다행스럽고 크게 위로가 되는 것은 우리 부부가 낳아 길러온 자식들이 반듯하게 성장하고 있다는 점이다.

잠시, 지난 세월을 회고해보면, 저자가 미국에서 유학생 시절 낳은 큰딸(采淑)이 조지아 공과대학(Georgia Institute of Technology)에서 산업디자인 학위를 받아 「협성대학교」에서 산업디자인 교수로 재직하고 있고, 사랑과 배려가 깊은 큰 사위 홍성의 군을 만나 따뜻한 둥지를 틀어 늦은 나이(만 44세)에 외손주(준서)를 낳아 온 집안이 기쁨과 감사로 가득차 있다. 또한, 저자가 미국 유니온 대학교(Union University)에서 경제학 조교수 시절 낳은 작은 딸(采潤)이 중학교 교사로 재직하였다가 사랑과 책임감이 강한 작은 사위 문준석 군과 결혼하여 두 외손녀(용주 · 용원)를 낳았다. 국제대원중학교 1학년생인 용주와, 유치원생인 용원이가 온 집안의 활력을 불어넣고 있다.

그리고 저자가 귀국(1979년 가을)하여 한국에서 낳은 아들(采河)이 고려대학교 법대와 건국대학교 로스쿨을 졸업하였고 현재 고려대학교 법학대학원에서 법학박사학위 과정을 이수하면서 변호사 자격시험 응시를 준비하고 있다. 저자는 아들 采河가 할아버지(故 林甲守 국회의원)의 유한(遺恨)을 '사법적 정의'의 구현에 기여함으로써, 한국의 대문호(소설가)이셨던 고 이병주(李炳注) 선생께서 지어주셨던 이름(东江 : '빛나는 江')의 의미처럼, 가문을 빛내주고 행복하기를 소망한다.

본 저서의 집필 배경과 특징

본 저서 「글로벌 금융 패러다임과 한국 금융산업 : 이론과 정책」은 저자가 단순한 '지적 도전'의 차원에서 집필한 것이 아니라, 일종의 '사명감'을 느끼고 힘들게 연구해 온 결과물이다. 왜냐하면 저자는 재정경제부 정부조직인 「금융발전심의회」 위원(1992. 9~1995. 9), 한국에서는 최초의 '경제금융대학' 학장(2001. 3~2002. 8, 2006. 8~2008. 7), 「우리투자증권」(2009. 5~2011. 5)의 사외이사, 「한국예탁결제원」(KSD)의 상임감사(2012. 8~2014. 10)를 각각 역임하였다. 구체적으로, 한양대학교 경제금융대학에서 금융경제이론을 강의 및 연구하였을 뿐만 아니라 현실세계인 금융·자본시장에서 실무를 익혔던 경력을 갖고 있기 때문이다.

참고로, 「한국예탁결제원」(KSD)은 증권예탁결제시스템을 제공하는 금융·증권시장의 인프라 제공기관으로서 증권의 발행·유통 및 금융거래의 효율성을 높이고, 국민경제적인 측면에서는 사회적 물류비용을 절감시키는 역할을 하는 국내 유일의 증권중앙예탁결제기관(證券中央預託機關, CSD : Central Securities Depository)이다.

저자가 「한국예탁결제원」(KSD) 상임감사직을 임기 만료로 퇴직하였던 2014년 9월 말 기준으로 채권등록 잔액이 971조 원, 예탁자산 시가총액이 3,123조 원, 증권거래결제대금이 3,928조 원, 주주배당금 지급총액이 13조 원, 펀드 수가 17,954개, 대차거래중개 규모가 207조 원, 외화증권 보관잔량이 136억 달러로 각각 집계되었다. 이러한 금융활동을 지원 및 감찰하면서, 저자는 실로 한국의 자본시장 활동을 꿰뚫어 볼 수 있었던 기회를 얻었다는 점은 큰 행운이라고 생각한다.

본 저서의 의의와 관련하여, 저자는 다음과 같은 사실을 지적하지 않을 수 없다. 우선, 한국에서는 '금융이론과 실무'를 체계적으로 논술하고 있는 저서가 많지 않다. 따라서 본 저서는 그러한 부끄러움과 아쉬운 점을 조금이나마 덜고자 하는 노(老)선비의 도전이다.

사실, 대학생 및 대학원생들은 금융이론과 실무를 익히고 싶어도 마땅한 교과서가 없는 실정이다. 또한, 금융분야에 종사하고 있는 직장인들도 자신의 금융실무를 경제이론적으로 체계화시키고 싶어도 그러한 참고서적을 찾지 못하고 있다. 예로서, 저자가 강의실에서 신용파생금융상품이 2008년 하반기 글로벌 경제위기의 주범으로 지목되는데, 그것의 개념·유형·세부구조는 어떠하며, 왜 그것이 금융위기를 유발하였는가를 대학생들에게 질문하면 그들은 제대로 답변을 못 했다. 또한, 금융권에 종사하는 지원들에게 자신의 금융실무가 실물경제부문에, 나아가 경제전체에 어떠한 영향을 끼치며, 그 메커니즘이 무엇인가를, 또한 해외 금융쇼크가 한국 경제에 미치는 파급경로가 어떠한가를 각각 질문하면 그들은 답변을 못 했다.

한편, 국가적 입장에서 보면, 2008년 하반기 글로벌 금융위기(Financial Crisis)가 세계경제를 강타한지 10년이 경과하였지만 세계 경제는 곳곳에서 그 후유증을 앓고 있다. 특히, 한국은 20년 전 1997년 하반기 외환위기를 겪었고 10년 후 글로벌 금융위기를 겪었음에도 불구하고, 금융경쟁력은 세계 하위권에 속하고 있으며, 그나마 50여 년 동안 지탱해 온 실물부문(특히 제조업) 중심의 산업구조는 공동화되어가고 있으며, 한국의 국가경쟁력은 지속적으로 추락하고 있다.

물론, 한국 정부는 각종 금융세제지원제도(예를 들면, 국가연구개발사업으로서 산업혁신기술개발사업과 중소기업기술혁신개발사업 등을, 사업화지원사업으로서 중소기업진흥 및 산업기반기금 등을, 기술신용보증기금의 중소·벤처기업의 기술개발 및 사업화 등 기술혁신활동 지원제도)를 확충하고 중소기업과 벤처투자기업의 기술개발과 상업화를 지원 및 촉진하기 위하여 국민 세금을 쏟아붓고 있다. 그러나 지난 50여 년 동안 '중소기업 육성'을 위한 금융·세계·정부조달 지원을 해 왔으나 중소기업이 대기업으로 격상된 성공사례를 저자는 들어 본 적이 없다. 그 원인은 무엇일까? 그 요인은 중소기업을 위한 금융지원제도가 '무늬만 금융지원'일 뿐, 제대로 작동하지 않기 때문이며, 중소기업과 대기업의 수직 계열화(납품 제도)에 구조적 문제가 존재하기 때문이다.

한국 경제의 회생 방안은 상기의 구조적 문제들을 해결함과 동시에 은행에서 잠자고 있는 2017년 4월 현재 958조 원의 단기부동자금(요구불 예금, 수시 입·출식 저축성 예금, 압도성예금증서, 환매조건부 채권, 투신사 머니마켓펀드, 종합자산관리계좌, 6개월 미만 정기예금, 증권사 투자자 예탁금 등)을 기업의 실물투자로 흘러갈 수 있도록 하는 것이다. 그 방안이 바로 본 저서가 제시하는 한국 금융산업 발전 방향의 요체이다. 이 발전 방향의 궁극적 목표는 한국 금융경쟁을 획기적으로 높이고 국제화를 통하여 한국의 금융시장을 넘어 '아시아 금융허브'로 도약하는 것이다.

또한, 한국 정부는 정부주도의 '복지국가'(Welfare State)의 건설을 추구한다. 이것은 근본적으로 잘못된 정책 기조이다. 그 대신에, 저자는 시장주도의 '복지사회'(Welfare Society) 건설을 주장한다. 이를 위한 이론적 기초로서 저서 「한국형 복지사회를 위한 청사진」(한양대학교 출판부, 2011년)을 비롯하여 많은 연구 논문들을 발표했었다.

요컨대, 전자('복지국가')는 정부재정에 의하여 운영되는 '국가주도의 복지시스템'인 반면에 후자('복지사회')는 '시장(고용시장과 금융시장)주도의 복지시스템'이다. 현재 세계의 '복지국가'(Welfare State)는 복지재정 위기로 인하여 '파산' 직전에 놓여 있으며 유럽(영국, 프랑스, 스웨덴 등) 곳곳에 복지제도의 개혁으로 진통을 겪고 있다. 이와 대조적으로, 저자가 강조하는 '복지사회'(Welfare Society)는 유망한 신(新)성장동력 산업에의 투자 → 지속적 성장 → 고용창출 → 개인연금제도(IRP)에의 가입 및 확대 → 퇴직연금시장 및 자산운용산업의 투자 수익 창출 → 지속적 경제성장 → 완전고용의 추구라는 동태적 과정에 기반을 둔다.

상기한 동태적 과정이 가능하다는 계량경제적 증명은 '최적 경제성장과 사회보장'(Optimal Economic Growth and Social Society)의 제목으로 1978년 저자의 경제학 박사 학위논문에서 시작하여 지난 32년 동안 국내·외 학회에서 발표(1981, 2000, 2007, 2011, 2012, 2014)되었다.

또한, 현실적 사례로서 호주의 보장성 퇴직금제도인 '슈퍼에뉴에이션'(Superannuation Guarantee)을 들 수 있다. 호주의 기간산업은 금융산업이다. 이로써, 호주는 2008년 하반기 글로벌 금융위기의 파고를 잘 헤쳐 나갔으며 해외에 자국의 금융상품을 활발하게 판매하여 고(高)수익을 올리고 있다. 또한, 캐나다의 금융시스템은 건전하고 안정적인 것으로 평가되고 있는데, 미국 오바마 대통령이 캐나다를 방문하여 이를 극찬하였다.

본 저서의 출판과 관련된 저자의 감사 인사

2014년 9월 정년 퇴임한 후 약 4년 동안, 전술한 경력을 통하여 얻었던 지식과 경험을 토대로, 저자는 본 저서의 집필에 심혈을 기울였다. 이젠 본 저서가 출간되어 세상의 빛을 보게 되어 매우 기쁘다. 한국의 세계적 대문호(소설가)이신 고(故) 이병주(李炳注) 선생은 "햇빛에 빛 바래면 역사(歷史)가 되고 달빛에 물들면 신화(神話)가 된다"라고 말씀하셨다. 이러한 생애의 보람을 안겨 준 많은 분들에게 감사의 인사를 남기고 싶다.

우선, 저자는 한양대학교 이영무 총장님에게 존경과 감사를 드린다. '연구하는 총장'으로 유명한 이영무 총장님은 한양대학교를 '글로벌 대학'으로 육성하고자 노고가 많은 분으로 널리 인정받고 있을 뿐만 아니라, 총장직을 수행하면서도 강의와 연구를 계속하는 진정한 교육자이며 과학자이다. 이러한 열정의 산물로서, 그의 논문('수소연료전지를 위한 탄화수소계 고분자 전해질 분리막 개발')이 세계 최고 학술지인 「NATURE」誌에 게재될 정도로 세계적 공학자이다. 저자는 그분과 평소 '학자의 길'에 관한 대화를 가끔 나누면서 따뜻한 격려를 주고받고 있다. 그분의 배려로 본 저서를 출판하게 되어 기쁘다.

아울러 한양대학교 출판부의 한현수 교수님, 이상근 차장님, 편집 담당자인 오은애 선생에게 저자로서 깊이 감사한다. 특히 오은애 선생은 신혼생활인데도 불구하고 무려 600여 페이지의 원고를 꼼꼼히 살펴 마치 '족집게'처럼 오자(誤字)와 문장의 중복을 발견 및 지적해 주었다. 저자는 평생 많은 저서를 출판하였지만 오은애 선생과 같은 프로정신을 가진 편집부 직원은 처음 만났다.

다음으로, 본 저서를 집필하는 과정에 많은 금융실무 분야의 연구자료와 통계 데이터가 필요하였는데, 특히 「한국예탁결제원」(KSD) 상임감사(2012. 8~2014. 10)로 재직 시 많은 옛 동료들이 성심껏 도와주었다. 특히 김홍진 팀장(당시 비서)과 박동민 팀장(정보운영부) 등에게 감사한다. 그들은 참으로 고마운 '영원한 동료'이다.

또한, 저자의 2014년 「국민연금연구원」에 용역보고서 「최적 사회보장과 창조경제를 위한 국민연금기금의 자산운용전략」이 발간되었는데, 당시 담당 연구원이었던 주상철 박사님과 자주 교신했었다. 그분은 이번 본 저서의 집필 과정에서 국민연금과 퇴직연금에 관한 기초 통계자료를 보내주셔서 큰 도움을 받았다. 이 기회를 빌려, 평소 감사와 존경을 표한다.

다른 한편으로, 저자는 컴퓨터 작동에 미숙하다. 따라서 과거 대학원생 조교였었던 성현(대외경제정책연구원 근무), 저자의 2개 수업('세계 경제와 한국의 비전'과 '과학 기술과 경제') 조교들이 원고 정리를 많이 도와주었다. 예로서, 김도훈 · 김민지 · 김성종 · 김영일 · 김종윤 · 김태훈 · 박종경 · 박종민 · 박현우 · 반재희 · 서동주 · 안민태 · 최원혜 · 최현호 등에게 감사와 그리움을 보낸다. 저자는 척박한 세상에서 '보석과 같은 인물'들을 만났다고 항상 생각하고 있다. 스승은 어려운 시기에 사회로 진출하는 제자들의 성공을 축원하면서 암울한 시대에서 "새는 날 피 속에 웃는 모습"(노산 이은상 선생의 '고지가 바로 저긴데')을 보고 싶다.

또한, 저자가 한양대학교에서 정년 퇴임 후 홀로 방대한 원고를 집필할 때, 김찬일 군(한양대학교 경영학과 재학 중, 본 교수의 강의과목 '과학기술과 경제사'를 수강했었던 제자)이 그의 「일산교회」 소속의 교우인 이원준 · 이태형 · 김성겸 · 강윤석 군과 함께 꼼꼼히 컴퓨터 작업을 헌신적으로 도와주었다. 특히 이태형 군은 한양대학교 출판부와의 스케줄에 맞추고자 최근에 타일랜드로 선교 목적으로 출장 중임에도 불구하고 수많은 그림과 표의 이전 시(時) 헝클어진 파일들을 재(再)수정하여 저자에게 보내 줄 정도로 강한 책임의식을 보여주었다. 참으로, 순수한 청년이다.

이제, 필(筆)을 놓으려니, 피로감보다는 아쉬움이 밀려온다. 은퇴 교수의 열악한 환경(자택 서재)에서 밤잠을 설치면서 방대한 원고를 집필한 것이다 보니 향후 부족한 점들과 실수들이 많이 발견될 것이라고 예상된다.

본 저서 내용과 관련하여 못내 아쉬운 것은 변화무쌍한 국내·외 금융환경 및 자본시장의 통계자료들을 최선을 다하여 2017년 및 2018년까지 업데이트 하였지만 통계자료를 재(再)가공해야 할 지수(指數)들의 경우 저자의 노력만으로서는 불가능하였다는 점이다. 또한, 저자가 「한국예탁결제원」(KSD) 상임감사 재식 시(2012. 8~2014. 10) 금융불안에 대응할 '조기경보시스템'을 구축할 목적으로 한국 금융·자본시장에 적합한 '금융불안지수'(Financial Stress Index for Early Warning System : a Korea Case)를 고안하여 실증적 분석을 한 결과를 기존 6개 세계적 FSI 모형(St. Louis 2010, Canada, Swiss, Sweden, ECB, IMF, Cleveland FED)과 비교 분석한 소중한 연구결과를 지면(紙面)의 제약 때문에 본 저서에 수록하지 못하였다. 상기 연구결과는, 저자의 체력이 허락한다면 후일 국내·외 학회에서 발표할 수 있기를 기대한다.

부디, 본 저서가 '금융경제에 관한 교과서 및 참고 서적'으로 널리 읽히고 뜻있는 독자들에게 다소 도움이 될 뿐만 아니라 한국 금융산업의 발전에 기여할 수 있기를 소망한다.

2018년 9월

저자 임양택 씀

차례
/

머리말 _ 005

제1장 / 서언

1. 세계 경제의 근·현대사 100년 개관 : 신(新)금융자본주의의 몰락 _ 031
2. 신(新)자유주의의 대두와 좌초 : 2008년 하반기 글로벌 금융위기 _ 036

   조셉 스티글리츠 : 「끝나지 않은 추락」(2010년) | 조지 소로스 : 「금융시장의 새로운 패러다임」(2008년) | 케빈 러드 : 정부의 금융규제 | 누리엘 루비니 : '글로벌 경제위기의 제2막'
3. 레버리지 붐과 신용파생금융상품 _ 041
4. 2008년 하반기 글로벌 금융위기 후, 3회 양적완화 정책과 그 여파 _ 044
5. 글로벌 금융불안과 환율 전쟁 _ 048

   1) 배리 아이켄그린 및 다글라스 어윈 교수의 주장과 저자의 비판 | 2) 1985년 선진 5국(G5) 재무장관의 '플라자 합의'에 의한 엔고(高) | 3) 2008년 하반기 글로벌 금융위기 후, 선진국의 '경쟁적 양적완화'(QE)에 의한 '경쟁적 평가절하' | 4) 최근 미국과 중국 간 '환율 전쟁' | 5) 미(美) 달러의 급격한 자본 유출
6. 저자의 경제철학과 한국의 비전 및 국가경영전략 _ 067

   1) 저자의 경제철학 : 인본(人本)자본주의와 신(新)실용주의 | 2) 한국의 비전과 국가경영전략 | 3) 슘페테리언 테크노-경제발전 전략
7. '한국형 복지사회'를 위한 '최적 경제성장과 사회보장 모형' _ 073

   1) 요스타 에스핑-안데르센의 복지국가 유형 | 2) 복지국가의 위기 | 3) 선진국의 복지개혁 동향 | 4) 정부주도의 '복지국가'에서 시장주도의 '복지사회'로 전환 | 5) '최적 경제성장과 사회보장 모형' | 6) '최적 경제성장과 사회보장'을 위한 재원조달 방안
8. 본 저서의 연구 목적/목표 _ 092

제2장 / 최근 글로벌 금융 패러다임의 변화

1. 과거 글로벌 금융 패러다임 _ 099

1) 금융비중의 확대와 금융중개기능의 위축 | 2) 투자은행의 자기자본투자 제고 | 3) 글로벌 금융위기로 기존 금융 패러다임의 취약성 노출

2. 서브프라임모기지 위기의 특징과 정책적 시사점 및 교훈 _ 102

1) 특징 | 2) 정책적 시사점과 교훈

3. 금융기관의 역할에 대한 기본시각의 변화 _ 106

1) 자금중개기능으로서 실물부문의 보조적 기능 | 2) 리스크 관리자로서 실물부문과는 독립적 기능 | 3) 금융중개 기능과 리스크관리 기능의 균형(CIB 모형)

4. 금융산업의 환경 변화 _ 111

1) 규제감독체계 강화를 위한 국제적 논의 | 2) 금융규제 기조의 변화와 파급효과 | 3) 통화정책 : 저금리 → 보수적 통화정책 기조 강화 | 4) '금융시장 실패'의 사전적 예방

5. 글로벌 금융 규제·감독의 파급효과 _ 129

1) 미시경제적 건전성 규제 | 2) 거시경제적 건전성 규제 | 3) 미시경제적 건전성 감독과 거시경제적 건전성 감독의 비교

6. 한국의 금융 규제·감독시스템 개선방향 _ 135

1) 기본 방향 | 2) 추진과제 | 3) 금융건전성 규제 | 4) 겸업화 정책을 유지하되 금융감독 강화 | 5) 거시경제적 건전성 감독 | 6) 현행 금융감독체계의 문제점과 개편방향

【부록】 최근 주요국의 금융감독체계 개편 사례

제3장 / 한국 금융시장의 현황과 개선과제

1. 금융시장의 구조 _ 161

2. 단기 금융시장 _ 163

1) 단기 금융시장의 구조 | 2) 콜(Call)시장 | 3) 양도성예금증서(CD) | 4) 환매조건부 채권 매매(Repo)시장 | 5) 신용파생금융상품시장

3. 장기 금융시장(자본시장) _ 202

1) 전통적 자본시장 | 2) 대체자산시장 | 3) 펀드시장 | 4) 정부의 자본시장 활성화 방안

4. 외화자금시장과 외환시장 _ 232

1) 외화자금시장 | 2) 외환시장 | 3) 외환시장 및 주식시장의 관계와 변동성 비교

제4장
/
한국 금융시장의 발전 방향

1. 금융산업의 주요 변화 _ 243

1) 금융기관의 영역 철폐로 은행·증권·보험의 종합금융화 | 2) 전자금융의 확산 | 3) 금융기관 리스크의 증대 | 4) 외국자본의 국내 금융업 장악

2. 금융발전의 결정요인과 기본방향 _ 251

1) 금융발전의 결정요인 | 2) 금융시스템 발전의 기본방향

3. 한국 은행산업의 경쟁력 강화와 국제화 추진방안 _ 254

1) 국내 은행산업의 경쟁력 제고 | 2) 국내 은행의 해외진출을 통한 사업구도 다각화 | 3) 한국형 투자은행(IB)의 발전 방향

4. 금·산(金·産) 분리 관련 규제의 개혁 _ 268

1) 선진국 : '금·산(金·産) 융합' | 2) 한국 : '금·산(金·産) 분리' | 3) 한국의 금·산(金·産) 분리 관련 규제의 현황과 개혁 방향 | 4) 금융지주회사의 현황 문제점·발전 방향

5. 금융부문과 실물부문의 연계와 균형발전 _ 293

1) 국민경제와 금융산업의 관련성 | 2) 실물경제에 대한 통화정책의 파급경로 | 3) 경제성장에 대한 금융산업의 기여도

6. 실물산업의 발전을 위한 기술금융제도의 개혁 방향 _ 297

1) 슘페테리언 테크노-경제발전 전략 | 2) 세계 경제와 한국의 산업기술 발전사 | 3) 탈(脫) 경제위기 방안 : '기술교착 상태'의 극복 | 4) 기술금융제도의 현황 및 문제점 | 5) 기술개발 금융지원제도의 개선방안 | 6) 기술력 평가 시스템의 현황 및 개선방안

7. 유망 기술혁신형 중소기업을 위한 팩토링·역(逆)팩토링 _ 342

8. 유망한 신(新)성장동력산업 : 부품·소재 산업에의 중점적 기술금융 지원 필요성 _ 346

1) 부품 · 소재 분야에서 한·일(韓·日)의 각축전(角逐戰) | 2) '부품·소재 강국'의 비결(祕訣) : 새로운 '패러다임 시프트'에 대한 대비 | 3) 기술혁신의 기본방향 : '모방에서 혁신'으로 전환

제5장
/
퇴직연금 및 국민연금과 자산운용산업

1. 노후 소득보장을 위한 퇴직연금시장의 활성화 _ 357

1) 한국 퇴직연금제도의 개요 | 2) 한국 퇴직연금시장의 현황 및 발전과정 | 3) 한국 퇴직연금제도의 개선방향 | 4) 호주 슈퍼에뉴에이션과 한국 퇴직연금제도의 비교 | 5) 벤치마킹 대상으로서 호주의 퇴직연금제도와 복지제도 | 6) 한국예탁결제원(KSD)의 증권정보포털시스템(SEIBro)

2. 국민연금기금의 운용 현황과 개혁 방향 _ 384

1) 국민연금기금의 운용 현황 | 2) 국민연금제도의 개혁 방향

3. 자산운용산업의 현황 및 전망과 발전 방향 _ 393

1) 자산운용산업의 최근 동향 및 전망 | 2) 자산운용산업의 가치창출구조와 사업모형 | 3) 자산운용산업의 정책과제와 발전 방향 | 4) 자산운용산업의 국제화

제6장 / 한국의 금융불안과 경제위기의 극복 방안 : 신(新)실용주의 경제철학과 국가지도자의 리더십

1. 1997년 하반기 외환위기와 2008년 하반기 글로벌 금융위기의 비교 _ 419

2. 금융불안의 파급효과 _ 422

3. 한국발(發) 금융위기 발생 가능성과 대비책 _ 426

1) 은행위기 | 2) 외환위기

4. 한국 경제위기의 현황과 극복방향 _ 458

1) 한국경제의 위기와 정부의 '정책 함정' | 2) '경제위기'의 본질 : '국가경쟁력의 지속적인 추락 현상' | 3) 한국경제의 당면과제와 해결방안 | 4) 지속적 경제성장과 금융발전을 위한 국가재정의 건전성 | 5) 경제정책 기조의 전환 : '소득(임금)주도 성장론' → '혁신주도 성장정책'

5. '동아시아 경제공동체'(EAEC)를 위한 아시아 금융협력 _ 483

1) '아세안 경제공동체'(AEC)의 출범과 답보 상태 | 2) 아시아 금융협력

6. 한국 사회의 철학 부재(不在)와 저자의 '신(新)실용주의 철학' _ 501

1) 보수와 진보의 갈등과 정치적 위기 | 2) 국가경영철학으로서 '신(新)실용주의'(Neopragmatism)

7. 국가지도자의 리더십과 역할 _ 522

【부록】 국가지도자 리더십의 예시

제7장 / 요약 및 결론

〈요약문〉 _ 543

연구 목적/목표 _ 543

주요 내용 _ 544

정책 방향(안) _ 548

〈주제별 요약〉 _ 562

1. 글로벌 금융 패러다임의 변화와 한국 금융감독시스템의 개혁 방향 _ 562

1) 금융개혁의 필요성 | 2) 금융감독시스템의 개혁 방향

2. 한국 금융·자본시장의 불안요인과 파급효과 _ 570

3. 한국 금융위기의 대비책 _ 575

1) 최근 글로벌 금융시장 변동성 확대의 배경 | 2) 국내·외 금융불안 요인 | 3) 향후 금융위기(외환위기 및 은행위기)에 대한 대비책 | 4) 외환위기에 대한 대비책 | 5) 은행위기에 대한 대비책

4. 전반적 경제위기의 요인과 극복 방안 _ 589

1) 혁신주도성장 전략 : 테크노-경제발전 모형 | 2) 국가 기술혁신 시스템과 기술금융지원제도

5. '최적 경제성장과 사회보장'을 위한 퇴직연금기금의 운용전략 _ 597

1) 기본 방향 | 2) 한국 퇴직연금제도의 문제점 및 개선방향 | 3) 자산운용산업의 국제화

6. 아시아·태평양 통화제도(APMS)를 위한 '아시아·태평양 통화바스켓제도'와 '아시아-태평양 통화기금'(APMF) _ 606

7. 국가지도자의 리더십과 국가경영철학으로서 신(新)실용주의 _ 608

1) 한국경제의 당면과제와 비전 및 국가경영전략 | 2) 국가경영철학으로서 신(新)실용주의(Neopragmatism) | 3) 국가지도자의 역할 및 리더십

맺음말 _ 616

참고문헌 _ 652

표 1-1　미국과 중국 간 환율전쟁 _ 062
표 1-2　주요 국가의 환율제도 비교 _ 064
표 1-3　요스타 에스핑-안데르센(Gosta Esping-Anderson)에 의한 복지국가 유형의 분류 _ 075
표 1-4　최적 저축률 및 최적 사회보장정책이 도입된 장·단기 균형성장 궤적 _ 089

표 2-1　Northern Rock의 금융사고 _ 101
표 2-2　금융의 과거와 미래 _ 107
표 2-3　선진 금융국가로서 캐나다의 모형 _ 110
표 2-4　G20 주요 논의 사항 _ 113
표 2-5　글로벌 금융위기 극복을 위한 G20의 5대 일반원칙과 중·단기 실행과제 _ 114
표 2-6　금융안정위원회(FSB) _ 116
표 2-7　금융안정화포럼(FSF)의 금융시스템 강화방안 핵심사항 _ 118
표 2-8　거시건전성 및 미시건전성 규제와 감독의 관점 비교 _ 129
표 2-9　정책 당국의 자본 유·출입 관리 강화방안 _ 139

표 3-1　단기 금융시장 참가 기관 _ 162
표 3-2　한국 금융시장의 구조 _ 164
표 3-3　단기 금융시장 관련제도의 변천 _ 165
표 3-4　콜(Call)시장의 주요 특징 _ 168
표 3-5　자금시장 대안 지표금리별 장·단점 비교 _ 172
표 3-6　신용파생금융상품의 유형 _ 176
표 3-7　파생결합증권(DLS)의 개요 _ 189
표 3-8　주식워런트증권(ELW)과 주가지수(주식)옵션 _ 191
표 3-9　주가연계증권(ELS)의 개요 _ 194
표 3-10　ISDA의 표준안에 따른 신용사건의 발생 종류 _ 197
표 3-11　인수·합병(M&A) 활성화 방안 주요 내용 _ 212
표 3-12　크라우드 펀딩의 세 가지 유형 _ 220
표 3-13　한국 정부의 자본시장 활성화 방안 _ 224
표 3-14　미국과 EU의 사모펀드(헤지펀드 포함)관련 규제내용 _ 225
표 3-15　국내 PEF관련 사모투자전문회사 분류 _ 228

표 4-1　금융산업 트렌드의 원인과 현상 _ 244
표 4-2　금융기관 간 업무제휴 형태 _ 246
표 4-3　영국 베어링스(Barings) 그룹의 파산 사례 _ 249
표 4-4　국내 은행의 외국인 지분참여 현황 _ 250
표 4-5　구미(歐美)자본의 국내증권사 지분참여 현황 _ 250

표 4-6	2008년 하반기 글로벌 금융위기 이후, 중국 및 일본 금융기관의 해외진출 동향	_ 259
표 4-7	주요국의 산업자본과 금융자본의 지배 규제	_ 269
표 4-8	금·산(金·産) 분리 관련 규제의 목적	_ 278
표 4-9	한국의 금융지주회사 주요 규제	_ 278
표 4-10	금·산(金·産) 분리 관련 규제의 개선방향	_ 280
표 4-11	금융위원회의 금·산(金·産) 분리 관련 규제 완화에 따른 부작용 방지 방안(예시)	_ 280
표 4-12	금융위원회, 은행주식 보유규제 및 금융지주회사제도 합리화 방안 주요 내용(2008. 10. 13)	_ 282
표 4-13	지주회사 관련 금·산(金·産) 분리 관련 규제(예시)	_ 285
표 4-14	경제법령상 금융회사 의결권 제한	_ 286
표 4-15	대기업집단 금융회사 의결권 제한	_ 286
표 4-16	경제력 집중 방지를 위한 국내·외 의결권 제한 비교	_ 287
표 4-17	국내 금융지주회사의 자회사 현황	_ 289
표 4-18	주요국 3대 은행 지주회사 자산규모 비교	_ 290
표 4-19	주요국 증권·보험사 자산규모 비교	_ 290
표 4-20	국내·외 금융지주그룹 CEO 재임 기간 비교	_ 291
표 4-21	한국의 산업기술력 : '세계적 산업강국'	_ 308
표 4-22	한국의 기술혁신 금융지원 체제	_ 323
표 4-23	기술개발 금융지원제도의 문제점	_ 326
표 4-24	기술가치평가체제의 정비	_ 332
표 4-25	기술평가를 위한 등급 체계	_ 333
표 4-26	국내 주요기술평가기관	_ 334
표 4-27	기술평가 주요 내용	_ 335
표 5-1	제도유형별 전체 가입 근로자 수	_ 361
표 5-2	2016년 퇴직연금 운용방식, 금융권역별 현황	_ 362
표 5-3	호주와 한국 퇴직연금 운영 구조	_ 375
표 5-4	호주와 한국의 퇴직연금 수익률 비교	_ 376
표 5-5	국가별 펀드시장 규모 및 금융발전도 비교	_ 378
표 5-6	국제 도시별 IFCD Index 순위	_ 378
표 5-7	국민연금기금 규모의 대(對) 국민경제 비중	_ 386
표 5-8	국민연금기금의 운용수익률	_ 388
표 5-9	국민연금기금의 해외투자 : 176.4조원(적립금 대비 28.4%)	_ 389
표 5-10	국민연금기금의 대체투자 : 66.8조원(적립금 대비 10.8%)	_ 389
표 5-11	국민연금기금의 위탁운용 : 239.2조원(적립금 대비 38.5%)	_ 389
표 5-12	연도별 국민연금기금 운용 규모 추이	_ 390
표 5-13	연도별 국민연금기금 운용 수익률 추이	_ 390

표 5-14　자산운용 일임시장 규모(비관적 전망) _ 396

표 5-15　자산운용 일임시장 규모(중립적 전망) _ 396

표 5-16　'국내 토종 사모펀드 운영회사' 육성을 위한 필요사항 _ 405

표 5-17　'아시아지역 펀드 패스포트'(ARFP) 논의의 주요 이슈 및 향후 방향 _ 411

표 5-18　'아시아지역 펀드 패스포트'(ARFP) 도입에 따른 장·단점 _ 412

표 6-1　1997년 하반기 외환위기와 2008년 하반기 글로벌 금융위기의 발생원인 및 정책대응 차이점 _ 420

표 6-2　주택저당 담보부 증권(MBS) 발행의 유형 _ 437

표 6-3　외환위기에 대비하기 위한 소요 외환보유액 추정 _ 447

표 6-4　외은지점 및 국내 은행에 대한 외환건전성 규제 현황 _ 451

표 6-5　한·중·일 FTA의 거시경제적 효과 _ 487

표 6-6　치앙마이 이니셔티브(CMI) 상호자금지원 체계 합의 내용(2008. 5. 4) _ 493

표 6-7　치앙마이 이니셔티브 다자화(CMIM)의 분담금 및 인출비율 _ 493

표 6-8　치앙마이 이니셔티브 다자화(CMIM) 분담금·지원금 및 투표권 합의사항 _ 495

표 7-1　금융의 과거와 미래 _ 562

표 7-2　한국 금융시장의 구조 _ 564

표 7-3　거시경제적 건전성 및 미시경제적 건전성 금융 규제 및 감독의 관점 비교 _ 565

표 7-4　금·산(金·産) 분리 관련 규제의 개선방향 _ 568

표 7-5　외은지점 및 국내 은행에 대한 외환건전성 규제 현황 _ 584

표 7-6　한국의 기술혁신 금융지원 체제 _ 594

그림 1-1 세계 경제사의 개관 _ 033
그림 1-2 시장자본주의의 발전 과정과 인본(人本)자본주의에로의 지향 _ 034
그림 1-3 신용파생금융상품의 발전과정 _ 042
그림 1-4 인본(人本)자본주의와 신(新)실용주의 _ 068
그림 1-5 한국의 비전과 국가경영전략 _ 070
그림 1-6 기술혁신의 메커니즘 및 파급효과 : 미시경제적 측면 _ 071
그림 1-7 테크노-경제발전 모형 : 거시경제적 측면 _ 072
그림 1-8 국가기술혁신 시스템의 모형 _ 073
그림 1-9 스웨덴과 한국의 사회경제적 여건 비교 _ 079
그림 1-10 라이프-사이클 사회보장 모형 _ 085
그림 1-11 최적 경제성장과 사회보장 모형 _ 087
그림 1-12 '최적 저축률' 및 최적 '사회보장세'가 도입된 장·단기 균형성장 궤적 _ 088
그림 1-13 '최적 경제성장과 사회보장 모형'에 입각한 한국의 복지재원 조달 방안 _ 091
그림 1-14 글로벌 금융 패러다임의 변화와 한국 금융산업의 발전전략 _ 094

그림 2-1 2008년 하반기 미국발 금융위기의 원인 _ 103
그림 2-2 서브프라임 유동화 구조와 위험 전이 _ 104
그림 2-3 금융기관의 자금중개기능과 정부로부터의 보호 _ 108
그림 2-4 볼커 룰(Volcker Rule)의 주요 내용 및 영향 _ 117
그림 2-5 거시건전성 금융감독과 미시건전성 금융감독의 비교 _ 130
그림 2-6 한국 금융감독체계의 개편방안 _ 147

그림 3-1 단기 금융시장의 구조 _ 163
그림 3-2 콜(Call)시장의 주요 특징 _ 167
그림 3-3 CD금리 논쟁 이후 정부 대응책 _ 172
그림 3-4 환매조건부 채권 매매(Repo) 거래 업무 _ 173
그림 3-5 신용파산스왑(CDS)의 기본 구조 _ 179
그림 3-6 신용파산스왑(CDS)의 거래 구조 1 _ 179
그림 3-7 신용파산스왑(CDS)의 거래 구조 2 _ 179
그림 3-8 합성 담보부 증권(Synthetic CDO)의 기본 구조 _ 181
그림 3-9 합성 담보부 증권(Synthetic CDO)의 거래 구조 _ 181
그림 3-10 총수익스왑(TRS)의 기본 구조 _ 183
그림 3-11 총수익스왑(TRS)의 거래 구조 _ 183
그림 3-12 신용연계채권(CLN)의 기본 구조 _ 185
그림 3-13 신용연계채권(CLN)의 거래 구조 _ 185
그림 3-14 바스켓파산스왑(BDS)의 기본구조(First-to-default Basket의 경우) _ 187

그림 3-15 포트폴리오파산스왑(PDS)의 기본구조 _ 187
그림 3-16 금리스왑 시장 _ 195
그림 3-17 국내 사모투자전문회사(PEF) 도입 배경 _ 208
그림 3-18 실물 ETF와 합성 ETF의 운용구조 비교 _ 217
그림 3-19 사모펀드(PEF) 및 헤지펀드(Hedge Fund)의 시장 활성화 추진전략 개요 _ 226
그림 3-20 국제 금융시장의 구조 _ 232

그림 4-1 국내 금융산업의 트렌드 변화 _ 244
그림 4-2 GE 그룹의 주요 구조 _ 271
그림 4-3 Allianz SE로 개편되기 전 지분구조 _ 273
그림 4-4 스웨덴의 발렌베리家(Wallenberg)의 지주회사 Invester社 _ 274
그림 4-5 일본 소니 그룹(Sony Corporation) _ 275
그림 4-6 소프트 뱅크의 지주회사 전환 당시 지분구조 _ 276
그림 4-7 기술혁신 프로세스와 "죽음의 계곡"(Valley of Death) _ 297
그림 4-8 슘페테리언 테크노-경제발전 모형 _ 299
그림 4-9 기업 경영패러다임의 변화와 경쟁력 구조의 변화 _ 301
그림 4-10 기업조직과 전략개념의 변화 _ 301
그림 4-11 한국 산업구조의 발전 과정 _ 307
그림 4-12 기술평가인증 체계 _ 339
그림 4-13 기술평가인증 절차 _ 339
그림 4-14 대기업과 중소기업의 상생 전략 _ 345

그림 5-1 베이버 부머(1955~1963년생) 가구의 평균자산 _ 358
그림 5-2 베이버 부머(1955~1963년생) 가구가 은퇴 후 필요한 최소자금 _ 358
그림 5-3 퇴직연금제도의 도입배경 _ 359
그림 5-4 퇴직연금제도의 유형 _ 360
그림 5-5 DB(확정급여형, 회사책임형)과 DC(확정기여형, 근로자책임형)의 비교 _ 360
그림 5-6 사업장 도입 현황 _ 361
그림 5-7 근로자 가입 현황 _ 362
그림 5-8 금융권역별 적립금 운용 현황 _ 363
그림 5-9 제도유형별 적립금 운용 현황 _ 363
그림 5-10 호주의 자산운용 시장 구조 _ 372
그림 5-11 호주의 복지 성적(OECD 30개국 중 순위) _ 381
그림 5-12 한국예탁결제원(KSD)의 주요업무 _ 383
그림 5-13 국민연금기금 적립금의 장기 전망 _ 387
그림 5-14 국민연금기금의 포트폴리오 현황 _ 387

그림 5-15 국민연금기금의 조성과 지출 및 적립 _ 388
그림 5-16 자산운용업의 가치 창출 구조 _ 400
그림 5-17 국내 자산운용업에 적용 가능한 사업모형 _ 400
그림 5-18 한국 자산운용산업의 국제화를 위한 과제 _ 409
그림 5-19 한국 자산운용산업의 국제화 목표 _ 409

그림 6-1 1997년 하반기 외환위기 시 성장과 고용 _ 421
그림 6-2 2008년 하반기 글로벌 금융위기 기간 중 성장과 고용 _ 421
그림 6-3 한국 금융의 높은 불안정성 원인 _ 424
그림 6-4 2008년 하반기 글로벌 금융위기의 국내 금융시장 불안 파급경로 _ 424
그림 6-5 금융시장 불안의 실물경제부문으로의 파급경로 _ 425
그림 6-6 실물경제부문과 금융시장의 악순환 _ 425
그림 6-7 향후 금융위기의 메커니즘과 대비책 _ 427
그림 6-8 금융불안에 대한 대응역량 강화를 위한 정책 방향 _ 427
그림 6-9 은행 대출 규제 강화로 제2금융권 대출 크게 늘어 _ 429
그림 6-10 한국 가계부채의 확대 과정 _ 430
그림 6-11 가계부채의 감축·부동산 거래의 활성화·건설산업의 정상화를 위한 부동산 자산의 증권화 방안 _ 436
그림 6-12 원리금자동이체형·수익증권형 주택저당 담보부 증권(MBS) 발행 흐름도 _ 437
그림 6-13 채권형 주택저당 담보부 채권(MBB)의 발행 구조 _ 438
그림 6-14 한·중 통화 스왑을 활용한 무역거래 구조 _ 456
그림 6-15 '동아시아 경제공동체'(EAEC)를 위한 전략 구도 : 한·중·일 FTA와 아시아 금융협력 _ 499
그림 6-16 신(新)실용주의 철학의 사상적 체계 _ 515
그림 6-17 자유와 평등을 위한 사상·철학적 기초 _ 518

그림 7-1 신(新)실용주의 철학 : 시장자본주의에서 인본(人本)자본주의로 지향 _ 558
그림 7-2 글로벌 금융 패러다임의 변화와 한국 금융산업의 발전전략 _ 560
그림 7-3 거시경제적 건전성 금융 감독과 미시경제적 건전성 금융 감독의 비교 _ 565
그림 7-4 한국 금융감독체계의 개편방안 _ 567
그림 7-5 글로벌 금융위기의 국내 금융시장 불안 파급경로 _ 572
그림 7-6 금융시장 불안의 실물경제부문으로의 파급경로 _ 572
그림 7-7 금융시장 불안에 대한 대응역량 강화를 위한 정책 방향 _ 574
그림 7-8 실물경제부문과 금융시장의 악순환 _ 580
그림 7-9 향후 금융위기의 메커니즘과 대비책 _ 581
그림 7-10 한국 가계부채의 확대 과정 _ 587
그림 7-11 가계부채의 감축·부동산 거래의 활성화·건설산업의 정상화를 위한 부동산

자산의 증권화 방안 _ 588

그림 7-12 원리금자동이체형·수익증권형 주택저당 담보부 증권(MBS) 발행 흐름도 _ 588

그림 7-13 채권형 주택저당 담보부 채권(MBB)의 발행 구조 _ 589

그림 7-14 기술혁신의 메커니즘 및 파급효과 : 미시경제적 측면 _ 590

그림 7-15 테크노-경제발전 모형 : 거시경제적 측면 _ 591

그림 7-16 국가 기술혁신 시스템의 모형 _ 592

그림 7-17 경쟁력에 대한 기술하부구조의 파급효과 _ 593

그림 7-18 기술평가인증 체계 _ 596

그림 7-19 라이프-사이클 사회보장 모형 _ 599

그림 7-20 최적 경제성장과 사회보장 모형 _ 600

그림 7-21 '최적 저축률' 및 최적 '사회보장세'가 도입된 장·단기 균형성장 궤적 _ 601

그림 7-22 '최적 경제성장과 사회보장 모형'에 입각한 한국의 복지재원 조달 방안 _ 602

그림 7-23 한국 자산운용산업의 국제화 목표 _ 605

그림 7-24 한국 자산운용산업의 국제화를 위한 과제 _ 605

그림 7-25 '동아시아 경제공동체'(EAEC)를 위한 전략 구도 : 한·중·일 FTA와 아시아 금융협력 _ 607

그림 7-26 한국의 비전과 국가경영전략 _ 608

그림 7-27 인본(人本)자본주의와 신(新)실용주의 _ 610

그림 7-28 신(新)실용주의 철학의 사상적 체계 _ 611

그림 7-29 자유와 평등을 위한 사상·철학적 기초 _ 612

제1장 / 서언

1. 세계 경제의 근·현대사 100년 개관 : 신(新)금융자본주의의 몰락

과거의 기록인 역사는 미래의 나침반이라고 말할 수 있다. 따라서 바람직한 미래의 인류역사를 열기 위한 시도로서 과거의 정치·경제사적 사실을 반추해 보는 것은 의미 있는 일이다.

세계 경제의 근·현대사 100년을 다음과 같이 여섯 개 시대로 구분해 볼 수 있다. 즉, ① 유럽 열강의 경쟁시대(제1차 세계대전~제2차 세계대전 직전), ② 미국의 강대국 부상 시대(제2차 세계대전~1978년 4월 킹스턴 체제(Kingston System)), ③ 미국·유럽·일본의 공존시대(1978년 4월 킹스턴 체제(Kingston System) 후~1992년 일본의 자산 버블 붕괴), ④ 미국의 호황시대(일본의 '잃어버린 10년'의 시작, 1992년~2001년 9·11 테러 사건), ⑤ 미국의 1극 체제 하에서 유럽·동북아와의 공존 시대(2001년 9·11 테러 사건~2008년 하반기 글로벌 금융위기), ⑥ 미국·중국의 2극 체제 하에서 G20 시대(2009년 11월 G20 출범 이후~2050년경)이다.

현재 인류사회는 세계평화와 공동번영을 위한 새로운 가치기준과 규범을 마련하고 바람직한 미래사회를 건설하기 위한 방향 설정과 공동목표의 재정립이 시급하고 절실하게 요구되는 역사적 전환점에 놓여 있다.

특히, 경제적 측면에서 보면, 과거 시장자본주의(Market Capitalism)의 만능을 신봉했었던 '자본주의 3.0'이 불과 30여 년 만에 동요되고 있으며 이젠 소위 '자본주의 4.0'이 도래하고 있다. 다시 말하면, 2008년 하반기 글로벌 금융위기가 야기했던 참사들(기업 파산, 대량 실업, 양극화 심화 등)을 목격한 세계는 이제 더 이상 시장자본주의(Market Capitalism)의 만능을 신뢰 할 수 없다는 것을 통감하면서 시장과 정부의 새로운 관계 설정, 즉 '자본주의 4.0'

을 모색하고 있다.

2008년 하반기 글로벌 경제위기의 근본요인은 신(新)금융자본주의(New Financial Capitalism)인데(최소한 미국과 영국에서), 이것은 고전적 금융자본주의(Classical Financial Capitalism)로부터 진화된 자본주의의 최종단계이다. 그 변화 과정의 핵심내용은 다음과 같다.

고전적 금융자본주의(Classical Financial Capitalism)는 1933년 글라스 스티걸 법(Glass Steagall Act)과 1938년 찬들러 법(Chandler Act)에 의하여 투자은행(IB)을 상업은행(CB)과 분리시키고 투자은행(IB) 주도의 기업구조 재편을 제한시켰었다. 이와 반면에, 신(新)금융자본주의(New Financial Capitalism)는 1996년 금융감독규제 완화법(은행과 증권업의 겸업 확대 허용) 및 1999년 그람-리치-빌리 법(Gramm-Leach-Bliley Act)에 의하여, 1933년 글라스 스티걸 법(Glass Steagall Act)을 폐지하고 금융지주회사를 출범시켰다. 이 결과, 금융(Finance, 金融)이 제조업을 지배하는 경제구조가 정착되었으며, 따라서 금융위기는 곧 실물위기로 쉽게 전이되는 메커니즘이 작동하게 되었다.

여기서 제기될 수 있는 근본적 문제는 과연 금융(Finance, 金融)의 역할은 무엇이어야 하는가이다. 고전학파 경제이론에서는 실물부문과 금융부문이 분리되어 있으며, 따라서 통화량의 증·감은 물가수준의 등·락에만 영향을 준다. 고전학파 경제이론과 케인지언 경제이론을 통합한 신(新)고전학파 경제이론에서는 금리가 실물부문(저축과 투자)과 금융부문(통화 수요와 공급) 사이에 연결고리 역할을 수행한다. 그러나 이러한 메커니즘이 제대로 작동하지 않고 있다.

한편, 고전적 자유주의(Classic Liberalism)에 바탕을 둔 고전학파 경제이론(Classic Economics)은 고전적 금융자본주의(Classic Financial Capitalism)를 분만하였으나 유효수요 부족과 보호무역주의(Trade Protectionism)로 인하여 세계 대공황(1929~1939)을 야기했었다. 이것은 다시 적극적 자유주의(Positive Liberalism)를 표방하는 케인지언 경제이론(Keynesian Economics)을 대동시켰다.

그러나 스태그플레이션(경기침체와 물가상승의 동시적 현상)과 쌍둥이 적자(재정적자와 무역수지 적자)가 만성화됨에 따라 신(新)고전학파 경제이론(Newclassic Economics)에 바탕을 둔 신(新)자유주의(New Liberalism)가 대두되었다. 이것은 미국의 레이거노믹스(Reaganomics)와 영국의 테처리즘(Thatcherism)으로 구체화되었다.

신(新)자유주의(New Liberalism)와 신(新)금융자본주의(New Financial Capitalism)는 '작은 정부'·정부규제 완화·세금 인하·공기업 민영화·노조파업 근절, 금융·자본자유화를 통한 세계화(Globalization) 등을 추진함으로써 2008년 하반기 글로벌 금융위기가 발발하기 전까지 정보통신혁명에 힘입어 20년 동안 '황금기'를 구가하였으나 소득분배구조를 악화시켰

그림 1-1 세계 경제사의 개관

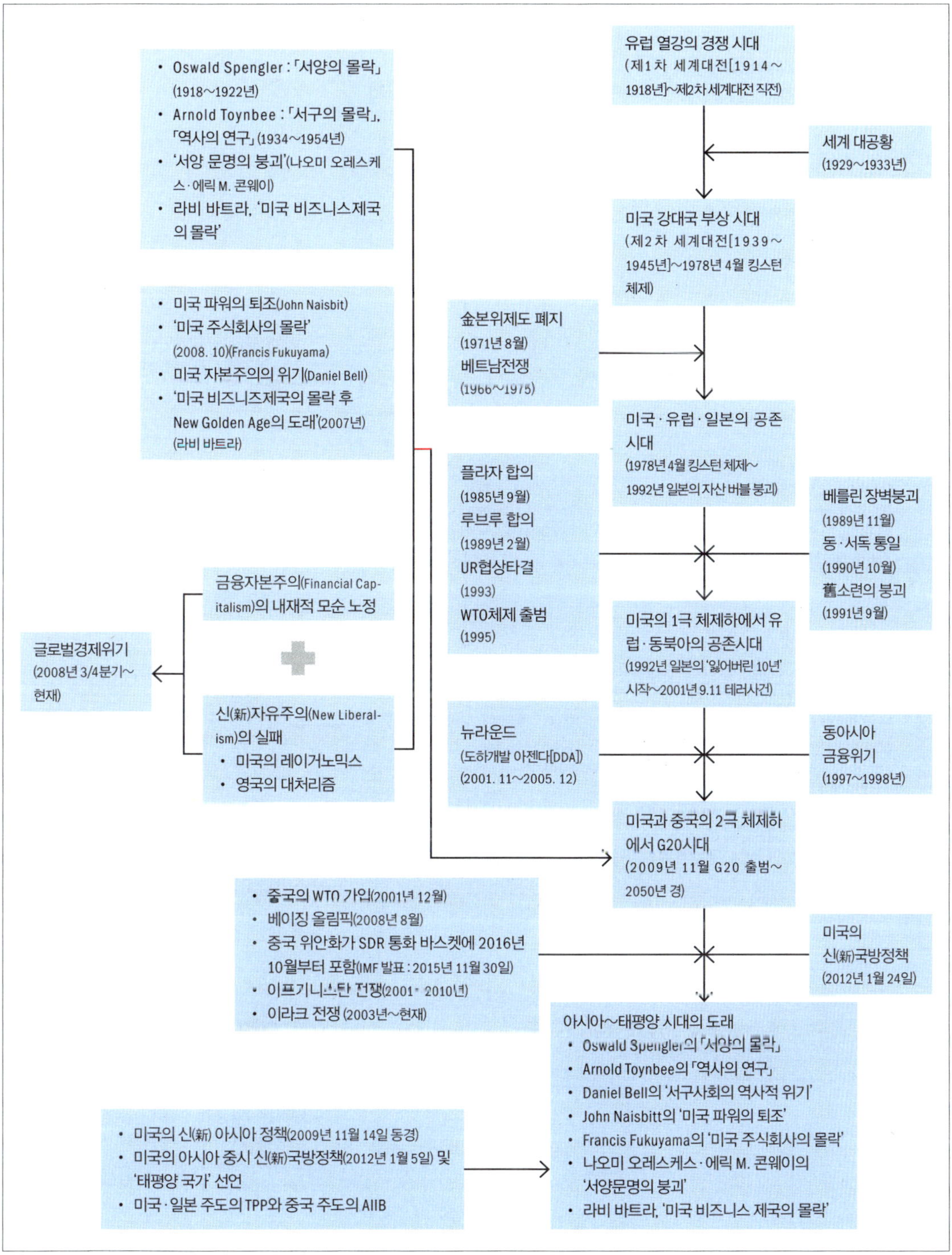

그림 1-2 시장자본주의의 발전 과정과 인본자본주의에로의 지향

고전적 금융자본주의(세계 대공황 이전 : 19세기 후반~1920년대)
- 1914년 Clayton Act (경쟁기업 인수 제한, 담합행위 제재)
- 1933년 Glass Steagall Act (상업은행과 투자은행의 기능 분리)
- 1938년 Chandler Act (투자은행 주도의 기업구조 재편 제한)

세계 대공황(1929~1939)
* 미국의 Smoot Hawley Tariff Act → 보호무역주의 확산

고전적 자유주의와 고전학파 경제이론
- John Locke, Herbert Spencer, John Stuart Mill 등
- Adam Smith : 「도덕감성론」(1759년), 「국부론」(1776년)
- Thomas Robert Malthus : 「An Essay on the Principle of Population」(1790년)
- David Ricardo : 「Principles of Political Economy」(1820년)
- Karl Marx : 「자본론」(1883년)

적극적 자유주의와 케인지언 경제이론
- John Maynard Keynes : 「The General Theory of Employment, Interest and Money」(1936년)
- James Tobin
- Joseph Stiglitz
- Paul Krugman
- Thomas Summers

Stagflation(경기침체+물가상승)과 '쌍둥이 적자'(재정적자+무역수지 적자)

신(新)고전학파 경제이론과 신(新)자유주의(자본주의 3.0)
- Alfred Marshall : Principles of Economics(1890년)
- Leon Walras : General Equilibrium Analysis(Elements of Pure Economics, translated by William Jaffe, Homewood, Ill : Irwin, 1954년)
- Paul A. Samuelson : Foundations of Economic Analysis(1947년)
  * 고전학파 경제이론과 케인즈 경제학이론의 통합
- Friedrich A. Hayek : 「The Constitution of Liberty」(1960년) "The Mirage of Social Justice.", 「Law, Legislation and Liberty」(1976년)
- Milton Friedman : 「Capitalism and Freedom」(1962년), 「Free to Choose : A Personal Statement」(1980년)
- Ludwig von Mises

'신(新)고전학파 경제이론의 위기'(Joan Robinson, 1972년)
- 제1위기 : 대량실업 발생
- 제2위기 : 분배구조 악화와 양극화 심화

- 미국 금융위기
- 유럽 재정위기
- 글로벌 경제위기

- 美 Reaganomics : 시장의 자율성, 작은 정부, 정부규제 완화, 세금인하 등
- 英 Thatcherism : 공기업 민영화, 노조파업 근절

- Oswald Spengler : 「서양의 몰락」(1918~1922년)
- Arnold Toynbee, 「역사의 연구」(1934~1954년)
- Daniel Bell, '서구사회의 역사적 위기'
- 나오미 오레스케스 · 에릭 M. 콘웨이, '서양 문명의 붕괴'
- John Naisbitt, '미국 파워의 퇴조'
- Francis Fukuyama, '미국 주식회사의 몰락'
- 라비 바트라, '미국 비즈니스 제국의 몰락'

- 독점 자본주의
- 정보통신혁명
- 자본의 세계화 전략 : 생산의 국제화(Global Imbalance) 금융자유화, 자본자유화

↓

신(新)금융자본주의(1980년대 이후~2008년 하반기 글로벌 금융위기) :
20여 년 동안 '대완화'(Great Moderation)에 의한 '황금기'

- 영국의 금융빅뱅(1987년)
- 금융의 펀드화·복합화(신용파생상품화)·글로벌화
- 헤지펀드 등을 중심으로 그림자 금융(Shadow Banking)
- BASEL I의 자기자본 규제 제외하고 개별 금융기관은 자율적으로 리스크 관리 허용
- 1980년 통화관리법(예금은행 이자율 상한제 폐지)
- 1982년 예금취급 금융기관법(예금금리 규제의 완전 철폐, S&L의 상품취급 업무에 대한 제약 해제, 비상업용 주택 담보 대출→상업용 부동산, 개인 소비 대출 허용)
- 1996년 금융 감독규제 완화법(은행과 증권업의 겸업 확대 허용)
- 1999년 금융서비스 현대화법(Gramm-Leach-Bliley Act) : 1933년 Glass Steagall Act(상업은행과 투자은행 기능 분리)의 폐지(금융업무의 확대와 겸업 허용, 금융지주회사 근거 조항 마련)

↓

글로벌 금융위기 후의 글로벌 트렌드

1) 부채 축소 (Deleveraging)
2) 규제 강화 (Reregulation)
3) 탈(脫)세계화 (DeGlobalization)

↓

논쟁 : 시장 실패vs정부 실패 : 큰 정부vs작은 정부 : 시장 자본주의vs국가 자본주의

- Milton Friedman vs James Tobin / Joseph Stiglitz
- Niall Ferguson vs Paul Krugman
- Thomas Summers vs Ben Bernanke
- Nicholas Gregory Mankiw vs Thomas Piketty
  - * Paul Krugman : 「The Return of Depression Economics」(2009년)
  - * Joseph Stiglitz : 「Free Fall : America, Free Markets and the Sinking of the World Economy」(2010년)
  - * Thomas Piketty : 「Capital in the 21st century」(2012년)
  - * 중국의 '국가 자본주의'(State Capitalism)

→

지구촌 문화 공동체(Global Cultural Community)을 위한 사상적 배경

- 고대 중국의 儒家 : '大同社會'(康有爲, 1858~1927 ; 大同書)
  고대 서양 정치철학 : 'Hermeneia' 현대 서양철학 : 세계시민주의(Cosmopolitanism)
- 엘리기에리 단테(Alighieri Dante, 1265~1321) : '세계정부의 이상'(Monarchia) : '보편군주제 하의 세계제국론'
- Immanuel Kant(1724~1804) : 「영구평화론」(Zum ewigen Frieden) : '세계공화국'
- Bertrand Russell(1872~1970) : '정치적 세계공동체'
- Samuel P. Huntington, "The Clash of Civiligations?"(1993년)
- M. Humbort, 「The Impact of Globalization on Europe's Firms and Industries」(1993년)
- Paul Kennedy, 「Preparing for the 21st Century」(1993년)
- Alvin Toffler, F 「War and Anti-War」(1993년) : '초국가적 시민사회'
- Nouriel Roubini : 「Crisis Economics」(2011년)
- Peter Drucker : 「Post-Capitalism Society」(1933년), 「The New Society」(1949년), 「The New Realities」(1989년)
- John Naisbitt : 「Megatrends」(1982년), 「Megatrends 2000」(1990년), 「Megatrend Asia」(1995년), 「Megatrend China」(2010년)
- Kenneth Ewart Boulding : 「The Meaning of the 20th Century : The Great Transition」(1964년)

〈인류사회의 당면과제〉

- 에너지·환경의 위기
- 식량 위기
- 핵무기 위기
- 종교·문명의 충돌
- IS 테러

↓

林陽澤(1981, 1985, 2007, 2008, 2011, 2013, 2014) 및 Yang-Taek Lim(1978, 2006, 2007, 2010, 2011, 2012)
신(新)실용주의 철학 (Neopragmatism)의 목표 : 인본(人本) 자본주의(Anthropocentic Capitalism)('정의로운 국가와 행복한 사회')

- 일반균형(파레토 최적)과 사회정의(사회적 최적)
- 시장질서(경쟁원리)+사회질서(보충원리)
- 경제성장+소득분배(복지)
  1) Joseph A. Schumpeter : 「Capitalism, Socialism and Democracy」(1943년)
  2) John Kenneth Galbraith : 「The Affluent Society」(1958년), 「The New Industrial State」(1967년), 「Economics and Public Purpose」(1973년)
  3) John Rawls : 「Theory of Justice」(1971년), 「Political Liberalism」(1993년)
  4) Francis Fukuyama : 「Trust」(1996년)
  5) Bo Rothstein : 「Just Institutions Matter : the Moral and Political Logic of the Universal Welfare State」(1998년)
  6) Joseph Stiglitz : 「Making Globalization Work」(2006년)
  7) Jeffrey Sachs : 「Common Wealth : Economics for a Crowded Planet」(2008년)

으며 양극화(Polarization)를 심화시켰다.

이젠, 기업의 존재 이유가 주주의 이익 극대화에 두던 소위 '주주 자본주의'(Stockholder Capitalism)가 아니라, 기업은 주주뿐만 아니라 종업원 · 납품업자 · 채권자 · 고객 등 사회의 모든 이해관계자의 이익을 다 함께 도모해야 한다는 기업의 '사회적 책임'(Social Responsibility)을 요구하고 있다.

다른 한편으로, 2008년 하반기 미국 주택시장에서 부동산 거품이 붕괴되면서 미국발(發) 글로벌 금융위기의 여파로 유럽의 재정위기와 2016년 6월 영국의 유럽연합 탈퇴(Brexit)가 유발되었다. 이것은 세계화(Globalization)와 신(新)금융자본주의(New Financial Capitalism)의 실패를 의미한다.

이에 대한 대응으로서 '새로운 정상적 경제'(New Normal Economy) : 부채 축소(Deleveraging), 규제 강화(Reregulation), 탈(脫)세계화(DeGlobalization)가 글로벌 트렌드로 자리잡아가고 있다. 이와 동시에, 세계 경제학자들은 정부 실패(Government Failure) vs 시장 실패(Market Failure), 즉 작은 정부 vs 큰 정부와 시장 자본주의(Market Capitalism) vs 국가 자본주의(State Capitalism)에 관한 논쟁을 벌이고 있다.

그러나, 상기의 논쟁에서, 어느 쪽이든 간에, 저자는 동의할 수 없다. 왜냐하면 시장 자본주의(Market Capitalism)와 국가 자본주의(State Capitalism)의 선택에 관한 논쟁에서 당연히 자유시장경제 체제를 근간으로 삼는 자본주의(Capitalism)가 사회주의(Socialism)에 비하여 인류사회의 보편적 가치인 민주주의(Democracy)를 실행하는 데 더 효율적인 경제체제이기 때문이며, 나아가 글로벌 경제위기의 근본 요인은 시장 실패(Market Failure)와 정부 실패(Government Failure)를 모두 포함하고 있기 때문이다. 여기서 문제의 핵심은 정부의 크기가 커야 하는가 혹은 작아야 하는가 하는 '정부의 규모(Size)'가 아니라 '자본주의 4.0'시대에서 '최대다수의 최대행복'을 위한 '정부의 역할(Role)'이라고 저자는 확신한다.

2. 신(新)자유주의의 대두와 좌초 : 2008년 하반기 글로벌 금융위기

18~19세기 서구 산업혁명에서 출발한 초기 자본주의는 '자유방임주의'(laissez-faire)를 강조했었다. 그 배경은 시장의 수요와 공급은 영국의 고전학파 경제학자 애덤 스미스(1723~1790)가 강조한 '보이지 않는 손'(Invisible Hand)에 의해 자연스럽게 결정되고 그에 따라 적정한 가격이 정해진다고 믿었기 때문이다. 즉 모든 시장의 경제활동은 가계와 기업의 자율성에 맡기고 정부(국가)는 치안과 국방만 담당하고 경제활동을 일절 규제하지 않는 '작

은 정부'(Small Government)이어야 한다는 것이다.

그러나 이 과정에서 약한 기업은 시장에서 제대로 경쟁하지 못한 채 사라지고 크고 강한 기업만 살아남아서 하나(독점) 또는 소수(과점) 기업이 시장을 지배하는 결과를 초래했다. 이것을 '시장 실패'(Market Failure)라고 부른다. 이 결과, 초기 자본주의는 빈부 격차를 야기했었고 이는 세계 대공황(1929~1939)을 유발했었다. 1929년 미국도 극심한 경기 침체를 피할 수 없었다. 당시, 미국이 대공황을 겪은 원인 중 하나가 소수 대기업의 독·과점에 따른 시장경제 질서의 혼란이었다. 당시, 미국의 대표적 소수 대기업은 미국의 산업화에 앞장섰던 기업가, '철강왕' 앤드루 카네기(Andrew Carnegie), '석유왕' 존 록펠러(John Davison Rockefeller), '금융왕' 존 모건(John Pierpont Morgan) 등이었다.

상술하면, 19세기 미국은 당시 주요 산업이었던 석유·철도·제강 같은 분야에서 소수 대기업들이 막강한 자본력을 바탕으로 작은 기업들을 흡수하는 인수·합병(M&A)이 무분별하게 벌어지고 있었다. 예를 들어 1860년대 석유 산업에 뛰어든 존 록펠러(John Davison Rockefeller)는 1879년 석유업계 기업들을 대거 통합해 거대한 '스탠더드 오일 트러스트'(Standard Oil Trust)라는 회사를 세웠다. 이로써 그는 전체 미국 정유 시장의 90%를 차지했었다. 시장을 독점한 기업들은 생산량 조정, 가격 인상 등을 통해 막대한 부(富)를 쌓았다. 그러나 당시 미국 정부는 이러한 대(大)자본가들의 독·과점에 사실상 손을 놓고 있었다.

1901년 취임한 제26대 시어도어 루스벨트(Theodore Roosevelt ; 재임 : 1901~1909) 대통령은 상기한 이른바 '나쁜 기업들과의 전면전'을 선포하고 독·과점 문제를 해결하기 위해 본격적 기업 규제에 나섰다. 그는 1903년 미국 법무부에 처음으로 '독점금지국'을 만들었다. 이어서, 기업의 리베이트(금품 제공) 관행을 금지하는 엘킨스 법(1903년), 철도 회사 운임을 규제하는 헵번 법(1906년), 식품의약규제 법(1906년) 등을 차례로 입법화했었다. 1890년 만들어졌으나 사실상 잠자고 있었던 셔먼 법(반독·과점 법)을 근거로 거대 기업이었던 스탠더드 오일 트러스트 등을 상대로 소송을 제기했었다. 그 결과, 스탠더드 오일 트러스트 회사는 30여 개로 쪼개지게 됐었다. 셔먼 법(Sherman Act)은 1890년 미국 오하이오 주(州) 상원 의원인 존 셔먼(John Sherman)이 발의해 제정되었던 법이었다. 이 법은 기업 간 어떤 형태의 연합도 불법이며, 어떤 독점도 허용할 수 없다는 내용을 담고 있었다. 그 후 미국을 비롯해 세계 각국 독점 금지·기업 규제 법의 모델이 됐다.

이어서, 제32대 프랭클린 D. 루스벨트(Franklin Delano Roosevelt ; 재임 : 1933~1945) 대통령은 세계 대공황(1929~1939)을 해결하고 시장 안정을 가져다 줄 정책으로 '뉴딜 정책'(1933)을 발표했었다. '뉴딜 정책'에는 정부가 돈의 양이나 물건 가격을 조정하는 내용도 포함되어 있었다. 즉 기업의 독·과점 행위를 규제하는 '큰 정부'(Big Government)를 지향하는 정책이었다. 또한, 프랭클린 D. 루스벨트(Franklin Delano Roosevelt) 대통령은 기업으로부터 세금도 많이 거둬 다양한 복지 제도를 실시해 빈부 격차를 해소하고자 했었다. 이처럼 자본주의의 기본 틀은 유지하되 불(不)균형 부문에만 정부의 시장 개입을 허용하는 자본주의를 '수정 자본주의'라고 불린다.

그러나 수정 자본주의도 정부가 지나치게 기업을 규제해 시장의 자율성을 해치고 있다는 비판이 나왔다. 즉 복지 정책과 공공사업을 운영하는데 소요되는 세금을 많이 걷게 되자 기업들의 불만이 컸었다. 그래서 '작은 정부'(Small Government)로 돌아가자는 '신(新)자유주의'(New Liberalism)가 대두되었다.

'신(新)자유주의'(New Liberalism)는 세계 대공황 시대(1929~1939)의 자유방임주의(laissez-faire)에 이어서 1980년대 이후 최근까지 풍미(風靡)하였다. 이것은 개방화와 자유화를 표방하고 대내적으로는 정부규제 완화, 작은 정부, 큰 시장, 민영화 등을 추구해 왔으며 대외적으로는 세계화(Globalization)와 신(新)금융자본주의(New Financial Capitalism)로 확산되어 왔다.

그러나 2008년 하반기 미국발(發) 서브프라임 모기지 부실사태(Subprime Mortgage Turmoil)로 야기된 「리먼 브라더스」의 파산(2008. 9. 15)은 국제금융시장을 공포에 빠뜨렸고 세계 경제를 불황에 밀어 넣었으며 신(新)자유주의(New Liberalism)와 신(新)금융자본주의(New Financial Capitalism)를 무너뜨렸다. 2008년 하반기 글로벌 금융위기의 후폭풍은 대서양을 횡단하여 2010년에는 그리스와 아일랜드, 2011년에는 포르투갈, 그리고 2012년에는 스페인과 이탈리아 등 유로존(Eurozone)의 재정위기(Fiscal Crisis)를 초래하였다.

2008년 하반기 글로벌 금융위기가 발생한 지 약 10년이 경과하였지만 아직도 세계 경제는 이른바 '100년 만의 위기'(once in a century crisis, Alan Greenspan 2008년)에서 완전히 벗어나지 못하고 있다. 세계 경제는 저(低)성장국면이 지속되고 있고 국제금융시장은 전례 없이 높은 변동성을 보이고 있다. 즉 이른바 '뉴 노멀(new normal) 경제',[01] 즉 부채 축소(Deleveraging), 규제 강화(Reregulation) 및 탈(脫)세계화(Deglobalsiation)의 시대가 도래한 것이다.

그러나 2008년 하반기 글로벌 금융위기는 미국의 금융위기조사위원회에서도 지적했

---

01 '뉴 노멀 경제'란 세계 최대 채권운용사 PIMCO의 M. Erian과 B. Gross가 주창한 것으로 글로벌 금융위기 이후 세계 경제가 부채 축소(Deleveraging), 규제 강화(Reregulation) 및 탈(脫)세계화(Deglobalsiation) 등으로 저(低)성장 시대로 진입한 것을 말한다. 이에 대해서는 PIMCO(2009. 10), "Mohamed Erian and Bill Gross discuss PIMCO's Cyclical Outlook and the New Normal"을 참조.

듯이 '사람이 만든 것'이었고 그렇기 때문에 '피할 수도 있었다'[02]는 인식이 지배적이다. 이러한 관점에서 '위기의 원인은 무엇인가', '위기로부터 무엇을 배울 것인가', '앞으로 무엇을 해야 할 것인가' 등을 둘러싸고 깊은 성찰과 반성이 일어났었다.

여기서 유의할 것은 '정부 실패'로 인한 '눈에 보이지 않는' 시장 기능의 회복을 위한 '작은 정부'와, '시장 실패'로 인한 정부의 시장개입을 위한 '큰 정부'는 상호 대칭적이라는 점이다. 이 대립의 해결은 '중용'(中庸), 즉 기업의 자율성 보장과 기업에 대한 규제 사이에 균형을 찾는 것이라고 저자는 주장한다. 나아가, 상기한 상호대립적 관계를 상호보완적 관계로 전환시킬 수 있도록 정부의 역할을 재정립해야 한다. 즉 시장이 수행할 수 없는 경제행위(사회간접자본, 저(低)소득계층을 위한 공적부조, 국민연금, 의료보험 등)를 정부가 공동체의 복지 극대화를 위하여 수행하는 것이다. 따라서, 전술한 바와 같이, 논의의 초점은 정부의 크기(Size of Government)가 아니라 정부의 역할(Role of Government)이라고 저자는 사유한다.

조셉 스티글리츠 : 「끝나지 않은 추락」(2010년)

케인지언(Keynesian)인 조셉 스티글리츠(Joseph Stiglitg)[03] 교수는 그의 저서 「끝나지 않은 추락」(Free Fall: America, Free Markets, and the Sinking of the World Economy, 2010년)에서 "이번 금융위기로 미국 우월주의는 끝났다. '시장 근본주의'(Market Fundamentalism)에 대한 논란도 끝났다"라고, "이번 위기가 자본주의 체제의 근본적인 결함을 드러냈다"라고 각각 주장했다.

그는 2008년 하반기 글로벌 금융위기의 직접 원인으로 시장의 자기조절기능을 맹신하는 '자유시장 근본주의'와 '월스트리트의 탐욕 및 도덕적 해이'를 지적하면서 이에 대한 근본적인 처방이 있어야 한다고 강조했다.

조셉 스티글리츠(Joseph Stiglitg) 교수가 제시하는 2008년 하반기 글로벌 금융위기에 대한 처방의 핵심은 적절한 '정부규제의 강화'이다. 그는 "정부규제로 생기는 비용보다 정부규제가 필요함에도 불구하고 그렇게 하지 않아서 발생하는 비용이 더 크다"라고 일관되게 주장해 왔다.

---

02 The Financial Crisis Inquiry Commission(2011), 「*The Financial Crisis Inquiry Commission Report: Final Report of the National Commission on the Causes of the Financial and Economic Crisis in the United States*」.

03 조셉 스티글리츠(Joseph Stiglitg) 교수는 오래전부터 '시장 근본주의', '워싱턴 컨센서스', 신고전학파 주류 경제학을 가차 없이 비판해온 '반골'(反骨) 경제학자이다. 그는 그의 수많은 저서들 중에서 특히 「인간의 얼굴을 한 세계화」(*Making Globalization Work*), 「세계화와 그 불만」(*Globalization and Its Discontents*), 「모두에게 공정한 무역」(*Fair Trade For All: How Trade Can Promote Development*) 등을 통해 미국이 주도해온 세계화(Globalization)가 불평등을 심화시키고 있다고 성토하며, 경제적 약자와 빈곤국을 옹호해왔다.

조지 소로스 : 「금융시장의 새로운 패러다임」(2008년)

세계 금융계의 큰 손이며 헤지펀드의 대부(代父)인 조지 소로스(George Soros) 회장(소로스 펀드 매니지먼트)은 그의 저서 「금융시장의 새로운 패러다임」(The New Paradigm for Financial Markets, 2008년)에서 신(新)자유주의(New Liberalism)는 '보이지 않는 손'(invisible hand)의 힘으로 금융시장 스스로 문제를 해결할 수 있다고 주장하지만, 조셉 스티글리츠(Joseph Stiglitz) 교수가 말한 바와 같이, '보이지 않는 손'이 안 보이는 이유는 그러한 손은 존재하지 않기 때문일 수 있다고 말했다.

조지 소로스(George Soros) 회장은 금융시장은 "예상과 전망의 영역이 아니라 생물처럼 움직이고 진화하기 때문에 예측하기 보다는 대응하고 적응하는 것이 중요하다"라고 주장한다. 또한, 금융시장은 항상 스스로 잘못을 시정하거나 스스로 규제하지 않기 때문에 정부가 국내적으로나 국제적으로 경제안정에 대한 책임을 포기할 수 없다고 강조한다. 그리고 정부는 자유시장 체제를 자멸의 위기에서 구하는 것은 물론이고, 적절하게 규제된 시장에 대한 신뢰를 확립해야 한다고 주장했다.

또한, 조지 소로스(George Soros) 회장은 2008년 하반기 글로벌 금융위기는 외부 충격 때문이 아니라 시스템 자체의 문제에서 비롯된 것이라고 주장한다. 물론, 자유시장 이념의 핵심이 정부의 역할을 축소해 궁극적으로 시장의 힘이 이를 대신해야 한다는 것이지만, 2008년 하반기 글로벌 금융위기는 규제되지 않은 시장의 힘이 자본주의를 어떻게 위기로 몰아넣는지를 보여주었다고, 즉 세계 금융시스템은 위험을 분산시키기보다 오히려 심화시켰다고 지적했다.

케빈 러드 : 정부의 금융규제

케빈 러드(Kevin Rudd) 호주 총리는 그의 기고문 "글로벌 금융위기와 정부의 역할"(중앙일보, 2009. 3. 2)에서 현대 자본주의를 구하기 위해서는 다음과 같은 세 가지 도전이 필요하다고 말했다.

첫째, 국가는 글로벌 금융위기에 맞서 민간 금융시스템을 붕괴 위기로부터 구하고, 직접적인 실물경제 부양책을 제공하고, 국내 및 국제적 규제 체제를 마련해야 한다.

둘째, 각국 정부는 규제가 가장 취약한 쪽으로 자본이 흘러 들어가지 않도록 일관성 있는 글로벌 금융규제 방안을 고안해야 한다. 시스템적으로 중요한 금융기관들에 대해서는 보다 엄격한 국제적 공개 기준을 마련해야 한다. 또한, 임원들의 보수 체계를 포함하여 책임감 있는 기업 행동에 대해 인센티브를 제공하는 방향으로 강력한 금융감독 체계를 만들어야 한다.

셋째, 보호무역주의(Trade Protectionism)는 경기침체를 불황으로 몰아넣는 확실히 위험한 정책이므로 반드시 방치되어야 한다.

누리엘 루비니 : '글로벌 경제위기의 제2막'

누리엘 루비니(Nouriel Roubini) 뉴욕대학교 교수는 그의 저서 「위기 경제학」(Crisis Economics, 2011년)에서 2008년 하반기 글로벌 금융위기와 그 이후의 경제상황을 심층적으로 분석한 후 다음과 같이 주장했다. 일각에서는 세계 경제가 반등한 사실을 두고 섣부른 낙관론이 제기되고 있지만, 그는 최근의 경제위기가 과거와 달리 복잡한 원인들에 의하여 야기되었고 독특한 양상을 띠고 있기 때문에, 단 한 번의 일격으로 끝나지 않을 것이라고 경고하면서 그리스를 비롯한 유럽의 재정위기를 시작으로 '세계 경제위기의 제2막'이 시작되었다는 것이다.

3. 레버리지 붐과 신용파생금융상품

선진국은 1990년대 초반부터 글로벌 금융위기 발생 전까지 20여 년간의 '대완화'(Great Moderation) 기간 동안 황금기를 보냈었다. 이 기간 중에 선진국에서는 고(高)성장과 저(低)물가가 지속되는 등 거시경제가 장기간의 안정을 구가하였다. 당시에는 '작은 정부'가 '마법의 지팡이'였다. 정부의 재정정책은 균형재정을 추구하였고 금융규제정책은 주로 개별 금융기관의 건전성 차원에서만 고려되었다. 이에 따라 거시경제정책은 물가안정목표 하에서 중앙은행의 금리정책에 의해 주도되었다.[04] 한편 금융부문은 혁신의 허브이자 경제성장의 동력으로 찬미되었다.

---

04 글로벌 위기 이전과 이후의 거시경제정책 프레임에 대해서는 O. Blanchard et al(2010), "Rethinking Macroeconomic Policy", O. Blanchard et. al.(2012), "In the Wake of the Crisis" 등 참조.

그림 1-3 신용파생금융상품의 발전과정

	1990년대 초반	1990년대 중반	1990년대 후반	최근
전통적 파생상품	표준 신용파생상품	복합(hybrid) 신용파생상품	이색(exotic) 신용파생상품	Synthetic Securitization
• 보증 • 자산스왑 • 대출 • 채권	• CDS • TRS • CLN	• digital • basket • up/down	• average price • barrier • leverage	• leveraged note • CDO

우선, 영국의 금융빅뱅(1987), 미국의 「Gramm-Reach-Bliley Act」(1999)[05] 등에 의해 상업은행(CB : Commercial Bank)과 투자은행(IB : Invertment Bank) 간의 인수·합병(M&A)이 대규모로 진행되었다. 또한 금융시장에서는 민간부문의 야성적 충동이 보장되었으며 투자은행과 헤지펀드 등을 중심으로 유사금융(Shadow Banking)이 시장의 주도세력으로 등장하였다. 그리고 금융시장에서의 리스크 관리는 BASEL II상의 자기자본비율(CAR) 규제를 제외하면 대체로 개별 금융기관의 자율에 맡겨졌다.

그러나 과거 20여 년 동안의 '대완화기'(Great Moderation)에서 비극의 씨앗이 잉태되고 있었다. 이른바 '안정은 그 자체 내에 불안정한 미래를 내포'하고 있었던 것이었다. 즉 '호황은 그다음 불황의 씨앗'이라는 것이다. 선진국은 실물경제 및 금융시장의 장기 호황을 경험하였지만 이 과정에서 가계 등 민간부문의 은행차입이 크게 늘어났었고 저축률이 하락하였으며 이에 따라 부채상환능력이 악화되었다. 특히 은행차입을 통한 주택투자가 크게 늘어나면서 부동산 거품과 모기지 대출 부실화의 불씨를 키워갔었다.

과거 20여 년 동안의 '대완화기'(Great Moderation) 동안에 선진국 금융시스템상의 문제점은 다음과 같다. 미국 등에서 은행들은 가계에 대한 모기지 대출자산을 유동화시킴으로써 대차대조표에서 지워버렸고 이로 인해 모기지 자산과 관련된 신용리스크나 유동성 리스크로부터 자유로워졌었다. 이에 따라 은행들은 소득 또는 자산이 없거나(NINA : No In-

05 「Gramm–Reach–Bliley Act」(1999년)는 세계 대공황 직후 제정된 『Glass–Steagall Act』(1933년) 상의 은행 증권사 간 계열관계 및 이사겸임 금지 조항 폐지를 골자로 한 것으로 Gramm 미(美)상원의원(당시) 주도로 입법화되었다. 「Gramm–Reach–Bliley Act」에 따른 금융겸업화와 자유화가 2008년 하반기 글로벌 금융위기를 초래했다는 주장을 둘러싸고 학계에서는 논란이 일어났었다. Gramm 의원은 2002년 스위스의 대표적인 투자은행인 UBS사에 취업하여 투자은행 부문 부의장(Vice Chairman)까지 지낸 바 있다.

come, No Asset), 이를 허위 신고한(SISA : Stated Income, Stated Asset) 비(非)우량 차주들에 대한 모기지 대출을 늘려나갔었던 것이다.

또한, 이들 모기지 대출을 기초자산으로 하여 담보부 증권(CDO : Collateralized Debt Obligation) 등 많은 신용파생금융상품이 만들어졌는데 이들 금융상품들은 보험사 등의 '신용 보강'과 신용평가사의 '최우량(AAA) 등급평가'에 힘입어 글로벌 금융시장에서 광범위하게 팔려 나갔었다.

여기서 2008년 하반기 글로벌 금융위기의 주범으로 지목되고 있는 신용파생금융상품시장의 발전과정을 살펴 볼 필요가 있다. 1990년대 초 신용파생금융상품이 거래되기 시작한 이후 금융공학의 발달 등으로 신종 신용파생금융상품들이 지속적으로 등장하였다. 상술하면, 신용파산스왑CDS(credit default swap) 등 표준적 신용파생금융상품(standard vanilla credit derivatives) 거래가 시작되었다. 1990년대 중반 이후 금융공학의 발달과 함께 복합(hybrid), 이색(exotic)상품 등 신종파생금융상품이 개발되는 상품혁명(product revolution)이 진전되었다. 나아가 신용파생금융상품을 활용하여 고객의 리스크/수익 선호도에 따라 전통적 금융상품을 재(再)디자인하는 합성 담보부 증권(Synthetic CDO : Collateral Debt Obligation) 등과 같은 구조화된 상품(structured products) 시대로 진입하였다.

게다가, 자산이 상업은행을 통하지 않고 자본시장을 통해 투자자에게 직접 전달되는 소위 '증권화'(Securitization)가 풍미하였다. 채권에 대한 투자자들의 수요 증가, 대부분 은행들에 있어 규제 자본을 감소시켜야 할 필요성, 그리고 새로운 증권 개념들을 고안해 내는 투자은행들의 창조적 노력이 '증권화'(Securitization)를 진전시켰다. 이러한 경향은 경제적인 영향력을 상업은행(CB : Commercial Bank)으로부터 투자은행(IB : Invertment Bank)으로 바꿔 놓았다.

또한, 탈(脫)규제화(Deregulation) 경향을 지적할 수 있다. 1975년 미국의 중개 수수료의 자율화 그리고 1986년 은행이 중개업무를 할 수 있도록 허용한 런던 주식시장제도 등의 개혁들은 대규모 합병을 촉발시키며 결국 상업은행(CB : Commercial Bank)과 투자은행(IB : Invertment Bank)의 결합을 이끌었다.

한편, 은행으로부터 모기지 대출자산을 사들인 그림자금융(Shadow Banking) 부문은 농 자산을 담보로 단기 금융시장에서 자금을 조달하여 이를 장기 금융자산에 투자함으로써 레버리지와 함께 만기불(不)일치(duration mismatch)를 확대하여 투기적 고수익을 추구하였다. 이른바 서브프라임 모기지 대출을 중심으로 은행과 그림자금융·신용평가사 사이에 매우 긴밀한 네트워크가 형성되었으며, 이 중심에 있었던 신용파생금융시장은 미국 주택시장과 함께 '거품 성장'을 지속하였다. 즉 상환능력이 없는 미국 가계에 대한 금융자산을 기초로 레버리지가 광범위하게 확대됨으로써 금융시스템 위기의 원인이 잉태되고 있었다. 다시 말하면, 당시 미국 경제와 민간부문 차입자들은 빚을 내서 빚을 갚는 '폰지 게임'(Ponzi game)의 늪에 빠져 있었던 것이다.

결국, 미국 등 선진국의 금융시장에서 전면화된 레버리지 붐은 미국 주택시장의 버블 붕괴와 함께 종언을 고(告)했다. 전통적인 은행중심형 금융체제에서 주택시장의 거품 붕괴는 일반적으로 '뱅크 런'(bank run)을 계기로 '은행위기'로 이어지게 된다. 그러나, 이번 글로벌 금융위기의 경우, 부동산 거품의 붕괴는 모기지 신용파생금융시장에서의 '마켓 런'(market run)을 통해서 보다 더 전방위적이고 포괄적인 '시스템적 위기'(Systematic Crisis)로 발전하였다.

과거에만 해도 주류 경제학에서는 신용파생금융상품시장이 리스크 분산을 통해 '시스템적 리스크'(Systematic Risk)를 축소시킨다고 주장하여 왔다. 예로서 앨런 그린스펀(Alan Greenspan) 전(前) 미(美) 연방준비이사회(FRB) 의장은 1998년 LTCM 파산 이후 신용파생금융상품 규제 논의와 관련하여 개별 금융기관의 리스크 관리만 잘 이루어진다면 신용파생금융상품시장을 통해 더 많은 부(富)가 창출될 것이라 주장하면서 이에 대한 규제에 회의적인 견해를 피력한 바 있다.

그러나 2008년 하반기 글로벌 금융위기에서 신용파생금융상품시장을 중심으로 한 선진국 금융시장은 '마켓런'(market run)을 통해 유동성이 급격히 고갈되는 가운데 시장규율조차 작동하지 않는 금융불안의 진앙지가 되었으며 이로 인해 매우 강력한 '시스템적 위기'(Systematic Crisis)가 발생하였던 것이다.

4. 2008년 하반기 글로벌 금융위기 후, 3회 양적완화 정책과 그 여파

이처럼 부동산 거품의 붕괴와 함께 레버리지 붐이 끝나고 인간의 야성적 충동 중심의 금융·경제체제가 균열의 위기에 봉착함에 따라 주요 선진국에서는 다음과 같은 글로벌 금융 패러다임의 전환이 나타나고 있다.

첫째, '보이지 않는 손의 시대'가 황혼을 맞고 있다. 과거와 달리 일부 학자들 사이에서는 이제 우리 모두가 '국가자본주의자'(state capitalists) 또는 '거시건전성 주창자'(macro-prudentialists)라는 말이 회자되고 있다. 경제주체가 합리적이고 시장이 효율적이라는 주류 경제학의 전제, 또한 야성적 충동이 경제발전을 가져온다는 종전의 믿음은 동요되기 시작했다. 이와 동시에, 금융시장에서 정보가 비(非)대칭적이거나 불(不)완전할 경우 금융시장은 비(非)효율적이고 불(不)안정하게 될 뿐만 아니라 민간의 과도한 위험추구행위가 만성화되면 '시스템적 위기'(Systematic Crisis)가 발생할 수 있다는 인식이 확대되었다. 이에 따라 중앙계획당국(central planner)의 시스템적 규제, 즉 '보이는 손(visible hand)의 시대'가 도래했다. 선진국에서 '보이는 손'은 우선 금융부문부터 작동하기 시작했다. 국가별로 시행단계에 들어선 BASEL III와 현재 추진 중에 있는 장외파생시장 규제 등 금융시장인프라 개혁이 '글로벌 브랜드'라면 미국의 『Dodd-Frank 법』이나 유럽 중심으로 논의 중인 금융거래세, 주요국의 금융감독체계 강화 등은 '로컬 브랜드'라고 말할 수 있다.

둘째, 2008년 하반기 글로벌 금융위기 과정에서 미(美) 연준(FRB) 등 주요국 중앙은행이 금융시스템의 안정을 위한 보루로써 전면에 등장하였다. 1990년대 물가안정목표제가 도입된 이후 세계 주요국의 중앙은행은 물가안정이 금융안정과 지속가능한 경제성장의 가장 중요한 전제조건이라 믿어 왔었다. 그리고 자산 버블이나 이에 따른 금융불안과 관련해서는 자산 버블은 사전에 식별하기가 어렵고 금리정책은 자산 버블 방지나 금융안정에 효과적인 정책수단이 아니라고 간주했었다. 따라서 중앙은행은 버블 붕괴 시에 이를 '청소'하는 제한적인 역할을 수행하는 데 그쳐야 한다고 믿었다.

그러나 2008년 하반기 글로벌 금융위기 이후에는 중앙은행이 물가안정과 금융안정을 동시에 도모해야 한다거나 금융안정이 물가안정보다 더욱 중차대한 과제라는 주장이 대두되는 등 금융안정에 있어서 중앙은행의 역할이 강조되었으며, 또한 이를 위한 제도적 정비가 이루어졌다.

특히, 미(美) 연준 등 선진국 중앙은행들은 금융안정의 수호자로서 고갈된 시장유동성을 보증하고 공급하는 최종대부자(lender of the last resort) 기능은 물론, 양적완화 정책 등을 통해 모기지증권과 재정취약국 국채 등에 대한 최종투자자(investor of the last resort) 또는 최종 금융중개자 역할을 수행하게 되었다.

셋째, 2008년 하반기 글로벌 금융위기 과정의 능태적 경험을 통해 재정정책이 '양날의 칼'(double-edged sword) 성격을 지니고 있음이 확인되었다. 즉 당시 선진국들은 중앙은행뿐만 아니라 재정정책의 힘을 빌려야 했었다. 왜냐하면 당시 국제투자은행의 위기는 '유동성 위기'일 뿐만 아니라 '채무불이행 위기' 또는 '자본의 위기'였고 중앙은행은 민간부문에 '자본'을 공급할 수 없었기 때문이었다. 애초에 국제투자은행들은 '자본'을 구하기 위해 주요국의 국부펀드에 손을 벌리기도 했었지만 결국 국제투자은행의 최종 구세주는 선진국 정부밖에 없었다. 선진국 정부는 미국의 부실정리기금 등과 같이 민간부문의 최종보증자(guarantor of the last resort)로서 금융부문에 '자본'을 보강하였다. 또한, 경기침체 타개를 위해 국가부채(미래의 세금)를 동원하였다.

그러나 선진국의 재정적자가 급격히 늘어나는 가운데 2011년 8월 미국 등 선진국의 국가신용등급이 연쇄적으로 하향조정됨에 따라 선진국의 국가채무 지속가능성에 대한 의구심이 급격히 확대되었다. 그리고 이는 선진국 중에서 재정상황이 가장 취약한 남(南)유럽 국가의 채무위기가 본격화되는 계기로 작용하였다. 남(南)유럽의 재정취약국들은 그들 스스로의 힘만으로는 생존하기 어려우며 유럽의 재정통합(Fiscal Integration)과 은행동맹, 유럽중앙은행(ECB)의 기능 확충 등을 통해 문제를 해결할 수밖에 없게 되었다.

상기와 같은 글로벌 금융위기의 동태적 과정은 다음과 같은 교훈을 준다. 즉, 금융위기 시에는 재정정책의 적극적 운용이 바람직하고 경제 전체의 후생을 제고시킬 수 있겠지만, 만약 국가부채 규모가 지속가능한 수준을 넘어서면 더 큰 경제위기의 요인으로 작용할 수 있다는 것이다.

한편, 벤 버냉키(Ben Bernanke) 의장(당시)이 2009년 3월부터 세 차례에 걸친 양적완화로 푼 돈은 무려 3조 달러(약 3,450조 원)에 이르렀었다. 그 규모는 한국의 연간 국내총생산(GDP)의 약 3배 수준이었다. 다른 G7 국가들도 미국의 양적완화 정책을 모방했었다. JP모건과 도이치은행의 추산에 따르면 G7 중앙은행이 2008년 하반기부터 푼 돈은 무려 10조 달러(1경 1,500조 원)에 이르렀었다. 그러나 2008년 하반기 글로벌 금융위기 이후 세계 각국은 양적완화를 통한 통화증발로 경기회복을 도모해 왔었지만 주요 중앙은행들이 풀어놓은 10조 달러가 투자할 곳을 찾지 못해 떠돌고 있었다. 그 요인은 '유동성 함정'(Liquidity Trap)에 빠져 있는 각국의 경기상황과 통화정책이 엇박자를 냈었기 때문이었다.

그런데 벤 버냉키(Ben Bernanke) 미(美)연준 의장(당시)이 미국의 양적완화 규모의 축소 혹은 조기완료 가능성에 관한 발언(2013. 6. 19)이 알려지자 국제유동성이 이전과는 반대로 축소되기 시작하면서 선진국의 대(對)개도국 증권투자자금과 상품투기자본이 회수되기 시작하였다. 이것은 동아시아 등 개도국의 금융시장에서 '쓰나미'(tsunami)를 야기했었다. 세계주가(특히 일본과 한국의 주가)는 크게 하락하였고, 국제금리(예로서 미국과 일본의 국채금리)는 급반등세를 보였으며, 주요국의 통화가치가 하락(달러 대비 환율 절상, 달러화 강세)함으로써 국제금융시장의 불확실성이 높아지기 시작했었다.

이러한 상황에서, 제3차 양적완화 정책이 종료됨에 따라, 2008년 하반기 이후 장기간 지속되어온 국제적 금융완화 기조가 종결되고 금융경색이 전개되고 있다. 이 여파로, 국제금융시장의 불안정성이 커져 세계 경제에 큰 부담을 주고 있다.

한국의 경우, 과거 제1차 및 제2차 양적완화 정책 종료 후, 외국인의 한국 내 증권투자자금 추이를 보면, 제1차 양적완화 정책 종료 이후(2009. 9~2010. 7) 월평균 외국인 순주식투자액은 1조 6,690억 원으로 제1차 양적완화 정책 실시기간 중(1조 8,560억 원)에 비해 10.1%

감소하여, 국내 금융시장에 미치는 충격이 크지는 않았다. 상술하면, 글로벌 재정지출 확대(경기부양 효과)로 인한 세계경기 회복으로 제1차 양적완화 조치의 종료에도 불구하고 한국의 GDP성장률은 분기평균 7.5%(2009년 1/4분기~2010년 2/4분기, 전년 동기 대비)로 제1차 양적완화 정책 실시기간(2008년 4/4분기~2009년 3/4분기, 분기평균 마이너스 2.2%)보다 오히려 크게 개선되었다.

이와 반면에, 제2차 양적완화 정책 종료 후에는, 월평균 외국인 순주식투자액은 3,490억 원으로 제2차 양적완화 정책 실시기간 중(1조 3,740억 원)에 비해 74.6% 줄었고 이에 따라 국내 종합주가지수가 10.2% 하락하였고, 원/달러환율은 43.6원 상승(원화가치 하락)하는 등 국내 금융시장이 크게 불안정하였다.

여기서 유의할 것은 '버냉키 쇼크'(2013. 6. 19) 이후 금융시장이 불안에 빠진 원인은 그동안 한국 시장에 투자됐었던 자금이 썰물처럼 빠져나갈 것이란 우려 때문이었다는 점이다. 다행히, 한국의 외환보유액은 2018년 2월 말 현재 3,948억 달러(세계 9위)로서 1997년 하반기 외환위기 당시(300억 달러가량)나 2008년 하반기 글로벌 금융위기 때(2,400억 달러)보다 훨씬 많다. 그러나 외환보유액은 정부와 중앙은행이 채권(통안증권 등)을 발행해 확보한 원화이기 때문에 채권 발행은 나랏빚을 내는 것과 같다. 또한, 외화보유액을 유지하기 위한 비용이 국내총생산(GDP)의 0.6%인 연간 7조 8,000억 원이 소요된다.

그렇다면, 적정 외환보유액은 얼마인가? 1999년 '그린스펀-기도틱 룰'(3개월 치 수입액에 1년 내로 갚아야 할 단기외채인 유동외채를 합한 금액)에 의하면 2,984억 달러 수준이다. 한 걸음 더 나아가, 2004년 국제결제은행(BIS) 기준(3개월 치 수입액 + 유동외채 2017년 2분기 기준 1,840억 달러 + 외국인 포프폴리오 투자자금의 1/3, 즉 2017년 2분기 기준 1,800억 달러)에 의하면 4,679억 달러 수준이다. 여기서 가장 유의해야 할 것은 금융위기가 닥쳤을 경우 한국 증시에 투자된 외국인 포트폴리오 자금의 해외유출 가능성이다.

그러나 최근 미국 양적완화 축소에 따른 영향으로 취약 신흥국을 중심으로 한국 수출이 둔화되고 있으며, 향후 금융위기 확산 시 그 충격(수출 감소)은 더욱 확대될 가능성이 크다. 또한, 글로벌 경기가 완만하게 회복되면서 원자재·자본재 수입이 증가할 것으로 보여 향후 경상수지 흑자 폭이 축소될 가능성이 크다. 물론, 신흥국의 금융위기가 확산될 경우 한국의 금융시장 변동성도 커지면서 원화는 약세로 반전됨에 따라 이 경우 환율 상승에 따른 수출 증대효과가 예상될 수 있으나 이것보다는 한국의 대(對)신흥국 수출 감소효과가 더 크게 나타날 것으로 전망된다.

여기서 유의해야 할 것은 한국의 수출이 16개월 연속 증가세를 보이지만 수출이 반도체에 편중되어있다는 점과, 향후 한·미 자유무역협정(FTA) 재(再)협상 결과 여하에 따라 대미(對美)수출이 급감될 수 있다는 점이다. 상술하면, 13대 수출 주력 품목 중에서 2017년 2월보다 수출이 증가한 품목은 반도체(41%), 선박(40%), 컴퓨터(29.5%), 석유제품(16%), 석유화학(6%)이다. 반도체 수출은 2018년 하반기 중국의 반도체 대량 생산에 의하여 위협받고 있다. 선박 수출은 2017년 부진으로 2018년 상대적으로 높게 나타났고 석유관련 품목 수출은 유가상승의 덕분으로 증가했다. 한편, 대미(對美)수출 47억 4,600만 달러는 2017년 2월보다 10.7% 감소한 반면에 대미(對美)수입 43억 8,600만 달러는 2017년 2월보다 16.8% 증가했다.

물론, 혹자는 "양적완화는 중환자실에 입원해 있는 미국 경제를 연명시키는 산소호흡기와 같은 역할"이며 "양적완화 축소는 미국 경제가 중환자실에서 퇴원할 수 있을 만큼 자생력을 회복했다는 의미"일 수 있기 때문에 "수출의존도가 높은 한국 경제에 미국 경제의 회복은 청신호"가 될 수도 있다고 주장하였다. 그러나 상기 주장은 매우 순진한 사고라는 것이 판명되었다. 왜냐하면 미국 경제의 회복이 한국 수출 증대로 직결된다는 보장이 없기 때문이다. 도널드 트럼프 대통령은 '미국 우선주의'(America First)를 표방하고 노골적으로 보호무역주의를 추진하고 있으며 한·미 자유무역협정(FTA)의 재협상을 강요하고 있다.

5. 글로벌 금융불안과 환율전쟁

세계 경제의 근·현대사 100년은 보호무역주의(Trade Protectionism)의 폐해를 인류 사회에게 가르친다. 이웃의 희생을 발판으로 자국 경제를 살리려고 했었던 미국의 '근린궁핍화'(beggar-thy-neighbor) 정책은 지구촌을 궁핍(窮乏)으로 몰아넣었으며 나아가 세계 경제를 공멸(共滅)의 지경에 몰아넣었다. 과거나 현재에서도, 아마도 미래에서도 글로벌 경제위기의 근원과 시발점은 미국이다.

상술하면, 세계 대공황(1929~1939) 직후인 1930년 미국은 스무트 홀리 관세법(Smoot-Hawley Tariff Act)을 만들어 자국 업체 보호에 나섰다. 이 법은 2만여 개 수입 공산품에 평균 59%, 최고 400%에 이르는 고율(高率) 관세를 물렸었다. 미국의 상기 조치는 즉각 교역상대국들의 보복(환율 조작, 즉 경쟁적 평가절차와 무역 통제 등 각종 보호무역주의 처방)을 불러일으켰었다. 그 결과, 미국의 수출은 1929년 52억 달러에서 1932년 16억 달러로 급락했었고 같은 기간 세계무역 총액은 360억 달러에서 120억 달러로 떨어졌었다.

1) 배리 아이켄그린 및 다글라스 어윈 교수의 주장과 저자의 비판

국제경제학의 대가(大家)인 배리 아이켄그린 및 다글라스 어윈(Barry Eichengreen and Douglas A. Irwin)은 세계 대공황(1929~1939) 당시의 이른바 보호무역주의 움직임은 단일한 패턴이 아니라 각 국가별로 상당히 차별적인 모습을 보였다고 지적하고, 만약 금본위제(金本位制) 이탈이 국제적 정책조율 하에 질서 정연하게 이뤄졌다면 세계 대공황(1929~1939)의 참사는 모면할 수 있었을 것이라고 주장하였다.[06]

상기한 배리 아이켄그린 및 다글라스 어윈(Barry Eichengreen and Douglas A. Irwin)의 주장을 요약하면 다음과 같다.

세계 대공황(1929~1939) 당시, 환율 평가절하에 대한 각국의 대응은 크게 두 가지로 분류된다. ① 미국과 영국은 당시 국제통화체제의 근간이었던 금본위제(金本位制)를 탈피하고 자국 통화의 약세(평가절하)를 도모했었다. 이와 대조적으로, ② 프랑스와 독일은 금본위제(金本位制)를 고수하면서 미국과 영국의 평가절하에 대응하여, 프랑스는 무역장벽을 세웠고 독일은 외환통제를 실시했었다. 따라서 세계 대공황(1929~1939)은 금본위제(金本位制)의 구속에 따른 정책 제약, 또한 그로 인해 국제 자금 및 무역흐름의 불균형이 심화된 결과이다. 한편, 영국을 필두로 실시되었던 '경쟁적 평가절하(平價切下)'는 일종의 '글로벌 리플레이션'(reflation : 통화확대를 통한 경기부양) 정책공조로서 세계 대공황(1929~1939)을 극복하는 동인(動因)으로 작용했었다. 단, 그 과정이 국제적 조율 없이 일부 국가들의 일방적 결단으로 진행되면서 다른 국가들(프랑스와 독일 등)이 반발하는 등 단기적으로 혼란과 갈등이 심화되었다는 것이다.

따라서 세계 대공황(1929~1939) 당시 세계교역의 붕괴 책임은 미국과 영국의 평가절하가 아니라 프랑스와 독일의 무역장벽과 외환통제에 있었다. 영국과 미국은 금본위제(金本位制)를 포기하고 평가절하(reflation)를 통해 오히려 경기를 부양하고 세계교역을 끌어올렸었다. 실제로, 영국과 같이 평가절하(reflation)를 먼저 단행한 국가일수록 경기회복이 빨랐었고, 미국을 비롯한 나머지 국가들도 결국 전반적으로 금본위제(金本位制)를 포기하고 평가절하(reflation)를 뒤따랐었다. 이 결과, 세계교역이 회복되면서 세계 대공황(1929~1939)의 충격이 소멸되기 시작했었다.

---

06 Barry Eichengreen and Douglas A. Irwin(2010), "The Slide to Protectionism in the Great Depression : Who Succumbed and Why?", *Journal of Economic History*, Vol. 70.

세계 대공황(1929~1939)의 진정한 교훈은 2008년 글로벌 금융위기에 맞서 통화확대를 통한 평가절하(reflation)를 통한 경기부양 정책이 불가피할 뿐만 아니라, 이를 상호 간에 조율할 국제적 차원의 협력이 중요하다는 것으로 집약될 수 있다. 이런 시각에서 보면, 최근 주요국의 양적완화(QE), 즉 통화확대를 통한 평가절하(reflation)를 경기부양책은 일단 적절한 대응으로 평가된다. 게다가 아베노믹스(Abenomics)로 표출된 사실상의 평가절하(엔低) 전략도 나름대로 타당해 보인다.

그러나, 저자는 상기한 배리 아이켄그린 및 다글라스 어윈(Barry Eichengreen and Douglas A. Irwin, 2010)의 주장을 다음과 같이 비판한다. 상기한 두 세계적 경제학자들의 주장을 미국과 영국 등의 입장에서 보면 타당하지만 나머지 대다수의 국가들(프랑스, 독일, 개도국들)의 입장에서 보면 세계경제질서를 미국과 영국 위주로 편협하게 해석하고 옹호하는 논리의 전개일 뿐이다. 이와 관련하여, 배리 아이켄그린 및 다글라스 어윈(Barry Eichengreen and Douglas A. Irwin)에 대한 저자의 반문(反問)은 다음과 같다.

배리 아이켄그린 및 다글라스 어윈(Barry Eichengreen and Douglas A. Irwin)은 1930년대 세계 대공황 당시 미국과 영국의 '경쟁적 평가절하'가 일종의 글로벌 리플레이션(reflation : 통화확대를 통한 경기부양) 정책이 옳았었고, 나아가 2008년 글로벌 금융위기에 맞서 미국, 영국, 일본, 등의 평가절하 등을 통한 리플레이션(Reflation) 정책이 불가피한 것이었다고 주장한다. 그렇다면, 왜 미국은 1994년 중국의 평가절하(平價切下) 정책과 최근 미·중(美·中) 무역 불균형에 대하여 그토록 비난하고 심지어 '환율전쟁'을 유발하고 있는가?

상술하면, 중국은 1994년 1월 하루아침에 위안화 가치를 30% 이상 큰 폭으로 떨어뜨리는 평가절하(平價切下)를 단행했었다. 그 후 최근까지 25년 가까이 저(低)평가된 위안화를 무기로 수출주도형 고도성장을 구가했고 드디어 세계 2위의 경제대국으로 발돋움했다. 이것보다 더 큰 전리품은 위안화의 저(低)평가에 힘입어 그동안 2조 달러가 넘는 대규모의 경상수지 흑자를 기록하고 이를 고스란히 모아 3조 달러에 이르는 외환보유액을 쌓아올렸다. 위안화의 대폭적인 평가절하(平價切下)는 중국의 대내적 고도성장과 대외적 경제안정성 확보라는 두 마리 토끼를 잡는 데 결정적 역할을 했다. 이러한 측면에서, 중국의 선택 즉 위안화의 대폭적인 평가절하(平價切下)는 미래를 내다보는 혜안(慧眼)의 정책 선택이었다. 이와 대조적으로, 1985년 일본은 자국의 통화가치 상승 즉 엔고(高)가 야기할 긍정적 효과(소득증대 → 내수 활성화)를 내심 크게 기대하였던 오판(誤判)을 했었다.

게다가 배리 아이켄그린 및 다글라스 어윈(Barry Eichengreen and Douglas A. Irwin, 2010)은 사상 초유의 통화정책인 양적완화(QE)의 실험에 따른 불확실성을 야기하고 선진국의 일방적인 양적완화(QE)가 신흥국에 대한 자금유입 급증을 초래하여 신용과잉 부담을 가중시키는 '전염효과'(spillover)를 낳고 있다는 점을 왜 간과하고 있는가? 특히, 선진국의 통화가치 평가절하(平價切下)가 신흥국의 통화가치 절상으로 이어지면서 금리 차익은 물론 환차익을 노린 투기적 행태를 촉발시키며 자금흐름의 불안정성을 야기하고 있다.

나아가, 배리 아이켄그린 및 다글라스 어윈(Barry Eichengreen and Douglas A. Irwin, 2010)은 선진국의 통화부양책과 신흥국의 재정긴축이 병행되어야 한다고 역설한다. 그렇다면, 선진국들이 저질러놓은 2008년 하반기 글로벌 금융위기의 유탄(流彈)으로 대량실업이 발생하고 있는 상황에서 개도국들은 재정지출이라도 하지 않으면 무엇을 할 수 있다는 말인가?

이와 관련된 저자의 반문(反問)은 다음과 같다. 1995년 세계무역기구(WTO)가 출범한 후 자유무역의 가치를 수호하고 공정한 무역질서를 확립하며 세계 무역 증가의 과실이 개도국의 경제성장에 기여하기 위한 목적으로 DDA(Doha Development Agenda) 형성이 2002년부터 추진되었으나 2013년 1월 스위스 다보스 포럼(Davos Forum)이 결렬된 후 도하 라운드(Doha Round)가 표류해왔다. 왜 선진국들은 장기간 호황기를 누렸을 때, 개도국의 경제성장을 위한 도하 라운드(Doha Round)를 타결 및 추진하지 않았는가?

여기서 저자는 근본적 문제를 제기한다. '자유 무역'(Free Trade)과 '공정한 무역'(Fair Trade) 중에서 어느 것이 더 중요한가? '공정한 무역'(Fair Trade) 없이 '자유 무역'(Free Trade)이 가능한가? '이웃 나라 거지 만들기'(beggar-thy-neighbor) 정책인 환율전쟁이 선진국에 의하여 자행되고 있는 현실에서 세계 경제의 '공정한 무역'(Fair Trade)이 가능한가?

'공정한 자유무역'의 가치는 차치하더라도, 2008년 하반기 미국발(發) 글로벌 금융위기 이후, G20 정상회의(2008. 11. 15, 워싱턴)는 국제금융시장의 안정화와 실물경제의 활성화를 위한 공동선언문[07]을 채택할 정도로 '신(新)브레턴우즈 체제'(New Bretton Woods System)의 창설의 필요성에 관하여 심도있게 논의하였는데, 과연 기존 국제금융체제는 전면적으로 개편되었는가? 이어서, G20 정상회의(2010. 11. 11~12)는 거듭 '보호무역주의 자제'를 다짐했었음에도 불구하고, 왜 무역분쟁은 급증하고 있으며 최근에 G2(미국과 중국) 사이에 무역 보복이 점입가경(漸入佳境)인가?

저자는 최근 글로벌 환율전쟁에 대한 올바른 해법은 1930년대 세계 대공황 당시와는 다소 달라질 수밖에 없다고 주장한다. 그 이유는 최근 환율전쟁의 양상은 단순히 통화정

07 G20 정상회의(2008. 11. 15)는 다음과 같은 공동선언을 채택하였다. 국제금융시장의 안정화와 실물경제의 활성화를 위한 각국의 통화·재정정책, 국제금융시장의 개혁을 위한 신용평가회사에 대한 관리·감독 강화, 국제통화기금(IMF)과 세계은행(The World Bank)의 지배구조 개선, 금융안정포럼(FSF)에 신흥개도국의 포함 등이다.

책만이 아니라 재정, 무역, 국제 자본흐름을 포괄하고 있기 때문이다. 따라서 글로벌 금융안정을 위해서는 그야말로 국제적 차원의 슬기로운 정책조율이 필요하다. 그렇지 않으면, 환율전쟁은 물론 무역분쟁이나 자본통제 등 보호주의 위험을 야기시켜 글로벌 금융시장(특히 국제 외환시장)의 불확실성을 더욱 높일 것이다.[08]

여기서 유의할 것은, 전술한 역사적 배경하에서, 세계 대공황(1929~1939)과 2008년 하반기 글로벌 금융위기 사이에는 다음과 같이 크게 두 가지의 차이가 있다는 점이다.

첫째, 세계 대공황(1929~1939) 당시 각국의 정책운영에 강한 구속력을 행사했었던 금본위제(金本位制)가 이미 붕괴되었기 때문에 현재의 국제통화체제는 이미 금본위제(金本位制)가 아니며, 그 대신에 일반적으로 자유변동환율체제로 채택되었다. 따라서 각국이 독립적인 통화정책을 운용할 수 있다.[09]

1990년대 말의 아시아 금융위기 당시엔 미(美) 달러 가치가 오르게 되면 달러에 고정된 아시아 각국의 통화가치도 올랐었기 때문에 이들 신흥국들의 수출경쟁력은 급격히 추락되었다. 그러나 지금은 그때와 정반대이다. 자유변동환율제도 하에서 신흥국들의 통화가치는 점차 떨어지고 있다. 이 결과, 자국통화의 평가절하(平價切下)로 인하여 수입품의 가격이 높아져 일반 대중은 고통을 받겠지만 장기적으로 보면 수출증대를 통하여 국가 전체의 경상수지 적자 해소에 큰 도움이 된다.

둘째, 세계 대공황(1929~1939) 당시의 디플레이션(Deflation) 충격은 세계 경제 전반에 대칭적이었던 반면에 지금은 비(非)대칭적이다. 선진국은 심각한 디플레이션(Deflation) 위협에 시달리고 있는 반면에, 신흥국에서는 예전에 비해 둔화되긴 했지만 여전히 상대적인 고성장 기조가 이어지고 있다. 다행히, 신흥국의 평가절상(平價切上)은 선진국의 평가절하(平價切下)를 흡수함과 동시에 인플레이션(Inflation) 압력을 억제하고 있다.[10]

상기의 주장을 연장하여, 저자는 다음과 같이 주장한다. 우리 모두 2008년 하반기 글로벌 금융위기의 발생원인을 좀 더 객관적으로 분석하지 않으면 글로벌 금융안정을 위한 올바른 처방을 제시할 수 있다. 상기한 객관적 분석의 포인트는 미국발(發) '글로벌 금융위

---

08 글로벌 금융시장의 불확실성을 나타내는 S&P 500 지수옵션의 내재변동성 지수로서 VIX를, 국제 외환시장의 불확실성을 나타내는 개 주요 통화옵션의 내재변동성 지수로서 CVIX를 각각 들 수 있다.

09 그러나 2008년 하반기 글로벌 금융위기 및 재정위기 이후 광범위한 디레버리징(Deleveraging, 부채 감축) 압력으로 인해 전통적 통화파급 메커니즘이 와해되면서 통화정책의 역할을 둘러싸고 혼선이 크다. 따라서 새로운 수단으로서 양적완화(QE)가 등장하게 된 것이다. Lorenzo Bini Smaghi(2013), "Why the currency—war deniers are wrong," *Financial Times*, 18 Feb.

10 물론, '환율의 오버슈팅(overshooting)' 속성과 그로 인한 국제 자금흐름의 왜곡이 문제가 된다.

기'의 근본적 요인은 무엇인가이다. 그것은 미국의 만성적 무역수지 적자이다. 왜 미국의 만성적 무역수지 적자가 미국발(發) '글로벌 금융위기'를 야기시켰는가? 그 논리는 다음과 같다. 미국발(發) 금융위기는 저(低)금리 기조하에서 끊임없는 신용창출(증권화) 과정을 통해 양산된 과잉 유동성이 투기자금 화(化)되어 자산가격의 버블화를 초래한 것과, 금융감독기능이 이 과정을 관리하는 데 실패한 것을 지적할 수 있다. 즉, 2008년 하반기 글로벌 금융위기의 책임은 오로지 미국에 있는 것이다.

상술하면, 제2차 세계대전(1937. 7~1945. 8) 후 1970년대 중반까지 미국은 경쟁력 있는 제조업을 기반으로 하여 꾸준한 경상수지 흑자를 보여주었다. 그러나 1980년대 이후, 미국은 철저히 금융산업에 의존하여 성장해 왔다. 미국 기업의 순이익 가운데 1/3가량이 금융기업에서 창출되었다. 최근 파산위기에 직면한 투자은행들이 하나같이 50대 글로벌 기업 안에 속하는 굴지의 기업들이다. 이것은 제조업이 뒷받침되지 않는 금융산업은 사상누각(沙上樓閣)임을 입증한다.

이 결과, 1970년대 말에 이르러 미국의 무역수지는 적자로 돌아섰다. 그 이후 시간이 경과하면서 미국의 무역수지 적자규모는 점차 확대되었다. 2000년대에 들어서 이러한 불균형 현상은 더욱 심화되었으며, 2007년의 경우 미국의 경상수지 적자 규모는 무려 7,390억 달러로 전 세계 경상수지 적자의 절반(50%)에 육박하는 수준에 이르렀다. 이 결과, 1970년대 세계 최대의 채권국이었던 미국이 현재에는 최대의 채무국으로 전락하였고, 순채무 규모가 약 3조 달러에 이르고 있다.

상기와 같은 배경하에서, 외국산 상품 및 서비스에 대한 과다 지출로 야기된 미국의 무역수지 적자액이 다시 미국으로 '귀환'(歸還)한 해외 달러가 미국의 국채 혹은 주택저당증권(MBS: Mortgage-backed Securities)[11]과 같은 구조화된 채권(Structured Credit Products)에의 해외간접투자의 형태로서 유입되어 미국의 과다 유동성을 야기·팽창시켰다. 해외 달러가 미국으로 '귀환'(歸還)하는 예로서, 최근에 중국 정부가 미국이 당면한 신용경색 등 금융위기를 해결하는 데 도움을 주기 위해 2,000억 달러(약 260조 원) 규모의 미국 국채를 매입한 사실을 들 수 있다(조선일보, 2008. 10. 6).

미국으로 유입된 해외 달러는 다시 미국의 부동산 투자에 집중적으로 투입되었고, 주택시장의 버블이 크게 일어났다. 여기에 고도의 금융공학기술을 활용한 신용파생금융상

---

11 주택저당증권(MBS)이란 서브프라임 모기지 대출과 같이 주택담보 대출을 담보로 하여 발행되는 채권이다. 개인 주거용 대출채권인 경우 거주용 주택저당증권(RMBS : Residential MBS)이고 상업 부동산용 대출채권인 경우에는 상업용 주택저당증권(CMBS : Commercial MBS)이라고 부른다. 서브프라임 모기지 대출이 최초로 유동화될 때 바로 RMBS로 유동화되는 것이다.

품들이 해외 달러의 미국에로의 '귀환'(歸還)을 가속화시켰다. 또한, 저(低)금리 구조하에서 방만한 대출(모기지 증권 발행 : 2000년 대비 2003년 4.4배, 2007년 3.1배 증가)이 이루어졌으며, 동시에 증권화 및 신용파생금융상품의 발달로 레버리지(Leverage)가 크게 상승하였다. 이에 따라 거래 상대방의 위험이 크게 증가하였다.

이러한 가운데, 국제 원자재 가격(특히 석유가격)이 상승하고 인플레이션이 확산됨에 따라 미국의 저(低)금리 정책이 고(高)금리 정책으로 전환하였다. 바로, 이것이 주택시장의 버블을 붕괴시켰던 것이다. 이 과정에서 부동산의 자산가치가 거품과 함께 폭락함에 따라 이를 담보로 대출해 준 금융기관들(예로서 Lehman Brothers, Merrill Lynch 등)이 파산하였다.

요컨대, 미국발(發) 금융위기는 저(低)금리 기조하에서 끊임없는 신용창출(증권화) 과정을 통해 양산된 과잉 유동성이 투기자금화(化)되어 자산가격의 버블화를 초래한 것과, 금융감독기능이 이 과정을 관리하는 데 실패한 것을 지적할 수 있다. 즉, 2008년 하반기 글로벌 금융위기의 책임은 오로지 미국에 있다. 이에 대한 진실된 해법은 미국의 경제철학이 신(新)자유주의(New Liberalism)에서 신(新)실용주의(New Pragmatism)로 전환하는 것이다.[12]

상기와 관련하여, 저자는 감히 배리 아이켄그린 및 다글라스 어윈(Barry Eichengreen and Douglas A. Irwin, 2010)에게 상기한 주장에 앞서 다음과 같은 역사적 사실을 반추해보기를 조언한다.

우선, 제1차 세계대전 이전에는 파운드화가 영국 빅토리아 시대(1837~1901년)의 전성기에 기반한 금본위제도(金本位制度)하에서 기축통화(基軸通貨) 역할을 했다. 이 덕분으로,

---

12 임양택(2008). "'新실용주의' 철학의 논리 구조에 관한 연구—동·서양 철학을 중심으로", 「경제연구」, 제29권 제2호, 한양대학교 경제연구소.

임양택(2017a). "'글로벌 경제철학'을 위한 동·서양 철학의 비교분석", 국제지역학회, 2017년 동계학술대회, 경기대학교 강당, 12월 8일.

임양택(2017b). "새로운 패러다임 하에서 경세제민을 위한 신(新)실용주의 : 철학과 정책", 한국국제경제학회 2017년 동계학술대회, 고려대학교 경영관, 12월 15일.

임양택(2018). "동아시아의 평화 정착과 경제발전을 위한 신(新)실용주의의 접근방향", 한국경제학회, 2018년 경제학 공동학술대회, 2월 5일.

Lim, Yang-Taek(2010). "Neopragmatic Solutions to the Structural Problems of South Korean Economy, the Korean Peninsula and the East Asian Community", The International Institute for Advanced Studies in Systems Research and Cybernetics, Symposium, Baden-Baden, Germany.

Lim, Yang-Taek(2012a). "A Philosophical Foundation for Neopragmatism", *The Journal of Global Issues and Solutions*, November/December.

Lim, Yang-Taek(2012b). Neopragmatism as an Alternative for New Liberalism, The Institue of Business and Economic Research Inha University.

Lim, Yang-Taek(2014). A New Philosophy, 'Neopragmatism' for Korea Reform, The Journal of Global Issues and Solutions : Published by the Bibliotheque: World Wide Society.

1860~1914년 기간, 세계 교역의 약 60%가 파운드화(貨)로 결제되었고, 1913년 세계 외환보유고에서 파운드화(貨)의 비중은 48%에 이르렀었다. 그러나 제1차 세계대전과 함께 영국경제가 어려워지면서 1919년 영국은 파운드화(貨)의 금(金) 태환(兌換)을 중지했었고 미(美) 달러화(貨)에 대한 파운드화(貨)의 가치도 제1차 세계대전 전(前)의 4.86달러에서 세계 대공황(1929~1939)이 한창이었던 1933년 4월에 3달러대로 하락했었다.[13] 결국, 브레턴우즈 체제(Bretton Woods System)는 두 차례의 세계대전 속에서 세계 경제의 주도권을 장악한 미국의 실체를 인정하고 미(美) 달러화를 중심으로 한 금환본위제(金換本位制)를 채택했었다.

다음으로, '달러/금(金) 태환제도(兌換制度)'와 '고정환율제도'에 근간을 둔 브레턴우즈 체제(Bretton Woods System)가 출범(1947. 7)한 지 31년 후, 달러/금(金) 태환제도(兌換制度)의 폐기 및 변동환율제도를 도입했었던 킹스턴 체제(Kingston System)가 출범(1976. 1)하였고 동 체제가 1978년 4월에 발효하였다. 이 결과, 국제금융체제가 브레턴우즈 체제(Bretton Woods System)로부터 킹스턴 체제(Kingston System)로 전환(1978년 4월부터 발효)됨에 따라 '달러/금(金) 태환(兌換) 정지'(1971. 8)와 '변동환율제도'가 도입되었다.

상술하면, 1976년 1월, 자메이카의 수도인 킹스턴(Kingston)에서 IMF 잠정위원회는 다음과 같은 내용을 합의하였다. ① 각국이 환시세의 안정을 위해 협력하는 '일반적 의무'를 지며, IMF는 상기 의무의 실행 여부를 감시한다. ② 각국의 현행 각종의 환(煥)협정을 존중하며, 장래에 있어서도 그 자유를 인정한다. 단, 장차 다시 고정환율제도로 복귀할 가능성을 고려하여 그 절차를 미리 정해 둔다. ③ 장래의 통화체제에서는 금(金)이나 기축통화(基軸通貨)를 베이스로 하는 방법을 지양하여 '특별인출권'(SDR : special drawing rights)과 같은 합성통화를 베이스로 한다. 이를 위해 유명무실하게 된 금(金)의 공정가격을 우선 폐지하고 종래의 협정에 있어서의 각종 금(金)에 관한 사항을 수정한다.

전술한 킹스턴 체제(Kingston System)가 발효(1978. 4)된 후, 환율의 불안정성이 확대되었고 금융위기가 자주 발생하였다. 특히, 1990년대 이후, 금융의 자유화 및 국제화로 인해 금융기관의 방만한 경영이 금융부실화를 야기시켜 곧바로 금융위기로 비화되는 사례들이 빈발하였고, 또한 금융 국제화의 세계적인 확산으로 세계 금융시장이 통합되었고 이로 인해 한 국가의 금융위기가 다른 국가로 쉽게 전이(轉移)되는 경향이 심화되어 왔다.

킹스턴 체제(Kingston System)가 발효(1978. 4)된 후 40년만인 2008년, 최근의 글로벌 금

---

13 제2차 세계대전 종전(終戰)을 앞두고 새로 형성할 국제금융제도를 놓고 영국의 케인즈(John Maynard Keynes)는 방코르(bancor)를 결제단위로 해야 한다고 주장했다. 이는 미(美) 달러가 아닌 새로운 기축통화(基軸通貨)의 도입을 의미했었으나, 이미 빅토리아 시대의 '대영제국의 전성기'는 사라졌었다.

융위기와 관련하여, 유럽은 EU 정상회담(2008. 10. 16), ASEM 정상회의(2008. 10. 24), G20 정상회의(2008. 11. 15)를 통하여 줄기차게 브레턴우즈 체제(Bretton Woods System)의 전면적 개편과 국제통화기금(IMF) 및 세계은행(The World Bank)의 지배구조와 운영방법의 개선 등을 요구하였다.

브레턴우즈 체제(Bretton Woods System)가 출범(1944. 7)한 이후, 64년만인 2008년 10월, EU 정상회담(2008. 10. 16, 벨기에 브뤼셀)과 ASEM 정상회의(2008. 10. 24, 베이징)에서는 최근의 미국발(發) 글로벌 금융위기를 극복하기 위한 새로운 국제금융체제(International Financial Architecture)인 '21세기판(版) 브레턴우즈 체제(Bretton Woods System)'의 창설이 거론되었다.

사실, IMF 등 현재의 국제금융기구는 지배구조나 운영상의 제약 등으로 국제금융기구 본래의 취지와 역할을 제대로 수행하는 데 한계가 있는 것이 사실이다. 구체적으로 말하면, 감독 및 금융위기 예방 기능이 미약하고 대체로 글로벌 금융위기 발생 이후에야 작동하고 있으며, 또한 글로벌 금융위기에 대한 처방에 있어서도 재원 제약 등으로 최종대부자로서의 기능이 미약하여 글로벌 금융위기 해결에 한계를 보이고 있다. 따라서 사전 규제와 사후 감독을 적절하게 하고 글로벌 금융위기에 신속하게 대응할 수 있는 새로운 국제금융기구를 설립하고 국제금융제도 전반에 걸친 개혁이 필요하다는 주장이 제기되었다.

특히 G20 정상회의(2008. 11. 15, 워싱턴)에서는 기존 국제금융체제의 전면적인 개편 즉 '신(新)브레턴우즈 체제'(New Bretton Woods System)의 창설의 필요성 여부에 관하여 심도있게 논의되었다. 상기 정상회의(2008. 11. 15)의 공동선언문 요지는 다음과 같다.

- 금융시장 안정 및 실물경제 활성화 방안
  - 국내 여건을 감안한 적절한 통화정책 집행
  - 재정정책을 통한 내수 진작
  - 어려움을 겪는 나라는 IMF의 단기유동성 지원
- 금융시장 개혁 원칙
  - 복잡한 금융상품과 금융회사들에 대한 공시 강화
  - 신용평가회사에 대한 관리·감독 강화
  - IMF와 세계은행은 신흥개도국의 경제적 여건 변화에 맞춰 지배구조 개선
  - G7과 호주·싱가포르 등이 참여하는 금융안정포럼(FSF)에 신흥개도국 포함
- 이행과제
  - 복잡한 증권상품에 대한 국제적 회계제도 정비

- 신용파생시장의 투명성과 건전성 강화
- 금융회사의 인센티브 체계 재검토
- 2009년도 G20 의장단(브라질·영국·한국)이 주도해 방안 마련

• 개방된 세계 경제의 중요성 재확인

- 시장경제의 기본 원칙을 준수하며 보호주의 확산 경계
- 무역과 투자에 대한 새로운 장벽 설치 자제
- 연내 도하개발아젠다(DDA) 회의 세부 원칙 합의

상기한 G20 정상회의(2008. 11. 15)의 공동선언을 요약하면, 국제금융시장의 안정화와 실물경제의 활성화를 위한 각국의 통화·재정정책, 국제금융시장의 개혁을 위한 신용평가회사에 대한 관리·감독 강화, 국제통화기금(IMF)과 세계은행(The World Bank)의 지배구조 개선, 금융안정포럼(FSF)에 신흥개도국의 포함 등이다.

2) 1985년 선진 5국(G5) 재무장관의 '플라자 합의'에 의한 엔고(高)

'환율전쟁'의 역사를 개관하면 다음과 같다. 제2차 세계대전 이후 1970년대 초반까지는 '브레턴우즈' 체제하에서 미(美) 달러에 대해 다른 국가들의 환율이 모두 고정되어 있었지만, 그 후에는 변동하는 것이 기본 원칙이었다. 그런데도 당시 미국은 수입이 수출을 압도하여 막대한 경상수지 적자에 시달리고 있어서 달러화 강세를 막아 수입을 줄이고 수출을 늘려야 하는 일이 절박했었다.

제1기 레이건 행정부가 출범했었던 1981년까지 미국의 경상수지는 균형이었고, 심지어 제1·2차 석유 파동으로 미국이 경상수지가 악화됐었던 때에도 GDP(국내총생산) 대비 경상수지 적자 비율은 0.5%(1972년), 1%(1978년) 정도였다.

제2기 레이건 행정부가 출범한 해인 1985년 당시, 미국의 경상수지 적자가 3%에 육박했었으며, 특히 대(對)일본 무역수지 적자가 과도했었다. 따라서 1985년 선진 5국(G5) 재무장관의 '플라자 합의'를 통해 일본 엔화를 강제적으로 강세(强勢)로 전환시켰다

당시, 미국의 경상수지 적자가 악화된 이유로서 크게 두 가지가 있다. 첫째, 레이건 행정부의 대규모 감세(減稅)와 정부지출 확대를 통한 경기부양정책 때문이었다. 미국이 정부지출을 늘리자 해외수입이 급증했었다. 물론, 여기에 상응할 정도로 미국 제품의 수출이 증가하였더라면 미국의 경상수지가 균형을 맞출 수 있었으나 그렇지 못했었다.

둘째, 미국 정부가 재정적자로 인하여 국채 발행을 증가함에 따라 민간부문의 화폐 수

요가 증가하여 미국 금리가 상승(채권 가격은 하락)했었고, 이에 따라 해외자금이 미국으로 유입됨에 따라 미(美) 달러 가치가 더욱더 높아졌었으며, 그 결과 미국의 수출경쟁력이 약해져 경상수지 적자가 더욱 커졌기 때문이다.

한편, 당시, 일본은 오히려 보수적인 통화정책 기조를 견지함으로써 선진 5국(G5)의 재무장관의 1985년 '플라자 합의'에 강한 저항 없이 엔고(高)(엔화 가치 상승)를 용인하는 태도를 취했었다. 그 이유는 일본이 내수 비중이 높은 자국의 경제구조에 대하여 과신했었기 때문이다. 즉, 엔고(高)가 수출에는 악영향을 주지만 내수 촉진에는 도움이 될 것이라는 기대가 있었던 것이다. 그러나 기대했던 내수 촉진 효과는 나타나지 않았고 오히려 디플레이션이 발생함에 따라 내수가 위축되는 역(逆)효과만을 내고 말았었으며, 이것은 다시 '잃어버린 20년'의 시발점이 되었다.

3) 2008년 하반기 글로벌 금융위기 후, 선진국의 '경쟁적 양적완화'(QE)에 의한 '경쟁적 평가절하'

그로부터 27년 후인 2012년 말, 재(再)집권에 성공한 일본의 아베 신조(安倍晋三) 총리가 고(高)강도 탈(脫) 디플레이션 정책을 표방하면서 일본은행을 통한 대규모 통화부양책을 추진하면서 공공연히 엔화 약세(엔저(低))를 부추겼다. 그 결과, 76엔대에 머물던 엔/달러 환율은 무려 95엔까지 상승했다. 이러한 일본의 평가절하 즉 엔저(低) 정책이 바로 최근 글로벌 환율전쟁의 기폭제가 되었다. 이에 대하여, 아시아 주변국은 물론 유럽과 중남미 등지에서 일본의 '경쟁적 평가절하'에 대한 불만을 터뜨리고 있다.

사실, 2008년 글로벌 금융위기 직후만 해도 선진국 양적완화(QE)는 글로벌 위기관리, 특히 국제 유동성의 효과적인 공급 차원에서 불가피했었다. 그러나 전통적인 재정이나 통화정책의 여력이 바닥난 상황에서 '경쟁적 양적완화'는 사실상 경쟁적 평가절하를 유발 및 확산시키고 있다. 특히 2010년 미국의 2차 양적완화(QE2) 이후에는 통화부양책이 각국의 인위적 경기부양 수단으로 변질되면서 이른바 '근린궁핍화'(beggar-thy-neighbor) 우려를 낳고 있다.

여기서 유의할 것은 최근 '환율전쟁'은 사실 '자동차 전쟁'이라고 봐도 무방하다는 점이다. 미국·일본·유럽의 세계 3대 자동차 산업 강자들이 자동차 산업 살리기 전쟁에 돌입했다. 세계 주요국들은 2008년 글로벌 금융위기 이후 다른 산업보다 자동차 산업을 살리는 데 올인(all-in)하는 모습을 보여 왔다. 미국·독일·프랑스·일본 등 자동차 강국들은 당시 자동차 제조회사에 대한 직접 구제금융 지원, 세금 감면, 보조금 지급 등 정책 수단을 총동원해 자동차 산업 살리기에 나섰다.

미국의 경우 GM 134억 달러, 크라이슬러 40억 달러 등 정부가 직접 구제금융을 지원했다. 독일은 신차를 구입하는 사람들에게 자동차세를 면제해 수요를 떠받쳐 줬다. 일본도 새 차 구매자들에게 보조금을 지급했다. 한국도 낡은 승용차를 신차로 교체하면 세금을 깎아주는 정책을 폈다(조선경제, 2013. 1. 23).

주요국들이 한결같이 자동차 산업 살리기에 나선 이유는 자동차 한 대엔 2만여 개의 부품이 들어가기 때문에 연관된 중소기업들이 많고 고용 창출 효과도 크기 때문이다. 한국의 경우 자동차 산업은 경제활동인구의 약 7%, 사업체 총취업자의 약 10%에 달하는 160만 명을 직·간접적으로 고용하고 있다(조선경제, 2013. 1. 23).

GM·포드·크라이슬러 등 미국 빅3 자동차 업체의 이해관계를 대변하는 싱크탱크인 자동차정책위원회(AAPC)의 매드 블런트(Matt Blunt) 위원장은 최근 "재집권한 일본 자민당은 교역 상대국의 희생을 대가로 경제성장을 촉진하기 위해 엔저(低) 정책을 쓰면서 교역을 외면한다"라고 지적했다. 그는 이어 "이는 '이웃 나라 거지 만들기'(beggar-thy-neighbor) 정책으로 우리는 이 정책을 수용할 수 없고 오바마 행정부는 엔화 약세를 절대로 용인할 수 없다는 경고의 메시지를 보내라"라고 요구했다. 미국 자동차 업계가 이런 강경한 메시지를 보내는 데는 일본의 엔저(低) 정책으로 가격경쟁력이 높아진 일본 자동차가 미국 시장을 잠식할까 봐 우려하고 있기 때문이다(조선경제, 2013. 1. 23).

2012년 미국 빅3의 미국 시장 점유율은 44.8%로 전년보다 2.3%포인트 줄었지만, 도요타·혼다·닛산 등 일본 빅3의 점유율은 32.1%로 2%포인트가 늘었다. 특히 도요타의 경우 2012년 미국 내 판매 대수가 208만대로 2011년보다 26.6%, 혼다는 142만대로 24% 늘었다. 2012년 미국에서 늘어난 자동차 판매 대수 171만대 중 48%를 일본계 자동차 회사가 차지했다(조선경제, 2013. 1. 23). 또한, 폴크스바겐·BMW 등 유럽 자동차 기업의 본사가 있는 독일의 볼프강 쇼이블레(Wolfgang Schauble) 재무장관은 "나는 일본 신정부의 정책을 매우 우려한다"라며 엔저(低) 정책에 대한 불만을 터트렸다(조선경제, 2013. 1. 23).

참고로, 엔저(低)로 인한 타격을 직접적으로 입을 가능성이 높은 한국의 업종은 자동차를 비롯하여 철강, 화학, 기계 등이다. 우선, 원화 강세(원고(高))로 국내 완성차업체의 수출경쟁력이 하락하였다.[14] 이와 반면에, 일본 완성차업체는 엔저(低)의 날개를 달고 가격경

14 울산발전연구원」이 2002년부터 2011년까지 현대차 승용차 수출대수와 원/엔 환율을 분석한 결과 원/엔(100엔)이 1% 하락할 때 「현대차」 수출대수는 1% 감소하는 것으로 나타났다.

쟁력이 높아지고 있다. 도요타·혼다·닛산 등 일본 빅3 자동차업체의 미국 시장점유율은 32.1%로 2%포인트가 증가했다. 2012년 미국 자동차 판매대수 171만대 중 48%를 일본계 자동차 회사가 차지했다(조선일보, 2013. 2. 16).

또한, 원화 강세(원고(高))는 한국 철강업계 수익성에 부정적인 영향을 미친다. 주요 수출 시장인 동남아 시장에서 한국 철강업체는 일본의 철강업체와 직접적인 경쟁 관계에 있기 때문에 원고(高)의 타격이 불가피하다. 물론, 엔저(低)가 한국 철강업계에 무조건 나쁘다고 말할 수 없다. 왜냐하면 엔화 부채가 많은 한국 철강업계 기업은 엔저(低)가 되면 부채 평가액이 줄어들고 이자비용이 감소하기 때문이다.

한편, 소니, 파나소닉, 샤프 등 일본 전자업체들이 한국 전자업체들과의 기술 격차를 급격히 줄이고 있는 상황에서, 엔저(低)로 일본 전자제품들이 가격경쟁력까지 갖추면 한국의 IT, 전기전자 수출업계는 타격을 받을 수 있다. 그러나 모건스탠리(Morgan Stanley)는 최근 '엔화 약세가 한국 증시에 미치는 영향'이라는 제목의 보고서를 통해 "한국 기업의 브랜드 가치가 과거보다 상승한 데다 다수 업체가 생산기지를 해외로 옮기면서 엔화 약세(엔저(低))에 따른 영향이 줄었다"라고 평가했다(매경이코노미 제1693호(2013. 1. 30~2. 5)).

여기서 유의할 것은 엔저(低)가 한국제품의 수출경쟁력에는 부정적인 영향을 미치는 반면에 일본으로부터 수입하는 업체에는 유리하다는 점이다. 상당수의 한국 기업들은 핵심 부품을 일본에서 수입한 후 완제품을 조립하거나 제조해 선진국으로 수출하고 있다. 따라서 엔저(低)로 낮추어진 수입비용을 오히려 활용할 수 있는 기회가 될 수 있다.

실제로, 일본으로부터 핵심 원료나 부품을 수입하는 화학·기계업종은 엔저(低)가 지속되자 오히려 주가가 강세를 보였다. 왜냐하면 부품이나 원자재 수입 가격이 낮아져 원가경쟁력에 도움이 되기 때문이다. 예로서, 일본산 부품 수입 비중이 높은 「두산인프라코어」나 「현대위아」 등 기계업체는 엔저(低) 혜택을 볼 것으로 전망된다. 또한, 「화천기공」, 「한국정밀기계」 등도 엔저(低) 수혜기업으로 꼽힌다.

4) 최근 미국과 중국 간 '환율전쟁'

2008년 하반기 글로벌 금융위기 이후, 미·중(美·中) 환율전쟁은 격화되는 양상을 보이고 있다. 2008년 9월부터 2011년 10월까지 달러 대비 위안화의 환율은 약 7% 평가절상되어 있었다. 미국은 저(低)평가된 위안화 환율이 글로벌 불균형(Global Imbalance)을 야기한다고 주장하면서 2008년 하반기 글로벌 금융위기 이후, 미국 의회는 2008년 9월 중국 위안화를 겨냥해 「공정무역을 위한 환율개혁 법안」을 통과시켰다. 또한, 2011년 8월 미국의 신용등급 하락으로 글로벌 재정위기가 가시화되면서, 위안화의 인위적 저(低)평가에 대응하여 동년 10월 12일 미 상원에서 2010년과 유사한 「환율 감시 개혁법」을 통과시켰다.[15]

이에 대응하여, 중국은 위안화 절상이 미국의 실업률과 무역적자 해결과 무관하다고 주장하였다. 중국은 위안화 위상이 미(美) 달러와 대등한 수준으로 격상하는 것이 미·중(美·中) 환율전쟁의 해법으로 믿고 조만간 위안화(레드백)[16]의 하드 커런시(Hard Currency) 실현에 박차를 가하였다.[17] 사실, 위안화 무역결제 지역 제한 철폐로 사실상 위안화는 하드 커런시(Hard Currency) 심화 단계로의 진입이 시작되었다. 특히 위안화의 하드 커런시(Hard Currency) 진행 과정에서 중국의 경제력 강화, 위안화 무역결제 증가, 금융시장의 개방 및 발전이 가속화되었다.[18]

참고로, 제프리 삭스(Jeffrey Sachs) 교수는 서울대학교 경영대 SK관에서 열린 '통화전쟁의 진행과 세계 경제 회복' 국제회의(2010. 10. 9)에서 다음과 같이 주장했다(조선일보, 2010. 11. 6). 우선, 미·중(美·中) 환율전쟁에 대해 "미국의 무역수지 적자는 미국의 저축률이 낮기 때문에 발생한 것"이라며 "위안화 절상으로만 무역 갈등을 해결할 수는 없다. 미국이 저축률을 늘리지 않는 한 미국의 무역수지 적자는 지속될 것이다." 상기의 주장은 미국인들이 소득에 걸맞지 않은 과소비를 해서 미국의 무역수지 적자가 커졌다는 것을 의미한다.

또한, "환율 논쟁은 계속될 것이다. 내가 우려하는 건 미국의 연방준비제도이사회(FRB)가 추진 중인 통화팽창 정책(시중 통화량을 늘리는 것)이다. 연방준비제도이사회(FRB)가 통화량을 늘리게 되면 미국 달러 가치의 하락세가 더욱 빨라지면서 다른 나라의 통화 가치는 상승 압력을 받는다. 아직 통화 정책에 대한 국제적 협력이나 합의가 이뤄지지 않은 상태이다. 그래서 미국의 통화팽창 정책은 환율 문제를 둘러싼 긴장감을 더 증폭시킬 것이다. 난 그 부분을 우려한다."

이어서, 제프리 삭스(Jeffrey Sachs) 교수는 "글로벌 불균형의 핵심은 중국이 아니라 미국"이라고 주장했다. 그는 "중국의 경상수지 흑자가 미국 경상수지 적자의 원인은 아니다"

15 2008년 9월부터 2011년 10월까지 달러 대비 위안화 환율은 겨우 약 7% 평가절상되어 있었다.

16 '레드백'(Redback)이란 그린백(Greenback, 달러화)에 빗대어 위안화를 일컫는 말이다.

17 '하드 커런시'(Hard Currency)란 국제적으로 유통되고 있는 기축통화(Key Currency)와 자유롭게 교환될 수 있는 통화를 말하며, '소프트 커런시'(Soft Currency)는 기축통화와의 교환이 자유롭지 못한 통화를 의미함.

18 상술하면, 위안화 무역결제 지역은 2009년 7월 상해를 포함한 주요 5개 도시와 ASEAN 간 거래로 한정했으나 2010년 6월 무역결제 대상지역을 전(全) 세계로 넓혔고 중국 내 지역도 전국으로 확대하면서 하드 커런시(Hard Currency) 1단계가 완성되었다. 이젠, ASEAN, 브라질, 러시아, 아프리카 등 신흥개도국 지역에서의 결제 및 지역투자는 물론 통화스왑도 꾸준히 확대하면서 위안화 하드커런시 2단계(Hard Currency) 진입이 시작되었다.

표 1-1 미국과 중국 간 환율전쟁

		제1차 전쟁	제2차 전쟁
발생 시기		• 2008년 글로벌 금융위기	• 2011년 글로벌 재정위기
원인	미국 입장	• 저(底)평가된 위안화 환율이 글로벌 불균형 초래	• 左同
	중국 입장	• 미국경제 내부의 문제	• 위안화 절상은 미국 실업률 및 무역적자 해결과 무관
미국의 대응		• 공정무역을 위한 환율개혁 법안(2008년 9월)	• 환율 감시 개혁법(2011년 8월) • G20, APEC, EAS에서 위안화 절상 압력 재차 강조 • TPP에서 중국 제외(2011년 11월)
중국의 대응		• 위안화 점진적 평가절상 고수 • 위안화 하드커런시 준비 시작(2009년 9월)	• 동북아 FTA 추진(2011년 11월) • 위안화 하드커런시 가속화

자료 한재진(2011), "레드백, 하드커런시 되나-급증하는 위안화 무역결제 수요", *Working Paper*, 2011. 11. 30, 현대경제연구소.

라며 "중국의 경상수지 흑자는 세계총생산(GWP)의 0.6%에 불과하며, 이는 미국에 영향을 줄 만큼 크지 않다"라고 말했다(중앙일보, 2010. 10. 10).

최근에 도널드 트럼프 행정부가 경기부양책 즉 대규모 감세(減稅)와 정부지출 확대 정책을 펼치면서 미국의 경상수지 적자 해소를 위해 미(美) 달러화 강세(强勢)를 막는 조치를 동시에 추진하고 있다. 이것은 1980년대 제2기 레이건 행정부 때와 비슷한 양상이다. 즉, 미(美) 달러화 강세(强勢)와 미국 경상수지 악화(惡化)라는 1985년 플라자 합의 직전과 비슷한 상황이다.

더구나 트럼프 행정부는 '미국 제조업 부활'을 위한 수출경쟁력 회복과 고용창출을 최우선으로 내걸고 있기 때문에 이를 위해서도 미(美) 달러화 강세(强勢)는 막아야 한다. 그렇기 때문에, 레이건 행정부 때처럼 경상수지 악화를 기다렸다가 사후적으로 대응하는 것이 아니라, 현재 경기부양정책의 효과를 높이기 위해 미(美) 달러화 강세를 막기 위한 환율 관련 압박을 선제적으로 행사하고 있다.

사실, 도널드 트럼프 대통령이 선거 때 중국을 '환율조작국'으로 지정하겠다고 여러 차례 얘기한 바 있다. '환율조작국'이란 어떤 국가(이 경우 중국)가 자국의 수출을 증진하기 위하여 자국의 통화가치가 저(低)평가되도록 정부가 외환시장에 개입해 환율을 조작하는 국가이다.[19]

미국의 '환율조작국' 이슈는 2015년 제정된 베넷-해치-카퍼(BHC : Bennett-Hatch-Carper) 법안에 따라 논의되고 있다. 이 법에 따르면 '환율조작국'을 판단하는 기준은 세 가지, 즉 ① 대(對)미국 무역수지 흑자 200억 달러 이상, ② GDP(국내총생산) 대비 3% 이상 경상수지 흑자, ③ GDP 대비 2% 이상 외환 순매수가 있는지 등이다. 상기 세 가지에 모두 해당하는 경우를 '심층분석대상국'으로 분류하는데, 이것이 미국이 정의하는 '환율조작국'이다.

미국 재무부가 종합무역법에 의거하여 매년 4월과 10월 의회에 제출하는 '환율보고서'를 작성하면서 상기 세 가지 기준에 따라 '환율조작국'이 있는지를 조사한다. 현재는 '심층분석대상국'에 해당하는 국가는 없다. 다만 상기 두 가지 조건에 해당하는 나라들이 '관찰대상국'으로 지정돼 있다.

특히, 도널드 트럼프 대통령이 '환율조작국'으로 지정하겠다고 하는 중국은 대(對)미국 무역수지 흑자 200억 달러 이상이라는 한 가지 조건에만 해당되지만, 바로 직전에 '관찰대상국'이었다는 이유로 여전히 '관찰대상국' 대상에 올려놨다.

한편, '화폐전쟁'의 저자 쑹훙빙(宋鴻兵) 중국 환추재경연구원장은 동아국제금융포럼(2013. 5. 31, 서울 중구 소공동 롯데호텔)의 기조연설에서 "환율전쟁에 따른 통화량 급증으로 2년 후 '인플레이션 쓰나미'가 몰려오면 각국 중앙은행이 서로 금리를 높이려 할 것"이라며 "이렇게 되면 금리스왑(IRS) 시장이 타격을 받아 2008년보다 더 심각한 금융위기가 올 수 있다"라고 전망했다(한국경제, 2013. 4. 12).

상기의 전망은 환율전쟁 후유증으로 세계적으로 물가가 폭등하면 중앙은행은 금리를 경쟁적으로 올리기 마련인데, 이때 금리 변동 위험을 분산하는 금리파생상품시장에서 저금리 대출 채권을 많이 보유한 금융회사가 갑자기 높아진 금리를 감당하지 못하고 연쇄적으로 무너질 수 있다는 것에 근거를 둔 것이었다.[20]

전술한 미국의 2015년 베넷-해치-카퍼(BHC : Bennett-Hatch-Carper) 법에 따라 '환율조작국'을 판단하는 세 가지 기준, 즉 ① 대(對)미국 무역수지 흑자 200억 달러 이상, ② 국내

19 그러나 문제는 어떤 정부가 환율에 인위적으로 개입하지 않아도 대(對)미국 무역수지 불균형이 확대되는 경우에는 언제든지 '환율조작국' 이슈가 갈등 사안이 될 수 있다는 점이다. 따라서 정부가 환율을 조작하지 않아도 미국의 무역수지 적자 중에서 한국의 무역수지 흑자가 상당한 비중을 차지하고 있다는 사실은 큰 부담이 된다.

20 금리파생상품시장은 2008년 글로벌 금융위기의 도화선이었던 신용부도스왑(CDS)이나 부채담보부증권(CDO)시장보다 규모가 크다.

표 1-2 주요 국가의 환율제도 비교

환율제도	해당국가
고정환율제도	아르헨티나 페소
기타 페그제도	덴마크 크로네, 러시아 루블
통화위원회제도 또는 통화동맹	홍콩 달러, 유로
관리변동환율제도	대만 달러, 말레이시아 링깃
변동환율제도	한국 원, 헝가리 포린트
자유변동환율제도	호주 달러, 일본 엔

자료 1. IMF의 각국 Article IV Staff Reports 최신호 ; 대만 중앙은행 홈페이지.
2. 정대선(2011), "글로벌 금융불안이 원/달러 환율에 미치는 영향과 시사점", SERI 경제포커스 제358호, 삼성경제연구소.

총생산(GDP) 대비 3% 이상 경상수지 흑자, ③ 국내총생산(GDP) 대비 2% 이상 외환 순매수 중에서 한국은 상기 첫 번째 두 가지 사안에 모두 해당되어 중국·독일·일본·스위스·대만과 함께 '심층분석대상국' 전(前) 단계인 '관찰대상국'으로 분류되었다.

회고해보면, 일본이 1985년 플라자 합의로 엔화 가치 상승, 즉 엔고(高) 압박을 받았었던 1985년에서 3년이 지난 1988년, 한국도 대만과 함께 미국의 종합무역법에 따른 환율보고서에 의거하여 '환율조작국'으로 실제로 지정된 적이 있다. 그 여파로, '환율조작국'으로 지정되었던 1988년 직전인 1987년과 그 후 1989년을 비교하면 미(美) 달러 대비 원화 가치가 무려 20% 상승했었다. 또한, 한국의 실질GDP 성장률이 1987년과 1989년의 2년 사이 5.4%포인트 감소할 정도로 큰 타격을 받았었다.

이 결과, 한국은 환율제도를 '복수통화바스켓페그' 방식(미국·일본 등 교역 비중이 큰 나라의 통화와 연계해 환율을 결정)을 '시장평균환율제도'(외환시장 수급에 따라 환율을 결정)로 1990년에 변경하면서 미국의 '환율조작국' 지정에서 벗어날 수 있었다.

여기서 유의할 것은 자유변동환율제도에 가까운 환율제도를 운용하고 있는 국가의 통화는 자연히 글로벌 금융불안에 대한 민감도가 높은 경향을 보일 수밖에 없다는 점이다. 특히 원화는 변동환율제도를 채택하고 있는 국가들의 통화 중에서도 금융불안에 대한 민감도가 더욱더 높다. 왜냐하면 금융시장 개방도가 높을수록, 단기외채 비율이 높을수록, 외환시장의 규모가 작을수록 소규모 개방경제(Small Open Economy)인 한국의 환율이 글로벌 금융불안(심지어, 외부 충격에 의한 소규모의 외화 유출·입)에 더욱더 민감하게 반응하기 때문이다.[21]

5) 미(美) 달러의 급격한 자본 유출

우선, 미(美) 연준이 양적완화 규모 축소 즉 외국인투자가들의 대(對)개도국 증권투자자금의 회수는 동아시아 등 개도국 금융시장에서의 '쓰나미'(tsunami)를 의미한다. 즉, 국제유동성이 종전과는 반대로 축소되기 시작하면서 선진국의 대(對)개도국 증권투자자금과 상품투기자본이 해외유출되고 있다. 예로서, 과거 제1차 및 제2차 양적완화 정책(QE1, QE2) 이후 월평균 60억 달러가 유입되었던 신흥국의 글로벌 펀드 투자자금(순유입액 기준)이 제2차 양적완화 정책 종료 후 월평균 50억 달러 순유출로 전환했다.

이러한 상황에서, 파이낸셜타임스(Financial Times)의 칼럼니스트 질리언 테트(Gillian Tett)는 2013년 6월 21일 자 기사에서 "거친 출구전략이 예상되기 때문에 안전벨트를 꼭 매야 한다"라고 주장했다. 만약 제3차 양적완화 정책(QE3)이 종료된다면, 2008년 이후 장기간 지속되어온 국제적 금융완화 기조가 종결될 것이고 금융경색이 전개될 것이다. 이 경우, 금융긴축 초기 국면에서 국제금융시장의 불안정성이 커져 세계 경제에 큰 부담을 줄 것이다.

사실, 미국 중앙은행이 양적완화(QE : Quantitative Easing) 축소 방침을 밝힌 2013년 5월경부터 전(全) 세계 금융시장은 충격에 휩싸였다. 주가(株價)는 내리고 채권 금리는 오르기 시작했다. 특히 인도, 인도네시아, 터키, 브라질 등의 주식·채권·외환시장은 폭락세를 보이고 있다. 투기성 외국자본은 미련 없이 이들 신흥국 시장을 철수하고 있다. 그들은 현지 통화를 달러로 환전해 나가기 때문에 달러가치는 오르고 해당국가의 통화가치는 급락한다. 현재 이들 신흥국들(인도, 인도네시아, 터키, 브라질 등)은 자국의 외환보유고를 통화가치 방어에 쏟아붓고 있다.

---

21 실질적 금융시장 개방도는 [(국제투자대조표상 포트폴리오 투자+기타 투자 자산과 부채의 합)/명목 GDP]로 측정될 수 있다. 상술하면, 금융시장 개방도와 환율 민감도 사이의 상관계수는 선진국은 마이너스 0.20인 반면에 신흥국은 0.45이다. 외환보유액 대비 단기외채 비율과 환율 민감도 사이의 상관계수는 선진국은 0.04인 반면에 신흥국은 0.44이다. 상기의 추정결과는 이명종(2010), "글로벌 자본통제 현황과 시사점", 국제금융센터로부터 인용.

상기한 신흥국들은 미국을 비롯한 선진국들이 양적완화(QE)를 실시하면서부터 시작된 막대한 해외자본의 국내 유입에 좀 더 신중히 대응하는 것이 옳았었다. 즉, 이들 신흥국들은 자본통제(Capital Control)의 모범국인 대만을 배웠어야 했었다. 대만의 중앙은행은 자본유입을 제한해야 할 필요가 있을 때는 자본 유·출입에 대한 감시를 신속하게 취한다. 사실, 대만은 외국자본의 유·출입을 감시하는 덕분으로, 1997년 아시아 통화위기 당시에 건재할 수 있었다. 이것은 신흥국에게 큰 교훈이 될 수 있다. 선진국들은 언제든지 양적완화(QE)를 실시할 수도 또한 철회할 수도 있다. 그때마다 신흥국 자본시장은 급격한 자본(핫 머니)의 유·출입으로 요동치게 된다.

참고로, 제45차 아시아개발은행 연차총회(2012. 6, 필리핀 마닐라)에서 대만은행 총재(평화이난, 彭淮南)가 한 발언은 매우 의미가 깊다. "작년에도 단기 국제자본이 지속적으로 아시아 금융시장으로 쏟아져 들어와 자본유입 국가들의 경제와 금융안정을 교란했다. 아시아 경제들은 변덕이 심하고 예측하기 어려운 국제 자본흐름에 의해 야기되는 외부적 충격에 능동적으로 대응할 필요가 있다."

만약 상기 신흥국들(인도, 인도네시아, 터키, 브라질 등)이 대만처럼 자본유입을 제한하는 조치들을 취했었다면 최근의 곤경은 상당부문 희석될 수 있었을 것이다. 그러나 상기 신흥국들은 오히려 해외자본 유입을 반겼었다. 왜냐하면 외국자본이 유입될 때는 주식과 부동산 등 자산가격이 상승함으로써(즉, 자산가격 버블을 유발함으로써) 상기 신흥국의 국민들은 더 부유해진 느낌을 갖게 되며 자국통화 강세(强勢)로 수입품의 가격이 하락함에 따라 국내 인플레이션율도 낮아지기 때문이다. 또한, 기업들은 훨씬 낮은 비용으로 자금조달을 할 수 있기 때문이다. 오직 고통을 겪는 경제주체는 수출업체들뿐이다. 이런 상황에서, 자본유입국의 정부는 해외자본의 국내 유입에 대하여 자본통제(Capital Control)를 거의 할 수 없게 된다.

그러나 현재와 같이 자본유출이 본격화되면 주식과 부동산 등 자산가격은 하락하고 수입가격이 상승하여 국내 물가는 오르며 기업의 자금조달 비용은 높아진다. 물론 자본유출국은 상기의 자국의 통화가치 하락을 막기 위해 외환보유고를 들이붓는다. 만약 자본유출이 오랫동안 지속되면, 자본유출국의 외환보유고가 결국 고갈된다.

다행히, 이번 글로벌 금융불안은 신흥국 전반으로 확산되지 않을 것으로 전망된다. 그 이유는 다음과 같다. 러시아, 브라질, 대부분의 아시아 신흥국들(중국 포함)은 경상수지 흑자국이며 과거보다 훨씬 많은 외환을 보유하고 있기 때문이다.

6. 저자의 경제철학과 한국의 비전 및 국가경영전략

저자는 진정한 '탈(脫) 경제위기 방안'은 기술-경제 패러다임에 입각하여 '과학기술혁명'에서 찾아야 하며, 그것을 산업에 제대로 착근 및 작동될 수 있도록 '금융'이 제대로 소기의 역할을 수행해야 한다고 확신한다. 이 경우 성장과 고용은 연계될 수 있을 것이며, 이러한 연계구조하에서 복지프로그램이 설계되어야 할 것이다. 왜냐하면 '최상의 복지는 고용'이며,[22] 고용은 성장에 의하여 창출되며, 성장이 지속가능하기 위해서는 기술에 근간을 두어야 하기 때문이다.

1) 저자의 경제철학 : 인본(人本)자본주의와 신(新)실용주의

저자는 2008년 하반기 글로벌 금융위기의 주범으로 지목되는 신(新)자유주의(New Liberalism)의 대안으로서 새로운 경제철학으로서 '인본(人本)자본주의'(Anthropocentric Capitalism)를 위한 신(新)실용주의(Neopragmatism)를 연구 및 제창하였다(임양택 : 2008, 2010, 2017 ; Lim, Yang-Taek : 2011, 2014). 신(新)실용주의(Neopragmatism)를 구현하기 위한 '실천철학'(Practical Philosophy)으로서 저자는 슘페테리언 테크노-경제발전 전략(Schumpeterian Techno-Economic Development Strategy)을 제시한다(Lim, Yang-Taek : 1996, 2000, 2006 ; 임양택 : 2007, 2011, 2013).

저자는 신(新)자유주의(New Liberalism)의 대안적인 '사유 패러다임'으로서 신(新)실용주의(Neopragmatism)라는 새로운 경제철학을 다음과 같이 정의한다. 국가 정체성과 절차적 민주주의를 바탕으로, 대내적으로는 '최소 수혜자의 최대 이익'을 추구할 목적으로 사회구성원의 기본 욕구(직장, 주택, 교육, 의료, 연금 등)를 보장함으로써 인간의 존엄성·자율성·창의성이 존중되는 '정의롭고 행복한 복지사회'를 구현하고자 하는 '실천 철학'(Practical Philosophy)이며, 대외적으로는 '지구촌 문화 공동체'의 공동번영을 위한 '글로벌 철학'(Global Philosophy)으로 지향하고자 하는 인본주의적 사유 패러다임(인식론적 원리와 존재론적 원리)이다.

신(新)실용주의(Neopragmatism)는 형이상학(Methaphysics)이나 분석철학(Analytical Philosophy)의 한계를 넘어 실천철학(Practical Philosophy)임을 저자는 강조한다. 다시 말하면, 신(新)실용주의(Neopragmatism)는 '이론 철학'(유교의 도덕철학 및 임마누엘 칸트의 자유민주주의적 규

---

22 임양택, 칼럼 : "최상의 복지는 고용이다", 한국경제신문, 2011. 10. 7.

그림 1-4 인본(人本)자본주의와 신(新)실용주의

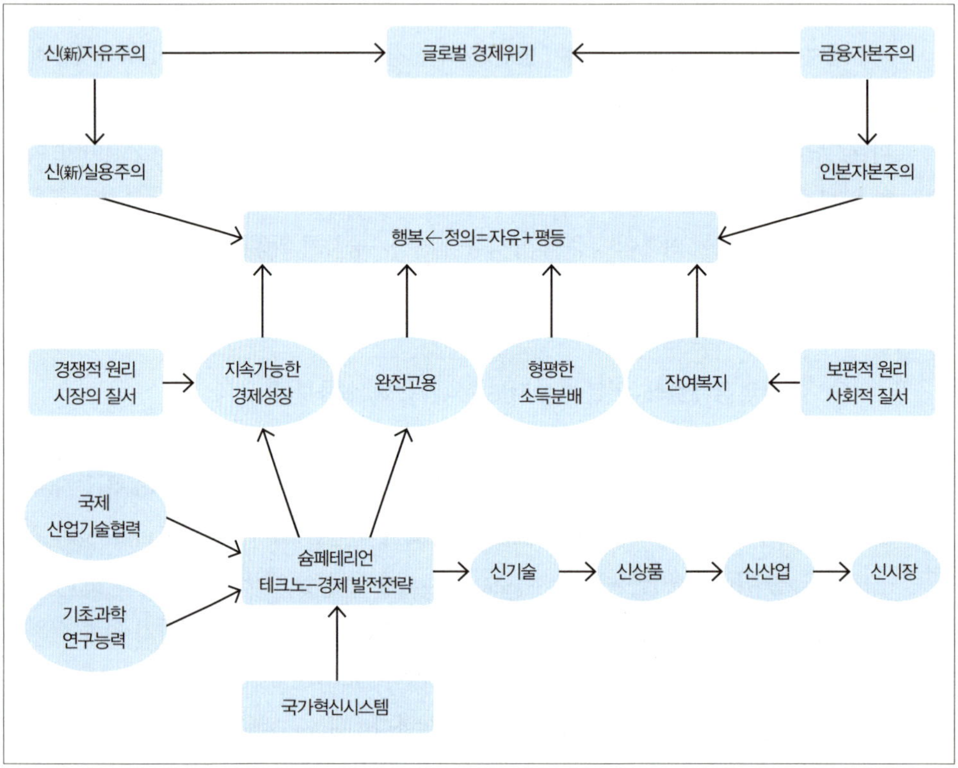

자료 임양택(2008), "'新실용주의' 철학의 논리 구조에 관한 연구—동·서양 철학을 중심으로", 「경제연구」, 제29권 제2호, 한양대학교 경제연구소.

임양택(2017a), "'글로벌 경제철학'을 위한 동·서양 철학의 비교분석", 국제지역학회, 2017년 동계학술대회, 경기대학교 강당, 12월 8일.

임양택(2017b), "새로운 패러다임 하에서 경세제민을 위한 신(新)실용주의: 철학과 정책", 한국국제경제학회 2017년 동계학술대회, 고려대학교 경영관, 12월 15일.

Lim, Yang-Taek(2010), "Neopragmatic Solutions to the Structural Problems of South Korean Economy, the Korean Peninsula and the East Asian Community", The International Institute for Advanced Studies in Systems Research and Cybernetics, Symposium, Baden-Baden, Germany.

Lim, Yang-Taek(2012a), "A Philosophical Foundation for Neopragmatism", The Journal of Global Issues and Solutions, November/December.

Lim, Yang-Taek(2012b), Neopragmatism as an Alternative for New Liberalism, The Institue of Business and Economic Research Inha University.

Lim, Yang-Taek(2014), A New Philosophy, 'Neopragmatism' for Korea Reform, The Journal of Global Issues and Solutions : Published by the Bibliotheque: World Wide Society.

범론)과 '실천 철학'(맹자의 민본주의 경제철학, 존 롤스와 아담 스미스의 '정의론', 막스 베버의 '윤리론', 슘페테리언의 테크노-경제발전이론)의 종합이라고 저자는 강조한다.

저자는 신(新)실용주의(Neopragmatism)의 철학을 두 가지, 즉 미시경제이론적 측면과 거시경제이론적 측면으로 나누어 설명할 수 있다. 전자에서는 왈라스 일반균형(Walrasian General Equilibrium) 모형에서 파레토 최적(Pareto Optimum)과 사회적 최적(Social Optimum)

이 결합된다. 후자에서는 성장 → 고용 → 분배(복지)를 통하여 '복지 극대화'를 추구하는 동태적 경제발전 모형(Lim, Yang-Taek, 1978, 2011, 2014)이 정립된다. 또한, 저자는 신(新)실용주의(Neopragmatism)의 실천 철학과 관련하여 조셉 슘페터(Joseph A. Schumpeter, 1883~1950)의 장기파동 이론에 근간을 둔 테크노-경제 발전 모형(임양택 : 2007, 2011, 2013 ; Lim, Yang-Taek : 1996, 2000, 2006)을 수립했다.

상술하면, 기술혁신은 연구개발(R&D) 투자와 연구개발 인력(기술자 및 기능공)이 결합되어 생성되며, 이것은 다시 신상품과 신공정을 창출한다. 기술혁신의 파급효과로서는 경제성장 혹은 경제발전, 고용, 소득분배, 물가, 산업구조, 국제기술협력, 환경 등에 대하여 직·간접적으로 영향을 준다.

기술혁신의 주체는 기업·정부출연기관·개인으로 나눌 수 있다. 특히, 기업의 연구개발 및 기술혁신은 매우 중요하다. 기업의 연구개발 및 기술혁신을 촉진하기 위해서는, 연구개발 및 기술혁신에 대한 산업조직적 특성을 규명해야 한다. 우선, 시장구조의 측면에서 볼 때, 어떤 산업조직(즉, 독·과점 시장구조 혹은 완전경쟁 시장구조)하에서 보다 많은 기업의 연구개발 혹은 기술혁신이 생성될 수 있는가? 또한, 기업규모의 측면에서 볼 때, 연구개발 혹은 기술혁신을 더 많이 투자할 수 있는 기업이 대기업인가 혹은 중소기업인가? 이러한 문제는 조셉 슘페터(Joseph A. Schumpeter)의 가설에 대한 실증적 분석에 관한 것이다.

한 걸음 더 나아가, 이것은 자본주의 경제체제(예로서 독·과점 시장구조)의 규범적 가치관과도 직결되는 준거이기도 하다. 즉 '현실적'인 독·과점 시장구조를 '관념적'인 완전경쟁 시장구조로 유도하는 것보다, 독·과점 이윤을 '불확실한' 기술개발에 따른 위험부담을 보상할 수 있도록 함으로써 기업의 기술력과 산업의 경쟁력을 확충하는 것이 오히려 사회적으로 바람직할 수 있다.

물론, 케네스 애로우(Kenneth J. Arrow, 1921~2017) 교수의 이론에 의거하여, 이러한 독·과점 시장구조나 심지어 완전경쟁 시장구조가 창출한 기술개발의 성과도 사회복지 극대화에 필요한 최적의 기술개발 수준보다 부족하겠지만, 현실경제에서는 조셉 슘페터(Joseph A. Schumpeter, 1883~1950)의 주장이 최소한 '차선(次善)의 선택'은 될 수 있을 것이다

2) 한국의 비전과 국가경영전략

상기한 경제철학을 토대로, 저자는 〈그림 1-5〉와 같이 한국의 비전과 국가경영전략을 제시 해왔다.

그림 1-5 한국의 비전과 국가경영전략

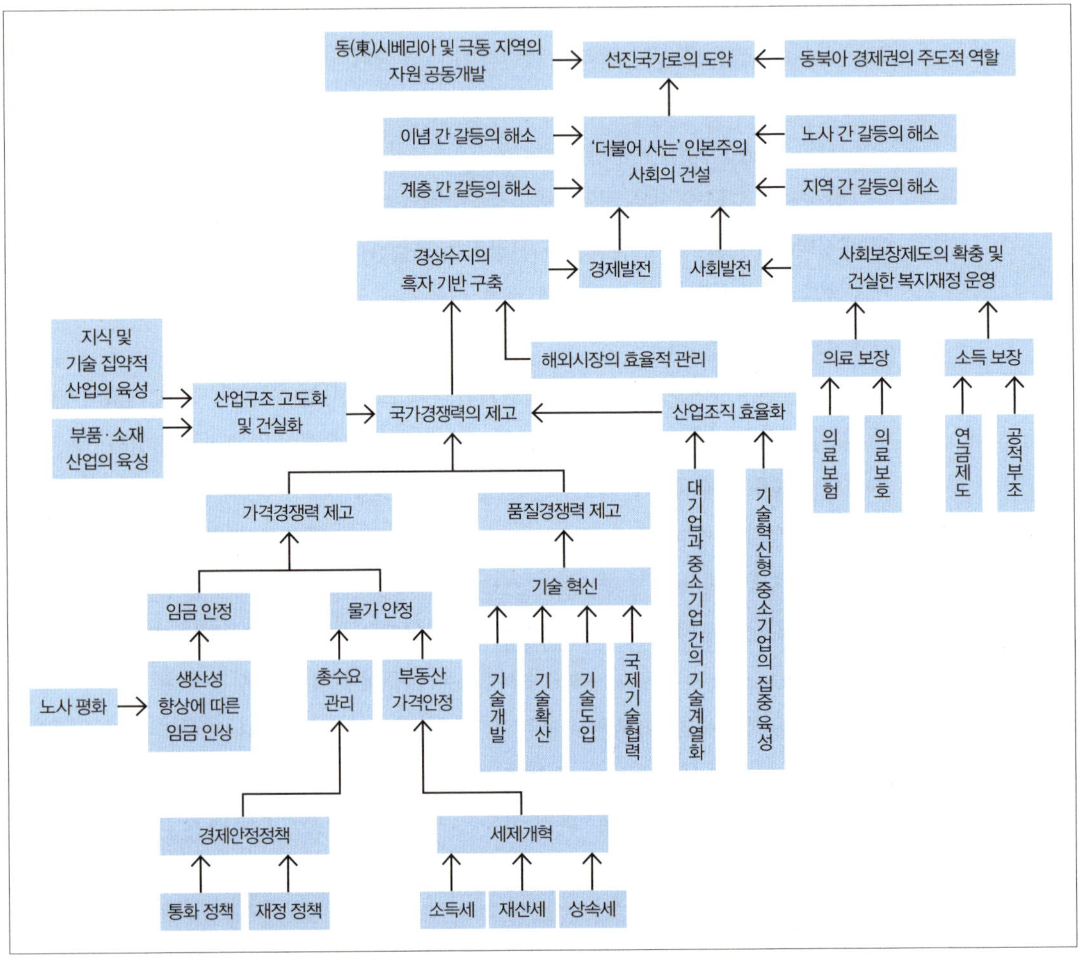

자료 임양택(1995), 「비전없는 국민은 망한다 : 21세기 통일한국을 위한 청사진」, 매일경제신문사 출판부.
임양택(2007), 「한국의 비전과 국가경영전략」, 나남출판사.
임양택(2011), 「쿼바디스 도미네 : 성장·복지·통일을 위한 청사진」, 나남출판사.
임양택(2013), 「글로벌 경제와 한반도 위기 : 한국의 비전 및 전략」, 나남출판사.
Lim, Yang-Taek(2008), "Korea's Prospects and National Management Strategies", Keynote Speech delivered at the 20th International Conference on Systems Research, Informatics and Cybernetics(July 24~30, 2008), Baden-Baden, Germany.

3) 슘페테리언 테크노-경제발전 전략

우선, 미시경제적 측면에서 슘페테리언(Schumpeterian)의 기술혁신의 메커니즘과 파급 효과를 보면, 주어진 기술하부구조(산업현장 지향적 인력, 산업정보 유통체제, 산업재산권 보호·관리,

그림 1-6 기술혁신의 메커니즘 및 파급효과 : 미시경제적 측면

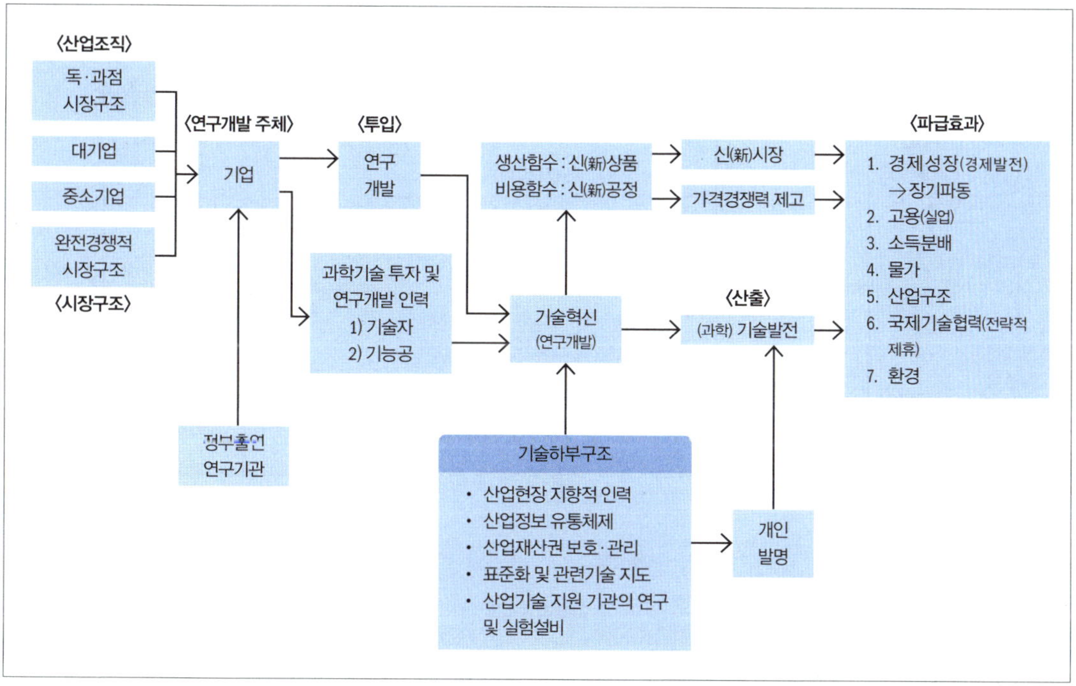

자료 임양택(1998), 「기술개발지원제도의 현황 및 개선방안」, KDI주관 1997년도 국가정책개발사업, 한국 개발 연구원.
임양택(2007), 「한국의 비전과 국가경영전략」, 나남출판사.
임양택(2011), 「쿼바디스 도미네 : 성장·복지·통일을 위한 청사진」, 나남출판사.
임양택(2013), 「글로벌 경제와 한반도 위기 : 한국의 비전 및 전략」, 나남출판사.

표준화 및 관련 기술지도 및 산업기술지원 기관의 연구 및 실험설비 등)를 바탕으로 연구개발 및 과학기술 투자와 연구개발 인력(기술자 및 기능공)이 결합되어 기술혁신이 생성되며, 이것은 다시 신상품과 신공정을 창출한다. 기술혁신의 파급효과로서는 경제성장 혹은 경제발전, 고용, 소득분배, 물가, 산업구조, 국제기술협력, 환경 등에 대하여 직·간접적으로 영향을 준다

슘페테리언(Schumpeterian)의 기술혁신인 '창조적 파괴'(Creative Destruction)는 어제, 오늘, 내일도 추구해야 하는 국가경쟁력 제고를 위한 도전이다. 그러나, 세계적 기술전쟁(Technology War) 속에서, 한국의 당면과제는 한국이 상대해야 하는 일본의 기술발전 속도와 중국의 기술추격속도가 너무 빠르기 때문에 한·일(韓·日) 간 기술격차는 확대되고 한·중(韓·中) 간 기술격차는 좁혀지고 있다는 것이다. 기술낙후는 기술종속을, 이것은 다시 수입종속을 각각 야기한다. 기술 추격은 판매시장의 상실과 시장경쟁의 역전을 의미한다.

그림 1-7 테크노-경제발전 모형 : 거시경제적 측면

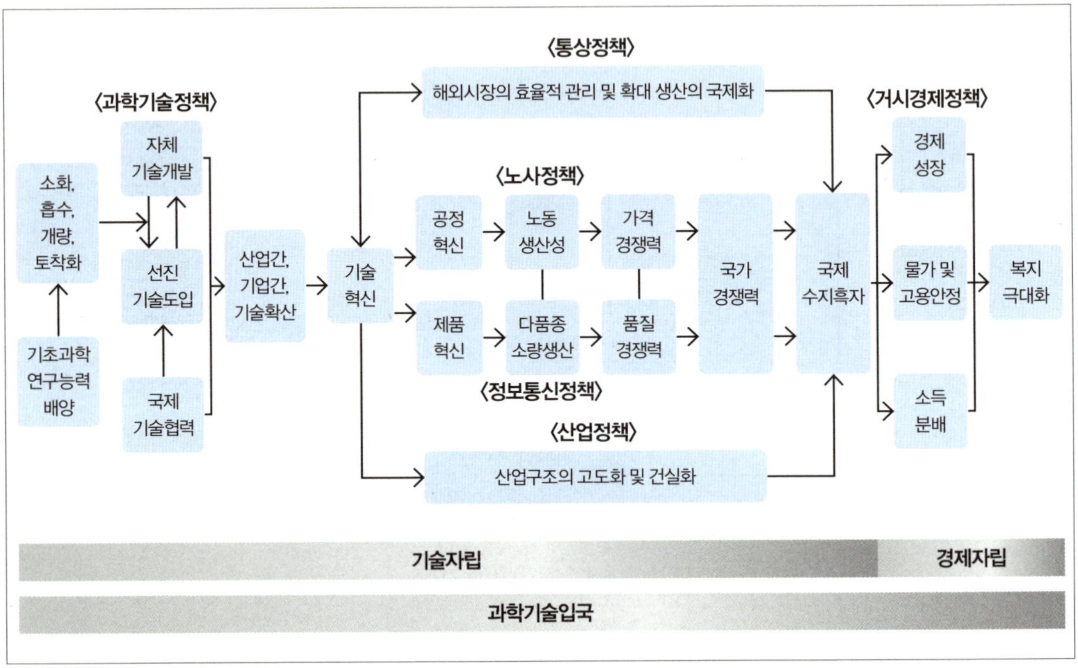

자료 Lim, Yang-Taek(1996), "An International Comparative Study of Basic Scientific Research Capacity : OECD Countries Taiwan and Korea", *Technological Forecasting and Social Change*, Vol. 52, pp. 75~94.

Lim, Yang-Taek(2000), *Korea in the 21st Century*, New York : NOVA Science Publishers, Inc.

Lim, Yang-Taek(2006), "A New Techno-Economic Development Model : he Case of South Korea", In George E. Lasker & Kensei Hiwaki, ed., *Sustainable Development and Global Community*, Vol. VII, Niagara Falls : Coutts Library Services, Ltd., pp.19~33.

임양택(2007), 「한국의 비전과 국가경영전략」, 나남출판사.

임양택(2011), 「퀴바디스 도미네 : 성장·복지·통일을 위한 청사진」, 나남출판사.

임양택(2013), 「글로벌경제와 한반도 위기 : 한국의 비전 및 전략」, 나남출판사.

한편, 저자의 슘페테리언 테크노-경제발전 전략(Schumpeterian Techno-Economic Development Strategy ; Lim, Yang-Taek : 1996, 2000, 2006 ; 임양택 : 2007, 2011, 2013)은 다음과 같은 동태적 발전 과정으로 요약할 수 있다. 기초과학연구능력 확충 → 소화·흡수·개량·토착화 → 자체기술개발, 선진기술 도입, 산업간 및 산업내 기술확산, 국제기술협력 → 기술혁신의 촉진 → 기업경쟁력(자원 및 역량, 프로세스 경쟁력, 품질경쟁력, 시장경쟁력, 고객성과, 시장성과, 재무성과)의 제고 → 가격경쟁력(임금, 금리, 환율, 유가, 물류비용 등)의 제고 및 비(非)가격경쟁력(품질, 운송, 디자인, 에프터서비스 등)의 제고 → 국제경쟁력의 강화 → 국제수지 흑자(기계류·부품·소재의 대(對)일본 기술 및 수입의존도 감소, 에너지절약 및 대체에너지 개발 등) → 성장·고용·분배 → '최대다수

그림 1-8 국가기술혁신 시스템의 모형

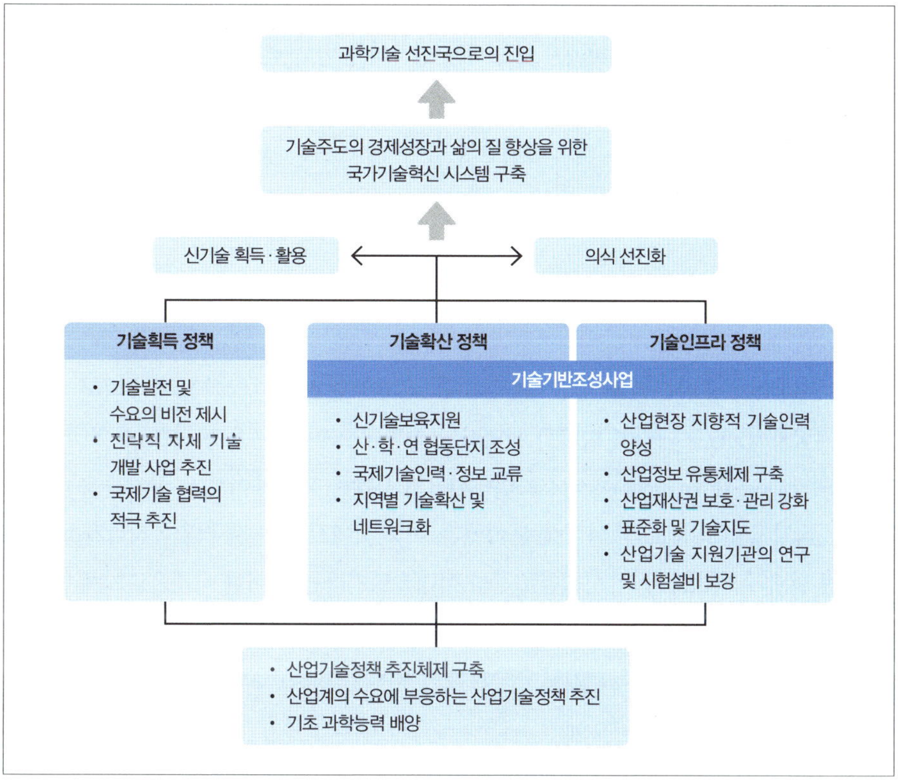

자료 임양택, 기술개발지원제도의 현황 및 개선방안(KDI주관 1997년도 국가정책개발사업), 한국개발연구원, 1998. 1.

의 최대행복'이다.

상기한 테크노-경제발전 전략(Lim, Yang-Taek: 1996, 2000, 2006; 임양택: 1996, 2007, 2011, 2013) 하에서, 정부는 국가기술혁신 시스템을 구축하여 국가경쟁력을 강화해야 할 것이다.

7. '한국형 복지사회'를 위한 '최적 경제성장과 사회보장 모형'

일찍이 한국의 선현(先賢)들은 모두가 더불어 함께 잘 사는 '대동사회'(大同社會)를 꿈꾸어 왔었다. 이러한 사회는 가난의 집단적 해결방안인 사회보장제도로부터 시작된다. 그러나 이 제도는 '최저생활보장'이라는 보편적 가치를 추구하지만 그 대가로서 엄청난 사회적 비용이 수반된다.

이제, 한국의 보수와 진보는 한국의 '합리적 사회보장'을 설계하는데 모든 지혜를 동원해야 한다. 1942년 영국의 베버리지 보고서는 영국의 통합 사회보험체계의 근간이 되었을 뿐만 아니라 유럽 복지국가 형성의 토대가 되었다. 여기서 유의할 것은 저자는 정부주도의 '복지국가'(Welfare State)가 아니라 고용기반형 '복지사회'(Welfare Society)로 지향해야 한다고 주장한다는 점이다(임양택 : 1981, 2007, 2011, 2012, 2014 ; Lim, Yang-Taek : 1978, 2000, 2010).[23]

1) 요스타 에스핑-안데르센의 복지국가 유형

요스타 에스핑-안데르센(Gosta Esping-Andersen)은 현재 선진 국가들에서 나타나고 있는 '복지국가(Welfare State)의 위기'를 설명하기 위하여 그의 저서 『*The Three Worlds of Welfare Capitalism*』(1990)에서 스칸디나비아의 사례를 포함하여 많은 국가들을 대상으로 복지국가(Welfare State)의 차이를 분석했다. 이 저서에서 그는 서구의 복지국가(Welfare State)는 자유주의, 보수주의, 사회민주주의 이데올로기라는 상이한 이데올로기에 기반을 두고 형성되었기 때문에, 복지국가(Welfare State)는 크게 세 가지 유형, 즉 ① 자유주의적 복지국가(Liberal Welfare State), ② 보수주의적 복지국가(Conservative Welfare State), ③ 사회민주주의적 복지국가(Social Democratic Welfare State)로 구분할 수 있다고 주장했다(Esping-Andersen, 1990, pp. 26~28).

첫 번째의 자유주의형 복지국가('선택적 복지국가')의 예로서 미국, 스위스, 오스트레일리아, 캐나다, 일본 등을, 두 번째의 보수·조합주의형 복지국가('사회보험주의 복지국가')의 예로서 독일, 프랑스, 벨기에, 오스트리아, 이탈리아 등을, 세 번째의 사회민주주의형 복지국가('포괄적 복지국가')의 예로서 스웨덴, 덴마크, 네덜란드, 노르웨이, 핀란드 등을 각각 들 수 있다.

요스타 에스핑-안데르센(Gosta Esping-Anderson, 1990)의 복지 유형 분류에서 언급한 바와 같이, 사회연대(Solidarity)를 중시함으로써 전(全)국민을 대상으로 하는 '보편적'(Universal) 복지제도란 복지재정의 부담이 모든 소득계층(즉, 부유층뿐만 아니라 중산층 및 서민층)이 공유하고 모든 연령층(아동 및 노인들 포함)이 복지 혜택을 받는 '사회민주주의형(북유럽 모형)이다.

상기의 사회민주주의형 복지국가와 관련하여, 제프리 삭스(Jeffrey Sachs) 미국 컬럼비

23 임양택(2011), 「한국형 복지사회를 위한 청사진」, 한양대학교 출판부.

표 1-3 요스타 에스핑-안데르센(Gosta Esping-Anderson)에 의한 복지국가 유형의 분류

국가유형 분류기준	자유주의적 복지국가	보수적-조합주의적 복지국가	사회민주주의적 복지국가
주요 프로그램	공공부조와 사회보험	사회보험	기초연금을 기본으로 하는 보편적 사회보장제도
급여 단위	(혼인)가족	(혼인)가족	개인
급여 수혜조건	자산조사	취업활동 및 사회보험 가입	시민권
급여와 서비스 질	시장에서 행한 역할에 따라 차이가 발생	수평적 재분배 : 사회적 지위의 차이 유지(보상 원칙)	수직적 재분배
고용 및 노동에 대한 국가개입 정도	국가는 최종 개입 주체 : 자유주의적 노동윤리규범이 지배, 시장의 우세	조합주의적 전통	공공서비스망 구축 : 돌봄 및 가사노동 경감을 통한 취업 촉진
사회적 서비스 공급에 있어서 국가, 시장, 가족간의 관계	• 시장에 맡김 • 개인에 대한 가족의 책임을 강조하고 가족의 실패 후에 국가가 최소한으로 개입	• 가족의 개인에 대한 전통적 역할을 강조하고, 가족이 실패한 후 국가가 개입 • 부양아동을 가진 여성의 노동시장 참여동기를 저하시키는 정책	• 가족역할의 책임을 크게 사회화하고 가족이 실패하기 전에 개입함 • 완전고용 추구
여성의 삶	무보수, 돌봄 노동, 높은 취업률(대부분 불완전노동)	돌봄 및 가사노동 담당자로서 여성, 노동시장에서의 성차별, 낮은 취업율	높은 취업률, 공공서비스망을 통한 돌봄 및 가사노동 부담 경감
탈상품화 수준	최소화 : 사회적 위험 발생시 최소한의 수준을 보장하는 사회적 연결망	중간 수준	높은 수준
주요 국가	미국, 캐나다, 영국, 오스트레일리아	오스트리아, 프랑스, 독일, 이탈리아	스웨덴, 덴마크

자료 1. http://blog.naver.com/math8529/130046450611을 저자가 재구성.
2. 임양택(2011), 「쿼바디스 도미네 : 성장·복지·통일을 위한 청사진」, 나남출판사.

아대학교 경제학 교수는 그의 저서 『커먼 웰스』(*Common Wealth: Economics for a Crowded Planet*)에서 “사실이 아니라 이념이 논쟁을 지배하고 있다”라며 “두터운 사회안전망이 미래에 대한 믿음을 보장하고 사람들에게 위험을 감수할 수 있게 해준다”라고 말했다. 그리고 “자본주의는 높은 수준의 소득, 성장, 혁신과 높은 수준의 사회적 보호를 결합시키는 것이 가능한데, 북유럽이 그 일을 해냈고, 그 경험이 다른 나라들의 선택에 꽤 밝은 빛을 비춰주고 있다”라고 높이 평가했다.

2) 복지국가의 위기

우선, 조합주의 이론은 복지국가를 자본주의적 질서를 유지·강화하기 위한 수단이라고 파악하고 있다. 또한, 마르크스주의 이론도 복지국가를 자본주의의 재생산을 위한 수단으로 파악한다.

한편, 에스핑 안데르센(Esping-Andersen)은 그의 저서 『*Politics against Market*』(1985년)에서 스칸디나비아의 복지국가(Welfare State)는 보편주의적(universalistic) 복지국가(Welfare State)로서 다음과 같은 세 가지 원칙 하에서 구성된다고 주장했다.

- 탈(脫)상품화(De-Commodification)원칙이다. 이 원칙은 노동자 계급이 노동시장에서의 업적과 무관하게 자신의 삶을 유지할 수 있도록 하는 것을 의미한다.
- 연대(Solidarity)원칙이다. 이는 복지제도가 특정 계층만을 대상으로 하는 것이 아니라 시민 전체를 포괄해야 함을 의미한다.
- 재분배(Redistribution)원칙이다. 이는 부자에서 빈자로의 부의 재분배가 복지제도를 통해 가능해야만 한다는 것이다.

상기한 세 가지 원칙은 사회민주주의 정당(Social Democratis Party-SDP)이 정치적 지지를 극대화하기 위한 조건을 반영하는 것이며, 또한 이 정당이 장기집권을 할 수 있었던 이유라고 에스핑 안데르센(Esping-Andersen)은 주장했다. 그는 사민당의 장기집권의 원인에 대해 소토지 보유 농민의 존재나 강력한 노동운동 외에 사민당이 지속적으로 계급연합에 성공했다는 점을 강조하였다. 다시 말하면, 자본주의 경제체제 하에서 노동자계급은 상호간에 경쟁관계에 놓여 있기 때문에 사회민주주의 정당이 노동자 계급의 지지를 극대화하기 위해서는 노동자들 사이의 경쟁을 최소화시켜야 하는데, 이를 위한 수단이 상기한 세 가지 원칙으로 대표되는 '보편주의적 복지국가'(Universal Welfare State)라는 것이다.

이어서, 에스핑 안데르센은 그의 저서 『*Social Foundation of Postindustrial Economies*』(1999년)에서 제2차 세계대전 이후 본격적으로 발전한 복지국가는 포드주의적 산업사회(Fordist Industry Society)에 기반하고 있었다고 주장했다. 포드주의적 산업사회는 제조업을 중심으로 한 반(비)숙련 노동력, 1인 소득원(one bread winner)과 전업주부로 구성된 핵가족, 그리고 남성 소득원에 대한 소득보장을 중심으로 구성되어 있었다. 그러나 포드주의(Fordism)에 바탕을 둔 산업사회를 구성했던 상기 요소들은 후기 산업사회로 이동하면서 점차 붕괴되기 시작했으며, 이 과정에서 복지국가는 위기에 빠지게 되었다는 것이다.

즉 제조업의 반(비)숙련 노동력에 대한 수요 감소와 서비스 산업의 팽창, 여성의 노동시장참여 증가, 그로 인한 핵가족의 붕괴 등으로 인해 복지국가(Welfare State)를 유지시켰던 조건들이 붕괴되고 있다는 것이다.

3) 선진국의 복지개혁 동향

미국

미국의 복지제도는 '개인 책임의 원칙'을 우선하는 '시장 중심형'이다. 개인이 스스로 문제를 해결하고 복지는 단지 보완적 역할을 담당하는 개념이다. 세금은 적게 내고 정부의 복지 서비스는 약하다. 예로서 건강보험 보장률을 보면, 한국이 64.5%인 반면에, 미국은 24.0%로 OECD(경제협력개발기구) 30개국 중 꼴찌다.

특히, 미국연금개혁안(2005년 2월에 백악관이 발표)에 따르면 전체 12.4% 사회보장세 중·장기적으로 4%만을 개인계정으로 운영하는 것이다. 나머지 8.4%는 모수적 개혁을 통해 재정건전성을 확보하는 것을 전제로 기존 사회보장제도를 유지하도록 되어있다. 그러나 심지어 미국에서도 이와 같은 방식으로 공적연금제도를 개혁할 수 없다. 그 이유는 다음과 같은 미국 부시(George W. Bush) 행정부의 개혁 원칙 때문이다.

첫째, 공적연금제도의 현대화가 현재 퇴직하였거나 근시일 내에 퇴직할 것으로 보이는 사람들의 공적연금 급여를 변화시켜서는 안 된다.

둘째, 공적연금의 잉여는 전적으로 공적연금에만 사용되어야 한다.

셋째, 공적연금기여율(social security payroll tax rate)을 올려서는 안 된다.

넷째, 정부는 공적연금을 주식시장에 투자해서는 안 된다.

다섯째, 사회보장제도 개혁에 있어서 장애인 등에 대한 연금규정은 그대로 유지하여야 한다.

영국

영국의 복지개혁은 '생산적 복지'의 개념을 바탕으로 진행되고 있다. 단순한 사회적 안전망을 제공하는 것이 아니라, 개개인이 스스로 자신을 도울 수 있는 체제를 정리하고, 자기 자신의 선택을 통해서 책임을 다할 수 있도록 복지제도를 운영하는 것을 원칙으로 하고 있다. 상호의존성과 사회적 책임성, 그리고 세대 간 연대성, 그리고 빠르게 변화하는 사회에 대응할 수 있도록 정부가 도와주어야 한다는 정부의 책임성을 강조한다. 또한 개개인의 잠재력을 향상시키는 투자를 함으로써 안정적으로 성장하는 경제를 건설하는 것도 중요한 기조로 삼고 있다. 상기한 생산적 복지의 개념 위에서 영국의 노동연금과는 다음과 같은 개혁의 원칙을 정하고 있다.

첫째, 연금제도는 가난을 효과적으로 대처하여야 한다.

둘째, 충분한 노후 소득을 보장하기 위한 기회가 모든 사람들에게 주어져야 한다.

셋째, 연금제도는 여성 및 부양자들에게 공정하여야 한다.

넷째, 일반 사람들이 이해할 수 있는 제도를 정착시켜야 한다.

다섯째, 개혁은 반드시 가능한 많은 공감대를 바탕으로 수행되어야 한다.

한편, 영국정부는 연금개혁에 대한 공감대 형성과 적절한 '확정급여제'(DBP : Defined Benefits Plan)와 '확정기여제'(DCP : Defined Contribution Plan)의 혼합형태로써 연금 개혁에 성공하였다(The Economist, 2006). 상술하면, 영국의 연금제도는 기금운용 수익률을 제고함과 동시에 고령화에 대비하기 위하여, 1980년, 기존의 '확정급여제'(DBP)에 '확정기여제'(DCP)를 부분적으로 도입함으로써 연금보험료의 일부를 민간 금융상품에 대한 투자를 허용했었다.

또한, 영국의 『연금개혁위원회』는 민간 금융상품 투자가 너무 적어 노령인구의 빈곤이 급증할 위험발생 가능성을 국민에게 정직하게 제시하면서 민간 금융상품 투자를 의무화하되, 투자 축소에 대한 연금가입자의 선택 권한을 연금가입자에게 부여했다. 그 대신에 '확정급여형' 연금급여 연동기준을 물가에서 임금으로 전환하여 연금급여액의 실질가치를 인상함으로써 연금개혁에 대한 국민의 지지를 획득하였다.

프랑스·독일·네덜란드

프랑스와 독일은 북유럽과 '영미식' 복지국가의 중간쯤이다. 프랑스는 든든한 사회보장제도를 갖고 있지만 복지 재원을 마련하기 위해 법인세율(34.4%)을 유로존 최고 수준을 유지하고 있지만 과도한 복지 부담으로 프랑스의 국내총생산(GDP) 대비 재정 적자비율(7.7%)이 급증하면서 프랑스 경제(1.6% 성장)는 고전을 면치 못하고 있다. 독일도 2003년 사회당 시절부터 꾸준히 복지 부담을 줄이는 개혁을 시도하고 있다.

특히, 독일은 공적퇴직보험제도(GRV)가 기업연금 및 자기 저축 등의 전체 노후대책 수단 중에서 85%나 차지하고 있는 제도를 운영하고 있다. 국민이 노후대책의 대부분을 공적연금에 의존하고 있는 국가이다. 상술하면, 독일의 경우, 소득대체율은 85%로 매우 높다. 따라서 공적연금이 72.2%의 소득대체율을 차지하고 있다. 이와 대조적으로, 네덜란드의 경우에는 공적연금(AOW)이 노후소득 중 50%의 비중을 차지하는 반면에, 소득대체율은 86%이다. 이것은 공적연금이 차지하는 비중이 작다고 해서, 소득대체율이 낮은 것은 아니라는 사실을 보여주고 있다.

스웨덴

스웨덴 복지는 전형적인 '고(高)부담·고(高)복지' 모델이다. 소득에 상관없이 누구나 복지 혜택을 받고 있다. 그러나 '모든 국민의 복지'를 위해 스웨덴 국민들은 수입의 절반 가까이를 세금으로 내고 있다.

국민부담률(조세+사회보험)이 국내총생산(GDP)의 47.1%(2009년 기준)로 세계 2위다. 특히 기업들 부담이 크다. 고용주는 근로자에게 지급하는 임금의 30% 이상을 사회보장세 명목으로 별도로 낸다. 세금을 많이 내는 대신에 기업은 경영권을 보호받고 있다. 예로서 스웨덴 전체 GDP의 30%를 생산하는 재벌 발렌베리(Wallenberg) 가문은 법에서 차등복지 혜택을 받고 있다. 즉 근로자 해고나 계약직 채용도 자유롭게 할 수 있다. 이러한 노동시장 유연성 덕분에 사양산업은 빨리 정리할 수 있고, 노조도 이에 반대하지 않는다. 이 결과 고(高)복지와 경제성장이 선순환(善循環)구조를 이루고 있다.

그러나 스웨덴도 1970년 이후 경제 불황을 겪으며 '복지국가의 위기'를 겪었다. 1992년

그림 1-9 스웨덴과 한국의 사회경제적 여건 비교

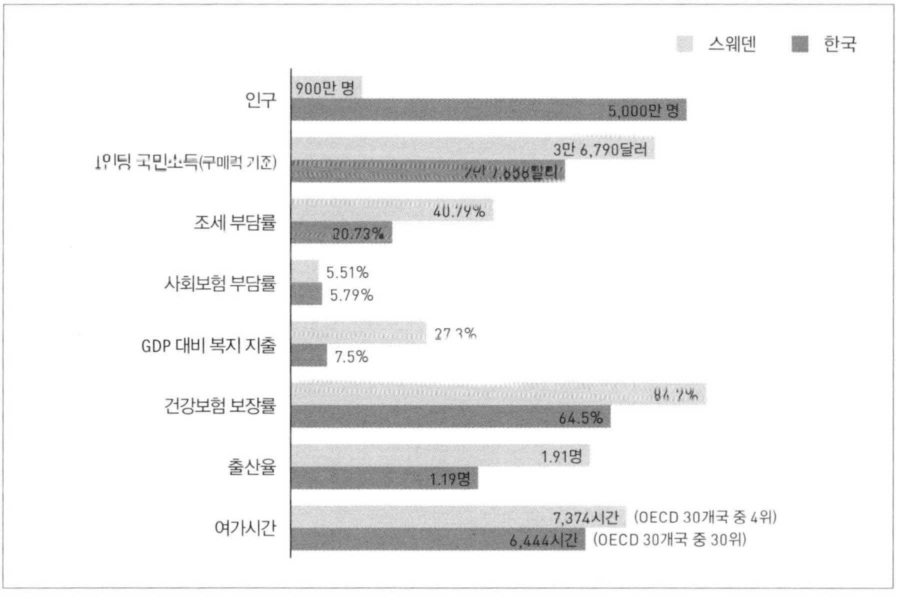

자료 보사연, OECD 국가의 복지지표 비교 연구 등.

우파연립 정부가 등장하면서 좌·우파 및 각종 사회 구성원의 폭넓은 합의로 복지개혁이 시작됐었다.

그러나 스웨덴과 한국의 여건이 다르다. 스웨덴은 인구 900만 명의 비교적 소국이고, 출산율도 1.91명으로 높은 편이다. 이와 대조적으로, 인구 5,000만 명 규모에 1.21명이라는 세계 최저 수준의 저출산, 가장 빠른 속도의 고령화라는 문제점을 갖고 있는 한국과는 다른 점들이 많다. 한국은 심각한 양극화와 계층 간 분열로 인하여 스웨덴의 '유연한 복지'를 도저히 흉내조차 낼 수 없다.

스위스

스위스에는 국가 운영 의료보험도 없고, 전 국민에게 최소한의 소득을 보장하고자 하는 시스템조차 없다. 따라서 다른 선진 복지국가들이 가지고 있는 '복지병' 문제가 없다. 그럼에도 불구하고, 가난의 대물림이 어느 나라보다도 적다. 이것이 어떻게 가능할까? 그 이유는 사회복지 시스템 때문이다. 스위스의 복지 설계는 두 가지 원칙, 즉 ① 가난을 완화시킬 방법과 ② 비생산적인 복지를 지양할 방법으로 구조화되어 왔다. 그리고 스위스에서는 다른 유럽 선진국에서 흔히 보게 되는 복지재정 위기가 존재하지 않는데, 그 이유는 다음과 같은 복지 원칙을 준수하고 있기 때문이다.

첫째, 복지 제공은 필요한 사람에게 일시적으로만 제공해야지 복지 혜택에만 의존하는 사람을 만들어선 안 된다는 것이다.

둘째, 혜택을 받는 사람은 최선을 다해 다음 세대로까지 가난을 세습하지 않도록 노력해야 한다는 것이다.

다시 말하면, 스위스는 복지에도 '생산성' 개념을 도입했던 것이다. 수혜자의 형편에 따라 혜택을 달리 하는 것은 물론, 본인의 노력 여하에 따라 또 달라진다. 고령층과 장애인에 대해서는 무제한 혜택을 주지만, 그렇지 않은 사람들은 혜택을 계속 받기 위해 본인이 재활, 교육 및 사회 프로그램을 통해 소득 창출을 위해 노력했다는 사실을 입증해야 한다. 그리고 혜택을 받는 사람들은 사회로부터 받은 혜택을 되갚으려 노력해야 한다.

이와 대조적으로, 대부분 선진국의 복지 목표는 동일한 계층 안에서 복지 혜택을 수혜자에게 얼마나 똑같이 잘 전달하느냐가 관건이다. 또한 복지 혜택을 받는 사람이 물리적 노력을 하지 않아도 지속적으로 같은 복지 혜택을 전달해 주는 데 시스템의 초점이 맞춰져 있다.

스위스에서는 중앙정부에서 통제하는 복지 급여가 없다 보니 마치 복지정책이 없는 것처럼 보일 뿐이다. 직접민주주의를 표방하는 나라답게 거의 모든 세금은 지자체 단위로 주민들의 의견이 수렴돼 정해진다. 그러다 보니 복지 수준 또한 작게는 몇백 명에서 많게는 몇만 명의 주민이 모여 결정을 하고 집행을 하는 구조다. 즉, 단지 '복지'라는 이름으로 예산이 낭비되거나 비생산적으로 지출되지 않도록 주민들이 감시하고, 그 세금을 모아 복지 혜택을 주는 만큼 수혜를 받는 사람들에게 그에 상응하는 책임을 부과하는 것이다. 이 결과, 중앙에서 통제하는 복지 계획은 없지만 국가에 대한 국민의 신뢰나 복지 정책의 만족도는 가장 높다.

상기한 스위스의 사례는 세금을 더 거두고 모든 것을 복지로 해결하려는 것이 결코 최선이 아니라는 것을 말해준다. 사회 전반적인 부분에서 낭비적인 요소를 줄이면 보다 '생산적 복지'를 실현할 수 있다는 것이다.

4) 정부주도의 '복지국가'에서 시장주도의 '복지사회'로 전환[24]

모름지기, 각 국가의 복지제도는 모두 다른 역사적 배경에서 고안 및 도입되었고 그 나라의 경제 상황을 고려하여 수정해오고 있다. 한국도 경제적 능력과 사회적 요구에 부합되는 '합리적 복지모형'을 설계해야 한다.

(1) 한국형 복지 시스템 수립을 위한 당면과제

우선, 여야 의원들이나 학자들이 '무상복지' 논쟁을 하면서 '보편적 복지'(Universalism)와 '선별적 복지'(Selectivism)라는 용어를 많이 사용하고 있는데, 그들은 상기 두 개념의 차이점을 제대로 알지 못하고 있다는 점을 지적하고자 한다. 결론적으로, '보편적 복지'와 '선별적 복지'의 이분법적 대립은 무(無)의미하다는 것이다. 교육처럼 기회균등이 중요한 분야는 '보편적 복지'가, 저소득층 지원처럼 결과에 초점을 맞추는 쪽에는 '선별적 복지'가 바람직하다.

상술하면 '보편적 복지'(Universalism)는 소득과 재산조사를 하지 않고 모든 국민(경우에 따라 거주자 포함)에게 특정 복지급여를 평등하게 하는 제도이다. 예로서, 영국이나 스웨덴처럼 조세를 재원으로 하여 모든 국민(거주자 포함)에게 소득이나 재산조사 그리고 보험료 부담 없이 의료보장(보건서비스)을 하는 경우이다. 스웨덴과 일본의 기초연금제도는 공적연금제도이지만 '보편적 복지'(Universalism)에 해당한다. 왜냐하면 스웨덴이나 일본의 기초연금

---

24 임양택(2011), 「한국형 복지사회를 위한 청사진」, 한양대학교 출판부.

제도는 소득과 재산조사를 하지 않고 일정 연령 이상 국민에게 정액(定額)의 보험료를 부과하고 정액의 연금을 지급하기 때문이다.

이와 대조적으로, '선별적 복지'(Selectivism)는 소득과 재산조사(means test)를 하여 복지 수요자를 결정하고 헌법에 정한 최저한의 문화적이고 인간적인 생활을 할 수 있는 복지 급여를 하는 제도이다. '선별적 복지'(Selectivism)의 대표적인 예는, 국민기초생활보장법(제7조)에 따라 '생계·주거·의료급여' 등 일곱 가지를 받는 경우이다. 이 경우 반드시 소득과 재산조사를 거친다. 건강보험제도에서 보험급여는 보험료에 대한 '반대급여'이며, 보험료는 소득과 재산액에 비례해 부담하기 때문에 소득과 재산조사가 이루어져야 한다. 또한, 보험료를 부담할 수 없는 저소득계층은 국민기초생활보장법에 따라 의료보장(의료급여)을 받는다. 그러므로 건강보험과 의료급여는 '선별적 복지'(Selectivism)라고 할 수 있다. 또한, 한국의 국민연금제도는 소득과 연계하여 보험료를 부과하고, 보험료의 많고 적음에 따라 수령하는 연금액이 많아지거나 적어지기 때문에 '선별적 복지'(Selectivism)에 해당된다.

이제, 저자는 '한국형 복지사회' 시스템을 구축하기 위한 과제로서 다음과 같이 지적한다.

첫째, 북유럽 복지모델의 성공요인에 대한 벤치마킹이 필요하다. 북유럽 복지국가는 재정 지출의 경제성장과의 연계를 통해 장기적으로 지속가능한 복지 시스템을 구축한 것으로 평가된다. 또한, 복지의 사회안전망 기능을 통해 국민의 기본적인 생활수준을 보장하고 빈곤을 감축시켰다.

둘째, 선진국 모델의 한계점과 한국의 특수성을 감안한 복지모델을 구축해야 한다. 북유럽 국가에서도 고령화 추세로 재정건전성에 대한 위협이 확대되고 있으며 이를 최소화하기 위해 성장과의 연계를 높이고 선별적 복지를 확대하고 있다는 점을 감안해야 한다.

셋째, 남·북한으로 분단된 한반도의 경우, 막대한 통일비용 및 국방비 등에 대한 지출이 막대한 점을 고려해야 한다.

상기한 세 가지 과제와 함께, '한국형 복지사회' 시스템 구축과 관련하여 가장 우려되는 점은 인구구조 변화 등으로 인한 복지 재원 부족이다. 사실, 선진국과 비교했을 때 한국의 복지지출 비중이 매우 낮다. 따라서 향후 복지에 대한 요구가 커질 것으로 전망되어 재정 지출 확대가 예상되는 가운데 고령화 등으로 향후 재정건전성이 악화될 가능성이 큰 것으로 전망된다. 이에 추가 복지 재원 확보가 필요하나 생산인구 감소 등으로 인해 세입기반은 약화될 우려가 있다.

또한, 한국의 경우 복지정책의 소득 재분배 효과가 미흡하다. 가처분소득 기준의 소득분배 지표는 양호한 것으로 보이지만 정책적 수단에 의한 소득 재분배 효과는 미약하다. 한편, 계층 이동성에 대한 회의적 인식이 확산되고 있으며, 이는 저(低)소득층 및 중산층의 상대적 박탈감이 심화되고 있음을 시사한다.

한편, 복지국가의 성공사례로 평가되고 있는 북유럽 복지 국가는 경제성장과 사회보장의 두 측면에서 모두 성공적이었으나 최근 국가재정 악화를 극복하기 위해 복지정책을 수정하는 추세에 있다. 다시 말하면, 북유럽 복지 국가는 고(高)부담-고(高)복지형 제도로 재정지출을 통한 경제성장 지원, 기업활동에 대한 자유보장, 사회안전망 제도 등은 성공 요인으로 꼽힌다. 그러나 최근의 고령화, 저성장 등에 따른 국가재정 악화를 극복하기 위해 '보편적 복지'(Universalism)를 축소하고 실업률을 낮추는 데 주력하고 있다.

(2) '시장주도형 복지사회'를 위한 비전과 전략

'한국형 복지 시스템' 수립을 통한 '복지사회'로의 전환을 달성하기 위한 전략의 핵심은 세 가지, 즉 ① 재정건전성 관리 시스템 구축으로 복지정책의 지속가능성 확보, ② '생산적 복지'를 통한 분배-성장 간 선순환 구조 정착, ③ 복지정책의 실효성 강화이다.

첫째, 재정건전성 관리 시스템 구축으로 지속가능한 복지시스템을 위한 과제는 다음과 같다.

- 향후 재정 지출 확대에 대비한 추가 재원 확보가 필요하다. 현재의 복지수요 증가, 인구구조 변화 추세 등을 고려한다면 증세 혹은 지출 조정을 통한 재원확보가 필수적일 것으로 보인다. 또한 소득분배를 악화시키는 효과를 가지나 세입 확대에 효과적인 부가가치세의 인상을 검토해볼 필요가 있다.
- 재정건전성 관리를 체계화해야 한다. 이를 위해서는 법적 구속력을 가진 재정건전성 목표를 제시하는 등 재정준칙을 강화하여 재정건전성을 체계적으로 관리해야 한다. 또한 신규 재정 지출 도입 시(時) 장기적 관점에서 재정건전성을 검토하는 과정이 필요하다.

둘째, '생산적 복지'를 통한 분배-성장 간 선순환 구조 정착 전략을 달성하기 위한 과제는 다음과 같다.

- 복지를 통해 지속적 경제성장력을 확보해야 한다. 즉 과도한 복지 보호에 의해 근로 의욕이 저하되지 않도록 경제적 유인구조를 설계해야 한다. 또한 중·장기적으로 경제 활력을 유지하는데 유익한 투자형 복지지출을 확대해야 한다.
- 선별적 복지(Selectivism)와 보편적 복지(Universalism)를 적절히 사용해야 한다. 특히, 보편적 복지는 재정악화 및 자원배분 효율성 악화로 이어질 위험이 있으므로 이를 경계해야 한다.

셋째, 복지 정책의 실효성 강화를 위한 과제는 다음과 같다.

- 복지를 양적으로 확대함과 동시에 질적으로도 효율성 강화를 추진해야 한다. 복지에 대한 양적인 확대 뿐만 아니라 체제 자체에 대한 전반적인 효율성 개선 작업이 필요하다. 그리고 보호가 필요한 계층이 우선적으로 복지 혜택을 받을 수 있도록 체제를 정비해야 하며 복지 사각지대에 대한 보완이 시급하다.
- 조세 및 복지 정책의 소득 재분배 기능을 강화해야 한다. 우선, 조세 및 복지 제도를 통해 소득 불평등을 완화해야 하며 조세부담 및 재정 지출을 확대함에 있어 형평성을 훼손하지 않도록 유의해야 한다. 또한, 계층 상향 이동의 기회를 제공하여 상대적 박탈감을 불식시키고 사회통합을 이끌어 내야 한다.
- 복지는 결코 공짜가 아니다. 재정 건전성을 망가뜨리고 적자 국채를 발행하면서까지 복지 지출을 늘릴 수는 없다. 결국, 현재 세대가 추가적인 세금 부담을 각오할 수밖에 없다. 지금부터 큰 진통을 겪더라도 복지 확대에 따른 세금 부담을 어떻게 공정하게 분담할지 고민해야 한다. 공정한 세금은 '정의로운 국가'의 필요조건이다. 이를 위해 소득세 구간 조정을 넘어, 중·장기적으로 '사회보장세' 도입까지 검토해야 할 것이다. 그러나 '낮은 세율, 넓은 세원'이란 조세의 기본원칙은 준수되어야 한다. 소득세 최고세율을 올리겠다면, 동시에 비과세·감면을 줄여 국민 개세주의(皆稅主義)를 확고하게 준수해야 한다. 그것은 '공정한 복지사회'로 가는 지름길이다.

(3) 라이프-사이클 사회보장 모형

〈그림 1-10〉은 모디그리아니·브룸버그(F. Modigliani and R. Brumberg, 1954) 및 앤도 및 모디그리아니(A. Ando and F. Modigliani, 1963)의 라이프-사이클 소득가설(the Life-Cycle Income Hypothesis)을 저자가 사회보장 모형으로 다소 변형시킨 것이다.

사람은 태어나서($t=0$), 유년기($0=t_0$) 동안 부모의 양육과 교육을 받은 후(t_0), '평생직장'을 찾아 근무($t_0 \sim t_1$ 혹은 $t_0^1 \sim t_1^1$)를 하다가 법정 정년(t_1)을 채운 후 혹은 조기 은퇴(t_1^1)한 후, 나머지 생애의 기간($t_1 \sim T_0$ 혹은 $t_1^1 \sim T_0$) 동안 자녀의 보살핌 혹은 정부로부터의 연금 및 의료를 받다가 사망(T_0)한다. 〈그림 1-10〉에서 영역 H(아동복지 부문)는 정부가 아동보육을 지원 혹은 감당함으로써 젊은 부부를 경제적으로 도와주는 것이며 미래의 인적자본(Human Capital)을 축적하는 것이다.

초고령화의 세계적 추세는 돌이킬 수 없기 때문에 노년인구를 위한 최상의 노후생활 보장대책은 노년세대에게 직장을 제공하고 의료비 문제를 해결해주는 것이다. 상기와 같은

그림 1-10 라이프-사이클 사회보장 모형

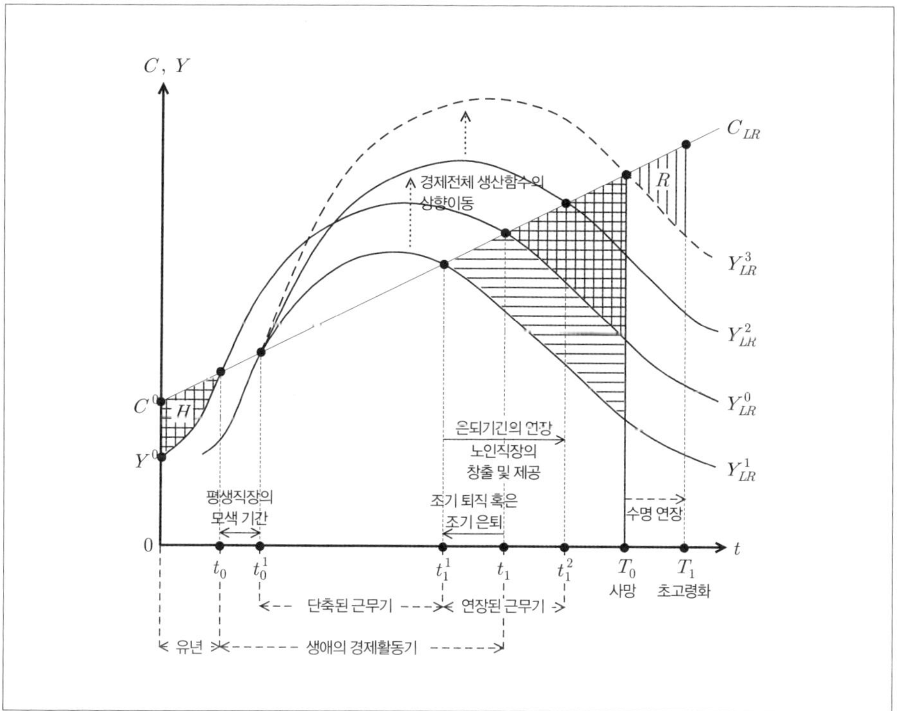

자료 임양택(2011), 「쿼바디스 도미네 : 성장·복지·통일을 위한 청사진」, 나남출판사, p 294.
임양택(2011), 「한국형 복지사회를 위한 청사진」, 한양대학교 출판부.
임양택(2014), 「최적 사회보장과 창조경제를 위한 국민연금기금의 자산운용전략」, 국민연금연구원 용역 보고서, 2014-01.

인구구조의 변동에 대응한 가장 합리적인 해결 방안은 〈그림 1-10〉에서 경제 전체의 생산함수를 Y^0_{LR} 혹은 Y^1_{LR}에서 Y^2_{LR}로 상향 이동시켜 고용기회를 많이 창출함으로써 개인 인생의 자원배분 문제는 원칙적으로 자기 자신이 스스로 해결할 수 있는 원초적 기반인 직장을 '적극적 노동시장정책'에 의해 제공하는 것이다. 이와 동시에, 개인이나 그의 가족이 물리적으로나 경제적으로 도저히 감당할 수 없는 영역 R(노인복지 부문)은 정부가 해당 노인의 노후생계비를 지급하면 되는 것이다.

상기와 같은 해결방안을 선택 및 추진하지 않는 경우, 정부의 복지재정수지 적자는 시간이 경과할수록 더욱 누적될 것이고, 그 부담은 고스란히 '낮아진' 생산함수에서 일하는 세대 및 계층이 부담하게 될 것이다. 이 결과, 사회적 불만은 폭등할 수밖에 없을 것이며, 국가재정은 파산 위기로 진입할 것이다.

〈그림 1-10〉의 라이프-사이클 사회보장 모형에서 현대인의 당면과제는 평생 소득(Y)에서 평생 소비(C)를 차감한 평생 저축(S)으로써는 자녀의 양육과 교육을 위한 지출과 자신의 노후 생활 대책을 꾸려나갈 수 없다는 점이다. 그 이유는 현대의 자녀는 종족 보존의 수단이 아니라 미래의 사회구성원으로서 생활력을 갖춘 인격체이기 때문이며 그러한 인물로 양육하는 비용이 부모의 경제력에 비하여 과도하기 때문이다.

설상가상으로, 산업구조의 변화(예로서 정보통신기술의 발달 등)로 인하여 '종신고용제' 혹은 '평생 직장'이 사라졌다. 산업의 라이프 사이클이 단축됨에 따라, 고용주나 고용인이나 모두 노동 유동성(labor mobility)이라는 개념에 익숙하게 되었다. 이 결과, 고용불안이 가중되고 근무기간이 단축(t_1에서 t_1^1으로)되고 있다.

또한, 인간 수명이 연장(T_0에서 T_1으로)되고 있다. 한국의 고령화 속도는 OECD 국가 중에서 가장 빠르다. 일반적으로, 인구 고령화는 경제활동인구를 감소시킬 뿐 아니라, 저축률을 감소시키고 자본시장에 영향을 미치며 나아가 장기적인 경제성장에도 악영향을 미친다. 이러한 산업구조의 변화를 〈그림 1-10〉에서 설명하면 경제 전체의 생산함수가 Y^0_{LR}에서 Y^1_{LR}으로 하향 이동하게 된다. 이 결과 근무기간이 $t_0^1 \sim t_1$에서 $t_0^1 \sim t_1^1$으로 단축된다. 이 결과, 국민연금료 수입은 더욱 줄어든다. 이와 동시에, 인구 고령화(T_0에서 T_1으로 수명 연장)는 조세수입을 감소시킴으로써 사회보장과 관련된 재정지출을 더욱 증가시킨다.

결국, 연금기금의 고갈 시점은 출산율과 기대수명에 의하여 결정된다. 출산율의 감소는 국민연금료를 납부하는 적용인구를 감소시킴으로써 고갈시점을 앞당기며 기대수명의 연장(T_0에서 T_1으로)은 연금 수급자를 증가시켜 연금기금의 고갈시점을 앞당긴다.

한국의 경우를 예로 들어 구체적으로 살펴보면, 고령화로 인해 연금 보험료를 납부할 생산가능인구(15~59세 인구)의 증가율이 2020년 이후 마이너스 1.4~마이너스 1.9%로 하락할 것으로 전망된다. 그리고 기대수명은 점차 늘어나면서 연금 수급자들이 증가하고 있다. 또한, 출산율은 2006년 1.12명, 2007년 1.25명, 2008년 1.19명으로 감소추세를 보이고 있다.

5) '최적 경제성장과 사회보장 모형'

〈그림 1-11〉은 저자의 '최적 경제성장과 사회보장 모형'(임양택 : 1981, 2007, 2011, 2012, 2014 : Lim, Yang-Taek : 1978, 2000, 2010)을 수리경제적으로 요약한 것이며, 〈그림 1-12〉는 상기 모형하에서 '최적 저축률'(Optimal Saving Rate) 및 '최적 사회보장세'(Optimal Social Security Tax)가 도입된 장·단기 균형성장 궤적을 그래프로 나타낸 것이다. 〈표 1-4〉는 '최적 저축률'(Optimal Saving Rate) 및 '최적 사회보장세'(Optimal Social Security Tax)가 도입된 장·단기

그림 1-11 최적 경제성장과 사회보장 모형

최적 경제성장 궤적이란 수학적으로는 다음과 같이 각각 나타낼 수 있다.

$$f[k^*(t)] = \rho - \dot{p}/p$$

〈증명〉

$$\underset{s(t)\cdot\theta(t)}{Maximize}$$

$$SW = \int_0^{+\infty} e^{-(\rho-n)t} U[c(t)]\,dt$$

subject to

$$C(t) = [1-s(t)]\{[1-\theta(t)]f[k(t)] + \theta(t)r(t)k(t)\}$$

$$f[k(t)] = f[k_p(t),\ k_s(t)] = w(t)h(t) + r(t)k(t)$$

$$\dot{k}(t) = \dot{k}_p(t) + \dot{k}_s(t)$$

$$\dot{k}_p(t) = i_p(t) - nk_p(t)$$

$$\dot{k}_s(t) = i_s(t) - nk_s(t)$$

$$i_p(t) = s(t)\{[1-\theta(t)]f[k(t)] + \theta(t)r(t)k(t)\}$$

$$i_s(t) = \frac{re^{(r-n)t} - n}{r-n}\{f[k(t)] - r(t)k(t)\}\theta(t)$$

$$i(t) = i_p(t) + i_s(t)$$

$$k(t) = k_p(t) + k_s(t)$$

$$\rho > n > 0$$

$$r > n$$

$$0 < s(t) < 1$$

$$0 < \theta(t) < \tau < 1$$

$$0 < \theta(t) + \tau < 1$$

$$f[k(t)] \geq c(t) + dk(t)/dt$$

$$f' > 0,\ f'' < 0,\ f(0) = 0,\ f(\infty) = \infty,\ f'(0) = \infty,\ f'(\infty) = 0$$

$$U' > 0,\ U'' < 0,\ U(0) = -\infty,\ U(\infty) = \infty,\ U'(0) = +\infty,\ U'(\infty) = 0$$

$$k(0) = k_0 > 0$$

$$k_p(0) = k_p^0 > 0$$

$$k_s(0) = k_s^0 > 0$$

자료 임양택(2011), 「쿼바디스 도미네 : 성장 · 복지 · 통일을 위한 청사진」, 나남출판사, p 294.
임양택(2011), 「한국형 복지사회를 위한 청사진」, 한양대학교 출판부.
임양택(2014) 「최적 사회보장과 참조경제를 위한 국민연금기금의 자산운용전략」, 국민연금연구원 용역 보고서, 2014-01.

균형성장 궤적을 비교한 것이다. 여기서 유의할 것은 저자의 '최적 경제성장과 사회보장 모형' 하에서 복지 극대화를 위한 동태적 균형(Dynamic Equilibrium)이 존재하고 동태적 안정성(Dynamic Stability)을 갖는다는 것이 증명되었다는 점이다.

그림 1-12 '최적 저축률' 및 최적 '사회보장세'가 도입된 장·단기 균형성장 궤적

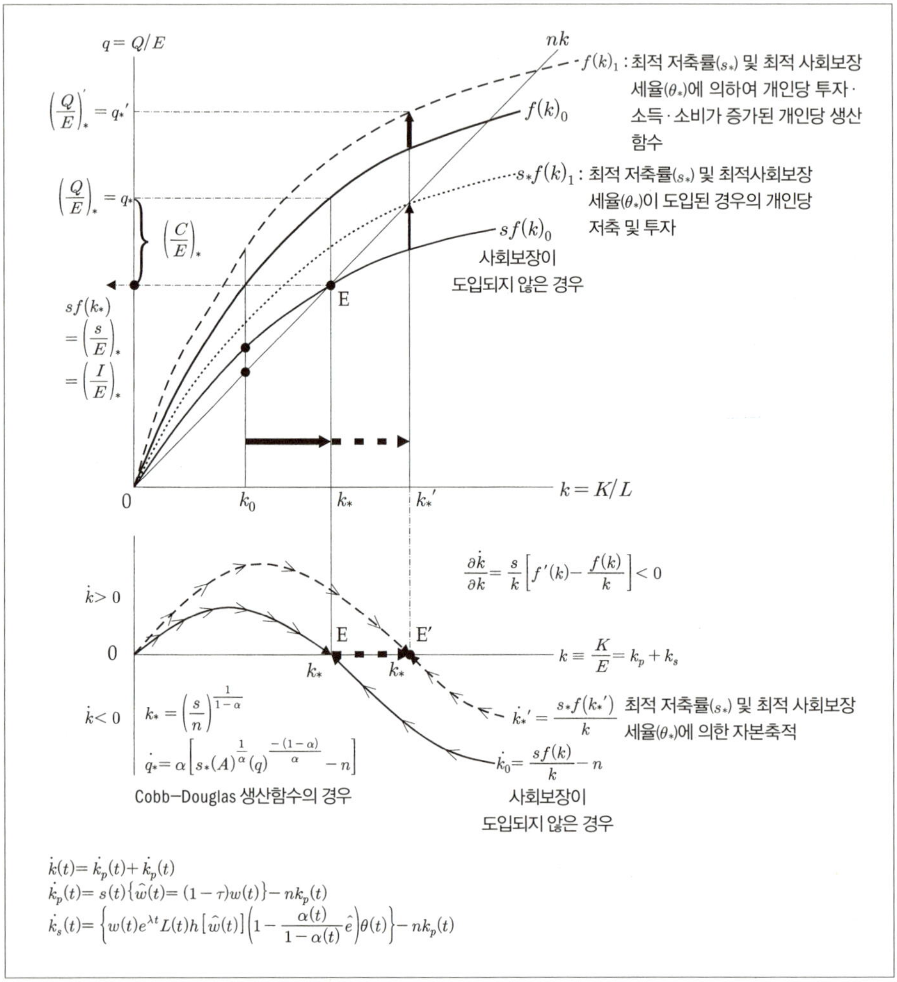

자료 임양택(2011), 「쿼바디스 도미네 : 성장·복지·통일을 위한 청사진」, 나남출판사, p 294.
임양택(2011), 「한국형 복지사회를 위한 청사진」, 한양대학교 출판부.
임양택(2014), 「최적 사회보장과 창조경제를 위한 국민연금기금의 자산운용전략」, 국민연금연구원 용역 보고서, 2014–01.

6) '최적 경제성장과 사회보장'을 위한 재원조달 방안

저자는 '한국형 복지사회'를 건설하기 위한 복지재원 조달방안으로서, '최적 경제성장과 사회보장 모형'(임양택 : 1981, 2007, 2011, 2012, 2014, Lim, Yang-Taek : 1978, 2000, 2010)에서는 소득불균형과 양극화의 주범인 '토지 불로소득'에 가칭 '사회보장세'(Social Security Tax), 즉

표 1-4 최적 저축률 및 최적 사회보장정책이 도입된 장·단기 균형성장 궤적

인구 성장률 (n)	동태적 비효율성	사회보장정책의 유형	장기 균형성장 궤도의 존재성 여부		동태적 안정성 여부	
			수직적 자원배분	수평적 자원배분[1]	수직적 자원배분	수평적 자원배분
인구 증가 $(n>0)$	$r>\rho>n>0$ $(k_0<k_{**})$ (본 연구)	과다 적립방식 (Over-Funded System)	존재 $(J_V<0)$	존재 $(J_H<0)$	안정	안정
	$0<r<n<\rho$ $(k_0>k_{**})$ (Samuelson)	청년 부양방식 (Pay-as-you-go Financing)	존재 $(J_V<0)$	존재 $(J_H<0)$	안정	불안정
인구 정체 $(n=0)$	$r>\rho>n=0$ $(k_0<k_{**})$	과다 적립방식 (Over-Funded System)	존재 $(J_V<0)$	존재 $(J_H>0)$	안정	불안정
	$r<n=0<\rho$ $(k_0>k_{**})$	청년 부양방식 (Pay-as-you-go Financing)	비현실적 $(\because r<0)$	비현실적 $(\because r<0)$	N/A	N/A
인구 감소 $(n<0)$	$r>\rho>0>n$ $(k_0<k_{**})$	과다 적립방식 (Over-Funded System)	존재 $(J_V<0)$	존재 $(J_H>0)$	안정	불안정
	$r<n<0<\rho$ $(k_0>k_{**})$	청년 부양방식 (Pay-as-you-go Financing)	비현실적 $(\because r<0)$	비현실적 $(\because r<0)$	N/A	N/A

주 1 P. A. Samuelson(1975b)는 '수평적 자원배분'을 고려하지 않았음.

헨리 조지(Henry George)의 '지대조세'(Land Value Taxation)를 부과하여 사회보장기금(Social Security Fund)을 확보하여 이를 유망한 신(新)성장동력산업에 투자함으로써 그 수익을 토대로 사회보장 급여를 순차적으로 확대할 것을 주장한다.

상기의 세안은 실로 엄청난 조세저항을 불러일으킬 것이다. 그러나 양극화로 인한 사회분열과 복지재정(특히 국민연금기금의 고갈) 위기를 해결하기 위한 '사회보장세'(Social Security Tax)의 도입은 다른 어떤 '사회적 비용'보다 절실하고 시급한 과제라고 말할 수 있다. 단도직입적으로 말하면, 아무리 '사회적 비용'이 크더라도 망국(亡國)의 '죗값'보다는 적을 것이다. 토지 불로소득에 대한 '사회보장세'의 부과를 위한 추진전략은 다음과 같다.

- 비(非)업무용 기업의 토지와 비(非)생계용 가계의 토지의 순(純)현재가치 증가분, 즉 토지보유기간 동안 발생한 연간 지대(地貸)의 현재가치 총액에서 토지매입 지가(地價)의 원금(元金) 및 이자(利子)지급액을 공제한 금액에 대하여 최적 세율의 '사회보장세'(SST : Social Security Tax)를 부과하고 그 세수(稅收)를 '사회보장기금'(SSF : Social Security Fund)으로 전환하고 이를 다시 유망한 신(新)성장동력산업에 투자하여 그 기금을 증식하며 사회보장제도(국민연금제도와 국민건강보험제도 등)의 재정 확충에 충당한다.
- 헨리 조지(Henry George, 1879년)의 '조세 이동'(Tax Shift) 이론에 의거하여, 상기의 '사회보장세'를 납부한 기업에 대하여서는 법인세를, 또한 상기의 '사회보장세'를 납부한 가계에 대하여서는 각각 건물보유에 대한 건물분 재산세 및 거래세(취득세와 등록세)를 감면해 준다.

전술한 바와 같이, 상기한 세제개혁안(案)은 기득권 계층의 엄청난 조세저항으로 난항을 겪게 될 수 있다. 따라서 본 저서 「글로벌 금융 패러다임과 한국 금융산업 : 이론과 정책」에서는, 가칭 '사회보장세' 부과에 의한 '사회보장기금'의 확충이 아니라, 무려 1,000조 원(2017년 4월 말 기준으로 958조 원)의 '단기부동자금'을 금융투자로 연결하여 '고용창출형 신(新)성장동력산업'을 육성하여 '양호한 직장'이라는 '최상의 복지'와 함께 개인의 금융자산 가치를 높여 '삶의 질'을 높일 것을 저자는 주장한다(임양택, 경제전망대 칼럼, 경인일보, 2018. 1. 18).

구체적으로 말하면, 2017년 4월 말 기준으로 단기 부동자금 약 1,000조 원(정확히 958조 원)을 안정적이고 매력적인 금융투자 기회로 연결해 주는 것이다. 그것이 바로 신(新)성장동력산업을 발굴하는 것이며 금융부문과 실물경제부문의 선순환을 도모하는 것이다. 다시 말하면, 기업이 투자를 줄이면서 자금 조달 규모가 감소하고, 기업의 현금 보유가 늘고 투자자들의 대기성 투자 자금이 확대됨에 따라 저금리로 법인형 MMF(머니마켓펀드) 같은 현금과 6개월 이하 단기 금융상품 설정액이 급증한 반면에 중·장기 금융상품 수요가 줄고 증시로의 자금 유입도 제한적이기 때문에 실물경제부문로 자금이 선순환되지 않고 있는 상황을 타개해야 한다는 것이다.

'단기 부동자금'이란 현금, 요구불예금, 수시입출식 저축성 예금, 양도성예금증서, 환매조건부 채권(RP), 투신사 머니마켓펀드(MMF), 종합자산관리계좌, 6개월 미만 정기예금, 증권사 투자자 예탁금 등을 의미한다. 이러한 단기 자금에 무려 1,000조 원의 금융이 집중되어있다는 것은 경기 불확실성 하에서 금융시장이 소위 '돈맥경화증'에 걸려 자금이 돌지 않고 있다는 것을 의미한다. 쉽게 말하면, 가계가 소비를 줄이고 기업이 투자를 기피함으로써 돈이 '은행에 잠자고 있다'는 것이다.

상기 현상을 경제이론적으로 말하면, '화폐유통속도'가 감속되었다는 것을 의미한다.

그림 1-13 '최적 경제성장과 사회보장 모형'에 입각한 한국의 복지재원 조달 방안

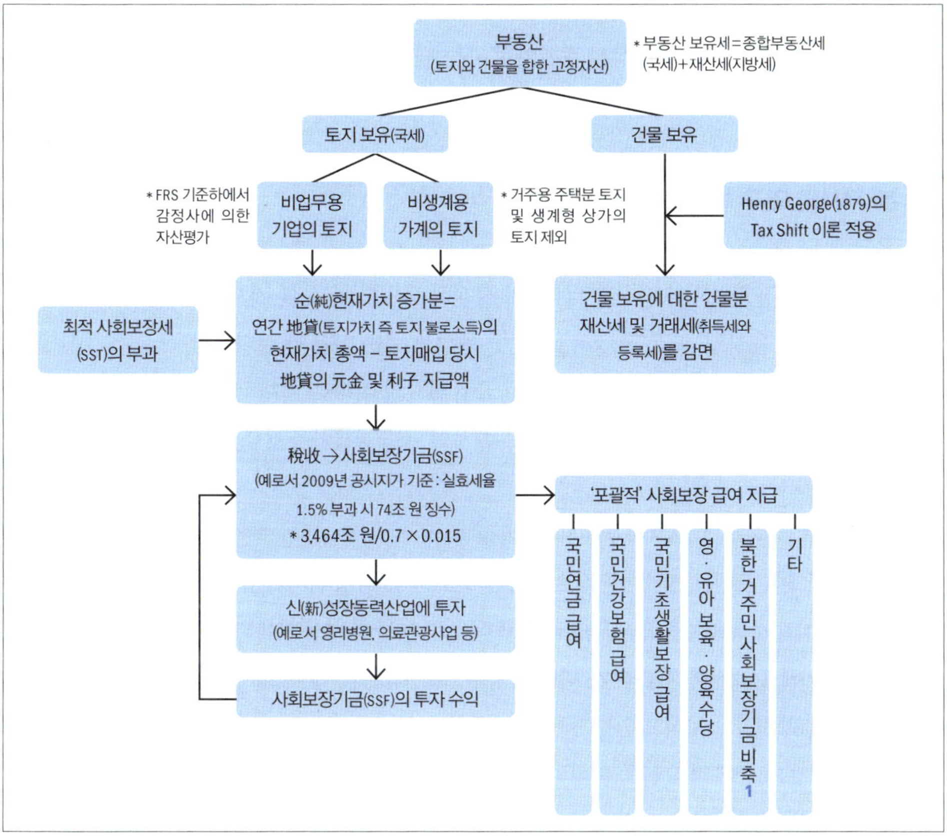

자료 임양택(2011), 「퀴바디스 도미네 : 성장·복지·통일을 위한 청사진」, 나남출판사, p 294.
임양택(2011), 「한국형 복지사회를 위한 청사진」, 한양대학교 출판부.
임양택(2014), 「최적 사회보장과 창조경제를 위한 국민연금기금의 자산운용전략」, 국민연금연구원 용역 보고서, 2014-01.

주 1 남한 주민의 최저 생계비 수준을 기준으로 249조 원 소요.

그 요인은 수시로 현금이 가능한 요구불예금의 회전율과, 기업 간 결제자금으로 사용되는 당좌예금의 회전율이 모두 하락하였기 때문이다. 2008~2009년의 예금회전율은 5.1회를 기록한 뒤 해마다 하락해 최근에는 4회 안팎을 넘나들고 있다. 이 결과, 시중 통화 흐름을 보여주는 대표적인 지표인 '통화승수'는 2017년 5월 21.9를 기록해 2000년대 들어 최저수준으로 추락했다. 이것은 미국발 비우량주택담보대출(서브프라임 모기지) 위기로 세계가 일제히 금리를 대폭 인하했었던 2008년 하반기의 통화승수 26.2보다 크게 떨어진 수치다.

이처럼 경제심리가 얼어붙은 상황에서는 금리 인하와 재정정책 등의 경기 대책이 '백

약이 무효'인 것이다. 즉 본원통화를 늘리고 시중은행 대출과 통화량을 증가시켜 금리를 내리면 소비와 투자가 증가할 것으로 정책당국은 기대하지만, 상기와 같이 화폐유통속도가 느려지고 통화승수가 감소하면 상기 정책의 효과는 반감될 수밖에 없는 것이다.

8. 본 저서의 연구 목적/목표

전술한 금융경제이론적 배경과 국내·외 경제적 상황하에서, 본 저서 「글로벌 금융 패러다임과 한국 금융산업: 이론과 정책」의 연구 목적/목표는 다음과 같다.

첫째, 2008년 하반기부터 시작된 '글로벌 금융위기'의 여파로 세계 금융 패러다임의 변화와 한국 금융산업의 주요 변화를 개관하고 한국의 금융경쟁력을 높일 수 있는 금융개혁 방안을 도출한다.

둘째, 국내 금융불안(주가 하락, 환율 상승, 주가 및 환율의 변동성 확대, 신용 경색, 자금난 심화, 대외신인도 하락 등)의 구조적 요인을 경제이론적으로 분석하고 국내 금융위기(즉, 급격한 자본 유출에 의한 '외환위기'와 천문학적 가계부채 및 기업부실 급증에 의한 '은행위기')의 발생 가능성에 대하여 분석하고 사전 예방적 대비책을 제시한다. 나아가, 비단 금융위기(외환위기와 은행위기)뿐만 아니라 국가경쟁력의 지속적 추락현상을 보이고 있는 전반적 경제위기현상(低투자, 低성장, 低고용, 低소비, 高실업, 高부채, 高금융불안 등)의 근본적 요인을 분석하고 이를 극복할 수 있는 정책대안을 제시한다.

셋째, '최적 경제성장과 사회보장 모형'(임양택: 1981, 2007, 2011, 2012, 2014; Lim, Yang-Taek: 1978, 2000, 2010) 하에서 슘페테리언 테크노-경제발전 전략(임양택: 2007, 2011, 2013; Lim, Yang-Taek: 1996, 2000, 2006)의 측면에서 금융부문(단기 금융시장, 자본시장, 외환시장, 파생금융상품시장)과 실물경제부문(경제성장, 투자, 고용 등)의 상호보완적 균형발전 방향을 제시한다.

넷째, 상기한 '기술-성장-고용-복지'의 상호연계시스템으로써 세계 최하위 경쟁력의 금융산업이 제조업을 리드할 수 있도록 금융산업을 신(新)성장동력산업으로 육성 및 발전시켜 한국을 '아시아의 금융허브'로 발전시킬 수 있는 필요조건과 충분조건을 분석 및 제시한다.

다섯째, 국가경영철학으로서 저자(임양택: 2008, 2017, 2018; Lim, Yang-Taek: 2010, 2011, 2012, 2014)의 신(新)실용주의(Neopragmatism)를 소개하며, 상기 철학을 한국사회의 첨예한 갈등구조(이념 간·보혁 간·노사 간·세대 간·갈등)를 타개하는 데 참고 및 적용할 것을 권장한다.

또한, 한국의 전반적 경제위기 국면을 타개할 수 있는 국가지도자의 역할을 정립하고 세계적 국가지도자(예로서, 프랑스의 샤를르 드 골 대통령, 미국의 프랭클린 D. 루스벨트·로널드 레이건 대통령, 독일의 헬무트 슈미트·헬무트 콜·앙겔라 메르켈 총리, 영국의 마가렛 대처 총리, 남아프리카 공화국의 넬슨 만델라 대통령, 인도의 나렌드라 모디 총리, 뉴질랜드의 로저 더글라스 장관 등)의 리더십에 관한 사례 연구를 제시한다.

다음 장(章)으로 넘어가기 전, 저자는 전통적 경제학자이지만 본 저서의 분석 목표 및 목적을 위하여 '주류경제학'의 시각(시장만이 효율적인 자원 배분을 할 수 있다) 및 접근방법('시장 실패' 혹은 '정부 실패'에 관한 분석)에서 벗어나 역사와 철학에 바탕을 두고 '한국 금융산업의 발전 전략'을 논술할 것임을 밝혀둔다.

참고로, '주류경제학'의 변천사를 요약하면 다음과 같다.

첫째, 19세기 자본주의 태동기에서는 고전학파(古典學派, Classical School)가 주류였었는데, 이는 시장의 '눈에 보이지 않는 손'에 의하여 모든 경제문제가 해결될 수 있다고 주장한다.

둘째, 1930년대 세계 대공황 이후 케인스학파(Keynesian)가 주류였었는데, 이는 경기침체 혹은 불황으로부터 경기회복을 도모하기 위해서는 시장에 대한 정부의 개입이 필요하다고 주장한다.

셋째, 1980년대 석유파동 이후 신고전학파(新古典學派, Neo-Classical school)가 주류였었는데, 이는 고전학파(Classical School)의 시장 기능과 케인스학파(Keynesian)의 정부 개입이 조화되어야 한다고 주장한다.

넷째, 2000년대 세계 경제 호황기에서는 신(新)자유주의(New Liberalism) 경제학이 주류였었는데, 이는 정부규제를 완화하여 시장의 효율적 자원배분 기능을 높여야 한다고 주장한다. 그러나 신(新)자유주의(New Liberalism) 경제학은 경제 거품의 존재를 인정하지 않았었고 2008년 하반기 글로벌 금융위기를 예측하는 데 실패했었다.

이와 대조적으로 비(非)주류경제학은 오래전부터 경제에 거품이 생겨 금융위기가 닥칠 것을 예고해왔다. 예로서 로버트 실러(Robert Shiller) 예일대학교 교수는 2000년대 중반부터 "미국 부동산 시장에 거품이 껴 있다"라고 경고하였다. 누리엘 루비니(Nouriel Roubini) 뉴욕대학교 교수는 미국에서 서브프라임 모기지(비우량 주택담보대출) 위기가 발생하기 직전인 2006년에 '왜 중앙은행이 거품을 터트려야 하는가'라는 논문을 발표해 거품이 더 커지기 전에 터드려야 한다는 주장을 했었다. 또한, 〈자본주의 4.0〉 저자 아나톨 칼레츠키(Anatole Kaletsky)는 "앞으로 예측 불가능성을 강조한 경제이론이 핵심 원리가 될 것이고, 민간과 공공(公共)이 모두 중요한 역할을 하는 혼합경제가 대안으로 제시될 것"이라고 밝혔다.

여기서 저자의 경제학적 시각은 다음과 같다. 즉, 전술한 모든 '주류경제학'은 단지 시장기능과 정부개입 사이의 경합적 관계에 관한 가설 혹은 가정의 차이를 나타내는 것일 뿐, 경제의 역사적 흐름과 규범적 가치(경제철학)를 도외시한 채로 경제문제의 부분적 해결을 추구한다. 따라서 오늘날 경제위기 문제는 끊임없이 반복되고 있는 것이다.

그림 1-14 글로벌 금융 패러다임의 변화와 한국 금융산업의 발전전략

최근 글로벌 금융 패러다임의 변화

- 2008년 하반기 글로벌 금융위기 후 과거 금융 패러다임의 붕괴
- 금융기관의 역할에 대한 기본시각의 변화
- 금융산업 환경의 변화
- 글로벌 금융 규제·감독의 개혁
  - 미시경제적 건전성 규제
  - 거시경제적 건전성 규제
- 한국의 금융국제·감독시스템의 개선방향

↓

한국 금융산업의 메가 트렌드의 현황 및 개선과제

1. 자산시장(단기 금융시장)
   - 콜(Call)시장
   - 양도성예금증서(CD)
   - 판매조건 채권매매(Repo)시장
   - 신용파생금융상품시장
   - 펀드시장
2. 자본사항(장기 금융시장)
   - 전통적 자본시장(주식·채권·연기금·국부펀드·기관투자자)
   - 대체자산시장
   - 사모펀드시장
   - M&A 시장
   - 헤지펀드 시장

국내 금융불안의 요인과 금융위기 대비책

- 한국 금융의 높은 불안전성 원인
  - 금융시장 개방도가 높다(OECD 32중에서 14위).
  - 금융부분의 대외의존도가 높다(외환 및 주식시장에서 외국인 거래 비중이 크다).
  - 금융부문 경쟁력 순위 30위로 국가 경쟁력 순위(23위)보다 낮다(IMD).
  - 은행 총 외채 중에서 단기외채 비중(64%~73%)이 높다.
  - 1997년 하반기 외환위기와 2008년 하반기 글로벌 금융위기의 비교
  - 한국의 '불확실성 함정'과 향후 금융위기 발생 가능성
- 금융불안에 대한 거시경제적 정책방향

1. 외국인 주식 및 채권 투자자금이 일정 수준(과거 외국인자금 유입기간 총유입액의 평균+표준편차)이상 유입 시 '조건부/금융거래세' 자동적으로 부과하되 외국인 자금이 순유출될 경우 자동적으로 중단

* Tobin Tax 혹은 가변예치 의무제는 모든 자본거래(유·출입)에 적용되고 대외신인도 저하를 초래

2. 취약한 금융시장(특히 외환·자본시장)의 체질개선
3. 외환시장 : 외환거래 저변을 제2금융권(증권·보험 등)의 은행 간 외환거래 참여 여건을 조성 및 유도(FX마진 거래를 국내통화 선물거래로 유도), 자본시장 : 장기채권시장
4. 외화 유동성 및 외화 레버리지 비율 규제 도입
5. 기업금융전문 대형 금융기관을 육성하여 중소기업 신용평가 기능을 강화하고 시중자금의 산업자금화로 유도(장기투자 상품개발)

- 한국발 금융위기 대비책
  - 은행위기
  - 가계부채 감소 유도(원리금 자동이체형·수익증권형 주택저당 담보부 증권 발행)
  - 외환위기
  - 외은지점에 동일한 외화유동성 비율 규제 적용
  - 외화유동성 관리 프로그램(총외채 및 외환보유액을 항시 점검)
  - 과도한 자본유입에 대한 자본관리정책(CFMs)
  - 통화 스왑
  - 원화 국제화
- 금융불안지수(FSI)에 기초한 '조기경보 시스템' 구축

자료 임양택, 「글로벌 금융 패러다임의 변화와 한국 금융산업의 발전방향」, (사)아시아평화경제연구원, 연구총서 NO. 8, Summer 2013.

노후 노득보장을 위한 퇴직연금기금 및 국민연금기금과 자산운용산업의 발전 방향

1. 퇴직연금제도(2016년 말 적립금 : 147조 원)
   * 멜버른-머서 글로벌 연금 인덱스(MMGPI) : 한국은 18개국 16위, D등급
   - 선진국(미국·호주·일본)의 퇴직연금 제도
   - 호주 슈퍼에뉴에이션과 한국 퇴직연금제도의 비교
   - 개혁 방향 : 기금형 퇴직연금제도 도입 및 확정기여형
     - 퇴직연금(DC형) 활성화 : 2016년 말기준으로 DB형(100조 원, 67.8%) → DC형(34조 원, 23.2%)
2. 국민연금(2017년 12월 현재 785.3조 원을 조성, 연금급여로 164조 원 지출, 나머지 622조 원(99.9%)을 금융자산에 투자하여 연평균 6% 수익률)
   - 연금기금의 고갈 시기 예측 :
     - 국회예산정책처 : 2053년
     - 2008년 재정추계 : 2060년
   - 국민연금기금의 중·장기 자산웅용전략
   - 국민연금기금의 투자전략
3. 자산운용산업
   - 증권정보포털 시스템(SEIBro)
   - 국제화의 필요성·목표 및 추진전략
   - '아시아지역 펀드 패스포트'(ARFP)의 활용방안
4. 기술금융제도
   - 기술신용 대출은 "무늬만 기술금융"
   - 벤처투자의 높은 공공의존도('한국모태펀드')
   - IPO에 대한 인수·합병(M&A) 비중 : 10.3%
     * 미국 : 97.0%, 유럽 : 95.8%, 중국 : 22.9%
   - 최적 경제성장과 사회보장 모형(임양택 : 1981, 2007, 2011a, 2011b, 2012, 2014 ; Lim, Yang Taek : 1978, 2000, 2010)

→ **단·중기**

'복지사회'의 건설
(임양택, 2011 및 2018)

한국 금융산업의 발전 방향

- 금융발전의 결정요인
- 금융시스템 발전의 기본방향
- 금융부문과 실물부문의 연계와 균형발전
- 금·산 분리 관련 규제
  - 주요 선진국의 금산융합 사례
  - 한국의 관련 규제 개혁
- 금융지주회사 도입
- 은행산업의 경쟁력 강화
- 은행산업의 국제화
- 금융산업의 발전과 기술금융제도의 개혁
  - 기술평가시스템의 개선
  - 기술평가등급 제공과 기술평가인증제도
  - 기술정보 및 기술평가정보 인프라 구축
- 중소기업 금융지원제도의 개혁

→ **장기**

한국 : '아시아의 금융허브'

2000년 치앙마이 이니셔티브(CMI) → 2009년 치앙마이 이니셔티브 다자화(CMIM)

2008년 아시아신용 보증기구 + 아시아 채권기술 (Asian Bond Fund)

제2장 / 최근 글로벌 금융 패러다임의 변화

1. 과거 글로벌 금융 패러다임

1980년대 이후부터 2008년 하반기 글로벌 금융위기 직전까지, 금융산업은 미국과 영국 등의 금융시장을 중심으로 실물경제의 성장 속도를 웃도는 장기 호황을 구가했었다.[01] 그러나 금융산업의 고도성장은 실물경제부문의 성장보다는 주로 투기 및 버블에 의해 이루어졌다는 비판이 제기되어왔다.

따라서, 향후 금융 패러다임에 관한 전망을 뒷받침하기 위한 사전 연구로서, 2008년 하반기 글로벌 금융위기가 발생하기 전의 금융 패러다임이 어떠한 모습이었는가를 개관해 보고자 한다.

1) 금융비중의 확대와 금융중개기능의 위축

금융부문은 가계나 기업에 비해 빠른 속도로 부채와 자산을 확대해왔다. 미국의 금융부채는 GDP(국내총생산) 대비 22%(1981년)에 불과했었으나 117%(2008년 3/4분기 말 기준)까지 확대되었다. 또한, 영국의 금융부채는 GDP 대비 250%에 달하였으며, 프랑스의 은행 여신 중 기업 대출 비중은 감소하였고 가계와 금융사에 대한 대출 비중은 증가하였다.

---

01 미국의 경우 GDP에서 금융산업이 차지하는 비중이 1970년대 후반 3.5% 수준에서 2007년에는 5.9%로 증가(2008년 5.8%)했다. 또한, 미국 기업의 총이익에서 금융기관이 차지하는 비중은 1980년 15.5%에서 2003년에는 33.3%까지 상승했다가 2008년에 20.0%로 하락했다. 박현수(2009), "금융위기 이후 글로벌 금융산업 재편 전망", *CEO Information* 제724호, 삼성경제연구소.

한국의 경우에서도 금융자산의 규모가 경제규모 증가속도보다 빠르게 증가하였다. GDP에 대한 은행 총자산의 비중이 2000년 1.24%, 2003년 1.30%, 2008년 1.68%이었다. 그러나 국내 모기지 관련 신용파생금융상품이 발달되지 못한 상태에서 주택담보대출비율(LTV : Loan to Value) 및 총부채상환비율(DTI : Debt to Income) 규제로 인해 한국의 금융자산 규모의 증가속도는 영미(英美)국가의 그것에 비해 낮은 증가속도를 보였다.

한편, 자금조달의 수단도 원화예금 이외에 양도성예금증서(CD)나 은행채 등의 비중이 증가하였다. '양도성예금증서'(CD : Certificates of Deposit)란 과거 사채자금을 양성화하기 위한 목적에서 도입된 금융상품이다. 그러나 '양도성예금증서'(CD)는 사실상 정기예금적 성격을 가지기 때문에 원화 예수금과 동일하다. 따라서 대출금 재원 중 수신이 차지하는 비중이 감소하였던 반면에 양도성예금증서(CD)나 은행채 등을 통해 자금을 조달하는 비중이 상대적으로 증가하였다.

2) 투자은행의 자기자본투자 제고

투자은행(IB : Investment Bank)은 자기자본투자(PI : Proprietary Investment)를 통해 막대한 수익을 창출한다. 여기서 '자기자본투자'(PI)란 투자은행(IB)이 기업 간 인수·합병(M&A)과 같은 실물거래를 중개하고 수수료만 받고 거래 손실을, 고객이 책임지는 것이 아니라, 투자은행(IB) 자신의 책임으로 행하는 거래를 말한다.

그러나 투자은행(IB)은 자기자본이나 차입을 통해 레버리지를 확대하여 주식, 채권, 옵션, 원자재 상품, 통화, 신용파생금융상품 등 각종 금융상품에 대해 직접 투자하고 그 손익에 대하여 책임을 지게 된다.

미국의 골드만삭스(Goldman Sachs)의 경우 2007년 수익 460억 달러 중 자기자본투자(PI) 수익이 312억 달러였으며 전체 수익에 대한 자기자본투자(PI) 비중이 1999년 43%에서 2007년 68%로 증가했었다. 이와 대조적으로, 실물경제부문을 보조하는 전통적 투자은행 비즈니스를 통한 수익 비중은 1999년 33%에서 2007년 16%로 감소하였다. 한편, 메릴린치(Merrill Lynch)의 최고 경영자(CEO) 스탠 오닐은 취임 당시 메릴린치 수익 중에서 30%에 불과한 자기자본투자(PI) 비중을 60%까지 끌어올리려는 전략을 구사했었다.

각국의 상업은행(CB : Commercial Bank)도 금융지주회사, 유니버셜 뱅킹 모형을 통해 투자은행업에 뛰어들었다. 유럽은 유니버셜 뱅킹 시스템 하에서 투자은행업의 비중을 확대하였다. 한국도 자본시장통합법을 통해 투자은행업을 장려하고 자기자본투자(PI) 비중이 큰 '한국판 골드만삭스'를 선진금융모델을 추구해왔다.

3) 글로벌 금융위기로 기존 금융 패러다임의 취약성 노출

사실, 2008년 하반기 글로벌 금융위기가 발생하기 전의 금융규제는 금융권 전체 시스템 리스크(Systematic Risk)에 대한 어떠한 안전장치도 갖지 못한 채 금융사의 본질적인 리스크를 간과했었다. 구체적으로 말하면, 금융당국은 은행의 리스크와 은행이 보유한 자산의 리스크가 동일하다고 간주하고 개별 은행에 대한 BIS 최소자기자본비율 규제만 중시했었다. 그러나 금융사의 본질적인 리스크는 부채/자산 변환에 따른 리스크인데 금융사의 자산규모가 커지면서 상기 리스크가 '금융시스템 리스크'로 발전하였다.

특히, 금융중개기능을 경시해왔었던 영·미(英·美)계 은행들이 취약성을 드러냈었다. 이들은 도매금융시장(Wholesale Money Market)을 통해 자금을 조달하고 이를 장기 모기지 관련 신용파생금융상품을 매입하는 방식으로 운용했었다. 여기서 '도매금융시장'이란 금융기관들끼리 상호 빌리고 빌려주는 시장이다. 은행뿐만 아니라 헤지펀드까지 포함한 금융사들은 도매금융시장에서의 자금거래를 통해 자신들의 부채 및 자산 포지션의 균형을 맞춘다.

참고로, 영국 Northern Rock의 사례(〈표 2-1〉 참조)는 금융사의 새로운 자금조달, 자산운용 방식과 금융당국의 금융시스템 리스크에 대한 인식 부족이 결합함으로써 발생된 금융사고였다.

표 2-1 Northern Rock의 금융사고

- 비즈니스 모델 : 자금조달은 예금수신에 의존하지 않고 도매금융시장에서 단기자금을 차입하고 장기 모기지 금융상품에 투자하는 방식이다.
- 리스크 관리 : 엄청난 부채/자산 전환 리스크가 발생했음에도 불구하고 Basel II에 따라 BIS 최소자기자본 비율만을 준수했었다.

구체적으로, 전체 자산이 1,130억 파운드(203조 원)임에도 불구하고 위험가중자산 규모는 불과 190억 파운드(전체 자산의 16.7%)인 것으로, 필요 자본은 15.2억 파운드로 각각 계산하였다. 그러나 Basel I에 따라 계산할 경우 위험가중자산 규모는 무려 340억 파운드(전체 자산의 30%)였다.

- 영국정부는 주택가격 하락에 따른 Basel II 필요자본의 15배에 달하는 230억 파운드를 Northern Rock에 투입했다.

2. 서브프라임모기지 위기의 특징과 정책적 시사점 및 교훈[02]

2008년 9월 15일 리먼 브라더스가 파산한 지 벌써 약 10년이 흘렀지만 아직도 세계 경제는 이른바 '100년 만의 위기'(once in a century crisis, Alan Greenspan 2008년)에서 벗어나지 못하고 있다. 상기 '100년 만의 위기'는 2007년 미국 주택시장의 거품 붕괴와 서브프라임 대출의 부실화에서 시작되어 2008년 하반기 리먼 사태와 함께 국제금융시장을 공포에 빠뜨리고 세계 경제를 불황에 밀어 넣었다.

제1장에서 이미 언급한 바와 같이, 상기 글로벌 금융위기의 후폭풍은 대서양을 횡단하여 2010년에는 그리스와 아일랜드, 2011년에는 포르투갈, 그리고 2012년에는 스페인과 이탈리아 등 유럽 재정취약국으로 유입되면서 유로존(euro zone) 위기를 초래하였다. 그후 세계 경제는 이른바 '뉴 노멀(new normal) 경제'[03]로 표현되듯이 저(低)성장 국면이 지속되고 있으며 국제금융시장은 전례 없이 높은 변동성을 보이고 있다.

1) 특징[04]

2008년 하반기 미국발 금융위기는 저금리에 따른 유동성 확대, 모기지 회사의 과당경쟁에 따른 방만한 대출, 과도한 레버리지, 금융 규제·감독의 미흡 등 복합적인 요인이 작용하여 발생했었다.

첫째, 서브프라임 모기지 위기는 기본적으로 간접금융과 직접금융이 불완전 증권화를 통해 일련의 거래로 결합된 '시장기반형 금융중개'(market-based financial intermediation) 시스템의 실패이다. 이 결과, 금융중개기관과 시장형 금융기관의 동반부실을 초래하였다. 다시 말하면, 전통적인 금융위기와는 달리, 시가평가에 민감한 금융회사의 대차대조표적 특성과 경기순응적(procyclical) 레버리지 행태로 인하여 유동성 채널이 금융시스템 위험의 새로운 파급경로로 부상했다.

---

02 김병덕·함준호(2010), 「글로벌 금융위기 이후의 금융회사의 건전성 감독 논의와 전망」, 한국금융연구원.

03 '뉴 노멀 경제'(new normal economy)란 세계 최대 채권운용사 PIMCO의 M. El-Erian과 B. Gross가 주창한 것으로 글로벌 금융위기 이후 세계 경제가 부채 축소(Deleveraging), 탈(脫)세계화(Deglobalsiation) 및 규제 강화(Reregulation) 등으로 저(低)성장 시대로 진입한 것을 말한다. 이에 대해서는 PIMCO(2009. 10), "Mohamed El-Erian and Bill Gross discuss PIMCO's Cyclical Outlook and the New Normal" 참조.

04 함준호·김병덕(2009), "금융 규제 감독 체계의 개선방향", 한국금융학회 금융정책 심포지엄, 5. 29.

또한, 그림자 금융(Shadow Banking) 등과 같이 금융혁신에 따른 규제 사각지대의 방치가 금융시스템의 위험을 확산시키는 직접적 원인으로 작용하였다. 여기서 '유사 금융기관'(Shadow Banking Institutions)이란 금융시장에서 규제받지 않는 비(非)은행금융사들이 중요한 역할을 하는 금융시스템으로서 주로 미국과 유럽 시장에서 2000~2008년 사이에 설립되었다.[05] '유사 금융기관'의 예로서, 베어스턴스, 리먼 브라더스와 같은 투자은행을 포함해 금융사나 개인들이 설립한 헤지펀드, 구조화투자회사(SIVs), 도관회사(conduits), 펀드, 모노라인, 기타 비(非)은행금융사를 들 수 있다.

둘째, 신용파생금융상품을 이용한 부외거래에 의해 '증권화'(Securitization) 과정이 구조화되고 중첩되면서 위험의 매매를 통한 위험분산 메커니즘의 핵심인 시장의 위험가격 산정기능이 작동 실패하였다.

셋째, 시가평가에 민감한 참여 금융회사의 대차대조표적 특성과 경기순응적(procyclical) 레버리지 행태로 인하여 유동성 채널이 시스템 위험의 새로운 파급경로로 부상하였다.

그림 2-1 2008년 하반기 미국발 금융위기의 원인

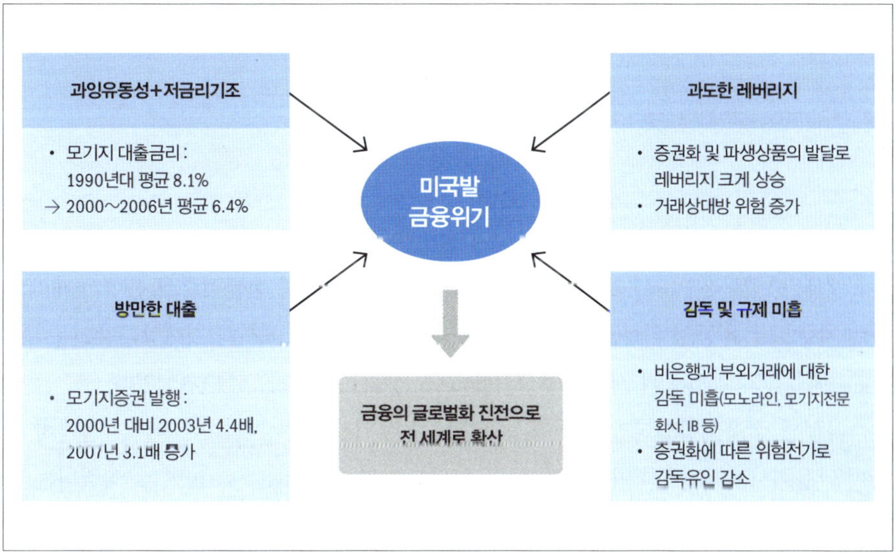

자료 한국금융연구원(2008), "글로벌 금융위기의 영향 및 전망", 11. 5.

---

05 김용기(2009), "금융 패러다임의 변화, 과거 10년과 미래 10년", SERI 경제포커스 243호, 삼성경제연구소.

그림 2-2 서브프라임 유동화 구조와 위험 전이

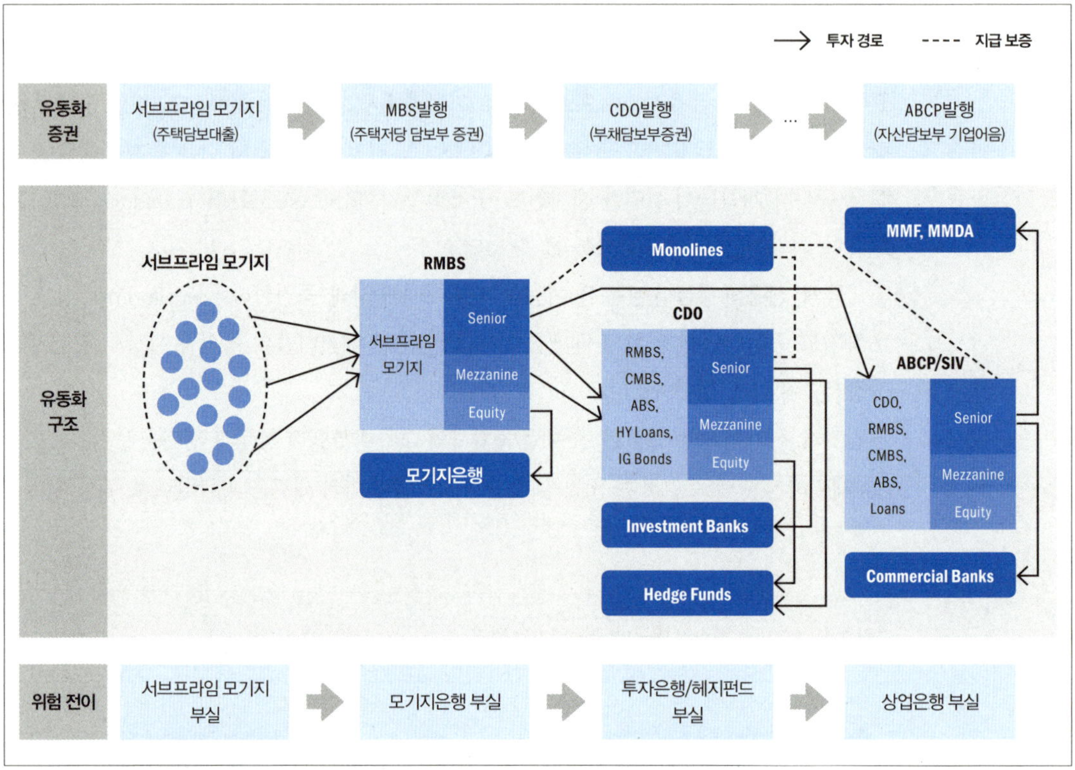

자료 금융현장정보, 예금보험공사, 2009. 1. 23.

넷째, '증권화'(Securitization)를 통한 대출자산의 유동화는 전통적으로 은행이 내재화하던 자금조달 유동성 위험(funding liquidity risk)을 자본시장에서의 거래상대방신용위험(counter-party credit risk)과 시장유동성위험(market liquidity risk)으로 변환되었다.

다섯째, 금융회사의 과도한 유동성위험 노출은 시장유동성 변화로 인한 자산가치 하락이 금융회사 순(純) 자산 가치의 감소 및 지급불능위험(insolvency risk)으로 직결되는 결과를 초래하였다.

여섯째, 구조화 투자회사(SIV)와 도관회사(Conduit) 등 부외거래 투자기구는 모회사와의 불완전 절연 구조로 금융규제를 회피하기 위한 목적으로 설립되어 기존의 자본, 유동성, 투명성, 지배구조관련 금융규제의 회피수단으로 이용되었다.

과거에는 상업은행(CB : Commercial Bank)이 유동성 공급의 주요기관이었으나 최근에

는 비(非)은행금융기관이 그 역할을 대신하고 있으며 미국의 투자은행(IB : Investment Bank)과 보험기관들이 그 중심축에 있다. 전통적인 상업은행(CB)은 신용을 창출하는 데 실물경제의 규모와 맞물려 있기 때문에 금융산업의 성장축 역할을 하는 데는 한계가 있다. 따라서 투자은행(IB)과 같은 비(非)은행금융기관이 자본공급자로서의 역할을 보완하게 되었다. 미국은 상대적으로 유연한 영미식 법제도(common law)하에서 자본시장과 투자은행 산업의 발달을 도모해 왔다. 이는 기존의 상업은행(CB)을 대신한 그림자 금융(Shadow Banking)의 확산을 가져왔다.

상업은행(CB)의 자본공급기능과는 달리 자본시장에서는 유가증권이 거래되는 유통시장에 참여하는 투자자들이 기업의 가치 등에 관한 정보 생산을 통해 유가증권의 발행사를 감시하게 된다. 여기서 문제는 보유유가증권을 언제라도 매각할 수 있는 유통시장이 있다는 점에서 투자자들은 시장의 가격정보를 과신하고, 스스로 정보생산기능을 수행하지 않으며, 다수의 투자자들을 따라가는 군집행동(herding)을 나타내게 된다는 점이다.

2) 정책적 시사점과 교훈

2008년 하반기 서브프라임 모기지 위기는 규제감독체계의 개선과 관련하여 다음과 같은 다양한 정책적 시사점과 교훈을 도출할 수 있다.

첫째, 실물경제부문과 괴리된 금융경제부문만의 성장은 결코 지속 가능할 수 없다. 금융산업의 성장은 본연의 실물 중개기능이 강화되는 방향으로 이루어져야 한다. 경제성장에 따른 산업구조 변화를 뒷받침할 수 있는 유연한 금융구조가 정립되어야 한다.

둘째, 금융의 탈(脫)중개화로 시스템 위험의 촉발요인과 파급경로가 과거와는 구조적으로 달라지고 있으므로, 레버리지, 거래상대방 위험, 시장유동성 위험 등 새로운 위험요인에 대응한 효율적인 규제·감독 방안이 마련되어야 한다.

셋째, 자본시장과 금융중개기관의 연계 확대는 유동성 위험과 신용위험의 결합을 촉진하며 이는 자산가격의 변화가 금융회사의 대차대조표에 미치는 영향을 통해 시장유동성과 금융안정성의 관계를 더욱 밀접하게 유도할 수 있다. 또한, 통화정책의 운용에 있어 물가와 경기안정 뿐만 아니라 통화정책이 자산가격의 변화를 통해 시스템 위험의 발생 가능성에 미치는 영향도 면밀히 고려되어야 한다. 그리고 중앙은행은 최종대부자기능 뿐만 아니라 시장형 금융회사의 실패에 대응하여 시장유동성 위험을 완화 및 해소하기 위한 최종적 시장조성자(market maker of last resort)로서의 기능을 수행해야 한다.

넷째, 금융혁신과 겸업화 추세에 따라 은행과 비(非)은행 간, 중개기관과 투자기관 간 차별적인 건전성 규제 접근방식은 실효성을 상실했다. 따라서 금융규제 사각지대 및 규제 차익의 제거가 시급할 뿐만 아니라 금융시스템 충격을 흡수하는 최후의 보루로서 상업은행(CB)의 건전성은 더욱 공고하게 유지되어야 한다.

다섯째, 가격생성 및 위험평가 기능이 효율적으로 작동하지 못하는 자본시장은 은행 시스템의 실패에 상응하는 수준의 심각한 재원배분 왜곡과 시스템 위험을 야기할 수 있다. 증권화 및 신용파생금융상품을 이용한 시장형 금융거래가 효율적인 금융수단으로 기능하기 위해서는 관련 거래가 내포하는 위험이 정확히 인식되고 평가될 수 있어야 한다. 금융의 탈(脫)중개화 및 증권화에 수반되는 금융중개기관의 위험노출이 보다 투명하고 통제될 수 있도록 관리되어야 한다.

여섯째, 회계법인, 신용평가사 등 금융정보를 생산하고 유통하는 이해관계자의 유인구조 왜곡을 방지하기 위한 효과적인 장치와 투명성 확보가 필요하다.

일곱째, 이종(異種) 금융업무의 결합을 통해 시너지를 추구하는 금융그룹에 대한 연결감독이 강화되어야 한다.

여덟째, 실물경제부문과 금융경제부문의 동태적 상호보완성을 추구하는 거시건전성 감독기능이 강화되어야 하며, 경기순응성 완화와 시스템 리스크의 제어를 위한 금융안전망이 재구축되어야한다.

3. 금융기관의 역할에 대한 기본시각의 변화

2008년 하반기 글로벌 금융위기의 결과로 지난 10년의 '금융자본주의'(Financial Capitalism)의 모습(세계적인 유동성 증가와 신용파생금융상품 및 '유사금융시스템' 규모의 확대 등)은 더 이상 지속되기 어려우며, 따라서 금융비즈니스 모델과 금융규제(경제 주체들의 디레버리지, 시스템 규제, 신용파생금융상품 및 비(非)은행금융사에 대한 규제 강화)가 변화하고 있다.

과거 영미(英美) 금융산업을 중심으로 실물경제부문과의 관련성을 경시하고 금융산업 독자적으로 수익성을 추구하는 비즈니스 모델이 풍미했었다.[06] 그러나 최근에는 금융이 본래의 실물경제부문의 보조기능을 중시하는 '기본으로 돌아가야 한다'(Back to basics)라

06 이러한 현상은 이미 1980년대 이후부터 나타나기 시작했으나 금융세계화가 급속히 확대되고 동아시아 금융위기가 발생한 1990년대 말 이후에 본격화되었다.

표 2-2 금융의 과거와 미래

시기	1950~1990년대 중반	1990년대 중반~금융위기	미래 10년
금융의 기능	금융중개	금융상품 관리/중재자	금융중개기능 再강조
부채 및 자산 형태	• 가계로부터 수신 • 기업으로 여신	• 도매금융시장에서 자금차입 • 가계여신+파생상품 투자	• 가계수신 강조 • 모기지/파생상품 투자 축소
수익구조	NIM(순이자마진)	수수료+자기자본투자(PI) 수익	NIM(순이자마진) 중시
규제	업종별 칸막이 규제	• 규제 완화 • 상업은행 자기자본 규제	• 규제 강화 • 자기자본 규제+시스템 규제
금융과 실물의 관계	• 금융의 실물 보조 • 실물중심 경제성장	• 금융의 독자적 발전 • 금융부문의 성장이 실물부문의 성장을 추월	• 금융및 실물의 연관성 강화 • 금융의 독자적 성장세 억제

자료 김용기(2009), "금융 패러다임의 변화, 과거 10년과 미래 10년", SERI 경제포커스 제243호, 삼성경제연구소, 5. 19.

는 시각이 강하게 대두하고 있다. 왜냐하면 금융의 중개기능이 회복되어야 금융시스템과 거시경제의 건전성이 회복될 수 있기 때문이다.

1) 자금중개기능으로서 실물부문의 보조적 기능

금융기관의 역할을 자금중개기능으로 보는 시각은 금융기관이 가계로부터 자금을 받아 기업에 대출하는 중개기능의 역할을 해야 한다는 것이다. 이 주장은 금융시장에서의 거래비용과 정보의 비(非)대칭성에 주목하여 개별 투자자가 직접 투자하기보다는 금융기관이 중개하는 것이 효율적이라는 것이다.[07]

따라서 금융기관의 자금중개기능을 유지하기 위해서는 정부가 금융기관을 보호해야 한다. 상술하면, 금융기관은 단기부채(예금자 수신)를 장기자산(기업 여신)으로 변환시켜 경제성장을 촉진시키는 기능을 수행한다. 그런데 부채는 언제든지 인출될 수 있는 반면에, 자

07 Gurley, John G.&Shaw, Edward S.(1955), Financial Aspects of Economic Development, The American Economic Review, XLV(4), pp. 515–538.

그림 2-3 금융기관의 자금중개기능과 정부로부터의 보호

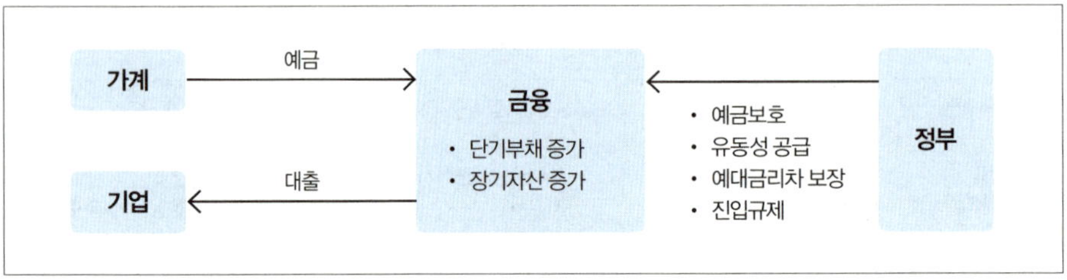

자료 김용기(2009), "금융 패러다임의 변화, 과거 10년과 미래 10년", SERI 경제포커스 제243호, 삼성경제연구소, 5. 19.

산은 일정 기간 동안 회수할 수 없다. 따라서 은행은 근본적인 리스크에 직면하게 된다. 이 리스크는 부채 및 자산의 규모와 기간을 변환시키는 과정에서 발생하게 된다. 상기 리스크를 제어하기 위해서, 정부는 예금보험공사의 예금 보호기능과 중앙은행의 최후 대부자 기능(필요 시 무제한 유동성을 공급)으로 대응한다.

2) 리스크 관리자로서 실물부문과는 독립적 기능

1990년대 이후 금융시장 환경 변화에 대응하여 거래비용과 정보 비(非)대칭성보다는 리스크 관리에 주목하는 시각이 대두되었다.[08] 그 배경은 다음과 같다. IT(정보기술) 산업 발달과 금융혁신에 의해 신용파생금융상품 시장 규모가 확대되면서 금융시장의 폭(상품의 다양성)과 깊이(복잡성)가 심화되었다. 또한, 금융거래비용은 낮아지고 정보의 비(非)대칭성은 많이 개선되었다. 이러한 금융시장의 변화에 부응하여 금융기관은 금융리스크 관리자의 역할을 담당해야 한다는 주장이 제기되었다.

또한, 은행·보험사의 금융중개 역할보다 비(非)은행 금융사의 금융중개 역할이 더욱더 확대되고 있다. 예로서 비(非)은행 금융사인 GE Capital은 은행과 달리 가계 수신에 의존하지 않고 채권 발행을 통해 자금을 동원하고 자산을 운용하고 있다.

한편, 금융자유화(Financial Liberalization)에 따라 기존 금융업종별 칸막이 규제가 철폐

---

08 Allen, Franklin.&Santomero, Anthony(1998), "The theory of financial intermediation", Journal of Banking&Finance, Vol. 21, pp. 1461–1485.

되었으며, 또한 진입규제 덕분으로 발생했었던 기존 금융사의 독점적 특권(rent)[09]이 축소되었다. 이에 따라 금융사는 전통적 자금중개기능보다 개별 금융사의 생존에 관심을 두고 수익성 추구를 가장 우선적인 과제로 삼았다. 특히 은행은 경쟁 확대로 인하여 수수료 수입을 늘리기 위해 모든 노력을 경주한다.

이와 함께, 정부는 최소 규제를 통해 금융사의 자율성을 최대한 보장해 주고 있다. 즉 원칙만 정하고 세세한 것은 묻지도 않는다는 이른바 영국의 '최소 규제'(light-touch regulation) 방침이 금융 규제·감독의 기조로 확산되고 있다.

3) 금융중개 기능과 리스크관리 기능의 균형(CIB 모형)

미국과 한국의 경우 상업은행(CB) 및 투자은행(IB) 업무를 자회사 형태로 포괄하는 CIB(Commercial Investment Banking) 형태가 바람직한 금융산업 모델로 대두되었다. 즉 유럽식 '유니버셜 뱅킹'(Universal Banking) 모형은 시너지는 매우 높지만 금융시스템 안정을 크게 저해할 수 있기 때문에 상업은행(CB)과 투자은행(IB)의 부분적 통합이 일반적 추세이다. 또한, '유니버셜 뱅킹'에 비하여 상업은행(CB)과 투자은행(IB)의 업무 간 시너지가 낮은 편이지만, CIB 모형은 방화벽이 두터워 금융시스템 리스크를 상대적으로 낮출 수 있다.

따라서 2008년 하반기 글로벌 금융위기 이후 CIB 모형이 지배적인 모형으로 확산됨에 따라 예금·대출·투자의 복합상품이 출시되어 글로벌 금융시장에서 겸업은행 간 경쟁이 본격화되고 있다. 예로서, 골드만삭스(Goldman Sachs)와 모건스탠리(Morgan Stanley)는 2008년 9월 안정적 자금조달을 위해 은행 지주회사로 전환한 후 각각 미국 은행 순위 5, 6위로 진입했다.[10]

한국의 금융산업은 디레버리징(Deleveraging, 부채 축소)의 필요성이 낮고 유동화 및 위험투자 비중이 크지 않기 때문에 지속적인 성장세를 보일 것으로 전망된다. 2008년 말 기준으로 한국 은행산업의 단순자기자본비율(TCE : *Tangible Common Equity*)은 평균

---

09 데이비드 리카도(David Ricardo)는 Rent(지대, 地代)를 특정한 토지와 가장 생산력이 떨어지는 토지 간의 생산성 차이의 값어치로 정의했었으나 현대에서는 독점적 위치 및 특혜에 따른 경제적 이익을 추구하는 것을 '지대추구'라고 일컫는다.

10 모건스탠리는 은행 지주회사로 전환한 뒤 은행부문의 역량을 강화하고 트레이딩 등 IB 업무 의존도를 낮추는 추세이다. 이와 반면에, 골드만삭스의 경우 VaR(Value-at-Risk) 규모가 오히려 늘어나는 등 전통적인 투자은행 업무를 지속하고 있다.

표 2-3 선진 금융국가로서 캐나다의 모형

- 2008년 하반기 글로벌 금융위기를 맞아 각국 은행들이 공적자금을 받거나 사적으로 자본확충에 나섰으나 캐나다 은행들은 추가 자본확충 없이도 건실한 모습을 유지할 수 있었다.
  - 버락 오바마 대통령(당시)은 캐나다를 방문해 "캐나다 은행들은 미국과 달리 아주 훌륭한 금융시스템 관리자로서의 모습을 보여주었다"라고 언급했었다.
- 캐나다 은행들은 전통적인 금융중개기능에 충실하여 광범위한 지점망을 통해 예금을 수신하고 주택담보 대비 75% 이상의 대출을 하지 않는다.
  - 2008년 글로벌 금융위기 전의 호황기 동안, 캐나다 은행들은 과도한 신용공급을 자제함으로써 금융버블이 끼는 것을 방지하고 결과적으로 자산 부실화를 미연에 방지할 수 있었다.
  - 캐나다 투자은행들은 상업은행의 한 부분으로 금융감독당국의 규제 대상이다.
- 캐나다 은행의 경우 자본금 대비 차입금 비율은 18배로서 미국 상업은행의 26배, 미국 투자은행의 40배에 비해 훨씬 낮다.

6.23%로 미국이나 유럽 금융기관에 비해 훨씬 높은 수준이다.[11] 여기서 '단순 자기자본비율'(TCE : Tangible Common Equity 비율)이란 보통주 중심의 자기자본(우선주 및 무형자산을 제외)을 총자산(무형자산 제외)으로 나눈 비율을 말한다.

최근에 은행들은 예금 수신을 통해 안정된 자금조달 창구를 갖는 금융의 본래적 자금중개업무가 은행의 생존을 위한 필수 조건이라는 점을 인식하고 수수료 수입 비중 증가를 선진금융의 척도로 간주했었던, 즉 2008년 하반기 글로벌 금융위기 전(前)에 보편화되어 있었던 인식을 수정하고 순(純)이자마진(NIM : Net Interest Margin)의 중요성을 절감했었다. 여기서 '순(純)이자마진'(Net Interest Margin)이란 은행 등 금융기관이 자산을 운용해 창출한 수익에서 조달비용을 차감해 운용자산 총액으로 나눈 수치이다.

이러한 측면에서, 캐나다의 금융시스템(〈표 2-3〉 참조)을 참고할 필요가 있다. 미(美) 오바마(Barack Obama) 대통령은 2012년 2월 캐나다를 방문해 "캐나다 은행들은 미국과 달리 아주 훌륭한 금융시스템 관리자로서의 모습을 보여주었다"라고 높이 평가했었다.

모름지기, 금융은 외부효과와 체제위험이 크고, 남의 돈을 중개·관리·운용한다. 따라

11 외국 금융기관의 단순자기자본비율(TCE)을 보면(2008년 말 기준), 씨티 1.5%, BOA 2.8%, JP모건체이스 3.8%, UBS 1.1%, 도이치은행 1.2%, 바클레이즈 1.3%, RBS 1.6% 등(2008년 말).

서 금융인은 청렴성·전문성·책임성 등을 갖추어야 한다. 금융시스템의 안정성과 건전성을 유지하고 금융시장의 실패를 방지하기 위하여 규제와 감독은 하되, 시장 경쟁력과 금융산업 발전을 저해하는 규제를 완화 내지 제거하고 금융소비자 보호, 개인정보 보호, 금융회사 건전성과 관련된 규제는 강화하는 '스마트 규제'가 필요하다.[12] 따라서 금융중개기능과 리스크 관리자 기능 간의 균형을 추구할 필요가 있다.

4. 금융산업의 환경 변화

2008년 하반기 글로벌 금융위기는 미국의 금융위기조사위원회에서도 지적했듯이 '사람이 만든 것'이고 그렇기 때문에 '피할 수도 있었다'[13]라는 인식이 지배적이다. 이러한 관점에서 '위기의 원인은 무엇인가', '위기로부터 무엇을 배울 것인가', 그리고 '앞으로 무엇을 해야 할 것인가' 등을 둘러싸고 국제적 성찰과 반성이 광범위하게 이루어지고 있다.

한편, 컨설팅 회사인 맥킨지(Mckinsey)에 따르면 과거 금융위기에서 비롯된 긴축과 고통의 기간은 평균 6~7년 정도였다. 또한 경제학자인 케네스 로고프(Kenneth S. Rogoff)와 카르멘 레인하트(Carmen Reinhart)도 금융위기로부터 회복이 나타나기까지는 일반적으로 7년 정도의 기간이 필요했다고 추정했다. 따라서 리먼 사태가 발생한 시점이 2008년 하반기이므로 2015년 말경 '터널의 끝'이 보일 것이라는 추측이 가능했었다. 이 추측은 미국 연준(FRB)이 경기부양을 위한 초저금리 기조를 2015년 말까지로 제시한 점과 일맥상통했었다.

1) 규제감독체계 강화를 위한 국제적 논의

2008년 하반기 글로벌 금융위기의 근본적 원인을 치유하기 위해서는 미(美) 달러화를 기축통화로 하고 IMF와 세계은행 등의 국제금융기구를 중심으로 하는 기존 국제금융체제(International Financial Architecture)를 전면 수정할 필요가 있다는 주장이 유럽 국가들을

---

12 김석진, "금융에 관한 철학적 소고", 金融研究(Journal of Money&Finance) Vol. 28 No. 4, 2014. 12.

13 The Financial Crisis Inquiry Commission(2011), "The Financial Crisis Inquiry Commission Report : Final Report of the National Commission on the Causes of the Financial and Economic Crisis in the United States".

중심으로 강력하게 제기되었다.[14] 이와 반면에, 미국은 적절한 금융감독시스템의 부재(不在)가 현재 금융위기의 핵심원인 중 하나이고 국제금융시스템의 개선이 필요하다는 점에서는 동의하지만, 새로운 국제금융기구 창설 등에 대해서는 부정적인 입장이었다.

(1) G20의 금융 규제·감독 강화 방안

회고해보면, 초기의 국제금융체제(International Financial Architecture)인 브레튼우즈 체제는 1944년 7월 미국 뉴햄프셔주 브레튼우즈에서 44개국 정부 당국자, 경제학자, 금융가, 법률가 등이 모여 국제적 금융시스템 안정을 도모하려고 만든 시스템이었다. 그것의 핵심적 내용은 환율 안정을 위한 '미(美) 달러 기준 고정환율제'와 전후 복구 등 국제 경제 부흥과 안정 기능을 수행할 IMF와 세계은행 등의 브레튼우즈 기구(Bretton Woods System)를 창설한다는 것이었다.

그러나 1970년대 이후 국제금융체제가 '금태환 정지'와 '변동환율제'를 중심으로 한 킹스턴 체제로 전환되면서 환율의 불안정성이 확대되었고 금융위기 발생 사례가 증가하였다. 특히 1990년대 이후 금융자유화 및 국제화로 인해 금융기관의 방만한 경영이 부실화를 거쳐 곧바로 금융위기로 비화되는 사례가 빈발하였다. 또한 금융국제화가 세계적으로 확산됨에 따라 전(全) 세계 금융시장이 통합되었고 이로 인해 한 나라의 금융위기가 다른 나라로 전이되는 경향이 심화되어 왔다. 이러한 국제금융체제의 위험요소들이 2008년 하반기 미국발 서브프라임 모기지 사태가 글로벌 금융위기로 확산되면서 더욱 여실하게 나타났었다.

새로운 국제금융체제(New Financial Architecture)에 대해 본격적으로 논의가 진행된 것은 1999년 6월 독일에서 열린 G-7 재무장관회의 이후이다. 동 회의에서 국제금융체제 개편과 관련된 그간의 각종 논의 결과를 종합한 「국제금융체제 강화에 관한 보고서」가 채택되었는데, 주요 과제로서 ① IMF 등 국제금융기구의 개편, ② 금융정보의 투명성 제고 및 국제기준 개발, ③ 선진국의 금융건전성 규제 강화, ④ 신흥시장국의 금융제도 강화, ⑤ 금융위기 예방과 해결을 위한 민간부문의 참여 확대, ⑥ 환율제도 개선 등이 제시되었다.

그 후 국제금융체제(International Financial Architecture) 개편 논의는 IMF, G-7 산하의

14 국제금융체제 개편은 1997년 아시아 외환위기 이후 지속적으로 논의되어 왔었는데 2008년 하반기 미국발 서브프라임 모기지 사태가 글로벌 금융위기로 확산되어 전 세계 금융체계가 심각한 위기를 맞게 되자 다시 논의가 활발하게 진행되었다.

금융안정포럼(FSF), G-20 등에서 구체적으로 전개되었는데, 논의의 핵심 주제로서 크게 두 가지, 즉 ① IMF와 세계은행의 지배구조와 기구운영 방법의 개선, ② IMF와 세계은행의 기능과 역할의 재검토를 들 수 있다(〈표 2-5〉 참조).

표 2-4 G20 주요 논의 사항

금융안정위원회 (Financial Stability Board)	• FSF(Financial Stability Forum)를 역할과 기능이 강화된 FSB로 개편[1] • FSB 회원국에 금융시장 안정 및 금융부문의 개방성·투명성 유지를 위한 의무 부과
국제협력 강화	• 중요한 다국적 회사에 대한 공동감시단 • 국경간 위기관리를 위한 FSF 원칙의 조속한 이행
건전성 규제 강화	• 경기회복 전까지 최저자본요구량 현재 수준 유지, 경기회복 후 현재수준의 적절성 검토 • 경기회복이 확실해진 후 최저자본요구량 이상의 완충자본 적립, 이를 불황기에 소진하여 자금공급능력 유지 • 자본의 질에 대한 기준 강화 및 자본정의의 일관성 향상을 위한 기준 마련 • Basel II 적용 확대 및 위험가중자본 규제를 단순지표[2]를 통해 보완 • BCBS(Basel Committee on Banking Supervision)와 각국 금융당국은 2010년까지 증권화화 관련된 리스크 관리 및 유동성 완충장치에 대한 개선작업 실시 예정
규제 범위	• 시스템적으로 중요한 금융기관, 시장, 상품에 대한 적절한 수준의 규제·감독 실시 • 헤지펀드나 그 운영자에 대한 등록과 시스템 리스크 평가를 위한 정보 공개 의무화 • CCP(Central Counter-Party) 설립 및 CCP에 대한 효과적인 규제·감독을 통해 신용파생상품의 표준화를 촉진하고 활력 제고 • 규제 범위의 정기적 검토 및 이에 대한 국제적으로 일관된 접근법과 모범사례 도입 촉진
보상체계	• 금융회사 보상체계에 대한 FSF의 원칙을 채택하고 BCBS 위험관리지침에 2009년 가을까지 보상체계 원칙 포함 • 감독당국은 금융기관에 대한 종합적인 건전성 평가의 일부로 보상정책 평가
조세피난처 및 비협조적 지역	• 모든 국가에 대한 건전성, 조세 및 자금 세탁과 테러자금 차단을 위한 국제기준의 충실한 이행 촉구 • 조세투명성에 관한 국제기준을 준수하지 않는 국가에 대한 대응조치 개발에 합의
회계제도 개선	• 공정가치 회계체계의 근간 유지, 유동성과 투자자의 보유기간을 고려하여 금융상품의 가치 평가 방식 개선 • 경기순응성 완화를 위한 회계제도 관련 FSF 발표 권고안 수용
신용평가사 규제	• 신용등급이 규제목적으로 사용되는 경우 등록의무를 포함한 규제를 적용 • 감독당국은 이해상충 문제 해결과 신용평가 과정의 질과 투명성 확보를 위해 신용평가 절차 변경 및 의무 이행을 강제할 권한 보유 • 신용평가사에 대한 감독 체계는 관할 지역간 일관성을 유지, IOSCO(International Organization of Securities Commissions) 및 각국 감독당국간 적절한 정보 공유

자료 노희진(2009), "국제 금융위기 이후 자본시장의 발전 방안", 자본시장 Weekly 2009-27호, 자본시장연구원.

주 1 FSF는 금융시스템 취약점을 평가 하고 이에 대응하기 위한 조치를 식별·감독하며, 각국 금융당국 간 정책 조율 및 정보 공유를 촉진하고, 금융시장 발전에 대응하기 위한 규제정책 상의 조언을 하는 등 그 역할과 기능이 강화됨.

2 단순지표의 요건으로 투명성, 위험에 대한 중립성, 국제적 비교 가능성, 부외거래 익스포저에 대한 고려, 레버리지 억제 등이 제시됨.

표 2-5 글로벌 금융위기 극복을 위한 G20의 5대 일반원칙과 중·단기 실행과제

일반원칙		단기과제(2009년 3월 31일까지)	중기과제
1. 투명성 및 책임성 강화		• 주요 국제회계표준기구는 복잡한 금융상품, 특히 위기 시 유동성이 부족한 금융상품에 대한 가치평가 기준을 개선 • 회계표준기구는 부외금융상품에 대한 회계 및 공시기준의 취약성을 개선 • 규제당국과 회계표준기구는 복잡한 금융상품에 대한 공시 개선 추진 • 투명성과 책임성 제고를 위해 국제회계 표준제정기구의 지배구조 개선	• 주요 국제회계표준기구는 양질의 국제단일회계기준 수립작업 추진 • 규제당국과 회계표준기구는 양질의 회계기준 채택과 이행을 위해 민간분야와 지속적으로 작업 • 금융회사는 국제 관행에 부합도록 위험에 대한 공시 및 손실에 대해 공개
2. 금융감독 및 규제의 개선	규제 체제	• IMF, FSF, 여타 규제감독 기관들은 자산평가, 레버리지, 은행자본 등의 경기순응성(pro-cyclicality) 완화를 위한 권고사항을 도출	• 각국은 자국 규제시스템의 원칙 및 구조 검토 • 모든 G20 회원국은 IMF의 금융평가프로그램(FSAP)에 참여 • 은행, 증권회사, 보험회사 간 규제 차이 및 현재 규제가 미흡한 제도, 기관 등을 검토하고 필요한 개선 조치를 위한 권고사항 마련 • 각국 규제당국은 위기 시 대형 다국적 금융회사의 단계적 퇴출(wind-down)이 원활히 진행될 수 있도록 파산법을 검토 • 자본과 자본적정성에 대한 일관성 있는 측정을 위해 '자본'의 정의에 대한 일관성 확보
	건전성 감독	• 신용평가사의 이해상충 방지, 공시강화 및 복잡한 금융상품에 대한 차별화된 신용평가 기준을 도입 • 국제 증권규제기구는 신용평가사들의 준법감시를 위해 채택한 기준 및 체제 검토 • 규제당국은 금융회사들이 시장신뢰를 유지할 수 있도록 충분한 자본을 유지토록 유도하며, 금융회사의 구조화된 신용 및 증권화 활동에 대한 자본기준 강화 • 감독 및 규제당국은 신용부도스왑(CDS) 및 장외시장(OTC) 상품의 시스템위험 감축을 위한 조치 마련	• 공공에게 신용정보를 제공하는 신용평가기관의 등록(registration) • 감독기관 및 중앙은행들은 유동성 감독과 관련, 국제적으로 일관성 있는 접근방식을 도출 • 국제기준수립 기구들은 다양한 종류의 경제·금융 기구들과 협력하여 금융규제입안자들이 금융시장·상품의 혁신에 신속하게 대응할 수 있도록 조치 • 규제당국은 자산가격의 심각한 변동 및 거시경제·금융시스템에 대한 영향을 모니터링
	위험 관리	• 은행의 리스크 관리를 강화하기 위해 개선된 가이드라인 개발 • 금융회사는 유동성위험을 보다 잘 관리할 수 있도록 이행조치 마련 • 금융회사는 위험집중도 및 거래상대방 위험을 시의적절하게 측정할 수 있는 프로세스를 개발 • 금융회사는 금융위기 상황에 대처하기 위해 위험관리 모델을 재검토하고 이를 규제당국에 보고 • 바젤위원회는 새로운 위험측정 모델개발의 필요여부를 검토하고 관련활동 지원 • 금융회사는 자발적 노력과 규제조치를 통해 과도한 단기이익 추구 또는 위험부담행위를 회피하고 안정성을 증진시키기 위한 내부 인센티브제도 마련 • 은행은 구조화 상품 및 증권화 상품에 대해 효과적인 위험관리와 실사 추진	

3. 금융시장 신뢰성 제고	• 지역적, 국제적 수준에서 정책당국 간 규제 협력 강화 • 시장안정 위험요소에 대한 당국 간 정보공유 및 위험에 적절한 대응이 가능하도록 법규 정비 • 각국은 기업행동규범 검토를 통해 시장과 투자자를 보호하고 불법행위로부터 국제금융시스템을 보호하기 위한 국제협력을 강화	• 불법 금융행위 위험이 있는 비협조적, 불투명한 제도로부터 국제금융체제 보호를 위한 국가적, 국제적 조치시행 • FATF(Financial Action Task Force)는 자금세탁, 테러자금 조달 등을 근절하는 업무를 지속 • 세계은행과 유엔의 자산회수 이니셔티브(Stolen Asset Recovery Initiative)를 지지
4. 국제협력 강화	• 감독당국들은 주요 다국적 금융회사에 대한 감시를 강화하며 이들과의 정기적 교류를 추진 • 규제당국들은 국제적인 금융위기를 효과적으로 관리하기 위한 협의 등 모든 조치들을 취할 필요	• 규제당국들은 회계기준, 감사, 예금보호 등 조화가 필요한 분야의 협력 진전을 위해 필요 정보수집 노력을 강화 • 규제당국들은 금융시장 안정 및 신뢰회복을 위해 취한 일시적 조치들의 부작용을 최소화하기 위해 노력
5. 국제금융기구 개혁	• FSF는 회원국을 주요 신흥경제국으로 확대 • 거시적인 차원의 정책대응 및 금융시장 불안에 대한 조기경보기능 제고를 위해 IMF와 FSF 간 협력 강화 • 특히 IMF는 광범위한 회원국과 거시경제 및 금융전문성을 기반으로 FSF 등과의 협력을 통해 현금융위기의 교훈 도출 • IMF, 세계은행, 기타 다자간 개발은행의 재원 적정성을 검토하고 필요한 경우 재원확대를 준비할 필요 • 신흥경제국과 개발도상국들의 신용시장 및 민간자본 흐름에 대한 접근성 회복을 통해 지속가능한 성장을 위한 기반 지원 • 시장상황이 심각하게 악화되는 경우 다자간 개발은행의 지원은 양호한 track record와 건전한 정책을 추진하는 국가에 제공될 필요	• 세계 경제의 변화를 적절히 반영하고, 다가오는 도전에 대응하기 위해 브레튼우즈 체제를 포괄적으로 개혁. 국제금융기구에서 신흥시장국과 개도국의 참여가 더욱 확대되어야 함 • IMF는 모든 국가의 경제상황에 대한 감시체제를 강화하고 특히 금융부문에 대한 점검을 강화할 필요 • 선진경제국, IMF 및 기타 국제기구들은 국제기준에 부합하는 규제의 마련과 실행을 위해 신흥경제국과 개발도상국에 전문성 지원 프로그램 제공

자료 함준호·김병덕(2009), "금융 규제 감독 체계의 개선방향", 한국금융학회 금융정책 심포지엄, 5. 29.

(2) 금융 규제·감독의 국제적 추세

미국, EU, 영국 등 주요 경제권은 과거 미흡했었던 금융 규제·감독이 2008년 하반기 글로벌 금융위기를 초래했다는 비판에 따라 금융 규제·감독의 강화가 필요하다는 인식을 바탕으로 금융 규제 및 감독 강화를 위한 개혁방안을 발표했다.

우선, 미국은 2009년 6월 '금융규제 개혁방안'(Financial Regulatory Reform)을 발표하고 상원 및 하원에서 별도의 금융규제 개혁법안이 통과되었다. 2010년 1월에는 버락 오바마

표 2-6 금융안정위원회(FSB)

• 아시아 금융위기 이후인 1999년 세계 금융시장 안정을 위해 G7 의장국인 독일의 티트마이어 연방은행 총재의 제안으로 금융안정포럼(FSF)을 설립했다. – 회원국은 G7 및 호주, 네덜란드, 홍콩, 싱가포르, 스위스의 12개국으로 1999년 4월 워싱턴에서 1차 회의를 개최했다. • 2009년 4월 G20 런던 정상회의에서 금융안정포럼(FSF)을 금융안정위원회(FSB)로 확대·개편하기로 합의했다. – 금융규제 강화의 진전을 주도, 조정 및 모니터링하고 글로벌 금융안정을 지원하는 정책을 개발, 실행하는 역할을 담당했다. – G20 중 금융안정포럼(FSF)의 비(非)회원국이던 한국, 브라질, 러시아, 인도, 중국, 멕시코, 사우디아라비아, 남아프리카공화국, 터키, 아르헨티나, 인도네시아 11개국과 스페인, 유럽 위원회 등 총 13개국이 추가로 참여했다.

(Barack Obama) 대통령이 상업은행(CB)의 투자업무를 금지하는 '볼커 룰'(Volcker Rule)[15]을 제안하는 등 새로운 규제방안도 추가했었다. 하원(2009년 12월)과 상원(2010년 5월)이 별도의 금융개혁법안을 통과시킨 후 상·하원은 협의를 거쳐 2010년 6월 단일안에 합의했었다.

또한, 영국은 2009년 3월 '터너 리뷰'(Turner Review)를 발표했고, 유럽연합(EU)도 '은행 자기자본 지침 수정안'을 발표했었다. '터너 리뷰'(Turner Review)에서는 시스템 리스크(Systematic Risk)에 대한 규제가 필요하다는 점을 강조하면서 자본규제, 유동성 관리, 경기순응성 완화 등을 위한 규제를 제안했었다. 상기한 유럽연합(EU)의 '은행 자기자본 지침 수정안'의 목적은 금융위기를 야기한 두 가지 주요 원인, 즉 ① 유동화, ② 보상과 관련된 위험에 대처하는 것이었다.

한편, G20 산하 금융안정위원회(FSB : Financial Stability Board) 및 국제결제은행(BIS : Bank of International Settlement) 등과 같은 국제금융기구들도 글로벌 차원에서의 금융규제 개혁을 논의했었다. G20 정상회의는 기존의 금융안정포럼(FSF : Financial Stability Forum)을 금융안정위원회(FSB : Financial Stability Board)로 확대 개편했었다.

---

15 볼커 룰(Volcker Rule)은 2009년 초에 Volcker 백악관 경제회복자문위원회 위원장(前 FRB 의장)이 상업은행의 투자업무를 제한하는 규제가 필요하다고 주장함에 따라 '볼커 룰'이라고 통칭하고 있다.

그림 2-4 볼커 룰(Volcker Rule)의 주요 내용 및 영향

주요 내용

① 대(對)고객업무와 무관한 '자기계정거래'를 원칙적으로 금지. 단, 인수업무, 시장조성업무, 미국 국채거래(기타 국가의 국채 투자 금지), 헤지 목적을 위한 신용파생상품거래 등은 예외

* 상기 '자기계정거래'란 단기 매매차익을 위해 은행 등이 고객 자금이 아닌 자기 자금으로 증권 혹은 신용파생금융상품 등을 거래하는 행위

② 사모투자·헤지펀드 투자·관리는 은행 기본자본(Tier 1)의 3%이내, 해당 펀드의 지분 3% 이내로 제한

③ 볼커 룰(Volcker Rule) 준법감시체제 운영 및 감독당국에게 보고할 의무

긍정적 영향

- 국내은행의 위험투자 억제를 통한 리스크 감소

부정적 영향

- 은행의 자산운용 제약
- 투자 위축으로 인한 금융투자상품시장의 발전 저해
- 규제 준수 비용 발생

자료 하나금융경영연구소,"볼커 룰(Volcker Rule)을 둘러싼 혼란과 우려", 금융경영브리핑, 제2권 44호, 2012.11.

주 볼커 룰(Volcker Rule)은 2012년 7월 21일 발효된 미국 금융규제개혁방안.

2009년 4월 2일 영국 런던에서 G20 정상회담의 금융안정포럼(FSF)[16] 에서는 금융시스템 강화방안과 관련하여 다음과 같은 세 가지 보고서를 발표했었다.

- 금융시스템상의 경기변동성 완화를 위한 권고사항(Recommendations for Addressing Pro-cyclicality in the Financial System)
- 보수산정 관행의 건전성 확보 원칙(Principles for Sound Compensation Practices)
- 위기관리의 국제공조 원칙(Principles for Cross-border Cooperation on Crisis Management)

또한, 금융안정포럼(FSF)은 상기 세 가지 보고서에 앞서 2008년 4월 공표한 '금융시장 정상화 대책'(Report on Enhancing Market and Institutional Resilience)을 통해 제시된 권고

16 금융안정포럼(FSF)은 1999년 G7 국가들이 감독정보 교류 촉진 및 국제공조 강화를 통해 세계 금융시장의 안정성을 확보할 목적으로 설립한 기구이다.

표 2-7 금융안정화포럼(FSF)의 금융시스템 강화방안 핵심사항

	핵심사항
1. 경기변동성 완충	① 자기자본 수준을 호황기에는 인상하고 불황기에는 감액하는 것을 인정함 ② 대손충당금 적립을 호황기에는 증액하고 불황기에는 감액하는 것을 인정함 ③ 레버리지비율 억제 및 금융상품 공정가치 회계 적용 등
2. 보수체계 건전성 확립	① 위험을 감안한 장기실적에 연동하는 보수체계를 구축함 ② 감독당국은 보수체계에 대한 엄격한 검증을 지속적으로 실시하고 문제 발생 즉시 개선조치를 내려야 함
3. 위기관리 국제공조	① 감독당국들은 국제업무를 수행하는 대형 금융기관들의 유동성위험 정보를 정기적으로 수집하고 공유할 수 있어야 함 ② 감독당국들은 파산처리 초기단계에서 가능한 한 많은 정보를 상호간에 공유하여 적절한 대응이 가능하도록 해야 함

자료 국제금융연구원(2009), "금융안정포럼의 금융시스템 강화 방안", 주간금융브리프 18권 15호, 4월.

사항들에 대한 이행실태 점검상황도 공표했었다. 특히, 금융시스템상의 경기변동성 완화를 위한 권고사항에서는 은행의 자본규제 체계, 대손충당금 적립, 레버리지와 가격평가 등 3개 부문에 대한 개선방안이 제시됐었다.

한편, 국제결제은행(BIS)은 금융안정위원회(FSB)의 협력하에 '자기자본 규제'(Systematically-Sensitive Capital Requirement) 등에 대한 개선작업을 진행했었다. 특히, 국제결제은행(BSI) 산하 바젤 은행감독위원회(BCBS : Basel Committee on Banking Supervision)는 2009년 6월 회원을 G20 국가의 새로운 대표 및 홍콩, 싱가포르 등 27개국의 감독당국 기구와 중앙은행으로 확대되었다. 2009년 12월에는 위험가중자기자본 규제 개선, 경기역행적 완충자본규제 구축, 위험가중자본규제를 보완할 레버리지 비율과 글로벌 유동성 기준 도입 등을 담은 '자본 및 유동성에 관한 규제 개편안'을 발표했었다.

2) 금융규제 기조의 변화와 파급효과

(1) 금융규제 : '시장 자율' → '시스템 안정'을 위한 규제 강화

2008년 하반기 글로벌 금융위기 이전의 금융규제체계는 금융규제보다 시장 규율이 금융기관 리스크 관리에 더 효과적이라 판단했었다. 그 근거는 합리적인 금융시장의 자기조정기능이 금융시스템의 안정을 보장한다는 시각이었다. 그러나 상기 글로벌 금융위기로 인하여 금융시스템에 대한 적극적 규제·감독이 필요하다는 인식이 확산됐다.

이에 따라, 자기자본비율과 트레이딩 계정에 대한 위험가중치를 상향조정하고 총 레버리지 비율을 도입함으로써 과도한 위험투자를 억제하고 있다. 특히, 국제결제은행(BIS), 미국과 영국의 금융감독당국은 금융시스템 안정에 중요한 영향을 미치는 대형 금융기관과 증권투자 등 트레이딩 계정에 대해서는 금융기관의 최저 '자기자본 규제'(Systematically-Sensitive Capital Requirement)를 강화하고 있다. 또한, 금융안정포럼(FSF) 등은 경기확장기에 자본 또는 대손충당금을 추가로 적립하여 경기침체기에 발생하는 손실에 대응하도록 하는 경기역행적 완충자본금 제도 또는 동태적 대손충당금 제도를 도입할 것을 권고했다.

또한, 2008년 하반기 글로벌 금융위기 이후 금융 규제·감독에 대한 정책 기조가 바뀌었다. 왜냐하면 과거 미흡했었던 금융규제가 금융위기를 초래했었다는 비판에 따라 금융 규제·감독 강화가 필요하다는 인식이 확산되었기 때문이다. 이에 따라 주요 선진국과 국제기구는 기존의 미시건전성 규제를 더욱 강화하는 한편 거시건전성을 제고하는 방향으로 규제개혁을 추진하고 있다. 상기 금융 규제·감독 개혁의 추진방향을 상술하면 다음과 같다.[17]

- 첫째, 금융기관의 건전성 감독기준을 강화하여 은행의 손실 흡수능력을 제고하는 것이다. 이를 위해 금융기관 자기자본의 양적·질적 기준 개선과 함께 레버리지 비율 규제와 유동성 위험 관리지표 도입 등을 추진하고 있다.
- 둘째, 시스템 리스크(Systematic Risk)에 대응하기 위해 '시스템상 중요한 금융기관'(SIFI : Systemically Important Financial Institue)에 대한 규제와 감독을 강화하고 완충자본제도를 도입하여 신용공급의 경기순응성을 완화하는 방한과 은행세 도입 등이 검토되고 있다.
- 셋째, 트레이딩 계정에 대한 자본규제 강화, 장외파생상품과 헤지펀드 규제 강화, 금융기관 임직원 보수체계 개선 등을 통해 위험투자를 억제하고 있다.

상기와 같은 금융 규제·감독 개혁방안이 논의 중인 규제들이 제대로 실행되면 금융시스템의 안정성은 제고될 수 있을 것이다. 다만, 금융기관의 대형화 등 불안요인은 여전히 남아 있다. 한편, 금융 규제·감독 개혁은 신용공급에는 다소 부정적인 영향을 미칠 것이다. 왜냐하면 '자기자본 규제'(Systematically-Sensitive Capital Requirement)가 강화되면 저성장 국면에서 은행들이 자산 축소에 주력하게 되고, 자기자본비용이 상승하여 대출금리가 높아질 수 있기 때문이다.

---

17 박현수(2010), "금융위기 이후의 글로벌 금융규제", Issue Paper, 삼성경제연구소.

① 금융기관의 건전성 감독기준 강화

금융기관은 손실흡수능력 강화를 위해 자기자본의 양적·질적 개선을 추진해야 한다. 상술하면, 바젤 은행감독위원회(BCBS)는 자기자본 기준 강화를 위한 논의를 정리하여 은행 자본체계 강화방안으로서 유동성 위험 관리의 기준으로 단기지표인 '유동성 커버리지 비율'(LCR)과 중·장기지표인 '순(純)안정자금 조달 비율'(NSFDR)을 제안했다.

우선, 유동성 커버리지 비율(LCR: *Liquidity Coverage Ratio*)은 심각한 위기상황에서의 단기적 유동성 확보 가능성을 측정하는 지표이다. 심각한 금융불안(스트레스)의 상황에서 은행 또는 감독기관이 적절한 조치를 취하거나 은행이 정리될 수 있는 최소한의 기간인 30일 동안의 순(純)현금유출액을 충당하기 위해 현금화할 수 있는 고(高)유동성 자산을 충분히 보유하도록 요구하고 있다.

상기한 유동성 커버리지 비율(LCR)과 관련된 위기 시나리오는 신용등급 3단계 강등, 소매예금의 이탈, 무(無)담보 도매 자금 조달 능력 상실 등 개별 금융기관에 발생한 충격과 시장변동성 증가 등 금융시스템 전반에서 발생한 충격을 포함한다.

$$LCR = \frac{\text{고(高)유동성 자산(Stock of high quality liquid assets)}}{\text{순(純)현금유출(Net cash outflows over a 30-day time period)}} \geq 100\%$$

다음으로, 순(純)안정자금 조달 비율(NSFR: Net Stable Funding Ratio)은 유동성 커버리지 비율(LCR)을 보완하여 보다 안정적인 장기자금 조달을 유도하기 위한 규제이다. 상술하면, 1년 동안의 자산 및 영업활동의 유동성 특성에 근거하여 금융기관에 이용 가능한 유동성이 최소한으로 필요한 안정적 자금조달금액을 초과하도록 규제하고 있으며, 또한 위험노출 증가에 의한 수익성 및 지급능력 저하, 신용등급 강등 가능성, 평판 및 신용건전성을 해치는 중요사건 등과 같은 금융기관 고유의 스트레스 시나리오를 적용하고 있다.

$$NSFR = \frac{\text{사용 안정적 자금조달(Available amount of stable funding)}}{\text{필요 안정적 자금조달(Required amount of stable funding)}} > 100\%$$

상기와 같이, 바젤 은행감독위원회(BCBS)는 총 자기자본 규제비율을 높이고 보통주 자본 개념을 새로 도입하는 등 규제대상 자본을 세분화하여 각 자본에 대한 규제비율을 도입했다. 총 규제자본은 두 가지, 즉 ① 계속기업으로서의 손실흡수력을 나타내는 보통주 위주의 Tier 1 자본과 ② 청산 시 손실흡수력을 나타내는 Tier 2 자본으로 구분된다. 이와 같이 바젤 은행감독위원회(BCBS)는 규제자본을 재정의하고, 자본공제 항목에 대한 처리 등을 개선함으로써 자기자본의 질을 높이고 일관성 및 투명성을 강화했다.

또한, 바젤 은행감독위원회(BCBS)는 '자기자본 규제'(Systematically-Sensitive Capital Requirement)의 보완수단으로 레버리지 비율 규제를 도입하고 유동성 위험 관리기준을 강화할 것을 제안했다. 그 근거는 금융위기 상황에서는 위험가중 자기자본비율 규제의 효과가 낮기 때문에 이를 보완하기 위해 단순하면서도 리스크에 기초하지 않은 레버리지 비율 규제를 도입함으로써 은행의 건전성 규제를 강화할 필요가 있다는 것이다.

사실, 레버리지 비율 규제 도입의 목적은 과도한 레버리지 축적 및 부채 축소(디레버리징, Deleveraging)가 야기할 수 있는 금융시장의 과열과 불안을 미연에 방지하자는 것이나. 구체적으로, 유동성 위험 관리의 기준으로 단기지표인 '유동성 커버리지 비율'(LCR)과 중·장기지표인 '순(純)안정자금 조달 비율'(NSFR)을 제안했다. 그 목적은 심각한 위기상황에서의 유동성 수요를 충족하기 위한 단기 유동성 확보와 안정적인 장기자금 조달을 유도하려는 것이다.

② '시스템상 중요한 금융기관'(SIFI) 규제

여러 국가들에 걸쳐 영업을 하는 소위 '시스템상 중요한 금융기관'(SIFI : Systemically Important Financial Institue)은 금융불안을 전이 및 확산시킨다.[18] 따라서 금융시스템의 안정성을 제고하기 위해서는 이들에 대한 규제가 필요하다는 주장이 강력히 제기되었다.

'시스템상 중요한 금융기관'(SIFI)은 단지 규모만이 아니라 대체가능성 및 상호연관성을 함께 고려하여 정의된다. 사실상, 규모가 크고, 금융거래의 연관관계가 복잡하며, 국제적으로 영업을 하는 금융기관의 부실 또는 파산은 금융시스템 전반에 심각한 악영향을 초래한다.

상술하면, 금융안정위원회(FSB)는 '시스템상 중요한 금융기관'(SIFI)의 도덕적 해이 문제에 대한 해결방안으로서 추가자본 요구 등 미시건전성 규제를 강화하고 '대마불사'(大馬不死) 관행을 근절하기 위해 다음과 같은 부실 금융기관 정리 및 부실 확산 차단방안을 제시했다.

첫째, '시스템상 중요한 금융기관'(SIFI)에 '대마불사'(Too-Big-To-Fail) 논리가 적용되는 한, 금융기관의 대형화와 및 '시스템상 중요한 금융기관'(SIFI)의 위험투자 성향이 유지됨

18 '시스템상 중요한 금융기관'(SIFI : *Systemically Important Financial Institution*)은 부실화 또는 파산이 금융시스템과 실물경제에 직접적으로나 간접적으로 심각한 부정적 영향을 미칠 잠재력이 있는 금융기관을 말한다.

으로써 금융시스템의 안정성을 담보하기 어렵게 된다. 따라서 G20 산하 금융안정위원회(FSB)와 바젤 은행감독위원회(BCBS)는 '시스템상 중요한 금융기관'(SIFI) 규제 강화에 대한 최종방안을 2011년 11월 G20 정상회의에 보고하였다.

둘째, 시스템상의 중요도에 따라 추가자본(보통주 자본)을 차등적으로 부가함으로써 '시스템상 중요한 금융기관'(SIFI)의 손실흡수력을 강화했다.

셋째, '시스템상 중요한 금융기관'(SIFI)의 정리체계를 개선했다. 상술하면, '시스템상 중요한 금융기관'(SIFI)의 정리는 금융시스템의 붕괴와 납세자의 손실분담이 초래하지 않도록 해야 한다. G20 산하 금융안정위원회(FSB)는 먼저 회생불가능한 '시스템상 중요한 금융기관'(SIFI)을 정리할 정리당국(resolution authority)을 지정하고 이들에게 강력한 권한 및 수단을 부여했다. 정리당국은 정리대상인 '시스템상 중요한 금융기관'(SIFI)이 발행한 채권을 상각하거나 주식으로 전환(bail-in)할 수 있는 법적 권한을 갖는다.

또한, G20 산하 금융안정위원회(FSB)는 본국 및 '시스템상 중요한 금융기관'(SIFI)이 진출한 국가의 금융당국 간 협조가 원활히 이루어져 다국적 기업의 정리가 효과적으로 실행될 수 있도록 한다. 본국 및 진출국의 감독당국은 정리가능성 평가, 회생 및 정리 계획(Recovery and Resolution Plans)을 사전에 마련하여 '시스템상 중요한 금융기관'(SIFI) 부실화에 대비하도록 했다.

③ '은행세' 도입에 관한 논의

IMF는 G20 재무장관회의에 제출한 보고서에서 '은행세'(Bank Tax) 도입을 제안했다. IMF는 금융기관의 비예금 부채 또는 이익에 대한 과세방안을 권고하는 내용의 보고서를 G20 재무장관 회의에 제출했다. 이것은 2009년 G20 정상회의에서 금융산업이 정부지원에 대한 보상방안 검토를 요구한 데 따른 것이다.

IMF는 금융기관의 자산에 대해 부과하는 '금융안정부담금'과 이익 및 보수에 대해 부과하는 '금융활동세'로서 '은행세'(Bank Tax)를 도입하는 방안으로 제시했다. 상술하면, 금융안정부담금(Financial Stability Contribution)은 취약한 금융기관의 정리 및 금융권 지원에 필요한 자금을 비축하고 금융기관의 과도한 위험 부담을 억제하기 위해 금융기관에 부과하는 분담금이다. 규모, 대체가능성, 상호연관성 등을 고려하여 금융기관이 시스템 리스크(Systematic Risk)에 미치는 영향과 위험도에 따라 차등 부과한다. 추가적으로 금융기관의 정상적인 자본이익률을 초과하는 이익과 보수에 대해 '금융활동세'(Financial Activities Tax) 부과를 제안했다.

한편, 미국이 2010년 1월 '은행세'(Bank Tax) 부과 계획을 발표했다. 그후 유럽 주요국에서도 '은행세'(Bank Tax) 도입 검토가 확산되고 있다. '은행세'(Bank Tax) 도입의 목적은 금융권이 정부의 구제금융지원에 따른 재정비용을 부담하도록 하는 한편, '대마불사'(大馬不死) 유인을 줄여 금융위기 발생가능성을 낮추자는 것이다.

우선 미국은 2010년 1월 14일 금융위기 기간 중에 은행에 제공한 구제금융에 대한 수수료(Finaicial Crisis Responsibility Fee) 징수방안을 발표했다. 그것의 취지는 금융시스템 안정화를 위한 비상조치에 사용한 세금을 금융부문이 부담하도록 함으로써 재정적자 확대를 억제하겠다는 것이다.

독일, 프랑스, 영국 등은 향후 위기재발 방지 및 대응하기 위한 수단의 하나로서 '은행세'(Bank Tax) 도입에 합의하였다. 상술하면, 영국은 은행 부채의 0.04%(2011년)~0.07%(2012년)를 '은행세'(Bank Tax)로 징수할 계획이며, 프랑스도 구체적인 은행세 도입방안을 검토하고 있으며, 독일은 '은행세'(Bank Tax)를 도입하여 징수한 자금을 이용한 금융안정펀드 조성계획을 발표했으며, 오스트리아도 은행을 대상으로 '연대세'(Solidarity Tax)를 도입하겠다는 계획을 발표했다.

그러나 '은행세'(Bank Tax) 도입을 위해서는 국제 협의와 사전 준비가 필요하다. '은행세'(Bank Tax) 도입에 대해 지난 글로벌 금융위기 기간 중 대규모 구제금융을 제공했었던 미국과 영국 등은 적극적으로 지지하는 반면, 정부의 구제금융지원이 없었던 국가들은 반대하고 있다. 캐나다, 호주, 중국, 브라질 등 공적자금을 투입하지 않은 국가들과 신흥국들이 '은행세'(Bank Tax) 도입에 부정적인 경향을 보이고 있다.

심지어, '은행세'(Bank Tax) 도입을 찬성하는 국가들 사이에서도 성격이나 부과대상, 대상 금융기관 등에 대한 이견이 존재한다. 독일은 '은행세'(Bank Tax)로 미래 위험에 대처하기 위한 글로벌 보험펀드를 조성하는 방안을 제시한 반면에 영국과 프랑스는 일반 세수로 편입하여 재정적자 감축에 사용하는 방안을 선호한다.

일정 수준 이상의 국제 합의가 도출되지 않은 상태에서 '은행세'(Bank Tax)를 각국이 상이한 내용으로 도입할 경우 규제차익 거래 등이 발생할 우려가 있다. 따라서 부과대상(은행 또는 모든 금융기관, 자산 또는 부채 등), 최소부담률 등에 대한 기본적인 합의가 필요하다. 결국, 2010년 6월 G20 정상회의에서는 '은행세'(Bank Tax) 도입의 원칙에는 합의했었지만 구체적 도입방안에 대한 합의 도출은 실패했었다.

④ 위험투자 억제

재(再)유동화 증권 등 트레이딩 계정에 대한 자본규제와 장외파생상품 및 헤지펀드에 대한 규제를 강화함으로써 위험투자를 억제해야 한다. 이를 위해서, 외부 신용평가등급을 사용하여 신용위험을 평가하는 표준방식에서는 재(再)유동화 증권에 대해 유동화 증권의 약 2배에 해당하는 위험가중치를 적용한다.

다시 말하면, 금융기관의 과도한 위험투자를 사전에 방지하기 위해 투자를 결정하는 임직원에 대한 보수체계 개선을 추진한다. 금융기관의 지나친 위험투자를 억제하기 위해서는 단기성과에 근거한 과도한 보상체계의 개선이 필요하다고 인식하고 있다.

예로서, 미국은 2009년부터 순차적으로 금융기관 임직원 보수규제를 강화하는 법안을 마련하고 있으며, 영국과 EU 역시 금융기관 보수체계 개선을 추진하고 있다. 이를 위해서, 영국 금융감독청은 보수위원회를 신설하였고, EU는 2009년 7월 은행 자본 규제 개정안에 보수규제방안을 포함시켰다.

(2) 금융규제 변화의 파급효과

① 금융시스템 안정성

금융기관의 손실흡수능력 강화 및 위험투자 억제로 금융기관의 안정성이 다소 제고되겠지만 자본확충에도 불구하고 불안요인은 상존한다.

상술하면, 자기자본이 증가하면 유사 시 발생할 수 있는 손실을 감당할 수 있는 능력이 강화되고 위험투자 억제로 부실화 가능성이 감소한다. 단순 레버리지 비율 규제는 금융위기 상황에서 금융기관의 파산 가능성을 감소시킨다. 위험투자 억제는 예상치 못한 손실로 인한 부실화 가능성을 억제한다.

그러나, 전술한 바와 같이, 지난 글로벌 금융위기 이후 부실 금융기관 합병에 따른 글로벌 금융기관의 대형화는 시스템 리스크(Systematic Risk)에 부정적 영향을 미칠 우려가 있다. 상업은행의 투자 업무를 금지한 '볼커 룰'(Volcker Rule)이 시행되더라도 시스템 리스크(Systematic Risk)를 유발할 수 있는 소위 '시스템상 중요한 금융기관'(SIFI)의 위험투자 문제는 해결되기 어려울 것으로 전망된다.

② 신용공급

'자기자본 규제'(Systematically-Sensitive Capital Requirement) 강화는 은행의 신용공급 위축을 초래하여 경기회복을 제약한다. 왜냐하면 은행의 자기자본 규제가 강화되면 감독기준을 충족시키기 위해 자본을 추가로 확충하거나 위험자산을 축소하기 때문이다. 이 결과, 은행의 신용공급 위축은 글로벌 경기회복을 제약할 우려가 있다. 특히 저성장 국면에서 '자기자본 규제'가 강화되면 금융기관은 자본의 추가확충보다는 자산축소에 주력할 가능성이 크다.

③ 자본비용

'자기자본 규제'(Systematically Sensitive Capital Requirement) 강화는 은행의 자본구성을 변화시켜 자본비용 상승을 초래하여 대출금리가 상승하고 위험투자 유인이 증가될 수 있다. 즉 '자기자본 규제' 강화로 은행의 자본조달에서 자기자본, 특히 보통주가 차지하는 비중이 커지면 은행의 가중평균자본비용이 상승한다. 모름지기, 자기자본은 타인자본(부채)에 비해 비용이 높은 자금 조달 수단인 것이다.

은행은 자본구성 변화로 자본비용이 상승할 경우 예금금리 인하나 대출금리 상승 등으로 수익성 하락을 억제한다. 자산수익률을 제고하기 위해 고(高)위험-고(高)수익 투자에 대한 유인이 강화될 가능성도 배제할 수 없다.

(3) 금융규제의 전망과 시사점

금융규제의 틀은 크게 두 가지, 즉 ① 국제적으로 공통된 기준을 적용하는 규제와, ② 합의된 원칙을 개별 국가가 자국 상황에 맞게 적용하는 규제로 이원화될 것으로 전망된다. '자기자본 규제'(Systematically Sensitive Capital Requirement) 등은 국제 기준을 적용하고, 이견이 첨예한 사안은 원칙에는 합의하되 구체적 시행방안은 개별 국가의 재량에 맡겨질 가능성이 있다. '볼커 룰'(Volcker Rule), '토빈세'(Tobin Tax) 등은 국제공조가 안 될 경우 도입이 무산되거나 당초 규제안에서 크게 완화될 가능성이 높을 것으로 전망된다.

따라서 효과적인 금융시스템 관리를 위해 글로벌 금융규제 변화에 상응한 금융정책을 실시해야 할 것이다. 상술하면, 글로벌 금융시스템을 효과적으로, 또한 효율적으로 관리하려면 주요국들이 금융 규제·감독의 틀을 공유하고 협력해야 한다. 그리고 국내 금융 규제 및 감독 시스템을 재점검하여 미비한 점을 보완함과 동시에 글로벌 금융규제의 흐름과 일치하지 않는 사항을 해야 한다.

전술한 바와 같이, 소수 '시스템상 중요한 금융기관'(SIFI)의 규모 확대는 시스템 리스크(Systematic Risk)를 증가시킬 우려가 있다. 사실, 금융규제 강화와는 별도로 금융기관은 자산확대의 유혹에 노출되기 쉽다. 아이러니하게도, 2008년 하반기 글로벌 금융위기 이후 '시스템상 중요한 금융기관'(SIFI)의 파산을 정부가 용인하지 않을 것이라는 '대마불사'(大馬不死 : Too-Big-To-Fail)의 믿음이 더욱 강화되고 있다. 왜냐하면 소형 은행이 여러 개 파산할 경우 손실이 분산될 가능성이 크지만, 대형 은행이 파산할 때는 일시에 집중적으로 발생하기 때문이다. 따라서 '시스템상 중요한 금융기관'(SIFI)의 파산위험이 낮을지라도 금융기관의 파산위기에 직면할 경우 금융시스템에 미치는 부정적 영향은 막대하다. 따라서 '시스템상 중요한 금융기관'(SIFI)에서는 정부의 구제금융에 대한 믿음으로 '도덕적 해이'(Moral Hazard)

현상이 발생하여 리스크 관리가 취약해질 우려가 있다.

특히 한국의 은행산업들은 GDP 대비 상대적 규모, 자산규모, 예수금 시장점유율 등이 높아 시스템 리스크(Systematic Risk)를 초래할 수 있다. 더욱이 시중은행의 부채 가운데 시장성 자금조달의 비중이 크게 증가하여 금융시스템 내에서의 상호연관성이 커지고 있다. 따라서 은행의 대형화에 따른 효율성 제고 및 경쟁력 강화 효과와 시스템 리스크(Systematic Risk) 증가의 상충관계를 고려할 필요가 있다. 따라서 단순히 규모를 키우기 위한 합병을 추진하기보다는 본원적 경쟁력 및 사업 포트폴리오 등을 종합적으로 고려하는 것이 바람직할 것이다. 즉, '은행 대형화'는 경쟁력 뿐만 아니라 시스템 리스크(Systematic Risk)에 미치는 영향을 고려한 전략적 접근이 필요하다.

또한 금융지주회사를 통한 겸업화 정책을 유지하되 금융 규제·감독은 강화해야 할 것이다. 상술하면, 한국은 금융그룹의 자산 및 사업구조가 은행업 중심으로 이루어져 겸업의 수준이 낮아서 겸업제한의 필요성이 적다. 오히려 향후 금융산업의 국제경쟁력 강화를 위해서는 은행의 증권산업 지원 등 겸업의 효과를 보다 적극적으로 활용할 필요가 있다. 따라서 볼커 룰(Volcker Rule) 등에 대한 글로벌 금융규제 논의 동향을 주시하되, 현재의 금융지주회사를 통한 겸업화 정책은 유지하면서 위험차단을 위한 대비책을 강화해야 할 것이다.

3) 통화정책 : 저금리 → 보수적 통화정책 기조 강화

2008년 하반기 글로벌 금융위기 이전에는 주택가격 급등에도 불구하고 물가가 안정적이었기 때문에 금융당국이 저(低)금리정책을 장기간 지속하여 자산가격 버블을 방조했다고 말할 수 있다. 그러나 이젠 통화정책의 목표가 일반적인 물가수준뿐만 아니라 주택 등 자산가격 버블 대응으로까지 확대되었다. 즉, 주택가격 버블 붕괴로 야기되었던 2008년 하반기 글로벌 금융위기로 인해 통화정책을 결정할 때 물가안정뿐만 아니라 자산가격 안정도 추구해야 한다는 것이다.

그렇다면, 상기한 금융 규제 및 통화정책 기조의 변화에 의하여, 글로벌 금융시스템의 안정성은 개선될 수 있는가?

첫째, 금융규제 강화는 금융기관의 부실화 위험을 억제할 것이다. 상술하면, 자기자본 증가로 손실 흡수 능력이 높아져 돌발적인 손실 증가 등 금융충격이 금융기관의 파산 및 연쇄부도 등 금융위기를 초래할 위험은 감소될 것이다. 또한, 유동화 증권 및 파생상품 등에 대한 위험관리 기준 강화 등도 금융기관의 자산건전성 제고에 기여할 것이다. 그리고 금융기관 임직원에 대한 보수규제가 강화될 경우 펀드매니저 등 자산운용담당자의 위험투자 선호가 감소될 것이다.

둘째, 보수적 통화정책은 금융기관의 레버리지를 활용한 자산확대를 억제하여 충격 발생 시에도 부채 축소(디레버리징, Deleveraging)에 의한 금융시장 경색 가능성이 감소할 것이다. 왜냐하면 증권화(Securitization)로 투자자와 자금수요자 간 금융중개 연결고리로 인하여 시장중심 금융시스템에서 금융중개기관은 금리수준에 따라 레버리지를 조정할 수 있기 때문이다. 향후 보수적 통화정책 기조에 따른 고금리 상황에서는 레버리지 확대 유인이 감소하게 되어 금융충격 발생 시에도 금융경색 가능성이 감소될 수 있을 것이다.

셋째, 선진국의 단기 금융자본의 급격한 이동은 금융시장 인프라가 취약한 신흥개도국에서는 불안요인으로 작용한다. 예로서 1990년대의 남미(南美), 아시아 등의 신흥국은 선진국 자본의 급격한 유·출입으로 금융위기를 경험했었다. 2008년 하반기 글로벌 금융위기 후, 국제 단기자본의 이동에 대한 규제에 대해서는 국제적으로 아직 합의에 도달하지 못한 상황이다. 일각에서는 단기자본 이동에 대한 세금(토빈세) 도입을 주장하고 있으나, 국제적 공감대는 아직 낮은 수준이다.

4) '금융시장 실패'의 사전적 예방[19]

'경제학의 아버지'로 불리는 아담 스미스(Adam Smith, 1723~1790)는 "개인의 이기적 행동과 탐욕은 시장이라는 보이지 않는 손(invisible hand)에 의하여 사회 전체적으로 이익을 극대화하는 바람직한 성과를 낳는다"라고 주장하였다. 그렇다면, 왜 금융시장이 실패하는가? 금융시장의 실패를 교정할 수 있는 방안은 무엇인가?

우선, 금융시장이 실패하는 요인은 외부분(不)경제(External Diseconomies) 때문이다. 즉, 기업의 생산활동 과정에서 발생하는 CO_2와 같은 공해의 배출은 사회적 비용(Social Cost)이지만 사적비용(Private Cost)이 아니기 때문에 시장이 실패하는 것과 마찬가지로, 금융기관의 쏠림행위(herd behavior)로 야기되는 금융시장의 거품과 금융시스템의 리스크는 사회적 비용(Social Cost)이지만 사적비용(Private Cost)이 아니기 때문에 금융시장이 실패하게 된다.

다음으로, '금융시장의 실패'를 어떻게 교정할 수 있을까? 그 방법은 사회적 비용(Social Cost)을 사적비용(Private Cost)으로 내부화(internalization)하는 것이다. 즉 기업으로 하여금

---

19 박기환, "금융위기 재발방지를 위한 규제와 감독의 방향", 한국경제연구원 경제이슈논평, 2009. 2. 4.

CO_2 배출권을 시장에서 구매하도록 하듯이, 시장의 거품을 초래할 수 있는 금융행위에 대하여 해당 금융기관들로 하여금 그 비용을 스스로 부담케 하는 것이다. 물론, 금융시스템 리스크 조장행위에 대한 비용의 내부화는 CO_2 배출량처럼 객관적 측정방법이 없으므로 현실적으로 어려움이 있다. 그러나 개별 금융기관마다 지니고 있는 체계적 위험(Systematic Risk)은 시장에서 여러 가지 지표로 측정될 수 있다.

예로서, 개별 경제주체가 발행하는 채권들의 스프레드는 예상되는 부도 손실뿐만 아니라 체계적 위험(Systematic Risk)에 대한 프리미엄까지 반영한다. 또한 개별 경제주체가 발행한 주식의 베타계수는 재무이론에서 전통적인 체계적 위험(Systematic Risk)의 측정치로 널리 활용되고 있다.

그렇다면, 어떠한 방법으로 금융기관들로 하여금 그러한 사회적 비용(Social Cost)을 부담하게 할 수 있는가? 다음과 같은 두 가지 방법을 고려해 볼 수 있다.

① 대손충당금 설정을 체계적 위험과 연계시키는 방법이다. 대손충당금을 직전 과거 대손율에 의해 설정한다면 후행적(backward-looking)인 방법이다. 그러나 스프레드나 베타계수는 선행적(forward-looking) 지표이므로 향후 금융위기 발생을 예방하는데 도움이 될 수 있을 것이다.

② 예금보험 프리미엄을 탄력적으로 적용하는 것이다. 즉 금융기관들의 베타계수가 전체적으로 상승한다든지 혹은 일부 금융기관의 시스템 리스크(Systematic Risk)가 크게 상승하는 경우 탄력적으로 혹은 차등적용하는 것이다. 한국의 경우 2009년부터 예금보험공사가 예금보험료 차등적용제를 실시하고 있기 때문에 금융기관의 시스템 리스크(Systematic Risk)와 보험료 산정을 어느 정도 연계시킬 수 있다.

그렇다면, 금융감독은 왜 실패하였으며, 어떻게 하면 개선시킬 수 있을까? 예금주들은 금융기관에 돈을 맡길 때 사업을 잘하고 신용이 있는 기업에 자금을 투자해 줄 것을 기대한다. 그러나 금융기관의 경영진이 '도덕적 해이'(moral hazard)에 빠져 금융기관의 자금중개기능(financial intermediation)을 외면하고 자신들만의 이익을 위해 행동할 수 있다.

2008년 글로벌 금융위기로 부실화된 메릴린치(Merrill Lynch) 투자은행은 BOA은행에 합병되기 바로 직전에 경영진이 수십억 달러의 '돈 잔치'를 벌였다는 사실은 전형적인 '도덕적 해이'(moral hazard)의 표상이다. 따라서 이처럼 금융기관들이 정보의 비(非)대칭성을 이용하여 도덕적 해이에 빠져들지 않도록 금융감독기관이 상시 모니터링하고 감독해야 하는 것이다.

그렇다면, 금융감독기관은 상기 역할을 어떻게 하면 제대로 수행할 수 있을까? 물론 금융감독기구의 감독능력 부족이나 태만 등으로 그 임무를 충실히 수행할 수 없는 경우도 있겠지만 금융감독기구의 독립성 결여 때문에 금융감독이 실패하는 사례가 많다. 예로서, 2008년 하반기 글로벌 금융위기의 감독 실패로 지탄받고 있는 미국의 증권거래위원회(SEC)도 워싱턴으로부터의 '보이지 않는 압력'에 시달렸을 가능성도 있다.

모름지기, '금융기관의 부실 방지'와 '시장안정 확보'라는 직무를 충실히 수행하기 위하여 금융감독기구의 독립성이 한층 강화되어야 할 것이다. 이것은 한 나라의 중앙은행이 '물가안정'을 달성하는 직무를 잘 수행하기 위하여 독립성을 주장하는 것과 동일한 이치이다.

5. 글로벌 금융 규제·감독의 파급효과

일반적으로, 금융규제는 미시건전성 및 금융기관 중심 규제·감독에서 거시건전성 또는 금융시스템 안정을 강화하는 규제·감독으로 전환되고 있다. 지금까지의 금융 규제·감독은 개별 금융기관의 부실화 방지에 초점을 두었으나 2008년 하반기 글로벌 금융위기를 계기로 거시경제적 관점에서의 금융시스템 안정성을 제고하기 위한 정책이 필요하다는 인식이 확산되고 있다.

그렇다면, 미시경제적 건전성 금융규제와 거시경제적 건전성 금융규제의 차이는 무엇인가? 그 차이점을 세 가지, 즉 ① 감독의 목표, ② 감독의 초점, ③ 대상으로 하는 위험의 성격의 측면에서 논술하면 다음과 같다.

표 2-8 거시건전성 및 미시건전성 규제와 감독의 관점 비교

구분	거시건전성 규제 및 감독	미시건전성 규제 및 감독
목적	금융시스템 위기 억제	개별 금융기관 부실화 억제
최종 목표	GDP 가소 회피	소비자(투자자/예금자) 보호
위험의 성격	집단행동으로 발생(내생적)	개별 금융기관 행위와 무관(외생적)
상호연관성	중요	무관
감독체계	시스템 전체 관점 : 하향식	개별 금융기관 관점 : 상향식

자료 Borio, C.(2009), Implementing the Macroprudential Approach to Financial Regulation and Supervision, Financial Stability Review, Vol. 13, pp. 31~41.

그림 2-5 거시건전성 금융감독과 미시건전성 금융감독의 비교

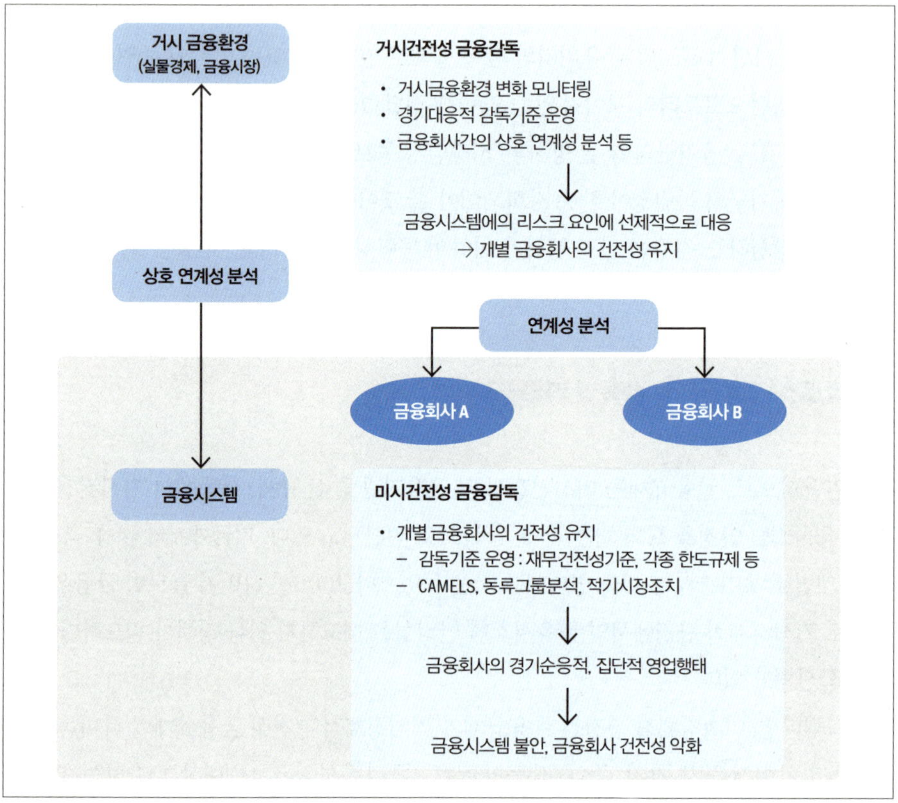

1) 미시경제적 건전성 규제

바젤 은행감독위원회(BCBS)는 기준 자본 규제 세분화, 자본 항목별 기준치 상향 조정, 완충자본과 레버리지(차입 투자) 규제신설 등을 골자로 하는 「바젤 III」를 제정(2010년 9월)하였으며, 이를 중심으로 글로벌 금융개혁이 추진되어 왔다.

(1) 자본의 질적·양적 개선(자본금 규제)

바젤 은행감독위원회(BCBS)는 은행이 위험에 대비하여 충분한 양질의 자본을 적립할 수 있도록 하기 위하여 기존의 자본분류체계를 3단계, 즉 보통주 자본, Tier 1 자본, 총자본(Tier 1 자본+Tier 2 자본)으로 단순화하여, 기준 항목별로 자본 인정기준을 대폭 강화했다.

보통주 자본비율은 위험가중자산의 2%에서 최소 4.5%로 상향조정하고 2.5%의 위험

대비 손실보전 완충자본(capital conservation buffer) 적립규제를 새로이 도입함에 따라 실질적으로 최소 7.5%의 보통주 자본비율 적립을 요구한다.

신종자본증권을 포함한 Tier 1 자본도 위험가중자산의 4%에서 6%로 규제수준을 강화하였으며, 총자본 적립비율은 기존과 동일하게 위험가중자산의 8%를 유지토록 한다.

그런데 기존 자본의 정의에 대한 회원국별로 실제로 적용되는 조정항목이 달라 국제적 비교가 힘들다는 비판에 따라 바젤 은행감독위원회(BCBS)는 규제자본의 투명성 및 시장규율을 제고하기 위해 은행의 공시기준을 강화했다.

은행은 대차대조표 항목과 모든 규제자본 구성항목, 보통주 자본에서 차감되지 않는 항목, 발행자본에 대한 자세한 설명, 규제자본요소와 관련한 계산방법 등을 공시해야 한다. 새로운 자본규제는 2013년부터 단계적으로 도입하여 2019년에 전면적 시행토록 한다.

특히, 금융시스템 리스크와 연계된 금융회사의 '자본금 규제방안'(systemically-sensitive capital requirement) 도입이 논의되어 왔다.

- 영국 금융규제청(FSA)의 터너 보고서(Turner Review, 2009)는 핵심 Tier 1 기본자본비율을 2%에서 4%로, 우선주를 포함한 Tier 1 기본자본 비율을 4%에서 8%로 각각 높일 것을, 또한 경기역행적 완충자본을 위험가중자산(RWA)의 2~3% 수준에서 적립하고 동태적 대손충당금 제도의 도입을 각각 권고했다.
- ICMB와 CEPR의 제네바 보고서(Geneva Report on the World Economy, 2009)는 핵심기본자본(Core Tier 1) 중심의 자본구조구축 및 시스템위험을 감안한 자본규제를 제안했다.
- 유럽연합(EU)은 거시건전성 위험에 대비한 은행의 최소자본규제 강화방안에 대해 논의하였으며, 미국 의회는 목적지향적 자본규제(objectivebased-capital requirement)를 권고했다.
- 2009년 12월 17일 바젤 은행감독위원회(BCBS : *Basel Committee on Banking Supervision*)는 그간의 G20 합의인을 바당으로 은행 자기자본 규제 최종안(SRBS, "Strengthening the Resilience of the Banking Sector")을 발표했다.

(2) 레버리시 비율 규제의 도입

은행부문의 과도한 레버리시 비율이 2008년 하반기 글로벌 금융위기를 악화시킨 주요 원인으로 지목되었다. 따라서 레버리지 비율 규제에 대한 구체적인 논의는 다음과 같다.

- 영국 금융규제청(FSA)의 터너 보고서(Turner Review, 2009)는 총레버리지(gross leverage) 비율 규제 도입을 주장했다.

- ICMB와 CEPR의 제네바 보고서(Geneva Report on the World Economy, 2009)는 조정 자기자본비율(modified CAR : Basic CAR)의 도입을 통한 레버리지 규제 도입을 주장했다.
- 금융안정위원회(FSB)는 레버리지와 증거금을 거시감독 수단으로 활용하고, 개별 금융기관의 레버리지 비율뿐만 아니라 부문별 레버리지 비율도 정책수단으로 활용하는 방안을 권고했다.

따라서 바젤 은행감독위원회(BCBS)는 은행의 부채 축소(Deleveraging)로 인한 금융시스템 및 실물경제부문의 불안정 증가를 방지하기 위하여 평상시 은행의 레버리지(Leverage) 증가를 제한하는 '레버리지 비율' 규제를 도입했다. 따라서, 레버리지 비율은 자본 대비 총익스포저(자산) 비율로 정의하며 최저 레버리지 비율을 Tier 1 자본 기준 3%로 설정했다.

또한, 익스포저 산정 시(時) 대차대조표상 증권금융거래, 파생상품, 난외항목을 포함하며, 규제자본 산출에서 공제되는 항목은 익스포저 산출에서도 공제하도록 함으로써 일관성을 유지하고 이중계산 방지하도록 한다. 그러나 자본규제와는 달리 익스포저 산정 시(時)에는 위험에 따른 위험가중치를 적용하지 않는다.

(3) 유동성 비율 규제의 도입

사실, 은행들이 충분한 자본을 보유하였음에도 불구하고 유동성 관리가 미흡하여 금융위기에 충분히 대응하지 못했다. 따라서 이것을 방지하기 위하여 유동성 규제를 새로이 도입했다. 유동성 규제는 크게 두 가지, 유동성 커버리지 비율(LCR : Liquidity Coverage Ratio) 규제와 순(純)안정자금조달비율(NSFR : Net Stable Funding Ratio) 규제로 나눌 수 있다.

첫째, 유동성 커버리지 비율(LCR) 규제이다. 은행이 30일간 순(純)현금유출액(30일간 예상 현금유출액 합계 − 30일간 현금유입액 합계) 보다 많은 규모의 고(高)유동성 자산을 보유하도록 한다. 그 목적은 금융위기 상황에서 은행과 금융당국이 위기 대응에 필요한 조치를 취하는 데 요구되는 30일 동안 은행이 잠재적 위기에 대처하여 사용할 수 있는 유동성을 준비하기 위함이다.

둘째, 순(純)안정자금조달비율(NSFR) 규제이다. 순(純)안정자금 조달비율(필요 안정적 자금조달액 대비 가용 안정적 자금조달액 비율)이 100%를 능가하도록 요구한다. 동 규제는 위기상황이 1년간 지속되더라도 은행이 필요한 자금을 안정적으로 조달할 수 있도록 유도한다. 가용 안정적 자금조달 규모는 자본 + 1년 만기 이상의 우선주 + 유효만기 1년 이상의 부채 + 비만기성 예금·1년 이내 기간부 예금·1년 이하 도매자금조달의 일정 부분이다.

2) 거시경제적 건전성 규제

2008년 하반기 글로벌 금융위기 이전에는 개별 금융기관의 부실화를 방지하기 위한 미시경제적 건전성 강화를 중심으로 금융 규제·감독이 시행되었으나 2008년 하반기 글로벌 금융위기 이후에는 거시경제적 측면에서의 금융시스템 안정성을 제고하기 위한 거시경제적 건전성 규제·감독을 강화하는 방향으로 금융규제 개혁이 이루어지고 있다.

거시경제적 건전성 감독의 목적은 금융부분의 불안정성으로 인하여 경제성장이 약화되는 등의 거시경제적 비용을 최소화하기 위하여 금융시스템 전체의 위험을 제어하는 것이다.

(1) 경기대응 완충자본 제도 도입

신용공급이 경기변동의 진폭을 확대하는 금융의 경기순응성(pro-cyclicality)이 2008년 하반기 금융위기 발생의 원인으로 지목됨에 따라 이를 완화하기 위한 경기대응적 완충자본 제도를 도입했다. 그 목적은 호황기에 불황기를 대비하여 추가적으로 자본을 적립하였다가 불황기에 이를 사용할 수 있도록 하여 경기하락시 과다하게 신용이 축소되지 않도록 하기 위함이다.

만약 정책당국은 신용팽창기에 시스템 리스크(Systematic Risk)가 확대된다고 판단되면 시스템 리스크의 정도에 따라 위험가중자산의 0~2.5% 범위에서 경기대응 완충자본을 부과하는 것을 고려해야 한다. 완충자본은 리스크가 실현될 경우 손실을 충분히 보전할 수 있으며, 경기하락기에도 충분히 최소자본요건을 충족할 수 있는 수준이어야 한다.

따라서 완충자본수준의 변동과 관련한 결정은 최소 12개월 전에 금융기관에 통지하여 은행이 준비할 시간을 충분히 주도록 했다. 완충자본의 규모가 필요한 수준이하로 감소할 경우 배당금, 임직원 상여금 등 이익 배분을 자제하고 내부유보를 확대하도록 규제했다.

(2) 그림자 금융(Shadow Banking)의 규제

투자은행, 헤지펀드, 구조화 투자회사(SIV : Structured Investment Vehicle) 등과 같이 은행과 유사한 금융중개기능을 수행하는 금융기관과 그림자 금융(MMF·환매조건부 채권·자산담보부 기업어음 등의 금융상품)이 급성장하였음에도 불구하고 이에 대한 감독이 부실하여 2008년 글로벌 금융위기의 원인으로 작용하였다는 비판이 제기되었다.

따라서 은행이 상기한 그림자 금융(Shadow Banking)에 대한 익스포져의 규모를 제한하는 규제를 도입하여 은행을 통해 간접적으로 규제를 가하는 방안이 제시되었으며, 그림자 금융기관과 금융상품에 대한 직접적인 규제에 대한 구체적 방안을 마련했다.

(3) 금융기관의 보상체계 개선

금융기관의 과도한 위험투자를 방지하기 위하여 단기성과중심적일 뿐만 아니라 수익과 손실에 대한 보상구조가 비대칭적인 보상체계의 개선을 추진했다.

미국에서는 구제금융수혜 금융기관 임직원 보수를 규제하고, 자산운용업계 펀드운영자의 성과보수에 대해 이전보다 높은 소득세율을 적용하는 규제를 도입했다.

EU는 은행 임직원 성과급 체계가 과도한 위험추구를 유발할 경우 금융감독기관이 이에 벌금을 부과하고 자본충족 수준 강화를 요구할 수 있도록 하며, 개인 실적뿐만 아니라 사업부 및 은행 전체 실적, 이익 및 손실의 장기적 변화가능성 등을 종합적으로 고려하여 성과급을 산정하는 규제를 논의했다.[20]

3) 미시경제적 건전성 감독과 거시경제적 건전성 감독의 비교

'거시경제적 건전성 감독'의 개념·목적·방식을 '미시경제적 건전성 감독'과 대비하여 설명하면 다음과 같다.

첫째, 금융감독의 목적에서 보면, 미시경제적 건전성 감독은 개별 금융회사의 부실을 방지하여 금융소비자를 보호함을 감독 목표로 하는 반면, 거시건전성 감독은 금융시스템 전반의 안정성을 제고하여 금융불안정성이 초래할 수 있는 실물경제적 비용을 회피하는 데 궁극적인 목적이 있다.

둘째, 위험을 인식하는 방식에 있어 미시경제적 건전성 감독은 위험을 외생적(exogenous)인 것으로 간주하는 반면에 거시경제적 건전성 감독은 위험의 내생성(endogeneity)에 주목한다. 특히 거시경제적 건전성 감독은 개별 금융회사 공통의 위험요인과 이에 따른 개별 금융회사 위험의 상호관련성 등에 초점을 두며, '위험의 내생성'(endogenous dimension of risk) 및 금융과 실물 간 상호작용을 중시한다.

셋째, 건전성 규제 방식에서 보면, 미시경제적 건전성 감독이 개별 회사 위험의 통제로부터 시작하는 상향식 접근법을 취하는 반면, 거시경제적 건전성 감독은 시스템 전체의 위험 통제로부터 시작하는 하향식 접근법을 취한다.

상기한 거시경제적 건전성 감독제도가 효율적으로 정착되기 위해서는 각 정책수단별

20 물론, 일부에서는 금융감독 실패의 책임을 회피하기 위해 보수규제를 논의하는 측면이 있다. 그러나 금융기관의 보상체계는 각각의 수익구조, 경영전략에 따라 구축된 것이므로 이를 과도하게 규제하는 것이 무리라는 주장도 제기되고 있다.

로 객관성·적시성·투명성·일관성이 뒷받침된 구체적인 감독기준의 도입이 전제되어야 하며, 이를 수행할 거시경제적 건전성 감독체계가 정립되어야 한다.

사실, 한국 금융시스템의 현실을 고려할 때, 중앙은행과 미시경제적 건전성 감독기구 중 어느 한 기관이 거시경제적 건전성 감독정책의 최종 책임을 지기보다는 중앙은행과 미시경제적 건전성 감독기구가 공동 참여하는 거시경제적 건전성 감독을 위한 공동기구를 설치하고, 이를 통해 시스템 위험(Systematic Risk)의 판단, 거시경제적 건전성 감독정책의 결정 및 운용을 위한 유기적인 협조 및 공조체제를 가동함이 바람직할 것이다.

여기서 유의할 것은 거시경제적 건전성 감독의 중요한 과제 중 하나는 금융시스템의 경기순응성을 완화하는 것이라는 점이다. 한국의 경우, 1999년 이후 금융부문의 신용공급이 가계부문을 중심으로 빠르게 확대되어 왔는데, 이러한 가계부채의 급속한 증대는 상당 부분 부동산가격과 주택담보대출의 경기순응적 상호작용에 기인한다. 따라서 주택담보대출 등 금융회사 여신의 '쏠림 현상'(Herd Behavior)에 대한 거시경제적 건전성 감독 강화가 요구된다.

6. 한국의 금융 규제·감독시스템 개선방향

1) 기본 방향

전술한 글로벌 금융 규제·감독의 개혁 동향을 감안함과 동시에 한국 금융시장의 특성을 고려하여, 한국의 금융 규제·감독 시스템 개선은 다음과 같은 기본방향을 중심으로 추진함이 바람직할 것이다.

- 시장 효율성과 금융안정성의 균형
- 금융발전과 실물경제성장의 균형
- 은행·자본시장·중개기관·투자기관에 대한 규제의 균형
- 금융소비자 보호와 자기책임투자 원칙의 균형
- 미시경제적 건전성 감독과 거시경제적 건전성 감독의 균형
- 권역별 감독과 기능별 감독의 균형

2) 추진과제

전술한 국제적인 건전성 규제의 강화 추세에 따라 한국의 금융 규제·감독 시스템의 체계적인 정비가 필요한데, 이를 위해 우선적으로 추진되어야 할 당면과제는 다음과 같다.

- 금융회사의 추가적인 자기자본확충
- 경기순응성 완화 및 유동성위험의 관리 강화
- 규제차익의 제거와 규제 사각지대에 대한 감독 강화
- 금융겸업화 및 그룹화에 대응한 기능별 감독체제의 확립
- 자본시장의 효율성 제고
- 거시경제적 건전성 감독 및 시스템 리스크 대응 체제의 확립

3) 금융건전성 규제

금융건전성 규제의 재정립 방안은 2008년 하반기 글로벌 금융위기로 인해 국가별로 타격을 입은 금융산업부문이 상이하고 해당국가의 금융감독당국이 인식하고 있는 향후 문제에 대한 인식의 차이가 있기 때문에 국제적 금융감독기구를 통한 의견 조율이 쉽지 않을 것이다. 따라서 한국의 금융위원회, 금융감독원, 한국은행을 비롯한 금융감독 당국이 해당 안건별로 국제적 감독기구의 논의에 적극적으로 참여하여 한국의 입장을 적극적으로 개진할 필요가 있다.

참고로, 국제적으로 일정수준 합의에 도달하여 각국이 합의사항의 이행을 위한 작업을 추진 중인 사안들은 다음과 같다.

- 헤지펀드에 관련된 규제방안
- 장외파생상품시장(OTC Derivative Market)과 관련된 규제 강화
- 금융회사 임직원의 보상체계와 관련된 사안
- 국제증권업협회(IOSCO : *International Organization of Securities Commissions*) 및 미국의 증권업협회(SEC) 등이 주축이 되어 추진하고 있는 신용평가회사에 대한 구조 개혁 방안

한편, 아직 사안에 대한 금융규제의 필요성, 방법론, 또는 구체적 규제수준(calibration)에 대해서 국제적인 합의가 아직 이루어지지 않아서 향후 합의 도출이 필요한 사안들을

예로 들면 다음과 같다.

- 자본의 손실 흡수능력의 제고를 위한 자본의 질(quality) 및 수준(level)의 규제 강화와 관련된 부분
- 경기순응성 완화를 위한 경기대응적 자본금 적립(countercyclical capital buffer)과 관련된 규제의 도입과 관련된 부분
- 레버리지 및 유동성 관련 규제 강화 방안
- '시스템상 중요한 금융기관'(SIFI)에 대한 규제 강화 방안

4) 겸업화 정책을 유지하되 금융감독 강화

사실, 상업은행(CB)과 투자은행(IB)의 겸영이 과연 금융기관의 파산위험과 시스템 리스크(Systematic Risk)를 높이는지는 불분명하다. 그럼에도 불구하고, 2008년 하반기 글로벌 금융위기 이후 미국에서는 1999년 'Gramm-Leach- Bliley Act'(또는 'Financial Service Modernization Act of 1999')를 통해 상업은행(CB)과 투자은행(IB)의 겸업을 허용했었던 것이 금융위기를 초래했다는 비판이 대두됨에 따라 다시 양자(CB와 IB)를 분리해야 한다는 주장이 제기됐다. 그러나 상업은행(CB)과 투자은행(IB)의 겸영이 오히려 금융기관의 파산위험을 높인다는 주장에 대한 근거가 부족하다.

미국 및 EU의 은행들을 대상으로 한 분석 결과, 상업은행(CB)에게 증권업무 등의 겸영을 허용하는 것이 은행의 파산위험에 유의적인 영향을 미치지는 않은 것으로 나타났다.[21] 그 근거로서 대출만으로도 심각한 위험에 처한 대형 금융기관 사례가 있었다.[22] 베어스턴스나 리먼 브라더스 사태에서 보듯이, 상업은행(CB) 업무를 수행하지 않는 금융기관에도 '대마불사'(大馬不死) 위험이 존재한다.[23] 한국은 금융그룹의 자산 및 사업구조가 은행업 중심으로 이루어져 있어 상업은행(CB)과 투자은행(IB)의 겸업 수준이 낮아서 겸업 제한의 필요성이 상대적으로 낮다.

---

21 Gambacorta, L.(2009), Monetary Policy and the Risk-Taking Channel, *BIS Quarterly Review*, December, pp. 43~53.

22 실제로 글로벌 금융위기에서 부실화된 영국의 노던락, B&B, 미국의 와코비아, 워싱턴 뮤추얼 등은 투자업무 비중에 매우 낮은 상업은행(CB)이다.

23 Tarullo, D. K.(2009), Financial Regulation : Past and Future, *Speech at the Money Marketeers of New York University*, November 9, New York : New York University.

상술하면, 한국 금융그룹의 자산에서 은행부문이 차지하는 비중이 압도적이며 증권부문은 미미한 수준이다. 신한지주를 제외한 금융그룹의 은행부문 자산 비중은 90%를 초과하는 반면, 증권부문의 자산 비중은 5% 대 이하에 불과하다. 또한, 금융기관의 수익 측면에서도 은행부문의 비중이 절대적으로 큰 상황이다. 따라서 한국에서는 상업은행(CB)의 투자업무에 따른 폐해가 거의 나타나지 않고 있으며, 오히려 향후 금융산업의 국제경쟁력 강화를 위해서는 은행의 증권산업 지원 등 겸업의 효과를 보다 적극적으로 활용할 필요가 있다. 또한, 볼커 룰(Volcker Rule) 등에 대한 글로벌 금융규제 논의 동향을 주시하되, 현재의 금융지주회사를 통한 겸업화 정책은 유지하면서 위험차단을 위한 대비책을 강화함이 합리적일 것이다.

결론적으로, 한국 금융산업의 국제경쟁력 제고를 위한 제도적 기반 강화 차원에서 상업은행(CB)과 투자은행(IB)의 겸업을 허용한 정책방향을 다시 바꾸는 것은 현명한 조치가 아니다. 1997년 하반기 외환위기 이후 금융지주회사를 통한 겸업이 허용되었지만, 대부분의 금융지주회사에서 은행이 절대적 비중을 차지하는 등 겸업의 수준은 유럽 등에 비해 미흡하다. 다만 상업은행(CB)과 투자은행(IB) 간의 위험 및 손실 이전을 막기 위한 방화벽 규제를 강화하여 시스템 리스크에 미칠 부정적 영향은 최소화해야 할 것이다.

5) 거시경제적 건전성 감독

전술한 바와 같이, '거시경제적 건전성 감독'이란 전체 금융시스템의 관점에서 금융시장, 금융회사 및 거시경제 관련 정보 등을 이용하여 금융시스템의 취약성을 평가하고 모니터링하며, 금융시스템의 안정성을 유지하기 위한 일련의 금융감독과정을 의미한다. 예컨대 금융회사의 경기순응적 여신행태, 부동산 등 자산가격 급등, 가계의 주택담보대출 증가 등 금융시스템 내의 잠재적 위험을 파악하고, 경기·금리·환율 등 거시경제에 대한 충격이 금융시스템의 안정성에 여하한 영향을 미치는지를 분석·평가하며, 금융시스템 위험의 파급에 대응하기 위한 일련의 조치를 강구하는 것이다.

특히, '거시경제적 건전성 감독'은 거시금융환경의 변화에 따른 금융회사의 군집행동과 구성의 오류(fallacy of composition)에 따른 시스템 위험 요인 및 이러한 요인이 경기순응적으로 확산되는 경로에 주목하며, 이를 사전에 효과적으로 억제할 수 있도록 자동안정화장치(built-in stabilizer)와 같은 규제방안과 제도적 개선책을 강구한다.

(1) 단기 대책 : 금융 감독·규제 강화

단기적으로, 금융 감독·규제 강화에 집중하되, 금융시장 중에서 가장 불안정성이 높은 외환시장에 초점을 두어야 할 것이다. 상술하면, 금융규제의 실효성을 제고하기 위해서는 국내 은행에만 적용되고 있는 외화유동성 규제를 외은지점에 동일하게 적용하고, 핫 머니(Hot Money)에 대한 감독·규제도 도입할 필요가 있다.[24] 또한, 국내 금융시장의 교란역할을 하고 있는 핫 머니(Hot Money)에 대해서도 국제공조를 통해 단기금융거래 규제를 강화할 필요가 있다.

다행히, 최근 정책당국은 외환시장 안정을 위해 '자본유·출입 관리 강화'와 대응능력 확충을 골자로 한 '자본유·출입 변동 완화방안'을 발표했다. 여기서 '자본유·출입 관리 강화방안'이란 선물환 포지션 제도 도입, 외환건전성 및 외화대출 관리 강화를 말한다. 한편, '자본유·출입 대응능력 확충방안'이란 자본유·출입 모니터링 강화, 금융안전망 구축, 외환보유액 관리를 뜻한다.

(2) 중·장기 대책 : 체질 강화와 '원화 국제화' 추진

중·장기적으로는 취약한 금융시장 구조 개선, 금융기관의 글로벌 업무역량 확보 등 체질 강화를 통해 고질적인 금융불안을 해소해야 할 것이다. 이를 위해 금융기관의 대형화와 함께 국내에 진출한 외은지점과 유사한 형태의 글로벌 비즈니스 수행에 역량을 집중할 필요가 있다.

표 2-9 정책 당국의 자본 유·출입 관리 강화방안

항목	주요 내용
선물환 포지션제도 도입	• 국내 은행, 증권, 종금사는 자기자본 대비 50%, 외은지점 250% 한도
외환건전성 관리 강화	• 중·장기 외화자금관리비율 강화(90%→100%) • 기업 선물환거래한도 강화(125%→100%)
외화대출 관리 강화	• 해외사용 용도(대외결제, FDI, 외화차입금 상환)로만 제한

자료 기획재정부 외(2010. 6. 13). "자본유·출입 변동 완화방안" 보도참고자료.

24 최근 발표된 방안에도 외은지점에 대한 외화유동성 규제, 외화 레버리지 비율 규제, 외채총량 규제 부분은 포함되지 않았다.

또한, 역내 경상 및 자본 거래에 있어 원화결제 확대 등 원화 국제화를 추진해야 할 것이다. 대외 경상거래, 세계 외환거래에 있어 원화 거래 비중은 매우 낮다. 예로서, 2008년 한국의 수출 결제통화 중 원화는 0.8%, 수입 결제통화 중 원화는 1.6%로 매우 미미한 수준에 불과했다. 한·중·일 무역거래 시(時) 결제통화를 달러화에서 원화 등 당사국 통화로 점진적으로 전환하는 협정을 체결하여 원화의 실질적 국제화를 추진해야 할 것이다.

6) 현행 금융감독체계의 문제점과 개편방향

(1) 문제점

한국의 현행 금융감독기구는 정책기구(금융위원회)와 집행기구(금융감독원)로 분리되어 있는데, 이는 세계적으로 유사한 사례를 찾기 어려우며 많은 문제점들이 야기되고 있다. 특히, 금융위원회와 금융감독원 간의 권한에 대한 갈등은 2008년 금융위원회와 금융감독원으로 금융감독기구를 재편키로 하면서부터 불거졌었던 문제이다.[25] 현행 금융감독체계의 문제점들을 살펴보면 다음과 같다.

① 금융정책 및 감독기구 간 역할 혼선 및 중복

모름지기, 권리에는 의무가 수반하는 것이고, 권한에는 책임이 따른다. 권한과 책임은 동전의 양면과도 같은 것인데, 금융정책과 감독기관의 기능과 역할을 명확하게 구분하는 것이 어렵다 보니, 각 기관들이 자신들의 업무영역과 인원은 확충하려고 하면서도 금융정책이나 금융감독이 실패하는 경우에 그 책임은 다른 기관에 떠넘기려고 한다.[26]

2000년 하반기 '정현준·진승현 게이트'에서 2004년 카드 대란, 2011년 저축은행 은행 사태, 최근의 CD금리 담합 등에 있어서도 금융정책기관과 금융감독기관의 역할이 중복되어 명확한 책임을 묻기가 어렵고 서로 떠넘기기에 급급했었다.

또한, 2011년 저축은행 사태의 경우에는 금융감독의 집행업무를 담당하는 금융감독

---

25 헤럴드경제, "금융위–금감원 역할분담 벌써부터 논란", 2010. 4. 3.자 ; 국민일보, "금융위–금감원 금융체제 역할분담 '동상이몽'", 2008.1.17.자.

26 금융감독위원회 설치 이후의 변화 과정을 살펴보면, 1998년 금융감독위원회가 설치될 당시 이를 보좌하는 사무조직은 행정보좌 업무에 국한하여 1실(3과) 19명의 최소한의 인원으로 한정되었으나, 1999년부터 점차 그 기능이 확대되어 사무국체제로 전환되었으며 2001년에는 1실(3과), 1관, 2국(7과)의 70명으로 확대되었다. 그 과정에서 계속 금융감독원과 업무중복에 따른 권한 다툼으로 충돌하였다. 2008년부터 금융감독위원회가 금융정책기능과 금융감독원의 지도·감독권한까지 맡고 있다.
김대식/윤석헌, "통합금융감독기구의 변천과 향후의 개편방향", 「금융학회지」 제10권 제1호(금융학회, 2005), 201면.

원의 책임이 컸었지만, 금융정책과 감독정책을 총괄하였던 금융위원회가 경제활성화 정책에서 저축은행에 대한 규제를 완화하였는데, 이것은 금융소비자보호 역할을 경시했었던 것이며, 이것은 다시 2011년 저축은행 사태 발생의 근본적 원인이 되었다.

금융감독기구는 금융시스템의 안정, 금융회사의 건전성, 신용질서 유지 등 국가의 경제활동에 있어서 중요한 역할을 수행한다. 따라서 금융감독기구의 독립성과 정치적 중립성은 매우 중요하다. 왜냐하면 상기한 금융분야의 특성상 금융감독기구는 정치권이나 이익단체 등 각계각층으로부터 다양한 요구를 받게 되는데, 본연의 업무를 제대로 수행하기 위해서는 정치권이나 이익단체로부터 독립하여 충실하게 업무를 수행해야 하기 때문이다.

금융정책기능과 감독기능의 상충

모름지기, '금융정책'은 금융산업의 발전과 거시정책과의 조화를 목표로 한다. 금융정책 대상의 예로서, 정부소유 금융회사의 민영화나 금융지주회사제도의 활성화 그리고 금·산 분리제도 등을 들 수 있다.

이와 반면에 '금융감독'은 금융회사의 건전성 제고와 금융소비자 보호를 목표로 한다. 금융감독 대상의 예로서, 금융회사의 건전성 제고를 위하여 인허가나 감독에 관한 규칙을 제정·집행하고, 금융소비자 보호를 위하여 공시제도를 구비하거나 불공정거래행위를 규제하는 것을 들 수 있다.

상기한 금융정책과 금융감독을 회사의 업무에 비교하면, 금융정책은 공격적 성향을 가지는 영업전략에, 금융감독은 방어적 성격을 가지는 기업의 리스크 관리에 각각 해당한다고 볼 수 있다.

따라서 금융정책과 금융감독은 본질적으로 상충되는 측면이 강하기 때문에 동일한 기구가 상충되는 두 가지의 기능을 모두 동시적으로 수행하는 것은 액셀과 브레이크를 동시에 밟는 것과 같다.[27] 특히, 금융정책은 정치적 고려나 거시경제적 필요에 의하여 그 방향이 설정되므로, 금융위원회가 금융정책과 금융감독을 함께 수행하는 경우 감독정책의 독립성이 훼손되고 감독업무의 부실화를 초래할 수 있으며, 심지어 금융감독기능이 정책적 목적을 위해서 사용될 수 있다.

따라서 2011년 저축은행 사태가 발생한 후 금융감독체계 개편이 본격적으로 논의되

27 윤석헌/고동원/빈기범/양채열/원승연/전성인, "금융감독체계 개편, 어떻게 할 것인가?", 「2012년 한국금융학회 정기학술대회 특별 정책심포지엄 발표자료집」(2012. 6. 8), 4면.

기 시작하였다. 예로서 2011년 5월에는 총리실 산하에 「금융감독 혁신 T/F」가 설치되었고, 같은 해 9월 금융감독원 내에 준독립기구인 금융소비자보호처를 설치하는 '금융감독 혁신방안'이 제시되었다. 금융감독체계 개편은 장기적인 과제로 분류되었다.

게다가 한국은 국제 금융정책은 기획재정부가, 국내 금융정책은 금융위원회가 담당하고 있어서 조화롭게 진행되어야 할 금융정책에서도 혼선을 빚고 있다. 소규모 개방경제(Small Open Economy)인 한국의 금융환경에 결정적인 영향을 미치는 중대한 사안들의 대부분은 국제금융시장과 외환시장에서 비롯되고 있는 점에 비추면, 기획재정부와 금융위원회가 국내 및 국제 금융정책을 분담하는 것은 금융위기 발생 시(時) 효과적인 대응을 어렵게 할 수 있다.

금융위원회법은 ① 금융에 관한 정책 및 제도에 관한 사항(금융위원회법 17조 1호), ② 금융기관 감독 및 검사·제재(制裁)에 관한 사항(동조 2호)을 가장 대표적인 금융위원회의 소관 사무로 규정하고 있다(금융위원회법 17조). 이와 같이, 금융위원회가 금융정책과 감독업무를 함께 수행하는 시스템에서는 금융정책과 금융감독 중에서 어느 한 쪽의 기능이 희생될 수 밖에 없다.

사실, 현행 금융감독기구의 역할과 기능이 중복되어 업무의 중복과 정책의 혼선을 야기한다는 지적은 오래전부터 제기되어 왔었다. 상기와 같은 사례는 다음과 같은 언론 보도에서 찾아볼 수 있다.[28]

- 한국일보, "금융위 대체 뭐하나"(2012년 7월 23일 자): "금융위원회는 금융감독원이 시중은행과 한국은행이 참여하는 대체금리 선정 테스크포스(TF)를 구성해 CD 금리를 대체하는 금리를 찾기 위한 논의에 들어가자, "우리 업무인데 왜 너희가 나서느냐"라며 제동을 걸었다."
- 아시아경제, "금융사 제재권, 다시 불거진 자존심"(2011년 10월 21일 자): "금융소비자보호원(이하 금소원) 설립을 둘러싸고 금융위원회와 금융감독원간의 갈등이 김석동 금융위원장과 권혁세 금감원장의 자존심 대결로 확산되고 있다."
- 서울경제, "정권 말 금융위-금감원 주도권 다툼 점입가경"(2012년 11월 2일 자): "하우스푸어 대책의 일환으로 추진 중인 세일 앤 리스 백과 관련, 금감원이 "은행권 공동으로 추진해야 한다"라고 하자 금융위는 "우리금융이 제도를 시행하고 있는 만큼 결과를 보고 판단해야 한다"라고 선을 그었다."

28 전술한 정책심포지엄 발표자료집 인용.

- SBS CNBC(2012년 8월 22일 자): "진흥·토마토2저축銀 부실 악화…… 금융당국, 책임 회피 '급급'"
- 경향신문(2012년 7월 25일 자): "은행들 조작 의혹, 정부는 뭐했나?"

상기의 사례에서 보듯이, 금융위원회의 업무와 금융감독원의 업무가 명확히 구분되어 있지 않기 때문에, 금융정책 및 금융감독이 실패하는 경우, 어느 기관이 책임을 져야 하는지 책임의 소재가 불명확하게 된다.

따라서 금융선진국의 사례에서와같이 금융정책과 금융감독기능을 명확하게 분리하고, 금융감독기관의 독립성과 중립성을 보장하되, 금융정책이나 감독의 실패가 있는 경우에는 그 책임을 엄격히 묻는 금융시스템을 조속히 갖추어야 할 것이다.

② 금융감독의 독립성 및 중립성 확보방안

금융분야의 특성상 금융감독기구가 독립성과 중립성을 유지하는 것은 쉬운 것은 아니기 때문에, 금융선진국은 금융감독기구의 독립성과 중립성을 보장하기 위한 제도적 장치의 구축에 노력을 기울이고 있다.

금융위원회 지배구조의 중립성·독립성 취약

금융위원회는 9인의 위원으로 구성되어 있다. 즉, 위원장 1명, 부위원장 1명, 기획재정부차관, 금융감독원 원장, 예금보험공사 사장, 한국은행 부총재, 금융위원회 위원장이 추천하는 금융전문가 2명, 대한상공회의소 회장이 추천하는 경제계 대표 1명으로 구성된다(금융위원회법 4조 1항). 9인의 위원 중 부위원장은 위원장의 제청으로 대통령이 임명하고(동법 4조 2항), 2명의 금융전문가는 위원장이 추천으로 임명하며(동법 4조 1항 5호), 당연직 위원인 4인은 정부의 유관기관을 대표하고 있다.

그런데 현재와 같은 금융위원회 위원의 구성 및 임명방법을 보면, 9인의 위원 중 순수한 민간위원은 사실상 경제계 대표 1인(대한상공회의소 추천)에 불과하다. 또한 위원장, 부위원장 및 임명직 위원의 임기는 3년으로 하며 한 차례 연임할 수 있도록 되어 있으나(금융위원회법 6조 1항), 현실적으로 위원장을 포함한 위원이 임기 3년을 온전히 채우는 경우가 드물다. 위원장의 경우 2008년 금융위원회 출범 이후 임기를 채운 위원장이 존재하지 않는다.[29]

29 1대 전광우 위원장이 10개월(2008. 3~2009. 1), 2대 진동수 위원장이 2년(2009. 1~2011. 1)을 재임하였다. 금융위원회 홈페이지 〈http://www.fsc.go.kr/about/chr_gent.jsp?menu=7110400〉 (2012. 10. 25. 방문) 참조.

부위원장의 경우에도 2008년 3월부터 2011년 9월까지 3명의 부위원장이 재임[30]하여 평균 재임 기간은 1년 3개월에 불과하다.

금융감독 집행기구(금융감독원)의 독립성 미흡

IMF는 금융감독기구의 독립성을 확보하기 위해서는 네 가지, 즉 기구운영, 규제제정 권한, 감독업무수행, 예산 편성을 독립적으로 수행할 수 있어야 한다고 권장한다. IMF가 제시한 독립성 기준을 적용하여 한국 금융감독원의 독립성과 중립성을 평가해보면 다음과 같다.

첫째, 금융감독기구를 독립적으로 운영하기 위해서는 임직원 등이 외부에 영향을 받지 않고 독립적으로 자신의 권한을 행사하는 것이 중요하다. 이를 위해서는 금융감독원의 임직원에 대한 법적 보호장치가 갖추어져 있어야 한다. 그러나 현재 그렇지 않기 때문에, 정치사회적인 분위기에 편승해서 책임을 무리하게 추궁할 경우, 정치권 등의 눈치를 보면서 감독 및 검사업무를 소극적으로 처리할 가능성이 크다.

둘째, 금융감독원은 법규 제정과 관련하여 최하위 규칙인 감독업무시행세칙에 대한 제정 권한만을 가지고 있으며, 감독규정이나 상위 법령은 금융위원회의 소관사항으로 되어 있다(금융위원회법 17조 6호). 또한, 금융감독원이 권한을 가지고 있는 시행세칙의 경우에도 이를 제정 또는 개정한 때에는 금융위원회에 즉시 보고해야 하며, 금융위원회는 시행세칙이 위법하거나 부당한 경우에는 시정을 명할 수 있도록 되어 있다(금융위원회법 39조 3항).

셋째, 금융감독업무수행과 관련하여 금융회사의 설립에 대한 인허가나 지배구조의 설정에 대한 규제 등 주요한 사항은 모두 금융위원회의 권한으로 되어 있다(금융위원회법 17조 3호, 6호 등). 또한, 검사대상기관의 검사와 제재, 금융위원회에 대한 업무지원만이 금융감독원의 소관사항으로 되어 있다(금융위원회법 37조).

넷째, 예산과 관련해서는 금융위원회가 금융감독원의 예산 및 결산을 승인하고 있다(금융위원회법 18조 2호). 따라서 2008년 하반기 글로벌 금융위기 이후 각국의 금융감독당국이 인원을 크게 늘리는 가운데에서도 금융감독원의 인원을 적시에 늘리지 못했었다.[31]

30 1대 이창용(2008.3~2009.11), 2대 권혁세(2009.11~2011.3), 3대 신제윤(2011.3~2011.9), 4대 추경호(2011.9~현재). 금융위원회 홈페이지 〈http://www.fsc.go.kr/about/chs_gent_list.jsp?menu=7120300〉 (2012. 10. 25. 방문) 참조.

31 이와 대조적으로, 2008년 하반기 글로벌 금융위기 이후, 영국 금융규제청(FSA)은 2008년 3월 2,665명에서 2012년 3월 말 3,955명으로 48.4% 증가하였고, 독일의 BaFin은 2007년 말 1,693명에서 2010년 말 1,976명으로 16.7% 증가하였으나, 금융감독원의 인력은 2008년 말 현재 1,697명에서 2009년 말 1,658명으로 감소하였다가 2011년 말 현재 1,682명으로 다소 증가하였다.

③ 규제 완화에 따른 소비자보호 소홀

전술한 바와 같이, 2011년 '저축은행 부실사태' 등으로 인하여 금융감독당국이 금융회사의 건전성 감독에 치중하여 금융소비자 보호를 소홀히 했었다고 비판을 받았었다. 상술하면, 저축은행의 건전성 지표를 높이기 위해서 후순위채 발행을 허용하였고, 다시 후순위채를 일반 소비자에게 판매하면서 그 위험성에 대하여 제대로 설명하지 않았던 이른바 '불완전 판매'가 이루어지는데도 불구하고 이에 대한 금융감독은 소홀히 했었다는 것이다.

사실, 금융감독당국의 감독 및 검사 업무 소홀이 2011년 '저축은행 부실사태'의 원인 중 하나인 것은 분명하다. 그렇다면, 이에 대한 책임은 과연 금융감독원에게는 없었을까? 금융감독원도 상기 책임에서 결코 자유로울 수 없었다. 전술한 바와 같이, 금융정책과 금융감독기능이 명확하게 분리되지 못하여, 업무영역과 권한에 대해서는 다툼을 벌이면서도 책임에 대해서는 서로 떠넘기고 있었던 것이다.

물론, 금융정책과 금융감독은 상충되는 측면이 있다. 한편으로는 저축은행에 대한 규제를 완화하면서도, 다른 한편으로는 저축은행에 대한 감독강화를 요구하는 것은 이치에 맞지 않다. 결국, 2011년 '저축은행 부실사태'의 근본적인 원인은 저축은행에 대한 엄격한 규제정책이 완화되면서 금융소비자 보호를 제대로 수행하지 못했었기 때문이다.

(2) 개편방향

미국 서브프라임모기지 사태에 의해 촉발된 2008년 하반기 글로벌 금융위기는 경제정책과 금융 규제·감독 측면에서 모두 그 원인을 찾을 수 있다. 2008년 하반기 글로벌 금융위기의 복합적인 원인으로서, 미국의 금융당국이 금융시장의 효율성 저하 등을 우려하여 투자은행 및 헤지펀드, 위험성이 높은 장외파생상품 거래, '시스템상 중요한 금융기관'(SIFI) 등에 대한 규제와 감독 등을 시석할 수 있다.

① 금융정책과 감독기능의 분리

일본의 경우, 금융청이 금융정책과 금융감독을 모두 담당하고 재무성이 파산이나 위기관리 등의 일부 금융정책 관련 사항을 관장하고 있다. 다른 주요국가들의 경우, 금융정책은 재무부[32]가 담당하고, 금융감독은 별도로 설립된 독립 금융감독기구가 담당하고 있다.

전술한 바와 같이, 한국의 현행 금융감독체계는 금융감독원의 최종 의사결정 합의제

32 미국, 영국, 호주 등지에서는 Treasury, 그 외 국가에서는 Ministry of Finance를 주로 사용한다.

기구였던 금융위원회가 그 기능을 확대하면서 별도의 기구로 분리됨에 따라서 이루어진 특이한 형태이다. 이것은 금융정책과 금융감독을 분리하고 권한과 책임을 명확히 하는 세계적인 추세에는 부합하지 않는다. 또한, 국제와 국내 금융정책을 분리하여 운용하는 해외 사례도 찾아볼 수가 없다.

요컨대, 현행 금융감독체계의 가장 큰 문제점은 금융정책과 금융감독을 단일 금융시스템이 수행한다는 점이다. 이러한 구조적 문제점을 해결하는 방안은 다른 주요국가의 사례와 같이 금융정책과 금융감독을 분리하고, 금융정책 기능을 단일기관에 통합하여 귀속시키는 것이다. 이렇게 되면 금융정책과 금융감독기관은 독립적으로 업무를 수행하고, 정책과 감독의 실패에 대해서는 분명한 책임을 지게 될 것이다. 또한, 금융정책 전체를 단일기구에 통합시키는 것은 국제 및 국내 금융정책이 분리되어 발생하는 문제점도 동시에 해결할 수 있다는 장점이 있다.

② 감독기구의 독립성·중립성과 책임성 확보방안

금융감독기능을 민간 금융감독기구로 통합

IMF는 금융감독기구 또는 중앙은행의 독립성은 정부 및 금융회사로부터의 독립성을 의미한다고 서술하고 있다.[33] 사실, 금융분야의 특성상 금융감독기구는 정치권이나 이익단체 등 각계각층으로부터 다양한 압력을 받게 되는데, 금융감독기능을 제대로 수행하기 위해서는 금융감독기구의 독립성과 중립성을 확보하는 것이 무엇보다도 중요하다.

이를 위해서는 금융정책과 금융감독을 분리하고, 금융정책기능은 정부 조직으로 이관하며, 금융감독기능은 독립성과 중립성을 갖춘 '통합형 금융감독기구'에 맡기는 형태가 바람직하다. 1998년 당초 금융감독위원회의 설립취지에 맞게 금융위원회를 금융감독원의 최종의사결정기구로 환원하고, 금융감독기능은 단일한 금융감독원이 맡도록 함이 바람직하다. 여기서 '통합형 금융감독기구'가 민간조직 또는 공무원조직 중에서 어느 형태를 취할 것인가라는 문제가 제기될 수 있는데, 저자는 민간조직으로 하는 것이 바람직하다고 판단한다. 그 이유는 다음과 같다.

첫째, 한국은 다른 선진국들과는 달리 '관치(官治)금융'에 대한 원성과 우려가 높다. 금

---

33 Donato Masciandaro Marc Quintyn etc, Designing Financial Supervision Institutions – Independence, Accountability and Governance, Edward Elgar Publishing, 2007, p. 4.

그림 2-6 한국 금융감독체계의 개편방안

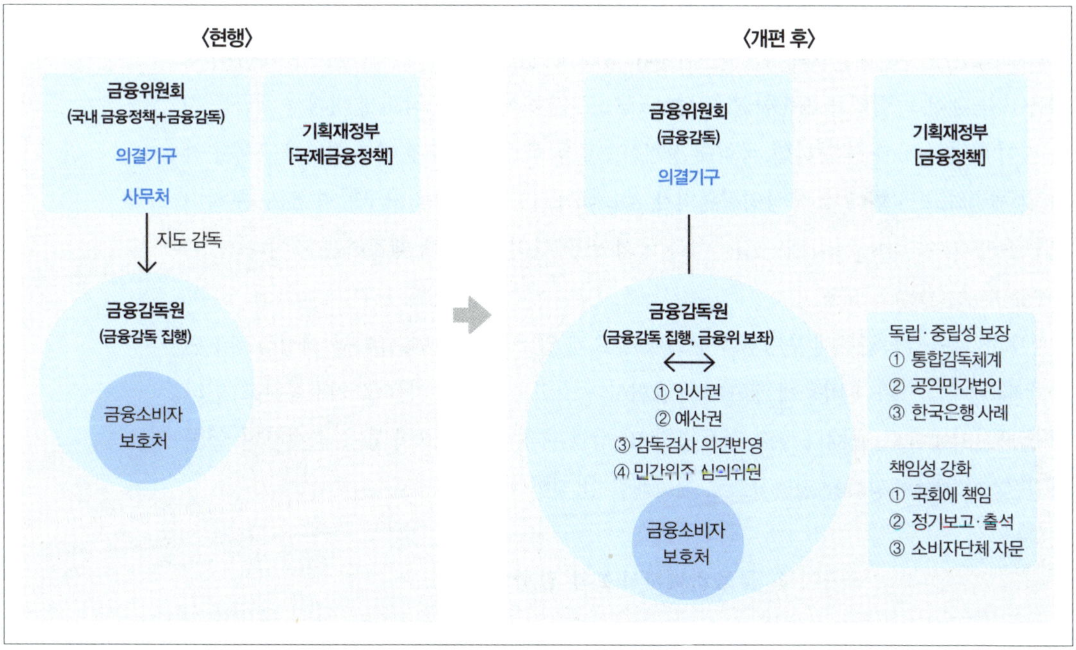

융감독기구가 전적으로 공무원으로 구성될 경우 금융감독에 '관치금융'의 이미지가 덧씌워져 금융감독기구의 독립성에 대한 신뢰성이 저해될 수 있다. 따라서 독립적인 민간감독기구를 통해서 금융회사를 감독하고 실패에 대해서는 엄격한 책임을 지도록 하는 것이 바람직할 것이다.

참고로, 금융선진국인 영국, 프랑스, 독일, 호주 등의 대부분이 독립된 민간조직으로 금융감독기구를 운영하고 있으며, 채용이나 보수 등을 금융감독기구가 자율적으로 결정한다. 즉, 한국의 경직적인 공무원 제도와 개념과 성격이 전혀 다르다.

둘째, 급변하는 금융시장의 감독을 제대로 수행하기 위해서는 금융감독기구 직원의 전문성이 요구되고 금융시장과의 활발한 인적 교류가 필요하나. 그러나 한국과 같이 엄격한 직업 공무원제도 하에서는 보수나 신분 등의 측면에서 전문성을 갖춘 금융감독기구의 직원을 금융시장으로부터 확보하기가 어렵다. 이러한 문제점을 해소하기 위해서는 엄격한 정부조직보다는 민간조직이 더 적합한 것이다.

권한에 상응하는 강력한 책임 장치의 구축

여기서 유의할 것은 금융감독기구의 독립성과 중립성을 확립하되 권한에 상응하는 강력한 책임 장치를 구축해야 한다는 점이다. 상술하면, 금융감독기구가 정부에 대하여 책임을 지는 것은 독립성을 훼손할 가능성이 크므로 일차적으로는 국회에 대해서 책임을 지는 것이 타당하다. 다시 말하면, 국회에 정기적으로 금융감독상황에 대한 평가보고서를 작성 및 제출하고, 국회나 소관 상임위원회가 금융감독원장의 출석을 요구할 수 있도록 하며(한국은행법 96조 국회보고 등), 매년 결산서를 국회 소관 상임위원회에 제출하는 것이다(한국은행법 98조 예산·결산).

또한, 금융감독업무에 투명성을 강화할 필요가 있다. 상술하면, 규제를 제정하거나 변경할 때 규제의 효과나 비용에 대하여 금융회사나 소비자 단체의 자문을 의무화하고, 인터넷 홈페이지에 모든 규제나 주요 감독방향 및 성과평가, 연차보고서 등을 공개하며, 언론 컨퍼런스나 공개설명회를 정기적으로 개최해야 할 것이다.[34]

③ 금융소비자보호의 강화방안

주요국의 운용사례 : 쌍봉형 금융감독체계 vs 통합형 금융감독체계

2011년 '저축은행 부실사태'가 발생한 후 금융소비자의 보호에 대한 관심이 증가하였다. 그 관심의 초점은 '쌍봉형 금융감독체계'와 '통합형 금융감독체계' 중에서 어느 것이 금융소비자 보호에 적절한 것인가이다. '쌍봉형 금융감독체계'를 채택하고 있는 국가로서 미국과 영국, 호주가 거론되고 있으나, 실제로 '쌍봉형 금융감독체계'를 채택하고 있는 국가는 영국과 호주이다.[35/36]

미국의 경우에는 금융소비자보호원(BCFP)을 당초에는 완전한 독립기구로 설치할 것을 염두에 두었으나, 검토과정에서 현실적인 측면이 고려되어, 연준(FRB) 내에 독립부서(Bureau)로 설립하되 조직이나 예산 등 제반 운영 면에서 일정한 독립성을 보장하는 것으

---

34 캐나다 통화감독청(OSFI)은 홈페이지에서 책임성(Accountability)이라는 공간을 별도로 마련하여 연도별 업무계획, 사업우선순위, 성과평가 등을 공개하고 있다. 〈http://www.osfi-bsif.gc.ca/app/docrepository/1/ra/0506/eng/responsibility-accountability_e.html〉 (2012. 10. 25. 방문) 참조.

35 영국은 2008년 금융위기 이후 보수당의 총선 승리에 따라 쌍봉형 금융감독체계로 전환하였고, 호주는 기존에 다수의 금융감독기관을 통합하면서 쌍봉형 금융감독체계로 전환하였다.

36 '쌍봉형 금융감독체계'는 단순히 감독기구가 2개인 경우가 아니라, 금융회사에 대한 건전성 감독과 영업행위 감독을 별개의 기관이 수행하는 것이다.

로 절충되었다. 그 업무범위도 영업행위 전반에 대한 감독이 아니라, 연준(FRB)과 통화감독청, 예금보험공사, 신용협동조합감독청 등으로 복잡하게 흩어져 있는 은행·신용카드 등[37]과 관련한 금융소비자 보호 업무를 하나로 모아서 소비자보호 기능을 담당하고 있다. 이 결과, 미국은 영국, 호주와 같이 순수한 '쌍봉형 금융감독체계'를 채택하고 있는 국가로 분류될 수 없다.

이처럼 영국과 호주 외에 대부분의 국가들은 '쌍봉형 금융감독체계'에서 '통합형 금융감독체계'를 채택하고 있거나 2008년 하반기 글로벌 금융위기 이후 오히려 '통합형 금융감독체계'로 전환하고 있다. 세계적으로 보면 OECD 회원국 중 GDP 규모 20위 이내 주요국가(13개) 기준으로는 현재 3개국만이 '쌍봉형 금융감독체계'를 채택하고 있으며, 대부분 '통합형 금융감독체계'(5개국)나 '권역별 금융감독체계'(3개국)를 채택하고 있다.

통합형 금융감독기구 내에서의 금융소비자보호기구의 독립성 확보

한국의 '통합형 금융감독체계'는 2008년 하반기 글로벌 금융위기를 극복함에 있어서 상당한 역할을 수행했다고 평가할 수 있다. 또한, 금융위기가 상시적으로 발생하고 있는 현재와 같은 경제상황에서는 '통합형 금융감독체계'의 구조하에서 효율적으로 금융소비자를 보호하는 방식이 합리적이라고 말할 수 있다. 예컨대, 미국이 연준(FRB) 내에 금융소비자보호원(BCFP)을 설치하여 운영하는 것과 같이, 금융감독기구와의 효율성을 도모하면서도 독립부서로서의 독자성을 함께 추구하는 방식이 바람직할 것이다.

이를 위해서는 금융감독원 내에 설치된 금융소비자보호처의 권한과 기능을 강화하고, 조직이나 예산 등 제도적인 측면에서 금융소비자보호처의 독립성과 중립성을 보장할 필요가 있다. 이를 위해서는 다음과 같은 제도적 장치를 보강함이 바람직할 것이다.

① 금융소비자보호처장에게 일정한 인사권과 예산권을 부여한다.
② 금융감독원의 감독 및 검사과정에서 금융소비자보호처의 의견을 반영하도록 제도화한다.
③ 민간위원 위주로 소비자보호 심의위원회 등을 구성하고 중요한 결정은 위원회를 통하는 것을 제도화한다.

37 보험과 증권 분야의 금융소비자 보호 업무는 금융소비자보호원(BCFP)의 소관이 아니며 SEC 등 개별감독기구의 소관사항이다.

최근 주요국의 금융감독체계 개편 사례

2008년 하반기 글로벌 금융위기 이후 주요 금융선진국은 금융감독체계를 이미 개편하였거나 계속 개편 중이다. 미국, 영국, 프랑스, 독일, 스위스, 유럽연합(EU), 호주, 일본의 금융감독체계 개편사례를 통하여 한국의 금융감독체계의 개선을 위한 시사점을 도출하고자 한다.

1. 미국[01]

1) 추진배경 및 추진경과

미국은 1930년대 이후 복잡·다원화된 금융감독체계를 그대로 방치함으로써 금융감독의 중복과 사각지대가 발생하여 금융위기 시 적절한 대응에 실패하였다는 비판을 받았다. 미국은 그 역사적 배경과 연방국가의 특성상 연방차원에서만 총 17개의 감독기관이 존재하여 금융감독기구 간 명확한 업무분담에 어려움을 겪고 있으며, 특히 헤지펀드, 사모투자펀드, 신용파생금융상품 등 금융감독의 경계 선상에 놓여 있는 분야에 대한 금융규제가 취약하거나 미흡하다는 평가를 받고 있다.

따라서 미국은 2008년 하반기 글로벌 금융위기를 겪으면서 금융감독체계의 문제점을 인식하고 금융감독체계 정비, 금융회사의 규제, 소비자보호의 강화 등에 대한 개선방안을 논의하였다. 2009년 6월 29일 「금융규제개혁안(Financial Regulatory Reform)」이 발표되었고, 2010년 7월 「도드-프랭크 월가

01 이 부분의 서술은 김홍기, "미국 도드-프랭크법의 주요 내용 및 우리나라에서의 시사점",「금융법연구」제7권 제2호(금융법학회, 2010. 12), 45면 이하의 내용을 참고하였다.

개혁 및 금융소비자 보호법(The Dodd–Frank Wall Street Reform and Consumer Protection Act(H.R. 4173)」이 미(美) 의회를 통과하였다.[02] 미국 금융개혁법에서는 논의된 주제가 대부분 반영되었으나 그 개혁의 강도는 당초 보다 완화되었다.

2) 미국 금융개혁법의 주요 내용

상기한 미국 금융개혁법은 총 16개의 장(title)[03]으로 구성되어 있다. 각 장(章)은 독자적인 내용을 가지는데, 금융감독기관은 이 법에 따라서 146개의 규정들을 제정하고 67개의 연구가 진행되고 있다.[04] 상기한 미국 금융개혁법의 주요 내용은 다음과 같다.

(1) 금융안정감독위원회(FSOC)의 설치 : 금융안정감독위원회는 감독기관 간에 거시적인 금융정책을 협의하고, 금융안정성에 대한 위협을 파악하는 등 미국 금융시스템의 위협에 대한 대응을 목적으로 설립되었다(§112(a)(1)). 미국 경제 전체의 시스템 리스크와 경제 상황을 모니터링·조정·감독하는 폭넓은 권한을 가진다(§112(a)(2)).

(2) 금융회사에 대한 강제청산절차 도입 : 미국 금융개혁법은 일정한 조건을 충족하는 경우, 부실 금융회사에 대해서 강제청산 절차를 개시할 수 있도록 하였다. 2008년 하반기 글로벌 금융위기 당시에 문제되었던 대규모 금융관의 도덕적 해이와 소위 '대마불사'(大馬不死 : Too–Big–To–Fail)의 문제에 대응하기 위한 것이다.

(3) 저축은행감독청(OTS)의 폐지 : 미국 금융개혁법에서는 저축은행감독청을 폐지하였는데, 다수의 감독기관이 존재하는 은행 분야의 규제를 명확하게 하고 규제기관 간의 경쟁을 완화시키기 위한 조치이다. 연방예금보험법(Federal Deposit Insurance Act)에 의한 예금보장한도액을 10만 달러에서 25만 달러로 증액하였다(§335(a)(1)).

(4) 연방보험사무소(FIO)의 설치 : 미국의 보험산업은 주 단위의 규제하에서 성장하여 왔는데, 금융위기로 인하여 연방차원의 정책조율 필요성이 증가하면서 연방보험사무소를 설치하였다.

---

02 상기 법안의 내용은 미국 의회도서관 홈페이지 ⟨http://thomas.loc.gov/cgi-bin/bdquery/z?d111:HR04173:@@@L&summ2–m&#major%20actions⟩ (2012. 10. 20. 방문)에서 확인할 수 있다.

03 미국 금융개혁법은 금융감독체제의 개편(1장), 강제청산절차(2장), 보험규제의 개혁(5장), 은행규제의 개혁(6장), 장외파생상품거래 및 지급·청산·결제절차의 개혁(7장, 8장), 증권규제의 개혁(9장), 금융소비자보호(10장) 등으로 구성되어 있다.

04 Davis Polk&Wardwell LLP, Summary of the Dodd–Frank Wall Street Reform and Consumer Protection Act, (July 21, 2010). p. ii. 243개 규정을 제정하고 67개의 연구가 진행될 것이라는 조사결과도 있다. The Harvard Law School Forum on Corporate Governance and Financial Regulation, Summary and Implementation Schedule of the Dodd–Frank Act (July 15, 2010) ⟨http://blogs.law.harvard.edu/corpgov/2010/07/15/summary-and-implementation-schedule-of-the-dodd-frank-act⟩ (2012. 10. 20. 방문).

(5) 은행 등에 대한 위험투자거래의 제한(Volcker Rule) : 미국 금융개혁법은 은행 등에 대해서 자기자본거래, 헤지펀드, 사모펀드(PEF) 등 이른바, '고위험 증권업무'를 원칙적으로 금지하였다.[05] 비은행 '시스템상 중요한 금융기관'(SIFI)에 대해서는 추가적인 자본금 적립을 요구하고 있다(§619). 합병금융회사의 총부채 합계가 해당 거래연도 말 기준 모든 금융회사의 총부채 합계의 10%를 초과할 경우 인수·합병, 이에 준하는 중요자산의 취득, 경영권 취득 등을 금지하였다(§622).

(6) 장외파생상품 규제개혁 : 일정한 스왑거래에 대해서는 청산소를 통한 거래를 강제하고(§723(a)(2),(3)), 일정한 신용파생금융상품(swap)에 대한 규정을 제정·시행함에 있어서는 CFTC와 SEC에게 서로 협의할 것을 요구하였다(§712(a)).

(7) '시스템상 중요한 금융기관'(SIFI)에 대한 규제와 감독의 강화 : '시스템상 중요한 금융기관'(SIFI)에 대해서는 Non-SIFI에 비해 보다 엄격한 자본금 적립의무와 레버리지 한도를 적용한다. 미화 500억 달러 이상의 자산(연결기준)을 가진 은행 지주회사는 자동적으로 '시스템상 중요한 금융기관'(SIFI)으로 간주하며, 연준(FRB)은 금융시스템 안정에 위협이 된다고 판단하면 FSOC 승인(2/3 찬성) 하에, 해당 SIFI의 분사(divest)를 결정할 수 있다.

(8) 금융소비자보호원(BCFP)의 설립 등 : 각종 기관에 분산된 금융소비자 보호기능을 인수·합병하는 금융소비자보호원(BCFP)을 신설하였다. 연준(FRB) 내에 독립기관으로 설치되며, 업무에 대한 연준(FRB)의 간섭이나 개입은 금지됐다(§1012(c)(2)).

3) 평가 및 시사점

미국은 금융안정감독위원회(FSOC) 신설, 저축은행감독청(OTS) 폐지, '시스템상 중요한 금융기관'(SIFI)의 설정, 연준(FRB)에 대한 감독권한의 부여 등 금융위기 이전의 감독체계와 큰 차이를 보이고 있다. 금융감독기구 간 업무 중첩을 상당 부분 해결하였으나, 다기화된 금융감독기구가 존치함으로써 야기되는 규제차익의 문제는 여전히 해결하지 못하였다.

---

05 은행과 증권회사의 계열관계 자체는 허용하는 점에서 상업은행과 투자은행 업무 자체를 분리하는 글래스-스티걸법과는 차이가 있다.

2. 영국

1) 추진배경 및 추진경과

영국에서는 2007년 노던락은행 사태 및 2008년 하반기 글로벌 금융위기를 계기로 시스템 전반에 대한 리스크를 인식, 모니터링하고 포괄적으로 대응할 수 있는 명확한 책임을 가진 기관이 존재하지 않는다는 비판과 우려가 많았었다.

위와 같은 문제점에 대해서는 각 정당별로 해법이 상이했었는데, 노동당은 금융규제청(FSA)의 권한을 강화하여 금융시스템 전반의 위험에 대비하자는 입장이었고, 보수당은 영란은행의 권한을 강화하자는 입장이었다. 결국 2010년 5월 보수당이 총선에서 승리하면서, 기존의 3자 체제(재무부·금융규제청·영란은행)가 폐지되고, 중앙은행(영란은행)을 중심으로 금융감독체제가 개편되었다.[06]

2) 금융감독체계 개편의 주요 내용

영국 금융개혁의 주요 내용은 다음과 같다.

⑴ 중앙은행(영란은행)의 권한 강화 : 영란은행 산하에 금융정책위원회(FPC)를 신설하고 시스템 리스크를 인식, 대응하는 등 영란은행의 권한을 대폭 강화하였다. FPC 신설에 따라 영란은행 내 법적 기구인 금융안정위원회(FSC)는 폐지되었고, FPC에 거시건전성 통제권이 부여되었다.

⑵ 건전성감독원(PRA)의 설치 : 영란은행 산하에 건전성감독원(PRA)을 신설하고 미시건전성 감독을 담당하도록 하였다. PRA가 신설되면서 금융회사에 대한 인허가, 건전성 감독 등 금융회사에 대한 일상적 감독권한이 PRA로 이전되었다.

⑶ 소비자보호·시장감독원(CPMA)의 설치 : CPMA는 소비자 보호와 시장의 완전성을 확보하고 금융서비스 및 시장신뢰성 확보를 목적으로 한다. 종전에는 금융규제청(FSA)이 금융회사에 대한 건전성과 영업행위 규제를 모두 담당하였으나, 그 기능이 PRA와 CPMA로 분산된 것이다.

3) 평가 및 시사점

영국의 중앙은행(영란은행) 중심의 금융감독체계는 정치적 산물의 성격이 농후하다. 보수당이 13년 만에 총선에서 승리하여 집권하면서 노동당 정부가 도입한 금융규제청(FSA) 중심의 통합감독체계를 중앙은행(영란은행)을 위주로 개편한 것이기 때문이다. 영국의 사례는 정치적 영향이 강한 금융

---

06 금융감독원, "영미의 감독체계 개편동향 및 평가"(2010. 7. 15) 참조.

규제의 특징을 단적으로 보여주고 있다.

2008년 하반기 금융위기 이후 기존의 통합형 금융감독체계를 쌍봉형 금융감독체계로 개편한 영국의 사례에 주목할 필요는 있지만, 지나치게 정략적인 결정의 산물이라는 점에 유의할 필요가 있다. 즉, 영국의 금융개혁은 시스템 전반에 대한 리스크를 인식하고 모니터링할 명확한 책임을 가진 기관이 없다는 것에서 시작한 것이었는데, 그 결과는 기존의 금융규제청(FSA)의 권한을 분산하여 중앙은행(영란은행)을 중심으로 개편한 것에 불과하다.

3. 유럽연합(EU)

1) 추진배경 및 추진경과

유럽연합(EU)은 그리스와 스페인의 재정위기로 인하여 심각한 어려움을 겪어 왔으며, 이에 대처하기 위해서 은행 등 금융감독체계 개편을 심도있게 논의해 왔다.

EU 집행위원회는 2012년 9월 12일 금융통합(Banking Union)의 일환으로 EU 단일은행감독체계(SSM) 구축방안을 발표하였고, 2012년 말경까지 유럽재무장관회의, 유럽정상회의 및 유럽의회의 승인을 완료하고 2013년부터 정식 출범하였다.[07]

2) 통합은행 감독체계(Banking Union)의 주요 내용

유럽연합(EU)이 추진 중인 통합은행 감독체계의 주요 내용은 다음과 같다.

(1) 유럽중앙은행(ECB)에게 유로존 17개국의 모든 은행에 대한 감독권한을 부여한다. 구체적으로 ECB는 은행의 인허가, 자본·차입·유동성 규제 및 감독, 금융지주회사 및 자회사 감독, 적기시정조치 등을 수행한다. ECB 감독대상은 단계적으로 확대하며,[08] 비(非)유로존 은행의 경우에는 자발적으로 ECB 감독대상에 편입한다.

(2) 유로존 회원국의 금융감독당국은 ECB 감독정책 및 결정을 집행하는 한편 자국의 은행들에 대

07 European Commission, Commission proposes new ECB powers for banking supervision as part of a banking union, press release, Sep. 12, 2012. 이 자료는 EU 홈페이지 〈http://europa.eu/rapid/press-release_IP-12-953_en.htm〉 (2012. 10. 25. 방문)에서 찾아볼 수 있다.

08 2013년 1월에는 구제금융을 지원받은 국가의 은행(그리스, 아일랜드, 스페인 은행 등), 2013년 7월에는 유로존 내 대형은행 60여 개, 2014년 1월에는 유로존 내 약 6,000여 개의 모든 은행에 대해서 통합감독을 실시할 예정이다.

해서 상시감시를 실시한다.

(3) 유럽은행감독청(European Banking Authority)은 EU회원국에 공통적으로 적용될 수 있는 단일 은행감독규정을 제정한다.

3) 평가 및 시사점

EU 집행위원회는 2012년 말까지 통합은행감독체계에 대한 회원국 전체의 승인을 얻을 계획이지만 독일의 반대 등으로 실현가능성은 불확실하다. 독일은 대형은행 60여 개 등 '시스템상 중요한 금융기관'(SIFI)에 대해서만 ECB에 감독권한을 이양하고, 통합감독기구와 더불어 예금자보호 및 부실기관청산제도가 필요하다고 주장하고 있다. 영국의 경우 ECB의 감독을 받을 경우 금융중심지로서의 위상 약화를 우려하여 가입에 소극적이다.

유럽연합(EU)이 단일은행 감독체계를 실제로 출범시키는 것에는 많은 난관이 예상되지만 유럽연합(EU)이 그리스, 스페인의 재정위기 등의 상황을 타개하기 위한 대안으로 전(全) 유럽 차원에서 은행규제의 통합(Banking Union)을 시도하고 있다는 사실은 급변하는 글로벌 금융 패러다임 하에서는 '통합형 금융감독체계'가 보다 효율적임을 보여준다.

4. 프랑스

프랑스는 전통적으로 상업은행(CB)과 투자은행(IB)의 겸업주의를 채택해 왔으며 특히 은행과 보험 간 겸업화가 매우 활발하였다. 예로서, 프랑스는 1986년 방카슈랑스를 세계 최초로 도입하였으며 은행의 생명보험상품 판매 비중이 매우 큰 편이다. 프랑스는 금융권역별로 감독기관이 분리된 권역별 감독체계를 유지하였으나 2008년 하반기 글로벌 금융위기 이후 권역별 감독체계에 대한 비판이 제기되었고, 일관성 있는 감독대응 필요성에 대한 인식이 확대되면서 금융감독체계 개편이 추진되었다.

상기와 같은 논의의 결과 2010년 3월에는 상호 연계성이 높은 은행과 보험부문의 4개 감독기구를 통합한 부분 통합형감독체계가 출범하였다. 은행·보험 부문은 건전성감독원(ACP)이, 증권·시장 부문은 금융시장감독원(AMF)이 각각 감독을 담당한다.

프랑스의 경우 사실상의 쌍봉형 금융감독체계로 보는 견해가 있으나, 건전성감독원(ACP)이 은행과 보험 부문의 건전성감독과 영업행위감독을 함께 담당하는 것을 고려하면, 쌍봉형 금융감독체계라기 보다는 부분적 통합형 금융감독체계로 간주하는 것이 타당하다.

5. 독일

독일은 전통적으로 은행 중심의 금융업이 강하며, 2002년 이전까지는 금융권역별로 연방은행감독청, 연방보험감독청, 연방증권거래감독청 등 3개의 금융감독기관이 있었다. 그러나 금융시장에서 업종을 초월한 재편이 진행되어 영역구분이 곤란해지고, 동일한 고객을 대상으로 은행, 증권, 보험회사가 경쟁하고 있어 종래의 감독행정으로는 세계적인 추세에 효율적으로 대처할 수 없었다는 비판이 제기되었다.

독일 정부는 2002년 5월에는 종전의 연방은행감독원, 연방증권감독원, 연방보험감독원 등 3개 감독기관을 통합하여 금융감독원(BaFin)[09]을 설립하였다. 금융위기 이후에 감독체계 개편논의가 있었으나 통합형 감독체계를 유지하기로 하였다. 금융감독원(BaFin)의 은행감독기능을 연방은행에 이양하는 방안이 논의되었으나 연방은행에 금융산업·시장의 시스템 리스크 평가기능을 부여하는 선에서 정리가 이루어졌다.

6. 스위스

스위스는 2008년까지 연방은행감독위원회(SFBC)가 은행 및 증권부문을 감독하고, 연방보험국(FOPI)이 보험부문을 감독하는 부분통합형 감독체계를 유지하여 왔다. 연방은행감독위원회가 은행 및 증권부분을 함께 감독하는 체계는 스위스가 상업은행과 투자은행을 분리하지 않는 소위 '유니버설뱅킹' 시스템을 채택한 데 따른 것이다.

그런데 IMF는 스위스 연방은행감독위원회와 연방보험국 등 금융감독기구의 통합을 권고하였다. 그 결과 2007년 6월 통합감독기구법률이 제정되었으며 2009년 1월에는 전체 금융권역의 감독을 담당하는 연방금융시장감독국(FINMA)이 출범하였다. 이러한 통합형 금융감독체계는 2008년 하반기 글로벌 금융위기 이후에도 유지되고 있다.

09 연방금융 감독청(Bundesanstalt für Finanzdienstleistungsaufsicht, 이하 'BaFin')은 연방금융 감독청에 관한 법률(Gesetz über die Bundesanstalt für Finanzdienstleistungsaufsicht, 2002.4.22. 공표, 이하 'FinDAG'이라 함)에 의하여 2002년 5월 1일에 설립되었다.

7. 호주

호주는 종래 금융회사의 업종별로 다수의 연방 및 주(州)감독당국이 존재하는 기관별 감독체계를 채택하고 있었다. 그런데 1990년대 들어 정보통신(IT) 기술의 발달, 금융시장의 국제화 등 금융환경이 급변하면서 복잡한 규제제도가 금융산업의 성장과 혁신을 저해한다는 인식이 확산되었고, 이 과정에서 11개 금융 감독·규제기구 간의 비(非)일관된 규제방식이 가장 큰 문제점으로 지적되었다.

따라서 호주 정부는 1996년 5월 금융시스템조사위원회를 발족하여 개편논의를 시작하였고 1997년 3월 금융규제개편 보고서를 발표하였다. 동 위원회는 '통합형 금융감독체계'로의 개편을 이상적으로 보았으나, 당시 현실적 한계(통합을 위한 금융시스템과 제도의 미성숙, 통합과정상 비용 과다 등)를 고려하여 '쌍봉형 금융감독체계'를 권고하였다. 이에 따라 1998년 7월 총 11개의 연방 및 주 금융규제기구를 재구성하여 건전성 감독기관인 APRA와 시장·영업행위 감독기관인 ASIC의 쌍봉형 금융감독체계로 개편하였다.

8. 일본

다른 주요국가들이 금융감독의 독립성과 중립성을 중시하여 민간형 금융감독기구를 통해서 금융감독을 시행하는 것과는 달리, 일본은 내각부 산하의 정부조직인 금융청이 금융시장·산업 관련 제도 입안, 금융감독 전반에 대한 기획 및 검사·감독·감시의 집행기능 전체를 담당한다.

일본은 은행중심의 금융구조와 규제체계에서 독일과 유사하며, 1990년대 이후 통합감독체계를 도입하여 운영하여 왔다. 일본은 1998년 대장성으로부터 금융감독기능을 이관하여 통합감독기구인 금융감독청을 설립하였고, 2000년 7월에는 금융감독청과 대장성 금융기획국을 통합하여 금융청을 설립하였다. 일본은 2008년 하반기 글로벌 금융위기 이후에도 통합형 감독체계를 유지하고 있으며, 금융감독체계의 개편과 관련하여 별다른 움직임은 없다.

제3장

/

한국 금융시장의 현황과 개선과제

1. 금융시장의 구조

일반적으로, '금융시장'이라 함은 넓은 의미에서 자본시장도 포함되지만 일반적으로 상거래(Commercial Transaction) 및 만기 1년 이내의 단기자금을 거래하는 시장을 의미한다. 주로 자금의 공급자는 은행 등의 금융기관에 돈을 맡기고 금융기관이 간접적으로 자금의 수요자에게 자금을 공급한다.

금융산업의 경제활동이 일어나는 시장은 크게 세 가지, 즉 ① 금융시장, ② 외환시장, ③ 파생금융상품시장으로 분류된다. 첫째, 금융시장은 다시 두 가지, 즉 ① 단기 금융시장(Money Market)과 ② 장기 금융시장(Capital Market)으로 나눌 수 있다.

단기 금융시장(Money Market)이란 기업, 가계, 정부, 금융기관 등이 단기적인 자금의 과·부족을 조절하기 위하여 보통 만기 1년 이내의 단기 금융상품을 거래하는 시장을 의미한다. 상술하면, 단기 금융시장(Money Market)은 금융기관 및 기업 등의 단기자금의 수급 조절기능을 수행하며, 당사자 간 거래보다는 불특정 다수인이 중개기관을 통하여 이루어지는 거액거래 형태의 시장으로 분류할 수 있다. 단기 금융시장은 상거래나 재화나 용역의 대가를 주고받는 단순한 '경상적 거래시장'(Commercial Transaction)과, 단기의 자금을 융통을 목적으로 하는 '자본적 거래시장'(Investment Transaction)의 성격을 지니는 시장으로 나눌 수 있다.

한국의 단기 금융시장은 콜(Call)시장, 환매조건부 채권 매매(Repo)시장, 양도성예금증서(CD)시장, 기업어음증권시장, 전자단기사채(전자CP)시장으로 대별할 수 있다. 단기 금융시장(콜, RP, 한국은행RP, CD, CP)에의 참가 기관과 관련 법규를 다음과 같이 요약한다(〈표 3-1〉 참조).

표 3-1 단기 금융시장 참가 기관

	콜	RP	한국은행RP	CD	CP
자금조달 (발행)기관	자본시장법 시행령 제 345조[1] 및 금융투자업 규정 제8-78조[2]	금융기관 간 RP : 콜시장 참가기관 + 금융공기업 8개[3], 대고객 RP : 은행, 증권사, 증권금융, 종금, 체신관서	한국은행의 거래대상으로 지정된 금융회사 등[4](매년 1회, 7월경 금통위 의결로 결정)	예금은행	우량·적격 기업
자금운용 (매입)기관				은행간 CD : 은행 대고객 CD : 금융기관, 법인, 개인	금융기관, 법인, 개인
중개기관	자금중개회사	증권사, 자금중개회사			증권, 종합금융

자료 한국은행 : 김경수·노진호(2012), "단기 금융시장 활성화 방안", 하나금융경영연구소, 9월.
임양택, 「글로벌 금융 패러다임의 변화와 한국 금융산업의 발전방향」, (사)아시아평화경제연구원, 연구총서 NO. 8, Summer 2013.

주 1 자본시장법 345조 : 은행, 한국수출입은행, 농협중앙회, 농협은행, 수협중앙회, 보험사, 증권금융, 종합금융회사, 자금중개회사, 여신전문금융회사, 상호저축은행 및 중앙회, 새마을금고 연합회, 신협중앙회, 한국자산관리공사, 한국정책금융공사.

2 금융투자업 8-78조 : 투자자문사를 제외한 금융투자업자(증권사, 자산운용 등), 창투사, 공공 자금관리기금, 대한주택보증, 주택 저당채권유동화회사, 유동화전문회사, 외국환평형기금, 공적자금상환기금, 한국주택금융공사.

3 금융공기업 : 예보, 정리금융공사, 한국자산관리공사, 신보, 기보, 한국투자공사, 한국주택금융공사, 한국수출보험공사.

4 자금중개회사 : 한국자금중개, 서울외국환중개, KIDB자금중개.

환매조건부 채권 매매(Repo)시장은 유가증권 보유자와 자금을 운용하는 기관투자자 사이에 제한적으로 운영된다. 콜(Call)시장 및 전자단기사채(전자CP)시장은 은행 간 자금조절 목적의 양도성예금증서(CD)시장을 제외하고 상대적으로 규모가 크고 역동적이다. 이들 시장들은 상호보완적으로 발전되고 있다. 즉, 콜(Call)시장 참가자를 선진국과 같이 은행권(제1금융권)으로 제한하고 전자단기사채(전자CP)시장을 조기에 활성화하여 현재 증권 및 상호저축은행 등(제2금융권) 및 기관투자자 등의 콜(Call)시장 수요를 흡수하고 있다.

한편, 자본시장(Capital Market)은 만기 1년 이상 또는 만기가 없는 장기 금융시장으로 채권, 주식 등 주로 기업, 금융기관, 정부 등이 장기의 자금을 조달하는 시장이다. 자본시장(Capital Market)은 7개 시장, 즉 ① 주식시장, ② 채권시장, ③ 연금시장, ④ 국부펀드시장, ⑤ 기관투자자시장, ⑥ 퇴직연금시장, ⑦ 펀드시장으로 구성된다.

전술한 금융시장(단기 금융시장과 장기 금융시장)에 이어서, 외환시장은 외화를 거래하는 시장이며, 파생금융상품시장은 가치의 변화가 있는 다양한 기초자산(주식, 채권, 금리, 현물, 선물, 통화, 신용, 주가지수, 개별주가 등)을 근거로 발행되는 시장이다.

2. 단기 금융시장

1) 단기 금융시장의 구조

단기 금융시장의 참가 기관과 구조는 각각 〈그림 3-1〉과 〈표 3-2〉와 같이, 상기한 단기 금융시장의 구조와 관련된 제도의 변천사는 〈표 3-3〉과 같이 각각 요약할 수 있다.

그림 3-1 단기 금융시장의 구조

기본개념

금융시장은 통상 만기 1년 미만의 단기금융자산이 거래되는 시장을 의미하며, 금융기관 및 기업 등의 단기자금의 수급조절기능을 수행하며, 당사자 간 거래보다는 불특정다수인이 중개기관을 통하여 이루어지는 거액거래형태의 시장으로 크게 분류하면 아래와 같이 나타날 수 있다.

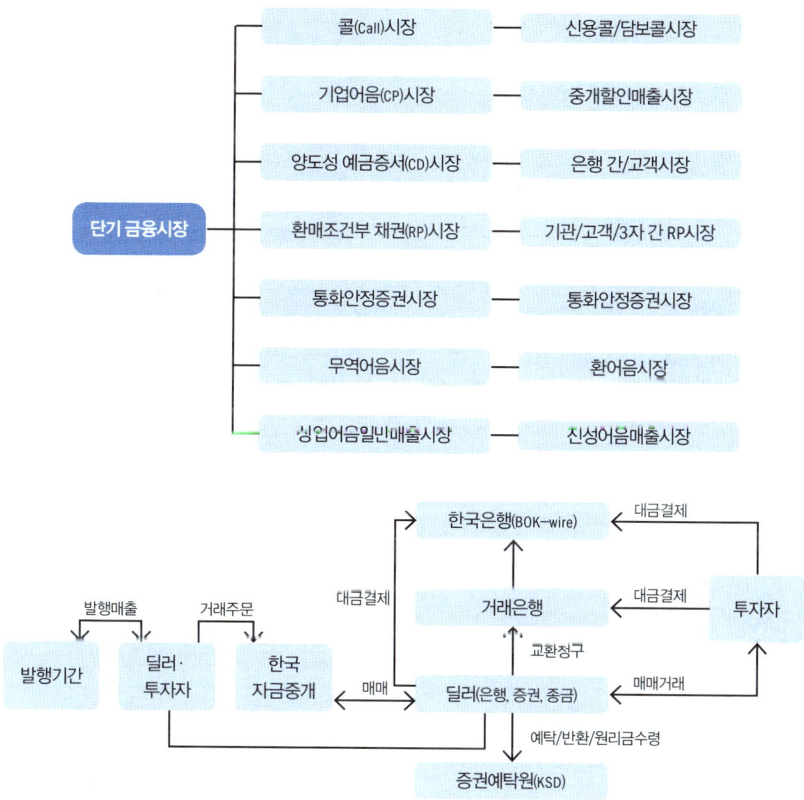

자료 임양택, 「글로벌 금융 패러다임의 변화와 한국 금융산업의 발전방향」, (사)아시아평화경제연구원, 연구총서 NO. 8, Summer 2013.

표 3-2 한국 금융시장의 구조

금융시장	금융시장	자금시장	콜(Call)시장	담보콜/무담보콜
			환매조건부 채권 매매(Repo)시장	한국은행 Repo, 기관간 Repo
			양도성예금증서(CD)	은행CD, 개인CD
			전자단기사채(CP)	단기채무증권(Short Term Securities)
			기업어음증권	자본시장법상 기업어음증권
		자본시장	채권시장	국채
				지방채
				회사채
				금융채
				특수채
			통화안정증권시장	통화안정채권
			자산유동화증권시장	ABS(자산유동화증권), MBS(주택저당 담보부 증권)
			주식시장	주식(상장주식 및 비상장주식을 모두 기재)
			집합투자증권시장 (투자펀드)	MMF(Money Market Fund)
				뮤추얼펀드(Mutual Fund)
				수익증권 • 상장지수펀드(ETF : Exchange Traded Fund) • 주가연계펀드(ELF : Equity Linked Fund) • 기타수익증권
	외환시장	외환시장	외환시장	환율변동에 따른 외화매매 거래시장
	파생시장	파생금융 상품시장	주식관련시장	선물(Forward Market)/선도(Forward Contract) 옵션(Options) 스왑(Swaps)
			금리관련시장	
			통화관련시장	
			신용파생시장	신용파산스왑(CDS : Credit Default Swaps)
				총수익스왑(TRS : Total Return Swaps)
				신용연계증권(CLN : Credit Linked Notes)
				합성 담보부 증권(CDO : Synthetic Collateralized Debt Obligations)
			파생결합증권시장	주식워런트증권(ELW : Equity Linked Warrants)
				주가연계증권(ELS : Equity Linked Securities)
				기타 파생결합증권(DLS : Derivatives Linked Securities)

자료 임양택, 「글로벌 금융 패러다임의 변화와 한국 금융산업의 발전방향」, (사)아시아평화경제연구원, 연구총서 NO. 8, Summer 2013.

표 3-3 단기 금융시장 관련제도의 변천

	설립	제도 변화	비고
콜 (Call) 시장	1960년 7월 은행간 거래 시장으로 출발	• 1979. 8 참가기관 확대(은행+투신, 투자금융, 종금사 추가) • 1982. 6 참가기관 확대(지방투금, 보험, 증권금융, 상호신용 금고연합회 추가) • 1989. 6 참가기관 확대(증권사, 리스회사, 상호신용금고 추가) • 1996. 7 한국자금중개 설립(은행, 종금, 투신, 생보 등 120개 금융기관 출자) • 2006. 4 KIDB 자금중개 추가 설립, 복수경쟁체제 도입 • 2012. 7 증권사의 콜차입(콜머니) 평잔을 자기자본의 25% 이내로 제한	• 1988. 12 금리 자유화 계획 발표(실행은 미미) • 1991. 8 금리 자유화 추진계획 발표, 금리 자유화 재개 • 1991. 11 1단계 조치 시행(은행 여신금리 및 3년 이상의 정기예금, CD 91일물 이상의 금리 자유화) • 1993년 중 2단계 조치 시행(모든 여신금리와 만기 2년 이상의 수신 금리 자유화) • 1994년 중 3단계 조치 시행(거액 CD, CP, RP 만기가 91일에서 60일로 단축, 표지어음 금리 자유화, 만기 1년 이상 2년 미만 수신상품의 금리 자유화) • 1995년 중 91일 이상 금융상품 금리 자유화 전면 실시 • 2011. 6 콜차입 한도 규제(월 평잔이 자기 자본의 25%, 일부증권사 1년 유예) • 2014년부터는 제2금융권의 콜시장 참여가 원칙적으로 제한
RP[1]	1977년 2월 증권금융이 증권사 대상 RP 매입 실시	• 1980. 2 증권회사에 RP 매입 허용→1982년 9월 은행에 RP 매도 업무 허용 • 1993. 9~1995. 11 금리자유화와 연계해 거액 RP의 최소거래 금액 인하, 만기 단축 • 1994. 11 금융기관 간 RP 참가기관 확대(콜 거래기관으로), 매도·매수 모두 허용 • 2002. 2 한국증권거래소(현 한국거래소)에 장내 RP시장 개설 • 2007. 12 대고객 RP의 투자자보호장치 강화, 금융기관 RP의 경우 거래대상 증권 제한의 폐지 및 참가자 확대(예보, 신보, 기보 등 금융공기업으로 확대)	
한국 은행 RP	1969년 2월 한국은행이 RP매매를 위한 규정 제정	• 1969. 4 최초로 시중은행에 자금 공급(도로국채·주택채권 30억 원 조건부 매입) • 1972. 6 금융시장 여건 미비로 환매조건부 증권의 매매 조작 중단 • 1977. 4 거래대상기관 범위 확대(단자회사, 증권회사 등 제2금융권 포함) • 1980. 3 5개 은행 외화표시채무 상환 지원을 위해 국민투자채권을 조건부 매입 • 1989. 5 유동성 조절방식이 통화안정증권계정 운용에서 증권매매조작으로 변경 • 1999. 3 RP 매매방식을 종전의 강제배정방식에서 경쟁입찰방식으로 변경 • 2008. 3 정책금리를 7일물 RP금리로 변경, 공개시장조작 시기 정례화(매주 목요일)	
CD	1974년 5월	• 1974. 5 은행의 CD발행 허용(→금리규제와 중개기관 부재로 1977년 6월에 제도 폐지) • 1978. 3 은행의 CD발행 재허용(→금리규제와 중개기관 부재로 1981년 12월 제도 폐지) • 1984. 6 은행의 CD발행 재허용 및 CD중개기관 지정(투자금융, 종금, 대형증권사 등) • 1985. 3 은행별 발행 한도제 도입 • 1987. 2 최저 액면금액 인하(1억 원→5천만 원) • 1991. 11 제1단계 금리자유화 조치의 일환으로 발행금리 자유화 • 1992. 12~1997. 7 금리자유화 조치와 연계하여 최저액면금액 및 만기규제 완화 • 1997. 2 대고객 CD에 대한 예금지급준비금 예치의무 부과, 은행별 발행 한도제 폐지 • 2009. 12 CD 제외 예대율규제 시행안 마련(2010년부터 100% 이내, 유예기간 1년)	
CP	1972년 9월	• 1972. 9 사채동결조치 이후의 단기금융업법 제정으로 투자금융회사가 CP 취급 시작 • 1975. 12 종합금융회사에 대한 법률 제정으로 CP 취급기관이 종금사로 확대 • 1981. 6 신종 CP(발행금리 자유화 및 만기 91~180일) 도입 * 일반 CP는 금리규제, 90일 이내 • 1984. 4 증권회사에 신종 CP 취급 허용 • 1988. 12 신종 CP를 대신하여 거액 CP를 도입하고 증권회사에 대한 단기금융업 인가 취소 • 1991. 11 발행금리 및 거액CP 매출금리 자유화 • 1994. 7~1995. 11 금리자유화와 연계, 만기 단축(→30일) 및 최저 액면금액 인하(→1천만) • 1997. 7 CP 종류를 단일화하고 최단 만기 및 최저액면금액 제한 폐지 • 1997. 8 증권회사에 CP 취급 다시 허용 • 1998. 1~3 여신금융회사, 모든 은행 및 투신, 보험회사 등에 CP 할인업무 허용 • 2003. 12~2005. 8 CP 발행의 투명성을 위한 시스템 구축(CP 관련 정보 활용도 증가)	

자료 김경수·노진호(2012), "단기 금융시장 활성화 방안", 하나금융경영연구소, 9월.

주 1 RP시장은 금융회사간 자금중개 시장이다.

2) 콜(Call)시장

단기 금융시장을 구성하는 콜(Call)시장의 개념, 기능, 주요 특징은 각각 다음과 같다.

- 콜(Call)시장의 개요
  1975년 6월 도입, 금융기관들(은행, 증권, 종금, 보험 등)이 일시적인 여유자금을 활용하거나 지준부족 등을 조정하기 위하여 이루어지는 단기 금융시장을 콜(Call)시장이라 하며, 크게 신용콜시장과 담보콜시장으로 분류할 수 있으며, 현재 담보콜거래는 거의 없고 대부분의 콜거래는 신용콜거래 형태로 한국자금중개를 통하여 이루어진다.
- 현황
  - 제1금융권의 은행 간 지급준비물 조절 기능
  - 제2금융권, 기관투자자 및 우량기업 등의 영업자금 조달기능
  - 대부분의 콜거래가 단기콜(15일 이내)이며, 신용거래로 이루어짐
  - '92년 7월 국공채 및 공모사채를 담보로 하는 담보콜제도 도입하였으나 이용되지 않음, 담보콜의 도입 목적은 콜자금 공급자는 콜차입자에 대한 신용위험 노출 방지
    = 금융기관 간 중기자금 수급 조절 목적
  - '96년 7월 한국자금중개㈜ 설립 → 콜거래 중개 개시
    = 국내 은행 간 콜거래는 장외직거래에 의존 → 중개수수료 절감

3) 양도성예금증서(CD)

양도성예금증서(CD : Certificates of Deposit)는 1974년 5월 도입되었는데, 정기예금의 예치를 대가로 예수은행이 발행하는 증서를 말한다. 이 증서(CD)는 소지인에게 원금 및 약정이자를 지급하는 확정이자증권이며, 만기일 이전에 유통시장에서 거래될 수 있는 주요 단기금융수단이다.

여기서 유의할 것은 양도성예금증서(CD) 금리가 은행의 자금조달 비용을 반영하지 못하는 문제가 부각됐다. 상술하면, 은행권 가중평균 자금조달 금리인 코픽스(COFIX)를 산

그림 3-2 콜(Call)시장의 주요 특징

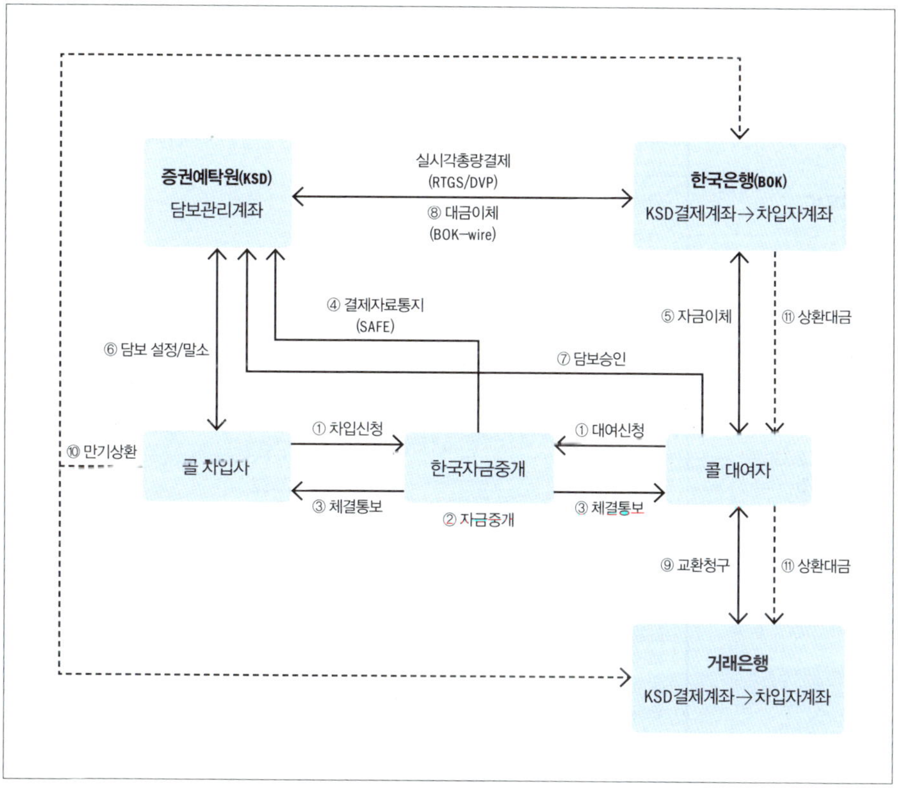

자료 임양택, 「글로벌 금융 패러다임의 변화와 한국 금융산업의 발전방향」, (사)아시아평화경제연구원, 연구총서 NO. 8, Summer 2013.

출해 변동금리 대출의 새로운 기준으로 설정한다.[01] 그러나 2012년 중 양도성예금증서(CD) 금리는 시중금리 하락 추세를 반영하지 못함에 따라 지표금리로서 대표성이 손상됐다. 이러한 양도성예금증서(CD) 금리 산정의 문제점과 담합 가능성이 대두되면서 단기지표금리로서 대표성에 관한 논쟁이 발생했다.[02]

산출하던, 양도성예금증서(CD) 금리를 이해하려면 우선 양도성예금증서(CD : certificate

01 다만 코픽스(COFIX) 구성 상품의 평균 만기가 9~10개월이어서, 만기 1~2년의 운전자금용 기업대출이나 신용대출 등의 경우 양도성예금증서(CD) 금리 연동 대출비중이 아직 높은 상황이다.

02 그러나 금리스왑의 경우 양도성예금증서(CD) 금리가 대부분 변동금리 지표로서 활용되며 단기지표금리 역할을 수행하고 있다.

표 3-4 콜(Call)시장의 주요 특징

1. 관련근거	• 1960년 7월 금융통화운영위원회에서 제도적 기반 마련, 종합금융회사에 관한 법률 제9조 및 동법 시행령 • 콜(Call)거래 중개회사 업무운용지침(재경부), 한국자금중개회사 업무방법서, 자본시장법
2. 목적	중앙은행에 대한 은행 간 지준조정 목적, 비은행금융기관 등 영업자금 조달 및 여유자금 운용시장
3. 거래기간	1일물~최장 90일물까지 분류(대부분 1일물, 지준일 2일물)
4. 거래유형	• 점두거래(over-the counter)→집중거래, 무담보(신용) • 콜(Call)거래 : 대부분의 콜거래 형태 • 담보콜(Call)거래 : 1992년 7월 도입, 담보(자본시장법상 증권, CD, 현금)
5. 거래단위 및 금리	• 최소거래 규모 : 1억 원 • 거래이율 변동 단위 : 0.01% • 지표금리 : 3개 중개기관 부담보콜 1일물 거래금액 가중평균
6. 거래시간	9:00~17:30
7. 거래방식	참가자(전화, 전신, FAX 등으로 CALL 거래 신청접수)→전산시스템(상대체결방식)→자금중개체결→체결
8. 참가자	**자본시장법 제355조 및 동법 시행령 제345조, 금융투자업 규정 제8-78조** 은행, 자금중개회사, 상호저축은행 및 동 중앙회, 신용협동조합중앙회, 새마을금고연합회, 은행신탁, 자산운용회사 및 투자회사, 증권회사, 한국증권금융, 보험회사, 여신전문금융회사, 창업투자회사, 선물회사, 공공자금관리기금, 예금보험공사, 한국자산관리공사, 대한주택보증, 주택저당채권유동화회사, 유동화전문회사, 외국환평형기금, 공적자금상환기금, 한국주택금융공사 등
9. 중개기관	• 한국자금중개(주), 서울외국환중개(주), KIDB자금중개(주) • 무담보콜/담보콜 중개수수료 1억 원당 80원 거래쌍방수수, 월별징수(단, 무담보콜은 총액에서 10~25% 할인) • 매매중개의 경우(매입금리 : bid rate – 매도금리 : offer rate) 수익 반일물 : 외은 – 국내(1억 원당 500원), 국내 – 국내(1억 원당 200원)
10. 자금 공급자	자산운용사(62.4%), 국내 은행(22.4%), 외국 은행(9.8%), 은행신탁(0.9%), 증권회사(2.7%), 기타(1.8%)
차입자	국내 은행(57%), 증권회사(30%), 외국 은행(5%), 종합금융(1%), 기타(9%) : 2009. 1~6월 기준(한국은행 자료)
11. 체결기준	금리, 만기, 금액 등에 대한 호가 우선순
12. 거래금액	거래잔액 약 240,244억 원(2013. 3. 31. 기준)
13. 자금결제	• 차입자와 대여자간에 BOK-wire를 통한 자동이체처리 및 거래은행을 통한 교환청구 • 반일물콜(오전 9시부터 10시 50분까지 신청/오후 2시 5분 상환) (오전 11시 10분부터 오후 1시 50분까지 신청/오후 4시 5분 상환)
14. 만기상환	• 콜거래 시 콜어음을 당일 교환청구 익일 상환(오전 11시 결제) • 한국은행 금융망 콜거래시스템 이용 시(오전 11시 5분 결제) 비은행금융기관에서 은행으로 콜자금 수수는 결제전용계좌 이용

자료 임양택, 「글로벌 금융 패러다임의 변화와 한국 금융산업의 발전방향」, (사)아시아평화경제연구원, 연구총서 NO. 8, Summer 2013.

of deposit)가 무엇인지 알아야 한다. 양도성예금증서(CD)는 은행들이 단기 자금을 조달하기 위해 발행하는 일종의 정기예금으로서 일반 채권처럼 증권회사를 통해 만기 이전에 언제라도 사고팔 수 있는 특징을 가진 금융상품이다. 즉, '정기 예금의 성격을 가지면서 증서 형태로 발행돼 언제든지 양도할 수 있는 금융상품'이다.

그런데 요구불 예금(수시 입·출금식 예금)은 입·출금이 자유롭기는 하지만 이자율이 너무 낮은 반면에 정기예금은 상대적으로 이자율이 높지만 만기 전에 중도 해지(解止)하면 상당한 수수료를 물어야 한다. 따라서 양도성예금증서(CD)는 이자율은 제법 높으면서 언제든지 중도 해지(解止)하여 수수료 부담 없이 자금을 회수할 수 있는 제3의 금융상품이다.

은행의 입장에서도 양도성예금증서(CD)는 편리한 도구이다. 여러 차례 거래가 이뤄져 양도성예금증서(CD) 보유자가 바뀌더라도 만기(보통 3개월)가 닥치기 전까지는 은행은 돈을 내주지 않아도 되기 때문에 단기자금을 조달하는데 편리한 금융상품이다. 양도성예금증서(CD)는 요구불 예금보다 금리가 높지만 만기가 길지 않으니 이자 부담이 크지 않다.

상기한 양도성예금증서(CD)의 개념을 갖고 이제 '양도성예금증서(CD) 금리'의 개념을 쉽게 이해할 수 있다. 양도성예금증서(CD) 발행은 은행이 하지만, 시장에서의 양도성예금증서(CD) 거래는 증권회사가 담당한다. 따라서 '양도성예금증서(CD) 금리'란 양도성예금증서(CD)가 발행되어 유통시장에서 거래될 때 적용되는 금리, 즉 양도성예금증서(CD)의 거래 가격을 뜻한다. 양도성예금증서(CD)에 대한 수요가 많을 때 양도성예금증서(CD) 금리는 하락하고, 양도성예금증서(CD) 공급이 상대적으로 많을 때는 양도성예금증서(CD) 금리가 상승한다.

여기서 유의할 것은 금융시장에서 대출 금리나 다른 금융상품의 금리를 정하는 기준으로 양도성예금증서(CD) 금리가 많이 사용된다는 점이다. 상술하면, 양도성예금증서(CD) 금리를 대출 금리의 기준으로 삼을 경우, 양도성예금증서(CD) 거래를 중개하는 10개의 증권회사가 매일 양도성예금증서(CD) 유통 금리를 금융투자협회에 보고하고, 이 중 극단 값(가장 높은 금리와 가장 낮은 금리)을 제외한 나머지 8개 양도성예금증서(CD) 유통 금리의 평균값이 다음 날 대출 기준금리로 사용된다.

이제, 상기한 '양도성예금증서(CD) 금리' 개념을 인식하면서, 양도성예금증서(CD) 금리가 어떻게 국가경세에 영향을 주는지를 살펴보려 한다. 대출을 받을 때 이자를 결정 및 부과하는 방식에 따라 두 가지의 대출, 즉 고정금리 대출과 변동금리 대출로 나눌 수 있다. 만약 대출받을 때 미리 정한 금리대로 대출이자를 내면 '고정금리 대출'이라고, 시장금리가 오르고 내리는 데 따라 대출이자가 늘고 줄면 '변동금리 대출'이라고 각각 부른다. 한국에서는 변동금리 대출을 받을 때 양도성예금증서(CD) 금리를 기준으로 하는 경우가 많다. 물론, 기준이 되는 금리(예를 들어 CD 금리)를 그대로 적용하는 것은 아니고, 채무자의 신용도나 금융 시장의 전망에 따라 일정 수준의 가산금리를 덧붙여 최종 금리를 정하게 된다.

금융감독원 자료를 보면 한국의 은행 대출 규모는 약 1,080조 원 정도인데, 이 가운데 72.6% 정도가 변동금리 대출이다. 그리고 변동금리 대출 가운데 거의 50% 정도가 양도성 예금증서(CD) 금리에 연동돼 있는데, 그 규모가 324조 원에 달한다. 따라서 양도성예금증서(CD) 금리가 오르면 양도성예금증서(CD) 금리에 연동된 변동금리 대출을 받은 가계와 기업의 이자 부담이 그만큼 증가하게 된다.

또한, 양도성예금증서(CD) 금리는 최근 금융시장에서 거래가 크게 늘고 있는 신용파생 금융상품 시장에도 큰 영향을 끼치고 있다. 이자율과 관련된 장내 및 장외 신용파생금융 상품의 경우 양도성예금증서(CD) 금리가 변동금리 지표로써 활용되고 있다.

양도성예금증서(CD) 금리 이외에도 다른 금융상품의 금리를 정하는 기준 역할을 하는 금리로서 한국의 경우 코픽스(COFIX), 코리보(Koribor), 통화안정증권 금리, 금융채 금리 등이 있다. 그러나 양도성예금증서(CD) 금리 이외의 다른 금융상품들의 금리들은 양도성 예금증서(CD) 금리만큼의 영향력을 갖고 있지 못하고 있다.

- 코픽스(COFIX)는 은행들이 자금을 조달할 때 지불한 이자율을 평균해 산출하는 '자금조달 비용지수'이다. 국내 9개 은행의 자금조달 관련 정보를 기초로 산출된다. 최근에 코픽스(COFIX)는 양도성예금증서(CD) 금리 대신에 은행 변동금리대출의 기준금리로 사용되는 빈도가 빠르게 증가하고 있다.
- 코리보(Koribor)는 은행끼리의 자금거래시장에서 적용되는 단기 기준금리이다. 코리보(Koribor)는 리보(LIBOR) 금리의 '한국판'이지만, 양도성예금증서(CD) 금리에 비하여 사용 비중이 현저히 떨어진다.
- 리보(LIBOR : London Inter-Bank Offered Rate, 런던 은행 간 금리)는 미국이나 유럽의 경우 변동금리의 기준으로 가장 많이 사용한다.
- 통화안정증권 금리는 한국은행이 시중의 통화량을 조절하기 위해 발행하는 채권인 통화안정증권 거래에 적용되는 금리이다.
- 금융채 금리는 은행, 증권사, 여신전문금융회사 등이 발행하는 채권 거래에 적용되는 금리이다.

4) 환매조건부 채권 매매(Repo)시장

(1) 개요

환매조건부 채권 매매(Repo : Repurchase Agreement) 거래의 발달과정은 다음과 같다. 최초의 환매조건부 채권 매매(Repo) 거래는 1918년 미국 연방준비제도이사회가 은행인수환어음(BA : Banker's Acceptance)시장을 육성하기 위하여 딜러에 대하여 은행인수환어음(BA) 매입자금을 환매조건부로 지원하면서 도입되었다.

한국의 경우, 1969년 2월 한국은행이 금융기관의 환매조건부 채권 매매(Repo)의 거래를 하면서 도입되어 1977년 2월 증권금융, 1980년 2월 증권회사 환매조건부 채권 매매(Repo) 업무 취급, 1982년 9월 은행의 환매조건부 채권 매매(Repo) 매입업무 허용, 1983년 3월 체신관서, 1997년 7월 종합금융회사 매매업무 취급, 1994년 11월 콜시장 참가기관 매매 허용, 1997년 3월 자금중개기관 중개 허용, 2002년 2월 한국거래소 장내 환매조건부 채권 매매(Repo)시장 개설, 2007년 12월 금융공기업 거래 대상기업 추가 및 2002년 1월 환매조건부 채권 매매(Repo) 거래에 대한 만기, 거래금액, 금리, 거래조건 등에 관한 제한이 완전히 폐지되었다.

전술한 배경하에서, 환매조건부 채권 매매(Repo)시장은 일정한 기간이 경과한 이후에 정해진 가격으로 매도자가 다시 매입하기로 하는 조건으로 증권을 매매하는 시장을 의미한다. 환매조건부 채권 매매(Repo) 거래는 증권의 매매형태로 이루어지나 실제로는 단기자금 조달 목적으로 보유한 증권 등을 운용수단으로 활용된다.

외국에서는 우량은행과 같이 콜(Call)시장에서 자신의 신용으로 무(無)담보거래 형태의 콜(Call)시장에 참여할 수 없는 제2금융권, 기관투자사 및 기업 등이 자신이 보유한 증권을 담보로 제공하고 낮은 금리로 자금을 차입하는 구조이나, 환매조건부 채권 매매(Repo)의 대상으로는 채권, 주식 및 부동산 등도 가능하다. 한국에서는 주로 가치변동이 적은 채권을 담보로 주로 활용되고 있다.

환매조건부 채권 매매(Repo) 거래는 법적으로 담보부 소비대차설과 증권매매설이 있으나 한국에서는 증권의 매매로 보고 자본시장법에서 투자매매업의 인가를 받도록 되어 있다. 또한, 환매조건부 채권 매매(Repo) 거래는 파산관재인의 부인권행사 대상에서 제외되어 담보처분을 통한 채권회수가 가능하다.

표 3-5 자금시장 대안 지표금리별 장·단점 비교

금리	장점	단점
통안증권(91일물)	• 거래량이 많아 단기자금시장 상황을 잘 반영 • 공정성 높고, 매일 공시(금융투자협회)	• 무위험금리로 금융기관의 신용위험을 미반영
은행채(3개월)	• 금리스왑거래의 주거래자인 은행의 신용위험 반영 • 매일 공시(민간평가기관)	• 은행채 발행 만기 제한(1년 이상)으로 3개월물 발행금리 산출이 곤란
KORIBOR(3개월)	• LIBOR와 유사한 방식으로 국제적 통용성이 높은 편 • 매일 공시(연합인포맥스)	• 은행들의 호가에만 의존하는 문제
RP금리(3개월)	• 은행, 제2금융권 등 모든 금융기관의 실거래 금리 반영 • 매일 공시(예탁결제원)	• 국내 RP거래가 7일 이내 초단기물에 편중 • 담보부거래로 금융기관의 신용위험을 잘 반영하지 못함
단기 코픽스(COFIX)	• 은행 자금조달사정 및 신용리스크 반영도가 높음 • 조작가능성은 적은 편	• 매주 1회 고시로 자금시장 상황을 실시간 반영하지 못함(후행성)

자료 금융위원회 ; 김완중(2012), "CD금리 논쟁과 단기지표금리 육성", 하나금융경영연구소, 9월.

그림 3-3 CD금리 논쟁 이후 정부 대응책

단기지표금리 개선 논의

코픽스(Cofix)의 개선

- 기존 코픽스(COFIX)는 기업대출 등 단기변동금리 상품에 적용하는 데 한계
- 은행 수신의 조달금리 반영속도와 평균 만기를 줄인 단기 코픽스(COFIX) 도입으로 기업대출 및 일부 신용대출 등에서 CD금리를 대체
- 작성대상, 공시주기, 단기 코픽스(COFIX) 산정대상 상품 등 기술적 문제를 해결
- 코픽스(COFIX)는 은행 수신금리를 기반으로 산정돼 산출과정에 대한 감독 강화가 필요
- 소비자 선택권 보호 감안 시 장기적으로 CD연동 대출 허용 여부는 논란

CD금리 관련 제도 개선

- CD발행 내역의 비공식적 집계·유통으로 속보성 및 정확성이 결여되고 호가 위주 금리 산정으로 시장금리와 괴리 현상 발생
- CD금리의 필요성
  - 기존의 CD금리 연동대출, 금리관련 장외파생상품, 코픽스(COFIX) 금리의 후행성
- 금리산정의 제도적 보완
  - 유사상품 참고해 금리 제시, 보고회사 확대, 금융투자업 규정에 근거해 수익률 보고, PD산정 시 인센티브 제공, 공시강화 및 시스템 구축
- CD발행 정상화
  - CD연동대출 및 총수신 비례방식 등으로 일정 규모의 CD발행을 유도

자료 김완중(2012), "CD금리 논쟁과 단기지표금리 육성", 하나금융경영연구소, 9월.

(2) 발전 방향

담보콜, 담보대출, 환매조건부 채권 매매(Repo)시장 등을 비롯한 모든 담보부시장을 환매조건부 채권 매매(Repo)시장으로 통합하여 '규모의 경제'(Economies of Scale)를 실현하는 것이 바람직할 것이다. 왜냐하면 환매조건부 채권 매매(Repo)시장의 규모를 키워 단기 금융시장의 금리지표로 활용하고 담보부시장의 확충을 통한 단기 금융시장의 위기 시(時)에 충격을 완화하는 기능을 수행할 수 있어야 할 것이기 때문이다.

예로서 '유로·Repo'와 같이 담보증권을 특정종목으로 한정하지 않는 대신에 사전에 합의한 범위 내에서 유사한 종류의 증권으로 교체가 가능하도록 한 GC(General Collateral) Repo 거래를 도입 및 활성화할 수 있기 때문이다.

또한, 담보의 양도 등에 대한 다양한 상품이 개발되어야 할 것이다. 즉 다양한 만기의 상품을 개발하여 단기 금융시장 리스크를 세분화함으로써 시장충격을 줄여야 할 것이다.

그림 3-4 환매조건부 채권 매매(Repo) 거래 업무

개요

Repo거래 환매서비스기관으로서의 거래체결 후 거래에 수반되는 결제, 증권의 보관, 관리, 일일정산 및 수익지급 등의 서비스 업무이다.

세부처리 절차

1. Repo거래 체결 : 매도자 마수자가 Repo거래 체결을 위한 제조건을 사전에 당사자 간 약정 체결
2. 기본사항 입력 : 매도자가 사전에 약정한 Repo거래내역을 당원 Triparty Repo시스템에 입력, 매수자는 매도자가 입력한 내용이 사전에 약정한 내용과 일치하는지를 확인 후 동의
3. 입력자료 일치 : 양 당사가 입력한 자료가 일치하면 당원 Repo번호를 생성
4. 결제채권 충족여부 확인 : 매도자의 계좌부로부터 결제대상 매입채권의 충족여부 확인하고, 결제채권이 충족하지 않을 경우 체결상태로 대기, 결제채권이 충족되면 해당채권을 매수자가 매수대금을 입금할 때까지 해당증권 처분제한 함
5. 결제 : 매수자가 결제대금을 입금하면 매도자 예탁자계좌부에 대기하고 있던 채권을 매수자 계좌로 이동
   - 매도자의 예탁자계좌부에서 매도채권을 감소기재 및 매수자의 Repo계좌부에 해당채권을 증가기재

업무 흐름도

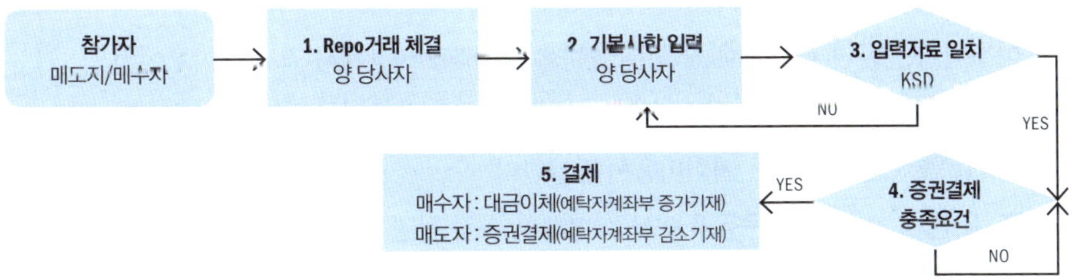

자료 임양택, 「글로벌 금융 패러다임의 변화와 한국 금융산업의 발전방향」, (사)아시아평화경제연구원, 연구총서 NO. 8, Summer 2013.

5) 신용파생금융상품시장

(1) 신용파생금융상품의 개념

신용파생금융상품(Credit Derivatives)이란 차입자 또는 발행자의 신용에 따라 가치가 변동하는 기초금융자산의 신용위험을 분리하여 이를 다른 거래상대방에게 이전하고 그 대가로 프리미엄을 지급하는 금융상품이다. 신용파생금융상품의 거래에서 가장 중요한 것은 신용위험이 실제 발생하였는지를 나타내는 신용사건(Credit Events)의 종류 및 내용을 정하고 발생시점을 정하는 것이다.

신용사건(Credit Events)의 정의와 종류는 국제스왑 및 파생금융상품협회(ISDA : International Swaps and Derivatives Association)에서 마련한 다섯 가지 사항의 표준안을 참고하여 거래당사자가 매매계약 시(時) 약정한다. 거래당사자는 신용위험을 회피하기 위하여 신용위험을 넘기고 프리미엄을 지급하려는 보장매입자(Protection Buyer)와, 신용위험을 떠안으면서 그 대가로 프리미엄을 수취하려는 보장매도자(Protection Seller)로 구성된다.

다시 말하면, 신용파생금융상품(Credit Derivatives)이란 모든 자산의 가치 변동성(주가, 주가지수, 환율, 금리, 현물, 신용리스크 등) 또는 리스크 변동성을 예측하여 가치변화에 따른 조건부 금융상품을 개발하여 다양한 만기구조 및 투자자들의 니즈(needs)에 부합하는 맞춤형 금융상품을 개발하여 기관투자자 등 전문투자자와 개인투자자에게 상기 조건부 금융상품을 판매하여 필요한 자금을 조달하는 방식이다. 신용파생금융상품의 가장 큰 특징은 투자자금이 실제 투자상품과는 괴리되어 운영된다는 점이다.

신용파생금융상품(Credit Derivatives)을 이해하기 위해서는 선도계약(Forward Contracts), 선물(Futures), 옵션(Options), 스왑(Swaps)에 대한 기본적인 개념을 명확하게 이해해 둘 필요가 있다.

우선, 선도계약(Forward Contracts)과 선물(Futures)의 개념적 차이는 다음과 같다. 상기 두 개념은 기초금융자산을 미래의 특정 시점에서 특정 가격으로 사고팔기로 약정하는 계약의 성격은 동일하다. 그러나 선도계약(Forward Contracts)은 일반적으로 거래당사자 간에 장외거래로 이루어지는 반면에 선물(Futures)은 표준화된 거래소시장에서 거래가 이루어진다. 거래시점에는 계약만 이루어지며 계약이행을 보증하기 위하여 증거금을 거래소에 납입해야 하는 등 자금운용 제약에 따른 기회비용이 발생한다.

다음으로, 옵션(Options)은 기초금융자산을 미래의 특정 시점 또는 특정 기간에 특정한 행사가격으로 매입(Call)하거나 매도(Put)할 수 있는 권리를 사고파는 계약이다. 옵션계약은 거래시점에서 프리미엄을 지급한다는 점에서 선도계약(Forward Contracts) 및 선물

(Futures)과 다르다.

옵션(Options)은 기초금융자산의 가격변화에 대하여 비(非)대칭적 손익구조(Asymmetric Payoffs)를 가진다. 여기서 '비(非)대칭적 손익구조'라 함은 예를 들어 콜 옵션의 경우 기초금융자산의 가격이 행사가격(Exercise Price)에 프리미엄(옵션가격)을 더한 가격보다 높을 경우 그 차액이 순이익이 될 것이므로 기초금융자산 가격이 상승하게 되면 그에 비례하여 수익이 커지는 반면에 기초금융자산 가격이 하락할 경우에 매입권리 행사를 포기함으로써 손실규모가 프리미엄 수준으로 한정된다.

한편, 스왑(Swaps)은 어떤 두 개의 금융자산 또는 부채에 파생되는 미래의 현금흐름(Cash Flow)을 교환하기로 하는 계약으로 서로 다른 통화표시 채무의 원리금 상환을 교환하기로 하는 통화 스왑(Currency Swaps)과, 변동금리채무와 고정금리채무 간의 이자 지급을 교환하기로 하는 금리 스왑(Interest Rate Swaps)으로 구분된다.

(2) 신용파생금융상품의 유형

신용파생금융상품(Credit Derivatives)의 유형을 장내·외 거래로 나누어 특징별로 요약하면 〈표 3-6〉과 같다.

국제 신용파생금융상품(Credit Derivatives)시장에서는 일반적으로 신용파생금융상품(Credit Derivatives)을 신용위험이 내재된 준거자산(reference portfolio, 은행대출 또는 신용위험이 있는 유가증권) 발행기관 또는 준거기업의 수에 따라 두 가지, ① '단일계약(single name) 신용파생금융상품'과 ② '복수계약(multi-name) 신용파생금융상품'으로 나눌 수 있다.

우선, 준거자산(reference portfolio, 은행대출 또는 신용위험이 있는 유가증권) 발행기관이 하나인 '단일계약(single name) 신용파생금융상품'에는 비교적 표준화된 상품구조를 갖고 있는 단일계약(single name) 신용파산스왑(CDS : Credit Default Swaps)과 총수익스왑(TRS : Total Return Swaps) 등이 있다.

다음으로, 다수의 준거기업이 발행한 채권 또는 대출자산 등을 대상으로 하는 '복수계약(multi-name) 신용파생금융상품'에는 바스켓파산스왑(BDS : Basket Default Swap), 포트폴리오파산스왑(PDS : Portfolio Default Swap), 합성 담보부 증권(Synthetic CDO : Collateral Debt Obligation) 등이 있다.

한편, 신용연계채권(CLN : Credit Linked Notes)은 신용위험의 대상이 되는 준거기업의 수가 하나일 수도 있으며 다수일 수도 있다.

표 3-6 신용파생금융상품의 유형

구분	장내거래	장외거래
거래조선	• 발행금액, 거래단위, 결제조건 등의 표준화	• 거래 당사자가 합의하여 결정
거래장소	• 거래소, 중개기관	• 대부분 딜러/브로커 등을 통한 전화 등 거래
참가자	• 거래소 회원만 거래, 기타 참가자 중개거래	• 제한 없음
상대방	• 거래소	• 상대편 거래당사자
결제방법	• 일일정산하며 대부분 만기이전에 반대매매를 통한 차액만 정상	• 대부분 만기에 현물을 인수도
증거금	• 거래소/결제기관에 증거금 예치	• 딜러나 브로커가 고객별 신용한도를 설정하거나 담보금 예치를 요구
통화상품	• 통화선물(Currency Futures) • 통화선물옵션(Currency Futures Options)	• 선물환(Forward Exchange) • 통화 스왑(Currency Swaps) • 통화옵션(Currency Options)
금리상품	• 금리선물(Interest Rate Futures) • 금리선물옵션(Interest Rate Futures Options)	• 선도금리계약(Forward Rate Agreements) • 금리스왑(Interest Rate Swaps) • 금리옵션(Interest Rate Options) : 금리상한(Caps), 하한(Floors), 상하한(Collars) • 스왑션(Swaptions)
주식상품	• 주식옵션(Equity Options) • 주가지수선물(Equity Index Futures) • 주가지수옵션(Equity Index Options) • 주기지수선물옵션(Equity Index Futures Options)	• 주식옵션(Equity Options) • 주식스왑(Equity Swaps)
신용상품		• 신용파산스왑(Credit Default Swaps), 신용파산옵션(Credit Default Option), 총수익스왑(Total Return Swaps), 신용연계채권(Credit Linked Notes), 손실우선부담(First to Default/First Loss), 합성부채담보부증권(Synthetic Collateral Debt Obligations/Synthetic Collateralized Loan Obligations)
파생결합증권	• 파생결합증권(Derivatives Linked Securities) • 주가연계증권(Equity Linked Securities) • 주식워런트증권(Equity Linked Warrant)	• 파생결합증권(Derivatives Linked Securities), 주가연계증권(Equity Linked Securities) • 주식워런트증권(Equity Linked Warrent), 파생결합사채(Derivative Linked Bond)
기타파생결합상품	• 상장지수펀드(Exchange Traded Fund) • 합성 ETF • 증권형 크라우드 펀드(Crowd fund)	• 주가연계펀드(Equity Linked Fund) • 주가연계예금(Equity Linked Deposit) • 금리연계상품 – 파워스프레드구조화채권, CMS Spread Accrual Note, Capped FRN(금리상한과 금리), Floored FRN(금리하한 금리), Range Accrual Note(시장금리범위), Inverse FRN(고정금리–변동금리), Dual Indexed FRN(두가지 지수와 금리) • 통화연계상품 – FX Linked Note, Dual Currency Note • 귀금속, 금속, 에너지상품 등 다양한 기초자산을 이용한 파생상품 발행

자료 임양택, 「글로벌 금융 패러다임의 변화와 한국 금융산업의 발전방향」, (사)아시아평화경제연구원, 연구총서 NO. 8, Summer 2013.

① 신용파산스왑(CDS : Credit Default Swaps)

신용파산스왑(CDS)은 디폴트(Default) 위험을 매매하는 장외(場外) 신용파생금융상품으로서 신용사건이 발생하여 채권보유자가 채권발행자로부터 원리금을 받지 못할 경우 손실보전을 약속한 금융회사가 대신 갚아주는 계약이다.

신용파산스왑(CDS)은 원래 은행들이 고유업무인 대출로부터 발생되는 신용위험의 분산, 위험자산 축소를 통한 자기자본비율(CAR)의 효율적 관리를 위하여 사용한다. 신용파산스왑(CDS)을 이용하면 은행 대출자산 등을 실제로 매각하지 않고서도 '보장매입'을 통해 신용위험을 상대방에게 전가한다. 신용파산스왑(CDS)을 활용하여 신용위험만을 이전하면 대출 등 신용자산을 대차대조표상에 그대로 남겨둔 채 이를 유동화한 것과 유사한 결과를 얻을 수 있으므로, 고객관계 관리와 위험관리를 분리하는 것이 가능하다.

신용파산스왑(CDS) 프리미엄은 변동금리부로 표시된 LIBOR + α의 α에 해당하는 값으로 기초금융자산 발행기관 및 보장매도자의 신용위험, 신용사건 발생 시(時) 예상 원리금 회수율, 금융시장 상황 등을 고려해 결정한다. 기초금융자산 발행기관의 신용위험이 높을수록, 보장매도자의 신용위험이 높을수록, 신용사건 발생 시(時) 기초금융자산의 원리금 회수율이 낮을수록 프리미엄이 상승한다. 보장매도자의 신용위험은 보장매도자의 부도 등으로 신용파생상품 계약이 이행되지 못할 우려, 즉 거래상대방(counterparty) 위험을 반영한다.

신용파산스왑(CDS) 거래상 기초금융자산 대부분이 구조화된 금융상품(MBS, CDO 등)과 고(高)수익 채권이기 때문에 실물경기 위축이 지속될 경우 추가적인 손실이 불가피하다. 신용파생금융상품(Credit Derivatives)의 가격인 프리미엄은 일반적으로 변동금리부로 표시되며 준거기업 및 보장매도자의 신용위험, 신용사건 발생 시(時) 원리금의 예상회수율, 금융시장 상황 등에 의해 결정된다.

따라서 대표적 신용파생상품인 신용파산스왑(CDS)의 경우 시장 감독 미비, 계약 이행의 신뢰 저하, 손실규모 추정의 불확실성 등으로 위험성이 높다. 향후 신용파산스왑(CDS) 거래 청산과정에서 발생하게 될 거래 불투명성으로 인한 부정적 파급효과도 문제가 될 수 있다.

따라서 신용파산스왑(CDS)의 경우 주요 은행들이 중앙청산소(Clearing House)를 통해 거래하는 방안에 합의(2008. 6. 9)하였으나, 실제 이행여부는 불투명하다. 국내 금융회사의 경우에도 신용파생금융상품 거래 증가로 인한 위험부담이 높아지고 있어 위험관리역량의 제고가 필요하다.

예로서, 복잡한 신용파생금융상품의 위험구조를 제대로 이해하지 못할 경우 2008년 KIKO 사태와 같은 피해 상황이 재연될 가능성이 크다. KIKO에 가입했었던 기업 중 수출

대금을 초과하여 과도한 거래를 했을 경우 환율상승에 따른 환차익을 상회하는 KIKO 손실로 인해 어려움에 직면했었다.[03]

단일계약(Single-name) 신용파산스왑(CDS)은 보장매입자(신용위험 매도자)가 보장매도자(신용위험 매입자 또는 투자자)에게 일정 기간 단위로, 또는 1회의 수수료를 지급하고 준거기업의 신용사건 발생 시(時) 손실의 전부 또는 일부를 보상받기로 하는 쌍방간 계약이다.

만약 준거기업에게 부도 등 사전에 약정한 신용사건이 발생하면 보장매도자는 신용문제 발생으로 인한 준거자산의 가치하락분을 현금으로 보상(현금결제, cash settlement)하거나 혹은 해당 준거자산을 가치 하락에도 불구하고 액면가에 매입하여야 한다(현물결제, physical settlement). 신용파산스왑(CDS)에서는 거래체결 시점에서 계약상의 원금(손실에 대한 보장금액)이 지급되지 않기 때문에 일반적으로 신용파산스왑(CDS)은 자금조달이 수반되지 않는 구조(unfunded structure)를 가지고 있다.

이상을 종합하면, 신용파산스왑(CDS)은 당사자 일방(보장매입자)의 신용위험 포지션을 상대방(보장매도자)에게 이전하는 수단이라고 할 수 있다. 준거자산(reference portfolio, 은행대출 또는 신용위험이 있는 유가증권) 보유자는 신용파산스왑(CDS)을 체결하여 일정 기간 동안 보장매도자에게 고정 수수료를 지급함으로써 준거기업의 신용위험을 보장매도자의 신용위험(거래상대방 위험)으로 대체하는 효과를 얻게 된다.

신용파산스왑(CDS)은 모든 신용파생금융상품의 근간을 이루는 상품으로 그 성격은 지급보증과 유사하며, 보장매입자는 보장매도자에게 정기적으로 일정한 수수료를 지급하고 그 대신 계약 기간 동안 기초금융자산에 신용사건이 발생할 경우 보장매도자로부터 손실액 또는 사전에 합의한 일정금액을 보상받거나 문제가 된 채권을 넘기고 채권원리금을 받기도 하며, 신용사건(Credit Events)이 발생하지 않으면 보장 매입자는 수수료만 지급한다.

일반적으로 신용사건(Credit Events)이 발생하면 실물인도/현금결제에 의하여 신용파산스왑이 정산되며, 실물인도 거래는 보장매입자는 보장매도자에게 실물을 인도하고 기초자산의 액면가, 즉 계약 명목원금(Notional Principal)을 받는다.

현금결제를 하는 경우에는 기초금융자산의 명목원금과 평균 시장가격과의 차이가 정산금액이 되며, 기초자산의 평균가격은 신용사건(Credit Events)이 발생한 후 일정 기간이 지난 시점에서 평가대리인들이 문제가 된 채권 호가의 조사 또는 입찰을 통하여 계산

03 예로서 코스닥상장업체인 '태산 LCD'는 KIKO 손실로 인해 법정관리를 신청했다(2008. 9. 16). 2008년 상반기에 매출 3,441억 원, 영업이익은 114억 원을 기록하였으나, KIKO 손실로 2008년 상반기에만 667억 원의 당기순손실을 기록하며 흑자도산되었다.

그림 3-5 신용파산스왑(CDS)의 기본 구조

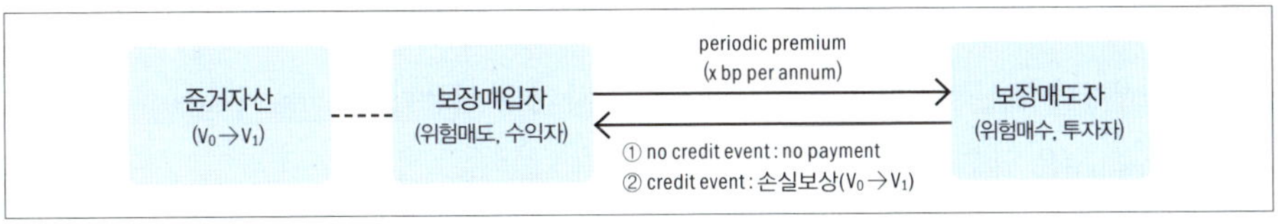

그림 3-6 신용파산스왑(CDS)의 거래 구조 1

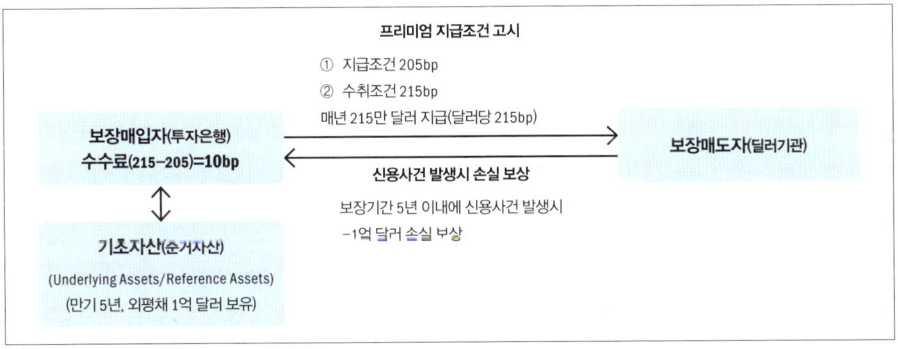

그림 3-7 신용파산스왑(CDS)의 거래 구조 2

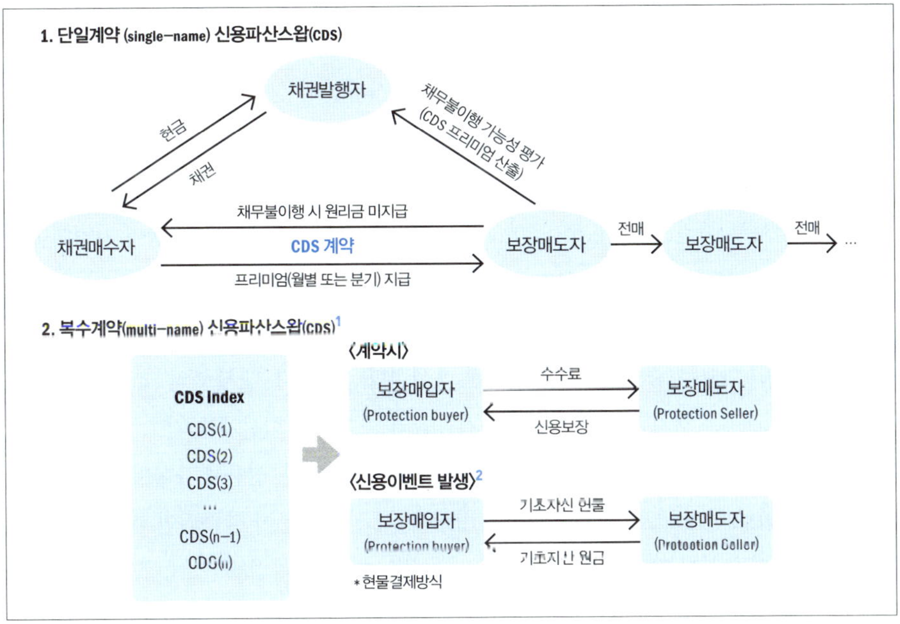

자료 서동우(2007), "고수익채권시장의 동향과 시사점"(기업금융리뷰 제29호), 산은경제연구소.
임양택, 「글로벌 금융 패러다임의 변화와 한국 금융산업의 발전방향」, (사)아시아평화경제연구원, 연구총서 NO. 8, Summer 2013.

주 1 복수계약(multi-name CDS 또는 CDS Index)은 단일계약 CDS(single-name CDS)의 집합으로서 개별 기초자산의 신용사건 발생 시 손실을 보상.

2 신용사건이 발생하는 경우 통상 보장매도자(CDS 매도, 신용위험 매입)는 보장매입자(CDS 매입, 신용위험 매도)로부터 기초자산을 계약가격으로 인수하거나(physical settlement), 계약가격과 시장가격 간 차액을 현금으로 지급하는(cash settlement) 방법으로 보상.

하게 된다.

한편, 신용파산스왑(CDS)이 다음 순서로 살펴볼 총수익스왑(TRS)과 다른 점은 보장매도자(또는 투자자)가 신용위험만을 인수하며 준거자산의 시장위험(market/price risk of reference obligation)은 인수하지 않는다는 것이다.

② 합성 담보부 증권(Synthetic CDO)

합성 담보부 증권(Synthetic CDO : Collateralized Debt Obligation)은 신용파산스왑(CDS) 등의 신용파생거래를 이용하여 다수의 대출채권 및 일반채권 등 준거자산(reference portfolio, 은행대출 또는 신용위험이 있는 유가증권)에 내재된 신용위험을 별도로 설립된 딜러/SPV에 이전하고 딜러/SPV는 동 신용위험과 연계된 신용도가 각기 다른 계층의 유가증권을 발행하여 투자자를 대상으로 매각하는 형태를 갖춤으로써 전통적인 Cash CDO와 유사한 현금흐름을 창출하는 효과를 가진 구조화된 금융상품(structured financial product)이다.

다시 말하면, 넓은 의미에서 합성 담보부 증권(Synthetic CDO)은 '신용파생금융상품(Credit Derivatives)(신용위험의 이전) + Cash CDO(여러 계층(tranche) 구조의 증권)'로 정의할 수 있다. 상술하면, 준거자산 보유자의 입장에서 보면 합성 담보부 증권(Synthetic CDO)은 실제 현금 유입(협의의 유동화)이 일어나지 않는 점(unfunded의 경우)에서 현금이 유입되는 전통적인 Cash CDO와 기본적으로 구별된다. 그러나 준거자산의 신용위험을 투자자에게 이전함으로써 준거자산을 거의 현금 동일(cash equivalent) 자산으로 변경하는 유동화의 목적은 달성하게 되므로 합성 유동화(synthetic securitization)로 볼 수 있다.

'합성 담보부 증권'(Synthetic CDO : Collateralized Debt Obligation)은 은행이 기업대출에 내재된 채무불이행 위험을 전가하기 위해 특수목적기구(SPV)와 신용파산스왑(CDS) 계약을 맺어 프리미엄을 지급하는 대신에 신용위험을 이전하는 신용파생상품(CDS)과 구조화된 금융상품인 담보부 증권(CDO)이 연계된 파생결합상품이다. 대부분의 '합성 담보부 증권'(Synthetic CDO)은 경기변동에 민감한 투기등급의 중소기업 회사채를 기초금융자산으로 하고 있어 금융권 내 추가 손실상각 발생 가능성이 크다. 또한, 신용평가회사의 신용등급 설정기준 강화로 인해 구조화된 채권(MBS, CDO 등)의 신용등급이 강등되면 채권가격 하락 등에 따른 투자손실이 커지게 된다.

한편, 합성 담보부 증권(Synthetic CDO)의 기본적 발행구조는 Cash CDO의 경우와 마찬가지로 통상 신용위험에 대한 노출 정도에 차이가 있는 세 가지 계층(tranche)의 채권(notes)과 지분(equity)으로 구성된다. 즉, 합성 담보부 증권(Synthetic CDO)은 은행대출 또는 신용위험이 있는 유가증권인 준거자산(reference portfolio)의 손실 발생 위험이 각 계층

그림 3-8 합성 담보부 증권(Synthetic CDO)의 기본 구조

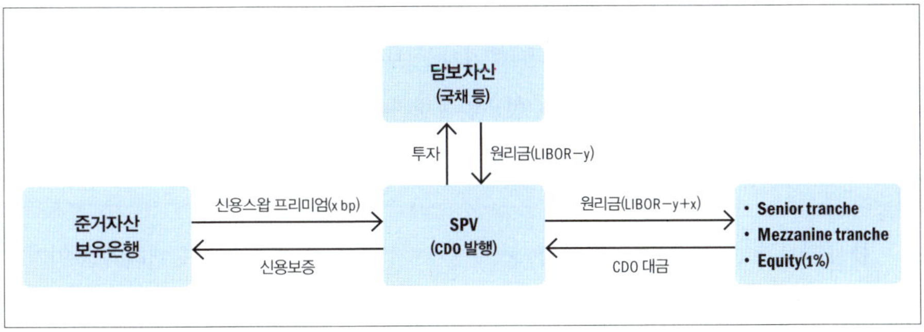

그림 3-9 합성 담보부 증권(Synthetic CDO)의 거래 구조

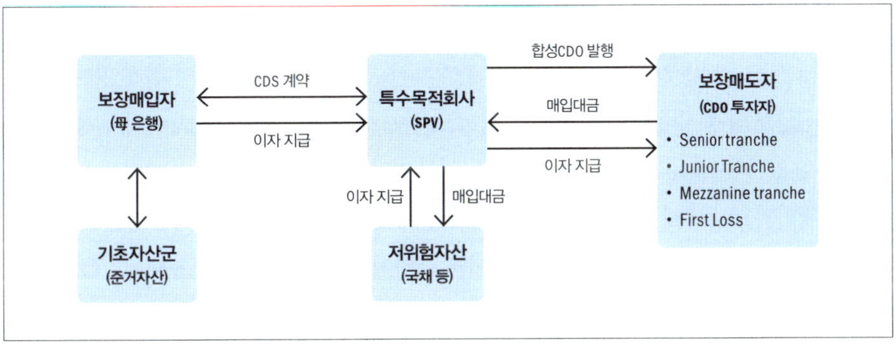

의 순위(seniority)에 따라 순차적으로 적용되는 구조를 가진다. 준거자산 포트폴리오에 포함된 기업대출이 부도 등으로 손실을 초래할 경우, 이 손실은 먼저 지분(equity) 투자자가 부담하고 다음으로 메자닌 투자자(mezzanine tranche),[04] 마지막으로 선순위투자자(senior tranche)가 부담한다.

준거자산 보유자의 입장에서 보면, 합성 담보부 증권(Synthetic CDO)은 실제 현금 유입

04 주식과 채권의 사이에 놓여있는 주식관련 채권에 대한 투자자를 일컫는다. 이것은 다시 3. 장기 금융시장(자본시장)의 2) 대체자산 시장 중에서 (1) 사모펀드 시장을 논술할 때 상세히 설명될 것이다.

이 일어나지 않는 점(unfunded의 경우)에서 현금이 유입되는 전통적인 현금 합성 담보부 증권(Cash CDO)과 기본적으로 구별된다.

합성 담보부 증권(Synthetic CDO)은 준거자산 보유자가 대출채권을 딜러/SPV에 실제로 양도하지 않고, 신용파산스왑(CDS), 신용연계채권(CLN), 총수익스왑(TRS) 등 신용파생금융상품(Credit Derivatives)을 이용하여 대출채권의 신용위험만을 분리하여 딜러/SPV에 이전된다.

합성 담보부 증권(Synthetic CDO)은 크게 두 가지 유형, 즉 대차대조표 거래와 차익거래로 널리 사용되고 있다. 대차대조표 거래와 차익거래는 기본적으로 같은 구조를 가지고 있지만 거래참여자의 성격과 거래의 목적 등에서 큰 차이를 보인다. 대차대조표 합성 담보부 증권(Synthetic CDO)은 투자자들의 포지션에 따라 크게 자금이 조달되는 구조와 조달되지 않는 구조로 분류된다.

다른 한편으로, 합성 담보부 증권(Synthetic CDO)을 발행하게 된 가장 큰 동기는 담보부 증권(CDO) 구조 내에 신용파생금융상품(Credit Derivatives)을 첨부함으로써 준거자산(reference portfolio)을 보유한 금융회사가 준거자산(reference portfolio)의 원래 거래상대방에게 채권양도의 통지나 동의를 구하지 않고도 준거자산(reference portfolio)의 신용위험을 떨어낼 수 있다는 점이다. 이와 대조적으로, 전통적인 대차대조표 Cash CDO에 있어서는 특수목적법인(SPV)에게 대출채권을 양도하기 전에 대출자산의 원래 거래상대방인 차주에 대한 통지 또는 차주의 동의가 필요하다. 이와 반면에 합성 담보부 증권(Synthetic CDO)거래에 있어서는 준거자산(reference portfolio)의 실질적인 양도절차가 없으므로 이러한 차주에 대한 통지 또는 동의 절차가 불필요하다.

참고로, 합성 담보부 증권(Synthetic CDO)은 당초 유럽 은행들의 대차대조표 거래를 수용하기 위해 고안되었다. 그 배경은 유럽에서는 고객의 대출채권을 매각하는 것이 고객관리(customer relationship management)에 나쁜 영향을 미치는 것으로 간주하는 관행이 강하게 팽배하였기 때문이다. 다만 일부 국가를 중심으로 최근에는 합성 담보부 증권(Synthetic CDO)에 대한 투자자 보호를 위해서 준거자산 포트폴리오의 공시를 강화하고, 신용사건의 범위를 축소하는 방향으로 도입 초기의 합성 담보부 증권(Synthetic CDO) 거래에 비해 투자자보호를 위한 제도 개선이 추진되고 있는 실정이다.

③ 총수익스왑(TRS : Total Return Swaps)

총수익스왑(TRS)은 계약당사자 일방(총수익 지급자 : total return payer, 수익자)이 준거자산(Reference Portfolio, 은행대출 또는 신용위험이 있는 유가증권)으로부터의 수익을 거래상대방(총수

그림 3-10 총수익스왑(TRS)의 기본 구조

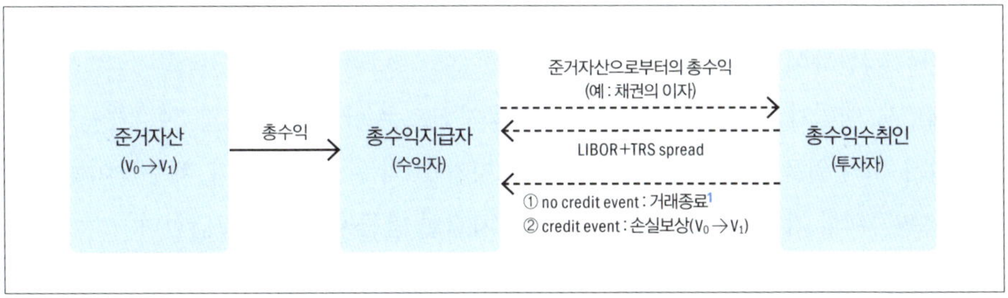

자료 임양택, 「글로벌 금융 패러다임의 변화와 한국 금융산업의 발전방향」, (사)아시아평화경제연구원, 연구총서 NO. 8, Summer 2013.

주 1 TRS의 만기까지 신용사건이 발생하지 않고, 만기 시 준거자산의 시장가치인 V_1이 계약 당시의 시장가치인 V_0보다 크면(if $V_1 > V_0$) 총수익 지급자가 총수익 수취인에게 $V_1 - V_0$를 지급한다. 반대로 만기 시 V_1이 V_0보다 작으면(즉 $V_1 < V_0$) 총수익 수취인이 총수익 지급자에게 $V_0 - V_1$을 지급한다.

그림 3-11 총수익스왑(TRS)의 거래 구조

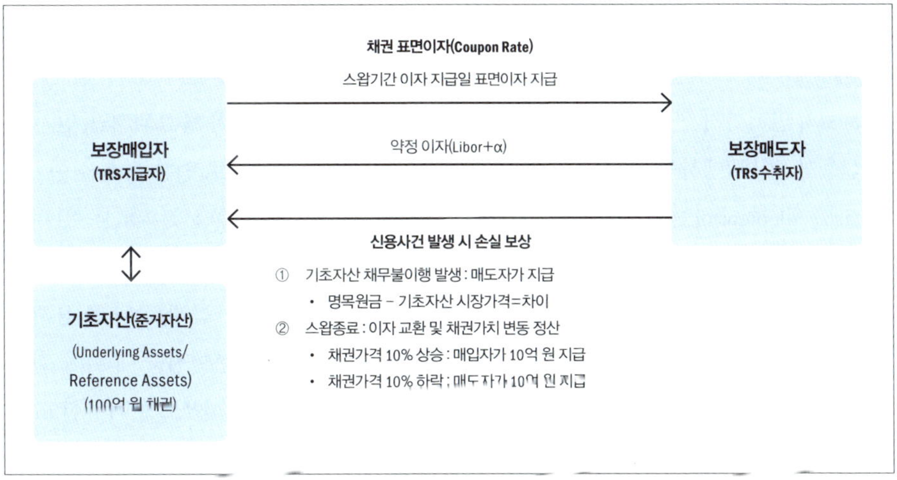

자료 임양택, 「글로벌 금융 패러다임의 변화와 한국 금융산업의 발전방향」, (사)아시아평화경제연구원, 연구총서 NO. 8, Summer 2013.

익 수취자 : total return receiver, 투자자)에게 지급하는 대가로 거래상대방으로부터 일정한 현금흐름(예 : LIBOR+스프레드)을 수취하기로 하는 약정이다.

상술하면, 총수익스왑(TRS)은 기초금융자산에서 발생하는 총수익과 일정한 약정이자(통상 LIBOR+α)를 일정 시점마다 교환하는 계약이다. 총수익에는 채권 이표뿐만 아니라 스왑 종료시점의 자본이득 또는 자본손실 등이 포함된다. 스왑기간 동안 이표지급일에 보장매입자는 채권의 표면이자를 지급하고 보장매도자는 LIBOR + α의 이자를 지급한다. 계약종료시점에는 이자교환뿐만 아니라 채권가치의 변동에 따른 자본이득 또는 손실을 당사자 간에 정산하여 교환한다.

예로서, 액면가 100억 원 채권을 기초금융자산으로 한 경우 채권가격이 10% 오르면 매입자가 10억 원을 지급하고 하락하면 매도자가 10억 원을 지급한다. 채무불이행 발생 시 명목원금에서 기초금융자산의 시장가격을 차감한 만큼 매도자가 부담한다.

매입자는 기초금융자산으로부터 발생하는 모든 현금흐름을 상대방에게 이전하는 거래로 기초금융자산의 가격변동위험이 없으며 자산을 매각하여 단기자금을 운용하는 것과 같은 효과를 얻게 되며, 매도자는 자기자금의 부담 없이 수익을 획득할 수 있다.

따라서 총수익스왑(TRS)은 수익자가 보유하는 준거자산(reference portfolio, 은행대출 또는 신용위험이 있는 유가증권)의 시장위험과 신용위험을 모두 투자자에게 이전함으로써 위험을 관리하는 수단을 제공된다.

한편, 투자자의 입장에서 보면, 총수익스왑(TRS)은 준거자산(reference portfolio)을 직접 매입하지 않고 준거자산(reference portfolio)에서 발생하는 현금흐름을 수취할 수 있는 수단을 제공하므로 준거자산에 대한 직접투자와 유사한 효과를 합성할 수 있다. 총수익스왑(TRS)의 만기까지 신용사건(Credit Events)이 발생하지 않으면 계약은 종료되지만, 만기 내에 신용사건이 발생하면, 투자자는 신용사건(Credit Events)의 발생으로 인한 손실을 현금결제(cash settlement)하든지 또는 준거자산(reference portfolio, 은행대출 또는 신용위험이 있는 유가증권)을 당초 약정금액(notional amount)으로 매입(physical settlement)하여야 한다.

전술한 신용파산스왑(CDS)과 총수익스왑(TRS)의 다른 점은 다음과 같다. 신용파산스왑(CDS) 계약에서는 신용사건이 발생한 경우에만 손실보전이 이루어지는 데 비해, 총수익스왑(TRS)에서는 신용사건(Credit Events)의 발생과 관계없이 정상 시에도 준거자산(reference portfolio)의 시장가치를 반영하여 수익자와 투자자 간에 현금흐름이 발생한다는 점에서 차이가 있다.

총수익스왑(TRS)은 기초금융자산의 신용위험뿐만 아니라 금리, 환율 변동에 따른 신용위험도 이전할 수 있다는 것이다. 즉 총수익스왑(TRS)은 수익자가 보유하는 준거자산(reference portfolio, 은행대출 또는 신용위험이 있는 유가증권)의 시장위험과 신용위험을 모두 투자자에게 이전함으로써 위험을 관리하는 수단을 제공한다. 따라서 투자자는 총수익스왑(TRS)을 이용하면 준거자산 구입자금을 직접 조달하지 않고도 준거자산(reference portfolio)을 구매한 것과 동일하게 그 수익을 누릴 수 있다.

④ 신용연계증권(CLN : Credit Linked Notes)

신용연계채권(CLN)은 기본적으로 신용파산스왑(CDS)을 활용하여 구조화한 상품(structured products)의 한 종류로서 특수목적법인(SPV : Special Purpose Vehicle)을 이용할 경우 거래상대방 위험(counter-party risk)을 제거할 수 있으며, 규제나 거래비용 등으로 인해 신용파산스왑(CDS)에 직접투자가 불가능한 투자자들의 신용위험에 대한 간접투자가 가능하게 된다.

한편, 신용연계채권(CLN)발행기관에는 통상 특별한 제한이 없으나 특수목적법인(SPV)

그림 3-12 신용연계채권(CLN)의 기본 구조

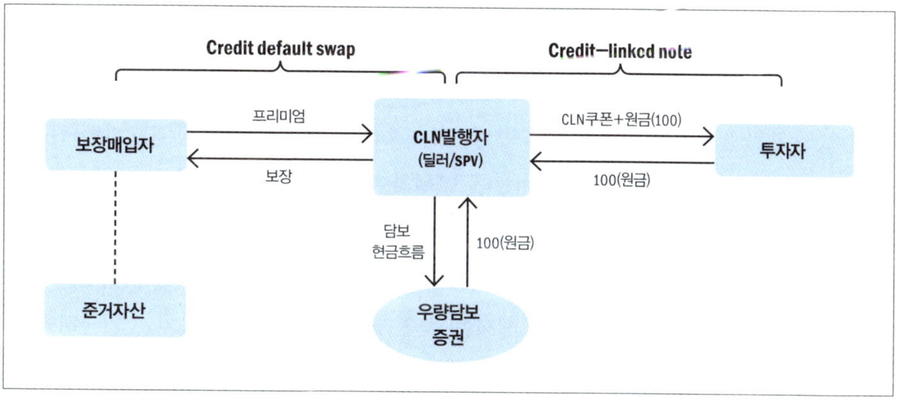

자료 임양택, 「글로벌 금융 패러다임의 변화와 한국 금융산업의 발전방향」, (사)아시아평화경제연구원, 연구총서 NO. 8, Summer 2013.

그림 3-13 신용연계채권(CLN)의 거래 구조

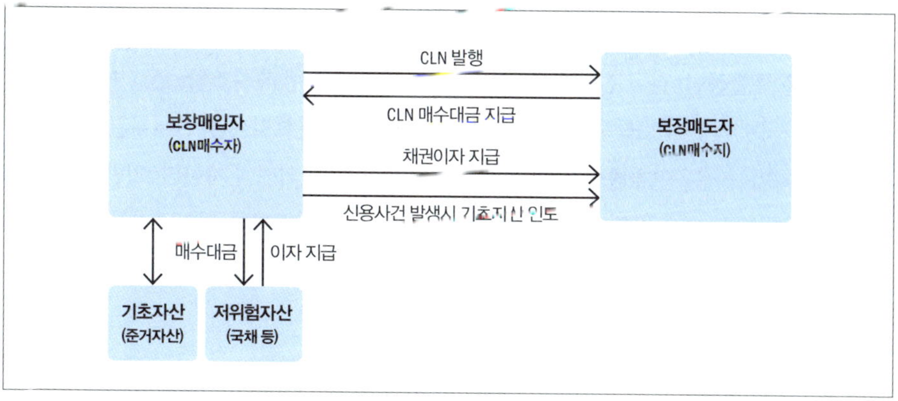

자료 임양택, 「글로벌 금융 패러다임의 변화와 한국 금융산업의 발전방향」, (사)아시아평화경제연구원, 연구총서 NO. 8, Summer 2013.

이 발행하는 것이 일반적인 구조이다. 특수목적법인(SPV)은 준거자산 보유자와 신용파산스왑(CDS)계약을 체결하여 신용연계채권(CLN)의 기초금융자산인 신용위험을 확보하게 된다. 따라서 신용연계채권(CLN)은 일종의 담보부 신용파산스왑(CDS)이 결부된 채무수단이라고 말할 수 있다.

신용연계채권(CLN) 거래에서 보장매입자는 준거자산(reference portfolio)을 근거로 신용파산스왑(CDS) 계약을 신용연계채권(CLN) 발행자와 체결하고, 보장매도자인 신용연계채권(CLN) 발행자는 신용연계채권(CLN)을 발행하여 투자자에게 매각하면서 보증료에 상당하는 이자를 투자자에게 추가적으로 지급한다.

신용파산스왑(CDS)에서는 원금에 대한 자금부담 없이 보증료만이 수수되는 반면, 신용연계채권(CLN)에서는 최초 채권발행원금을 투자자가 지급하게 되므로 신용연계채권(CLN)은 자금조달이 수반된 구조를 가지고 있다.

신용연계채권(CLN) 거래에서 보장매입자는 보유여신 등 준거자산을 근거로 신용파산스왑(CDS) 계약을 신용연계채권(CLN) 발행자(딜러/SPV)와 체결하고, 보장매도자인 신용연계채권(CLN) 발행자는 신용연계채권(CLN)을 발행하여 투자자에게 매각하면서 보증료에 상당하는 이자를 투자자(궁극적인 의미의 보장매도자)에게 추가적으로 지급하게 된다.

여기서 유의할 것은 신용파산스왑(CDS)에서는 원금에 대한 자금부담 없이 보증료만이 수수되는 반면, 신용연계채권(CLN)에서는 최초 채권발행원금을 투자자가 지급하게 되므로 신용연계채권(CLN)은 자금조달이 수반된 구조(funded structure)를 가지고 있다는 점이다.

투자자가 신용연계채권(CLN) 발행자(딜러/SPV)에 지급한 원금은 보증이행을 담보하는 역할을 수행하게 되어 신용사건이 발생하면 신용연계채권(CLN) 투자자는 손실보상액을 공제한 잔액을 중도상환받거나(현금결제) 또는 기초자산을 액면가에 인수(실물결제)하며, 신용사건이 발생하지 않으면 원금 전액을 상환받는다.

이상을 종합하면, 결국 신용연계채권(CLN) 발행자는 신용파산스왑(CDS) 거래를 통해 보장매입자에게 자신이 보장하는 신용위험을 헤지하는 수단으로 신용연계채권(CLN)을 이용하고, 투자자는 신용연계채권(CLN)의 높은 이자율을 얻기 위해 투자한다. 일반적으로 신용연계채권(CLN)은 CLN발행자(딜러/SPV)가 발행하는 일반채권보다 표면금리가 높고 통상 액면가 이하로 할인 발행되므로, 보다 높은 투자 수익률을 추구하는 투자자에게 매력 있는 투자대상이 될 수 있다.

⑤ 바스켓파산스왑(BDS : Basket Default Swap)

바스켓파산스왑(BDS : Basket Default Swap)은 하나의 준거자산(reference portfolio, 은행 대출 또는 신용위험이 있는 유가증권)을 대상으로 하는 단일계약(single-name) 신용파산스왑(CDS)과 달리, 다수 자산의 집합을 준거자산으로 하는 신용파산스왑(CDS)의 일종이다.

일반적으로, 바스켓파산스왑(BDS)의 보장매도자가 신용위험을 보장하는 신용사건의 발생 순서에 따라 "first-to-default" 바스켓스왑, "second-to-default" 바스켓스왑 등으로 구분된다. 즉, 보장매입자가 보장매도자에게 일정한 수수료를 지급하고 보장매도자는 그 대가로 신용사건 발생 시 보장매입자에게 손실을 보상한다는 점에서는 신용파산스왑

그림 3-14 바스켓파산스왑(BDS)의 기본구조(First-to-default Basket의 경우)

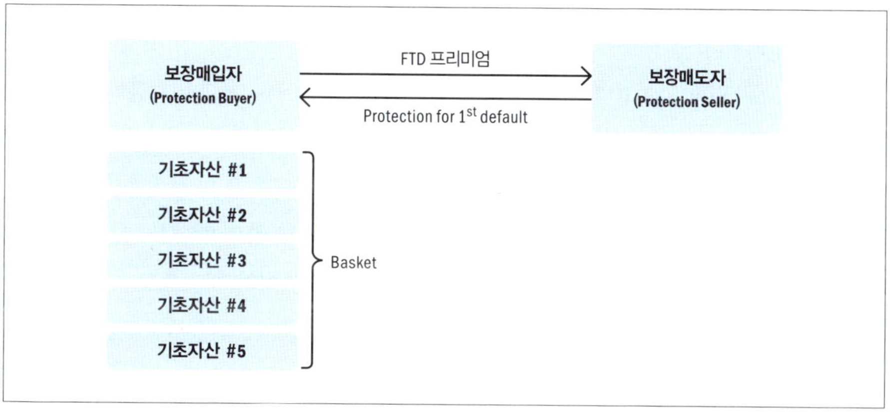

자료 임양택, 「글로벌 금융 패러다임의 변화와 한국 금융산업의 발전방향」, (사)아시아평화경제연구원, 연구총서 NO. 8, Summer 2013.

그림 3-15 포트폴리오파산스왑(PDS)의 기본구조

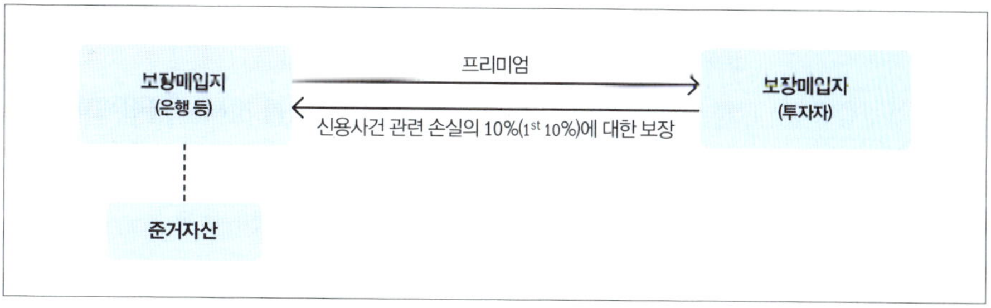

자료 임양택, 「글로벌 금융 패러다임의 변화와 한국 금융산업의 발전방향」, (사)아시아평화경제연구원, 연구총서 NO. 8, Summer 2013.

(CDS)과 동일하지만, 바스켓파산스왑(BDS)은 신용파산스왑(CDS)과는 달리 준거자산을 발행한 준거기업이 하나가 아니라 다수(통상 5개 이상)인 경우이다.

바스켓파산스왑(BDS) 거래의 보장매도자는 사전에 약정한 순서의 신용사건에 대해서만 해당 손실을 보상하고 계약이 종료된다. 즉 "first-to-default" 바스켓파산스왑(BDS)의 경우, 바스켓 안의 준거자산 중 계약에 명시된 요건을 충족하는 첫 번째 신용사건이 발생하면 보장매도자가 해당 손실을 보장매입자에게 지불하고 계약이 종료된다.

⑥ 포트폴리오파산스왑(PDS : Portfolio Default Swap)

포트폴리오파산스왑(PDS : Portfolio Default Swap)은 기본적으로 바스켓파산스왑(BDS)과 유사한 상품구조를 갖고 있으나, 준거자산(reference portfolio, 은행대출 또는 신용위험이 있는 유가증권)의 발행기관 수가 훨씬 많고(통상 40~100개), 보상한도가 신용사건의 발생순서가 아니라 준거 포트폴리오의 신용사건 발생으로 인한 손실률이 사전에 약정된 비율에 반영될 때까지로 정의된다.

"First-loss Piece of 10 Percent" 포트폴리오파산스왑(PDS) 거래의 보장매도자는 준거 포트폴리오에서 발생한 신용사건들로 인한 포트폴리오 자산의 10% 이내까지의 손실에 대한 보상을 보장한다. 포트폴리오 파산스왑(PDS)의 수수료율은 바스켓파산스왑(BDS)과 마찬가지로 준거자산 간 신용위험의 연계성(correlation)에도 많은 영향을 받는다.

따라서 바스켓파산스왑(BDS)은 위험프로파일이 다른 여러 계층으로 구분되어 설계될 수 있다. 바스켓파산스왑(BDS)은 통상 자산담보부증권(ABS : asset-backed securities)이 위험프로파일이 상이한 선순위(senior), 중간순위(mezzanine), 후순위(equity) 등 여러 계층(tranche)으로 발행되는 것과 마찬가지로 신용위험의 노출 정도에 따라 다양하게 설계(structured)될 수 있다.

(3) 신용파생금융상품시장의 세부구조

파생결합증권(DLS : Derivatives Linked Securities)

파생결합증권(DLS)은 기초자산의 가치변동에 연계하여 미리 정해진 방법에 따라 지급금액 또는 회수금액에 결정되는 권리를 나타내는 금융투자상품이다. 파생결합증권(DLS)은 구조화 금융상품으로 금리연계, 환율연계, 일반상품연계(석유, 금, 은, 동, 옥수수 등), 신용연계 등 그 범위가 광범위하다.

대표적인 파생결합증권(DLSS : Derivatives Linked Securities)은 주식(주가지수)에 연계된

주식워런트증권(ELW)과 주가연계증권(ELS) 등이며, 금리 통화 상품 등에 연계된 기타 파생결합증권도 증가하는 추세이다.

여기서 유의할 것은 원금보장(100% 이상) 상품만 채무증권으로 보는 파생결합증권(DLS)과 원금의 98%를 보장하는 파생결합증권(DLS)의 차이이다. 원금을 조금이라도 보장하는 것은 모두 채무증권으로 보아야 한다는 것이 옳다. 즉, 부분보장상품도 당연히 파생결합증권으로 채무증권에 해당한다고 보아야 한다. 따라서 이러한 부분보장상품도 금융기관의 부채비율에 반드시 포함시켜야 할 것이다.

표 3-7 파생결합증권(DLS)의 개요

구분		이자 또는 상환금액 결정 방법
금리연계	파워스프레드구조화채권	이자구조 : [CD금리−국고채금리]×승수+고정금리 투자자는 CD금리와 국고채금리 간의 격차가 커질수록 높은 이자를 수취
	CMS Spread Accrual Note	이자구조 : 고정금리 × n/N(N : 총계약일, n : (장기IRS금리 − 단기IRS금리)) ≥ 0을 충족한 일수. 투자자는 장기IRS금리가 단기IRS금리를 상회하는 일수에 비례하여 이자를 수취
	Capped FRN	이자구조 : [단기지표금리+스프레드, 금리상한 α%] 투자자는 금리상한의 설정으로 금리상승분을 포기하는 대가로 높은 스프레드 향유
	Floored FRN	이자구조 : [단기지표금리+스프레드, 금리하한 β%] 투자자는 금리하한의 설정으로 일정금리를 보장받는 대신 낮은 스프레드 감수
	Range Accrual Note	투자자는 시장금리가 일정 범위 이내일 경우 높은 이자 수취, 일정범위를 벗어날 경우 낮은 이자 수취
	Inverse FRN	특정금리 수준과 시장금리간 차이에 연계하여 이자 수취
통화연계	Dual Indexed FRN	이자구조 : [장기지표금리 − 단기지표금리+스프레드] 투자자는 장단기금리차가 확대 시 높은 이자 수취
	FX Linked Note	이자가 환율 변동에 따라 결정됨 투자자는 환율 상승 시 높은 이자 수취가 가능하나 환율 하락 시 손실발생 가능
	Dual Currency Note	이자는 저금리 통화로 지급되나 만기 상환액은 약정환율에 의한 고금리 통화로 지급. 만기시점에 환율이 약정환율보다 약세인 경우 높은 투자수익 기대
상품연계	귀금속, 금속, 에너지상품 등 다양한 기초자산을 이용한 파생상품 발행	이자 또는 만기상환액이 특정상품의 가격이나 지수에 연계하여 투자자는 상품연계증권의 매입을 통해 선물환을 매입하는 효과를 얻게 되어 상품 구매자로서 사전에 일정가격으로 해당 상품을 확보하는 결과

자료 임양택, 「글로벌 금융 패러다임의 변화와 한국 금융산업의 발전방향」, (사)아시아평화경제연구원, 연구총서 NO. 8, Summer 2013.

① 주식관련 신용파생상품

한국에서는 KOSPI200선물시장(1996년 5월), 코스닥스타지수선물시장(2005년 11월) 또는 개별주식선물시장(2008년 5월)이 각각 개설되었다.

주가지수옵션시장은 현물시장의 주가지수 및 주식을 미래의 일정 시점에 사전에 약정한 가격으로 매입 매도할 수 있는 권리를 거래하는 KOSPI200옵션시장(1997년 7월) 및 개별주식옵션시장(2001년 1월)이 개설되었다.

주가지수선물시장은 기초금융자산이 주가지수이기 때문에 결제수단으로서 실물 양·수도가 불가하므로 거래 시 약정한 주가지수와 만기일의 실제 주가지수 간의 차이를 현금으로 결제한다. 만기 시에 실제 주가지수가 거래 시 약정 주가지수를 상회할 경우에는 선물매수자가 이익을 취하게 된다. 이와 반대일 경우 선물매도자가 이익을 취하게 되며, 거래 시 약정금액의 일부분을 증거금으로 이를 납부하고 일일정산(Mark to Market) 결제한다.

주가지수선물 이론적 가격(기본모형) =

S(기초자산 현재가격) × {1 + [r(차입이자율) - d(기초자산의 배당수익률)] × T(만기일까지의 잔존일수)/365일}

주식선물시장은 개별주식의 위험을 관리하고 주가연계 파생결합증권(ELS, ELW 등)의 발행과 관련된 해지수단을 제공하기 위하여 2008년 5월 개설되었다. 기초 주식으로 불공정거래방지 및 시장수요를 충족하기 위하여 시가총액 비중이 크고 주식워런트증권(ELW : Equity Linked Warrant) 거래대금 및 주가연계증권(ELS : Equity Linked Securities) 이용빈도가 높은 15개 종목을 선정하여 운영하고 있다.

주식워런트증권(ELW : Equity Linked Warrant)

한국은 1990년 은행에서 파생결합증권(DLS)을 발행하였으며, 2005년 3월 증권거래법 시행령에서 유가증권으로 지정하여 제도적 기반을 마련하였으며, 2009년 2월 자본시장법에서 기초자산의 범위를 대폭 확대하여 사실상 다양한 형태의 파생결합증권(DLS)의 발행이 가능하게 되었다.

주식워런트증권(ELW)은 미래의 일정 시점에 특정 주식 또는 주가지수를 사전에 정해진 조건으로 매수(Call ELW)하거나 매도(Put ELW)할 수 있는 권리가 부연 된 투자상품이다.

주식워런트증권(ELW) 투자자의 수익은 보유 주식워런트증권의 행사가격과 기초자산의 만기 평가가격(주가/주가지수)에 따라 결정되며, 콜 ELW 투자자는 주가(주가지수)가 행사가격을 상회할수록 이익이 증가하며 행사가격이 하회할 경우 콜 ELW 매수 시(時) 지불한 금

표 3-8 주식워런트증권(ELW)과 주가지수(주식)옵션

구분	주식워런트증권(ELW)	주가지수(주식)옵션
법적형태	증권	파생상품
유통시장	유가증권시장	선물옵션시장
신용위험	발행자의 신용위험 노출	거래소가 지급결제 보증
계약기간	3개월~3년	6개월 이하
표준화	발행주체에 따라 다양	표준화
유동성	유동성공급자(Liquidity Provider)선성 의무	없음
권리행사	만기일에만 권리행사 가능(유럽형)	만기일에만 권리행사 가능(유럽형)
권리유형	단순하게 사거나 팔 수 있는 권리만 부여	
발행대상	코스피 100 구성종목 및 코스피 200지수	코스피 200 및 주식
결제방식	• 매매일로부터 2영업일에 현금결제 • 만기 시 투자자의 별도 의사표시 없이 자동으로 권리행사	• 각 결제월의 두 번째 목요일 최종거래일 다음 거래일에 현금결제 • 결제월은 3개월물 3개와 3월, 6월, 9월, 12월물 중 근월물 1개
매매방법	호가단위 5원, 매매수량 10주, 가격제한폭 없음, 공매도(空賣渡) 허용하지 않음	지수옵션계약(프리미엄×10만 원) 주식옵션계약(프리미엄×10주)
투자자 보호	• 기초주권의 매매거래 중지 시 거래정지 주식워런트증권 발행회사에 대한 풍문(부도발생, 은행거래정지, 영업정지, 파산 또는 해산, 감사의견 부적정 또는 의견거절)발생 시 거래정지	• 기본예탁금 • 위탁증거금 개시증거금 15~18%(신규위탁, 옵션가격, 옵션가격변동, 단일옵션순매수금액 증거금) 유지증거금 10~12%

자료 임양택, 「글로벌 금융 패러다임의 변화와 한국 금융산업의 발전방향」, (사)아시아평화경제연구원, 연구총서 NO. 8, Summer 2013.

액(콜옵션프리미엄)만큼 손실이 발생하게 된다.

풋 ELW 투자자는 주가(주가지수)가 행사가격을 하회할수록 이익이 증가하며 행사가격이 상회할 경우 풋 ELW 매수 시(時) 지불한 금액(풋옵션프리미엄)만큼 손실이 발생하게 된다.

만기 시(時) 손익구조는 개별주식옵션 또는 주가지수옵션과 본질적으로 동일하다. 개별주식옵션은 거래소가 결제를 보증하고 표준화된 반면에 주식워런트증권(ELW)은 증권회

사가 발행하며 발행기관의 신용리스크가 존재한다는 것이 가장 중요하다.

상기 〈표 3-8〉에서 주식워런트증권(ELW: Equity Linked Warrant)의 매매방법과 관련하여 '공매도(空賣渡) 금지 조항이 나온다. 여기서 '공매도(空賣渡)란 글자 그대로 '없는 것을 판다'라는 뜻이다. 즉, 주식을 보유하고 있지 않은 사람이 주식을 파는 것을 의미한다. 따라서 한국에서 투자자들이 주식을 공매도(空賣渡)하기 위해서는 다른 사람으로부터 주식을 빌려야 하는데, 투자자들이 주식을 차입하는 방법에는 두 가지, 즉 ① 주식대차거래와 ② 대주거래가 있다.

우선, '주식대차거래'란 기관투자자 또는 외국인 투자자가 증권금융, 예탁결제원, 증권회사 등이 중개에 의해 연기금, 은행, 보험회사, 자산운용회사 등이 보유하고 있는 주식을 빌리는 상기 기관들 사이에 이루어지는 거래이다. 한국 증권시장에서 주식 공매도(空賣渡)는 주로 외국인 투자자들에 의해 이루어지고 있다.

다음으로, '대주거래'란 개인투자자가 공매도(空賣渡)를 위해 증권회사에서 직접 주식을 빌리는 개인투자자와 증권회사 간의 거래이다. 현재 개인투자자의 대주거래를 이용한 공매도(空賣渡)는 제도적으로 허용되어 있으나 대주한도·대주기간·담보비율 등 제약조건이 많고 개인투자자가 부담하는 위험이 높기 때문에 활성화되지 않고 있다. 따라서 한국 증권시장에서 주식 공매도는 주로 외국인 투자자들에 의해 이루어지고 있으며, 예탁결제원·증권금융 등이 외국인 투자자들의 주식 공매도를 위한 주식대차거래를 중개하고 있다.

한편, 공매도(空賣渡)는 두 가지, 즉 '차입 공매도'와 '무(無)차입 공매도'로 구분된다. '차입 공매도(空賣渡)'는 다른 금융기관으로부터 빌린 유가증권(주식, 채권 등)을 매도하는 것이다. 이와 반면에, '무(無)차입 공매도'(naked short selling)는 유가증권(주식, 채권 등)을 전혀 보유하지 않은 상태에서 투자자가 유가증권을 매도하는 거래형태이다. 따라서 무(無)차입 공매도의 경우, 차입한 유가증권(주식, 채권 등)을 제때 돌려주지 못하는 결제 불(不)이행이 벌어질 가능성이 있다. 즉, 무(無)차입 공매도는 공매도(空賣渡) 수량 등에 대한 제한이 없는 투기적 거래인 것이다.

따라서 한국에서는 기관투자자의 차입공매도가 1996년 9월에 도입되었으며 외국인 투자자의 차입공매도는 1998년 7월부터 허용되었지만 무(無)차입공매도는 2000년 6월부터 한국인이든 혹은 외국인 투자가이든 간에 모두 금지되고 있다. 그 배경은 2000년 4월 공매도(空賣渡)한 주식이 결제되지 않는 사태가 발생하였기 때문이다.

여기서 유의할 것은 2008년 글로벌 금융위기가 발생한 이후 미국 등 선진국의 증권시장에서 주가가 급격히 하락하면서 투기적 자본인 헤지펀드들이 주로 금융회사 주식을 공매도(空賣渡)해 금융위기를 더욱 증폭시켰다고 비난을 받았었다는 점이다. 이에 따라 주요 선진국의 금융당국들(영국의 금융감독청, 미국의 증권거래위원회 등)은 금융시장 안정을 위해 2008년 9월 금융회사 주식의 공매도(空賣渡)를 금지했었다. 한국 금융위원회도 2008년 10월 1일에 모든 주식의 공매도(空賣渡)를 금지했었으나 금융시장이 안정됨에 따라 2009년 6월 1일부터 비(非)금융회사 주식의 차입 공매도(空賣渡)만을 허용하였다.

다른 한편으로, 주식 공매도(空賣渡)의 장·단점은 다음과 같다. 우선, 장점(長點)을 보면, 주식 공매도(空賣渡)는 증권시장에서 효율성을 높이고 유동성을 확대한다. 상술하면, 주식 투자 위험을 경감시킨다. 즉, 주식 공매도(空賣渡)는 특정 주식의 가격이 단기적으로 과도하게 상승할 경우, 주식매도 주문을 증가시켜 주가가 보다 빨리 정상 수준으로 돌아갈 수 있도록 한다. 그리고 주가에 악영향을 미치는 부정적인 정보가 있을 때에는 공매도(空賣渡)에 의해 주가 하락이 촉진되어 주가가 보다 빠른 시간에 조정돼 증권시장의 효율성이 높아진다. 또한, 주식 공매도(空賣渡)는 주가가 상승할 때에는 주식매도 수요를 증가시키고 공매도(空賣渡) 이후에 주가가 하락하면 매수 수요를 유발해 증권시장의 유동성을 높인다.

다음으로, 단점(短點)을 보면, 증권시장에서 시세조종과 채무 불(不)이행을 유발할 수 있다. 또한, 증권시장의 건전성과 안정성을 해칠 수 있는 등의 부정적 효과를 야기할 수도 있다. 예를 들어, 투자자가 주식을 공매도(空賣渡)할 경우, 이익을 얻기 위해서는 공매도(空賣渡) 이후에 주가가 하락해야 한다. 이 때문에 공매도(空賣渡)를 한 투자자들은 주가 하락을 유도하기 위해 기업에 관한 나쁜 소문을 조작해 유포할 수 있다. 증권시장에 영향력이 있는 전문가가 주식을 공매도(空賣渡)한 후에 관련 기업에 관한 보고서를 부정적으로 작성해 주가 하락을 유도할 수도 있다.

또한 주식 공매도(空賣渡)가 집중된 시기에는 투자자들이 주가에 영향을 주는 나쁜 정보에 민감하게 반응해 주가의 변동성이 높아지게 된다. 따라서 주식을 공매도(空賣渡)한 투자자는 증권시장의 변동성 증가를 이용해 주가가 정상보다 크게 하락하면 이익을 얻을 수 있다. 그리고 투자자의 예상과 달리 주식을 공매도(空賣渡)한 후에 주가가 급등하면 공매도(空賣渡)한 투자자의 손실부담이 과도하게 증가해 공매도(空賣渡)한 주식과 관련된 채무 불(不)이행이 발생할 수 있다. 즉, 주식을 공매도(空賣渡)한 투자자가 주식대여기관에서 빌려온 주식을 약속한 날까지 반환하지 않을 수 있다.

주가연계증권(ELS : Equity Linked Securities)

주가연계증권(ELS)은 개별주식의 가격이나 코스피지수의 변동에 연계되어 투자수익이 결정되는 투자상품이다. 주가연계증권(ELS)을 발행한 증권회사는 자금을 국채 등 우량 채권에 투자하여 안정적인 수익을 확보하는 한편 일부 자금을 주식관련 파생(주로 옵션)에

표 3-9 주가연계증권(ELS)의 개요

구분		주가연계증권 (Equity Linked Securities)	주가연계펀드 (Equity Linked Fund)	주가연계예금 (Equity Linked Deposit)
발행기관		증권회사	자산운용회사	은행
근거법령		자본시장법	자본시장법	은행법
법적형태		유가증권	수익증권	정기예금
만기수익률		주가변동과 연계하여 사전에 제시한 수익률	운용실적에 따른 배당	주가변동과 연계한 사전에 제시한 수익률
예금보호		없음	없음	보호
수익 구조	**Knock-out**	투자 기간 중 사전에 정해둔 주가수준에 도달하면 확정된 수익으로 조기상환 되며, 그 외의 경우에는 만기 시 주가에 따라 수익이 정해지는 구조		
	Bull Spread	만기시점의 주가수준에 비례하여 손익을 얻되 최대수익 손실이 일정 수준으로 제한되는 구조		
	Digital	만기 시 주가가 일정 수준을 상회하는지 여부(상승률 수준과는 무관)에 따라 사전에 정한 두 가지 수익 중 한 가지를 지급하는 구조		
	Reverse Convertible	미리 정한 하락 폭 이하로 주가가 하락하지만 않으면 사전에 약정한 수익률을 지급하며 동 수준 이하로 하락하면 원금에 손실이 발생하는 구조		

자료 임양택, 「글로벌 금융 패러다임의 변화와 한국 금융산업의 발전방향」, (사)아시아평화경제연구원, 연구총서 NO. 8, Summer 2013.

투자하여 초과수익을 추구한다.

수익구조를 다변화 할 수 있는 장점이 있으나 유통시장에서 거래가 어려운 점이 있으며, 만기 이전에 환매를 할 수 있으나 5~10%의 환매수수료를 부담해야 한다.

주식관련 투자비중이 낮은 원금보장형과 파생상품 투자비중이 높은 원금비보전형이 있으며, 주가지수에 연동되는 지수형과 개별주식 보통 2~5개 종목의 가격에 연동되는 개별종목형이 있다. 수익구조는 Knock-out, Bull Spread, Digital, Reverse Convertible형으로 구분된다.

파생결합사채(DLB : Derivative Linked Bond)

파생결합증권(ELS, DLS) 중에서 원금보장이 되는 파생결합증권을 자본시장법상 채무증권으로 보고 상법상 파생결합사채의 개념이 도입되어 개정(파생결합사채 개념 도입, 2012. 4.

15)되었으며, 자본시장법상 원금보장 ELS/DLS를 파생결합사채(DLB)로 개정(원금보장 파생결합증권을 채무증권으로 분류, 2013. 8. 29 시행 예정)함으로써 원금보장 ELS/DLS가 파생결합사채(ELD/DLB)로 분류되어 공사채등록법에 따라서 등록발행이 가능하게 되었다.

따라서 기존에 금융투자매매업 인가를 받은 증권회사만 발행할 수 있었던 것을 원금보장형 주가연계증권(ELS) 및 파생결합증권(DLS)을 상법상 파생결합사채(DLB)로 인식하고 2013년 5월 자본시장법이 개정되었으며 이를 동년 8월 29일 시행하게 되어 이들을 채무증권인 파생결합사채(DLB)로 규정함에 따라 은행 등 누구나 파생결합사채(DLB)를 발행할 수 있게 되었다.

② 금리관련 신용파생상품

금리선물(Interest Rate Futures)

금리선물(Interest Rate Futures) 및 금리선물옵션(Interest Rate Futures Options)이란 기초자산인 금리를 거래대상으로 현재시점에서 정한 가치로 미래의 특정 시점에 매입하거나 판매할 것을 약정한 계약이라 할 수 있으며, 실제로 거래상대방이 되는 기초금융자산은 국

그림 3-16 금리스왑 시장

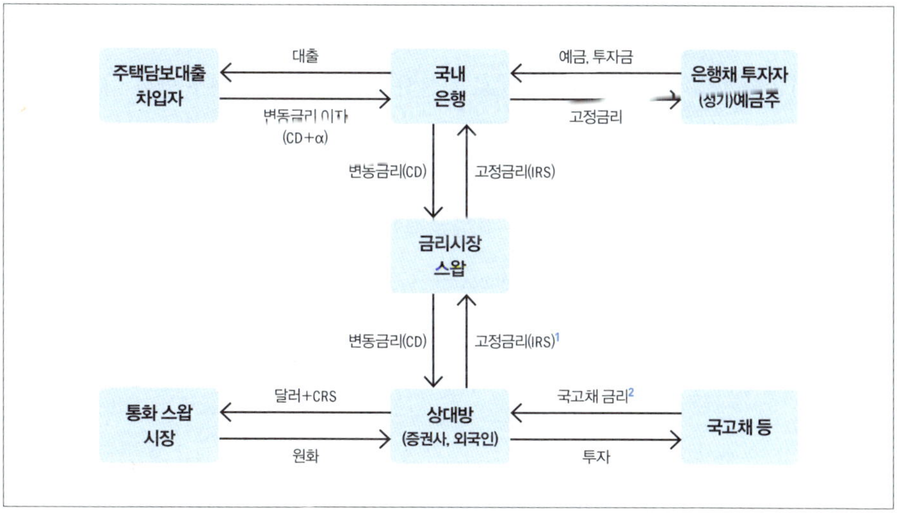

자료 임양택, 「글로벌 금융 패러다임의 변화와 한국 금융산업의 발전방향」, (사)아시아평화경제연구원, 연구총서 NO. 8, Summer 2013.

주 1/2 "국고채금리–IRS" 격차가 클수록 증권사 유리.

채, 페더럴펀드금리, 유로달러금리 등으로 다양하다. 이들 거래대상의 만기에 따라 단기금리선물과 장기금리선물로 나눌 수 있다.

한국의 금리선물거래소는 1999년 2월에 설립되어 그해 9월 3년 국채선물, 2002년 12월 통화안정채권 금리선물, 2003년 8월 5년 국채선물, 2008년 2월 10년 국채선물이 각각 상장된다.

금리스왑(Interest Rate Swaps)

차입금에 대한 금리변동의 위험 헤지나 차입비용 절감을 위하여 두 차입자가 각자의 채무에 대한 이자 지급의무를 상호 간에 교환하는 계약으로 일반적으로 변동(고정)금리를 고정(변동)금리로 전환하는 형식을 취한다.

③ 통화관련 신용파생상품

통화 스왑(Currency Swaps)

통화 스왑(CRS : Currency Swaps)거래는 두 개 또는 그 이상의 거래기관이 사전에 정해진 만기와 환율에 의하여 상이한 통화로 차입한 자금의 원리금 상환을 상호 교환하는 거래이며, 통화 스왑은 환(煥)리스크 헤지 및 필요 통화의 자금을 조달하는 수단으로 이용되고 있다.

예로서, A는 달러 자금을, B는 엔화 자금을 각각 유리한 조건으로 차입할 수 있는데 사실상 A는 엔화 자금이 필요하고 B는 달러 자금이 필요한 경우 A와 B가 각각 달러 자금과 엔화 자금을 차입하여 차입자금을 서로 교환하는 계약이다. 이 경우 엔화 이자는 A가, 달러 이자는 B가 각각 부담하며 만기에 최초 차입자가 원금을 상환할 수 있도록 A는 엔화자금을, B는 달러 자금을 각각 상대방에게 재교환함으로써 통화 스왑이 종료된다.

통화옵션(Currency Options)

통화옵션(Currency Options)은 미래의 특정 시점에 특정통화를 미리 약정한 가격에 매입 매도할 수 있는 권리를 주고받는 거래로 두 가지, 즉 ① 콜 옵션과 ② 풋 옵션으로 나눌 수 있다.

(4) 신용파생금융상품 시장의 현황 및 리스크 요인[05]

① 시장 현황

전술한 바와 같이, 신용파산스왑(CDS : Credit Default Swap)은 신용사건(Credit Events)이 발생하여 채권보유자가 채권발행자로부터 원리금을 받지 못할 경우 손실보전을 약속한 금융회사가 대신 갚아주는 계약이다.

신용파산스왑(CDS) 프리미엄은 변동금리부로 표시된 LIBOR + α의 α에 해당하는 값으로 기초자산 발행기관 및 보장매도자(Protection Seller)의 신용위험, 신용사건 발생 시 예상 원리금 회수율, 금융시장 상황 등을 고려해 결정된다.

보장매도자(Protection Seller)의 신용위험은 보장매도자의 부도 등으로 신용파생상품 계약이 이행되지 못할 우려, 즉 거래상대방(counterparty) 위험을 반영한다. 기초자산 발행기관의 신용위험이 높을수록, 보장매도자(Protection Seller)의 신용위험이 높을수록, 신용사건 발생 시(時) 기초금융자산의 원리금 회수율이 낮을수록 프리미엄이 상승한다.

표 3-10 ISDA의 표준안에 따른 신용사건의 발생 종류

종류	정의
도산(Bankruptcy)	파산, 청산, 화의, 회사정리 등
지급실패(Failure to Pay)	만기일에 채무를 상환하지 못하는 경우
기한이익의 상실(Obligation Acceleration)	부도 등으로 기일 이전에 상환하여야 할 의무가 발생하는 경우
모라토리엄(Moratorium, Repudiation)	국가의 지급정지 선언
채무 재조정(Restructuring)	채권자와 채무자 사이에 채무원금, 이자, 지급시기 등이 재조정되는 경우

자료 박덕배(2008), "신용파생상품 시장의 명암과 과제"(금융빅뱅 인사이트 08-03), 현대경제연구원.

주 ISDA(International Swaps and Derivatives Association)

05 유정석, "신용파생금융상품 시장의 급성장 배경과 시사점", SERI 경제 포커스 제215호, 2008. 10. 20.

실제로 파산하지 않았더라도 파산보호신청(예로서 Lehaman Brothers 사태)이나 관재인을 두는 경우도 신용사건(Credit Events)의 발생에 해당한다.

신용파산스왑(CDS)을 이용하면 은행대출 자산 등을 실제로 매각하지 않고서도 '보장매입'을 통해 신용위험을 상대방에게 전가할 수 있다. 최근에는 프리미엄 수취를 통한 고수익 추구를 위해 '보장매도'에도 매력을 느끼는 투자자들이 많다.

신용파산스왑(CDS) 시장의 발전 추세를 보면, 1995년 JP Morgan에 의해 처음 도입된 이래 매년 2배 이상 성장하며 장외파생상품 시장 확대를 견인하고 있다. JP Morgan Chase의 신용파산스왑(CDS) 계약잔액 규모(보장매입+보장매도)는 10.2조 달러로 전체 신용파산스왑(CDS) 시장의 약 16%를 차지했었다.

2008년 하반기 서브프라임 모기지 사태 이후 기업의 신용위험이 증가함에 따라 리스크 헤지 수요의 확대로 인해 신용파산스왑(CDS)거래가 급증하였다. 미국 회사의 발행잔액이 4조 달러에 불과한 반면에 세계적으로 거래되고 있는 신용파산스왑(CDS) 계약의 잔액 규모는 62.2조 달러(디폴트 보장규모)로 추산됐었다.

이젠, 신용파산스왑(CDS)은 신용위험을 헤지하기 위한 수단을 넘어서 신용 스프레드에 베팅(스왑시장을 통한 무차익 거래)하려는 투기적 거래에도 활발히 이용되고 있다. 또한, 헤지펀드 역시 신용파생금융상품을 고수익 추구 수단으로 활용하면서 신용파산스왑(CDS) 거래를 크게 확대되고 있다.

신용파산스왑(CDS) 시장 참가자별 비중을 보면 은행 거래 규모가 가장 크며, 그다음 헤지펀드, 보험사 순이다. 보험사는 주로 신용위험을 부담하고 프리미엄을 수취함으로써 고수익을 추구하는 입장이다. 최근 들어 보험사들의 신용파산스왑(CDS) 시장에서의 역할이 증대하고 있다. 보험사는 업무 특성상 리스크 평가에 대해 전문적인 능력을 보유하고 있어 보장매도 비중(17%)이 보장매입 비중(6%)을 크게 상회하였다.

② 리스크 요인

기업의 채무불(不)이행 증가

신용파산스왑(CDS) 거래상 기초자산 대부분이 구조화된 금융상품(MBS, CDO 등)과 고(高)수익 채권이기 때문에 실물경기 위축이 지속될 경우 신용파산스왑(CDS) 거래 관련 추가적 손실이 불가피하다. 왜냐하면 고(高)수익채권 가운데 상당수가 만기 이전에 부도 처리되기 때문이다.

전술한 바와 같이, '합성 담보부 증권'(Synthetic CDO)은 은행이 기업대출에 내재된 채무불(不)이행 위험을 전가하기 위해 특수목적기구(SPV)와 신용파산스왑(CDS : Collateralized Debt Obligation) 계약을 맺어 프리미엄을 지급하는 대신 신용위험을 이전하는 신용파산스왑(CDS)과 합성 담보부 증권(Synthetic CDO)이 연계된 파생결합상품이다. 사실, 대부분의 합성 담보부 증권(Synthetic CDO)은 경기변동에 민감한 중소기업 회사채를 기초금융자산으로 하고 있어 금융권 내 추가 손실상각 발생 가능성이 크다.

보장매도 기관의 건전성 악화

2008년 하반기 서브프라임 모기지 사태 이후 채권발행 기업들의 파산이 늘어남에 따라 신용파산스왑(CDS)을 판매했던 AIG는 신용파산스왑(CDS)을 구입한 투자자들에게 원리금을 대신 상환해줘야 했기 때문에 대규모 손실이 발생했었다.[06]

따라서 2008년 하반기 서브프라임 모기지 사태 등 외부충격에 의해 특히 신용파산스왑(CDS) 거래에서 신용위험을 떠안는 위치(보장매도)에 있는 헤지펀드와 보험회사 등 기관투자자들의 건전성 위험이 대두되었다. 왜냐하면 신용사건(파산, 채무불이행 등) 발생확률은 낮지만 발생 시(時) 대규모 손실이 발생함으로써 헤지펀드와 보험사 등 보장매도기관의 건전성을 악화시키기 때문이다.

신용파산스왑(CDS) 거래의 불투명성

대표적 신용파생금융상품인 신용파산스왑(CDS)의 경우, 금융시장 감독 미비, 계약 이행의 신뢰 저하, 손실규모 추정의 불확실성 등으로 위험성이 높은 상황이다. 왜냐하면 신용파산스왑(CDS)은 계약체결 이후 자유롭게 제3자에게 다시 팔 수 있으므로 특정 금융회사의 정확한 거래 규모는 물론 실제 거래주체를 파악하기가 곤란하기 때문이다.

그럼에도 불구하고, 각국 금융감독당국은 '계약 사유'나 '금융시장 효율성' 등을 이유로 신용파산스왑(CDS) 거래에 대해 별다른 규제나 통제를 실시하지 않고 있다. 또한, 신용파산스왑(CDS) 거래가 금융당국의 감독대상이 아니기 때문에 실제 프리미엄을 누가 내고 있는지 파악하기 힘들다.

이에 따라, 국제금융시장 불안이 '신용위기'(Credit Risk)에서 '신뢰위기'(Counterparty Risk)로 악화되었다. 즉, 국제금융시장의 관심사가 '대손상각 규모 추정'이나 '추가자본금 필

06 세계 최대 보험회사인 AIG의 경우 전체 4,410억 달러 규모의 신용파산스왑(CDS) 계약을 매도하고 있는 것으로 추정되었으며, 최근까지 신용파산스왑(CDS)과 관련한 손실상각처리 규모만 250억 달러 수준에 이른다.

요약'에서 '거래상대방위험 노출 정도'나 '지급불능상태 위험'으로 이동하였다.

(5) 신용파생금융상품 시장의 특징

한국의 신용파생금융상품(Credit Derivatives)시장은 다음과 같은 특징을 보이고 있다.

① 금융회사들이 신용파생금융상품(Credit Derivatives) 거래에 있어 대부분 신용위험을 부담하게 되는 보장매도자(protection seller)로 참여하고 있다. 다시 말하면, 아직까지 한국의 금융회사들은 신용파생금융상품(Credit Derivatives)을 신용위험의 관리수단으로 보다는 고(高)수익을 겨냥한 투자수단으로 주로 활용하고 있다. 이는 국내 기업들의 신용등급별 부도확률, 부도 시 손실률의 정확한 측정과 수익 스프레드(yield spread)로의 객관적 반영 등 신용파생금융상품(Credit Derivatives)거래에 있어 중요한 변수로 작용하는 여러 요인에 대한 시장참여자들 간의 충분한 합의가 이루어지지 못하고 있는 한국 금융산업의 환경적 요인을 나타낸다. 결국, 한국 금융회사들의 신용위험관리 차원에서의 신용파생금융상품(Credit Derivatives)의 활용도는 아직까지 미미한 실정이라고 말할 수 있다.

② 원화표시 신용파생금융상품(Credit Derivatives)거래가 거의 없다는 점이다. 최근까지도 국내 은행 및 보험사는 주로 외국 금융기관이 매도한 달러표시자산의 신용위험을 프리미엄을 받고 매수(보장매도자)하는 형태로 신용파생금융상품(Credit Derivatives)시장에 참여하고 있다.

대출자산 등에 대한 신용파생금융상품(Credit Derivatives) 보장매도자(Protection Seller)의 경우, 대출자산을 보유하지 않고도 프리미엄 수입을 통해 고(高)수익을 실현할 수 있다. 그러나 이 경우 과도한 신용위험에 대한 노출로 인해 자산의 건전성을 크게 악화시킬 가능성을 완전히 배제할 수 없다. 또한, 이러한 국내 금융회사들의 한쪽으로 편중된 시장참여 행태는 국내 신용파생금융상품(Credit Derivatives)시장의 양적인 성장을 제약하는 요인으로 작용하고 있다.

(6) 신용파생금융상품 시장의 개선과제

전술한 바와 같이, 한국의 신용파생금융상품(Credit Derivatives)은 신용위험의 이전보다는 보장매도(Protection Sell)거래에 편중되어 있으며, 그 규모는 아직 선진국에 비해 미미한 수준이다. 따라서 회사채 시장이 발전하기 위해서는 신용위험을 관리할 수 있는 신용파생금융상품(Credit Derivatives) 거래가 활성화되어야 하며, 이를 위해서는 제도적인 개선 등 인프라가 잘 갖추어져야 할 것이다.

여기서 유의할 것은 2008년 하반기 서브프라임 모기지 사태를 계기로 신용파생금융상품(Credit Derivatives)이 금융위기를 심화시켰다는 비판이 거세게 높았다는 점이다. 그 비판의 근거는 다음과 같다.

① 은행들이 신용위험을 이전시킨 이후에 대출채권에 대한 사후관리가 소홀해질 수 있다. 또한, 모기지의 경우에도 저당대출채권을 양도하고 이를 기초금융자산으로 주택저당 담보부 증권(MBS)을 발행하는 구조이기 때문에 최초 저당대출채권 관리업무는 기(旣) 대출은행이 수수료를 받고 그대로 수행하지만 도덕적 해이 현상이 발생할 수 있다.
② 신용파생금융상품 구조가 복잡하여 최종 투자자들이 이해하기 어려울 뿐만 아니라 기초금융자산에 대한 정보가 부족하여 신용 리스크를 정확하게 파악하는 것이 어렵다.
③ 장외에서 거래되어 정확한 규모를 파악하기 어려워 신용 리스크 규모를 파악하기 힘들다.
④ 신용파생금융상품(Credit Derivatives)은 투자자의 투자자금이 거래되는 상품에 투입되지 않고 다른 금융거래로 연결되어 있어 신용 리스크가 증가한다는 것이며, 연계된 금융상품의 구조적인 리스크가 투자자에게 전가(轉嫁)된다.
⑤ 헤지펀드 등은 감독당국의 규제를 받지 않거나 느슨하기 때문에 고(高)수익을 창출하기 위하여 과도한 레버리지를 추구할 가능성이 크기 때문에 신용 리스크가 높을 수밖에 없다.

상기한 신용파생금융상품의 결함들을 해소하기 위하여, 다음과 같은 세 가지 정책방안을 제시한다.

① 법 제도적인 보완

다양한 형태의 신용파생결합증권이 발행 및 유통되고 있으나 이에 대하여 선제적인 제도적 뒷받침이 필수적이지만 금융정책당국이 금융시장의 변화를 뒤따라가기에도 바쁜 실정이다 보니 선진국의 사례나 제도를 조사 연구할 시간도 없다.

다시 말하면, 신용파생금융상품에 대한 철저한 리스크 분석이나 투자자 보호에 대한 제도적 뒷받침 없이 새로운 신용파생금융상품이 남발되고 특히 외국계 금융의 신종 신용파생금융상품 도입 압력에 속수무책으로 당하고 있다. 과거 KIKO 사태 등을 볼 때 개인이나 기업이 선진국의 신용파생금융상품 리스크에 무제한적으로 노출되어 자신도 모르게 당하였던 것이다. 따라서 신용파생금융상품에 대한 국가적인 연구기관이 반드시 필요하다.

한국의 금융기관은 외국의 신용파생금융상품 베끼기에 급급하고 투자자 보호는 안중에도 없는 듯하다. 그나마 금융감독원 및 금융위원회 등의 역할이 조금이나마 도움이 되고 있으나 금융시장의 변화를 따라갈 수 없는 상황이다. 정책당국은 업계의 눈치를 보고 입법기관인 국회와 정부의 눈치를 살피는 사이에 새로운 외국의 신용파생금융상품은 국내 금융시장에 깊숙이 파고들어 떠밀리듯이 새로운 신용파생금융상품 제도를 도입하는 형국이다.

② 신용파생금융상품 검증 및 투자자 보호

신용파생금융상품(Credit Derivatives) 시장에서 투자자 보호 문제뿐만 아니라 신용파생금융상품 자체의 구조적 모순이나 리스크를 철저하게 분석해야 할 것이다. 특히, 현재 공모(公募)시장과 사모(私募)시장이 있으나 사모(私募)에 대한 제한이 거의 없다. 즉, 국가로부터 허가를 받은 금융기관이 개인이나 법인에 사모(私募)를 핑계로 도덕적 해이(Moral Hazard)를 저지를 수 있다. 개인과 개인 사이에도 사기가 불법이지만 금융기관과 개인 또는 법인과의 금융거래는 더욱이 사기가 있어서는 안 된다.

모름지기, 투자자에게 신용파생금융상품(Credit Derivatives)에 대한 수익과 손실에 대해 철저하게 설명하여야 하는 의무가 필요하다. 투자금액이 상품자체의 구조상 원금보장이 이루어지는 상품인지 혹은 손실이 발생하면 다른 재원에서 보충되는지 등에 대한 명확한 설명과 모니터링이 되어야 할 것이다.

③ 신용파생금융상품의 체계화

신용파생금융상품(Credit Derivatives)에 대한 체계화된 지식이나 거래구조 등에 대한 이해를 도울 수 있는 유용한 참고 서적을 발견하기 어렵다. 단지, 각각의 연구기관 등에서 각자의 입장에서 만든 페이퍼가 있을 뿐이다. 따라서 신용파생금융상품(Credit Derivatives)에 대한 국내·외 지식정보의 체계화는 반드시 필요하다.

상기한 지식정보에 대한 체계화를 통하여 새로운 신용파생금융상품(Credit Derivatives)에 대한 이해를 돕고 리스크에 대한 면밀한 분석이 필요하다. 이러한 지식정보를 토대로 금융시스템을 체계화하는 것은 금융비용을 줄이고 체계적인 리스크를 근본적으로 차단할 수 있을 것이다.

3. 장기 금융시장(자본시장)

본 절에서는 단기 금융시장(Money Market)에 대칭적인 장기 금융시장(자본시장, Capital Market)의 현황 및 문제점을 분석하고 이를 바탕으로 정책과제와 발전 방향을 제시하고자 한다.

회고해보면, 2012년 한국의 자본시장은 2008년 하반기 글로벌 금융위기 이후 가장 혹독한 시기를 보냈었다. 주식과 채권, 펀드 등 각종 지표들이 온통 잿빛이었다. 그 이후에도 대외환경의 불확실성이 지속되고 국내경제의 성장세가 둔화됨에 따라 안전자산 선호가 부각됨으로써 은행권으로 자금유입이 지속되었다.

2009년 2월 발효된 자본시장법의 주요 내용은 자본시장(Capital Market)의 효율성 추구와 투자자 보호에 초점이 맞추어져 있다. 여기서 제기될 수 있는 경제철학적 문제의식은 다음과 같다. 자본시장(Capital Market)에서 효율성과 건전성 중에서 어느 가치를 더 추구해야 할 것인가?

우선, 효율성 추구는 자본시장의 주요한 최종목표가 될 수 있는 반면에 건전성 추구는 중요한 규범적 가치이되 자본시장의 최종 목표는 될 수 없을 것이다. 이 논리는 기업이 건전하게 영위되기 위하여 유동성을 충분히 확보하는 것이 필요하지만, 그 자체가 기업의 경영목표가 될 수 없는 것과 같다. 왜냐하면 과도하게 많은 유동성을 보유하고 있는 기업은 부도위기는 넘길 수 있으나, 경쟁에서 낙후되어 언젠가는 도태하고 말 것이기 때문이다. 금융투자회사의 경우에도 순자본 비율(NCR : *Net Capital Ratio*)이 높으면 건전성의 측면에서는 바람직하지만, 금융투자회사의 효율성이 떨어지는 것과 같은 맥락이다.

일반적으로 장기 금융시장(자본시장)은 대개 7개 시장, 즉 ① 주식시장, ② 채권시장, ③ 연금시장, ④ 국부펀드시장, ⑤ 기관투자자시장, ⑥ 퇴직연금시장, ⑦ 펀드시장으로 구성된다. 특히, 주식과 채권은 자본을 마련하는 수단으로 사용되기 때문에 유가증권 중에서 '자본증권'이라 불린다. 그리고 자본증권을 거래하는 시장을 '자본시장'(Capital Market)이라고 부른다.

1) 전통적 자본시장

주식은 주식회사가 자본금을 확보하기 위해 발행하는 증서이다. 주식은 주식을 발행한 회사와 존속을 같이하는 일종의 '영구 증권'이다. 이 증권은 회사가 청산절차를 거쳐 문을 닫지 않는 한 지속된다. 그리고 주식은 특정회사의 소유권 일부를 갖는 것이기 때문에 경영성과에 따른 이익 중 일부는 현금이나 주식 형식으로 배당된다.

한편, 채권은 주식회사뿐만 아니라 정부나 공공기관, 특수법인, 금융기관이 자금을 마련하기 위해 빚을 낼 때 발행하는 증서이다. 채권은 '영구 채권'을 제외하고는 발행자가 원리금의 상환기간을 명시하는 일종의 '기한부 증권'이다. 그러나 채권 소유자는 회사경영에 참여할 수 없다. 채권은 원금과 이자만 있을 뿐 회사의 경영성과와는 전혀 무관하다.

최근에 채권 수급을 위한 우호적인 환경이 지속되고 있다. 그 요인은 주식 및 주택시장

부진과 함께 시중자금이 안전자산(특히 채권)을 선호하기 때문이다. 이러한 추세를 반영하듯이, 투자원금의 90% 이상을 채권에 투자하는 주식연계증권(ELS : Equity-Linked Securities)과 파생결합증권(DLS : Derivatives Linked Securities)의 발행잔고가 급증하고 있다. 게다가 해외에서도 초(超)장기물 회사채 발행이 증가하고 있는 가운데 연금펀드 등은 위험관리 강화와 수익률 개선 목적으로 주식 비중을 줄이고 채권투자를 확대하고 있다.

다른 한편으로, 물가채는 정부가 발행하는 국채의 한 종류로서 원금과 이자를 물가에 연동시켜 물가 변동 위험(즉, 실질적 구매력의 감소)을 상쇄(hedge)함으로써 투자자의 실질 구매력을 보장해주는 채권이다.[07] 물가채는 현재 전 세계 24개국에서 발행되고 있다. 한국은 물가채를 2007년에 도입했지만, 전체 국채 중에서 물가채의 투자 비중은 약 1%에 불과하다.

일반적으로, 물가채 금리는 일반국채 금리에서 시장이 예상하는 미래 물가 상승률을 뺀 정도의 수준에서 결정된다. 즉, 일반 국채 금리에는 시장에서 예상하는 물가 상승률이 이미 반영돼 있는 것이다. 그런데 실제 물가가 시장에서 예상하는 것보다 더 많이 오르면 채권시장에서 일반국채 가격은 하락하고 물가채 가격은 상승하기 때문에 물가채에 투자하는 것이 상대적으로 더 유리해진다. 이와 반대로 실제 물가가 시장에서 예상하는 것보다 덜 오르는 경우에는 채권시장에서 일반국채 가격은 상승하고 물가채 가격은 하락하기 때문에 일반국채가 상대적으로 더 높은 수익률을 산출하게 된다.

일반적으로, 물가채는 주로 연금·기금의 투자대상이다. 개인은 증권사가 사들인 것을 다시 사들인다. 그러나 정부가 물가채를 처음 시장에 내놓을 때(이를 입찰이라고 한다), 개인도 10만 원 단위로 물가채 입찰에 참여할 수 있도록 최근에 정부가 물가채의 활성화를 위해 허용했다.

---

07 어떻게 물가채가 인플레이션 위험을 해결할 수 있는지를 예를 들어 설명하면 다음과 같다. 일반국채와 물가채를 각각 10만 원어치를 구입했다. 설명의 편의를 위해 두 채권 모두 만기가 1년이며 1년 뒤 이자와 원금을 한꺼번에 지급하고, 표면금리는 일반 국채가 연 4%, 물가채는 1.5%라고, 1년간 물가가 3% 오른다고 각각 가정한다. 일반국채에 투자하면 만기에 원금 10만 원과 이자 4,000원(10만 원×4%)을 합쳐 모두 10만 4,000원을 받는다. 10만 원을 투자해서 4,000원을 번 셈이므로 수익률은 4%가 된다. 여기서 문제가 되는 것은 물가가 3% 올랐다는 것이다. 물가 상승분을 제외한 실질 수익률은 명목 수익률 4%에서 물가 상승률 3%를 뺀 1%가 된다. 이처럼, 일반 국채의 경우 명목 수익률은 미리 확정되지만, 실질 수익률은 물가 변동에 따라 달라진다. 즉 투자자가 인플레이션 위험에 노출되는 것이다.

한편, 물가채의 경우, 원금 자체가 물가 변동에 따라 커지거나 줄어든다. 이것을 '물가연동원금'이라고 한다. 물가가 3% 오른다면 물가 연동 원금은 애초의 10만 원에다 물가 상승률 3%를 반영한 3,000원(10만 원×3%)만큼 커져 10만 3,000원이 된다. 바로 물가연동원금 때문에 인플레이션 위험에 대처할 수 있게 되는 것이다. 그리고 이자는 물가 연동 원금 10만 3,000원에 1.5%가 붙어 1,545원이 된다. 따라서 물가채의 경우 만기가 되면 물가 연동 원금(10만 3,000원)에 이자(1,545원)를 합쳐 10만 4,545원이 되며, 명목 수익률은 약 4.5%가 된다. 한편, 물가채의 실질 수익률은 '명목 수익률−물가 상승률'이므로 1.5%(4.5%~3%)이다. 이것은 애초 약속된 표면금리 1.5%인 것이다. 따라서 물가채에 투자하면 물가를 감안한 실질 수익률도 미리 확정돼 실질 구매력이 물가 변동의 영향을 받지 않게 되는 것이다. 일반적으로, 이런 이점이 있기 때문에, 물가채는 일반국채보다 금리가 낮다.

물론, 펀드를 통하여 물가채에의 간접투자도 가능하지만, 물가채에 직접 투자할 경우, 세제 혜택이 주어진다. 물가채는 10년 만기 한 가지만 발행되는데, 10년 만기 일반국채와 마찬가지로 종합과세 하지 않고 분리과세 된다. 또한 물가채는 표면금리가 일반국채보다 낮기 때문에 절세 효과가 있다. 또한, 만기에 돌려받을 원금 중 물가 상승으로 증가한 금액만큼은 비(非)과세되었다. 그러나 정부가 2013년 세제 개편안에서 폐지 방침을 밝혔었다.

한편, 시중자금의 단기부동화 현상으로 집합투자증권의 하나인 MMF(Money Market Fund)의 수탁고가 증가하고 있다. 그 요인은 주식형 펀드 환매 자금유입, 시중금리 하락 시(時) 장부가 평가 메리트 부각, 투자처 부재 하에 금융권 간 상호거래 증가 등이다.

2) 대체자산시장

대체투자(AI : Alternative Investment)는 주식과 채권 등과 같은 전통적 투자(TI : traditional investment)와는 상대적인 개념으로, 주식과 채권을 제외한 모든 투자상품을 뜻한다. 대표적인 대체투자(AI) 상품으로서 사모펀드(PEF : Private Equity Fund), 헤지펀드(Hedge Fund), 부동산, 벤처기업, 원유 금 비철금속(원자재), 선박 등을 들 수 있다.

대체투자(AI)와 전통적 투자(TI)를 비교해보면, 이들(AI와 TI)의 투자 대상이 다를 뿐만 아니라 동일한 투자대상의 상품임에도 불구하고 대체투자(AI)는 서로 다른 가격에 거래되는 점을 이용해 수익을 올리는 차익거래나 재정거래와 같이 새로운 투자전략을 사용한다는 점에서 전통적인 투자(TI)와 구별된다.

대체투자(AI)의 대표적 특징은 주어진 위험에 대해 더 높은 수익을 얻을 수 있거나 혹은 주어진 수익에 대해 더 낮은 위험을 가진 포트폴리오를 가능하게 함으로써 효율적인 투자 포트폴리오를 구성할 수 있게 해준다는 점이다.

대체투자(AI)는 두 가지 종류, 즉 ① 실물형 대체투자와 ② 기업형 대체투자로 나눌 수 있다. 즉 실물형 대체투자는 주식과 채권의 중간 정도에 해당하는 '중(中)위험-중(中)수익' 투자인 반면에 기업형 대체투자는 주식보다 더 높은 위험을 추구하는 '고(高)위험 투자'이다.

첫째, 실물형 대체투자는 대개 두 가지, 즉 ① 사무용 빌딩이나 백화점 같은 데 투자하는 '부동산 투자'와 ② 공항, 항만, 지하철 등과 같은 사회간접자본(SOC)에 투자하는 '인프라 투자'가 대표적이다. 또한, 석유, 광물 같은 자원 개발 투자 역시 실물형 대체투자라고 말할 수 있다.

둘째, 기업형 대체투자는 전통적 투자와 같이 주식과 채권의 형태로 기업에 투자하지만, 기업형 대체투자는 전통적 투자와는 다르게 일반 대중이 참여하는 주식 혹은 채권 시장을 통하지 않는다. 기업형 대체투자의 예로서 사모펀드나 헤지펀드는 구조조정 기업이나 벤처기업에 투자된다.

전술한 바와 같이, 대체투자(AI)는 사회간접자본, 부동산, 원자재 등에 투자하는 만큼 유동성이 낮기 때문에 자산을 현금으로 전환하는 데 시간이 많이 소요되는 유동성 위험이 따른다. 또한 정책과 환경의 변화로 인한 위험, 주식과 채권과는 다른 투명성 부족, 정보 부족에 따르는 리스크가 존재한다. 게다가 부동산, 실물, 비상장 주식 등 대체투자 자산은 표준화가 덜 돼 있고, 거래 단위가 크기 때문에 자본시장의 투자심리가 얼어붙을 경우 가격 변동성이 높아질 가능성이 있다.

나아가 대체투자(AI) 방식으로 대부분 레버리지가 활용되기 때문에 이런 레버리지들이 연결돼 자본시장 전체적으로도 시스템이 불안정하게 되는 시스템 리스크(Systematic Risk)를 야기할 가능성도 있다. 따라서 미국 유럽 등 주요국들은 대체투자(AI)가 또 다른 위기를 낳지 않도록 규제를 강화하고 있다.

대체투자(AI)의 기대효과는 중·장기 수익률 제고, 투자 다변화를 통한 포트폴리오 분산 효과 제고, 안정적인 장기 현금흐름 창출, 물가상승 위험 헤지 등이다. 대체투자(AI)의 가장 큰 매력은 주식 및 채권과의 낮은 상관관계로 인하여 포트폴리오 관점에서 분산투자가 가능하다는 점이다.

이와 같이 대체투자(AI)는 상대적으로 장기간의 투자 기간과 투자자금이 필요하기 때문에 개인투자자보다는 주로 기관 투자자들에 의하여 사용되는 투자방식이다. 그럼에도 불구하고, 시중금리가 연일 최저치를 맴돌고, 주식 시장이 박스권을 벗어나지 못하는 등 저성장/저금리 기조가 유지됨에 따라 투자 방향을 잃은 개인투자자에게도 매력적인 투자처로 떠오르고 있다.

한편, 최근 글로벌 대체투자(AI)의 핫 이슈는 단연 인프라·에너지다. 2013년 11월 미국 골드만삭스 자산운용이 최초로 선보인 폐쇄형 펀드(closed-end fund)가 8억 2,600만 달러를 끌어들였으며 2013년 6월 이후 가장 많은 투자자금을 유치한 펀드로 자리매김했었다. 이 폐쇄형 펀드는 '마스터합자조합'(MLP : Master Limited Partnership)에 투자하면서 최근 '마스터합자조합'(MLP)에 대한 인기를 반증하고 있다.[08] 2013년 1조 원 가까운 투자자금이

---

08 '마스터합자조합'(MLP) 펀드는 셰일가스·원유 등 에너지 인프라를 구축 및 운용하는 MLP에 투자하는 상품이다. MLP는 뉴욕증권거래소(NYSE)에 상장돼 주식처럼 거래된다. 상술하면, MLP는 원유 등 가격변동이 심한 에너지 자원에 직접 투자하는 것이 아닌 파이프라인과 에너지 저장시설 이용료 등을 수익기반으로 삼는다. 미국 정부는 대체에너지 개발을 촉진시키려 MLP에 법인세를 면제해주고 있어 인프라에 투자해 장기간 안정된 수익을 기대할 수 있으며 매년 5~6%의 배당 수익을 기대할 수 있다.

몰렸던 유전 펀드에 이어 2014년에는 미국 셰일가스 붐과 맞물려 인프라기업에 투자하는 '마스터합자조합'(MLP) 펀드가 대체투자(AI)의 열풍을 일으켰었다.

따라서 '마스터합자조합'(MLP)에 대한 투자자들의 관심이 높아지면서 「한화자산운용」이 2014년 초 국내 최초로 미국 셰일가스 인프라기업에 집중 투자하는 공모펀드인 '한화에너지인프라 MLP 특별자산펀드'와 '한화 분기배당형 에너지인프라 MLP 특별자산펀드'를 출시했었다. 2014년 1월 20일에 설정된 두 펀드의 설정액은 각각 18억 원, 3억 원가량 유치되어 이미 20억 원을 돌파했었다.[09]

(1) 사모펀드 시장

사모펀드(PEF : Private Equity Fund) 시장은 2004년 말에 한국에 도입되었는데, 그 이후 양적으로 매우 견고한 성장을 이루긴 했으나 중·소형 프로젝트 펀드의 증가, LP(Limited Partner)의 편중, 소극적인 회수방식 위주의 투자회수, 금전대여 성격의 옵션부 투자관행 등 질적 측면에서는 여전히 미흡하다. 그러나 일부 선도 GP(General Partner)를 중심으로 트랙 레코드(Track Record)가 구축되고 있고, 투자전략 및 투자지역이 다변화되고 있는 추세이다.

최근에 금융위원회는 자본시장 투자 수요를 늘리기 위하여 특히 사모펀드(PEF) 설립을 사전등록제에서 사후보고제로 변경했다. 또한 사모펀드(PEF) 유형을 '전문투자형 사모펀드(헤지펀드)'와 '경영참여형 사모펀드(PEF)'로 통합해 단순화하고, 개인들은 손실 감수 능력이 있는 '사모적격투자자' 외에는 직접 사모펀드에 투자하지 못하도록 했다. 이 결과, 향후 일반인들은 사모펀드에 투자하는 공모형 간접펀드에 투자하는 방법밖에는 없다.

사모투자전문회사(PEF : Private Equity Investment) 제도는 2003년 '동북아 금융허브' 추진전략에서 기업구조조정분야를 특히 부분으로 선정된 후 2004년 12월 간접투자자산운용업법이 개정되면서 도입되었다.

상술하면, 사모투자전문회사(PEF) 제도는 1997년 하반기 IMF 외환위기 이후 2000년대 초반 국내에서 활동하던 외국계 사모투자전문회사(PEF)에 대항할 국내 구조조정펀드를 육성하여 국내 자본에 의한 금융기관 및 부실기업의 구조조정을 촉진하고, 기관투자자들에게 새로운 투자기회를 제공하기 위해 도입되었던 것이다. 그 이후, 2009년부터 시행된 자본

---

09 「한화자산운용」 측에 따르면, 거래소 시장에 상장된 대체투자 자산은 세 가지, 즉 MLP, 리츠, 유틸리티로 볼 수 있는데, 세 가지 투자자산을 비교해보면 MLP의 배당수익률은 현재 6% 정도이고, 리츠의 그것은 4% 초반, 유틸리티의 그것은 3% 후반이기 때문에 배당 수익률이 다른 두 실물자산보다 2% 정도 높다. 실제 대표적인 MLP 상품인 알레리안(Alerian) MLP의 2006년 이후 연평균 수익률은 17.1%로 같은 기간 S&P500 수익률(4.9%)의 3배가 넘는다.

그림 3-17 국내 사모투자전문회사(PEF) 도입 배경

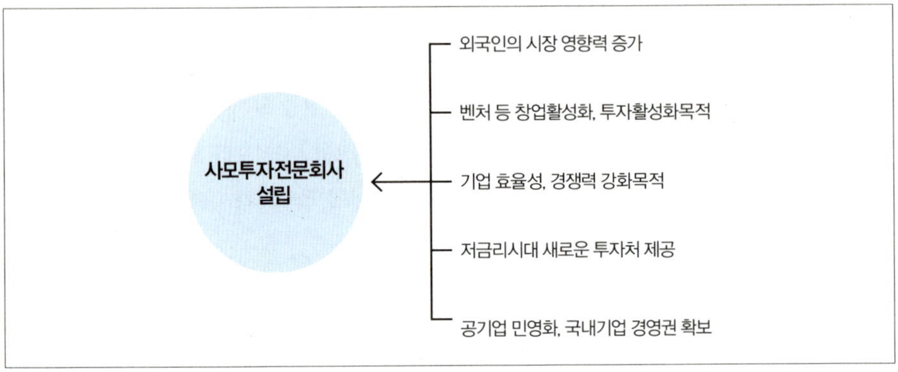

자료 임양택, 「글로벌 금융 패러다임의 변화와 한국 금융산업의 발전방향」, (사)아시아평화경제연구원, 연구총서 NO. 8, Summer 2013.

시장법에 상기 사모투자전문회사(PEF) 제도가 그대로 흡수되면서 현재까지 이어지고 있다.

사모펀드(PEF)는 비상장된 기업이나 구조조정이 요구되는 기업에 대한 지분투자와, 경영참여를 통해 기업가치를 높인 후, 해당 기업을 전략적 투자자에게 양도하거나 아니면 상장함으로써 투자금액을 회수하는 투자를 지칭한다. 사모펀드(PEF)의 유형으로서 다음과 같이 세 가지를 들 수 있다.

- LBO (Leveraged buyouts) : 사모펀드(PEF)가 목표 기업의 지분을 인수하여 경영권을 장악하고자 하는 경우를 지칭하며, 이 경우 사모펀드(PEF)는 차입을 통해 지분 인수금액을 조달한다.
- 벤처 : 사모펀드(PEF)가 잠재적 성장가능성이 큰 신생 기업이나 소규모 사업에 초기에 투자하는 것을 지칭하며, 사모펀드(PEF)는 기업에 특수한 기술이나 경영적인 전문성을 제공하여 기업가치를 높일 수 있도록 한다.
- 메자닌(Mazzanine) 금융 : 통상적으로 최종단계의 벤처캐피털로서 후순위채무를 통하여 기업에 자금을 조달해주고, 주식 전환 옵션 등을 통해서 상장 시 자본가치 증가를 기대하여 투자한다.

여기서 '메자닌'(Mezzanine)이란 건물 1층과 2층 사이에 있는 중간층을 뜻하는 이탈리아어(語)에서 유래된 용어로 금융에선 채권과 주식의 성격을 모두 지닌 신주인수권부 사채(BW), 전환 사채(CB) 등을 말한다. '메자닌'(Mezzanine)은 주식과 채권의 성격을 모두 가진

상품이지만 주식과 채권에 동시에 투자하는 펀드 등에 '메자닌'(Mezzanine)이란 이름을 많이 붙인다. 그 이유는 주식과 채권의 사이에 놓여있는 주식관련 채권에 주로 투자하는 특성 때문이다. 따라서 '메자닌'(Mezzanine)은 원금과 금리가 보장되는 채권의 특성을 가지면서도 향후 주가가 오를 땐 주식으로 전환해 추가 수익을 올릴 수 있는 장점을 갖고 있다.

그러나 반드시 주식과 채권의 성격을 모두 가진 금융상품에만 '메자닌'(Mezzanine)이라는 이름이 붙는 것은 아니며 위험의 정도가 중간 정도인 신용파생금융상품에도 '메자닌'(Mezzanine)이라는 이름을 종종 사용한다. 예로서, 2008년 하반기 글로벌 금융위기의 주범이었던 서브프라임 모기지를 비롯한 모기지 채권을 기초금융자산으로 발행되었던 각종 채권담보부증권(CDO) 역시 그것의 위험도(CDO에 편입된 채권의 부도 가능성)에 따라 여러 가지 계층으로 나뉘어서 신용등급이 매겨졌는데 여기서 중간 정도의 위험도를 가진 채권담보부증권(CDO)에 대해 '메자닌 CDO'라고 불리었다.

2008년 하반기 글로벌 금융위기의 영향으로 크게 위축된 전(全)세계 사모펀드(PEF) 시장과는 달리, 국내 사모펀드(PEF) 시장은 견고한 성장세를 지속하였다. 그 요인은 사모펀드(PEF) 시장 출범 초기인 만큼 국민연금의 대체투자 확대, 정책금융공사의 정책자금 출자 등으로 안정적인 자금모집이 가능했었기 때문이었다.

전술한 바와 같이, 양적인 성장에도 불구하고 국내 사모펀드(PEF) 시장은 중·소형 프로젝트 펀드의 증가, LP(Limited Partner)의 편중,[10] 소극적인 회수방식 중심의 투자회수 등의 문제점 등이 있어 아직까지 질적인 성장은 미흡한 단계라고 할 수 있다. 다만, 일부 선도 GP(General Partner)를 중심으로 트랙 레코드가 구축되고 있고, 투자전략 및 투자지역이 다변화되는 등 긍정적인 양상도 보이고 있다.

국내 사모펀드(PEF)의 평균 규모가 작아진 요인은 대형 블라인드(blind) 펀드가 주를 이룬 사모펀드(PEF) 출범 초창기 이후에 프로젝트 펀드(특히 중·소형 펀드 중에서 프로젝트 펀드)가 늘어났기 때문이다. 여기서 '블라인드 펀드'는 투자대상을 확정하지 않은 상태에서 투자약정을 받은 후 투자대상을 물색하는 펀드인 반면에 '프로젝트 펀드'는 투자대상을 확정한 상태에서 투자약정을 받는 펀드를 지칭한다.

---

10 그러나 대체투자(AI)의 중요성이 점차 부각되면서 국내 사모펀드(PEF)에 투자해왔던 국내 연기금들이 향후에도 투자를 더욱 늘려갈 것으로 예상되고, 또한 정책적인 목적에 의한 사모펀드(PEF) 투자가 늘어날 것으로 보여 이러한 LP 편중 현상은 다소 완화될 수 있을 것으로 전망된다.

(2) 헤지펀드 시장

헤지펀드(Hedge Fund)시장은 2011년 말에 정부 주도로 공식적으로 출범했었는데, 출범 초기 시행착오 기간을 거치면서 점차 수익률이 기준으로 재편되고 있다. 특히 일반 주식시장에 비해 수익률의 안정성이 높고, 수익률이 전반적으로 개선되는 추세를 보이면서 일부 수익률 상위 펀드를 중심으로 시장이 재편되고 있다. 또한, 2013년 말부터 진입요건이 완화되면서 신규 펀드가 늘어나고 투자전략도 다양화되고 있다.

2020년 헤지펀드 시장규모는 9조 원에서 13조 원으로 추정되었다.[11] 국내 저성장 기조와 장기적인 포트폴리오 다변화의 관점에서 대체투자(AI)의 확대는 자본시장이 기관화되고 자산운용업이 성장할수록 더 확대될 것으로 전망된다.

일반적으로, 헤지펀드(Hedge Fund)는 주식과 채권 등과 같은 전통적 투자자산(TI)으로 구성된 포트폴리오에 추가될 경우 전통적 자산과의 낮은 상관관계로 인해 분산투자 효과를 기대할 수 있다. 그러나 이러한 상관관계는 주식시장의 환경에 따라 시기별로 다르게 나타날 수 있다. 왜냐하면 헤지펀드(Hedge Fund)의 주요 투자전략이 주식시장을 이용하여 수행되는 경우가 많으므로 일정부분 시장에 대한 방향성 베타를 동반하여 수익을 창출하기 때문이다. 그러나 일반 투자자들이 헤지펀드(Hedge Fund)에 가입하기에는 최소 투자금액 5억(재간접 1억) 이상이라는 제약조건이 많아 적격투자자 대상 사모펀드(PEF)로 운용되는 경우가 많다.

일반 공모펀드로는 헤지펀드(Hedge Fund)와 유사한 성격의 롱-숏펀드들이 '헤지형 펀드'로 불리며 투자 대안이 되고 있다. 왜냐하면 투자 수익성이 불확실한 상황에서 기대수익률을 낮추고 박스권에서 변동성을 활용해 투자수익을 추구하는 포트폴리오 전략과 맞아떨어지기 때문이다. 또한, 수익의 대부분이 주식 등의 매매차익에 의해서 발생된다는 점에서 해당수익은 비과세 혜택을 받을 수 있어 절세효과도 있다.

그럼에도 불구하고, 사모펀드(PEF) 시장과는 달리, 국내 헤지펀드(Hedge Fund) 시장은 아직 그 역사가 일천하며 저성장이 지속되고 있다. 2012년 말 헤지펀드(Hedge Fund) 시장규모가 1조 원 수준이고, 2015년 국내 헤지펀드(Hedge Fund) 시장 규모가 약 4조 원 수준임을 감안하면, 2020년에는 헤지펀드 시장 규모가 9조 원 내지 13조 원 수준이 될 것으로 전망된다.

11 그 근거로서 현재의 성장추세를 반영하되 해외의 성장사례와 국내 펀드시장의 성장률 가정에 두었다.

(3) 인수·합병(M&A) 시장

한국 정부는 기업 인수·합병(M&A)을 활성화하기 위한 '인수·합병(M&A) 활성화 방안'을 2014년 3월 6일 발표했다. 그 방안의 핵심은 사모투자펀드(PEF)가 인수·합병(M&A)에 적극적으로 나설 수 있도록 규제를 대폭 완화한다는 것이었다.

금융위원회는 인수·합병(M&A)을 추진하는 증권사에 영업인가 요건 우대 등 인센티브를 주기로 결정했다. 예를 들어 증권사가 사모펀드 운용업을 겸할 때 우선적으로 허용해준다는 것이다.

또한, 금융위원회는 증권사 인수·합병(M&A)의 걸림돌 중 하나로 지적된 영업용 순자본비율(NCR : Net Capital Rate)을 전반적으로 제도개선을 추진하기로 했다. 현행 제도에서는 자회사 투자금을 자본에서 전액을 빼기 때문에 인수·합병(M&A)을 하면 영업용 순자본 비율(NCR)이 크게 떨어지는 문제가 있다. 금융위원회는 향후 자회사의 리스크 정도에 따라 차별적으로 총 위험액에 반영하겠다고 밝혔다. 또한 금융위원회는 부실 증권사의 경영개선과 구조조정을 유도하기 위해 적기시정 조치를 강화했다고 한다.

한편, 「연합뉴스」가 선정(2013. 12. 30)한 2013년 국내 인수·합병(M&A) 시장의 10대 뉴스들을 다음과 같이 인용한다.[12]

- 국내 사모펀드(MBK파트너스, 보고펀드, 한·앤 컴퍼니, 스틱·인베스트먼트 등)가 주요 인수·합병(M&A)의 인수주체로 자리매김했다. 예로서 MBK 파트너스만 해도 2013년 초 웅진코웨이 인수를 마무리한 데 이어 코메다, 네파, ING생명을 차례로 인수했다. 한편 기업 부동산 시장은 이지스자산운용, 하나다올자산운용 등 부동산 전문 펀드들이 거의 휩쓸었다. 이러한 상황에서 투자기관들의 자금도 사모펀드(PEF)에 몰리고 있다. 또한, 2013년 하반기 들어 국내 매물이 넘치게 되자 외국계 사모펀드(칼라일, 콜버그·크래비스·로버츠(KKR), 어피니티·에쿼티·파트너스(AEP), 모건·스탠리·프라이빗·에쿼티(MSPE), 스탠다드·차타드·프라이빗·에쿼티(SCPE) 등)들도 활발히 움직이고 있다.
- 인수·합병(M&A) 시장의 심각한 수급 불균형이 발생했다. 인수·합병(M&A)으로 현재 모습을 갖춘 SK와 한화, CJ그룹의 총수들이 모두 자리를 지키지 못하고 있다. 따라서 이들 그룹들은 대형 거래에 대한 의사결정에 소극적으로 나설 수밖에 없었고 자체 합병 및 분할에만 치중했다. 심지어, 중·소형 거래의 강자인 효성그룹마저 세무조사 등을 받으며 인

12 조세일보(2014. 1. 10) 요약 및 인용.

표 3-11 인수·합병(M&A) 활성화 방안 주요 내용

조성·투자	• 금융기관 사모펀드 설립 시 사후승인 허용 • 보험사 사모펀드 투자 규제 완화 • 구조조정 해운사 대형 화주에 인수 허용 • 일반지주회사의 금융자회사 보유 허용 • 사모펀드가 최대주주인 기업 상장 허용 • 상호출자 제한집단 지정 사모펀드 의결권 제한 완화
세제·금융	• 기업간 주식 교환 시 양도차익 과세 이연 • 기술혁신형 인수·합병(M&A) 시 법인세 감면 확대 • 과점주주 취득세 면제대상 확대 • 기업 정상화 촉진 사모펀드 조성 • 성장사다리펀드 내 중소·벤처 M&A펀드 확대

자료 기획재정부.

수·합병(M&A) 시장에서 한발 물러섰다. 웅진그룹, STX그룹, 동양그룹 등도 인수·합병(M&A)으로 성장한 대표적인 기업집단이지만 유동성 위기로 그룹 해체의 길을 걷고 있다.

- 기업 구조조정으로 인한 부실 대기업의 매물이 쏟아지고 있다. 2012년 웅진그룹에 이어 2013년에는 STX, 동양그룹이 해체의 길에 들어섰다. 주력 계열사를 내놓는 등 자구안을 마련했으나 제대로 성사시키지 못했고 결국 법정관리를 신청하면서 속속 매물화되고 있다. 따라서 재무구조가 취약한 일부 그룹들이 서둘러 강도 높은 자구계획을 쏟아냈다. 예로서 동부그룹은 애지중지하던 동부·하이텍 매각 등을 발표했고, 한진그룹은 자산 매각을 통해 주력사인 대한항공과 한진해운의 재무를 개선하겠다고 선언했으며, 현대그룹도 현대증권을 내놓는 등 구조조정 길에 동참했다.
- 이랜드그룹이 놀라운 속도로 사업확장을 추진하고 있다. 이랜드그룹은 높은 부채비율과 차입금 의존도에도 불구하고 중국사업 호조를 바탕으로 사업을 확장하고 있다. 이랜드그룹은 2012년에 투어몰, 코치넬리, PIC사이판, COP리조트, 계림호텔 등을, 2013년에는 케이스위스, 오츠, 충주 수안보 와이키키호텔, 전주 코아호텔, 대구 소재의 갤러리아 동백점과 프린스 호텔, 스키 리조트 베어스타운 등을 각각 매입했다.[13] 또한 이랜드그룹은 제주도 테

13 상기한 이랜드의 사업확장에 대해 크레디트 시장은 기대보다는 우려를 내놓고 있다. 그 이유는 가격이 싸진 매물을 사들여 성장 동력으로 삼을 수 있으나 재무 부담이 가중될 것이라고 예상되기 때문이다.

마파크 사업자로서 선정됐다. 이처럼, 이랜드는 전공인 유통은 물론 호텔, 레저사업을 계속 확대하고 있는 것이다. 또한 이랜드는 엔터테인먼트 사업에도 본격적으로 나섰다.

- 해외 자원개발 거래가 크게 위축되고 있다. 공기업과 상사, 정유업체 등은 지난 이명박 정부에서 해외 자원개발에 집중했다. 그 결과, 자원 자급률도 크게 올랐다. 이에 따라 자원개발 관련 거래는 수년간 인수·합병(M&A) 시장에서 큰 비중을 차지했다. 그러나 지나치게 비싸게 인수했거나 생산성이 기대에 미치지 못한 사실이 드러나면서 자원개발 거래는 2013년 들어 크게 위축됐다. 게다가 자금력이 풍부한 중국과 일본에 밀려 투자수익성이 높은 투자처를 찾기가 어렵게 되었다.
- 삼성그룹과 현대차 등 대기업들이 자체 사업조정에 주력했다. 삼성그룹은 2012년에 디스플레이 사업 조정을 단행하였고 2013년에 들어 제일모직 패션사업부를 삼성에버랜드에 넘겼으며,[14] 삼성SDS와 삼성SNS의 합병을 결정했다. 또한, 삼성물산이 삼성엔지니어링에 대한 지분율을 계속 확대하면서 삼성그룹의 지배구조 개편에 삼성물산의 역할이 주목됐다.

  한편, 현대차는 현대제철과 현대하이스코 냉연강판 부문 합병을 결정했다. 이것은 자동차강판의 일관체제를 구축하는 사업적 시너지와 함께 일감 몰아주기 규제 회피, 경영권 승계를 위한 사전 정지작업으로 해석된다. 또한 SK그룹, 롯데그룹, 포스코, 한진그룹 등도 합병과 분할을 통해 중복사업을 줄이고 수익성이 좋은 사업을 키우는 내부 단도리에 주력했다.
- 삼성전자, LG그룹, GS그룹이 인수·합병(M&A)에 박차를 가했다. 우선 삼성전자는 경쟁업체인 샤프의 지분을 인수해 세상을 놀라게 하더니 국내에서 휴대전화 경쟁업체인 팬택 지분도 매입했다. 이것은 경영권 인수보다도 사업 협력을 강화해 실리를 찾겠다는 전략으로 해석된다. 또한 삼성전자는 제일모직과 함께 독일의 유기발광다이오드(OLED) 재료 업체인 노바엘이디를 사들였다. 2013년 11월, 삼성전자는 애널리스트 데이에서 지속적 성장을 위해 공격적인 인수·합병(M&A)을 선언했다.

  LG그룹은 2013년 여러 건의 인수·합병(M&A)을 성사했던 LG생활건강을 제외하고 타사 지분 인수에 보수적이었다. 그러나 LG그룹은 HP사의 웹OS를 인수했고 LG CNS로부터 자동차 부품 설계와 엔지니어링 전문업체인 V-ENS를 인수·합병(이상 LG전자)했다.

  GS그룹은 2013년 초 적극적인 인수·합병(M&A)을 선언하고 GS에너지를 앞세워 STX에너지를 획득했다.

---

14 삼성에버랜드의 기업가치가 높아지면 이건희 삼성전자 회장의 자녀들에게 혜택이 돌아간다는 점에서 경영권 승계와도 연관된 다양한 해석이 쏟아지기도 했다.

LG그룹이 GS그룹과 인수·합병(M&A) 시장에서 제휴했다. 웅진케미칼 인수전에서 각각 LG화학과 GS에너지를 앞세워 경쟁했던 LG그룹과 GS그룹이 STX에너지의 인수 전쟁에서는 손을 잡았다.

- 유통업계에 '세일 앤 리스 백' 바람이 불고 있다. "세일 앤 리스 백"(Sale&Lease back) 방식이란 점포 등 부동산을 펀드에 매각하고 재임차하는 것인데, 이것은 유통업체들의 하나의 트렌드로 자리 잡았다. 무한 확장만 했던 유통업체들이 추가 투자비를 조달하고 차입금을 감축하기 위한 목적으로 부동산 펀드를 상대로 점포 매각에 나선 것이다.
  홈플러스는 2012년에 이어 2013년에도 안성 물류센터와 부천상동, 인천작전, 수원영통, 대구칠곡 점포를 '세일 앤 리스 백' 방식으로 활용했다. 이것은 홈플러스의 대주주인 테스코가 잇따른 자산 매각 행보로 인하여 한국 사업을 축소하거나 철수하는 것 아니냐는 의심을 불러일으켰다. 또한 롯데쇼핑도 백화점과 마트 점포를 해외에 매각기로 하고 작업을 서두르고 있다.
- NH농협금융지주가 증권업계와 생명보험업계로 진출했다. 우리금융지주 매각은 금융권에서 최대 이슈였고 증권업계 1위였던 우리투자증권의 주인이 누가 될지에 큰 관심이 쏠렸다. KB금융지주를 따돌리고 우투증권, 우리아비바생명, 우리저축은행 인수를 위한 우선협상대상자로 선정됐다. 이로써, NH농협금융지주는 증권업계는 물론 생보업계에서도 큰 도약을 꿈꾸게 됐다. 한편 KB금융지주는 ING생명 한국법인 인수에 실패한 데 이어 우리투자증권 패키지 딜까지 놓치게 되면서 매물로 나온 다른 증권사에 눈을 돌려야 할 상황에 처했다.

3) 펀드시장

한국의 펀드시장에서는 개인이 목돈마련을 위해 임의로 여유자금을 가지고 펀드에 투자를 하고 필요에 따라 언제든지 환매함으로써 필요자금으로 확보한다. 이와 대조적으로, 대부분 선진국의 경우, 개인의 펀드투자는 한국과 같은 임의방식이 아니라 퇴직연금 같은 연금플랜을 통해 체계적으로 이루어진다.

연금플랜을 이용한 펀드투자는 투자자의 장기투자를 유도할 수 있다. 그리고 연금플랜 속에서 장기투자가 이루어지다 보니, 임의방식보다 투자시점에서 체계적인 연금컨설팅을 받으며 투자자산을 선택할 수 있게 된다. 따라서 퇴직연금시장과 펀드시장은 상호 연계적으로 성장한다. 이러한 이상적 모형을 제6장에서 논술할 호주의 '슈퍼에뉴에이션'(Superannuation)에서 찾아볼 수 있다.

(1) 뮤추얼펀드시장(Mutual Fund Market)

미국의 DTCC가 Fund/SERV기능을 확장하여 국제펀드결제 및 펀드판매대리점까지 확대지원을 추진하고 있으며, 생명보험 및 연금상품에 대한 보험업무서비스(IPS : Insurance Processing Services)업무 확장, 퇴직연금자산이전(ToRA : Transfer of Retirement Assets) 및 확정기여연금청산결제(DCC&S : Defined Contribution Clearance&Settlement)서비스 제공 등 다양한 펀드결제 지원 기능을 수행한다.

뮤추얼펀드시장(Mutual Fund Market)은 제도 도입 초기에는 미국 등과 같이 주식회사형 제도를 국제적 정합성에 맞게 잘 만들었으나 기존의 투신업계의 수익증권형 요청에 밀려 법을 바꾸어 수익증권형으로 후퇴하였다. 이 결과, 현재 미국 등 선진국의 펀드가 대부분 주식회사형 펀드(즉, 뮤추얼펀드)임에도 불구하고 한국의 펀드는 대부분 수익증권형으로 후진성을 보이고 있다.

따라서 뮤추얼펀드(Mutual Fund)가 주식회사형의 독립체산제 형태로 운용되도록 함으로써 소위 말하는 '펀드 물타기' 등을 근본적으로 예방할 수 있도록 해야 할 것이다. 그러나 현재 수익증권형 펀드는 기존에 수탁사가 관리하던 펀드원장을 「한국예탁결제원」(KSD)이 관리하는 것 외에는 넓은 의미에서 '펀드 물타기' 등을 근본적으로 예방할 수 없는 실정이다.

따라서 현재 주식회사형 펀드는 상장되어 있는 것이 극히 미미하고 대부분 상장되지 않고 사모펀드(PEF) 형태의 펀드로 운용되고 있다. 주식회사형 펀드는 투자자의 입장에서 보면 시장에서 일반 주식처럼 사고팔 수 있다는 환금성(換金性)의 장점을 가지고 있다. 또한, 주식회사 형태의 독립적인 펀드운영 및 회계처리로 인하여 소위 말하는 '펀드 물타기' 등이 근본적으로 불가능하다.

또한, 펀드 투자자가 자금을 회수하는 방법으로서 주식처럼 증권시장에서 펀드 매매를 통하여 자금을 회수하는 경우 자금회수 비용이 매우 저렴하지만, 대부분의 수익증권형 펀드는 환매를 통하여 자금을 회수하는데, 일반적으로 환매수수료가 매우 비싸다. 따라서 환매를 통한 투자자금 회수는 투자자 입장에서 매우 불리한 상품이기 때문에, 증권회사 등이 수익증권형 펀드를 고집한다. 이것은 증권회사들이 환매수수료를 얻기 위한 억지이기도 하며, 주식회사형 펀드가 시장에서 수익률 경쟁을 통하여 주식과 같이 증권시장에서 매매를 통하여 자금을 회수하는 것과는 매우 대조적이다.

따라서 수익증권 형태의 집합투자증권은 환매를 통하여 자금을 회수하는 과정에서 투자 이후에 관심이 별로 없는 투자자는 마지막까지 보유하다가 손해를 보는 것이 일반적인 현상이다. 다시 말하면, 특정인의 환매가 다른 수익증권 투자자에게 심각한 영향을 미칠 수 있다는 것이다.

이와 같이, 주식회사형 펀드는 폐쇄형으로서 청산 시(時)까지 자금의 유·출입 없이 자금을 운용하다가 결산을 통하여 분배하는 구조이다. 이와 반면에 수익증권형 펀드는 수시로 투자자금이 유·출입되는 구조이기 때문에 환매시점에 따라 수익구조가 천차만별이다.

만약 A펀드에 개미들과 기관이 공동으로 투자한 경우를 가정해보자. 이 경우 개방형 수익증권의 경우에는 처음에 같이 투자했다가 어느 날 기관투자자가 중도 환매하고 빠지면 그날 이후 만기까지 가는 개미 투자자들이 손해를 볼 수밖에 없다. 또한, 폐쇄형인 뮤추얼펀드의 경우에는 만기까지 중도 환매가 불가능하기 때문에 개미든 혹은 기관이든 간에 만기에 동등한 손해 또는 이익을 보게 된다.

따라서 개미 투자자들은 현재 수익증권형 펀드에 투자하고 있는 경우에 자신이 가입한 펀드에 자금흐름을 관찰하는 것이 가장 중요하지만 언제 금융기관들이 손을 털고 빠져나갈지 알 수 없기 때문에 항상 심각한 위험에 노출되어 있는 것이다.

상기한 근본적인 문제를 해결하기 위하여 모든 수익증권형 펀드는 주식회사형 형태의 뮤추얼펀드 구조로 하루빨리 개선하여야 할 것이다. 다시 말하면, 집합투자증권시장의 발전을 위하여 하루빨리 수익증권형 펀드를 지양하고 주식회사형 뮤추얼펀드시장을 활성화시켜야 할 것이다. 이와 함께, 주식회사형 펀드의 경우 투명한 공시 및 투자절차를 통하여 투자자보호 및 간접투자상품에 대한 투자자들의 신뢰를 회복하여야 할 것이다.

(2) 상장지수펀드(ETF)와 합성 ETF

상장지수펀드(ETF : Exchange Traded Fund)는 특정 주가지수의 변동과 수익률이 연동되도록 설계된 지수연계형 펀드이다. 즉, 상장지수펀드(ETF)란 KOSPI200지수의 구성종목들로 펀드를 구성하고 이를 기초로 상장지수펀드(ETF)증권을 발행하여 거래소에 상장시켜 거래할 수 있도록 만든 금융상품이다. 이 결과, 상장지수펀드(ETF)를 매수하면 KOSPI200 구성 종목전체를 매수하는 것과 같은 동일한 효과가 있다.

상장지수펀드(ETF) 시장은 2002년 한국에 처음으로 4개 종목으로 도입되었으며, 2006년 이후 급격히 성장하였다. 그 요인은 낮은 수수료율, 거래 편의성뿐만 아니라 잇단 신상품 출시로 투자자 선택권까지 확대되고 있기 때문이다.[15]

상장지수펀드(ETF)는 한국거래소에 상장된 일반주식과 동일하게 투자자 간에 거래되

15 2013년 말 기준 국내 ETF 시장 순(純) 자산 총액은 19조 4,217억 원으로 전년 동기 대비 4조 7,040억 원 증가했다. 환매 몸살로 주식형 펀드에서 6조 원이 빠져나가는 와중에도 ETF 시장은 30% 이상 성장한 것이다.

그림 3-18 실물 ETF와 합성 ETF의 운용구조 비교

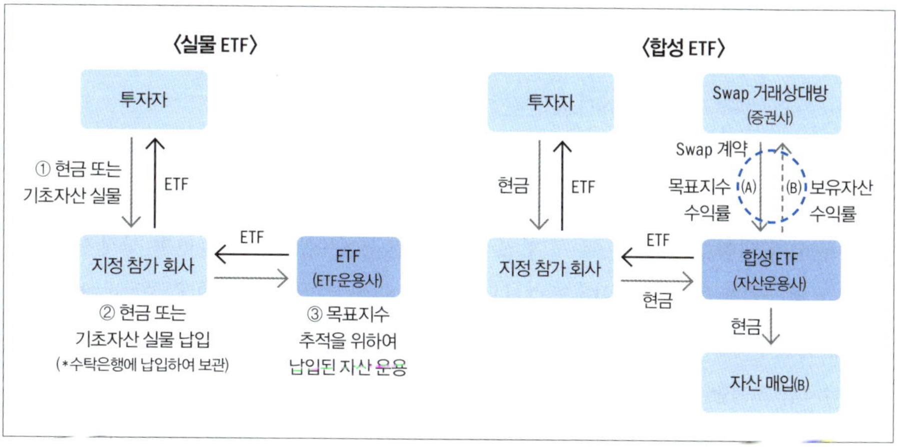

자료 김영도, "합성 ETF 도입과 시사점", 금융 포커스, 22권 24호, 한국금융연구원, 2013. 6.

며, 투자자는 투자자금을 회수하기 위하여 지정판매회사에 환매하거나 유통시장에서 매도하여 회수할 수 있다.

한편, '합성 ETF'(Synthetic ETF)는 특정 기초금융자산을 추적하기 위하여 그 기초금융자산의 수익률을 실현할 수 있는 스왑(Swap) 등 장외파생상품을 편입하는 상장지수펀드(ETF)이다. 합성 ETF의 구조는 거래상대방인 국내·외 증권사나 투자은행(IB)이 운용하고, 자산운용사는 거래상대방의 위험을 관리한다.

여기서 유의할 것은 실물(Physical) ETF와 합성 ETF의 차이점이다. 전자의 경우 추종지수를 구성하는 주식과 채권 등과 같은 기초자산을 직접 편입하여 지수의 수익률을 추구하는 반면에 후자의 경우 총수익스왑(Total Return Swap)과 같은 스왑 거래를 통하여 실물을 직접 보유하고 있지 않지만 마치 실물을 실제로 보유하고 있는 것과 같은 동일한 효과를 갖게 된다.

한편, 상장지수펀드(ETF) 시장이 진화를 거듭하며 주식 직접투자와 펀드로 인한 손실에 실망한 투자자들을 유인하고 있다. 따라서 상장지수펀드(ETF) 시장이 크게 성장하면서 투자자들을 잡기 위한 자산운용업계의 신상품 출시 경쟁이 치열하다. 이 결과, 과거에는 ETF가 코스피와 코스닥지수를 추종하던 단순 투자상품에 불과했지만 최근에는 주식, 채권, 금·은·농산물, 외환 등으로 투자 자산이 다양해졌을 뿐만 아니라 외국 증시에 투자하는 새로운 수단으로 떠오르고 있다.

다른 한편으로, 상장지수펀드(ETF)와 주가연계증권(ELS)의 단점을 보완한 중(中)위험·중(中)수익 신(新)신용파생금융상품으로서 상장지수증권(ETN: exchange traded note)이 2014년 출시되었다. 상장지수증권(ETN)은 원자재, 통화, 금리 등의 지수 변동에 따라 만기(통상 10~30년)에 수익을 지급하기로 약속한 신용파생금융상품이다.

'상장지수증권'(ETN)이란 명칭(exchange traded note)에 '채권'의 개념인 'note'가 들어 있지만 정기적으로 지급하는 이자는 없고, 오히려 주식처럼 거래소에서 자유롭게 거래된다. 즉, 증권사가 대형주 5종목으로 '블루칩 지수'를 만들어 이 지수를 따르는 상장지수증권(ETN)을 한국거래소에 상장하면 투자자는 자유롭게 이 ETN을 사고팔 수 있다. 만기가 있지만 원하는 시점에 사고팔 수 있고, 주식처럼 매매 시점의 수익률에 따라 수익을 얻는다.

여기서 유의할 것은 글로벌 경기 회복세와 함께 미(美) 달러화 강세가 나타나면서 투자자들의 관심이 안전자산에서 수익률이 높은 주식으로 옮겨가고 있다는 점이다.[16]

최근 한국의 자산운용업계의 동향은 다음과 같다. 미래에셋자산운용은 미국 단기 고(高)수익 채권에 투자하는 ETF 출시를 앞두고 있다. 이것은 미국 양적완화 축소(테이퍼링) 이후 금리 상승세가 본격화되면서 높은 쿠폰이자로 채권값 하락을 상쇄할 수 있는 고(高)수익 채권에 대한 투자 수요가 많아진 데 따른 것이다.

한국투자신탁운용은 만기 6개월 이하 통화안정채권에 투자하는 'KINDEX 단기자금 ETF'를 상장했다. 이 금융상품의 투자대상은 금리 상승에 대비해 채권 만기를 짧게 가져가되 단기 자금 운용으로 연 3% 내외 수익을 노리는 투자자들이다.

삼성자산운용이 내놓은 'KODEX 합성 미국 바이오 ETF'는 연초 국내·외 증시 조정에도 불구하고 16% 넘는 수익률을 기록하였다. 이 금융상품의 특징은 국내 증시에 최초로 상장된 미국 업종에 투자하는 ETF로 50여 개 미국 바이오 기업에 투자해 수익을 낸다. 다른 합성 ETF들과 달리 환헤지를 하지 않고 달러 강세에 베팅하는 것이다.

한화자산운용은 세계 우량주에 투자하는 '아리랑 합성 AC-월드 ETF'를 출시한 데 이어 고(高)배당주와 대형주 등 미국 증시 투자 테마를 다양화하고 중국 일본 등 외국 증시를 기초로 한 레버리지 ETF 상품을 내놓았다.

마지막으로, 국내·외 상장지수펀드(ETF) 시장을 비교해보면(제도 도입 후 10년인 2012년

---

16 회고하면, 2008년 하반기 글로벌 금융위기와 유로존 재정위기 등 글로벌 금융시장 불확실성이 증폭됨에 따라 국제 금(金) 가격은 승승장구를 지속하여 온스당 600달러대에서 2012년 10월 1,794.1달러로 고점(高點)을 찍었다. 따라서 그동안 금(金) ETF, 즉 금(金) 현물 또는 선물가격과 연동해 수익률을 얻을 수 있도록 설계된 '지수연동형 펀드'(Index Fund)가 거래소에서 주식처럼 활발히 거래됐었다.

9월 말 기준), 국내 상장지수펀드(ETF) 시장은 순 자산 기준으로 세계 10위, 거래대금 기준으로 세계 5위, 상장종목 수 기준으로 세계 9위의 시장으로 각각 부상했다. 그러나 국내 상장지수펀드(ETF) 시장은 해외(미국과 유럽 등) 상장지수펀드(ETF) 시장에 비하여 갈 길이 멀다. 가장 중요한 차이점은 다음과 같다.

해외(미국과 유럽 등) 상장지수펀드(ETF) 시장의 경우, 퇴직연금과 연기금의 수요저변 확대에 힘입어 상장지수펀드(ETF) 시장의 기관투자자의 거래대금 비중(퇴직연금 : 50%, 연기금 : 80%)이 매우 높고 주식형 상품의 비중이 50%를 차지하지만 다양한 상품유형들이 출시되고 있는 반면에, 국내 상장지수펀드(ETF) 시장의 경우 기관투자자의 거래대금 비중은 29%에 불과하고 주식형 상품의 비중이 80%를 거래대금 비중은 29%에 불과하고 주식형 상품의 비중이 80%를 차지하고 있다.

따라서 한국의 금융당국은 퇴직연금과 펀드의 불합리한 ETF 관련 규제를 개선함으로써 기관투자자의 수요를 확대해야 할 것이다. 예로서 현재 유형만 가능한 주식형 및 혼합형 ETF 투자를 DC형 및 IRP 퇴직연금도 적립금액의 40% 내에서 투자할 수 있도록 ETF 관련 투자규제를 개선함이 상장지수펀드(ETF) 시장의 건전화를 위하여 바람직할 것이다.

(3) 크라우드 펀딩(Crowd-Funding)

크라우드 펀딩(Crowd-Funding)은 다수를 의미하는 "Crowd"와 자금을 모은다는 의미의 "Funding"을 조합한 용어로 창의력을 가진 자금수요자가 인터넷 등에서 자금모집을 중개하는 '크라우드 펀딩' 업체를 통하여 불특정 다수자로부터 소액투자를 유도하여 필요한 자금을 조달하는 것을 말한다.

다시 말하면, 크라우드 펀딩(Crowd-Funding)은 창의적인 아이디어를 갖고 있는 사람이 온라인 펀딩업체를 통해 불(不)특정 다수의 투자자로부터 십시일반(十匙一飯)으로 사업자금을 조달할 수 있는 자금조달 방식이다. 1997년 영국 록그룹 'Marillin'이 인터넷을 통하여 6만 달러의 미국 순회공연 자금을 성공적으로 모금했었던 것이 효시(嚆矢)가 되었다.

크라우드 펀딩(Crowd-Funding)은 금융과 정보기술(IT)을 융합함으로써 기존 금융제도가 해결하지 못했던 '시장의 실패'(Market Failure)를 해결할 수단이기 때문에 그 활용 범위가 계속 확장되고 있다. 재난구호, 시민운동, 예술 활동 지원, 정치자금 후원, 창업회사 자금 지원, 영화, 무료 소프트웨어 개발, 발명, 과학적 연구 등으로 계속 확장되고 있다.

여기서 가장 기대되는 크라우드 펀딩(Crowd-Funding)의 활용분야는 소규모 창업기업, 벤처기업, 그리고 수많은 중소기업들의 자금 조달이다. 왜냐하면 창업자금을 공급하는 벤처캐피털은 성장단계 기업에 주로 투자하고 있으며, 엔젤투자 규모도 감소하고 있고, 중소

표 3-12 크라우드 펀딩의 세 가지 유형

유형	자금모집 방식	보상 방식	주요사례
후원·기부형	후원금·기부금 납입	무상 또는 비금전적 보상	주로 예술, 복지분야사업자금 조달 시 활용
대출형	대부	유상(이자 지급)	긴급자금 등이 필요한 수요자가 자금 조달 시 활용(대부업체 중개)
지분 투자형	출자(지분취득)	유상(이익배당)	창업기업 등이 자금 조달 시 활용

자료 하나금융경영연구소, "크라우드 펀딩의 활성화 움직임과 시사점", 이슈분석, 제3권 35호, 2013. 9.를 저자가 재정돈.

기업 자금 조달이 은행 대출이나 정책자금에 편중돼 있는 상황에서 많은 중소기업들은 요건을 충족하지 못해 접근이 제한되어 있을 뿐만 아니라 주식 또는 채권 발행을 통해 자금을 조달하는 것은 거의 불가능하기 때문이다.

따라서 소규모 창업기업, 벤처기업, 그리고 수많은 중소기업들을 위한 크라우드 펀딩(Crowd-Funding)의 활용 가능성에 대하여 기대가 높은데, 그 배경은 다음과 같은 크라우드 펀딩의 메커니즘이다. 우선, 창업·중소·벤처기업이 추진하는 사업의 가치는 '대중의 지혜'(wisdom of crowd)를 통해 검증된다. 통과된 사업은 소셜네트워크서비스(SNS) 등에 의한 '입소문 효과'(word of mouth)로 대중의 관심이 늘어난다. 마지막으로 '대중의 감시'(crowd monitoring)를 통해 사업의 성공 가능성을 높일 수 있다. 이런 특성으로 인해 크라우드 펀딩은 창업·중소·벤처기업 등 기존 금융제도가 포용하지 못한 부문의 자금 조달을 가능하게 할 수 있다.

한국 정부(금융위원회 자본시장과)는 2013년 9월 26일 크라우드 펀딩 제도 추진계획을 발표했었으며 동 제도가 2014년 1월 25일 도입되었다. 일반적으로, 크라우드 펀딩(Crowd-Funding)은 자금공급자의 자금공급 목적에 따라서 세 가지 형태, 즉 기부·후원형, 대출형, 투자형으로 나눌 수 있다. 특히 이익추구가 목적인 투자목적의 '증권형 크라우드 펀딩'은 주식과 지분에 투자하는 지분증권형과, 프로젝트나 대출을 목적으로 하는 투자계약 또는 채무증권형으로 분화되고 있다.

첫째, '기부·후원형 크라우드 펀딩'이다. 문화 예술 상품이나 기발한 프로젝트에 돈을 대고 공연 티켓 또는 시제품을 대가로 받는 방식이다. 예로서, 미국 최대 크라우드 펀딩 업체인 '킥스타터'와 '인디고고' 등이 상기 유형에 속한다. 오큘러스 VR(가상현실기기 업체)은 크라우드 펀딩으로 자금모금에 성공한 뒤 페이스북에 20억 달러에 팔렸다. 또한, 최초의 스마트 시계인 '페블워치'를 들 수 있다.

한국의 '기부·후원형 크라우드 펀딩' 업체들의 예를 들면, 2012년 설립된 '와디즈'에서는 태극기 이어캡(휴대전화 이어폰 단자에 꽂는 액세서리), 미아방지용 팔찌 등 100여 건의 프로젝트가 모금액 달성에 성공해 '명예의 전당'에 올랐다. '변호인'이나 '연평해전' 같은 영화들도 후원형 크라우드 펀딩 방식으로 제작비 일부를 조달했다.[17]

둘째, '대출형 크라우드 펀딩'이다. 돈이 필요한 개인이나 기업이 원금과 이자 상환을 약속하면 개인들이 각자 판단해 돈을 빌려주는 것이다. 미국의 P2P(개인 간) 대출 사이트인 렌딩클럽은 '투자자는 안전하고 높은 수익이, 대출자는 빠르고 저렴한 자금 조달이 가능하다'라고 광고해 지금까지 76억 달러의 대출을 성사시켰다. 한국에서는 머니옥션, 팝펀딩 같은 '대출형 크라우드 펀딩' 업체들이 대부업으로 등록하고 영업 중이다.

셋째, '투자형 크라우드 펀딩'이다.[18] 이것은 창의적인 기업가 등이 크라우드 펀딩을 통해 필요한 자금을 원활히 조달할 수 있도록 한다. '투자형 크라우드 펀딩'을 허용하는 '온라인 소액투자중개업자' 제도가 도입된 2014년 1월 25일부터 2016년 6월 말까지 약 17개월간 197개 기업이 크라우드 펀딩에 성공해 295억 원의 자금을 조달했다. 펀딩 성공률은 52%, 투자자는 총 1만 3,221명, 기업별 평균 조달금액은 1억 5,000만 원이다. 성공률이 64%에 이른다.

한편, 한국 정부는 증권 발행인의 공시부담 등을 대폭 완화함으로써 창의적인 기업가 등이 크라우드 펀딩을 통해 필요한 자금을 원활히 조달할 수 있는 길을 열어주되, 무(無)분별한 자금모집행위에 따른 투자자의 피해를 예방하기 위해 크라우드 펀딩을 통해 모집할 수 있는 금액의 한도와 1인당 투자한도를 제한하였다. 일반투자자의 경우에는 연간 500만 원(기업당 200만 원)까지밖에 투자할 수 없다.[19] 또한, 청약금액이 모집 예정금액의 80%에 못 미치면 증권 발행이 취소된다.

---

17 2016년 5월 25일 개봉한 영화 '노무현입니다'는 개봉관 확보를 위해 개봉 직전, 크라우드 펀딩을 통해 2억 원을 모집했었다. 6개월 만기에 5% 확정금리, 손익분기점은 누적관객 수 20만 6,700명이었다. 투자자들이 몰리면서 26분 만에 목표금액을 달성했었다. 최종 507명이 4억 8,900만 원을 모았다. 이 영화의 누적 관객 수는 184만 551명으로 손익분기점을 훨씬 넘었다. 이에 따라 100만 원을 투자한 사람은 만기(12월 5일)에 105만 원(세금 제외)을 돌려받게 되었다.

18 사실상, 그동안 금지되었던 '지분형 크라우드 펀딩'을 허용하는 자본시장법 개정안('온라인 소액투자중개업자' 제도 도입)이 2015년 4월 임시국회에서 통과되었다.

19 미국은 지난 2012년 법을 제정하면서 연소득 10만 달러 미만 투자자는 최대 2,000달러까지만 투자할 수 있도록 제한을 뒀다.

우선, '투자형 크라우드 펀딩'은 고수익을 기대할 수 있지만 투자위험이 상당히 크다.[20] 왜냐하면 크라우드 펀딩을 가장해 고수익을 준다고 홍보하는 금융사기가 많기 때문이다. 따라서 자금 수요자와 자금 수요에 대한 올바른 정보가 제공돼야 하며, 공정한 중개플랫폼이 운영돼야 하고, 투자자의 투자 판단을 왜곡하는 행위를 금지하는 등 불공정행위를 근절시킬 투자자 보호 장치가 필요하다.

사실, 투자자 자신이 투자대상 기업(증권 발행기업)이 크라우드넷에서 금융위원회 등록업체인지를 중개업자의 홈페이지를 통해 확인한 다음, 기업가치를 판단할 수 있는 투자기업(증권 발행기업)이 공시하는 증권의 발행조건, 재무상태 및 사업계획 등을, 또한 투자 후에는 사업진행 상황이나 투자기업의 재무상황을 수시로 확인해야 한다. 다음으로, 크라우드 펀딩을 통해 취득한 주식을 팔고 싶을 때는 한국거래소 스타트업 전용 거래시장인 'KSM'을 이용하면 편리하다.

'증권형 크라우드 펀딩'은 증권을 매개로 자금을 조달하는 방법으로 두 가지 형태, 즉 ① 지분증권형과 ② 채무증권형/투자계약증권형으로 분류할 수 있다.[21] 우선, 전자(지분증권형 크라우드 펀딩)는 주로 주식회사의 주식, 조합, 익명조합 등에 대한 출자지분을 그 예로 들 수 있다. 다음으로, 후자(채무증권형 크라우드 펀딩)는 준(準)대출형 크라우드 펀딩(Crowd-Funding)이라 할 수 있다.

참고로, 선진국의 '지분 투자형 크라우드 펀딩' 사례를 간략히 살펴보면 다음과 같다.

우선, 미국의 경우, 버락 오바마 대통령이 중심이 돼 소규모 기업의 자본 조달 능력 개선을 위한 '지분 투자형 크라우드 펀딩'을 규정하는 'JOBS 법'(Jumpstart Our Business Start-ups Act)을 2012년 4월 제정하였다. 미국 스마트워치 '페블'(pebble)이 대표적 성공 사례로 2012년 10만 달러의 자금 모집을 목표로 크라우드 펀딩을 실행했었는데 대중의 관심을 끌면서 무려 1,026만 달러의 자금을 모았고 결국 제품을 출시하기에 이르렀다.

다음으로, 영국 금융규제청(FCA)은 2012년 10월 크라우드 펀딩을 중소기업 자금조달의 대안채널로 2013년부터 육성한다는 계획을 발표하였고 이에 따라 영국 금융규제청(FSA)은 최초로 CrowdCube社를 '투자형 크라우드 펀딩' 중개업체로 인가했었다.

한편, 이탈리아는 2012년 10월 「창업을 위한 혁신과 성장촉진을 위한 법안」(Growth Decree)을 통하여 '지분 투자형 크라우드 펀딩'이 합법화되었다.

---

20 벤처기업이나 창업 3년 이내의 기술력 우수기업에 투자한 경우 연말정산 때 소득공제 혜택을 받을 수 있다.

21 미국의 경우 CROWDFUND ACT에서 증권형 크라우드 펀딩을 규제하고 있다.

4) 정부의 자본시장 활성화 방안

한국 정부는 금융업 경쟁력 강화 방안(2013. 11. 27) 중 금융투자업(자본시장) 부문과 관련하여 다양한 개선방안(상장 활성화, 인수·합병(M&A) 지원책부터 사모펀드 개편, 신시장 개설 추진 등)을 제시했다.

(1) 상장 활성화

경제 내 자금을 효율적으로 배분하고 우량기업의 성장을 촉진하기 위해서는 주식시장의 활성화가 선행되어야 하는데, 다시 이를 위해서는 주식가치의 평가, 투자의 집행, 자금의 회수를 가능하도록 해야 한다.[22] 그러나 국내 기업의 신규 상장이 감소하고 있다.

기업이 상장을 통해 얻을 수 있는 가장 큰 메리트는 자금조달의 기회를 확보하고 기업의 인지도 및 신용도를 제고할 수 있다는 것이다. 이는 기업이 지속적으로 성장할 수 있는 기반을 확보할 수 있게 되었다는 것을 의미한다. 사실, 시장 여건상 신규발행한 주식이 합리적인 평가를 받지 못한다면 이 역시 중요한 비용요인으로 작용한다.

물론, 최대주주 및 경영자의 입장에서는 지배력이 감소하는 것, 시장과 주주의 감시와 견제를 받게 되는 것도 상장에 따르는 부담이 될 수 있다. 그럼에도 불구하고, 상장요건이 필요한 근본적인 이유는 기업과 투자자 간 정보 비(非)대칭성이 존재하기 때문이다. 정보 비(非)대칭성이 없고 거래비용이 존재하지 않는 소위 완전 자본시장(perfect capital market)에서는 상장요건이 존재할 이유가 없다. 왜냐하면 유망한 기업투자안에 투자가 이루어지게 되고 위험은 모든 투자자에게 효율적으로 배분될 것이기 때문이다. 따라서 국내 기업들의 경영투명성과 건전성이 전반적으로 제고되어 정보 비(非)대칭성이 낮아져야만, 상장요건을 낮출 수 있고 더 많은 기업이 상장의 혜택을 누릴 수 있게 된다.

따라서 바람직한 상장요건이란 공적(public) 주식시장에서 자금을 유치할 자격이 있고, 상장기업으로서의 공적의무를 준수할 수 있는, 우량하고 건전한 기업을 효과적으로 선별하는 것이다. 조기에 상장폐지되거나 불공정거래 혹은 내부자 거래에 연루되는 일이 없어야 한다. 이러한 요건들이 보장되어야만 주식시장 본연의 목적이 효율적으로 달성될 수 있는 것이다.

보듬지기, 한국거래소와 같은 공적 주식시장에서 상장요건을 두는 가장 큰 이유는 투

22 김준식(2014), "상장 활성화를 위한 제언", 자본시장 Weekly 2014-27호, 07.

표 3-13 한국 정부의 자본시장 활성화 방안

1. 상장 활성화	• 코스닥 상장을 위한 질적심사 항목 50% 감축 • 질적심사 기준을 과거 실적 중심→미래 성장잠재력 중심으로 개선 • 유가증권시장에선 주식분산 요건 중 일반주주 수요건 완화, 대형 우량기업에 신속상장제도 도입 • 54개에 이르는 수시공시제도 전면 재검토 • 최대주주 등의 코스닥 보호예수기간 1년→6개월 축소
2. 벤처투자 확대	• 신기술조합 운용자를 금융투자업자, 창업투자사 등으로 확대 • 벤처중기펀드 투자 대상을 중견기업으로 확대, 투자범위도 주식, 메자닌, 지재권 등으로 확대
3. 신시장·신상품 개발 및 도입	• 변동성지수선물, 장기국채선물시장 개설 추진, ETN 등 중위험·중수익 상품 도입 검토

자자를 보호하기 위함이다. 즉, 불특정 다수의 투자자가 자유롭게 거래할 수 있도록 유망한 기업들을 선별할 수 있는 기준이 바로 상장요건인 것이다. 상장요건은 통상 경영성과, 재무상태, 규모 등을 평가하는 양적 기준과, 기업지배구조, 경영투명성, 성장잠재력 등을 평가하는 질적 기준으로 구성된다. 상장유지요건이나 퇴출요건의 근본 목적은 상장요건과 동일하고 결과적으로 상장요건과 밀접하게 연관된다.

코스닥 시장의 경우 중소·벤처기업과 개인투자자의 조합으로 이루어진 시장이다. 과거 코스닥 시장에서 투자자보호와 관련된 문제가 빈발하였고 이것에 대응하여 상장요건이 강화되어 왔다. 이 결과, 중소·벤처기업의 자금조달체계에 공백이 발생하게 되었다.

여기서 중요한 것은 상장이 활성화되어야 한다는 점이다. 그 이유는 우량한 기업을 발굴하고 경제 내 자산을 효율적으로 배분하기 위함이다. 그렇게 되기 위해서는 기업과 투자자 간 정보의 비(非)대칭성이 줄고 거래비용이 낮아져야 한다. 상장활성화와 투자자 보호를 동시에 달성하기 위해서는 국내 기업 전반의 경영투명성과 건전성을 제고하는 것이 가장 근본적인 과제이다. 또한, 공적 주식시장에 진입하지 못하는 기업을 대상으로 한 기관투자자, 전문투자자 중심의 사적 주식시장이 활성화되어야 한다.

(2) 사모펀드 및 헤지펀드 관련 규제체계의 합리화

전술한 바와 같이, 국내 사모펀드(PEF) 및 헤지펀드(Hedge Fund) 시장의 현황 및 주요 이슈는 결국 어떻게 대체투자(AI)의 활성화를 통하여 국내 자산운용시장을 활성화 시킬 수 있는가이다.

자본시장법의 규율을 받는 헤지펀드(Hedge Fund)와 사모펀드(PEF)관련 규제체계에도 운용업자에 대한 규제수준에 차이가 존재한다. 예를 들어 설립등기를 마친 후 2주 이내에

표 3-14 미국과 EU의 사모펀드(헤지펀드 포함)관련 규제내용

구분	내용
미국	• 도드-프랭크 법안 • 사모펀드를 투자회사법에 의한 투자회사로 정의해 일정규모 이상을 운용하는 사모펀드 운용업자의 등록을 의무화 • 은행 및 은행 지주회사의 자기계정 거래 금지(헤지펀드 및 PEF에 대한 투자 원칙적 금지) • 시스템 리스크 관련 데이터 취합, 보고, 조사 및 공시 의무 부과 → 부외 레버리지를 포함한 레버리지 사용 내역, 거래상대방 신용위험 익스포저, 거래 및 투자 포지션, 가치평가 정책과 관행, 보유자산 유형, 투자관행, SEC에 검사권 부여 등 • 고객 자산 수탁 의무 및 전문투자자 및 적격투자자 기준 조정 • 금융회사 주식의 무(無)차입 공매도(空賣渡) 금지
EU	• EU 집행위원회 : AIFMD(2009.4) → 대체투자펀드 운용사(AIFM) 사전승인 의무화 → 리스크 관리절차, 감독기관에 대한 보고의무, 투자자 및 시장에 대한 공시 의무, 자산보관기관 및 평가기관 제한, 자기자본 규제, 감독 당국에 차입 현황(규모 및 출처) 보고, 필요시 차입규제 • EU 집행위원회 경제재무이사회(ECOFIN, 2010.5) → 운용사 사전승인 → 펀드의 거시건전성 확보 : 거래시장과 투자수단에 대한 정보, 주요 위험 익스포저 및 집중도 공시 → 레버리지 유형 및 세부정보 투자자에 제공, 감독당국에 의한 레버리지 제한 가능성 • 유럽의회 경제통화위원회 입법안(ECON, 2010.5) : AIFM Directive 수정안으로 사모펀드 유형에 따라 규제수준을 차별화

자료 김재칠 · 김종민(2011), 박용린 외(2012).

금융위원회에 등록을 요구하는 사모투자전문회사나 '기업재무 안정 사모투자전문회사'와는 달리 헤지펀드(Hedge Fund)의 경우에는 운용업자에 대한 자본금과 수탁고, 인력요건 등에 대해 인가요건을 규정하고 있다.[23]

국제적으로 헤지펀드(Hedge Fund)와 사모펀드(PEF) 운용업자에 대한 등록 및 보고의무에 대해 규제가 강화되는 추세에 비하여, 국내 헤지펀드(Hedge Fund)에 대한 규제수준은 상대적으로 높은 반면에 사모펀드(PEF)에 대한 규제는 상대적으로 느슨하다. 따라서 사모펀드(PEF) 관련 펀드뿐만 아니라 헤지펀드(Hedge Fund)와 사모펀드(PEF) 간의 자산운용업자에 대한 규제 차이를 운용의 자율성과 창의성을 최대한 발휘할 수 있도록 재(再)정비할 필요가 있다.

사실, 소수의 투자자로부터 자금을 모집하는 사모펀드(PEF)의 특성상 투자자 보호의 문제가 크지 않아 이들 사모펀드(PEF)와 헤지펀드(Hedge Fund)에 대한 규제는 거의 전무했었다. 그러나 2008년 하반기 글로벌 금융위기 이후 투자자보호와 금융시스템에 미치는

23 헤지펀드의 출범 초기 금융시스템에 미치는 영향을 고려하여 자산운용회사를 대상으로 인가요건(자본금 : 60억 원, 수탁고 : 자산운용회사는 10조 원, 자문사는 5천억 원, 증권회사는 자기자본 1조 원 이상)을 정했고, 2012년 말부터는 이보다 완화된 진입요건을 적용하고 있으나 여전히 규제수준이 사모펀드(PEF)에 비해 높은 수준이다.

그림 3-19 사모펀드(PEF) 및 헤지펀드(Hedge Fund)의 시장 활성화 추진전략 개요

세부 전략	핵심 정책과제	기대효과
규제체계의 합리화	• 사모펀드 전반의 규제체계 정비(규제체계 일원화) • 운용업자 중심의 규제체계 확립(운용의 자율성 및 창의성 보장)	• 규제체계 정합성 제고 • 포트폴리오 다변화
운용규제 완화	• PEF 운용규제 완화 및 회수시장 활성화 • 헤지펀드 인가요건 완화 및 인프라 구축 • 프라임 브로커 대상 고객 및 업무 확대 등	• 대체투자 운용역량 강화 • 자본시장 인프라 발전
해외투자 역량강화 및 해외진출 지원	• 단계적인 해외진출 전략 • 자체적인 해외진출(자산/고객 국제화) • 업계 의견수렴 및 정책반영	• 국제 경쟁력 제고 • 자산운용의 국제화

부정적인 영향을 우려하여 미국이나 유럽은 각각 도드-프랭크 법안(Dodd-Frank WallStreet Reform and Consumer Protection Act)과 AIFMD(Alternative Investment Fund Managers Directive)를 통해 헤지펀드(Hedge Fund)를 포함한 사모펀드(PEF)에 대한 규제체계를 정립하였다. 그렇지만, 미국이나 유럽은 다만 금융시스템의 안정을 도모하고 투자자 보호를 강화할 목적으로 운용업자에 대한 등록 및 보고의무를 부과할 뿐, 여전히 운용에 대한 규제는 거의 존재하지 않는다.

이와 반면에 국내 사모펀드(PEF)는 운용에 대한 규제가 상당 부분 존재한다. 이것은 GP(General Partner)와 LP(Limited Partner) 간의 계약(limited partners agreement)에 의한 자율규제 이외에는 자산운용에 대한 규제가 없는 해외 사모펀드(PEF)와 대비된다. 예를 들어 국내 사모투자전문회사의 경우 경영권 참여 목적의 투자만 가능하며, 펀드 재산의 50% 이상을 투자대상 기업의 의결권 관련 주식에 10% 이상 투자해야 한다. 자금차입 역시 펀드 재산의 10% 이내(SPC의 차입은 200% 이내)에서만 가능하고, 6개월 이내 주식처분이 금지되어 있으며, 대출이나 담보제공도 불가능하다.

여기서 유의해야 할 것은 법률체계가 잘 구축되어 있는 금융선진국일수록 자산운용 시장의 규모가 실제로 크다는 점이다.[24] 따라서 상기한 정책목표를 달성하기 위한 국내 자

24 Khorana, A., Servaes H., Tufano P.(2005). Explaining the size of the mutual fund industry around the world, Journal of Financial Economics, 78, 145–185.

산운용의 세부전략을 크게 사모펀드(PEF) 및 헤지펀드(Hedge Fund) 관련 규제체계의 합리화, 운용규제의 완화, 그리고 해외투자 역량강화와 해외진출 지원 방안 등으로 구분하고 이에 대한 세부적인 정책과제에 대해 논술하고자 한다.

① 사모펀드의 경우

한국은 자본시장과 금융투자업에 관한 법률(이하 자본시장법)과 기타 개별법을 통해 공·사모 집합투자기구(이하 펀드)를 규율하고 있다. 사모펀드(PEF)는 자본시장법상 법적 형태와 설립 목적 등에 따라 사모집합투자기구, 사모투자전문회사, 기업재무 안정 사모투자전문회사, 적격투자자 대상 사모집합투자기구 등으로 구성되어 있다.

사모집합투자기구(일반 사모펀드)는 일부 예외조항을 제외하면 일반 공모펀드에 준하는 규율을 받고 있다. 그러나 사모투자전문회사, 기업재무 안정 사모투자전문회사, 적격투자자 대상 사모집합투자기구(헤지펀드) 등은 일반적으로 '대체투자'(AI)라고 분류되는 사모펀드(PEF)와 헤지펀드(Hedge Fund)에 해당하는 것으로 운용업자 및 운용규제 측면에서 일반 사모펀드(PEF)와는 상이한 규제체계를 적용받고 있다.

사모펀드(PEF)와 관련된 한국 규제체계의 특징은 다음과 같다. 즉, 자본시장법 테두리 내에 들어와 있는 헤지펀드와는 달리 사모펀드(PEF)는 자본시장법과, 산업정책상의 목적으로 인해 만들어진 개별법으로 나누어져 있다.[25] 〈표 3-15〉에서 보는 바와 같이, 사모투자전문회사, 기업재무 안정 사모투자전문회사는 자본시장법에, 기업구조개선 사모투자전문회사는 산업발전법상에, 해외자원 개발을 전담으로 하는 사모펀드(PEF)인 해외자원개발투자전문회사는 해외자원개발사업법상에 각각 근거하고 있다.[26]

이와 같이, 국내 사모펀드(PEF) 관련 법률 체계는 일반적인 사모펀드(PEF)에 해당하는 펀드들이 다양한 법률에 근거하고 있기 때문에 사실상 동일한 기능을 하는 펀드에 대해 다른 운용업자 인가 및 감독, 운용규제 등에서 다른 규제를 적용하고 있다. 이 결과, 규제차익의 문제가 야기될 수 있으며 투자대상과 전략에 따라 다른 법률을 적용하고 있기 때문에 사모펀드(PEF) 시장의 활성화를 저해하는 요인으로 작용할 수 있다.

따라서 펀드의 설립, 운용, 보고 및 감독 등의 사항은 자본시장법으로 사모펀드(PEF)

---

25 2011년 말 도입된 헤지펀드는 기존의 적격투자자 대상 사모집합투자기구의 운용관련 제한을 완화하면서 도입되어 자본시장법의 규율을 받고 있다. 이에 대한 내용은 김재칠·김종민(2011)을 참조.

26 이외에도 중소기업창업지원법, 여신전문금융업법, 그리고 벤처기업육성에 관한 특별조치법 등에 근거한 벤처캐피털 펀드가 있다. 다만, 금융감독원에서는 이들 벤처캐피털 펀드를 사모펀드(PEF)로 구분하고 있지 않고 있다.

표 3-15 국내 PEF관련 사모투자전문회사 분류

구분	사모투자 전문회사	기업재무 안정 사모투자전문회사	기업구조개선 사모투자전문회사	해외자원개발 투자전문회사
근거법률[1]	자본시장법		산업발전법	해외자원개발사업법
도입시기	2004년(舊간접투자자산운용법)	2010년(3년 한시로 도입, 2013년에 재연장)	2009년(기업구조조정전문회사(CRC) 대체)	2006년
투자유형	경영권 참여	구조개선기업(경영권참여와 무관)	구조조정대상기업	해외자원, 해외자원개발전담회사
등록	금융위		금융위(지경부 협의)	
운용제한	• 경영권 참여 • 50% 이상을 의결권 있는 주식에 10% 이상 투자 • 5% 이내 증권투자 가능	50% 이상을 경영권 참여와 무관한 메자닌, 부실채권 투자	50% 이상 구조조정대상기업 발행주식에 투자	50% 이상 석유 등 자원개발 투자
차입	10% 이내(SPC는 200%)	20% 이내(PEF와 다른 SPC를 합하여 200% 이내)	10% 이내	30% 이내
운용업자	제한없음	제한없음	제한없음	집합투자업자(30억 원, 인가)

자료 금융감독원(2011), 금융위원회(2013).

주 1 중소기업창업지원법, 여신전문금융업법, 그리고 벤처기업육성에 관한 특별조치법 등에 근거한 벤처캐피털 펀드는 제외.

관련 법률을 일원화하되, 산업정책상 필요한 최소한의 요건은 개별법상에 두는 방안을 고려함이 바람직할 것이다. 예를 들어, 만약 경영권 참여 목적의 투자만이 가능한 사모투자전문회사의 운용제한을 완화한다면 기업재무 안정 사모투자전문회사나 기업구조개선 사모투자전문회사는 사모투자전문회사로 일원화가 가능할 것이다.[27] 또한, 해외자원개발투자전문회사 역시 설립목적이나 산업정책상 필요한 지원방안에 대해서는 개별법에 명시하되 기타 펀드운용관련 규정은 자본시장법으로 일원화할 수 있을 것이다.

또한, 사모펀드(PEF)의 경우, 투자대상 기업의 자본금 규모가 다양하고, 경영권 참여 목

27 기업재무 안정 사모투자전문회사는 자본시장을 활용한 기업구조조정의 활성화를 위해 2010년 3년 동안 한시적으로 도입되었으며, 최근에 다시 3년 연장되었다. 2010년 기업재무 안정 사모투자전문회사가 도입된 이후 2013년 2월 말 현재 총 12개 기업재무 안정 사모투자전문회사가 있으며, 총출자약정액은 약 2.95조 원으로 전체 사모투자(PEF)의 출자약정액의 약 7.4% 수준이다. 기업재무 안정 사모투자전문회사는 경영권과 관계없이 해당 기업의 주식 이외에도 메자닌, 부실채권, 부동산 등의 고정자산에 투자가 가능하다는 점에서 기존 사모투자전문회사와 차별화된다. 그러나 이것은 일반적인 사모투자전문회사의 투자전략에 해당하므로 별도로 유지해야 할 근거는 빈약하다. 기존의 기업구조조정전문회사를 대체하는 산업발전법상의 기업구조개선 사모투자전문회사 역시 마찬가지 이유로 개별법으로 규제체계를 유지할 필요는 크지 않다.

적이 아니더라도 성장자본 형식으로 투자가 가능해야 하므로 10% 지분조항의 탄력적인 적용이 필요하다. 또한, 투자대상도 경영권과 무관한 증권이나 자산의 투자비중이 5%로 한정되어 있는 것도 완화할 필요가 있다.

한편, 해외 사례를 보면, 국내 사모펀드(PEF) 시장은 전형적인 회수방법인 인수·합병(M&A)과 기업공개(IPO)의 비중이 지나치게 낮은 상황이므로 회수시장에서 이들 인수·합병(M&A)과 기업공개(IPO)의 비중을 확대할 필요가 있다. 특히, 기업공개(IPO) 시장의 변동성을 고려하면 안정적인 인수·합병(M&A) 시장의 구축이 매우 중요하다. 이를 위해서는 인수·합병(M&A) 자문사의 역할을 제고하는 한편, 해외에서 활발하게 이루어지고 있는 사모펀드(PEF) 간 인수·합병(M&A)을 보다 활성화할 필요가 있다.

또한, 꾸준한 LP(Limited Partner) 출자금의 공급과 다변화를 위해 GP(General Partner) 운용능력 검증에 특화된 간접적 재(再)투자(Fund of Funds) 사모펀드(PEF)를 허용할 필요가 있다. 왜냐하면 국내 GP(General Partner)들의 트랙 레코드(track record)가 미비하고 국내 LP(Limited Partner)들이 출자를 주저하기 때문에 간접적 재(再)투자(Fund of Funds) 사모펀드(PEF)는 이러한 출자리스크를 완화시키고, 여러 GP(General Partner)들에게 분산투자하는 효과를 창출할 수 있을 것으로 기대되기 때문이다.

② 헤지펀드의 경우

국내 헤지펀드(Hedge Fund) 시장의 안착을 위해서는 헤지펀드(Hedge Fund) 업계의 자체적인 수익률 제고 노력 외에도 지속적인 제도 개선노력이 필요하다. 이를 위해서는 헤지펀드(Hedge Fund)가 분산투자 효과를 얻을 수 있는 수단으로서 인식되어 기관투자자들의 자금을 유치할 수 있었던 사실을 상기할 필요가 있다.

헤지펀드(Hedge Fund)는 시장 상황에 관계없이 절대수익률을 얻는 것을 목표로 하기 때문에 차별화된 투자전략과 평판이 투자자금을 유치하는 데 필수적이다. 따라서 다양한 투자전략을 구사하는 헤지펀드(Hedge Fund)가 등장할 수 있는 여건을 마련하는 것이 가장 바람직하다.[28]

구체적으로, 국내 헤지펀드(Hedge Fund) 시장의 진입요건 중 자본요건을 보다 전향적

28 한편, 글로벌 금융위기 이후 전 세계적으로 헤지펀드에 대한 규제가 강화되고 있고, 투자자들 또한 헤지펀드에 높은 투명성을 요구하고 있다. 국내 헤지펀드 시장의 경우에는 이러한 국제적인 동향을 선제적으로 반영하여 제도를 도입되었기 때문에 시스템 리스크나 투자자 보호 측면에서 문제가 발생할 소지가 적은 편이다. 다만, 이러한 측면에서도 지속적으로 개선해야 할 점은 없는지 검토해 나가야 할 것이다.

으로 낮추고 인가과정을 보다 간소화하여 대형 자산운용회사 및 자문사 위주로 되어 있는 인가 요건을 완화할 필요가 있다. 또한, 사모펀드(PEF)와 마찬가지로 인가를 등록으로 전환하여 자산운용업자 규제 중심의 규제체계로 만드는 것을 고려할 필요가 있다.

사실, 아직 헤지펀드(Hedge Fund)의 수요기반이 취약한 국내의 사정을 고려하면 평판이 매우 중요한 헤지펀드(Hedge Fund) 시장에서 진입요건을 대폭 낮추더라도 헤지펀드(Hedge Fund)가 난립할 가능성은 매우 낮을 것이다. 따라서 헤지펀드(Hedge Fund)의 다양한 투자전략을 뒷받침할 수 있도록 메자닌(Mazzanine), 파생상품 관련 시장 인프라를 구축할 필요가 있다.[29]

한편, 헤지펀드(Hedge Fund)를 대상으로 재산보관 및 관리, 신용공여, 증권대차, 각종 컨설팅 등의 업무를 제공하는 프라임 브로커의 역량 강화 역시 헤지펀드 시장 활성화를 위해 필수적이다. 이를 위해 우선 국내 프라임 브로커의 경쟁력을 높일 수 있도록 국내 헤지펀드(Hedge Fund)뿐만 아니라 전문투자자와 해외 헤지펀드(Hedge Fund)까지 대상고객을 확대하고 신용공여나 외국환 거래 관련 업무에 대한 규제 역시 이에 맞춰 완화할 필요가 있다.

(3) 해외투자 역량 강화 및 해외진출 지원

고령화·저금리·저성장 시대에 접어들면서 기관투자자들의 대체투자(AI) 수요가 급증하고 있다. 따라서 사모펀드(PEF)와 헤지펀드(Hedge Fund) 업계 또한 적극적으로 해외진출을 통해 신규 투자기회를 발굴하고 운용경험을 축적하여 경쟁력을 강화할 필요가 있다.

그러나 아직 본격적으로 질적인 성장단계에 이르지 못한 사모펀드(PEF)나 헤지펀드(Hedge Fund) 업계가 자체 능력으로 적극적인 해외진출을 추진하기에는 어려운 실정이다. 또한 해외투자에서 필수적인 현지화를 통한 네트워크 구축 및 우수한 투자기회 발굴이 단기간에 이루어지기 어렵다. 따라서 장기적으로 적극적으로 해외에 진출하는 것으로 목표로 하되, 단기적으로는 사모펀드(PEF)나 헤지펀드(Hedge Fund) 업계가 해외투자를 통해 역량을 강화할 수 있도록 지원방안을 모색할 필요가 있다.

구체적 방안의 하나로서, 사모펀드(PEF)의 경우 국민연금과 기업 간 해외투자 매칭펀드(corporate partnership)처럼 연기금을 활용하여 기업 및 국내 사모펀드(PEF)의 해외진출을 지원하는 프로그램을 개발할 필요가 있다. 상기한 프로그램의 핵심 내용은 국민연금이

29 메자닌(Mezzanine)에 대한 개념은 전술한 (1) 사모펀드에서 설명되었다.

개별 업종과 시장상황에 밝은 국내 기업과 GP를 활용하여 적절한 해외 투자기회를 발굴하여 해외투자 포트폴리오를 다변화하는 것이다.[30] 다시 말하면, GP 입장에서 기업으로부터 투자대상 기업 확보 측면에서 편의를 받으면서 해외투자 경험을 축적할 수 있는 것이다.

따라서 국내 사모펀드(PEF) 업계는 상기한 프로그램을 적극 활용하여 해외투자 역량을 강화하는 노력을 기울여야 할 것이다. 상기 프로그램을 통해 우선은 국내 기업이 추구하는 전략적인 인수·합병(M&A)에 재무적인 투자자로 참여하여 해외투자 경험을 축적하고 현재 자산운용사와의 네트워크 구축에 주력할 필요가 있다. 그리고 충분한 트랙 레코드(track record)와 네트워크가 구축된 이후에는, 국내 투자자금뿐만 아니라 해외 LP의 투자자금을 유치하여 재무적 투자뿐만 아니라 바이아웃 투자를 통해 적극적인 기업가치 제고 역량을 배양해야 할 것이다. 즉, 초기에는 재무적인 투자자로서 해외투자 트랙 레코드(track record)와 네트워크에 주력하고, 점차 바이아웃과 같은 기업가치 제고 투자로 이행하는 단계적인 접근방식이 바람직할 것이다.[31]

다른 한편으로, 상기한 접근방식은 기본적으로 국내 헤지펀드(Hedge Fund) 업계에도 동일하게 적용할 수 있다. 그러나 어느 정도 성장을 이룬 사모펀드(PEF) 시장에 비해 출범 초기단계에 머물고 있는 국내 헤지펀드(Hedge Fund) 시장은 충분한 트랙 레코드(track record)를 갖추고 있지 않기 때문에 연기금의 해외투자 매칭펀드(Corporate Partnership)와 같은 프로그램에 참여할 수가 없을 것이다. 오히려 헤지펀드(Hedge Fund)는 자체적으로 우수 인력의 유치, 해외 유수의 헤지펀드(Hedge Fund)와의 결연 또는 자산운용회사의 해외진출을 통해 투자기회를 발굴하고 운용능력을 축적해야 할 것이다.

상기의 측면에서 일부 헤지펀드(Hedge Fund) 운용사들을 중심으로 해외투자 헤지펀드를 신규로 설정하거나 해외 기관투자자들의 자금을 유치하기 위해 해외진출을 추진하고 있는 것은 매우 고무적인 현상이다. 이러한 업계 자체 노력을 통해 충분한 운용역량이 축적된다면 연기금의 헤지펀드(Hedge Fund) 관련 해외투자 자금뿐만 아니라 해외 투자자금 또한 유치할 수 있을 것이다.

30 국민연금 외의 다른 연기금이나 정책금융공사(KIC)도 해외투자를 지원하기 위한 목적으로 투자를 하고 있다.

31 박용린·천창민·안유미(2012), 『해외 선진 PEF의 운영현황과 시사점–바이아웃(buyout)을 중심으로』, 자본시장연구원, 조사보고서 12–03.

4. 외화자금시장과 외환시장

일반적으로, 기업 부도는 대부분의 경우 기업의 재무구조와는 관계없이 일시적인 자금의 유동성 공급 위기에 의하여 발생할 수 있다. 국가도 외화자금시장이 유동성 위기에 직면하게 되면 경제구조와 관계없이 국가 부도라는 상황이 발생할 수 있다.

상기의 논리를 연장하여, 1997년 하반기 외환위기로부터 다음과 같은 교훈을 얻을 수 있다. 즉, 경제구조의 펀드멘탈과 관계없이, 외화자금시장(외환시장이 아니라)이 경색(원/달러 환율 급등→국내 외화자금의 급속한 해외 유출, 주가 폭락, 금리 폭등)됨으로써 외화자금의 유동성 위기가 단기적으로 발생함으로써 국가가 부도 위기에 직면할 수 있다는 것이다.

또한, 1997년 하반기 외환위기의 주요 책임을 외국인 또는 개방된 자본시장 탓으로 돌

그림 3-20 국제 금융시장의 구조

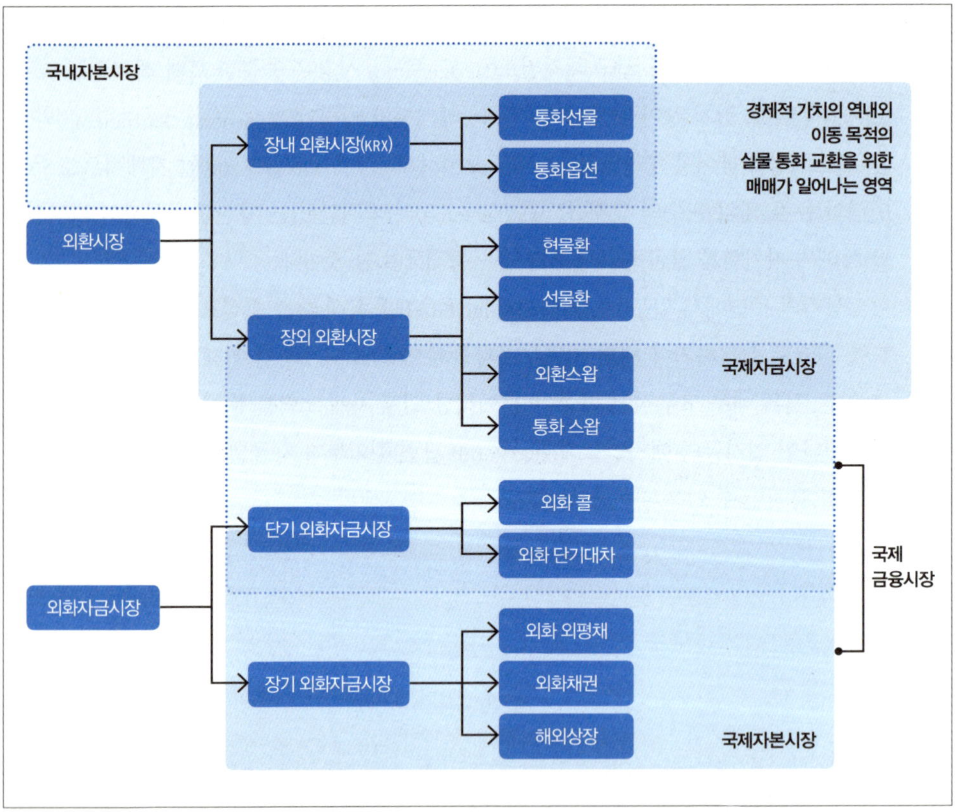

자료 빈기범 · 강원철, 자본시장연구원, "외환시장과 외화자금시장의 구분 및 KRX 통화시장 역할의 중요성" Issue Paper 09-03.

리는 것은 잘못된 판단이라고 저자는 사유한다. 그 논거는 다음과 같다. 1997년 하반기 외환위기 발생 당시 국내 자본시장에서 외국인의 대량증권 매도, 외환시장에서 대량 환전에 따른 원/달러 환율 급등이 당시 외화유동성을 고갈시켰던 것이기보다는 한국 정부 및 금융기관의 대외채무 불이행 가능성이 높아지면서 외화자금시장에서 외화유동성이 급속히 고갈되었던 것이다. 상기의 시각에서, 외화자금시장과 외환시장을 포함한 금융시장의 중요성을 알 수 있다.

여기서 유의해야 할 것은 외환시장과 외화자금시장은 상이한 거래의 매개변수를 갖는다는 점이다. 전자(외환시장)의 주요 변수는 환율(원/달러 환율)인 반면에 후자(외화자금시장)의 주요 변수는 금리(외화차입금리)이다. 근본적으로, 외환보유고, 외화유동성, 국가 부도 등은 외화자금시장의 상태를 나타내는 개념이다.

따라서 저자가 강조하는 것은 외화유동성과 국가 부도 이슈를 논의하는데 있어서 외환시장보다는 외화자금시장이 더욱 중요하다는 점이다. 그 이유는 다음과 같다. 외화자금시장에서 외화차입금리가 외환시장의 원/달러 환율에 비하여 국가 부도 가능성에 대한 정보를 더욱 근원적이고 직접적으로 내포하고 있으며, 원/달러 환율 역시 그 정보를 반영하고 있으나 외화차입금리에 비하여 제한적이기 때문이다.

1) 외화자금시장

외화자금시장(Foreign Currency Money Market)이란 원화에 대한 금리와 외화자금을 차입할 때의 금리 차(差)를 이용하여 스프레드를 얻기 위하여 외화를 거래하는 대차시장 또는 차입시장을 말한다.

전통적으로 외화자금시장은 장외시장이며 외화자금을 거래하는 주요 금융기관은 통화딜러은행인 선진국의 대형 상업은행들이다. 대부분의 외화자금시장은 금리(외화차입금리) 차(差)를 이용한 외화에 대한 대차 또는 차입시장이다. 정부, 기업 및 금융기관은 한국이 발행하는 외평채 가산금리를 매개변수로 외화자금을 거래하고 있다. 외화자금시장(Foreign Currency Money Market)의 주요 특징은 다음과 같다.

① 외화자금시장(Foreign Currency Money Market)은 금리(외화차입금리)를 매개로 외화의 대부 또는 차입이 일어나는 시장이다. 이를 양분하여, 장기 외화자금시장은 국제자본시장의 영역으로, 단기 외화자금시장은 국제자금시장 영역으로 각각 구분 할 수 있다. 외화차입에 적용되는 금리의 종류는 외평채(미국 T-note+외평채 가산금리), 외화콜(싱가포르시장 초단기 금리(미

국연방기금금리에 연동) ∓ α), 단기외화대차(LIBOR + 외평채 가산금리에 금융기관 신용을 감안한 추가적 가산금리)로 들 수 있는데, 이들 모두 외평채 가산금리와 밀접하게 연동되어 있다.

② 외화를 차입하는 정부, 금융기관 및 기업의 채무불(不)이행 위험(Default Risk)이 반영된다.

③ 국내 주체의 외화차입금리의 기저는 정부의 부도위험을 나타내는 외평채 가산금리이다.

외화자금시장에서 거래 기준이 되는 외화차입 금리는 한국 정부의 외화표시 외평채 금리와 연동되어 변동하는데, 그 변동에는 각 기업의 부도 리스크에 대한 가산금리도 반영된다. 외평채 가산금리는 한국 정부의 채무불(不)이행 위험(Default Risk)을 반영한 지표이다.

정부가 발행하는 채권에서 채무불(不)이행 위험(Default Risk)만 분리하여 거래하는 신용파산스왑(CDS : Credit Default Swap)의 CDS 프리미엄은 한국경제의 부도 위험에 대한 직접적인 지표라고 말할 수 있다. 신용파산스왑(CDS) 계약은 주로 외평채 5년물을 기초금융자산으로 하는 계약이 대부분이므로 신용파산스왑(CDS) 프리미엄은 주로 외평채 5년물 신용파산스왑(CDS) 프리미엄을 말한다.

한국의 신용파산스왑(CDS) 프리미엄은 낮은 수준을 유지하였다가 2007년 6월 말부터 상승하기 시작했었다. 그 요인은 미국의 서브프라임모기지 부실 문제로 Bear Stearns 등이 큰 손실을 입었으며 2007년 8월에는 BNP Paribas가 자산운용펀드의 환매중단을 발표하면서 글로벌 신용경색 우려가 크게 확산되었기 때문이었다.

이에 대응하여 미국 FRB는 2007년 8월 이후 재할인율과 정책금리를 큰 폭으로 인하하고 각국 중앙은행도 유동성을 적극 공급한 결과, 글로벌 금융시장뿐만 아니라 국내 외환시장도 안정을 회복하는 가운데 한국의 CDS 프리미엄도 2007년 9월 중순 이후 다소 안정적인 모습을 보였었다.

그러나 2007년 10월 이후 서브프라임 모기지 채권투자로 Citi Group 등 주요 투자은행의 실적이 부진한 것으로 발표되었고 2008년 3월 Bear Stearns가 심각한 유동성 위험에 빠졌다는 사실이 알려지면서 글로벌 신용불안이 다시 확산됨에 따라 CDS 프리미엄은 크게 상승하기 시작했었다. 그 후 미(美)연준(FRB)이 정책금리를 인하하고 JP모건체이스가 Bear Stearns를 원활히 인수할 수 있도록 자금을 지원하는 조치를 취하면서 신용경색에 대한 우려가 급속하게 진정되었다.

이제, 외화 채무에 대한 채무 불이행 위험이 분리되어 직접적으로 평가되는 'CDS 프리미엄', '외평채 가산금리', '원/달러 환율' 3자간 관계를 분석하여 어느 변수가 상대적으로 더욱 한국경제의 펀더멘털을, 즉 국가 부도 가능성을 직접적으로 반영하고 있는지를 분석하고자 한다.

신용파산스왑(CDS) 프리미엄은 외평채 가산금리나 원/달러 환율에 비해 상대적으로 매우 외생적 변수이다. 또한, 외평채 가산금리의 변동은 대개 신용파산스왑(CDS) 프리미엄에 의하여 발생하며 외평채 가산금리가 국가 부도 가능성을 충분히 반영하고 있다. 이와 반면에 원/달러 환율은 국가 부도 가능성을 예고하는 데 있어서 신용파산스왑(CDS) 프리미엄이나 외평채 가산금리보다는 크게 제한적이다.

따라서 외화자금시장(Foreign Currency Money Market)의 외화차입금리가 외환시장(Foreign Exchange Market)의 원/달러 환율에 비하여 국가 부도 가능성에 대한 정보를 더욱 근원적이며 직접적으로 반영하고 있다. 물론, 원/달러 환율 역시 상기 정보를 반영하고 있으나 외화차입금리에 비하여 제한적이라는 것이다. 이것은 외화유동성과 국가 부도 이슈를 논의하는데 있어서 외환시장보다는 외화자금시장이 더욱 중요함을 시사한다.

그러므로 한국 정부의 외화 유동성에 대한 정확한 모니터링이 매우 중요하다. 정부는 일시적인 유동성 리스크 대비 적성 외화관리 규모 및 실질적으로 경제상황의 부진으로 이어질 경우에 대비한 적정 외화 관리에 대한 정책을 각각 분리하여 수립 대응하여야 할 것이다. 즉, 외화시장에서 일시적인 자금유출로 기인하는 외화자금 유동성 위기에 대응하기 위한 전략과 한국 기업의 부도 등 실질적인 상황 악화에 따른 적정 외화 관리 전략이 필요하다. 물론, 상기 전략은 한국의 경제규모에 알맞은 일정 기간 견딜 수 있는 방책을 의미한다.

한편, 선물환 관련 자본 유·출입에 대한 규제는 은행의 단기차입과 관련된 규제인데, 은행차입과 더불어 자본수지의 변동성이 높게 나타나는 원인인 포트폴리오 투자에 대한 규제도 함께 고려해야 할 것이다. 포트폴리오 투자자금은 그것의 성격상 외화자금의 유·출입이 규제 변화에 대해 민감하게 반응한다.

전술한 바와 같이, 포트폴리오 투자에 대한 규제는 선물환 관련 규제와 달리, 현재 유럽의 주요국들도 '금융거래세' 혹은 '은행세'라는 형태로 국제적으로 논의 및 검토되고 있는 규제방안 중 하나이다. 상술하면, 핫 머니(Hot Money) 감독 및 규세의 일환으로 외국인 자금이 일정 수준 이상 유입 시(時) '조건부 금융거래세' 혹은 '은행세'(Bank Tax)를 부과하는 것이다. 그것의 부과대상은 외국인 주식 및 채권 투자자금이며, 그 세율은 금리재정거래 차익 기회를 해소할 수 있는 수준이어야 한다. 그 기준은 과거 외국인자금 유입기 유입액의 '평균+α(표준편차)' 초과 시(時) 자동 부과되며, 외국인 자금이 순(純)유출될 경우 '금융거래세' 부과가 자동 중단된다. 이렇게 확보된 '금융거래세' 징수액은 국내 외화자금시장이 경색될 경우 공급 자금으로 활용할 수 있다.

2) 외환시장

외환시장(Foreign Exchange Market)은 환율의 변동성을 매개로 통화를 교환하는 외화를 거래하는 시장이다. 다시 말하면, 외환시장은 통화 자체의 가치변동성(즉, 환율)의 변화에 따라 통화의 거래가 이루어지는 시장이다. 전술한 바와 같이, 외환시장은 외화 자체의 수요와 공급에 의하여 환율이 결정되는 반면에 외화자금시장은 그 본원통화를 차입하는데 필요한 대출금리 등에 의하여 외화의 수요와 공급이 결정된다.

우선, '장외(場外) 외환시장'은 국내·외에서 2개 중개(한국계의 한국자금중개와 서울외국환중개), 세계 5대 중개회사(ICAP, Tullet Prebon, GFI, BGC, Tradition 등)인 전문 통화브로커들이 대량의 거래 규모 및 거래단위로 거래하는 통화거래의 도매 외환거래시장이다.

원화는 국제통화가 아니기 때문에 외환시장은 한국 역내에서 현물환과 선물환이 매매되는 시장이다. 외환시장은 2개 시장, 즉 ① 외국환거래법상 외국환 은행들이 외환딜러 역할을 수행하는 딜러시장과 ② 은행 간 시장으로 양분할 수 있다.

외환거래의 결제일이 미래이기 때문에 결제불(不)이행위험(즉, 결제상대방위험)에 노출되어 이에 대한 신용보강이 중요하다. 현물환거래는 당일물(value today)거래, 익일물(value tomorrow)거래, 익익일물(value spot)거래로 구분되며, 국제 표준은 t일 체결, t+2일 결제가 이루어지는 익익일물 거래를 말한다.

또한, 원화가 국제화되어 있지 않기 때문에, 외국인 투자자에 의한 국내 자본시장과 국제 금융시장 간에 자본이동은 반드시 국내 외환시장에서의 통화 교환이 일어나야 한다. 따라서 외국인 투자자의 대량의 주식 매도는 원화가치 하락과 원/달러 환율의 상승요인이 될 수 있다.

그러나 원화의 국제화는 한국이 원한다고 쉽게 될 수 있는 것이 아니다. 결국, 이러한 국제통화시장의 급변에 대응할 수 있는 중앙은행의 적정한 외환보유고 확보 및 외국인 투자자들에 대하여 한국의 경제구조와 펀더멘털이 건전하다는 신뢰성을 회복하는 것이 중요하다. 이러한 외화자금 유동성 위기 시(時)에 보장장치로서 대표적인 것이 국가 간의 통화스왑이다.

외환딜러가 아닌 법인, 개인, 외국인, 증권사, 자산운용사 등은 딜러인 외국환은행과 수직적 관계로 외환거래를 해야 하며, 이러한 외환시장을 '소매 외환거래시장'이라고 부른다. 이 시장에서는 거래상대방 위험에 대하여 담보가 요구되며, 은행 간 딜러시장에서는 담보 없이 100% 신용으로 거래한다.

다음으로, '장내(場內) 외환시장'은 「한국거래소」의 통화상품 거래시장을 의미한다. 이

시장에서 통화상품으로 미국달러 선물, 미국달러 옵션, 일본엔 선물, 유로화 선물이 거래된다. 외환시장의 거래를 두 가지, 즉 ① 전통적 거래 ② 파생적 거래로 구분할 수 있다. 전자(전통적 거래)는 현물환, 선물환, 외환스왑거래를 의미하며, 후자(파생적 거래)는 통화선물, 통화옵션, 통화 스왑거래를 의미한다.

한국의 통화선물, 통화옵션 등이 거래되는 「한국거래소」의 장내 외환시장에서는 「한국거래소」가 '중앙청산소' 역할을 수행함으로써 적은 증거금으로 통화거래가 가능하며, 일반 투자자들의 접근이 용이하다. 그러나 현재 「한국거래소」의 장내 외환시장은 그 역할이 미미하다. 왜냐하면 대부분 외국환 은행의 딜러들을 통하여 장외 외환시장에서 거래가 이루어지기 때문이다.

여기서 유의할 것은 한국의 경우 자본시장법상 금융투자업자는 외국환업무 취급 범위가 외국환은행에 비하여 제한적이며 외국환 발행 및 매매 업무는 제한되고 있다는 점이다. 따라서 대형 투자은행이 등장할 수 있는 여건을 마련해야 하는데, 그 여건이란 외국환 취급업무에 대한 제한을 완화하는 것이다.

따라서 「한국거래소」는 한국의 경제성장 및 장기적으로 원화 국제화를 대비하여 아시아 지역 장내 국제통화시장으로서의 역할과 기능을 수행 할 수 있는 역량을 축적해 나가야 한다. 그러나 원화 국제화는 실현 가능성이 매우 낮기 때문에 한국은행의 외화유동성 모니터링 및 관리가 더욱 중요하다.

3) 외환시장 및 주식시장의 관계와 변동성 비교[32]

2008년 하반기 글로벌 금융위기로 인하여 외환시장 및 주식시장의 변동성이 확대됐었다. 이 두 시장의 변동성을 비교해보면 외환시장이 주식시장에 비해 더욱 불안한 것으로 분석됐다. 사실, 2008년 하반기 글로벌 금융위기뿐만 아니라 1997년 하반기 외환위기 당시에도 외환시장의 불안 정도가 가장 크게 나타났었다.[33]

한국과 동일한 자유변동환율제를 채택하고 있는 국가 총 22개 통화와 비교할 경우 원화는 2008년 하반기 글로벌 금융위기 전에는 환율 변동성의 측면에서 필리핀 페소화에

32 정대선(2010), "한국 외환시장과 주식시장의 불안정성 비교", SERI 경제포커스 제301호, 삼성경제연구소, 7. 13.

33 2008년 하반기 글로벌 금융위기 전 원/달러 환율 변동성은 6.0%로 세계 주요 38개 통화의 변동성 평균인 7.0%보다도 낮은 수준이었다가 상기 위기 후 22.1%로 세계 주요 38개 통화의 변동성 평균인 13.6%를 크게 상회했었다.

이어 두번째로 안정된 통화였으나 상기 금융위기 후 18위로 급락했었다.

한편, 주식시장은 세계 주요 51개 주가지수와 비교했을 때, 2008년 하반기 글로벌 금융위기 전·후 모두 비교대상 국가 중에서 중간 수준을 기록함으로써 주식시장이 외환시장에 비해 안정된 모습을 나타냈었다. 이와 같이, 외환시장이 주식시장에 비해 외부충격에 취약한 이유는 다음과 같다. 즉, 2008년 하반기 글로벌 금융위기 이후 외국인 주식투자자금의 이탈 규모는 미미한 반면에, 외국 차입자금의 이탈 규모가 훨씬 더 크기 때문이다.

구체적으로 살펴보면, 리먼 브라더스가 파산했었던 2008년 9월부터 2008년 말까지 외국인 주식투자자금은 74.1억 달러 유출되었던 반면에 외국 차입자금은 485.6억 달러가 유출되었다. 그 요인을 설명하면 다음과 같다. 외국인 주식투자자금의 경우, 금융위기가 발생하면 주가 하락으로 인한 손실과 원/달러 환율 상승으로 인한 환차손이 겹쳐 달러 유출이 상대적으로 억제된다. 이와 반면에 외국 차입자금은 대개 확정된 부채인데다가 환율변동 위험을 헤지(Hedge)한 후 국내로 유입되기 때문에 주식의 경우와 달리 원/달러 환차손 위험이 적어 외국 차입자금의 회수 및 유출이 상대적으로 용이하다. 이 결과, 외국 차입자금의 급격한 유출로 인하여 외화 자금시장이 경색되어 원화가치가 크게 떨어지고 원/달러 환율 변동성이 확대된다.[34] 특히, 자금회수가 용이한 은행부문의 단기외화차입 자금 규모가 커서 외화자금의 유출이 크게 발생하게 된다.

실제로, 글로벌 금융위기 직전(2008년 3/4분기) 은행부문의 단기외채는 1,593.8억 달러였으며 이 중 대부분이 단기차입금(1,462.4억 달러)으로 구성되어 있었다. 사실, 은행부문의 단기외채가 외화자금시장에서 매우 중요한 외화공급원 역할을 수행한다. 따라서 단기외채의 회수 및 유출은 외화유동성의 경색, 나아가 원/달러 환율 변동성의 급등에 의하여 크게 영향을 받는다.[35] 이 결과, 2008년 하반기 글로벌 금융위기 당시, 은행부문의 단기외채(단기 차입금)가 많이 유출된 국가일수록 외환시장 변동성은 크게 증가했었다.

여기서 유의할 것은 외국인 주식투자자금 유·출입보다 은행부문 단기외채의 증·감이 원/달러 환율 변동성에 더 큰 영향을 미친다는 점이다. 특히 외화 자금이 유입되는 경우보다 유출될 때 원/달러 환율변동성에 미치는 영향이 더 커진다. 따라서 금융위기 시(時) 외화자금 유출로 인한 외환시장 불안 효과가 더욱 증폭된다.

34 환헤지를 한 외국 차입자금의 이탈은 평상시에는 외화자금시장에 직접적으로 영향을 주지만 외환시장에는 간접적 혹은 제한적으로 영향을 미친다. 그러나 국제 금융시장 불안 시에는 외화자금시장뿐만 아니라 외환시장에도 직접적으로 영향을 끼친다.

35 은행 단기외채 증감과 통화가치 변동률 간의 상관계수가 +0.68로 상호 밀접한 관계에 있다.

외환시장의 불안 정도를 국제적으로 비교해 보고자 한다. 한국의 외환시장규모는 경제규모에 비하여 왜소한 반면에 한국의 주식시장의 시가총액이나 거래량 등은 경제규모에 비하여 큰 수준이다. 또한, 한국의 외환거래 규모는 경제규모에 비하여 외화 선진국의 그것에 크게 못 미치고, 한국과 유사한 주식거래 규모를 가진 국가의 그것에 비해서도 작다. 즉, 2007년 기준 GDP 대비 일평균 총 외환거래량은 5.4%로 일본(10.6%), 캐나다(9.2%) 등에 비해 적은 수준이다. 구체적으로, 경제규모 대비 주식거래 수준이 한국과 유사한 7개국과 비교했을 때, 한국의 외환거래 수준은 이들 평균의 3분의 1 수준에 불과하다. 즉, 한국과 GDP 대비 주식거래량이 유사한 수준인 싱가포르, 호주, 노르웨이, 일본, 미국, 남아공, 대만 7개국의 GDP 대비 일별 외환거래량 평균은 49.5%, 싱가포르와 호주를 제외할 경우 14.9%인데 반해 한국의 GDP 대비 일별 외환거래량은 5.4%에 불과하다.

이와 반면에, 한국 주식시장의 경우 GDP 대비 시가총액이 100.3%(2009년 말 기준), GDP 대비 일평균 거래량이 0.74%로 비교적 높은 수준이다. 또한, 한국 주식시장의 경우 거래 및 결제 시스템 등의 인프라가 잘 구축되어 있으며 다양한 상품이 존재하여 신흥국의 대표적인 주식시장으로서의 위상이 높은 편이다. 따라서 주식시장 거래 규모가 클수록 외부 충격으로 인한 영향이 낮아진다.

한편, 외환시장과 주식시장의 거래 상황을 보면, 한국 외환시장은 외은지점에 대한 의존도가 매우 높지만, 주식시장은 외국인 투자자의 거래 비중이 상대적으로 낮다. 따라서 외환시장에서 외은지점의 역할이 매우 커 외은지점의 거래 행태가 바뀔 경우 외환시장에 직접적인 영향을 미친다. 이와 대조적으로, 주식시장은 개인투자자와 국내기관, 외국인 투자자 등 주식투자 주체가 다양하고 규모도 비슷하여 특정 주식투자 주체에 의한 '시장 쏠림 현상'(Herd Behavior)이 희석된다.

제4장

/

한국 금융산업의 발전 방향

본 장에서 한국 금융산업의 발전 방향을 제시하는데 있어서 금융산업의 범위를 한국 표준산업분류상 '금융 및 보험업'에 해당하는 하기의 금융업종들을 포괄한다.

- 금융업 : 은행(중앙은행 포함), 비은행 금융사(신탁, 자산운용 포함), 각종 기금, 사금융 등
- 보험 및 연금업 : 생명보험, 손해보험, 각종 공제 및 연금
- 금융 및 보험관련 서비스업 : 증권·선물회사, 금융유관기관, 신용보증기관, 보험중개 및 손해감정업 등

1. 금융산업의 주요 변화

국내 금융산업에는 다섯 가지의 새로운 트렌드, 즉 ① 시장 중심의 금융, ② 전자금융의 확산, ③ 금융기관의 영역 철폐로 은행·증권·보험의 종합금융화, ④ 외국자본의 국내 금융업 장악, ⑤ 금융기관 리스크의 증대가 나타나고 있다. 상기한 트렌드는 금융기관들이 치열한 경쟁에 직면하면서 나타난 산물(産物)로서 정보통신기술(ICT)의 발달이 이를 가속시키고 있다.[01]

상기한 다섯 가지의 금융산업 트렌드에 대응하여, 한국은 금융기관의 책임경영 체제

01 김종년(1999). "금융산업의 5대 트렌드와 과제", *CEO Information* 224호, 삼성경제연구소, 12. 15을 인용했음.

그림 4-1 국내 금융산업의 트렌드 변화

금융기관 중심	→	금융시장 중심
전표 금융	→	전자 금융
전업금융	→	종합금융
토종 금융산업	→	외자계(外資系)와 경쟁체제
금융기관 불사(不死)	→	금융기관도 도산

자료 김종년(1999), "금융산업의 5대 트렌드와 과제", *CEO Information* 224호, 삼성경제연구소, 12. 15.

표 4-1 금융산업 트렌드의 원인과 현상

신트렌드	원인	현상
시장 중심의 금융	• 자본시장 발달 • 기업지배구조 강화 • 신용 중시	• 대출심사 및 주주권 강화 • 간접투자 확대, 기관투자가 대두 • 자기자본 및 직접금융중심
전자금융	• 전자화폐 등장 • 인터넷 보급 • 거래비용 절감 요구 • 개인주의 문화	• 인터넷 금융거래 확산 • 통신과 금융의 연계 • 사이버 자금조달 확대
영역 철폐로 종합금융화	• 규제 완화 또는 회피 노력 • 범위의 경제 추구 • 금융기관 간 경쟁 심화	• 상호 영역 진출 확대, 인수·합병(M&A) • 금융기관 간 업무제휴 활발 • 유니버설뱅킹化
외국자본의 금융업 장악	• 금융시장 개방 • 금융구조조정	• 외자계 금융기관 증가 • 글로벌 스탠더드 촉진 • 수익성 위주의 금융기관 경영
금융기관 리스크 증대	• 연봉제, 성과급 도입 확산 • 가격 변동폭 확대 • 금융상품의 복잡다기화	• 고위험·고수익 금융상품 확대 • 로그 트레이더(rogue trader) 출현 • 시스템 실패 위험 증가

자료 김종년(1999), "금융산업의 5대 트렌드와 과제", *CEO Information* 224호, 삼성경제연구소, 12. 15.

를 구축하여 금융기관의 경쟁력을 강화해야 할 것이다. 한국 금융회사의 경쟁력이 세계 주요국에 비해 열세이고, 금융회사의 리스크 관리 능력도 낮아 금융불안 요인으로 작용하고 있다. IMD의 국가경쟁력 평가(2010년)에 따르면 한국의 금융부문 경쟁력 순위는 30위로 국가경쟁력 순위(23위)보다 낮은 수준이다. 특히, 은행 및 금융서비스(38위), 금융 및 은행산업 규제 효율성(37위) 등의 측면에서 한국의 금융경쟁력이 취약하다. 따라서 한국의 금융경쟁력을 제고하기 위한 구체적 방향은 다음과 같다.

첫째, 금융관련 전자 및 통신기술, 신용관련 정보 등 하드웨어 축적은 상당 부분 진전되어 있기 때문에 겸업화 추세와 전자금융의 진전에 대응하여 금융기관의 업무영역 조정, 전자금융관련 제도 정비 등 소프트웨어 확충에 주력해야 할 것이다. 또한, 금융사고, 금융범죄, 불공정 금융거래 등의 발생 가능성이 더욱 증가하고 있기 때문에 금융감독시스템의 전문성을 강화해야 할 것이다.

둘째, 금융기관의 진입 혹은 퇴출 자유화, 금융지주회사 도입, 금융시장의 정보효율화 제고, 장기금융시장 활성화, 어음제도 정비 등과 같은 금융시스템을 개선해야 할 것이다.

셋째, 위험관리 자산에 대한 투자업무와 결제업무를 엄격히 분리하여 상호견제와 통제를 유도해야 할 것이다. 기업도 금융변화에 대한 대응시스템과 위험관리 체제를 마련해야 할 것이다. 예로서 내부 환위험 헤지시스템 구축 등을 통해 환(換)리스크를 분산해야 할 것이다.

1) 금융기관의 영역 철폐로 은행·증권·보험의 종합금융화

은행, 증권, 보험으로 엄격히 분리되어 왔던 금융기관의 업무 영역이 허물어지면서 이종(異種) 금융기관 간 경쟁 심화 현상이 발생하고 있다. 잠시 회고해 보면, 김영삼 정부 이후 「종합금융화」를 지향하는 금융산업 개편 정책이 꾸준히 추진되어 온 결과, 금융권 간 칸막이가 이미 상당 부분 무너진 상태이다.

권역별 핵심업무를 제외한 업무영역이 파괴됨에 따라 대형 금융기관을 중심으로 상호 영역진출이 본격화되고 있다. 금융기관의 대형화 추세와 금융소비자들의 다양한 금융서비스 요구가 상호 영역진출을 촉진하고 있다.

이종(異種) 금융기관 간의 인수·합병(M&A)도 활발해질 것으로 전망된다. 미국 재무부와 연방준비제도 이사회(FRB)는 1999년 10월 말 「원스톱 금융기관」의 설립을 허용하는 금융개혁법안을 수용했었다. 구체적으로, 은행이 증권사 및 보험사를 자회사로 설립하거나 기존 증권사 및 보험사를 계열사로 인수하는 것을 법적으로 허용했었다.

일본도 1999년 10월 1일부터 은행의 증권업무를 전면 허용했었다. 한국의 경우, 금융구조조정을 통하여 권역 내 인수·합병(M&A)은 상당히 진전된 상황이며, 조만간 이종(異種) 금융기관의 인수·합병(M&A)이 가시화될 것으로 전망된다.

또한, 이종(異種) 금융기관 간 전략적 제휴 및 상품 공동개발이 더욱 확산될 것으로 전망된다. 이종(異種) 금융기관들은 서로 경쟁하면서도 다른 업종의 장점을 자신의 장점과 결합하여 더 강한 경쟁력을 갖추려는 노력을 경주하고 있다. 따라서 은행에서 증권계좌를 개설하고 주식대금의 입출금 업무를 처리하며 투신사의 수익증권도 매입하는 것이 가능하게 되었다. 구체적으로, 신한은행은 신한증권과 제휴하여 주식거래 매매대금을 통장으로 자동이체하고 있으며, 국민은행은 12개 투신사와 제휴하여 수익증권 판매를 대행하고 있다.

은행에서 보험상품을 판매하며 고객이 제휴상품에 가입하면 은행부담으로 다양한 종류의 보험 가입도 가능하게 되었다. 예로서「동부화재」는 하나·국민은행 창구를 통해 보험상품을 판매하고 있다. 현재로서는 은행이 여타 금융기관 업무를 대행하는 정도이지만 은행 이외의 다른 금융기관과의 제휴를 통하여 범위가 확대되고 복합상품도 출현할 것으로 전망된다. 나아가, 은행의 유동성, 투신사의 수익성, 보험사의 보장성을 갖춘 복합상품의 출현이 예상된다.

궁극적으로, 금융지주회사의 설립을 통한 금융기관 통합이 진전되어 종합금융화(유니버살뱅킹)가 이루어질 것으로 전망된다. 현행 공정거래법에서 부채비율이 100% 이하, 계열사에 대한 지분이 50% 이상일 경우 금융지주회사 설립을 허용하고 있다. 그러나 계열사 지분에 대한 엄격한 기준 등을 감안하면 당분간 국내 금융지주회사의 설립은 어렵다는 것을

표 4-2 금융기관 간 업무제휴 형태

제휴 금융기관	제휴 업무
은행⟷증권	• 은행에서 증권계좌 개설과 주식거래 업무 • 주식거래 매매대금을 은행통장으로 자동이체
은행⟷신탁	• 은행에서 투신사 수익증권 판매 대행
은행⟷보험	• 은행에서 보험상품 판매 대행 • 은행 예금 및 대출자에게 보험상품 무료가입 서비스 제공

자료 김종년(1999), "금융산업의 5대 트렌드와 과제", *CEO Information* 224호, 삼성경제연구소, 12. 15.

알 수 있다. 그러나 향후 설립 기준이 완화될 가능성이 크기 때문에 금융지주회사 설립이 활성화될 것으로 예상된다. 결국, 금융지주회사는 장기적으로 모든 금융업무를 통합하는 「원스톱 금융서비스」회사로 발전할 것으로 예상된다.

2) 전자금융의 확산

전표, 인력, 점포 위주의 금융거래가 전자매체 등을 통해 무(無)전표, 비(非)인력, 탈(脫)점포로 전환하고 있다. 이에 따라 창구업무 중심에서 전자화, 비(非)노동화, 기술집약화로 이동하고 있다. 금융거래가 주고받는(give-and-take) 개념에서 단말기, 컴퓨터 등을 통한 터치(touch) 개념으로 변화하고 있다.

주지하다시피, 인터넷 금융거래, 전자화폐 등 전자금융의 급속한 확대는 금융시스템뿐 아니라 금융산업 전반에 대해 변화를 촉발하고 있다. 금융기관의 핵심기능인 자금중개 및 결제방식이 바뀌고 은행, 증권사 등에 의한 사이버 금융서비스 제공이 일반화되고 있다. 또한, 국내 온라인 주식거래가 1999년 이후 증시 활황과 함께 급증하고 있다.[02]

향후, 사이버 거래만을 중개하는 거래소나 사이버 금융서비스만을 제공하는 전문 금융기관들도 출현할 것으로 전망된다. '사이버 증권거래소'의 선도격인 미국 나스닥은 1990년대 들어 전자기술의 발달 등에 힘입어 뉴욕증시의 지위를 위협하고 있다. 사이버 금융서비스에 특화한 전문 금융기관들이 성행하고 장기적으로 은행, 증권, 보험 등 다양한 금융권을 포괄하는 '종합 사이버 금융회사'가 등장할 것으로 예상된다.

또한, 금융업과 통신업의 연계가 심화되고 통신업체의 금융업 진출도 실현되고 있다. 금융업에서 통신서비스 기술이 차지하는 비중이 증가함에 따라 금융업과 통신업 간의 전략적 제휴 또는 합병 등이 이루어질 것으로 전망된다. 대형 정보통신업체의 금융업 진출도 가시화될 것으로 예상된다.

나아가, 기업 및 금융기관이 증권사를 통하지 않고 사이버 공간을 통해 직접 자본을 조달하고 있다. 브로커나 딜러가 개입하지 않고 발행자가 직접 투자자에게 자신의 주식을 매각하는 사이버상의 직접공모가 확산되고 있다. 이 결과, 인수 수수료가 절약되고 시간이 단축되고 있다.

02 1999년 10월 말까지 국내 온라인 주식거래 규모가 1998년 대비 17.2배 증가한 408.6조 원에 이르며 이는 전체 주식거래 중 38.3%로 세계 최고 수준이다. 미국의 경우 사이버 증권거래가 전체의 30% 수준이다.

미국의 경우, 1995년 Spring Street Brewing사의 사이버 공모 실시 이후 빈번하게 실시하고 있다. 구체적으로, Spring Street Brewing사는 3,500여 명의 투자자들로부터 160만 달러의 자금을 직접 조달했었다. 이와 반면에, 한국의 사이버 공모는 이제 시작단계에 놓여있다. 예로서 인터넷 서비스 업체와 일부 중소 제조업체가 인터넷 공모를 통해 투자자금을 조달하고 있다.

3) 금융기관 리스크의 증대

과거 국내 금융기관은 정부의 규제와 보호로 안정성이 보장되었으나 이젠 금융자유화(Financial Liberalization)로 인하여 금융기관의 리스크가 크게 증가했다. 특히 금융공학의 발달과 금융거래 규모의 급증으로 대형 금융사고의 가능성도 증가했다. 상술하면, 금융공학의 발달로 금융기관들은 신용파생금융상품을 이용하여 고(高)위험·고(高)수익 상품을 지속적으로 개발하고 있다. 금융기관들은 이러한 상품들을 고객에게 판매할 뿐만 아니라 고(高)수익을 얻기 위해 직접 거래당사자가 되는 경우도 많다. 그러나 금융공학의 발달과 금융기관 간 경쟁 격화로 금융기관들이 앞다투어 고(高)위험·고(高)수익 상품을 다루게 되어 한 번의 거래로 큰 손실을 입게 될 가능성이 커졌다.

또한, 금융기관 간 경쟁 심화로 금융공학 기법을 이용한 복잡한 신상품을 앞다퉈 내놓으면서 신상품의 개발주기가 갈수록 단축되고 있다. 또한, 금융기관들이 각종 신상품을 계속 개발하면서 전산시스템의 업데이트 속도가 금융상품의 개발속도를 제대로 따라가지 못해 시스템 오(誤)작동이 일어나고 이로 인해 손실이 발생하고 있다.

이 결과, 한 번의 거래실수로 금융기관들의 존립이 위협받을 가능성이 커지고 있다. 예로서 1994년 미국의 대형 크레딧 유니온인 캡 코프(Cap Corp.)는 '담보부 모기지증권'(CMO : Collateralized Mortgage Obligations)이라는 신용파생금융상품에 투자했었다가 1억 달러의 손실을 기록했었다. 또한, 미국 JP모건은행이 국내 금융기관들에게 '토탈리턴스왑'이라는 신용파생금융상품을 판매하면서 위험을 충분히 알리지 않았다고 하여 소송을 당하였다. 결국, 법정 밖 화해를 통하여 JP모건은행과 국내금융기관들이 손실을 공동 분담했었다.

한편, 펀드 매니저나 외환딜러 한 사람의 불법적이고 무모한 금융거래로 인해 회사 전체가 파산위기에 처하는 금융사고의 발생 가능성이 커지고 있다. 즉, 딜러 한 사람이 내부의 감독이나 견제를 제대로 받지 않고 외환 및 금융거래를 하는 과정에서 금융기관에 막대한 손실을 야기할 수 있다. 이러한 사람을 '불한당'이라는 의미의 '로그 트레이더'(rogue trad-

표 4-3 영국 베어링스(Barings) 그룹의 파산 사례

- 보수적 전통의 베어링스(Barings)는 싱가포르지점에서 외환전문가가 부족한 상황에서 외환매매이익을 올리고 있던 경력 5~6년의 중견 딜러 리슨(Nick Leeson)을 전폭적으로 신임했다. 그는 공격적으로 투자했으나 본사에서는 그를 과신하여 통제를 하지 않았다.
- 니케이 주가지수선물이 동시에 거래되는 싱가포르와 일본 오사카 거래소 간의 차익 거래를 하는 과정에서 손실이 발생했다. 리슨(Nick Leeson)은 본사로부터의 문책을 피하고자 이 사실을 숨겼다. 비밀계좌에 적립되는 손실이 점점 커지자 이를 한 번에 만회하기 위해 금융공학기법을 동원하여 니케이 지수에 대한 투기적 거래를 무모하게 감행했다.
- 일본 고베 지진의 영향으로 리슨이 걸었던 방향과 정반대로 니케이 지수가 폭락하자 약 12억 달러 규모(모회사 자본금의 약 1.5배 수준)의 손실이 발생했다. 이 결과, 230년 역사의 베어링스 그룹은 닉 리슨의 손실로 파산하고 단돈 1파운드에 ING에 매각됐다.

자료 김종년(1999), "금융산업의 5대 트렌드와 과제", *CEO Information* 224호, 삼성경제연구소, 12. 15.

er)로 지칭한다.

'로그 트레이더'(Rogue Trader)로 인한 사고의 예로서 한국의 광주은행(1989)과 수협중앙회(1995), 영국의 베어링스그룹(1995) 등을 들 수 있다. 「광주은행」은 1989년 외환딜러 1인의 무모한 외환거래로 인해 큰 손실을 입었다. 「수협중앙회」는 1995년 외환딜러가 무모하게 외환거래에 투자하여 자본금의 절반에 해당하는 막대한 손실을 당하였다. 전형적인 예로서 가장 긴 역사를 자랑했었던 영국의 투자은행인 베어링스(Barings) 그룹은 닉 리슨(Nick Leeson)이 저질렀었던 막대한 투자 손실(약 1조 원)로 인해 결국 파산되었다.

4) 외국자본의 국내 금융업 장악

과거 국내 금융시장은 정부 관리 하에서 진입이 엄격히 통제된 상태였지만 이제는 외국자본의 자유로운 진입이 가능하게 되었다. 그 배경은 금융구조조정 과정에서 외자 유치와 선진 금융기법을 도입하려는 한국의 입장과, 신흥시장에 진출하려는 외국자본의 이해가 일치하였기 때문이다.

1998년 하반기 외환위기 이후 국내 금융산업의 구조조정과 외국자본에 대한 금융업 개방으로 선진 금융기관의 국내 진출이 본격화됨으로써 국내 주요 은행에 외국자본이 이미 대거 진출하였다. 외환은행, 국민은행, 한미은행 등의 경우 1대 주주가 외국인이며 주택

표 4-4 국내 은행의 외국인 지분참여 현황

은행	외국인지분율[1]	주요 외국 투자자	경영 참여
제일	51.0%(예정)	뉴브리지(51%)	경영권 인수
외환	33.3%	코메르츠방크(29.3%, 1대 주주)	경영에 깊이 간여(상임이사 2, 비상임이사 2)
한미	30.0%	BOA(16.83%, 공동 1대 주주)	경영에 깊이 간여(부행장 1)
주택	65.4%	ING그룹(10%)	경영참여(상임이사 1, 사외이사 1, 부장급 직원 4 파견)
신한	41.8%	재일동포(38%)	간접적으로 간여
국민	49.9%	골드만삭스(18%, 1대 주주)	경영참여 없음(비상임이사 1)
하나	24.6%	국제금융공사(5.87%, 2대 주주)	경영참여 없음(비상임이사 1)

자료 김종년(1999), "금융산업의 5대 트렌드와 과제", *CEO Information* 224호, 삼성경제연구소, 12. 15.
주 1 1999년 12월 10일 현재.

표 4-5 구미(歐美)자본의 국내증권사 지분참여 현황

증권사	외국투자자	현황	진출방식
대우	리젠트퍼시픽(영국)	대주주 지분 22%를 150억 원에 매각, 합작사로 재탄생	경영권 인수
굿모닝	H&Q(미국)	1,000억 원 유상증자를 통한 지분 합작	경영권 인수
서울	퀀텀이머징(미국)	BOA(16.83%, 공동 1대 주주)	경영권 인수
조흥	KOOS그룹(대만)	• 합작경영을 위한 양해각서 체결(지분 51% 양도) • 최대주주로 공동경영(조흥은행은 2대주주)	경영권 인수
한진	푸르덴셜(미국)	4,200만 달러 투자, 한진그룹과 각각 24%의 동등지분으로 공동경영(6명 이사 중 3명 파견)	경영참여
대신	스미토모생명(일본)	• 대신증권 지분 2% 인수 • 대신투신운용 지분 20% 인수	업무제휴
동원	BNP(파리국립은행)	동원투신운용 지분 30% 인수	업무제휴

자료 김종년(1999), "금융산업의 5대 트렌드와 과제", *CEO Information* 224호, 삼성경제연구소, 12. 15.

은행, 한미은행, 외환은행 등의 경우 외국인이 경영에 참여했다. 한국 주식시장에서 국내 은행들에 대한 외국인들의 포트폴리오 투자도 활발하다. 특히 주택은행, 국민은행, 신한은행 등 우량은행의 외국인 지분율이 크게 증가했다.

국내 증권(투신)과 보험업에서도 외국자본의 진출이 확대되었다. 국내 증권사 중 5개사가 외국자본에게 경영권이 넘어갔었다. 향후 외국인의 단순지분참여를 포함할 경우, 국내 증권업에서 외자계가 주요 세력으로 부상할 것으로 전망된다.

전술한 바와 같이, 한국 금융시장 중에서 외환시장은 경제규모나 주식시장 규모에 비해 거래 규모가 상대적으로 작은 취약한 구조를 갖고 있다. 한국의 외환거래 규모는 경제규모 대비 선진국에 크게 못 미치고, 한국과 유사한 주식거래 규모를 가진 국가에 비해서도 작다.

또한, 외환시장에서 외국인 거래 비중이 크고 거래통화도 대부분 달러화로 구성되어 외국인의 영향력이 큰 점도 외환시장 불안을 가중시키고 있다. 국내 주식시장과 달리 외환시장에서는 기관과 개인의 비중이 작아 외국인의 움직임에 반대 포지션을 취할 세력이 약해 불안이 심화되고 있다.

2. 금융발전의 결정요인과 기본방향

1) 금융발전의 결정요인

일반적으로, 금융발전(Finantional Development)은 국민소득 수준, 국내 인플레이션, 경제시스템의 개방도와 같은 경제여건에 의하여 결정된다. 상술하면, 금융은 국민소득 수준이 증가함에 따라 금융수요가 증가함으로써 내생적으로 발전한다.

한편, Huybens and Smith(1999)와 Boyd, Levine, and Smith(2001)[03]는 국내 인플레이션이 금융발전의 저해요인이라는 점을 실증적으로 규명하였다. 즉 인플레이션의 진행은 금융거래를 위축시키고 신용할당을 가중시켜 금융발전을 저해한다는 것이다. 특히 인플레이션율이 일정 수준을 넘어 가속화되는 경우에는 금융시장에 주는 악영향은 증폭된다. 따라서 높은 인플레이션 및 그에 수반하는 변동성을 줄이는 것이 금융발전에 도움이

03 Boyd, Levine, and Smith(2001)는 금융발전 지표로 은행자산, 유동자산, 민간신용, 주식시가 총액 등을 사용하였으며, 초기소득, 초기인적자본수준, 정치불안요소, 시장의 왜곡 정도와 같은 통제변수를 고려할 때 인플레이션이 추가적인 설명력을 갖고 있음을 입증하였다.

된다는 것을 알 수 있다.

다른 한편으로, Rajan and Zingales(2002)는 금융발전(Finantional Development)의 여부는 법률적·제도적 장치와 같은 요인보다는 기득권 세력의 영향력이 얼마나 강하게 작용하는가에 결정된다고 주장했다. 그들에 따르면 금융발전은 경쟁을 촉진하므로 기득권 세력은 이를 저지하려는 속성을 갖고 있다는 것이다. 그런데 기득권 세력의 영향력은 산업화가 진전되고 경제가 개방될수록 약화되는 반면에 산업화 및 개방화가 진전될수록 경쟁의 강도가 높아지고 기업의 진입과 퇴출이 활발히 이루어지며 금융이 발전하게 된다.

따라서 경제시스템이 개방된 국가일수록 금융이 발전해온 역사적 사실에서 알 수 있듯이, 경제 시스템 자체가 얼마나 경쟁적인가에 따라 금융발전(Finantional Development)의 여부가 결정된다. 보다 경쟁적인 경제체제에서는 기업의 진입과 퇴출이 보다 원활히 이루어진다. 산업간 구조조정 속도도 빨라진다. 또한, 개방적인 경제체제 하에서는 생산기술뿐만 아니라 선진 경영기법의 이전이 촉진되는 경향이 있는데, 이 과정에서 금융시스템은 자금의 효율적 중개와 배분을 위해 작동하게 된다.

또한, 금융발전(Finantional Development)의 여부는 경제관련 규제가 얼마나 투명하고 공정하게 제정되고 운영되는가에 의해서도 결정된다. 왜냐하면 투명하고 공정한 규제는 정보의 비(非)대칭성 문제를 완화시켜 주기 때문이다. 또한, 주주와 채권자의 권리가 강하게 보장될수록 기업과 금융기관의 자금조달이 용이해질 것이다. 만약 그렇지 않다면, 부(wealth)는 금융자산보다는 실물자산 쪽으로 흘러갈 가능성이 크며, 그 과정에서 금융자산의 축적이 그만큼 상대적으로 위축될 것이다.

2) 금융시스템 발전의 기본방향

다행히, 「자본시장통합법」의 포괄주의와 겸업주의는 은행시장과 자본시장의 연계성 강화와 기업의 자금조달 구조 다양화를 초래함으로써 금융산업의 균형발전에 크게 기여할 것으로 기대된다. 나아가, 전술한 글로벌 추세에 따라 한국 금융시스템의 발전을 위한 정책 방향은 다음과 같다.

첫째, 금융기관의 책임경영 체제를 구축하여 금융기관의 경쟁력을 강화해야 할 것이다. 다시 말하면, 금융구조조정 과정에서 금융기관의 주체가 정부와 외국계로 상당폭 이전된 상황에서 부실처리를 위해 불가피했었던 측면도 있지만 금융기관의 비효율·도덕적 해이를 해소하기 위한 대책을 마련해야 할 것이다. 그것은 금융기관 스스로 경영에 책임을 지는 책임경영 체제를 마련하는 것이다.

둘째, 글로벌 금융산업의 새로운 패러다임 형성을 주시하면서, 상업은행(CB) 모델과 투자은행(IB) 모델의 장점들이 동시에 구현될 수 있는 균형 잡힌 금융시장을 육성해야 할 것이다.

셋째, 국제적인 금융 규제·감독 강화 추세에 부응함과 동시에, 금융산업이 위험투자 확대에 의해서 발전하는 것이 아니라 본연의 금융중개기능 활성화를 통해 건전하게 성장하도록 유도해야 할 것이다.

넷째, 국부펀드나 연기금, 외환보유액의 운용에 있어서 글로벌 금융기관과의 제휴를 통해 국가 차원의 글로벌 네트워크를 지속적으로 형성해야 할 것이다.

다섯째, 금융개혁(Financial Innovation)을 통하여, 금융기관 진입이나 퇴출 자유화, 금융지주회사 도입, 금융시장의 정보효율화 제고, 장기 금융시장 활성화, 어음제도 정비 등과 같은 금융시스템을 개선해야 할 것이다.

상기한 한국 금융시스템의 발전을 위한 정책방향과 함께, 금융 감독시스템의 발전 방향은 다음과 같다.

첫째, 한국의 금융 감독시스템 개선은 하기의 5대 기본방향을 중심으로 추진되어야 할 것이다.

- 시장효율과 금융안정의 균형
- 금융발전과 실물성장의 균형
- 은행과 자본시장, 중개기관과 투자기관 규제의 균형
- 금융소비자 보호와 자기책임투자 원칙의 균형
- 미시경제적 감독과 거시경제적 감독의 균형, 권역별 감독과 기능별 감독의 균형

둘째, 금융기관 간의 경쟁 격화와 금융시장 자율에 대응하여 금융감독기능 강화가 필요하다. 즉, 금융사고, 금융범죄, 불공정 금융거래 등의 발생 가능성이 더욱 증가하고 있기 때문에 금융 감독시스템의 전문성을 강화해야 할 것이다. 물론, 기업도 금융변화에 대한 대응시스템과 리스크 관리 체제를 마련해야 할 것이다. 예로서 내부 환위험 헤지시스템 구축 등을 통해 위험을 분산해야 할 것이다.

셋째, 금융기관과 기업 등의 내부 리스크 관리 및 통제시스템의 구축이 필요하다. 즉, 위험관리 자산 투자업무와 결제업무를 엄격히 분리하여 상호견제와 통제가 가능해야 할 것이다.

넷째, 만약 시스템 리스크 요인이 파악되면 그 요인을 개별 금융회사에 적절히 통보하고 개별 회사의 시스템적 중요도에 따라 적합한 규제방안을 강구할 수 있다. 이와 같은 정

책수단으로는 예컨대 금융안정위원회(FSB), 바젤 은행감독위원회(BCBS) 등을 중심으로 구체적인 도입 방안이 논의되고 있는 '시스템상 중요한 금융기관'(SIFI : Systemically Important Financial Institue)에 대한 추가자본(capital surcharge) 부과 방안이 있다.

다섯째, 전산과 신용관련 정보 등 하드웨어적 금융인프라 확충뿐만 아니라 제도개선과 감독 강화 등 소프트웨어의 정비가 시급한 과제이다. 금융관련 전자 및 통신기술과 신용관련 정보 등 하드웨어 축적은 상당 부분 진전되어 있으며 향후에도 지속적 노력이 필요하다. 겸업화와 전자금융의 진전으로 금융기관의 업무영역 조정, 전자금융관련 제도 정비 등 소프트웨어 확충에 주력해야 할 것이다.

3. 한국 은행산업의 경쟁력 강화와 국제화 추진방안

영국의 금융전문지인 『The Banker』는 매년 Tier1 기본자본을 기준으로 세계 1,000대 은행의 순위를 발표한다. 참고로, 2012년 7월 발표한 순위를 보면 KDB금융지주, 우리금융지주, KB금융지주, 신한금융지주가 세계 1,000대 은행 중에서 70위권 내에 포함되어 있다.

또한, 한국 금융감독원의 금융중심지 지원센터가 발표하는 국내 은행들의 해외 진출 현황 자료에 의하면, 2012년 6월 말 기준으로 국내 은행들은 31개국에서 현지법인 40개, 지점 55개, 사무소 40개를 운영하고 있다.

한국 은행산업의 발전을 도모하기 위해서는 금융경쟁력 및 사업포트폴리오 등을 종합적으로 고려하여 대형화를 추진함과 동시에 해외시장 진출을 통해 국제경쟁력 강화를 도모해야 할 것이다.

1) 국내 은행산업의 경쟁력 제고 [04]

국내 은행산업은 지난 1997년 하반기 외환위기 이후 환골탈태(換骨奪胎)한 모습을 보이고 있다. 우선, 상기 외환위기 이후 구조조정을 통해 그간에 쌓였던 부실을 털어냈을 뿐만 아니라 사외이사 중심의 지배구조를 마련하였다. 이를 통해 국내 은행들은 정부의 산업정책에 따라 실물경제부문에 자금을 지원했었던 과거 소극적인 모습에서 벗어나 수익을 내

04 이병윤(2011), "국내 은행산업의 경쟁력 제고 방안", 주간금융브리프 20권 23호, 국제금융연구원.

기 위해 치열하게 경쟁하는 적극적인 상업은행의 모습으로 탈바꿈하게 되었다. 또한 합병을 통한 대형화, 외국계은행의 진입, 선진적 금융규제체계 확립 등을 통해 점차 선진적 은행산업의 면모를 갖추어 왔다.

그러나, 전술한 바와 같이, 국내 은행들의 국제경쟁력은 여전히 낮은 수준인 것으로 평가되고 있다. 2008년 하반기 글로벌 금융위기에서 보았듯이 금융위기의 조짐만 보이면 국내 은행은 유동성, 수익성, 건전성 등이 빠르게 악화되는 허약한 모습을 보여 왔다. 이와 반면에, 한국 제조업에서는 글로벌 경쟁력을 갖춘 기업이 다수 있지만 글로벌 경쟁력을 갖춘 한국의 은행은 아직까지 존재하지 않고 있다.

여기서 다음과 같은 본질적인 문제의식을 갖지 않을 수 없다. 한국은 교육수준이 높고 세계 최고 수준의 정보통신(IT) 경쟁력을 가지고 있으며 제조업 기반도 탄탄한 편인데, 왜 금융산업의 국제경쟁력은 낙후되어 있을까? 그 요인들은 실로 많겠지만, 한마디로 '관치금융'(官治金融) 때문이다. 이에 관한 구차한 설명을 생략하는 대신에, 국내 금융산업 경쟁력 확보를 위한 주요 정책방안을 다음과 같이 제시한다.[05]

① 한국의 금융회사가 글로벌 경쟁력을 갖추기 위해서는 선진 금융서비스를 제공할 수 있는 전문인력을 양성해야 한다.

② 국제금융시장에서 세계 유수의 금융회사들과 경쟁할 수 있는 글로벌 플레이어의 육성을 위해서 자본 확충을 통한 금융회사의 대형화가 필요하다. 따라서 금융계열사 의결권 제한 제도를 철폐해야 한다.

③ 금융감독 행태를 국제적인 추세에 따라 '원칙 중심 금융감독 패러다임'으로 전환해야 된다.

여기서 유의할 것은 '은행 대형화'를 도모하기 위해서는 경쟁력뿐만 아니라 시스템 리스크에 미치는 영향을 고려한 전략적 접근이 필요하다는 점이다. 그 이유는 다음과 같다. 한국의 은행산업들은 GDP 대비 상대적 규모, 자산규모, 예수금 시장점유율 등이 높아 시스템 리스크를 초래할 수 있기 때문이다. 또한, 시중은행의 부채 가운데 시장성 자금조달의 비중이 크게 증가하여 금융시스템 내에서의 상호연관성이 커지고 있기 때문이다. 따라서 은행의 대형화에 따른 효율성 제고 및 경쟁력 강화 효과와 시스템 리스크 증가의 상충관계를 고려해야 할 것이다.

05 이병윤(2011), "국내 은행산업의 경쟁력 제고 방안", 주간금융브리프 20권 23호, 국제금융연구원.

또한, 금융지주회사를 통한 겸업화 정책을 유지하되 감독은 강화해야 할 것이다. 상술하면, 한국은 금융그룹의 자산 및 사업구조가 은행업 중심으로 이루어져 겸업의 수준이 낮기 때문에 겸업 제한의 필요성이 낮다. 오히려 향후 금융산업의 국제경쟁력 강화를 위해서는 은행의 증권산업 지원 등과 같은 겸업을 적극적으로 활용할 필요가 있다. 따라서 볼커룰(Volcker Rule)과 같은 글로벌 금융규제 논의 동향을 주시하되, 현재의 금융지주회사를 통한 겸업화 정책은 유지하면서 위험차단을 위한 대비책을 강화해야 할 것이다.

(1) 은행의 공공적 역할 제고

한국에서는 과거 수출 위주의 경제개발 단계에서 은행의 실물산업에 대한 자금지원 역할이 강조되어 왔을 뿐만 아니라 1997년 하반기 외환위기 이후 은행에 엄청난 규모의 공적자금이 투입되면서 사회 전반적으로 은행의 공공적 성격이 강조되고 있다. 이에 따라 수출기업이 매출을 크게 올려 높은 수익을 달성하면 한편으로는 기뻐하면서도 다른 한편으로는 은행이 높은 수익을 올렸다고 하면 뭔가 문제가 있는 것은 아닌가 하는 부정적 여론이 조성된다.

물론, 은행업은 기본적으로 '규제산업'이다. 따라서 규제로 인해 어느 정도 수익이 창출되는 측면이 있다는 것은 사실이다. 또한, 금융시스템을 지키는 최후의 안전판으로서 은행이 어느 정도 공적 역할을 수행해야 하는 것도 사실이다. 이것은 '은행의 공공성'에 관한 철학적 인식에 관한 문제이다.

그러나 은행도 본질적으로는 이윤극대화를 추구하며, 서비스를 제공한 만큼 대가도 받아야 하는 상업적 경제주체라는 점을 부정할 수는 없다. 사회적으로 이러한 인식이 확산되어야 '은행의 공공성'이라는 제약조건 하에서도 경쟁을 통해 정당하게 이윤극대화를 추구할 수 있고, 그 결과 은행의 수익성이 제고되면서 시스템 리스크가 완화되고 국민들에게 더 나은 금융서비스를 제공할 수 있게 될 것이다.

(2) 규모의 경제 추구

1997년 하반기 외환위기 이후 한국의 은행산업의 합병과 대형화가 급속히 진행되었다. 자산규모나 예수금 시장점유율 등에서 한국의 대형 은행들은 시스템 리스크를 초래할 수 있는 수준이다. 은행의 절대규모 뿐만 아니라 경제규모 등과 비교한 상대적 규모도 시스템 리스크(Systematic Risk)의 중요한 요인이다.

그러나 2010년 「The Banker」에 따르면 세계 은행 순위(총자본 기준)에서 국민은행이 69위, 우리금융(우리+경남+광주은행)이 71위, 신한금융(신한+제주은행)이 84위에 그쳐 세계적인 은행들과는 규모 면에서 아직도 저위 수준이다.

한국의 경제규모가 세계 15위권 정도인 점을 감안할 때 지금보다는 자본규모가 훨씬 더 큰 대형 은행이 필요하다는 주장이 제기되고 있다. 은행이 대형화하면 '규모의 경제'(Economies of Scale) 효과가 나타나고 확충된 자본력을 바탕으로 해외 진출에도 유리해지며 국내 기업의 해외투자 활동에 대한 금융지원을 충분히 할 수 있다. 이와 반면에, 은행 대형화로 인한 단점도 만만치 않다. 만약 국내 은행이 지금보다 더 대형화된 후에도 현재처럼 국내시장에만 집중할 경우 독·과점 폐해와 시스템 리스크(Systematic Risk) 문제가 더욱 부각될 수 있다. 또한, 대형은행의 부실은 곧바로 금융시스템 리스크로 연결될 수 있다. 따라서 현시점에서 은행의 대형화는 해외진출의 확대를 염두에 두고 진행되어야 할 것이다.[06] 그래야 은행 대형화의 단점을 완화시키면서 그것의 장점을 극대화할 수 있을 것이다.

2) 국내 은행의 해외진출을 통한 사업구도 다각화

2000년 이후의 은행 영업행태를 보면 2000~2006년 동안 거의 대부분의 은행들이 가계대출에 집중하여 과열 경쟁을 벌였다가, 2006년에 은행의 가계대출에 대한 규제가 강화됨에 따라 은행대출은 중소기업 대출 확대로 전환되었다. 그러나 2010년 3/4분기에 가계대출 규제가 다소 완화됨에 따라 다시 가계대출이 크게 늘어나고 있는 현상을 보여주고 있다. 퇴직연금, 신용카드업 등의 경우를 보아도 국내 거의 모든 은행들이 유사한 시기에 동일한 사업에 집중하고 있다는 것을 알 수 있다. 즉, 국내 은행들의 영업행태가 유사한 사업으로의 '쏠림현상'(Herd Behavior)을 보이고 있는 것이다.

은행의 영업행태에서 쏠림현상이 나타나면 과열 경쟁으로 인해 수익성이 떨어질 뿐만 아니라 시스템 리스크가 유발될 가능성이 커진다. 국내 은행들의 영업행태 쏠림현상은 한정된 국내시장 영업에 집중하는 국내 은행의 특성상 불가피한 현상이다. 왜냐하면 좁은 국내 금융시장에서 수익을 내려면 조금이라도 수익기회가 큰 분야에 영업력을 집중할 수밖에 없기 때문이다. 따라서 이를 해결하기 위한 방안의 하나로 국내 은행의 해외진출을 통한 사업구조 다각화가 필요하다는 것을 알 수 있다.[07]

---

06 참고로, 2009년 말 UAE 원전 수주 당시 UAE 정부는 공사 이행을 위해 세계 50위 안에 드는 은행의 보증을 요구하였고 이를 계기로 한국에서도 세계 50위권의 은행을 확보하기 위한 은행 대형화가 필요하다는 주장이 제기되었다.

07 이호(2012), "국내 주요 은행들의 해외 진출 현황 및 시사점", 금융내비게이터, 금융의 창을 열다, 우리금융지주 글로벌전략부.

사실, 1960년대 후반 국내 은행들이 해외에 진출한 이후, 약 50년이 경과한 현재, 해외 진출 국가 및 형태 등은 정량적인 측면에서 괄목할 만한 성장을 이루었다. 또한, 이러한 성과는 세계적으로도 인정을 받아 국내 은행들은 글로벌 금융기관으로서 위상을 확보하였다.

참고로, 최근 스페인의 방코 산탄데르은행(Banco Santander)과 BBVA(Banco Bilbao Vizcaya Argentaria) 은행의 사례는 국내 은행들의 해외 시장 진출에 시사하는 바가 크다. 상술하면, 유럽 재정위기로 인해 스페인의 은행들의 국제신용등급이 대폭 하락하고 추가적인 자본확충 상황에 직면하였으나, 방코 산탄데르은행과 BBVA은행에 대한 우려는 상대적으로 적은 편이다. 그 요인은 스페인의 자국 시장보다는 문화적 동질감이 높은 중·남미, 미국, 유럽 지역으로 진출하여 자산 포트폴리오를 다양하게 분산 운용하고 있기 때문이다.

요컨대, 국내 은행들의 해외시장 진출은 포화 상태(Market Saturation)에 있는 국내 금융시장을 극복하고 신(新)성장동력을 확보하는 데 있어 필수적인 경영전략인 것이다. 참고로, 경제규모에 비해 글로벌 금융시장에서의 영향력이 낮았던 일본 금융기관 등은 글로벌 금융시장 진출을 끊임없이 확대하고 있다. 이로써, 일본이 막대한 경상수지 흑자를 해외투자로 전환하는 데 있어서 일본의 금융기관들이 큰 역할을 수행해오고 있다.

한편, 국내 은행들의 해외진출 과정은 다음과 같은 세 가지 시대적 조류, 즉 ① 국제화, ② 세계화, ③ 글로컬라이제이션을 기준으로 구분하여 볼 수 있다.

① 국제화(Internationalization)

우선, 역사적으로 보면, 물적 자원이 부족한 한국은 경제개발에 필요한 자본을 해외에서 조달해야 했었다. 이를 극복하기 위해 1970년대 말부터 국내 기업들은 국가 간 무역 규모 및 수출 시장이 확대되면서 해외에 지사 및 상사들을 설립하였는데, 국내 은행들이 이들을 지원하는 역할을 하게 되었다. 주로 미국, 런던, 홍콩, 싱가포르 등 선진국 및 국제금융의 허브 도시 위주로 해외 진출을 본격적으로 시작하였다. 예로서, 「우리은행」의 경우, 1970년대 후반에 뉴욕지점, L.A지점, 런던지점 등을 개설하였다.

일반적으로, 총자산 대비 해외부문 자산의 비중과 국제화 정도를 나타내는 지표인 초국적화지수(Transnationality Index, TNI)를 보면 2010년 말 현재 국내 은행은 3.6%에 불과한 데 비해 UBS나 도이치은행 등은 2006년 말에 이미 70%를 훌쩍 넘어서고 있다. 따라서 국내 은행들은 포화상태인 국내시장을 벗어나 새로운 수익원을 창출하고, 나아가 금융 선진국의 은행들과 국제무대에서 경쟁을 통해 경쟁력을 제고하기 위해 해외진출을 적극적으로 도모해야 할 것이다.

물론, 철저한 사전 준비 없이 해외로 진출하는 것은 경영 리스크를 확대시키는 결과를

표 4-6 2008년 하반기 글로벌 금융위기 이후, 중국 및 일본 금융기관의 해외진출 동향

국가	금융기관	투자내용
중국	공상은행	• 남아공 스탠더드뱅크 지분 20%(2007. 10)와 캐나다 동아시아은행지분 70% 매입(2009. 6)
	민생은행	• 미국 유나이티드커머셜뱅크 지분 9.99% 매입(2007. 10)
	투자공사	• 지분 9.86% 매입(2009. 6)
일본	MUFG	• 모건스탠리 지분 21.4%(2008. 10) 및 모건스탠리 일본 증권사업부문 인수(2009. 3)
	SMFG	• 씨티그룹 증권부문 Nikko Cordial, 투자은행 Nikko Citigroup 일부 인수 및 업무제휴(2009. 5)
	노무라	• 리먼 브라더스 아시아, 유럽·중동 투자은행 및 주식인수 부문 인수(2008. 9)
	다이와	• 美 자문회사 Sagent Advisor 지분 20% 인수 및 업무제휴(2007. 4) • 英 Close Brothers Group 기업금융부문 인수 합의(2009. 5)

자료 박현수 외(2009). "금융위기 이후 글로벌 금융산업 재편 전망"(CEO Information 724호). 삼성경제연구소.

초래할 수 있다. 따라서 해외진출을 하기 전에 해외시장을 면밀히 분석한 후 단계적으로 진출해야 할 것이며, 우선적으로 네트워킹 능력, 상품개발 능력, 리스크관리 능력 등 해외진출에 필요한 경쟁력을 갖추어야 할 것이다.

한편, 금융회사의 국제화 유인에 대한 관련이론 및 실증적 분석은 크게 네 가지 측면, 즉 ① 효율성 요인, ② 시장지배력 측면, ③ 경영적 측면, ④ 정책적 요인으로 나누어 볼 수 있다.

- '효율성 가설'에 의하면 규모의 확대를 통한 범위의 경제(Economies of Scope) 구현 또는 비용절감을 통한 경영성과 개선, 교차판매를 통한 수익 다각화, 지역은행에 비해 우수한 위험관리 및 X-효율성 등이 국제화(internationalization)를 촉진할 수 있다.[08]
- '시장지배력 가설'에 의하면 잠재적 경쟁 압력이 글로벌 시장에서 인수·합병(M&A)이나 대

08 Altunbas, Y. P. Molyneux and J. Thornton(1997). "Big Bank Mergers in Europe : An Analysis of The Cost Implications," *Economica* 64, pp. 317~329.
Vander Vennet, R.(1998). "Causes and Consequences of EU Bank Mergers," The Changing European Landscape, *Center for Economic Policy Research*, pp. 45~61.

형화를 촉진할 수 있다.[09]

- 경영진에 대한 보상이 규모 또는 주가에 연동된 경우, 인수·합병(M&A)을 통한 해외진출 유인이 증대될 수 있다.
- 규제 완화(deregulation)는 일반적으로 은행 간 합병이나 은행의 국제화(internationalization)를 촉진할 수 있다.

다음으로 넘어가기 전, 유념해야 할 것은 다음과 같다. 해외 은행산업의 국제화는 거시경제적 측면에서 보면 금융회사가 아니라 자본시장 또는 신용파생금융상품시장을 중심으로 금융시장의 연계성 및 개방에 초점을 맞춘 것인 반면에, 미시경제적 측면에서 보면 금융회사의 현지화를 통한 금융서비스 제공을 추구한다는 점이다.[10]

② 세계화(Globalization)

1990년대는 자본의 이동이 자유로워지면서 국가 간의 국경이 허물어지고 단일 시장이 형성된 세계화(Globalization) 시대를 맞이하였다. 이 시기에는 진출 국가가 동남아시아로 확대되었고 진출 형태 또한 사무소 혹은 지점이 아니라 은행의 자회사인 현지법인 형태로 설립되어 진화된 모습을 보이기 시작하였다.

그러나 1997년 하반기 외환위기 이후에는 구조조정 및 은행 간 합병에 따라 해외자산 매각, 중복 해외지점 정리, 예산 감축을 위해 수익성이 낮은 해외 지점을 폐쇄하여 해외점포 수가 대폭 축소되었다.

③ 글로컬라이제이션(Glocalization)

2000년대부터는 기존 진출 지역 내에 있는 현지 금융기관을 인수·합병(M&A)하거나 현지 기업 문화 및 사회적 정서를 반영하여 현지 인력을 대거 채용하는 등 양적 및 질적 성장을 견인하면서 '현지화'(Localization)를 추구하는 모습을 보이기 시작했었다.

글로컬라이제이션(Glocalization)의 대표적인 사례로서 2003년 「우리은행」의 미국 현지법인인 「우리 아메리카은행」이 Pan Asia Bank를 인수하고 「신한은행」의 미국 현지법

---

09 Dymski, G.(2002), "The Global Bank Merger Wave : Implications for Developing Countries," The Developing Economics 40–4, pp. 435~466.

10 구본성(2008), 「국내 은행의 성장성과 국제화 방향」, 한국금융연구원, 8월.

인인「신한 아메리카은행」이 2007년 North Atlanta National Bank를 인수한 것을 지적할 수 있다. 소위 세계화(Globalization)와 현지화(Localization)가 결합된 글로컬라이제이션(Glocalization)이라는 조류에 맞추어 해외 경영전략도 글로벌 스텐다드(Global Standard)에 부합하게 된 것이다.

3) 한국형 투자은행(IB)의 발전 방향[11]

(1) 투자은행(IB)의 기원과 변천

18세기 유럽에서는 Rothschild, Baring, Brown 가문(家門)이 대서양을 무대로 다국적 무역거래를 영위하고 있었다. 그런데 18세기의 영·미(英·美) 상법은 아직 농경·계층사회적 단계에 머물러 있어서 채권 실행과 법률적 재산권 행사가 어려웠다. 또한, 재판 관할권이 여러 나라에 걸쳐 있어서 무역업자들은 계약을 법적으로 보호받기 어려웠다.

따라서 이들 무역업자들은 법적 계약 대신에 장기간 신뢰관계(long-term relationship)와 평판(reputation)에 기초를 둔 사적 계약방식으로 거래를 수행하였다. 무역업자들은 오랜 기간 무역거래를 하면서 신뢰와 평판을 축적하였고, 거래상대방과 상품시장에 관한 많은 정보도 축적하였다. 이러한 네트워크(신뢰와 평판)와 정보를 바탕으로 대형 무역업자들은 대부업과 외환업무와 같은 금융업(merchant bank)에 진출하게 되었으며, 이러한 금융업이 19세기 중반까지 투자은행(IB: Investment Bank)으로 발전하였다.

다음으로 19세기 들어 산업화(Industrialization)가 진전되었고 미국·유럽에서 대형 국책사업이 진행되면서 증권 발행을 통한 대규모 자금조달이 필요하게 되었다. 그런데 증권 발행은 정보의 비(非)대칭성이 크기 때문에 상호독립된 시장에서는 이루어지기 어려웠다. 즉 투자자가 대규모 증권인수를 약속한 후 나중에 그 약속을 어겼을 경우 기업은 이를 법적으로 강제할 수 없었다. 또한 투자자가 우량기업이라고 믿고 투자한 후 손실을 입었을 경우 법적으로 손해를 배상받을 방법이 없었다.

따라서 대규모 증권발행을 위해서는 투자은행(IB)과 같은 특수관계를 바탕으로 하는 시장이 필요하게 되었던 것이다. 기업·투자자 중 일방이 계약을 이행하지 않을 경우, 특수관계를 바탕으로 한 은행은 이를 법적으로 강제할 수는 없었지만, 거래 단절(업계 퇴출)이라

11 이지언(2009), "글로벌 금융위기 이후 한국형 투자은행의 진로", 주간 금융브리프 18권 35호, 한국금융연구원.
강종만(2010), "국내금융회사의 투자은행업무 발전방향", 주간 금융브리프 19권 4호, 한국금융연구원.

는 사적인 제재수단을 사용하였다. 당시, 거래단절(업계 퇴출)이 위협적인 제재수단이 될 수 있었던 이유는 거래가 단절될 경우의 장기적 손실이 당장 계약 불이행으로부터 얻는 단기적 이득보다 훨씬 컸었기 때문이었다.

한편, 머천트 뱅커(merrchank banker)는 네트워크와 정보(가격·자금 관련)를 바탕으로 발행시장에서 주도적 역할을 수행하면서, 19세기 중반에 파트너쉽(Partnership) 형태의 투자은행(IB)으로 변신하였다. 이 시기에 JP Morgan, Lehman Brothers, Goldman Sachs 등이 대두하였고, 20세기 들어서는 Merrill Lynch(1914), Morgan Stanley(1935) 등이 등장하였다.

그러나 20세기에 접어들면서 글로벌 투자은행(IB)은 수차례의 구조변화를 겪었다. 1929년 미국에서 주가 대폭락으로 시작된 대공황(Great Depression)으로 많은 은행들이 도산하고 은행의 증권업 겸영에 대한 비판이 일어나자, 은행업과 증권업을 분리하는 Glass-Steagall Act(1933)가 제정되었으며, 이 법에 따라 투자은행(IB)은 상업은행(CB)으로부터 분리되었다.

20세기 중반까지 투자은행(IB)들은 평판과 노하우를 바탕으로 도매금융(wholesale banking, 금융기관과 거액개인 대상으로 인수 및 자문업)에 주력하는 소규모 파트너쉽의 형태를 띄었다. 그 후, 1960년대에 이르러 메인프레임 컴퓨터가 개발되면서 소매금융(retail banking, 소액투자자 대상의 증권중개)에 주력하는 주식회사 형태의 대형 투자은행이 출현하게 되었다. 1970년대에 이르러 퍼스널 컴퓨터가 일반화되었고 금융공학(Black-Scholes Model 등)이 발달함에 따라 투자은행(IB) 업무와 관련된 노하우의 독점이 어려워지게 되었다.

또한, 금융자유화(Financial Liberalization)를 지향하는 Gramm-Leach-Bliley Act(1999, Financial Services Modernization Act)의 제정으로 상업은행(CB)이 투자은행(IB)을 겸업하게 됨에 따라 투자은행(IB)은 과거 고유영역이 축소되면서 무한경쟁에 노출되게 되었다. 게다가, Enron 회계부정 사건 이후 Sarbanes-Oxley Act(2002, Public Company Accounting Reform and Investor Protection Act)가 제정되면서 엄격한 규제로 인해 투자은행(IB) 업무의 자율성이 제약을 받게 되었다.

상기와 같이, 대형 투자은행(IB)들의 업무가 정형화 및 시스템화됨에 따라, 인적자본집약형(human capital-intensive) 소형 부티크(boutique) 투자은행(IB)이 출현하게 되었다. 소형 부티크들은 대형 투자은행(IB)이 갖지 못하는 조직 및 의사결정에 있어서 유연성을 최대한 살려 자문업, 사모주식투자, 헤지펀드 거래 등에 특화하였다.

(2) 2008년 하반기 글로벌 금융위기의 교훈

주지하다시피, 2008년 하반기 글로벌 금융위기의 양상은 미국의 주택가격 하락으로 인한 서브프라임 모기지 부실로 단기 금융시장에서 자금경색이 발생하면서 시작되었고, 투자은행(IB)에서 시작되었던 위기가 상업은행(CB)으로 전이되면서 더욱 확대되었던 것이다.

다시 말하면, 1930년대 세계 대공황과 달리, 2008년 하반기 글로벌 금융위기는 금융시장의 신용위험 증가로 전자단기사채(CP) 시장과 환매조건부 채권 매매(Repo) 시장이 경색됨에 따라 내재적 가치가 하락한 펀드 등 '그림자 금융시스템'(shadow banking system)에 대한 자금인출 사태로 야기되었던 것이다.

상기 금융위기의 직접적 요인을 살펴보면, 주택시장의 거품형성, 주택담보대출의 부실, 금융회사의 과도한 차입금 의존도, 모기지담보부 증권(MBS) 등 신용파생금융상품을 이용한 위험이전의 실패 등을 지적할 수 있다.

그러나 '그림자 금융시스템'(shadow banking system)을 구성하는 미국의 증권회사·보험회사 및 관리펀드를 비롯한 정부지원기관(GSE)의 과도한 단기이익 추구, 금융회사 위험관리시스템의 부적절한 운영 및 감독 부실 등과 같은 제도적 결함을 상기 금융위기의 근본적 원인으로 인식되어야 할 것이다.

상술하면, 그동안 은행에 비해 규제가 느슨한 비(非)은행 금융회사들에 의한 '그림자 금융'(shadow banking)은 자본시장을 활용하여 상당한 규모의 금융중개기능을 수행하였다. 또한 Fannie Mae, Greddie Mac 등 정부지원기관(GSE)들은 수익성 확보를 위하여 수익률이 높은 비우량 주택저당 담보부 증권(MBS : Mortgage-backed Securities)을 무분별하게 다량으로 매입하여 주택시장의 거품형성과 금융위기 확산을 조장하였다. 즉, 규제차익을 이용한 '그림자 금융'(shadow banking)과 정부지원기관(GSE)의 위험부담을 무시한 무분별한 이익추구 행태 등이 결국 파국적인 금융위기를 초래했었던 것이다.

따라서 2008년 하반기 금융위기는 금융시장 측면에서 다음과 같은 문제들의 중요성을 부각시키고 있다.

첫째, 수신기반이 미약한 독립적인 투자은행(IB)을 중심으로 한 금융중개기능의 확대는 금융시장의 시스템직 리스크(Systematic Risk)를 유발할 수 있다. 특히, 신용등급 변화에 따라 시장가치가 변동하는 전자단기사채(CP), 주택저당 담보부 증권(MBS) 등을 담보로 단기자금을 조달하는 금융회사의 환매조건부 채권 매매(Repo) 거래는 금융시장 경색을 증폭시키는 문제가 있다.

둘째, 수수료 수입을 목적으로 한 투자은행(IB) 업무는 위험부담을 경시하는 경향이 있으므로 금융회사의 투자은행(IB) 업무와 관련된 위험관리를 강화할 필요가 있다. 특히,

주택저당 담보부 증권(MBS) 발행을 통한 모기지 채권의 유동화는 이론적으로 금융회사의 모기지 관련 위험부담을 투자자에게 이전하여 위험을 분산하고 주택저당 담보부 증권(MBS) 발행과 관련된 수수료 수입을 증가시킬 수 있다. 그러나 모기지 채권이 부실화된 경우, 금융회사들이 모기지 관련 위험을 실질적으로 부담하게 되어 금융회사의 부실이 확대되는 문제가 발생한다.

한편, 미국 버락 오바마(Barack Obama) 대통령은 2010년 1월 상업은행(CB)과 투자은행(IB)의 분리방안과 함께 대형 금융기관의 부채 시장점유율 제한 방침을 발표했었다. 이는 금융기관의 절대규모가 아니라 전체 경제규모 또는 금융시장 규모에서 특정 금융기관이 차지하는 상대적 비중이 중요하다는 인식을 반영한 것이었다.

미국 상원에서는 인수·합병(M&A) 이후 단일 은행이 총 예금시장의 10% 이상을 상회할 수 없도록 규제하는 법률[12]을 보강하여 금융기관 총 부채의 10%를 상회할 수 없도록 규정을 강화한 금융개혁법안이 통과됐었다. 이 법안은 미국의 대마불사(大馬不死) 대응정책의 가이드라인이 되었다.

그러나, 전술한 바와 같이, 상업은행(CB)과 투자은행(IB)의 겸영이 금융기관의 파산위험과 시스템 리스크를 높이는지는 불분명하다. 상술하면, 금융위기 이후 미국에서는 1999년 'GLB法'[13]을 통해 상업은행(CB)과 투자은행(IB)의 겸영을 허용했었던 것이 상기 금융위기를 초래했었다는 비판이 대두됨에 따라 다시 양자를 분리해야 한다는 주장이 제기됐다. 그러나 상업은행(CB)과 투자은행(IB)의 겸영이 금융기관의 파산위험을 높인다는 주장에 대한 근거가 부족하다.[14] 즉, 대출만으로도 심각한 위험에 처한 대형 금융기관 사례가 있었으며,[15] 베어스턴스나 리먼 브라더스 사태에서 보듯이 상업은행(CB) 업무를 수행하지 않는 금융기관에도 대마불사(大馬不死)의 위험이 존재한다는 것이다.[16]

상기한 시각에서, 바람직한 금융산업의 모형을 추구하기 위한 목적으로 2008년 하반

---

12 Riegle–Neal Interstate Banking and Branching Efficiency Act of 1994.

13 'Gramm–Leach–Bliley Act' 또는 'Financial Service Modernization Act of 1999'

14 미국 및 유럽연합(EU)의 은행들을 대상으로 한 분석 결과, 상업은행(CB)에게 증권업무 등의 겸영을 허용하는 것이 은행의 파산위험에 유의적인 영향을 미치지는 않은 것으로 나타났다.
Gambacorta, L.(2009), Monetary Policy and the Risk–Taking Channel, *BIS Quarterly Review*, December, pp. 43~53.

15 실제로 글로벌 금융위기에서 부실화된 영국의 노던락, B&B, 미국의 와코비아, 워싱턴 뮤추얼 등은 투자업무 비중에 매우 작은 상업은행(CB)이다.

16 Tarullo, D. K.(2009), Financial Regulation : Past and Future, *Speech at the Money Marketeers of New York University*, November 9, New York : New York University.

기 글로벌 금융위기 후, 지배적인 금융산업 모형을 살펴보면 다음과 같다. 레버리지를 통한 자기매매 및 자기자본투자에 기반하여 수익을 창출하던 투자은행(IB) 모델은 쇠퇴하고 있다. 즉 저(低)금리 단기자금을 조달하여 합성 담보부 증권(Synthetic CDO : Collateral Debt Obligation) 등 고(高)수익 비(非)유동성 자산에 집중 투자함으로써 고(高)위험·고(高)수익을 추구했으나 효과적인 리스크 관리에는 실패했었다. 다만, 전통적인 투자은행(IB) 업무영역인 주식 및 채권 발행·인수, 기업공개(IPO), 트레이딩, 자산운용, 인수·합병(M&A) 중개 등 과도한 자산 팽창을 수반하지 않으면서도 일정한 수익을 달성할 수 있는 방향으로 사업이 전개되고 있다.

따라서 상업은행(CB) 및 투자은행(IB) 업무를 자회사 형태로 포괄하는 CIB(Commercial Investment Banking) 형태가 바람직한 금융산업 모델로 대두되었다. 즉, 시너지는 매우 높지만 금융시스템의 안정을 크게 저해할 수 있는 유럽식 '유니버셜 뱅킹'(Universal Banking) 모델보다는 상업은행(CB)과 투자은행(IB)의 부분적 통합 추세가 지배적이다. 또한, '유니버셜 뱅킹'(Universal Banking)보다는 상업은행(CB)과 투자은행(IB) 업무 간 시너지가 낮은 편이지만, 방화벽이 두터워 금융시스템 리스크가 상대적으로 낮은 CIB 모델이 2008년 하반기 글로벌 금융위기 이후 지배적인 모델로 정착되었다.

나아가, CIB 모델이 확산될 경우 예금, 대출 및 투자의 복합상품이 출시되어 글로벌 금융시장에서 겸업은행 간 경쟁이 본격화될 것으로 전망된다. 골드만삭스와 모건스탠리도 2008년 9월 안정적 자금조달을 위해 은행 지주회사로 전환한 후 각각 미(美) 은행 순위 5, 6위로 진입했다.

(3) 상업은행(CB) 업무와 투자은행(IB) 업무의 결합 : CIB 모형

상업은행(CB) 업무와 투자은행(IB) 업무는 금융의 양대 축으로서 상호 경쟁 및 보완 관계를 갖는다. 우선, 상업은행(CB) 업무는 금융시장의 기본 인프라로서 금융시장 안정을 위해 과도한 위험 및 수익 추구 행위가 억제되며 규제감독도 매우 엄격하다. 이와 대조적으로, 투자은행(IB) 업무는 상업은행(CB) 업무에 비해 위험과 수익성이 모두 높고 업무도 매우 다양하며 장기적 관점에서 긴밀한 고객관계와 평판이 매우 중요하다. 따라서 투자은행(IB) 업무를 활성화하기 위해서는 금융회사의 대형화와 함께 업무 분야별로 선택과 집중에 의한 전문화가 필요하다.

사실, 금융회사의 상업은행(CB) 업무와 투자은행(IB) 업무의 결합 형태는 국가별로 역사적·사회적 환경 차이에 따라 상이하다. 예로서, 유럽의 은행들은 유니버설 뱅킹(Universal Banking) 제도에 의해 은행 내부 조직에서 투자은행(IB) 업무를 취급하는 겸영형태를 취하고 있다. 그러나 미국은 은행 지주회사 또는 은행의 자회사인 증권회사가 투자은행(IB) 업무를 독립적으로 영위하는 겸업 형태를 유지하여 투자은행 업무로 인한 위험의 금융회사 간 이전을 차단하고 있다.

한편, 한국의 경우, 자본시장법 시행, 은행법 개정 등에 의해 증권회사의 수익구조 강화 및 진입장벽 완화, 은행의 투자은행(IB) 업무 진출 강화 등이 추진되어왔다. 또한, 금융지주회사법 개정으로 금융지주회사의 시너지 효과 극대화를 위한 환경이 조성되고 있다. 따라서 자본시장의 발달에 따라 기업의 직접금융이 확대되어 투자은행(IB) 업무의 발전 가능성은 매우 크다. 또한, 국내 금융시장의 효율성 제고를 위해서도 투자은행(IB) 업무 활성화가 필요하다.

(4) 국내 금융회사의 투자은행(IB) 업무 현황과 발전 방향

국내 금융회사들은 기본적으로 단기 실적을 중시해왔다. 은행은 예금과 대출의 마진을 추구하는 전통적인 예금 및 대출 업무에 치중하고, 증권회사는 주식위탁매매 업무에서 탈피하지 못하고 있으며, 이 결과 금융회사의 투자은행(IB) 업무 수입 비중은 10% 미만에 불과하다.

투자은행(IB) 업무는 일반적으로 유가증권 투자와 관련된 업무를 지칭하며, 수수료 수입을 목적으로 한 신용파생금융상품과 관련된 영업도 상기 업무에 포함된다. 금융회사가 이러한 투자은행(IB) 업무를 활성화하기 위해서는 유가증권 인수와 관련된 기업관계 유지 및 기업정보의 축적, 자금조달능력의 확대, 유가증권 투자에 필요한 위험관리 시스템의 구축 등 기본적인 인프라가 갖추어져야 한다.

다시 말하면, 한국 증권회사들은 단기 실적을 중시하여 단순한 형태의 주식 및 회사채 인수 업무에 주력하고 있으며, 과도한 경쟁으로 수수료를 인하하여 투자은행(IB) 업무의 수익성이 매우 낮다. 더구나 국내 금융회사들은 투자은행(IB) 업무 관련 전문인력과 정보관리 및 위험관리 시스템이 불충분한 상태에서 업무 다각화를 추구하였다. 이 결과, 신용파생금융상품에 내재된 위험을 충분히 인식하지 못하여 1997년 하반기 아시아 금융위기와 2008년 하반기 글로벌 금융위기 과정에서 막대한 손실을 경험하였다.

대외적으로 개방된 금융시장에서 국내 금융회사가 대형화된 선진국 금융회사와 경쟁하기 위해서는 투자은행(IB) 업무에 관한 전문성 확보와 함께 금융회사의 대형화가 절실히 요구된다. 특히, 선진국 금융회사에 비해 자산규모가 영세한 국내 금융회사의 대형화는 시급한 과제이다. 그러나, 자본시장법 시행에도 불구하고, 국내 증권회사의 자본증자 등에 의한 대형화는 현실적으로 어려운 문제가 많다.

따라서 금융지주회사를 중심으로 자(子)회사인 은행과 증권회사 간의 업무협력을 통하여 상업은행(CB) 업무와 투자은행(IB) 업무를 결합함으로써 시너지 효과를 창출할 수밖에 없다. 물론, 금융지주회사에서 은행이 차지하는 비중이 매우 커 업무협력이 쉽지는 않을 것이다. 따라서 투자은행(IB) 업무에 필요한 은행의 자금조달능력과 증권회사의 전문성을 결합하기 위해서는 금융지주회사의 주도적인 역할이 필요하다.

금융지주회사 주도하에 은행은 축적된 기업정보를 활용하여 증권회사와 함께 기존 고객을 대상으로 기업공개(IPO), 채권인수 등 기업금융, 인수·합병(M&A) 중개 및 투자자문과 같은 투자은행(IB) 업무를 확대할 수 있다. 또한, 증권회사는 은행의 자금력과 장기적인 고객관계를 활용하면서 독자적으로 투자은행(IB) 업무 수행에 필요한 위험관리 시스템과 유연한 조직체계의 구축, 분야별로 특화된 전문가의 육성 등에 주력함으로써 시너지 효과를 창출할 수 있을 것이다.

(5) 한국형 투자은행(IB)의 진로와 과제

2008년 하반기 글로벌 금융위기로 인해 글로벌 금융시장이 또다시 대규모 구조 조정기를 맞게 되면서, 일각에서는 투자은행(IB) 비즈니스 모델이 종말을 고(告)할 것이라는 전망까지 나왔으며 한국에서는 투자은행(IB) 육성을 포기해야 한다는 의견도 대두되었다. 그러나 투자은행(IB)은 자금과 정보가 유통되는 자본시장에서 신용과 평판을 바탕으로 정보의 비(非)대칭성을 해소하는 데 유용한데, 이 기능은 자본시장이 효율적으로 작동하는데 매우 중요한 요소이다.

한국의 투자은행업은 아직 미(未)성숙 단계에 있고, 이를 상당한 수준으로 업그레이드 시키는 것은 금융산업이 고(高)부가가치산업으로 발전하는데 꼭 필요한 과제이다. 따라서 지속적인 영업관련 규제 완화를 통해 투자은행(IB)이 기능을 최대한 육성하면서 효과적인 위험관리와 적절한 감독으로 취약점을 보완해 나가야 할 것이다.

한국에서 투자은행(IB) 업무를 포함한 금융투자업은 아직 수익성이나 상장성이 낮고, 투자은행(IB) 업무가 단시일 내에 활성화되기를 기대하기도 어려운 실정이다. 즉, 인수 및 주선수수료가 전체 영업수익에서 차지하는 비중이 미미하고, 시장규모, 자본력, 전문인력, 국제 네트워크, 금융기법 등이 취약하여 국내 인수·합병(M&A)에서 국내계 금융투자회사의 실적은 매우 부진하다. 따라서 투자은행(IB)의 업무 활성화를 위한 정책방향은 다음과 같다.

첫째, 수익구조의 다변화가 필요하다. 자본시장법의 포괄주의와 겸영주의로 창의성과 시너지를 창출할 수 있는 여건은 마련된 상태이므로 인수·합병(M&A) 자문 등 고(高)수익시장을 선점하고, 트레이딩 및 통합리스크관리 역량을 기반으로 하는 자기자본투자(principal investment)를 통해 새로운 수익원을 창출해야 할 것이다.

둘째, 회사별 특성을 감안하여 대형화 또는 전문화가 이루어져야 한다. 자기자본투자(Principal Investment), 인수 등 고(高)수익·고(高)위험 업무에서 위험부담능력을 높이기 위해서는 내부유보, 증자 등을 통한 자기자본 확충이 필수적이다. 이를 위해서는 대주주의 증자뿐만 아니라 인수·합병(M&A)이나 전략적 제휴 등을 통한 대형화와 선택과 집중을 통한 전문화 성장전략이 필요하다.

셋째, 국내 기관투자자 및 국부펀드의 해외투자에 있어서 국내 금융투자회사와 해외 증권사의 공동인수를 유도하거나 전략적 제휴를 통해 국내 금융회사의 대외인지도와 영향력을 제고해야 한다.

넷째, 국부펀드나 연기금, 외환보유고 운용에 있어서 글로벌 금융기관과의 제휴를 통해 국가 차원의 글로벌 네트워크를 지속적으로 형성해 나가야 할 것이다. 글로벌 투자자에 대한 네트워크 형성은 민간 금융회사 주도로는 단시일 내에 이루어지기 어렵기 때문에 민·관 협력체계를 마련하여 추진할 필요가 있다.

4. 금·산(金·産) 분리 관련 규제의 개혁[17]

금융은 21세기 세계 경제의 블루오션으로 경제활성화를 위한 신성장 동력 산업으로 인식되고 있다. 제조업의 부가가치는 점차 감소하는 반면에 금융산업과 같은 자본과 지식이 집약된 산업에서 고(高)부가가치가 발생하고 있다. 따라서 금융산업의 발전은 국내 경제 성장에 큰 기여를 할 수 있다.

세계적으로 금융산업은 경제성장률을 견인하는 주요 산업이다. 한국 금융산업의 GDP 성장기여율은 선진국에 비해 낮아 금융산업의 성장기여에 대한 여력이 있다. 참고로, 금융산업의 GDP 성장기여율(%, 2000~2005년 중 평균)을 보면 한국 8.23, 미국 11.11, 영국 15.47, 일본 10.33이다. 그러나 한국 금융부문의 경쟁력(세계 30위)은 국가경쟁력 순위(세계 23위)보다도 낮은 것으로 평가되고 있다.

17 권혁민(2008), 「금융산업 경쟁력 강화를 위한 금산분리 관련 규제의 개혁방안」, 규제개혁시리즈 8, 전국경제인연합회, 10월.

1) 선진국 : '금 · 산(金 · 産) 융합'

금 · 산(金 · 産) 분리 관련 규제 완화는 급변하는 금융환경 하에서 금융기관의 자본 확충을 손쉽게 하고 경영 효율성을 제고하는 등 금융위기 극복의 대안이 될 수 있다. 주요 선진국은 다양한 형태의 '금 · 산(금융 · 산업) 융합'을 통해 금융-산업간 시너지 증대 효과를 도모하고 있다.

표 4-7 주요국의 산업자본과 금융자본의 지배 규제

		은행	보험	투신	증권
미국	산업자본의 소유한도제한	• 은행/은행 지주회사는 25% 이상 or 5% 이상&실질지배 불가 • 금융지주회사 : 없음 • 저축기관 25% 이상 불가	없음		
	설립/인수 시 주주자격제한	• 산업자본에 대한 별도 자격규정 없음 * 일반요건 존재–금융지주회사 : 금융부문 수익비중 85% 이상	산업자본에 대한 별도 자격규정 없음 * 일반요건 존재		
영국	산업자본의 소유한도제한	없음			
	설립/인수 시 주주자격제한	산업자본을 특정한 자격규정 없음 * 일반적인 주주자격요건은 존재 • 10% 이상 보유하는 금융기관의 대주주(controller)가 되기 위해서는 금융규제청(FSA)의 사전승인이 필요하며, 10, 20, 33, 50% 초과 시마다 금융규제청(FSA) 승인 필요(승인기준 : Fit and Proper Person)			
일본	산업자본의 소유한도제한	산업자본을 특정한 규제없고, 일반적 한도규제만 존재 • 5% 초과 : 신고 • 20%(일부 15%) 초과 : 사전승인 등			산업자본을 특정한 규제 없음
	설립/인수 시 주주자격제한	산업자본을 특정한 별도 규정 없고, 면허신청자에 대한 재산 및 사회적 신용 등 일반적 자격제한 존재			산업자본을 특정한 별도 규정 없고, 일반적 자격제한(보유재산 및 결격사유–투신, 업무적합성–증권 등) 존재
한국	산업자본의 소유한도 제한	은행 주식 4% 초과 보유금지 (의결권 없이 금융위 승인 조건으로 10%까지 보유가능) * 개정안에서는 의결권 행사 가능 지분 10%로 완화	• 일반지주회사는 보험 증권 투신 등 비은행 금융기관 보유 금지(개정안에서는 금융지주회사의 경우 산업자회사일부 허용) • 자산 5조 원 이상 기업집단이 진출 시 부채비율 300% 초과 금지		

자료 삼성금융연구소(2008).

(1) 미국

미국은 엄격한 금·산(金·産) 분리 관련 규제가 운영되고 있지만 은행을 제외한 다른 금융기관에 대한 소유규제는 없어 보험 지주회사 및 투자은행(IB) 지주회사 등으로 다양한 형태의 금·산(금융·산업) 융합 그룹이 출현하고 있다. 이를 촉진하기 위하여, 미국은 은행의 자본 확충이 손쉽도록 은행 주식 소유 한도를 10%→15%로 완화하기로 결정하였다(FRB Policy statement, 2008. 9. 22).[18]

- 금·산(금융·산업)의 융합 사례로 GE 모델을 들 수 있으며, 보험지주회사 형태로의 모건스탠리, 버크셔해서웨이 등이 있다.

우선, 일반지주회사가 금융자회사를 보유하여 성공한 사례로서 'GE(General Electric Co.)'[19]를 들 수 있다.

- GE 그룹은 1980년대까지 가전, 발전, 플라스틱 등 제조업 부문이 GE의 성장을 주도하였으나 1981년 J. Welch 회장 이후 금융업 중심으로 급속한 성장을 보이고 있다. GE 총자산은 연평균 16.0%의 증가율을 보이고 있는데, 금융부문(19.4%)이 제조업부문(10.6%)보다 약 2배에 가까운 성장세를 보이고 있다.
- GE 그룹은 지주회사인 GE Company 산하에 NBC Universal Inc.와 금융업을 영위하는 GECS(GE Capital Services) 등을 중간지주사 형태를 둔 구조를 가지고 있다. GE는 사업지주회사임에도 불구하고 GECS라는 중간금융지주회사를 두어 소비자금융사업을 중심으로 기업금융, 보험, 장비임대관리(리스), 사모투자 등의 금융업을 영위하고 있다.
- GE 그룹은 소위 중간지주회사를 통해 산업회사와 금융회사를 분리 운영하고 있지만, 그 내부를 자세히 보면 지주회사 그룹 내에서 금융-산업간 최대한의 시너지 효과를 창출하고 있다.
  - GE Capital의 채권 발행 시 우량기업인 GE의 지급보증을 적극 활용하는 등 내부 자본시장으로서의 이점을 극대화하고 있다. 상술하면, GE Capital은 GE의 지급보증으

18 여기서 유의할 것은 미국에서 시작된 금융위기는 부동산 경기침체에 따른 서브프라임 모기지의 부실이 금융기관의 손실을 확산시킨 것이 주요 원인이라는 점이다. 따라서 현재 미국의 금융위기는 리스크 관리 실패 및 파생금융상품 개발의 실패로 인한 것으로 금융과 산업의 분리 규제와는 연관이 없다는 점이다.

19 지주회사 관련 제도개선 방향과 과제(SK경영경제연구소, 2008. 2) pp. 16~18.

그림 4-2 GE 그룹의 주요 구조

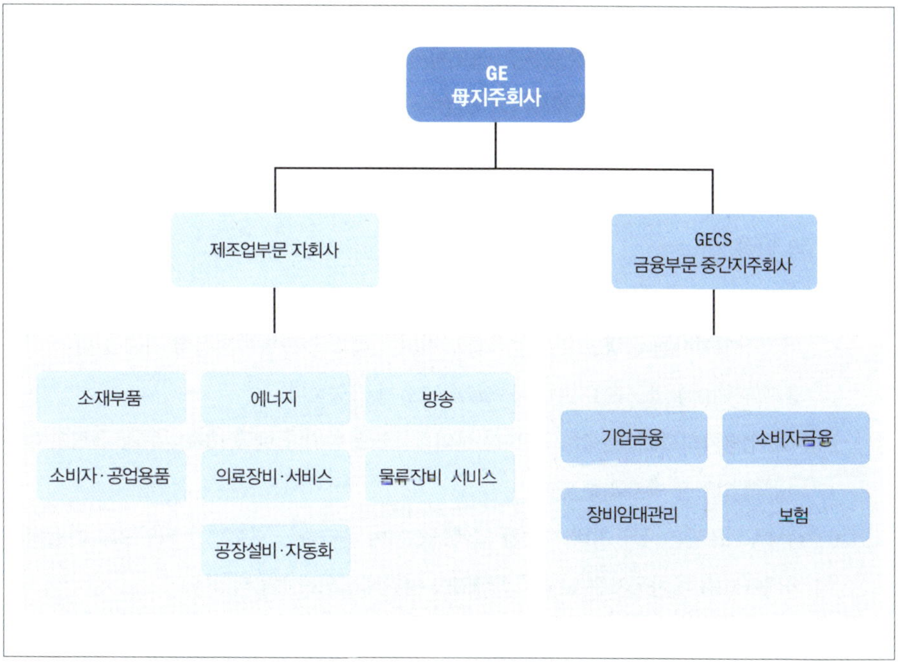

자료 한국은행(2004).

로 최우량 신용등급을 유지하고 있다(S&P와 Moody's 각각 AAA, Aaa). 이것은 타 금융기관(Citigroup : AA-, Goldman Sachs : A+)에 비해 낮은 비용으로 자금조달을 가능토록 한다.

- 또한 GE 금융은 소비자할부금융, 장비리스 등 제조업 부문과 관련성이 높은 금융분야에 주력한다.
  * 제조업 분야의 판매제품에 대한 적극적인 금융서비스로 매출증대, 그룹의 금융리스크 관리, 금융컨설팅 제공, 자금조달 등의 역할을 수행한다.

다음으로, 금융지주회사인 버크셔해서웨이는 보험자산을 이용하여 Coca-Cola, Washington Post 등에 적극적으로 투자하고 있다.

- 미국 버크셔해서웨이는 워런 버핏(Warren Buffett)이 섬유회사였던 버크셔해서웨이를 인수

하여 지주회사체제로 전환한 기업으로서 현재는 보험지주회사이다.

- 미국 버크셔해서웨이는 손해보험사인 게이코(GEICO)를 주축으로 한 보험사업 이외에도 기간산업, 금융 및 주택사업, 제조서비스 소매업 등 크게 4개 부문의 사업영역으로 총 60여 개의 자회사를 거느리고 있다.

미국 산업회사의 예외적 은행 소유 사례로는 'GMAC'(General Motors Acceptance Corporation)가 있다.

- 미국 산업회사는 은행 소유가 엄격히 금지되어 있으나, 실질적인 은행 기능을 하는 산업융자회사(ILC-Industrial Loan Corporation) 소유가 가능하다.
  - 산업융자회사(ILC)는 업종 분류상 산업회사로 분류되나, 예금, 대출업무 등 은행의 대부분의 업무를 영위할 수 있다.
- GMAC 은행은 세계 최대 자동차 업체인 GM이 운영하는 파이낸스 기업으로 자동차의 판매와 더불어 자동차론 및 리스판매업을 영위하기 위해 설립되었다.
  - GMAC 은행은 자동차론, 리스업 외에 은행업무, 카드, 보험 등에도 진출하고 있으며 산업자본에 의한 산업융자회사 중 최대 규모이다.

(2) 유럽연합(EU)

유럽연합(EU)은 금융과 산업자본에 대한 분리 규제가 존재하지 않음으로써 다양한 복합그룹이 출현하였다.

- 유럽연합(EU)은 일반 기업이 은행 및 보험 투신, 증권 등을 소유하는 특별한 제한은 없고, 금융기관에 대한 대주주 자격요건만을 적용하고 있다.
- 대표적인 그룹으로는 스웨덴 발렌베리家의 INVESTER사와 Allianz, ING 등이 있다.

Allianz Group은 포춘 선정 500대 기업(2007) 중 19위에 해당하는 대형 보험 지주회사로서 모회사인 Allianz Aktiengesellschaft(AG)와 그 자회사로 구성되어 있다. Allianz는 대표업종인 보험회사 외에, 소매유통회사 KarsadtQuelle, 자동차 부품회사 MAN 등 다양한 업종의 산업회사를 동시에 투자 보유하고 있으며, 자회사로 100% 지분의 은행(Dresdner Bank)을 소유하고 있다. 이외에도 화학회사 BASF, 제약회사 Bayer, 식품회사 Nestle 등 다양한 비(非)금융회사들에도 대규모의 투자를 하고 있다.

그림 4-3 Allianz SE로 개편되기 전 지분구조

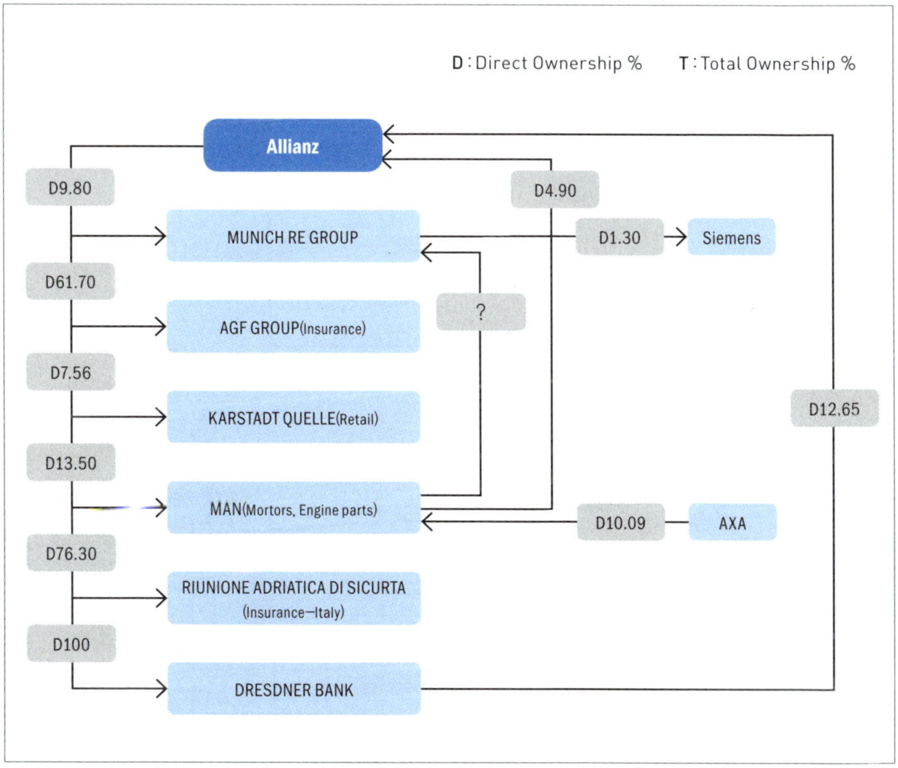

자료 민세진(2006). 유럽의 산업자본-금융자본 결합에 관한 연구.

유럽의 대표적 금융-산업 복합 기업집단인 스웨덴의 발렌베리家(Wallenberg)의 지주회사인 Invester社는 최대주주인 발렌베리家가 5대 150년에 걸쳐 오너 경영체제를 유지하고 있으며, 유럽의 10여 개 우량 대형사들의 1대 혹은 2대 주주로 경영에 적극 참여하였다.

- 통신장비 시장 점유율 1위인 Ericsson과 자동차 회사 SAAB 등을 보유하고 있으며, 스웨덴의 대표적인 은행인 SEB(Skandinaviska Enskilda Banken), SEB Investiment 등을 소유하고 있다.
- Invester社는 시가총액 기준 자산가치가 스웨덴 전체 주식시장의 약 40%를 차지할 정도로 경제강국 스웨덴에 중추적인 역할을 하고 있다.

그림 4-4 스웨덴의 발렌베리家(Wallenberg)의 지주회사 Invester社

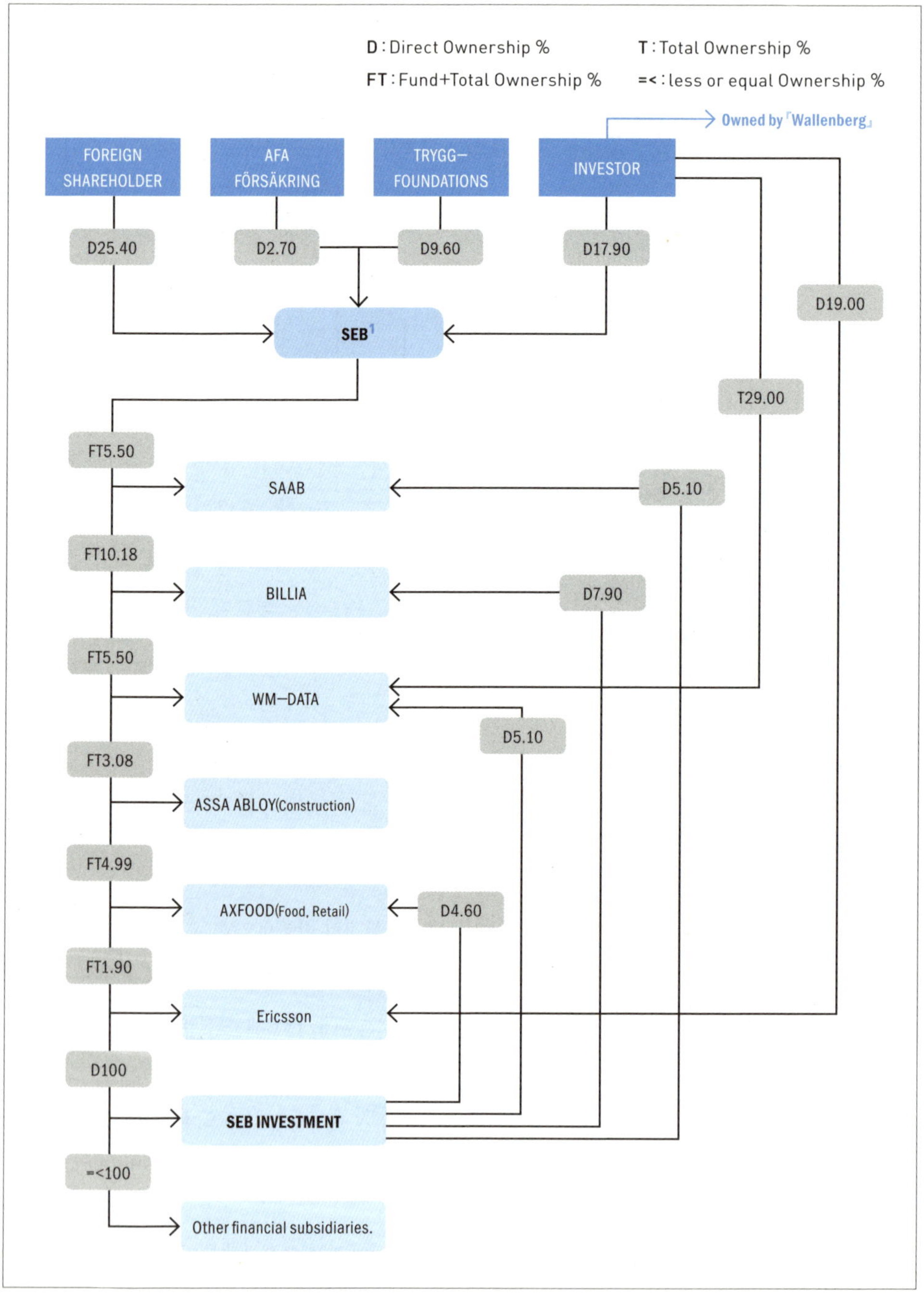

자료 민세진(2006), 유럽의 산업자본-금융자본 결합에 관한 연구.

주 1 SEB : Skandinaviska Enskilda Banken

(3) 일본

일본의 경우 산업자본에 대한 금융소유 규제가 없어 산업자본의 금융업 진출이 활발하다. 그러나 산업자본에 의한 금융소유 규제는 없지만, 경쟁법상 독점관련 규제는 받고 있다.

- 일반 회사가 금융기관을 포함한 다른 국내회사의 주식을 취득 또는 소유함으로써 일정한 업무영역에서 경쟁을 실질적으로 제한하게 될 경우, 당해 주식취득을 금지하고 있다.
- 금융기관은 원칙적으로 금융기관을 포함한 국내회사의 발행주식의 5%(보험회사는 10%)를 초과하여 소유할 수 없다.

예로서 보험 중심 지주회사인 일본의 Tokio-Marine 그룹의 경우, 시너지 효과가 높은 헬스·의료·간병 사업에 많은 투자를 하고 있다. Sony의 경우 주력사업인 전자사업의 매출부진이 지속되자 상기 그룹의 신성장동력으로 금융업에 본격 진출했다. 또한, 이온 그룹은 대형 유통점포의 고정고객을 이용하여 기존은행과 차별화된 금융서비스를 제공하면서 투자신탁, 카드론, 보험 등 사업영역을 지속적으로 확대하고 있다.

일본에서 산업자본이 금융업을 영위하는 대표적 기업인 Sony, Softbank(현재는 계열분리 됨)에 관하여 상세히 살펴보고자 한다. Sony 그룹은 유통업 기반으로 은행업에 진출한 AEON Bank와 SEVEN Bank 등이 있다.

그룹의 핵심 성장 동력으로서의 금융자회사인 소니 그룹(Sony Corporation)은 1990년대 후반부터 주력사업인 전자사업에서 매출부진, 수익성 악화 등으로 흑자폭이 줄어들게

그림 4-5 일본 소니 그룹(Sony Corporation)

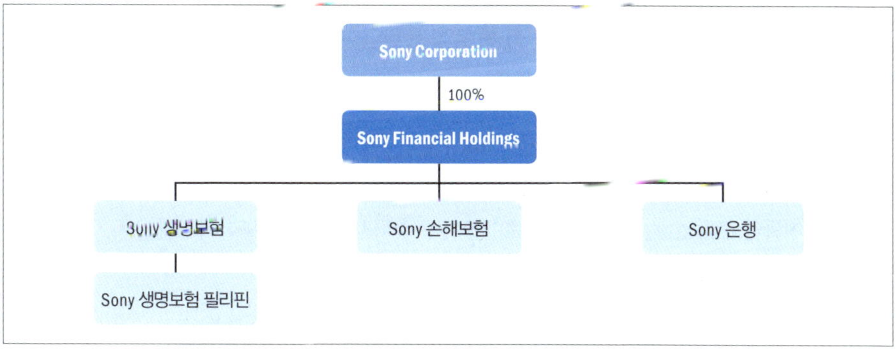

자료 보험개발원, 보험지주회사제도 도입 및 활용방안.

그림 4-6 소프트 뱅크의 지주회사 전환 당시 지분구조

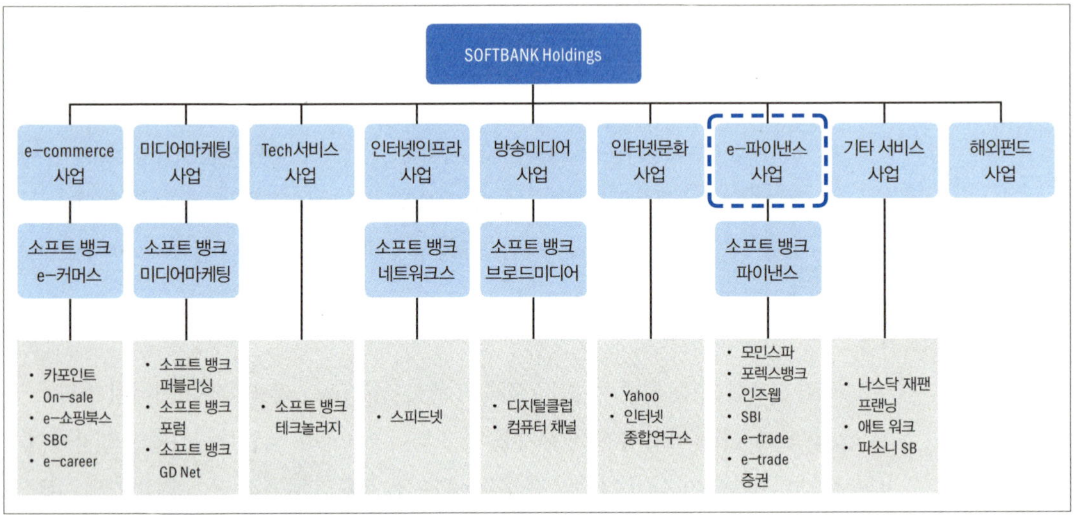

자료 SK경영경제연구소(2008).

되자, 2004년 사업구조 개편과 더불어 소니 생명보험, 손해보험, 은행을 산하에 두는 금융지주회사를 설립하였다.

- 소니 뱅크(Sony Bank)는 사쿠라 은행과의 제휴로 인터넷 전업은행으로 출발(2001년)하였고, 금융상품의 거래 수수료 및 주택론 대출이 주 수익원이다.
- Full Banking 형태의 인터넷 은행으로 정기예금 이외 투자신탁 및 주택론을 취급하고 있다.

소니 그룹의 핵심 성장 동력으로서의 금융자회사인 소프트 뱅크(Soft Bank)는 1981년 PC유통-도매업으로 시작하였으나 물적 분할을 통해 1999년 순수지주회사로 전환하였다.

- 지주회사 출발 당시, 소프트 뱅크(Soft Bank)는 산업회사인 소프트 뱅크 퍼블리싱(출판), 애트워크(총무인사 부문) 뿐만 아니라, 금융자회사인 소프트 뱅크 파이낸스(재무) 등을 설립 운영하였으며, 2007년 소프트 뱅크만 순수지주회사로 남기고 중간지주회사들은 사업지주회사로 전환하였다.
- 소프트 뱅크(Soft Bank)의 지속적인 성장에는 금융자회사인 소프트 뱅크 인베스트먼트(現 SBI 홀딩스)의 소프트 뱅크 그룹주 펀드 투자가 결정적인 역할을 하고 있다.

2) 한국 : '금 · 산(金 · 産) 분리'

전술한 바와 같이, 세계의 금융산업은 대형화 및 겸업화 추세를 보이고 있으며 금융-산업 융합에 따른 시너지 효과를 내고 있는 반면에, 한국의 경우 금융-산업 간의 융합을 제한하는 과도한 금융규제로 인하여 금융과 산업의 융합에 의한 시너지 효과, 즉 '규모의 경제'(Economies of Scale)와 '범위의 경제'(Economies of Scope)를 제대로 실현하지 못하고 있다.[20]

어느 정도로 과도한 금융규제인가는 다음과 같은 규제 현황에 잘 나타나 있다. 규제개혁위원회에 등록된 금융규제의 건수가 전체 규제 건수의 15.6%를 차지하고 있고, 이 중 50% 이상이 사전적 규제로 조사되는 등 금융산업에 대한 규제가 상당한 것으로 파악되고 있다.

사실, 국내 금 · 산(金 · 産) 분리 관련규정은 공정거래법, 금융지주회사법 및 개별금융업법 등 12개 법률 48개 규제에 걸쳐있다. 금 · 산(金 · 産) 분리 규정의 목적은 재벌기업이 금융기관을 통한 사(私)금고화를 방지하고, 자산운용의 건전성을 도모하기 위해 금융과 산업의 상호 투자를 금지 또는 제한하고 경제력 집중을 방지하겠다는 것이다.

상기 목적에만 주안을 두고, 한국 정부는 은행·보험·증권 등 금융권역 간 규제의 차이를 고려하지 않은 채, 시스템 리스크(Systematic Risk)가 낮은 보험 · 증권 지주회사에게 은행 지주회사에 준하여 엄격히 규제하고 있다. 이 결과, 은행 지주회사의 은행업 비중[21]이 총자산기준으로 85~95%이고, 증권지주회사의 증권업 비중이 90%일 정도로 각각 금융지주회사들의 각자 주력부문 편중현상이 지속되고 있다. 또한, 은행 지주회사의 주력인 은행이 수익획득에 용이한 예대(預貸)업무에 치중하고, 자회사 간 겸업을 통한 수익 다각화가 미흡하여 비(非)이자수익 비중이 22~25% 수준에 머물러 있다. 이것은 선진국의 은행 지주회사의 50~70%에 비해 크게 작은 수준이다.

여기서 유의할 것은 상기한 한국의 금 · 산(金 · 産) 분리 관련 규제는 보편적 원리 혹은 세계적 추세에 위배된다는 점이다. 선술한 주요국의 금 · 산(金 · 産) 융합 사례를 보듯이, 산업자본의 금융기관 소유와 관련하여 유럽 · 일본의 경우 금 · 산(金 · 産) 분리와 관련하여 특별한 제한이 없으며, 미국의 경우 은행에 대해서는 산업자본의 소유를 규제하고 있으나 은행외 금융기관에 대해서는 규제가 거의 없다. 따라서 금 · 산(金 · 産) 분리 관련 규제가 없는 유럽이나 일본의 경우 자유롭게 산업자본과 금융업이 융합되어 있으며, 인터넷 전문은행이

20 국내 4대은행의 총자산의 기본자산 규모는 미국 4대 은행의 13.4%, 12.7%에 불과하다.

21 Citigroup은 은행업 비중이 43%(2007년 수익기준)로 국내 은행 지주회사에 비해 매우 작은 수준이다.

표 4-8 금·산(金·産) 분리 관련 규제의 목적

	내용 및 주요 관련법률
금융기관 진입규제	경제력 집중 억제, 고객과 주주 간 이해상충, 금융기관 지배주주의 사금고화 방지, 금융회사 건전성 훼손 방지, 시스템리스크 발생 방지 등(은행법, 간투법, 금융지주회사법 등)
지주회사 관련 규제	기업지배구조 개선, 시스템리스크 발생 방지 등(공정거래법, 금융지주회사법 등)
대기업집단 금융기관의 계열사 주식소유 제한 및 의결권 제한	경제력 집중 억제, 고객과 주주 간 이해상충, 금융기관 지배주주의 사금고화 방지 등 (공정거래법, 금산법 등)

자료 권혁민(2008), 「금융산업 경쟁력 강화를 위한 금산분리 관련규제의 개혁방안」, 규제개혁시리즈 8, 전국경제인연합회, 10월.

표 4-9 한국의 금융지주회사 주요 규제

은행 지주회사에만 적용되는 내용	공통적으로 적용되는 내용
제3장 · 금융지주회사의 소유제한 제6장의 일부 · 주요출자자에 대한 신용공여한도 · 주식취득한도 · 주요출자자의 부당한 영향력 행사금지	제2장 금융지주회사의 설립 제4장 금융지주회사의 업무 및 자회사 편입 제6장의 대부분 · 금융지주회사의 운영 중 주요출자자 관련 내용을 제외한 부분 제7장 · 금융지주회사의 감독

자료 금융지주회사법 개편을 위한 정책세미나(한국증권연구원, 2008. 7).

나 유통서비스와 금융업이 결합되는 새로운 형태의 금융서비스가 활성화되고 있으며, 이는 다시 금융산업 발전의 촉매제 역할을 하고 있다. 미국의 경우 산업자본이 은행과, 실질적으로 은행의 기능을 하는 산업융자회사(ILC)를 소유할 수 있도록 함으로써 미국도 다양한 형태의 금·산(金·産) 복합 그룹을 운영하고 있다.

미국의 보험지주회사 및 증권지주회사의 경우 산업자본에 대한 투자제한이 없어 전력에너지 등 첨단 산업에 적극 투자하는 등 금융기관의 자금이 자연스럽게 일반 산업으로 유입될 수 있는 여건이 마련되어 있다. 참고로, GE 그룹의 경우처럼 금융업과 일반 기업을 중간지주 형태로 분리운영하더라도 그룹 내에서 최대한 시너지 효과를 창출하고 있다.

3) 한국의 금·산(金·産) 분리 관련 규제의 현황과 개혁 방향

(1) 규제 현황

금·산(金·産) 분리 관련 규제의 개혁 방향을 제시하기 전, 우선 한국 정부의 과도한 금·산(金·産) 분리 규제가 어떠한 부작용을 야기시키고 있는가를 분석하는 것이 논리적으로 타당할 것이다.

첫째, IT기술의 발달로 인해 인터넷 전문은행의 등장, 대형 할인마트의 네트워크를 활용한 소위 슈퍼마켓 뱅크 등 금융산업은 새로운 영역으로 발전하고 있는데도 불구하고, 한국은 금·산(金·産) 분리 관련 규제로 인해 이러한 기회를 활용할 수 없다.

둘째, 금·산(金·産) 분리 관련 규제로 인하여 국내 자본의 투자가 제약되기 때문에 외국 자본의 국내 금융기관 잠식이 심화되고 있다. 1997년 하반기 외환위기 이후 국내 주요 은행의 주요 주주가 외국인으로 바뀌면서 한국의 국부(國富)가 유출되는 문제가 제기되고 있다.

셋째, 국내 금융지주회사 제도는 지주회사의 경쟁력 강화보다는 경제력 집중 억제의 성격이 강하다. 공정거래법은 일반지주회사와 금융지주회사를 엄격히 구별하여 규정하고 있으며, 지주회사의 경우 금융자회사와 비(非)금융자회사를 동시에 소유할 수 없도록 규정하고 있다. 특히, 금융지주회사는 자회사의 타회사 주식소유가 엄격히 제한되어 금융회사 자산의 효율적 운용을 저해하고 있다.

넷째, 국내 금융지주회사 제도는 은행·보험·증권 등 금융권역 간 규제의 차이를 고려하지 않기 때문에, 시스템 리스크(Systematic Risk)가 낮은 보험 증권 지주회사의 경우에도 은행에 준하여 엄격히 규제하고 있다. 물론, 미국에서도 엄격한 금·산(金·産) 분리 관련 규제가 존재하지만 보험, 투자은행 지주회사의 경우 산업회사에 대한 투자 및 지배에 제한이 없어 시너지 효과가 높은 산업에 대한 투자가 활발하다.

다섯째, 대기업 집단은 은행을 제외한 금융기관 주식소유에 제한이 없는 반면에, 일반지주회사는 은행이 아닌 금융자회사 소유조차 금지되어 대기업집단과 일반지주회사 간 형평성의 문제가 있다. 또한, 이것은 대기업집단의 지주회사 전환에 걸림돌로 작용하고 있다. 대기업집단 소속 금융기관으로 하여금 다른 회사 주식소유를 제한하는 목적은 자산 안정성 확보 및 금융기관을 통한 경제력 집중을 억제한다는 것이다. 그러나 대기업 계열 증권사의 경우 주식 매매 보유 제한 규정으로 인하여 계열사에 대한 단순 투자도 제한되어 다른 증권사 및 외국계 금융기관에 비해 역차별적인 규제를 받고 있다.

여섯째, 대기업 집단 금융기관의 의결권 제한은 주주 재산권의 본질적 부분을 침해하는 위헌적 규제이며, 대기업 소속 금융기관이라는 이유만으로 의결권을 제한하는 것은

표 4-10 금·산(金·産) 분리 관련 규제의 개선방향

구분	단기과제	중·장기 과제
금융기관 진입규제	• 산업자본의 은행지분 한도 상향(4%→15%) • 신사업진출 시(인터넷 은행 등) 은행업 예외적 허용	• 감독체제 정비를 전제로 한 산업자본의 금융산업 진출규제 폐지
지주회사 관련 규제	• 일반지주회사의 비은행 자회사 소유 허용 • 금융자회사/손자회사의 타회사 출자 제한 폐지	• 금융권역별(은행/증권/보험) 지주회사 규정 마련
금융기관 주식소유 제한 및 의결권 제한	• 단순 투자목적 시 계열사 주식보유 허용 • 금융기관 의결권 제한 완화(15%→30%)	• 금융기관의 타회사 주식 보유승인제 완화(실질적 지배요건 삭제 등) • 금융기관 의결권 제한 규정 삭제

자료 권혁민(2008), 「금융산업 경쟁력 강화를 위한 금산분리 관련규제의 개혁방안」, 규제개혁시리즈 8, 전국경제인연합회, 10월.

표 4-11 금융위원회의 금·산(金·産) 분리 관련 규제 완화에 따른 부작용 방지 방안(예시)

항목		주요 내용
은행주식보유 합리화방안	연기금 관련	• 금융위 승인 시 다음 요건을 충족하여야 함 ① 필요시 연기금에 대한 금융감독당국의 검사가 가능할 것 ② 연기금의 은행과 비은행 동시지배 가능성에 따른 이해상충방지 장치 갖출 것
	PEF(사모출자회사) 관련	• [사전] PEF가 은행주식을 4% 초과보유하여 최대주주가 되고자 하는 경우 사전심사를 통하여 산업자본인 LP가 GP에 대해 영향력행사할 가능성 차단 • [사후] P가 PEF의 의결권 행사에 영향을 미치는 등 중대한 위법행위가 적발될 경우 은행주식 매각 조치 가능
	산업자본의 은행주식 보유한도 상향조정	• [사전] 산업자본이 '4% 초과보유+최대주주'인 경우, 적격성 심사 • [사후] 대주주–은행 간 불법 내부거래 혐의 시 대주주 임점검사 등 대주주에 대한 감독강화
금융지주회사 제도개선방안	비금융회사 지배허용	• 지주회사가 비금융자(손자)회사에 대해 신용공여하는 경우 당해 지주회사에 현저히 불리한 조건으로 지원하는 것을 제한 • 금융당국의 비금융자(손자)회사에 대한 임점검사 및 금융지주회사와 대주주간 거래제한

자료 권혁민(2008), 「금융산업 경쟁력 강화를 위한 금산분리 관련규제의 개혁방안」, 규제개혁시리즈 8, 전국경제인연합회, 10월.

다른 금융기관 및 외국 금융기관에 비해 합리적 근거 없이 차별하는 것이라고 비판을 받고 있다.

금융기관의 의결권 제한은 국내 우량기업들의 경영권 방어 능력을 약화시켜 외국인에 의한 적대적 인수·합병(M&A)에 노출시키는 결과를 초래하고 있다. 심지어, 보유하고 있는 주식에 대해서도 의결권을 행사하지 못함으로써 경영권 방어에 상당한 어려움을 겪게 되고, 이는 기업자금을 투자에 사용하지 못하고 자사주 매입 등 경영권 방어 및 단기수익개선에 집중시키게 되는 부작용이 발생하고 있다.

(2) 규제 개혁 방향

상기한 금·산(金·産) 분리 관련 규제는 국내 금융산업의 국제경쟁력 제고를 위해 근본적으로 재검토 및 개선되어야 한다. 그 개선방향은 투자 활성화를 위해 은행 소유규세를 단계적으로 완화하고, 장기적으로 사후적 감독 체제정비를 전제로 다음과 같은 규제들을 과감히 폐지하는 것이 한국경제의 경쟁력 강화를 위하여 바람직할 것이다.

- 산업자본의 금융산업 진출규제
- 지주회사 관련 금융권역별 지주회사 규정 마련 및 일반 지주회사의 비(非)은행 자회사 소유를 허용하고, 금융지주회사의 다른 회사 출자 제한
- 대기업 소속 금융기관의 타회사 주식보유 사전승인 요건을 완화하고, 위헌소지가 높은 의결권 제한

① 은행소유 등 금융기관 진입규제의 합리적 개선

은행소유 규제를 비롯한 금융기관 진입규제는 신사업 진출을 방해하고 대형화 추세에 장애요인으로 작용하는 등 금융산업 발전을 저해하므로 합리적인 수준에서 규제 완화가 필요하다.

유럽과 일본의 사례에서 보듯이, 은행소유 규제는 완화하는 것이 타당하다. 산업자본의 소유가 15%까지 허용되고 있는 지방은행의 경우를 보더라도 금·산(金·産) 융합으로 인한 부작용은 나타나지 않고 있다. 따라서 신입자본의 은행업 진출 허용범위를 동일인 승인 요건인 10% 또는 검증된 범위인 지방은행 소유한도 기준인 15%까지 허용함이 바람직할 것이다. 다행히, 최근 정부도 사모펀드(PEF) 및 연기금 등 간접자본 등에 대해 우선적으로 금융기관 소유규제를 완화하고, 산업자본의 은행주식보유 제한을 4%에서 10%(의결권 주식 기준)까지 완화하였다.

표 4-12 금융위원회, 은행주식 보유규제 및 금융지주회사제도 합리화 방안 주요 내용(2008. 10. 13)

항목		주요 내용
은행주식보유 합리화방안	연기금 관련	• 연기금이 투자한 BTO BTL회사 자산 규모는 산업자본 해당 여부 판단 시 제외 • 공적 연기금이 금융위 승인을 얻은 경우, 산업자본에 해당하지 않는 것으로 간주
	PEF(사모출자회사) 관련	• 엄격한 사전 사후 감독을 전제로 산업자본인 LP의 PEF 출자지분이 30% 이상인 경우(현행 10%) PEF이 산업자본으로 간주
	산업자본의 은행주식 보유한도 상향조정	• 사전심사 사후감독강화를 전제로 보유한도를 10%로 상향 조정
금융지주회사 제도개선방안	비금융회사 지배허용	• 보험지주회사 : 지주회사의 자회사형태로 비금융회사를 직접 지배(비금융손자회사 보유는 금지) • 금융투자지주회사 : 직접 지배방식외에 금융자회사가 비금융회사를 지배(손자회사 등)하는 방식도 허용
	유예기간인정	• 비은행 지주회사 전환계획 그룹은 금융지주회사법상 행위 규제에 대해 5년(+2년)까지 유예기간 부여
	기타	• 지주회사 소속 금융자회사 간 임직원 겸직 허용－금융자회사간 업무위탁 허용범위 확대－자회사에 대한 출자한도 규제 개선－지주회사의 해외 진출 시 자회사 등 간의 공동 출자 허용－해외 증손회사 지배 허용 등

자료 권혁민(2008), 「금융산업 경쟁력 강화를 위한 금산분리 관련규제의 개혁방안」, 규제개혁시리즈 8, 전국경제인연합회, 10월.

또한, 투자 활성화를 위해 인터넷 은행 등 신사업 영역에서 우선적으로 완화함이 바람직할 것이다. 은행 소유규제의 일괄적 완화가 어렵다면, 인터넷 은행 등 기업의 진출 의지가 강한 신사업 영역부터 부분적으로 완화하는 방안을 고려할 수 있다. 구체적으로, 인터넷 은행의 경우, 제2금융권(증권·보험 등)과 같이 특별한 진입규제를 두지 않거나, 지방은행 및 저축은행 수준의 규제 수준을 부과함이 바람직할 것이다.

장기적으로, 사후적 감독 체제정비를 전제로, 사전적 규제인 산업자본의 금융산업 진출규제는 폐지하는 것이 국내 금융산업의 국제경쟁력 제고를 위해 바람직할 것이다. 즉, 투자 활성화를 위해 은행 소유규제를 단계적으로 완화하고, 장기적으로 사후감독 체제정비를 전제로 산업자본의 금융산업 진출규제 폐지함이 바람직할 것이다. 또한, 지주회사 관련 금융권역별 지주회사 규정 마련 및 일반 지주회사의 비(非)은행 자회사 소유를 허용하고,

금융지주회사의 다른 회사 출자 제한을 폐지함이 바람직할 것이다.

나아가, 소유 규제 완화 이후, 우려하는 금·산(金·産) 융합의 부작용이 나타나지 않는다면 엄격한 자격심사를 전제한 승인제도로 가는 것이 합리적이다. 각 금융법에서 규정하고 있는 비금융주력자 규정(은행법, 금융지주회사법, 간투법 등)을 폐지하고 동일인 관련 승인제도만 존치한다.

만약 산업자본의 은행 소유 지분증가로 부작용이 우려된다면 몇 가지 금융감독강화 방안을 고려할 수 있다. 우선, 자격심사를 통해 금융기관의 소유권을 인정하되, 이후 대주주에 대한 정기적 감독 및 검사를 통한 자격요건 유지제도(dynamic fit and proper test)를 수행하여 도덕적 해이(Moral Hazard)를 방지할 수 있다. 또한, 사외이사제도 강화 및 대주주와의 거래(신용공여 및 대주주 발행주식 취득 등) 시 이사회 의결 요건을 강화하는 등의 내부통제 기능 강화 방안도 고려할 수 있다.

상기한 은행소유 등 금융기관 진입규제의 합리적 개선은 한국으로 하여금 '인터넷 은행'을 발전시킬 수 있다. 사실, 정보기술(IT)과 금융서비스가 결합하는 '신(新)금융'은 제4차 산업혁명의 주요 분야다. '인터넷 은행'은 기술혁신력을 지닌 IT 기업이 주도해야 경쟁력을 가질 수 있다. 중국만 해도 IT 기업 텐센트가 인터넷 은행을 설립해 폭발적 반응을 얻고 있다. 미국·일본에서도 IT 기업이 100% 지분을 소유한 인터넷 은행들이 탄생했다.

뒤늦게, 한국에서, 점포 없이 예금·대출·송금 같은 금융서비스를 제공하는 인터넷 전문 은행 1호 '케이뱅크'가 2017년 4월 영업 개시한 데 이어 2호 '카카오뱅크'도 2017년 4월 5일에 정부 인가를 받았었다.

그러나 브로드 밴드(광대역) 통신망 보급률 세계 1위의 인터넷 강국인 한국의 '인터넷 은행' 출범이 미국·일본보다 약 10년, 중국에도 2년이나 가가 나후 되었다. 그 요인은 산업자본이 은행 의결권 지분을 4% 이상 갖지 못하게 금지한 '은·산(銀産) 분리' 규제 때문이었다. 즉, 산업자본(대기업)의 인터넷 은행 소유를 막고 있기 때문이었다. 이 결과, 카카오나 KT가 '인터넷 은행'의 대주주가 될 수 없고 증자(增資)도 불가능하였다.

② 금융지주회사 관련 금·산(金·産) 분리 관련 규제의 개선방안

미국의 경우, 은행 지주회사가 산업 자회사를 소유하지 못하는 경우는 있어도 일반 지주회사가 금융기관의 소유를 제한하고 있지는 않다. 일본의 경우에서도 산업/금융 지주회사를 규정하고는 있지만, 이로 인해 금융/비금융 자회사를 소유하는데 제한을 두고 있지 않다.

버크셔해서웨이, 모건스탠리 등 미국 보험 지주회사들은 타회사 주식에 대한 소유제한 규정이 없어, 자회사가 아닌 일반 회사에 대한 적극적인 투자로 다양한 포트폴리오를 구성하고 이로 인해 높은 수익률을 올리고 있다. 버크셔해서웨이는 보험자산을 이용하여 Coca-Cola, Washington Post 등 다양한 산업회사에 투자하고 있고, 모건스탠리, 리먼 브라더스의 경우에도 전력·발전 등 에너지 사업분야에 적극적인 투자를 하고 있다.

따라서 산업 금융지주회사 정의 규정(공정거래법 §2)을 삭제함이 바람직하다. 금융권역별(은행, 보험, 증권 등) 지주회사 규정을 마련하고 이에 따른 차등 규제를 부과해야 한다. 현행 금융권역에 관계없이 일률적으로 규정된 공정거래법 및 금융지주회사법을 시스템 리스크 정도(은행〉보험〉증권)에 따라 업종별 지주회사 규제체제로 전환해야 함이 바람직할 것이다. 금융업종별 지주회사 체제는 대기업집단의 비(非)은행 금융회사의 지주회사 전환 촉진을 유도할 수 있다.

대기업집단에게 기존에 허용되고 있는 증권 보험 등의 비(非)은행 금융기관의 소유를 일반(산업)지주회사에게도 허용해야 함이 바람직할 것이다. 구체적으로 말하면, 비(非)금융지주회사의 금융/보험자회사 소유금지(공정거래법 §8의2 ② 제5호) 및 비(非)금융 자회사의 금융보험 손자회사 소유금지(공정거래법 §8의2 ③ 제3호), 비(非)금융 손자회사의 금융보험 증손회사 소유금지(공정거래법 §8의2 ④ 제4호) 규정을 폐지해야 한다.

특히, 금융지주회사의 다른 회사 주식보유 한도를 5% 이내로 제한하고 있는 금융지주회사법 §44는 폐지해야 한다. 단시일 내에 폐지가 어렵다면 개별 금융업법(가령 보험업법의 경우 15%)과의 형평성을 고려하여 동일 수준까지 우선 완화하는 방안도 고려할 수 있다.

③ 대기업집단에 대한 금융기관의 주식소유 제한 완화

금융기관의 건전성을 위해 사전승인제도는 유지해야 한다. 그러나 지나치게 엄격하게 규정하고 있는 승인 범위를 합리적 범위에서 완화할 필요가 있다. 예로서, 헤지(Hedge)거래 등과 같이 단순 투자 목적인 경우 정부의 사전승인이 쉽도록 관련 기준을 완화하고 승인절차를 단순화하여 승인 소요 시간을 단축하는 것이 바람직할 것이다.

또한, 금산법(金産法) 개정 전 이미 소유하고 있던 주식에 대한 강제 처분 및 의결권 제한 규제를 폐지해야 할 것이다. 동일계열 금융기관이 기존 초과소유 주식에 대해 5년 이내에 자발적으로 매각처분하고, 미(未)이행 시 금융위원회의 강제처분을 명하고 있는 금산법 부칙 제8265호 §5 규정을 삭제하도록 함이 바람직할 것이다.

장기적으로는 금산법(金産法) 부칙 제8265호 §4에 규정된 기존 소유 주식에 대한 의결권 제한도 주주의 재산권을 침해하는 규정이므로 삭제해야 할 것이다.

표 4-13 지주회사 관련 금·산(金·産) 분리 관련 규제(예시)

	규제명	규제 내용
소유 제한	지주회사의 자회사 소유제한	• 일반지주회사는 금융업 또는 보험업을 영위하는 국내회사의 주식 소유금지(공정거래법 §8의 2 ② 제4호) * 산업분류상 PEF는 금융회사로 분류되고 있어, 산업지주회사는 PEF의 투자 금지(공정위 유권해석) • 금융지주회사는 금융업 또는 보험업을 영위하는 회사외에 국내회사의 주식 소유 금지(동 제5호)
	자회사의 손자회사 소유제한	• 일반 지주회사의 자회사는 손자회사가 아닌 국내 계열회사의 주식 소유 금지(공정거래법 §8의 2 ③ 제2호) • 일반지주회사의 자회사는 금융업이나 보험업을 영위하는 회사를 손자회사로 지배할 수 없음(공정거래법 §8의 2 ③ 제3호) • 금융지주회사의 자회사는 금융업 업무와 밀접한 관련이 있는 대통령령이 정한 기관 및 회사 외에는 다른 회사 지배 금지(금융지주회사법 §19)
	손자회사의 증손회사 소유제한	• 일반 지주회사의 손자회사는 국내 계열회사의 주식 소유 금지(공정거래법 §8의 2 ④) • 금융지주회사의 손자회사는 다른 회사를 지배할 수 없음(금융지주회사법 §19)
	비계열사 주식보유	• 지주회사는 계열회사가 아닌 국내 회사의 주식을 5% 초과하여 소유 금지(공정거래법 §8의 2 ② 제3호) • 금융지주회사는 자회사 등이 아닌 회사의 주식을 5% 초과하여 소유하는 행위 금지, 주식 소유에 대한 의결권은 제한(금융지주회사법 §44)
투자 활동 제한	대출제한 규제	• 동일차주에 금융지주회사 자기자본 순 합계액의 25% 초과대출 금지(금융지주회사법 §45 ①) • 동일개인 또는 법인에 금융지주회사 등 자기자본 순합계액의 20% 초과대출 금지(금융지주회사법 §45 ②)
	대주주와 거래제한	• 금융지주회사 의결권 주식 10% 이상 초과보유 동일인에 대하여 금융지주회사 등 자기자본 순합계액의 25% 금액과 동일인의 출자비율에 해당하는 금액 중 적은 금액 범위에서 대출(금융지주회사법 §45 ③) • 대주주(10% 초과소유주주 또는 4% 초과 소유하면서 사실상 경영지배 주주)에 대하여 은행 지주회사 등 자기자본 순합계액의 25% 금액과 동일인의 출자비율에 해당하는 금액 중 적은 범위에서 대출(금융지주회사법 §45의 2 ①, ②)
	대주주 발행주식 취득제한	• 대주주가 발행한 주식의 1% 초과 취득 금지(금융지주회사법 §45 ①)

자료 권혁민(2008), 「금융산업 경쟁력 강화를 위한 금산분리 관련규제의 개혁방안」, 규제개혁시리즈 8, 전국경제인연합회, 10월.

④ 대기업집단에 대한 금융기관의 의결권 제한 폐지

선진국에서는 공정거래제도를 통해 경쟁을 감소시키는 경우에만 어떤 기업의 다른 기업 주식소유 및 의결권을 일부 제한하도록 규정하고 있을 뿐이다. 그러나 한국에서는 자기계열 주식 등 특정주식에 대한 포괄적인 의결권 제한은 없다.

이와 대조적으로, 한국의 경우, 자산규모 2조 원 이상 기업집단 소속의 금융·보험사가 보유하고 있는 계열사 주식에 대해 의결권 행사가 제한되어 있다. 또한, 1997년 하반기 외환위기 이후 금융산업의 구조개선에 관한 법률을 통해 기업집단 소속 금융회사가 5%

표 4-14 경제법령상 금융회사 의결권 제한

근거법령	주요 내용
공정거래법	• 공정위로부터의 주식처분명령을 받은 자는 당해 주식에 대한 의결권 행사금지(법 §18 ①) • 상호출자금지 위반시 대규모 기업집단의 의결권을 행사금지(법 §18 ②) • 출자총액한도 위반시 처분주식 대상을 확정하고 그 주식에 대해서는 대규모 기업집단의 의결권행사 금지(법 §18 ③)
상법	• 총회의 결의에 관하여 특별한 이해관계가 있는 자는 의결권을 행사 금지(법 §368 ④) • 회사가 가진 자기주식은 의결권 행사금지(법 §369 ②) • 회사, 모회사 및 자회사 또는 자회사가 다른 회사의 발행주식의 총수의 10分의 1을 초과하는 주식을 가지고 있는 경우 그 다른 회사가 가지고 있는 회사 또는 모회사의 주식(상호주식)은 의결권행사 금지(법 §369 ③) • 감사의 선임시 의결권 제한(법 §409 ②)
증권거래법	• 공개매수규정 위반시 의결권을 행사할 수 없으며, 금융위원회는 당해 주식 등의 처분을 명할 수 있음(법 §21의 ③) • 공공적 법인 발행주식의 소유한도초과 시(5% 이상) 의결권 제한(법 §200의 ③) • 주식의 대량보유 등 보고의무 위반 주식에 대한 의결권 제한(법 §200의 ③) • 외국인의 유가증권취득제한 위반 주식 의결권 제한(법 §203)
은행법	• 동일인 한도 이상 보유분(10%, 25%, 33% 등)에 대해서는 의결권 행사가 금지(법 §15 및 §16)

자료 권혁민(2008), 「금융산업 경쟁력 강화를 위한 금산분리 관련규제의 개혁방안」, 규제개혁시리즈 8, 전국경제인연합회, 10월.

표 4-15 대기업집단 금융회사 의결권 제한

규제명	규제 내용
대기업집단 소속 금융회사의 타 회사 주식에 대한 의결권 제한	• 소유하고 있는 국내 계열회사 주식에 대한 의결권 행사 금지(공정거래법 §11) • 예외 – 금융업 또는 보험업을 위한 취득 – 보험자산의 효율적 운용, 관리를 위해 보험업 등에 의한 승인을 얻은 경우 – 계열 상장법인 또는 협회 등록법인의 주총에서 다음 사항을 의결하는 경우 15%까지 행사 ① 임원선임 또는 해임 ② 정관변경 ③ 다른 회사로의 합병, 영업의 전부 또는 주요 부분의 다른 회사로의 양도

자료 권혁민(2008), 「금융산업 경쟁력 강화를 위한 금산분리 관련규제의 개혁방안」, 규제개혁시리즈 8, 전국경제인연합회, 10월.

이상 특정 회사의 주식을 지배목적으로 소유하는 것을 제한함으로써 금융회사를 통한 기업지배를 강하게 규제하고 있다.

한국 정부가 금융계열사의 의결권을 제한하는 이유는 산업자본과 금융자본의 분리

표 4-16 경제력 집중 방지를 위한 국내·외 의결권 제한 비교

	대상 주식	의결권 제한	관련법
한국	• 상호출자 제한 기업집단에 속하는 금융보험사 보유 계열사 주식	원칙금지(예외 허용)	공정거래법 §11
미국	• 사업자가 취득한 타사업자 주식	경쟁감소 또는 독점형성 우려 시 취득금지하고, 위반 주식에 대해 의결권 제한	클레이튼법 §7(Clayton Act of 1914)
일본	• 대규모 사업자가 법률규정 이상 취득한 국내회사 주식 • 금융회사가 법률규정 이상 취득한 국내회사 주식	규정위반시 의결권 행사 금지	사적독점의 금지 및 공정거래 확보에 관한 법률 §67
독일	• 기업결합에 의한 규정이 적용되는 기업이 타 회사 주식을 매입하여 시장지배적 기업결합 초래 시	기업결합 해체위해 의결권 행사 제한 또는 금지	경쟁제한금지법(GWB) §35

자료 권혁민(2008), 「금융산업 경쟁력 강화를 위한 금산분리 관련규제의 개혁방안」, 규제개혁시리즈 8, 전국경제인연합회, 10월.

원칙에 기초를 두고 산업자본의 금융지배에 따른 부작용을 방지하기 위한 것이다. 즉, 고객 돈으로 대주주의 지배권을 강화하는 것은 문제가 된다고 간주하기 때문이다. 따라서 투자는 허용하되 의결권을 행사하지 못하도록 규제하고 있다.

그러나 주식회사에서의 의결권은 재산권이기 때문에 의결권 제한은 재산권을 침해하는 것이며 시장경제의 기본원칙에 위배되는 것이다. 따라서 대기업집단의 타회사 의결권 제한 규제(공정거래법 §11)는 폐지하는 것이 타당하다.

4) 금융지주회사의 현황 문제점·발전 방향[22]

(1) 배경

1998년 하반기 외환위기 이후 금융기관의 대형화 및 겸업화를 통한 금융산업의 경쟁력 강화와 구조조정 촉진을 위해 한국 정부는 2000년 10월 금융지주회사 제도를 도입하

22 김훈·유종민(2008), "금융지주회사의 도입효과 분석과 발전방향", Monthly Bulletin, 한국은행, 9월.

였다. 한국의 금융지주회사는 주식소유에 의한 자회사 지배만을 목적으로 하는 순수지주회사로서 총자산의 50% 이상을 자회사 주식으로 보유해야 하며, 자회사는 금융기관·금융업 관련회사·중간지주회사로 제한되고 손자회사는 자회사 업무관련 금융기관·금융업 관련회사에 한해 허용되고 있다.

한국 정부가 금융그룹화를 위해 기존 자(子)회사 방식과는 별도로 금융지주회사 제도를 도입한 이유는 금융지주회사를 통하여 '규모의 경제'(Economies of Scale)와 '범위의 경제'(Economies of Scope)를 추구할 수 있으리라고 기대했기 때문이다.[23] 즉, '규모의 경제'(Economies of Scale)는 생산 확대가 평균 생산비를 낮추어 비용 효율성이 개선되는 것이며, '범위의 경제'(Economies of Scope)는 생산되는 재화·서비스의 종류가 다양해지면서 시너지 효과를 발현할 수 있다는 것이다.

첫째, 모(母)회사가 자(子)회사를 수직적으로 지배하는 자(子)회사 방식에 비해 소규모 자본으로 다수의 자(子)회사를 지배 할 수 있어 대형화를 통한 '규모의 경제'(Economies of Scale) 추구에 유리하다. 왜냐하면 금융지주회사의 자회사에 대한 출자한도는 자기자본의 100% 이내로 은행의 30%보다 훨씬 높은 수준이기 때문이다.

둘째, 다른 업종 자(子)회사 간 교차판매·복합상품 개발 등 연계영업, 원스톱 서비스와 공동마케팅 등 '범위의 경제'(Economies of Scope) 실현이 가능하고, 정보 공유로 다양한 고객을 확보하는 것도 용이하다. 또한 자(子)회사 간 출자·신용공여가 제한되어 위험 전염이 차단할 수 있을 뿐만 아니라 금융지주회사 전체 자산이 다수의 자회사를 통해 다각도로 운용됨에 따라 경영위험도 분산될 수 있다.

(2) 현황 및 문제점

국내 금융지주회사는 금융지주회사, 즉 구조조정과 선도은행 경쟁과정에서 설립된 우리금융·신한금융·하나금융과 은행 자회사가 없는 한국투자금융이 영업중이다.[24]

---

23 금융기관의 대형화·겸업화로 인한 경영성과 개선에 관한 선행연구로서 Markowitz, H.(1952), "Portfolio Selection", *The Journal of Finance*, Vol. 7, pp. 77~91.
Sharpe, W. F.(1963), "A Simplified Model for Portfolio Analysis", *Management Science*, Vol. 9, pp. 277~293.

24 국내 최초 금융지주회사인 세종지주(2000년 6월 설립)는 경영부실화로 2004년 7월 인가가 취소되었다.

표 4-17 국내 금융지주회사의 자회사 현황[1]

	은행 지주회사			비은행 지주회사
	우리금융	신한금융	하나금융	한국투자금융[2]
설립시기	2001. 3	2001. 9	2005. 12	2003. 5
주력자회사	우리은행	신한은행	하나은행	한국투자증권
기타자회사	광주은행, 경남은행, 우리투자증권, 우리크레디트 스위스운용 등 10개사	제주은행, 굿모닝신한증권, 신한생명보험, SH&C생명보험, 신한카드, LG카드 등 11개사	하나대투증권, HFG IB증권, 하나생명 등 6개사	한국투자상호저축은행, 한국투자파트너스 등 5개사

자료 김윤·유승민(2008), "금융지주회사의 도입효과 분석과 발전방향", Monthly Bulletin, 한국은행, 9월.

주 1 2008년 8월 말 기준.

2 2005년 5월 동원지주에서 한국투자금융지주로 명칭 변경.

① 금융경쟁력 저하 및 금융업권별 불균형발전

국내 금융지주회사는 대형화와 비(非)은행권 보강을 통한 겸업화로 글로벌 금융그룹으로 지향하고 있음에도 불구하고 현재 자산규모가 선진 주요 금융지주회사에 비해 여전히 왜소하다.

또한, 국내 3대 은행 지주회사의 평균 자산규모가 미국 3대 금융지주회사의 13% 내외에 불과하기 때문에 대형화에 따른 비용절감 등 경영효율 개선이 부진하다. 그동안 대형화가 주로 국내 금융회사 편입 위주로 진전됨에 따라 해외 영업기반이 취약하여 글로벌 금융그룹으로서의 경쟁력도 미흡하다.

한편, 증권·보험사 등 비(非)은행의 지주회사 전환이 지연되면서 금융업권별 불균형 현상이 심화되고 신진 비(非)은행 지주회사에 비해 경쟁력 저하가 가속화되고 있다. 그 요인은 은행을 소유하지 않은 비(非)은행 지주회사의 설립·자회사 주식소유·업종제한 등의 규제가 은행 지주회사와 동일하게 적용되어 증권회사 및 보험회사의 지주회사 설립에 애로를 겪고 있기 때문이다. 이에 따라 국내 증권회사와 보험회사의 평균 자산규모는 각각 미국의 1% 및 11% 수준에 불과할 정도로 영세하다.

② 시너지효과 창출 부진

한국의 금융지주회사들은 지주회사별로 주력업종(우리·신한·하나금융지주는 은행, 한국투자금융주주는 증권)에 집중하고 있어 다른 업종 자회사와의 겸업을 통한 시너지효과 창출이 부진하다.

상술하면, 금융지주회사에 소속된 자(子)회사 간 고객정보의 공유·활용범위가 한정되어 있고, 상호지원·업무위탁 제한 등으로 자(子)회사 간 공동마케팅이 제약됨에 따라 수익증대와 비용절감에 한계가 있다. 금융지주회사법은 자(子)회사 간 고객정보의 공유를 허용하고 있기 때문에 교차판매(cross-selling)·복합상품 개발 등이 가능하지만 그 범위가 제한되어 거래실적이 부진하다. 실제로 은행 자회사의 경우 전체 금융상품 중 교차판매 비중이

표 4-18 주요국 3대 은행 지주회사 자산규모[1] 비교 (단위 : 십억 달러, %)

	한국	미국	영국	일본	독일
총자산	246.0	1,821.8	2,873.8	1,461.7	1,511.5
기본자본	13.9	87.1	82.9	58.5	28.0

자료 김훈·유종민(2008), "금융지주회사의 도입효과 분석과 발전방향", Monthly Bulletin, 한국은행, 9월.

주 1 2007년 말 기본자본 기준 상위 3대사 평균.

표 4-19 주요국 증권·보험사 자산규모 비교 (단위 : 십억 달러, %)

	증권		보험		
	한국	미국	한국	미국	유럽
총자산	13.4(1.2)	1,087.6	74.0(10.7)	691.2	1,330.7
기본자본	2.0(3.9)	51.6	5.2(10.0)	51.8	51.2

자료 김훈·유종민(2008), "금융지주회사의 도입효과 분석과 발전방향", Monthly Bulletin, 한국은행, 9월.

주 2007년 말, 한국은 우리·대우·동양증권·삼성·교보·대한생명, 미국은 Goldman Sachs·Morgan Stanley·Merrill lynch·Lehman Brothers·JP Morgan 및 AIG·Prudential·Metlife, 유럽은 ING·Alianz 기준, ( ) 내는 미국 대비 비율.

4.5%(2008년 6월 말)에 그치고 있으며, 복합상품 수도 은행 지주회사별로 평균 5개 내외에 불과한 실정이다.

③ 조직체계의 비(非)효율성과 지배구조의 불(不)안정성

선진 금융지주회사의 경우 자회사의 재무·전략·인사 등을 수직적으로 통합하는 체계와, 기업금융·소매금융·PB 등 영업부문을 수평적으로 조정하는 체계가 교차하는 매트릭스조직을 많이 활용하고 있다.

그러나 국내 금융지주회사는 출범 이후 자(子)회사 간 겸업으로 시너지효과를 창출하는 수평적 조직보다는 수직적 통할체계 구축에 주력함으로써 금융지주회사 전환효과가 미미한 원인으로 지적되고 있다. 즉 업종이 다른 자(子)회사 간 임직원 겸직 제한으로 자(子)회사 간 영업전략의 협의·조정이 어렵고, 금융지주회사 내 여러 개의 은행들이 특정 영업구역 내에 각각 영업점을 설치하여 소매·기업부문 등에서 경쟁을 벌이는 사례도 빈발하고 있다.

또한, 국내 금융지주회사의 경영층 재임 기간이 선진 지주회사에 비해 상대적으로 짧아 중·장기 발전전략을 일관되게 추진하는데 애로사항으로 작용하고 있다. 참고로, 국내 금융지주회사 CEO의 평균 재임 기간은 3.8년으로 선진 지주회사의 10~20년에 크게 못 미치고, 보장임기도 2.5년에 불과하여 경영층이 단기 경영성과에 집착할 수밖에 없다. 이에 따라 중·장기간이 소요되는 인수·합병(M&A)·리스크 관리시스템 개선·전문인력 양성 등을 통한 경쟁력 제고에는 소홀할 가능성이 있다.

표 4-20 국내·외 금융지주그룹 CEO 재임 기간 비교

	국내 금융지주	Citi	HSBC	UBS
CEO	–	샌디웨일	존 본드	마르셀 오스펠
재임연도		1986~2006	1990~2006	2001~현재
재임 기간	3.8년(평균)	21년	17년	6년

자료 1. 한국은행 조사국 서베이(2009. 8), 해당 지주회사.
2. 김훈·유종민(2008), "금융지주회사의 도입효과 분석과 발전방향", Monthly Bulletin, 한국은행, 9월.

(3) 발전 방향

우선, 선진 금융지주회사(Citigroup · HSBC · RBS 등)의 발전요인을 살펴보면, 이들 선진 금융지주회사들은 정부의 금융지주회사 규제 완화에 자체적인 수익원 확보 노력이 결합됨에 따라 경쟁력 있는 글로벌 금융그룹으로 성장했음을 알 수 있다.

우선, 미국의 '금융서비스 현대화 법'(Gramm- Leach-Briley Act, 1999) 제정, 일본의 독점금지법 개정(1997) 등을 통한 규제 완화가 금융지주회사의 영업규모를 확대하는 계기로 작용하였으며, 지주회사 스스로도 자국 시장의 경쟁이 심화됨에 따라 신시장 개척과 비용효율성 제고를 위해 인수 · 합병(M&A)을 통한 대형화 · 겸업화 · 글로벌화에 주력하였다.

일반적으로, 선진 금융지주회사는 동일한 업종 간 인수 · 합병(M&A), 지주회사 설립, 국내 · 외 다양한 업종 간 인수 · 합병(M&A)의 경로를 차례로 거치면서 초대형 금융그룹으로 도약하였다. 이러한 규모확대와 더불어 선진 금융지주회사는 인수 · 합병(M&A)으로 편입된 자(子)회사를 수직적으로 단순히 흡수하기보다는 소매금융 · PB · IB 등 기존 영업부문과 결합하여 시너지효과를 창출할 수 있도록 수평적 · 기능적 통합을 촉진함으로써 금융지주회사 전환효과가 극대화되도록 노력하였다.

전술한 바와 같이, 한국은 1997년 하반기 외환위기 이후의 금융구조조정 과정에서 대형화 및 겸업화를 촉진하기 위해 금융지주회사 제도가 도입되었으나, 금융지주회사의 도입효과가 뚜렷하지 않다. 따라서 비(非)은행 지주회사는 다양한 업종의 자(子)회사가 결합된 복합금융그룹을 지향하기보다 우선 주력사와의 협업으로 시너지효과 창출이 용이한 업종 위주로 자회사 편입을 추진하는 것이 바람직할 것이다.

구체적으로, 금융투자지주회사는 증권사를 주력으로 IB · PB · 투자자문 등에 특화된 자(子)회사를 그룹화하여 Goldman Sachs · Morgan Stanley 등과 같이 유가증권 인수, 인수 · 합병(M&A), 경영컨설팅 등에 관련된 수익비중을 확대하고, 보험지주회사는 Allianz와 같이 보험을 주력으로 연금 · 자산운용 자(子)회사를 편입하여 연금시장을 선점함과 동시에 자산운용 능력을 강화해야 할 것이다.

또한, 기존 국내 금융지주회사들은 선진 금융지주회사의 발전 경험에 비추어 전업화 및 로컬화에서 대형화 · 겸업화 · 글로벌화를 지향해야 할 것이다. 따라서 은행 지주회사는 인수 · 합병(M&A)을 통해 지주회사 내의 비중이 작은 증권 · 보험 등 비(非)은행 자회사 편입을 확대하여 새로운 수익원을 창출하고 경영위험을 분산해야 할 것이다.

은행 지주회사는 우량 비(非)은행 자회사 편입 시 경영성과 개선에 유리한 데다 '자본시장과 금융투자업에 관한 법률' 시행을 계기로 금융투자회사 등의 영업경쟁력 향상이 기대되는 만큼, 어느 정도의 규모를 갖춘 비(非)은행 자회사를 편입함이 바람직할 것이다.

또한, 신용등급이 낮거나 소액거래에 치중하는 고객의 경우 교차판매를 통해 신용등급대별로 고객층을 구축(line-up)할 수 있도록 상호저축은행 등을 자(子)회사로 편입할 수 있도록 함이 합리적이다.

5. 금융부문과 실물부문의 연계와 균형발전

모름지기, 실물경제부문과 금융경제부문의 균형된 발전을 도모해야 할 것이다. 즉, 금융은 실물경제부문의 지원자로서의 역할에 충실하고 산업의 하나로서 균형 발전하는 것이 바람직하다. 금융부문과 실물부문의 상호작용과 관련하여, 금융발전(Finantional Development)이 경제성장을 견인한다는 견해와, 금융발전은 경제성장의 결과물이라는 견해가 상존하고 있다.

우선, 금융발전(Finantional Development)이 경제성장을 견인한다는 견해로서 Schumpeter(1912), Hicks(1969), Goldsmith(1969), Mckinnon(1973) 등을 들 수 있다. 상술하면, Schumpeter(1912)는 금융중개기관의 대출의사결정 과정에서 기업의 투자계획을 평가하고 경영능력을 감독함으로써 자원배분의 효율성을 제고한다고 주장하였다. Hicks(1969)는 은행들이 기업가들에게 자금을 공급하여 기업의 혁신을 촉진시키는 효과가 있다고 주장하였다. Goldsmith(1969)는 금융발전으로 인해 투자의 효율성이 증가하는 측면을 강조하였으며, 금융연관비율의 개념을 처음으로 도입하였다. Mckinnon(1973)은 금융자율화로 인한 저축 증가가 투자로 이어지는 경로를 분석하였다.

상기와 대조적으로, 금융발전(Finantional Development)은 경제성장의 결과물이라는 견해로서 Robinson(1952)은 경제성장이 금융시스템을 필요로 하고 금융시스템은 이러한 필요에 의해 수동적으로 반응한다고 주장하였다.

저자는 첫번째 견해, 즉 금융발전(Finantional Development)이 경제성장을 촉진한다는 견해를 따른다. 그 이유는 Benhabib&Spiegel(2000), Valderrama(2003), Levine(2004) 등이 주장하는 바와 같이 금융발전(Finantional Development)이 기업의 외부자금조달을 원활하게 하고, 투자확대의 경로를 통해 경제성장에 긍정적인 영향을 미친다고 믿고 있기 때문이다.

현실적 측면에서 보면, 1997년 하반기 외환위기 이후 한국 경제는 제조업 위주 성장의 한계를 보이면서 경제성장이 둔화되는 국면에 진입하였다. 이러한 상황에서 한국이 선진국 경제시스템으로 도약하기 위해서는 금융산업을 중심으로 서비스 산업의 경쟁력을 제고해야 할 필요가 있다.

1) 국민경제와 금융산업의 관련성

한국의 경우, 금융발전(Finantional Development)과 산업성장의 관계를 분석한 결과는 다음과 같다.[25] 국내 금융발전이 1980년대에는 정부의 정책적 고려에 따른 신용할당과 성장기회에 따른 외부금융이 직접적으로 산업성장에 기여한 반면에, 1990년대 이후에는 주로 성장기회를 반영한 신용배분을 통해 산업성장에 기여하였던 것으로 나타났다. 또한, 국내 금융기관들은 1980년대의 중공업부문에서부터 1990년대 이후의 정보통신산업부문에 이르기까지 경제성장단계에 부합한 자금배분을 통해 산업성장을 주도하여 산업구조의 선진화에도 기여하였던 것으로 나타났다.

한편, 금융산업의 국민경제 파급효과를 살펴보면, 부가가치유발계수가 0.95로 전(全)산업 평균(0.74)을 상회하여 국민경제적 소득창출 효과가 여타 산업에 비해 우월한 것으로 나타났다. 또한, 국내 경제성장에 대한 기여도는 2007년 0.69%P로써 상승추세에 있으며, 특히 1997년 하반기 외환위기 이후 경제성장의 신성장 동력으로 금융산업의 중요도가 증가하고 있는 것으로 나타났다.

2) 실물경제에 대한 통화정책의 파급경로

'통화정책'(Monetary Policy)이란 한 국가의 경제가 안정적으로 성장할 수 있도록 중앙은행이 통화량(M1)이나 금리를 조절하는 정책이다. 실물경제(생산과 물가 등)에 대한 통화정책의 파급경로로서 크게 네 가지, 즉 ① 금리 경로, ② 자산가격 경로, ③ 환율 경로, ④ 신용경로를 들 수 있다.

첫째, '금리 경로'는 중앙은행이 기준금리를 변경해 시장 금리에 영향을 미치는 것을 말한다. 예를 들어 중앙은행이 기준금리를 내리면 양도성예금증서(CD) 금리 같은 단기 시장금리는 즉시 하락하고 국고채·회사채 등 만기 1년 이상 장기채권 금리와 은행의 예금·대출 금리도 하락 압력을 받게 된다. 이렇게 시장금리가 변동하면 소비나 투자가 늘어나거나 줄어들면서 국내총생산(GDP)이나 물가 수준에 영향을 미치게 된다. 예를 들어, 금리가 떨어지면 가계는 저축 대신에 소비를 늘리고 기업은 투자를 확대해 침체된 경기를 회복시키는 데 도움이 된다.

---

25 신용상·오완근(2004), 금융발전 및 성장기회가 산업성장에 미치는 영향, 한국금융연구원, 6월을 많이 참조하였음.

그러나 중앙은행의 기준금리는 금융회사들의 단기 자금거래에 적용하는 금리이기 때문에 시장의 단기 금리에는 곧바로 영향을 주지만 장기 금리 변동에 미치는 영향은 제한적일 수 있다. 장기 금리는 단기 금리 수준뿐만 아니라 시장 참가자들의 향후 경기에 대한 기대나 장기 채권에 대한 수요·공급 등에 의해서도 좌우된다. 특히, 2008년 하반기 글로벌 금융위기 이후, 외국인의 국내 중·장기 채권 투자가 큰 폭으로 확대됨에 따라 장기 금리가 시장의 수요·공급에 크게 좌우되었다. 이것은 장기 금리에 대한 통화정책의 영향력이 그만큼 제약을 받을 수 있다는 것을 의미한다.

기업들은 신규 투자 여부를 결정할 때, 투자 개시부터 투자금 회수까지 얼마나 시간이 많이 소요될 것인가를 고려한다. 따라서 단기 금리보다는 장기 금리 수준을 더 중요한 판단 기준으로 간주한다. 이 결과, 중앙은행이 단기 금리를 끌어내려도 장기 금리가 의도한 내로 떨어지지 않으면 '통화정책의 금리 경로'가 잘 작동하지 않을 수 있다. 또한, 가계 소비나 기업 투자가 금리에 민감하다고 전제하고 있지만, 현실적으로 기업의 미래 사업전망이 불투명하거나 개인들의 고용 상황이 불안하다면 아무리 금리가 낮아지더라도 투자나 소비가 충분히 촉진되지 않게 된다.

둘째, '자산가격 경로'는 통화정책이 주식이나 부동산과 같은 자산의 가치를 변동시켜 실물경제에 영향을 미치는 것을 말한다. 예를 들어, 중앙은행이 금리를 내리면 금융시장에 여유자금이 늘어나고 주식과 부동산 같은 자산에 대한 수요도 늘어나 자산 가격이 상승하게 된다. 가계의 부(富)가 증가함에 따라 소비를 늘리고, 기업은 주식시장 활황으로 자금조달이 쉬워져 투자를 늘리게 된다.

셋째, '환율 경로'는 환율의 변동을 통해 실물경제에 영향을 미치는 것을 말한다. 예를 들면 중앙은행이 기준금리를 내리면 자국통화로 표시된 금융자산의 수익률이 하락하면서 상대적으로 수익률이 높아진 달러화 금융자산에 대한 수요가 증가한다. 이에 따라 자국통화를 매각하고 달러화를 매입하려는 수요가 늘어나면서 자국통화 가치가 하락(환율 상승)하게 된다. 이처럼 원/달러 환율이 상승하면 달러로 표시한 수출품 가격이 낮아지면서 수출이 늘어나 생산이 증가하게 된다.

넷째, '신용 경로'는 통화정책이 은행 대출에 영향을 미쳐 실물경제에 파급되는 것을 말한다. 기준금리가 인하되면 금융시장에 자금이 풍부해짐에 따라 은행들의 대출 여력이 커지게 된다. 이에 따라 금융기관의 대출이 확대되어 가계 소비와 기업 투자가 늘어나는 '신용 경로'가 작동하게 된다.

3) 경제성장에 대한 금융산업의 기여도

주지하다시피, 과거 한국의 고도성장은 제조업 중심 수출주도형 경제발전전략을 통해 달성하였다. 그러나 이젠 제조업 중심의 경제성장이 한계에 도달하였다. 물론, 제조업의 고도성장 이후에는 성장동력을 서비스업으로 전환할 필요가 있다. 그러나 수출시장이 넓은 제조업에 비해 서비스업은 내수시장에 국한되어 성장잠재력이 제한적이다.

회고해 보면, 개발연대로부터 1997년 하반기 외환위기에 이르기까지는 금융부문의 자율성이 무시되어 왔으며, 이 기간 동안 금융은 정부 주도의 제조업 육성에 필요한 자금을 수동적으로 지원해 주는 산업정책적 보조기능을 수행하였다. 그러나 1997년 하반기 외환위기 이후에는 금융자유화 과정을 거치면서 금융의 자율성이 확대되었고, 금융은 독자적인 산업으로서의 역할이 더욱 활성화되면서 경제성장에 기여할 수 있는 수준으로 발전해왔다. 그렇다면, 현재 상황에서 금융의 역할은 어떠한가?

첫째, 금융은 한편으로는 실물경제에 흘러 들어가는 자원의 효율적인 배분에 기여함으로써 비(非)금융분야의 성장률을 높이는 기능적 역할을 하고 있으며, 다른 한편으로는 그 자체가 하나의 산업으로서 서비스의 부가가치와 고용 창출을 통하여 국내총생산(GDP) 증가와 일자리 창출에 기여하는 역할을 담당하고 있다.

물론, 미국과 영국, 일본 등의 수준에는 못 미치지만, 금융중개의 양적 확대를 통해 기업과 가계가 필요로 하는 신용을 어느 정도 공급할 수 있는 수준까지는 발전한 것으로 평가된다. 그러나 양적 발전의 이면인 질적 발전의 문제, 특히 경제성장에 대한 기여라는 관점에서 보면 한국 금융산업의 성과는 저조한 편이다. 즉, 1990년대 이후 금융자유화의 결과 금융중개의 양적 확대는 급격히 이루어졌으나 질적인 측면에서 금융중개의 기업 효율성 제고 효과는 경제성장에 유의한 영향을 줄 만큼 높아지지 않았다는 것을 알 수 있다.

둘째, 금융산업의 GDP 성장기여율(%, 2000~2005년 중 평균)을 보면 한국 8.23%, 미국 11.11%, 영국 15.47%, 일본 10.33%로 나타났다. 금융산업의 국민경제 파급효과를 보면, 부가가치유발계수가 0.95로 전(全) 산업 평균(0.74)을 상회하여 국민경제적 차원에서 소득 창출 효과가 여타 산업에 비해 우월하다. 또한, 전산업 취업자 중 금융산업 취업자 비중은 3.5%(81만 명)였으며, 이를 국제적으로 비교해 보면 미국(4.5%) 및 영국(4.0%)에 비해서는 작지만 일본(2.5%)보다는 큰 수준인 것으로 나타났다.

셋째, IMD의 국가경쟁력 평가(2010년)에 따르면 한국의 금융부문 경쟁력 순위는 30위로 국가경쟁력 순위(23위)보다 낮은 수준이다. 구체적으로, 은행 및 금융서비스(38위), 금융 및 은행산업 규제 효율성(37위) 등의 경쟁력이 취약하다. 또한, 금융회사의 리스크 관리 능력도 낮아 금융불안 요인으로 작용한다.

따라서 2008년 하반기 글로벌 금융위기 이후, 한국에서는 금융시스템에 대한 규제와 감독의 강화를 통해 금융시스템의 안정성을 높이고자 하는 논의와 더불어, 금융서비스의 선진화를 통해 생산성을 제고하고 부가가치와 일자리를 창출함으로써 금융산업이 새로운 성장동력으로서 중요한 역할을 해야 한다는 논의가 전개되어 왔다.

금융산업의 경제성장에 대한 기여도를 높이기 위해서는 금융관련 법·규제와 거버넌스 등 제도적 환경의 개선도 필요하겠지만, 근본적으로 중요한 것은 정보력이 높고 금융에 대한 이해가 깊은 인력의 공급이다. 이와 동시에, 유능한 금융인력을 유인하고 유지하기 위한 사회문화적 인프라를 갖추고 글로벌 스탠더드에 충실한 기업문화가 필요하다.

6. 실물산업의 발전을 위한 기술금융제도의 개혁 방향

앞에서, 저자는 실물산업과 금융산업의 균형 발전을 강조하였으며, 이를 위해서는 금융산업의 경쟁력과 경제성장·부가가치 및 고용 창출에 대한 금융산업의 기여도를 높여야

그림 4-7 기술혁신 프로세스와 "죽음의 계곡"(Valley of Death)

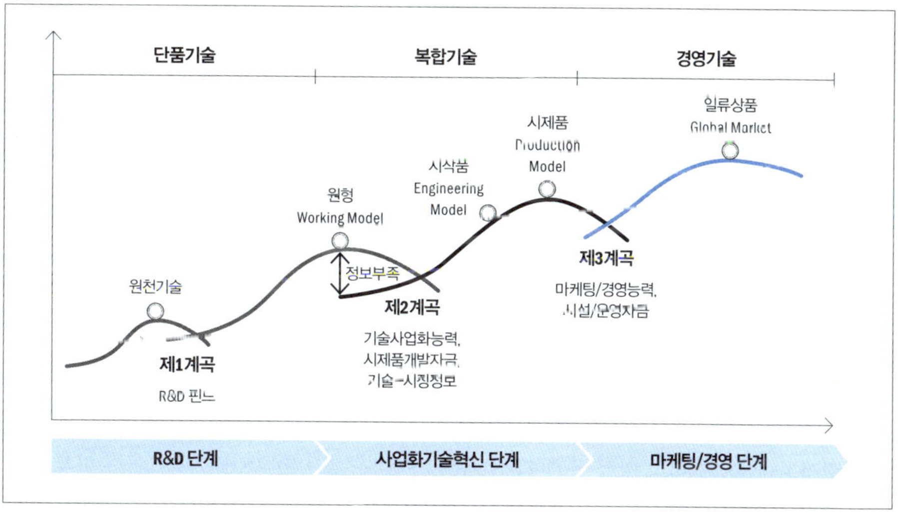

자료 1. 산업자원부(2004.9), 기술사업화촉진종합대책(안)에서 인용.

2. 송종국, "기술혁신지원 방안으로서의 기술금융", 과학기술정책연구원.

한다는 점을 강조했다. 여기서 중요한 것은 실물산업과 금융의 연결고리가 바로 '기술금융제도'라는 점이다. 왜냐하면 신성장 동력산업으로서 기술집약형 산업이 제대로 역할을 수행할 수 있기 위해서는 기술개발을 위한 인력의 동원과 자금의 조달이 얼마나 원활하게 이루어지는가에 달려있기 때문이다. 특히, 기술혁신 프로세스의 '죽음의 계곡'(Valley of Death)에서 유망한 기업을 구출할 수단은 '기술금융'(Technology Finance)이다. 아무리 우수한 기술아이디어가 있더라도 '죽음의 계곡'(Valley of Death)을 건너야만 사업화에 성공할 수 있는 것이다.

1) 슘페테리언 테크노-경제발전 전략

2008년 하반기 글로벌 금융위기로 촉발된 세계적 경제위기를 극복하기 위하여 대부분의 세계 국가들이 사용할 수 있는 거의 모든 정책들을 쏟아부었다. 예로서 '양적완화'(QE : Quantitative Easing)라는 '헬리콥터 머니'가 쓰나미처럼 밀려왔었다. 그럼에도 불구하고, 현재 대량실업(특히 청년실업) 문제로 세계가 고민하고 있다. 저자는 상기 경제위기의 극복 방안으로서 '슘페테리언 테크노-경제발전 전략'(Schumpeterian Techno-Economic Development Strategy)을 제시해 왔었다(〈그림 4-8〉 참조).

우선, 인류문명사(史)를 개관해 보면 그 자체가 '창조경제'(Creative Economy)의 역사적 과정이었다. 농업혁명은 수렵사회(근력)를 '제1물결'인 농업사회(토지)로, 산업혁명은 물질자원·에너지가 주도하는 '제2물결'의 산업사회로, 정보혁명은 정보·지식이 주도하는 '제3물결'의 정보화 사회로 각각 변모시켰다. 다니엘 벨(Daniel Bell)이 '정보화 사회'라는 의미로써 사용했던 '후기 산업사회' 중에서 정보화의 제1단계(1970년대와 1980년대의 정보화)를 거쳐 정보화의 제2단계(1980년대 이후)인 '멀티미디어 시대'는 이미 인류사회에 정착되었다. 이제 인공지능과 사물 인터넷 등에 의한 제4차 산업혁명이 전개되고 있는 중이다.

조셉 슘페터(Joseph A. Schumpeter, 1883~1950)는 그의 「자본주의, 사회주의 그리고 민주주의」(*Capitalism, Socialism and Democracy, 1942*)에서 자본주의의 '발전'(development)이란, 단지 부(富)의 증가 또는 분배상의 양적 변화가 아니라, 생산의 성격에 있어서 질적 전환을 내포한다고 역설했다. 이러한 질적 전환이 바로 '혁신'(innovation)이라는 것이다. 혁신의 범위에는 ① 신(新)상품의 창출, ② 신(新)생산 기법의 사용, ③ 신(新)시장의 개척, ④ 신(新)재료의 활용, ⑤ 산업조직의 변화 등과 같이 기존 경제구조를 변화시키는 광범위한 활동들이

그림 4-8 슘페테리언 테크노-경제발전 모형

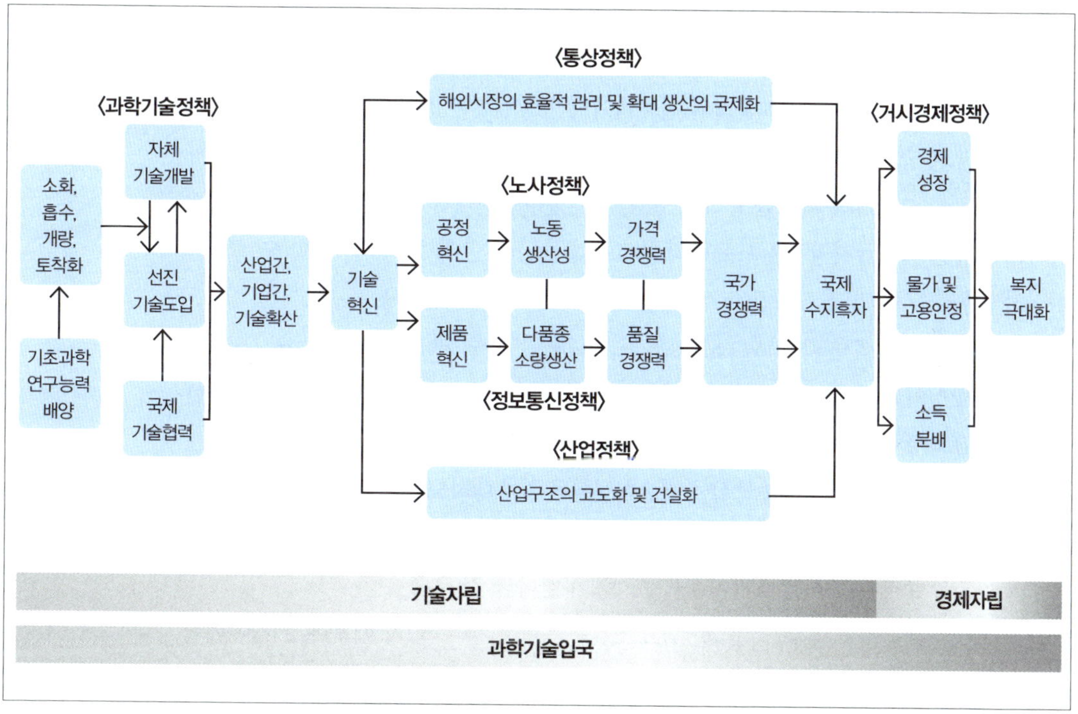

자료 Lim, Yang-Taek(1996), "An International Comparative Study of Basic Scientific Research Capacity : OECD Countries Taiwan and Korea", *Technological Forecasting and Social Change*, Vol. 52, pp. 75~94.

Lim, Yang-Taek(2000), *Korea in the 21st Century*, New York : NOVA Science Publishers, Inc.

Lim, Yang-Taek(2006), "A New Techno-Economic Development Model : he Case of South Korea", In George E. Lasker & Kensei Hiwaki, ed., *Sustainable Development and Global Community*, Vol. VII, Niagara Falls : Coutts Library Services, Ltd., pp.19~33.

임양택(2007), 「한국의 비전과 국가경영전략」, 나남출판사.

임양택(2011), 「쿼바디스 도미네 : 성장 · 복지 · 통일을 위한 청사진」, 나남출판사.

임양택(2013), 「글로벌 경제와 한반도 위기 : 한국의 비전 및 전략」, 나남출판사.

주 상기 그림은 제1장에서도 저자의 경제철학을 서술하기 위하여 소개되었음.

포함되는데, 이러한 혁신의 주체인 자본가를 '창업가'(entrepreneur)라고 불렀다.[26]

또한, 과학적 '발견'(discovery) 또는 '발명'(invention)은 과학자나 개인 발명가에 의해 수행되는 것으로서 혁신(innovation)과는 엄격히 구분되고, 혁신이 반드시 발견 또는 발명을 전제로 하는 것은 아니라고 조셉 슘페터(Joseph A. Schumpeter)는 주장했다. 왜냐하면 기존

26 Joseph A. Schumpeter(1976), *Capitalism, Socialism and Democracy*, London : Allen&Unwin, ch. 7.

의 것의 새로운 조합도 혁신을 가져올 수 있기 때문이라는 것이다. 즉 경제발전을 야기 시키는 것은 혁신이지 발견 또는 발명 자체가 아니라는 사실이다.

조셉 슘페터(Joseph A. Schumpeter)는 경제발전을 동태적 시각에서 평가해야 한다고 강조하면서 일시적 독점력은 경제발전의 원동력이지만 독점력은 시간이 경과함에 따라 시장진입, 모방, 기술혁신을 통하여 자연히 소멸된다고 주장하였다. 즉 경제발전은 '창조적 파괴'(Creative Destruction)의 과정을 통하여 발생하는 것이며, 정태적 경쟁을 적극적으로 촉진시키고자 하는 독점금지정책은 자유방임주의(Laissez Faire) 상태보다 더 우월할 수 없다고 주장하였다.

상기와 같이, 조셉 슘페터(Joseph A. Schumpeter)는 '기술혁신'(Technological Innovation)을 동태적 발전의 가장 중요한 요인으로 간주하면서 시장지배력과 기술혁신의 관계에 대한 그의 가설을 다음과 같이 세웠다. 즉 기술혁신은 경쟁적 시장구조하의 수익보다 더 높은 수익은 위험부담을 안고 있고 불확실한 기술혁신활동을 수행하도록 유인하기 위한 인센티브이다. 따라서 기술혁신활동이 수행되게 하기 위한 필요조건은 경쟁적 시장구조하의 이윤보다 높은 수준에서 축적된 초과이윤이 존재해야 한다는 것이다.

그러나 완전경쟁적 경제는 이러한 필요조건을 충족시킬 수 없기 때문에, 시장지배력은 기술혁신의 전제조건이라는 것이다. 왜냐하면 시장지배력은 신(新)기술에의 투자를 위한 자금조달을 용이하게 해주기 때문이며, 독점적 시장집중은 신(新)기술에 대한 접근을 보다 신속하게 해줄 수 있기 때문이라고 한다.[27]

또한, 조셉 슘페터(Joseph A. Schumpeter)는 1930년대 발표된 일련의 연구를 통해[28] 콘트라티에프(Nicolas Kondratiev)와 초기 마르크스주의자(Marxist)들이 제기한 자본투자(capital investment) → 경제활동(Economic Activity)의 인과관계가 아닌, 혁신(innovation) → 자본투자(capital investment) → 경제활동(economic activity)의 인과관계를 다음과 같이 설명하였다.[29]

---

27 상기한 조셉 슘페터(Joseph A. Schumpeter)의 가설을 한국 산업에 적용하여 실증적 분석한 연구의 예로서는 다음과 같다.
임양택(1988a), 「기술혁신의 산업조직적 특성에 관한 연구 : 우리나라 기계공업부문을 중심으로」, 한국경제연구원, 연구총서 No. 48.
임양택(1988b), 「기업의 기술확산에 관한 연구 : 우리나라 기계공업부문을 중심으로」, 한국경제연구원, 연구총서 No. 49.
임양택(1988c), 「산업집중도의 결정요인 및 변화요인과 최적기업규모에 관한 연구 I」, 한국경제연구원, 연구총서 No. 59.
임양택(1989), 「산업집중도의 결정요인 및 변화요인과 최적기업규모에 관한 연구 II」, 한국경제연구원, 연구총서 No. 62.

28 예를 들어, Joseph A. Schumpeter(1934), "Depressions : Can We Learn from Past Experience?", *The Economics of the Recovery Program*, New York : McGraw-Hill.

29 O. M. Amos, Jr.(1989), "A Reevaluation of Long Cycle Theories : Development as the Satisfaction of Hierachial Needs", *Social Science Quarterly*, Vol. 70, No. 2, June, p 348.

① 1930년대의 불황이 이전의 1825년과 1873년경에 있었던 불황의 속성과 유사하며,

② 혁신의 군집(Bunching of Innovations)을 다양한 경기순환 주기(Business Cycles)의 불규칙한 리듬을 야기 시키는 추진력이며,

③ 과거 장기파동의 상승국면은 특정한 신기술의 기반에서 이루어졌으며,

④ 19세기 기술혁명기에서 발견되는 상품과 생산수단의 새로운 결합들은 안정적이고 연속적인 발전의 과정이 아니라 불연속적인 과정이며, 장기파동은 혁신의 불연속 과정이다.

그림 4-9 기업 경영패러다임의 변화와 경쟁력 구조의 변화

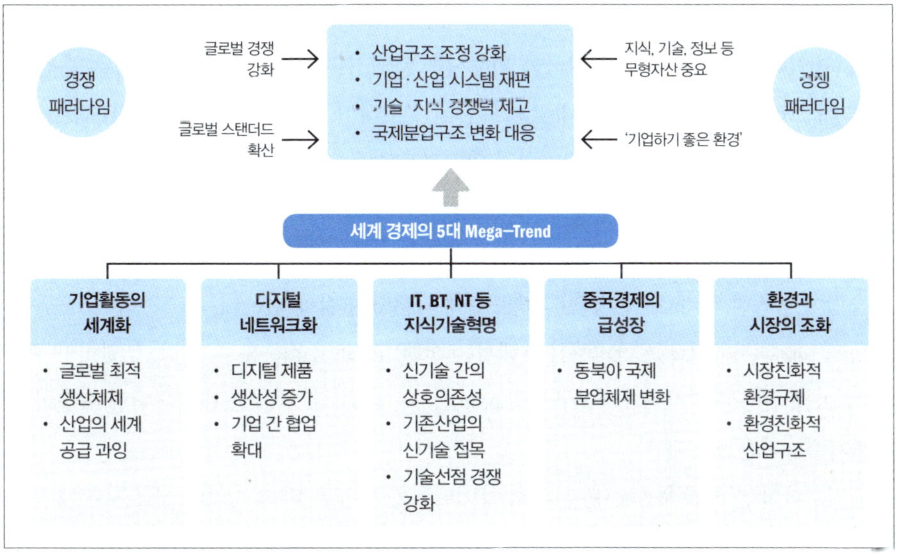

그림 4-10 기업조직과 선략개념의 변화

	전통적 기업		새로운 기업
조직형태	경영자를 정상으로 하는 하나의 피라미드형	→	종업원 중심의 다수의 피라미드 연합체
통제수단	인사관리·재무보고 등 제도화	→	기업목표·가치에 대한 공감대
희소자원	자본·노동·토지 등의 유형자원	→	지식·전문인력과 같은 무형자원

상기한 조셉 슘페터(Joseph A. Schumpeter, 1941)의 '창조적 파괴'(Creative Destruction)라는 개념을 발전시켜, 저자는 테크노-경제발전 전략(Techno-Economic Development Strategy; Lim, Yang-Taek : 1996, 2000, 2006; 임양택 : 2007, 2011, 2013)을 발표했는데, 그 요체는 다음과 같다. 교육개혁(특히 대학교육) → 창의성 개발 → 자체기술개발·선진기술도입·기술확산 → 기술혁신 → 공정혁신에 의한 가격경쟁력 제고 및 신제품 개발에 의한 품질경쟁력 제고 → 국가경쟁력 강화 → 경상수지 흑자 기반 공고화 → 성장·분배·안정 → '최대다수의 최대행복'이라는 동태적 발전과정이다.

상술하면, 기술혁신(Technological Innovation)은 일반적으로 세 가지 경로, 즉 자체 기술개발, 선진 기술도입, 국제 기술협력을 통하여 생성 및 상생될 수 있으며, 이러한 경로로 창출된 기술혁신은 기업 간 및 산업 간 기술확산(technological diffusion)을 통하여 더욱 촉진될 수 있다. 따라서 과학기술입국을 위해서는 자체기술 개발, 선진기술 도입, 산업 간 및 산업 내 그리고 기업 간 및 기업 내 기술확산이 긴요하다. 또한, 이를 위해서 대내적으로는 기술개발투자의 대폭증대와 기술인력의 획기적 양성을, 대외적으로는 국제기술개발 협력체제를 각각 추진해야 할 것이다.

지속가능한 경제발전은 기술자립이 전제되어야 가능하다. 그러나 여기서 중요한 것은 기술력이 부족한 국가로서는 선진 기술도입에 의존할 수밖에 없는데, 기술종속(technological dependency)의 심화를 탈피하기 위해서는 선진기술의 소화·흡수·계량·토착화가 중요하며, 이를 위해서는 기초과학연구능력(BSRC : Basic Science Research Capacity)의 배양이 필요불가결하다는 점이다.[30]

기초과학연구능력(BSRC)은 창의적 아이디어를, 이것은 다시 기업의 신규 자본재 투자를 각각 야기시키며, 총요소생산성 향상률과 경제성장률을 상승시킨다. 바로, 이러한 점에서, 창의성(creativity)과 인적자본(human capital)의 창출 및 확충을 위한 교육개혁의 정당성 및 중요성을 인식할 수 있다.

나아가, 비단 교육정책뿐만 아니라 과학기술정책·통상정책·노동정책·정보통신정책·산업정책·거시경제정책·사회복지정책 등이 합목적적으로 사회 전체의 혁신(innovation)을 유발하는 국가적 목표에 집중되어야 할 것이다.

---

30 저자는 세계학술지에서 최초로 '기초과학연구능력'(BSRC)의 개념을 주조(鑄造)하여 OECD회원국들의 상기 지수를 측정 및 비교하고 장기 예측하였다.
Lim, Yang-Taek, "An International Comparative Study of Basic Scientific Research Capacity : OECD Countries, Taiwan and Korea," Technological Forecasting and Social Change, Vol. 52, No. 1, May 1996.

모름지기, 정부의 목적은 사회구성원의 복지 극대화이다. 이를 위한 계획기조는 복지의 3대 요소, 즉 지속적 성장, 물가안정, 형평한 소득분배를 조화 및 공존시키는 것이다. 이 세 가지 정책목표를 동시적으로 달성하기 위한 사전조건은 경상수지의 흑자기조의 정착이다.

다시, 이를 위해서, 대외적으로는 해외시장의 효율적 관리를 통하여 통상마찰을 근본적으로 해소할 수 있어야 하며, 대내적으로는 산업구조의 고도화와 건실화를 도모해야 할 것이다.

해외시장을 효율적으로 관리하고, 나아가 통상마찰을 근본적으로 해소하기 위해서는 최대특화전략이 아니라 최적특화전략 하에서 현재의 가격탄력적인 통상마찰형 수출구조를 소득탄력적인 세계수요 창출형 수출구조로 전환시켜야 할 것이다.

산업구조의 고도화 및 건실화를 도모하기 위한 기본방향은 현재의 노동 및 자본집약적 산업을, 고(高)부가가치를 창출하는 지식 및 기술집약적 산업으로 전환함과 동시에 기계류·부품·소재산업을 육성함으로써 대(對)일본 수입유발적 산업구조를 개방 하의 자립적 산업구조로 전환하여 외화가득률과 부가가치율을 제고시켜야 할 것이다. 특히, 한·일(韓·日) 간 산업기술협력체제를 정착 및 운용함으로써 전자, 기계, 자동차 등의 분야에서 한·일(韓·日) 간 수평분업체제를 구축해야 할 것이다. 또한, 현재의 에너지 다소비형 산업구조를 에너지 절약형 산업구조로 전환해야 할 것이다.

한편, 대기업과 중소기업의 공존공영을 위하여 기술계열화를 중심으로 국제경쟁력을 제고시켜 산업조직의 효율성을 극대화해야 하며, 사용자와 근로자의 공동운명체적 유대와 번영을 위하여 산업민주주의가 정착되어야 한다.

따라서 정부는 다음과 같은 '기술경제 패러다임'(Techno-Economic Paradigm) 하에서 국가경쟁력의 획기적 제고에 의한 '광의'의 복지 극대화를 추구해야 할 것이다. 기초과학연구능력 확충 → 소화·흡수·개량·토착화 → 자체기술개발, 선진기술 도입, 산업간 및 산업내 기술확산, 국제기술협력 → 기술혁신의 촉진 → 기업경쟁력(자원 및 역량, 프로세스 경쟁력, 품질경쟁력, 시장경쟁력, 고객성과, 시장성과, 재무성과)의 제고 → 가격경쟁력(임금, 금리, 환율, 유가, 물류비용 등)의 제고 및 비(非)가격경쟁력(품질, 운송, 디자인, 에프터서비스 등)의 제고 → 국제경쟁력의 강화 → 국제수지 흑자(기계류·부품·소재의 대(對)일본 기술 및 수입의존도 감소, 에너지절약 및 대체에너지 개발 등) → 성장·고용·분배 → '최대다수의 최대행복'이다.

요컨대, '창조적 파괴'(Creative Destruction)는 어제, 오늘, 내일도 추구해야 하는 국가경쟁력 제고를 위한 도전이다. 그러나, 세계적 기술전쟁(Technology War) 속에서, 한국의 당면과제는 한국이 상대해야 하는 일본의 기술발전 속도와 중국의 기술추격속도가 너무 빠르기 때문에 한·일(韓·日) 간 기술격차는 확대되고 한·중(韓·中) 간 기술격차는 좁혀지고 있다는 것이다. 기술낙후는 기술종속을, 이것은 다시 수입종속을 각각 야기한다. 기술추격은 판매시장의 상실과 시장경쟁력의 역전을 의미한다.

예로서 일본의 〈도레이〉는 탄소섬유 분야에서, 〈소니〉는 스마트폰의 부품인 이미지 센서 분야에서, 〈재팬디스플레이〉는 중·소형 LCD 패널 분야에서, 〈니치아화학〉은 LED 분야에서 각각 세계시장 1위를 확보했다. 또한, 최근에 중국기업은 한국기업의 기술보다 더 우수한 기술을 활용하여 LCD 패널을 이미 생산하고 있으며 OLED 생산 시설을 확대하고 있다.

한편, 장기파동과 관련하여, 크리스토퍼 프리만(C. Freeman, 1984)[31]과 페레즈(C. Perez, 1985)[32]는 조셉 슘페터(Joseph A. Schumpeter)[33] 이론에 바탕을 두고 불황→호황으로의 전환(즉, 하위 전환점)을 촉발하는 요인이 무엇인가를 조셉 슘페터(Joseph A. Schumpeter)[34]의 이론을 독창적으로 재구성하여 다음과 같이 설명했다. 기술변화가 사회적 및 경제적 요인에 의해 가속화되거나 지체되어진다는 가정하에 장기파동(Long Waves)의 상승추세나 하강추세는 각각 기술-경제적 패러다임(Techno-Economic Paradigm)과 사회·제도적 틀(Social-Institutional Framework)의 정합(Good-match)과 부(不)정합(Mis-match)에 의하여 야기된다는 것이다. 즉 새로운 기술경제 패러다임과 사회제도적 혁신이 좋게 정합(Good- Match)되면 상승국면(Upswing)이 시작되고, '혁신의 군집'(Clustering of Innovation) 과정과 하부구조 투자(Infrastructure Investment)가 확대되면서 새로운 기술-경제적 패러다임이 확산 및 일반화됨에 따라 성장 잠재력이 활성화됨으로써 호황의 정점에 이르게 된다는 것이다.

일반적으로, '기술-경제적 패러다임'(Techno-Economic Paradigm)의 이행속도는 사회 및 제도적 틀의 이행속도보다 빠르다. 이러한 시차가 존재하는 이유는 특정한 기술혁명(Technological Revolution)이 완전히 활용 및 확산되고 그 성장잠재력을 모두 시현하는데 필요한 조건들이 현존 사회·제도적 체계와 부(不)정합(Mismatch)되기 때문이다. 이 결과, 새로운 기술-경제적 패러다임(Techno-Economic Paradigm)과 과거 기술-경제적 패러다임 사이의 균열 및 갈등, 즉 '부정합'(不正合)은 불가피해진다. 결국, '구조적 위기'(Structural Crisis)가 사회 및 제도적 틀의 재편성을 강요하게 된다. 마침내 적절한 사회·제도적 틀이 만들어져 새로운 기

31 C. Freeman(1984), "Prometheus Unbound", Futures, Vol. 16, No. 5, pp. 498–500.

32 C. Perez(1985), "Microelectronics, Long Waves&World Structural Change", World Development, Vol. 13, No. 3, pp. 445–447.

33 Joseph A. Schumpeter(1941), Capitalism, Socialism and Democracy.

34 Joseph A. Schumpeter(1941), Capitalism, Socialism and Democracy.

술-경제적 패러다임(Techno-Economic Paradigm)과의 정합(正合)에 성공할 때 호황(好況)이 도래한다.

따라서 불황(不況)의 타개는 기술혁신(Technological Innovation)만으로는 불가능하며, 이에 걸맞은 사회제도적 혁신이 수반되어야 한다는 것을 알 수 있다.[35] 특히 페레즈(C. Perez, 1986 및 1988)는 사회·제도적 조건을 주어진 경제체계의 외생적인 것으로 간주하였던 조셉 슘페터(Joseph A. Schumpeter)와는 달리, 자본주의는 두 가지, 즉 ① '기술-경제적' 하위체계와 ② '사회·제도적' 하위체계로 이루어지는 하나의 총체적 체계라고 주장하였다.[36]

단기 경기순환 주기는 '기술-경제적' 하위체계에 의하여 설명될 수 있다. 그러나 장기파동은 순수한 경제적인 현상이 아니라 '기술-경제적' 하위체계 및 '사회·제도적' 하위체계의 조화 또는 부조화의 현상이라는 것이다. 즉 장기파동은 총체적 체계 진화 단계 또는 하나의 발전양식으로서 '기술-경제적 패러다임'(Techno-Economic Paradigm)에 의해 특징지어진다는 것이다.

다른 한편으로, 페레즈(C. Perez, 1986 및 1988)는 장기파동의 과정을 다음과 같이 설명하였다. 현존 기술-경제적 패러다임(Techno-Economic Paradigm) 하에서 신제품(New Product)과 신공정(New Process)을 위한 투자 기회가 쇄진해지고 상승기의 최대 성장부문이 큰 타격을 입게 되고 경제 내에 다양한 불균형이 조성되어 경제활성화를 위한 새로운 수단을 강구해야 한다는 압력이 사회전체에 가중된다. 하강기에는 사회의 모든 조직에서 변혁을 반대하는 기득권의 저항과 정부정책의 시행착오 등이 일어나며, 대다수 노동계층은 큰 고통을 겪게 되고, 국제적으로는 약소국이 세계 경제 재조정의 고통을 부담하게 된다. 경제 불균형은 더욱 심화되어 사회제도적 변화요구가 분출하게 된다. 그러나 장기간 불황기에는 이러한 변화 요구가 수용되지 않는다. 따라서 기술-경제적 패러다임(Techno-Economic Paradigm)과 사회제도적 체계의 부정합(不整合) 현상이 지속됨에 따라 전반적인 구조개혁 작업이 필요하게 된다.

여기서 유의할 것은 '사회·제도적 혁신과정'(Social/Institutional Innovation Process)이란 기존제도 하에서 기득권층과 이익집단들의 이해관계의 상충이 불가피한 '갈등 과정'임과

---

35 C. Perez and C. Freeman(1988), "Structural Change&Assimilation of New Technologies in the Economic&Social System", C. Freeman et al., (ed.), Technical Change&Economic Theory, London : Pinter Publishers, pp. 58—60.

36 C. Perez(1986), "Structural Change and Assimilation of New Technologies in the Economic and Social System", C. Freeman(ed.), Design, Innovation and Long Cycles, pp. 32~33.
C. Perez(1988), "New Technologies&Development", C. Freeman and B. Lundvall(ed.), Small Countries Facing the Technological Revolution, London and New York ; Pinter Publishers, pp. 86—89.

동시에 새로운 사회·정치질서의 '태동 과정'이라는 점이다. 이 과정에서, 과거의 장기파동에서 크게 성공했었던 국가가 강한 사회·제도적 '관성'으로 인하여 오히려 새로운 기술-경제적 패러다임(Techno-Economic Paradigm)에 신속하게 성공적으로 적응한 국가에게 세계 주도권을 상실할 수도 있다는 것이다. 이처럼 페레즈(C. Perez)의 장기파동 이론은 혁신들이 어떻게 발전 및 확산되고, 어떠한 조건하에서 추격(Catch-Up)과정을 시작할 수 있는가를 설명한다.

따라서 '기술혁명'(Technological Revolution)은 결코 잡다한 신제품과 신장비가 아니며, 일련의 공유된 원칙들에 기초한 상호연관체이다. 각 기술혁명(Technological Revolution)은 엔지니어, 경영자, 투자가들의 '상식'에 심각한 변화를 가져온다. 최선의 생산방법과 가장 높은 수익성을 창출할 수 있는 경제활동이 이상적 모형으로써 새로운 기술-경제적 패러다임(Techno-Economic Paradigm)이 창출된다. 다시, 이것은 경제구조를 완전히 바꾸어 버린다. 즉 새로운 산업은 과거의 선도적 산업들을 대체하고 산업들 사이의 상호관계를 변화시키며, 새로운 투자기회를 창출하고 기존의 산업 및 서비스를 붕괴시키고, 새로운 장비에 수반하는 조직상의 변화를 야기시키며, 이러한 변화는 노동자뿐만 아니라 과거에 성공했던 경영관리자 및 기술자들에게도 적용된다.

따라서 기술-경제적 패러다임(Techno-Economic Paradigm)의 변화는 ① 낡은 장비의 대체, ② 사회적 관행과 제도의 변혁, ③ 지식, 경험, 숙련의 변화 등과 같이, 모든 수준에서 이른바 조셉 슘페터(Joseph A. Schumpeter)의 '창조적 파괴'(Creative Destruction)를 야기한다는 것이다.

2) 세계 경제와 한국의 산업기술 발전사

상기의 이론적 주장을 뒷받침할 수 있는 세계사적 사실들을 열거하면 다음과 같다. 방직공업의 기계화는 영국에 있어서 최초의 거대한 경제 부흥을, 증기기관과 철도는 빅토리아 여왕(Queen Victoria) 시대(1837~1901)의 호황(Victorian boom)과 19세기 대영제국의 전성기를, 전기, 중화학공업, 철강 생산방법의 혁명적 변화는 벨 시기(Bell Epoch)를, 석유화학 대량생산기법 등은 제2차 세계대전(1939~1945) 이후의 번영을 각각 가져왔다.

잠시 회고해보면, 1970년대 초반 한국 정부는 철강, 비철금속, 화학, 기계, 조선, 전자 등 6개 중화학공업부문을 중점적으로 육성하기로 정책방향을 설정하였다. 그 배경은 당시 세계적 불황 속에서 노동집약적 경공업 제품에 대한 선진국의 수입규제 조치가 강화되고 있었고, 후발 개발도상국의 추격이 가속화되었기 때문이다. 또한, 국가 안보적 목적으로 인

그림 4-11 한국 산업구조의 발전 과정

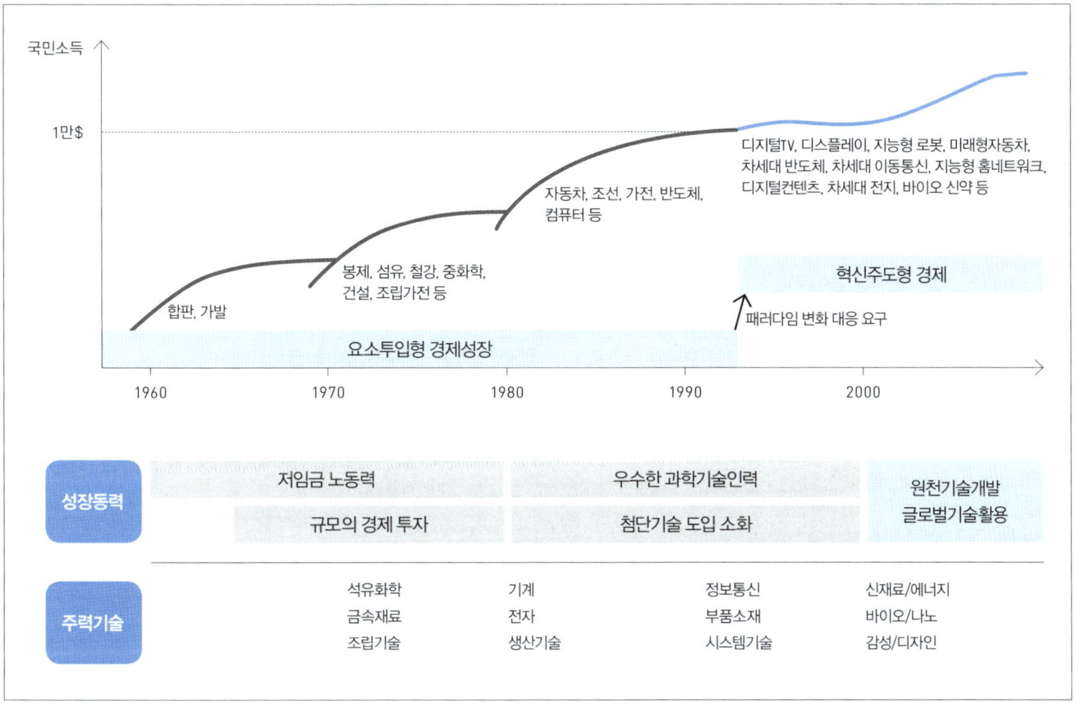

자료 산업자원부(2004. 9), 기술사업화촉진종합대책(안)에서 인용.

해 중화학공업에 대한 집중 투자를 위해 국내·외 자원 동원, 전략 부문별 산업기지 건설, 사회간접자본(SOC) 확충 등을 본격적으로 추진하였다. 그 덕분으로, 한국 기업은 1970년대 중화학공업 부문에의 과감한 투자에 힘입어 1980년대 중후반에 도래한 3低(저금리, 저유가, 저환율) 호기를 최대한 활용하였다.

예로서, 1970년대 후반 이후 일본의 반도체 업체들이 DRAM 등에 집중 투자하여 급성장하자, 국내 반도체 산업도 한 단계 도약이 필요하다고 인식하였다. 1983년 DRAM 반도체 분야에 진출한 후 1998년 이후에는 선발국인 일본을 추월하는 등 'DRAM 분야 세계 1위'로 등극하였다. 1988~1997년간 「삼성전자」의 연평균 DRAM 투자액은 약 4억 달러로 일본 반도체 상위 4大 업체(도시바, NEC, 히타치, 후지쓰) 평균의 2.8배를 기록하였다.[37] 또

37 신장섭·장성원(2006), 『삼성반도체 세계 일등 비결의 해부』, 서울 : 삼성경제연구소.

표 4-21 한국의 산업기술력 : '세계적 산업강국'

구분	내용
와이브로 기술	모바일 와이맥스(와이브로의 해외 명칭)는 고속으로 이동하면서 인터넷을 사용하는 기술로서 한국이 세계 최초로 상용화하였으며 세계시장을 주도하고 있다.
조선(선박) 기술	한국은 세계 1위의 선박강국이다. 한국은 대형 유조선과 컨테이너선, 화물선은 물론이고 특수 쇄빙선과 초대형 LNG (천연가스 운반선), 그리고 각종 군함과 이지스 순양함까지 제작하는 명실상부한 세계 최고의 조선강국이다. 그러나 소재·부품(Satellite Communicator 등 주요 전기·전자 장비/고장력 합판 등 특수합판소재)의 수입의존도는 10%, 대(對)일본 수입의존도는 60%이다.
반도체 기술	한국이 세계 1위이다. 특히 메모리 분야에서는 한국이 세계시장을 독점하고 있다. 그러나 소재·부품(웨이퍼[Wafer]를 비롯한 칩[Chip] 제조용 각종 소재)의 수입의존도는 65%, 대(對)일본 수입의존도는 50%이다.
인터넷 기술	한국은 세계 1위의 인터넷 보급기술을 가진 국가이며, 한국의 인터넷 사용자 수는 세계 3위 (100명당 61명)이다. • 2002년 기준 인구 100명당 초고속인터넷 가입자 수의 측면에서 한국이 세계 1위(21.3명), 홍콩(14.6명)·캐나다(11.5명) 등 2·3위 경쟁국과도 차이가 크다. • 인구 1000명당 인터넷 이용자 수(2003년)의 측면에서, 한국은 아이슬란드(675명)에 이어 세계 2위(603명)를 차지했다. • 인구 100명당 PC(개인용 컴퓨터) 보급대수의 측면에서 한국은 55대로 세계 8위이다.
휴대전화 기술	휴대전화 판매량(세계시장의 40%)의 측면에서 한국이 세계 1위이다.
LCD 모니터	기술과 생산, 공급 등 모든 면에서, 한국은 세계 1위이다. 그러나 LCD, 스위치(Switch)류, CPU, 중앙제어 및 전원부 특수 IC류에서 대(對)일본 수입의존도가 80%이다.
MP3 기술	MP3 R&D 투자와 기술력의 측면에서 한국은 세계 1위이며, MP3의 매출액을 보면 한국이 세계 2위이다.
TV 수상기 기술	한국의 생산량이 세계 2위이다.
가전 기술	한국은 세계 2위의 가전제품 수출국이다. 또한, 한국은 세계 2~3위의 제조 경쟁력, 기술력, 시장점유율을 가진 국가이다.
고속전철 기술	한국은 세계 4위의 고속전차 개발 국가이다. 시속 300Km 이상의 고속전철을 개발한 국가는 현재 일본, 프랑스, 독일에 이어 한국이 세계 4번째이다.
휴먼로봇 개발 기술	휴먼로봇 개발기술의 측면에서 한국은 일본–미국–영국에 이어 세계 4위이다. 한편, 산업로봇이나 우주항공 로봇, 군사용 로봇에는 독일–프랑스–러시아–이스라엘–중국 등에 이어 한국이 세계 9위의 기술개발국이다. 그러나 소재·부품(센서[Sensor]류·CCD 카메라 등 감각 인식장치, 교류 서보전동기 볼 스크루[AC Servo Motor Ball Screw] 등)의 수입의존도는 75%, 대(對)일본 수입의존도는 85%이다.
화섬·에틸렌·가정용 냉장고	이들의 생산량은 각각 세계 4위이다.
가정용 세탁기	한국의 생산량은 세계 5위이다.
원자력 기술	한국은 약 20개의 핵 발전소를 보유한 세계 5위의 핵 원자력 강국
철강 생산 기술	한국은 세계 5위의 철강 생산능력(포철, 광양제철 등의 철강 생산량은 4,600만t)을 가진 국가이다.
자동차 기술	자동차 생산대수(연간 350만대의 자동차 생산)를 보면 미국·일본·독일·중국·프랑스에 이어 한국이 세계 6위이다. 그러나 부품·소재(Auto T/M 등 동력전달장치용 부품, 주입기·연료펌프[Injector·Fuel Pump] 등 전력발생장치용 주요 부품 등)에서 한국의 수입의존도는 20%, 대(對)일본 수입의존도는 70%이다.

자료 Lim, Yang–Taek(2000), *Korea in the 21st Century*, New York : NOVA Science Publishers, Inc.
임양택(2003), 「우리나라 산업경쟁력과 유망산업의 기술 로드 맵에 관한 연구」, 한양대학교 신뢰성분석연구센터.
임양택(2007), 「한국의 비전과 국가경영전략」, 나남출판사.

한, 1986년 국산 전전자(全電子) 교환기(TDX : Time Division Exchange)[38]의 개통은 정보통신 산업 발전의 기반으로 작용하였다.

DRAM의 성공은 1990년대 TFT-LCD 진출로, TDX의 성공은 CDMA 방식 휴대전화(1996), DMB 방송(2005), 휴대인터넷 서비스(2006) 등의 세계 최초 상용화로 각각 연결되면서 명실공히 IT 강국으로 도약하는데 크게 기여하였다.[39] TFT-LCD의 경우 「삼성전자」와 「LG디스플레이」의 세계시장 점유율은 각각 23%, 21%로 세계 1, 2위(2007년 출하액 기준)를 기록하였다.[40]

휴대전화의 절대강자였던 노키아(NOKIA)는 단 한 번의 방심과 혁신의 실패로 5년 만에 주가가 20분의 1토막이 났다. 일본의 소니(SONY)도 옛 영광(주가 : 1996년 32달러 → 2000년 150달러)에 자만하다가 한국의 공세에 밀리고, 컴퓨터와 휴대전화 분야에서는 애플(APPLE)에 밀리면서 현재 본사까지 매각해야 할 상황으로 추락했다.

상기한 한국 기업의 도전은 명실공히 대한민국을 산업강국을 만들었다. 그러나 금융산업은 매우 낙후되어 있다. 이것은 한국인의 제2 도약의 과제이다. 이러한 시각에서, 한국정부는 금융산업의 경쟁력 제고를 위하여 무엇을 할 것인가를 역사적 소명으로 인식하기를 저자는 소망한다.

여기서 유의할 것은 슘페테리언(Schumpeterian)의 기술혁신인 '창조적 파괴'(Creative Destruction)로 인하여 기업 경쟁력의 구조가 변화하고 있다는 점이다. 왜냐하면 21세기에 들어서면서 시장의 성숙화 이행, 경쟁 격화, 고객 욕구의 다양화로 인하여 시장은 더욱 세분화 및 협소화되어 가고 있기 때문이다.

상술하면, 세계화 및 개방화로 인하여 자본과 노동의 국제이동이 원활해지면서, 노동·자본과 같은 생산요소에 의한 경쟁력보다는 기술력·브랜드·신제품 개발능력 등 무형자산의 경쟁력이 보다 중요해지고 있다. 이 결과, 자본·노동의 원활한 공급 못지않게 지식·기술·정보의 창출, 공유, 확산을 촉진하는 기업·산업 시스템 구축이 중요한 경쟁력 기반이 되고 있다.

최근에도 한국 기업인들의 도전은 끊임없이 전개되고 있는데, 예를 들면 다음과 같다.

38 전화 교환기는 수동식 → 기계식 → 반(半)전자식(제어부분은 전자식, 선로교환부분은 기계식) → 전(全)전자식(제어부분 및 선로교환부분 모두 전자식) 교환기로 발전해 왔다.

39 CDMA(Code Division Multiple Access)는 확산대역기술을 사용한 '부호분할 다중접속방식'이다.

40 전자부품연구원(2008), "디스플레이 부품 개황 및 TFT-LCD".

① 삼성전자의 최첨단 V낸드 3차원 수직구조 반도체
② 삼성SDI · SK이노베이션 · LG전자 · 이노텍 · 화학, 자동차 부품(전기차 배터리)과 에너지 저장 장치(ESS)
③ 현대자동차 : 친(親)환경차와 스마트카
④ 포스코 : '리튬 직접 추출기술'의 상용화
⑤ 한화그룹 : 태양광 분야 수직계열화(폴리실리콘-셀-모듈-발전시스템)
⑥ 두산중공업의 발전플랜트 분야에서 정보통신기술(ICT) 활용 가속화
⑦ KT : 기가 인프라를 바탕으로 한 초고화질(UHD) 기가 TV와 융합 에너지 최적화를 위한 KT-MEG(마이크로 에너지 그리드)
⑧ GS 그룹 : 아시아 최대규모의 바이오매스 발전소 건설

상기한 한국 기업들의 눈부시고 눈물겨운 도전은 명실공히 대한민국을 '산업강국'을 만들었다. 그러나 금융산업은 매우 낙후되어 있다. 이것은 '대한민국의 제2 도약'을 위한 국가적 과제이다. 이러한 시각에서, 한국 정부는 금융산업의 경쟁력 제고를 위하여 무엇을 할 것인가를 '역사적 소명'으로 인식하기를 저자는 권고하고 소망한다.

3) 탈(脫) 경제위기 방안 : '기술교착 상태'의 극복

전술한 슘페테리언(Schumpeterian)의 기술혁신인 '창조적 파괴'(Creative Destruction)로 인하여 기업 경쟁력의 구조가 변화하고 있다. 상술하면, 세계화 및 개방화로 인하여 자본과 노동의 국제이동이 원활해지면서, 노동·자본과 같은 생산요소에 의한 경쟁력보다는 기술력·브랜드·신제품 개발능력 등 무형자산의 경쟁력이 보다 중요해지고 있다. 이 결과, 자본·노동의 원활한 공급 못지않게 지식·기술·정보의 창출, 공유, 확산을 촉진하는 기업·산업 시스템 구축이 중요한 경쟁력 기반이 되고 있다.

따라서 최근의 장기 침체(Secular Stagnation)의 돌파구는 '기술-경제적 패러다임'(Techno-Economic Paradigm)에 의거한 '기술교착 상태'(Technological Stalemate)의 타개이다. 이것은 주요산업(철강·조선·자동차·반도체·컴퓨터·정보통신 등)의 세계시장 주도권 변천사가 바로 '기술-경제적 패러다임'(Techno-Economic Paradigm)의 변화였다는 점에서 자명(自明)해진다.

요컨대, 진정한 '탈(脫) 경제위기 방안'은 '기술-경제적 패러다임'(Techno-Economic Paradigm)에 입각하여 '기술혁명'(Technological Revolution)에서 찾아야 하며, 그것을 산업에 제대로 착근 및 작동될 수 있도록 '금융'이 제대로 소기의 역할을 수행해야 한다고 저자는 한

평생 믿어왔으며 이를 연구와 강의를 통하여 강조해왔다. 이 경우 경제성장과 고용창출은 연계될 수 있을 것이며, 이러한 연계구조하에서 완전고용에 바탕을 둔 복지사회(Welfare Society)의 장·단기 프로그램이 설계되어야 할 것이다.

그렇다면, 한국은 탈(脫) 경제위기를 위하여, 즉 '기술교착 상태'(Technological Stalemate)의 극복을 위하여 연구개발(R&D)과 기술혁신을 위하여 어떻게 노력하고 있는가? 이를 더욱 촉진할 수 있는 정책방안은 무엇인가?

(1) 연구개발(R&D) 투자로 경제성장 잠재력 확충

일반적으로, 경기침체 혹은 경제위기는 혁신투자의 경기순응성, 위험프리미엄의 급증, 구조조정의 유인 증가 등을 야기함으로써 연구개발(R&D) 투자를 위축시키며, 이는 다시 총요소생산성(Total Factor Productivity)과 잠재적 경제성장률(Potential Growth Rate)을 떨어뜨린다. 상기한 일반론에 대한 실증적 분석을 살펴보면 다음과 같다.

Voigt Peter and Pietro Moncada-Paterno-Castello(2009)[41]는 경기침체기에는 재원확보의 어려움으로 인해 신규 연구개발(R&D) 과제의 추진이 지연되고, 심지어 진행 중인 연구개발(R&D) 활동이 감축 내지 중단될 수 있다고 주장했다.

Furceri, Davide and Annabelle Mourougane(2009)[42]는 1960~2007년 기간의 30개 OECD 국가들의 자료를 이용하여 금융위기가 잠재GDP에 미치는 효과를 분석하였는데, 그 결과 금융위기의 발생은 항구적으로 잠재GDP를 1.5~2.4%만큼 감소시키는 것으로 나타났다. 금융위기가 매우 심각했었던 스페인(1977), 노르웨이(1987), 핀란드(1991), 스웨덴(1991), 일본(1992) 등 5개국의 경우, 금융위기의 발생은 잠재GDP를 항구적으로 4% 정도까지 감소시키는 것으로 나타났다.

상기한 실증적 분석과는 대조적으로, 경제위기의 상황하에서, 오히려 성장잠재력 확충을 위해서는 기업가 정신(Entrepreneurship)을 함양하여 연구개발(R&D) 투자에 기반한 혁신이 필요하다는 실증적 연구결과는 다음과 같다.

41 Voigt Peter and Pietro Moncada–Paterno–Castello(2009), "The Global Economic and Financial Downturn : What Does It Imply for Films' R&D Strategies?", IPTS Working Paper on Corporate R&D and Innovation No. 12/2009, Institute for Prospective Technological Studies, Joint Research Center, European Commission, May.

42 Furceri, Davide and Annabelle Mourougane(2009), "The Effect of Financial Crisis on Potential Output : New Empirical Evidence from OECD Countries", OECD Economic Department Working Paper No. 699, May 22.

Ernst&Young(2009)[43]에 따르면, 경기침제기야 말로 기업의 규모와 관계없이 신규 시장기회를 선점하기 위해 기업가 정신을 발휘할 수 있는 좋은 기회이며, 대다수의 글로벌 기업들은 바로 이러한 경기침제기에 태동되었거나 혁신에 기초한 성장을 이룩하였다고 주장했다. 상기 연구는 경기침체를 극복하는 열쇠는 바로 '기업가 정신'(Entrepreneurship)이며, 따라서 가장 중요한 성장동력인 기업가(Entrepreneur)를 양성하고 보호하는 데 있어 정부의 역할을 강조했다.

구체적으로, '기업가 정신'(Entrepreneurship)을 함양하기 위한 정책으로서 ① 혁신을 위한 교육체제 강화 및 투자 확대, ② 기업과 글로벌 시장의 연계 강화, ③ 국내 자본시장의 신뢰 구축, ④ 기업관련 행정절차 및 요건의 간소화, ⑤ 경쟁력 있는 연구개발(R&D) 프로그램의 구축, ⑥ 실패에 대한 관용 및 기업청산의 용이성 제고, ⑦ 민간부분과 공공부분 간의 건전한 파트너십 강화, ⑧ 혁신친화적 조세제도 구축 등을 제시하였다.

한편, 한국산업연구원(2009)의 실증적 분석결과는 다음과 같다.[44] 현재의 GDP 증가율 충격은 현재의 연구개발(R&D) 투자 증가율에 통계적 유의성을 가지고 정(正)의 효과를 미치는 것으로 나타났고, 현재의 연구개발(R&D) 투자 증가율 충격은 1년 후의 GDP 증가율에 정(正)의 효과를 미치는 것으로 나타났다. 사실, 한국의 경우 1997년 하반기 외환위기 시(時), 연구개발(R&D) 투자가 GDP보다 더욱 크게 축소됨으로써 그 후 한국 경제의 성장잠재력에 부정적인 영향을 미쳤었다.

(2) 한국 기업의 혁신 활동 현황 및 문제점과 국제비교

① 현황 및 문제점

상기의 정책방향과 관련하여, 한국 산업의 혁신 활동 현황과 주요국의 산업의 혁신 활동 현황을 두 가지, ① 내부 혁신 활동과 ② 외부 자원 활용에 의한 개방적 혁신 활동의 측면에서 비교 분석하고 한국 산업/기업의 혁신 활동을 촉진할 수 있는 정책방안을 제시하고자 한다.

---

43 Ernst&Young(2009), "Entrepreneurship and Innovation : The Keys to Global Economic Recovery."

44 산업연구원(2009), "경제불황기의 R&D와 성장잠재력", 산업경제정보 제452호(2009-27). 상기 연구에서 추정 기간은 1971~2007년의 기간임. 변수들의 배열순서는 GDP 증가율, 연구개발(R&D) 투자 증가율의 순으로 구성하였는데, 이는 연구개발(R&D) 투자 증가율이 경기순응적(procyclical)이라는 가정을 나타낸다. 한편, 자연로그를 취한 GDP와 연구개발(R&D)투자는 단위근을 갖고 있고 두 변수 간에는 공적분관계(cointegration relationship)가 성립하지 않아 로그 차분 변수(증가율 변수)들로 구성된 VAR모형을 추정하였다.

내부 혁신 활동

현대경제연구원(2018)[45]의 발표자료에 의하면, 한국의 전산업은 2011년 이후 매출 감소에도 불구하고 연구개발(R&D)을 늘려 연구개발(R&D) 집중도(매출액 대비 R&D 비중)가 2016년 2.8%를 기록했다. 그렇지만 대형기업(자본금 500억 원 이상)의 연구개발(R&D) 집중도는 3.3%에 달한 반면에 중형 기업(100억 원~500억 원 미만) 연구개발(R&D) 집중도는 1.7%로 가장 낮다. 이는 일본의 소기업(자본금 10억 엔~100억 엔 미만)의 연구개발(R&D) 집중도 3.5%와 비교해도 매우 저조하다.

국내 총연구개발비에서 기업부문 R&D(BERD : Business Enterprise Expenditure on R&D)를 국제비교한 현대경제연구원(2018)의 연구결과는 다음과 같다. 한국이 74.5%로서, 이는 미국(64.2%), 독일(65.6%) OECD 평균(62.2%)보다 큰 반면에 일본(78.0%)에 비해 약간 낮다. 그리고 한국의 경우 상위 5대 기업의 연구개발(R&D) 비중이 44%로 크며(미국 15%, 일본 24%, 독일 58%), 특히 상위 1위 기업의 연구개발(R&D) 비중이 28%(미국 4%, 일본 8%, 독일 22%)로 매우 크다.

또한, 한국은 2015년 기업부문 연구개발(R&D)(경상, PPP $) 중에서 제조업 비중은 89.6%, 서비스업 비중이 8.0%로 나타났다. 이와 반면에, 서비스업 연구개발(R&D) 비중의 경우 일본 12.1%, 독일 12.4%(2014년), 미국 29.9%(2014년)에 비하여 한국의 서비스업 비중(8.0%)은 매우 저조하다. 그럼에도 불구하고, 서비스업 연구개발(R&D)이 매년 거의 두 자릿수로 증가해 왔으나 상기 비중이 2013년에 2.7% 증가로 크게 둔화되었고, 심지어 2015년에는 2.2% 감소하였다. 참고로, 2014년 미국 서비스업 연구개발(R&D) 비중을 100%로 두고 비교해보면, 한국은 4.6%로서 일본(16.2%), 독일(9.1%) 중에 가장 작다.

한편, 전문과학 및 기술서비스의 연구개발(R&D) 투자액이 급증(+92.4%)하여 연구개발(R&D) 집중도가 1.2%P 증가하여 14.5%였다. 그러나 일본의 학술연구, 전문/기술 서비스의 연구개발(R&D) 집중도가 14.5%로 한국의 전문 과학 및 기술 서비스(4.1%)에 비하여 매우 높다.

첨단기술제조업 연구개발(R&D)이 역성장으로 전환했으며, 정보통신기술(ICT) 부문에 대부분(94.2%) 투입되고 있다. 최근 감소세 경향을 보였던 첨단제조업(ICT, 제약, 항공우주 등)의 연구개발(R&D)이 2015년에 빈진하여 증가했으며, 그리고 94.2%가 정보통신기술(ICT)에 투입되었다. 참고로, 미국, 일본, 독일은 첨단기술제조업 연구개발(R&D)의 약 50~60%는 정보통신기술(ICT)에, 약 30~40%는 제약에 각각 투입되었다.

45 현대경제연구원, 국내 산업의 혁신 활동 현황과 정책적 시사점, VIP리포트, 18-08(통권 723호) 2018. 3. 26.

사실, 혁신 활동을 수행한 한국 기업의 비중이 58%(2013~2015년)로 나타나 크게 증가하였지만 독일(67%)에 비하여 저조하다. 그 요인은 제품혁신과 조직혁신, 마케팅혁신의 측면에서 한국 기업의 혁신 활동이 매우 부진하기 때문이다. 특히 제품혁신 측면에서 보면, 한국 기업의 '최초 제품' 출시가 국내시장과 세계시장에서 모두 감소하고 있다.

외부 자원 활용에 의한 개방적 혁신 활동

한국 기업의 경우, 외부 자원(공동 R&D, 특허권 구매 등)을 활용하는 개방적 혁신(Open Innovation) 활동이 저조하다. 상술하면, 외부와 협력해 제품혁신과 공정혁신을 수행하는 국내 제조업의 개방적 혁신은 2013~2015년 19.3%(일본의 경우 62.0%)로서 2011~2013년 31.3%에 비해 크게 하락했으며, 국내 서비스의 개방적 혁신은 동 기간 21.7%에서 12.4%(일본의 경우 59.0%)로 떨어졌다. 또한, 한국 기업은 외부로부터 노하우, 특허권 등 지식을 구매하는 것도 저조하다.

전체 산업의 인수·합병(M&A)은 2012~2014년의 인수·합병(M&A)에 비해 2015~2017년에 24.6%로 증가한 반면에 제조업의 인수·합병(M&A)은 오히려 24.2% 크게 감소했다(중국 84.1%, 일본 59.6%, 미국 42.4%). 한편, 제4차 산업혁명 관련 업종을 인수·합병(M&A)한 경우, 한국은 2015~2017년에 이전 3년간보다 17% 늘었다.

② 국제비교

최근에 한국산업의 혁신 활동 현황을 조사하여 이를 국제비교한 현대경제연구원(2018)[46]의 연구결과를 요약하면 다음과 같다.

① 한국 산업의 연구개발(R&D) 집중도(매출액 대비 R&D 비중)는 2016년 2.8%를 기록했다. 기업 규모별로 보면 대형기업(자본금 500억 원 이상)의 연구개발(R&D) 집중도는 3.3%로, 중형 기업(100억 원~500억 원 미만)의 연구개발(R&D) 집중도는 1.7%로 각각 나타났다. 이와 대조적으로, 일본의 소기업(자본금 10억 엔~100억 엔 미만)의 연구개발(R&D) 집중도는 3.5%였다.

② 국가 전체의 총연구개발비에서 기업부문 R&D(BERD : Business Enterprise Expenditure on R&D)를 국제비교해보면, 한국이 74.5%로서 미국(64.2%), 독일(65.6%), OECD 평균(62.2%)보다 높은 반면에 일본(78.0%)보다 약간 낮다. 그리고 한국의 상위 5대 기업의 연구개발

46 현대경제연구원(2018), 국내 산업의 혁신 활동 현황과 정책적 시사점, VIP리포트, 18-08(통권 723호).

(R&D) 비중이 44%로서 크며(미국 15%, 일본 24%에 비하여 크지만, 독일 58%에 비하여 작다. 특히, 한국의 상위 1위 기업의 연구개발(R&D) 비중은 28%(미국 4%, 일본 8%, 독일 22%)로 매우 크다.

③ 2015년 기업부문 연구개발(R&D)(경상, PPP $) 비중을 산업별로 보면, 제조업은 89.6%로, 서비스업 8.0%로 각각 나타났다. 특히, 첨단기술 제조업(ICT, 제약, 항공우주 등)의 연구개발(R&D)금액이 2015년에 반전하여 증가하였으나 대부분(94.2%)이 정보통신기술(ICT) 부문에 투입되고 있다. 참고로, 미국, 일본, 독일의 경우 첨단기술 제조업 연구개발(R&D)의 약 50~60%는 정보통신기술(ICT)에, 약 30~40%는 제약에 각각 투입되었다.

전술한 한국 산업의 혁신 활동 현황을 종합적으로 보면, 한국의 전체 기업 중에서 58%(2013~2015년)가 혁신 활동을 추진하고 있지만, 이것은 기술선진국(예로서 독일, 67%)에 비하여 저조하다는 것을 알 수 있다. 그 요인은 한국 기업의 혁신 활동이 제품혁신, 조직혁신, 마케팅혁신의 측면에서 매우 부진하기 때문이다. 특히 제품혁신 측면에서 보면, 한국 기업의 '최초 제품' 출시가 국내시장과 세계시장에서 모두 감소하고 있다. 따라서 기업의 혁신 실행에는 과거와 달리 빅데이터, 인공지능(AI), 로봇 등 새로운 정보통신기술(ICT)과 같은 핵심 기술을 비롯하여 인력, 라이센스 등 지식재산권의 확보가 필요하다. 따라서 상기한 핵심 기술을 비롯한 혁신 수행에 필요한 방법 및 자원을 정부가 적극적으로 제공 및 지원할 수 있는 '기업혁신 촉진 인프라'를 구축해야 할 것이다.

③ 개선 방안

한국 산업/기업의 혁신 활동을 촉진하기 위해서는 근본적으로 '성장 사다리' 체계를 강화하는 혁신 정책을 수립해야 한다. 즉 적극적인 혁신 활동을 통해 중소벤처기업에서 중견기업으로, 더 나아가 대기업으로 가가 성장할 수 있도록 혁신 기반의 성장 사다리 체계를 강화하는 정책 개발이 필요하다. 특히 연구개발(R&D) 집중도가 낮으며, 업력이 오래되어 사업이 성숙화할 가능성이 큰 중형 규모 기업(100억 원~500억 원 미만)을 대상으로 연구개발(R&D) 투자를 제고하면서 기존 제품의 고(高)부가가치화와 신사업 진출을 도모하는 정책이 필요하다.

이와 함께, 현재 국내 혁신을 주도하는 대기업에게 벤처기업 혹은 중소·중견기업과의 외부 자원(공동 R&D, 특허권 구매 등)에 의한 개방적 혁신(Open Innovation) 활동을 적극 권장하고, 미래를 대비한 창의적, 도전적 과제에의 투자를 촉진할 수 있도록 지원함이 바람직할 것이다.

제4차 산업혁명의 연결 및 융합 트렌드에 맞춰서, 자금(직접지원), 조세(간접지원)를 통하여 민간부문의 혁신 투자를 촉진하는 '포괄적'인 국가혁신정책이 필요하다. 즉, 기술 및 제품·공정을 위주로 지원하는 종전의 기술개발정책으로부터 향후에는 사업개발, 나아가 가치사슬을 재편하는 등의 비즈니스 모델 개발까지 포괄하는 것으로 확대하여 제조와 서비스 부문이 융합된 혁신 정책이 긴요한 것이다.

여기서 유의할 것은 서비스 혁신이 뒷받침되지 않은 채, 제조 혁신만으로는 제조업뿐만 아니라 산업 전체의 고(高)부가가치화 실현은 사실상 한계가 있다는 점이다. 따라서 제조혁신 정책에 서비스를 결합해 제조업 기반의 서비스 개발을 촉진하는 접근 방식이 필요하다. 혁신형 서비스 개발의 산업경쟁력의 핵심은 혁신을 위한 핵심 기술인 IoT(사물인터넷), 빅데이터, 인공지능(AI) 등을 활용해 제조업과 서비스가 융합된 고(高)부가가치 제품을 개발하고 플랫폼을 확보하는 것이다. 따라서 서비스업종 중에서 첨단제조업 분야의 고(高)부가가치화 실현에 핵심 기반이 되는 전문, 과학 및 기술서비스업에 대한 연구개발(R&D) 등 혁신 활동에 대해 중점지원이 필요하다.

또한, 여기서 유의할 것은 기업의 혁신 실행에는 과거와 달리 빅데이터, 인공지능(AI), 로봇 등 새로운 정보통신기술(ICT)과 같은 핵심 기술을 비롯하여 인력, 라이센스 등 지식재산권의 확보가 필요하지만 개별 기업 차원에서 이러한 혁신 자원을 모두 확보하는 것은 사실상 불가능하다는 점이다. 따라서 핵심 기술을 비롯한 혁신 수행에 필요한 방법 및 자원을 국가 공통적으로 제공 및 지원할 수 있는 '혁신 촉진 인프라'를 구축해야 할 것이다.

구체적으로, 빅데이터, 인공지능(AI) 등을 제공하는 비즈니스 플랫폼, 클라우드 기반 IT 인프라, 데이터 보안 등 관리 체제 등을 구축하고, 이들의 적용 방법을 지원하고 활용 사례를 개발하여 보급할 필요가 있다. 이를 효과적으로 추진하기 위해서, 국가 차원에서 산업 공통적으로 활용할 차세대 기술이나 사업 기반을 보유한 해외 업체를 적극적으로 인수·합병(M&A)하는 것을 고려해 볼 수 있다.

(3) 서비스 산업의 성장동력화 및 고용창출을 위한 혁신

제조업은 여전히 한국 경제의 성장을 주도하고 있지만 경제성장률이 현저히 낮아지고 있으며, 특히 수출주도의 '고용 없는 성장'(Jobless Growth)으로 인해 전체 경제의 활력이 약화되고 있다. 성장동력 확충에 있어서 제조업에 대해 보완적인 역할을 할 것으로 기대하였던 서비스 산업 또한 지난 10년 동안 낮은 경쟁력, 생산성 부진 등으로 인해 경제성장을 견인하는 데 한계를 보였다.

그 결과, 전체 경제성장에서 제조업의 기여율은 1990년대 30.2%에서 2000년대 41.9%로 상승한 반면, 서비스 산업 기여율은 1990년대 58.9%에서 2000년대에는 51.0%

로 오히려 하락하였다. 2016년 기준으로, 한국 서비스 산업의 국내총생산(GDP) 및 고용 비중은 각각 60%, 70% 수준이다.

여기서 유의할 것은 서비스 산업의 고용창출력은 제조업의 1.6배 크지만 서비스 산업에 종사하는 고용의 질(質)이 낮다는 점이다. 그 요인은, 전술한 바와 같이, 낮은 노동생산성과 저조한 연구개발(R&D) 투자이다. 구체적으로 살펴보면, 한국 서비스 산업의 1인당 노동생산성은 제조업의 40% 수준이며 이것은 미국의 절반 수준이다.

전술한 현대경제연구원의 보고서(2018년)에 의하면, 한국의 서비스업 연구개발(R&D) 비중(8.2%)은 일본 12.1%, 독일 12.4%(2014년), 미국 29.9%(2014년)에 비하여 매우 저조하다. 한국의 서비스업 연구개발(R&D)이 매년 거의 두 자릿수로 증가해 왔으나 상기 비중이 2013년에 2.7% 증가로 크게 둔화되었고, 심지어 2015년에는 2.2% 감소하였다. 참고로, 2014년 미국 서비스업 연구개발(R&D) 비중을 100%로 두고 비교해보면, 한국 서비스업 연구개발(R&D) 비중는 4.6%로서 일본(16.2%), 독일(9.1%)에 비하여 매우 작다.

상기와 같이, 매우 저조한 한국의 서비스업 연구개발(R&D) 현황을 업종별로 비교해보면, 주요 서비스업종(도소매, 운수, 정보통신 등) 모두에서 연구개발(R&D) 투자가 감소하였으며 동 업종들의 연구개발(R&D) 집중도는 2013년 대비 2016년에 0.2%P 이내의 차이로 변동이 거의 없었다. 한편, 전문과학 및 기술서비스의 연구개발(R&D) 투자액이 급증(+92.4%)하여 연구개발(R&D) 집중도가 1.2%P 증가하여 14.5%였다. 그러나 일본의 학술연구전문/기술 서비스의 연구개발(R&D) 집중도가 14.5%로 한국의 전문 과학 및 기술 서비스(4.1%)에 비하여 매우 높다.

또한, '서비스 연구개발(R&D) 지원규모 확대'의 구체적인 실행 내용을 보여주는 분야별 서비스 연구개발(R&D) 지원 이행은 더디게 이루어지거나 저조한 실정이다. 연구개발(R&D) 투자활동도 저조한 실정이다. 이는 각 부처의 서비스 연구개발(R&D)에 대한 이해나 경험 부족 등의 측면도 있지만, 가장 주요한 이유는 여러 부처로 분산된 서비스 연구개발(R&D) 지원기능을 국가 전체 차원에서 통합적으로 책임지고 관리하는 주체의 부재(不在) 등 거버넌스체제 취약에 기인한다고 할 수 있다.

따라서 서비스 산업의 성장동력 확충과 경쟁력 강화를 위해서는 서비스 연구개발(R&D) 확대와 혁신능력 향상을 통해 생산성을 제고하고 신(新)산업을 창출함으로써 고용증진과 내수시장 활성화, 나아가 경제 전반의 활력을 도모하는 것이 필요하다.

한편, 선진국은 경제의 서비스화 진전, 경제성장 및 산업의 경쟁력 확보와 관련하여 서비스 산업의 중요성이 점차 높아감에 따라 서비스 산업의 경쟁력 강화를 위해 엔지니어링 등 혁신역량을 강화함으로써 기업활동의 서비스화와 경제의 고(高)부가가치화를 추진하고 있다.

여기서 유의할 것은 글로벌 서비스 경쟁이 격화됨에 따라 대부분의 선진국들은 서비스 연구개발(R&D)과 서비스 혁신을 강화하기 위해 서비스 전용 연구개발(R&D) 지원 프로그램 도입, 서비스 산업 연구개발(R&D) 인프라 정비 등 다양한 정책을 추진하고 있다는 점이다. 구체적인 사례를 들면 다음과 같다.

일본은 2008년 산업총합기술연구소 내 서비스공학연구센터를 신설하여 서비스 연구개발(R&D) 전담 연구기반을 강화하였다.

독일과 핀란드는 각각 In-novation with Services 프로그램과 서비스 프로그램이라는 서비스 연구개발(R&D) 전용프로그램을 도입하여 서비스 연구개발(R&D)을 강화하고 있다. 독일과 영국은 기존 Fraunhofer산업공학연구소와 NESTA(National Endowment for Science, Technology and the Arts) 등을 연구중심기관으로 적극적으로 활용하고 있다.

영국은 서비스기업에 대한 기술(지식)이전을 지원하기 위해 KTP(Knowledge Transfer Partnership) 프로그램을 운영하는 한편, 기업의 '개방형 혁신'(Open Innovation)을 지원하는 민간기관을 설립한 바 있다. 개방적 혁신(Open Innovation)이란 외부 자원(공동 R&D, 특허권 구매 등)을 활용한 제품혁신(Product Innovation)과 공정혁신(Process Innovation)이다.

이와 관련하여, 상기 선진국 정부의 연구개발(R&D) 지원 양상을 보면, 상대적으로 제조업이 발달한 독일과 일본은 기존 산업(제조업)지원 프로그램에서 서비스기업에 대한 지원을 확대하는 방향으로 정책을 추진하고 있다. 이와 대조적으로, 서비스 산업 기반이 강한 핀란드와 노르웨이는 서비스 연구개발(R&D) 전용 프로그램의 도입 등을 통해 서비스혁신을 지원하고 있다. 상기한 서비스 연구개발(R&D) 지원정책의 차이는 서비스 연구개발(R&D) 정책 추진에 있어서 자국의 실정에 적합한 방식을 채택하기 때문에 발생한다.

예를들어, 「코웨이」는 사물인터넷(IoT) 기술을 기반으로 정수기를 사용하는 소비자의 행위 패턴을 분석하고 피드백하여 정수기의 사용가치를 향상시키는 IoCare 제품을 개발 및 출시했다. 왜 소위 'IT 강국'이라는 한국의 서비스 산업이 이러한 착상을 갖지 못하는가?

요컨대, 혁신형 서비스 혁신 실행의 핵심 기술인 사물인터넷(IoT), 빅데이터, 인공지능(AI) 등을 활용해 제조업과 서비스업이 융합된 고(高)부가가치 제품 개발과 플랫폼 확보를 추진할 수 있도록 기술서비스업에 대한 연구개발(R&D) 등 혁신 활동에 대해 중점지원이 필요하다.

또한, 서비스혁신에서 대표적인 사례라 할 수 있는 「애플」(Apple)의 사례를 참조할 수 있다. 「애플」은 컴퓨터 제조기업이었지만 음악서비스에 대한 연구개발(R&D) 활동을 통해 원래 존재하던 음악, 기술 그리고 기기를 결합하여 혁신적인 음악서비스의 개념과 비즈니스 모델을 구축하면서 세계 최고의 서비스기업으로 성장하였다. 그 후 「애플」의 서비스 혁신 모델은 아이폰, 아이패드와 소프트웨어/콘텐츠 앱 그리고 앱스토어의 기술혁신과 마찬가지로 연구개발(R&D)이 지배적인 방법이 결합된 생태계 구축을 통해 세계시장을 선도하였다.

「애플」의 서비스 혁신이 기업의 성과에 미친 효과는 「애플」의 1주당 주가가 초기 아이팟 모델이 출시된 2001년에는 9.35달러에 불과하였으나 현재는 500달러 수준으로 53.5배 상승한 주가변동에 그대로 나타나 있다. 이처럼 「애플」이 디지털 기술혁신을 토대로 음악산업에서도 새로운 비즈니스 모델과 새로운 서비스개념과 전달시스템 그리고 고객인터페이스 혁신에 성공한 것은 기업생태계의 뒷받침이 있기 때문에 가능하였다고 할 수 있다.

물론, 한국에서도 이미 온라인 음악시장의 형성, 급속한 인터넷 보급 등 혁신환경이 조성되어 있었지만 「애플」과 같은 기업이 탄생하지 못한 이유는 혁신을 가능하게 하는 인재, 기업, 사회시스템, 혁신이 가능한 기업생태계의 부재(不在)에 기인한다.

그동안 한국 정부는 서비스 산업의 성장동력화를 위해 규제 완화, 제조업과의 차별해소, 정책지원 확대, 구조 고도화 등 다양한 정책적 노력을 기울여왔다. 그럼에도 불구하고 서비스 산업이 성장동력화되지 못한 이유는 국내 서비스 산업 자체의 혁신능력 부족, 기술금융지원제도의 평가능력 부족, 정책당국자의 철학 부재라고 저자는 사유한다.

(4) 기술개발 금융지원의 필요성

기술을 외생적 요인으로 간주하고 자본과 노동의 투입을 중심으로 경제성장 문제를 다루는 외생적 성장모형(exogenous growth model)과는 대조적으로, 내생적 성장이론(endogenous growth model)은 자본의 축적과 이에 따른 기술개발의 외부효과(positive externality)에 의하여 지속적인 경제성장이 가능하다고 주장한다.

모름지기, 한국 경제가 향후 지속가능한 경제성장을 이룩하기 위해서는 과거의 단순 요소투입형(Input-driven) 외생적 성장구조에서 혁신주도형(Innovation-driven) 내생적 성장구조로의 빠른 전환이 요구되며, 그 핵심수단으로서 기술혁신 활성화가 더욱 중요해지고 있다.

전술한 바와 같이, 아무리 연구개발 성과로서 우수한 기술아이디어가 있더라도 '죽음의 계곡'(Valley of Death)을 건너야만 '상업화'(Commercialization)에 성공할 수 있다는 점이다. 따라서 국내 기술혁신 수농 및 '상업화'(Commercialization)를 위한 효율적인 기술금융지원이 수반되어야 경제성장에 대한 금융산업의 기여도를 높일 수 있다.

지식기반경제시대에 있어서 지식, 기술, 브랜드 등 무형자산(Intangible Assets)의 가치가 기업의 가치를 좌우하고 있다. 따라서 기업이 생존하기 위해서는 기술혁신을 통하여 기업의 경쟁력을 배양해야 한다. 한국 기업은 과거의 모방, 개량형 기술개발전략에서 창조형 기술개발전략으로 전환이 필요하다.

물론, 일부 선도기업의 경우 창조적인 연구개발 활동을 바탕으로 적극적인 공격형 기술전략으로 전환하고 있으나 아직 많은 기업들이 과거 모방형 전략을 벗어나지 못하고 있다. 특히 중소기업의 기술수준이 전반적으로 낮고, 최종재 산업의 경쟁력 기반인 소재, 부품, 자본재 산업의 기술력은 상당히 취약하다.

향후, 생명공학기술(BT), 나노기술(NT), 환경기술(ET) 등과 같은 새로운 기술들이 세계 경제를 침체에서 벗어나게 할 수 있는 '기술적 활로'(break-through)가 될 것으로 전망된다. 그리고 IT, NT, BT 등 신기술 융합으로 기술분야 간 영역이 모호해지고 신산업이 창출되고 있다.

경제이론적으로 보면, 비용구조가 비교적 잘 알려진 생산설비 투자와는 달리, 기술개발을 위한 투자의 경우에는 성공 가능성, 자금 소요액, 지출의 필요성 등에 있어서 투자가와 기업 간 정보의 비(非)대칭성이 매우 크다. 이러한 정보의 비(非)대칭성으로 인한 '시장 실패'(Market Failure)는 금융시장에서 일반적으로 나타나는 현상이지만 기술개발을 위한 자금조달의 경우에는 정보의 비(非)대칭성이 더욱 심각하다.

대기업은 다양한 기술기반, 연구설비, 자금동원능력 등으로 말미암아 기술혁신과 관련된 불확실성을 극복하고 수익성 있는 성과를 얻을 수 있는 능력을 늦추고 있는 반면에 중소기업은 그렇지 못하다. 이 결과, 불확실성에 대처할 수 있는 능력의 차이로 말미암아 중소기업은 금융시장의 투자대상 선정에서 불리한 상황에 놓이게 마련이다.

최근 대기업의 연구개발(R&D) 자금조달은 거의 대부분 내부조달로 이루어지고 있다. 중소기업의 경우도 연구개발(R&D) 자금의 내부조달 추세를 보이고 있지만, 중소기업의 외부조달 자금 중에서 은행과 정부재원의 비중이 가장 큰 비중을 차지하고 있어 정부의 중소기업 기술개발 금융지원의 중요성을 알 수 있다. 따라서 정부의 기술개발 금융지원은 기술혁신 전(前) 단계에서 외부자금 의존도가 높은 중소기업을 중심으로 시행되어야 함을 알 수 있다.

따라서 기술혁신을 위한 투자가 최적 수준에서 이루어질 수 있도록 정부가 각종 기술개발지원제도(예산, 조세, 금융, 기타)를 통해 적절히 지원할 필요성이 있다.[47] 특히 기술개발활동에 소요되는 자금의 원활한 공급을 위한 기술개발 금융지원의 필요성은 긴요하다.

47 한 기업의 기술개발투자는 다른 기업의 기술개발투자의 성과를 높여주는 외부효과를 가지고 있다. 따라서 개별 기업이 선택하는 기술개발투자수준은 사회적으로 최적인 투자수준보다 적다.

4) 기술금융제도의 현황 및 문제점

'기술금융제도'란 기술혁신 과정(창업, R&D, 기술사업화 등)에 필요한 자금을 기술평가를 통해 공급하는 금융지원제도이다. 특히, 기술력은 갖고 있으나 자금이 부족한 벤처·스타트업은 기술금융을 통한 자금조달이 기술사업화 성공에 큰 역할을 할 수 있다.

일반적으로, 기술금융지원은 크게 두 가지, 즉 ① 융자에 의한 간접금융지원, ② 시장중심의 직접금융지원(벤처캐피털 등)으로 구분할 수 있다. 한편, 기술개발 금융의 수요는 기술혁신단계에 따라 자금의 조달 소스와 규모 등 자금수요의 내용이 다르다.

우선, 기술혁신단계별 자금 소스를 보면, 초기 연구개발(R&D) 단계에서는 개인의 자금이나 엔젤의 투자에 의존하고, 손익분기점 전의 초기 성장단계에서는 개인자금, 엔젤자금, 벤처캐피털, 개인자격의 상업은행 대출에 주로 의존하고 있다. 일단 손익분기점을 넘어서면 상업은행과 보험회사 등 공식적인 금융기관의 대출을 활용한다.

다음으로, 기술혁신단계별 자금수요 규모를 보면 연구개발(R&D) 단계보다는 '상업화'(Commercialization)하여 성장하는 단계에 더 많은 자금의 수요가 필요하다. 기술혁신 단계 중에서 금융조달이 가장 어려운 단계는 생산을 준비하는 단계이다. 이 기간 중에 시설이나 장비에 대한 투자수요와 인력훈련비 등 개발된 기술의 본격적인 '상업화'(Commercialization)에 대한 자금수요가 크다.

(1) 선진국의 기술금융제도

① 미국

미국은 시장기반형 체제에 바탕을 둔 금융시스템이 운영되고 있다. 미국 정부는 금융활동에 대해 통세와 개입보다는 미국 특유의 자유주의적 형태를 유지하고 있나. 따라서 기업은 금융기관을 통한 융자보다는 증권시장을 이용한 투자를 통해 자금을 지원받고 있으며, 단기자금을 마련할 목적으로 적합한 금융기관을 모색한다. 초기단계에서의 미국 벤처기업에 대한 자금지원은 개인모험자본투자가(Angel)와 창업보육센터(Business Incubator)가 주로 담당한다. 특히 미국의 중소기업청이 1996년 10월부터 운영하고 있는 ACE-NET(Angel Capital Electronic Network)이 성공적으로 운영되고 있다.

다음의 창업 후기 성장단계에서는 기술금융지원제도가 벤처캐피털, 기업공개(IPO : Initial Public Offering)로 이어져 있고, 주식시장, 기술금융관련 금융기관 등이 수요자 중심으로 발달되어 있다. 따라서 기술보유기업의 자본 및 금융기관 접근이 용이하다.

상기한 기술금융제도의 덕분으로, 미국 전역에 걸쳐 벤처기업의 창업과 성장·발전을 위해 소요되는 자금이 원활하게 공급되고 있다. 예로서 Acacia, Benchmark Capital, Chase Capital, JP Morgan, Softbank, Vulcan 등 1,806개의 벤처캐피털은 각종 연금 및 기금, 퇴직적립금 등을 활용한 투자기금조성과 활용, 창업기업이 필요로 하는 자금에 대한 시기적·단계적 투자결정, 투자지분에 대한 수익 분배, 주식공개에 필요한 요건의 자문 및 지원 등을 통해 자금 공급자와 자금 수요자의 요구를 충족시키고 있다.

② 일본

사실, 일본의 중소기업들은 장기간 지속된 경기침체의 영향으로 상당한 자금압박을 받아 많은 업체들이 파산하였다. 이에 따라 기술집약적 중소기업 육성 필요성이 대두되었고, 기술가치를 평가할 수 있는 방법론을 개발하게 되었다.

일본의 금융시스템은 한국과 유사해서 시장기반형 시스템이라기보다는 은행 및 정부가 금융활동에 상당 부분 개입하는 신용기반형 시스템이라 할 수 있다. 중소기업 대출비율은 한국의 그것에 비해 더 높다.

특히, 일본의 기술금융제도는 국가경제 전반의 침체에 따라 전통적인 부동산담보 방식에서 지적재산권이나 무형자산을 기초로 자금 지원이 이뤄질 수 있게 하는 방향으로 운영되고 있다.

일본의 벤처캐피털은 대부분 금융기관의 자회사 형태로 자금융자와 지분참여를 통해 자금지원을 하고 있다. 창업단계와 첨단기술업종뿐만 아니라 성장후기와 서비스업종에도 상당히 투자하고 있다.

(2) 한국의 기술혁신 금융지원 체제와 기술금융제도

① 기술혁신 금융지원 체제

현재 한국에서 실시되고 있는 기술혁신 금융지원 체제는 기술개발 단계에서는 정부출연금 및 보조금을 통해 산업혁신기술개발사업, 특정연구개발사업, 중소기업기술혁신개발사업, 정보통신개발사업 등 국가연구 개발사업을 지원하고 있다. 정부는 창업단계를 벗어나서 사업화 단계에 놓여있는 기업들의 기술혁신 활동에 대하여 정보화촉진기금, 과학기술진흥기금, 중소기업진흥 및 산업기반기금 등을 통해 지원하고 있다.

한편, 일반은행(한국산업은행 및 중소기업은행과 국민은행 등)은 기술개발자금을 대출해 주고 있으며, 기술금융회사와 창업투자회사에서는 투자, 팩토링, 주식 및 전환사채인수, 투자조

표 4-22 한국의 기술혁신 금융지원 체제

		지원내용	지원단계	비고
정책금융	정부출연금, 보조금	산업혁신기술개발사업, 특정연구개발사업, 정보통신개발사업, 중소기업기술혁신개발사업 등 국가연구개발사업	기술개발	보조(연구개발비의 50~75%)
	기금	정보화촉진기금, 과학기술진흥기금, 중소기업진흥 및 산업기반기금, 산업기술개발융자자금(재특회계) 등	추가개발, 사업화	융자(재특금리 등에 연동)
일반금융	은행	산업은행, 기업은행, 국민은행, 시중은행의 기술개발자금 대출 등	기술개발, 사업화, 성장단계	융자(시중금리)
	기술금융사	투자, 회사채인수, 시설대여, 팩토링, 투자조합결성, 기술개발융자		투융자(시중금리)
	창업투자사	주식, 전환사채 인수에 의한 투자지원 및 벤처투자조합의 결성 등		투융자(시중금리)
	신용보증	기술신용보증기금, 신용보증기금의 신용보증		보증료(1.0~1.5%)

자료 1. 홍지승, 기술혁신 융자지원사업의 활성화 방안.
2. 남주하, "금융산업의 발전전략과 기술금융".

합결성 등을 통해 기술개발 활동에 대한 지원을 하고 있다. 기술신용보증기금 등에서는 보증을 통해 중소·벤처기업의 기술개발 및 사업화 등 기술혁신활동을 지원하고 있다. 특히 「기술신용보증기금」의 경우 기술평가와 보증지원기능을 접목한 '기술평가보증제도'를 시행함으로써 기술금융활성화 기반을 마련한 바 있다.

⑵ 기술금융제도의 현황

한국의 기술금융제도는 공급 방식에 따라 다양한 프로그램이 활성화되어 있다. 기술금융은 자금 공급 방식에 따라 두 가지, 즉 ① 간접금융인 보증 및 융자 형태와 ② 직접금융인 투자 형태로 구분된다.

간접금융 : 보증 및 융자

우선, 보증 형태의 기술금융은 보증기관이 자체적으로 개발한 '기술평가시스템'(KTRS)에 의거하여 기업의 기술을 평가하여 '기술보증서'(신규보증에 대한 보증비율은 85%이며, 정책목표에 따라 85%~100%의 보증비율)를 발급하고, 은행은 이 보증서를 매개로 기업에게 대출하는 형태이다. 기술보증제도는 기술창업, 연구개발(R&D), 신(新)성장동력산업에 대한 보증업무를 집중적으로 수행하며 국내 대표적 정책금융으로서의 역할을 하고 있다.

이 밖에도 기술개발 단계에 있는 기업의 연구개발(R&D) 평가를 통해 보증을 지원하는 'R&D 보증', 지식재산권을 직접 평가하거나 지식재산 인수 사업화를 보증을 지원하는 '지식재산(IP) 보증'과 같은 다양한 보증상품이 있다.

기술보증은 보증 규모와 보증 건수 모두 증가하여 매년 최고치를 경신하고 있다. 즉, 2013년 기준 기술보증 잔액은 18.9조에서 연평균 3.7%씩 증가하여 2017년 6월에는 21.5조 원으로 매년 최고치를 경신하고 있다. 같은 기간 보증 건수는 9.3만 건에서 연평균 5.5%에서 2017년 6월 기준 11.2만 건으로 증가했다.[48]

다음으로, '융자'는 기술평가를 기반으로 자금을 공급하고 이자와 원금을 상환하는 형태이다. 한국에서는 시중은행의 기술신용대출제도와 정책금융기관의 정책금융지원제도 등이 있다.

직접금융 : 투자

직접금융인 '투자'는 경쟁력 있는 기술 및 기업을 발굴하여 기술평가를 통해 주식이나 채권 등으로 직접 투자하는 형태로서 벤처캐피털, 엔젤투자자, 엑셀러레이터 등을 들 수 있다. 이 중에서 가장 규모가 크고 대표적인 투자 주체는 '벤처캐피털'(Venture Capital)이다. 이것은 공급 주체에 따라 두 가지, 즉 ① 민간부문과 ② 공공부문으로 구분된다.

우선, '민간 기술금융'으로서 시중은행의 기술신용대출과 벤처캐피털(Venture Capital)을 들 수 있다. 다음으로, '공공 기술금융'은 기술보증기금의 '기술보증', 산업은행의 '온 렌딩(on-lending) 대출'과 같이 공공기관이 정책적 목표를 달성하기 위한 기술보증기금이다.

국내 벤처캐피털(Venture Capital)은 주로 창업투자회사(중소기업창업지원법 제2조에 의거하여 중소기업을 창업하는 자와 중소기업을 창업하여 7년이 경과하지 아니한 자)이며, 창업자에게 투자하는 것을 주된 업무로 하는 회사를 의미한다. 벤처캐피털(Venture Capital)의 주된 투자 유형은 출자자인 유한책임조합원(LP : Limited Partner)의 자금으로 조합(fund)을 구성하여 벤처기업에게 투자하는 것이며, 투자 수익금을 다시 유한책임조합원(LP)에게 돌려준다.

국내 신규 벤처투자액은 2013년 1.4조 원에서 2016년에는 이보다 0.8조 원 증가한 2.2조 원을 기록했다. 이에 따라 벤처투자 잔액도 지속적으로 증가하고 있으며, 2013년

 현대경제연구원, 국내 기술금융현황 및 시사점, VIP리포트, 8-06(통권 721호) 2018. 03. 05.

11.5조 원에서 연평균 15.7%의 가파른 증가세로 2017년 6월에는 19.0조 원으로 최고치를 경신했다. 그럼에도 불구하고, 2016년 기준 한국의 GDP에서 벤처투자액이 차지하는 비중의 순위는 4위(0.09%)로 큰 편이지만, 이스라엘(1위, 0.38%), 미국(2위, 0.369%)에 비하여 매우 적다.[49]

③ 기술금융제도의 문제점

한국의 기술신용대출은 정부의 기술금융확대 정책이 추진된 후 빠르게 증가하였다. 즉, 금융위원회는 '은행권 혁신성 평가(2014년 10월)'를 실시하여 수수료 인하, 온 렌딩(on-lending) 한도 상향조정, 성과급 등 인센티브를 제공하고 있다.

이에 따라 시중은행은 기술신용대출 규모를 빠르게 확대하였으며, 2017년 6월 기준 112조 8,172억 원으로 사상 최고치를 경신하였다. 이 과정에서 시중은행은 기존 일반 중소기업 대출 거래 기업을 기술금융에 편입시키거나 기술신용대출에 담보 보증을 요구하는 방식으로 대출 규모를 대폭 확대했다.[50]

그럼에도 불구하고, 순수 신용대출을 확대하겠다는 정부의 의지와 달리, 2017년 6월 기준으로 담보 보증 대출 비중은 71.7%로 2015년 4월 기준 59.8%보다 더욱 커졌다. 또한, 기술신용대출 중 담보 보증을 요구하는 비중은 지속적으로 증가하고 있다. 이처럼, 국내 민간금융기관들은 기술혁신형 기업의 높은 신용위험을 우려하여 우수한 기술력을 보유하고 있다 하더라도 신용대출보다는 담보대출에 의존하고 있는 실정이다. 이 결과, 일반 중소기업 대출 중에서 담보 보증 대출 비중인 73.0%(2017년 3월 기준)에 육박하고 있다. 이것은 기술신용대출이 '무늬만 기술금융'이라는 비판을 유발하고 있다.

따라서 기술혁신 활동의 개발 및 시장 실패의 가능성을 최소화하고 개발기술의 '사업화'(Commercialization)를 촉진하는 등 외부경제효과의 극대화를 위해 기술혁신 융자지원사업, 연구인력 및 실험장비 지원사업 등 다각적인 지원정책이 필요하다. 그러나 정부의 직접적 정책적 지원에는 과다한 정부의 개입으로 인한 금융시장에서 요구하는 적정수준 이상의 지원에 따른 정책지원의 비(非)효율성이 초래되는 부작용이 발생한다.

기술혁신형 기업의 지원을 위한 기술금융제도는 두 가지 형태, 즉 ① 미국처럼 직접금

---

49 현대경제연구원, 국내 기술금융현황 및 시사점, VIP리포트, 8-06(통권 721호) 2018. 03. 05.

50 예를 들면, 기술신용대출 중 기존 거래 기업 비중은 2015년 6월 기준으로 조사 은행 11개 중에서 가장 작고 신한은행이 74.0%로 나타났으며, 일부 은행은 90% 이상을 차지했다.

표 4-23 기술개발 금융지원제도의 문제점

- 기술평가내용의 반영 정도 미흡
  - 지원대상 선정 등 제도운영에 있어서 기술평가 내용의 반영도가 매우 낮음
- 기술평가체제 미흡
  - 평가체제가 중소·벤처기업을 적절히 평가할 수 있도록 구성되어 있지 못함
- 행정절차의 복잡성
  - 자금신청 단계로부터 지원 후 중간 진도관리, 사후성과 관리부분에 이르기까지 기업이 부담해야 할 절차와 업무가 많고 복잡함(융자사업 실태조사결과, 우선개선사항 1순위)
- 정책자금의 특성에 따른 한계
  - 정책자금의 특성상 우수기업집단의 선택과 지원에 제약이 존재함
- 부실 발생 시 책임소재의 불분명성
  - 대출부실이 발생하는 경우 그 책임소재가 모호함
- 담보가치평가의 적절성 문제
  - 과거 기술담보시범사업에서 매각사례가 3건임. 기술가치평가방식의 적절성 또는 기술담보대출 방식이 기업지원에 적절한가의 문제
- 기술담보 설정상의 문제점
  - 기술담보의 설정방식이 기술판매에 부적합
- 사후관리의 문제점
  - 기업에 대한 추가지원, 총체적 지원방향 수립을 위한 사후관리체제가 미흡자금의 특성상 우수기업집단의 선택과 지원에 제약이 존재함

융시장에 의존하는 '시장기반형'과 ① 일본에서 많이 활용되고 있는 정부의 정책적 지원에 의존하는 '정책지원형'으로 구분될 수 있다. 전자('시장기반형'의 기술금융제도)는 시장경제의 원칙을 존중하면서 자금을 지원하기 때문에 자금조달과정에서의 비(非)효율적인 부분은 상당 부분 해소될 수 있다. 그러나 시장기반형 기술금융제도는 필요한 기술개발자금의 수요를 단기간에 충족시키는 데에 한계가 있으며, 금융시장이 어느 정도 발달된 선진국에서 적절한 제도이다.

따라서 한국의 경우와 같이 금융시장의 발전이 더디고, 짧은 시일 내에 기술혁신형 기업들의 성장을 추구하기 위해서는 후자('정책금융형'의 기술금융제도)가 더 유효한 정책선택이라

고 판단된다. 그러나 단순하게 정부의 정책적 지원에만 의존하는 기술금융제도는 장기적으로 기업의 정보의 비(非)대칭성은 해소하지 못하고 '도덕적 해이'(Moral Hazard)만 초래하는 부작용을 초래할뿐더러 정책적 지원규모의 적정수준에 대한 판단이 어렵기 때문에 과도한 지원에 따른 경제적 손실을 지불할 수밖에 없다.

상기의 시각에서, 저자는 다음과 같은 한국 기술금융제도의 문제점을 벤처캐피털(Venture Capital)의 운영 현황과 생태계를 중심으로 지적하고자 한다.

첫째, 국내 벤처투자 생태계는 정부가 투자재원을 공급하는 '한국 모태펀드'에 대한 의존도가 높다. 한국 모태펀드는 안정적 벤처투자재원 공급체계를 마련하기 위하여 2005년 결성되었으며, '(주)한국벤처투자'에서 운용 중이다. 2017년 기준으로, 공공부문의 벤처투자 출자액 비중은 39.6%이며, 이 중 한국 모태펀드는 65.7%를 차지하는 가장 큰 출자자로 벤처투자 활성화를 위해 노력해오고 있다.

한국 모태펀드는 정책 목적에 따라 피투자업종, 업력, 투자비율, 출자비율 등을 사전에 정하여 벤처캐피털(Venture Capital)을 모집·선정하는 구조이다. 또한, 한국 모태펀드는 관리 감독 기능도 갖고 있기 때문에 벤처투자 생태계에 미치는 영향이 크다.

한편, 벤처캐피털(Venture Capital)의 운영 현황을 보면, 조합 운용보수가 주요 수입원이기 때문에 다수의 조합을 운용해야 생계유지가 가능하기 때문에, 출자규모가 큰 공공기관에 종속되어 있으며, 규모가 큰 모태펀드의 조합운용사로 선정되기 위하여 치열하게 경쟁한다. 이 결과, 벤처캐피털(Venture Capital)은 유망기업을 발굴하고 이를 통해 수익을 창출하려는 노력보다는 조합 운용을 통한 수수료 수익에 치중하고 있다.

상기한 벤처투자 생태계는 벤처캐피털이 모험적인 투자보다는 안정적인 투자를 선호하는 경향이 나타나게 되는 원인이 되고 있다. 즉, 벤처캐피털(Venture Capital)은 창업 중에서 후기 기업에 대한 투자를 선호하고, 모험적 투자보다는 상환전환우선주(RCPS, 2016년 기준으로 61.5%)나 전환사채(CB, 2016년 기준으로 48.4%), 신주인수권부사채(BW, 2016년 기준으로 13.1%)와 같은 보수적 상품을 선호하게 된다는 것이다.

둘째, 한국의 창업 초기 기업에 대한 벤처투자는 투자액과 투자 건수의 측면에서 모두 OECD 평균에 비하여 낮다. 창업 초기 기업에 대한 벤처투자액의 비중은 2016년 기준으로 36.8%로서 창업 중·후기 기업에 대한 벤처투자액의 비중 63.2%의 절반 수준이다. 이는 OECD 회원국의 평균 초기단계 투자액 비중인 68.2%의 절반 이하이다. 또한, 2016년 기준으로, 창업 초기 기업에 대한 벤처투자건수 비중도 OECD 회원국은 80.3%인 반면에 한국의 동 비중은 45.9%에 불과하다.

특히, 창업 초기 기업에 주로 투자하는 엔젤투자액 규모는 겨우 1.5억 달러이며, 이는 미국의 140분의 1, 유럽의 50분의 1 수준으로 매우 작다. 한국의 엔젤투자액은 벤처투자액의 8분의 1수준에 불과한 데 비하여 미국의 엔젤투자액은 벤처투자액의 3분의 1수준이고, 유럽의 엔젤투자액은 벤처투자액보다 크다.

셋째, 대표적 중간회수 수단인 인수·합병(M&A) 시장은 선진국에 비하여 매우 협소하다. 벤처창업 선진국인 미국과 유럽의 경우, 인수·합병(M&A) 시장이 기업공개(IPO) 시장보다 활발하며, 비교적 벤처창업 후발주자인 중국의 인수·합병(M&A) 시장도 한국의 그것보다는 덜 편중된 구조를 보인다. 구체적으로, 다우존스(2017)에서 보면, 2016년 기준으로, 미국과 유럽의 기업공개(IPO)에 대한 인수·합병(M&A) 비중은 각각 97.0%, 95.8%인데 반해 한국의 동 비중은 10.3%로서 중국의 인수·합병(M&A) 비중인 22.9%의 절반 수준이다.

물론, 국내 중간회수시장으로서 코넥스, K-OTC, '세컨더리 펀드'가 있지만 이들 시장들은 아직 미(未)성숙 단계로 거래 규모가 크지 않다. 이들 중에서 가장 빠르게 도입된 세컨더리 펀드는 2010년 이후 결성되었고, 코넥스 2013년 개장했으며, K-OTC는 2014년 확대 개편되었다. 2016년 시장 거래액은 코넥스가 6,069억 원, K-OTC가 1,591억 원, 세컨더리 펀드가 5,650억 원(결성액)으로 3개 시장의 총계는 1조 3천억 원 규모이다. 즉, 코넥스와 K-OTC 거래액 규모는 전체 회수시장 규모의 10.6%이고, 세컨더리 펀드의 경우 2016년 중 벤처캐피털 조합 규모의 3.2%에 해당한다.[51]

5) 기술개발 금융지원제도의 개선방안

전술한 바와 같이, 기술개발을 위한 재원의 조달은 기술금융의 공급에 있어서 전형적으로 나타나는 '시장 실패'(Market Failure)로 인해 정부의 지원이 주된 재원조달 수단이 되어 왔다. 그러나 신(新)성장동력산업의 범위나 규모로 볼 때 기술개발을 위한 자금조달을 정부지원에만 의존하기는 어렵다. 결국, 민간시장 중심의 기술개발 금융조달수단이 발굴되어야 한다.

여기서 유의할 것은 벤처기업의 거품현상, 코스닥 시장을 비롯한 기업공개(IPO) 시장 및 인수·합병(M&A) 시장의 장기 불황으로 인해 벤처기업 투자 열기가 식어가고, 벤처기업에 대한 지분투자 형태의 투자방식에 대한 수요가 감소함에 따라 이와 같은 방식에 의한 기술개발자금의 조달은 한계에 부딪히고 있다는 점이다.

따라서 국내 기술금융제도의 발전 방향은 정책지원형 기술금융제도와 금융시장기반

---

51 현대경제연구원, 국내 기술금융현황 및 시사점, VIP리포트, 8-06(통권 721호) 2018. 3. 5.

형 기술금융제도를 혼합한 기술개발 금융지원제도를 구축하는 것이 합리적이라고 저자는 사유한다. 즉, 현재 정책지원형 형태에서 나타나고 있는 비(非)효율성을 해소하고, 금융시장에서 기술혁신형기업들이 시장원리에 의해 자금조달이 가능케 하기 위해서는 기술혁신형 기업에 대한 금융지원이 증가하여야 하고, 기술금융의 활성화가 필요하다. 이를 위해서는 기술성 및 기술력가치 평가에 대한 신뢰할 수 있는 기술인프라의 구축, 기술가치에 대한 정확한 정보 제공, 기술력을 평가할 수 있는 전문인력의 확충과 전문기관의 확보, 그리고 기술정보의 지속적인 제공 등이 필요하다.

사실, 연구개발(R&D)에서 사업화(Commercialization)에 이르기까지 기술혁신 전(全)단계에 걸쳐 정부의 기술금융지원제도가 다양하게 구비되어 있다. 상술하면, 연구개발 이후의 기술혁신단계를 위한 금융지원은 재정자금에 의한 각종 정부기금과 산업은행, 중소기업은행 등에서 시중금리로 융자해 주는 금융자금, 신기술사업금융회사에 의한 융자, 벤처캐피털에 의한 투융자 및 「기술신용보증기금」을 통한 신용보증 등이 있다.

여기서 유의할 것은 금융시장에서 기술혁신형 기업들이 기술개발자금을 확보하지 못한 이유는 기업들이 보유하고 있는 기술에 대한 가치를 금융기관이 정확하게 평가하지 못하기 때문이라는 점이다. 또한, 국내 기술혁신형 기업들은 직접금융에 대한 접근성이 어려워 주식이나 회사채 발행 등에 의한 자금조달이 제한적이다. 왜냐하면 직접금융조달을 위한 요건에 대부분의 중소기업들이 미달하고 있으며, 상대적으로 신용도와 지명도가 낮을 뿐더러 높은 금융비용 등의 문제로 대다수 중소기업들은 직접금의 활용, 즉 주식이나 회사채 발행 등에 의한 자금조달을 기피하고 있기 때문이다. 특히 재무적 평가에 의존하는 현행 기업신용등급평가제도는 창의성과 개별 기술력을 특성으로 하는 기술혁신형 중소기업에게는 불합리하다. 이 결과, 민간금융기관들의 자금공급기능이 제대로 작동되지 못하여 국내 기술혁신형 기업들에 대한 금융지원은 주로 정책금융에 의존할 수밖에 없다. 그러나 정책자금지원 위주의 금융지원은 민간금융기관들의 기술개발자금에 대한 지원을 다시 위축시키는 악순환을 되풀이하고 있다.

사실, 은행의 고유 업무는 성장가능성이 큰 기업들에 대한 자금중개기능이다. 그러나 국내 은행들은 지나치게 미래의 성장가능성보다는 담보위주의 여신관행에 익숙하여 기술혁신형 기업에 대한 대출이 매우 저조하다.[52] 이처럼 은행 등 민간금융기관들이 기술개발자

52 은행법 1조에 의거하여 "산업의 개발과 국민경제의 발전을 촉진하기 위한 중요 산업자금을 공급·관리"하는 한국산업은행의 중소기업 지원 실적을 보면, 2008년도 1분기 동안 중소기업자금 공급실적이 8,102억 원인데 2008년 목표치인 6조 원의 13.5%에 불과하며 기술혁신형 중소기업 특별지원액도 목표치(2조 5천억 원)의 15.4%인 3,846억 원에 불과하였다.

원에 소극적인 이유는 기업들이 보유하고 있는 기술에 대한 가치를 금융기관이 정확하게 평가하지 못하기 때문이다. 은행들이 적용하고 있는 대부분의 신용평가모형은 기술력을 평가하기 위해 개발된 것이 아니라 신용위험을 추정하기 위한 것이다. 이 결과, 은행들은 기술이 갖는 중요성은 간과하고 있어 기술력이 높은 기업들에 대한 신용대출이 어렵게 되어 있다.

전술한 기술개발 금융지원제도의 문제점들을 해결할 수 있는 기본 방향은 다음과 같이 네 가지로 요약된다.

(1) 기술혁신금융자금의 규모와 지원자금의 가용성

중소기업의 기술금융지원은 간접금융과 직접금융을 적절하게 활용하여 최대한 자금의 가용성을 높일 필요가 있다. 「기술신용보증기금」의 기술평가보증제도와 독일과 유럽연합(EU)에서 적극적으로 시도하고 있는 모태펀드 조성을 통한 기술금융을 적극적으로 도입해 볼 필요가 있다.

사실, 중소기업에 요구되는 각종 담보 및 대출조건은 자금의 가용성을 떨어뜨려 실제 집행은 훨씬 낮다. 따라서 기술개발 금융지원의 규모를 확대하기보다는 벤처기업을 비롯한 중소기업의 기술개발자금의 가용성을 높이는 방향으로 기술혁신 금융지원제도가 개선되어야 할 것이다.

(2) 간접 기술자금지원제도의 보완

기술신용보증지원은 정부의 기술개발지원 재정자금의 융자에 대한 지원을 제외하고는 대부분이 설비투자나 운전자금 용도의 자금에 대한 신용보증지원이라고 할 수 있는데, 정부의 재정자금지원을 자금의 위험도와 공공성이 높은 기술개발자금으로 전환함과 동시에 이 자금에 대한 신용보증은 적극적으로 지원할 필요가 있다.

또한, 기존의 '보증' 개념을 탈피하여 보증과 투자개념이 결합된 복합파생상품을 개발·운용(예시 : 보증받는 기업의 주식을 보증수수료로 받는 방안 등)함이 바람직할 것이다.

(3) 직접 기술자금 지원의 강화

벤처캐피털(Venture Capital)의 활성화를 위해 초기단계 벤처기업에 투자하는 모태펀드를 조성하여 지원할 필요가 있다. 즉, 기존의 직접지원 방식을 지양하고 모태펀드의 민간 벤처캐피털 펀드 출자를 통한 간접지원 방식으로 지향해야 할 것이다.

현재 벤처캐피털 시장에서 일어나는 시장 실패(과소투자)가 주로 초기단계 벤처투자에서 발생한다는 점을 고려할 때, 정부의 모태펀드 운용자산의 일정 부분은 초기단계(예비창업 포함) 벤처투자를 위한 벤처캐피털 펀드(투자조합)에 출자되도록 유도할 필요가 있다.

현재 시중은행의 기술신용대출은 기술력보다는 신용도를 더 중요시하여 담보 보증 요구 비율이 증가함에 따라 기술금융으로서의 역할이 상실되고 있다. 따라서 기업 대출 심사 시, 기술평가 비중을 더욱 확대하고 질적 평가중심의 기술신용대출 공급이 이루어질 수 있도록 가이드 라인을 마련해야 한다.

또한, 기술신용대출 공급 후, 기업의 성과를 주요 실적 평가 척도로 반영하고, 기업에게 자금이 적절하게 분배되고 있는지에 대한 모니터링이 필요하다.

요컨대, 민간 주도의 벤처투자 생태계를 조성하기 위하여 관련 제도 및 투자환경을 다음과 같이 정비함이 바람직할 것이다.

- 벤처투자의 경우 공공주도 펀드에 길들여져 보수적 투자 및 운용보수에 의존한 투자 행태로 변질되고 있다.
- 한국 모태펀드와 같은 공공주도 펀드의 경우, 창업 초기 기업 혹은 기술의 파급효과 및 기술 자체의 우수성은 높지만 위험도가 큰 벤처기업 등 시장의 사각지대에 지원하는 공공 본연의 역할에 충실할 수 있도록 개편해야 한다.
- 민간투자를 활성화시키기 위하여 과감한 규제개선, 기업정보의 제공, 중간회수시장 활성화와 같은 환경이 조성되어야 한다.

사실, 창업 초기 기업은 담보 보증과 기업 성과에 의한 신용을 확보하기에는 매우 힘들다. '죽음의 계곡'(Valley of Death)과 같은 자금조달 문제는 주로 창업 초기에 발생하고 있기 때문에 적극적인 정부개입이 필요하다.

모험 자본 확대를 위한 회수 시장의 활성화는 모험적 투자를 가능하게 하는 선결 조건으로서 간접금융편중 구조를 해소할 수 있는 효과적인 수단이다. 중간 회수 시장은 엔젤투자자, 엑셀러레이터 등 자기 자본 비중이 큰 투자자의 참여를 촉진할 수 있으므로 세컨더리 펀드와 같은 정책 펀드를 대폭 확대할 필요가 있으며, 이 밖에도 크라우드 펀딩, P2P 금융 등 일반 개인투자자를 적극 활용하는 방안을 추진할 수 있다.

6) 기술력 평가 시스템의 현황 및 개선방안

민간금융기관들의 기술개발자금지원 활성화를 위해서는 기술성 평가와 기술력 평가 등을 위한 기술인프라 구축이 시급하다. 사실, 기술은 기업의 미래가치를 결정하는 데에

표 4-24 기술가치평가체제의 정비

• 표준화된 선진 평가모델 및 평가기법 개발 – 유형별, 업종별 평가모델 구축 – 기관 간 공동 개발과 활용을 통한 표준화 • 기술평가 전문기관 및 평가전문가 육성 – 기술평가기관의 공신력 확보 – 기술평가 인력 양성 및 재교육 프로그램 개발 • 기술평가정보 인프라 구축 및 활용도 제고 – 기술평가 및 기술동향정보 DB 구축 및 활용 – 기술제품 시장정보 DB의 확충 • 벤처기업 평가모형의 연계개발 필요 – 기술평가를 포함하는 포괄적 벤처기업 평가모형 개발 – 연역적 또는 규범적이 아닌 실증분석된 기술평가 심사지표 내지 모형 구축

매우 중요한 요소이다. 따라서 효율적인 기술금융제도의 정착을 위해서는 신뢰성 있는 기술력 평가 시스템을 구축하여 '기술에 대한 신용등급'을 금융시장에 공급할 수 있어야 한다. 이를 위해서는 기술성 및 기술력 평가에 대한 신뢰할 수 있는 기술력 평가 시스템을 구축하고 기술가치에 대한 정확한 정보 제공과 기술력을 평가할 수 있는 전문인력의 확충과 전문기관의 확보가 필요하다.

(1) 현황

기술은 기업의 미래가치를 결정하는 데에 매우 중요한 요소이다. 시장친화적인 기술금융제도의 정착을 위해서는 신뢰성 있는 기술평가시스템의 구축이 꼭 필요하다. 이러한 기술평가시스템의 적용을 통하여 기업들의 기술력이 정확하게 평가되어 기술에 대한 신용등급을 금융시장에 공급할 수 있다면 시장친화적 기술금융시스템의 발전에 크게 기여할 수 있을 것이다.

다행히, 최근 「기술신용보증기금」에서 개발된 기술평가시스템은 기존의 경영성과위주의 신용평가에서 벗어나 기술력을 좀 더 정교하게 평가할 수 있는 가능성을 보여주고 있다. 상기 기술평가시스템은 경영성과평가의 결과와 기술성평가의 결과를 종합하여 기술신용등급을 부여한다. 또한, 상기 기술평가시스템의 경영성과 예측 모형은 성장성, 수익성, 안정성, 활동성 등의 관점에서 경영성과를 측정하여 성과에 대해 분석 및 분류(군집분석 등)한 후, 평가대상기업이 성과의 측면에서 어떤 특성을 지니는지를 '사례기반 추론'(Case-Based Reasoning)에 의해 부도 예측을 할 수 있다. 최종적으로, 상기 기술평가시스템은 기술평가와 경영평가를 종합적으로 판단하여 기술평가 10등급으로 분류하고 있다. 만약 이러한 기술평가체계가 객관적인 검정절차를 거쳐 금융시장에서 신뢰를 받는다면 시장친화적인 기술금융시스템의 발전에 크게 기여할 수 있을 것이다.

표 4-25 기술평가를 위한 등급 체계

평가등급	등급의 정의
AAA	매우 우수한 기술력을 보유하고 있으며 사업부실화가능성 극히 희박
AA	우수한 기술력을 보유하고 있으며 장래의 환경변화에 크게 영향을 받지 않는 수준으로 사업부실화 가능성 매우 희박
A	우수한 기술력을 보유하고 있으며 장래의 환경변화에 다소 영향을 받을 수는 있으나 사업 부실화 가능성 희박
BBB	우수한 기술력을 보유하고 있으며 사업부실화 가능성은 낮으나, 장래의 환경변화에 다소 영향이 있을 수 있음
BB	기술력 양호한 수준으로 장래의 환경변화에 따른 사업성 변동가능성은 있으나, 전반적인 사업부실화 가능성 적음
B	기술력 보통 수준으로 장래의 환경변화에 따른 사업성 변동가능성 있으나 전반적으로 사업추진 타당시 됨
CCC	기술력 보통 수준으로 사업화를 위한 필요 사항이 다소 부족하나 전반적인 사업추진 무난시 됨
CC	기술력 보통 수준으로 사업화를 위한 필요사항이 부족하나 이에 대한 보완이 이루어질 경우 사업추진 타당시 됨
C	기술력 및 사업화를 위한 필요사항이 부족한 수준으로 사업성공가능성 미흡한 편임
D	기술력 취약한 수준으로 사업추진 타당성 매우 부족

자료 남주하, "금융산업의 발전전략과 기술금융".

표 4-26 국내 주요기술평가기관

	기술신용보증기금	한국기술거래소	한국과학기술정보 연구원	한국산업기술 평가원	중소기업진흥공단
설립 근거	기술신용보증기금법	기술이전촉진법	과학기술분야 정부 출연연구기관 등의 설립·운영에 관한 법률	산업기술기반조성에 관한 법률	중소기업진흥법
주요 업무	중소, 벤처기업의 자금 지원과 기술평가·정보제공을 통한 기술 개발지원 및 창업촉진	국내·외 기술의 원활한 이전 및 거래, 기술평가, 기술정보 유통 등	과학기술정보 및 산업 정보의 수집, 분석, 관리 및 유통	산업기술에 대한 연구 기획, 산업기술기반 조성, 중소기업기술혁신개발, 기술이전 및 확산 등	중소기업의 경쟁력 제고와 자금, 기술, 마케팅 등 애로사항 해소 및 종합적 지원
주요 사업	• 신용(기술평가)보증 • 기술평가 – 자금지원을 위한 평가 – 사업화타당성 평가 – 기업인증 및 등록용 평가 – 투(융)자 참고용 평가 – 기술거래 및 인수·합병(M&A) 용 평가 • 기술평가전문가 양성 • 기술동향정보 DB 구축	• 상설 기술시장 개설, 운영 • 기술거래 및 기술 평가정보의 수집·분석·제공 • 기술거래 및 기업 거래 알선, 인수·합병(M&A) • 기술평가 및 기술 이전사업화 지원 • 기술거래 및 평가 기법연구, 개발 • 기술거래 활성화를 위한 전문인력 양성교육	• 국가 과학기술 및 산업정보의 수집, 분석, 관리 및 유통 시스템 연구 • 기술·시장 정보 분석 모델 연구 및 시스템 개발 • 기술성·사업성평가, 기술가치평가, 벤처 기업확인평가 등 • 슈퍼컴퓨터 인프라 구축 • 기술평가관련 DB 구축	• 산업기술 조사, 예측 및 동향분석 • 기술기반조성사업의 평가관리 및 기술확산 • 품질인증 및 성능 평가 • 요업기술의 연구개발 및 기술지원	• 자금지원사업 • 벤처창업지원사업 • 경영지도사업 • 교육 및 산업연수 사업 • 국제협력/수출지원 사업 • 정보화/정보지원 사업
조직 및 인력	11개 평가센터 177명 (기술평가전담인력)	4본부 9실 약 40명	1본부 6실 54명	1본부 2실 24명	본부 및 15개 지역본부 240명(전담평가부서외 평가협력인력 포함)
평가 모형·주활용 범위	• 기업보유 기술의 사업화 또는 부실화 가능성을 예측 • 그외 기술가치평가, 주식가치평가 등	• 기술가치평가 (기술이전을 위한 순수기술위주의 평가)	• 기술가치평가 (이론적연구에 치중)	• R&D사업평가 (정부출연 연구개발 사업주체 선정 등을 위한 평가)	• 중소·벤처기업을 위한 기업신용평가 (기술등급 일부 가미)
특성	• 다양한 기술평가 및 종합지원시스템 • 풍부한 기업, 기술 평가정보 • 분야별 대내외 평가전문 인력 및 전국적인 네트워크	• 기술거래·이전 네트워크 • 다양한 기술가치 평가 모형 구축 • 기술거래 및 평가 전문인력 교육과정	• 방대한 기술, 산업, 시장정보 • 기술교류 관련 국내·외 네트워크 구축	• 평가위원을 전산상에서 자동으로 선정하는 평가위원 자동추천 시스템 운영 • 지역혁신사업 특화 사업 홈페이지 및 시스템 구축	• 다양한 중소기업 지원시스템 운용 – 경영 및 기술 지도 네트워크 축적 • 전국적인 조직망

자료 남주하, "금융산업의 발전전략과 기술금융".

표 4-27 기술평가 주요 내용

대항목	중항목	소항목(평가항목)	심사항목
경영주 기술능력 등	기술경영능력	기술경험(지식)수준	• 경영자의 기술경험수준 • 경영자의 기술지식수준 • 경영자의 기술이해도
		관리능력	• 기술인력관리 • 위기대처능력 • 경영의지 및 사업수완
		경영진인적구성 및 팀워크	• 경영진의 학력 및 경력 • 자본참여도 • 대표자와의 관계 및 팀워크
기술성	연구개발 능력(자원 및 재원)	기술개발추진 능력	• 개발전담조직 • 우수개발인력비율
		기술·연구개발 투자현황	• 기술개발 및 인증실적 • 핵심기술 보유현황 • 연구개발투자비율
	기술(제품)의 우수성 (순수기술관점)	기술혁신(선도)성	• 기술의 차별성 • 모방어려움 • 기술의 수명주기상 위치
		기술완성도	• 기술의 완성도 • 기술의 자립도 • 사업전략과의 부합성
		기술확장성	• 기업내·외의 기술파급효과 • 기술의 응용 및 확장가능성
시장성	기술(제품)의 시장성	경쟁상황	• 시장구조 • 산업내 경쟁상황(경쟁강도) • 시장의 진입성
		시장형성	• 시장의 규모 • 시장의 성장성 • 법·규제 등 제약/장려요인
		제품의 경쟁력	• 인지도 • 시장점유율 • 대체품과의 비교우위성
사업성 및 수익성	기술(제품)의 생산성	기술의 제품화능력 및 생산능력	• 생산시설확보용이성 • 생산인력확보 용이성 • 재료 및 부품조달용이성
	운용능력	운용능력	• 자본조달능력 • 부가가치 창출능력 • 투자 규모의 적정성
	기술(제품)의 영업능력	마케팅 능력	• 판매계획의 타당성 • 판매처의 다양성 및 안정성 • 마케팅 인력 확보
	수익성	수익창출능력	• 매출성장성 • 매출액경상이익률
		수익전망	• 투자 대비 회수가능성 • 투자 이익률

자료 남주하, "금융산업의 발전전략과 기술금융".

(2) 개선방안

사실, 기술력 가치를 실제로 정확하게 평가하는 것은 다양한 이론적 방법론들을 응용하더라도 매우 어려운 과제이다. 왜냐하면 기술력 가치를 평가하기 위해 사용된 재무항목들이 미래의 예측치들을 사용해야 하지만 미래의 경제상황을 개별기업차원에서 정확하게 예측하는 것은 사실 불가능하기 때문이다. 따라서 가능한 한 미래의 실제값에 최대한 근사한 예측치를 사용함으로써 예측오차를 줄일 수 있을 뿐이다.

일반적으로, 기술력 가치를 평가하기 위해서는 국내의 대부분의 금융기관들은 지금까지 수익접근법, 시장접근법, 비용접근법 중에서 주로 수익접근법을 사용한다. 수익접근법에 기초한 기술가치평가표의 작성 과정은 다음과 같다.

1) 5년간 추정 손익계산서를 작성한 후 각 연도별 초과이익을 계산한다. 즉 초과이익은 매출총이익(매출액 – 매출원가)으로부터 영업이익(매출총이익 – 판매관리비)을 계산한 후 여기에 법인세, 고정자본(FA : fixed asset), 운전자본(OP : operating capital)은 차감하고 감가상각비는 증감함으로써 계상된다.[53]

2) 각 연도별 현재가치는 ① 초과이익에 ② 현가계수(=1/(1+할인률)t)를 곱하여 얻는다. ③ 현재가치 합계는 위에서 구한 5년간 현재가치의 합계이다. ④ 기술력의 경제적 가치는 현재가치의 합계에 기술기여도를 곱함으로써 얻을 수 있다.

상기와 같이 대부분의 기술력 가치 평가를 수행하는 금융기관들은 수익접근법을 사용하고 있지만 수익접근법의 적용결과에 대해서는 사후적으로 검증하지 않고 있다. 이것은 기술력 평가 오차를 반복적으로 야기하는 요인이 된다.

상술하면, 수익접근법에 의한 기술력 가치 평가 모형에서 '기술력 가치'란 미래의 현금흐름(cash flow)을 현재가치화한 것이다. 그러나 미래의 현금흐름을 추정하는 데에 매출원가와 판매관리비를 지나치게 과대하게 고려하면 음(–)의 값이 초래될 수 있다. 그러므로 수익접근법에 의한 기술력 가치 평가 결과를 반드시 사후적으로 검증해야 한다.

또한, 매출액의 증가율은 해당 기업의 과거 성장률의 이동평균(moving average)과 해당 산업의 성장 추세를 감안해야 한다. 그러나 과거 성장률을 기하평균이나 산술평균을 단순히 사용하는 것은 기술혁신 기업의 미래 성장률을 정확하게 반영하는 데에는 한계가 있다.

---

53 기술가치를 평가하기 위한 상세한 설명은 기술신용보증기금(2003)의 『기업·기술의 평가』를 참조할 것.

왜냐하면 기술혁신형 기업이 속해있는 산업이 성장산업이냐 혹은 사양산업이냐에 따라서도 해당 기업의 성장이 크게 영향을 받기 때문이다. 그러므로 해당 기업의 성장 추세뿐만 아니라 관련 산업의 성장 추세를 반영하는 것이 기술력 가치 평가의 정밀성을 높일 수 있을 것이다.[54]

① 기술평가등급 제공과 기술평가인증제도 활성화

기술평가등급 제공

기술혁신형 기업에 대한 국내 민간금융기관들의 대출을 확대하기 위해서는 무엇보다도 기술평가의 객관성과 신뢰성을 확보하는 것이 중요하다. 기술을 평가하는 기관들은 상당히 존재하지만 기술신용등급에 대한 정보를 제공하는 곳은 없다.

기술평가의 신뢰성 제고는 하루아침에 이루어지는 것은 아니지만 기술평가의 공신력과 신뢰성을 확보하기 위해서는 기술평가방법과 기준에 대한 객관성과 신뢰성 확보가 전제되어야 한다.

「기술신용보증기금」에서 최근 개발한 기술평가시스템의 결과를 민간금융기관들이 적극적으로 활용하기 위해서는 우선 기술평가내용과 방법론에 대한 신뢰를 얻는 것이 중요하다. 예로서, 사후적인 검증과정에 금융기관들과 기술평가 전문가들을 직접 참여하도록 함으로써 기술평가시스템의 예측력과 객관성에 대한 신뢰를 금융시장으로부터 얻어야 할 것이다.

특히 기술보증이나 기술관련 융자지원 시(時)에 기술평가등급을 해당 금융기관에 제공하여 기술금융에 대한 관심과 공신력을 얻는 계기로 삼아야 할 것이다. 비록 기술평가등급이 기술성을 정확하게 평가하는 데에 어느 정도 한계가 있더라도 금융시장에서 기술금융이 활성화될 수 있는 참고지표가 될 수 있을 것이다.

요컨대, 기술금융제도의 활성화는 단기적으로 이루어질 수 있는 것이 아니라 기술인프라를 꾸준히 구축해나갈 때 얻을 수 있기 때문에 기술평가등급의 제공은 민간금융기관의 기술금융활성화에 커다란 기여를 할 수 있을 것이다.

54 국내에는 아직 산업성장추세나 예측에 대한 연구는 없어 보인다. 산업별 성장성을 평가하기 위해서는 산업이 갖고있는 고유한 문제와 거시경제적 환경의 변화가 산업에 미치는 영향, 그리고 산업간 수직관계에 있는 경우 산업간 경제적 파급효과 등을 고려하여 산업별 성장추세를 추정할 수 있다. 그러나 산업별 성장추세에 대한 연구는 미래의 연구과제이다.

기술평가인증제도 활성화

'기술평가인증제도'는 기술혁신형 기업의 지원을 위해 정부의 「중소기업 경쟁력강화 종합대책」의 일환으로 기술평가인증과 함께 보증지원을 해줌으로써 민간금융기관들로 하여금 기술대출을 원활히하자는 제도이다.

모름지기, 기술평가인증제도가 활성화되기 위해서는 기술평가에 대한 신뢰성을 얻는 것이 중요하다. 다행히, 「기술신용보증기금」은 2005년 '신기술평가모형'을 개발하여 기술평가인증제도에 활용하고 있다. 사실, 「기술신용보증기금」이 지금까지 기술평가의 공신력을 확보하기 위해 많은 노력을 기울여 왔지만 아직까지 금융시장에서는 기술평가의 결과를 기반으로 신용대출이 이루어질 만큼 신뢰는 받지 못하고 있다.

따라서 기술평가결과가 금융시장에서 공신력을 인정받을때까지는 우수한 기술력을 갖고있는 기업의 지원을 위해서는 보증을 병행하는 것이 필요하다. 기술평가인증제도는 기술혁신형 기업의 기술평가정보를 제공할 뿐만 아니라 기술대출로 인해 발생할 수 있는 위험을 축소시켜줄 수 있기 때문에 기술금융의 활성화에 크게 많은 기여를 할 수 있을 것이다.

또한, 기술평가인증의 결과는 단순히 기존의 재무상황에 대한 기업평가에서 벗어나 기술력 및 사업성 중심의 종합적인 기업평가 자료로 활용될 수 있어 금융기관들로 하여금 기술혁신형 기업에 대한 기술평가 능력을 높일 수 있는 계기가 될 수 있다.

나아가, 기술력 평가 역시 기술평가등급만 명시하는 것이 아니라 평가용도, 유효기간 등의 다양한 기술정보를 제공하기 때문에 기술평가결과를 금융기관의 융자목적뿐만 아니라 투자, 기술거래 및 인수·합병(M&A) 등에 활용할 수 있다.

기술인증제도가 금융기관들로 하여금 기술혁신형 기업에 대한 위험관리를 소홀히 하는 도덕적 해이를 발생시킬 수 있기 때문에 도덕적 해이 방지를 위해 금융기관들이 부담하는 손실분담비율을 부분보증비율인 15%보다 높은 20%로 결정한 것은 바람직하다. 다만 기술인증제도가 어느 정도 정착된 후에는 장기적으로 금융기관들의 위험부담비율을 상향 조정할 필요가 있다. 기술인증제도가 아직 출발한 지가 얼마되지 않아 실적이 저조해 보이나 향후 금융기관들의 기술금융활성화에 크게 기여할 것으로 기대된다.

그림 4-12 기술평가인증 체계

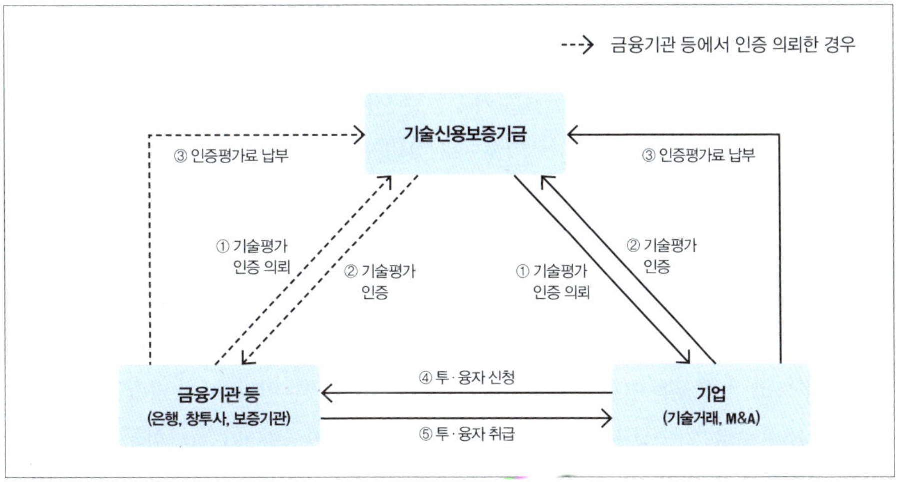

그림 4-13 기술평가인증 절차

단계	내용	주체
지원대상기업 발굴	• 양 기관이 기술력이 우수하다고 추천한 기업 • 지원효율성을 높이기 위하여 정부의 연구개발(R&D) 지원 과제와 연계(예시 : 중기청 기술혁신개발사업)	기보, 은행
서류심사	• 업무효율성과 지원비율을 높이기 위하여 서류 심사를 통해 기술평가 대상기업 선별	기보
본 평가 및 인증서 발급	• 기술평가 실시(예비, 실사, 본평가 등) • 기술평가인증서 발급 → 은행 통부	기보
여신심사 및 지원대상 선정	• 기술평가인증서를 바탕으로 여신심사(신용평가 생략) • 지원대상자 → 기금으로 통보	은행
보증서 발급	• 선정된 지원대상기업에 보증서 발급(보증비율 80%)	기보
대출실행	• 대출실행 및 사후관리	은행

② 기술정보 및 기술평가정보 인프라의 현황 및 개선과제[55]

한국의 기술정보 및 기술평가정보 인프라로서 「한국과학기술정보연구원」(KISTI), 「기술신용보증기금」, 「한국기술거래소」를 들 수 있다. 이들이 보유하고 있는 정보들을 요약하면, 「한국과학기술정보연구원」(KISTI)은 기술동향·시장정보 DB를, 「기술신용보증기금」은 기술기업 DB를, 「한국기술거래소」는 기술거래 DB들을 구축하고 있는 것으로 나타났으며, 이는 각 기관의 설립목적과 특성에 의해 보유하고 있는 기술정보들도 차별화되어 있다.

현황

금융시장에서의 기술금융활성화 촉진을 위해서는 기술동향 및 기술평가정보에 대한 인프라를 구축하여, 이것을 민간금융기관들이 활용할 수 있어야 한다. 국내 기술동향정보 및 평가정보들은 주로 「기술신용보증기금」, 「한국과학기술정보연구원」(KISTI), 「한국기술거래소」에서 보유하고 있으며, 각 기관들의 설립목적과 기능에 따라 다양한 기술정보들을 갖고 있다.

한국의 기술관련 정보보유 기관들의 특징을 살펴보면, 「기술신용보증기금」은 기술기업에 대한 정보를, 「한국과학기술정보연구원」(KISTI)은 기술동향 및 기술시장 정보를 주로 보유하고 있으며, 「한국기술거래소」는 기술거래로 인해 습득한 정보들을 중심으로 기술정보들을 축적하고 있다.

그러나 국내 기술동향 및 평가 정보들은 규모나 질적 측면에서 금융시장에서 기대를 충족시키지 못하고 있으며, 보유하고 있는 정보들도 체계적이고 유기적으로 관리 되고 있지 않다. 따라서 상기 기술정보들을 상호연계함으로써 기술정보인프라를 구축해야 할 것이다. 특히 「기술신용보증기금」은 기술평가에 관한 평가사례를 가장 많이 보유하고 있으므로 기술평가 정보를 지속적으로 구축하여 금융시장에 제공한다면 기술평가의 공신력 확보에 많은 도움이 될 수 있을 것이다.

첫째, 「기술신용보증기금」은 기술평가업무의 신속성과 정확성을 도모하기 위해 국내·외 산업에 활용되고 있는 기술동향 및 평가정보들을 수집하여 관리하고 있다. 「기술신용보증」이 보유하고 있는 기술정보들은 기술분야별로 기술개요, 국내·외 기술개발 현황 및 기술수준, 향후 국내·외 기술개발 동향 및 전망, 기술의 활용범위, 복합기술분야 등을 주요 내용으로 하고 있다.

더욱이 「기술신용보증기금」의 기술평가를 받은 개별기업 기술정보를 수록한 기술평

---

55 하기의 내용은 「중소기업청」이 운용하고 있는 「기술가치 전문기획단」(5분과)의 중간보고서(2004. 6)를 요약한 것임.

가서에 대한 정보들은 기술평가센터 직원들이 기술평가 업체의 실사를 통해 신청업체의 기술성, 사업성, 시장성 등을 보고서 형태로 직접 작성한 정보들이기 때문에 유사한 업종에 속해있는 업체의 기술수준 등을 가늠할 수 있는 보조자료로 활용될 수 있다.

둘째, 「한국과학기술정보연구원」(KISTI)은 기술의 특성, 국내·외 동향 등의 핵심 분석정보를 요약정리한 기술뉴스브리프, 국내·외 기술·특허, 연구개발 동향에 대한 다양한 정보를 조사분석하여 가공한 기술동향분석정보들을 주요 업종별로 분류하여 보유하고 있다.

더욱이 「한국과학기술정보연구원」(KISTI)은 세부기술에 대한 국내·외 기술개발 동향, 특허 동향, 산업시장 동향 및 전망에 대한 상세한 내용을 심층 분석한 기술산업 심층분석정보를 온라인으로 서비스하고 있으며, 국내·외 기술·시장의 동향정보를 조사분석 및 정리한 산업시장정보를 구축하여 보유하고 있다.

셋째, 「한국기술거래소」는 기술평가에 관한 정보는 많이 보유하고 있지 않지만 거래로부터 수집된 기술시장 및 동향정보 위주의 DB를 구축하고 있다.

개선과제

우선, 기술선진국의 경우 기술거래, 라이센싱 사례정보, 기술평가 사례정보 등을 체계적으로 구축하여 유효한 참조정보로 활용하고 있다. 예를들어 기술평가 전문기관인 AUS의 경우 4,500여 건의 기술거래 사례를 수집하여 15개 산업별로 거래내용을 정리한 RoyaltySource® DB를 구축하고 있으며, 기술거래 전문기관인 PLX Systems의 경우 12,000건의 공공 및 민간의 기술거래 계약사례, 3,000여 건의 기타 계약사례와 15,000여 건의 기업거래 사례에 대한 정보도 DB로 구축해 놓고 있다.

그러나, 한국의 경우, 기술 및 업종분류, DB 수록형식 등이 표준화되어 있지 않기 때문에, 이러한 상황이 개선되지 않는다면 금융시장에서 기술금융발전을 위한 기술정보인프라의 역할을 제대로 할 수 없을 것이다.

첫째, 국내 기술정보관련 정보를 다루는 각 기관이 보유하고 있는 기술정보들이 표준화되어 있지 않다는 점이다. 이는 해당 기관별로 자체적인 목적과 필요에 따라 개별적인 기술 또는 업종분류를 사용하고 있고, 수록내용도 기관별로 통일되어 있지 않아 관련기관간에 기술평가 정보 또는 기술동향정보를 연계통합하여 운용 및 활용할 수 있는 기반이 갖추어져 있지 않다.

둘째, 기술분석과 사업성평가 등에 핵심적인 정보인 기술동향정보, 기술시장정보의 DB화가 양적인 측면에서 절대적으로 부족하다. 각 기관의 관련정보 DB 자체가 부족한데다 분류체계, 수록내용 등도 통일되어 있지 않은 상태이기 때문에 각 기관에 구축된 DB

의 연계활용을 위한 DB 통합은 현실적으로 어려운 실정이다.

셋째, 기술평가에 관한 국내 사례정보는 거의 없는 실정이어서 기술평가결과의 객관성 확보를 어렵게 만들고 있다. 시장접근법 적용 등을 위해서는 유사 기술거래 사례에 관한 기술평가사례, 기술거래사례 등 관련 사례정보가 필요하나 이러한 사례정보는 매우 부족한 실정이다.

따라서 기술평가정보 인프라의 개선과제로서 다음과 같이 제시한다.

첫째, 한국의 경우, 기술 및 업종분류, DB 수록형식 등이 표준화되어 있지 않기 때문에 관련기관 간의 기술평가 또는 기술동향 정보의 연계통합을 위한 기반의 조성이 우선적으로 필요하다. 구체적으로, 산업분류와 기술분류의 연계체계(연계표 등)를 개발하고, 기술동향 및 기술시장정보 등 관련 DB의 표준화를 추진하여 국내 기술정보자원의 활용도를 높여야 할 것이다.

둘째, 중소·벤처기업에 대한 기술평가 및 금융지원 연계를 위해 관련정보 DB를 확충 및 개발해야 할 것이다. 상술하면, 기술시장정보 등의 기존 DB를 대폭 확충하고, 사례정보 DB 등은 신규로 개발할 필요가 있다. 특히 기술평가에 관한 정보가 부족하기 때문에 기술평가에 관한 사례정보들을 확충하는 것이 시급하다. 또한, 관련 DB의 양적 확충과 동시에, 유관기관 간의 효율적 연계 활용체제를 구축함으로써 기술평가 지원정보 기반을 구축해야 한다.

7. 유망 기술혁신형 중소기업을 위한 팩토링·역(逆)팩토링[56]

한국 기업 수의 99% 이상을 차지하고 있는 중소기업은 전체 고용에서 88%의 비중을 차지하고 있을 정도로 한국 경제의 근간을 이루고 있다. 그러나 중소기업은 대기업에 비해 자금조달 비용이 상대적으로 높은 데다 그나마 필요한 자금을 금융시장으로부터 적시에 조달하지 못하고 있는 실정이다.

한국 기술금융제도의 가장 큰 문제점은 은행을 비롯한 민간 금융기관들이 기술개발 대출 등 기술관련 여신이 미미하다는 사실이다. 민간 금융기관들의 역할은 성장 가능성이 큰 기업들에 대한 자금중개기능임에도 불구하고 그들은 지나치게 성장 가능성보다는 담

56 임양택, 컬럼: "한국 경제 불황 탈출구는 부품·소재산업과 R&D 효율성", 경인일보 경제전망대, 제12면, 2017. 3. 9.

보위주의 여신관행에 익숙하여 유망 기술혁신형 중소기업에 대한 대출이 매우 저조하다. 민간 금융기관들의 자금공급기능이 제대로 작동되지 못하여 국내의 기술혁신형 중소기업들의 자금지원은 주로 정책금융에 의존할 수밖에 없게 된다.

2015년 중소기업 정책금융잔액은 97조 원이다. 중소기업 정책금융이 은행대출에서 차지하는 비중이 12% 정도이다. 이 비중은 경제협력개발기구(OECD) 회원국 평균 5%의 2배가 넘는다. 그럼에도 불구하고, 지난 경제개발 5개년 계획에서도 중소기업 육성이 끊임없이 강조 및 지원되었지만 1962년 이후 50여 년 동안 수많은 중소기업들 중에서 대기업으로 상향이동한 사례가 없다.

전술한 바와 같이, 국내 기술혁신형 중소기업들은 직접금융에 대한 접근성이 어려워 주식이나 회사채 발행 등에 의한 자금조달에 어려움을 겪고 있다. 그 이유는 대부분의 중소기업들이 주식 및 회사채 발행 등 직접금융조달을 위한 요건(상대적으로 낮은 신용도와 지명도)에 미달하기 때문이다. 특히, 재무적 평가에 의존하는 현행 기업신용등급평가제도는 창의성과 개별기술력을 특성으로 하는 기술혁신형 중소기업에게는 불합리하다.

다시 말하면, 중소기업들은 대기업에 비해 신용도와 담보력이 취약하므로 자금조달에 어려움을 겪고 있다. 게다가 대기업집단을 중심으로 발달한 '내부 자본시장'(internal capital market)이 중소기업의 만성적인 금융경색을 심화시키고 있다. 여기서 '내부 자본시장'이란 대기업이나 기업집단 내에 존재하는 소규모 자본시장에서 자금 배분이 이루어지는 것을 말한다.

'내부 자본시장'(internal capital market)이 지나치게 활성화되어 있는 경우, 상대적으로 외부 자본시장의 발전이 저해될 수 있다. 만약 '외부 자본시장'(external capital market)이 발전하지 못하면 여기서 자금을 조달해야 하는 유망 기술혁신형 중소기업들이 피해를 입게 된다. 그런데, '외부 자본시장'에서는 투자자의 자금이 모여 기업들로 흘러가는데 자금의 공급자와 수요자 사이에 '비(非)대칭 정보 문제'가 존재한다. 이 결과, 경제 전체적으로 유망 기술혁신형 중소기업들을 발굴 및 육성하여 이들에 대한 정보를 생산하는 민간 금융기관들이 제대로 발전하기 어렵게 된다.

특히, 한국의 경우, 다수의 기업집단들이 '외부 자본시장'(external capital market)에 적극적으로 진출해 있다. 은행산업과 달리, 증권산업에서는 다수의 산업자본 계열사들이 활동하고 있으며 시장지배적인 위치를 차지하고 있다. 이러한 '외부 자본시장'에서 기업에 대한 정보가 제대로 생산될 수 없다. 왜냐하면 기업집단 계열 증권사들은 자기 계열 비금융사에 대해서는 우호적인 정보를, 경쟁관계의 기업에 대해서는 불리하게 왜곡된 정보를 각각 생산할 유인이 존재하기 때문이다. 이러한 '외부 자본시장'에서는 중소기업이나 벤처기업들이 제대로 된 정보생산 서비스를 받기 어렵게 된다.

또한, 대다수 중소기업들은 대기업과 수직적 분업관계 내지 하청관계를 맺고 있다. 따라서 어음 결제 또는 단계별 상호출자 등을 통해 대기업-중소기업 간 깊은 '금융연관'(Financial Linkage)이 존재한다. 결국, 어음결제에 따른 '금융연관'(Financial Linkage)은 공급사슬(supply chain) 내 기업들의 수직적 분업관계를 심화시키는 역할을 수행한다. 이처럼 대기업·중소기업 간 하청관계 및 어음제도에서 경제적 합리성을 발견할 수도 있겠지만 대부분의 경우 이러한 하청관계는 중소기업으로 하여금 대기업에 대하여 구속(lock-in)되게 하거나 대기업이 중소기업 '정보 지대'(Information Rent)를 독점적으로 향유하는 문제를 야기할 수 있다.

한편, 금융중개이론에 따르면, 어떤 실물기업의 금융원천이 오직 하나의 금융회사만으로 국한되어 있는 경우, 이 기업에 대한 정보가 상기 금융회사에서 독점됨에 따른 '정보 지대'(Information Rent)의 문제가 발생한다. 상기의 문제를 피하기 위해 실물기업들은 여러 은행들과 거래를 하거나 은행대출 외에 회사채 발행과 같은 직접 금융을 이용한다.

그러나, 대기업과 중소기업 간 수직적 분업관계가 '금융연관'(Financial Linkage)을 통해 더욱 공고해지는 결속된 관계 속에서, 대기업은 해당 중소기업들에 대하여 속속들이 파악하고 있기 때문에 관련 중소기업들이 다른 자금원천을 찾는 것은 어렵다. 왜냐하면 대기업은 중소기업에 대하여 압력을 행사할 수 있는 여러 가지 통로가 있기 때문이다.

만약 이러한 중소기업들에 대한 상세한 정보를 바탕으로 자금을 공급해줄 수 있는 민간 금융기관이 있다면 자금조달의 문제뿐만 아니라 대기업으로부터의 부당한 압력에 어느 정도 대항할 수 있는 힘을 가질 수 있을 것이다.

그렇다면, 상기한 문제들은 어떻게 해결할 수 있을까? 우선, 자본시장에서 대기업집단(산업자본)과 독립적인 금융투자회사들이 성장할 수 있는 여건을 마련하는 것이 시급하다. 해외 주요국과 달리, 한국의 경우, 벤처기업이나 중소기업의 탄생, 성장, 신규상장, 증자, 인수·합병(M&A), 그리고 구조조정 및 퇴출까지 장기간의 관계를 형성하고 이에 기초한 정보생산을 통하여 투자자와 연결해줄 수 있는 투자은행(IB : Investment Bank)이 없다.

상기한 정보 제공 서비스를 산업자본 계열 금융투자회사가 수행하지 못하는 것은 당연한 귀결이다. 이것은 해외 주요 투자은행 가운데 '산업자본 계열 금융투자회사'가 하나도 없다는 데서 단적으로 드러난다. 따라서 대기업집단(산업자본)과 독립적인 금융투자은행들이 상생(相生)할 수 있다면 '내부 자본시장'(internal capital market)의 부작용 및 문제점은 크게 줄어들 수 있을 것이다.

다음으로, 대기업-중소기업 간의 분업관계와 관련하여 팩토링(Factoring)이나 역(逆)팩토링(Reverse Factoring)의 활성화 문제를 검토할 필요가 있다. 여기서 '팩토링'(Factoring)이란

그림 4-14 대기업과 중소기업의 상생 전략

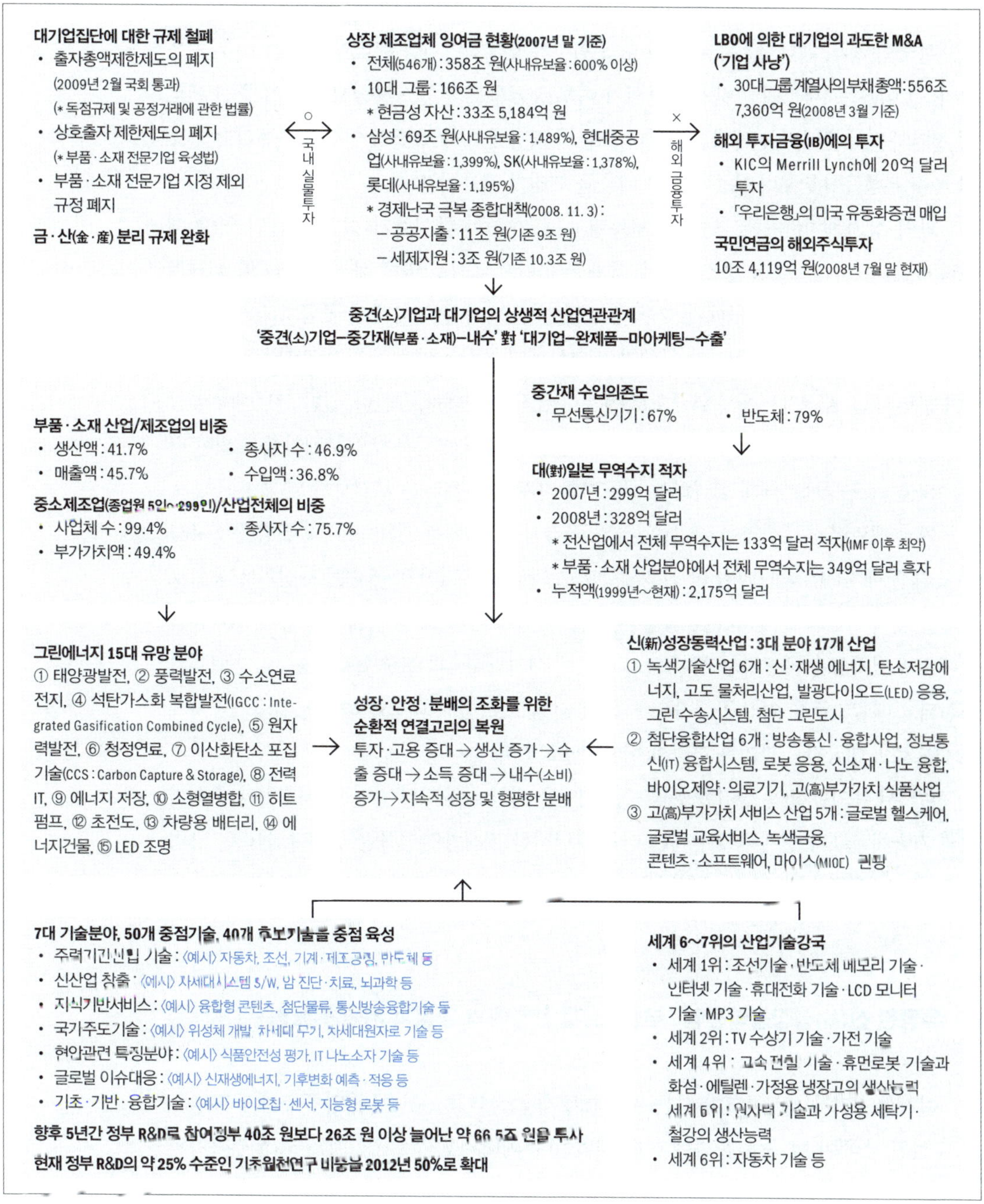

자료 임양택(2007), 「한국의 비전과 국가경영전략」, 나남출판사.
임양택(2011), 「한국형 복지사회를 위한 청사진」, 한양대학교 출판부.
임양택(2013), 「글로벌 경제와 한반도 위기 : 한국의 비전 및 전략」, 나남출판사.

매출채권의 양수·관리 및 회수 업무를 지칭한다. 즉 팩토링 회사(Factor)가 거래기업의 매출채권을 양도받아 이를 관리하고 만기 시(時) 매출채권을 회수하여 주는 업무를 말한다.

한국의 경우, 팩토링(Factoring)의 도입 역사가 오래되었지만 팩토링 업무는 매우 저조하다. 그 이유는 1997년 하반기 외환위기 이후 종금사들이 몰락하였고 사채업 출신 팩토링 전업사들이 유사 수신행위를 하거나 고금리 책정에 대한 부정적 인식이 만연하고 있으며 국내 은행들이 담보나 보증이 없는 대출을 꺼리기 때문이다.

만약 상기한 이유들로 인하여 팩토링(Factoring)의 활성화가 쉽지 않다면 역(逆)팩토링(Reverse Factoring)을 중소기업 금융제공 수단으로서 고려해 볼 수 있다. '역(逆)팩토링'(Reverse Factoring)이란 구매자(채무자인 대기업)에게 납품하는 다수의 공급자(채권자인 중소기업)가 있는 경우, 팩토링 회사가 구매자의 외상매입채무에 대해 공급자로부터 각 채권을 양수하면서 그 공급자들에게 현금으로 선(先)지급하는 형태를 말한다. 일반 팩토링이 공급자로부터 시작하는 것에 비해 역(逆)팩토링의 경우, 팩토링 회사가 우량구매자를 선별한 다음, 이러한 우량구매자에게 공급하는 공급자들과 팩토링 계약을 체결하게 된다.

역(逆)팩토링(Reverse Factoring)의 경우, 공급자(채권자인 중소기업)의 신용위험을 신용도가 높은 구매자(채무자인 대기업)의 신용위험으로 대체하게 되어 공급자는 자신의 신용으로 차입할 때에 비해 좋은 금리로 금융을 이용할 수 있게 된다. 또한 구매자 입장에서는 공급자에게 운전자금을 제공하는 셈이 되기 때문에 대기업(구매자)과 중소기업(공급자)의 관계가 개선되고 대금지급을 여러 공급자(납품 중소기업) 앞으로 하는 대신에 하나의 금융제공자에게 함으로써 대금지급 관리가 편리해지는 장점도 있다.

여기서 유의할 것은 상기한 유망 중소기업을 위한 금융지원 방안은 '대기업과 중소기업의 기술계열화'가 연계된 경우에는 더욱 바람직한 정책방안이라는 점이다. 이러한 방법으로 대기업과 중소기업의 상생협력을 〈그림 4-14〉와 같이 촉진할 수 있을 것이다.

8. 유망한 신(新)성장동력산업 : 부품·소재 산업에의 중점적 지원 필요성[57]

여기서 저자가 제시하고자 하는 것은 어떻게 한국이 한·중·일 분업 구조에서 '부품·소재 선진 강국'이 될 수 있을까에 대한 해법이다. 왜냐하면 부품·소재는 고(高)부가가치

57 임양택, 컬럼 : "한국 경제 불황 탈출구는 부품·소재산업과 R&D 효율성", 경인일보 경제전망대, 제12면, 2017. 3. 9.

산업일 뿐만 아니라 대기업과 중소/중견기업의 상호보완적 상생(相生) 구조(〈그림 4-14〉)로 유도함으로써 '고용창출형 성장'(Job-creating Growth)을 도모할 수 있기 때문이다.

1) 부품·소재 분야에서 한·일(韓·日)의 각축전(角逐戰)

(1) 한국

우선, 한국의 산업발전사를 보면, 한국은 1990년대까지 부품·소재 분야보다는 완제품 조립에 의존해 산업을 발전시켜 왔다. 그러나 중국의 급격한 성장과 해외에 공장을 둔 글로벌 기업들이 등장하고 완제품의 조립생산 능력이 세계적으로 평준화됨에 따라 핵심소재와 첨단부품 생산력이 국가경쟁력의 핵심요인으로 등장하기 시작했다. 따라서 한국 또한 부품·소재 산업의 중요성을 깨닫고 '2001년 부품·소재 특별법'을 시행해 커다란 성과를 이루었다.

그 후 10년간 부품·소재 분야에서 수출 3.7배, 무역흑자 29배를 기록하면서 세계 수출시장 점유율에서 전통의 산업 강국인 프랑스와 이탈리아를 추월해 부품·소재 분야 세계 6위에 올랐었다. 2011년 9월 일본 도쿄에서 개최된 GP Japan 한국산업전에서는 세계 최고 품질을 자랑하는 도요타, 소니, 히타치, 닛산 등 일본의 내로라하는 기업들이 한국의 부품·소재 기업들의 부스를 찾아 구매 및 거래확대 의사를 밝히면서 예전과 달라진 한국 부품·소재 산업의 수준을 실감했었다(중앙일보, 2011. 11. 12).

소규모 개방경제(Small Open Economy)인 한국 경제의 경우 수출은 '젖줄'이다. 수출용 완제품의 생산을 위해서 중간재(부품·소재)가 일본으로부터 수입되어 왔다. 왜냐하면 중간재(부품·소재) 분야에서 한국의 기술이 일본의 그것보다 낙후되어 일본에 대한 수입이 종속되었기 때문이었다.

그러나 2016년 4분기 중간재(부품·소재) 관련 수출은 663억 달러로 7분기 만에 상승세로 전환하여 완제품 산업의 수출 부진을 만회하고 있으며 최근 2~3년간 지속된 엔화 약세에도 불구하고 대(對)일본 중간재(부품·소재) 수입의존도가 꾸준히 감소하고 있다. 특히, 〈삼성디스플레이〉가 세계시장 점유율 95% 이상을 기록하면서 독점하고 있는 스마트폰용 OLED 패널의 세계시장이 급속도로 커지고 있다. 반도체 장비 업체와 OLED용 디스플레이 장비 업체 등은 2016년 역대 최대치 수준의 수출실적을 기록했었고 고공 행진을 이어갈 것으로 전망된다.

부품·소재 분야의 한국 대기업의 경영성과를 개관해보자(조선일보, 2017. 4. 28). 〈삼성전자〉는 반도체 부문에서 역대 최대인 6조 3,100억 원의 영업이익을 냈다. 〈삼성디스플레이〉도 1조 3,000억 원의 수익을 올렸다. 〈SK하이닉스〉는 2017년 1분기에 2016년 같은 기간보다 영업이익이 4배 넘게 늘어났고, 〈LG디스플레이〉는 2017년 1분기에 사상 처음으로 1조 원대의 영업이익을 기록했다. 〈삼성전자〉와 〈SK하이닉스〉는 세계 메모리 반도체 시장의 60%를 차지하고 있다. 디스플레이 역시 〈삼성디스플레이〉와 〈LG디스플레이〉가 대형 TV 패널과 스마트폰용 유기발광다이오드(OLED) 패널 등 최고급 제품 시장을 양분하고 있다(조선일보, 2017. 4. 28).

또한, 화학과 철강 분야에서, 〈SK이노베이션〉은 1분기에 역대 세 번째로 1조 원이 넘는 영업이익을 올렸다. 〈SK이노베이션〉 관계자는 "과거 두 차례 영업이익이 1조 원을 넘을 때는 정유 부문 호황 덕분이었지만, 이번에는 화학 소재 분야가 호실적을 이끌었다"라고 말했다. 〈LG화학〉도 2017년 1분기 매출이 사상 처음으로 6조 원을 돌파했고, 분기 영업이익은 6년 만에 최대였다. 〈포스코〉는 2017년 1분기에 철강 부문에서만 1조 234억 원을 벌어들였다(조선일보, 2017. 4. 28).

상기한 한국기업의 쾌거는 한·중·일 분업 구조에 지각변동이 일어나고 있다는 것을 의미한다. 2000년대 초·중반까지 한국 기업들은 완제품 시장에서 고도성장을 일궈왔다. 그 후 중국의 주요 기업들이 완제품 분야에서 한국산 부품·소재를 많이 수입했다. 이것은 과거 일본이 담당하던 '부품·소재 베이스캠프' 역할을 한국 기업들이 상당 부분을 차지한 것을 의미한다.

그러나 어느 정도 세계 수준에 접근한 부품과 달리 첨단소재 분야에서는 아직 선진국과의 격차가 4~7년에 이를 정도로 낙후되어 있는 상태다. 특히 반도체, LCD 등 한국이 세계적 경쟁력을 자랑하는 IT분야 핵심소재는 대부분 일본산 제품에 의존하고 있다. 이것은 한국의 반도체·LCD 수출이 늘수록 대(對)일본 무역적자 규모가 늘어나는 아이러니한 상황을 야기하는 요인이다.

(2) 일본

일본 기업들은 PC나 스마트폰, 가전제품 등에서는 한국의 삼성전자나 중국의 레노버, 하이얼 등에 선두(先頭)를 내주었다. 그러나, 이젠, 일본 기업들은 2013년 5개 부품·소재 분야에서 세계시장 1위를 차지했었다. 예로서 탄소섬유 분야의 〈도레이〉, 스마트폰의 부품인 이미지센서 분야의 〈소니〉, 중·소형 LCD패널의 〈재팬디스플레이〉, 마이크로 컴퓨터의 〈르네사스일렉트로닉스〉, LED(발광다이오드)의 〈니치아화학〉 등을 들 수 있다(한국경제, 2014. 10. 8).

일본의 대표적인 부품·소재 기업인 〈도레이〉는 항공기 제조사인 보잉과 제조·직매형 의류(패스트 패션)업체인 유니클로에 이르기까지 수백 개의 글로벌 기업들에게 원자재를 공급하고 있다. 또한, 섬유 원단에서부터 항공기용 탄소섬유, 일회용 기저귀의 재료, 액정패널용 필름 등도 생산하고 있다.

한편, 일본의 IT산업을 대표하는 기업들(소니, 파나소닉 미쓰비시, 후지쓰, 히타치제작소 등)이 스마트폰 이미지 센서, 자동차 배터리, 자동차용 센서 등 부품뿐만 아니라 TV를 비롯한 완제품 시장에서도 과거의 영광을 되찾고 있다. 나아가, 일본 IT업체들은 인공지능(AI)과 로봇 등 차세대 기술에서도 앞서 나가고 있다.

2018년 초에 열렸던 국제전자제품박람회(CES)에서도 〈소니〉 등 일본 IT업체들은 차세대 기술을 선보이며 업계의 이목을 집중시켰다. 구체적으로 사례들을 들면 다음과 같다(아주경제, 2018. 7. 25).

〈소니〉는 업계 1위의 스마트폰 이미지센서 업체인데 〈소니〉의 휴대전화는 세계시장에서 수요가 없지만 〈소니〉의 이미지센서는 〈애플〉의 아이폰6에 장착될 정도로 세계 최고의 제품이 됐으며 자동차용 센서 시장으로 사업을 확대하고 있다. 또한 〈소니〉는 신형 반려견 로봇 '아이보'(Aibo)를 선보이면서 인공지능(AI)의 대표적인 두 매개체로 떠오른 로봇과 자동차 시장을 향한 새로운 행보를 시작했다. 〈소니〉는 2018년 1분기(1~3월) 4,908억 엔(약 4조 8,300억 원)의 순이익을 기록했는데, 이것은 2017년 같은 기간의 순이익(733억 엔)보다 무려 7배나 증가한 것이다.[58]

〈파나소닉〉은 주력사업이었던 스마트폰과 PDP 시장에서 철수했고 카메라 생산을 대폭 감축한 대신에 전기차 배터리 등 자동차 부품에 주력한 결과, 세계 1위의 전기차 배터리업체가 되었다. 최근에 〈파나소닉〉은 배터리에 들어가는 코발트 비중을 2~3년 안에 5%까지 낮춘다는 계획을 발표했다. 코발트는 전기차 배터리 제조가격의 22% 정도를 차지하는 양극재의 핵심 원료로서 투입 비중이 줄어들면 가격경쟁력이 높아지게 된다. 또한, TV는 사물인터넷(IoT) 등 차세대 기술의 플랫폼 역할로 거듭나고 있다. 최근 영국 TV 평가전문 웹사이트 'HDTV 테스트'와 소매 유통업체 '그램프든&부어'는 자체 TV 제품 평가에서 〈파나소닉〉을 '올해의 최고 TV'(Best TV of 2018)로 선정하였다.[59] 한편, 2018년은 〈파나소닉〉의 창업 100주년인데, 〈파나소닉〉은 '다음 100년의 파나소닉'을 위하여 일상생활에 맞

58 같은 기간 〈히타치제작소〉 〈미쓰비시〉, 〈후지쓰〉 등도 사상 최대의 순이익을 올렸다. 〈파나소닉〉도 2018년 1분기에 직전 분기보다 순이익(2,360억 엔)이 58.0% 증가하였다. 다만 〈도시바〉는 원전사업 등의 실패로 아직 위기에서 벗어나지 못하고 있다(아주경제, 2018. 7. 25).

59 이 결과, 〈삼성전자〉와 〈LG전자〉는 QLED TV(양자점발광다이오드)와 OLED(유기발광다이오드) TV로 세계 프리미엄 TV 시장을 주도하고 있는데, 이들 중 한 곳이 '올해의 최고 TV'(Best TV of 2018)로 선정될 것이란 전망은 깨졌다. 상기한 〈파나소닉〉의 '올해의 최고 TV'(Best TV of 2018)로 선정된 사실을 TV 평가전문가들은 세계 TV 시장에서 '일본의 부활'을 알리는 신호로 해석한다.

춘 다양한 스마트 솔루션들을 중심으로 구성하고 미래형 차량용 디지털 '스마트비전 콕핏', 주거용 태양광 패널을 비롯한 에너지 솔루션, 인공지능(AI)에 기반한 포터 로봇 솔루션 등의 신개념 기술들은 보유하였다.

〈히타치〉, 〈도시바〉, 〈NEC〉 등은 제2차 세계대전 직후 기관차·가스터빈·통신장비 등을 수출하였지만 최근에 사업구조를 B2B(기업 간 거래)로 바꾸고 2010년부터 중공업·전자·인공위성 등의 사업비중을 높인 후 기업실적이 크게 좋아지고 있다. 한편, 카메라업체인 〈올림푸스〉는 의료장비사업에서 글로벌 매출의 70%를 올리고 있고, 필름업체인 〈후지필름〉은 헬스케어·그래픽시스템·전자재료 등으로 사업을 확장하였다.

(3) 중국

중국은 투자 방향을 최근에 완제품 시장에서 한국이 강점을 보이고 있는 부품으로 돌리고 특히 '반도체 굴기(屈起) 정책'을 통하여 막대한 예산을 메모리 반도체 대량생산을 지원하고 있다. 만약 2019년부터 저가(低價)의 메모리 반도체가 중국 내·외로 대량 수출되기 시작하면 한국의 메모리 반도체 수출은 치명적 타격을 받을 것이다. 예로서, 중국은 2016년부터 국영기업인 칭화유니그룹을 통해 반도체 산업 육성에만 540억 달러를 투자했으며 2018년부터는 메모리 반도체를 생산해 중국 현지 기업들에 공급하겠다는 목표를 세워놓고 있다. 특히 디스플레이 분야에서 중국기업은 한국기업보다 뛰어난 기술을 활용해 LCD 패널을 이미 생산하고 있으며 OLED 생산 시설을 확대하고 있다. 만약 중국이 향후 자체 기술력을 갖추고 부품을 공급한다면 한국은 최대 시장인 중국 시장을 잃게 될 것이다.

따라서 한·중(韓·中) 간 산업기술협력이 필요한 단계이다. 현재까지 한·중(韓·中) 양국은 실물경제부문에서의 '수직적 분업 협력 체제'를 구축 및 유지해 왔다. 즉, 한국은 대(對)중국 부품 및 소재를 수출하는 반면에 중국은 완제품을 조립하여 중국 내수시장에 공급하고 완제품을 세계시장에 수출해 왔다.

실제로, 한국의 대(對)중국 고(高)기술 산업제품 수출 규모는 2001년 36억 6천만 달러에서 2015년 577억 5천 달러로 증가했다. 이와 반면에, 한국의 대(對)중국 고(高)기술 산업제품 수입 규모는 2001년 31억 8천만 달러에서 2015년 307억 달러로 증가했다. 그러나 최근에 중국의 기술추격이 가시화됨에 따라 과거 한·중(韓·中) 간 기술격차에 근거를 두었던 양국의 수직적 분업구조가 점차 수평적 분업 관계로 재편될 것으로 전망된다. 예로서, LCD패널 산업의 경우, 초기 일본의 독주 → 한국과 대만의 경쟁 → 중국의 가세 현상이 나타나고 있다.

세계 반도체 시장의 매출률은 2017년 22% 증가율을 보였으며 2018년에도 12.4%를 보이고 있다. 여기서 유의할 것은 한국의 대기업들이 메모리 반도체 시장은 주도하고 있으나 세계 반도체 시장의 약 70%를 차지하는 시스템 반도체 분야에서는 한국 대기업의 시장 점유율이 겨우 3%에 불과하다는 점이다. 따라서 '제4차 산업혁명' 시대에서 반도체 수요는 점증할 것이기 때문에, 한·중(韓·中) 양국은 메모리 분야에서만 아니라 시스템 반도체 분야에서 공동 연구개발 및 세계시장 진출에서 산업·기술협력을 추진함이 바람직할 것이다.

2) '부품·소재 강국'의 비결(祕訣) : 새로운 '패러다임 시프트'에 대한 대비

전술한 바와 같이, 일본 IT업계는 전기차 배터리 등 미래 먹거리에 대규모 투자를 하며 한국을 위협하고 있다. 또한, 중국은 첨단기술 분야에서 거침없는 행보를 이어가고 〈삼성〉보다 폴더블 스마트폰을 먼저 출시할 정도로 많은 분야에서 한국을 쫓아왔다. 여기서 저자는 '한·중·일의 부품·소재 분야의 주도권 생날전에서 어느 국가가 최후의 승자(勝者)가 될 것이고, 그 비결(祕訣)은 무엇인가'라는 문제를 제기한다.

향후 한국이 명실상부한 '부품·소재 선진 강국'이 되기 위해서는 패러다임의 변화가 필요하다. 세계 최초, 그리고 세계 최고의 부품·소재 개발에 주력해야 한다. 특히 미래 세계시장을 독·과점할 수 있는 전략적인 소재 개발을 통해 해당 산업의 글로벌 리더로 도약해야 한다. 한발 더 나아가 소비자들의 니즈(needs)를 파악하려는 노력, 소비자와의 끊임없는 소통을 통해 소비자의 감성을 고려한 소재의 개발에 노력해야 한다.

구체적으로, 한국이 일본·중국과의 기술경쟁에 대응하기 위해서는 과거 일본 전자/반도체 대붕괴의 교훈[60]을 반면교사(反面教師)로 삼아 새로운 '패러다임 시프트'(Paradigm Shift)에 철저히 대비하는 것 외엔 다른 방도(方道)가 없다.

다시 말하면, 경제는 변화한다. 기술과 시장도 변화한다. 제도와 정치도 변화한다. 특히 사람(소비자)의 마음이 변한다. 상기한 변화들이 한꺼번에 일어나면 누구도 예측할 수 없는 '패러다임 시프트'(Paradigm Shift)가 일어난다. 이와 같이 온통 변화하는 세상에서 살아남기 위해서는 마케팅 전략이 필요하다. 사원 전원이 마케터(Marketer)가 되지 않으면 살아남을 수 없다. 즉, 모든 조직과 사원(연구, 개발, 제조, 영업, 총무, 경리, 자재, 인사)이 마케팅 감성을 갖고 있지 않으면 변화하는 세상에 제대로 대응할 수 없다.

상기의 결론은 다음과 같은 클레이튼 크리스텐슨(Clayton Christensen, 1952~현재) 교

60 유노가미 다카시, 일본 전자/반도체 대붕괴의 교훈, 성안당, 2013. 8. 20.

수(하버드대학교 경영대학원 교수)의 '파괴적 혁신'(Disruptive Innovation)에 관한 개념에 기초를 둔다. 즉, '이노베이션=기술혁신'이란 고성능의 기술을 개발하는 것인 반면에 '파괴적 혁신'(Disruptive Innovation)이 일어날 때 지속적 기술기반이 구축되며, 그 '파괴적 혁신'(Disruptive Innovation)은 고(高)성능과 고(高)품질이 아니라 작고 저렴한, 사용하기 쉬운 등의 특징을 갖게 된다. 클레이튼 크리스텐슨(Clayton Christensen) 교수는 '파괴적 혁신'(Disruptive Innovation)을 다음과 같이 두 가지로 설명한다. ① 기존 시장에 대한 압도적인 '저(低)비용형 파괴'이고, ② 지금까지 구매자가 아니었던 소비자들을 타겟으로 하는 '신(新)시장형 파괴'이다.

그렇다면, 현재 어떠한 '패러다임 시프트'(Paradigm Shift)가 일어나고 있는가? 그것은 2013년 이후 TSV를 이용한 '3차원 LSI'(프로세서+DRAM)가 등장하였다는 점이다. 이 결과, 지금까지는 〈퀄컴〉, 〈TU〉, 〈엔비다〉 등의 팹리스가 프로세서를 설계하고, 〈TSMC〉, 〈Global Foundry〉, 〈UMC〉 등의 파운드리가 전(前)공정을 실시한 후 〈ASE〉, 〈암코〉, 〈STATChip PAC〉, 〈SPIL〉 등의 어셈블리 업체가 후(後)공정(패키징, 실장, 조립)을 실시하고 있다. 그러나 향후 팹리스는 지금까지의 설계 도구로써는 불(不)가능하기 때문에 처음부터 '3차원 LSI'(프로세서+DRAM)를 설계하지 않으면 안 될 것이다. 게다가 전(前)공정과 후(後)공정 사이에 갑자기 중간공정(미들엔드)도 출현하고 있다. 그리고 중간공정(미들엔드)에서는 1,200개의 TSV가 형성된 프로세서와 DRAM을 3차원으로 적층해 TSV를 구리로 채우고, '3차원화된 LSI'의 동작을 검증하지 않으면 안 될 것이다. 더욱이 후(後)공정에서는 '3차원 LSI'에 최적인 기관이나 패키지를 설계해 제조하거나 조립하지 않으면 안 될 것이다. 즉, '3차원 LSI' 용도의 설계 툴, 중간공정(미들엔드), 3차원 LSI용 기판설계 툴이 필요하게 될 것이다. 결국, 이 3차원 화(化)를 제압한 기업이 차세대 승자가 될 것이다.[61]

3) 기술혁신의 기본방향 : '모방에서 혁신'으로 전환

결국, 한·중·일의 부품·소재 산업 주도권 쟁탈전은 지속적인 연구개발(R&D)과 그 효율성에서 판가름 날 것이다. 이와 관련하여, 한국의 기술혁신과 연구개발(R&D) 활동에 대한 OECD와 월스트리트저널의 비판 및 충고를 경청 및 실천할 필요가 있다. 우선, OECD는 "한국의 연구개발(R&D) 시스템은 선진기술의 '국산화'와 '한국형' 사업에 집착해 비효율

61 유노가미 다카시, 일본 전자/반도체 대붕괴의 교훈, 성안당, 2013. 8. 20.

적"이라고 분석했다. 다음으로, 월스트리트저널은 "많은 기업이 구글·아마존·페이스북을 따라하는 데 급급해 생산성 면에서 뒤떨어지고 있다"라고 지적했다. 즉, 눈에 보이는 단기 실적 내기에만 급급하다는 것이다.

따라서 저자는 다음과 같은 연구개발(R&D)의 효율성 제고 방안을 다음과 같이 제시한다. 우선, 기술혁신의 기본방향이 '모방(Imitation)에서 혁신(Innovation)'으로 전환해야 한다. 즉, 선진기술의 수동적 모방이 아니라 다양한 분야에서 '퍼스트 무버'(First Mover)가 되어야 한다. 다시 말하면, 연구개발(R&D) 투자가 신(新)상품 및 신(新)공정으로 연결될 수 있는 기술허브를 구축해야 한다. 이와 함께, 산업 분야 간 융합과 조화를 목표로 하는 '제4차 산업혁명'의 잠재력을 개발 및 축적해야 한다. 이러한 기술혁신의 기본방향 전환을 위하여, 정부는 미래형 기술 인력 양성, 지적재산권 보호, 글로벌 교류를 지원 및 강화해야 한다.

여기서 가장 중요한 것은 기술인력의 양성과 공급이다. 한국의 경우, '제4차 산업혁명'의 기반이 될 소프트웨어(SW) 부문에 대한 인적·물적 투자는 미미하다. 국내 소프트웨어(SW) 전문 인력은 2014년 20만 명에 불과했고, 연구개발(R&D) 투자는 반도체·디스플레이 연구개발(R&D) 투자액의 5분의 1 수준이었다.

참고로, 독일은 중소 제조업체[62]를 중심으로 현장 실습이 강화된 직업교육(Dual System)[63]을 통하여 기술인력을 양성하여 제조업에 숙련인력을 꾸준히 공급하고 있다. 독일의 직업교육(고등학교 과정) 등록 비율은 49%로 높은데,[64] 교육방식도 대부분 학교와 현장이 결합된 형태로 인력의 숙련도는 높게 유지하고 있다.

상기한 독일의 기술인력 양성 및 공급 시스템을 벤치마킹하는 것은 양호한 기술인력의 공급 시스템을 확보하는 것일 뿐만 아니라 무너져가고 있는 중소기업과 대학(특히 공과대학)을 살릴 수 있는 혈로(血路)이며, 청년실업을 구제할 수 있는 유일한 방략(方略)이며, '병든 한국의 교육 시스템'을 근본적으로 치유하고자 하는 정책의지의 표현일 것이다. 즉, 중소기업들은 직업교육의 현장으로 변모되어야 한다. 직업교육 과정은 정부·대학·기업이 모두 참여하여 매뉴얼화 될 때 인력이 전문성과 효율성을 모두 확보할 수 있을 것이다.

---

62 독일 중소기업청에 따르면, 사회보험을 제공하는 기업의 21.7%가 직업교육에 참여하는데 훈련생의 약 83.2%가 중소기업에서 훈련받고 있다.

63 연방정부, 지방정부, 직업학교와 지역 상공회의소가 공동으로 참여하는 직업교육(Dual System)은 일주일 중 3일은 산업현장에서 나머지 2일은 학교에서 수업을 받는 형태로 3년제 과정(우리나라 고등학생에 해당)의 직업 훈련과정이다.

64 독일에서는 2011년 기준, 45.5만 개 기업에서 344개 직업에 대해 약 146만여 명에게 표준화·메뉴얼화된 현장 중심의 직업교육을 제공하고 있다.

제5장

/

퇴직연금 및 국민연금과 자산운용산업

1. 노후 소득보장을 위한 퇴직연금시장의 활성화

한국 전체 인구의 14.6%(713만 명)에 달하는 베이비붐 세대(1955~1963년생)들이 벌써 은퇴하는 시기로 진입하였지만, 대부분의 노후 대책이 막막한 실정이다. 그들은 치열하게 살아온 만큼 안락한 노후를 기대해 왔지만 현실은 냉엄하다.

'통계청의 가계금융조사'에 따르면 베이비 부머 가구주 370만 명 중 280만 명이 은퇴 후 생활에 필요한 최소한의 자산도 가지고 있지 않은 것으로 나타났다. 베이비 부머(1955~1963년생) 가구의 평균 자산은 3억 3,775만 원이다. 이것은 부동산, 예금, 펀드, 전세보증금 등을 모두 합한 것이다. 통계청 조사에서 이들 베이비 부머(1955~1963년생)는 최소한의 노후 생활을 지속하는데 월 148만 원이 필요하다고 응답했다. 은퇴 시점(55세)부터 죽을 때(83세)까지 생활을 하려면 적어도 3억 6,000만 원이 준비되어있어야 한다는 계산이 나온다. 다행히, 베이비 부머(1955~1963년생) 가구의 평균 자산은 3억 3,775만 원과 은퇴 후 필요 자산인 최소 3억 6,000만 원이 엇비슷한 셈이다.

그러나 문제는 베이비 부머(1955~1963년생) 가구의 자산 격차 때문에 은퇴 후의 필요 자금인 3억 6,000만 원 이상을 가지고 있는 베이비 부머 가구가 전체의 24.3%(약 170만 명)에 불과하다는 점이다. 나머지 75.7%(약 542만 명)는 사망(83세) 전까지 28년 동안 아무런 생활 대책이 없다.

게다가, 현재 갖고 있는 평균 자산 3억 3,775만 원을 은퇴 시점까지 지킬 수 있을까? 그것의 가능성은 희박하다. 왜냐하면 자녀 결혼(평균 7,800만 원), 자녀 대학등록금(2,500만 원), 자녀 해외유학비(7,100만 원), 개인 창업(1억 2,600만 원) 등 목돈이 들어갈 구멍이 곳곳

그림 5-1 베이비 부머(1955~1963년생) 가구의 평균자산 (단위 : 원, 괄호안은 구성비율)

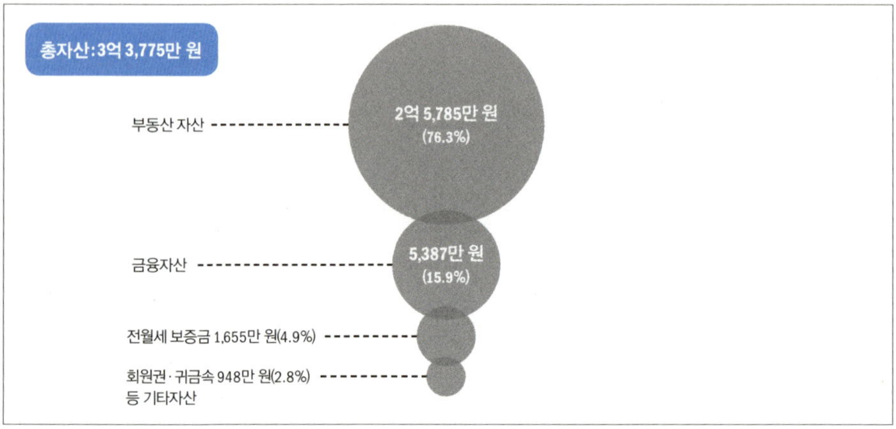

자료 조선일보, 2011.12. 2.

그림 5-2 베이비 부머(1955~1963년생) 가구가 은퇴 후 필요한 최소자금 (단위 : %)

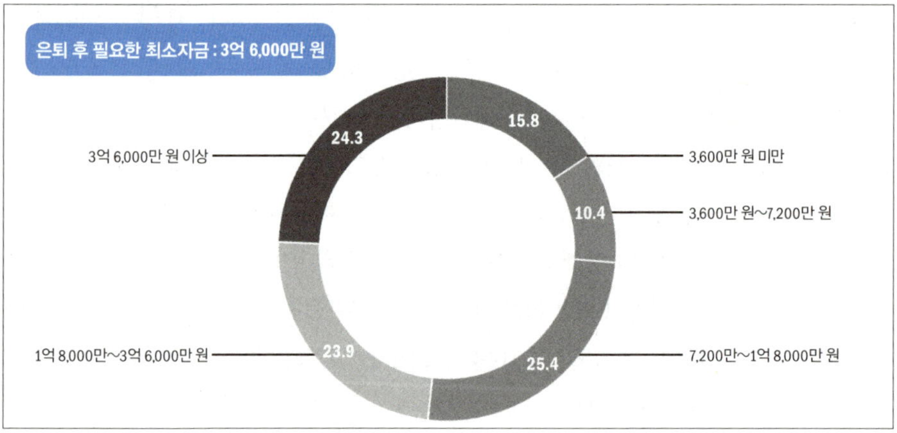

자료 조선일보, 2011.12. 2.

에 도사리고 있기 때문이다. 그나마 이들의 형편은 상대적으로 나은 편이다. 심지어, 자산이 은퇴 필요자금의 50%(1억 8,000만 원)에 못 미치는 가구가 51.7%였고, 은퇴 필요자금의 10%(3,600만 원)조차도 없는 가구가 15.8%에 달했다.

통계청에 따르면 65세 이상 인구 비율은 2018년 14%, 2026년 20%에 이르고, 2050년에는 38.2%로 증가하여 한국은 세계 최고의 '고령화 국가'가 될 것이라고 전망된다. 그런데

65세 이상 고령인구의 55% 이상이 자신의 근속기간 동안 '내 집 마련'이나 '자녀 교육' 등으로 인하여 자신의 노후를 제대로 준비하지 못하고 있다. 이로 인해 한국의 노인 빈곤율은 경제협력개발기구(OECD) 평균인 11.6%보다 4배 이상 높은 48.5%에 달하고 있다.

그렇다면, 어떻게 고령인구의 노후생활을 제대로 보장할 수 있을까? 저자는 상기 문제에 대한 해결방안의 하나로서 퇴직연금시장과 자산운용산업의 활성화를 통하여 은퇴인구의 금융자산을 높일 수 있도록 필요한 제도개혁을 제시하고자 한다.

모름지기, 노후소득보장을 위한 퇴직연금은 매우 중요한 것이다. 또한, 퇴직연금 시장은 금융시장에서 매우 큰 비중을 차지하고 있으며, 따라서 퇴직연금은 금융산업의 발전에 크게 기여할 수 있다.

참고로, 호주의 '보장성 퇴직연금제도'(Superannuation Guarantee)는 1992년 의무가입 형태로 도입되어 자국의 자산운용산업의 발전을 적극적으로 견인하고 있다. 즉 호주의 퇴직연금은 고령화 사회에 대응하는 사회보장의 2층 체계로서 노후소득보장의 중추적인 역할을 수행하고 있을 뿐만 아니라, 자국의 자산운용산업[01]을 대표적인 수출 상품으로 발전시키고자 하는 국가적 전략의 원동력이다. 특히, 호주의 퇴직연금 자산은 레버리지(부채조달) 기능이 없고 투자 기간이 장기(長期)라는 특성상, 2008년 하반기 글로벌 금융위기에서, 호주 금융산업의 안정적 자금조달원으로서 매우 유효한 역할을 담당하였다.

1) 한국 퇴직연금제도의 개요[02]

그림 5-3 퇴직연금제도의 도입배경

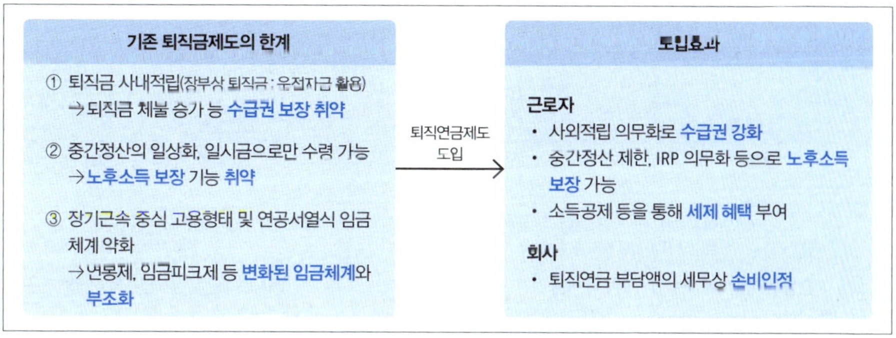

자료 고용노동부 · 금융감독원 보도참고자료(2015. 2. 12).

---

01 IFSA(2007), "Ready, willing and able : Funds management export push begins", Media Release.

02 이 주제와 관련하여 매우 유용한 통계자료를 저자에게 제공해주신 주상철 박사(국민연금공단연구원)에게 감사한다.

그림 5-4 퇴직연금제도의 유형

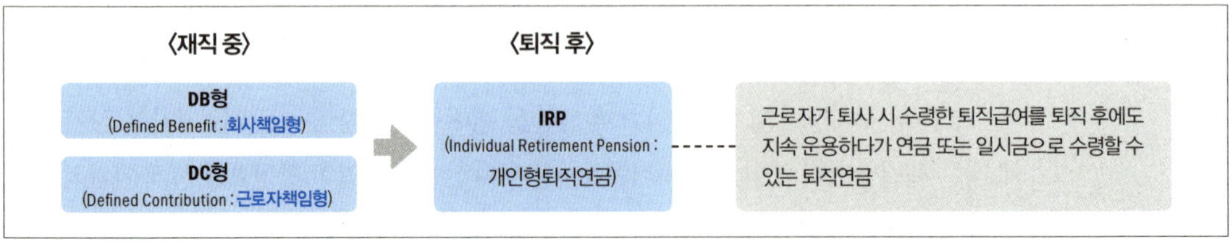

자료 고용노동부·금융감독원 보도참고자료(2015. 2. 12).

주 재직 중에도 근로자가 원할 경우 IRP 운용 가능.

그림 5-5 DB(확정급여형, 회사책임형)과 DC(확정기여형, 근로자책임형)의 비교

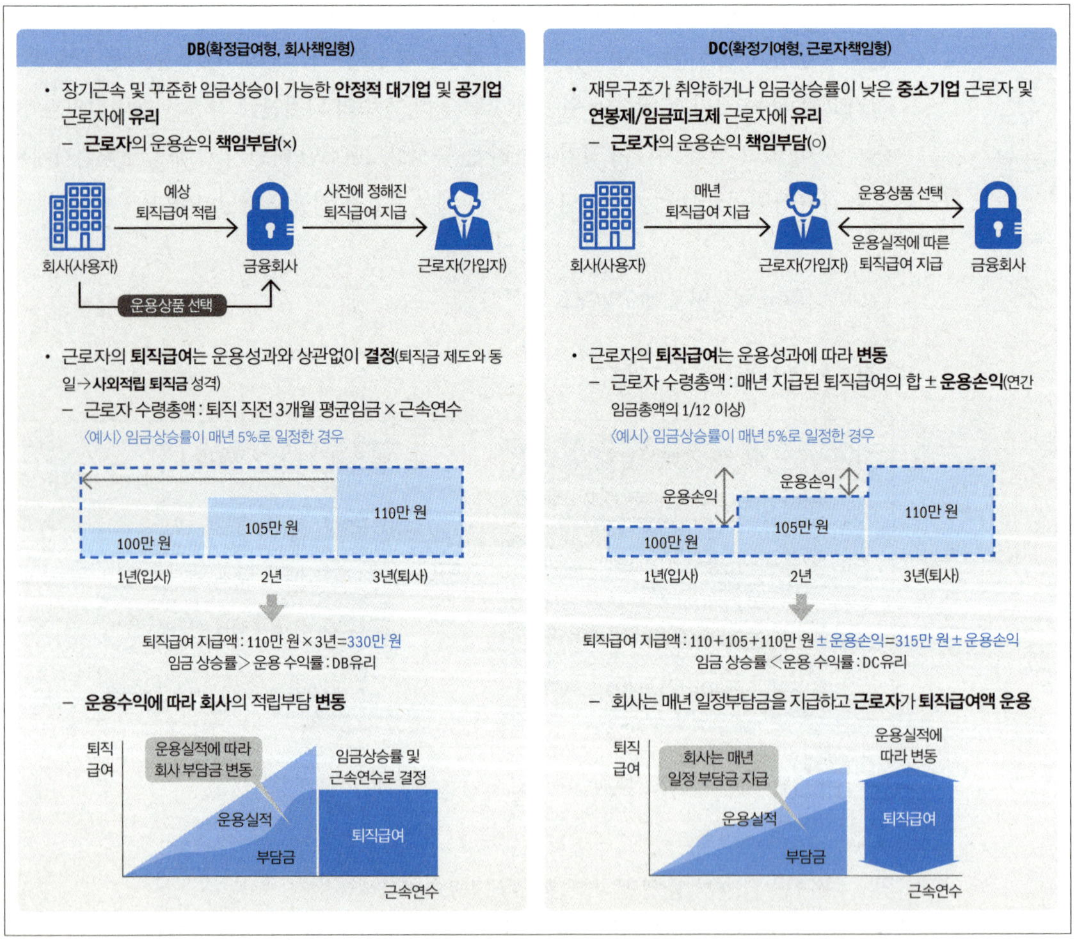

2) 한국 퇴직연금시장의 현황 및 발전과정

(1) 현황

2016년 12월 말 기준으로, 적립된 퇴직연금 금액은 전년에 비해 16.2%(20조 3천억 원) 증가한 145조 3천억 원이며, 퇴직연금에 가입한 전체 근로자는 2015년에 비해 466천 명이 늘어난 581만 명이었고, 퇴직연금 가입 대상 근로자 1천 87만 9천 명 중에서 543만 9천 명이 가입하여 퇴직연금 가입률은 50.0%(2015년 47.9%)이다.

2016년 12월 말 기준으로, 개인형 퇴직연금(IRP : Individual Retirement Pension)제도 가입자는 2015년 대비 4.2%(31,428명) 증가한 77만 8,654명, 전체 적립금액은 13.3%(1.4조 원) 증가한 12조 3천억 원으로 나타났다. 개인형 퇴직연금 가입자는 40대가 가장 큰 비중(33.3%)을 차지하는 반면, 적립금액은 50대가 가장 큰 비중(45.4%)을 차지했다.

표 5-1 제도유형별 전체 가입 근로자 수 (단위 : 명, 괄호안은 구성비율)

구분	전체 가입 근로자	DB	DC	IRP특례	병행
2015년	5,344,438 (100.0%)	3,068,478 (57.4%)	2,137,578 (40.0%)	70,763 (1.3%)	67,619 (1.3%)
2016년	5,810,244 (100.0%)	3,317,332 (57.1%)	2,339,981 (40.3%)	67,495 (1.2%)	85,436 (1.5%)

그림 5-6 사업장 도입 현황

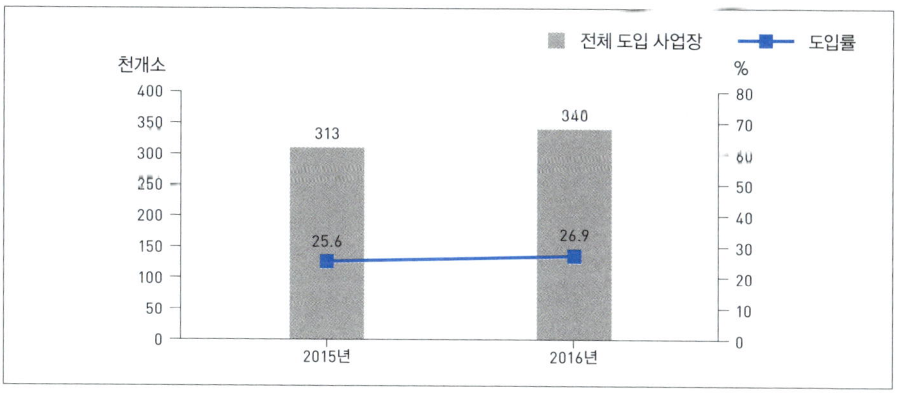

그림 5-7 근로자 가입 현황

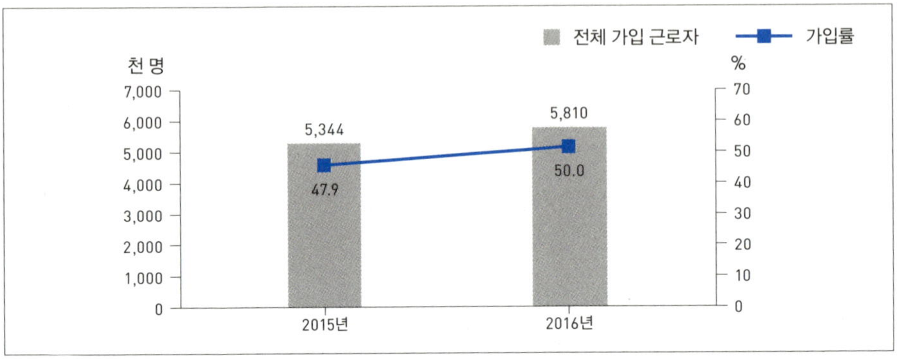

표 5-2 2016년 퇴직연금 운용방식, 금융권역별 현황

(단위 : 억 원, 괄호안은 구성비율)

		운용방식			
		합계	원리금	비원리금	대기성
합계		1,453,368	1,292,478(88.9%)	99,476(6.8%)	61,414(4.2%)
금융권역	은행사	726,428	642,808(88.5%)	42,978(5.9%)	40,641(5.6%)
	증권사	262,518	203,289(77.4%)	39,996(15.2%)	19,233(7.3%)
	생명보험사	358,092	341,718(95.4%)	15,166(4.2%)	1,207(0.3%)
	손해보험사	94,300	92,970(98.6%)	1,222(1.3%)	108(0.1%)
	근로복지공단	12,031	11,693(97.2%)	114(0.9%)	224(1.9%)
제도유형	DB	989,847	937,040(94.7%)	21,139(2.1%)	31,667(3.2%)
	DC	333,146	263,534(79.1%)	55,707(16.7%)	13,906(4.2%)
	IRP특례	7,587	6,503(85.7%)	670(8.8%)	414(5.5%)
	IRP	122,789	85,401(69.6%)	21,960(17.9%)	15,427(12.6%)

퇴직연금제도의 유형별로 보면, 2016년 12월 말 기준으로, 확정급여형(DB : Defined Benefit)은 적립금의 94.7%를 원리금 방식으로 운용 중인 반면에, 확정기여형(DC : Defined Contribution)은 적립금의 79.1%를 원리금 방식으로, 16.7%를 비(非)원리금 방식으로 운용 중이다. 한편, 개인형 퇴직연금(IRP)은 적립금의 69.6%를 원리금 방식으로, 17.9%를 비(非)원리금 방식으로 운용 중이다.

그림 5-8 금융권역별 적립금 운용 현황

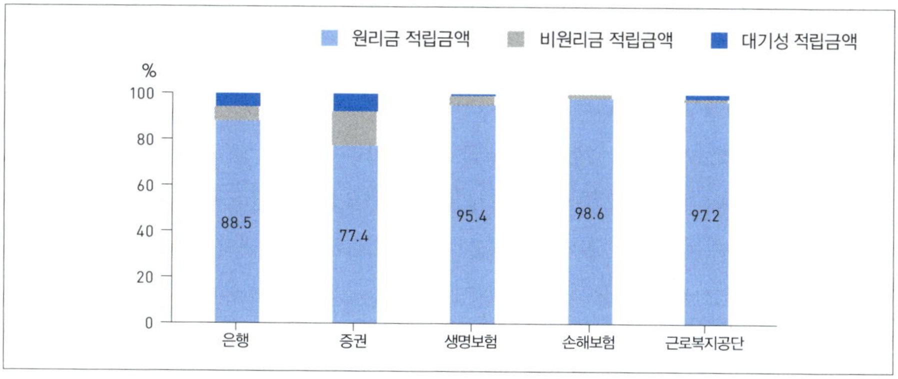

그림 5-9 제도유형별 적립금 운용 현황

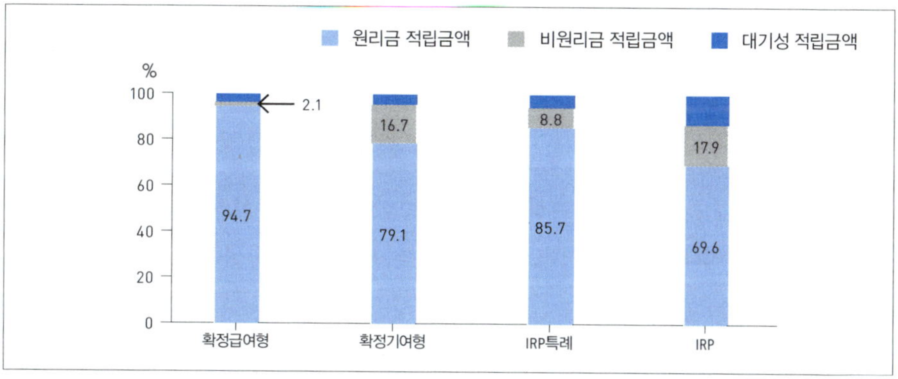

퇴직연금의 수·급 현황을 보면, 2016년 12월 말 기준으로, 퇴직연금을 일시금으로 수급한 자는 2015년에 비해 50,121명이 증가한 26만 6,389명인 반면에, 연금으로 수급한 자는 2,831명이 증가한 5,866명으로 나타났다. 한편, 일시금 수급 금액은 전년에 비해 4,219억 원 증가한 3조 9,060억 원이었고, 연금 수급 금액은 2015년에 비해 2,190억 원 증가한 3,311억 원이다.

2016년 12월 말 기준으로, 중도인출자는 2015년에 비해 12,011명이 증가한 4만 91명이고, 인출금액은 2,670억 원이 증가한 1조 2천억 원이었다. 주택 구입 목적이 45.7%로 가장 많았으며 주거를 위한 임차보증금 목적이 689명(2015년)에서 7,248명(2016년)으로 크게 증가하여 주택관련 중도인출이 전체의 63.8%를 차지했다.

한편, 퇴직연금 적립금 운용현황을 보면, 기업 및 근로자들의 안정 지향적·보수적 투자성향이 지배적이지만 약간 변화의 조짐이 있다. 즉 정기예금, 금리확정보험 등 원리금보장형 금융상품 적립금은 전년 대비 20.7조 원 증가한 98.7조 원으로 전체 적립금 대비 비중은 전년 92.6%에서 92.2%로 소폭 하락했다.

퇴직연금 적립금의 금융업종별 분포를 보면, 2016년 12월 말 기준으로, 은행(49.5%, 53조 원), 보험(32.9%, 35.2조 원), 증권(17.1%, 18.3조 원), 근로복지공단(0.5%, 0.6조 원)으로, 은행이 가장 큰 비중을 차지했다. 2015년도 점유율과 비교하면, 은행의 점유율이 다소 하락(50.9%→49.5%)했고, 보험(32.0%→32.9%), 증권(16.7%→17.1%), 근로복지공단(0.3%→0.5%)은 소폭 상승하였다.

퇴직연금 적립금 증가추세를 분석해 보면, 확정급여형(DB형)에 비하여 확정기여형(DC형)이 증가하고 있다. 확정급여형(DB형) 사용자는 퇴직급여를 사외금융기관에 적립하고, 사용자(회사)가 책임지고 운용하며, 근로자는 퇴직 시 법정퇴직금 이상으로 정해진 퇴직급여를 수령한다. 이와 반면에, 확정기여형(DC형) 사용자는 근로자 연간 임금총액의 1/12 이상을 매년 근로자의 계좌에 적립하여 근로자가 책임지고 자신의 퇴직연금 적립금을 운용하여 퇴직 시 적립금+운용수익을 퇴직급여로 수령한다.

참고로, 미국은 2006년 연금보호법 제정 이후 적격디폴트상품제도(Qualified Default Investment Alternative)를 법률로 지정함에 따라 퇴직연금의 건전성 강화와 확정기여형(DC형) 퇴직연금의 활성화를 이루었는데, 이것은 한국의 퇴직연금제도의 개선방향과 관련하여 유용한 시사점을 주고 있다.[03]

미국의 적격디폴트상품제도(Qualified Default Investment Alternative)는 401K의 대상이 되는 기업이 가입자를 대신해 노동청에서 지정한 적격디폴트상품에 투자할 수 있도록 허용하는 제도이다. 이 제도의 주요특징은 기업에게 투자 손실에 대한 책임을 면책해 주어 기업 측의 부담이 완화된다는 점이다. 이 결과, 머니마켓펀드(MMF)와 같은 저위험·저수익 상품으로의 운용을 탈피할 수 있다. 과거 적격디폴트상품제도가 제정되기 전에는 근로자가 투자상품을 지정하지 않았을 경우 확정기여형(DC형)으로의 가입을 기업이 대신해서 지정하며, 이에 따른 투자손실도 기업이 부담하는 구조였다. 이 결과, 기업은 투자손실에 대한 위험부담으로 원리금보장형 상품을 선택하는 경우가 많았다.

03 적격디폴트상품은 Life cycle fund or targeted-retirement date funds, balanced fund, managed accounts로 구성되어 있다.

(2) 발전과정

'퇴직연금 제도개선 기획재정부·고용노동부·금융위원회 등으로 구성된 '사적연금 활성화 방안 태스크포스(TF)'는 2014년 8월 말 '퇴직연금 제도개선 종합대책'을 발표했었다.

한국 정부는 2015년 기업 규모별로 단계적으로 퇴직연금제도 도입을 의무화하는 방안을 발표했었다. 즉 2016년부터 시작해서 2022년에는 퇴직연금제도 가입을 전면적으로 의무화한다는 것이다. 또한 근속기간 1년 미만의 근로자도 일정 기간 이상 근무할 경우 퇴직급여 가입대상에 포함시켰다.

이로써, 2016년부터 종업원 1,000명 이상 기업은 퇴직연금 가입이 의무화됐으며 2017년부터는 500명 이상 기업으로 의무 가입 대상이 확대되었다. 다만 퇴직자들이 주택 구입이나 자녀 교육, 결혼 등을 이유로 목돈을 써야 하는 경우에는 세제상 불이익 없이 일시금을 받을 수 있도록 규정했다.

한편, 2012년 7월부터 근로자퇴직급여보장법 개정안이 시행됨에 따라 기존의 개인퇴직계좌(IRA : Individual Retirement Account)는 개인형 퇴직연금(IRP : Individual Retirement Pension)으로 전면 개편되었다. 그동안 개인퇴직계좌(IRA)는 기업형과 개인형으로 나뉘어 운영됐었다. 기업형 개인퇴직계좌(IRA)의 경우, 상시 근로자 10인 미만인 사업장에만 인정되는 특례제도로 운영되어 왔으며 개인형 개인퇴직계좌(IRA)의 경우에도 재직 중인 직장에서 퇴직한 이후 퇴직급여제도에서 일시금을 수령한 근로자에 한해 가입이 가능한 제한사항이 존재했다.

그러나 개인형 퇴직연금(IRP)으로 개편되면서 기존 기능이 보다 강화되고 적용범위가 확대되었다. 개인형 퇴직연금제도(IRP)는 근로자 이직·퇴직 시 퇴직급여를 수령하여 쌓아두고 계속해서 운용하여 55세 이후 연금·일시금 수령이 가능한 전용계좌이다. 개인형 퇴직연금(IRP)은 기존 제도와 달리 퇴직연금 일시금의 자동 이전을 의무화하고 가입자의 추가 납입 허용과 각종 절세(節稅) 혜택을 제공한다. 따라서 개인형 퇴직연금(IRP)은 국민연금과 퇴직연금 등과 함께 은퇴를 준비하는데 반드시 필요한 금융상품으로 주목받고 있다.

미국의 경우, 1974년 기본형 개인퇴직계좌(IRA)를 도입한 이래 개인퇴직계좌(IRA) 시장이 급속하게 성장하였으며 적립금 규모는 2010년 말 기준으로 4.7조 달러에 이르고 있다. 이는 확정기여형(DC형) 4.5조 달러와 확정급여형(DB형) 2.2조 달러에 비해 상대적으로 큰 규모이며 가입자 또한 미국 전체 가구의 33%에 이를 정도로 활성화되어 있다.

따라서, 한국의 경우에서도, 개인형 퇴직연금(IRP)의 가입 자격 및 대상 범위가 기존에 퇴직 후 일시금 형태의 퇴직급여를 받은 근로자뿐만 아니라 확정급여형(DB형) 혹은 확정기여형(DC형)의 퇴직연금에 가입한 근로자와 일부 자영업자까지 확대됨에 따라 개인형 퇴직연금(IRP) 시장 규모가 가파르게 증가할 것으로 전망된다. 이제, 개인형 퇴직연금(IRP)의 주요 특징을 살펴보면 다음과 같다.

첫째, 개인형 퇴직연금(IRP)은 일시금으로 받게 되는 퇴직급여가 중도에 소진되어 노후생활에 어려움을 겪게 되는 경우를 사전에 방지하기 위해 퇴직급여를 개인형 퇴직연금(IRP) 계좌에 자동 이전하도록 강제하였다. 통계청에 따르면, 한국 근로자의 평균 근속연수는 5~6년으로 생애 총 근로기간을 30년으로 가정하면 5~6회의 퇴직급여 수령 기회가 발생한다. 그러나 한국의 근로자 대부분은 조기 지급된 퇴직급여를 향후 은퇴를 위한 준비자금에 사용하지 않고 생활비, 주택비, 자동차 구입, 의료비, 교육비 등의 목적으로 지출하는 경우가 많다. 따라서 이렇게 중도에 지출되어 은퇴 이후 어려움을 겪는 일을 사전에 방지하기 위해 '자동 이전'이라는 안전장치가 마련된 것이다.

둘째, 개인형 퇴직연금(IRP) 가입자의 선택의 폭이 확대되었다. 먼저 기존의 개인퇴직계좌(IRA)는 계좌에 추가 납입이 불가능했으나 개인형 퇴직연금(IRP)은 추가 납입이 가능하게 되어 보다 여유 있는 은퇴자금 마련이 가능해졌다. 또한, 투자 상품의 경우에도 예금, 보험, 펀드, ELS 등 본인의 투자성향에 따라 다양한 상품 유형을 선택할 수 있으며 각 금융상품별로 납입비율을 지정할 수 있다. 또한, 가입 기간에 대한 제한이 없어지면서 다른 금융상품과 달리 가입 후 10년이 경과되지 않아도 55세 이상이고 연금으로 5년 이상 수령하는 것을 선택하면 언제든지 연금수령이 가능하다. 이처럼 개인형 퇴직연금(IRP)은 가입자의 은퇴 준비를 위해 다양한 선택지를 제공하고 있다. 특히, 개인형 퇴직연금(IRP)은 다양한 금융상품을 선택할 수 있어 투자자의 취향과 판단에 부합되는 투자가 가능하다.

그러나 퇴직연금 감독규정에 의해 적립금의 40% 이상을 주식에 투자하지 못하도록 규제하고 있기 때문에 주식에 직접 투자하거나 주식 편입비율이 60%를 넘는 주식형 펀드나 40~60% 수준의 주식혼합형펀드 등에는 투자가 금지되어 있다. 이 때문에 공격적인 투자성향의 개인형 퇴직연금(IRP) 가입자의 경우 다른 금융상품을 선택하거나 별도로 주식에 투자하는 등 은퇴를 준비하기 위한 투자 포트폴리오 관리가 필요하다.

셋째, 세제 혜택을 통해 노후자금을 더 크게 불릴 수 있다. 개인형 퇴직연금(IRP) 기존 개인퇴직계좌(IRA)와 마찬가지로 일시금 형태의 퇴직급여에 대해 개인퇴직계좌(IRA) 해지 시까지 과세납부를 이연시켜 주고 있다. 또한, 퇴직급여에 대한 운용 기간 발생하게 될 이자 및 배당소득에 대해서도 세금을 부과하지 않는다. 물론 향후 연금 수령 시에는 이에 대한 세금을 납부해야 하나 장기적으로 보면 세금 이연에 따른 혜택이 더욱 클 것으로 보인다. 그뿐만 아니라 퇴직연금과 개인연금을 합산하여 연 400만 원의 소득공제 혜택을 부여하고 있어 개인형 퇴직연금(IRP) 추가 납입을 촉진하고 추가 납입금을 연간 1,200만 원으로 제한하여 세금 회피수단으로서의 악용을 방지하고 있다.

따라서 사업자인 금융회사는 기업 대상의 퇴직연금과 개인 대상의 개인형 퇴직연금(IRP)을 양축으로 하는 차별화된 은퇴서비스를 제공하고 고객의 신뢰를 얻을 수 있는 브랜드 강화 전략을 통해 새로운 유망한 시장인 개인형 퇴직연금(IRP) 시장 선점을 위해 각축할 것으로 전망된다.

또한, 기업이 관리하는 퇴직연금제도에 비해 개인 대상의 개인형 퇴직연금(IRP)은 각종 정보의 제공이나 교육 측면에서 상대적으로 미흡할 우려가 있으므로 금융감독당국은 개인형 퇴직연금(IRP) 사업자들의 불완전 판매 행위나 과열 경쟁에 따른 부당행위 등을 모니터링하여 금융소비자 보호를 위한 노력을 해나가야 할 것이다.

(3) 최근 변동추이: 확정급여형(DB형) → 확정기여형(DC형)

전술한 '사적연금 활성화 대책'(2014년 8월 말)의 내용 중에서 퇴직연금제도의 의무화는 사실상 300인 미만의 중소 사업장에 초점을 맞춘 정책이라고 말할 수 있다. 그 근거는 2014년 말 현재 상시근로자 300인 이상 대기업의 퇴직연금 도입률은 78.8%에 달하는 반면에, 300인 미만의 중소기업의 도입률은 16.2%에 불과하기 때문이다. 따라서 지금까지의 퇴직연금시장은 대기업이 주도하는 시장이라 해도 과언이 아니다. 따라서 향후 퇴직연금시장은 전체 근로자의 88%를 고용하는 중소기업이 주도하는 시장으로 발전되어야 할 것이다.

사실, 그동안 중소기업의 퇴직연금시장은 퇴직급여 규모가 작다는 이유로 퇴직연금사업자들의 관심이 적었다. 그럼에도 불구하고, 중소기업의 퇴직연금시장은 퇴직연금 적립금의 절반 이상을 차지하고 있다. 전술한 '사적연금 활성화 대책'(2014년 8월 말)의 영향으로 중소기업에서 퇴직연금 도입이 활성화되면 퇴직연금시장에서 중소기업이 차지하는 비중이 커질 것으로 전망된다. 이 경우 퇴직연금시장의 구조에 큰 변화가 일어날 것으로 예상된다.

물론, 중소기업은 대기업에 비해 급여수준이 낮고, 기업의 도산 가능성과 종업원의 이직률은 높다는 속성을 가지고 있다. 중소기업의 경우, 일반적으로 재무구조도 취약하다. 이런 이유로 그동안 퇴직연금 도입률은 낮았고, 확정급여형(DB형)보다는 확정기여형(DC형)을 선호해 왔다고 할 수 있다. 만약 중소기업의 퇴직연금 도입률이 높아지면, 확정기여형(DC형) 시장의 성장에 강력한 동력원으로 작용할 것으로 보인다.

한국개발연구원(KDI) 조사에 따르면 대기업의 퇴직연금 도입률은 91%에 이르고 있는 반면에 중소기업의 그것은 16% 수준에 불과하다고 한다. 한국 전체 근로자의 88%가 중소기업 종사자라는 것을 고려해 보면 국민 전체의 안정적 노후 보장을 위해서 중소기업의 퇴직연금 도입률을 높여야 할 것이다.

따라서 퇴직연금도입 의무화가 성공적으로 정착되기 위해서는 다양한 정책적 지원이 필요하다. 이미 퇴직연금제도가 잘 정착된 국가에선 정부가 큰 역할을 하고 있다. 영국의 경우에는 개인 부담액 중 최대 25%까지 국가가 지원하고 있으며, 독일은 사적연금에 대한 세제 지원 비율이 36.2%에 이른다.

현재 한국 퇴직연금의 경우 확정급여형(DB형)의 경우 97.7%가 원리금보장형인 반면에 확정기여형(DC형)의 경우 79.0%가 원리금보장형으로 운용되고 있으며, 확정급여형(DB형)과 확정기여형(DC형) 모두 은행의 예·적금 적립비중이 상당히 큰 편이다.[04] 한국의 퇴직연금이 원리금보장형으로 집중되는 이유는 퇴직연금제도 가입자의 상당수가 금융지식 부족으로 퇴직연금 사업자가 추천하는 금융상품을 구입하고 있기 때문이다.

따라서 국내 퇴직연금제도는 원리금보장형 금융상품 위주로 운영되고 있다. 개인퇴직연금(IRP) 역시 예금, 적금 등의 투자비중이 전체의 90% 이상을, 은행권역의 비중이 51%로 절반 이상을 각각 차지하고 있다. 증권 및 보험권의 비중은 상대적으로 낮은 편이다.

현재 58개의 퇴직연금사업자가 금융위원회에 등록되어 운영 중에 있으며, 은행이 17개, 증권 18개, 보험 22개 등으로 운영되고 있으나 은행이 51%, 증권이 17.6% 보험 31.2%로 나타나고 있다. 특히 개인퇴직연금(IRP) 적립 비중은 은행권이 72.3%로 증권영역의 12.9%에 비하여 매우 대조적이다. 주거래은행제도 등으로 은행에 적립하는 사례가 많으며 선진국과 비교 시 증권영역의 시장 점유율이 매우 낮다.

최근에 확정기여형(DC형)의 개인퇴직연금(IRP) 비중이 점진적으로 증가하고 있다. 상기의 추세는 기업이 퇴직연금을 운영하여 확정이자를 지급하며, 기금 운영의 결과에 대한 책임이 사용자에게 있는 확정급여형(DB형)보다는 퇴직연금이 기업에서 완전하게 분리되어 독립적으로 운용되며, 기금운영의 책임이 개인에게 있으며, 급여가 정해져 있지 않고 투자수익을 배분하는 구조를 개인퇴직연금(IRP) 가입자가 더 선호한다는 것을 의미한다.

상기의 추세를 상세히 살펴보면, 확정급여형(DB형)과 확정기여형(DC형) 모두 양적으로는 큰 성장을 기록하고 있으나, 확정급여형(DB형)의 점유율은 하락국면에, 확정기여형(DC형)의 점유율은 상승국면에 각각 진입하고 있다. 상기 추세는 앞으로 가속화될 가능성이 크다. 그 이유는 확정급여형(DB형) 선호 성향이 강한 대기업에서는 퇴직연금 도입이 거의 끝나가는 반면에, 확정기여형(DC형)을 선호하는 중소기업의 퇴직연금 도입률이 아직 낮기

04 2014년 3월 기준 전체 퇴직연금은 원리금보장형의 경우 은행의 예·적금 적립규모는 총 51.9%를 차지한 반면, 실적배당형의 경우 집합투자증권의 비중이 총 5.9%로 가장 많았다.

때문이다. 게다가 낮은 임금상승률과 임금상승률에 대한 불확실성도 확정기여형(DC형)을 선호하게 만든다.

상기의 추세를 감안해서 향후 퇴직연금 적립금의 유형별 점유율을 추정해보면, 확정급여형(DB형)의 비중은 꾸준히 하락해 2019년에는 48.3%로 50%를 밑돌 것으로 예상되는 반면에 확정기여형(DC형)의 점유율은 크게 상승하여 2019년에 51.7%로 확정급여형(DB형)의 점유율을 넘어설 것으로 보인다. 이런 경향은 지속되어 2023년에는 확정기여형(DC형)의 점유율이 42.4%로, 확정급여형(DB형)의 점유율(36.1%)을 추월할 것으로 예상된다. 왜냐하면 현재 회사가 상대적으로 부도가 나기 쉬운 중소기업의 경우에는 직원들이 자신의 퇴직금을 회사와 분리하여 독립적으로 관리하기 위하여 확정기여형(DC형)을 선호하고 있으며, 상대적으로 안정적인 대기업이나 공기업 등은 회사가 운영하고 확정이자를 지급하는 확정급여형(DB형)을 신호하는 경향이 있기 때문이다.

여기서 유의할 것은, 퇴직연금시장의 중심이 확정급여형(DB형)에서 확정기여형(DC형)으로 이동한다는 것은 근로자의 노후자금 서식지가 기업 책임 영역에서 근로자 책임 영역으로 이동한다는 것을 의미한다는 점이다. 따라서 기업이 망(亡)하더라도 개인의 퇴직금을 보호할 수 있는 방안을 마련해야 하며, 은행의 예금 및 적금 위주의 투자에서 벗어나 자산운용산업과 적극적인 연계가 필요하다는 것을 의미한다.

확정급여형(DB형) 사용자는 퇴직급여를 사외금융기관에 적립하고, 사용자가 책임지고 운용하며, 근로자는 퇴직 시 법정퇴직금 이상으로 정해진 퇴직급여를 수령하는 회사책임형이다. 이와 반면에, 확정기여형(DC형) 사용자는 근로자 연간 임금총액의 1/12 이상을 매해 근로자의 계좌에 적립하여 근로자가 책임지고 자신의 퇴직연금 적립금을 운용하여 퇴직 시 '적립금 + 운용수익'을 퇴직급여로 수령하는 근로자책임형(DC형)이다.

상술하면, 임금상승률이 높고 안정적인 대기업과 공기업이 주로 선호하는 확정급여형(DB형)이 전체 적립금의 70.6%인 75.5조 원을 차지하여 가장 큰 비중을 나타냈다. 그러나 제도 운영이 간편하고 근로자 이직률이 높은 경우에 적합한 확정기여형(DC형)을 선호하는 중소기업의 가입도 확대됨에 따라 확정기여형(DC형)의 적립금도 6.4조 원 증가한 23.3조 원까지 늘어 전체 적립금 중 비중도 1.6%P 증가한 21.7%로 나타났다.

회사책임형(DB형) 퇴직연금의 운영 책임을 지고 있는 회사는 근로자들이 퇴직할 때 일정 수준의 금액을 보장해 주어야 하기 때문에 대개 손실 위험을 피하기 위해 원리금보장형에 가입한다. 그러나 최근 저금리로 확정급여형(DB형) 퇴직연금 운용 수익률이 낮아지면서 임금상승률에도 못 미치는 역전(逆轉) 사례가 늘어나고 있는 것이다.

확정급여형(DB형) 퇴직연금은 한국 퇴직연금의 69%를 차지하고 있고 전체 자산의

98%(59조 3641억 원)를 원금보장형으로 가입하고 있다. 2007년만 해도 원리금보장형 금융상품 비중은 77.7%에 불과했었지만 2008년 하반기 글로벌 금융위기를 겪으면서 안전 지향적 성향이 강해졌다. 이 때문에 2%대 저(低)금리에도 불구하고 확정급여형(DB형) 퇴직연금에서 차지하는 원리금보장형 금융상품 비중은 2007년 이래 가장 큰 98.1%를 기록했다. 대부분 회사 내 담당 부서에서 퇴직연금의 자산 배분 의사 결정을 하게 되는데, 적립금 운용 과정에서 수익이 많이 발생했다고 해서 보상을 받는 것도 아니고, 오히려 손실이 나면 책임을 져야 하기 때문에 지극히 안정적으로, 즉 보수적으로 운용할 수밖에 없는 것이다.

일부 기업은 아예 퇴직연금제도를 회사책임형(DB형)에서 근로자가 자산 운용에 대한 책임을 지는 근로자책임형(DC형)으로 전환하는 방법도 고려하고 있다. 근로자책임형(DC형)은 글자 그대로 자산운용에 대한 책임을 근로자가 지는 퇴직연금이다. 회사가 직원의 퇴직연금 계좌로 매년 한 달 치 월급을 적립하면 이를 근로자가 운용하고 성과도 책임져야 한다.

3) 한국 퇴직연금제도의 개선방향[05]

중소기업의 개인퇴직연금(IRP)제도가 증가세를 보이는 이유는 중소기업 종사자들이 기업이 확정급여형(DB형)으로 퇴직금을 관리할 경우 기업의 부도 등으로 근로자 자신의 퇴직금이 유실(流失)될 수 있기 때문이다. 이에 대비하여, 중소기업 종사자들이 기업의 확정급여형(DB형) 퇴직금을 완전히 분리하여 근로자 자신이 스스로 운영하고 수익을 스스로 관리하고자 한다.

이와 반면에, 대기업의 종업원들은 아직 개인의 자산운영 능력이 부족하고 안정적인 이자를 더 선호한다. 또한 대기업의 입장에서 퇴직금이 개인에게 지급되어 운영되는 경우 막대한 자금이 기업에서 유출되기 때문에 현금흐름에 영향을 주는 재무적 리스크도 존재한다.

한국의 경우, 개인퇴직연금(IRP)제도의 발전을 도모하기 위하여 다음과 같은 조치가 필요하다.

첫째, 대기업 및 공기업의 적극적인 제도 홍보 및 노사협력을 통한 금융투자 대안을 모색해야 한다.

둘째, 개인퇴직연금(IRP)을 주식형, 채권형, 저축형, 보험상품, 펀드 등 다양한 금융상품에 투자할 수 있도록 금융상품에 대한 정확한 정보와 설명이 필요하며, 금융상품을 갈아탈

---

05 장지혜(2014), "최근 퇴직연금의 제도 개선 방향과 시사점", 자본시장 Weekly 2014-27호, 07. 15~21.

수 있는 주기(週期)도 현재 6개월에서 미국 2개월, 일본 3개월 등으로 단축하여 급변하는 투자환경에 신속하게 대응할 수 있어야 할 것이다.

상기한 일반론적 개선방향에서 벗어나, 한국 개인퇴직연금(IRP)제도의 현실적이면서 구체적인 개선방향으로서, 저자는 개인퇴직연금(IRP) 수익률의 과도한 상승을 제한하는 고용노동부의 행정편의적 내부 규정을 개선할 것을 촉구한다. 상술하면, 고용노동부는 분산투자로 유도하여 투자 위험을 낮추기 위한 취지로 개인퇴직연금제도(IRP) 계좌는 주식형 펀드와 같은 위험한 금융자산에 적립금의 70%까지만 투자할 수 있도록 시행령으로 규정하고 있다. 이러한 양적 규제는 선진국에서는 찾아볼 수 없다. 참으로, 친절하고도 덕성스러운 한국의 고용노동부이지만, 월권적 금융감독을 할 것이 아니라, 고유업무인 고용창출에 혼신을 다 바치는 진지한 모습을 갖는 것이 옳을 것이다.

또한, 자본시장법 시행령은 P2P 대출 가이드라인은 업체당 투자 한도를 2,000만 원으로 제한하고 있으며, 또한 크라우드 펀딩(Crowd-Funding) 투자 한도를 연 1,000만 원으로 제한하고 있다. 이것 또한 상기한 과잉 친절이겠지만, 이러한 미세 규제가 오히려 자본시장의 발전을 자본시장법이 저해하고 있다는 것을 입법부와 금융당국은 깨달아야 할 것이다.

여기서 유의할 것은 개인퇴직연금(IRP)제도가 한국 근로자의 노후생활 기본자산인 퇴직금을 중간정산제도(1997년 3월 13일 도입 취지 : 퇴직금 제도를 기업실정에 맞게 탄력적으로 운영할 수 있도록 하기 위하여 퇴직 전에도 퇴직금을 지급받을 수 있는 퇴직금 중간정산제도 실시)라는 비(非)합리적인 제도를 도입한 이후에 도입되었다는 점이다. 이 결과, 퇴직금이 중간 정산됨에 따라 퇴직연금시장으로 유입될 자금이 다른 목적으로 사용됨으로써 퇴직연금시장이 구조적으로 커질 수 없도록 장치되어 있다. 따라서, 장기 발전적 안목으로, 상기 '퇴직금 중간정산제도'를 폐지함이 퇴직 근로자 생활의 안정과 금융산업의 발전을 위해서 바람직할 것이다. 참고로, 호주는 퇴직금의 중간 정산을 금지하고 있다.

4) 호주 슈퍼에뉴에이션과 한국 퇴직연금제도의 비교

(1) 호주의 슈퍼에뉴에이션(Superannuation)

호주 퇴직연금은 근로자의 노후 보상뿐만 아니라 호주 금융산업 발전에도 커다란 영향을 주었으며 2008년 글로벌 금융위기에서도 금융시스템의 안정성 유지에 핵심역할을 담당해 왔다.

1980년대 후반에는 근로자의 퇴직연금 가입률이 40% 수준에도 미치지 못하였으나 제도 도입 이후 90% 이상으로 높아졌으며, 특히 파트타임 근로자의 가입률이 70%

그림 5-10 호주의 자산운용 시장 구조

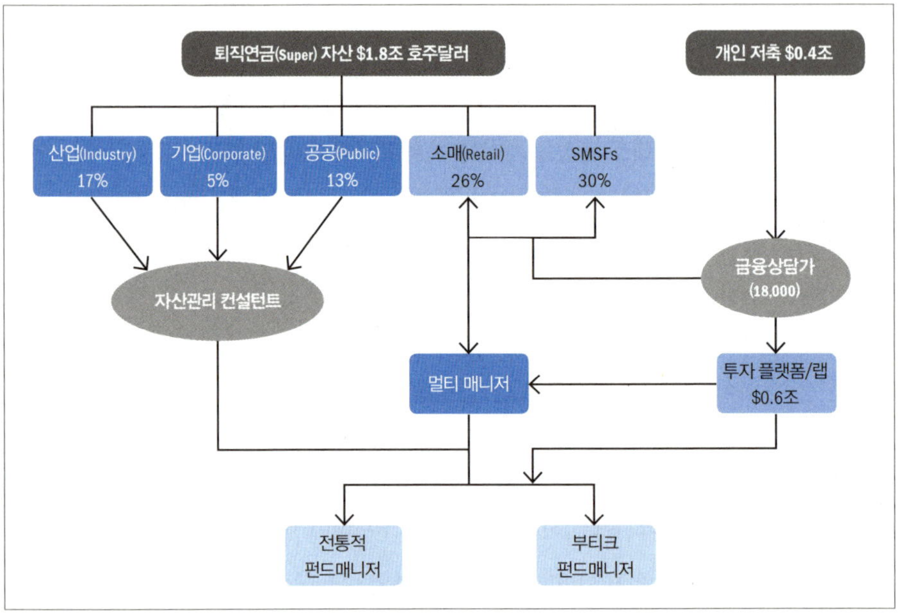

자료 Financial Services Council

를 상회하였다. '보장성 퇴직연금제도'(Superannuation Guarantee)의 높은 의무기여율(9%)과 60세 이전 중도인출 금지 규정 및 강력한 세제혜택 등으로 인해, 호주국민들의 은퇴 시 예상 자산규모는 매우 높은 수준이다. 현재가치 기준으로, 호주 국민의 은퇴 시 예상 자산규모는 평균 약 57만 호주달러(약 6.8억 원)로 이 중 약 74.4%가 '보장성 퇴직연금제도'(Superannuation Guarantee) 자산이다. 상기 제도를 통한 은퇴 후 소득대체율은 50%에 육박할 것으로 예상된다.

호주 역시 가계 자산의 가장 큰 부분은 부동산이 차지하고 있으나, 퇴직연금의 확대에 따라 금융자산으로의 투자 다변화가 자연스럽게 진행되고 있다. 특히 개인 금융자산의 40% 이상이 퇴직연금에 연동된 투자이며, 퇴직연금기금의 주식투자 비중이 46%를 상회하고 있음을 감안하면 위험자산에 대한 투자의 상당 부분이 퇴직연금기금에 기인함을 알 수 있다.

호주의 퇴직연금 적립금은 2~30년 이상 기간 동안 운용되는 초장기 자산으로, 호주 국민들은 '보장성 퇴직연금제도'(Superannuation Guarantee)를 통해 자연스럽게 장기분산투자 문화에 익숙해져 있다. '보장성 퇴직연금제도'(Superannuation Guarantee) 기금은 확정기

여형 비중이 크고(82%), 자산배분 중 위험자산이 상당 부분을 차지하고 있다.[06]

2014년 6월 말, 호주 퇴직연금기금의 운용자산 규모는 1.85조 호주달러로 전년 동기 대비 15.3% 증가하였다. 이는 호주 전체 자산운용시장의 73%에 달한다. 호주 자산운용시장규모는 2013년 기준으로 명목 GDP의 147%, 상장시가총액의 158%이다. 뮤추얼펀드(Mutual Fund)와 순 자산 규모로 따졌을 때 호주의 펀드 산업은 세계에서 세 번째로 큰 규모이다.[07] 특히 아시아·태평양 지역에서는 싱가포르의 그것을 제치고 가장 큰 자산운용 규모로서 동 지역 전체 시장의 36%를 차지하고 있다.

퇴직연금 투자수익률은 2014년 6월 말 11.6%를 비롯하여 지난 20년간 연평균 투자수익률이 10%를 초과하며 다른 국가들에 비해 상대적으로 높은 수익률을 기록했다. 호주의 퇴직연금 수수료는 연평균 1.12% 수준이다.

상기한 바와 같이, 호주 자산운용산업의 비약적인 성장은 '보장성 퇴직연금제도'(Superannuation Guarantee)와 상기 제도에 의하여 축적되는 연기금이라는 양질의 투자자산에 기인한다. 근로자에 대한 연금 가입이 강제되며, 사업자의 기여가 정부로부터 보증되는 형태의 호주 퇴직연금은 독특한 방식의 세제혜택 등으로 인하여 짧은 기간에 호주의 핵심적인 사회보장 체계로 자리 잡았다. 그 제도적 요인은 호주건전성감독청(APRA), 호주증권투자위원회(ASIC), 호주국세청(ATO)이 유기적으로 호주의 퇴직연금 산업을 상호협력적으로 규제하기 때문이다.

호주건전성감독청(APRA)은 '보장성 퇴직연금제도'(Superannuation Guarantee) 기금의 안정성과 건전성을 규제한다. 즉, 공적연금과 소형기금 중 Self-fund를 제외한 모든 기금의 수탁자들은 호주건전성감독청(APRA)으로부터 인가를 받아야 한다. 은행, 증권 보험 및 연금을 통합 감독하는 기관으로 퇴직연금 수탁자 인가, 재무건전성 등을 감독한다

호주증권투자위원회(ASIC)는 '보장성 퇴직연금제도'(Superannuation Guarantee)의 수탁사가 제공하는 금융서비스 및 금융상품에 대한 감독과 '보장성 퇴직연금제도'(Superannuation Guarantee) 가입사 보호 책임을 진다. 구체적으로, 금융기관의 시장행위, 공시, 소비자 보호를 담당하는 기관으로 사용자의 근로자에 대한 신의성실 여부, 회사법의 준수 여부 감독한다.

06 2012년 6월 기준으로, 한국은 원리금보장형이 93.9%(예금 55.1%, 금리형보험 37.3%)에 달하며, 실적배당형은 5.5%(주식형 펀드 0.1%, 혼합형 펀드 2.5%, 채권형 펀드 2.3%)에 불과하다.

07 ICI(Investment Company Institute)에 의하면 2011년 말 기준으로 미국이 11.6조 달러로 부동의 1위이며, 2위는 룩셈부르크로 2.3조 달러 규모임.

호주국세청(ATO)은 소형기금 중 Self-fund에 대한 규제 및 전체 '보장성 퇴직연금제도'(Superannuation Guarantee)의 기여금 및 급여관련 규정준수 권한을 보유한다. 구체적으로, 고용주의 기여행태, 세제상의 특전 등을 감독한다.

(2) 호주와 한국의 퇴직연금제도 비교

한국의 퇴직연금제도는 근로자에게만 해당되어, 자영업자에겐 국민연금 외에 효과적인 준(準)강제 노후대비 저축제도가 부족하다. 따라서 2017년부터 자영업자에 대해 개인형 퇴직연금(IRP) 가입이 허용됐다.

이와 대조적으로, 호주의 퇴직연금은 근로자뿐만 아니라 모든 국민들(자영업자도 포함)이 가입 가능하다. 계약직원은 물론이고 프로 스포츠 선수, 예술인, 국회의원 등 대부분이 '보장성 퇴직연금제도'(Superannuation Guarantee)에 가입 가능하다. '보장성 퇴직연금제도'의 법적 보전연령(preservation age)은 1964년 이후 출생자의 경우 60세이다. 호주 국민들은 '보장성 퇴직연금제도'(Superannuation Guarantee)를 통해 자연스럽게 장기 분산 투자 문화에 익숙해져 있다. 따라서 호주의 퇴직연금 적립금은 2~30년 이상 기간 동안 운용되는 초(超)장기 자산인 것이다.

한국 퇴직연금제도와 호주의 '보장성 퇴직연금제도'(Superannuation Guarantee)의 운영구조는 다음과 같이 명확히 구별된다.

첫째, 한국 퇴직연금제도의 경우 퇴직연금 수수료(적립금의 0.7% 수준)가 저렴한 원리금보장형의 비중(93%)이 크고 운영 구조가 '계약형'이다. 따라서 한국의 '계약형' 퇴직연금제도는 호주의 '기금형' 퇴직연금제도보다 비용이 적게 발생한다.

둘째, 호주의 경우, 확정기여형(DC형) 비중이 크고(82%), 자산배분 중 위험자산이 상당부분을 차지하고 있다. 확정급여형(DB형)이 상대적으로 감소했었던 이유는 네 가지, 즉 ① 저금리시대 도래로 인하여, 기업은 확정급여형(DB형) 적립금 운용 위험을 회피하기 때문이며, ② 확정급여형(DB형)이 다양한 변수들을 고려해야 하는 등 복잡하고 시간·비용이 필요하기 때문이며, ③ 확정급여형(DB형)은 연금부채를 평가해야 하는 부담 및 기타 규제가 많기 때문이며, ④ 잦은 이직 등 장기근속이 사라짐에 따라 확정기여형(DC형)을 선호하기 때문이다.

셋째, 한국의 경우 퇴직연금 인출 가능 조건은 다음과 같다.

① 직장을 옮길 때 퇴직연금 적립금을 자유로이 인출 가능

② 연령과 상관없이 퇴직하는 경우 인출 가능

③ 확정급부형(DB형)의 경우, 퇴직하지 않으면 인출 불가능

④ 확정기여형(DC형)의 경우, 다음에 해당되면 인출 가능

- 무(無)주택자의 주택 구입 시(時)
- 가입자의 채무자 회생절차 개시 및 파산선고 시(時)
- 가입자 또는 부양가족의 6개월 이상 요양 시(時)
- 천재지변 등 기타 사유 및 요건을 갖춘 경우

이와 대조적으로, 호주 '보장성 퇴직연금제도'(Superannuation Guarantee)의 경우 사망·영구적 장애·심각한 재정적 궁핍 등 특수한 경우를 제외하고는 퇴직연금기금에서 저축액의 조기(早期)인출이 불가하다. 예외로 1964년 이후 출생자의 경우, 조기(早期) 인출이 가능하다. 심지어, 60세 이후에도 은퇴하지 않는 경우에는 퇴직연금을 인출할 수 없고, 65세가 되어야 은퇴 여부와 상관없이 연금 수령이 가능하다.

넷째, 한국의 경우, 퇴직연금의 종류나 퇴직연금사업자를 선택할 수는 있으나 사용자가 제공하는 범위 내에서 한정된 선택권만을 보유한다. 이와 대조적으로, 호주의 퇴직연금 가입자는 사용자가 제공하는 기금 외에도 오픈되어 있는 어떠한 다른 기금에도 자유롭게 가입이 가능하다. 이로 인해 호주의 기금들은 가입자에게 더 나은 성과와 서비스 제공을 위해 서로 치열하게 경쟁하고 있다.

다섯째, 한국 퇴직금제도의 경우, 기여 시(時) 일부 소득공제, 운용 시(時) 비과세, 급여 시(時) 과세를 하는 형태(E-E-T)인 반면에, 호주에 비해 세제(稅制)혜택이 부족하다. 호주의 '보장성 퇴직연금제도'(Superannuation Guarantee)의 조세유인제도는 매우 매력적이다. 즉, 호주의 세제(稅制)는 기여, 운용, 급여의 3단계에 모두 과세를 하는 방식(T-T-T)이지만, 실제로 세제(稅制)혜택의 범위가 넓어 근로자가 노후대비로 적극적으로 이용한다. 호주의 한계세율은 45%로 매우 높고 기여 시(時) 한계세율 15%를 과세하고 60세 이후 연금수령 시 운용·급여 비(非)과세한다.

표 5-3 호주와 한국 퇴직연금 운영 구조

구분	구조	특징	장·단점
호주	기금형	• 기업과 독립 운영되는 기금법인에서 적립금 관리	• 펀드의 객관적 운영·관리 • 고(高)비용, 참여 노사갈등 우려
한국	계약형	• 금융회사가 적립금 관리 • 노사갈등이 심한 한국에 적합	• 기금형보다 상대적으로 저(低)비용 • 자산운용의독립성 훼손 소지

표 5-4 호주와 한국의 퇴직연금 수익률 비교

구분	글로벌 금융위기		2010년	2011년	특징
	2008년	2009년			
호주	△8.1%	△11.5%	8.9%	7.8%	공격적 투자(주식 비중 50% 내외)
한국	2.9%	6.9%	5.9%	4.2%	보수적 투자(원리금보장형 92%)

여섯째, 한국의 경우, 보수적 투자(원리금보장형 92%)로 인하여 2008년 하반기 글로벌 금융위기 당시와 그 후 기간 사이에 수익률의 변동 폭이 작다. 이와 반면에 호주의 '보장성 퇴직연금제도'(Superannuation Guarantee)는 공격적 투자(주식 비중 50% 내외)로 상기 금융위기 기간에는 마이너스 수익률을 보였으나 2010년 이후 한국 퇴직연금의 수익률(4.2%~5.9%)보다 훨씬 높은 수익률(7.8%~8.9%)을 보이고 있다.

5) 벤치마킹 대상으로서 호주의 퇴직연금제도와 복지제도

(1) 호주 보장성 퇴직연금제도(Superannuation Guarantee)에 의한 금융산업 발전

호주의 국토 면적은 한국의 80배, 인구는 44%, GDP는 2배 수준이다. GDP 대비 금융자산의 비중을 비교해보면 한국이 835%로 호주의 683%보다 더 크다. 그러나 GDP 대비 펀드자산의 비중을 비교해보면 한국이 20.8%인 반면에 호주는 124%로서 한국보다 6배 더 크다. 펀드자산에 투자일임을 포함시킬 경우 GDP 대비 펀드자산의 비중을 비교해보면 한국의 동 비중은 약 40%인 반면에 호주의 상기 비중이 한국보다 3배 더 크다.

상기의 격차를 야기시킨 근본적 요인은 호주의 경우 퇴직연금제도의 발달로 인하여 펀드시장이 발전되어 있기 때문이다. 세계경제포럼(WEF)이 발표하는 '금융발전지수'를 비교해보면, 한국의 동 지수는 홍콩, 싱가포르, 호주, 일본 등 아시아 주요국에 비해 낮다. 또한, '국제금융센터발전지수'(IFCD : International Financial Centers Development Index)를 비교(2011년 기준)해보면 한국 서울은 41.33으로서 세계 45개 지역 국제금융센터에서 24위이다. 종합적으로 보면, 한국은 아시아 지역 내에서도 일본, 홍콩, 싱가포르, 중국, 호주에 비해 국제금융센터로서의 경쟁력뿐만 아니라 자산운용산업의 경쟁력도 크게 떨어진다는 것을 알 수 있다.

여기서 유의할 것은 호주는 1992년부터 전(全) 국민의 퇴직연금 가입을 의무화한 '보장성 퇴직연금제도'(Superannuation Guarantee) 도입으로 펀드 시장을 미국, 룩셈부르크에 이은 세계 3위로 도약시켰다는 점이다. 이 결과, 1980년대 후반에는 근로자의 퇴직연금 가입률이 40% 수준에도 미치지 못하였으나 제도 도입 이후 90% 이상으로 높아졌으며, 특히 파트타임 근로자의 가입률이 70%를 상회하였다. 이 결과, 1990년 2,000억 달러에도 채 미치지 못했던 호주의 펀드 시장이 20년 만에 7배 가까이 성장했다. 호주 보장성 퇴직연금제도의 펀드가 전체에서 차지하는 비중은 2013년 9월 말 기준 70%를 넘어섰다.

호주의 '보장성 퇴직연금제도'(Superannuation Guarantee)는 사용자가 임금의 9%를 적립해주고 비정규직과 임시직 근로자에게도 확대되어 현재 호주 근로자의 95% 이상이 퇴직연금에 가입해 있다. 사용자가 근로자 급여의 9%, 연봉으로 따지면 한 달 치 정도를 강제로 적립해야 한다. 이 퇴직연금 덕분에 호주 국민의 노후는 풍족하게 보장된다.

상술하면, 호주에서 월 450달러 이상을 버는 18세 이상 근로자는 확정기여형(DC형) 퇴직연금에 의무 가입해야 한다. 20대 후반 직장을 잡은 후에야 가입하는 한국과 비교하면 출발이 10년 빠르다. 퇴직연금에 불입되는 자금은 직접 주식에 투자할 때와 달리 50%에 가까운 소득세가 부과되지 않는다. 세제혜택 덕택에 퇴직연금은 확실한 노후 대비 수단이자 장기 투자 자본을 축적할 수 있는 원동력으로 자리 잡았다.

퇴직연금에 쌓인 돈은 국내·외 주식, 채권, 인프라스트럭처에 투자된다. 바로 이러한 점이 글로벌 자본시장의 변방이었던 호주에서 맥쿼리나 AMP와 같은 세계적 자산운용사가 나타날 수 있었던 비결이다. 즉, 퇴직연금 시장이 확대되면서 적립된 퇴직연금 자산을 운용하기 위한 자산운용사들이 더불어 성장했고, 또한 자산운용사업이 발달하면서 가입자들에게 높은 자산운용 수익을 돌려주는 선순환 구조가 형성됐다.

호주 재무부 자료에 따르면, 호주는 '보장성 퇴직연금제도'(Superannuation Guarantee) 덕분에 국민 저축액이 3배나 증가했다. 호주 퇴직연금의 50%가량은 주식에 투자되며, 주식은 호주 기업에 60%, 해외 기업에 40% 정도 분산 투자된다. 또한, 퇴직연금이 호주 증시에 들어오면서 주가는 해외 변수에 덜 휘둘리고 안정성을 찾게 됐다. 호주가 지난 20년간 경제가 지속적으로 성장하고, 글로벌 금융위기에도 침체를 덜 겪은 것은 호주 펀드시장의 경쟁력 때문이다

또한, 호주의 '보장성 퇴직연금제도'(Superannuation Guarantee)는 자국의 자산운용산업의 발전을 적극적으로 견인하고 있다. 즉, 호주의 퇴직연금기금은 고령화 사회에 대응하는 사회보장의 2층 체계로서 노후소득보장의 중추적인 역할을 수행하고 있을 뿐만 아니라, 펀드를 소개 및 관리하고 운용을 자문하는 컨설팅 같은 인프라 산업의 발전까지 견인하고 있다.

표 5-5 국가별 펀드시장 규모 및 금융발전도 비교

국가	금융자산/GDP(%)	펀드규모/GDP 비중(%)	WEF 금융발전지수(2012년 기준)
호주	683.0	124.0	5위
일본	1,077.0	18.3	7위
인도네시아	110.0	2.2	50위
대만	1,093.0	11.5	N/A
태국	370.0	19.1	34위
홍콩	3,047.0	417.0	1위
싱가포르	940.0	475.0	4위
말레이시아	447.0	50.9	18위
필리핀	285.0	1.4	49위
한국	835.0	20.8	15위

자료 EIU, IMF, ITA, MAS, SFC, World Bank, WEF.

주 2011년 기준.

표 5-6 국제 도시별 IFCD Index 순위

2011년 순위	도시	점수
1	미국 뉴욕	87.69
2	영국 런던	85.96
3	일본 도쿄	85.81
4	중국 홍콩	82.18
5	싱가포르	74.53
6	중국 상하이	71.42
7	프랑스 파리	71.37
8	독일 프랑크푸르트	64.40
9	호주 시드니	57.08
10	네덜란드 암스테르담	54.70
14	중국 베이징	53.16
21	중국 선전	42.53
24	한국 서울	41.33

자료 S&P Dow Jones Indices(2012).

나아가 호주의 퇴직연금 기금은 자산운용산업을 대표적인 수출 상품으로 발전시키고자 하는 국가적 전략에 원동력으로 기여하고 있다. 현재, 호주는 퇴직연금 기금설정, 운용, 플랫폼 제공 등 경험을 바탕으로 다양한 자산운용서비스 수출에 박차를 가하고 있다. 예로서 자산관리, 투자컨설팅, 랩어카운트 및 마스터 트러스트 등 플랫폼 제공, 자산보관 서비스, 금융관련 IT 서비스, 연금계리서비스, 금융관련 법률 및 회계 서비스, 투자실적 조사 및 보고서비스, 교육 및 훈련 서비스, 포트폴리오 관리서비스 등이 있다. 이와 같은 자산운용업의 수출로 금융부문의 부가가치는 14억 달러 늘고, 금융부문 3,500개를 포함해 경제 전반에 25,000개의 일자리가 창출될 것으로 기대된다.

상술하면, 호주의 보장성 퇴직연금 기금은 레버리지(부채조달) 기능이 없고 투자 기간이 장기(長期)인 특성으로 인하여 2008년 하반기 글로벌 금융위기에서 호주 금융산업의 안정적 자금조달원으로서 매우 유효한 역할을 담당하였다. 그리고 호주의 보장성 퇴직연금 기금은 전체 자산운용 시장의 약 70%를 차지하고 있기 때문에 자산운용산업 자체뿐만 아니라 펀드를 소개 및 관리하고 운용을 자문하는 컨설팅 같은 인프라 산업의 발전까지 견인하고 있다.

상기한 호주 자산운용산업의 이러한 비약적인 성장은 '보장성 퇴직연금제도'(Superannuation Guarantee)와 이로부터 축적되는 연기금이라는 양질의 투자 자산에 기인한다. 근로자에 대한 연금 가입이 강제되며, 사업자의 기여가 정부로부터 보증되는 형태의 호주 퇴직연금은 독특한 방식의 세제혜택 등으로 인하여 짧은 기간에 호주의 핵심적인 사회보장체계로 자리 잡았다.

(2) 호주의 복지 서비스 전달체계 : '센터링크'(Centerlink)

한국이 '합리적 복지 모형'을 위하여 호주의 '저(低)비용·고(高)만족'에 의한 복지 및 고용서비스의 통합 복지 모델을 수목할 필요가 있다. 2010년 OECD(경제협력개발기구)는 '호주의 복지예산 비율은 OECD 평균에 못 미달했었지만 2008년 하반기 글로벌 금융위기 동안 사회 안전망이 OECD 30개국 중 가장 효과적으로 작동했다'라는 연구결과를 제시했었다.

호주는 다른 선진국에 비해 복지에 돈을 많이 쓰는 국가는 결코 아니다. OECD 국가들의 '종합복지지수'를 보면 호주의 공공사회복지 지출은 GDP 대비 16%로 30개 국가 중 25위로 하위권이었다. 그러나 실제 '복지 만족도'라고 볼 수 있는 '국민행복지표'는 30개 국가 중 5위를 기록했다. 이것은 호주의 복지 모형이 '저(低)비용·고(高)만족' 복지 모형임을 의미한다.

호주 정부가 복지에 돈을 덜 쓰지만 국민들의 복지 만족도(세계 5위)가 높은 이유는 복지가 꼭 필요한 곳을 찾아 집중 지원하는 '족집게 복지'를 지향하기 때문이다. 모름지기, 공공

서비스 전달은 정부가 고안한 지불방법, 서비스, 프로그램이 아니라 일반 시민들의 경험을 기반으로 한 접근이어야 한다. 이것은 복지 서비스를 공급하는 공무원들의 편의가 아니라, 서비스를 받는 복지 수요자를 위한 복지 서비스 전달체계가 필요하다는 것을 의미한다.

호주는 복지 혜택을 소득 및 자산에 따라 달리 지급하는 것을 원칙으로 삼고 있다. '자녀가 있는 저(低)소득층 가정'에 복지의 초점을 맞추고, 이들이 빠른 속도로 빈곤을 탈피할 수 있도록 돕는 것이 호주 복지 모델의 핵심이다. 이를 위해 호주 정부는 1997년에 수십 개 정부기관들이 제공하는 복지 서비스를 통합적으로 제공할 수 있도록 '센터링크'(Centerlink)를 1,000여 곳에 설치해 복지 서비스가 국민의 피부에 와 닿도록 복지전달체계를 개혁했었다.

호주의 '센터링크'(Centerlink)는 기본적인 고용 서비스뿐만 아니라 각종 공공서비스까지 통합 제공한다. 각기 다른 기관의 서비스를 받기 위해 일일이 찾아다닐 필요가 없다. 모든 고용 및 복지 관련 서비스들이 아직 완전히 원스톱(One Stop)으로 제공되지는 않지만, 소위 '한 지붕 서비스'(One Shop Service)로 제공되고 있다.

회고해보면, 호주는 1996년부터 11년간 집권했었던 자유·국민 연립정부의 존 하워드(John Howard) 총리가 물러나고 2008년부터 노동당의 케빈 러드(Kevin Rudd) 총리가 집권했다. 노동당 정부는 총선기간 동안 'Skilling Australia'라는 정책 슬로건으로 평생학습과 숙련을 중시하는 정책방향을 제시했었다. 또한 사회적 약자에 대한 배려와 사회통합, 그리고 중·장기적으로는 노동공급과 숙련도의 부족에 대비해 교육과 훈련에 중점을 둔 정책을 추진하였다. 이를 위해 과거 '고용노사관계부'를 '교육고용노사관계부'로 변경했다. 이런 변화의 배경에는 지난 10년간 '센터링크'(Centerlink)를 통해 성공적으로 수행했었던 복지 및 고용 서비스의 전달체계 효율성을 제고하기 위함이었다. 호주 정부는 현재의 '한 지붕 서비스'(One Shop Service)를 진정한 의미의 '원스톱 서비스'(One Stop Service) 제공의 장소로 바꾸기 위해 박차를 가하고 있다.

지난 10년간 '센터링크'(Centerlink)는 여러 변화와 도전에 효과적으로 대응해왔다. 운영방식에서도 많은 변화가 있었다. 특히 영업 부분에서 최첨단 기술을 도입했었다. 우선, 1997~1998년에는 1920만 건의 전화통화 서비스를 제공했었다. 반면, 2007~2008년 동안에는 3,100만 건의 통화 건수를 기록했었다. 같은 기간 동안 주요 업무를 수행한 건수도 30억 건에서 66억 건으로 증가했다.

다음으로, '센터링크'(Centerlink)는 초창기에 8개의 정책부서를 대신해 일했으나, 현재는 20개의 부서로 늘어났다. 네트워크의 규모도 1997~1998년의 400개 사무소에서 2008~2009년에는 1천 개로 두 배 이상 증가했다. 이 결과, 통화대기 시간 또한 줄어들었으며, 고객과 근로자들의 만족도 향상되었다. 또한, 호주는 상당한 비용을 절감할 수 있었다.

그림 5-11 호주의 복지 성적(OECD 30개국 중 순위)

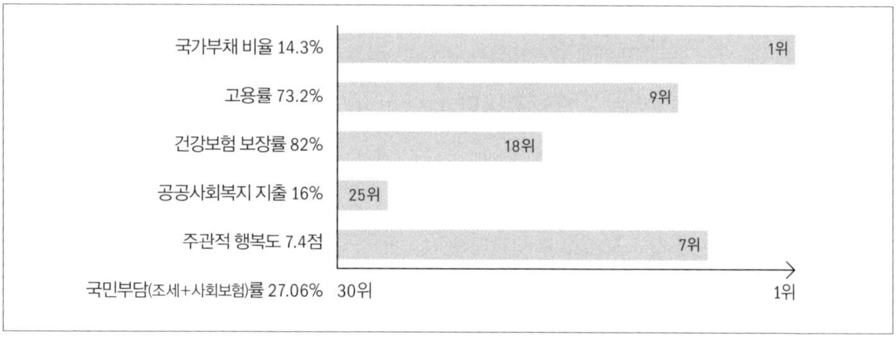

자료 보사연, OECD 국가의 복지지표 비교 연구 등.

일반적으로, 외국의 고용 서비스제도의 일반적인 발전단계는 다음과 같이 다섯 가지로 분류된다. ① 고용 서비스의 발생, ② 공공기관 독점시대, ③ 민간기관 규제 완화와 공공부문의 발전, ④ 공공과 민간의 역할 분담과 협조 또는 민간서비스 중심시대, ⑤ 완전 민간 중심의 서비스 시대이다. 한국은 현재 3단계와 4단계의 경계에 들어있다.

호주는 일단 센터링크(Centerlink)에서 복지 및 고용 서비스의 혜택이 필요한 사람을 식별한 후, 필요한 서비스를 주로 민간에 위탁해 제공한다. 고용관련 서비스가 필요한 사람에게 해당 서비스를 국가가 바로 제공하느냐, 민간에 위탁해 제공하느냐에 따라 고용 서비스 지원체계가 공공 중심 또는 민간 중심으로 나누어진다. 이젠, 호주는 고용 서비스 발전단계인 4단계의 마지막 또는 새로운 5단계라 볼 수 있는 민간 중심의 고용 서비스를 제공하고 있다. 즉 실업급여, 실업자 프로파일링, 개인별 취업지원계획, 고용정보제공 등 기본적인 고용 서비스는 센터링크(Centerlink)에서 담당하고 훈련이나 취업 알선 등 보다 집중적인 고용지원서비스의 제공은 입찰을 통해 선정된 민간 업체에 성과에 따른 보상을 전제로 위탁하고 있다.

또한, 호주는 65세 이상 노인들에게 월 1,000호주달러(약 112만 원) 정도를 주는 노령연금도 철저한 수입·자산 조사를 거쳐 차등 지급하고, 노인들이 교통비·약값 등을 할인받는 경로카드도 소득·재산이 일정 수준 이하인 경우에만 발급하고 있다.

상기한 호주의 사례가 한국에게 주는 시사점은 다음과 같다. 관련 부처가 다르고 일선 복지·고용 서비스전달체계가 달라도 최소한 상호 연계는 이뤄져야 한다는 점이다. 또한, 한 번에 필요한 서비스를 받을 수 있도록 복지 및 고용 서비스의 전달체계는 반드시 통합돼야 한다는 점이다.

물론, 한국에서도 상기한 복지 및 고용 서비스 전달체계의 통합은 그동안 수차례 강조됐지만 부처 간의 이견으로 조정되지 못했다. 이젠, 한국은 복지·고용 서비스의 전달체계를 담당하는 부서를 독립적으로 운영하는 방안을 심도 깊게 고려해야 한다. 나아가 기초고용 서비스의 제공은 공공부문에서 담당하고, 나머지는 민간에 위탁해 경쟁을 통한 고용서비스의 혁신을 추구해야 할 것이다.

6) 한국예탁결제원(KSD)의 증권정보포털시스템(SEIBro)

그렇다면, 문제는 금융 관련 정보와 지식이 부족한 퇴직연금가입자들이 수많은 금융상품들 중에서 가장 매력적인 투자 선택을 어떻게 결정할 수 있는가이다. 이에 대한 답변으로서, 저자는 그들이 어떤 금융기관을 방문하여 계약하기 전에 정부기관인「한국예탁결제원」(KSD)의 증권정보포털시스템(SEIBro)에 조회할 것을 권장한다. 상기 시스템(SEIBro)은 모든 금융상품에 관한 각종 정보(펀드, 상장지수펀드(ETF : Exchange Traded Fund), 파생결합증권의 상품상세내역, 수익률 등을 유형별로, 발행회사별로, 기초자산별로, 보수별로 다양한 집계)를 일목요연하게 비교해 두고 있다.[08]

이처럼 금융투자자를 보호하기 위하여 각종 금융상품들의 비교공시에 최대 역점을 두고 있는「한국예탁결제원」(KSD)의 증권정보포털시스템(SEIBro)은 다음과 같은 특징들을 보유하고 있다.

① 증권정보포털시스템(SEIBro)은 국내 유일하게 가장 다양한 증권정보를 공표하고 있다. 상장기업뿐만 아니라, 비상장기업을 포함해서 약 3,700여 개 기업의 지분증권, 채무증권 정보를 원스톱(One Stop)으로 제공한다. 또한, 기업, 주식, 채권, 단기금융증권, 펀드, 상장지수펀드(ETF), 파생결합증권, 환매조건부 채권 매매(Repo), 증권대차, 국제거래, 언론 보도용 참고자료, 예탁지통계 등 총 12개 영역에 이르는 방대한 증권정보를 국민 누구나 무료로 이용할 수 있다.

② 증권정보포털시스템(SEIBro)은 명실상부한 '발행시장정보의 메카'라고 말할 수 있다. 기업, 공공기관, 지방정부 등의 주식, 채권, 펀드, 파생결합증권, 전자단기사채(CP) 등의 발행자

08 이 기회를 빌어, 저자(「한국예탁결제원」 前상임감사)는 증권정보포털시스템(SEIBro)을 개발한 과거 동료들(특히 정승화 전략기획 본부장)에게 감사와 경의를 표한다.

그림 5-12 한국예탁결제원(KSD)의 주요업무

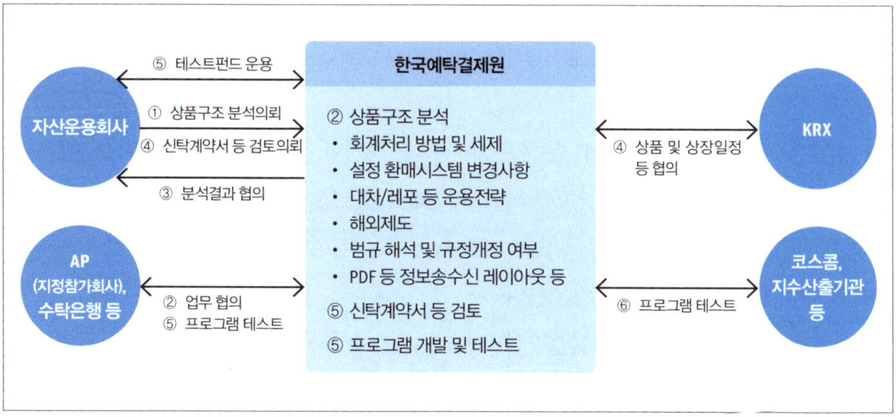

정보 및 발행자별 증권발행정보를 총괄적으로 제공한다. 현재까지 일반투자자, 학계 등은 유통시장정보를 위주로 증권정보를 이용하였다면, 이제부터는 모든 국민들이 발행시장 정보까지 함께 이용할 수 있다.

③ 일반투자자가 기관투자자와 동시에 권리행사정보를 활용할 수 있다. 「한국예탁결제원」(KSD)은 상장 및 비상장을 포함하여 모든 예탁증권의 권리행사를 담당하는 중앙예탁결제기관이다. 유상증자, 무상증자, 주주총회, 배당금, 주식관련사채의 전환권행사 등 한국예탁결제원이 가장 정확하게 업무처리하고 있는 정보를 금융기관, 기관투자자 등 전문투자자뿐만 아니라 일반투자자도 동시간대에 인터넷과 모바일로 항상 조회할 수 있는 것이다.

④ 증권정보포털시스템(SEIBro)은 「한국예탁결제원」(KSD)만의 특화정보인 장외거래정보도 공표하고 있다. 증권대차, 환매조건부 채권 매매(Repo), 외화주식거래정보 등은 장외거래 정보라고 할 수 있으며, 우리나라에서 유일하게 「한국예탁결제원」(KSD)만이 소유하고 있다. 대차종목별 체결량, Repo 당일건별 수익률, 국내투자자의 외화주식 보유 상위종목 등을 국민들에게 적극 공개하고 있다. 또한, 예탁비상주식의 예탁·반환·계좌대체정보는 비상장주식의 유통을 추정할 수 있는 정보로도 활용할 수 있다.

⑤ 향후, 「한국예탁결제원」(KSD)은 증권정보포털시스템(SEIBro)을 교재로 활용하여, 투자자 및 국민들을 대상으로 부산, 대구, 광주, 전주 등 전국 순회 금융·증권교육을 지속적으로 전개해 나갈 예정이며, 해외 중앙예탁결제기관, 언론기관 등과의 정보교류를 통하여 증권정보콘텐츠를 더욱 확대해 나갈 계획이다. 또한, 「한국예탁결제원」(KSD)은 증권정보포털시스템(SEIBro)이 기업의 법상 전자공고 및 전자통지시스템으로 활용되도록 상법시행령

개정 의견제출을 준비 중에 있다. 발행회사가 자사의 홈페이지상 공고 대신에 한국예탁결제원의 증권정보포털시스템(SEIBro)에 공표할 수 있는 근거가 마련되면, 다양한 정보이용자층이 모든 발행회사의 공지내용을 한 곳에서 조회할 수 있게 된다.

끝으로, 저자는 다음과 같은 문제를 제기한다. 상기와 같은 우수한 증권정보포털시스템(SEIBro)이 완비되어 있지만, 일반 금융소비자들이 상기한 금융정보를 분석하고 판단할 금융지식이 결여되어 있다면 무용지물(無用之物)이라는 점이다. 따라서 저자는 학교에서 금융교육을 실시할 것을 권장 및 강조한다.

참고로, 제4회 아시안리더십컨퍼런스(2013. 3. 27)의 세션 6 '글로벌 금융 리더들의 세계경제 진단'(2013. 3. 27)에서 로널드 오헨리 피델리티 인베스트먼트 자산운용부문 회장은 '착한 성장'과 '똑똑한 복지'로 향하는 이정표로서 '금융 문맹(文盲) 퇴치'와 '금융 지식의 민주화'를 주장하였다. 그 배경으로서 심지어 미국에서도 국민의 40%가 퇴직연금에 가입하지 않고 최소한의 사회보장제도에만 의존하고 있는데, 그 이유는 미국 학교(초·중·고등학교)가 금융지식을 가르쳐 주지 않기 때문이라고 한다. 따라서 금융회사들이 나서서 학교 교육을 통해 금융지식을 사회 전체에 보급해야 한다고 그는 주장했었다.

2. 국민연금기금의 운용 현황과 개혁 방향

현행 국민연금제도(NPS : National Pension System)는 소득의 9%를, 매월 40년 이상 납부하고 이를 정부가 연금보험료 수입으로 국민연금기금을 조성 및 운영하여 연금수급 개시연령에 도달하면 연금 가입자에게 그동안 납부한 연금보험료를 기초로 은퇴 전(前) 소득의 60%에 해당하는 확정된 연금급여액을 보장해주는 제도이다.

따라서 국민연금제도(NPS)는 ① '적립방식'(funded system)과 ② '청년부과방식'(Pay-as-you-go-financing system)의 혼합형이라고 말할 수 있는데, 그 논거는 다음과 같다.

우선, 재원조달방식의 측면에서 보면, 현행 국민연금제도(NPS)는 기본적으로 기여원칙에 따르는 '적립방식'(Funded System)이며 '확정급여방식'(DBP : Defined Benefits Plan)이다.

다음으로, 세대 간 자원배분의 측면에서 보면, 현행 국민연금제도(NPS)는 '청년부과방식'(Pay-as-you-go-financing system)이다. 즉 효과상, 젊은 근로자들로부터 징수한 연금보험료를 은퇴자들에게 연금급여로 지급하는 것이다. 따라서 청년기 근무기간의 연금부담에 대한 수익률은 인구 증가율, 연금부담률, 임금증가율 그리고 청년기의 근무기간 등의 영향을 받게 된다. 또한, 청년부과방식 하에서는 민간 저축이 감소하며, 이에 따라 자본축적이 감소함으로써 잠재적으로 경제성장에 부정적 영향을 끼친다.

여기서 유의할 것은 국민연금제도(NPS)의 재정이 고갈되는 원인이 바로 현행 '확정급여방식'(DBP)이라는 점이다. 왜냐하면 연금급여액은 확정되어 있는 반면에 출산율의 감소는 국민연금료를 납부하는 적용인구를 감소시킴으로써 기대수명의 연장은 연금 수급자를 증가시킴으로써 각각 국민연금 기금의 고갈 시점을 앞당기기 때문이다.

상기의 문제점은 대부분의 선진국들이 기존의 '확정급여방식'(DBP)을 유지한 채, '계수조정식'(Parametic) 개혁(연금보험료율 인상 혹은 연금급여수준 삭감)을 선택했으나 연금재정의 건전성 회복에는 실패했었다는 사실로써 입증될 수 있다. 예로서, 오스트리아(1993, 1997), 프랑스(1993), 이탈리아(1992), 일본(1994, 1999) 등을 들 수 있다. 그 주요요인은 정치적 역학관계와 연금제도의 개혁에 대한 사회적 공감대가 형성되어 있지 않기 때문이었다(Klaus-Jürgen Gern, 2002).

현행 국민연금제도(NPS)가 안고 있는 가장 큰 문제점은 현행 제도가 급속한 인구 고령화와 현행 제도의 고(高)급여-저(低)부담 구조로 인해 2040년대에 가서는 '청년부과방식'(Pay-as- you-go financing System)으로의 전환이 불가피하다는 점이다. 그 이후 고령화로 인해 제도 유지(현행 급여수준 전제)를 위한 필요보험료율이 현행 9%에서 심지어 40% 수준에 육박하게 될 것이다. 따라서 현행 국민연금제도(NPS)의 지속가능성 및 세대 간 형평성 제고의 측면에서 국민연금제도(NPS)의 조속한 개혁이 이루어져야 한다. 이 경우, 한국이 선택할 수 있는 대안은 현재의 확정급여방식(DBP)에서 변동급여방식의 (부분)적립방식으로 전환하는 것 외에는 다른 방도가 없을 것이다.

한편, Corsetti and Schmidt-Hebbel(1997)에 의하면, 소득세를 기반으로 한 청년부과방식(Pay-as-you go financing System)의 연금도입으로 150년을 기준으로 장기적 산출물 수준을 약 5.3% 감소시키며 사회적 후생을 6% 감소시키는 것으로 분석되었나. 이와 반면에, 상기한 청년부과방식(Pay-as-you-go financing System)의 연금제도를 완전적립방식(Fully-Funded System)의 연금제도로 전환시켰을 경우, 정상상태(steady state)에서 신용제약을 고려하였을 경우에는 27.1% 정도 산출물이 증가하며, 신용제약을 고려하지 않았을 경우 1.9% 산출물이 증가하며, 후생수준도 13.5%에서 5.9%까지 증가하는 것으로 분석되었다.

다른 한편으로, 칠레의 사적 강제연금제도는 정치적 고려로 인해 상기 제도가 흔들리는 것을 방치하기 위해서 개인계정을 설정하여 재산권을 강화하고 '완전적립방식'(Fuly-Funded System)으로 개혁되었다. 전통적인 '확정급여방식'(DBP)의 공적연금제도는 경제적 상황이 변화할 수 있는 충분히 긴 기간 동안 존재하기 때문에 경제상황의 변화에 따라 공적연금제도를 변경시키려고 하는 정치적 의도로 인한 법·제도의 변화가 반복적으로 나타날 수밖에 없다. 따라서 정치적으로 중립적이고 고령화에 충격을 받지 않는 제도개혁을 위해서는 '완전적립방식'(Fuly-Funded System)을 도입했었던 것이다.

1) 국민연금기금의 운용 현황[09]

국민연금기금(NPF : National Pension Fund)은 2017년 12월 현재, 연금보험료 등으로 785.3조 원을 조성하여 연금급여 등으로 163.6조 원을 지출하고 나머지 621.7조 원을 대부분 금융자산에 투자했다. 기금적립금은 2015년 500조 원을 돌파하여 2020년 847조 원, 2043년에는 2,561조 원까지 증가할 것으로 예상된다.

- 금액가중수익률 산정기준
  금액가중수익률 = 수익금 ÷ 운용평균잔액
  - 수익금 : 매매·평가손익, 배당수익, 대여수익, 이자수입 등
  - 운용평균잔액 : 기간을 기준으로 가중 평균한 해당 기간의 평균투자원금
- 2017년 국민연금 기금 투자수익률 : 7.26% 〈국민연금 기금의 운용 수익금 41.2조 원〉
- 1988년 이후 연평균 국민연금 기금 투자수익률 : 6.02% 〈국민연금 기금의 운용수익금 299.9조 원〉

표 5-7 국민연금기금 규모의 대(對) 국민경제 비중 (2017년 12월 말 기준, 단위 : 조 원)

구분	명목GDP	주식시가총액	채권발행잔액
금액(A)	1,637.4	1,888.6	2,229.4
국민연금 투자금액(B)	621.04	131.52	289.40
비중(B/A)	37.93%	6.96%	12.98%

주 명목GDP는 2016년 말 기준, GDP 비중은 금융부문 총액과 비교.

09 이 주제와 관련하여 매우 유용한 통계자료를 저자에게 제공해주신 주상철 박사(국민연금공단연구원)에게 감사한다.

그림 5-13 국민연금기금 적립금의 장기 전망 (단위: 조 원)

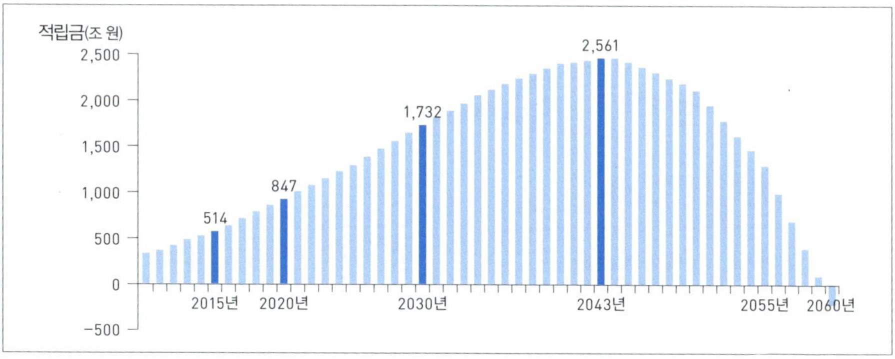

자료 국민연금 장기재정추계(2013년), 국민연금연구원.

그림 5-14 국민연금기금의 포트폴리오 현황

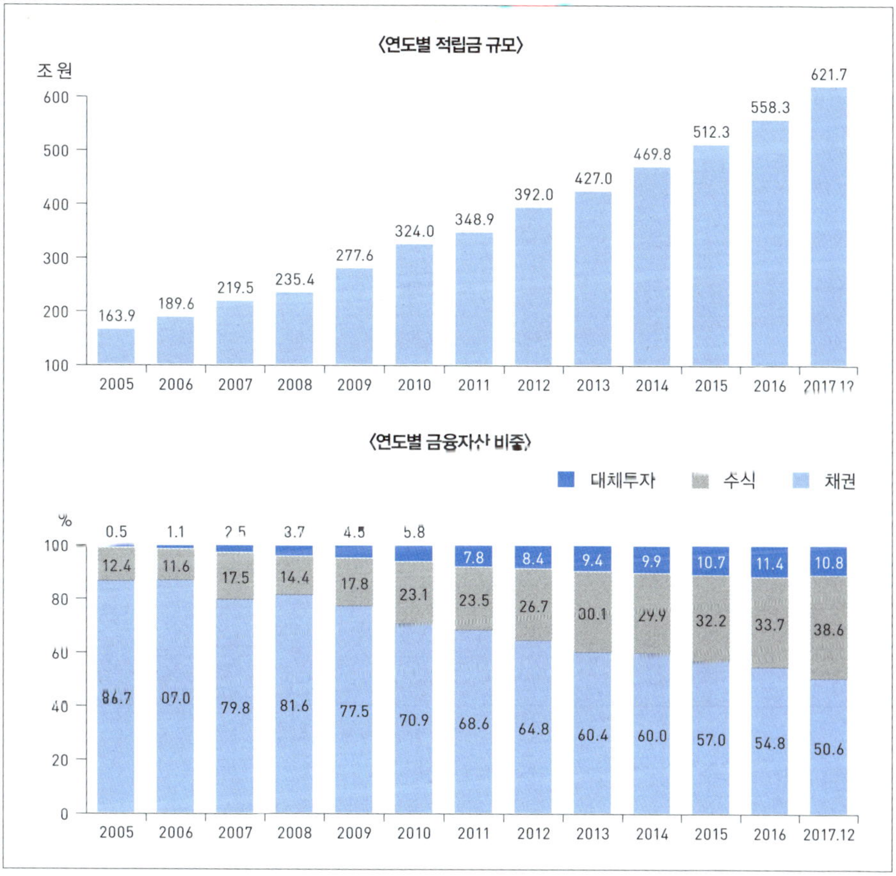

그림 5-15 국민연금기금의 조성과 지출 및 적립

〈조성 785.3조 원〉

485.3(연금보험료 등[1])

299.9(운용수익금)

〈지출 163.6조 원〉

156.2(연금급여)

7.4(관리운영비 등)

〈기금적립금 621.7조 원〉

621.0(금융부문)

0.6(복지·기타)

주 1 연금보험료(484.2조 원)+임대보증금 등(1.1조 원).

2 모든 수치들이 각각 반올림되어 단수차이가 발생할 수 있음.

표 5-8 국민연금기금의 운용수익률 (시가 기준, 단위: 억 원, %)

구분	2017년도		2016년도		1988~2017	
	수익금	수익률[4]	수익금	수익률[4]	수익금[5]	수익률[4]
계	412,130	7.26	245,439	4.75	2,999,390	6.02
공공부문[1]	–	–	–	–	190,827	8.26
금융부문[2]	412,086	7.28	245,390	4.76	2,800,570	5.92
주식	368,392	18.70	131,497	7.79	982,744	8.38
(국내)	269,947	25.88	53,396	5.59	650,830	8.37
(해외)	98,445	10.62	78,100	10.63	331,914	8.42
채권[3]	14,451	0.48	57,296	1.98	1,546,561	4.80
(국내)	14,359	0.51	48,071	1.80	1,450,630	4.84
(해외)	92	0.04	9,224	4.13	95,931	4.36
대체투자	29,816	4.56	57,088	9.91	275,263	8.14
(국내)	13,209	6.00	12,216	5.56	107,771	6.57
(해외)	16,607	3.83	44,872	12.59	167,492	9.62
복지부문	–22	–1.65	–17	–1.35	6,117	6.45
기타부문	66	0.61	67	0.63	1,875	1.77

주 1 공공부문은 2000년부터 신규 투자가 중지되었으며, 기 투자자금은 2005년 말 전액 회수.

2 기금운영경비 지출(2017년 562억, 1988~2017년 12월 2,721억) 등을 반영.

3 채권부문에 단기자금 포함.

4 수익률은 해당 기간이나 연도의 금액가중수익률.

5 수익금은 1988년부터 2017년 12월까지 누적수익금.

표 5-9 국민연금기금의 해외투자 : 176.4조원(적립금 대비 28.4%)

(시가 기준, 단위 : 억 원, %)

구분	계	주식	채권	대체투자
금액	1,764,490	1,082,794	236,110	445,587
수익률	–	10.62	0.04	3.83

〈연도별 투자 현황〉

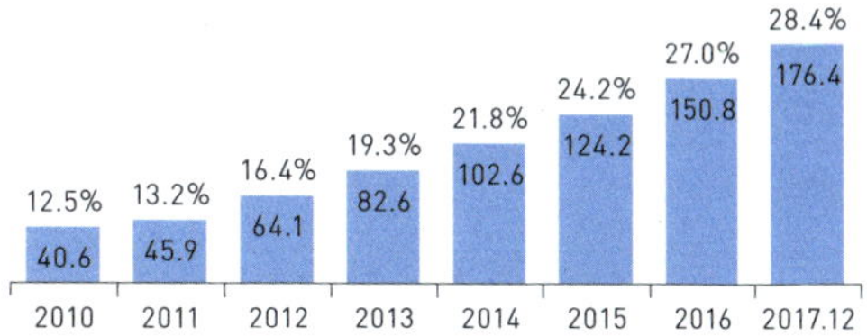

표 5-10 국민연금기금의 대체투자 : 66.8조원(적립금 대비 10.8%)

(시가 기준, 단위 : 억 원, %)

구분	계	인프라	부동산	헤지펀드	기타대체	수익률
금액	668,362	200,418	247,604	11,310	209,030	4.56
(국내)	222,775	77,964	64,595	–	80,217	6.00
(해외)	445,587	122,454	183,009	11,310	128,813	3.83

〈연도별 투자 현황〉

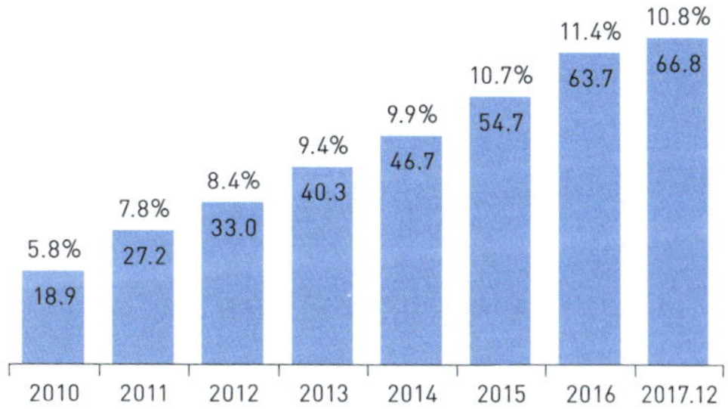

표 5-11 국민연금기금의 위탁운용 : 239.2조원(적립금 대비 38.5%)

(시가 기준, 단위 : 억 원, %)

구분	계	주식	채권	대체투자
금액	2,391,857	1,314,032	476,001	601,824
(국내)	1,106,569	602,282	348,049	156,238
(해외)	1,285,289	711,749	127,953	445,587

〈연도별 투자 현황〉

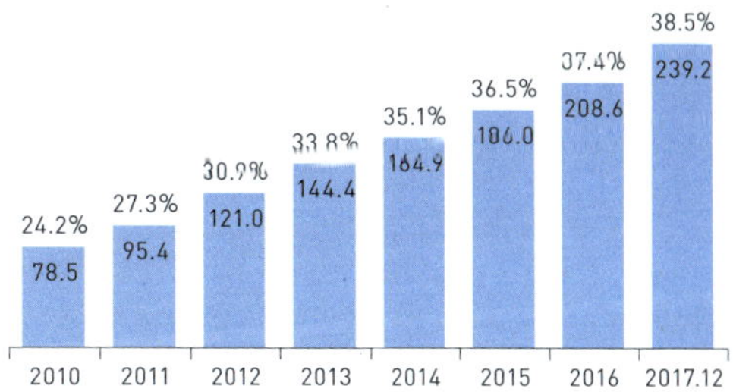

주 해외 대체투자는 전액 위탁운용.

표 5-12 연도별 국민연금기금 운용 규모 추이 (단위: 십억 원)

구분	2004	2005	2006	2007	2008	2009	2010	2011	2012	2013	2014	2015	2016	2017
계	141,008	163,949	189,607	219,540	235,433	277,642	323,991	348,868	391,968	426,954	469,823	512,324	558,299	621,661
공공부문	6,384	–	–	–	–	–	–	–	–	–	–	–	–	–
금융부문	134,042	163,351	189,060	219,010	235,002	277,252	323,597	348,468	391,568	426,447	469,253	511,698	557,682	621,037
주식	12,702	20,395	21,986	38,470	33,974	49,505	74,894	81,860	104,637	128,324	140,541	164,832	188,017	239,799
채권[1]	120,902	142,176	164,906	175,133	192,225	215,225	229,805	239,414	253,939	257,800	282,057	292,208	305,998	314,402
대체투자	438	780	2,168	5,406	8,802	12,522	18,898	27,194	32,993	40,323	46,655	54,659	63,667	66,836
복지부문	365	303	248	204	184	154	128	108	127	125	126	136	140	143
기타부문	217	295	299	326	247	237	265	292	272	382	443	490	478	481

주 1 단기자금 포함.

표 5-13 연도별 국민연금기금 운용 수익률 추이 (단위: %)

구분	2004	2005	2006	2007	2008	2009	2010	2011	2012	2013	2014	2015	2016	2017	기간별 수익률		
															15~17 (3년)	13~17 (5년)	88~17
계	8.28	5.63	5.77	6.79	−0.18	10.39	10.37	2.31	6.99	4.19	5.25	4.57	4.75	7.26	5.61	5.31	6.02
공공부문	4.71	4.16	–	–	–	–	–	–	–	–	–	–	–	–	–	–	8.26
금융부문	8.64	5.66	5.77	6.81	−0.19	10.41	10.39	2.31	7.00	4.20	5.26	4.58	4.76	7.28	5.62	5.32	5.92
주식	9.93	57.57	5.49	33.66	−42.87	45.40	21.86	−9.46	10.06	8.48	−0.06	2.98	7.79	18.70	10.54	8.35	8.38
채권[1]	8.57	0.26	5.81	2.65	10.51	4.02	7.55	5.73	6.15	2.00	6.90	4.14	1.98	0.48	2.14	3.01	4.80
대체투자	0.82	8.48	6.59	6.08	2.73	−0.92	8.66	10.22	4.92	6.42	12.27	12.19	9.91	4.56	8.51	8.85	8.14
복지부문	3.90	3.60	3.63	1.52	−0.77	0.53	−0.29	−0.55	−0.96	0.09	−1.68	−2.08	−1.35	−1.65	−1.69	−1.33	6.45
기타부문	–	–	–	3.81	4.20	3.02	1.18	1.39	1.46	1.31	1.41	0.72	0.63	0.61	0.65	0.89	1.77

주 1 단기자금 포함.

2) 국민연금제도의 개혁 방향

인구 고령화는 국민연금제도(NPS)에서 가장 중요한 재정적 안정성과 재정 부담의 원칙을 설정하는 데에 매우 중요한 변수이다. 국민연금제도(NPS)는 기본적으로 세대 간 거래(overlapping generation transaction)의 틀을 가지고 있는데, 인구 고령화에 따른 '생태학적 이자율'(biological rate of return)의 감소는 청년부과방식(pay-as-you-go financing system) 하에서는 복지재정 적자를 야기시켜 연금급여액은 필연적으로 감소하게 된다. 이 결과 세대 간 갈등이 노정될 수밖에 없다.

특히, 확정기여형(DC형)과 확정급여형(DB형)이 혼합된 경우, 인구감소가 국민연금제도(NPS)의 재정에 큰 영향을 미친다. 이 경우, 인구구조의 동태적 변화에 따라 수시로 연금보험료와 연금급여율의 변화를 조정할 수밖에 없다. 이것은 수시로 세대 간 정치적 갈등을 야기한다는 점에서 국민연금제도(NPS)의 재정은 정치적 위험(political risk)에 노출되어 국민연금제도(NPS)에 대한 국민적 합의를 도출하기가 더욱 어려워지게 된다.

향후 인구구조의 급격한 변화(즉, 고령화의 가속화 및 저출산으로 인한 생산가능인구의 대폭 감소 등)에 대응하기 위해서는 연금보험료나 연금급여액의 계수조정식의 '내과적' 개혁으로써는 도저히 불가능하다는 것을 알 수 있다. 따라서 국민연금제도(NPS)의 구조적 개혁, 즉 '외과수술'이 필요하다는 것을 알 수 있다.

선진국들은 인구 고령화에 따른 국민연금제도(NPS)의 지속가능성 문제가 대두되면서 공적연금제도의 지속가능성을 높이고, 빈곤 노인층·비정규직·여성 등에 대한 선별적인 지원을 강화하는 방향으로 본격적인 공적연금제도 개혁을 단행하였다. 이러한 세계적 추세를 감안하여, 한국도 국민연금제도(NPS)의 지속가능성을 제고하기 위한 공적연금제도 개혁과 함께, 빈곤 노인층에 대한 최저한의 생계를 보장하는 방안을 시급히 강구해야 할 것이다.

이제, 국민연금제도(NPS)의 개혁은 더 이상 미룰 수 없는 가장 중요한 국가적 과제라는 것을 알 수 있다. 그 근거는 다음과 같다.

첫째, 고령인구 비율이 7%(2000년)에서 20%(2026년)로 증가하는 데 소요되는 시간이 26년으로 세계에서 가장 빠를 것으로 예상된다. 따라서 고령화로 인한 연금보험료를 납부할 경제활동인구가 감소할 것으로, 생산가능인구 증가율은 2020년 이후 마이너스 1.4%~마이너스 1.9%로 하락할 것으로 각각 전망된다.

둘째, 1988년 연금가입자는 2008년에 20년을 납부하여 연금수급권을 취득하였으며, 2028년에 이르러서는 40년 동안 연금보험료를 납부하게 되어 최대의 연금급여액 수급권을 확보하게 된다. 따라서 연금급여의 삭감을 시도할 경우 날로 증가하는 국민연금 수급권자의 반발이 매우 거세질 것이다. 그 근거는 2030년 이후 여액의 수령자인 65세 이상이 유권자(20세 이상)의 28.7~43.6%를 국민연금제도 개혁의 비용을 지불하게 될 40~50대도 전체 유권자의 28.9~35.2%를 각각 차지하기 때문이다.

여기서 저자가 강조하고자 하는 것은 비(非)합리적 '저(低)부담 · 고(高)복지'라는 사회적 요구는 한국인구의 초(超)고령화 추세와 함께 '북한의 핵무기'보다 더 무서운 남한의 '노인 폭탄'이 되어 복지재정을, 나아가 국가재정을 파탄시킬 것은 명약관화(明若觀火)하며, 이것은 다시 한국사회를 '재앙'으로 몰고 갈 것이라는 점이다. 따라서 국민연금제도(NPS)는 현행 '저(低)부담 · 저(低)급여'에서 향후 '고(高)부담 · 고(高)급여'로 개혁하지 않으면 안 된다. 그 정당성은 다음과 같다.

우선, 현재의 급여수준이 노인가구의 최저 생계비 수준에도 훨씬 미달되어 '가난'(노인빈곤율 48.5%, OECD 평균 11.6%에 비하여 4배)이란 이유로 인한 노인(65세 이상)의 자살률(10만 명당 82명, 미국과 일본의 노인 자살률보다 4~5배, OECD 평균의 4배)이 세계 최고 수준이라는 사실은 국가 자체의 존립 이유가 무엇인지 의문시된다는 점이다.

다음으로, 고(高)부담의 정당성은 모든 국민연금제도(NPS)가 인구구조의 변화요인(인구증가율과 평균수명 등)에 의하여 재정파탄에 봉착할 것이라는 것은 명약관화(明若觀火)하다. 따라서 이를 극복하기 위해서는 고(高)부담이 필요불가결한 조치라는 점이다.

게다가 북한의 예기치 못한 사태로 인하여 북한 주민들이 대거 남한 지역에 밀어닥치는 상황이 전개된다면 남한사회마저 붕괴될 것이다. 그 경우, 북한주민에게 최저 생계비 수준을 보장해 주어야 할 것인데, 그 방법은 남 · 북한 사회보장제도의 통합 운영이다. 따라서 '남 · 북한 통일 기금'은 남한의 사회보장기금의 비축에서부터 시작되어야 한다. 그것은 남한 주민의 고(高)부담 외에는 다른 방법이 없다.

따라서 저(低)급여의 현행 수준에서 고(高)급여로 전환하려면 저(低)부담에서 고(高)부담으로의 전환은 필수적 과제이다. '고(高)부담'의 문제와 관련하여, 어느 소득계층이 얼마만큼 더 부담할 것이며, '급여의 수직적 증가 및 수평적 확대'와 관련하여 어떠한 복지 서비스가 시급한가를, 얼마만큼 증가시키는 것이 최적인가를 각각 분석 및 결정해야 한다.

선진 복지사회로의 진입은 개인과 정부의 부담 비율과 개인 부담 중에서도 젊은 세대와 노년 세대 간의 부담 비율에 관하여 국민 합의를 도출할 수 있는가의 여부에 달려있는 것이다. 그러나 상기의 이슈에 대한 세대 간 갈등의 골은 매우 깊다.

조선일보(2011. 1. 4)가 한국갤럽에 의뢰해 전국 남녀 1,000명을 설문조사한 결과를 보면 세대 간 갈등뿐만 아니라 일반 국민의 의식 수준이 극명하게 나타나 있다. 그 설문조사의 분석결과는 다음과 같다.

우선, 국민연금제도(NPS)의 경우, '더 내고 덜 받는 방향으로 개혁하자'라는 주장에 대해서는 절반 이상(52.4%)이 반대했고, 찬성은 10명에 2명(24%)뿐이었다. 연령별로 보면, 30~40대는 10명에 7명(68.9%, 69.4%)이 반대했지만, 60대 이상은 26.1%만 반대했다. 즉 더 많은 복지는 좋지만, 더 많은 부담은 싫다는 것이다. 그리고 노인세대를 위해 과도한 부담을 떠안기 싫다는 것이다.

다음으로, 국민건강보험제도의 경우, 10명 중 8명(77%)은 국민건강보험에 대한 정부 지원의 비율(의료 보장성)을 더 높여야 한다고 응답했었다. 그러나 정작 이를 위해 건강보험료(현행 소득대비 5.4%)를 더 높여 부담하자는 주장에 대해선 열 명 중 절반 이상(52%)이 반대했었다.

전술한 국민의식 수준을 감안하여, 복지재정의 확충방법은 오직 '사회보장세'(Social Security Tax)라는 목적세를 도입하는 방안 외에는 다른 방도가 없다고 저자는 주장한다.

또한, 현행 국민연금제도(NPS)에 내재되어 있는 연금사각지대 문제와 관련하여 노인소득의 실태파악과 보장방안의 마련도 시급하다. 「2004년 전국 노인생활실태 조사자료」에 따르면, 하위 60%의 노인인구가 100만 원 이하의 소득으로 생활하고 있으며, 노인가구 내의 지니계수(0.495)는 전체 도시가계의 지니계수(0.344)보다 높은 것으로 분석되었다. 또한 소득구성을 살펴보면, 저(低)소득층은 사적이전소득에, 고(高)소득층은 자체소득에 각각 의존하는 것으로 나타났다.

현행 국민연금제도(NPS)는 세대 간·세대 내 소득재분배 역할을 수행하고 있으나 동 제도에 가입하지 못했거나 결과적으로 급여를 수급받지 못하는 사람들은 국민연금제도(NPS)의 혜택을 누리지 못하고 있다. 이러한 사각지대를 완화하기 위해 경로연금의 급여수준과 급여대상자를 확대할 필요가 있다.

3. 자산운용산업의 현황 및 전망과 발전 방향

일반적으로 자산운용산업은 '규모의 경제'(Economy of Scale) 효과가 작동하는 전형적인 산업이기 때문에 일정수준의 운용자산 규모만 확보하면 흑자경영이 가능하다. 그러나 현재 국내 자산운용산업은 개별회사 측면에서는 전문화(specializing) 또는 특화(focusing)가, 산업전체 측면에서는 다양성(diversity)이 각각 부족한 것으로 평가되고 있다.

전술한 대내·외적 환경 변화에 따라 국내 자산운용 산업구조가 개선되지 않은 채 현행 구조대로 지속된다면 대다수 자산운용회사들의 수익구조가 계속 악화될 가능성이 크다.

1) 자산운용산업의 최근 동향 및 전망

(1) 최근 동향

금융감독원의 집계에 따르면, 전체 자산운용 일임시장 규모는 2013년 3월 말 현재 351조 원 규모로 추산된다. 2020년의 전체 자산운용 일임시장 규모를 전망해 볼 때 비관적 전망의 경우 약 591조 원 규모로, 중립적 전망의 경우 약 900조 원 규모로 각각 추산된다.[10]

국내 자산운용산업의 일임시장 규모가 2012년 말 현재 명목 GDP 대비 26% 정도인 점을 감안할 때, 상기한 중립적 전망의 경우 약 900조 원의 자산운용 일임시장 규모는 2020년 예상 명목 GDP 대비 44%로서 국내 거시경제에서 일임시장이 차지하는 비중이 현재보다 크게 증가할 것으로 전망된다.

전체 일임시장을 운용주체 및 투자주체의 행렬(matrix)로 분류할 때, 대표적 운용주체에는 자산운용회사(82%)와 증권회사(15%)가 있으며, 투자주체로는 보험업(64%)과 연기금(20%)이 전체의 84%를 차지하고 있다. 국민연금, 사학연금, 공무원연금으로 대표되는 공적 연기금(public pension fund)의 일임자산 규모는 전체 연기금의 92%를 차지하고 있다.

한국 자산운용업계의 영업이익률 변동추이를 북미(北美)지역 자산운용회사들의 그것과 비교해 보면 다음과 같이 크게 두 가지의 특징을 발견할 수 있다.

첫째, 자산운용업계의 평균적인 영업이익률과 매출액 영업이익률 수준을 2012년 기준으로 비교해보면, 한국 자산운용회사들의 평균적인 이익률은 북미(北美)지역 자산운용회사들의 그것에 비하여 매우 낮은 수준이다. 구체적으로, 한국 자산운용업계 전체의 영업이익률과 매출액 영업이익률은 각각 9.4%와 0.9% 수준인 반면에 2011년 북미(北美)지역 자산운용회사들 전체의 평균 영업이익률과 매출액 영업이익률은 각각 28%와 9.0% 수준이다.

둘째, 북미(北美)지역 자산운용회사들의 영업이익률은 2008년 하반기 글로벌 금융위기 직후였던 2008~2009년에 잠시 하락한 후 회복 추세를 보이고 있는 반면에 한국 자산운용회사들의 영업이익률은 지속적으로 하락하고 있다. 이것은 한국 자산운용회사들의 수익구조를 악화시키는 구조적 요인이 내재되어 있음을 시사한다. 그것은 바로 한국의 자산운용산업이 직면하고 있는 환경변화이다. 즉, 자산운용회사의 고객 중심축이 개인투자자에서 기관투자자로 이동하고 있다는 것이다.

10 특히 자산운용 일임시장(연기금 및 보험업으로 대표되는)의 투자 주체로서 가장 큰 비중을 차지하는 보험업의 향후 시장 전망을 최근 5년간 연평균 성장률로 가정한 추산임.

기관투자자는 개인투자자에 비해 상대적으로 채권형 펀드의 비중이 크다. 이것은 자산운용회사들의 운용자산 규모(AUM : Asset Under Management)에서 상대적으로 운용보수율이 낮은 상품의 구성비가 높아지고 있음을 의미한다. 게다가 기관투자자들은 동일한 상품에 대한 가격 협상력이 높다. 이것은 동일한 유형의 펀드에 대해서 기관투자자들이 지불하는 운용보수율이 개인투자자의 그것에 비해 낮다는 것을 의미한다.

여기서 유의할 것은 한국 자산운용산업의 전체 운용자산규모(AUM)에서 연기금의 일임자산이 차지하는 비중이 빠르게 증가하고 있는 점이다. 예를 들면 국민연금기금(NPF)의 경우 2012년 말 현재 국내 주식에서만 약 35조 4천억 원을 위탁운용하고 있다. 이에 따라 현재 40개 이상의 자산운용회사가 국민연금기금(NPF)의 국내주식 자금을 받아 운용하고 있으며, 자산운용사당 평균 위탁금액은 7,000억 원에 이른다. 현재 국민연금기금(NPF)을 위탁 받아 운용하고 있는 자산운용사의 전체 수탁고 대비 국민연금기금(NPF) 평균 의존율은 33%를 상회하고 있으며, 8개 자금운용사는 국민연금기금(NPF)에 대한 의존율이 50%를 상회한다.

이처럼 국민연금기금(NPF)이 자산운용업계 전반에 걸쳐 풍부하고 안정적인 자금 공급원이 된다는 긍정적인 측면이 있음에도 불구하고, 개별 운용사 입장에서 보면 특정 기관투자자(국민연금기금)에 대한 과도한 운영 의존도는 커다란 위험요인으로 작용하고 있다.

따라서 자금을 위탁하는 국민연금기금(NPF)의 입장에서도 개별 자금운용회사에 대한 위험관리 차원에서 위탁자금의 신규 배정에 있어 국민연금기금(NPF)에 대한 의존율이 과도한지 여부를 감안하고 있다. 그 이유는 연기금의 위탁운용은 기본적으로 시장 대비 초과수익 창출을 강조하는 액티브 운용(active management)인데, 펀드의 운용자산 규모(AUM)가 특정 수준을 넘으면 초과수익 창출 능력이 급격히 떨어지기 때문이다.

실제로 국민연금기금(NPF)의 위탁운용사 중 위탁자금 규모 상위 25%의 평균 위탁금액은 1조 7천억 원을 넘어서고 있으며, 일부 펀드는 1조 원을 상회하고 있다. 이러한 상황에서 자산운용시장의 수익률을 상회하는 초과 수익을 지속적으로 창출하기란 거의 불가능하다. 또한, 특정 운용유형에 대한 전망을 통해 초과수익을 창출하는 위탁운용 관리에서, 40개 이상의 자금운용회사에 위탁 자금을 배분하다 보면 당초 의도한 바와는 달리 위탁펀드 각각은 액티브 펀드의 특성을 유지하지만 위탁운용 전체 포트폴리오는 인덱스화 되는 경향이 나타날 수 있다.

상기한 현실적 제약으로 인하여, 국내 주식에 대한 국민연금기금(NPF)의 위탁운용 목표 비중이 55%로 설정되어 있음에도 불구하고 실제 위탁 비중은 50%를 넘지 못하고 있다. 향후, 국민연금기금(NPF)의 위탁 비중은 계속해서 50% 미만으로 제약될 것으로 예상

표 5-14 자산운용 일임시장 규모(비관적 전망) (단위 : 조 원)

	2012	2013	2014	2015	2016	2017	2018	2019	2020
연기금(A)	69.1	75.9	80.9	86.3	93.8	101.0	109.3	117.6	127.4
공적 연기금	63.6	69.8	74.4	79.4	86.3	92.9	100.6	108.2	117.2
국민연금	60.3	66.1	70.5	75.1	81.5	87.7	94.9	101.9	110.3
사학연금	2.3	2.7	2.9	3.2	3.7	4.2	4.7	5.2	5.8
공무원연금	1.0	1.1	1.0	1.0	1.1	1.1	1.1	1.1	1.2
보험업(B)	198.9	233.4	247.4	262.2	278.0	294.7	312.3	331.1	350.9
생명보험	171.3	201.0	213.1	225.8	239.4	253.8	269.0	285.1	302.2
(일반계정)	90.5	118.2	125.3	132.8	140.7	149.2	158.1	167.6	177.7
(특별계정)	80.8	82.8	87.8	93.1	98.7	104.6	110.9	117.5	124.6
기타(C)	63.3	73.0	77.5	82.3	87.8	93.4	99.6	105.9	112.9
총시장규모(A+B+C)	331.3	382.3	405.8	430.8	459.6	489.1	521.3	554.7	591.3
GDP비중	26.0%	28.4%	28.3%	28.3%	28.4%	28.5%	28.5%	28.6%	28.7%

자료 자본시장연구원(2013), 「연금사회와 자산운용산업의 미래」.

주 보험업 전망에 있어 6.0% 경제성장률을 가정함.

표 5-15 자산운용 일임시장 규모(중립적 전망) (단위 : 조 원)

	2012	2013	2014	2015	2016	2017	2018	2019	2020
연기금(A)	69.1	75.9	80.9	86.3	93.8	101.0	109.3	117.6	127.4
공적 연기금	63.6	69.8	74.4	79.4	86.3	92.9	100.6	108.2	117.2
국민연금	60.3	66.1	70.5	75.1	81.5	87.7	94.9	101.9	110.3
사학연금	2.3	2.7	2.9	3.2	3.7	4.2	4.7	5.2	5.8
공무원연금	1.0	1.1	1.0	1.0	1.1	1.1	1.1	1.1	1.2
보험업(B)	198.9	249.5	282.8	320.5	363.3	411.7	466.7	528.9	599.4
생명보험	171.3	214.9	243.6	276.1	312.9	354.6	401.9	455.5	516.2
(일반계정)	90.5	126.5	143.6	163.0	185.0	210.0	238.3	270.5	307.0
(특별계정)	80.8	88.4	100.0	113.1	127.9	144.6	163.6	185.0	209.2
기타(C)	63.3	76.8	85.9	96.0	107.9	121.1	136.0	152.6	171.6
총시장규모(A+B+C)	331.3	402.3	449.6	502.9	565.0	633.8	712.0	799.2	898.5
GDP비중	26.0%	29.9%	31.3%	33.0%	35.0%	36.9%	39.0%	41.2%	43.6%

자료 자본시장연구원(2013), 「연금사회와 자산운용산업의 미래」.

주 보험업 전망에 있어 최근 5년간 평균성장률을 가정함(일반계정 13.5%, 특별계정 13.1%).

된다. 왜냐하면 국민연금기금(NPF)의 적립금 규모가 계속해서 증가하고, 국내 주식에 대한 전략적 자산배분 비중이 확대되는 것에 비례하여 위탁운용의 비(非)효율성 문제도 증가할 것이기 때문이다.

따라서 국민연금기금(NPF)이 자산의 위탁운용에서 요구하는 분산효과(diversification effect) 제고 및 효율적인 초과 수익 창출을 위해서는 자산운용시장에서 다양한 형태의 투자유형이 개발되고 상당 기간에 걸쳐 유효한 운용실적(track record)이 축적되어야 한다. 이와 같은 특정 운용유형에 특화된 자산운용을 위해서는 효율적이고 안정적인 유형지수(style index)의 개발이 선행되어야 한다.

그러나 한국 자산운용시장의 경우 선진국 시장에서는 이미 보편화되어 있는 가치형 지수(value index) 또는 성장형 지수(growth index) 같은 기본적인 유형 지수조차 자리 잡지 못하고 있다.

한편, 연기금 자산운용에 있어 자산운용시장에 발생하는 수수료는 크게 두 가지, 즉 ① 거래 증권회사에 지급되는 증권거래수수료와 ② 연기금 위탁운용사에 지급되는 운용수수료로 나누어진다.

전자(증권 거래수수료)의 경우 국민연금기금(NPF)은 증권회사로부터 제공받은 각종 서비스까지 감안하여 개인 또는 다른 기관에 비해 비교적 높은 거래수수료를 제공하였으나, 최근 들어 「감사원」 또는 국정감사에서의 지적과 같은 수수료 하락 압력이 지속적으로 발생하고 있다.

후자(연기금의 위탁운용과 관련된 운용보수)는 크게 관리보수와 성과보수로 나누어 진다. 위탁운용 규모의 증가와 함께 평균 보수율은 지속적으로 낮아지는 추세이다. 공적연금의 자산운용에 있어 과도한 보수율 저하는 건전한 자산운용시장 발전에 부정적인 요인이라 할 수 있다.

(2) 국내 자산운용산업의 전망

우선, 국내 자산운용업계가 현재 직면하고 있을 뿐만 아니라 향후에도 더욱 심화될 것으로 예상되는 대내적 환경변화는 다음과 같이 크게 세 가지로 나눌 수 있다.

첫째, 전술한 바와 같이, 자산운용시장 고객의 중심축이 개인에서 기관으로 옮겨가고 있다. 국내 자산운용시장에서 차지하는 기관 고객의 비중은 이미 빠르게 상승하고 있다. 펀드와 투자일임을 합한 자산운용시장 전체에서 차지하는 투자일임의 비중이 크게 상승했으며, 펀드 판매 잔액에서 기관이 차지하는 비중 역시 크게 상승했다. 이러한 양상은 향후 더욱 가속화될 가능성이 크다.

둘째, 자산운용시장의 고객인 개인들이 인구고령화에 대비하기 위한 노력의 일환으로 퇴직연금자산이 본격적으로 축적되면 구축효과(crowding-out effects)로 인해 개인들의 다른 저축이 감소될 수 있는 반면에 개인들이 연금펀드를 거쳐 은행, 보험회사, 증권회사 등 금융기관을 통해 펀드를 간접적으로 매입하는 결과를 초래하게 된다. 이와 마찬가지로, 공적연금의 성장 역시 상기의 트렌드를 가속화할 것이다. 특히, 국민연금기금(NPF)의 운용자산 증가는 향후 20년 이상은 계속될 것이며, 운용자산의 상당 부분이 자산운용업계로 위탁될 것이다.

셋째, 국내 자산운용업계 내부의 치열한 경쟁과 함께 광의의 자산관리업무 간 경쟁이 갈수록 심화될 것이다. 이미 80개가 넘는 자산운용회사들이 자산운용시장에 진입해 있다.[11] 또한, 광의의 자산관리 업무 간 경쟁 역시 매우 치열할 것이다. 은행의 PB, 증권회사의 랩어카운트, 투자일임 전문회사의 투자일임, 사모펀드(PEF), 벤처캐피털(VC) 등은 고객군(群)만 다소 차이가 있을 뿐, 기존 자산운용회사 상품의 잠재적인 경쟁상대인 것이다.

다음으로, 미국, 유럽, 호주 등 선진국들은 베이비붐 세대(1955~1963년생)들의 퇴직연금 자산 축적이 이미 정점에 도달했으며 그 결과 조만간 자산축적이 정체국면에 진입할 가능성이 크다. 이와 반면에 한국 등 아시아권 국가들의 경우 베이비 부머(1955~1963년생)들이 본격적으로 퇴직하기 전까지는 선진국에서 과거 그랬었던 것처럼 자산축적이 크게 늘어날 것으로 전망된다.

따라서 선진국의 자산운용회사들은 이미 포화상태에 진입한 자국 시장으로부터 자산축적이 본격화되고 있는 국가들(예로서 아시아권 국가들)로 외연을 넓히기 위해 사력(死力)을 다할 가능성이 크다. 특히 한국의 자산운용시장은 주요 타겟시장 중 하나가 될 것이다.

그렇다면, 전술한 국내 자산운용산업의 대내·외적 환경변화는 업계의 수익구조, 즉 이익률에 어떤 영향을 미칠 것인가? 개별 자산운용회사의 영업이익률은 기본적으로 세 가지 변수, 즉 ① 운용자산 규모(AUM), ② 평균 운용보수율, ③ 영업비용에 의해 결정된다.

첫째, 전술한 자산운용시장의 대내·외적 경쟁 압력으로 인해 자산운용회사들이 각자 충분한 운용자산 규모(AUM)를 확보할 수 있을지 회의적이다. 그 이유는 다음과 같다. 국내 자산시장의 핵심이었던 부동산 시장이 크게 활성화될 것으로 기대하기 어렵기 때문에 금융자산의 상대적 중요성이 커질 것이므로 투자자들이 다양한 수익과 위험구조를 보유한 자산운용시장에 관심을 가질 것이다. 물론, 국민연금과 퇴직연금의 자산이 자산운용시장으로 많이 유입되어 국내 자산운용시장의 전체 시장규모는 지속적으로 성장할 가능

11 최근 정부의 신규 자산운용회사 인가가 특화 운용회사 위주로 이루어지고 있지만 경쟁제고라는 기본 정책방향에는 변함이 없다.

성이 크지만 개별 자산운용회사들이 차지할 몫은 크게 늘어나기 어렵게 되어 있다.

둘째, 자산운용시장 전반에 걸쳐 회사별 평균 운용보수율이 더 하락할 수 있는 요인들이 산재해 있다. 상술하면, 자산운용시장의 상품 혁신과 다변화의 핵심적 내용은 패시브 펀드의 성장인데, 이는 자산운용시장을 구성하는 상품들 중에서 운용보수율이 낮은 상품의 비중이 커짐을 의미한다. 또한, 기관투자자가 차지하는 비중이 커지는 것 역시 자산운용회사들이 받는 평균 운용보수율을 낮추게 하는 요인이다. 왜냐하면 기관투자자들은 자산운용보수율이 상대적으로 낮은 채권형 펀드를 많이 편입할 뿐만 아니라 자산운용회사들에 대한 가격협상력이 강하기 때문이다. 게다가 자산운용업 내·외의 첨예한 경쟁도 자산운용보수율 하락 압력으로 작용할 것이다.

셋째, 상기한 자산운용시장의 대내·외적 환경변화는 자산운용회사들의 영업비용에도 부정적인 영향을 미칠 수 있다. 고객의 중심축이 기관투자자로 옮겨감에 따라 기관투자자 관리비용이 증대할 수 있다. 고객군, 상품군, 지역군 등 자산운용회사들이 겨냥하는 타겟시장이 갈수록 세분화되어 리서치, 상품설계, 마케팅, 판매에 관련되는 비용이 증가할 가능성이 크다. 특히 각종 솔루션 상품들이 차지하는 비중이 커지면 소수 고객만을 대상으로 하는 상품설계가 증가할 것이다.

요컨대, 현시점에서 예상되는 자산운용시장의 환경변화는 상당 부분 자산운용회사들의 영업이익률에 부정적인 영향을 미칠 가능성이 크다. 따라서 국내 자산운용시장 전체의 운용자산 규모(AUM)가 비약적으로 커지지 않는 한, 자산운용회사별 양극화 문제는 피하기 어려울 것이다.

2) 자산운용산업의 가치창출구조와 사업모형

국내 자산운용회사의 합리적 사업모형은 자산운용산업을 구성하고 있는 다양한 가치 창출구조의 적절한 조합을 통해 구축될 수 있다. 〈그림 5-16〉은 자산운용산업의 가치창출 구조(자산군, 투자스타일, 투자접근법)를 요약한 것이다. 이를 바탕으로, 〈그림 5-17〉은 상품특화 정도와 부가가치 수준에 따라 조합 가능한 사업모형을 예시하고 있다. 상·하 축에는 '규모의 경제'(Economies of Scale)를 추구하는 모형과 고(高)부가가치 모형이, 좌·우 축에는 특화(Specialization)와 다양화(Diversification)를 추구하는 모형이 각각 그려져 있다.

상·하 축에서 '규모의 경제'(Economies of Scale)를 추구하는 모형은 대량판매를 기반으로 저(低)비용·저(低)보수 전략이 가능한 모형인 반면에 고(高)부가가치를 추구하는 모형은 소량으로 판매하되 고(高)비용·고(高)보수 전략을 사용하는 모형이다. 다음으로, 좌·우축

그림 5-16 자산운용업의 가치 창출 구조

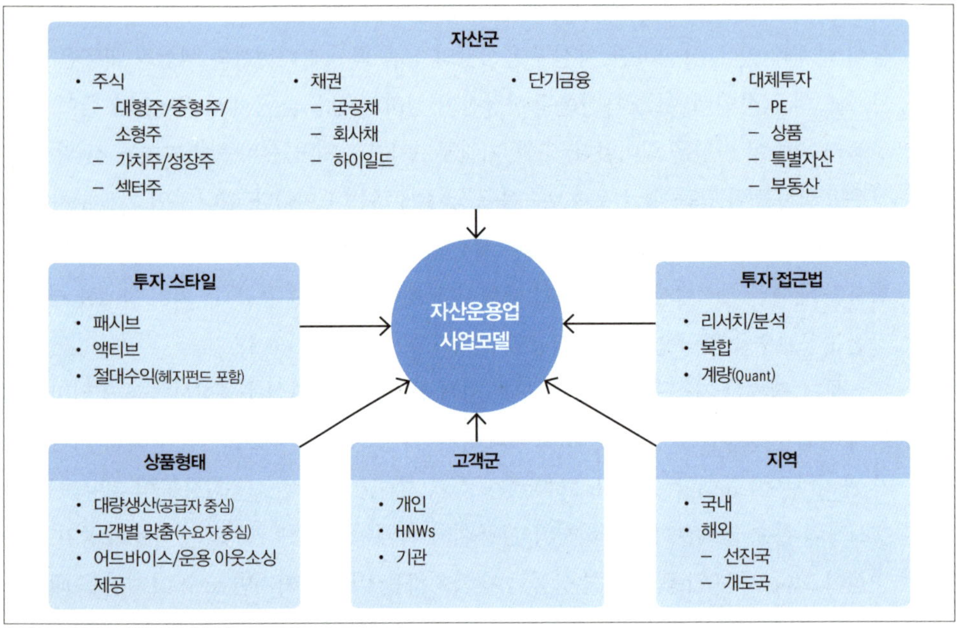

자료 자본시장연구원(2013), 「연금사회와 자산운용산업의 미래」.

주 자산운용업 업무 중 일선업무(운용과 마케팅)만을 고려한 가치 창출구조.

그림 5-17 국내 자산운용업에 적용 가능한 사업모형

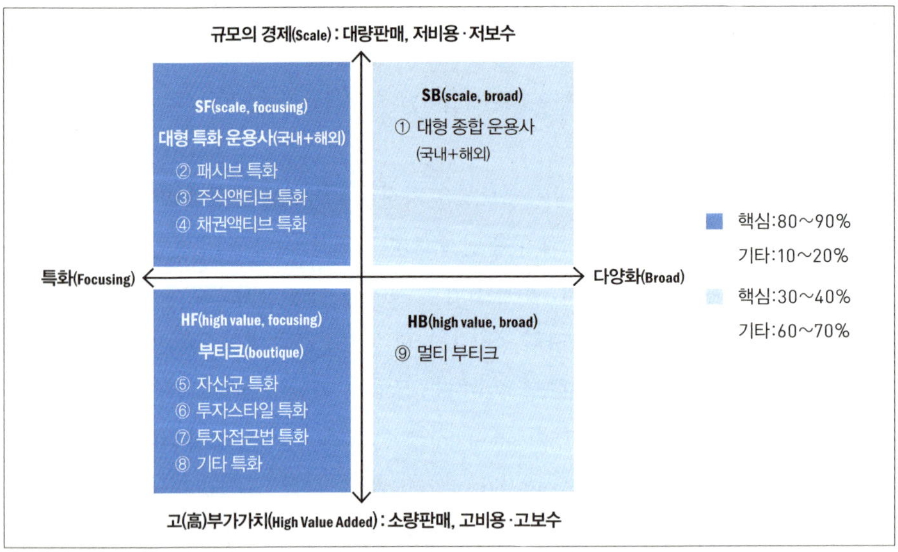

자료 자본시장연구원(2013), 「연금사회와 자산운용산업의 미래」.

에서 다양화(Diversification)를 추구하는 모형은 자산운용산업의 가치 창출구조에 포함되는 모든 방향을 추구할 수 있는 모형을 의미한다. 마지막으로, 특화를 추구하는 모형은 가치 창출구조의 어느 특정방향으로 사업을 특화(Specialization)하는 모형이다. 여기서 다음과 같은 네 가지 사업모형을 제시할 수 있다.

첫째, '규모의 경제'(Economies of Scale)와 다양화(Diversification)를 추구하는 대형 종합사(이하 SB : scale, broad)를 고려해 볼 수 있다. 이 유형의 사업모형은 가치창출이 가능한 거의 모든 업무를 수행하며, 성장을 위해 새로운 자산운용시장을 적극적으로 개척한다. 이 유형은 대량판매를 통해 '규모의 경제'(Economies of Scale)를 확보하고, 그 결과 저(低)비용과 저(低)보수 체계를 구축한다.

둘째, '규모의 경제'(Economies of Scale)와 '특화'(Specialization)를 추구하는 대형·특화 자산운용사를 고려해 볼 수 있다. 이 유형의 사업모형은 브랜드 가치와 판매 네트워크를 기반으로 패시브 혹은 액티브 주식 또는 채권 등에 특화해 '규모의 경제'(Economies of Scale)를 누리는 자산운용사들에 해당된다.

셋째, 고(高)부가가치와 특화를 추구하는 부티크(boutique)를 고려해 볼 수 있다. 이 유형의 사업모형은 자산군, 투자스타일, 투자접근법, 상품형태, 고객군, 지역 등의 모든 영역 중에서 회사에 최적화된 영역을 골라 특화하는 자산운용사들에 해당된다. 이는 대형 종합사와 자문사 등에서 특정 영역에 대한 전문성을 확보한 후 이를 무기로 고(高)부가가치를 추구하는 유형의 사업모형이다. 이 사업모형의 단점은 특정 영역에서 목표고객의 기호에 맞는 특화된 금융상품만을 운용하기 때문에 대량판매가 어렵다는 점이다.

넷째, 고(高)부가가치와 다양화를 동시에 추구하는 멀티 부티크(multi boutique)를 고려해 볼 수 있다. 이 사업모형은 영역이 다른 분야에 특화된 다수의 부티크(boutique)가 하나의 자산운용사 내에 독립된 사업부로 존재하는 자산운용사에 해당한다. 이 사업모형은 전문화를 무기로 특화를 추구하면서도 다양한 영역을 취급함으로써 단일 부티크(boutique)의 단점을 보완할 수 있다.

3) 자산운용산업의 정책과제와 발전 방향

(1) 규모의 경제를 활용한 자산운용의 효율성 제고

국내 펀드시장이 국민경제에서 차지하는 비중에 비해 펀드 수가 지나치게 많고 그 규모는 매우 작다. 2011년 말 기준으로, 국내 공모펀드의 수는 2,544개로 세계 7위 수준이나 평균 규모는 3,400만 달러로 35위에 불과하다. 이 규모는 미국의 44분의 1, 유럽의 6분의 1,

그리고 아시아 평균의 5분의 1에 비하여 매우 작다. 이와 대조적으로, 주요 선진국들은 국민경제에서 차지하는 펀드산업의 비중에 걸맞은 수준의 펀드 규모 및 펀드 수를 유지하고 있다.

따라서 '규모의 경제'(Economies of Scale)를 통한 자산운용 효율성의 제고가 해외 공모형 펀드(UCITs : Undertakings for Collective Investment in Transferable Securities) 지침뿐만 아니라 '아시아지역 펀드 패스포트'(ARFP : Asia Region Funds Passport)의 주요 목표인 만큼, 국내에서도 '규모의 경제'(Economies of Scale)를 통해 자산운용산업의 경쟁력과 효율성을 높일 수 있는 정책방안을 모색해야 할 것이다.[12]

(2) 장기투자 수요 확대를 통한 공모펀드시장의 활성화[13]

2008년 하반기 글로벌 금융위기 이후 지속적으로 투자자금이 유출됨에 따라 국내 자산운용회사들의 투자 시계(視界)가 4개월 내·외로 짧아졌을 뿐만 아니라 자금흐름이 시장상황에 따라 크게 변동하게 됨에 따라 수요기반이 매우 취약하다. 그런데 자산운용회사의 매매행태는 고객의 투자자금 흐름에 영향을 받을 수밖에 없다.

따라서 자산운용회사의 경쟁력 제고를 위해서는 2008년 하반기 글로벌 금융위기 이후 지속적으로 유출되고 있는 국내 투자자금이 다시 펀드산업으로 유입될 수 있는 방안을 강구할 필요가 있다. 그렇게 하기 위해서는 금융투자자의 신뢰회복과 안정적인 장기투자 수요 확보라는 목표를 설정하고 유효한 정책과제를 발굴해야 할 것이다.

우선, 투자자의 신뢰 회복을 위해서는 UCITs IV에서 도입한 KIID(Key Investor Information Document)처럼 일반 금융투자자들이 알기 쉽고 펀드 간 비교를 쉽게 할 수 있는 투자설명서와 공시체계로 개선해야 할 것이다.

다음으로, 안정적인 장기투자수요를 확보하기 위해서는 장기투자를 지향하는 펀드에 대한 세제혜택, 향후 성장잠재력이 풍부한 개인연금/퇴직연금과 펀드상품과의 연계강화, 개인 자산관리 서비스 구축 등을 적극적으로 추진해야 할 것이다.

12 공모펀드시장의 활성화 방향은 다음의 연구로부터 인용한 것임을 밝힌다. 김종민·송홍선(2012), 「국내 주식형 펀드의 투자효율성과 규모효과에 대한 연구」, 자본시장연구원 연구보고서 12-03.

13 김종민(2012b), "2008년 이후 국내 자산운용회사 주식운용의 특징과 시사점", 자본시장연구원 「자본시장 Weekly」 2018-28.

(3) 사모펀드 활성화를 통한 자산운용능력 제고

2008년 하반기 글로벌 금융위기 이후 수요기반이 취약해진 공모펀드 시장과는 달리, 사모펀드(PEF) 시장은 연기금과 같은 기관투자자의 풍부한 투자수요와 퇴직연금과 개인연금 등과 같은 성장 가능성이 풍부한 수요기반을 가지고 있다. 또한, 최근에 국제적으로 분산투자의 주요 수단으로 주목을 받고 있는 대체투자(AI)의 성장 가능성은 공모펀드보다는 사모펀드(PEF) 시장이 더욱 활성화될 것임을 시사한다. 게다가 유럽의 해외공모형 펀드(UCITs)와 아시아지역 펀드 패스포트(ARFP)를 고려하더라도 호주, 싱가포르, 홍콩 등 자산운용산업이 발전한 국가들과 경쟁하기 위해서는 한국 역시 사모펀드(PEF) 시장을 더욱 활성화할 필요가 있다.

상기한 배경하에서, 한국 정부는 사모펀드(PEF)가 적극적으로 나서야 인수·합병(M&A) 시장을 활성화할 수 있다고 판단하고 투자부터 회수 단계까지 각종 규제를 완화키로 결정했다. 왜냐하면 규제를 받지 않는 외국계에 비해 '국내 토종 사모펀드(PEF)'가 역(逆)차별받고 있기 때문이다. 구체적으로, 한국 정부는 금융전업그룹이나 전업계 사모펀드(PEF)의 경우 자산 5조 원이 넘어 '상호출자 제한 기업집단'에 지정되더라도 인수한 기업의 의결권을 제한하지 않고, 5년 내 계열사 지분을 처분하지 않아도 되도록 조치했다.[14]

또한, 한국 정부는 사모펀드(PEF)가 인수한 기업이 주식시장에 상장할 수 있도록 일반기업과 동일한 기준을 적용하게 했다. 사실, 그동안 한국 정부는 사모펀드(PEF)가 대주주인 회사가 상장하는 절차를 까다롭게 함으로써 사실상 상장을 막아왔었는데, 그 이유는 사모펀드(PEF)가 상장으로 가치를 올린 기업을 갑자기 팔아서 투자자에게 손해를 끼치는 일을 막기 위함이었다. 그러나 한국 정부는 사모펀드(PEF)의 투자금 회수를 위해선 상장이 필요하다는 판단에 따라 상기의 규제를 풀었던 것이다. 이 결과, 사모펀드(PEF)가 기존의 주식인수 방식 외에 사업부문만 따로 인수할 수 있게 되었으며, 주식교환 방식의 기업 인수의 경우, 세제 혜택을 제공함으로써 사모펀드(PEF)의 기존주식의 인수 방식을 다양화했다.

한편, 한국 정부는 기업 재정위기를 겪고 있는 국내 조선·해운사와 건설사 등에 대한 인수·합병(M&A) 및 자금 지원을 쉽게 하는 대책도 제시했다. 그 대책의 대표적인 것은 대기업이 해운사를 인수할 수 있도록 규정을 바꾼 것이었다. 다만, 자기회사 화물 운송량을 30% 이내로 하는 조건을 부여했었다. 이 결과, 법정관리(기업회생절차) 중인 STX팬오션 등 해운사가 인수될 수 있는 대상이 넓어졌다.

14 이 결과, 금융전업그룹인 한국투자금융지주와, 사모펀드(PEF)인 MBK파트너스가 상기 조치의 혜택을 받게 됐다.

또한 한국 정부는 「산업은행」(KDB)과 「국민연금제도」(NPS)의 공적 자금을 출자해 1조 원 규모로 '기업 정상화 촉진 사모펀드'를 조성키로 했다. 그리고 자율협약을 진행하는 기업에도 법정관리나 워크아웃(기업구조개선) 기업처럼 지분을 매각할 때 공개매수를 하지 않아도 되는 권한을 주기로 결정했다.

상기한 한국 정부의 사모펀드(PEF) 규제 완화 조치에 따라, 시장을 통한 자발적 구조조정을 위해 조성된 사모펀드(PEF)는 투자 대상을 법정관리, 워크아웃, 재무구조개선약정 체결 기업에서 자율협약기업, 재무구조개선약정 그룹의 소속사, 관리 대상 계열 소속 기업 등으로 확대하고 있다.

여기서 유의할 것은 부실 대기업 매물들이 누적되고 있으며 이들을 인수·합병(M&A)하기 위한 '국내 토종 사모펀드운용회사' 설립이 필요하다는 점이다. 상술하면, 장기 불황과 부실 대기업의 구조조정 여파로 국내 시장에 기업 매물이 쌓여가고 있다. 예로서 STX그룹, 동양그룹, 현대그룹, 동부그룹 등 재벌기업들이 구조조정에 진입함에 따라 2014년 상반기 현재, 국내 인수·합병(M&A) 시장에만 수십조 원 규모의 매물이 쌓여 있다. 그 요인은 부실 대기업의 구조조정이 번번이 실패했기 때문이다. 또한, 그룹사의 구조조정으로 인한 부실 대기업의 매물이 본격적으로 등장할 것으로 예상된다. 게다가 오너 세대교체와 상속 문제가 맞물린 연매출 1,500억~1조 원대 중견기업들도 인수·합병(M&A) 시장에서 매물로 나올 것으로 전망된다.

그럼에도 불구하고, 시장 유동성 악화와 대기업들의 보수적 경영으로 인하여 야기된 부실 대기업 매물의 소화가 부진하다. 게다가 워낙 매물이 넘쳐나다 보니 인수·합병(M&A) 시장 자체가 인수자 우위 시장으로 굳어져 매각가격도 한층 더 하락할 것으로 전망된다(연합뉴스, 2013. 12. 24).

만약 경기침체가 지속되면 부실 대기업들이 더 나타날 수 있어 인수·합병(M&A) 시장 매물은 더 늘어날 것으로 전망된다. 그러나 부실 대기업 매물들이 인수·합병(M&A) 시장에서 바로 소화되기는 어려울 것으로 예상된다. 그 근거로서 세계 유동성 축소와 사모펀드(PEF) 시장 부진 등으로 인수·합병(M&A)이 활성화되기 어려운 상황이기 때문이다. 따라서 인수·합병(M&A)을 활성화하기 위해서는 우선 사모펀드(PEF) 시장의 활성화가 필요하다. 국내 인수·합병(M&A) 시장에서 사모펀드(PEF)가 차지하는 비중은 2013년 말 현재 약 11%로 조사됐다(월간 마이더스, 2014. 2).

따라서 성공적인 인수·합병(M&A)을 위한 관건은 기업의 시너지 효과 창출을 위한 명확한 목표설정과 더불어, 인수·합병(M&A) 후 통합 전략에 달려있다. 또한, 고도의 경영행위인 인수·합병(M&A)의 성공 가능성을 높이기 위해서는 인수대상기업과 인수기업 간 정확

표 5-16 '국내 토종 사모펀드 운영회사' 육성을 위한 필요사항

1. 대기업관련 대형 Buy Out Deal에 참여가능한 Blind PEF 설립
   - 그동안 국내 토종운용사가 운용하는 대기업관련 M&A PEF는 국내 주요 대기업이 국내·외 M&A를 진행할 때 자금을 지원하는 성격이 강했음
   - 따라서 PEF 주도의 대형 Buy Out Deal을 진행하기 위해서는 Target PEF를 결성해야 했으며, 이는 M&A에 가장 중요한 Timing을 놓치게 되었음
   - 결국 상시적으로 국내 토종운용사가 대형 Buy Out Deal에 참여할 수 있는 Blind PEF 설립이 반드시 필요함

2. 기존 Track Record 대신 대형 Deal을 Leading 할 수 있는 Fund Manager 중심의 출자풍토 마련
   - 기존 국내 유명 토종운용사들의 경우 대부분이 정책적 PEF에 특화되어 있는 곳들임
   - 결국 메자닌 중심의 운용기법에 익숙한 운용역들이 대부분인 곳들로 대형 M&A를 진행하기 위한 경험 및 운용능력이 미비함
   - 따라서 대형 M&A Blind PEF는 기존 토종운용사의 Track Record보다 M&A 및 PMI에 충분한 경험이 있는 Fund Manager 보유 중심으로 출자기준이 바뀌어야 함

3. 최근 수요가 높은 국내 대기업들의 재무구조 개선에 대형 M&A Blind PEF 활용
   - 동부, 한진, 두산 등 최근 재무구조 개선이 필요한 대기업들의 경우 주요 자산 매각을 위한 매수자발굴이 시급한 상황
   - 하지만 최근 및 향후 경기상황을 고려할 때 SI의 참여는 사실상 어려운 상태이며, PEF가 주요 대안으로 꼽히고 있음
   - 그러나 대형 M&A의 경우 해외 운용사들이 중심이 되어 있어 국가경쟁력 약화 및 국부 유출 등의 이슈 등이 대두되고 있음
   - 이에 대기업관련 M&A Blind PEF 설립이 될 경우 해당 대형 재무구조 개선 Deal 적극 참여시켜 토종운용사의 경쟁력 강화 및 국가 경쟁력 향상에 기여 가능함

한 시너지 산출, 인수내상기업 관련산업 분석을 바탕으로 한 인수가격 설정 등 준비절차가 충분한 시간을 갖고 선행되어야 할 것이다.

참고로, 외국의 전략적 인수·합병(M&A)의 성공사례는 다음과 같다. 레노보(Lenovo)의 IBM 씽크패드 인수에서, 레노보(Lenovo)는 중국 내수시장의 한계로 해외진출을 통한 성장동력이 필요한 상황이었던 반면에 IBM은 소프트웨어 등 IT 서비스에 집중하기 위해 적자를 내던 PC사업을 정리하고 '관시'가 작용하는 거대시장 중국에서 정부와의 IT서비스시장 입지 강화라는 시너지 효과를 추구하였다.

한편, 국내의 전략적 인수·합병(M&A)의 성공사례로서 두산인프라코어의 밥캣(Bobcat) 인수를 들 수 있다. 두산그룹은 2005년 대우종합기계 인수 시점부터 기계산업 분야의 세계적 브랜드 획득 및 핵심부품 기술력 확보라는 명확한 비전을 설정하고 인수대상기업에 대한 이해를 높인 결과, 입찰 참가 전·후로 신속한 의사결정이 가능하였다. 또한, 취약 제품군 확보를 통한 상호보완체제 구축(두산의 중대형 건설장비＋밥캣의 소형 건설장비)과 더불어 한국과 중국에 국한된 두산그룹의 지역편중을 밥캣(Bobcat)의 북미·남미 판매망 확보로 해소하며 인수의 시너지 효과를 달성하였다.

여기서 유의할 것은 인수·합병(M&A) 후, 통합 전략(PMI, Post Merger Integration)이 인수·합병(M&A)의 성패를 좌우하는 핵심 요소라는 점이다. 인수 전에 철저히 통합전략(PMI) 실행계획을 수립하고 인수 초기부터 다양한 통합 이슈에 적극적으로 대처해야 성공적인 인수 후(Post-Merger)의 기업가치를 창출할 수 있다는 것이다.

이와 대조적으로, 삼성의 AST 인수는 실패 사례로 간주될 수 있다. 그 이유는 현지 인력을 효율적으로 통합하지 못한 결과, 인수 직후 장래에 대한 불안감으로 핵심기술 인력이 퇴사하였기 때문이었다.

전술한 바와 같이, 최근에 한국 정부는 사모펀드(PEF)의 규제 완화를 통해 '국내 토종 사모펀드(PEF) 운용사'를 외국 대형 사모펀드(PEF) 운용사 수준으로 육성하고자 노력하고 있다. 그러나 국내 사모펀드(PEF) 운용사들이 대기업 관련 대형 인수·합병(M&A) 거래에 대한 경쟁력 미비로 결국 중소·중견 대상 Blind PEF에만 집중함에 따라 전반적으로 운용 수익성이 하락하고 있다.

4) 자산운용산업의 국제화

(1) 국제화의 필요성

일반적으로, 금융허브 또는 금융중심지 전략은 유수한 해외 자산운용회사를 국내에 유치하여 그에 따른 경제적 가치창출 효과와 국내 자산운용업계의 효율성 증진을 목적으로 한다. 이와 반면에, 한국 자산운용산업의 국제화 전략은 적극적인 해외진출을 통하여 신(新)성장동력을 찾는 것이다. 그럼에도 불구하고, 국내 자산운용회사의 해외진출은 아직까지는 초보적인 단계의 머물러 있다. 다만, 일부 자산운용회사들(예로서 미래에셋 자산운용)의 경우 적극적인 해외진출 전략을 구사하면서 국외 운용자산과 현지법인을 통한 펀드 판매가 크게 증가하고 있다.

한국의 펀드시장은 2000년대 들어 비약적인 성장을 하였으나 자산운용산업이 발전한 아시아 주요 국가들(호주, 싱가포르, 홍콩, 일본)의 펀드시장에 비하면 상대적으로 매우 작다.

아시아·태평양 지역의 전체 펀드시장에서 한국 펀드가 차지하는 비중은 4.6%(6위)로 호주(29%), 싱가포르(20.7%), 홍콩(20.4%), 일본(15.0%)은 물론 중국(6.8%)보다도 작다.

① 저조한 해외진출

국내 84개 자산운용회사 중에서 해외에 진출한 자산운용회사는 2013년 6월 말 현재 11개사이며, 해외진출 사례는 총 27건이다. 해외진출의 형태는 단순한 연락사무소(8건)보다 실제 수익창출을 목적으로 하는 현지법인(18건)을 설립하는 경우가 다수를 차지하고 있다. 심지어, 연락사무소 또는 현지법인의 주요 업무는 시장조사 및 자문, 그리고 자산운용 업무이다. 자산운용 업무의 경우, 국내 해외투자펀드를 현지에서 위탁하는 업무가 대부분이며, 그 규모 또한 크지 않다. 또한 해당 지역이 현지 투자자에게 국내에서 설정된 펀드를 판매하는 국내 펀드의 역외판매 업무는 거의 전무(全無)하다.

이와 대조적으로, 「미래에셋자산운용은 2003년 홍콩에 「미래에셋자산운용 홍콩」을 설립한 이후 인도(2006), 영국(2007), 미국(2008), 브라질(2008), 대만(2011), 캐나다, 호주, 중국(2012) 등에 진출하여 10개 현지법인과 2개 사무소를 두고 있다. 또한, 2008년에는 중국 본토에 투자할 수 있는 외국인 투자자자격(QFII)을 획득하였다. 그 결과, 2012년 5월 기준 미래에셋자산운용의 해외 설정 운용자산 규모(AUM)는 6조 원에 달한다. 또한, 「트러스톤자산운용」은 싱가포르(2007)에, 「에셋플러스자산운용」은 미국(2011)에 각각 합작회사를 설립하였다.

이에 반면에, 외국계 자산운용회사의 국내 진출은 2000년대 중반 국내 펀드산업의 성장과 함께 꾸준히 증가하고 있다. 특히 2008년 하반기 글로벌 금융위기 중에 해외 자산운용회사 5개사가 국내에 진출하면서 가장 활발하게 진입하였다. 2013년 6월 말 현재, 국내에 진출한 외국계 자산운용회사의 수는 총 21개사로 전체 자산운용회사 84개사 중 25%에 해당하며, 외국계 자산운용회사의 운용규모는 전체 운용규모의 약 18%를 차지하고 있다.

그러나 세계 유수의 자산운용회사들이 상위그룹을 형성하고 있는 싱가포르, 홍콩, 호주와는 달리 국내에 투자기반과 판매채널이 부족한 외국계 자산운용사들이 국내에서 고전하고 있다.[15] 실제로 골드만삭스자산운용은 2007년 한국 맥쿼리 IMM자산운용을 인수하면서 국내 시장에 진출하였으나 5년 연속 투자손실을 보면서 결국 2012년 한국시장에서 철수하였다.

전술한 바와 같이, 국내 자산운용회사들이 국내시장을 선점하고 있고, 그 결과 7개 국

---

15 전체 운용자산의 62% 정도를 차지하는 상위 10대 자산운용회사 중에서 외국계 자산운용회사는 2개사이며, 전체 운용자산의 81%를 차지하는 상위 20대 자산운용회사 중에서도 외국계 자산운용회사는 3개사에 불과하다.

내 자산운용회사들이 세계 500대 자산운용회사에 포함될 만큼, 대형 자산운용회사도 존재한다.[16] 그리고 퇴직연금이나 개인연금 시장과 같이 잠재적인 투자수요 또한 풍부하다. 이와 같은 긍정적 측면을 감안한다면 향후 국내 자산운용회사들의 성장 잠재력은 매우 높다고 말할 수 있다. 사실, 그동안 국내 자산운용회사들이 소극적으로 해외진출을 한 이유는 국내 자산운용회사들이 안정적인 투자기반과 판매채널이 구축되어 있는 국내 시장에 안주하였기 때문이라고 말할 수 있다.

② 국내 투자수요 중심의 해외 투자자산 운용

국내 투자자에게 판매되는 해외투자펀드의 수는 2004년만 하더라도 25개, 순 자산 규모는 7천억 원에 불과하였다. 그 이후, 펀드 수와 투자규모가 급증하기 시작하여 2013년 6월 말 현재 1,384개 해외투자펀드가 있으며, 자산운용 규모(AUM)가 45조 원에 달하고 있다. 국내 투자자에게 판매되는 해외투자펀드의 시장 규모는 전체 펀드 순 자산의 약 14%에 해당하며, 펀드 수 기준으로는 약 13% 수준이다.

한편, 국내 자산운용회사가 운용하는 펀드에 대한 해외 투자자들의 수요 역시 매우 미미한 수준이다. 사실, 외국인 투자자로부터 자금을 모집하여 국내 증권에 투자하는 외수펀드의 비중은 불과 0.02%에 불과하다. 이와 반면에 작은 내수시장에도 불구하고 아시아 지역 내에서 자산운용의 중심지로 입지를 구축한 홍콩과 싱가포르는 외국인 투자자의 비중이 각각 63%, 70%대에 달할 정도로 자산운용의 고객이 국제화되어 있다. 예로서 호주는 2008년 글로벌 금융위기 이후 내수중심의 자국 자산운용산업의 국제화를 추구하고 있다.

한편, 2013년 6월 말 기준으로 '국내 토종 자산운용회사'가 운용하는 해외투자 펀드의 규모는 약 28조 원으로 전체 해외투자펀드 규모의 약 62%에 달하는 것으로 나타났다. 공·사모 펀드를 기준으로 보면, 공모펀드의 경우 국내 자산운용회사와 외국계 자산운용회사가 절반씩 운용하지만, 사모펀드(PEF)의 경우에는 국내 자산운용회사의 비중이 87%로 압도적이다. 국내 자산운용회사의 약 1/4 수준인 외국계 자산운용회사의 자산운용 규모(AUM)를 감안하면 외국계 자산운용회사의 상대적 해외투자펀드 점유율이 더 크다. 다시 말하면, 국내 자산운용회사들은 자산운용 규모(AUM)에 비해 해외투자펀드의 비중이 매우 작다는 것이다.

---

16 Towers Watson(2012)의 자료에 의하면 세계 500대 자산운용회사에 홍콩은 1개사, 호주는 23개사, 일본 21개사, 한국 7개사, 중국 11개사 등이 포함되어 있다.

(2) 국제화의 목표와 추진전략

① 국제화 목표

향후 국내 자산운용회사가 내수시장에만 안주해서는 새로운 성장동력을 창출하기가 매우 어렵게 되어 있다. 따라서 자산운용의 수요기반을 내수 일변도에서 벗어나 해외로 확장할 필요가 있다. 즉 자산운용산업의 국제화를 통해 경쟁력을 높이기 위해서는 다양한

그림 5-18 한국 자산운용산업의 국제화를 위한 과제

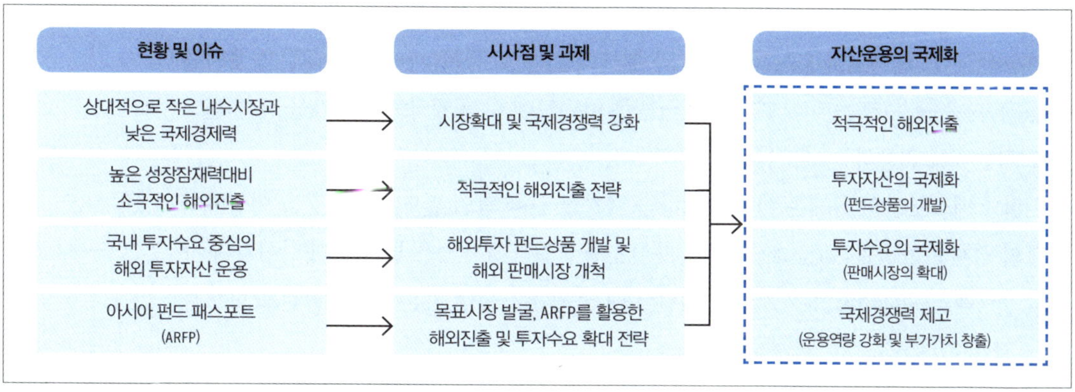

그림 5-19 한국 자산운용산업의 국제화 목표

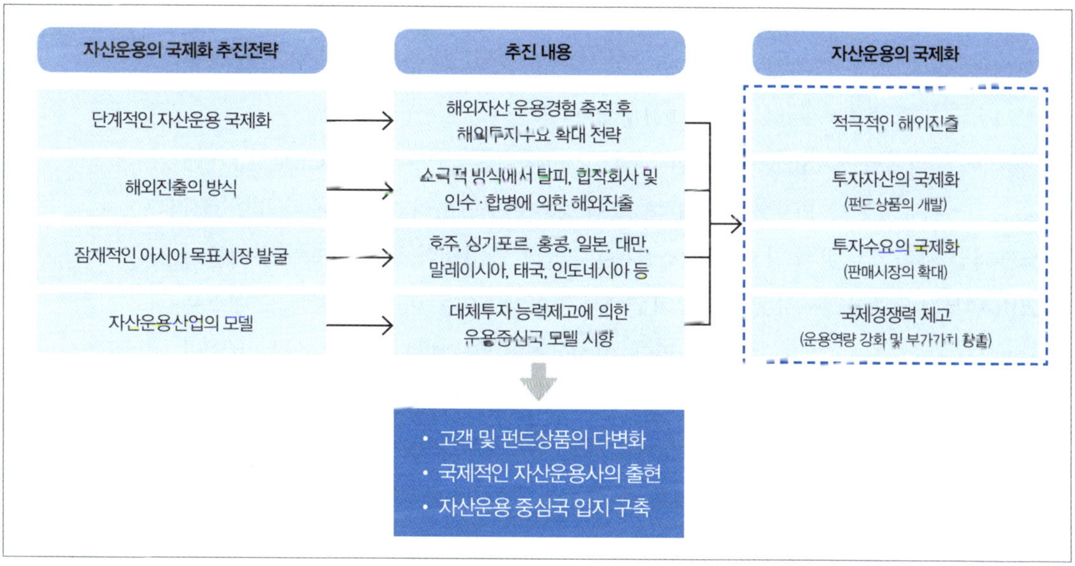

투자상품을 운용하여 운용역량과 평판(reputation)을 축적하고, 적극적으로 해외에 진출하여 글로벌 네트워크를 구축하여 중·장기적으로 해외 투자자금을 유치해야 할 것이다.

또한, 아시아지역 펀드 패스포트(ARFP : Asia Region Funds Passport)가 도입될 경우 현재와 같은 내수 중심의 시장구조를 유지하게 되면 국내 자산운용회사들은 유수한 해외 자산운용회사들이 운용하는 아시아지역 펀드 패스포트(ARFP) 펀드와의 경쟁에서 해외투자펀드 시장을 상당 부분 잠식당할 수도 있다. 이러한 대외적인 환경요인을 감안하더라도 한국의 자산운용산업의 국제화는 더 이상 미룰 수 없는 과제이다.

② 추진전략 : '아시아지역 펀드 패스포트'(ARFP)의 활용

우선, '펀드 패스포트'(Fund Passport)란 펀드의 인가 및 등록, 판매 등에 대한 상호인증(mutual recognition) 또는 이에 관한 공통규범을 마련하여 이를 채택하는 국가들 간에 펀드의 교차판매를 허용하는 제도이다.

펀드 패스포트의 목적은 이에 참여하는 국가들 간에 단일 펀드 판매시장을 형성하여 '규모의 경제'(Economies of Scale)를 통해 자산운용산업의 효율성을 높이고 더 나아가 투자자의 선택폭을 확대하고, 투자자금의 회원국 내 선순환을 통해 자본시장의 발전을 도모하자는 것이다.

대표적인 '펀드 패스포트'(Fund Passport) 제도는 1985년부터 시행되고 있는 유럽연합(EU)의 해외 공모형 펀드(UCITs : Undertaking for Collective Investment in Transferable Securities) 지침(Directive)이다. 이러한 지침에 따라 설정되고 판매되는 펀드를 'UCITs 펀드'라고 부른다.[17]

배경 및 현황

아시아 지역에서는 ASEAN 국가들 간의 '펀드 패스포트'인 ASEAN CIS(Collective Investment Scheme) 논의가 진행 중에 있다. 그 배경은 인구구조의 고령화에 따라 안정적인 노후자금 마련을 위한 수단으로서 자산운용산업의 중요성이 부각되고 있기 때문이다. 2010년부터 호주의 주도하에 APEC 차원에서 논의되고 있는 '아시아지역 펀드 패스포트'(ARFP : Asia Region Funds Passport)가 있다. '아시아지역 펀드 패스포트'(ARFP)는 유럽의 UCITs와 같은 펀드 패스포트를 아시아 지역에도 도입하여 이와 같은 펀드 패스포트의 장

---

17 UCITs에 대한 내용은 김종민(2012)을 참조.

표 5-17 '아시아지역 펀드 패스포트'(ARFP) 논의의 주요 이슈 및 향후 방향

이슈	내용
참여국 범위	• 규제역량이 충분한 소수의 국가를 중심으로 우선 ARFP를 도입하자는 의견(클럽모델)과 가능한 한 많은 국가들이 초기부터 참여해야 한다는 의견(선단모델)이 존재 • 최대한 많은 국가들이 실무그룹에 참여하여 ARFP 방안을 마련할 수 있도록 하고, 출범 이후에도 회원/준회원 방식을 도입하여 가능한 한 많은 국가들이 참여할 수 있도록 유도
ASEAN CIS와의 관계	• 아시아 역내에 서로 다른 두 개의 펀드 패스포트가 존재할 경우 펀드 패스포트의 기대효과 급감 가능성 • 장기적으로 단일 펀드 패스포트를 지향할 필요가 있으며, 간소화된 등록절차에 필요한 규제수준 및 투자자보호 방안 마련에 ASEAN CIS를 벤치마크로 적극 활용할 필요
ARFP 세부 내용	• 6차 워크숍까지만 해도 ARFP 방안 마련은 매우 지지부진한 상태였으나, 실무그룹이 형성된 이후 급속히 진전, 올해 말까지 초안을 마련할 예정 • 일부 세부적인 방안에 대한 이견이 존재하나, 대체로 UCITs 지침과 ASEAN CIS를 절충하는 선에서 결정될 것으로 예상 • 개별 국가 난위에서 법개정을 최소화하는 방향으로 ARFP 방안을 마련하되, 단계적으로 통합수준을 높여가는 것이 바람직
ARFP 운영방안	• ARFP 출범 이전까지는 실무그룹에서 ARFP 안을 마련하고, 이를 워크숍에서 공유하는 형태로 진행될 예정 • ARFP 출범 이후에는 집행위원회 설치하여 운영하기로 하였으나, 구체적인 운영방법에 대해서는 추가적인 논의가 필요한 상황

자료 1. 김종민(2013b), 아시아 펀드 패스포트(ARFP)에 대한 논의와 시사점, 자본시장연구원 이슈와 정책.
2. 자본시장연구원(2013), 「연금사회와 자산운용산업의 미래」.

점을 활용하자는 의미에서 논의되고 있는 것이다.

현재 '아시아지역 펀드 패스포트'(ARFP)는 한국, 일본, 호주, 싱가포르, 말레이시아, 뉴질랜드, 인도네시아, 필리핀, 베트남, 태국, 대만, 홍콩 등 12개국이 참여하여 논의하고 있다. 이 논의는 두 가지 형태, 즉 ① 12개 국가가 모두 참여하는 워크숍 형태의 정부 실무자 간 회의(Policy and Technical Workshop)와 ② 한국, 호주, 뉴질랜드, 싱가포르 등 소수의 국가들이 모여 ARFP 방안을 마련하는 실무회의(working group)로 진행되고 있다. 현재까지는 실무회의(working group)에서 ARFP의 기본 원칙을 담은 문서(framework document)와 세부방안을 준비하고 있으며, 이를 12개국 정부 실무자 간 회의에 공개, 의견 수렴을 하는 식으로 논의가 이루어지고 있다.

개방형 공모펀드를 대상으로 하는 '아시아지역 펀드 패스포트'(ARFP)의 세부 방안은 자산운용회사 및 펀드 매니저에 대한 인가 및 등록요건, 국가 간 교차판매를 위한 감독 당

국자 간 정보교환 방식, 자금환매 요건, '아시아지역 펀드 패스포트'(ARFP) 펀드의 투자대상 자산 및 분산투자 요건, 준법감시(compliance) 요건, 투자자 보호 방안 및 분쟁해결 방안 등에 대한 것으로 구성되어 있다.

한편, 펀드 판매 대상국가에서 '아시아지역 펀드 패스포트'(ARFP) 펀드를 등록하는 방법은 두 가지, 즉 장기적으로는 상호인증을 추구하되 단기적으로 각국의 현행 등록절차를 간소화하는 방향으로 시행될 것으로 보인다. 또한 투자대상 자산 및 분산투자 요건은 유럽의 해외 공모형 펀드(UCITs : Undertaking for Collective Investment in Transferable Securities) 지침에 준하는 수준에서 결정될 것으로 예상된다.

국내 자산운용산업에의 파급효과

여기서 유의할 것은, '펀드 패스포트'(Fund Passport)는 자산운용의 효율성 증진, 펀드 투자자의 선택폭 확대를 통한 투자자의 후생증대, 역내 투자자금의 선순환 등 다양한 편익이 존재함에도 불구하고 동 제도(펀드 패스포트)가 개별 국가의 자산운용산업에 미치는 영향이 상이할 수 있다는 점이다.

실제로 해외 공모형 펀드(UCITs) 지침을 도입한 후 국가별 자산운용산업 육성전략과 자산운용산업 구조의 차이로 인해 역내 자산운용산업의 가치사슬 및 분업구조가 재편된 유럽의 사례가 존재한다. 예를 들어 룩셈부르크와 아일랜드는 펀드설정국이며, 영국은 펀

표 5-18 '아시아지역 펀드 패스포트'(ARFP) 도입에 따른 장·단점

	장점	단점
자산운용사	• 펀드 판매시장의 확대를 통한 수요기반의 다변화 및 해외진출 유인 제고 • 해외투자 펀드 개발 및 해외투자 역량 강화를 통한 국내 업계 국제경쟁력 제고	• 경쟁 격화에 따른 수요기반 약화 및 산업구조의 변화에 따른 시장충격 가능성
펀드 투자자	• 펀드 투자자의 선택권 확대를 통한 후생의 증가	• 불완전 판매, 환매, 환위험 등과 관련한 투자자 보호 문제
정부	• 자산운용의 국제화에 기여 • 역내 펀드시장 발전을 통한 역내 자금선순환 활성화	• 제도도입 초기단계 관리·감독 미숙에 따른 리스크 • 국가 간 이익 불균형 문제

자료 1. 김종민(2013b), 아시아 펀드 패스포트(ARFP)에 대한 논의와 시사점, 자본시장연구원 이슈와 정책.
2. 자본시장연구원(2013), 「연금사회와 자산운용산업의 미래」.

드운용중심국이며, 프랑스와 독일은 독자적인 통합모델을 구축하였다.

따라서 한국이 '아시아지역 펀드 패스포트'(ARFP)에 참여하게 될 경우에는 국익의 극대화를 위해 전략적인 대응방안을 마련하고, 자산운용회사의 국제화와 연계하여 한국 자산운용산업의 경쟁력을 높일 수 있는 방안을 강구해야 할 것이다. 한국의 '아시아지역 펀드 패스포트'(ARFP) 참여가 국내 투자자와 자산운용회사에 미칠 파급효과는 크게 두 가지로 요약할 수 있다.

첫째, 국내 투자자들은 이제 '아시아지역 펀드 패스포트'(ARFP) 펀드로 인정받은 역외펀드에 국내 자산운용회사들이 운용하는 일반 공모펀드와 동일한 기준으로 투자할 수 있게 될 것이다. 즉, 국내 투자자들은 국내 판매채널에서 판매하는 종전의 일반공모보다 다양한 개방형 공모 역외펀드에 훨씬 손쉽게 접근할 수 있게 될 것이다.

둘째, 국내 자산운용회사 입장에서는 향후 자신들이 운용할 '아시아지역 펀드 패스포트'(ARFP) 펀드를 과거보다 쉽게 해외 투자자들에게도 판매할 수 있게 될 것이다. 이 결과, 잠재적인 펀드 판매시장이 종전보다 훨씬 커지게 될 것이다. 또한, 해외진출로 설립한 해외법인이 해당 국가에 등록 및 운용하는 '아시아지역 펀드 패스포트'(ARFP) 펀드를 국내에 판매할 수도 있기 때문에 해외진출의 유인도 높아질 것이다.

종합적으로 평가해보면, '아시아지역 펀드 패스포트'(ARFP)는 아시아 주요 국가들에 비해 자산운용산업의 국제경쟁력이 상대적으로 낙후되어 있는 한국의 자산운용회사들에게는 단기적으로는 위기로 작용할 수 있는 반면에 중·장기적으로는 국제경쟁력을 강화할 수 있는 새로운 기회가 될 수 있을 것이다.

제6장

/

한국의 금융불안과 경제위기의 극복 방안

:신(新)실용주의 경제철학과 국가지도자의 리더십

한국은 1970년 이후 현재까지 크고 작은 경제적 충격 등으로 9차례의 경기순환(Business Cycle)을 겪었다. 이 중에서 경기침체(Economic Deperssion)는 5차례, 즉 ① 1974년 제1차 석유파동, ② 1978년 제2차 석유파동, ③ 3저(低)현상 소멸 후 1988~1989년 상반기 중 경기둔화, ④ 1997년 하반기 외환위기, ⑤ 2008년 하반기 글로벌 금융위기를 각각 당했다.

한국에서 금융불안이 반복되는 이유는 다음과 같다. ① 금융시장이 거의 대부분 개방되어 있으며, 국내 외국인 투자자금의 유·출입이 빈번한 주식자금에 집중되어 있다. ② 외환시장의 규모가 작고 외국인의 거래 비중이 매우 크다. ③ 정부의 외환건전성 관리에 있어 외환보유액의 시장 안정화 기능이 미흡하다.

제3장에서 논술한 바와 같이, 한국 금융시장은 거의 완전 개방 수준에 도달했으며, 외국인 자금이 주식투자에 주로 집중되어 외화자금의 유·출입이 빈번하다.[01] 상술하면, OECD 가입 및 IMF 구제금융지원조건 충족 등을 계기로 금융시장 개방 및 자유화 폭이 난세석으로 확대됨에 따라 OECD 32개 회원국 중에서 14위로 중·상위권 수준이다. IMF는 한국의 지본시장 개방 및 외환거래제도 자유화 정도는 일본 및 스위스와 유사한 수준이라고 평가했다.[02]

이 결과, 해외 금융불안과 한국의 금융불안 간의 동조성은 최근에 더욱 높아지고 있

---

01 Lim, Yang-Taek(1996), "Korea's Liberalization Policy Directives amid Weakening Competitiveness", *Journal of Asian Economics*, Vol. 7, 4, Winter.

02 IMF(2007), Annual Report on Exchange Arrangement and Exchange Restriction.

다. 여기서 유의할 것은 한국의 '금융국제화'의 진전은 전반적으로 금융불안의 정도에 큰 영향을 주지 않았음에도 불구하고, 미국으로 대표되는 해외 금융부문과의 연계를 강화시켰고, 따라서 국내 금융시장 불안이 해외 금융불안과의 연계성이 높아졌다는 점이다. 따라서 국내 금융시장 불안이 외국 금융시장의 불안과 유의적으로 함께 움직이는 동조 현상을 보이고 있다. 이 결과, 해외 금융불안이 국내로 전파되어 국내 금융시장을 불안하게 하는 요인이 되고 있다.

여기서 유의할 것은, 비단 금융불안만이 고조되고 있는 것이 아니라, 사실 한국경제 전체의 위기가 사신(死神)처럼 다가오고 있다는 점이다.

우선, 대내적 경제상황을 보면, 한국경제의 버팀목이었던 주력 산업들이 주저앉고 있다. 이로 인해 대량 실업과 소득 양극화가 심화되고 있다. 삼성전자의 갤럭시 노트 7은 단종되었고, 현대차는 노조 파업을 겪었다. 30대 대기업의 경영실적은 하향 추세를 보이고 있다. 이들 대기업들과 수직적 계열화 관계를 갖고 있는 대다수 중소기업들의 운명은 풍전등화(風前燈火)와 같다. 한국경제는 일시적 금리 인하나 돈 풀기, 세금 조정으로 살아날 수 없다. 노동시장, 금융산업, 공공부문을 근본적으로 개혁해야 하는 중병(重病)에 걸린 나라이다. 노동·금융·공공부문 등에 대한 '외과적' 수술을 미루다가 이젠 곪아 터지고 있다.

다음으로, 대외적 경제동향을 보면, 미국, 중국, 유럽의 경제정책 불확실성 지수는 2016년 하반기부터 급격히 상승했으며, 유로화 및 엔화 변동성이 확대되고 있다. 이로 인하여 원/달러 환율의 변동성 역시 높아지고 있다.

이 결과, 한국의 불확실성 지수는 최근에 상기한 대·내외 경제 정책 불확실성이 반영되어 2016년 10월 37.7p에서 12월 48.0p로 10.3p 급등했었다. 만약 현재 상황이 지속된다면, 1997년 하반기 외환위기와 2008년 하반기 글로벌 금융위기 당시의 불확실성 지수(87.6p)를 넘어 '불확실성 함정'(Uncertainty Trap)에 빠져 있다. 이 결과, 가계와 기업의 심리가 더욱 위축되고 있으며 금융기관이 대출 심사를 강화함에 따라 소비와 투자가 더욱더 감소되어 내수(內需)시장의 침체는 심화되고 있다.

최근의 경제위기 상황은 1997년 하반기 외환위기보다 더 심각할 수 있다. 왜냐하면 당시에는 정부의 재정과 가계가 모두 건전했었으나 기업 부채가 문제였었던 반면에, 최근에는 가계·기업·정부 모두가 부채를 짊어지고 있는 '부채 공화국'이 되었기 때문이며, 또한 과거 '금 모으기 운동'과 같은 '시민 정신'이 토머스 홉스(Thomas Hobbes)의 '만인 대 만인의 투쟁'으로 실종되었기 때문이다.

한국경제의 생존전략은 국가지도자가 노동·금융·공공부문에 대한 '외과 수술'에 대한 전(全) 국민의 이해와 합의를 도출하여 대대적으로, 또한 전격적으로 단행하고 금융산업을 비

못한 한국 산업의 경쟁력을 강화하는 것 외에는 다른 왕도(王道)가 없다고 저자는 단언한다.

1. 1997년 하반기 외환위기와 2008년 하반기 글로벌 금융위기의 비교[03]

우선, 2008년 하반기 글로벌 금융위기 발생 배경 및 진행과정을 간략히 요약하면 다음과 같다. 미국의 주택가격은 2006년 2/4분기(189.93)를 정점으로 하락하기 시작하여 2009년 1월에는 정점대비 기록적인 21.0% 급락을 기록했었다. 이는 기존의 금융위기처럼 금융완화 정책이 시발점이 되었다. 2001년부터 IT버블 붕괴에 기인한 경기침체 및 디플레이션 위험에서 벗어나기 위해 미국의 연방준비제도(FED)가 정책금리를 인하하기 시작해 2003년 6월에는 1%까지 인하하면서 유동성이 크게 증가하였고, 주택시장을 중심으로 위험대출의 확대 및 관련 신용파생금융상품시장이 크게 확대되는 계기가 되었다. 이에 따라 2001년 2.7% 정도의 비중을 차지했었던 서브프라임 모기지대출이 2006년에는 13.4%까지 증가하였다. 은행의 비우량 가계대출자산 비중의 증가는 금융기관 부실화로 이어져 금융위기의 직접적인 배경이 되었다. 2008년 9월 리먼 브라더스사(社)의 파산을 시작으로 미국의 경기는 급속히 둔화되었고 세계로 금융위기가 확산되면서 2009년 세계 경제는 제2차 세계대전 후 처음으로 마이너스 성장을 기록했었다.

다음으로, 상기한 2008년 하반기 글로벌 금융위기가 한국경제에 끼친 주요 파급효과를 경제성장과 고용의 측면에서 간략히 정리하면 다음과 같다. 한국의 경우 1997년 하반기 외환위기 이후 경제성장률이 둔화되었고 내수 부진과 설비투자 위축, 저출산·고령화로 인한 생산인구증가 둔화, 고용부진에 따른 실질소득 증가 둔화 등과 같은, 중·장기적으로 해결해야 될 과제들이 산적해 있었다. 이러한 상황에서 2008년 9월 글로벌 금융위기에 따른 충격은 잠재성장률 하락을 가속화 시키는 요인으로 작용하였다. OECD는 한국의 잠재성장률이 2031~2060년에는 0.55%까지 하락할 것으로 전망했다. 이것은 OECD 34개 회원국의 평균 1.58%의 1/3 수준이며 세계 평균 2.22%에 크게 못 미치는 수치이다.

한국의 잠재성장률은 1997년 하반기 외환위기 이후 완만하게 하락하여 2008년 하반기 글로벌 금융위기 이전까지 4%대를 유지하였으나 상기 글로벌 금융위기를 겪으면서 3%대 중반으로 하락하였다. 또한, 잠재 GDP를 결정하는 또 하나의 중요한 요인인 고용은

03 이규복(2010), "글로벌 금융위기와 외환위기와의 정책대응 차이 평가 및 시사점", 주간 금융브리프 19권 2호, 한국금융연구원.

표 6-1 1997년 하반기 외환위기와 2008년 하반기 글로벌 금융위기의 발생원인 및 정책대응 차이점

	1997년 하반기 외환위기	2008년 하반기 글로벌 금융위기
발생원인	• 국내기업 부실 심화 • 국내 금융기관 리스크관리 부족 • 외국인 국내투자 위축 및 국내 주식 매도	• 주요 선진국 자산 버블 붕괴 • 국제금융기관 리스크관리 부족 • 신흥시장국에서의 투자자금 회수
외환정책	• IMF 등 국제기구로부터 차입 • 외채만기연장	• 미국 중앙은행 등과 통화 스왑 계약 체결
재정·통화 정책	• IMF 주도의 긴축적 재정·통화정책 • 정부 주도의 강력한 구조조정	• 글로벌 공조하의 확장적 재정·통화 정책 • 민간주도의 자율적 구조조정
대외여건	• 미국 경제 장기 호황 • 동아시아 외환위기 발생	• 세계 경제 침체 • 글로벌 신용경색 진행
경상수지	• 반도체쇼크, 경상수지 적자 확대 (4년 연속 누적적자 440억 달러)	• 1997~2007년 누적흑자 1,560억 달러 (2008년에만 일시 적자 전환)
기업여건	• 대기업 부도 발생, 기업부채 문제 부상 (기업부채비율 : 424%)	• 기업 건전성 큰 폭 개선(기업부채비율 : 92.5%)
대외채무	• 외채 기채와 외채 상환 불능 (단기외채비율 : 718.8%) • 외환보유 294억 달러(1996년)	• 외채상환능력 대폭 개선(단기외채비율 : 66.8%) • 외환보유 2,581억 달러(2007년 6월)

자료 이규복(2010), "글로벌 금융위기와 외환위기와의 정책대응 차이 평가 및 시사점", 주간 금융브리프 19권 2호, 한국금융연구원.

2008년 하반기 금융위기 이후 크게 위축되었다. 〈그림 6-1〉과 〈그림 6-2〉는 1997년 하반기 외환위기와 2008년 하반기 글로벌 금융위기 시(時) 경제성장과 고용의 변동추이를 보여주고 있다.

상술하면, 2008년 하반기 글로벌 금융위기가 한국경제의 잠재성장률(Potential Growth Rate)에 미쳤던 영향은 ① 경기불황으로 인해 설비투자가 감소하면서 자본축적이 감소하였고, ② 자연실업률(Natural Unemployment Rate)이 증가해 노동공급의 증가세가 둔화되었으며, ③ 상기 글로벌 금융위기로 노출된 경제구조의 비(非)효율성은 총요소생산성(Total Factor Productivity)을 저해하였다.[04]

따라서 1997년 하반기 외환위기 이후에는 고(高)성장의 세계 경제를 바탕으로 수출주도 성장정책이 추진되었지만 2008년 하반기 글로벌 금융위기 이후에는 각국의 긴축재

04 황종률(2009), 「글로벌 금융위기와 한국의 잠재성장률」, 경제현안분석 제47호, 국회예산정책처, 12월.

그림 6-1 1997년 하반기 외환위기 시 성장과 고용

(단위 : %, 전년동기비)

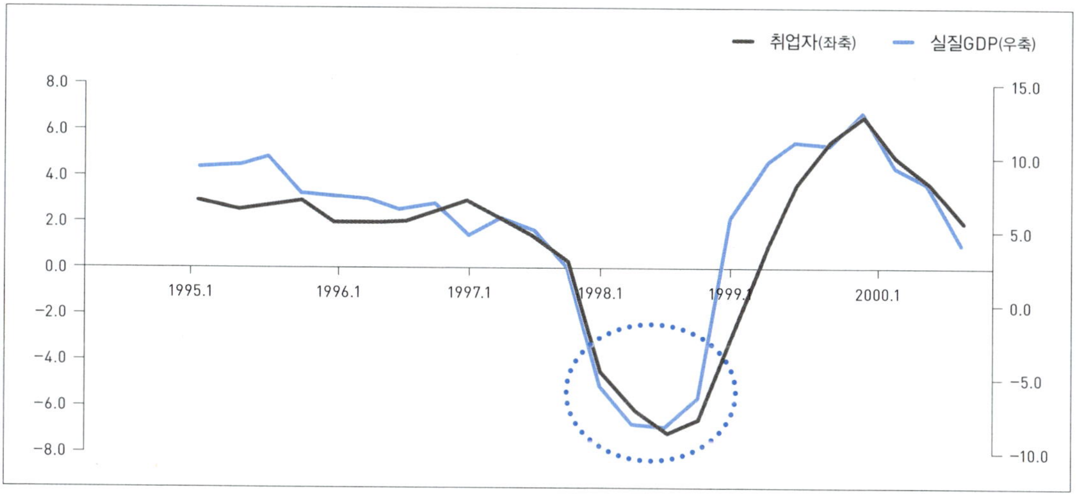

자료 한국은행, 통계청.

그림 6-2 2008년 하반기 글로벌 금융위기 기간 중 성장과 고용

(단위 : %, 전년동기비)

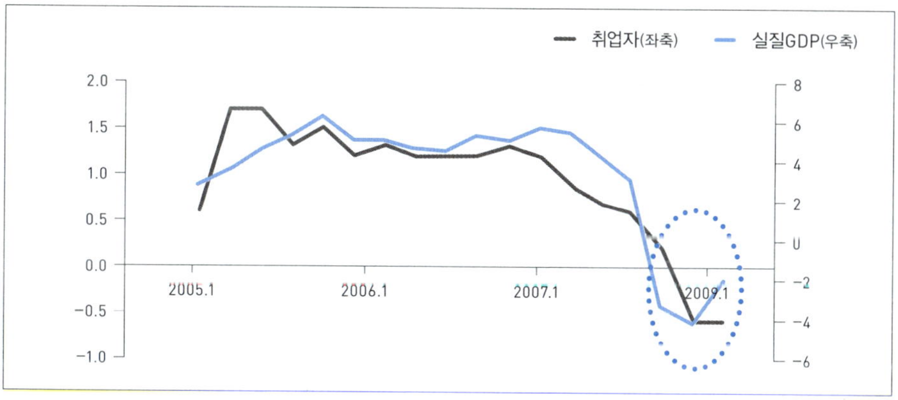

정 및 통화정책 등 출구전략 시행과 함께 세계 경제가 한동안 저(低)성장세를 지속할 것이므로 이에 대비한 지속가능 성장 전략(Sustainable Growth Strategy)이 필요하다. 특히, 민간부문의 내수 확대를 통하여 수출과 함께 내수성장이 동반된 안정적인 경제성장구조를 만들어야 한다. 다시 말하면, 한국 경제의 기초체력을 향상시키기 위해서는 혁신적인 지식 기반사회가 요구하는 노동력 공급, 기업투자 활성화를 통한 자본축적 제고, 서비스업의 발전

등이 절실하다.

물론, 한국 기업의 건전성과 외채상환능력 등은 장기간 경상수지 흑자 덕분에 외환보유고가 넉넉히 쌓여졌고, 1997년 하반기 외환위기 이후 기업 및 금융기관 구조조정으로 크게 개선되었다. 그러나 외국인 투자 확대 등으로 인한 국내·외 금융시장 연계성 강화 등에 따라 국내 금융시장 및 외환시장 불안이 증대되었다. 이 결과, 한국의 불확실성 지수는 2008년 하반기 글로벌 금융위기 시 87.6p로 가장 높은 수준을, 유럽 재정위기 시 52.8p를 각각 기록했었다.

여기서 유의할 것은 소규모 개방경제(Small Open Economy)인 한국은 기초경제여건이 건전하여도 해외 경제 및 금융불안으로부터 자유로울 수 없으므로 외부충격을 효과적으로 흡수할 수 있는 경제시스템의 구축이 필요하다는 점이다.

특히, 글로벌화 된 경제 환경하에서 2008년 하반기 글로벌 금융위기처럼 외부적인 충격이 발생했을 때 이를 최대한 완화할 수 있는 금융시스템을 구축해야 한다.

2. 금융불안의 파급효과

금융불안(금융시장을 구성하는 주식, 금리, 환율 등 세부 금융부문들에서의 불확실성)은 경제 내 불확실성을 확대시켜 자산가격의 변동성을 증가시키며, 이는 경제주체의 기대 및 선택에 교란요인으로 작용하여 투자 및 소비의 감소와 실물경제를 위축시킨다. 특히, 금융불안은 자본집약적이며 교역재 중심의 제조업부문의 생산활동에 더욱 광범위한 부정적 영향을 미친다.[05] 이러한 파급경로를 통하여 금융불안에 따른 전반적인 산업경제 위축은 경제의 활력을 떨어뜨려 기업의 부도를 증가시켜 고용을 위축시키게 된다.

각 세부 금융부문의 금융충격이 실물경제부문에 영향을 미치는 파급경로를 상세히 설명하면 다음과 같다.[06]

첫째, 금리 측면의 불확실성이 증대하면 금융자산의 가격에 대한 불확실성 확대로 경제주체가 현금보유를 더욱 선호하게 되고 결국 금융자산의 리스크 프리미엄이 확대된다. 즉, 기업에 자금조달의 어려움을, 그리고 가계에는 소득 감소 등을 각각 초래한다. 결국 투

05 유형고정자산 비중이 크지 않은 서비스업의 경우, 금융불안이 서비스업의 투자에 미치는 영향이 미약하다.

06 Pindyck(1993), Carruth(2000)

자와 소비 위축을 통해 실물부문에 부정적 영향을 끼친다. 나아가 금리 불확실성은 산업생산을 위축시킨다.[07]

둘째, 주가 수익률에 대한 불확실성은 자산가격의 변동성을 증가시켜 경제주체들이 위험기피적 성향을 갖도록 유도하여 투자행태를 변화시키고 소비의 평활화(consumption smoothing)를 위한 자산구성의 변화를 유도하여 결국 실물경제부문을 위축시킨다. 또한 금융불안에 따라 내구재 소비가 감소될 수 있다.[08] 투자자는 보수적인 투자행태를 보이게 되어 동일한 정도의 긍정적인 수요충격에도 상대적으로 낮은 투자반응을 보이게 된다.[09] 결국, 투자 및 소비의 감소는 실물경제부문의 활력을 저하시켜 각 산업별로 생산위축과 고용감소를 유발하게 된다.

셋째, 환율 불확실성 증대는 국제 교역량을 감소시키고 투자를 위축시킴으로써 실물경제부문의 침체를 유발한다. 만약 급격히 환율이 변동하는 경우 경제구조에 대해 불확실성이 증대하여 향후 투자에 대한 기대 이윤이 불안해짐에 따라 투자가 더욱 감소될 수 있다.[10]

상기한 금융불안의 파급효과 중에서 가장 심각한 부정적 효과는 기업의 실물투자 의욕의 저하이다. 따라서 기업들의 투자 의욕을 고취하기 위해서는 전반적인 금융시장의 효율성 제고가 필요하다. 이것은 한국경제의 구조의 본질에 대한 경제철학적 입장(특히 기업에 관한)에 따라 다른 견해가 있을 수 있으나, 본 저서에서 저자는 다음과 같은 정책방향을 제시한다. 전문 투자은행의 육성, 인수·합병(M&A) 시장 활성화, 유능한 금융인력 양성 및 공급, 민관이 공동으로 참여하는 다양한 펀드의 활성화 등을 통하여 금융시장의 혁신을 도모하는 것이다.

향후 한국의 금융위기는 두 가지, 즉 ① 은행위기와 ② 외환위기로 나타날 수 있다. 선지(은행위기)는 기업도산 → 부동산담보 투매 → 부동산가격 폭락 → '가계부채의 악화' → 금융회사의 연쇄 파산으로 나타날 수 있다.[11] 후자(외환위기)는 대외적 요인(미국 금리 인상, 즉 달러 강세와 중국경제 추락으로 인한 한국 수출 둔화)으로 인한 급격한 외화자금의 해외 유출로 유발

---

07 Erdem · Arslan · Erdem(2005)

08 Hassler(1996)

09 Demers(1991), Bloom · Bond · Reenen(2007)

10 최창규(1999)는 한국의 경우 환율변동성 확대로 인한 투자감소 효과가 기계류 산업에 있어서 특히 크게 나타났다고 지적하면서, 이는 수입자본재 가격변동뿐 아니라 금리, 물가 등 거시경제지표에 불확실성이 높아졌기 때문이라고 밝혔다.

11 임양택, 경제전망대 칼럼 : "국내·외 경제동향과 한국의 탈(脫)경제위기 방안", 경인일보, 2017. 1. 5.

그림 6-3 한국 금융의 높은 불안정성 원인

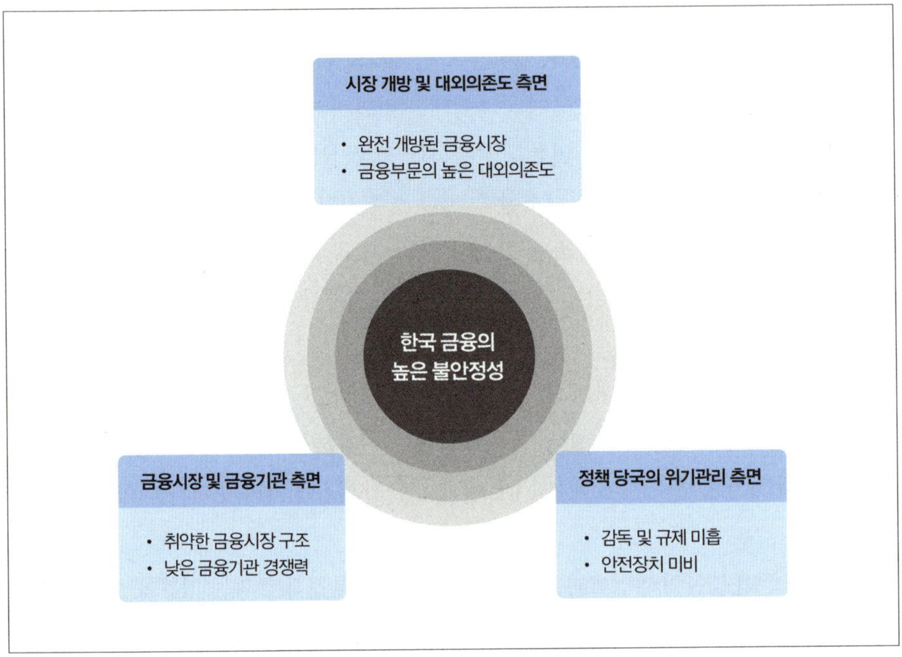

자료 임양택, 「글로벌 금융 패러다임의 변화와 한국 금융산업의 발전방향」, (사)아시아평화경제연구원, 연구총서 NO. 8, Summer 2013.

그림 6-4 2008년 하반기 글로벌 금융위기의 국내 금융시장 불안 파급경로

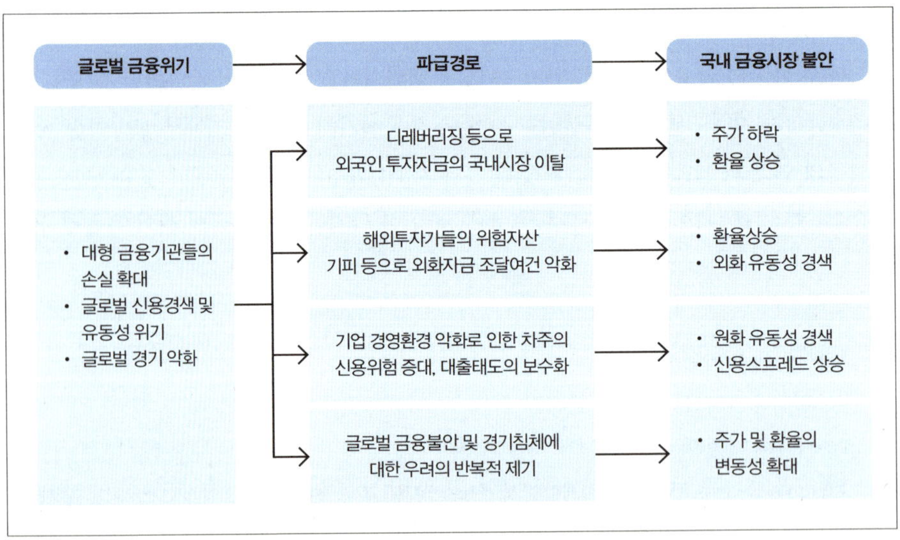

자료 임양택, 「글로벌 금융 패러다임의 변화와 한국 금융산업의 발전방향」, (사)아시아평화경제연구원, 연구총서 NO. 8, Summer 2013.

그림 6-5 금융시장 불안의 실물경제부문으로의 파급경로

금융시장 불안	파급경로	실물 둔화
주가 하락	• 부(富)의 감소 • 주식시장을 통한 자금조달 축소	• 소비 및 투자 감소
환율 상승	• 수입품 가격 상승 및 실질구매력 감소 • 수출품의 상대가격 하락	• 소비 및 투자 감소 • 수출 증가/수입 감소
신용 경색	• 신용규모 축소 • 자금조달비용 상승	• 소비 및 투자 감소 • 수출·입 감소
주가·환율의 변동성 확대	• 위험·불확실성 증대로 소비 및 투자심리 위축	• 소비 및 투자 감소 • 수출·입 감소

자료 한국은행(2009), "금융시장 불안이 실물경제에 미치는 영향".

그림 6-6 실물경제부문과 금융시장의 악순환

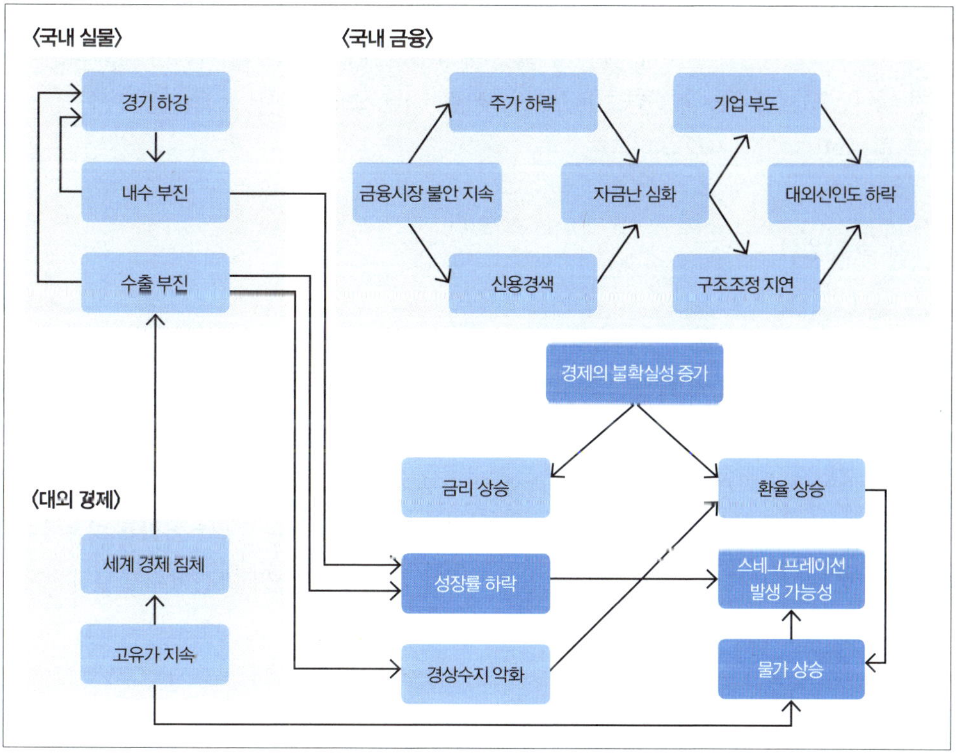

자료 임양택, 「글로벌 금융 패러다임의 변화와 한국 금융산업의 발전방향」, (사)아시아평화경제연구원, 연구총서 NO. 8, Summer 2013.

될 수 있다.

여기서 유의할 것은 세계적인 금융국제화 추세에 따라 해외 금융시장에 대한 국내 금융시장의 연계와 국내·외 금융불안의 동조화가 심화되고 있다는 점이다. 이것은 국내 금융 및 실물시장이 해외 충격(예로서 미국의 기준금리 인상)에 의하여 부정적 영향을 받을 개연성이 높아진다는 것을 의미한다.

이에 대응한 정책방향은 소규모 개방경제(Small Open Economy)인 한국으로서는 금융부문의 투명성, 안정성, 건전성, 그리고 자원배분의 효율성을 향상시키는 것이다. 물론, 2008년 하반기 글로벌 금융위기에서 경험했었던 것처럼 금융시장에 대한 적절한 규제와 감시가 선행되어야 하며, 금융국제화에 상응하는 평상시와 위기시의 국제협력이 필요하다.

3. 한국발(發) 금융위기 발생 가능성과 대비책

일반적으로, '금융위기'(Financial Crisis)란 금융불안이 지속되면서 금융기관의 자금중개 기능이 크게 손상되고 금융시스템의 붕괴 가능성이 커지면서 실물경제부문이 크게 위축되는 상황으로 정의할 수 있다. 예로서, 제2차 세계대전 이후 발생한 주요 금융위기로 스페인(1977년), 노르웨이(1987), 핀란드(1991년), 스웨덴(1991년), 그리고 일본(1992년) 등의 사례를 들 수 있다.[12]

1) 은행위기

은행위기를 '가계발(發) 금융위기'와 관련지어 설명하면 다음과 같다. 만약 기업도산에 의한 대량 실업이 발생하게 되면 금융기관의 연쇄 부실이 야기되어 한국 경제는 실물위기와 금융위기를 동시적으로 당할 수도 있다.

상술하면, 금융기관(특히 제2금융권)이 부동산 담보 가치의 부족을 감지하고 담보된 부동산을 투매할 것이고 이는 다시 부동산 가격 폭락을 촉발하여 부동산 담보가치를 더욱더 떨어뜨릴 것이다. 이 결과 '가계부채의 역습'에 의한 금융회사의 연쇄 파산이 유발될 수

12 Reinhart, C. M., and Kenneth S. Rogoff, "Is the 2007 U.S. Subprime Crisis So Different? An International Historical Comparison", American Economic Review, Vol. 98, 2008, pp. 339~344.

그림 6-7 향후 금융위기의 메커니즘과 대비책

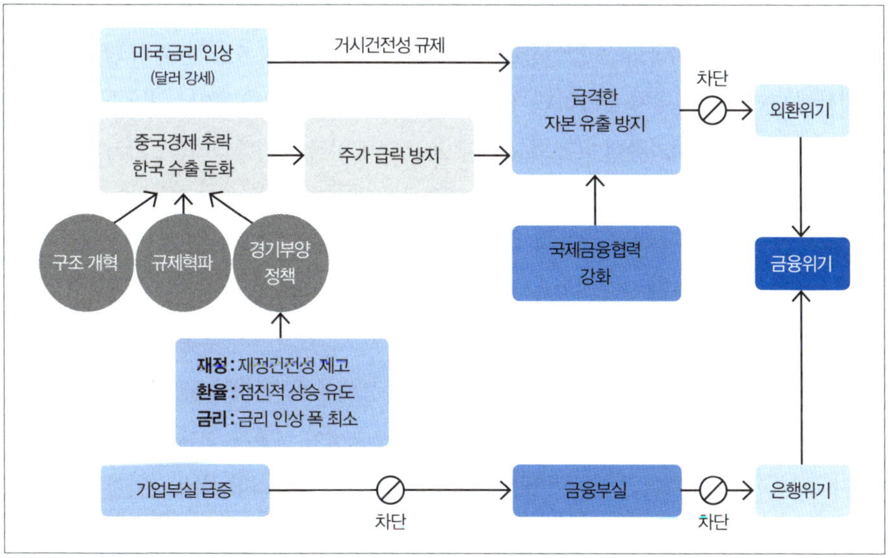

자료 임양택, 「글로벌 금융 패러다임의 변화와 한국 금융산업의 발전방향」, (사)아시아평화경제연구원, 연구총서 NO. 8, Summer 2013.

그림 6-8 금융불안에 대한 대응역량 강화를 위한 정책 방향

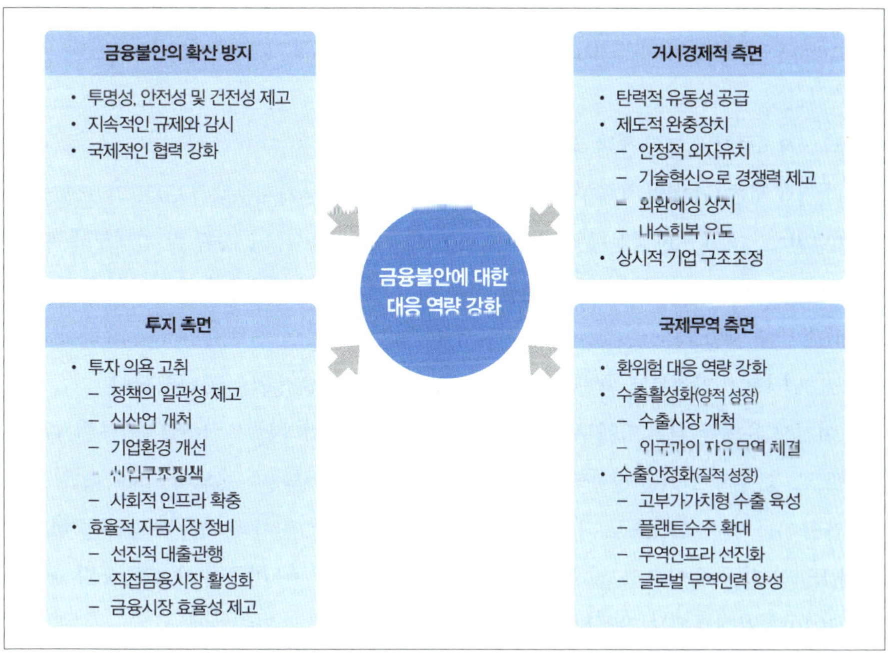

자료 임양택, 「글로벌 금융 패러다임의 변화와 한국 금융산업의 발전방향」, (사)아시아평화경제연구원, 연구총서 NO. 8, Summer 2013.

있다. 이것이 바로 '가계발(發) 금융위기'인 것이다. 한국의 가계부채 총액(가계대출 + 신용판매액)은 2018년 1분기 1,468조 원(한국은행 금융안정 보고서, 2018. 6. 20)을 기록했다.

설상가상으로, 미국의 금리 인상으로 달러화 가치가 급격히 오르는 '슈퍼 달러' 시대가 도래함에 따라 국제유가가 급락하면서 원자재 시장에 찬물을 끼얹으면서 원자재 수출에 의존하는 신흥국들의 위기감이 고조되고 있다. 2016년에 미국이 기준금리를 2, 3차례 더 올렸다. 임종룡 전(前) 금융위원장은 한국경제와 금융시장이 '여리박빙'(如履薄氷)이라고 표현했다.

사실, 미국의 금리 인상은 국내 부동산시장에는 악재다. 국내 부동산 수요자의 상당수가 자금을 은행대출에 의존하고 있기 때문에 금리가 높아지면 그만큼 감당해야 하는 이자 부담이 커진다. 이미 국내 시중은행의 대출금리가 오르고 있어 부동산시장 전망을 더 어둡게 하고 있다. 저금리로 최근 수년간 부동산시장에서 큰 인기를 끌었던 오피스텔, 상가, 분양형 호텔 등 '수익형 부동산'도 타격을 입을 가능성이 커졌다. 상대적으로 높은 수익을 기대하며 투자에 뛰어든 이들이 많았지만 은행 금리가 높아지면 상대 수익이 떨어져 투자 안정성이 떨어지는 수익형 부동산에 대한 관심이 떨어질 수밖에 없다.

상기의 가능성을 인식하고 '시한폭탄'과 같은 국내 가계부채의 누증을 염려하여 은행권의 주택담보대출 금리가 잇달아 올랐다. 그 이유는 주택담보대출의 기준금리인 금융채 등 시장금리가 올랐기 때문이다. 변동금리 주택담보대출의 기준금리로 이용되는 코픽스(COFIX·자금조달비용지수) 금리는 미국 금리 인상의 기대감이 미리 반영돼 2015년 11월(전월대비 0.09%포인트 상승)에 이미 2011년 8월 이후 4년 3개월 만에 가장 큰 폭으로 올랐다.

(1) 가계부채의 양적 확대 및 질적 악화

국가부채는 GDP의 30% 수준으로 비교적 양호하지만 가계부채가 GDP의 80%가 넘어 위험한 수준이다. 한국은행 발표(2017. 2. 21)에 따르면 2016년 12월 말 가계부채(가계 대출 + 신용 판매액)는 1,344조 3,000억 원을 기록했다. 여기에 자영업자의 대출금을 합하면 약 1,500조 원에 달할 것으로 추산된다. 이어서, 한국은행 금융안정 보고서(2018. 6. 20)에 의하면 2018년 1분기 가계부채 총액(가계부채 + 신용판매액)은 1,468조 원으로 나타났다.

여기서 유의할 것은 가계부채의 질이 더욱 나빠지고 있다는 사실이다. 2015년 3월 말 기준으로, 총 부채 원리금 상환액(주택대출 원리금상환액에 신용대출 등 다른 부채의 원리금 상환액을 모두 합한 금액)을 연간 소득으로 나눈 비율(DSR : Dept Service Rate)이 40%를 초과하는 '한계가구'가 134만 가구에 이르고, 전체 가계부채 중 이들의 금융부채 비중이 약 30%에 달한다.

2016년 가계부채는 가구당 7,000만 원꼴이었다. 가계부채 증가액(141조 2,000억 원)은 역대 최고였다. 가계부채 증가율이 2014년(6.5%) 한 자릿수에 머물렀던 것이 2015년(10.9%)

그림 6-9 은행 대출 규제 강화로 제2금융권 대출 크게 늘어 (단위: 원, 가계 빚 부문별 전분기 대비 증가액)

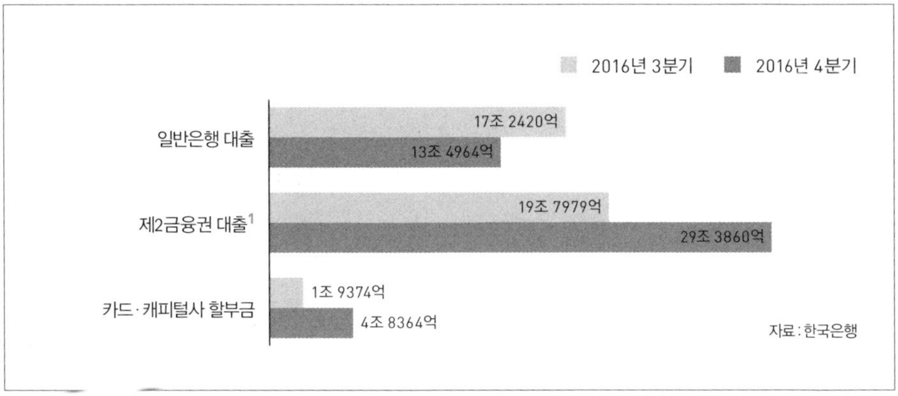

자료 중앙일보, 2017. 2. 22.
주 1 대부업체 대출도 포함.

과 2016년(11.7%)에 잇따라 두 자릿수로 올라서며 가속도를 붙여왔다. 2016년 가계부채 증가율은 2006년(11.8%)에 이어 역대 2위다. 특히 은행이 아닌 저축은행, 신용협동조합, 상호금융, 새마을금고, 우체국 등 비은행 대출이 급증하였다. 비(非)은행권 대출은 17.1% 급증했던 반면에 은행 대출은 9.5% 증가했다. 이처럼 비(非)은행권 대출이 크게 늘어난 원인은 크게 두 가지이다.

첫째, 저금리가 장기화하면서 최근 3년간 은행과 비(非)은행 간 대출금리 격차가 1%포인트대에서 0.35%포인트대로 떨어지면서 비(非)은행권 대출에 따른 이자 부담이 감소함에 따라 자녀 교육비 혹은 거주비 충당을 위해 금융기관으로부터의 대출 유인이 커졌기 때문이다.

둘째, 3,000만 원까지 비과세 혜택을 주는 예탁금 등이 32조 원 넘게 들어오면서 비(非)은행권이 적극적으로 대출에 나섰기 때문이다.

여기서 유의할 것은 가계부채의 급증에 대한 원조적 책임 소재는 기획재정부 전직 장관(최경환·유일호)에게 있다는 점이다.[13] 그들은 경기침체 국면을 탈피하고자 담보 대출과 주택담보 대출의 비율(DIT와 LTV)을 확대함으로써 부동산 투기를 유발했었던 장본인들이다.

---

13 임양택, 경제전망대 칼럼: "가계부채 급증과 부동산경기 활성화는 亡國의 첩경이다", 경인일보, 2016. 10. 27.

그림 6-10 한국 가계부채의 확대 과정

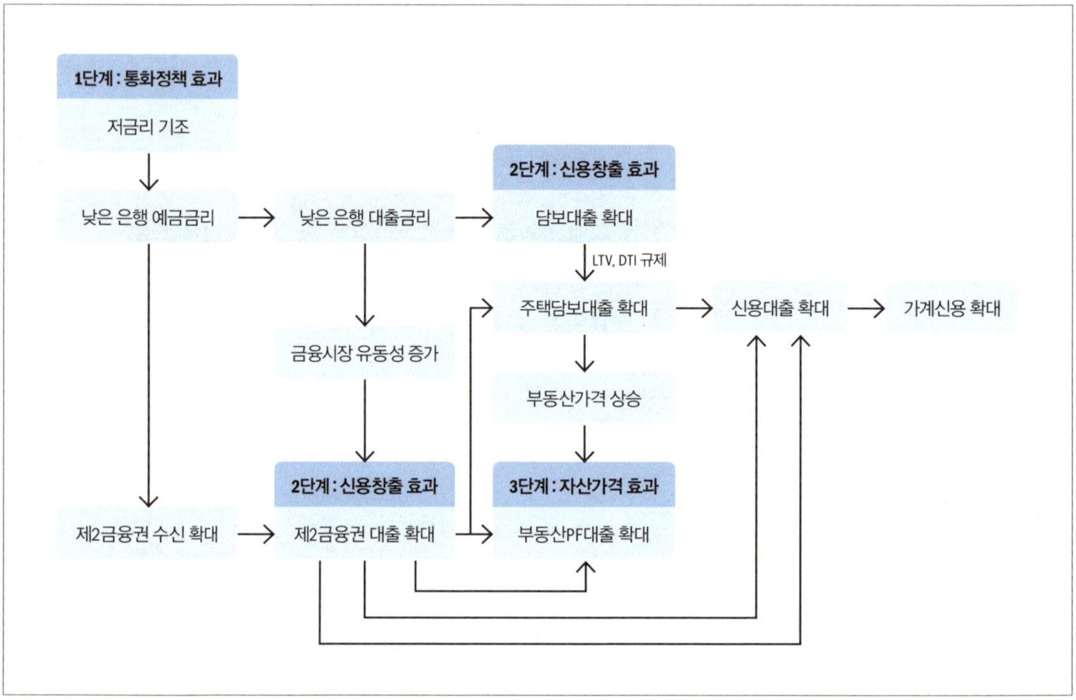

자료 임양택, 「글로벌 금융 패러다임의 변화와 한국 금융산업의 발전방향」, (사)아시아평화경제연구원, 연구총서 NO. 8, Summer 2013.

만약 한국의 금융위기가 가계부채 급증으로 유발될 경우, 그들은 세종대왕 상(像) 앞에 무릎 꿇고 석고대죄해야 한다.

이러한 상황에서 미국 금리 인상이나 부동산(특히 주택)가격 하락과 같은 외부 쇼크가 발생하면 이들 '한계가구'들의 연쇄파산은 명약관화하다. 왜냐하면 미국 연방준비제도(FED) 재닛 옐런(Janet Yellen) 의장은 2018년 내 금리 인상 가능성을 강하게 시사하였기 때문이다. 그 배경은 미국의 소비자물가와 산업생산이 꾸준히 상승함에 따라, 미국 금리 인상의 환경이 조성되고 있다는 점이다. 미국의 금리가 예상대로 조만간 인상되면 한국의 초저금리(기준금리 1.25%)가 연쇄적으로 오를 수밖에 없다.

특히 비(非)은행권 대출이 가계부채 문제의 뇌관이 될 수 있는 이유는 저(低)신용·저(低)소득·다중(多重) 채무자들이 은행보다 비(非)은행 금융기관 대출에 의존하는 비율이 높기 때문이며, 비(非)은행권 대출에는 고금리와 변동금리 상품이 많기 때문이다. 만약 경기 침체가 장기화되고 금리가 상승한다면 비(非)은행 대출 채무자들의 상환 부담이 커지고 연체 발생이 늘어날 가능성이 크다.

구체적으로, 제2금융권(새마을금고, 저축은행, 자산 운영사, 생명 보험사, 자산 보험사, 종합 금융사 등)의 여신 잔액 (2016년 6월 기준)이 671조 6,752억 원으로 2015년 말보다 34조 8,909억 원이나 사상 최대로 급증했다. 금융회사 3곳(은행, 저축은행, 상호 금융사, 카드사, 케피털사, 대출업체 중에서) 이상에서 돈을 빌린 채무자 328만 명의 빚이 317조 원이며 1인당 채무는 1억 원대에 이르고 있다.

비(非)은행권 대출이 가계부채 문제의 뇌관이 될 수 있는 이유는 저(低)신용·저(低)소득·다중(多重) 채무자들이 은행보다 비(非)은행 금융기관 대출에 의존하는 비율이 높기 때문이며, 비(非)은행 대출에는 고금리와 변동금리 상품이 많기 때문이다. 만약 경기 침체가 장기화되고 금리가 상승한다면 비(非)은행 대출 채무자들의 상환 부담이 커지고 연체 발생이 늘어날 가능성이 크다.

(2) 정부의 대응책

회고하면, 2008년 하반기 글로벌 금융위기 이후 선진국들은 구조조정과 허리띠를 졸라맨 '빚 갚기'로 기업부채와 가계부채를 줄여나갔지만 한국은 '부채에 의한 경제성장'이라는 신(新)자유주의적 경제정책을 추진했었다. 심지어, 과거 정부는 시종일관 "자산이 가계부채보다 많기 때문에 관리 가능하다"라고 애써 태연한 척 해왔었다. 이러한 정부의 시각은 채권자인 금융기관(은행)의 입장을 반영했었던 것이었다.

그러다가 국제통화기금(IMF)에 이어 한국은행도 부채 관리의 시급성을 알리는 보고서를 국회에 '금융안정보고서'를 제출(2015. 12. 22)했었다. 부실화가 우려되는 기업부채의 비중(21.2%)이 2008년 금융위기 수준(16.9%)을 훨씬 넘어섰다고 경고했었다

그럼에도 불구하고, 유일호 경제부총리 겸 기획재정부 장관 후보자(당시)는 "가계부채 문제는 금융당국이 (대책) 발표를 했고 (그 대책의) 효과가 있을 것이기 때문에 문제가 크지 않을 것"이라고 말했다(동아일보, 2015. 12. 23).

여기서 유의할 것은 유일호 후보자(당시)가 2015년 4월 국토부 장관이었을 때 당초 7월 말 종료 예정이었던 주택담보인정비율(LTV)과 총부채상환비율(DTI) 규제 완화의 연장을 주장했었던 결과, 오늘의 가계부채 급증 상황을 만든 '원죄'(原罪)를 저질렀었다는 점이다. 또한, 강호인 국토교통부 장관(당시)이 주택공급 과잉 양상을 지적했었는데도 불구하고 유일호 후보자(당시)는 "주택공급 과잉으로 보지 않는다."라고 딴소리를 했었다.

그 후, 최경환 전(前) 경제부총리와 유일호 전(前) 경제부총리는 주택담보대출 규제 완화 → 부동산 경기 과열 → 가계부채 급증을 유발했었다. 이것은 가난한 국민들을 '죽음의

낭떠러지'로 밀어넣는 자충수(自充手)일 뿐이었다.

상술하면, 한국 정부는 총부채상환비율(DTI)과 주택담보인정비율(LTV) 등 대출 규제를 파격적으로 풀어 은행에서 쉽게 돈을 빌릴 수 있도록 했다. 총부채상환비율(DTI)이란 내가 한 해 버는 소득 가운데 은행에 갚아야 하는 돈과 이자(원리금)가 차지하는 비율이다. 이 수치가 낮을수록 빚을 갚을 능력이 크다. 주택담보인정비율(LTV)은 담보로 맡긴 주택 가치 가운데 대출금 비율을 의미한다. 수년 전, 금리가 매우 낮은 수준이었기에 '빚내서 집 사라'라는 말이 나올 정도였다. 하지만 부동산 가격이 크게 오르고, 사람들이 너도나도 주택 담보 대출을 받으면서 오늘날 가계부채 폭등이란 결과를 일으켰다. 담보 대출을 영어로 하면 'mortgage'인데 그것의 어원(語源)을 살펴보면 프랑스어로 'mort'는 '죽음', 'gage'는 '서약'을 각각 의미하므로 담보 대출은 곧 '죽음의 서약'이라는 뜻이다. 따라서 내 자산을 담보로 돈을 빌릴 때는 죽음을 각오할 만큼 신중한 결정을 해야 한다는 것을 말해준다.

최경환 전(前) 부총리는 2014년 7월 제2경제팀을 모아놓고는 "우리는 가보지 않은 길을 가고 있다"라고 말했다. 바로 그 길은 '지뢰밭'이다. 그 '지뢰'는 바로 1천 400조 원의 '가계부채 폭탄'이며, 이것은 조만간 한·미 간 금리 역전으로 가계신용 파산과 외국인 자본의 해외유출로 터질 수 있다는 점을 정책당국은 명심해야 한다.

결국, 소(牛) 잃고 외양간 고치는 격으로, 금융당국은 비(非)은행권 대출 규제를 강화하면서 저(低)신용·저(低)소득·다중(多重) 채무자 계층 보호를 병행한다는 방침을 세웠다(조선일보, 2017. 2. 22). 즉, 대출 리스크 관리를 위해 상반기 중에 상호금융조합·새마을금고에 대한 특별점검을 실시하고 대출 심사 때 은행과 마찬가지로 총체적 상환능력심사 시스템(DSR)을 적용하도록 비(非)은행권에 강력하게 요구했다. 심지어, 정부는 금리 상승에 대비해 금리가 지나치게 높은 대출은 자제하고 고정금리 대출 비중을 키우라는 뻔뻔스러운 주문도 했다.

나아가, 금융당국은 가계부채 누증(累增)의 심각성을 뒤늦게 깨닫고 저(低)신용·저(低)소득·다중(多重) 채무자 계층을 위한 연체 부담 완화, 자영업자 지원 프로그램 등도 추진했다. 주택담보대출의 경우, 연체가 없더라도 실직·폐업한 채무자에게 원금 상환을 유예하고, 현재 연 11~15% 수준인 연체 이자율 산정 체계를 개편하는 등의 조치를 취했다.

또한, 정부는 2017년 하반기부터 6개 금융공공기관(주택금융공사, 기술보증기금, 신용보증기금, 농림수산업자 신용보증기금, 예금보험공사, 한국자산관리공사)에서 빚을 연체한 후 1년이 경과한 저(低)소득층은 신용회복위원회 워크아웃을 통해 원금을 최대 60%까지 감면받을 수 있도록 했다. 기관별로 3~10년 걸리던 기간을 1년으로 통일했다. 재산이 200만 원 이하이거나 70세 이상인 채무자는 연체한 지 5년이 지나면 채권 시효(5년)를 더 연장하지 않고 전액 탕감해주기로 했다. 이로써, 금융공공기관이 보유한 개인(가계와 개인사업자)의 부실채권(3개월 이상 연체) 규모는 24조 9,000억 원(2016년 말 기준)이며 관련된 채무자 71만 8,000명이 제도개선의 혜택을 볼 수 있게 되었다(중앙일보, 2017. 3. 7).

사실, 빚 갚을 능력이 없는 저소득층은 원금을 일부 탕감해서라도 숨통을 틔워줘야 한다는 논의는 오래됐다. 2002년부터 시행된 신용회복위원회의 개인워크아웃제도나 2013년 도입된 국민행복기금이 대표적인 사례다. 신용회복위원회의 워크아웃 누적 신청자 수는 지난해 150만 명을 넘어섰고, 국민행복기금을 통해 채무조정을 한 사람은 57만 3,000명에 달한다.

이들의 소득은 제자리인데 빚은 늘어나면서 가처분 소득 대비 가계부채의 비율은 174%(2016년 2분기 기준)에 달한다. 즉, 버는 돈으로 빚을 갚을 길 없는 저(低)소득층은 '빚을 내서 빚을 갚는 악순환'에 빠진 것이다.

미국의 경우에도 금융위기 직후 버락 오바마 대통령이 '담보대출 조정 프로그램'을 통해 전체 가계부채의 1.9%에 달하는 규모를 탕감해준 예가 있다. 다만 이 방법은 예산 조달도 문제지만 누구를 어떤 기준으로 탕감해주느냐가 관건이다. 싱가포르 파산 법원의 경우 생계형 채무냐, 과소비형 채무냐에 따라 탕감 비율이나 갚는 기간을 달리 적용한다. 한국은 우선 기존 채무조정제도의 기준부터 더욱 정교화할 필요가 있다.

그러나, 여기서 유념해야 할 점은 다음과 같다. 마치 '고삐 풀린 말(馬)'처럼 고공(高空)행진 중인 가계부채의 누증(累增)을 멈출 수 있는 가장 효과적인 방안은 한국사회의 고(高)비용구조(자녀 교육비와 내 집 마련 비용 등)를 혁파하는 것이다.

(3) 가계부채의 감소 유도 14

① 커버드 본드의 활용

우선, 은행에 정기 고정금리로 자금 조달을 할 수 있는 유인으로서 현행법상 '커버드 본드 법'에 의거하여 '커버드 본드'(Covered Bond, 이중상환청구권부 채권)를 활용하는 것이다. 이것은 자신이 보증하는 고정금리 주택 대출을 기초로 유동화 증권인 '주택저당 담보부 증권'(MBS : Mortgage backed Securities) 형태로 자본시장에서 발행할 수 있도록 함으로써 고정금리의 장기자금을 조달할 수 있도록 하는 것이다. 이 경우, 저리(低利)로 10년 넘게 장기간

14 임양택, 경제전망대 칼럼 : "가계부채 급증과 부동산경기 활성화는 亡國의 첩경이다", 경인일보, 2016. 10. 27.

빌리면서, 고정금리의 금리 변동 위험을 회피할 수 있을 것이다.

상술하면, 2013년 하반기부터 실시한 '커버드 본드'(Covered Bond, 이중상환청구권부 채권)란 은행 등 금융회사가 적격 주택담보대출 채권, 국가·공공기관 대출채권 등 우량한 자산을 기초자산으로 발행하는 통상 만기 5년 이상 장기채권이다. 큰 장점은 우량 주택담보대출 등 담보자산의 신용보강을 통해 무(無)보증사채보다 금리가 낮다는 점이다. 즉, 채권자 자체신용으로 발행한 채권보다 높은 신용등급을 인정받을 수 있어 자금조달 비용이 크게 저렴해진다.

'커버드'(covered)라는 표현은 채무자가 돈을 갚지 못했을 때 채권자가 담보를 이중으로 청구할 수 있어 보다 안전하다는 뜻을 담고 있다. 즉, 커버드 본드(Covered Bond) 투자자는 은행 등 발행자가 파산하더라도 담보(기초자산 집합)에 대한 우선변제권을 가지며 담보가치가 부족하면 여타 자산에 대한 청구권(이중상환청구권)도 가진다. 다시 말하면, 커버드 본드(Covered Bond) 투자자는 담보로 제공된 기초자산에 우선변제권을 갖고 담보가치가 낮으면 발행기관의 다른 자산에 대해 무담보 선순위 채권자들과 동등한 지위를 갖는 '이중청구권'이 보장된다. 구체적으로, 1차로 해당 채권의 근거자산을 담보로 챙길 수 있고(우선변제권), 만약 자산이 부족하면 채권자의 다른 자산에 대해서도 청구가 가능(이중청구권)하다.

한편, 커버드 본드(Covered Bond)의 발행기관은 은행(산은·기은·농수협 포함), 주택금융공사, 정책금융공사 또는 이에 준하는 기관으로 자본금 1,000억 원 이상, 국제결제은행(BIS) 기준 자기자본비율 10% 이상이어야 한다. 금융기관이 커버드 본드를 발행하려면 금리·만기·규모 등 발행계획과 기초자산에 관한 세부 사항을 금융위에 등록해야 한다.

커버드 본드(Covered Bond)의 기초자산은 ① 담보인정비율(LTV) 70% 이하의 적격 주택담보대출, ② 국가·공공기관 대출, ③ 국·공채, ④ 현금·타행 발행 만기 100일 이내 CD, ⑤ 기초자산의 회수금, 환율·금리변동 위험을 회피하는 파생금융거래 채권 등이다. 발행기관은 커버드 본드의 기초자산을 다른 자산과 구분해 관리하고 최소담보비율 105%와 자산의 적격요건을 준수해야 한다.

커버드 본드(Covered Bond)의 발행 한도는 직전 회계연도 총자산의 8% 범위에서 대통령령이 정하는 한도(잠정안 4%) 내에서 가능하다. 발행 규모를 계산해보면, 현재 주택담보대출 가운데 고정금리 비중을 30%까지 높일 경우, 2012년 6월 말 현재 국내은행 총자산은 2,049조 원이므로 직전 회계연도 총자산의 4%일 경우 은행이 낮은 금리로 장기 자금을 최대 82조 원가량을 조달할 수 있다.

여기서 저자가 강조하는 것은 '커버드 본드'(Covered Bond, 이중상환청구권부 채권)는 만기가 장기이고 자금조달 비용이 상대적으로 낮기 때문에 은행의 장기·고정금리 대출을 활성화함으로써 '한국경제의 뇌관(雷管)'인 천문학적 가계부채의 구조를 안정화할 수 있다는 점이다.

요컨대, 가계부채 구조의 안정화 대책은 다음과 같다. 원칙적으로, 부동산 가격의 상승 기대를 차단하고 가계부채를 줄이면서 분할상환 목표 상향 조정, 상환능력 심사 개선, 제2 금융권 관리 강화로 가계부채의 부실화를 예방하며 만기 연장(원리금 상환대출의 의무규정) 등을 통해 대출의 급격한 회수를 하지 않도록 하는 것이다.

상기 대책의 핵심 내용은 기존의 단기·변동금리·일시 상환 위주인 주택 대출 관행을 장기·고정금리·분할 상환으로 전환한다는 것이다. 그러나 이것은 소기의 정책목표(가계부채의 구조개선)를 달성하기 어렵다. 왜냐하면 가계부채(대출)의 공급자인 은행이 장기로 자금을 조달하도록 하지 않는 한, 상기 가계부채 구조 개선이 온전히 이뤄지기 어렵기 때문이다. 즉, 시중은행은 관행적으로 고정금리 대출 기간을 기껏 5년 정도밖에 운용하지 못하며, 전체 대출의 70%는 여전히 변동금리이기 때문이다.

따라서 한국은행이 기준금리를 올리면 예금금리도 함께 상승하지만, 장기 고정금리로 이미 대출했던 주택대출 금리는 그대로이기 때문에 주로 1년 정기예금과 같은 단기금리로 자금을 조달하는 시중은행의 수익성이 악화될 것이다. 만약 단기금리가 큰 폭으로 오른다면 시중은행이 빌려준 금리보다 빌리는 금리가 높아 역(逆)마진이 발생하게 된다. 이 결과, 가계부채 구조개선 대책 덕분으로 고정금리 대출을 받은 대출자는 금리 변동 위험을 피할 수 있는 반면에, 대부자인 시중은행은 대출자 대신에 금리 변동 위험을 고스란히 떠안게 된다.

사실, 시중은행들은 금리 변동 위험 부담을 떠안지 않으려고 관행적으로 변동금리 위주로만 주택 대출을 해왔다. 이를 시정하기 위하여, 정부가 고정금리 확대책을 시행했었지만, 이젠 반대로 금리 변동에 따른 은행들의 건전성 악화가 우려되는 것이다.

따라서 천문학적 가계부채(약 1,500조 원)의 구조를 개선하려면 정부가 은행에 장기 고정금리 조달을 증가시킬 수 있는 유인을 제공해야 한다. 그 유인제도로서 상기한 '커버드 본드' 법을 활용하여 시중은행이 '커버드 본드'를 자신이 보증하는 고정금리 주택대출을 기초로 유동화증권(MBS) 형태로 자본시장에서 발행할 수 있도록 함으로써 저리(低利)로 장기 자금을 조달하는 것이다. 이 경우, 저리(低利)로 10년 넘게 장기간 빌리면서 고정금리의 금리 변동 위험 회피가 가능해질 수 있다. 나아가, 돈 빌리는 사람과 돈 빌려주는 기관(은행) 모두가 윈윈(Win-Win)할 수 있다.

그러나 시중은행은 '커버드 본드' 사용방법에 대한 이해가 부족하고 보수적이라서 새로운 시도를 꺼리고 있으니 안타깝기 그지없다.

② 원리금자동이체형·수익증권형 주택저당 담보부 증권(MBS)의 발행

다음으로, '원리금자동이체형·수익증권형 주택저당 담보부 증권'(Mortgage Pass-Through Securities)을 개발하여 판매하는 것이다. 현재 주택저당 담보부 채권(MBB: Mortgage-backed Bond)의 대부분을 기관투자자 등이 인수하는 구조로 되어 있기 때문에 개인의 직접투자 기회가 없다. 이 결과, 장기적으로 안정적인 수익을 누릴 수 없고 기관들만 혜택을 누릴 수 있게 되어 있다.

상술하면, 장기대출을 받아 아파트를 구입하는 경우, 이 대출채권을 근거로 '주택저당 담보부 채권'(MBB: Mortgage-backed Bond)을 발행할 수 있다. 만약 아파트 구입자가 원리금 조기상환을 원한다면 「한국주택금융공사」는 기초자산인 '주택저당 담보부 채권'(MBB)의 상환시점과 '주택저당 담보부 증권'(MBS: Mortgage-backed Securities)의 원리금 지급일시와 불(不)일치로 인하여 재(再)투자리스크에 직면하게 된다.

그러나 금리변동이 심한 금융시장의 구조하에서 장기적으로 일정한 이자 지급을 약속한다는 것은 매우 리스크가 크다. 따라서 선진국(특히 미국)은 대부분 '원리금자동이체형·수익증권형 주택저당 담보부 증권'(Mortgage Pass-Through Securities)형태를 발행하고 있다.

선진국의 예를 보면, 인구의 노령화와 더불어 안정적이고 만기가 장기인 채권에 대한

그림 6-11 가계부채의 감축·부동산 거래의 활성화·건설산업의 정상화를 위한 부동산 자산의 증권화 방안

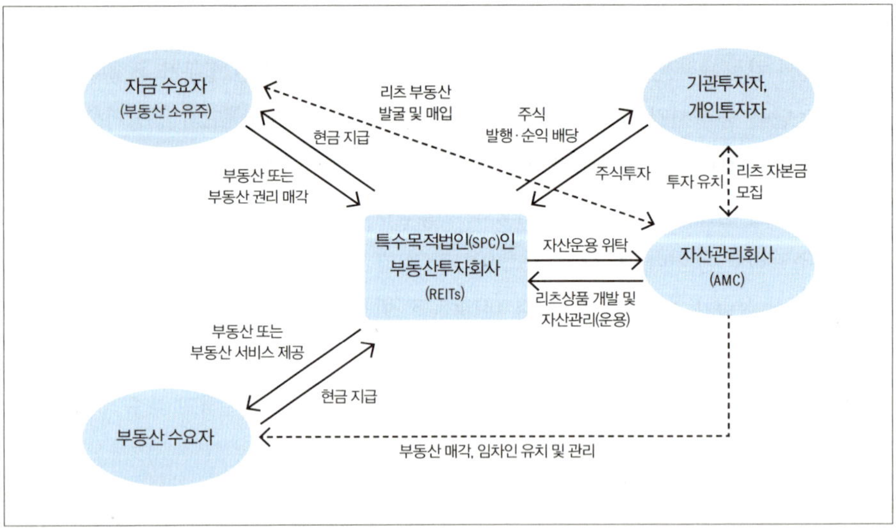

자료 임양택, 「글로벌 금융 패러다임의 변화와 한국 금융산업의 발전방향」, (사)아시아평화경제연구원, 연구총서 NO. 8, Summer 2013.

표 6-2 주택저당 담보부 증권(MBS) 발행의 유형

구분	원리금자동이체증권 (Mortgage-Backed Pass Through Securities)	저당대출담보부채권 (Mortgage-Backed Bond)	원리금이체채권 (Mortgage-Backed Pass Through Bond)
원리금 흐름	투자자(직접연결)	발행기관(단절)	투자자(간접연결)
저당채권 소유권	투자자 자산매각	발행기관 채권발행	발행기관 채권발행
발행기관 자산형태	부채감소	부채증가	부채증가
장·단점	• 원리금 활용 불가 • 재투자리스크가 없음	• 원리금 활용 가능 • 재투자리스크 매우 큼	원리금 활용 등 콜/풋 옵션 부여

그림 6-12 원리금자동이체형·수익증권형 주택저당 담보부 증권(MBS) 발행 흐름도

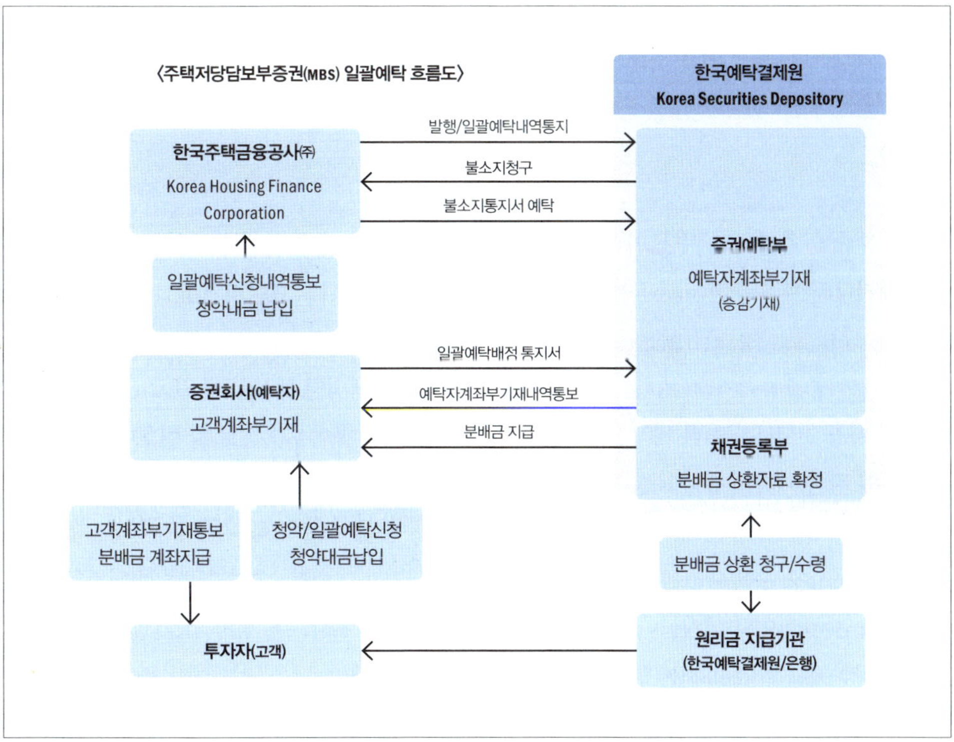

그림 6-13 채권형 주택저당 담보부 채권(MBB)의 발행 구조

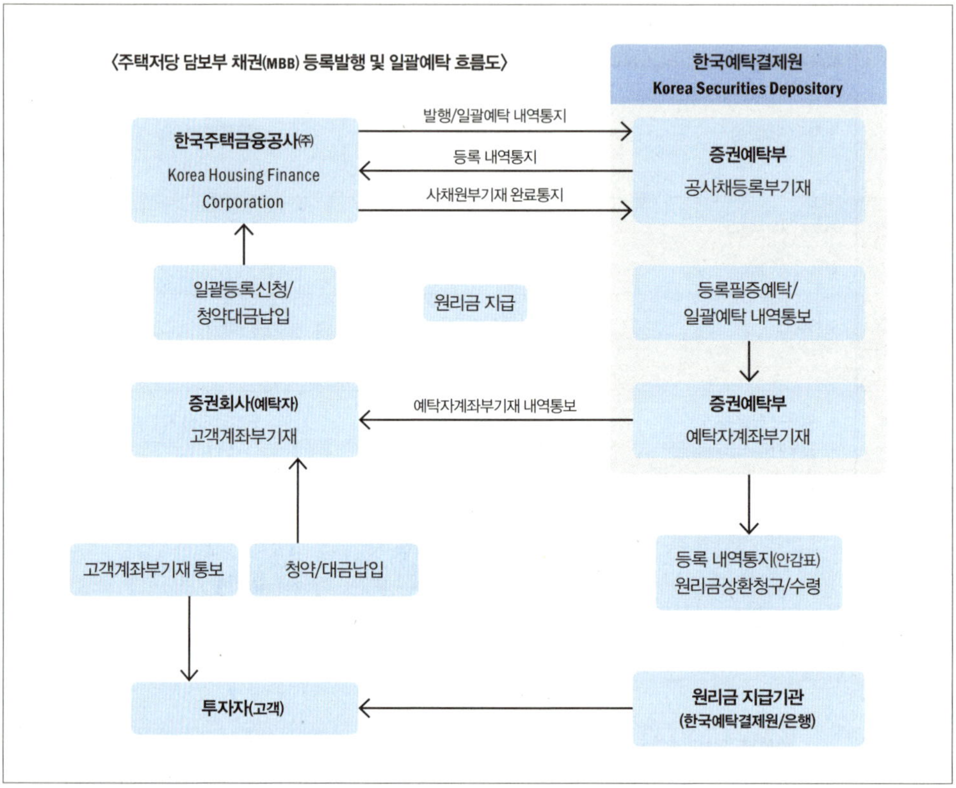

투자의 수요가 증가하고 있다. 따라서 미국 등과 같이 원리금이 자동이체 되는 '수익증권형 주택저당 담보부 증권'(MBS)을 발행하고 매매거래방식으로서 공표방식거래(TBA: To-Be-Announced Trades=Delayed Delivery Contract) 방식을 도입할 필요가 있다.

여기서 '공표방식거래'(TBA)란 약속된 미래 날짜에 주택저당 담보부 증권(MBS)을 매도·매수자가 인도하기로 한 계약을 말한다. 즉, 거래 날짜에 매수자가 담보 풀 번호나 담보 풀의 수와 같은 계약에 관한 내용을 저당대출채권의 중도상환 등으로 확정할 수 없기 때문에 공표방식거래(TBA)라고 부른다.

이와 동시에, 주택저당 담보부 채권(MBB)을 원리금자동이체형·수익증권형 주택저당 담보부 증권(MBS)으로 대체함이 바람직할 것이다. 현재 한국에서는 발행자 입장에서 유리한 조기상환제를 콜(Call)옵션 형태의 상품 또는 다계층증권(CMO)을 발행하여 재(再)투자 리스크를 줄이고 있으나 이는 근본적인 해결책이 아니다.

따라서 전술한 미국의 관련 제도인 '원리금자동이체형·수익증권형 주택저당 담보부 증권'(Mortgage Pass-Through Securities)을 도입할 경우, 발행기관의 입장에서 대출자의 대출채권(예로서 아파트)의 불규칙적인 원리금상환에 대한 재(再)투자리스크를 근본적으로 해결하기 위하여 기초금융자산인 대출채권의 원리금이 상환되면 그대로 주택저당 담보부 증권(MBS) 투자자에게 지분만큼 상환해 주면 된다.

2) 외환위기

1996년 OECD 가입 및 1998년 하반기 IMF 구제금융지원조건 충족 등을 계기로 한국 금융시장 개방 및 자유화 폭이 단계적으로 확대되어 왔었다. 이젠, 한국의 금융시장은 선진국의 개방화 및 자유화 수준으로서 거의 완전 개방 수준에 도달해 있다. 이 결과, 외국인 자금이 주식투자에 주로 집중되어 자금의 유·출입이 빈번하다.[15]

제3장의 제4절 '외화자금시장과 외환시장'에서 이미 언급하였듯이, 1997년 하반기 외환위기로부터 얻을 수 있는 교훈은 다음과 같다. 경제구조의 펀더멘털과 관계없이, 외화자금시장(외환시장이 아니라)이 경색됨으로써 일시적으로 외화자금의 유동성 위기에 직면하게 된 것임에도 불구하고, 기업 및 국가가 부도 위기에 직면할 수도 있다는 점이다. 이것은 마치 기업이 부도나는 것도 장기적인 관점에서는 재무구조상에 문제가 없으나 대부분 일시적인 자금의 유동성 공급 위기에서 기업 부도가 발생할 수 있다는 것과 마찬가지이다.

사실, 2008년 하반기 글로벌 금융위기 당시 외환보유액이 2,000억 달러를 상회하였음에도 불구하고, 2008년 하반기와 2009년 상반기에 '금융위기설'이 반복해서 제기됐었다. 그 배경을 보면 상기 글로벌 금융위기 당시 외환보유액의 감소뿐만 아니라 외환보유액의 가용성에 대한 불신도 한국의 '금융위기설' 제기를 부채질했었다. 심지어, 일각에서는 한국투자공사의 손실, 미(美) 회사채·자산유동화증권 투자 손실 등으로 가용 외환보유액이 많지 않을 것이라는 주장이 제기됐었다. 급기야 300억 달러의 한-미 통화 스왑 체결(2008년 10월), 한-중 통화 스왑과 한-일 통화 스왑(2008년 12월)을 각각 300억 달러로 확대함으로써

15 IMF(2007)에 따르면 한국의 자본시장 개방 및 외환거래제도 자유화 정도는 일본 및 스위스와 유사한 수준이라고 평가했다. IMF(2007), Annual Report on Exchange Arrangement and Exchange Restriction.

한국의 '금융위기설'이 진정됐었다.[16]

여기서 유의할 것은 1997년 하반기 외환위기 이후 한국의 금융불안의 진원지가 외환시장이었다는 점이다.[17] 2008년 하반기 글로벌 금융위기 전·후로 국제비교한 결과, 한국은 외환시장이 주요국에 비해 특히 불안하고, 다음 순서로 자금중개시장, 주식시장이다. 외환시장은 주식시장과 달리 2008년 하반기 글로벌 금융위기 전에는 안정된 모습을 보였으나 그 후 극도로 불안한 양상을 보였다.

계량적 분석결과를 보면, 2010년 3월 이후 금융불안지수(FSI : Financial Stress Index) 상승에 대한 외환시장의 기여율이 62.8%로 가장 높았으며 다음으로 주식시장(32.0%), 자금중개시장(5.2%) 순서로 나타났다. 최근에 들어 금융불안지수(FSI)에서는 외환시장의 기여율이 1997년 하반기 외환위기와 2008년 하반기 글로벌 금융위기에 비해 높아진 반면에 자금중개시장의 금융불안 기여율은 크게 낮아졌다. 상기한 금융불안지수(FSI) 상승요인 분석결과는 2008년 하반기 글로벌 금융위기 전후 국제비교 분석에서도 한국 외환시장의 불안정성이 다른 나라에 비해 두드러지게 큰 것으로 나타났다.

또한, 국내 주식시장에서 외국인의 주식보유 비중이 크다. 상술하면, 한국의 총 외국인투자 중 주식투자 비중은 39.0%(2007년 기준)로 OECD 국가 30개국 중에서 3위이다. 2006년 말 기준 한국의 외국인 주식투자 비중은 37.3%로 헝가리(77.7%), 리투아니아(51.7%), 멕시코(45.1%) 다음으로 큰 수준이다. 외국인 주식투자 비중이 가장 큰 헝가리는 2008년에 IMF 구제금융을 신청하였고, 리투아니아는 2009년 상반기 국가 부도 위험이 높은 국가로 지목되었다.

특히, 국내 주식시장과 달리, 외환시장에서는 국내 금융기관과 개인의 비중이 낮아 외국인의 포트폴리오 변동에 대한 반대 포지션을 취할 국내 금융기관 및 개인의 세력이 약하다. 외환시장에서 외국인 거래 비중이 크고 거래통화가 대부분 달러화로 구성되어 있기 때문에 외국인의 외환거래가 미치는 영향력이 크다. 한국의 외환거래량 규모는 GDP 대비 5.4%에 불과하다.

참고로, 외은지점이 전통적 외환거래(현물환, 선물환, 외환스왑)에서 차지하는 비중(2010년

16 2008년 하반기 글로벌 금융위기 당시, 외환보유액이 2007년 말 2,622억 달러에서 2008년 말에 2,012억 달러로 610억 달러 감소하였을 뿐만 아니라 외환보유액의 가용성에 대한 불신도 '한국 위기설' 제기에 일조했었다. 즉 한국투자공사의 손실, 미(美) 회사채·자산유동화증권 투자 손실 등으로 가용외환보유액이 많지 않을 것이라는 주장이 제기됐었다.

17 한국의 외환시장 불안지수 순위가 2008년 하반기 글로벌 금융위기 이전에는 총 38개 통화 중 13위였으나 그 후에는 34위로 급락하였다. 한국이 속한 자유변동환율제도 국가 그룹의 총 22개 통화 중에서 2008년 하반기 글로벌 위기 이전 2위에서 위기 그 후 18위로 크게 하락하였다.

1/4분기 말 현재)은 48.5%이며 외환파생거래에서 차지하는 상기 비중은 66.5%이다. 특히, 원/달러 선물환 거래에서 역외 NDF(Nondelivery Forward) 거래 규모는 일평균 52억 2,000만 달러로 전체(60억 3,000만 달러)의 86.6%를 차지했었다.[18]

(1) 외화유동성 관리 프로그램

① 총외채

정부는 일반적으로 경제성장에 필요한 사회간접자본 및 공공시설 투자 재원을 조달하기 위해 해외에서 장기자금을 차입한다. 이와 반면에, 「한국은행」은 중앙은행으로서 단기적으로 통화량을 조절하고 물가를 관리하기 위하여 주로 단기외채를 운용한다. 금융권은 주로 해외와의 금리 차이를 이용해 낮은 금리로 해외 자본을 차입하여 수익률이 높은 국내 기업이나 민간부문에 투자함으로써 금리 차익을 얻는다. 기업들도 금융비용을 낮추기 위해 해외에서 저(低)금리 자금을 차입하는 경우가 많다.

일반적으로, 금융시장이 발달한 선진국일수록 대외채무 규모가 크다. 왜냐하면 선진국은 주식이나 채권이 거래되는 자본시장을 완전히 개방한 데다 그 국가의 채권을 사려는 외국인들의 수요가 많아 채무가 늘어나기 때문이다. 따라서 한 국가의 대외채무 숫자만을 가지고 국가 경제의 위험도를 판단할 수는 없다. 한국의 경우 대외의존도가 높고 자본시장도 개방돼 있다. 경제 규모나 무역 규모가 확대되면 외채 규모도 증가하는 것이다.

한편, 외채의 위험 정도를 판단할 때는 외채 규모의 절대적인 숫자도 중요하지만 그 구성이 어떠한가를 살펴보아야 한다. 대외채무의 건전성을 판단하는 지표로는 주로 총 외채에 대한 단기외채 비중과 준비자산(외환보유액) 대비 단기외채 비율이 사용된다. 여기서 단기외채는 만기가 1년 이하인 대외채무를 의미한다. 단기외채가 많다는 것은 그만큼 시급히 상환해야 할 외채가 많다는 것이다. 따라서 총외채에 대한 단기외채의 비중과 외환보유액에 대한 단기외채의 비율이 급격히 상승하면 대외채무의 건전성이 좋지 않은 상황이라고 판단한다.

대외 지급 능력을 보여주는 단기외채(만기 1년 미만 외채) 비중은 2016년 9월 현재 27.9%로 1997년의 36%와 2008년 3/4분기 72.6%, 2010년 2/4분기 63.7%, 2014년 76.3%에 비해 매우 개선되었다고 말할 수 있다.

18 역외 NDF 시장은 비(非)거주자가 계약 시 선물환율과 만기 시(時) 현물환율의 차이를 원화가 아닌 달러화로 정산하는 선물환거래 시장이다.

다행히 「한국은행」이 발표(2017. 2. 22)한 '2016년 국제투자대조표'를 보면, 2016년 대외채권은 7,843억 달러로 전년 대비 638억 달러 증가(전년 대비 8.6% 증가율)한 반면에 대외채무[19]는 3,809억 달러로 전년 대비 151억 달러 감소(전년 대비 3.8% 감소율)했다.[20] 이것은 한국이 외국으로부터 받을 돈이 외국에 갚을 돈보다 4,000억 달러 이상 많은 것을 말해 준다. 이로써 한국이 순수하게 받아야 할 채권을 의미하는 순(純)대외채권(대외채권-대외채무)은 4,034억 달러(7,843억 달러-3,809억 달러)로 역대 최대를 기록했다.[21]

그러나 총 외채 3,809억 달러는 한국의 국내총생산(GDP) 1조 달러의 40%(4,000억 달러)에 이르는 대규모이기 때문에 정부가 내부적으로 잡고 있는 심리적 저항선에 조금 덜 미친다는 점에 유의할 필요가 있다.

한편, 2016년 대외채무에서 장기외채(2,757억 달러)가 160억 달러 줄었고, 단기외채(1,052억 달러)는 8억 달러 늘었다. 전체 대외채무(총외채) 가운데 1년 안에 갚아야 하는 단기외채가 차지하는 비율은 27.6%로 전년 대비 1.3%포인트 상승하는 등 대외 건전성 지표는 소폭 악화됐다.[22] 또한, 2016년 외환보유액(3,711억 달러) 대비 단기외채(1,052억 달러) 비율은 28.3%이다. 이 비율은 2013년 32.3%, 2014년 32%, 2015년 28.3% 등으로 계속 떨어졌다. 이것은 1997년 하반기 외환위기(286.1%)와 2008년 하반기 글로벌 금융위기(79.3%) 당시와

---

19 대외채무의 사전적 의미는 '한 나라 거주자의 비거주자에 대한 확정 금융부채 잔액'이다. 거주자는 국내에 주소를 두거나 국내에 1년 이상 거주하는 개인을 말한다. 따라서 한국의 외채는 한국 거주자가 해외 비거주자에게 미래 어떤 시점에 지급해야 하는 채무의 잔액이다. 「한국은행」은 대외채권과 함께 대외채무 통계를 매 분기 작성·공표하고 있다. 대외채무란 예를 들어 비거주자가 국내채권에 투자하면 발생한다. 이와 반대로 거주자가 해외채권에 투자하면 대외채권을 갖게 된다. 또한, 거주자가 비거주자로부터 빌린 자금은 대외채무인 반면에 거주자가 비거주자에게 대출을 해줄 경우에는 대외채권이 된다. 이외에도 거주자와 비거주자 사이의 금융거래에서 발생하는 각종 채권 채무가 대외채권·채무통계에 반영이 된다.

「한국은행」은 이용자의 편의를 위해 대외채권·채무통계를 부문별 기간별 형태별로 나눠 발표한다. 대외채권과 대외채무에 구체적으로 어떤 채권과 채무가 들어 있는지를 알고 싶다면 형태별 분류를 살펴보면 된다. 대외채권·채무의 형태는 금융상품의 성격에 따라 부채성증권, 대출·차입, 현금 및 예금, 무역신용, 계열기업 간 대출·차입, 기타자산·부채, 준비자산으로 나눌 수 있습니다. 부채성증권은 국채 회사채 등의 채권을 의미한다.

20 한국의 총 외채(대외채무)는 글로벌 금융위기 직후인 2008년 말의 3,174억 달러, 2009년 3,457억 달러, 2010년 3,598억 달러, 2011년 3,987억 달러, 2012년 4,094억 달러, 2013년 9월 4,110억 달러로 점점 증가하는 추세를 보였다.

21 순대외채권은 대외채권에서 대외채무를 뺀 숫자다. 외국인과의 자금거래에서 받을 돈과 줄 돈 중 어느 것이 많은지를 볼 수 있다. 대외채권·채무통계가 공표되기 시작한 1994년 말부터 한국의 순대외채무는 큰 폭으로 증가했다. 왜냐하면, 빚을 끌어다 쓰면서 대외채무가 대외채권보다 더 큰 폭으로 증가했기 때문이다. 결국, 한국은 1997년 외환위기를 겪게 되었다. 그러나 1999년 말부터는 외국에서 받을 돈이 줄 돈보다 커져 한국은 순대외채무국에서 순대외채권국이 됐다. 그 이후 대외채무가 늘었을 때도 그 증가세가 대외채권에 미치지 못해 한국은 현재까지 순대외채권국 지위를 유지하고 있다. 2000년 대외채권이 대외채무를 초과했고 순대외채권은 꾸준히 늘어 2013년 말 1천 854억 달러, 2014년 말 2천 538억 달러, 2015년 말 3천 245억 달러를 기록했다. 2016년의 순대외채권이 4,034억 달러로서 4천억 달러를 넘어서기는 이번이 처음이다.

22 총 외채에서 차지하는 단기외채 비중은 2007년 말 48.1%, 글로벌 금융위기 직후인 2008년 9월에는 51.9%까지 치솟았었는데, 그 후 15년 만에 처음으로 30% 밑으로 떨어진 것이다.

비교하여 현재 외채구조가 크게 개선되었다는 것을 의미한다.

다른 한편으로, 한국의 '대외 금융자산'은 2016년 말 기준으로 1조 2,397억 달러(약 1,414조 원)로 1년 전 1조 1,440억 달러와 비교해 958억 달러(증가율 8.4%) 늘었다. 이것은 역대 최고 액수였다. 대외 금융자산이란 국내 기업과 국내 거주자가 직접 투자, 증권 투자, 파생금융상품 등 금융투자로 쌓아둔 자산을 뜻한다. 국외 증권 투자액은 673억 달러(전년 대비 28.6%), 직접 투자액은 202억 달러(7.1%) 각각 늘었다. 2016년 말 기준으로 누적 증권 투자액과 직접 투자액은 3,028억 달러, 3,061억 달러로 나란히 3,000억 달러를 돌파했다.

대외채권을 포함한 대외 금융자산에서 대외 금융부채를 뺀 순(純)대외 금융자산은 2천 785억 달러로 2015년 말보다 740억 달러 늘었다. 대외 금융자산(1조 2천 397억 달러)은 1년 동안 958억 달러, 대외 금융부채(9천 612억 달러)로 217억 달러 각각 증가했다. 한국은 분기 기준으로 2014년 9월 말 순(純)대외 금융자산에서 처음 플러스(+)를 기록한 이후 순(純)자산국 지위를 유지하고 있다. 순(純)대외 금융자산은 2014년 말 842억 달러, 2015년 말 2천 45억 달러에 이어 최대치 기록을 또 경신했다.

또한, 외국인의 대(對)한국 투자도 증가했다. 한국의 대외 금융부채(외국인 투자)는 2016년 말 기준 9,612억 달러로 2015년 말에 비하여 217억 달러(2.3%) 늘었다. 2014년 9,943억 달러에서 2015년 9,395억 달러로 5.5% 감소했던 외국인 투자는 2016년에 들어 증가세로 돌아섰다.

여기서 유의할 것은 국내에서 마땅한 투자처를 찾지 못한 돈이 해외 증권 투자와 직접 투자의 형태로 꾸준히 해외로 빠져나가고 있다는 점이다. 즉, 경상수지 흑자로 확보한 자금이 국내에 충분히 투자되지 못하고 있다. 이 상황은 「한국은행」의 국민계정 통계에 나타나 있듯이 2016년 설비투자 증가율이 -2.4%로 2009년(7.7%) 이후 7년 만에 최저를 기록했다는 사실로서 입증할 수 있다.

종합적으로 보면, 총외채는 3,809억 달러로 전년 대비 151억 달러 감소했다. 그 요인은 장기외채(계약만기 1년 초과)가 2,758억 달러로 전년 대비 160억 달러 감소했기 때문이다. 대외채권에서 대외채무를 뺀 순(純)대외채권도 4,034억 달러로 사상 최대치를 기록했다. 총외채가 감소한 이유는 외국인의 국내 채권투자가 감소(-179억 달러)했기 때문이다. 외국인 국내 채권투자 감소 중에서 거래요인에 의한 감소는 163억 달러, 환율 및 가격변동 등 비(非)거래요인에 의한 감소는 17억 달러로 각각 나타났다.

그러나 2016년 말 기준으로 단기외채(계약만기 1년 이하)는 1,052억 달러로 전년 대비 8억 달러 증가했다. 총외채 대비 단기외채 비중은 27.6%로 2013년(26.4%) 이후 가장 큰 수준이다.[23] 또한, 위기 상황에서 단기적 대외지급능력을 보여주는 외환보유액 대비 단기외채 비중도 28.3%를 기록했다.

요컨대, 단기외채의 소폭 증가에도 불구하고 외채구조의 건전성과 지급능력 지표는 건전한 수준으로 유지되고 있다고 말할 수 있다. 그러나 미국 금리 인상 가능성, 도널드 트럼프(Donald Trump) 정부의 보호무역주의와 미·중(美·中) 간 '환율전쟁', 중국의 금융시장 불안 등과 같은 국제금융시장의 불확실성이 상존하고 있는 상황이기 때문에, 정부는 외채(특히 단기외채)와 외환보유고의 동향을 면밀히 점검하는 등 대외건전성 유지에 각별히 유의해야 할 것이다.

② 외환보유액

외환보유액은 긴급한 경우에 사용할 수 있는 국가차원의 비상금이다. 즉, '외환보유액'이란 중앙은행이나 정부가 국제수지 불균형을 보전하거나 외환시장 안정을 위해 언제든지 사용할 수 있도록 보유하고 있는 '대외지급준비자산'이다.[24]

「한국은행」에 따르면 2016년 말 기준으로 외환보유액은 3,711억 달러다. 1997년 하반기 외환위기의 300억 달러와 2008년 하반기 글로벌 금융위기의 2,000억 달러에 비해 크게 증가했다.

국제적으로 비교해 보면, 한국의 외환보유액은 세계 7위를 차지하고 있다. 국내총생산(GDP) 규모에서 13위인 한국이 외환보유액에서는 7위인 것은 상당히 많은 외환보유액을 확보하고 있다고 말할 수 있다. GDP 대비 외환보유액 비중을 보면 홍콩이 113.1%로 가장 크고 사우디아라비아가 98.1%로 그 뒤를 잇고 있다. 대만과 스위스는 79.1%로 큰 편에 속한다. 중국은 37.1%, 일본은 27.4%, 한국은 25.8%로 중간 그룹에 속한다. 이와 반면에 러시아(20.7%)와 브라질(15.5%), 인도(15.7%)는 상대적으로 작은 편이다.

그렇다면, 2016년 말 기준으로 3,711억 달러의 외환보유액이 어떻게 쌓였을까? 그동안 한국은 수출을 많이 해 무역을 통하여 돈을 많이 벌었고, 외국 회사들이 한국에 지점을 만들면서 투자를 많이 했고 한국 주식도 많이 샀다. 또한, 정부와 「한국은행」이 여러 경로를

23 2016년 9월 기준으로 주요 20개국(G20) 중에서 한국의 총외채에 대한 단기외채의 비율(27.6%)은 11위였다. 미국(29.1%), 중국(55.4%), 일본(73.5%) 등은 한국보다 높았다. 한편, 준비자산(외환보유액) 대비 단기외채 비중은 작년 말 28.3%로 1년 전과 같은 수준이다.

24 여기서 유의할 것은 기업이나 일반 은행이 갖고 있는 외화는 외환보유액으로 간주하지 않는다는 점이다. 왜냐하면, 국가가 경제위기에 처해 있으니 기업이나 일반 은행에 "보유하고 있는 외화를 내놔라"라고 할 수 없기 때문이다.

통해 사들인 외화자산과 이를 운용하여 얻은 수익, 국제통화기금(IMF)에 대한 출자 및 금(金) 매입을 통해 축적한 것이다.

사실, 외환보유액은 한 국가의 대외지급능력을 보여주는 대표적 지표로서 국민경제의 안전판인 동시에 국가신인도를 높이는 역할을 수행한다. 상술하면, 1997년 하반기 외환위기 때 경험했었듯이, 경상수지 적자가 지속되어 달러가 부족하고 금융기관들이나 기업들이 외화를 구할 수가 없어 해외에 대금을 결제하지 못하는 상황이 발생하면 「한국은행」이나 정부가 보유하고 있는 외환보유액을 공급하여 외환위기를 사전에 방지할 수 있다. 1994년 멕시코, 1995년 아르헨티나, 1997년 태국·인도네시아·필리핀·대만·한국 등은 외환위기를 겪었는데, 이들 국가들은 당시 모두 경상수지 적자 국가였다.

또한, 외환보유액은 환율을 안정시키고 국가 신용을 높이는 데도 기여한다. 상술하면, 환율이 급격하게 변동할 경우, 달러를 사들이거나 내다 파는 등 외환시장의 안정을 위해서도 사용할 수 있다.[25] 실례를 들면, 2014년 6월 4일, 원화 강세(원/달러 하락)를 방어할 목적으로, 외환당국이 달러화표시 10억 달러어치의 외국환평형기금채권(외평채)을, 유로화표시 채권 7,500만 유로(약 10억 달러)어치를 각각 발행했었다.[26]

여기서 직면하게 되는 정책선택의 문제는 다음과 같다. 즉, 외환 당국이 당장 원/달러 환율, 즉 원화가치를 안정시킬 것인지 혹은 외환보유액을 지킬 것인지를 결정하는 것이다. 그러나 상기 두 가지 모두 동시에 선택할 수는 없다.

상기한 정책선택 문제에 대한 해답은 해외 의존도가 높은 한국의 기본입장에서는 원화가치 안정화를 도모하는 것이 아니라 외환보유액을 아껴야 한다고 저자는 생각한다. 왜냐하면 한국의 외환 당국이 아무리 미(美) 달러를 많이 매도한다고 해서 미국의 미(美) 달러 강세를 조절할 수 없기 때문이다. 게다가 환(換)투기세력이 달라붙는 상황에서 외환 당국의 미(美) 달러 매도는 투기꾼들의 배만 불리기 십상이다.[27]

따라서 원화가치의 안정화보다 외환보유액의 확보가 더 중요하다. 모름지기, 비상시에

25 1990년대에는 고정환율제를 시행하던 신흥국 대부분이 현재는 변동환율제를 채택하고 있어 헤지펀드의 공격에 예전보다 유연하게 대응할 수 있다. 한국처럼 물건을 많이 수입해 쓰는 국가는 환율이 급등하면 물가가 크게 오른다. 환율이 달러당 1,000원일 때 10달러짜리를 수입하면 1만 원이지만, 1,250원일 때는 1만 2,500원이 된다. 따라서 환율이 급히 오르면 정부는 갖고 있던 달러(외환)를 내다 팔아 환율을 안정시킨다.

26 이 결과, 외환당국이 사들인 달러가 외환보유액에 쌓여 2014년 6월 말 국내 외환보유액의 91.7%를 차지하는 국채·회사채 등 유가증권은 3,362억 3,000만 달러로 전월에 비해 61억 2,000만 달러가 증가했다. 예치금은 5억 4,000만 달러가 줄어든 195억 3,000만 달러(5.3%), 국제통화기금(IMF) 특별인출권(SDR)은 1,000만 달러 증가한 35억 달러(1%)였다.

27 임양택, 칼럼 : "내년부터 헤지펀드가 들어온다고 하는데", 조선일보, 2008. 10. 29.

대비하기 위한 외환보유액이 넉넉해야 한다. 사실, 국제 차입 시장이 얼어붙으면 국내 은행들이 기댈 곳은 외환보유액밖에 없다. 외환보유액이 많다는 것은 그만큼 국가의 지급 능력이 충분하다는 것을 의미한다. 따라서 국제신용평가회사들(무디스 등)은 국가신용도를 평가할 때 외환보유액 규모를 가장 중요한 요소로 간주한다.

그렇다면, 외환보유액은 많으면 많을수록 좋은가? GDP 대비 외환보유액의 비중 1~10위 국가들(홍콩, 사우디아라비아, 대만, 스위스, 중국, 러시아, 일본, 한국, 인도, 브라질)을 보면 일본을 제외하고는 미국, 독일, 프랑스 등 선진국은 상기 10위 순위에서 찾아볼 수가 없다는 점이다. 그 이유는 다음과 같다. 미국은 필요할 경우 언제든지 달러를 찍어내면 되므로 굳이 많은 외환을 보유할 이유가 없다. 그리고 유로를 공동통화로 사용하는 독일, 프랑스, 이탈리아 등은 유로가 국제적으로 통용되고 있기 때문에 필요할 때 어느 정도 유로를 찍어낼 수 있는 데다 어느 한 유럽연합(EU) 회원국의 외환이 부족할 경우 십시일반(十匙一飯) 도와줄 수 있다. 그러나 스위스는 유럽 중심에 있으면서도 유로가 아닌 스위스프랑을 사용하면서 유럽연합(EU)에도 가입하지 않고 있기 때문에 외부충격의 방파제 역할을 하는 외환보유액을 5,450억 달러(GDP 대비 77.4%)나 쌓아놓고 있다.[28]

여기서 유의할 것은 외환보유액을 많이 보유할수록 '비용', 즉 국채(통화안정증권) 발행으로 인한 이자부담이 증가한다는 점이다. 그 이유는 다음과 같다. 정부와 「한국은행」은 경상수지 흑자가 증가하거나 외국인 투자자금이 대규모로 유입되어 외화가 넘쳐날 때 외환시장 안정을 도모하기 위해 외화를 사들이고 있다. 이때 외화를 매입하는 대가로 원화를 지급하기 때문에 시중에는 원화 자금이 풀리게 된다. 원화가 너무 많이 풀리면 물가 상승이 유발될 수 있으므로 한국은행은 채권(통화안정증권)을 발행에 이를 적절히 흡수한다. 또한 정부도 외화를 매입하는 데 필요한 원화 자금을 마련하기 위해 국채를 발행하고 있다.

정부와 「한국은행」이 채권을 발행하면 일반 기업과 마찬가지로 이자를 지급해야 한다. 이와 반면에 외환보유액은 비상금이라는 속성상 미(美) 국채와 같이 즉시 현금화할 수 있는 안전자산(저위험·저수익)에 주로 투자되다 보니 위험과 수익은 비례한다는 투자 원리상 구조적으로 높은 수익률을 얻기가 힘들다.[29] 이때 외환보유액을 통해 얻는 수익이 정부 혹

28 제2차 세계대전 때 막강한 독일을 돌아가게 만든 것이 스위스의 자체적인 군사력이었다면 최근의 경제전쟁에서는 '경제 무기'가 외환보유액인 것이다.

29 많은 다른 나라가 외환보유액의 투자 대상으로 미국 국채를 선호한다. 미국의 국채란 '이것을 가진 사람은 액면에 표시된 금액만큼을 미국에 빌려줬으며, 그 이자를 받을 권리가 있다'라는 증서이다. 따라서 부도 날 염려가 거의 없다. 그렇다고 모든 외환보유액을 미국 국채에만 쏟아붓는 것은 아니다. 그랬다가 달러 가치가 떨어지면 큰 손해를 보게 되기 때문이다. 그래서 외환보유액은 달러뿐 아니라 유로나 엔화로 바로 바꿀 수 있는 재산에도 투자해놓는다.

표 6-3 외환위기에 대비하기 위한 소요 외환보유액 추정

항목	금액(백만 달러)	소요비율(%)	소요액(백만 달러)
수입(2014년)	525,510	30	157,653
유동외채(2015년 2분기 말 추정)	180,000	100	180,000
외국인주식투자(2015. 9. 18)	416,862	33	137,564
위기시 소요외환보유액			475,217
외환보유액(2015년 8월 말)			367,534
부족분1			−107,683
2선외화유동성	한·중 통화 스왑		56,000
	CMI		38,400
	계		94,400
부족분2			−3,283
자본도피(추정)			30,000
환율 안정 정부시장개입(추정)			30,000
최종부족액			−63,283

주 2018년 8월 말 기준으로 외환보유액 3,675억 3,400만 달러 기준으로 계산.

은 한국은행이 지급하는 채권이자보다 낮은 경우 그 차이만큼 정부 혹은 「한국은행」이 외환보유에 따른 손실을 보게 된다.

상기한 바와 같이, 외환보유액을 늘리기 위하여, 「한국은행」이 달러를 사들이는 대가로 원화를 내다 팔아야 한다. 이때 시중에 원화가 너무 많이 풀리면 인플레이션 우려가 있으므로 다시 원화를 흡수하기 위해 「한국은행」이 채권(통화안정증권)을 발행한다. 일반적으로 통화안정증권을 발행하면서 지급해야 하는 금리, 즉 조달금리(비용)에 비해 외환보유액

을 굴리는 운용금리(수익)가 낮다. 왜냐하면 외환보유액은 필요할 경우 언제든지 사용할 수 있어야 하므로 수익성보다는 유동성과 안정성을 우선시할 수밖에 없기 때문이다. 외환보유액을 안정적으로 굴리면서 얻게 되는 낮은 수익과 상대적으로 높은 조달 금리의 차이가 외환보유액을 쌓는 비용인 것이다.

따라서 외환보유액은 지나치게 적으면 안 되지만 그렇다고 해서 마냥 많이만 쌓아둘 수도 없다. 거센 파도나 쓰나미가 올 것에 대비해 방파제를 높이 쌓는 데만 자원을 투입할 수는 없는 노릇이다.[30] 그러나 외환보유액이라는 비상금 또는 방파제가 가져다주는 든든함은 단지 돈으로 환산할 수 없는 것이다. 여기서 유의할 것은 외환보유액이 2014년 9월~2015년 8월 기간에 사상 최대 폭인 4,114억 달러가 감소하였으며, 2014년 총외채 중에서 단기외채 비중이 76.3%로 사상 최고 수준이었다는 점이다. 따라서 한국의 외화유동성은 과거보다는 많이 개선되었지만 결코 안심할 수준이 아니라는 것을 알 수 있다.

그렇다면, 외환보유액의 적정 규모는 어느 정도일까? 글로벌화의 진전으로 자본 유·출입이 빈번해지면서 적정 외환보유액 수준도 점점 더 강화되는 추세이다. 적정 외환보유액 수준을 산정하는 기준으로는 통상 세 가지가 있다. ① 국제통화기금(IMF, 1953년)이 제시한 '3개월분 수입액', ② 그린스펀-기도티 룰(1999년)이라고 불리는 '3개월분 수입액 + 유동외채(1년 이내에 갚아야 할 외채)', ③ 국제결제은행(BIS, 2004년)이 제시한 '3개월분 수입액 + 유동외채 + 외국인 포트폴리오 투자자금의 3분의 1'이다.

한국의 외환보유액은 2015년 8월 말 기준으로 3,675억 3,400만 달러(2016년 말 기준으로 3,711억 달러)인 반면에 위기 시 소요외환보유액은 4,752억 1,700만 달러로서 외환부족액이 1,076억 8,300만 달러이다. 다행히 2선외화유동성이 944억 달러이지만 그래도 외환부족액이 32억 8,300만 달러이다. 게다가 자본도피가 300억 달러로, 환율 안정을 위한 정부의 시장개입 소요액이 300억 달러로 각각 추정된다. 따라서 최종 외환부족액은 632억 8,300만 달러(한·중 통화 스왑 560억 달러와 CMI 384억 달러를 포함)로 추산된다.[31]

외환보유액의 적정 규모의 추정은 궁극적으로 대외 충격에 강한 경제시스템을 구축하기 위한 것이다. 따라서 외환보유액 수준에만 집착할 것이 아니라 건전한 경제기초 여건을

---

30 2011년 3월 동일본 대지진 당시 난공불락처럼 보였던 가마이시(釜石)항의 방파제는 80%가 힘없이 무너지고 말았다. 1,200억 엔(약 1조 2,000억 원)을 들여 31년이나 걸려 완성한 '일본의 만리장성'이라고 불리던 방파제였다.

31 한국경제연구원은 BIS 기준에 따라 적정 외환보유액을 추정해본 결과 한국의 그것은 2014년 기준으로 4,433억 달러인데, 당시 실제 외환보유액이 3,636억 달러여서 797억 달러가 부족하다는 분석 결과를 제시했다. 한국경제연구원, "2016 한국 경제 5대 이슈 전망과 대응방향", 2015. 12. 15. 이에 대해 한국은행은 현재의 외환보유액이 충분한 수준이라는 반박자료를 내놓았다.

바탕으로 자본 유·출입에 따른 과도한 변동성을 보안할 수 있는 정책을 마련하고 금융기관들의 위기대응능력을 높이는 방향으로 접근함이 바람직할 것이다.

따라서 통화별 만기별 자금종류별로 플로우차트(flow-chart)를 일별로 점검하는 '외화유동성 관리프로그램'을 운용해야 한다. 최악의 리스크를 가정한 '소요 외환보유액' 개념(RAR : Reserve at Risk)을 도입해 '소요 외환보유액'을 전망하고 이를 확충하거나 미국·일본·중국의 통화 스왑을 정착시켜야 할 것이다. 또한 한·중·일 간 재무장관 중앙은행총재회의를 복원하여 '거시경제정책 조정기구'와 '통화금융협력기구'를 실효성 있게 추진해야 할 것이다.

(2) 과도한 자본 유·출입에 대한 자본관리정책(CFMs)

전술한 바와 같이, 한국은 대외 충격에 극히 취약하다. 세계 경제의 불확실성이 커지고 국제금융시장의 변동성이 확대될 때, 국내경제 규모와 금융시장 규모가 상대적으로 작고 국내 자본시장의 개방도가 높기 때문에, 글로벌 금융변동성의 충격이 증폭될 수 있다.

따라서 한국 정부가 걱정할 것은 일시적 주가 하락이나 금리 상승이 아니라 북한 핵무기와 관련된 한반도의 지정학적 리스크로 인한 외국인 투자자금의 해외이탈을, 그로 인한 '달러화 강세'(원화가치 하락, 달러 대비 원화 환율 절상)에 의하여 야기될 수 있는 외환파동을 가장 경계해야 한다.

구체적으로, 한국의 투자잔액대비 은행차입 및 채권자금의 변동성이 선진국은 물론 여타 신흥국의 그것보다 높기 때문에, 글로벌 유동성, 특히 주요국의 민간신용 창출수준과 연계한 '자본관리정책'(CFMs : Capital Flow Management Measures)을 수행할 필요가 있다. 예로서 선물환포지션 한도규제, 외환건전성 부담금제도 등을 들 수 있다. 또한, 주요국들과의 통화교환협정(스왑) 체결을 통해 만약의 사태에 대비할 필요성이 더욱 절실해졌다.

다행히, 한국 정부는, 2010년 이후 과도한 자본유입 억제를 위한 자본관리정책(CFMs)으로서 '외환 방패 3종 세트', 즉 ① 외국인 채권투자 과세 환원, ② 선물환 포지션 규제, ③ 외환건전성 부담금 도입을 마련해 두고 있다.

우선, 한국의 자본관리정책(CFMs) 현황을 국제투자와 국내금융시장의 관계의 측면에서 살펴보자. 2004년 이후 경상수지 흑자 규모가 큰 폭으로 줄어들고 있음에도 불구하고 대외투자 증가 속도가 외국인투자 증가 속도보다 낮기 때문에 큰 폭의 자본수지 흑자가 지속적으로 발생하고 있으며, 이 결과 큰 폭의 국제수지 흑자 기조가 유지되고 있다. 나아가, 이것은 한국의 환율조절능력을 약화시키고 있다. 이것은 일본이 경상수지 흑자로 유입되는 외화를 왕성한 대외투자를 통해 국외로 유출시키고 있는 것과 대조적이다. 그 원인은 1997년 하반기 외환위기 이후 자본자유화(Capital Liberalization)로 국내 금융 및 외환시장이 개방되어 자본의 유·출입이 쉬운 반면에 한국의 대외투자 활성화에는 소홀했기 때문이다. 또한, 한국의 대외투자가 저조한 이유는 해외직접투자가 제조업 공동화의 원인이라는 부정적 시각으로 인하여 정부나 기업이 해외직접투자에 적극적으로 나서기 어려운 한국사회의 분위기이기 때문이다.

따라서 국내 금융시장 안정을 위해 한국의 대외투자와 외국인의 국내투자 간 격차 축소가 필요하다. 왜냐하면 상기 투자 사이의 격차가 지나치게 확대되어 있어 독립적인 환율조절 능력이 약화되고 있기 때문이다. 참고로, 대부분 선진국의 경우 대외투자가 자국내 외국인투자를 상회한다.

심지어, 대외투자가능 자산의 상당한 비중(약 54%)이 정부와 「한국은행」이 채권(통화안정증권 등)을 발행하여 확보한 원화를 갖고 시중에서 달러나 다른 외화로 표시된 자산을 구입함으로써 외환보유액으로 유지되고 있기 때문에 통화안정증권 발행잔액이 급증함에 따라 통화안정증권에 대한 이자 지급액이 급증하자 추가적인 통화안정증권 발행이 어려운 상황에 직면해 있다.

한 걸음 더 나아가, 대외직접투자 활성화를 외환시장을 포함한 금융시장의 안정뿐만 아니라 경제선진화 달성의 수단으로 활용해야 할 것이며, 또한 대외직접투자를 제조업 공동화가 아니라 산업구조 고도화를 위한 기회로 활용할 수 있다. 즉, 국내 제조업 공동화 가능성이 상대적으로 낮은 국내 비교열위산업, 해외 비교우위산업, 자원개발산업 등에 대외투자를 촉진해야 할 것이다. 따라서 대외투자는 산업구조 고도화, 금융 국제화를 위해 반드시 필요하다.

(3) 외환시장의 안정을 위한 외은지점에도 동일하게 외화유동성 비율 규제 적용

전술한 바와 같이, 국내 금융불안을 야기하는 곳은 외환시장이다. 따라서 금융불안의 충격을 최소화하기 위한 정책방향은 외환시장을 안정시켜 변동성을 줄이고 불확실성을 해소하는 것에 초점을 맞추어야 한다. 구체적으로, 다음과 같은 조치가 필요하다.

첫째, 외환위기 재발 방지를 위해서는 점진적으로 외은지점에 대한 차별적 혜택을 줄이고 궁극적으로 '동일영업-동일규제 원칙'을 확립해야 할 것이다. 여기서 유의할 것은 미시경제적 외환건전성 규제(외화유동성 비율에 대한 규제)는 한국의 은행들에게는 적용되는 반면에 국내 단기외채에서 외은지점이 차지하는 비중이 높지만 외은지점에게는 적용되지 않고 있다는 점이다. 이러한 불(不)평등한 외환건전성 규제하에서, 단기외채의 유·출입이 국내 은행보다는 외은지점을 중심으로 이루어지고 있다.

심지어, 외은지점은 외화유동성을 국내에 공급하는 과정에서 외환시장을 교란시키기

표 6-4 외은지점 및 국내 은행에 대한 외환건전성 규제 현황

규제내용	외은지점	국내 은행
외환파생리스크 관리기준	○	○
외국환포지션	○	○
외화유동성비율	×	○
중·장기외화대출재원 조달비율	×	○
외화안전자산 보유	×	○
외화유동성리스크 관리기준	×	○

자료 이성남(2010. 4). "반복되는 외환시장 혼란의 원인과 개선 방안", 『정책자료집』.

도 한다. 상술하면, 외은지점의 단기외채가 급증하면 달러공급 증가로 원/달러 환율이 과도하게 하락(원화 강세)하고, 글로벌 금융불안 시에는 외화자금의 이탈로 원/달러 환율이 급등(원화 약세)한다. 2006~2007년 기간 중 은행권의 단기외채 증가를 국내 은행과 외은지점으로 구분하여 살펴보면, 외은지점은 544억 달러, 국내 은행은 226억 달러로 외은지점의 단기차입이 국내 은행을 2배 이상 상회하였다.

사실, 외은지점들에 의한 단기차입비중은 외은지점들의 영업행태와 밀접한 관련이 있는데 기본적으로 단기차입 장기운용을 통해 수익의 상당 부분이 창출되고 있다. 이러한 영업행태는 국내 은행과는 달리 외화유동성 규제를 받지 않기 때문에 어느 정도 가능했었다.

둘째, 거시경제적 외환건전성 규제로서, 단기외채의 유·출입 급증을 막기 위해 한국이 비(非)국제통화국임을 고려해 국제사회가 논의하고 있는 총 레버리지 비율뿐만 아니라 외화 레버리지 비율을 단계적으로 도입해야 할 것이다.

상술하면, 미시경제적 외환건전성이 충족되더라도 단기외채의 유·출입을 제어함으로써 시스템 리스크를 방지할 수 있는 거시경제적 차원의 외환건전성 규제가 미비하다. 은행 외화유동성 관리지표는 자산-부채의 만기불일치 방지에 초점을 두고 있기 때문에, 관리지표를 위반하지 않아도 단기외채가 급증할 가능성이 크다. 극단적으로 3개월 미만 외화자금을 조달해 전액 3개월 미만으로 운용할 경우 3개월 외화유동성 비율은 100%로 지도비

율(85%)을 상회한다. 실제로, 글로벌 금융위기가 고조되었던 2008년 4/4분기에도 외화유동성 비율은 당국의 기준치인 85%를 충족시키는 98.9%를 기록했었다. 이러한 관리지표 하에서는 단기외채 비중의 상승을 막기 어려우므로 국내 외채구조가 대외충격에 취약해질 가능성이 크다.

여기서 유의할 것은 자본수지의 높은 변동성과 더불어 자본유출 규제의 필요성으로 거론되는 것은 은행권을 중심으로 한 단기외채의 급증 문제라는 점이다.[32] 따라서, 미시경제적 외환건전성이 충족되더라도, 단기외채를 제한하여 시스템 리스크를 방지할 수 있는 거시경제적 차원의 외환건전성 규제가 필요하다. 그 근거는 다음과 같다.

은행 외화유동성 관리지표는 자산-부채의 만기불(不)일치 방지에 초점을 두고 있어, 관리지표를 위반하지 않아도 단기외채가 급증할 가능성이 크다. 극단적으로 3개월 미만 외화자금을 조달해 전액 3개월 미만으로 운용할 경우 3개월 외화유동성비율은 100%로 외환당국의 지도비율(85%)을 상회한다.[33] 이러한 관리지표 하에서는 단기외채 비중의 상승을 막기 어려우므로 국내 외채구조가 대외충격에 취약해질 가능성이 높아진다.

예로서, 조선·중공업들과 같이 수출이 호조를 보인 기업들은 환율의 추가하락 기대를 반영하여 환헤지(換 Hedge)를 크게 늘렸었다. 그 이유는 수출기업들의 선물환 매도로 대규모 선물환매입포지션에 노출된 은행들이 해외로부터 단기차입을 통하여 현물환을 매도함으로써 선물환매입포지션을 상쇄시키려고 했었기 때문이다.

따라서 향후 세계 경제의 회복으로 한국의 수출이 호조를 보일 경우 선물환거래로 인한 단기차입은 언제든지 증가할 수 있으므로 이를 억제할 수 있는 방안이 필요하다. 다만, 현재 검토되고 있는 자기자본 대비 선물환 포지션 규제의 경우 외은지점의 자본금 규모가 크지 않으므로 선물환 거래 한도를 국내 은행과 차별적으로 적용해야 할 것이다.

셋째, 핫 머니(Hot Money)에 대한 규제를 도입할 필요가 있다. 또한, 중·장기적으로는 외환거래 저변 확대, 시장조성자 육성, 이종통화 직거래 활성화 등 외환시장 구조를 개선하고, 금융기관의 글로벌 업무 역량을 확보하여 실질적인 '원화의 국제화'를 추진해야 한다.

한국 정부는 '원화 국제화'를 위하여 노력을 경주해왔다. '원화 국제화'란 원화가 달러, 유로 등과 같이 국제통화로서의 기능을 수행할 수 있도록 하기 위한 정책을 뜻한다.

---

32 2005년 말 834억 달러에 불과했던 은행권의 외채는 2007년 말에 이르러서는 1,928억 달러로 무려 1,094억 달러나 증가하였다. 그런데 당시 외채 1,094억 달러 중에서 단기로 차입한 규모는 전체의 70%인 770억 달러에 달했다. 이 시기 단기외채의 급증은 이 당시 수출기업들의 선물환 순매도 규모 급증과 밀접한 관련이 있다.

33 실제로, 글로벌 금융위기가 고조되었던 2008년 4/4분기에 외화유동성 비율 98%는 당국의 시도비율인 85%보다 높았다.

1988년 경상거래 시(時) 원화 표시 허용, 해외 지점에 원화예금 허용, 비거주자의 원화 계정 허용 등 기본 계획을 발표했었고 1993년 소규모 수출입 거래에서 원화결제 허용 방안 등을 추가했었다. 2006년 수출입 거래 시 원화결제 한도 폐지 등 외환자유화 계획을 발표했었으나 2008년 하반기 글로벌 금융위기로 무기 연기됐었다.

또한, 한국 정부는 '원화 국제화'를 위해 외환 규제 일부를 완화하기로 결정했었다. 우선, 외국 은행이 국내 은행에 원화계좌가 없어도 원화결제 서비스를 제공할 수 있게 하는 방안을 검토하였다. 또한 외국 기업이 수출 대금으로 받은 원화를 국내 증권시장에 직접 투자할 수 있게 관련 규정도 마련하기로 했다. 그리고 국내 기업의 원화 결제도 독려하기로 했으며 원화결제 선도기업을 지정·육성해 원화 결제 수요를 늘려나가기로 했다.

(4) 통화 스왑

통화 스왑(currency swaps)이란 두 나라가 협정을 통해 환율이나 스왑 규모 등 조건을 미리 정해 놓고 국제금융시장의 불안에 따른 외화 부족 사태가 발생하였을 때 서로 통화를 교환하는 것이다. 외환보유액이 유사시를 대비해 쌓아두는 '적금'이라면, 통화 스왑은 일종의 '마이너스 대출' 약정인 것이다.

통화 스왑의 형태는 양자 간 협정뿐만 아니라 한국·중국·일본과 아세안 국가들이 참여하는 치앙마이이니셔티브(CMI)처럼 다자간 협정으로도 체결된다.[34] 따라서 통화 스왑은 당장 쓰임새 때문에 맺기보다는 만약을 대비한 '통화방위 동맹'의 성격이라고 말할 수 있다.

한국의 통화 스왑 체결 현황을 보면 중국과 560억 달러(만기 : 2017. 10. 25), CMI와 384억 달러(만기 : 없음), 인도네시아와 100억 달러(만기 : 2017. 3. 5), 아랍에미리트와 54억 달러(만기 : 종료 그러나 연장 잠정 합의), 말레이시아와 47억 달러(만기 : 종료 그러나 연장 잠정 합의), 호주와 45억 달러(만기 : 2017. 2. 22)이다. 또한 2017년 캐나다와, 2018년에는 스위스와 각각 통화 스왑을 체결했다.

또한, 한국은 최근 인도네시아, 아랍에미리트연합(UAE), 말레이시아 등 자원 부국(富國)과 잇따라 통화 스왑 체결을 확정했다. 또한, 호주, 뉴질랜드 등과의 통화 스왑도 검토 중인 것으로 알려졌다.

34 상기 CMI와의 통화 스왑은 2017년 5월 일본에서 열리는 아시아개발은행(ADB) 및 한·중·일·아세안 재무장관 회의에서 치앙마이이니셔티브(CMI) 가입국(한·중·일+아세안 10개국) 합의만으로 꺼내 쓸 수 있는 기금 비율을 현재 30%에서 40%로 늘릴 거라고 보도했다(중앙일보, 2017. 1. 7). 이렇게 되면 한국은 위기 발생 시 CMI 출자금(384억 달러)의 40%인 154억 달러를 활용할 수 있다. 나머지 60%는 국제통화기금(IMF)과 협의해 꺼내 쓸 수 있다.

① 한·일 통화 스왑 [35]

한·일 통화 스왑은 2001년 20억 달러 규모로 시작하여 2011년 한때 700억 달러 규모까지 확대됐었다. 그러나 2012년 광복절을 앞두고 이명박 당시 대통령이 독도를 방문하였을 때 일본 천황을 모욕하는 발언을 했었다는 이유로 양국 관계가 얼어붙으면서 당시 100억 달러 한·일 통화 스왑 계약이 2015년 2월 종료되었다. 또한 양국의 연례 재무장관회의 역시 2012년 이후 열리지 않다가 2015년 3년 만에 재개됐었다. 2016년 8월 27일 열린 한·일 재무장관회의에서 양측(유일호 부총리 겸 기획재정부 장관과 아소 다로 일본 재무상)이 한·일 통화 스왑 협정을 체결키로 합의하였다.

회고해보면, 일본은 이미 미국, 캐나다, 영국, ECB, 스위스 등과 '무제한' 통화 스왑을 맺고 있기 때문에 자국의 외환위기에 대응하기 위한 '실탄'이 풍부하다. 외환보유액도 1조 2,500억 달러로 중국(3조 5,000억 달러)에 이어 세계 2위다. 따라서 일본은 아시아 국가들에 대해서는 외환위기 때 달러를 빌려주겠다는 달러화 통화 스왑을 확대함으로써 '아시아의 금융 맹주'가 되겠다는 야심을 품고 있다.

1997년 9월, 일본은 아시아 통화 맹주(盟主)의 야심에 부풀었다. 그 내심을 홍콩에서 열린 국제통화기금(IMF) 총회에서 드러냈었다. "일본이 앞장서 아시아 외환위기국을 구제하겠다"라며 '아시아 통화기금'(AMF) 창설을 기습 제안했었다. 당시, 태국 바트화, 말레이시아 링깃화가 줄줄이 무너지고 있었으며, 한국 원화마저 위태로웠던 상황이었다.

그러나 일본은 6,000억 달러에 달하는 미(美) 재무부 채권을 가진, 세계 최대 외환보유국이었다. 미(美) 달러에 맞싸우는 '강한 엔화'를 꿈꾸고 있었다. 일본 대장성 관리들은 공공연히 "일본이 미국 채권을 대거 팔아치우면 미(美) 달러화가 흔들릴 것", "중국과 손잡고 미국을 혼내줄 것"이란 소리를 흘렸었다. 로버트 루빈(Robert Rubin) 미(美) 재무장관(당시)은 "결코 그런 일은 없을 것이다"라며 힘으로 압박했었고 중국을 부추겨 일본을 고립시켜 무력화했었다. 결국, 아시아 통화기금(AMF) 창설은 연기되었고, 일본은 '아시아 통화 맹주'의 꿈을 접어야 했었다.

당시, 한국은 일본의 '아시아 통화기금'(AMF)의 제안을 가장 먼저 지지선언했었다. 그 이유는 1997년 11월 한국의 외환사정이 다급했었기 때문이었다. 달러 값이 천정부지로 치솟고 외국인 투자자는 서울에서 탈출했었다. 당시 「재정경제원」 고위관리들은 백방으로 미(美) 달러화를 꾸러 다녔었다. 엄낙용 차관(당시)이 극비로 잠행해 일본을 방문했었다. 일

35 중앙일보, "한·일 통화 스왑 잔혹사", 2012. 8. 20.

본으로부터 돈 빌리는 데 도움이 될 수 있으리라는 기대감을 갖고 「재정경제원」(당시)은 일본이 주창한 "'아시아 통화기금'(AMF)을 지지한다"라는 성명을 발표했었던 것이다.

그러나 소용이 없었다. 일본은 "위기 땐 서로 돕자"라고 외치더니 매정했었다. 사카키바라 에이스케(榊原英資) 대장성 재무관은 "일본 정부 차원의 지원은 없다"라고 단호하게 말을 잘랐었다. 미국이 한국에의 외화 대부를 용납 안 한다는 핑계를 댔었다. 엄낙용 차관(당시)은 빈손으로 돌아와야 했었다. 10여 일 후, 임창렬 경제부총리(당시)가 직접 일본을 방문했었다. 그러나 그 결과는 마찬가지였었다. 미쓰즈카 히로시(三塚博) 대장상은 '한국을 돕지 말라는 게 미국의 뜻'이라며 손사래를 쳤었다고 한다. 불과 석 달 전, 그는 자기 입으로 "한국이 어려울 땐 적극적으로 돕겠다"라고 했었던 다짐을 헌신짝처럼 버렸었다.

한국은 마지막으로 기대했던 일본으로부터의 외화 차입을 포기하고 며칠 뒤 IMF행(行)을 택해야 했었다. 당시 「재정경제원」의 고위 관리는 "그해 일본이 취했었던 조치라고는 150억 달러의 자금을 한국에서 가장 먼저 회수해간 것뿐"이라며 "돈을 안 빌려준 것은 물론이고, 한술 더 떠서, '비 올 때 우산'을 빼어간 셈"이라고 회고했었다.

그로부터 약 2년 후, 2000년 5월, 한·중·일과 동남아 국가가 맺은 통화교환협정인 치앙마이 이니셔티브(CMI)을 통해서, 2001년 7월 한국은 일본과 20억 달러의 계약을 체결했었다. 이것은 한국으로선 외국과 맺은 첫 통화 스왑 계약이었다. 2010년 한·일(韓·日) 통화 스왑 규모는 700억 달러로 확대됐었다. 그러나 2011년 10월 300억 달러 규모로 체결된 한·일(韓·日) 통화 스왑은 독도를 둘러싼 양국 간 외교분쟁으로 2012년 10월 말로 끝나게 되어 있었던 계약의 만기가 더 연장되지 않았다. 그 요인은 당시 광복절을 앞두고 이명박 당시 대통령이 독도를 방문하여 일본의 천황을 모독했었다고 양국의 외교관계가 얼어붙었기 때문이었다.

2015년 2월, 한·일 간 100억 달러 통화 스왑 계약이 종료되었다. 그러나 최근에 '소녀상' 갈등으로 일본이 통화 스왑 '협상 중단'을 통보했었다. 이에 내응하여, 한국 외환당국은 "유감"을 표명하고 협상을 더 이상 요구하지 않겠다고 통보했었다. 굳이 '소녀상' 문제를 놓고 한국인의 자존심에 생채기를 내가며 일본과의 통화 스왑에 매달릴 이유가 없다고 한국 정부는 판단했었기 때문이었다

② 한·중 통화 스왑

중국은 2003년 몽골과 미얀마, 베트남 등 8개 접경국과 상호화폐결제협약을 체결한 것을 시작으로 2010년 6월에는 무역결제 시범지역을 확대했었다. 이에 따라 위안화 무역결제액은 2010년 1분기에 184억 위안(무역액의 0.4%)에 그쳤지만 2011년 2분기에는 5,973억

그림 6-14 한·중 통화 스왑을 활용한 무역거래 구조

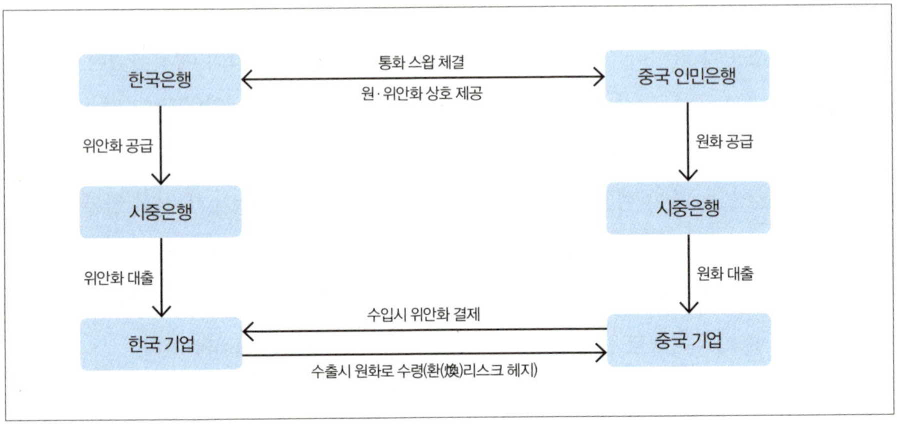

자료 한국경제, 中수출대금, 달러 대신 원화로 받는다, 2012. 9. 17.

위안(10.3%)으로 빠르게 늘었다. 그 덕분에 위안화 위상이 올라가고 있지만, 미(美) 달러에 비하면 아직 미미한 수준이다. 국제결제은행(BIS)에 따르면 2010년 위안화 외환거래 비중은 0.9%(세계 17위)에 그쳐 달러화(84.9%), 유로화(39.1%)보다 크게 낮았다. 그러나 2013년에는 동 비중이 2.2%(세계 9위)로 상승했다.

중국은 '위안화 국제화'를 모토로 내세우고 있다. 중국은 2009년부터 추진하기 시작한 위안화 국제화를 위해 통화 스왑을 전략적으로 활용하고 있다. 즉, 위안화가 국제적으로 거래되는 것을 촉진하기 위해서는 해외에서 위안화를 쉽게 구할 수 있어야 하는데, 이를 위해 통화 스왑을 이용하는 것이다. 현재 아시아, 남미, 유럽 등의 23개 나라와 통화 스왑을 맺고 있다. 위안화 국제화가 목표이기 때문에 중국의 모든 통화 스왑들은 상대방 국가 통화와 위안화를 교환하는 계약이다.

중국은 2013년 1월 10일 유럽중앙은행(ECB)과 통화 스왑을, 이어서 브라질, 영국, 헝가리, 알바니아 등 5개 중앙은행과 통화 스왑을 각각 체결했었다. 심지어, 유로 지역 내 위안화 거래 중심지를 둘러싸고 유럽 주요국 간 경쟁이 격화되었다. 중국이 2013년 1월 10일 ECB와 3,500억 위안의 통화 스왑을, 2013년 6월 영국과 2,000억 위안의 통화 스왑을 각각 체결하자 프랑스 언론들은 유로 지역(유로 사용 17개국)의 위안화 거래 선두 주자인 프랑스 파리가 국제적인 위안화 거래 중심지가 되는 데 일조할 것이라고 보도했었다. 그러자 조지 오스본(George Osborne) 영국 재무장관은 동년 1월 15일 중국을 방문해 "런던이 중국 위안화의 '국제적 허브'가 되겠다"라고 밝혔었다.

한편, 2011년 10월 체결된 한·중(韓·中) 통화 스왑 규모는 64조 원, 3,600억 위안(약 560억 달러)이다. 당시 한국 정부는 외환 부족 사태에 대비한 안전장치로 한·중(韓·中) 통화 스왑 협정을 체결했으나 지금까지 사용해 본적은 없다. 그 대신에, 한국 정부는 한·중(韓·中) 통화 스왑 자금을 무역거래용으로 전환하여 '원화 국제화'를 도모하기로 합의했었다.[36] 이것은 한국은행과 중국 인민은행이 통화 스왑 자금을 서로 빌려준 후 자국은행을 통해 수출·입 기업들이 무역거래 자금으로 쓰도록 하는 방식이다.

현재 한국이 체결한 통화 스왑 총 규모는 1,089억 달러(말레이시아·아랍에미리트 제외)인데 이 중 절반을 중국(560억 달러)과 체결했다. 이것은 중국이 맺은 통화 스왑 협정 중 홍콩 다음으로 큰 규모이다. 중국으로선 한국에 파격적인 '배려'를 한 셈이다.

아무튼, 한·중(韓·中) 통화 스왑을 통하여, 한국 정부는 과도한 미(美) 달러 의존도를 낮추고 통화 스왑의 만기를 지속적으로 연장시킬 수 있는 반면에 중국도 세계 10위권의 경제대국인 한국을 통해 '위안화 국제화'에 박차를 가할 수 있게 되었다.[37]

피터슨국제경제연구소(PIIE)의 연구보고서(2012. 10. 21)에 의하면, 2008년 글로벌 금융위기 이후 동아시아 10개국 중 7개국에서 위안화가 자국 통화가치를 결정짓는 기준통화의 역할을 하고 있다. 특히 2010년부터 2012년까지 원화와 위안화의 동조화계수는 1.10으로 미(美) 달러화(-0.22)보다 높았다. 즉 위안화 가치가 1% 오르면 원화도 1.1% 오른 반면에 달러화 가치가 1% 오르면 원화는 0.22% 떨어졌다(한국경제, 2012. 10. 25).

상기한 한·중(韓·中) 통화 스왑에 이어서, 저자는 한·중(韓·中) 금융협력의 필요성을 강조한다. 왜냐하면 경제협력이 제대로 추진되기 위해서는 실물부문과 금융부문의 상호보완적 협력이 이루어져야 하기 때문이다.

한·중(韓·中) 금융협력은 치앙마이 이니셔티브(CMI, 2000년), 아시아채권펀드(ABFs, 2003년) 등 다자간 금융협력을 중심으로 전개되어 왔다. 최근에는 원-위안 통화 스왑(2008년)을 계기로 원-위안화 직거래 시장 개설(2014년), 아시아인프라투자은행(AIIB, 2015년), 통화 스왑 연장(2016년) 등 양자 간 금융협력 관계로 발전되고 있다. 그럼에도 불구하고, 한·중(韓·中) 양자 간 금융협력은 양국 간 실물경제부문의 협력에 비하여 매우 저조하다.

36 중국은 2011년 기준으로 한국 전체 수출의 24.1%를 차지하는 최대 수출시장이다. 한국의 대(對)중국 수출은 미국(10.1%)과 일본(7.1%)으로 가는 수출을 합친 것보다 크다. 2011년 한국의 무역결제에서 원화가 차지하는 비중은 수출의 1.8%, 수입의 3.4%에 불과하다. 수입의 원화결제 비율이 약간 높은 것은 이란 원유 수입 시 결제대금이 원화이기 때문이다. 따라서 한·중 통화 스왑 자금을 쓰게 되면 '원화 국제화'에 큰 도움이 된다(중앙일보, "한·중 통화 스왑, 무역 결제에 활용", 2012. 9. 17).

37 기획재정부 관계자는 "2011년 한·중 간 교역 규모가 2,200억 달러가 넘는다"라며 "이 중 25%만 원화와 위안화 거래로 이뤄진다면 통화 스왑 한도를 채우는 것은 물론 만기도 자동 연장되면서 양국 간 안정적인 경제협력의 틀을 확보하게 된다"라고 말했다.

여기서 유의할 것은 2012년부터 중국 금융업의 해외직접투자가 빠르게 확대(2013년 151억 달러, 2014년 159억 달러)되고 있다는 점이다. 중국 금융업의 투자 대상국은 홍콩, EU, ASEAN, 미국, 호주 등인데 특히 홍콩에 집중되고 있다. 중국 금융업의 해외직접투자 대상 분야는 은행 업종에 집중되고 있다. 구체적으로 살펴보면, 중국 금융업의 해외직접투자는 2014년 말 현재 1천 376억 2천만 달러인데, 그중 은행업은 848억 달러(61.6%), 보험업은 99억 5천만 달러(7.2%), 증권업은 61억 5천만 달러(4.5%)를 각각 차지하고 있다.

그러나 중국계 은행의 한국 진출은 현재 한국에서 활동하고 있는 중국 기업 및 중국계 개인들에게 금융지원하는 수준에 그치고 있다. 즉, 아직 한국 현지시장에는 침투하지 못하고 있는 상황이다. 이처럼, 중국계 제2금융권은 한국 금융시장에서 아직 뚜렷한 성과를 창출하지 못하고 있는데, 그 이유는 다음과 같다. ① 중국계 금융업이 한국 기업문화에 미처 적응 못하고 있다. ② 한국 금융네트워크에 제대로 접속하지 못하고 있다. ③ 중국계 금융기관의 금융기법이 상대적으로 낙후되어 있다.

따라서 저자는 한·중(韓·中) 양자 간 금융협력을 촉진하기 위한 정책방안으로서 특히 「한국산업은행」(KDB)이 「중국 국가개발은행」(CDB)과, 또한 「한국수출입은행」(EXIM)과 「중국 아시아인프라투자은행」(AIIB)과 각각 협력하여 중국의 '일대일로'(一帶一路)사업에 기여할 것을 제안한다.

중국 국가개발은행(CDB)은 '일대일로'(一帶一路) 프로젝트에 대한 금융지원을 주도적으로 수행하고 있다. 2016년 말 「중국 국가개발은행」(CDB)의 국제업무관련 매출잔액은 3천 285억 달러로 중국전체 금융기관 외화매출 잔액의 30.1%를 차지하고 있다. 그리고 「아시아인프라투자은행」(AIIB)의 수권자본금(자본금 최대한도)은 1천억 달러지만 납입자본금은 겨우 68억 달러이다.

다행히, 한국은 「아시아인프라투자은행」(AIIB)의 지분을 3.81% 갖고 있다. 이를 지렛대 삼아 한·중(韓·中) 양자 간 금융협력을 촉진하기 위한 기반조성뿐만 아니라 한국의 '금융국제화'를 제대로 추진할 수 있을 것이다. 이와 관련된 투자 프로젝트와 한·중(韓·中) 양국의 협력사항에 관한 상세한 논의는 본 저서의 범위를 벗어나므로 여기서는 생략한다.

4. 한국 경제위기의 현황과 극복방향

세계적 경제학자 조안 로빈슨(Joan Robinson, 1903~1983) 교수는 일찍이 '대량실업'을 '경제이론의 제1위기'라고, '소득분배의 악화'를 「경제이론의 제2위기」(*The 2nd Crisis of Eco-*

nomic Theory, 1971)라고 각각 지적하고 이러한 경제위기의 발생에 대한 경제학자의 양심 회복을 호소했었다. 그분의 경고에도 불구하고, 37년 후 2008년 하반기 세계 경제는 '글로벌 금융위기'가 발생하였고 그 후 세계는 '소득분배의 악화' 뿐만 아니라 '양극화'(Polarization)로 심각한 갈등을 겪고 있다. 이러한 상황에서, 조셉 스티글리츠(Joseph Stiglitz) 교수의 「끝나지 않은 추락」(*Freefall: Free Markets, and the Sinking of the World Economy*, 2010)은 우리(최소한 저자)에게 많은 것을 시사해 준다.

설상가상으로, 간신히 2008년 하반기 '글로벌 금융위기'를 극복하였는가 싶더니만, 이젠 실물경제부문의 위기까지 동반된 '글로벌 경제위기'가 쓰나미(tsunami)처럼 현대 자본주의의 중심지인 미국과, 산업혁명 및 자본주의의 발원지였었던 유럽(특히 영국)으로 확산되고 있다.

저자는 오스발트 슈펭글러(Oswald Spengler)의 '서구의 몰락', 프랜시스 후쿠야마(Francis Fukuyama) 교수의 '미국 주식회사의 몰락'(*The Fall of America Inc.*, 뉴스위크, 2008. 10. 13), 밀턴 프리드먼(Milton Friedman)의 '자유주의의 위기론', 맨커 올슨(Mancur Olson)의 '국가 흥망성쇠론', 모한데스 간디(Mohandas Karamchand Gandhi)의 '국가 패망론'을 한국의 탈(脫)경제위기 방안을 모색하기 위하여 마치 진주조개를 캐듯이 샅샅이 뒤적이고 있다.

아무튼, 과거 세계 대공황(1929~1939)이 결국 제2차 세계대전(1939~1945)을 유발시켰듯이, 글로벌 경제위기가 '글로벌 불균형'(Global Imbalance)을 더욱 심화시켜 한반도가 애꿎게 '태풍의 눈'이 되지 않기를 저자는 간절히 소망한다. 세계 경제사를 보면, 한국전쟁(1950~1953) 당시 미국 경제가 최고의 호황을 누렸고 일본경제가 태평양 전쟁의 폐허(廢墟)에서 부활할 수 있었다는 사실을 유념할 필요가 있다.

1) 한국경제의 위기와 정부의 '정책 함정'

과거 발전도상국들에게 칭송되었던 한국경제는 이젠 저(低)성장·저(低)출산·저(低)투자·고(高)실업·고(高)부채·고(高)령화 등으로 인하여 장기침체(Secular Stagnation)의 시대로 진입하고 있다. 특히, 한국의 잠재성장률은 추락하고 있다. OECD는 한국의 잠재 성장률이 2031~2060년에는 0.55%까지 하락할 것으로 전망했다. 이것은 OECD 34개 회원국의 평균 1.58%의 1/3 수준이며 세계 평균 2.22%에 크게 못 미치는 수치이다.

한국 경제는 그동안 갖가지 역경과 위기를 이겨내고 줄기차게 성장해 왔었다. 1970년대의 오일쇼크와 1997년 하반기 외환위기, 2008년 하반기 글로벌 금융위기에 이르기까지 다소의 굴곡과 이탈은 있었지만 이내 성장궤도에 복귀하는 저력을 발휘해왔었다. 그러나 경기침체가 장기화하고 경제성장률이 떨어지는 구조가 고착되고 있다.

잠시, 2008년 하반기 글로벌 금융위기가 세계 경제를 휘몰아쳤을 때를 회고하면, 영국의 이코노미스트와 파이낸셜타임스가 한국경제가 또다시 '외채 위기'를 맞을 수 있다고 보도했었다(조선일보, 2009. 3. 4). 이코노미스트와 파이낸셜타임스가 제기했었던 한국경제의 문제점은 다음과 같이 세 가지였다. ① 2009년, 만기가 돌아오는 외채 1,940억 달러가 외환보유액과 거의 맞먹는 규모이고, ② 동유럽 금융위기로 어려움을 겪고 있는 유럽 은행들이 한국 대외채무의 58%를 차지하고 있어 외채 만기연장이 어려울 수 있으며, ③ 한국의 은행들이 예금의 1.3배를 대출하면서 그 차액을 차입에 의존하고 있어 글로벌 신용경색의 압박을 받을 수 있다는 것이었다.

최근에 조선일보가 보도(2017년 11월 20일 자)한 여론 조사는 가히 충격적이다. 다시 외환위기가 닥쳐와도 '금(金) 모으기' 같은 고통 분담에 참여하지 않겠다는 응답이 38%로 나타났다. 이 응답 비율은 고통 분담에 동참하겠다는 응답 비율(29%)보다 훨씬 더 많다. '나라가 잘돼야 나도 잘된다'라는 공동체 의식이 소멸해 가고 있다는 방증이다. 그 요인은 소득 양극화와 계층 고착화가 심해진 탓이다. 자기 삶의 터전도 없고 미래도 보이지 않는데 공동체를 생각할 겨를이 없다는 것이다. 마치 토머스 홉스(1588~1679)가 일컬었던 '만인의 만인에 의한 투쟁'이 전개되고 있는 것이다.

한편, 외국 언론들은 한국 경제가 '주전자 속 개구리'처럼 서서히 쇠락하고 있다고 경고한다. 또한, 한국개발연구원(KDI)은 최근 설문조사에서 한국 경제 현황이 '뜨거워지는 냄비 속 개구리 같다'라는 경제전문가가 88%에 달하고 경제위기로부터 탈출할 시간이 1~3년밖에 남지 않았다(63%)고 경고했다.

해외 언론은 한국 경제를 다룰 때 흔히 다른 아시아 국가들과 비교한다. 외환보유액 대비 유동외채 비율을 보면 중국 7%, 인도 9%, 말레이시아 15%, 태국 17%, 대만 26%이다. 한국은 조선회사의 환헤지 자금을 빼더라도 77%나 된다. 은행 예·대율이 100%를 넘는 나라도 아시아에선 한국뿐이다. 이런 수치를 보면 한국 경제가 아시아에서 가장 위험하다는 인상을 받기 쉽다. 그럼에도 불구하고, 한국 정부는 이에 대한 언급은 없이 일부 수치가 틀리고 과장된 부분만을 문제 삼아 이에 대한 반박자료를 제시했었다.

2) '경제위기'의 본질 : '국가경쟁력의 지속적인 추락 현상'

저자는 IMF 외환위기 발생 연도인 1997년보다 6년 전인 1991년 1월 20일 전국경제인연합회에서의 특강을 통하여 5~6년 후 '한국 경제위기의 도래'를 역설하였고 이어서 동년 9월 30일 한국경제신문에 '경제위기의 본질과 처방'이라는 제목으로 기고하였다. 이어서 저자는 1999년 8월 20일 한국경제신문 투고에서 '제2 경제위기 가능성'을 지적하였다.

한국의 경제성장률은 2016년으로 6년째 세계 경제 평균 성장률을 밑돌고 있다. 금년 경제성장률 전망치는 1999년 이후 차등으로 2% 내이다. 게다가 한국의 2015년 '잠재성장률'은 15년 만에 반 토막 났었다. 또한, 한국경제의 젖줄인 수출 부진이 지속되고 있으며 내수를 구성하는 소비와 투자가 모두 감소하고 있다. 한국 유가증권시장에서 외국인 투자자금이 해외로 유출됨에 따라 주가는 이미 2천선이 무너졌다. 세계적 보호무역주의 추세는 '신(新)통상전쟁'(관세전쟁 및 환율전쟁)으로 치닫고 있다. 원화 환율이 급등함에 따라 향후 수출 전망도 매우 어둡다. 한국 경제는 내수 침체와 수출 부진이라는 내우외환(內憂外患)의 '호두가위에 낀 호두의 상황'이다. 이대로 가면 호두는 깨질 수밖에 없다.

저자는 '경제위기'란 국가경쟁력의 지속적인 추락 현상이라고 정의한다.[38] 기업도산, 대량실업, 인플레이션, 국제수지 적자 등은 '경제현상'이지 경제위기 자체는 아닌 것이다. WTO 시대의 무한 경쟁 하에서 국가경쟁력의 부침(浮沈)은 자연스러운 현상이다. 그러나 국가경쟁력이 지속적으로 추락하기만 하고 다시 상향 전환할 가능성이 없다는 것은, 마치 중환자의 병 증상과 같이, 위중(危重)한 것이다.

국제경영개발원(IMD)의 부문별 경쟁력 평가(2005년)를 보면, 조사대상 60개국 가운데 한국의 노사관계는 2004년에 이어 2005년에도 최하위를 기록했고, 정치적 불안정(51위), 정책일관성(52위), 대학교육의 사회적 요구 부합성(52위), 외국인 직접투자 증가율(50위), 금융규제(48위) 등도 여전히 최하위권을 벗어나지 못하고 있다.

주지하다시피, 부족자원이 빈약하고 국내시장이 협소한 한국의 경우, 국가경쟁력 중에서 특히 수출경쟁력은 국민의 생존과 번영을 위해 매우 중요하다. 국가경쟁력은 수출경쟁력으로 집약되며, 이는 다시 가격경쟁력(임금, 금리, 물가, 물류비용, 공장부지가격, 환율 등)과 비(非)가격경쟁력(납품, 디자인, A/S, 품질 등)으로 대별된다. 여기서 문제의 핵심은 상기 두 경쟁력이 모두 하락하고 있다는 점이다. 게다가 중국의 추격으로 인하여 미국, 일본, 유럽 시장에서 한국 제품이 중국 제품에 밀려나가고 있다.

세계화(*Globalization*)라는 국제경제질서와 첨단산업기술로의 세계 산업구조 변화에 대응하기 위해서는 가격경쟁력이 아니라 품질경쟁력으로 전환해야 한다. 그럼에도 불구하고, 과거 기술혁신에 소홀히 한 결과, 투자위축, 고용감소 및 실업증대, 방만한 재정지출 및

38 세계경제포럼(WEF)의 발표(2004년)에 의하면 한국의 국가경쟁력 순위가 2003년 18위에서 2004년 29위로 무려 11단계나 추락하였다. 불안한 노사관계, 정부정책의 일관성 결여, 비생산적인 정치권, 부실한 대학교육 등이 국가경쟁력을 추락시키고 있다.

통화팽창에 의한 물가상승, 경상수지의 불안정, 신(新)보호무역주의에 의한 통상마찰 등으로 그동안 쌓아온 실물부문의 경제성과가 무너져 내리고 있다. 그리고 한국의 국가경쟁력(특히 수출경쟁력)은 끊임없이 추락하고 있으며 개발도상국(특히 중국)의 기술 추격은 맹렬하다. 여기에 국내 기업가의 투자 의욕 상실, 노동자의 근로 의욕 상실, 가계의 저축 의욕 상실이 가세해 한국경제는 총체적 위기에 직면했다.

그렇다면, 중국의 방대한 시장을 유지할 뿐만 아니라 미국, 일본, 유럽 시장에서 한국 제품의 수출경쟁력을 제고시킬 방안은 무엇인가? 그것은 논리적으로 볼 때 가격경쟁력의 지속적인 추락을 최대한 늦추면서 비(非)가격경쟁력을 최대한 빠르게 제고시키는 것이다. 즉, 금리와 물가 등의 상승률을 억제하면서 총요소생산성 증가율을 높여 임금상승률을 상회하도록 해야 하며 사회간접자본(도로, 항만 등)을 확충하여 물류비용과 공장부지 가격을 낮추어야 한다. 이와 동시에, 납품시기는 최대한 빨라야 되고, A/S는 제품수명 기간 동안 책임 있게 수행되어야 하며, 특히 제품 디자인과 품질을 높여야 한다.[39]

한마디로 말해서, 한국 제품의 신뢰성(Reliability)을 제고해야 한다. 한국 제품의 신뢰성 제고는 기업경영의 성패를 좌우하는 요체이며, 국가경쟁력 제고의 핵심이며, 나아가 한국 경제의 생존과 번영의 길이다. 한국 제품의 품질은 충분히 입증된 만큼 디자인을 더욱 개선한다면 수출증대 및 제품의 고(高)부가가치화를 실현할 수 있을 것이다.[40]

다음으로, 품질경쟁력을 높이기 위해서는 무엇보다도 기술력을 제고해야 한다. 예를 들어, 제조업의 기반산업인 기계산업의 경우 한국 기술력 현황을 보면, 미국을 100으로 둘 때, 가공조립기술은 80~90인 반면에 설계기술은 30~40, 유공압기술은 40, 표면처리기술과 제어기술은 50, 열처리기술과 주단조기술은 60, 금형기술은 70이다. 이 결과, 한국의 기계산업의 비교우위지수(RCA)는 66.6으로 일본의 158.5, 독일의 164.1과 비교할 때, 큰 격차를 보이고 있다. 게다가, 이공계 학생 이탈현상과 함께, 설계기술인력이 매우 부족하다.

---

39 한국 디자인산업의 규모는 2002년 현재 약 7조 원(GDP의 1.2%)으로 추산되는데, 이것은 선진국의 수준에 비하여 매우 미흡하다. 영국의 경우, 디자인산업 규모는 2000년 기준으로 424억 달러(약 53조 원)로서 GDP의 3% 수준이며, 동년 디자인 수출액이 1조 8천억 원이었다. 따라서 디자인 산업은 경제발전의 새로운 동력으로 부상할 수 있을 것이다. 세계적 기업의 디자인 경영전략을 보면, 필립스가 "제품 성공의 여부는 디자인이 80%를 차지한다", 소니는 "새로운 디자인, 매력적인 디자인, 질 높은 디자인", IBM은 "좋은 디자인이 바로 좋은 비즈니스"를 각각 표방하고 있다.

40 사실, 브랜드 가치는 기업경영의 성패를 좌우한다. 세계적으로 브랜드 가치가 10억 달러 이상인 기업이 60개(코카콜라가 1위로서 838억 달러, 마이크로소프트가 2위, IBM이 3위)인데, 이 중에 한국 기업은 전혀 포함되어 있지 않다. 한국의 경우, 디자인에 대한 인식과 투자 부족으로 세계적인 디자인 및 브랜드가 거의 없고 상품의 국제경쟁력이 취약하다. 다소 희망을 걸어 볼 수 있는 것으로서 「삼성전자」를 들 수 있는데, 이것의 브랜드 가치는 2001년 64억 달러로서 세계 42위였으며, 2002년에는 83억 달러로 세계 34위로 급상승하였다.

여기서 유의할 것은 비(非)가격경쟁력 중에서 가장 중요한 품질경쟁력(제품의 기본 성능, 내구성, 신뢰성, 디자인 등)을 결정하는 설계기술 능력이 매우 부족하며, 과거 한국이 세계적으로 자랑해오던 기능공의 숙련도가 최근에 떨어지고 있는 점이다.[41]

한국의 설계 교육이 5~10학점인 반면에 미국의 그것은 16학점 및 종합설계(capstone-design)를 이수하여야 한다. 이 결과, 공대 교육내용의 산업현장 유용성이 서울대학교 공대의 경우 40%에 불과한 반면에 미국 UCLA의 그것은 90%에 달한다.

이와 관련하여, 대학교육은 국가경쟁력의 원동력이라는 점을 강조한다. 왜냐하면 대학은 지식 창출과 인적자원 양성의 요람이기 때문이다. 그런데 한국의 대학은 괄목할 만한 외형성장에 비해, 질적으로는 취약하기 그지없다. 대학의 국가경쟁력과 교육경쟁력을 상호 비교해보면, 미국의 순위는 1 : 4, 홍콩의 순위는 2 : 21, 싱가포르의 순위는 3 : 7, 아이슬란드의 순위는 4 : 3, 캐나다의 순위는 5 : 8, 핀란드의 순위는 6 : 1, 한국의 순위는 29 : 52이다(IMD, 2005 : 조사대상국 60개국).

국제경영개발원(IMD)이 평가한 세계 주요국(49개국)의 대학교육 경쟁력 순위를 보면, 한국은 41위인 반면에 핀란드(1위), 미국(2위), 싱가포르(6위)의 순으로 각각 평가되었다. 또한, 한국의 25~34세 인구 중 대학교육 이수율(41%)의 순위는 60개국 중에서 세계 4위이지만, 대학교육 경쟁력 순위는 52위이다. 연구성과의 경우, 2003년도 SCI(Science Citation Index) 발표 건수는 세계 13위이지만 논문의 질적 수준을 나타내는 논문 1편당 피인용 회수(질적 수준을 나타내는)는 34위이다.

이제, 한국의 대학은 2001년 이후 공급초과 시대를 맞이하여 대학 정원조차 제대로 채우지 못해 대학의 생존 자체가 심각한 위협을 받고 있다.[42] 지방 소재의 대부분 대학 교수들은 강의는 시간강사에게 맡기고 소속 대학 졸업예정자들이 취업을 위해, 또한 입학 정원을 채우기 위해 동분서주하고 있다.

사실, '교육의 위기'는 선술한 경제위기보다 더 심각하고, 가장 두려운 것이다.[43] 왜냐하면 국가경쟁력의 지속적 추락 현상인 '경제위기'를 극복하기 위해서는 유능한 인재를 양성 및 보급할 수 있는 교육경쟁력이 전제되어야 하기 때문이다.

41 국제기능올림픽에서의 성적을 보면, 한국은 제38회 국제기능올림픽(핀란드 헬싱키, 2005. 5. 26)에서 금메달 순위 6위로 집계됐다. 한국은 국제기능올림픽에서 1979년 이후 현재까지 1993년과 1999년, 2005년을 제외하고, 줄곧 우승하였다. 금년의 성적은 최악의 성적을 기록하였던 1999년 캐나다 몬트리올 대회(금메달 7개)를 밑도는 것이다.

42 2007년 현재 한국의 4년제 대학교의 수는 201개이며, 2년제 전문대학의 수는 153개이다.

43 이와 관련된 논거로서 임양택(1995a) 및 Lim, Yang-Taek(2000c)을 참조.

한국의 공(公)교육은 이미 무너진 지 오래이며, 한국의 교육경쟁력은 OECD 국가 중 최하위 수준이다. 사실, '무너져가는' 교육을 바로 세우는 것은 '역사 바로 세우기'보다 더 시급한 과제인 것이다. 이젠, 인력을 '채취'(採取)하던 시대에서 '재배'(栽培)하는 시대로 전환되어야 한다.

3) 한국경제의 당면과제와 해결방안[44]

상기한 한국경제의 위기 상황과 관련하여, 저자는 한국경제의 당면과제를 다음과 같이 열 가지를 지적한다. 즉, ① 재정수지 적자 및 국가채무의 누증, ② 대기업과 중소기업의 기능적 연계 약화, ③ 경기침체로 인한 저조한 기업의 설비투자와 과도한 가계부채로 인한 내수시장의 침체, ④ 대량실업과 청년실업의 폭증 및 잦은 노사분규로 인한 노동시장의 불안정, ⑤ 만성적인 대(對)일본 무역수지 적자의 급증, 대(對)중국 및 대(對)미국 무역수지 흑자의 급감에 따라 경상수지의 불안정, ⑥ 환율 및 외환시장의 불안정, ⑦ 국내 금융산업 경쟁력의 저위(低位), ⑧ 사회보장제도(국민연금제도 및 의료보험제도)의 재정위기, ⑨ 소득분배의 불공정 심화와 소득양극화의 악화로 인한 사회불안의 고조, ⑩ 금융자산·토지·주택소유의 극심한 편중으로 인한 계층 간 갈등의 심화 등이다.

상기한 한국경제의 10대 당면과제는 다음과 같은 '한국의 비전 및 국가경영전략'으로 체계적으로 해결해 나가야 한다. 국가발전의 측면에서 보면 두 가지의 축, ① 경제발전과 ② 사회발전의 문제로 구분하여 분석할 수 있다. 전자의 핵심적 목표는 국가경쟁력의 제고인 반면에 후자의 그것은 사회보장제도의 개혁과 건실한 복지재정의 확립이다(임양택, 2007).

경제발전과 사회발전은 한국의 고질적인 두 가지 갈등구조, ① 이념 간 갈등 ② 계층 간 갈등을 해결하기 위함이다. 이를 위해서는 무엇보다도 성장·분배·안정을 동시적으로 추구할 수 있는 '고용창출형 성장'(Job-Creating Growth)이 뒷받침되어야 한다. 고용은 생존의 기본수단이며 인간의 존엄성을 지킬 수 있는 기본조건이다. 가족을 거느리고 있는 가장이 직장을 갖지 못하고 있으면 과연 자녀 교육은커녕 가족과의 대화를 제대로 나눌 수 있을까? 나아가, 사회에서, 이해관계가 첨예한 상대방을 진정으로 이해하고 포용할 수 있을까?

---

44 이 이하의 논술은 저자의 오랜 연구결과들을 업데이트하고 요약한 것임을 밝힌다.
임양택(2007), 「한국의 비전과 국가경영전략」, 나남출판사.
임양택(2011), 「커버너스 도미레 : 성장·복지·통일을 위한 청사진」, 나남출판사.
임양택(2012), 「글로벌 경제와 한반도 위기 : 한국의 비전 및 전략」, 나남출판사.

저자는 '최상의 복지는 고용이다'(한국경제신문, 2011. 10. 7)라고 강조한 바 있다. 영국의 윌리엄 베버리지(William Beveridge, 1879~1963)는 베버리지 보고서(Beveridge Report, 1942)에서 복지국가의 사전조건으로서 '완전고용'을 강조했다. 또한, 자본주의 경제를 세계 대공황(1929~1939)으로부터 구출한 존 메이너드 케인즈(John Maynard Keynes, 1883~1946)의 '고용·이자·화폐에 관한 일반이론'(1936년)의 핵심은 '완전고용'을 위한 재정지출의 유효수요 창출이었다. 그러나 과거 한국 정부 당국자는 상기의 사전조건(완전고용)을 무시하고 정부주도의 복지급여지출과 그 재원조달에만 몰입해 왔었다.

모름지기, 고용의 주체는 기업이다. 일자리 창출의 숫자는 기업이 결정할 문제다. 정부는 신(新)성장동력 산업을 육성하고 기업의 고용창출 여건을 만들어 주어야 한다. 즉, 불필요한 정부규제는 철폐해야 옳다. 예로서, 서비스업 기본법·지역별 전략산업을 위한 규제프리존법이 통과되어야 한다. 이 경우, 지난 20년 동안 유지해온 수도권 규제 완화는 약 13만 7천 개의 일자리를 창출할 수 있다.

「한국경제연구원」이 20대 국회에 제시한 고용창출 대책을 보면, 노동개혁을 통해 88만 개, 세제개혁으로 38만 3천 개, 서비스업 제도개선으로 123만 개 일자리를 각각 창출할 수 있다는 것이다.

저자는 한평생(지난 38년 동안) 경제학을 연구 및 강의해왔다. 그러나 도무지 이해할 수 없는 한국 정부의 경제정책 중 하나는 정부규제에 관한 것이다. 그토록 대량실업을 걱정하고 청년실업을 줄인다고 하면서도 손쉽게, 돈 안 들고 고용을 대폭 증가시킬 수 있는 방안으로서 규제 혁파가 있는데도 불구하고, 왜 그것을 단행하지 않는가이다.[45]

전술한 바와 같이, 베버리지 보고서(Beveridge Report, 1942)에 명시되어 있듯이, '완전고용'(Full Employment)은 가장 합리적인 '선진 복지사회'(Welfare Society)에로의 진입을 위한 기본 조건인 것이다. 고용은 소득을 창출하며, 이것은 다시 소비의 원천이 되어 내수기반을 형성함으로써 대외경제의 충격을 완화해준다. 따라서 '선진 복지사회'를 구현하기 위해서는 우선 '완전고용'(Full Employment)을 달성해야 한다. 극단적으로 말하면, 비록 실업수당은 없더라도 양호한 직장(decent job)이 '최상의 복지'인 것이다(임양택, 2011).

그러나 현실은 너무나 거리가 멀다. 한국의 실업률 통계에서는 제외하였지만 취업 포기자, 군 입대자, 진학 및 유학사 등은 모두 제외되지만, 공식적 실업의 정의 및 조사방법을 인정하더라도, 정부가 발표한 실업자 수가 96만 명(2009년 6월 기준)이지만 '실질' 실업자 수

45 임양택, 칼럼 : "문재인 정부의 '고용' 대책에 대한 비판과 대안", 경인일보 경제전망대, 제12면, 2017. 6. 1.

(2009년 2월 현재)는 329만 5천 명(경제활동인구 237만 9천 명 중 실업자 84만 8천 명+18시간 미만 추가 취업 희망자 15만 2천 명+취업준비자 52만 9천 명+구직단념자 등 그냥 쉬었다는 사람 176만 6천 명 : 통계청 자료 인용)이다. 이들을 합한 체감 실업자 수가 무려 117만 명(2009년 6월 기준)이다. 특히 청년 실업자 수가 32만 8천 명(2009년 6월 기준)이다. 청년 실업률은 8%로 OECD 국가 중에서 낮은 수준이지만, 실제 취업자 비율을 나타내는 청년 고용률은 40.3%로 OECD 국가 중 최저 수준이다.

모름지기, 청년은 다음 세대의 주인공이며 나라의 기둥이다. 그러나 2008년 하반기 글로벌 금융위기의 최대 피해자는 바로 청년이다. 취업의 문은 실로 '좁은 문'이 되었다. 청년 실업은 그 자체만으로 개인과 가족의 크나큰 고통이지만 국가적으로도 자원의 낭비이자 성장잠재력의 훼손이 아닐 수 없다. 새로운 아이디어와 불타는 열정으로 한창 일해야 할 청년들이 직장을 못 구해 방황하고 자조 혹은 체념하고 있는 상황에서 나라의 장래가 밝아질 수 없다. 그럼에도 불구하고, 대학마다 매년 졸업생들을 쏟아내고 있다.

실로, 키에르케고르(Soren Aabye Kierkegaard, 1813~1855)가 갈파하였던 인간의 '불안과 절망'은 더욱 심화되고 있다. 1979년 이후 한국의 대학 강단에서 한평생을 보내온 저자는 최근 수년 동안 제자들을 보기가 매우 민망하다. 심지어, 저자는 마치 에밀리 브론테(Emily Jame Bronte)의 「폭풍의 언덕」(Wuthering Heights, 1847)에서 비바람이 몰아치는 듯한 환상에 사로잡힐 때가 있다. 때로는 존 스타인벡(John Steinbeck, 1902~1968)의 「분노의 포도」(*The Grapes of Wrath*, 1969)에서 오클라호마의 땅을 빼기고 캘리포니아로 이주하는 25만 명 빈농(貧農)들의 행렬을 보는 듯하다. 언젠가 한국의 청년들이 중국의 건설 현장이나 일본의 제조업 공장에서 일자리를 구걸하는 환영(幻影)이 일렁거려 저자는 몸서리친 적이 있다.

여기서 유의할 것은 '런던 폭동'의 가담자들은 빈민계층뿐만 아니라 기성세대에 대하여 반기를 든 청년세대였다는 점이다. 이와 대조적으로, 한국의 청년층은 현대사에서 시대정신(예로서 4·19혁명과 민주화 운동)의 주역이었다. 그러나 졸업하자마자 '신용불량자'와 실업자가 되어버리는 한국의 대학생들이 이명박(李明博) 대통령과 한나라당(당시)의 선거 공약이었던 '반값 등록금'을 지키라고 2011년 5월 말~6월 11일 기간 동안 거리로 뛰쳐나와 시위를 벌였었다. 게다가 연이어 터지는 공직자들의 비리와 부패는 분노를 넘어 좌절을 안겨주었다.

이러한 상황에서, 다음과 같은 의문을 가질 수 있다. '미국식' 신(新)자유주의(New Liberalism) 혹은 미국 언론의 호칭인 '자유주의'(Liberalism)와 심지어 '자유지상주의'(Libertarianism)의 사유 패러다임에 의거하여, 상기의 330만 명의 '실질' 실업자들에게, 과연 당신들(실업자들)은 원초적 능력이 부족하고 자기개발에 소홀히 하였던 결과, 그대들의 스펙(specification)이 열위이므로 실업 상태를 승복할 수밖에 없다고, 또한 가난은 개인의 책임일 뿐 사회 전체의 책임은 아니라고 각각 말할 수 있을 것인가? 만약 그렇게 말할 수 없다면, 상기한 실업자들의 생계유지와 인간의 존엄성을 위하여 고용으로 흡수할 수 있는 방안은 무엇인가?

상기의 질문에 대한 해답은 단연코 '기업의 투자 촉진' 외엔 다른 방도가 없다는 것이다.[46] 기업 설비투자의 애로사항은, 금리나 자금공급 등 경제적 요인이 아니라, 기업 설비투자를 제한하는 각종 정부규제와 간섭(수도권 공장 신·증설 억제 등), 노동시장의 경직성, 반(反)기업 정서 등과 같은 경제외적 요인들이다. 이러한 요인들은 한국경제의 효율성(총요소생산성)을 저하시켜 성장잠재력을 더욱 떨어뜨리고 있다.

따라서 상기한 기업의 설비투자 애로 요인들을 하루속히 제거해 나가는 것이 바로 한국경제를 회생시키는 길이다. 즉, 기업의 설비투자를 촉진하기 위한 과감한 규제 개혁, 신(新)성장산업 육성, 서비스 시장 개방, 그리고 이러한 정책방향을 일관성 있게 추진해 갈 강력한 국가지도자의 리더십이 긴요하다. 과거 한국 정부는 아무리 금리를 낮추어도 꿈쩍도 않는 기업의 투자를 본질적으로 촉진하는 대신에 손쉬운 재정지출에만 의존해 온 결과, 매년 국가채무는 급증하고 있다.

요컨대, 1998년 자본 자유화(Capital Liberalization)라는 새로운 글로벌 금융 패러다임 하에서, 한국과 같은 소규모 개방경제(Small Open Economy)의 정부 역할은 새로워져야 한다. 그것은 시장경제의 원활한 작동을 지원하는 것, 즉 '기업하기 좋은 경제환경'을 만들어 주는 것으로 집약된다. 이것은 1989년 몰타(Malta) 선언 이후 세계 경제가 '이데올로기 전쟁'에서 '경제전쟁'으로 전환됨에 따라 모든 국가들이 무한경쟁하에서 생존을 위한 전략인 것이다.

구체적으로, '새로운 정부의 역할'이란 불필요한 각종 규제의 철폐 및 경쟁 촉진, 법 제도의 투명성 제고, 기업경쟁력 강화를 위한 산·학·연·정의 공동 연구개발(R&D) 투자 증대, 에너지 자원의 확보, 환경 보존, 물류비용의 감소를 위한 사회간접자본(도로, 항만, 공항 등)의 확충, 인력 양성을 위한 교육 및 훈련 지원, 보건 의료·연금 등의 사회보험제도의 확충 및 건실한 재정 확보 등이다.

한국 정부는 상기와 같은 '해야 할 일'은 아니하고 각종 정부의 규제 및 간섭 등과 같은 '안 해야 할 일'은 적극적으로 하고 있는 듯하다. 위험을 감수하고 신기술·신제품·신시장에 투자하는 기업가가 진정으로 애국자이며 '고용 없는 성장'(Jobless Growth) 시대에서 일

46 한국 최대 기업인 삼성전자의 권오현 부회장은 2017년 10월 13일 퇴진 선언을 하면서 "회사는 엄중한 상황에 처했다"라며 걱정을 쏟아냈었다. 반도체 호황에 힘입어 분기 영업이익이 사상 최고치인 14조 원을 넘어섰다. 주가(株價)는 2017년 들어서만 50% 가량 올랐다. 권오현 부회장은 "회사는 다행히 최고실적을 내고 있지만, 이는 과거에 이뤄진 결단과 투자의 결실일 뿐이다. 미래의 흐름을 읽어 새로운 성장동력을 찾는 일은 엄두도 내지 못하고 있다"라고 털어놓았다. 이처럼, 그가 위기를 토로한 이유는 현재가 아닌 미래 때문이다.

자리를 창출함으로써 개인 및 가계경제를 지지해주는 기업가가 오히려 '사회복지운동가'라는 점을 인정하는 것이 그토록 어려운 일인가? '악덕 졸부'와 '능력 있는 부자', '형평'과 '평등', '기능적 소득분배'와 '사후적 소득분배'가 그토록 혼란스러운 개념들인가?

정부의 시장 간섭은 경제자유도(degree of economic freedom)로 측정할 수 있다. 미국의 해리티지 재단과 월 스트리트 저널은 2005년 국가별 경제자유도를 발표(2005. 1. 3)하였는데, 한국은 조사대상 162개국 중에서 45위(2004년 47위)를 기록했다. 홍콩과 싱가포르는 2004년과 2005년 연이어 각각 1위와 2위를, 대만은 34위에서 27위를, 일본은 38위에서 39위를 각각 기록했다. 에이티커니(A.T. Kearney)가 조사(2004년)한 '가장 투자하고 싶은 나라'의 순위를 보면 한국은 사회주의 국가인 헝가리(2003년 17위, 2004년 19위)보다 열악한 2003년 18위에서 2004년 21위로 추락하였다. 이토록 열악한 경제자유도를 갖고, 자유무역지대(FTA)를 통한 경제개방의 혜택을 추구한다는 것은 연목구어(緣木求魚)이다.

여기서 유의할 것은 한국 경제는 일본 경제를 닮아가고 있다는 점이다. 일본의 경우 1992년 이후의 자산(부동산) 버블 붕괴가 실물경제부문으로 파급되어 장기불황을 촉발했었지만, 기업의 투자 부진이 '10년 불황'의 결정적 요인이었다는 점에서 한국경제는 일본을 닮아가고 있다고 말할 수 있다. 그렇다면, 어떠한 점에서 한국경제는 일본경제와 유사한가? 혹은 차별화될 수 있는가?

첫째, 일본의 경우 자국에서 생성된 자산가치 버블이 붕괴되었던 반면에, 한국의 경우 해외(특히 미국)에서 수입된 자산가치 버블이 붕괴하여 저(底)성장의 위협이 커졌으나 버블의 규모가 작았다는 점에서 한 일 양국의 상황이 다르다.

또한, 한국의 경우, 1997년 하반기 외환위기가 기업의 과다한 부채에서 기인하였지만, 일본 정부의 소극적인 정책대응과는 달리, 한국 정부의 강도 높은 구조조정을 통해 금융기관 및 기업의 부실을 비교적 단기간에 성공적으로 해소하였다. 그러나 부실채권 처리의 압박이 가중됨에 따라 상업은행의 기능이 현저히 약화되었을 뿐만 아니라 주식시장의 장기침체로 인해 자본시장의 정체상태가 장기화되는 등 직·간접 금융이 동시에 크게 위축되었다.

둘째, 일본의 경우 경제성장률 둔화와 자본시장의 부진은 물론 엔고 및 저금리 환경이 지속되면서 해외 직접투자, 포트폴리오 투자 등의 형태로 과잉유동성이 해외로 유출되었다. 이러한 자본유출국인 일본은 제로금리 및 양적완화의 효과가 외자유출을 통해 상쇄되기 때문에 국내 유동성 확대에도 불구하고 지난 20여 년 동안 일본 경제의 경기침체를 유발하고 있는 디플레이션 압력을 제어하지 못하고 있다. 이와 반면에 한국은 금융기관의 해외차입, 포트폴리오 투자 등을 통해 외자가 유입되기 때문에 디플레이션이 발생되기 어려운 경제구조이다. 그러나 최근에 한국에서 저(低)물가, 주가 하락, 주택가격의 하락과 이상적(異常的) 전셋값의 큰 폭 상승 등으로 인하여 향후 자산 디플레이션의 발생 가능성을 배제하기는 어렵다. 게다가 천문학적 가계부채(2018년 1분기 1,400조 원)의 누증과 기업투자의 저조 혹은 퇴조가 겹치면 장기 침체는 명약관화(明若觀火)하다.

셋째, 일본은 1980년대 매년 10~20%씩 늘었던 투자가 1991년 4%대로 떨어진 뒤, 이후 3년간 마이너스 행진을 계속했다. 한국도 최근 4년간 두 차례나 마이너스 투자를 기록했었다. 2005년 1분기 투자실적도 3.1%로 기대 이하다. 투자 부진이 소득 감소로 이어지고, 다시 소비를 위축시키면서 경제성장률을 떨어뜨리는 악순환 고리에 빠져 있는 것이다. 또한, 1990년대 일본기업들은 엔고의 영향과 1980년대의 과잉투자로 투자 여력 자체가 적었지만, 한국 기업들은 현금을 쌓아놓고도 투자를 하지 않고 있다. 일본은 '기업 구조조정'이란 핵심을 못 잡고 재정지출 확대로 내수를 살리려다 재정적자만 키웠다.

미래는 누구에게나 불확실하다. 그러나 무언가 해낼 수 있다는 비전과 확신이 있다면 미래는 불안이나 위기가 아니라 희망이나 기대로 다가온다. 기업은 지속가능한 사업을 원한다. 어떤 성장동력을 찾느냐가 미래의 성패와 생사(生死)를 좌우한다. 제4차 산업혁명 시대에 국·내외 시장은 요동친다. 10년 뒤에 어떤 업종이 살아남을지 가늠하기 어려울 정도로 격변기다.

4) 지속적 경제성장과 금융발전을 위한 국가재정의 건전성

'국가재정의 건전성'은 두 가지, 즉 ① 지속적 경제성장(Sustainable Growth)과 ② 금융자유화(Financial Liberalization)의 성공을 위한 필요조건이다.

전자(지속적 경제성장을 위한 필요조건)의 근거는 미국 NBER의 2012년 5월 보고서에 잘 서술되어 있다. 즉, 국가부채가 국내총생산(GDP)의 90%를 넘긴 국가들은 모두 20년 이상 저(低)성장을 기록했다는 것이다. 저(低)성장은 고(高)실업을 야기시킨다.

후자(금융 자유화를 위한 필요조건)의 근거로서 1982년 멕시코 금융위기와 1998년 아시아 금융위기 등을 들 수 있다. 즉, 국가재정의 불안정 기조하에서 금융자유화의 추진은 금융위기를 야기하였다.[47]

47 한국은 1997년 하반기 외환위기 당시에 IMF의 강력한 권고에 따라 1998년 자본자유화(Capital Liberalization)를 단행하였으며, 이에 따른 국가재정의 불안정 기조하에서 금융자유화(Financial Liberalization)가 추진되었다.

(1) 국가재정의 불(不)건전성과 글로벌 금융불안

'국가재정의 불(不)건전성'은 유럽의 재정위기에서 여실히 드러났듯이 금융시스템의 불(不)안정성에도 절대적인 영향을 미친다. 따라서 금융시스템의 안정성과 금융경쟁력 제고와 관련된 본질적 문제는 국가재정의 건전성을 전제로 다루어야 하며 '국가재정의 건전성' 없이는 '금융시스템의 안정성'을 도모할 수 없다.

예로서, 유럽의 시중은행들은 그리스·포르투갈과 같은 유로 지역의 '위험 국가'들이 발행한 국채를 상당 부분 보유하고 있는데, 이들 국가들이 국가재정 건전성 악화로 국가부도에 직면하게 될 경우 이런 '위험 국가'들의 국채를 사들였던 은행들은 막대한 손실을 입게 된다. 이 경우 해당 유럽 은행에 돈을 빌려주고 있는 다른 금융회사들은 서둘러 돈을 회수하려고 할 것이다. 이런 과정에서 서로 거미줄처럼 엮여 있는 금융시스템이 불안정해지면서 유동성 위기 또는 신용경색으로 확대될 수 있는 것이다. 이것은 다시 글로벌 금융불안을 야기한다.

사실, 유럽 재정위기의 재(再)확산 가능성은 세계 경제의 주요 불안요인 중에서 하나이다. 참고로, 세계 경제의 주요 불안요인으로서 크게 다섯 가지, 즉 ① 유럽 재정위기의 재(再)확산, ② 달러 유동성의 경색 가능성, ③ 미국 Sovereign Risk의 부상, ④ 중국의 경착륙 위험, ⑤ 국제 환율전쟁을 들고 있다.

물론, 현재 세계 각국은 '국가재정의 건전성'을 확보하기 위한 노력을 강화하고 있다. 예로서, 최근 국가신용등급 강등 루머에 시달렸었던 프랑스는 부유층이 물어야 할 세금을 늘리고 각종 감세 혜택을 중단하는 내용을 중심으로 재정적자 해소 방안을 발표하였다. 또한 스페인은 헌법에 균형예산 관련 조항을 신설하기로 했었다.

스위스 바젤에 본부를 둔 각국 중앙은행 간 협력기구 국제결제은행(BIS)은 2007년 글로벌 금융위기 이후 세계 각국의 국가부채가 30조 달러가량 늘었다는 점을 지적하고 벤 버냉키 미국 중앙은행(Fed) 의장의 잇따른 양적완화와 아베 신조 일본 총리의 무제한 금융완화정책(아베노믹스)을 비판했었다. "각국 정부의 부채비율이 이미 높은 상황에서 양적완화로 인해 국가의 빚을 계속 늘린다면, 경기 회복보다는 자산 거품만 만들어낼 것"이라고 경고했었다.

사실, 미국과 유럽 주요국의 국가재정의 건전성은 2008년 하반기 글로벌 금융위기 이후 크게 악화되어 왔다. 미국은 글로벌 금융위기를 극복하는 과정에서 시행한 경기부양대책과 금융기관 부실 해소책 등이 재정적자를 크게 확대시켰다. 그 배경은 민간소비나 기업투자의 위축으로 경기침체가 지속되는 경우 정부는 국가부채가 일시적으로 증가하더라도 재정지출을 늘려 경기를 부양하는 정책을 시행하는 것이 합리적 정책 방향이기 때문이었다. 즉, 이를 통해 경제가 성장하고 경제 규모가 커지면 세입이 증가하기 때문에 단기적으로 늘어났던 국가부채가 다시 줄어들 수 있는 것이다.[48]

또한, 일본의 국가부채는 총 983조 2,950억 엔(2012년 9월 말 기준)으로서 국내총생산(GDP) 대비 230%로 경제협력개발기구(OECD) 회원국 최고 수준이다. 그 요인을 살펴보면, 1970년대의 오일쇼크로 야기되었던 경기침체에 대응하여 1970년대 다나카 가쿠에이 전(前) 총리의 '국토 균형발전'부터 시작된 대대적인 토건사업, 1990년대의 부동산 버블붕괴, 그리고 최근의 글로벌 금융위기 등에 대응하기 위해 대규모 경기부양책, 그 후 급속한 고령화에 따른 복지목적의 재정지출로 인해 재정적자가 빠르게 확대되었기 때문이다.

급기야, 구로다 하루히코 일본은행(BOJ) 총재가 2013년 3월 28일 참의원에 보고하면서 "국내총생산(GDP) 대비 국가부채(당시 총 983조 2,950억 엔으로 일본 GDP의 230%)의 비율이 200%를 웃도는 것은 매우 높은 수준이며 이 같은 상황은 비정상적이고 지속 가능할 수 없다"라고 경고했었다. 그리고 "지금까지 국채시장은 안정적이며 일본의 재정관리 능력에 대한 시장의 신뢰가 유지되고 있다고 보인다"라면서도 "시장의 신뢰를 잃고 국채시장이 불안정해지거나 국채수익률이 상승할 경우 통화정책을 포함한 경제정책 전반에 매우 부정적인 영향을 미칠 것"이라고 우려했다(니혼게이자이신문, 2013. 3. 29).

독일 시사주간지 슈피겔은 일본이 발행하는 국채 물량의 95%가량을 자국에서 소화하고 있지만 이런 체제가 지속되기는 어려우며 막대한 국가부채를 해소하기 위해 재정개혁에 나서야 한다고 지적하였다.

스탠더드앤드푸어스(S&P)가 오랜 기간 세계 경제의 2위 자리를 유지해 온 일본의 국가부채 규모가 2012년이면 1,000조 엔을 돌파하는 등 국가재정 건전성 악화가 심화될 것을 우려하여 2002년 이후 처음으로 일본의 국가신용등급을 'AA'에서 'AA-'로 하향 조정하였다.

(2) 국가부채의 파급효과

경제 내에서 경제활동을 영위하는 주체는 민간부문(가계와 기업)과 정부부문이다. 정부는 민간부문이 하기 어려운 다양한 일(치안, 국방, 사회간접자본 조성, 경기조절 등)을 수행한다. 이를 위해 정부는 세금을 징수하거나 국채를 발행하여 재원을 마련한다. 특히, 정부의 '경기

48 크리스틴 라가르드 신임 IMF 총재는 현재와 같이 지속적인 경기회복이 필요한 경우 재정지출을 급격히 축소하는 방식으로 경기회복을 막으면 안 된다고 강조하면서, 정부의 재정 건전성은 경제성장에 따른 세수증대가 뒷받침되어야 실현 가능한 것이므로 단기적으로 경기부양을 위한 재정지출을 확대하는 것이 장기적으로 재정 건전성을 확보할 수 있는 방안이라고 주장했다. 특히 개발도상국들의 경우, 경제 규모가 작아 세입이 크지 않기 때문에 국가부채가 증가하더라도 차입을 통해 사회간접자본·교육·연구개발 등 생산적인 부문에 대한 투자를 확대함으로써 성장잠재력을 상승시킬 필요가 있다는 것이다.

조절 기능'이란 민간부문의 총수요(소비와 투자) 감소로 경기가 수축된 경우에는 재정지출을 확대하거나 조세 징수를 감소하여 총수요를 창출하는 반면에 경기가 과열된 경우에는 재정지출을 축소하고 세금을 더 많이 거둬들여 총수요를 둔화시키는 역할을 의미한다. 그러나 국가재정의 건전성이 악화되면 이러한 경기조절 기능을 원활히 수행할 수 없게 된다. 왜냐하면 재정적자가 너무 크면 세수(稅收)를 추가로 거두기가 어려워 경기부양을 위해 사용할 자금이 절대적으로 부족하게 되기 때문이다.

한 가정의 지출이 수입보다 많으면 빚을 지듯이, 국가의 경우에도 매년 세금으로 거두어들이는 수입보다 지출이 많아지면 정부가 채권을 발행하여 적자를 메우면서 빚을 지게 된다. 정부가 민간·해외 등의 경제주체에 갚아야 할 빚의 총 규모를 '국가채무'(National Debt)라고 부르는데,[49] 이것은 국채, 정부차입금, 공공기금 명의로 발행한 채권(국민주택채권·외국환평형채권 등)과 차입금 등으로 구성되어 있다.

한편, '국가채무'는 중앙정부와 지방정부가 국채·지방채를 발행해 빌려 쓴 돈으로 나중에 갚아야 하는 빚인 반면에 '국가부채'는 상기 '국가채무'에 연금충당부채(퇴직 공무원·군인에게 지급할 연금) 등을 합친 가장 넓은 범위의 나랏빚이다.

2008년 하반기 글로벌 금융위기 직후 전(全) 세계 주요 국가들은 금융위기 극복을 위해 금리를 큰 폭으로 낮추고 엄청난 규모로 재정지출을 하는 등 적극적인 정책 대응에 나섰었다. 이와 같은 노력에 힘입어 세계 경제는 예상보다 빠른 회복세를 보이고 있다. 그러나 상기 재정정책은 다른 한편으로 인플레이션 심화와 '국가부채' 급증이라는 부작용을 초래하여 최근에는 심각한 세계 경제의 불안요인으로 인식되고 있다.

여기서 유의할 것은 잦은 경기부양책에도 불구하고 경제적 성과가 크게 나타나지 않는 경우에는 재정적자만 커지고 결국 국가부채만 증가하는 결과를 낳게 된다는 점이다. 특히 재정적자를 메우기 위한 대규모 국채발행은 민간소비와 투자를 위축시키는 구축효과(crowding out effect)를 야기한다. 예를 들면 일본 정부는 1990년대의 장기적 경기침체에 대응하기 위해 대규모 공공투자정책을 실시하였다. 그러나 생산성이 낮은 부문에 대규모 국가예산이 투입됨으로써 경기부양 효과 없이 국가부채만 크게 확대시킨 결과를 초래하였다.

심지어, 만약 국가부채가 계속 커지면 국채에 대한 정부의 이자 지급 부담도 커지게 되어 결국 정부가 빚을 줄이기 어려운 수준으로까지 심각해질 수 있다. 이 경우 정부는 결국

---

49 '국가채무'는 금융성 국가채무와 적자성 국가채무로 구분된다. 금융성 채무는 융자금이나 외화자산 등 채무에 대응하는 자산이 있어 상환을 위해 별도의 재원 조성이 필요하지 않다. 이와 반면에 적자성 국가채무는 대응 자산이 없어 국민 세금으로 갚아야 한다. 만약 현재 세대가 상환하지 못하면 미래 세대가 갚아야 한다.

'채무불(不)이행'을 선언하거나 파산하게 된다. 가계나 기업이 파산하는 것과 마찬가지로 국가도 신용등급이 급락하여 국채 발행이 어려워지고, 통화가치가 급락하는 등 경제 전체가 위기국면에 빠지게 된다. 그러므로 최근 일부 국가의 재정위기를 타산지석(他山之石)으로 삼아 한국도 국가부채를 안정적인 수준으로 관리함으로써 국가재정의 건전성을 회복 및 유지해야 할 것이다.

(3) 한국의 국가부채 현황과 전망

한국의 경우, 중앙정부와 지방자치단체가 갚아야 할 의무가 있는 '국가채무'는 2016년 627조 1,000억 원(국민 1인당 1,224만 원의 빚을 지고 있는 꼴)이다.[50] 2015년 국가채무 570조 1,000억 원보다 35조 7,000억 원 증가했다.[51] 그 원인은 복지 지출과 내수 진작 등 정부가 돈 풀어야 할 곳이 많아졌기 때문이다.

여기서 유의할 것은 적자성 국가채무가 전체 국가채무 증가분 중 70% 이상을 차지하고 증가 속도가 전체 국가채무보다 빠르다는 점이다.[52] 사실, 매년 예산을 늘리고 적자로 나라 살림을 꾸리다 보니 누적된 '국가채무'는 계속 증가할 수밖에 없다. 왜냐하면 매년 부족한 액수만큼 국채(國債)를 찍어 충당하기 때문이다.

다행히, 한국의 GDP 대비 국가채무 비율은 38.3%(2016년 기준)로 경제협력개발기구

50 국가가 직접 상환의무를 지고 있는 '국가채무' 외에도 한국은행이나 공기업 채무 등과 같이 국가가 최종적인 상환의무를 지고 있는 채무도 있다는 점이다. 이러한 채무들의 경우, 정부가 일차적인 상환의무를 지고 있지 않기 때문에 통상적으로 '국가채무'에는 포함되지 않는다. 그러나, 만약 토지주택공사와 같은 공공기관들이 채무를 상환하지 못하는 경우에는 최종적으로 국가가 갚아야 할 의무가 있다. 따라서 공공기관들의 채무가 비록 '국가부채'에는 포함되지 않더라도 국가가 통합적으로 관리할 필요가 있다.
이명박 정부 기간에 '공기업 부채'가 급증했었는데, 그 요인은 4대강과 보금자리주택 등 각종 국책사업에 필요한 자금 조달 창구로 공기업을 이용했었기 때문이었다. 구체적으로 살펴보면, 수자원공사의 부채는 2007년 말 1조 5,756억 원이었으나 2011년 말 12조5,809억 원으로 급증했었다. LH(한국토지주택공사)의 부채는 2007년 말에 66조 9,088억 원(토지공사+주택공사)이었으나 2011년 말에는 130조 5,712억 원까지 늘어났었다. 한국전력공사(2007년 말 21조 6,119억 원→2011년 말 82조 6,639억 원)와 한국가스공사(8조 7,436억 원→27조 9,666억 원) 등은 정부의 공공요금 인하 조치에 따른 적자 누적으로 부채가 급증했었다(문화일보, 2012. 12. 24).

51 기획재정부의 '2014~2018년 국가재정운용계획'(2014년 9월 21일)에 따르면 2015년 국가채무 570조 1,000억 원 중에서 '적자성 국가채무'는 314조 2,000억 원으로 2014년보다 31조 5,000억 원(11.1%) 증가할 것으로 추산됐었다.

52 한국 정부는 2017년 4월 4일 국무회의에서 '2016년 국가결산'을 심의·의결했었다. 2016년 한 해 동안 정부 살림살이는 관리재정수지(수입에서 지출을 뺀 다음 사회보장성기금 흑자를 뺀 수치) 기준으로 22조 7,000억 원 적자였었다. 그 원인은 경기를 살리기 위해 11조 원 규모의 추가경정예산을 편성한 것을 비롯해 재정을 확장적으로 운용했었기 때문이었다. 그나마 2016년에는 세수(稅收)가 예상보다 많이 들어와 38조 원 적자를 기록한 2015년보다는 적자 폭이 줄었었다.

(OECD) 회원국들의 평균 국가채무 비율, 116.3%보다는 상당히 낮은 편이다.[53] GDP 대비 국가부채 비율이 100%를 넘는다는 것은 1년 동안 한 나라가 창출한 모든 소득을 합해도 국가채무를 다 갚을 수 없는 상황을 의미한다.

그러나 한국의 국가채무가 5년 사이에 두 배 가까이 될 만큼 증가 속도가 너무 빠르다. 그 요인은 급속하게 진행되고 있는 인구고령화 등으로 인해 복지지출이 확대되고 있기 때문이다. 게다가 향후 언젠가 통일로 인한 재정지출 급증 등을 고려할 때 국가부채가 급속히 증가할 가능성이 높다.

나아가, 상기한 2016년도 '국가채무' 627조 원에다 공무원·군인 연금(향후 70년간 퇴직 공무원·군인에게 지급해야 하는 연금)의 충당부채 등을 합친 '국가부채'는 2016년 1433조 1,000억 원에 달했다. 1년 사이에 139조 9,000억 원 늘어났었다. 그 요인은 공무원·군인 연금의 충당부채만 659조 원대에서 752조 원대로 1년 사이에 92조 원(5년 새 400조 원) 넘게 늘어났었기 때문이었다. 물론, 공무원·군인 연금 충당부채는 그 자체가 전부 빚은 아니다. 왜냐하면 공무원·군인이 매달 내는 연금 보험료는 감안하지 않고, 2086년까지 향후 70년간 지급해야 할 연금 액수만을 모두 더해 놓은 숫자이기 때문이다. 그럼에도 불구하고, 충당부채를 추산하는 이유는 공무원·군인 연금을 그간 쌓아둔 기금에서 전액 지급하지 못하면 법률에 의해 정부가 모자라는 부분을 세금을 거두어 메워줘야 하고, 이것은 바로 국민의 조세부담으로 직결되기 때문이다. 실제로, 2016년에는 부족한 공무원·군인 연금 액수를 채워주느라 공무원 연금에 2조 3,189억 원, 군인연금에 1조 3,665억 원의 혈세(血稅)가 각각 투입됐었다.

한편, 국제신용평가회사 스탠더드앤드푸어스(S&P)가 발표한 '세계적인 고령화 2013 : 새로운 도전'이라는 보고서를 보면 한국의 GDP 대비 국가부채 비율이 2040년 136%로 올라가고, 2050년에는 313%까지 치솟을 것으로 전망했는데, 그 요인은 고령화와 저출산으로 사회보장 지출이 급증하면서 2050년 노령인구 부양비율이 61%(14~64세 노동가능인구 100명이 65세 이상 노령인구 61명을 먹여 살려야 한다는 뜻)로 높아질 것이기 때문이다.

여기서 유의할 것은 현행 연금구조하에서 공무원 숫자를 감축하지 않으면 공무원연

53 물론, 한국 경제는 20년 전과 많이 달라졌다. 1997년 하반기 외환위기 당시 국가채무는 불과 60조 원이었는데, 2004년 말 현재, 국가채무(IMF 기준)는 203조 1천억 원으로 2003년 말보다 37조 4천억 원(22.6%)이 증가하였다. 1997년 외환위기 이후 불과 7년 동안 무려 3배 이상 증가한 것이다. 국가채무를 2004년 총인구 4천 800만 명으로 나누면 국민 1인당 423만 1천 원(전년 대비 22.4% 증가)의 빚을 갖고 있는 셈이다. 국내총생산(GDP) 대비 국가채무 비율이 2004년 말 현재 26.1%로 전년 말보다 3.2%포인트 상승했는데도 불구하고, 한국 정부는 OECD 회원국 평균치인 76.8%에 비하여 훨씬 낮은 수준이라고 강변 혹은 오도하고 있다. 그러나 한국의 국가채무 비율(26.1%)이 미국(63.5%), 일본(163.5%), 독일(67%), 프랑스(74.0%)에 비하여 낮은 것은 사실이지만, 이들 선진국들의 국력(국가경쟁력), 사회보장제도, 국민의 '삶의 질'을 한국의 그것들과 비교할 수 없는 것이다.

금은 '밑 빠진 독'이 될 수밖에 없다는 점이다. 물론, 한국 정부는 2015년 공무원 연금 지급 방식을 바꿨다. 즉, 5년간 연금을 받고 있는 퇴직자의 연금 수령액을 동결하고, 첫 연금 수령 시기도 60세에서 65세로 늦춤으로써 2015년에는 공무원·군인연금 충당부채가 16조 3,000억 원만 늘어나 증가세가 진정됐었다. 그러나 불과 1년 만에 92조 원 넘게 다시 늘어났다. 이와 같이, 공무원 연금 개혁의 효과가 금세 바닥나고 충당부채 액수가 급증한 이유는 공무원·군인 숫자가 계속 늘어났었기 때문이다. 즉, 2015년 127만 4,000명이던 재직 중인 공무원·군인은 1년 사이 1만 5,000명 증가해 128만 9,000명에 이른다. 그사이 퇴직한 사람도 늘어 공무원·군인 연금을 수령하는 사람도 51만 5,000명에서 54만 3,000명으로 3만 명 가까이 늘었다. 정부는 2015년 공무원 연금만 개혁했을 뿐, 군인연금은 반발을 우려해 연금지급액을 줄이는 방향으로 개혁하지 못하고 있다.

상기와 같은 상황에서, 문재인 민주당 후보(당시)는 "공무원 17만 4,000개를 포함해 공공부문에서 일자리를 81만 개 늘리겠다"라고 공언했었다. 기획재정부 관계자는 "공무원이 1만 명만 늘어도 급여, 연금으로 수조 원대 이상이 필요하다는 건 계산에 넣었는지 모르겠다"라고 말했다(조선일보, 2017. 4. 5).

모름지기, 국가부채의 과도한 증가를 억제하기 위해서는 적극적으로 정부지출의 구조조정 및 효율성을 높이는 동시에 세수 확대를 위한 노력이 필요하다. 예를 들면 재정악화로 어려움을 겪고 있는 미국의 경우에도 오바마 행정부(당시)가 국방예산 축소, 저(低)소득층에 대한 난방비 보조금과 공항시설 보조금 삭감, 대학생 학비지원 축소 등으로 지출을 줄이는 한편, 석유·가스·석탄회사들에 대한 세액공제 및 고소득층에 대한 세금감면 등을 폐지해 세수를 확대하는 안을 의회에 제시한 바 있다.

한편, 문재인 정부의 첫 예산안은 '큰 정부' 기조를 반영한 '슈퍼 예산'이다. 국무회의에서 확정한 2018년도 예산 총지출액은 429조 원이나. 2017년 본예산(400조 5천억 원)보다 7.1% 늘었다. 글로벌 금융위기 당시 2009년도 예산(10.7%) 이후 가장 높은 증가율이다. 상기 정부예산은 주로 복지분야에 사용된다. 정부는 2018년도 보건·복지·노동 분야에 146조 2천억 원(전체 예산의 34.1%)을 투입한다. 전년 대비 증가율이 12.9%로 가장 높다. 보건·복지·노동 예산 중 고용 창출에는 19조 2천억 원(전년 대비 12.4% 증가)이 투입된다. 반면에 2018년 사회간접자본(SOC) 예산은 17조 7천억 원으로 오히려 전년 대비 20% 줄었다. 여기서 유의할 것은 보건·복지·노동 분야의 예산 지출이 2021년까지 해마다 9.8% 증가하기 때문에 정부 계획대로라면 2021년 보건·복지·고용 예산 비중은 전체예산의 37.6%에 이르게 된다는 점이다.

2016년 기준으로, 경제협력개발기구(OECD) 회원국 평균 사회복지 지출은 국내총생산(GDP) 대비 21%인데, 이에 비하여 한국은 10.4%로 절반 수준이다. 그러나 한국의 GDP 대비 복지지출 비율은 2020년 13.1%, 2030년 20.4%, 2050년 31.4%, 2060년 33.7% 등으로 높아질 것으로 추정되는데, 이 비율은 2020년 후반 서구(西歐)의 복지국가(호주·캐나다·아일랜드·영국·미국)를 앞지르고, 2030년 초반 OECD 평균을, 2030년 중반에는 일본을 각각 능가할 것으로 예상된다(한국경제연구원, 2017. 9. 6). 따라서 복지예산 지출 증가에 따라 국민 세금 부담도 높아질 것이다. 현재도 국가예산의 3분의 1(2018년의 경우 34.1%)이 복지 지출로 사용된다. 따라서 복지 지출을 적정 수준에서 통제하지 못할 경우 2060년 국민의 조세부담률은 35%까지 급증할 것으로 전망된다.

그럼에도 불구하고, 기획재정부는 재정 지출을 크게 늘리는 동시에 재정 건전성도 훼손시키지 않는 정책 기조를 2018년뿐만 아니라 문재인 정부 말기인 2021년에도 유지하겠다고 천명했다. 그 배경을 보면, 2018년 국내총생산 대비 국가채무 비율은 39.6%로 2017년 예상치 39.7%보다 오히려 낮으며 2021년 상기 비율의 예상치도 40.4%에 불과하기 때문에 정부가 나랏돈을 많이 쓸 계획을 갖고 있지만 빚을 많이 내지 않아도 된다는 것이다.

한국 정부가 기대하는 것은 세수 등 정부 수입 증가다. 기획재정부는 2017년 '세수 풍년' 덕택에 국세가 256조~257조 원에 이를 것으로 추산했다. 이 추세대로 간다면 2018년 재정수입 증가율은 7.8%로 재정지출 증가율(7.1%)보다 높을 것이며, 2017~2021년 국세 수입이 연평균 6.8%씩 증가할 것으로 전망된다. 따라서 기획재정부는 매년 4% 중반대의 경상성장률(경제성장률+GDP 디플레이터)을 유지할 수 있다는 전제하에서 12조~13조 원씩 세수가 더 늘어날 수 있을 것으로 낙관하고 있다. 따라서 정부의 속셈은 재정수입이 많이 늘어나는 만큼 재정지출을 많이 늘려도 괜찮다는 것이다.

여기서 유의할 것은 상기한 2018년 정부예산 증가율 7.1%는 2018년 경상성장률 전망치(4.5%)보다 2.6%포인트나 높은데, 기획재정부의 2018년 경제성장률 전망치 4.5% 자체가 민간경제연구소의 2.8%보다 1.7%포인트나 높다는 점이다. 만약 기획재정부의 전망치와는 달리 일반적 전망치인 2%대에 머물게 된다면 전술한 2017~2021년 국세 수입의 연평균 증가율 6.8%에 관한 기대치는 대폭 하향조정될 수밖에 없을 것이며 문재인 정부의 재정지출 계획은 큰 혼란을 야기할 것이다.

따라서 재정 건전성을 유지함과 동시에 재정지출을 확대하려면 획기적인 경제성장률 제고 방안과 추가 증세가 단행돼야 한다. 그렇지 않으면, 결국 지난 박근혜 정부처럼 '증세 없는 복지'라는 이름하에 '증세 아닌 증세'를 할 수밖에 없게 될 것이다.

한국의 경우, 소득세 및 부가가치세의 세수 비중은 상대적으로 낮으며 누진도가 높지만 세수규모가 작기 때문에 소득재분배 효과가 작다. 게다가 소득공제 수준과 면세자 비율이 매우 높다.[54] 한국의 소득세율은 다섯 단계다. 소득이 적은 1,200만 원 이하는 가장 낮은 세율인 6%가 적용된다. 1억 5,000만 원이 넘는 소득분에 대한 세율은 38%다. 그러나 여러 가지 공제 혜택이 있어 실효세율은 이보다 낮다. 국세청 집계를 보면 면세 근로자는 2013년 512만 명에서 250만 명이나 급증했으며 2014년 근로자 중 47%, 760만 명이 '면세자'이다. 왜냐하면 세제(稅制)를 바꾸면서 연 1,200만 원 이하 소득에 대해 공제 폭을 확대했기 때문이다. 선진국의 면세(免稅) 근로자 비율이 20%쯤인 것과 비교하면 한국의 면세 근로자가 너무 많다. 면세 근로자가 늘면 늘수록 근로소득세를 내는 나머지 근로소득계층의 세금부담은 커질 수밖에 없다. 물론, 이들의 하향조정이 바람직하지만 조세저항으로 실현 가능성이 작다. 따라서 무조건부 공제(근로소득 공제, 근로소득세액 공제 등)를 축소하고 저출산·고령화와 관련성이 높은 조건부 공제 항목(기본공제액, 출산 또는 아동관련 공제, 고령자 공제 등)을 확대해야 할 것이다. 그러나 상기한 세제개혁방안은 단지 미세조정에 불과하다. 무엇보다 중요한 것은 현재 2%대의 경제성장률을 끌어올리는 것이다.

(4) 국가재정 건전성 회복을 위한 복지정책의 최적화

국가의 살림살이는 성장·분배·안정을 위한 조세 징수와 재정 지출이다. 따라서 정부는 국민 혈세(血稅)를 금싸라기처럼 고용창출형 신(新)성장동력산업에 효율적이고 생산적으로 사용해야 할 것이다. 한마디로 말하면, '경제성장과 복지정책의 최적화'가 필요한 것이다.

여기서 저자가 제기하는 근본적 문제는 국가재정의 건전화를 도모함과 동시에 지속적 경제성장과 소득분배구조 개선을 위한 복지재정 재원을 어떻게 합리적으로 조달할 것이며, 또한 진정한 복지수혜자들에게 효율적으로 복지 혜택을 전달할 수 있는 정책방안이 무엇인가이다.[55]

상기 문제를 근본적으로 해결하기 위해서 '국가재정의 건전성'이 시전적으로 진제되어야 한다. 즉, '복지 극대화'(Welfare Maximization)는 '국가재정의 건전성'이라는 제약조건 하에서 동태적으로 최적화(Optimization)해야 한다는 것이다.

여기서 저자가 강조하고자 하는 것은 국가재정의 불(不)건전성을 야기시키는 주요 요인은 무엇보다 인기영합주의적 포퓰리즘(Populism)이라는 점이다. 왜냐하면 선거로 선출되는 정치인은 국가경제 전체의 장기적 관심보다는 투자 효율성이 떨어지더라도 득표를 목적

54 3면세 근로자 760만 명.

55 임양택, 칼럼 : "재정 건전성을 위한 경제성장과 복지정책의 최적화 방향", 경인일보 경제전망대, 2017. 12. 21.

으로 최대한 많은 정부예산을 확보하려고 하기 때문이다.

예로서, 한국의 경우, 여야(與野) 정당이 내놓은 복지공약 중 하나가 군 장병 월급을 현재 9만여 원에서 40~50만 원으로 올리겠다는 것이다. 매년 1조 6,000억 원이 들어가는 공약이다. 소득 하위 70% 계층의 대학 등록금을 반값으로 해주겠다는 공약에는 연 2조 원이 새로 필요하다. 기초수급자의 부양 의무자 기준을 폐기하겠다는 공약에는 4조 원 이상 소요된다. 그간 정치권이 앞다퉈 발표한 복지공약은 이뿐만이 아니다. 0~5세 전면 무상교육, 초·중·고교 아침 무상급식, 청년의무 고용할당제, 비정규직 임금 상향 등을 들 수 있다.[56]

5) 경제정책 기조의 전환 : '소득(임금)주도 성장론' → '혁신주도 성장정책'[57]

전술한 바와 같이, 기업 투자의 저락(低落)이 일본의 '잃어버린 20년'에서 보았듯이 한국 경제 위기의 원인임에도 불구하고, 왜 한국 정부는 기업가의 투자 의욕을 북돋우지 않고 오히려 저상(沮喪)시키는가? 그 이유는 한마디로 말해서 '잘못된 경제철학', 즉 '소득(임금)주도 성장론'을 맹신하고 있기 때문이다.

'소득주도 성장론'(Income-led Growth)은 2012년 ILO(국제노동기구) 보고서에 게재되었던 마크 라부아(캐나다 오타와대학교 교수)와 엥겔베르트 슈톡하머(영국 킹스칼리지 교수)가 발표한 논문 '임금주도 성장(Wage-led Growth) : 이념, 이론 및 정책'에 근간을 둔다. '임금(소득)주도 성장론'이 대두된 배경은 디지털 산업혁명이 이루어진 1990~2000년대 초 디지털 양분 현상이 나타났었다. 당시, 국제노동기구(ILO) 등을 중심으로 '포용적 성장', '빈곤친화적 성장'이란 개념이 제시되었다. 또한, 상기 두 경제학자들은 후기 케인지언(Post Keynesian) 주류 경제학이 주창한 '이윤주도 성장'(Profit-led Growth)을 '임금주도 성장'(Wage-led Growth)으로 대체해야 한다고 주장했다.

그러나 '임금주도 성장론'이 성공한 역사적 사례가 거의 없다. 1990년대부터 사회민주당 세력이 집권했던 유럽 각국(영국, 포르투갈, 그리스, 이탈리아, 스페인 등)이 실험했던 '제3의 길'은 대체로 실패했다.

---

56 상기한 인기영합주의적 포퓰리즘(Populism)을 빗대어, 박재완 기획재정부 장관(당시)은 "포크 배럴(pork barrel)에 맞서 재정 건전성을 확립할 것"이라고 발언했었다(조선일보 2011년 7월 7일 B1면). 여기서 '포크 배럴'(pork barrel)이란 미국 의회정치에서 정치인들의 인기영합적인 포퓰리즘(Populism) 행태를 비난하는 용어이다. 즉, 정치인들이 득표를 위한 목적으로 지역구 선심사업을 위해 정부 예산을 최대한 많이 확보하려고 경쟁적으로 모여드는 행태는 마치 농장주(農場主)가 돼지고기 보관 통 즉 포크 배럴(pork barrel)에 한 조각의 고기를 던져줄 때 모여드는 농장의 노예와 같다는 것이다(조선일보, 2011. 9. 23).

57 임양택, 칼럼 : "문재인 정부의 '소득(임금)주도 성장론'에 대한 평가와 보완", 경인일보, 제12면, 2017. 9. 21.

특히 한국은 '소규모 개방경제'(Small Open Economy)로서 제조업 중심의 수출주도형 '경제성장 전략'(Export-driven Growth)을 추진해오고 있다. 만약 수출 비중이 매우 높은 한국이 임금 인상으로 가격경쟁력이 떨어지면 경제성장 엔진 자체가 꺼질 수 있다.

그럼에도 불구하고, 문재인 정부는 청년에게 81만 개 공공 일자리를 주고, 비(非)정규직을 정규직으로 바꿔 임금을 올리겠다고 공언했다. 현재 6천 470원인 최저 시급을 오는 2020년까지 1만 원으로 인상하는 임금정책을 추진하고 있다. 최저임금 1만 원은 앞으로 최저임금을 3년간 매년 15.7% 이상을 인상해야 가능하다. 이에 대한 찬반양론이 활발하게 개진되어 왔다. 다시 말하면, 문재인 정부의 '임금주도 성장'(Wage-led Growth) 정책의 목표는 최저임금 인상이 '소득증대 → 소비촉진 → 기업매출 증가'로 연결되도록 하겠다는 것이지만 실제로는 '고용축소 및 해외공장 이전 → 사회적 약자들(고령자 및 단순 숙련공 등)을 위한 고용시장 자체 소멸'로 귀결될 수밖에 없다.[58]

최근 들어, 한국 제조업체들의 해외 이전으로 인하여 국내 제조업 취업자들이 매월 수만 명씩 감소하고 있다. 「한국수출입은행」에 따르면 한국의 해외 직접투자액은 2016년 350억 달러로 사상 최대를 기록했다. 「현대·기아차」는 1996년 아산 공장을 마지막으로 국내 생산 공장 건설을 중단하고 중국·브라질·멕시코 등에 생산 거점을 세웠다. 이 결과, 2016년을 기준으로, 한국 완성차 5개 사의 해외 생산(465만 2,787대)이 국내 생산(총 422만 8,509대) 보다 처음으로 능가했다. 삼성전자는 2000년대 후반부터 베트남에 해외 생산 기지를 건설해 10만 명 이상을 고용하고 있다. 삼성전자의 글로벌 고용은 2012년 24만 명에서 2015년 33만 명으로 증가하고 있는 반면에 국내 고용 인력은 2015년 9만 3,200명으로 전년보다 3,700명(3.8%) 감소했다. 3년 연속 감소추세를 보이고 있다.

또한, 대기업에 납품하는 중소기업들은 "국내에 앉아서 주문을 기다리다가는 망하기 십상"이라며 대기업이 진출한 해외 공장 주변 부지를 물색 혹은 구입하고 있는 중이다. 「한국수출입은행」이 2017년 4월 16일 발표한 자료에 따르면 2016년 국내 중소기업체들이 해외에 투자한 금액은 총 60억 2,300만 달러(6조 8,700억 원) 규모다. 해외에 설립된 법인 수도 크게 늘어 2016년 기준으로 1,600개에 육박했다.

대한상공회의소가 발표(2017. 5. 4)한 '주요국 리쇼어링(Reshoring) 동향과 정책시사점'에 따르면 지난 10년간 해외로 나간 국내 기업들이 해외 현지에서 창출한 일자리는 2005년

58 임양택, 칼럼: "한국의 중소기업 정책은 환골탈태 해야 한다. 중소·견기업의 획기적 리쇼어링(국내 유턴)과 과감한 정부규제 철폐로써 한국 산업의 붕괴를 막아야", 경인일보 경제전망대, 2018.

약 53만 개에서 2015년엔 약 163만 개로 3배가량 늘었다. 그러나 같은 기간 한국에 들어온 외국인투자기업들이 국내에서 창출한 일자리는 1.5배 증가(19만 개에서 27만 개)에 그쳤다. 이것은 한국 내에서 고용이 1/6로 감축되었다는 것을 의미한다.

상기한 한국 기업들의 '탈(脫) 한국 현상'은 단순히 국내 고용 감축의 문제로 끝나는 것이 아니라 한국 제조업의 공동화(空洞化) 현상을 가속화하고 있다. 이러한 추세가 지속된다면, 한국 산업을 붕괴될 것은 자명(自明)하다.

한편, 문재인 정부의 중소기업정책은 중소벤처기업부 신설, 중소기업 연구개발(R&D) 투자, 임금 격차 해소 등 대기업과 중소기업 간 불균형 및 불평등 해소 등에 포커스가 맞춰져 있다. 그러나 현행 중소기업 정책은 해외로 이전한 기업들이 국내로 회귀하는 데 필수적인 유인책들의 세부 내용이 없다. 이 사실은 2013년 6월, 국회에서 '유턴기업지원법'이 통과돼 약 4년간 시행됐지만 실제로 국내로 복귀한 기업이 30개에 불과하였다는 사실이 적나라하게 말해준다.

〈한국경제연구원〉이 국내 복귀 30개 기업을 대상으로 설문 조사한 결과를 보면, 절반의 기업들이 '유턴기업지원법'상의 지원제도와 인센티브에 대해 만족하지 않았다. 특히, 이들 기업들이 느끼는 애로사항으로 노동시장 경직성(18.7%)과 높은 인건비(17.6%), 자금 조달의 어려움(16.5%) 등을 꼽았다. 이처럼, 아직도 유턴기업들에 대한 지원이 부족할 뿐만 아니라 반(反)기업적 풍토가 한국 사회에 만연해 있음을 알 수 있다.

요컨대, 저자는 문재인 대통령이 한반도 평화와 남·북한 공동번영을 위한 역사적 과업을 순조롭게 수행하기 위해서는 반드시 지속적 경제성장이 유지되어야 하며, 이를 위해서는 '기업하기 좋은 경제 환경'을 만들어 외국인투자기업들을 많이 유치할 뿐만 아니라 해외로 이전한 한국기업들의 유턴(U-turn)을 촉진해야 한다고 강조한다. 모름지기, 기업 없이는 고용창출이 불가능하며, 고용안정 없이는 사회통합을 기대할 수 없으며, 사회통합 없이는 남남갈등으로 인하여 남북 통합을 이룰 수 없을 것이다.

그렇다면, 수출경쟁력과 기업 수익에 악영향을 주지 않으면서 문재인 정부의 '임금(소득)주도 성장' 정책의 기본 취지를 살릴 수 있는 방법은 무엇인가?

첫째, 최저임금의 적용대상을 모든 근로자에게 적용할 것이 아니라, 소득 양극화(Income Polarization)의 최대 피해자인 비(非)정규직 근로자에게만 적용하는 것이다. 이와 관련하여 유의할 것은 최저임금 제도는 본질적으로 근로자와 자본가 사이의 갈등이기보다 사회적 약자(취약근로자)와 또 다른 사회적 약자(자영업자 및 중소기업인) 사이의 분배 문제라는 점이다. 따라서 상기한 저자의 정책대안(비정규직 근로자에게만 최저임금의 적용)은 저임금 근로자의 소득 보전과 경제적 불평등 개선이라는 정책 목적에 부합하고 효율적이고 신축적인 정책수단인 것이다. 또한, 이것은 하버드대학교의 세계적인 철학 교수였던 존 롤스(John Rawls, 1921~2002)의 「정의론」(A Theory of justice, 1971)이 주장하는 '최소 수혜자의 최대 이익'을 실현하는 것이며 그의 '수정 자유주의'(즉, 자유와 평등의 공존)를 구현하는 것이다. 그것이 바로 보편타당한 사회정의(Social Justice)의 실천방향인 것이다.

만약 상기한 사회적 약자(비정규직 근로자)를 위한 최저임금 인상을 위한 재원을 정규직 근로자의 양보로 이끌어내면 기업 부담을 크게 늘리지 않고도 이들의 실질 임금을 끌어올릴 수 있을 것이다. 나아가, '임금 주도 성장 정책'의 목표대상을 비(非)정규직으로 좁힐 경우, 한계소비성향이 큰 비(非)정규직과 청년층(대졸 취업자의 40%가 비정규직)의 소득이 높아짐에 따라 내수진작과 노동 유연성 제고에도 도움이 될 수 있다.

상기한 저자의 정책대안은 과거 보수정권 시대에서는 엄두를 못 낼 일이지만 문재인 대통령은 정규직과 비(非)정규직 근로자의 사회적 합의를 유도할 수 있을 것이다. 참고로, 게르하르트 슈뢰더(Gerhard Schroder) 전(前) 독일 총리는 2003년 '하르츠 개혁'을 통해 독일 경제의 '성공 신화'를 쓴 주인공이다. 그는 노·사·정 합의로 실질임금을 깎고 복지 혜택도 축소했었다. 그 덕분에 독일 기업들은 해외로 이전하지 않고 국내에 투자를 늘려 고용을 창출했었다.

따라서 저자는 게르하르트 슈뢰더(Gerhard Schroder) 전(前) 독일 총리가 2003년 '하르츠 개혁'을 통해 독일경제의 '성공 신화'를 썼듯이, 문재인 대통령은 '노·사·정 대타협'을 만들어내어 '제2 한강의 기적'을 이룰 것이라고 저자는 믿고 기대한다.[59]

만약 상기한 저자의 소망이 부질없는 것이라면, 저자는 다음과 같은 질문을 한국사회에 묻는다. 한국은 대량실업자와 1998년 1만 4천 명의 자살자를 야기했었던 IMF 외환위기 같은 절체절명(絶體絶命)의 위기가 닥쳐야 비로소 '노·사·정 대타협'이 이루어질 수 있는 나라인가? 촛불은 정치권력은 태울 수 있어도 640만 명의 비정규직 근로자의 한(恨)은 태울 수 없는가?

사실, 노동개혁은 어려운 과제이다. 김영삼(金泳三) 대통령 임기 후반기인 1996년 '민노총'은 글로벌 경쟁 시대에 대처하기 위한 노동법 개정안이 여당(당시) 단독으로 통과되자 즉각 총파업으로 강경투쟁에 나섰다. 결국, 김영삼(金泳三) 정부가 민노총에 굴복함으로써 1997년 노동법 개정이 백지화됐었다. 바로 그해 1997년 말 IMF 외환위기 사태가 터졌고 국제통화기금(IMF) 구제금융을 받게 되었다. 1997년 IMF 외환위기가 발발한 직후, 정리해

59 임양택, 칼럼 : "문재인 대통령의 역사적 소명은 '노동개혁' 추진이다", 경인일보 경제전망대 제12면, 2017. 10. 26.

고 허용과 교원 및 공무원 단결권 보장을 교환하는 '노·사·정 타협'을 이루어졌다. 그 후에는 변변한 '노·사·정 대타협'을 한 적이 없다. 김대중(金大中) 정부는 집권 초기 '4대 개혁'을 추진하려고 했었지만, 실제로는 오직 재벌개혁과 금융개혁만 강하게 밀어붙였으나 노동개혁은 거의 손도 못 댔었다. 그 후 노동개혁은 좌초된 상태로 오늘에 이르고 있다는 것이다. 참고로, 미국 '헤리티지재단'이 2015년에 발표한 '노동시장 유연성 지수'에서 한국은 51점, 프랑스는 44점으로 모두 세계 평균인 61점을 훨씬 밑돌았다. 이와 반면에, 미국(99점), 덴마크(92점), 뉴질랜드(91점)는 최고 상위권을 차지했다.

둘째, 문재인 정부는 약 3조 원을 투입해 영세사업주의 인건비 부담을 덜어 주겠다고 한다. 구체적으로, 정부는 지원 대상을 '인상된 최저임금의 지급 여력은 있지만 재정이 부실한 사업장'(140만 명)과 '아예 지급 여력이 없는 사업장'(160만 명)으로 나눌 계획이다. 전자(前者)의 사업장은 최근 5년 최저임금 인상률을 웃도는 추가 부담액(월 12만 원)과 사회보험료 지원금(1만 원)을 합해 13만 원을 정액 지원(총 2조 1천억 원)한다. 단, 시간 근로자가 많은 후자(後者)의 사업장은 13만 원의 약 절반(53.8%)만 지원할 방침이다.

여기서 유의할 것은 최저임금 인상에 따라 정부가 기업을 지원한 해외 사례(세제혜택공여 혹은 인프라 지원 등)는 있지만 국가재정으로 민간기업의 임금을 직접 지원하는 것은 한국이 유일한 사례라는 점이다.

따라서 한국 정부는 영세사업주의 인건비 부담을 국가 재정으로 직접 지원할 것이 아니라 미국이 하고 있는 조세 감면조치와, 프랑스가 사용자부담 부분인 사회보험료 감면조치를 각각 도입 및 실시함이 바람직할 것이다. 구체적으로 말하면, 미국 오바마 행정부는 2007~2009년 시간당 최저임금(연방 기준)을 5.15달러에서 7.25달러로 크게 올렸으며 '일자리 및 성장을 위한 조세 경감 조정법'이 규정한 비용 처리 인정분을 확대하는 방식으로 조세 감면 혜택을 부여했었다.

이와 관련된 사례를 들면, 프랑스는 2000년대 중반 최저임금 급등에 따른 부담을 줄여 주기 위해 일부 중소기업을 대상으로 세금 우대 조치를 하였으며 2013년 이후에는 저임금 근로자를 고용한 사용자의 사회보험료를 감면해 주고 있다. 또한 고용보험 등 사회보험료는 사용자와 근로자가 일정 비율로 함께 분담한다. 이 중 사업주의 부담은 정부가 덜어 주고 있다.

모름지기, 경제성장의 씨앗은 기술혁신, 노동시장 개혁, 규제 개혁을 통해 뿌려지고 싹트는 것이다. 다시 말하면, 지속적 경제성장을 도모하기 위해서는 획기적인 규제 완화를 통한 기업투자 활성화와 지식기반형 고(高)부가가치 서비스업 육성, 첨단기술에 바탕을 둔 강소 중소기업 육성, 성장촉진형 적극적 노동시장정책을 위한 개혁, 보건 등 성장기여형 공공

사회서비스 중심의 복지정책 등과 같이 성장과 분배(복지)가 선순환을 이룰 수 있도록 과감히 추진되어야 한다. 이와 동시에, 금융·관광·의료·법률 등 양질의 일자리가 가능한 서비스업을 육성해야 한다.

5. '동아시아 경제공동체'(EAEC)를 위한 아시아 금융협력

주지하다시피, 냉전체제의 붕괴 이후, 세계를 주도해온 미국·유럽 위주의 중심축이 아시아로 급격하게 이동하고 있다. 2008년 하반기 글로벌 금융위기의 진원지였던 미국은 이제 겨우 국내 경기를 다소 회복하였으나 만성적인 재정적자 구조에서 탈피하지 못하고 있으며, 독일을 제외한 유럽연합(EU)도 재정위기의 여진(餘震)을 앓고 있다. 이젠 세계 경제가 기대하고 있는 곳은 아시아 경제뿐이다. 아시아에선 세계 경제의 경기침체 속에서도 동북아 3국(한국·중국·일본)이 강건하게 버티고 있는 가운데 동남아시아의 신흥국(인도네시아와 필리핀, 태국 등)들이 지속적인 경제성장을 보이고 있다.

'아시아 시대'의 본격적인 대두는 한국에게는 위기이자 기회다. 자칫 잘못하면 중국의 위세에 눌리거나 후발 개도국들에 밀려날 가능성도 있는 반면에 '아시아 시대'의 도래(渡來)를 잘 활용하면 안정적인 번영을 위한 천재일우(千載一遇)의 기회로 활용할 수 있다.

그러나 '아시아 시대'라고 하지만 한반도 주변의 국제정치 환경은 불안하고 불안정하다. 평화롭고 안정적인 국제정치 환경이 전제되지 않으면 '아시아 시대의 꿈'은 공염불이 될 가능성이 크다. 따라서 동아시아의 '파워 하우스'(power house)로 떠오른 한·중·일(韓·中·日) 3국의 역할이 매우 중요하다. 만약 시진핑(習近平) 중국 국가주석과 아베 신조(安倍晋三) 일본 총리가 각각 영유권 문제와 과거사 문제에 매몰돼 한·중·일(韓·中·日) 3국 간의 미래지향적 경제협력을 방기(放棄)한다면 과거 비극의 역사가 또다시 반복될 것이다.

사실, 중국과 일본은 센카쿠(尖閣) 열도(중국명 댜오위다오·釣魚島) 영유권을 둘러싸고 위험천만한 치킨게임을 벌이고 있다. 우발적 사고는 언제든지 무력충돌로 비화할 수 있다. 만일의 사태에 내비해 지금 두 나라는 경쟁적으로 군비 강화에 나섬으로써 동아시아 전체를 위험에 빠뜨리고 있다.

미국이 일본과 손잡고 역내(域內) 대(對)중국 포위망을 강화하고, 이에 반발한 중국이 핵(核)과 미사일을 갖춘 북한의 도발을 방치하는 사태는 한국으로선 최악의 외교·안보 상황이 될 것이다.

모름지기, 미·중(美·中)이 주도하는 동아시아 국제질서에 한국이 속수무책으로 끌려가는 상황을 피하려면 미국과의 동맹 관계를 유지·발전시킴과 동시에 중국과의 협력을 강화하는 지혜가 필요하다. 또한, 남·북한(南·北韓) 관계 개선도 필요하다.

1) '아세안 경제공동체'(AEC)의 출범과 답보 상태

'아세안 경제공동체'(AEC)의 각 회원국은 개발도상국 또는 소국(小國)이지만, 하나로 모으면 상당한 규모가 된다. 동남아 10개국(브루나이·캄보디아·인도네시아·라오스·말레이시아·미얀마·필리핀·싱가포르·타일랜드·베트남)의 연합체인 아세안 10개 회원국의 국내총생산(GDP)을 합치면 약 2조 8,000억 달러에 이른다(2016년 국제통화기금(IMF) 통계 명목금액 기준). 이것은 한국 GDP의 2배 수준이며, 미국, 중국, 일본, 독일에 이어 세계 5위 규모이다. 또한, 아세안 10개 회원국의 상품무역 규모로는 세계 4위에 해당한다. 아세안 10개 회원국의 총인구는 6억 2,900만 명으로 중국과 인도에 이어 세계에서 세 번째로 많다. 무엇보다 젊은 인구가 많고 성장 잠재력이 큰 것이 최대 강점이다.

상기한 전망을 인식하고 2015년 한 해에만 1,200억 달러의 외국인 직접투자(FDI)가 아세안 지역으로 몰려들었다. 이것은 같은 해 한국이 유치한 외국인 직접투자액(FDI)의 6배에 해당하는 규모다. 나아가 한국·중국·일본과 자유무역협정(FTA)을 각각 체결한 것은 물론 아세안과 한·중·일(韓·中·日)은 물론 인도·호주·뉴질랜드까지 모두 16개국이 참가하는 다자간 거대(Mega) FTA인 '역내 포괄적 경제동반자 협정'(RCEP)도 추진 중이다.

1967년 지역 협의체 성격으로 출범한 아세안(ASEAN)이 경제통합을 본격적으로 논의하기 시작한 것은 1997년 하반기 아시아 외환위기를 겪은 후부터다. 당시 브릭스(BRICs·브라질, 러시아, 인도, 중국, 남아공)라고 불리는 거대 신흥국의 부상도 자극제가 됐었다. 그 후 아세안(ASEAN) 국가들은 역내 무역과 투자 자유화, 규제 완화와 표준화 등의 통합 작업을 점진적으로 진행해 왔다.

그러나 지난 20여 년간 아세안 경제통합의 속도는 매우 더딘 편이다. 아세안 10개 회원국은 지금까지 96% 품목에서 역내 관세가 철폐됐다는 점을 가장 큰 성과로 내세우지만, 눈에 보이지 않는 비(非)관세 장벽은 여전히 많이 남아 있다. 예를 들어 말레이시아는 자국 자동차 산업을 보호하기 위해 차량 수입 대수를 제한하는 정책을 그대로 유지하고 있다. 금융

(金融)이나 통신 같은 서비스 시장 자유화도 20년간 논의만 있었을 뿐, 별 진전이 없다.[60]

아세안(ASEAN)의 각 회원국마다 규제도 제각각이어서, 우버 같은 차량 공유 서비스가 싱가포르에서는 합법이지만 태국에서는 불법이다. 노동시장에도 높은 장벽이 둘러쳐져 있다. 이 결과, 저렴한 노동력이 풍부하다는 것이 아세안(ASEAN) 국가들의 장점이지만, 비(非)숙련 노동자의 역내 이동은 아예 고려 대상에서 제외돼 있다.

전술한 바와 같은 정치·군사적 긴장 상황(남(南)중국해 영토분쟁 등)과는 대조적으로, 아세안(ASEAN)은 2015년 말 '아세안 경제공동체'(AEC)의 출범과 함께 한층 더 높은 통합과 협력의 시대를 선언했었다. 즉, 궁극적으로 단일 생산기지와 단일 시장을 형성함으로써 세계 경제의 한 축으로 자리 잡겠다는 야심 찬 목표를 세웠다.

2015년 말 '아세안 경제공동체'(AEC) 출범 당시 회원국들은 '고도로 통합된 경제권', '경쟁력 있고 역동적인 아세안', '연결성 강화' 등 장밋빛으로 가득한 '2025년 청사진'을 발표했었다. 그러나 첫 1년간 가시적인 성과라고는 관세정보 검색시스템을 개설하는 등 통관 절차를 약간 개선한 정도이다. 영국 경제주간지 이코노미스트는 "실질보다 형식을 앞세우고, 모호한 약어(略語)를 앞세워 모임의 수명을 연장하는 데는 아세안(ASEAN)이 도사"라고 비꼬기도 했다(조선일보, 2017. 3. 29).

상기한 배경하에서, 아세안(ASEAN)이 1967년 지역 협의체 성격으로 창설된 지 50주년이 된 것을 기념하는 아세안(ASEAN) 정상회의가 2017년 4월 26~29일 필리핀 마닐라에서 개최되었다. 이 정상회의에서 남(南)중국해 문제, 미국의 아시아 전략 변화에 따른 대응 방안, 출범 1년이 지난 '아세안 경제공동체'(AEC)의 성과와 과제 등 논의해야 할 현안에 관하여 논의했었다. 그러나 아무런 성과가 없었다.

이처럼, 동남아의 경제통합이 말만 앞선 채 실행이 잘 안 되는 근본적인 이유는 무엇일까? 그 이유는 아세안(ASEAN) 회원국 간의 정치·경제·종교·사회적 차이가 워낙 크기 때문이다. 유럽연합(EU)은 자유민주주의와 시장경제 체제를 갖춘 국가들에게만 회원국 자격을 부여했지만, 아세안(ASEAN)에는 민주주의·권위주의·사회주의·공산주의 국가들이 뒤섞여 있다. 또한, 아세안(ASEAN)은 국가연합 성격이긴 하지만 회원국의 체제와 주민들이 문화적 배경이 서로 상당히 다르다. 민족(말레이족·타이족·킨족·크메르족·버마족 등)과 종교(이슬람·불교·가톨릭), 정치체제(민주주의 시장경제 및 일부 완화된 사회주의 중앙통제경제)가 서로 다른 이

60 예로서 유럽에서는 어느 나라를 가도 하나의 통신사를 그대로 이용할 수 있지만, 동남아에서는 국경을 넘으면 해외 로밍을 하거나 심카드를 갈아 끼워야 한다.

질적인 국가들이 모여 있다. 이런 나라들이 모인 상황에서 갈등을 최소화하기 위한 장치가 '내정 불간섭' 원칙이다. 특히, 1인당 소득이 5만 달러가 넘는 싱가포르부터 1,200달러밖에 안 되는 캄보디아까지 경제적 격차도 극심하다. 그러다 보니 아세안(ASEAN) 국가들은 서로를 협력 관계보다는 경쟁자로 인식하는 경향이 높다. 이 결과, 경제협력을 위해서는 어느 정도 주권의 양보나 공동 행사가 필요한데, 아세안(ASEAN) 회원국들이 그런 결단을 내리지 못하고 있는 것이다.

게다가 미국 도널드 트럼프(Donald Trump) 대통령의 등장은 아세안(ASEAN)의 경제통합을 더 복잡하게 만들어 버렸다. 즉, 미국이 환태평양 경제동반자 협정(TPP)을 탈퇴함에 따라 미국과의 경제협력을 강화하려던 아세안(ASEAN) 국가들의 구상에 큰 차질이 생겼다. 또한 동남아 지역에서 미·중(美·中) 간의 패권 경쟁은 아세안(ASEAN) 국가들의 공동 전선에 균열을 일으키고 있다. 예로서 중국의 투자 확대를 반기는 나라가 있는가 하면 반감을 가진 나라도 있다. 사실, 아세안(ASEAN) 국가들은 오랫동안 식민지 지배를 받은 경험이 있어 서구(西歐)를 경계하는 편이다. 또한, 투자를 앞세워 접근하면서 남(南)중국해 영토 분쟁을 일으킨 중국도 그리 달갑지만은 않은 것이다.

(1) 한국의 자유무역협정(FTA) 현황

한국 정부는 최근 트럼프 미국 대통령의 보호무역주의와 중국의 사드(THAAD·고고도 미사일 방어체계) 보복을 극복하기 위한 전략으로서 두 가지 전략, 즉 ① 이미 체결된 FTA 자유화율을 높이는 협상을 추진하고 ② 최근 빠르게 성장하는 아세안(ASEAN) 및 인도와의 무역협정을 추진함으로써 FTA로 '경제 영토'의 확장 및 수출시장의 다변화를 추구하고 있다.

우선, 이미 체결된 FTA 자유화율을 높이는 협상의 대상은 아세안(ASEAN) 및 인도와의 무역협정이다. 특히 인도의 경우, 주력 수출품인 철강·석유화학·자동차부품 등을 중심으로 상품시장 추가 개방과 원산지 기준 개선을 추진 중이다. 아세안(ASEAN)의 경우, 2017년이 FTA 10주년이 되는 해로 정부는 한국기업들 아세안 시장 접근을 촉진하기 위해 FTA개선 협상을 진행하고 있다.

다음으로, 한국은 세계 10대 교역국 중 미국, 중국, 유럽연합(EU)과 모두 FTA를 체결한 유일한 나라다. 주요국뿐만 아니라 인도·베트남 등 신흥국까지 FTA를 맺었다. 이 결과, 한국은 현재 52개 국가와 15개 FTA를 맺고 있다. FTA 체결 국가의 시장 규모는 전 세계 총생산(GDP) 기준으로 2012년 55.2%에서 2016년 77%로 크게 늘었다. FTA 체결국과의 교역 비중도 같은 기간 35.4%에서 71.1%로 늘어났다. FTA 체결국으로부터의 외국인 투자 유치 비중은 75.6%에 달하며, 한국 수출액의 73.8%는 FTA 체결국들을 수출대상으로

표 6-5 한·중·일 FTA의 거시경제적 효과

(증가율, %)

	국가	2006~2010	2011~2015	2016~2020	2021~2025
경제적 후생증대 효과	한국	1.35	1.74	2.17	2.79
	중국	0.06	0.21	0.31	0.37
	일본	0.06	0.15	0.23	0.30
수출증대 효과	한국	6.05	6.41	6.49	6.25
	중국	4.18	3.6	3.4	3.4
	일본	3.99	5.63	7.07	7.95

자료 2008년도 한·중·일 공동연구.

하고 있다.

한국 정부는 2017년 3월 코스타리카, 엘살바도르, 니카라과, 온두라스, 파나마 등 중미(中美) 5개국과 FTA에 가(假)서명했었다. 정식 서명과 국회 비준을 거치면 발효된다. 이것은 상기한 중미(中美) 국가들이 아시아 국가(한국)와 최초로 체결한 FTA이며, 이것은 다시 북미(北美)시장(한·미 FTA, 한·캐나다 FTA)와 남미(南美)시장(한·칠레 FTA, 한·페루 FTA, 한·콜롬비아 FTA) 시장을 연결한다는 점에서 의미가 있다.

한국 정부는 2017년 상반기 중 한·메르코수르(MERCOSUR) FTA 협상 개시를 위해 같은 해 4월 공청회를 열었다. 메르코수르(MERCOSUR)는 남미공동시장(Mercado Común del Sur)인데, 5개국 즉 브라질, 아르헨티나, 우루과이, 파라과이, 베네수엘라로 구성되어 있다. 대외통상협상에 참여하지 않는 베네수엘라를 제외한 4개국과 협상을 진행할 예정이다.

메르코수르(MERCOSUR)의 인구는 2억 9,000만 명으로 남미(南美) 전체 인구의 70%에 달하고, 총생산은 2조 7,000억 달러로 남미(南美)의 76%이다. 정부는 메르코수르(MERCOSUR)와 FTA를 체결하면 자동차 및 부품, 전자부품, IT제품, 기계류 등 제조업 중심으로 수출이 약 27억 달러 증가할 것으로 보고 있다.

또한, 한국 정부는 멕시코, 유라시아경제연합(EAEU), 걸프협력회의(GCC)와의 FTA도 각각 추진 중이다. 유라시아경제연합(EAEU)은 러시아, 카자흐스탄, 벨라루스, 키르기스스탄, 아르메니아 등 5개국으로 구성된 경제공동체다. 걸프협력회의(GCC)는 사우디, 카타르, UAE, 쿠웨이트, 오만, 바레인 등 6개국으로 구성된 지역협력기구이자 관세동맹으로 역외 공동관세를 부과하고 있다. 이 외에도 '역내 포괄적 경제동반자 협정'(RCEP), 한·중·일 FTA 등 동아시아 중심의 거대(Mega) FTA 협상에도 참여하고 있다.

(2) 한·중·일 자유무역협정(FTA)

한·중·일(韓·中·日) 3국은 역내 무역의존도가 높고 강한 제조업 경쟁력을 보유하고 있어 3자 간 FTA는 기업 간 협력의 기회를 증대시키는 동시에 경쟁을 심화시킴으로써 3국 경제의 경쟁력을 한층 더 제고시킬 것으로 전망된다.

한·중·일(韓·中·日) 3국의 역내무역 비중은 21.3%로 유럽연합(EU, 55.4%) 및 NAFTA(North American Free Trade Agreement)(39.9%)에 비해 낮은 수준인데, 이는 3국 간 FTA가 발효될 경우 역내무역이 더 증가할 여지가 있음을 의미한다. 또한, 한·중·일(韓·中·日) FTA는 역내무역 비용의 감소를 통해 3국 간 생산네트워크의 생산비 감소를 가져올 것이며, 이는 역내무역 및 역내투자의 증대에 기여할 것으로 기대된다. 나아가, 한·중·일(韓·中·日) FTA는 현재 동아시아 차원에서 추진되고 있는 '역내 포괄적 경제동반자 협정'(RCEP : Regional Comprehensive Economic Partnership)의 원활한 추진을 위해서도 필요하다.

현재 아세안(ASEAN)과 한·중·일(韓·中·日) 3국, 인도, 호주 및 뉴질랜드 사이에는 각기 FTA가 체결된 상태이며 아세안 FTA 파트너인 6개국 간에도 상당수의 FTA가 체결되었거나 협상 중에 있다.

상술하면, 1999년 11월 마닐라에서 개최된 아세안(ASEAN) + 3(한·중·일) 정상회의에서 한·중·일(韓·中·日) 3국 정상 간 첫 회동이 이루어졌으며, 3국 정상들은 한·중·일(韓·中·日) 3국 간 경제협력 증진을 위해 3국 국책연구기관, 즉 ① 중국 국무원 산하 발전연구중심(DRC : Development Research Center), ② 일본 총합연구개발기구(NIRA : National Institute for Research Advancement), ③ 한국 대외경제정책연구원(KIEP : Korea Institute for International Economic Policy)으로 하여금 공동연구를 수행키로 합의하였다.

이에 따라 한·중·일(韓·中·日) FTA 산관학 공동연구(The Joint Study Committee for an FTA among China, Japan and Korea)는 2010년 5월 서울에서 제1차 회의가 개최되었고 2011년 12월 평창에서 제7차 마지막 회의가 열렸었다.

대외경제정책연구원(KIEP)의 추정[61] 에 따르면 한·중·일(韓·中·日) FTA는 한국의 실질 GDP(Gross Domestic Product)를 단기적으로(5년 이내에) 약 0.32~0.44%, 중장기적으로

61 김영귀(2012). 한·중·일 FTA의 거시경제적 효과. 『한·중·일 FTA 공청회 발표자료』. 2012. 10. 24. 코엑스.

(10년 내) 약 1.17~1.45% 증가시키는 것으로 분석되었다. 또한, 한·중·일(韓·中·日) FTA로 인한 후생증가는 단기적으로(5년 내) 약 71.98~96.25억 달러, 중장기적으로는(10년 내) 약 116.11~163.47억 달러에 이를 것으로 추정되었다.

한국 대외경제정책연구원(KIEP), 중국 발전연구중심(DRC) 및 일본 총합연구개발기구(NIRA) 간 수행한 2008년도 공동연구의 추정에 따르면 한·중·일(韓·中·日) FTA의 경제적 편익은 3국 중에서도 한국이 가장 클 것으로 나타났다.

한편, 다른 FTA와 마찬가지로 한·중·일(韓·中·日) FTA의 주요한 걸림돌은 국내 취약 산업 문제이며, 지리적 인근국인 중국과 일본과의 FTA라는 점에서 특히 농업 및 수산업 부문이 더욱 민감할 것으로 나타난다.

제조업의 경우, 한·일/한·중 FTA 개별 추진 시 보다는 다소 완화될 가능성은 있으나, 일본에 대해서는 기계, 화학, 자동차, 전기·전자 분야에서 민감 분야가 발생하고 중국에 대해서는 섬유, 생활용품, 범용 기계류 등에서 민감 분야가 발생할 가능성이 있다.[62]

농산물의 경우, 중국에 대해서 쌀, 대두, 보리, 잡곡류(팥, 녹두 등), 참깨 등 곡물류와 고추, 마늘과 양파 등 양념 채소류가 민감한 품목이며, 가격경쟁력의 측면에서는 사과, 배, 감귤, 복숭아 등 과일의 수입 증가 가능성이 크지만 식물검역 규정에 의한 제한조치를 고려하면 중·단기적으로는 수입 가능성이 작다.[63] 수산업의 경우, 한국은 중국과 일본에 비해 종합적 경쟁력의 측면에서 다소 뒤진 것으로 평가되지만 주요 쟁점은 '불법 어업 문제'인 것으로 보인다.[64]

또한, 한·중·일(韓·中·日) 3국 간 과거사, 영토문제 및 중·일(中·日) 간의 라이벌 관계는 향후 한·중·일(韓·中·日) FTA 추진에 위험요소로 작용할 것으로 예상된다. 특히 중·일(中·日) 간 영토분쟁은 한·중·일(韓·中·日) FTA 추진을 가로막는 가장 큰 변수로 작용할 가능성이 있다. 따라서 한·중·일(韓·中·日) 3자 간 FTA의 특성상 한·중·일(韓·中·日) FTA의 공동적 방식 및 요소에 대한 3국 간 합의가 이루어져야 할 것이다.

여기서 유의할 것은 한·중·일(韓·中·日) FTA와 '역내 포괄적 경제동반자 협정'(RCEP) 모두 2012년 11월 20일 프놈펜에서 개최된 아세안(ASEAN) 관련 정상회의와 한·중·일(韓·中·日) 통상장관회의에서 협상개시가 선포되었다는 점이다. '역내 포괄적 경제동반자 협

62 김도훈(2012). 한·중·일 FTA와 제조업 분야 효과. 『한·중·일 FTA 공청회 발표자료』. 2012. 10. 24. 코엑스.

63 문한필(2012). 한·중·일 FTA와 농업분야. 『한·중·일 FTA 공청회 발표자료』. 2012. 10. 24. 코엑스.

64 장홍석(2012). 한·중·일 FTA와 수산분야. 『한·중·일 FTA 공청회 발표자료』. 2012. 10. 24. 코엑스.

정'(RCEP)은 2013년 협상을 시작하여 2015년에 완료한다는 계획이었으며, 한·중·일(韓·中·日) FTA는 구체적 추진 일정이 합의되지 않은 상태이다.

따라서 한·중·일(韓·中·日) FTA와 '역내 포괄적 경제동반자 협정'(RCEP)을 동시에 추진해야 하는 한·중·일(韓·中·日) 3국은 한·중·일(韓·中·日) FTA를 우선적으로 추진함으로써 아세안(ASEAN)이 주도적으로 추진하고 있는 '역내 포괄적 경제동반자 협정'(RCEP)의 협상에서 선도적 역할과 실질적 리더십을 보여야 할 것이다.

여기서 유의해야 할 것은 한·중·일(韓·中·日) FTA와 '역내 포괄적 경제동반자 협정'(RCEP)이 중복되는 부분이 있듯이, 한·중·일(韓·中·日) FTA와 한·중(韓·中) FTA 및 한·일(韓·日) FTA 간에도 중복되는 부분이 있다는 점이다. 따라서 한·중(韓·中) FTA 협상과 구체적으로 진행되기 이전에 한·중·일(韓·中·日) FTA에 대한 기본 틀과 원산지 규정을 비롯한 공통부문에 대한 합의가 이루어지는 것이 바람직할 것이다. 그리고 한·일(韓·日) FTA에 대해서는 한·중·일(韓·中·日) FTA를 추진해 가면서 이를 별도로 병행할 것인가의 여부를 결정할 수 있을 것이다.

그렇다면, 왜 한·중·일(韓·中·日)이 경제통합의 구도로 쉽게 나아가지 못하고 있는가? 그 이유는 중·일(中·日)이 역내 패권 경쟁을 벌이고 있기 때문이며, 또한 북한의 핵무기 문제로 인한 한반도 전쟁 가능성을 인식하고 투자 안정성을 염려하기 때문이다. 후자(後者)에 대한 해법으로서 남·북한 간 포괄적 경제 통합 협정을 추진할 필요가 있다. 즉, 남·북한 사이에 관세를 철폐하고 자본의 자유로운 이동을 통해 점진적으로 남·북한 경제통합을 추진해가는 것이다. 이 경우, 한·중·일(韓·中·日)을 연결하는 철도와 도로 등 사회간접자본(SOC) 투자가 이뤄지고, 동북아 인적·물적 교류가 대폭 늘어날 수 있다. 또한, 북한에 매장돼 있는 약 6,000조 원 가치의 지하자원도 육로를 따라 동북아와 유럽으로 수출될 수 있을 것이다. 단기적으로 중국에 집중돼 있던 노동집약적 산업과 단순 제조업이 싼 임금을 찾아 북한으로 이전할 것으로 예상된다.

현재는 일본의 역사 왜곡과 남(南)중국해의 영토 분쟁 등으로 한·중·일(韓·中·日) FTA 협상이 지지부진한 상태지만, 만약 남·북한(南·北韓) 경제통합으로 기대 효과가 커지면 중·일(中·日)은 상기 FTA를 적극적으로 추진할 것으로 전망된다. 나아가, 남한·북한·중국·일본·러시아가 참여하는 '에너지 공동체'가 발족할 수도 있을 것이다. 러시아는 극동 지역에 풍부한 에너지 자원을 보유했지만, 서부 러시아나 유럽과 거리가 멀어 개발이 더디다. 이러한 상황에서, 만약 북한의 경제 개방으로 천연가스 파이프 라인이 건설되면 에너지 의존도가 높은 한·중·일(韓·中·日)이 협력해 극동 러시아 개발에 적극적으로 참여 및 추진할 수 있을 것이다.

한 걸음 더 나아가, 남·북한 경제통합이 이루어진다면, 아세안(ASEAN) 10개국과 한·중·일·인도·호주·뉴질랜드 등 16개국이 참여하는 '역내 포괄적 경제동반자 협정'(RCEP) 등 아시아 전체의 경제통합도 탄력을 받을 수 있을 것으로 기대된다.

2) 아시아 금융협력[65]

주지하다시피, 아시아는 지역 총생산의 약 2/3 이상을 차지하는 한·중·일(韓·中·日) 3국의 거대경제와 다수의 소규모 경제로 이루어진 지역이다. 현재 아시아 금융협력체제의 기본 틀인 아세안(ASEAN)+3(한·중·일) 재무장관 회의는 1997년 하반기 아시아 금융위기 이후 남부 아시아 위주로 진행되어온 ASEAN 10국의 모임에 한·중·일(韓·中·日) 3국이 참여하면서 결성되었다.[66]

아시아 금융협력 강화의 필요성이 꾸준히 제기되어 왔다. 특히, 1997년 하반기 아시아 금융위기로 이후 탄생한 양자 간 외환스왑협정인 '치앙마이 이니셔티브'(CMI : Chiang Mai Initiative)는 2010년 3월 24일 이후 다자간 협정인 '치앙마이 이니셔티브 다자화'(CMIM : Chiang Mai Initiative Multilateral)로 재편되었다. 이어서, 아세안 10개국과 한국, 중국, 일본 등 14개국[67]은 2011년 5월 싱가포르에 개소된 AMRO(ASEAN+3 Macroeconomic Research Office)를 통해 기금을 공동관리 하고, 어떤 역내 국가에서 금융위기가 발생하였을 때 사무국을 통해 일괄적으로 지원 자금을 공급할 수 있도록 기존의 틀을 전면 개편하였다.

사실, 치앙마이 이니셔티브 다자화(CMIM : Chiang Mai Initiative Multilateral)의 창설(2010. 3. 24)은 1997년 일본이 주창한 이래 국제통화기금(IMF) 및 미국의 반대로 설립이 무산(霧散)되었던 아시아 통화기금(AMF : Asia Monetary Fund)으로 발전해 나아갈 수 있는 초석을 마련한 것이다. 물론, 치앙마이 이니셔티브 다자화(CMIM)에 대한 논의는 ASEAN+3 산하 여러 워킹그룹을 통해 논의되어 왔으나, 2008년 하반기 글로벌 금융위기를 통해 다시 노출되었던 아시아 금융시장의 취약성이 치앙마이 이니셔티브 다자화(CMIM) 창설(2010. 3. 24)을 앞당기는 데 큰 역할을 하였던 것이다.

---

65 김한수(2010), "글로벌 금융위기 이후 아시아 금융협력의 미래", 자본시장 Weekly 2010-16호, 자본시장연구원.

66 ASEAN+3 재무장관 회의는 2000년 ERPD(Economic Review and Policy Dialog)를 통해 연 2차례의 공식 모임을 갖는 정식적 협력체제로 발전되었다.

67 치양마이 이니셔티브 다자화(CMIM)의 확대·개편 과정에서 홍콩이 새로이 멤버로 가입하면서 현재 총 14개국이 치양마이 이니셔티브 다자화(CMIM)에 참여하고 있다.

(1) 치앙마이 이니셔티브 다자화(CMIM)

1997년 아시아 역내 외환위기 경험으로부터 시작된 아세안(ASEAN)+3(한·중·일) 협력체제의 가장 큰 관심사는 외환유동성 공급을 위한 협력체제의 구축이었다. 따라서 아세안(ASEAN)+3(한·중·일) 재무장관들은 2000년 타일랜드 치앙마이 회담을 통해 양자 간 비상외환스왑체계인 '치앙마이 이니셔티브'(CMI)를 발족하였다. 이러한 양자 간 협정을 통해 해당국은 외환위기가 발생할 경우 사전 협의에 따른 외환자금을 상대 중앙은행을 통해 공급받을 수 있는 길이 열렸던 것이다. 그러나 치앙마이 이니셔티브(CMI)는 경제규모 대비 매우 적은 지원 자금 규모, 양자 간 협의체계라는 한계, 국제통화기금(IMF)과의 독립성[68] 등에 있어 그 효용성에 대한 논란이 지속되어 왔다.

치앙마이 이니셔티브(CMI)과는 별도로 아시아의 자금을 역내로 유도하기 위한 노력의 일환으로 아세안(ASEAN)+3(한·중·일)은 ABMI(Asian Bond Market Initiative)를 추진해오고 있다. ABMI는 4개의 워킹그룹을 통해 신용보증, 역내 결제시스템 설립 등의 이슈를 논의해 오고 있으며, 2008년에는 역내 신용보증기구(Credit Guarantee Investment Mechanism)의 창설에 합의하고 현재 구체적인 논의를 진행 중에 있다.

이 밖에도 역내 중앙은행 모임인 EMEAP에서는 역내 통화 채권시장 발전을 위한 노력의 일환으로 회원국들이 공동으로 출자하여 역내통화 채권시장에 투자하는 아시아 채권기금(ABF: Asian Bond Fund)을 운영하고 있다. 현재 아시아 채권기금(ABF)는 2회에 걸쳐 약 30억 달러의 기금이 역내 채권에 투자되었으나, 역내 채권시장 활성화에 의미 있는 기여를 하기에는 투자의 규모가 매우 미미하였다.

한편, 2008년 하반기부터 시작된 글로벌 금융위기가 또다시 아시아 경제권을 강타함에 따라 동아시아 국가들은 대내적으로는 경기회복을 위한 확대재정 및 금융정책을 실시하고 대외적으로는 동북아 3국(한·중·일)의 협력이 시작되고 아세안(ASEAN)+3(한·중·일) 협력의 금융협력에도 상당한 진전을 보였다.

특히 아세안(ASEAN)+3(한·중·일)은 달러 유동성 부족 문제를 극복하기 위한 자구책으로서 아시아 지역 금융안전망인 '치앙마이 이니셔티브 다자화'(CMIM: Chiang Mai Initiative Multilateralization) 공동기금을 결성하여 역내 금융협력을 결의(2009. 5. 3, 아세안(ASEAN)+3(한·중·일) 재무장관회의, 인도네시아 발리)했었다.

구체적으로, 양자 간 스왑이라는 한계점으로 실질적으로 도움이 필요할 때마다 각국

---

68 치앙마이 이니셔티브(CMI) 양자 간 협정의 경우, IMF와 별개로 독립적으로 지원할 수 있는 자금의 규모는 전체 자금의 10% 수준이다.

표 6-6 치앙마이 이니셔티브(CMI) 상호자금지원 체계 합의 내용(2008. 5. 4)

구분	주요 합의 내용
규모	최소 800억 달러 이상
분담비율	한·중·일 : 80%(약 640억 달러), 아세안 10개국 : 20%(160억 달러)
지원조건	만기 3개월+최대 2년 연장
적용금리	LIBOR 금리+150~300bp
기타	• 납입 및 융자통화를 미 달러화로 단일화 • 차입 및 융자조건 등은 매 5년마다 재검토

자료 기획재정부 보도자료(2008. 5. 5), "제8차 한중일 재무장관회의 및 제11차 아세안+3 재무장관회의 결과".

표 6-7 치앙마이 이니셔티브 다자화(CMIM)의 분담금 및 인출비율

	국가	분담금(억 달러)	분담금대비 인출비율(배율)
동북아 3국 (80%, 960억 달러)	한국(16%)	192	1
	중국(32%)	384(중국 342, 홍콩 42)	–
	일본(32%)	384	–
아세안 10국 (20%, 240억 달러)	브루나이	0.3	5
	캄보디아	1.2	5
	인도네시아	47.7	2.5
	라오스	0.3	5
	말레이시아	47.7	2.5
	미얀마	0.6	5
	필리핀	36.8	2.5
	싱가포르	47.7	2.5
	태국	47.7	2.5
	베트남	10	5

자료 기획재정부(2009).

별 협상을 통해 도움을 청해야 하는 번거로운 구조로는 실질적인 위기극복에 도움이 되지 않는다는 점에 아세안(ASEAN)+3(한·중·일)으로 구성된 13개국의 재무장관들이 모두 동의했었던 것이다. 즉, 2008년 글로벌 금융위기가 치앙마이 이니셔티브(CMI)를 위한 모멘텀을 형성하는 데 큰 역할을 한 셈이었다.[69]

치앙마이 이니셔티브 다자화(CMIM)는 한·중·일이 전체 기금의 80%를 제공하고, 외환위기가 발생할 경우 스왑이 가능한 외환의 금액을 각국 별 차등화하여 적용한다는 원칙 하에 합의에 이르렀다. 즉, 한국의 경우 출자한 금액의 100%인 192억 달러가 인출 가능한 범위인 데 반해, 외환보유고에 여유가 있는 일본과 중국은 50%, 기타 아세안 국가들은 최대 500%까지 인출 할 수 있도록 한 것이다.

특히, 중국과 일본은 자국의 외환보유고를 제공하는 대가로 치앙마이 이니셔티브 다자화(CMIM)의 의사결정에 참여할 수 있는 일종의 투표권(Voting Right)을 최대 규모인 28.41%까지 인정받고 있다.

한국의 투표권(Voting Right)은 일본, 중국에 이어 두 번째 규모인 14.77%이다. 한국으로서는 중·일의 경제규모의 1/5 수준, 외환보유고의 1/10 수준이라는 상대적으로 적은 규모에도 불구하고 높은 참여도를 인정받았다. 치앙마이 이니셔티브 다자화(CMIM)의 국가별 쿼터는 향후 아시아 금융공동체의 지분결정의 중요 벤치마크로 사용될 수 있기에 중요한 의미를 가지고 있다.

2010년 3월 24일, 동북아 3국(한·중·일)과 ASEAN 10개국이 참여한 치앙마이 이니셔티브 다자화(CMIM)가 공식적으로 출범했다. 동 기금의 규모는 1,200억 달러 규모이다. 이에 따라, 동아시아 역내 금융협력체제가 더욱 공고하게 됨에 따라 1997~1998년 아시아 외환위기 및 2008년 하반기의 글로벌 금융위기와 같은 외환시장 급변에 따른 악영향이 아시아 각국으로 파급되는 것을 상당 부분 차단할 수 있게 됐다.

상기한 '치앙마이 이니셔티브 다자화(CMIM) 공동기금'(US $1,200억)에서 외환위기가 발생할 경우 지원받아 쓸 수 있는 외화자금은 분담금에 일정 비율을 곱해 최대 액수가 결정된다. 한국은 192억 달러(16%)를 분담하고 외환 유동성 위기가 발생하면 192억 달러까지 인출할 수 있다.[70] 중국(홍콩 포함)과 일본은 동일하게 384억 달러(32%)를 각각 분담한다.[71]

---

69 2007~2008년 급격한 원화가치 하락으로 어려움을 겪고 있었던 한국의 경우, 치앙마이 이니셔티브(CMI)를 통한 자금지원을 받기보다는 미국 중앙은행과의 새로운 일시적 스왑협정을 통하여 외환위기 가능성을 극복했었다.

70 한국은 역내 외환보유액 6.4%, GDP 8.0% 비중을 훨씬 초과한 기금인출한도를 얻어 실리를 챙겼다고 평가된다.

71 '치앙마이 이니셔티브 다자화'(CMIM) 체제하에서 중국과 일본이 대주주이고, 한국은 3대 주주이다.

표 6-8 치앙마이 이니셔티브 다자화(CMIM) 분담금·지원금 및 투표권 합의사항

	분담금		지원금		투표권	
	분담금 (10억 달러)	비중(%)	지원배수 (Multiplier)	지원 가능 금액 (10억 달러)	투표권	비중(%)
+3 국가	96.00	(80.00)	0.60	57.6	100.8	(71.59)
한국	19.20	(16.00)	1.00	19.2	20.8	(14.77)
중국(홍콩 포함)	38.40	(32.00)	0.50	19.2	40.0	(28.41)
일본	38.40	(32.00)	0.50	19.2	40.0	(28.41)
아세안	24.00	(20.00)	2.63	63.1	40.0	(28.41)
브루나이	0.03	(0.03)	5.00	0.2	1.6	(1.16)
캄포디아	0.12	(0.10)	5.00	0.6	1.7	(1.22)
인도네시아	4.77	(3.98)	2.50	11.9	6.4	(4.52)
라오스	0.03	(0.03)	5.00	0.2	1.6	(1.16)
말레이시아	4.77	(9.98)	2.50	11.9	6.4	(4.52)
미얀마	0.06	(0.05)	5.00	0.3	1.7	(1.10)
필리핀	3.68	(3.07)	2.50	9.2	5.3	(3.75)
싱가포르	4.77	(3.98)	2.50	11.9	6.4	(4.52)
태국	4.77	(3.98)	2.50	11.9	6.4	(4.52)
베트남	1.00	(0.83)	5.00	5.0	2.6	(1.85)
전체	120.00	(100.00)	1.01	120.7	140.8	(100.00)

자료 1. 통합 보도자료, 제12차 ASEAN+3 재무장관회의, 인도네시아, 2009. 5. 3.

2. 김한수(2010), "글로벌 금융위기 이후 아시아 금융협력의 미래", 자본시장 Weekly 2010-16호, 자본시장연구원.

그리고 ASEAN 10개국은 240억 달러(20%)를 분담하고 631억 달러를 인출할 수 있다. 특히, ASEAN 5개국(브루나이, 캄보디아, 라오스, 미얀마, 베트남)은 분담금 대비 5배의 자금을 쓸 수 있어 최대 수혜국이 됐다.

다른 한편으로, 아세안(ASEAN)+3(한·중·일) 회원국들은 치앙마이 이니셔티브 다자화(CMIM) 기금 출범에 이어 2010년 5월 재무장관 회의에서 회원국의 거시경제를 감시하는 별도 금융감시기구, 역내 발행채권에 대해 신용보증을 제공하는 신용보증투자기구(CGIM:Credit Guarantee Investment Mechanism), 채권 거래에 필요한 예탁결제기구(RSI:Regional Settlement Intermediary)를 각각 설립하는 방안도 논의할 예정이다.[72] 이렇게 되면 사실상 국제통화기금(IMF)의 기능을 갖추게 됨으로써 향후 아시아 통화기금(AMF:Asian Monetary Fund) 창설로 발전될 수 있을 것이다.

그러나 치앙마이 이니셔티브 다자화(CMIM) 기금은 향후 아시아판 국제통화기금(IMF:International Monetary Fund)인 '아시아 통화기금'(AMF:Asian Monetary Fund)으로 발전할 수도 있을 것이지만, 애초 거론됐었던 '아시아 통화기금'(AMF)이라고 간주하기에는 분명한 한계가 있다. 그 '한계'란 다음과 같다. 이번에 조성한 1,200억 달러의 기금 가운데 80%인 960억 달러는 국제통화기금(IMF)의 승인을 받아야 사용할 수 있다. 게다가 1998년 하반기 한국의 IMF 외환위기 당시에 그랬듯이, 국제통화기금(IMF)의 승인에 의한 960억 달러의 인출금도 재정, 금융, 산업 구조조정 등 IMF의 지원 프로그램과 연계해서만 상기 기금의 사용이 가능하다. 또한, 아세안(ASEAN)+3(한·중·일)의 13개 회원국이 역내 통화가치의 안정을 위해 독자적으로 사용할 수 있는 자금의 규모는 치앙마이 이니셔티브 다자화(CMIM) 공동기금의 20%인 240억 달러에 불과하다. 한국의 경우 192억 달러(16%) 중에서 38억 4,000만 달러를 지원받을 수 있을 뿐이다.

---

72 상기한 국제 금융안전망의 구축 문제는 2010년 11월 서울에서 열리는 제5차 주요 20개국(G20) 정상회의의 핵심 의제 중의 하나였다. 2010년 G20 의장국인 한국은 치앙마이 이니셔티브 다자화(CMIM) 기금 출범(2010. 3. 24)을 계기로 향후 글로벌 금융안전망 구축 논의를 주도할 것으로 기대된다. 예로서, 치앙마이 이니셔티브 다자화(CMIM) 출범 이후, 사무국 기능의 금융감시기구, 채권 신용보증투자기구(CGIF), 예탁결제기구(RSI) 사무국 등과 같은 관련 기관을 한국에 유치할 필요가 있다. 향후 '아시아 통화기금'(AMF)의 모체가 될 '금융감시기구'는 자금 수혜국인 동남아 지역보다 자금공여국인 동북아 지역에 설치하는 것이 타당할 것이다. 나아가, 3조 6,600억 달러로 세계 1위(2013년 9월 말 기준)의 외환보유국인 중국과, GDP 5조 9,809억 달러로 세계 3위(2012년 IMF 기준)의 경제대국인 일본의 헤게모니 다툼을 고려하면, 한국에 '금융감시기구'를 유치하는 것이 바람직할 것이다.

(2) 아시아 금융협력의 방향

① '아시아 투자은행'(AIB)

현재까지 아시아 금융협력의 방향은 유동성 협조 및 채권시장 확대라는 목표에서는 상대적으로 높은 성취도를 보였다. 향후, 역내 주식시장에서의 역내 협력을 추구함이 바람직할 것이다. 그 근거는 다음과 같다.

첫째, 역내 주식시장은 채권시장에 비해 높은 성숙도를 보이고 있음에도 불구하고, 아시아 경제가 세계 경제에서 차지하는 비중에 비하여 역내 투자가 매우 미흡하다.

둘째, 역내 무역이 큰 폭으로 증가함에 따라 역내 상품시장의 통합도는 빠르게 진행되고 있는 반면에, 역내 국경 간 포트폴리오 투자는 매우 미미한 수준이다. 따라서 각국 간 포트폴리오 투자의 위험 분산(즉, 리스크 공유)을 위하여 부진한 역내 포트폴리오 투자가 촉진되어야 한다.

모름지기, 한국·중국·일본은 명실공히 동아시아의 3대 경제 강국이므로 역내 번영을 위해 가능한 모든 금융협력 방안을 강구해야 한다. 예로서, 치앙마이 이니셔티브(CMI) 상호자금지원 체계를 가칭 '한·중·일 역내 금융협력기구'를 설립함이 바람직할 것이다. 이를 위한 상설기구로써 역내 환율 및 증시 안정을 위한 가칭 '아시아 통화기금'(AMF : Asia Monetary Fund)과, 역내 자원개발과 투자를 위한 가칭 '아시아 투자은행'(AIB : Asia Investment Bank)을 설립할 수 있다.

현재, 한·중·일 3국은 필요 이상의 외환보유액을 확보하고 있는데, 이를 활용하면 상기 2개 역내 금융기구, 즉 '아시아 통화기금'(AMF)과 아시아 투자은행'(AIB)의 설립은 비교적 쉽게 추진될 수 있을 것이다.

참고로, 과거 금융위기를 빈번하게 경험한 남미(南美)는 독자적인 지역금융협력체제를 구축함으로써 역내 금융시장 안정과 위기 재발 방지를 도모하기 위하여 1991년 남미(南美) 6개국은 남미(南美) 준비기금(FLAR : Latin America Reserve Fund)을 조성하여 거시경제정책 협조와 금융시장 안정화를 도모하고 있다.

② '아시아·태평양 통화제도'(APMS)

선술한 배경하에서, 저자는 금융부문의 측면에서 '동아시아 경제공동체'(EAEC)를 금융부문에서 실현하기 위한 제도적 장치로서 아시아·태평양 통화제도(APMS : Asia-Pacific Monetary System)를 위한 '아시아·태평양 통화바스켓제도'(美 달러 + 위안화 + 엔화 + 원화)와 '아시아-태평양 통화기금'(APMF : Asia-Pacific Monetary Fund)을 설립할 것을 제안한 바 있다.[73]

이를 위하여, '치앙마이 이니셔티브 다자화'(CMIM) 공동기금 1,200억 달러에 미국[74]의 대응자금 1,200억 달러를 보태면 총 2,400억 달러의 공동기금을 조성할 수 있을 것이다. 상기 기금을 '동아시아 공동체'(EAC)를 위한 다양한 공동 투자프로젝트에 투자함으로써 역내 공동번영을 추구할 수 있을 것이다.

또한, 저자는 '아시아·태평양 통화제도'(APMS : Asia-Pacific Monetary System)로서 '아시아·태평양 통화바스켓제도'를 설립할 것을 주장한다.[75] 이 경우, 아시아·태평양 지역의 통화바스켓을 달러화·위안화·엔화로 구성함으로써 역내·외의 환율 안정화를 도모할 수 있을 것이다. 이 결과, 국가적으로는 환율변동의 파고(波高)를 상쇄시켜 외환변동의 안정화를 도모할 수 있을 것이며, 금융기관 및 기업들은 외환관리의 건전성과 수익성을 조화시킬 수 있을 것이다.

사실, 1997년 하반기 아시아 외환위기가 발생한 이후, '아시아통화제도'(AMS)에 관한 논의가 진전되어 왔다. 동 제도의 설계방안은 두 가지 방안, 즉 ① 달러화·유로화·엔화로 구성된 '아시아통화바스켓'을 사용하는 것과 ② 아시아 통화만으로 구성된 통화바스켓인 '아시아통화단위'(ACU : Asian Currency Unit)를 사용하는 것으로 구분할 수 있다.

여기서 근본적으로 제기되는 문제는 '아시아통화바스켓제도'를 설계할 때, 역내 국가

---

73 Lim, Yang-Taek(1996), "The Role of Korea in the Asia-Pacific Economic Cooperation : with special emphasis on International Strategic Alliances", paper presented at the Kuala Lumpur International Conference held by American Committee on Asian Economic Studies, May 14~19.
Lim, Yang-Taek(1998), "The Role of Korea in the Asian Pacific Economic Cooperation", in M. Dutta, ed., *Research in Asian Economic Studies*, Vol. 8, London & England, JAI Press Inc.

74 Lim, Yang-Taek(2003), "A Development Strategy for Industrial/Technological Cooperation between Korea, China and Japan and their FTA", *Economic Studies*, Vol. 24, No. 2, November.
Lim, Yang-Taek(2004), "Economic Relationship of China-Korea-Japan and their Technological Cooperation in the IT industry", paper presented at Korea and the World Economy Ⅲ International Conference held at Sungkyunkwan University, Seoul, July 3~4.
Lim, Yang-Taek(2004), "Toward a Dynamic Wave : IT Cooperation of China-Korea-Japan", *East Asian Review*, Vol. 16, No. 3, Autumn, pp. 41~74.

75 아시아통화제도(AMS)의 구상은 1979년 3월 '유럽경제통화동맹'(EMU : European Monetary Union) 출범 시부터 1998년까지 20년간 '유럽통화단위'(ECU : European Currency Unit)를 사용해왔던 '유럽통화제도'(EMS : European Monetary System)를 모델로 상정하고 있다. 그러나 통화바스켓제도를 실제로 운용했던 유로 지역을 보더라도, '유럽통화단위'(ECU)는 유로체제 출범에 제한적인 역할을 담당했었다. 실제로 '유럽통화단위'(ECU)는 1970년대에 EC의 공식적인 거래 통화가 되었으나, 유로(Euro)체제의 출범(1999. 1. 1) 전까지 동 지역에서 미(美) 달러화가 압도적인 위치를 차지하고 있었기 때문에 '유럽통화단위'(ECU)는 거의 사용되지 않았다. '유럽통화제도'(EMS)가 정책조정의 부담이 회원국들에게 비(非)대칭적으로 분배되었던 구조를 지니고 있었음에도 불구하고 '유럽통화제도'(EMS)가 오래 지속된 이유는 '유럽경제공동체'(EEC : European Economic Community)의 회원국(독일, 프랑스, 이탈리아, 영국, 아일랜드, 덴마크, 네덜란드, 룩셈부르크, 벨기에 등) 간에 유럽통합에 대한 강한 지지가 있었기 때문이다.

그림 6-15 '동아시아 경제공동체'(EAEC)를 위한 전략 구도 : 한·중·일 FTA와 아시아 금융협력

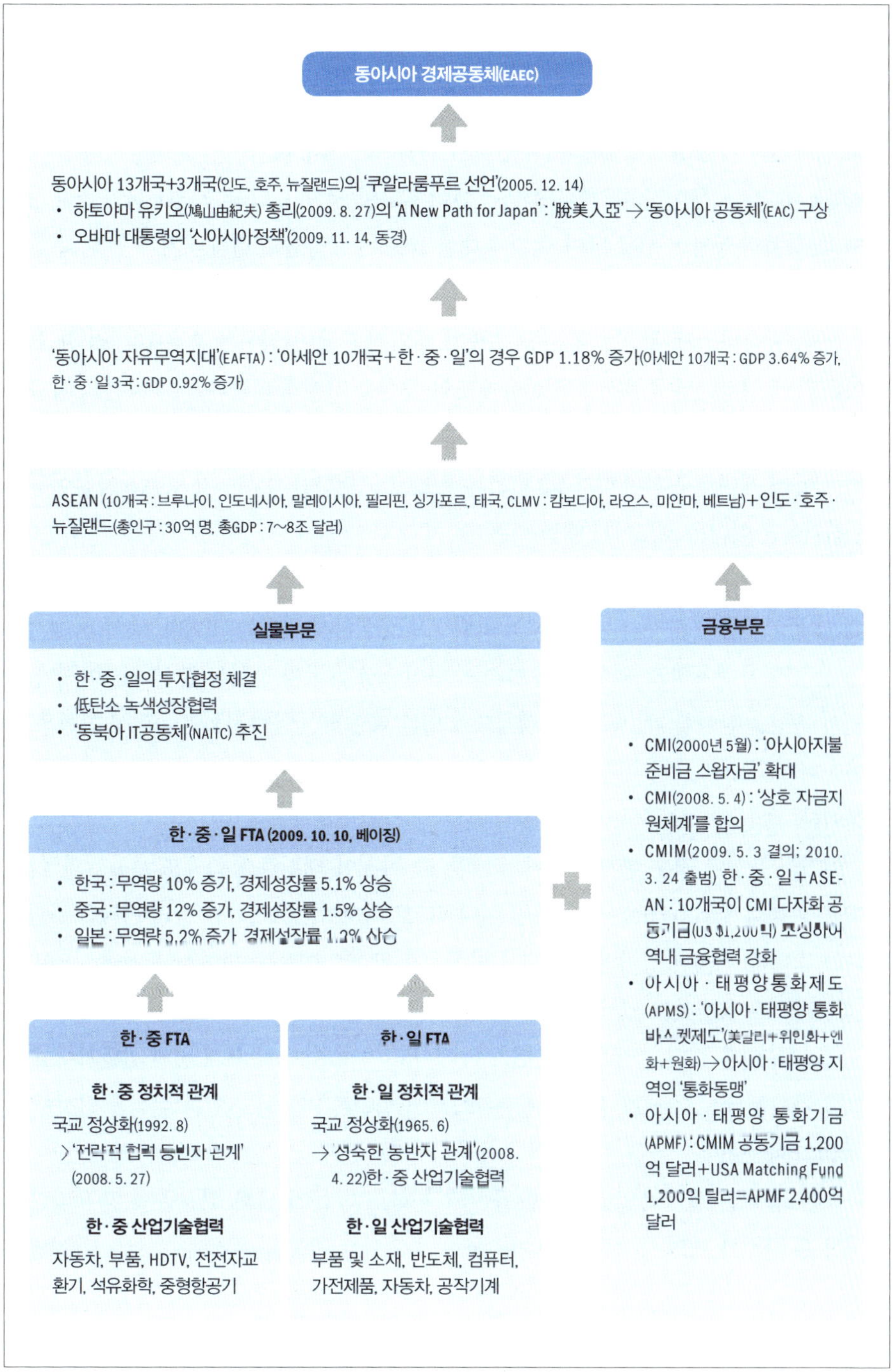

자료 임양택, 「글로벌 금융 패러다임의 변화와 한국 금융산업의 발전방향」, (사)아시아평화경제연구원, 연구총서 NO. 8, Summer 2013.

간 환율 안정과 역외 환율의 안정 중에서 어느 것을 선택할 것이냐이다. 만약 미국, 중국, 일본 등과 같은 주요 수출대상국들이 역내 국가들에서 차지하는 경제적 비중을 고려한다면, 이들 국가들의 통화(美 달러화, 중국 위안화, 일본 엔화)를 '아시아통화바스켓'에 포함시켜 대외 환율의 안정을 도모해야 한다. 이와 반면에, 역내 국가 간 무역의 증진을 도모하고 자국 통화 평가절하 가능성 등을 사전에 차단하기 위해서는 역내 국가들의 통화(중국 위안화, 일본 엔화, 한국 원화)로 이루어진 '아시아통화바스켓'이 필요할 것이다. 그러나 역내 국가들이 처한 경제적·정치적 상황이 서로 달라 여기에 대한 공통된 해답을 도출해내기가 쉽지 않을 것으로 보인다. 그 이유는 다음과 같다.

첫째, '통화바스켓제도'는 그 지향 목표가 대외적 환율 안정이든 혹은 대내적 환율 안정이든 간에 일정한 수준에서 고정환율제도의 특성을 가지게 되는데, 국제자본의 자유로운 이동(자본자유화)으로 야기될 수 있는 통화가치의 변동에 대해 어떻게 대처할 것인지에 관하여 아직 제대로 논의된 바가 없다. 근본적으로, 고정환율제도는 자유로운 자본이동과 병립하기에는 어려운 제도이기 때문이다.

둘째, 역내 환율협력체제에 가장 큰 장애요인은 '통화바스켓제도'와 같은 협력체제로 인해 역내 국가들이 각자의 통화정책의 독립성을 상실하게 된다는 것이다. 사실, 국제기구의 운용 경험이 부재하고, 역사적·문화적 특수성으로 타국의 간섭을 불신하는 아시아 국가들의 특성을 감안할 때, '통화바스켓제도'로 인한 자율적인 통화정책의 독립성 상실은 '아시아통화제도'(AMS)로서 '아시아통화바스켓제도'의 도입에 큰 장애요소로 작용할 것이기 때문이다.

여기서 유의할 것은 상기한 저자의 제안, 즉 '아시아-태평양 통화제도'(APMS) 와 '아시아-태평양 통화기금'(APMF)은 '치앙마이 이니셔티브 다자화'(CMIM)와는 달리 미국을 포함시킨다는 점이다. 저자가 상기의 제안에서 미국을 포함시킨 이유는 동아시아 역내 무역비중이 점진적으로 증가하고 있지만, 아직까지는 역외 선진국(미국)에 대한 무역의존도가 여전히 높기 때문이다. 또한, 글로벌 금융위기 하에서도 미(美) 달러가 세계 전체 외환거래의 약 44%를 차지할 정도로 세계 경제의 기축통화로서 엄연히 역할하고 있는 현실을 인정할 수밖에 없기 때문이다.

물론, 중국은 장기적으로 위안화를 기축통화로 만들기 위해 '위안화의 자유태환과 국제화 → 아시아 지역 중심통화 → 기축통화'의 순서로 전략을 추진해 갈 것으로 전망된다.[76] 실제로, 중국은 아시아에서 일차적으로 대만 및 홍콩 등 중화경제권과의 교역 시(時) 위안화 사용을 확대하고 동아시아 지역을 대상으로 공적개발원조(ODA)에서 위안화 차관과 통화 스왑을 확대하고 있다. 또한, 중국은 한국과 일본과의 교역에서 위안화 결제 확대를 추진하고 있다.

상기와 같이, 중국이 무역수지 적자를 기록하고 한국 및 동남아 국가와 위안화 결제를 한다면 위안화 결제의 해외 확산은 가속화될 것으로 전망된다.[77] 이 결과, 중국은 통화 스왑 협정국가들과의 무역 거래에서 중개통화로 달러화를 사용할 필요가 없기 때문에 달러가 아닌 다른 통화가 외환보유고로 유입됨과 동시에 위안화의 유통이 확대되는 일석이조(一石二鳥)의 효과를 거둘 수 있을 것이다.

이 결과, 동남아는 대(對)중국 교역투자의 증가 및 위안화 차관의 증가로 급속히 중화경제권에 편입될 것이다. 홍콩과는 실질적으로 경제통합이 이루어지고 있다. 또한, 2010년 6월 29일 중국·대만 간 양안 '경제협력기본협정'(ECFA : Economic Cooperation Framework Agreement)이 체결되었고 2012년 '화폐청산 양해각서'가 체결되었다.

그러나, 위안화가 '기축통화'로서 역할하기 위해서는, 중국은 자본시장의 개방 및 자유화, 고정환율제도로부터 변동환율제도에로의 전환, 정치·사회·문화 등의 분야에서도 더욱 열린 사회로 전환해야 할 것이다.

6. 한국 사회의 철학 부재(不在)와 저자의 '신(新)실용주의 철학'

철학(哲學)이 없으면 이상(理想)과 꿈이 있을 수 없다. 한 명의 '꿈'은 잠에서 깨어나면 곧 사라지지만 국민이 다 함께 꾸는 '꿈'은 역사(歷史)를 일으킨다. 또한, 성경(聖經)은 "비전없는 국민은 망(亡)한다"라고 가르친다(잠언 29-18).[78]

---

76 이와 반면에, 일본은 아시아 외환위기 이후인 1999년 대장성에 '엔화 국제화촉진연구그룹'을 구성해 '엔화의 국제화' 추진을 연구했다(박번순, 2009). 이를 위해 경제 및 금융회복, 개방 지속, 엔화 사용을 촉진하는 환경 조성 등에 나섰다. 특히 일본기업의 무역 및 투자에서 엔화 사용을 강조했으며 일본의 경제적 영향력이 큰 아시아 지역을 중심으로 '엔화의 국제화'를 추진하기로 했다. 그러나 10여 년이 지난 현재 세계의 준비자산으로서 엔화의 비중은 더욱 감소하는 등 '엔화의 국제화'는 성공하지 못했다.

77 중국은 인접 아시아 국가들뿐만 아니라 남미(南美)의 아르헨티나로 통화 스왑 협정 지역을 확대하였을 뿐만 아니라 브라질과의 무역거래에서 달러화가 아닌 위안화와 레알화로 결제하는 방안을 추진하고 있다. 중국의 대(對)브라질 교역액(32억 달러)이 미국의 그것(28억 달러)을 추월함에 따라, 중국은 브라질의 최대 교역국으로 부상하였으며 지난 양국 정상회담에서 무역 거래 시 달러화 대신 양국 통화를 사용하기로 합의하며 위안화의 국제화를 추진하고 있다.

78 임양택(1995), 「비전없는 국민은 망한다 : 21세기 통일한국을 위한 청사진」, 매일경제신문사 출판부.

저자는 한국의 국가적 목표로서 세 가지, 즉 ① 대내적으로는 '최대다수의 최대행복'을 추구하는 인본주의(人本主義, Human Capitalism) 사회를 건설하는 것이며, ② 대외적으로는 동(東)시베리아 및 극동 러시아 지역의 에너지·자원 공동개발과 동북아 경제권의 주도적 역할을 담당하는 것이며, ③ 민족적 차원에서는 한반도의 통일과 한민족의 번영을 제시했다. 상기한 민족적 및 대외적 국가목표의 실현은 대한민국을 '섬나라'(위에는 북한이 가로막는) 혹은 '반도 국가'(만주와 시베리아로 진출하지 못할 경우)를 뛰어넘어 '대륙 국가'로 진출 내지 웅비하자는 것이다.[79]

국가경영철학의 중요성은 중국 덩샤오핑(鄧小平, Dengxiaoping, 1904~1997)의 실사구시(實事求是)에서 가장 명료하게 나타난다. 공산주의 국가인 중국의 13억 인구가 온포(溫飽)할 수 있게 된 것은 오직 국가지도자의 철학 덕분이었다. 그는 실용주의(實用主義)로써 10년간(1968~1978)의 문화혁명을 종식시킴으로써 이념의 질곡에 빠져 있었던 중국 인민을 해방시켰고, 개혁·개방을 통하여 중국이 고도성장을 구가할 수 있도록 사상적 기초를 닦아주었으며, 오늘날 G2시대의 개막을 위한 무대를 준비해주었다.

이와 반면에, 중국보다 훨씬 앞서 눈부신 경제발전을 보여주었던 한국은 오히려 중국의 마오쩌둥(毛澤東) 시대처럼 이데올로기 논쟁의 소용돌이에 빠져들어 간 채, 헤어날 줄을 모르고 있다. 그 결과, 이념 간 갈등(보수와 진보)의 골은 더욱 깊어져 있으며, 주어진 절호의 역사적 기회를 유실한 채, 정치·경제·사회불안은 만연하고 있다.

1) 보수와 진보의 갈등과 정치적 위기

북한의 핵무기 문제와 미국의 '국가 우선주의'(America First)로 인하여 일촉즉발(一觸卽發)의 안보위기와 급격한 국내·외 정세변화가 한반도에 밀어닥치고 있다. 이러한 위기 상황에서, 한국은 국가의 모든 에너지를 결집해 열강(미·일·중·러)과 고군분투해야 할 것인데도 불구하고, 오히려 국가이념의 정체성을 상실한 채 국정방향의 혼란 속에 빠져 있다.

다시 말하면, 세계가 당면한 글로벌 경제위기의 극복 방안으로서 신(新)자유주의(New Liberalism)인가 혹은 케인지언(Keynsian)인가를 두고 경제사상적 논쟁을 벌이고 있는 반면

---

79 임양택(1995), 「비전없는 국민은 망한다 : 21세기 통일한국을 위한 청사진」, 매일경제신문사 출판부.
임양택(2007), 「한국의 비전과 국가경영전략」, 나남출판사.
임양택(2011), 「쿼바디스 도미네 : 성장·복지·통일을 위한 청사진」, 나남출판사.
Lim, Yang-Taek(2008), "Korea's Prospects and National Management Strategies", Keynote Speech delivered at the 20th International Conference on Systems Research, Informatics and Cybernetics(July 24~30, 2008), Baden-Baden, Germany.

에, 한국의 정치인은 상기와 같은 '고상한' 경제철학적 논쟁은 차치하더라도 '이데올로기'(이념, Ideology)가 무엇인지도 잘 알지 못하면서 단지 보수와 진보의 '밥그릇' 싸움을 벌여왔었다.

사실, 한국을 제외한 세계에서 '이념 간 갈등'은 이미 종식되었고 그 자리에 국익(national interest)을 위한 전략과 정책의 선택에 관한 논쟁이 자리 잡고 있다. 다니엘 벨(Daniel Bell) 교수는 베를린 장벽이 1989년 무너지고 소련이 패망(1991년)하기 전에 그의 「이데올로기의 종언」(*The End of Ideology*, 1960)에서 사회주의 이념이 주도하는 세계가 곧 끝날 것이라고 예언하였다. 이어서, 프랜시스 후쿠야마(Francis Fukuyama) 교수는 그의 저서 「역사의 종말」(*The End of History and the Last men*, 2006)에서 '공산주의의 몰락'을 예고하였다.

(1) 이념 간 갈등의 요인과 결과

그렇다면, 도대체 '이데올로기'(理念, Ideology)란 무엇이길래 갈등을 넘어 전쟁을 유발하고 수많은 인명이 죽어야 했었는가? 인류의 역사상 가장 많은 희생자(전쟁 중 사상자는 제외)를 낸 순위를 보면 마오쩌둥(毛澤東)에 의한 희생자 수는 약 8,000만 명 이상으로 1위이고, 조셉 스탈린(Joseph Stalin)에 의한 희생자 수는 자국 내 정적(政敵) 및 불순분자 제거로 약 2,000만 명 이상으로 2위이고 아돌프 히틀러(Adolf Hitler)에 의한 희생자 수는 유대인 학살로 약 600만 명 이상이다.

따라서 마오쩌둥(毛澤東)은 손문(孫文)의 삼민주의(三民主義 : 민족·민주·민생) 이후 중국의 '위대한 혁명가'이지만 인류역사상 '가장 악명높은 학살자'로서 기록될 수 있다. 그러나 마오쩌둥(毛澤東)은 태연하게 "혁명의 대의(大義)를 위해 생명은 희생돼야 한다"라고 말했었다. 당시 6억 중국인을 대상으로 한 그의 사회주의 실험(예로서 문화대혁명)은 중국 인구의 5~7%를 희생하면서 철저한 실패로 끝났었다.[80]

주지하다시피, 한국은 선(先)성장·후(後)분배의 계획기조 하에서 경제발전전략을 추진함으로써 경제규모의 양적 확대를 통해 절대빈곤 문제를 해결했었지만 상대적 빈곤감 및 박탈감이 증폭됨으로써 계층 간·노사 간·세대 간 갈등이 심화되고 있다. 나아가, 상기한 갈등구조는 이념 간 갈등 즉 보수 대(對) 진보의 갈등으로 표출되고 있다.

사실, 보수와 진보 혹은 우익과 좌익의 논쟁을 떠나서, 소득분배 구조의 악화와 양극화는 한국 사회뿐만 아니라 세계적 당면문제이다. 과거에는 경제성장이 소득분배를 개선했었는데 이젠 이러한 선(善)순환구조가 깨졌다. 게다가 수출과 내수, 제조업과 서비스업,

---

80 임양택(2014), 〈아버지를 말한다 : 비운의 정치가, 국회의원 임갑수〉, 나남출판사.

대기업과 중소기업 간의 연계가 약화되었다. 이 결과, 소득이 한 곳에 쏠리면서 소득분배 구조의 불균형과 양극화가 심화되고 있다.

그렇다면, 상기 문제를 해결할 방안은 없는 것인가? 그 방안은 다음과 같다. 지속적 경제성장과 형평한 소득분배가 공존하기 위해서는 '경제성장 → 소득분배의 중간단계'에서 '완전고용'(Full Employment)이 창출되어야 한다는 것이다. 다시 말하면, '고용 없는 성장'(Jobless Growth)은 소득분배를 악화시키지만, '고용창출형 성장'(Job-Creating Growth)은 소득분배를 개선한다는 것이다. 따라서 성장과 분배의 선(善)순환 혹은 악(惡)순환의 관계는 보수 혹은 진보라는 이념의 선택 문제가 아니라 경제성장 과정에서 고용이 창출되는가 혹은 감소하는가와 관련된 노동사용적 혹은 노동절약적 산업기술의 선택 문제임과 동시에 소득이 요소 생산성(Factor Productivity)에 따라 형평하게 배분되고 있는가의 여부, 또한 조세가 형평하게 징수되는지의 여부, 복지혜택이 진정 필요한 계층에게 전달되고 있는지의 여부에 관한 사회경제적 제도의 운용 문제인 것이다.

요컨대, 문제의 초점인 '양극화'(Polarization)의 근본적 해결방안은 '고용창출형 성장'(Job-Creating Growth)에 의한 '완전고용'(Full Employment)의 달성인 것이다. 그럼에도 불구하고, 보수 vs 진보 혹은 우익 vs 좌익의 부질없는 논쟁 속에서 국가와 민족의 에너지는 고갈되고 있다.

그럼에도 불구하고, 한국 사회는 아직도 이념 간 논쟁에 몰입되어 있다. 공자(孔子, BC 551~479)의 '중용'(中庸) 철학이 수천 년 동안 자리를 잡은 이 땅에서 '중도'(中道)를 표방하면 그냥 '회색분자'라고 매도당하고 누가 쏜 줄도 모르게 '저격' 당한다. 인터넷을 이용한 '마녀사냥'이 무서워 대다수의 지식인(엄밀히 지성인이 아닌)들은 오른편이든 혹은 왼편이든 간에 '줄을 서야' 생존할 수 있는 사회가 되어버렸다. 아니면, '나는 모르는 일'이라고 자신의 속내를 드러내지 않는 것이 성숙한 시민의 모습이고 현명한 처세라는 인식이 보편화되어있다.

저자가 개탄스럽게 생각하는 것은, 정치인뿐만 아니라 소위 지식인들(특히, 소위 대학교 교수들)조차 무엇이 보수(우파)이며 무엇이 진보(좌파)인지에 대하여 명확한 개념 및 정의(定義)도 하지 않은 채, 또한 정치·경제·사회 현상에 대한 구체적 대안도 없이, 마치 '삼류 단편 소설가' 혹은 '길거리에서의 삼류 가수'처럼 마구 무책임하게 지껄인다는 점이다. 심지어, 자신이 말하는 것이 무엇인지도 모른 채 가볍고 역겨운 '말장난'만 일삼는 것 같다.

이러한 모습은 특히 정치지도자와 고위 관리에게 쉽게 발견된다.[81] 저자는 본 저서를 집필하면서 약 20여 년의 자료들을 훑어보면서 그들이 얼마나 무책임한 언어와 행위를 저질렀는지를, 또한 얼마나 무서운 경제정책들(전형적인 예로서 1997년 하반기 외환위기 직전에서 가공스러운 오판)을 추진하였는지를 통섭(通涉)하고 온몸에 전율을 느꼈다.[82] 이 나라를 망(亡)친 사람들이 바로 그들이라고!

게다가 공동체 가치를 추구하는 사회운동단체(NGO)들의 모임에 간혹 참석해보면 전직 장관들이 초청 연사로 나와 재직 당시의 자기 과오에 대해 변명 혹은 미화(美化)하면서 '높은 곳으로 향한 몸짓'을 엿보게 되는데, 실로 역겹다.

또한, 최근에 문재인 대통령과 김정은 국무위원장의 판문점 정상회담(2018.4.27)과 도널드 트럼프 대통령과 김정은 국무위원장의 싱가포르 정상회담(2018.6.12) 전·후로 TV와 신문상에 등장하여 '북한'·'핵무기'·'미국'의 전략에 관하여 기염을 토했었던 무수한 지칭 전문가들이 이젠 어디로 사라졌는가? '태산명동서일필'(泰山鳴動鼠一匹)인가? 북·미(北·美) 간 폰지 게임(Ponzi Game)에서 이젠 그들은 무슨 엉뚱한 말을 준비하고 있을까?

(2) 보수와 진보의 개념과 가치

모름지기, '보수'(保守)는 어떠한 가치를 어떻게 지키고 발전시키겠다는 비전과 전략을, 또한 '진보'(進步)는 역사 발전을 저해하는 제반 요인들을 과학적으로 분석하고 그 대안을 각각 구체적으로 제시해야 한다. 참고로, 이철호 선생(중앙일보 논설주간)은 그의 칼럼에서 "보수는 철학이 없고 진보는 정책이 없다"(중앙일보, 2018. 2. 7)라고 일갈했다. 참으로 정문일침

---

81 그렇다면, 보수와 진보의 세력판도는 어떠한가? 2007년 대선에서 이회창 자유선진당 대표가 온갖 비난을 무릅쓰면서 뒤늦게 뛰어든 명분은 '보수상와론' 혹은 '보수보완론'이었다. 당시, 대선 결과는 이명박 48.7%, 이회창 15.1%로 보수가 63.8%였던 반면에 진보는 정동영 26.1%, 문국현 5.8%, 권영길 3%로 모두 합쳐 34.9%였다. 즉, 보수가 진보보다 약 2배가 높았다. 그러나 2010년 6월 지방선거에서 광역의원 정당득표율을 보면 한나라당 39.6%, 선진당 5.3%로 보수가 44.9%이던 반면에 민주당 34.6%, 민주노동당 7.3%, 국민참여당 6.3%, 진보신당 3.1%로 진보가 51.3%였다. 즉, 2007년 대선 후 2년 6개월 동안, 진보가 보수보다 높아졌던 것이다. 그로부터, 촛불 혁명 후, 2018년 6월 13일 지방자치단체장 선거에서 보수는 완전히 궤멸하였고 진보가 지방권력을 휩쓸었다. 이 추세로 가면 2년 후 총선의 결과는 명약관화하다. 즉, 진보가 모든 정치권력을 완전히 장악할 것으로 전망된다.

82 이와 관련하여, 저자는 다음과 같은 기록을 남기고자 한다. 저자는 1997년 말 IMF 경제위기 전·후로 나름대로 정책 당국자들에게 한국경제의 위기상황을 지적했다. 예로서, "한국경제 위기의 본질과 대책"(임양택, 한국경제신문, 1991. 9. 30), 「비전 없는 국민은 망한다」(임양택, 매일경제신문사 출판부, 1991), "제2 외환위기 가능성과 대책"(임양택, 한국경제신문, 1999. 2. 8)을 들 수 있다. 이와 대조적으로, 1997년 10월 IMF 외환위기 한 달 전, 한국금융연구원, 산업연구원, 삼성경제연구소, LG경제연구원, 대우경제연구소는 "1998년 경제성장률이 1997년보다 더 높을 것"으로 전망했다(조선일보, 1997. 9. 29, 13면). 이어서, 1997년 10월 9일(바로 IMF 경제위기가 발발했던 시기) 한국은행, KDI, 삼성경제연구소, 현대경제연구소, 대우경제연구소, LG경제연구원, 선경경제연구소는 "1998년 탈불황(脫不況) 시대에 본격 진입할 것"으로 전망했다(세계일보, 1997. 10. 9). 우리 모든 경제학자들도 깊이 반성해야 할 것이다. 비단 IMF 경제위기뿐만 아니라 모든 '정책실패'에 대해, 정책수립가는 물론 저자를 포함한 모든 경제·경영학자들도 깊이 반성해야 할 것이다. 사실, 부끄러움을 느낀다는 것은 아직 순수하다는 것을 의미한다.

(頂門一鍼)이다.

일반적으로, 한국 사회의 보수(保守)는 대한민국의 정통성과 정체성을 인정하고 자유시장경제체제를 지향한다. 그리고 보수(保守)는 사회공동체를 위해 법과 질서가 복원돼야 한다고 주장한다. 또한, 미국에 대해선 할 말은 하더라도 근본주의 성향의 반미(反美)는 인정하지 않는다. 그러나 보수(保守)는 대(對)북한 포용정책을 인정한다. 왜냐하면, 북한 주민들을 돕는 건 민족의 의무이자 휴머니즘의 발로이기 때문이다.

이와 반면에, 한국 사회의 진보(進步)는 대한민국을 인정하되 대한민국의 역사를 실패의 역사, 부도덕한 역사, 기회주의가 성공한 역사로 인식하며 시장경제체제 속에서 복지국가(Welfare State)를 구현하자고 주장한다. 즉, 경제성장이 양극화를 부추기고 대다수의 박탈감만 높인다면 누굴 위한 경제성장인가라는 의문을 제기한다. 이와 대조적으로, 좌파(左派)는 과거엔 사회주의 경제체제를 지향했었지만 이젠 국가나 시민사회에 의한 시장의 컨트롤과 조정(coordinated market economy)이 필요하다고 주장한다. 그 사상의 저변에는 중국도 이젠 벗어나고자 하는 국가 자본주의(State Capitalism)가 깔려있다.

그러나, 최근에는 보수세력과 진보세력이 대(對) 북한정책에 관한 대립을 지양하고 소득분배의 불균등과 양극화를 두고 복지 문제, 한국경제의 골격인 대기업집단(재벌)의 폐해 문제, 주한 미군 철수 문제 등을 두고 대립하고 있다. 사실, 그러한 대립도 잠깐일 것이다. 왜냐하면 우선 정권부터 유지 혹은 탈환하자는 것이 여·야 모두의 본색(本色)이기 때문이다.

이젠, 보수(保守)도 약자(弱者)에 대해 따뜻하고 온정적인 태도를 보여야 하며 부정·부패에 대해 철저하게 반성하고 진보(進步)의 가치도 포용해야 한다. 즉, 보수(保守)가 진보(進步)를 이단(異端)으로 생각하는 사고방식을 버리고 '열린 보수'(Open Conservativism)가 되어야 한다.

한편, 진보(進步)는 이념(Ideology)의 도그마에서 벗어나서 자신들이 추구하는 가치(민주화, 정의, 평화 등)에 관한 개념들을 현실 세계에서 정교하게 정립한 후, 그 가치들을 구현할 수 있는 실천적 방안을 국민에게 명확히 밝혀야 한다. 예로서 '민주화'(Democratization)란 자유민주주의인가? 사회민주주의인가 혹은 민주사회주의인가? 심지어 인민민주주의인가? 또한, '정의'(Justice)는 존 롤스(John Rawls)의 「정의론」(A Theory of justice, 1971)에서 어떠한 '정의'(正義)를 더욱 지향하겠다는 것인가? 정의(正義)의 제1원칙 혹은 제2원칙인가? 평등(平等)과 관련하여, 공정(公正)인가 혹은 평준화(平準化)인가? 여기서 유의할 것은 '평준화'는 지역별 및 계층별 불평등 해소에 실패했었으며 오히려 그러한 불평등을 더욱 심화시켰다는 점이다. '하향 평준화'의 교육은 결국 교실붕괴로 이어졌다. 결코, 평준화(平準化)는 평등

(平等)이 아니다.[83] 나아가, '평화'(peace)란 '전쟁'(war)과 대칭적인 개념인데, 무엇(가난, 질병, 테러, 군사적 위협 중에서)과의 '전쟁'을 통하여 어떠한 '평화'를 구축할 것인지?

모름지기, 공정(公正)의 큰 틀 속에서 다양성과 경쟁 요소가 포함돼야 한다. 저자는 '보수'와 '진보'가 생산적으로 논쟁하고 투쟁해야 할 대상은 한국 사회에서 '사회정의'(Social Justice)를 구현하는 범위와 속도에 관한 것이어야 한다고 주장한다.

다음으로 넘어가기 전, 보수(우익)·진보(좌익)의 개념 혹은 철학과 관련하여, 저자는 좌파의 시조(始祖)인 카를 마르크스(Karl Marx, 1818~1883)의 근본적인 오류를 지적함으로써 상기한 저자의 주장을 뒷받침하고자 한다.

카를 마르크스(Karl Marx, 1818~1883)의 생애를 세계 자본주의 경제의 장기파동과 관련지어 보면, 그의 「자본론」은 재구성 내지 폐기되어야 함을 쉽게 알 수 있다. 왜냐하면 카를 마르크스(Karl Marx)의 사망년도인 1883년 공황기(1873~1883)의 종점임과 동시에 회복기의 시발점으로서 그는 매우 불행하세도 제2차 산업혁명의 기술혁신(제강법, 합성연료, 플라스틱, 인공염료, 인조섬유, 증기기관, 전동기, 가솔린 내연기관 등)을 통하여 자본주의 경제가 회생 내지 더욱 번성할 수 있다는 것을 육안으로 목격하지 못하고 사망하였기 때문이다.[84]

물론, 카를 마르크스(Karl Marx)는 기술혁신(Technological Innovation)의 중요성을 잘 인식하고 있었지만 기술혁신 자체가 자본주의의 내재적 모순을 극복할 수 있는 것이 아니며, 오직 계급투쟁을 통한 자본주의 착취구조의 종식을 주장하였다. 그러나, 아이러니하게도, 붕괴된 것은 자본주의가 아니라 사회주의였다. 이 역사적 사실은 1989년 미·소(美·蘇) 몰타(Molta) 선언으로 뒷받침되고 있다. 당시 미하일 고르바쵸프(Mikhail Gorbachev)는 1945년 얄타(Yalta) 회담 이후 44년간 존속되어 왔었던 냉전체제를 1989년 몰타(Molta) 선언으로 '양심 고백'을 한 셈이었다.

또한, 세계인류 문명사에 마르크스주의자(Marxist)의 대부(代父)로 칭송받고 있는 어네스트 만델(Ernest Mandel)은 그의 「후기 자본주의」(*Late Capitalism*, 1972)에서 대부분의 마르크스주의자들이 '장기파동 이론'을 거부함에 따라 경제사의 중요한 전환점들인 1940년대의 자본주의 부흥과 1970년대의 쇠퇴를 예측하지 못하였고, 따라서 그러한 거부가 오히려

---

83 보수우파 논객 중 하나인 서울대학교 박효종 교수가 '정명(正名) 토론회'(서울 명동 은행회관 국제회의장, 2009. 4. 2)에서 기조발제 "진보좌파라고 하는데, 한국의 좌파가 진짜로 진보란 말인가"를 통하여 "좌파 세력은 교묘한 '언어게임'(language game)을 하고 있다. 아무도 부인할 수 없는 추상적이고 고귀한 가치를 지닌 민주니 정의니 하는 단어들을 앞세워 반대 진영을 비민주와 부정의로 몰아간다"라고 비판했었다.

84 저자가 기술경제이론 강의를 준비하면서 상기의 역사적 사실을 발견하였을 때, 저자는 마치 고향 해변가 모래사장에서 진주를 발견한 것과 같이 뛸 듯이 기뻤었다.

마르크스주의(Marxism)를 취약하게 만든 오류였다고 지적하였다.

다른 한편으로, 마르크스 경제이론과 대칭적인 정통(보수 혹은 우익) 경제이론도 고전경제학 → 케인지언 경제학 → 신고전학파 경제학 → 화폐론 → 합리적 기대론 → 공공측면 경제학 → 신(新)케인지언 경제학 등으로 부단히 수정 및 보완되어가고 있다. 심지어, 최근에는 심리학을 경제학에 적용시켜 '준(準)합리적 경제이론'(Quasi-Rational Economic Theory)을 비롯한 '행동경제학'(Behavioral Economics)이 대두되었다.[85] 이 학파는 인간이 이성적 혹은 합리적(rational)이라는 정통 경제학의 기본 전제에 도전한 것이다.

이제, 우리는 카를 마르크스(Karl Marx)의 「자본론」은 매우 과학적인 이론체계인 것은 사실이지만 자본주의 경제의 내부적 모순 못지않게 과학적 사회주의 이론의 내부적 모순과 오류가 있음을 알 수 있다.

따라서 마르크스주의자(Marxist)의 대부(代父)로 칭송받고 있는 어네스트 만델(Ernest Mandel)이 그의 「후기 자본주의」(*Late Capitalism*, 1972)에서 지적할 정도인 카를 마르크스(Karl Marx)의 〈자본론〉을 신봉하는 한국인 좌파의 사유를 저자는 도저히 이해할 수 없다. 아마도, 그들은 이데올로기(理念, Ideology)를 객관적 시각에서(자의적 편견 없이) 냉철하게 고찰하지 않았던 결과, 지식의 빈곤 상태를 노출하게 된 것이라고 저자는 짐작할 뿐이다.

(3) 한국 현대사에서 보수와 진보의 양상

그렇다면, 좌·우익이 아니라 보수와 진보를 어떻게 구분할 것인가? 전술한 바와 같이, 그것은 사회정의(Social Justice)의 구현을 위한 방향과 속도라고 저자는 믿는다. 이러한 시각에서, 한국의 현대 정치사를 예로 들어 실제로 보수와 진보라는 이념의 선택이 어떻게 전개됐는가를 살펴보자.

극우·보수인 이승만(李承晩) 대통령은 자유민주주의와 시장경제체제를 만들어냈고 풍전등화(風前燈火)의 위기에서 상기한 '보수적 가치'를 지켰다. 실로, 그는 '대한민국의 국부(國父)'로 칭송받아야 할 뿐이다.

그러나 이승만(李承晩) 대통령은 프랑스의 샤를르 드 골(Charles Andr Marie Joseph De

---

85 '행동경제학'(Behavioral Economics)의 대표적인 인물로서 2002년 노벨경제학상 수상자인 다니엘 카너먼(Daniel Kahneman, 1934~현재)을 들 수 있다. 그가 제시한 「주의와 노력」(*Attention and Effort*, 1973)과 「불확실성 하에서의 판단」(*Judgement Under Uncertainty: Heuristics and Biases*, 1982) 등에서 주장하는 '준(準)합리적 경제이론'(Quasi-rational Economic theory)은 이성적이며 이상적인 경제적 인간(homo economicus)을 전제로 한 정통 경제학과는 대조적으로 실제적인 인간의 행동을 연구하여 어떻게 행동하고 어떤 결과가 발생하는지를 규명하기 위한 것이다.

Gaulle) 대통령이 '과거 청산'을 말끔히 단행했었던 것과 같이, 마땅히 처단했어야 할 친일파(親日派)들과 손잡아 「자유당」 독재 정권을 이끌다가 1960년 3·15 부정선거를 거쳐 같은 해 4·19 혁명을 맞아 역사 속으로 사라졌었다.

비록 그는 '역사의 인물'로서 사라진지가 오래되었지만, 그가 남긴 공과(功過)는 한국 근대사에서 국가 정체성에 관한 논란의 쟁점이 되고 있다. 특히, 그의 과오(過誤)는 프랑스의 경우처럼 해방 후 철저히 숙청당했어야 했었던 친일파(親日派)를 오히려 비호하여 자신의 권력을 유지했었다는 것이다. 이 결과, 친일파(親日派)들은 득세하였고 그들의 생존과 번영을 위하여 민족주의자들과 양민(良民)들을 '빨갱이'로 몰아 처단했었던 사실적 기록물들이 많다. 이 결과, 한국의 정통성은 결정적 약점을 갖게 되었으며 사회정의는 무참히 짓밟혔다.

극좌(極左)에서 극우(極右)로 변신하였던 박정희(朴正熙) 대통령은 자유민주주의의 정치적 틀 속에 경제발전이라는 하부구조를 다졌고 나라의 곳간을 채웠다. 그렇다면, 그가 '보수'였던가? 아니다. 그는 미래를 보는 혜안을 가진 '진보'였다. 그의 경제발전 전략을 사사건건 반대했었던 세력은 바로 '보수'(최근 한나라당, 현재 자유한국당)였다.

물론, 박정희(朴正熙) 대통령의 공과(功過)에 관한 많은 비판이 제기되고 있는 것도 사실이다. 예로서, 그의 '산업화'를 위한 공로는 '민주화'의 퇴보 및 압살로 이루어졌다는 것이다. 여기서 유의할 것은 제1차 경제발전계획(1962~1966)과 함께 시작되었던 '산업화' 과정에는 박정희(朴正熙) 대통령 및 그의 추종세력 만이 참여한 것이 아니라 1960년 4.19 민주화 세대들과 민중(民衆)이 '산업화의 역군'으로 산업화 현장 곳곳에 뛰어들어 땀 흘려 일했었다는 점이다. 즉, 한국의 '산업화'는 박정희(朴正熙) 대통령만의 공로가 아니라 모든 국민의 '피와 땀'으로 이루어진 성과였다.

극우·보수였던 김영삼(金泳三) 대통령은 진보세력도 감히 상상할 수조차 없었던 매우 호기롭게 '금융실명제'를 도입 및 정착시켰다. 그러나 무능한 '보수' 세력으로 둘러싸였던 김영삼(金泳三) 대통령은 결국 1997년 하반기 외환위기를 초래했었다. 누가 한국경제를 망쳤는가? 그것은 진보가 아닌 보수였다. 'IMF 사태'는 당시 무능했었던 김영삼(金泳三) 정부와 차입 경영에 탐닉했었던 기업들이 나라를 치욕스럽게 만들었었던 역사적 과오였다.

저자는 경제학자로서 2007년 하반기 IMF 경제위기의 원인과 그 파급효과는 잘 알고 있다. 그것에 관한 논술을 차치하고, 저자가 지적하고자 하는 것은 IMF 경제위기는 선량한 한국인의 가정과 영세 중소기업을 무수히 파괴했다는 점이다.

IMF 직후 1998년 한 해 동안 한국인 자살자 수는 무려 8천 662명에 달했다. 직장을 잃은 가장과 파산 기업인들이 스스로 목숨을 끊었던 것이다. 그럼에도 불구하고, 당시 243만 명의 시민들은 해고 태풍에도 장롱 속에 고이 보관해 두었던 아기 돌 반지와 금(金) 패물을 모아 국가의 외채 상환에 앞섰다.

사실, 단 한 명이라도 사람을 죽인 자는 살인자이듯이, 1997년 외환위기 직후인 1998년 무려 8천 662명의 자살을 유발시킨 당시의 정책 당국자들은 비록 '간접적 대량자살 방조범'이라고 칭할 수는 없더라도, 한국의 인구감소 추세에 다소 기여한 분들이다. 그들은 아직도 부끄러움과 죄의식을 못 느끼고 백주에 활보하고 있으니 한국 사회의 도덕과 사회정의는 이미 죽은 것 같다(임양택, 2007).

게다가 1997년 하반기 외환위기는 한국경제에 깊은 트라우마(Trauma)를 남겼다. 저(低)성장과 대량실업(특히 청년실업)이 구조화됐고 기업의 위험 회피 성향은 커졌다. 비(非)정규직 양산과 구조조정이 일상화됐다. 청년은 안정적 공공 일자리에 매달리고 기업은 '창조적 파괴'(Creative Destruction), 즉 기술혁신보다 생존을 위한 '현상유지형 돈벌이'에 전념한다. 그 결과 1997년 하반기 외환위기 이후 한국경제 특유의 활력소였던 도전 정신이 사라졌다.

비운(悲運)의 노무현(盧武鉉) 대통령은 운동권 출신 보좌관들에게 '나를 역사 발전의 도구로 써 달라'라고 말했었지만 대통령에 당선된 후 실사구시(實事求是)의 입장으로 돌아섰다. 예로서 조흥은행과 코레일의 '귀족노조' 파업에 경찰력을 투입했었고 스크린 쿼터제를 폐지하였다. 아이러니하게도, 역대 대통령 중에서 가장 규제 완화를 많이 단행했었던 대통령은 단연코 노무현(盧武鉉)이었다. 예로서, 그는 경기도 파주에 LG디스플레이 단지와 평택 삼성 반도체 공장을 허가했었다. 현재 파주와 평택은 북적북적하고 있다.

그리고 2008년 노무현(盧武鉉) 정부는 65세 이상 노인의 70%까지 연금(1인당 월평균 9만 원, 부부는 14만 4,000원)을 지급하는 '기초노령연금제도'를 도입했었다. 이 결과, 비록 적은 액수이지만, 기초노령연금은 상당한 '사회안정망' 구실을 하고 있다. 상기의 '기초노령연금제도' 마저 없는 한국 사회는 존립 가치조차 없다. 왜냐하면 한국 사회는 현대판의 '고려장'(高麗葬)을 일삼는 불효막심한 자녀들이 사는 동네가 되어서는 안 되기 때문이다. 심지어, '기초노령연금제도' 하에서도 노인 자살률이 OECD 국가들 중에서 한국이 1위이다. 누구에게나 노(老)부모가 있을 수 있고, 누구나 모두 늙어가기 마련인데, 모두가 부끄러워할 줄 알아야 할 것이다.

또한, 노무현(盧武鉉) 대통령은 선거법을 개정하여 부정·부패 선거 가능성을 뿌리째 뽑아버렸다. 이러한 '혁명적 쾌거'를 과연 어느 '보수' 대통령이 할 수 있으랴! 만약 노무현(盧武鉉) 대통령이 선거법을 개정하지 않았었다면, 이 나라는 '돈판 선거'로 이미 거덜 났을 것이라고 저자는 단언한다.

특히, 노무현(盧武鉉) 대통령은 분명히 진보였지만 보수가 도저히 감당할 수 없었던 '한·미(韓·美) FTA'를 타결(2007. 4. 2)했었으며 [86] 남쪽 바다를 지키기 위한 안보상의 논리로 운동권의 결사적 저지를 무릅쓰고 '제주도 해군기지'를 설치했었다.

이명박(李明博) 대통령은 분명히 보수 속(현대그룹)에서 성장하여(물론, 가난한 유년 시절은 있었지만) 보수의 이익을 한껏 향유했었다. 특히, 2009년 12월 대선에서 무려 530만 표의 차이로 보수세력에 의하여 대통령에 당선됐었다. 그러나 이명박(李明博) 정부가 보여준 물가, 금리, 환율, 유가, 산업 정책을 보면 과연 시장경제주의를 신봉하는 보수·우익의 정권이라고 도무지 믿어지지 않는다. 그렇다고 해서, 이명박(李明博) 정부는 진보 혹은 좌익은 결코 아니다.

예로서 'MB물가지수'라는 것이 발표(2008. 3. 18)되었는데, 저자는 경제학 교수로서 2014년 현재까지 35년 동안 봉직하였지만, 이러한 물가지수가 어떻게 기안·작성·적용되는지를 알지 못한다. 또 다른 예로서, 강만수 기획재정부 장관(당시)의 고(高)유가 대책이다. 그는 10조 4,930억 원을 1,380만 명의 근로자와 자영업자에게 6~24만 원씩 세금 환급(사실상 현금 지급)을 하겠다고 발표하였다(조선일보, 2008. 6. 11). 10조 4,930억 원의 현금지급 대상인 1,380만 명은 근로자 980만 명으로서 전체 근로자(1,300만 명)의 78%, 자영업자 400만 명으로서 전체 자영업자(460만 명)의 87%, 상기한 1,380만 명(근로자 + 자영업자)은 경제활동인구(2,400만 명)의 57.5%이다.

사실, 상기한 고(高)유가 대책은 '좌파 분배주의자'일지라도 내놓고 하기 힘든 낯부끄러운 포퓰리즘(populism)이다. [87] 이러한 '선심성 정책'은 미국산 쇠고기 사태로 성난 민심을 달래기 위한 것이었다고 해석되지만, 이러한 천문학적 국고(10조 5천억 원)를 그렇게 낭비한 것은 사회주의 국가에서도 유례를 찾을 수 없다. 아예, 상기 고(高)유가 대책 재원 10조 4,930억 원을 적립금이 고갈된 국민건강진흥기금에 투입했었다면, 요즈음 얼마나 유용할

86 이와 관련하여, 저자가 기록에 남기고 싶은 것이 있다. 저자가 어느 공식 모임(CEO Network 조찬포럼, 2007. 3. 23, 팔레스 호텔)에서 초청 연사로 강연을 마친 후, 참석 인사 중에서 K씨가 '한·미(韓·美) FTA'를 어떻게 하면 되겠는가를 질문했다. 저자는 "노무현(盧武鉉)의 칼을 이용하여 한·미(韓·美) FTA를 타결해야지, 그렇지 않으면, 다음에 설혹 우익 정권(이명박 정부)이 들어서더라도 불가능할 것이다"라고 답변했다. 한·미(韓·美) FTA는 노무현 정권에 의하여 2007년 4월 2일 타결됐다. 역사는 저자의 손을 들어주었다. 그 이후, 무려 4년이 경과해도, 한·미(韓·美) FTA는 양국에서 국회 비준조차 되지 않고 있었다.

87 한편, 지식경제부 관계자는 "10조 원을 고유가 시대에 더욱 절실해진 원자력발전소 건설에 사용한다면 1기에 2조 5,000억 원이 들어가는 원전을 4기나 더 만들 수 있다"라고 말했다. 한국의 에너지 자주개발율(자국 기업이 참여한 에너지 개발)은 4.2%이다. 일본의 19%, 중국의 26%에 크게 뒤떨어진다. 정부 관계자는 "해외 유전의 광구를 사들이는데 보통 1조 원이 넘는 돈이 들어가는 데 이번 고유가 대책에는 해외 유전 개발에 1조 1,000억 원만 배정된 것은 아쉽다"라고 말했다(조선일보, 2008. 6. 11).

것인가! 이러한 엉터리 보수세력이 진보정권의 '퍼주기 정책'을 비판하는 것은 실로 지나가는 소(牛)도 웃을 일이다.

상기한 역사적 사례를 보더라도, 사실, 보수와 진보 혹은 우익과 좌익의 논쟁이란 부질없는 것이라는 점을 알 수 있다. 문제의 초점은 소득격차와 양극화인데, 이 문제는 한국 사회뿐만 아니라 세계적 당면문제이다.

전술한 바와 같이, 양극화의 해결방안은 어떠한 경제성장을 추진할 것인가이다. 과거에는 경제성장이 소득분배를 개선했었는데, 이젠 이러한 선(善)순환구조가 깨졌다. 게다가 수출과 내수, 제조업과 서비스업, 대기업과 중소기업 간의 연계가 약화되었다. 이 결과, 소득이 한 곳에 쏠리면서 소득분배구조의 불균형과 양극화(Polarization)가 심화되고 있다. 따라서 지속적 경제성장과 형평한 소득분배가 공존하기 위해서는 경제성장 → 소득분배의 중간단계에서 '완전고용'(Full Employment)이 창출되어야 한다. 다시 말하면, '고용 없는 성장'(Jobless Growth)은 분배를 악화시키지만, '고용창출형 성장'(Job-creating Growth)은 분배를 개선할 수 있다는 것이다. 즉, 문제의 핵심은 대량 실업이며, 문제의 근본적 해결방안은 고용확대이다.

상기의 시각에서 보면, 역사의 발전 과정에서, 우파(右派)와 좌파(左派)는 항상 공존하는 것이며 보수(保守)와 진보(進步)는 '동태적으로' 상호보완해야 한다는 것을 알 수 있다. 따라서 오늘날 한국의 '정치적 위기'(Political Crisis)는 보수vs 진보의 사상적 대립이 아니라 그들 자신의 정체성의 혼란 및 부재(不在)로 비롯된 것을, 나아가 이러한 이념 간 갈등이 오늘날 '사회경제적 위기'(Socioeconomic Crisis)를 유발 및 심화시켰다는 것을 각각 알 수 있다.

2) 국가경영철학으로서 '신(新)실용주의'(Neopragmatism)

한 국가의 발전을 위한 가장 중요한 결정요인은 올바른 국가선택(National Choice)이다. 이것은 올바른 가치기준 즉 국가경영 철학(哲學)을 필요로 한다.

과연, 21세기 인류사회(한국 사회를 포함한)에 가장 적합한 경제사상(철학) 혹은 경제이론 체계는 무엇일까? 이 문제에 대한 해답의 실마리는 과연 현대사회에서 인류가 가장 추구하는 사회·경제적 가치가 무엇인가에서 찾아야 한다. 단도직입적으로 말하면, 그것은 '정의로운 국가'와 '행복한 사회'를 위한 자원배분의 효율성(efficiency)과 소득분배의 공정성(fairness) 혹은 형평성(equity)이라고 저자는 사유한다.

그러한 '최대다수 최대행복'(The Greatest Happiness of the Greatest Humber)을 위한 '복지사회'(Welfare Society)를 건설하기 위해서는, 지속적 경제성장과 공정한 소득분배를 동시적으로 추구되어야 하며, 이러한 '정상적 사회'(A Sane Society)를 유지하기 위해서는 '완전고용'(Full Employment)을 추구함과 동시에 중산층 복원과 사회안전망을 위한 사회보장제도의 합리적 재원조달 방안을 강구해야 한다.

상기한 문제를 덮어둔 채, 신(新)자유주의(New Liberalism)의 글로벌 스탠다드(Global Standard)만을 마냥 역설하고 있는 것은, 또한 '정부 실패'(Government Failure)를 지적하고 '눈에 보이지 않는 손'(invisible hand), 즉 시장의 효율적 자원배분이라는 교과서적 신(新)고전학파(Neoclassic) 경제이론을 들먹이거나 혹은 시장 실패(Market Failure)를 지적하고 정부 개입과 규제 강화를 강조하는 신(新)케인지언(Neo-Keynesian) 경제이론을 '만병통치약'으로 소리 내어 외치는 것은 마치 여름철 고장 난 선풍기가 성가신 잡음을 내는 것과 같다.

조셉 스티글리츠(Joseph Stiglitz) 교수는 '눈에 보이지 않는 손'(invisible hand)은 단지 존재하지 않기 때문에 보이지 않는 것이라고 일침을 놓는다. 여기서, 저자는 정부 개입과 규제 강화라는 '숙달된 손'(skillful hand)이 필요하지만 그에 앞서 '깨끗한 손'(clean hand)이 더욱 중요하다고 강조한다. 사실, 그동안 보수(保守)는 너무나 부패했었다. 예로서 러시아 로마노프 왕조(Romanov dynasty)와 중국 장개석(蔣介石) 정부를 붕괴시켰던 근본적 요인은 공산당의 존재 때문이 아니라 그들 자신(帝政러시아의 귀족층과 국민당 정부의 관료집단)의 부패였었다.

저자는 대학생들에게 경제성장론을 강의할 때, 모든 생물체의 '신비'는 구조적 및 기능적 균형(balance)을 갖도록 창조되었다는 점이라고 지적하면서 '균형성장 및 발전'(balanced growth/development)의 의미를 다음과 같이 설명한다.

"창조의 '신비'가 가장 극명하게 나타나 있는 것이 바로 인간(人間)이다. 예로서, '두 팔'은 균형(balance) 속에서 '몸통'을 유지하라는 조물주의 배려이다. 따라서 오른팔과 왼팔은 각기 다른 기능을 갖고 있지만 한 몸을 위하여 모두 동시적으로 필요한 것이다. 여기서 중요한 것은 오른손이든 혹은 왼손이든 간에, '손'은 반드시 깨끗해야 '몸통'의 건강이 유지된다는 점이다. 즉, 좌(左)·우(右)익(날개, 翼)의 사상적 내분은 철학관(유물론과 유심론)과 역사관(변증법적 사유)에 따라 발생할 수 있는 현상이지만, 그들이 인격체와 소식이 청결해야 '몸통', 즉 국민과 사회가 건강해질 수 있다."

여기서 저자는 자신의 학문적 입장을 다음과 같이 분명히 밝힌다. 즉, 저자는 정치적 측면에서는 자유민주주의자이며, 사상·철학적에서는 롤지안(Rawlsian)이며, 경제적 측면에서는 신고전학파(Neoclassic)나 신케인지언(Post Keynesian)이 아닌 슘페테리언(Schumpeterian)이며, 문화적 측면에서는 전통주의자이다.

우선, 저자가 경제학적 측면에서 슘페테리언(Schumpeterian)이라고 말하는 이유는 저자가 조셉 슘페터(Joseph, A, Schumpeter)의 「경기변동론」(1933), 「경제발전론」(1934), 「자본주의·사회주의·민주주의의 관계」(1942)를 신봉하기 때문이다. 상술하면, '최대다수 최대행복'은 완전고용을 전제로 하는 것이며, 고용 증대는 장기적으로 보면(요즈음 그것도 제품 수명주기가 짧아져서 단기적인 현상이기도 하지만) 산업발전과 함께 '신(新)기술 → 신(新)산업 → 신(新)시장'이라는 '창조적 파괴'(creative destruction)에 의하여 '양호한 직장'(decent job)이 창출되는 것이기 때문이다. 부연하면, 고용은 단기적으로 재정지출(케인지언)이나 통화량(화폐론자)의 증대에 의하여 가능한 것이 결코 아니다.

다음으로, 저자가 사상·철학적 측면에서는 '롤지언'(Rawlsian)이라고 말하는 이유는 저자가 자유(自由)와 평등(平等)의 통합을 추구한 존 롤스(John Rawls, 1921~2002)의 「정의론」(1971, 1999), '공정으로서 정의'(1985, 2001), 「정치적 자유주의」(Political Liberalism, 1993)에 크게 공감하기 때문이다. 다시 말하면, 인간은 결코 '돼지'가 아니기 때문에 '소득'만을 필요로 하는 것이 아니라 '사회적 동물'(단순히 '경제적 동물'이 아니라)로서 자유(Freedom)·평등(Equality)·사회연대(Social Solidarity)를 갈구한다. 이것은 인류 사회의 역사적 발전과정(프랑스 혁명, 미국 독립전쟁 등)에서 보듯이 인류의 보편적 가치인 것이다. 나아가, 저자는 존 롤스(John Rawls)의 '자유주의적 평등주의' 철학이 실천방법론을 제시하지 않았던 '미(未)완성의 문제'를 해결하려고 나름대로 '영혼의 불꽃'을 밝히는 영광을 갖게 되었다.

상기한 사회공동체의 보편적 가치를 정립 및 실현하기 위한 철학적 토대로서, 저자는 신(新)자유주의(New Liberalism)와 신(新)케인지언(New Keynesian)의 대안적인 '사유 패러다임'으로서 신(新)실용주의(Neopragmatism)라는 새로운 사유(思惟)패러다임을 제시하였다(임양택 : 2008, 2017, 2018 ; Lim Yang-Taek : 2010, 2011, 2012, 2014).

(1) 신(新)실용주의의 정의(定義)와 철학적 배경

저자는 신(新)실용주의(Neopragmatism)를 다음과 같이 정의한다. 국가통치의 도덕성과 절차적 민주주의를 바탕으로, 대내적으로는 '최대다수의 최대행복'을 위한 인간의 기본욕구(직장, 주택, 교통, 교육, 의료, 연금 등)가 충족됨으로써 인간의 존엄성·자율성·창의성이 존중되는 '정의롭고 행복한 복지사회'(Welfare Society)를 구현하고자 하는 '실천 철학'(Practical Philosophy)이며, 대외적으로는 지구촌 문화 공동체(Global Cultural Community)를 위한 '글로벌 철학'(Global Philosophy)으로 지향하고자 하는 '인본주의적'(人本主義的, Anthropocentric) 사유 패러다임(인식론적 원리와 존재론적 원리)이다(임양택 : 2008, 2017, 2018 ; Lim, Yang-Taek : 2010, 2011, 2012, 2014).

신(新)실용주의(Neopragmatism) 철학은 동양(특히, 고대 중국과 한국) 사상, 즉 맹자(孟子, BC 372~289 추정)의 무항산·무항심(無恒産·無恒心), 고증학(考證學)의 경세치용(經世致用), 조선(朝鮮)

그림 6-16 신(新)실용주의 철학의 사상적 체계

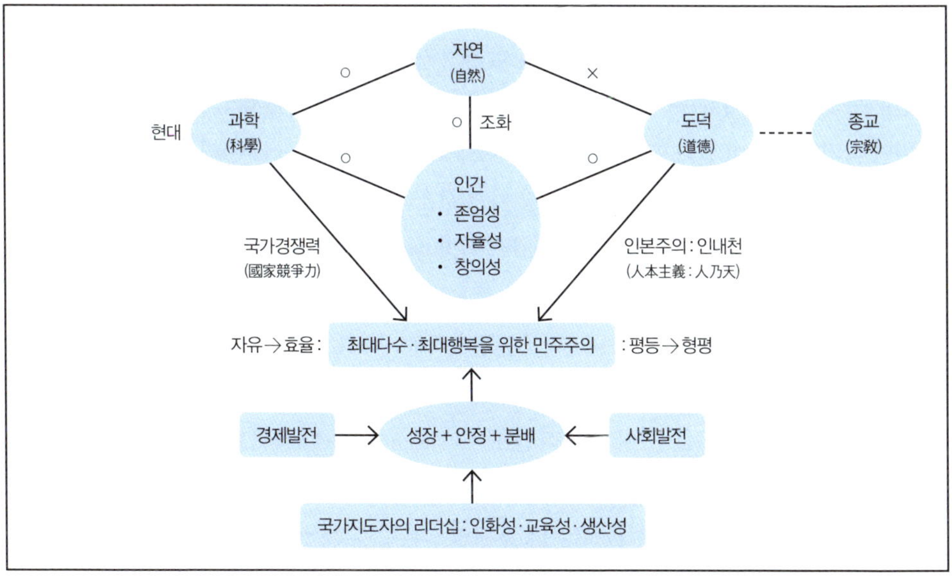

자료 임양택(2008), "'新실용주의' 철학의 논리 구조에 관한 연구—동·서양 철학을 중심으로", 「경제연구」, 제29권 제2호, 한양대학교 경제연구소.

임양택(2017a), "'글로벌 경제철학'을 위한 동·서양 철학의 비교분석", 국제지역학회, 2017년 동계학술대회, 경기대학교 강당, 12월 8일.

임양택(2017b), "새로운 패러다임 하에서 경세제민을 위한 신(新)실용주의 : 철학과 정책", 한국국제경제학회 2017년 동계학술대회, 고려대학교 경영관, 12월 15일.

임양택(2018), "동아시아의 평화 정착과 경제발전을 위한 신(新)실용주의의 접근방향", 한국경제학회, 2018년 경제학 공동학술대회, 2월 5일.

Lim, Yang-Taek(2010), "Neopragmatic Solutions to the Structural Problems of South Korean Economy, the Korean Peninsula and the East Asian Community", The International Institute for Advanced Studies in Systems Research and Cybernetics, Symposium, Baden-Baden, Germany.

Lim, Yang-Taek(2012a), "A Philosophical Foundation for Neopragmatism", *The Journal of Global Issues and Solutions*, November/December.

Lim, Yang-Taek(2012b), Neopragmatism as an Alternative for New Liberalism, The Institue of Business and Economic Research Inha University.

Lim, Yang-Taek(2014), A New Philosophy, 'Neopragmatism' for Korea Reform, The Journal of Global Issues and Solutions : Published by the Bibliotheque : World Wide Society.

후기의 이익(李瀷, 1681-1763) 및 정약용(丁若鏞, 1762~1836)의 위민(爲民) 및 애민(愛民)사상 등과 맥락을 같이 한다.

서자의 신(新)실용주의(Neopragmatism)는 미국의 실용주의(Charls S. Peirce 및 Wiliam James) 혹은 존 듀이(John Dewey)의 도구주의(Instrumentalism)[88]와 중국 등소평(鄧小平,

88 기존 실용주의(Pragmatism)는 영국의 경험주의(Empiricism)와 공리주의(Utilitarianism)에 근원을 둔 미국의 독자적인 철학 사상이다. 이는 1870년대에 찰스 퍼스(Charls S. Peirce)에 의해 주장되었으며, 19세기 후반에 미국의 윌리엄 제임스(Wiliam, James)에 의해 체계화되었다. 20세기에 이르러, 철학자, 심리학자, 교육운동가인 존 듀이(John Dewey, 1859~1952)가 그들의 실용주의 철학을 구체화하고 완성시킴으로써 미국의 실용주의(Pragmatism)의 선구자가 되었다.

Dengxiaoping, 1904~1997)의 실용주의(實用主義) 개념을 발전시킨 것이 아니라, 저자가 오랜 세월 동안 가슴앓이를 한 후, 세상에 제시한 새로운 철학 및 사상체계이다.

신(新)실용주의(Neopragmatism)는 크게 세 가지 서구(西歐)의 정치·경제 사상, 즉 ① 대의 민주주의와 근대 자유주의 사상, ② 공리주의(Utilitarianism), ③ 복지국가(Welfare State)의 이념과 맥락을 같이 한다. 상술하면, ① 존 로크(John Locke, 1632~1704년)의 「시민정부론」(*Two Treatises of Civil Government*, 1690)과 장-자크 루소(Jean-Jacques Rousseau, 1712~1778)의 「사회계약론」(*Du contrat social*, 1762), ② 프랑스 혁명(1789)의 3대 정신(즉, 자유·평등·박애), ③ 존 스튜어트 밀(John Stewart Mill)의 「공리주의」(功利主義, *Utilitarianism*, 1861), ④ 임마누엘 칸트(Immanuel Kant, 1806~1873)의 '도덕철학', ⑤ 존 롤스(John Rawls, 1921~2002)의 사회계약론적 「정의론」(Theory of Justice, 1971), ⑥ 아서 피구(Arthur Cecil Pigou, 1877~1959)의 「복지경제학」(*Welfare Economics*, 1932), ⑦ 보 로스타인(Bo Rothstein, 1954~현재)의 「보편적 복지국가의 도덕적 및 정치적 논리」(*Just Institutions Matter: The Moral and Political Logic of the Universal Welfare State*, 1998년), ⑧ 맹자(孟子, BC 372~289 추정)의 민본주의(民本主義)를 배경으로 한다.

저자는 신(新)실용주의(Neopragmatism)을 하나의 철학 ① 종교와 인간의 관계, ② 자연 및 과학과 인간의 관계, ③ 도덕관, ④ 민주주의, ⑤자유와 평등, ⑥ 실천원리와 실천방법의 측면에서 정립하였다. 또한, 신(新)실용주의(Neopragmatism)은 '자유와 평등', '정의와 행복', '자원배분의 효율성과 소득분배의 형평성', '시장질서(경쟁원리)와 사회질서(보완원리)', '경제적 자유와 사회적 정의'를 조화시킬 수 있는 사유 패러다임을 제시하였다.

나아가, 저자는 신(新)실용주의(Neopragmatism)의 사상적 체계를 서양의 철학(관념론, 르네상스, 계몽주의, 실증주의, 실존주의, 공리주의, 실용주의 등)과 동양의 철학(유학, 훈고학, 주자학, 양명학, 고증학, 실용주의 등)을 비교하고 조선 후기의 실학사상(實學思想)을 재조명하였다.

특히, 저자는 기존 철학(특히 미국과 중국의 실용주의)과의 차이점을 논술하였다. 또한, 신(新)실용주의적 '자유와 평등'의 원리를 공리주의(Utilitarianism)의 최대다수 최대행복(Bentham, Mill, Pigou 등) 및 사회정의론(특히, John Rawls)과 관련지어 논술하였다. 즉, 저자는 상기의 문제를 왈라지언 일반균형 모형(Walrasian General Equilibrium Model) 하에서 파레토 최적(Pareto Optimism)과 사회적 최적(Social Optimism)의 공존을 위한 새로운 '경제철학'으로서 신(新)실용주의(Neopragmatism)를 정립하였다. 즉, 성장과 분배의 갈등적 관계와 이와 관련된 보수와 진보의 대립적 관계를 해결할 수 있는 철학적 기초를 제시한 것이다.

한편, 경제이론적 측면에서 보면, 신(新)실용주의(Neopragmatism)는 2008년 하반기 글로벌 경제위기 이후 모순과 한계가 드러난 신(新)고전학파 경제이론을 동태적 모형으로서 보강하고 글로벌 경제위기를 야기한 신(新)자유주의(New Liberalsim) 및 신(新)금융자본주의(New

Financial Capitalism)를 대체하기 위한 시도이다. 즉, 신(新)실용주의의 '실천 철학'(Practical Philosophy)으로서 고용창출형 '슘페테리언 테크노-경제발전 모형'(Schumpeterian Techno-Economic Development Model)과 '최적경제성장과 사회보장 모형'(Optimal Economic Growth and Social Security Model)이 제시되었다.

(2) 존 롤스의 정의론(正義論): '자유와 평등의 통합'

전술한 철학적 배경하에서, 저자가 가장 강조하고 싶은 바는 다음과 같다. 임마누엘 칸트(Immanuel Kant, 1724~1804)와 존 롤스(John Rawls, 1921~2002)가 갈파하였듯이, 행복(幸福)의 기초는 정의(正義)이며 정의(Justice)의 구성인자는 자유(自由)와 평등(平等)인데, 인류 역사상 가장 극심한 논쟁 및 투쟁의 대상인 평등(Equality, Fairness)은 과연 어떠한 개념이어야 하는가이다. 이것은 현재 한국 사회의 갈등구조를 혁파할 수 있는 중요한 준거기준이 되며 '최대다수 최대행복'을 위한 복지사회(Welfare Society) 건설의 기본방향이 된다.

우선, '평등'(平等)을 위한 사상·철학적 기초를 살펴보면, 중국 유학(儒學)의 민본주의(民本主義), 특히 맹자(孟子, BC 372~289 추정)의 균등한 토지분배 사상, 한국(조선 후기)의 실학(實學) 사상,[89] 사무엘 밀러(Samuel Freeman Miller, 1816~1890), 버트런드 러셀(Bertrand Arthur William Russell, 1872~1970), 존 케네스 갤브레이스(John Kenneth Galbraith, 1908~2006)의 「경제학과 공공목적」(1973)에서 '신(新)사회주의론', 밀턴 프리드먼(Milton Friedman, 1912~2006)의 기회균등, 헨리 시지윅(Henry Sidgwick, 1838~1900), 아마르티아 센(Amartya Kumar Sen, 1933~현재)의 평등주의, 존 롤스(John Rawls, 1921~2002)의 '자유주의적 평등주의' 등을 들 수 있다.[90]

사실, 민주주의 사회에서는 자유와 평등의 조화를 얻기 위해 자본주의를 수정하고, 국민의 경제생활을 평준화하기 위해 여러 가지 복지정책을 실시하고 있으며, 개인의 사유재산권에 대해서도 많은 제한을 가할 뿐만 아니라 소득분배의 공정을 위해서도 많이 노력하고 있다.

왜 사회주의 국가에서는 생산성이 낙후되었을까? 그 요인은 사유재산제와 시장경쟁이 없기 때문이다. 구(舊)소련의 공산당 서기장으로 재임하였던 미하일 고르바초프(Mikhail Sergeyevich Gorbachev, 1931~현재)는 다음과 같이 술회했다. "평등(平等)은 양적인 것이 아니라, 바로 질적인 것이다. 사회주의 국가에서도 평등에 질적 차이가 있음을 인정해야 하고

---

89 정인재(1984), 이을로(1989), 김태형(1997), 윤사순(2008)등을 참조.

90 사회주의적 입장에서 '평등'을 논술한 참고문헌으로서 박남원(1990), 박호성(1994)등을 참조.

그림 6-17 자유와 평등을 위한 사상·철학적 기초

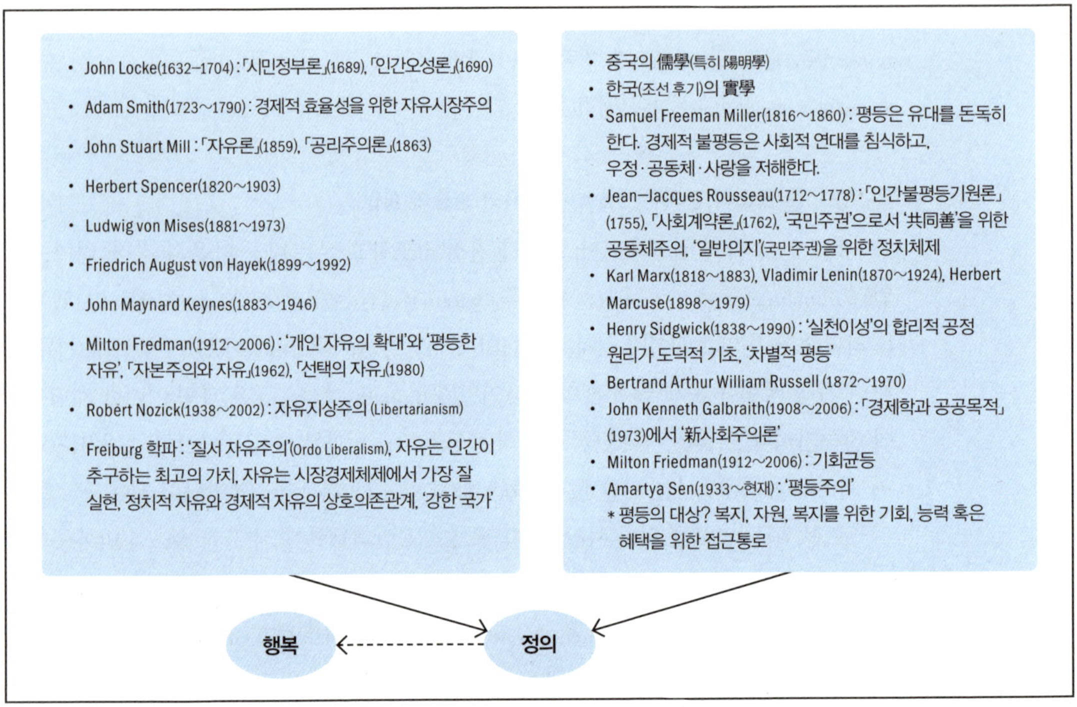

인식해야 한다."

특히, 자유주의 신봉자인 밀턴 프리드먼(Milton Friedman)은 그의 저서 「자본주의와 자유」(1962년) 및 「선택의 자유」(1980)에서 다음과 같이 평등은 '기회평등'이라고 규정하고 '결과의 평등'을 반대했다.

만약 '기회의 평등'을 기계적으로 강요하면 '결과의 평등'이 보장될 수는 있을 것이다. 그러나 프리드리히 하이에크(Friedrich August von Hayek, 1899~1992)가 지적한 것처럼, '운칠기삼'(運七技三)에 의하여 동일한 기회일지라도 동일한 결과를 보장하지 않는 것이 시장의 본질이다. 따라서 '기회의 평등'을 기계적으로 추구하여 양육을 통한 개인적 차이는 물론, 타고난 재능과 본성의 차이, 나아가 시장에서 불가피하게 나타나는 운(運) 등을 수용하지 않으면 사회는 획일화되고 '하향 평준화'되는 것은 불가피해질 것이다.

요컨대, '경제적 기회'야 말로 시장현상이며 '운칠기삼'(運七技三)의 전형이다. 다만, 남보다 더 노력하는 사람에게만 더 좋은 기회의 가능성이 열릴 뿐이다. 시장에서의 기회는 오직 열심히 노력하는 사람에게만, 혹은 운(運)이 좋은 사람에게만 찾아온다. 따라서 정부가

모든 차별화 요인들을 통제하지 못하는 한, 모두에게 기회를 평등하게 보장한다는 것은 불가능한 일이다. '결과의 차등'은 복잡경제의 본질이며, 따라서 '결과의 평등'은 아무도 보장할 수 없는 것이다.

요컨대, 자유민주주의와 시장경제체제를 유지하고 있는 평등(平等)은 '결과의 평등'이 아니라 '원인의 평등'이다. 물론, 사람은 평등하게 출발하고 평등한 조건을 갖지만, 그 결과는 노력과 열성 여하에 따라 차이가 있을 수밖에 없다. '결과의 평등'은 결코 창의성과 생산성을 기대할 수 없다. 사실, 동기유발이 없을 때 도전과 변화 혹은 발전을 기약할 수 없는 것이다. 불평등(不平等)은 하나의 악(惡)이지만, 그것은 일종의 '필요악'(必要惡)인 것이다. 따라서 인간사회에서 필요한 것은 물리적 혹은 기계적 평등(平等)이 아니라 정당한 노력에 상응하는 대가의 보장 즉 공정(公正)과 형평(衡平)인 것이다. 이것은 수평적 평등(平等)과는 다른 개념인 것이다.

따라서 '공정'(fairness) 혹은 '형평'(equality)이라는 개념은 '규범적 정의'(normative justice)보다는 '실증적 정의'(positive justice)의 차원에서 '차별화 정의(正義)'를 의미하는 것으로 해석해야 할 것이다. 요컨대, '공정'(公正)이란 경제적으로 다른 것을 다르게 취급하며 같은 것을 같게 취급하는 것이다. 만약 경제적으로 서로 다름에도 불구하고 정치적인 이유로 동일하게 취급하면 그것은 오히려 '불공정'(不公正)한 것이다.

그렇다면, 헨리 시지워크(Henry Sidgwick, 1838~1900)의 '차별화 정의(正義)'는 '분배 정의'(distributive justice)와 어떻게 구별되어야 할 것인가? '차별화 정의'는 차등을 근본적으로 인식하고 평등을 예외로 간주하는 '실증적 정의'(positive justice)라고 부를 수 있는 반면에, '분배 정의'(distributive justice)는 평등을 근본적으로 인식하고 차등을 예외로 간주하는 '규범적 정의'(normative justice)라고 부를 수 있다.

그렇다면, 어떻게 공정한 사회와 경제발전을 동시에 추구할 수 있을까? 이에 대한 저사의 납변은 다음과 같다. 공정(公正)의 개념을 헨리 시지워크(Henry Sidgwick)의 '차별화 정의(正義)'로 해석할 때, 또한 소득분배의 불공정(不公正) 문제를 존 롤스(John Rawls)의 '차등의 원리'(The Difference Principle)로서 해결할 때, 경제발전은 공정(公正), 즉 정의(正義)와 공존할 수 있다는 것이다.

다시 말하면, 공정한 분배 및 공정한 사회의 의미가 부(富)의 창출에 참여해서 기여한 만큼의 분배 혹은 내접을 받는 것을 의미할 때, 비로소 공정(公正)의 개념이 현실의 시장기능과 부합될 수 있고 경제발전에 친화적으로 될 수 있다. 또한, 시장의 경쟁에서 낙오된 최소수혜자들을 거리로 방기(放棄)하는 것이 아니라 이들의 혜택을 극대화 시켜줌으로서 건전한 복지사회(Welfare Society)가 자유시장 경제체제와 양립할 수 있는 것이다.

전술한 논의를 바탕으로, 우리는 다음과 같은 결론을 도출할 수 있다. 시장경제체제를 갖는 자유민주주의 사회에서 공정성(公正性), 즉 '차별화 정의(正義)'는 법(法)에 의해 규정된 경기규칙에 따라 시장에 참여할 수 있는 권리를 평등하게 보장받지만 시장경쟁의 결과, 즉 '결과의 차등'은 각자의 실력이나 노력 혹은 운(運)에 의해 자신이 책임진다는 기본 원칙으로 확립 및 준수되어야 한다. 이 경우, 시장의 동기부여기능을 보유함에 따라 경제발전과 공정한 사회는 양립할 수 있는 것이다.

존 롤스(John Rawls)의 「정의론」(正義論)은 엄밀한 의미에서 당위적 원리가 정당화되거나 보편화 될 가능성은 경험적 현실에서는 희박하다고 전제하고, 사회의 '기본구조'(basic structure), 즉 정치·경제·사회 영역의 여러 제도들의 수립에 적용되어야 할 원리로서 '정의(正義)의 원칙'을 보편화 가능성(universalizability)의 기준에 합당하도록 구성하고 '정치적 자유주의'(political liberalism)의 실현을 위한 제도적 조건을 규명하였다. 이로써, 그는 자유(自由)와 평등(平等)을 통합시켰으며, 또한 '자유주의적 평등주의'의 입장에서 정의(正義)의 원칙에 복지주의를 접합시켰다.

상술하면, 존 롤스(John Rawls)는 '원초적 입장'(Original Position)에 근거해서 합의될 수 있는, 즉 보편화 가능성의 기준에 합당하는 '정의(正義)의 두 가지 원칙', 즉 ① 평등한 '기본적 자유'의 원칙과 ② 차등의 원칙으로 규정했다(John Rawls 1993, pp. 5-6; 1985, p. 225).

전자(평등적 자유)의 원리는 모든 개인이 평등한 '기본적 권리와 자유'(basic rights and liberties)에 대한 권리를 가짐을 규정한다. 후자(차등의 원칙)는 사회적·경제적 불평등이 실질적 기회의 균등의 조건하에 모두에게 개방되어 있는 지위와 관직의 불평등이어야 하며 또한 가치의 불균등적 분배는 사회 내에서 '가장 불리한 계층의 최대 이익'('최소수혜자의 최대행복')을 보장하는 경우에만 정당하다는 것이다.

상기와 같이, '수정 자유주의자'로 불리고 있는 존 롤스(John Rawls)의 '정의(正義)의 두 가지 원칙'(① '평등한 '기본적 자유'의 원칙'과 ② '차등의 원칙')은 자유(自由)와 평등(平等)을 적절히 조화시키고 있다. 다시 말하면, 존 롤스(John Rawls)는 자유(自由)와 평등(平等)을 정의(正義)의 제1원칙(평등한 '기본적 자유'의 원칙)과 정의의 제2원칙(실질적 평등을 위한 차등의 원칙)으로서 통합하는 사회계약론을 제시하였던 것이다.

여기서 유의할 것은 존 롤스(John Rawls)가 복지국가 형태의 기본구조를 정당화함에 있어 제기될 수 있는 문제는 복지국가(Welfare State)의 현실에서 나타나는 딜레마(특히 복지 재정의 위기)가 결국 '정의(正義)의 두 가지 원칙' 사이의 갈등으로 나타날 수 있다는 점이다. 물론, 그는 '첫 번째 정의의 원리'(평등한 '기본적 자유'의 원칙)를 정치적 영역에 '두 번째 정의의 원리'(차등의 원칙)를 사회경제적 영역에 각각 적용시킴으로써 개인의 '기본적 권리 및 자유'(basic rights and liberties)의 보장과 경제적 불평등의 해소를 이론적으로 조화시키지만 현실세계에 상기 두 가지 목표가 대립적임을 인정하지 않을 수 없다. 상기한 문제를 인식함에 따라 존 롤스(John Rawls)는 정의의 두 가지 원칙들에 대한 우선순위로서 '평등한 자유의 원칙'이 '차등의 원칙' 보다 우선 된다고 주장했다(John Rawls 1993, pp. 289-371).

상기한 '정의(正義)의 우선순위'는 기본적 자유의 권리와 의무의 할당은 모든 사람에게 평등해야 하는 반면에 사회적 지위나 경제적 소득의 분배에서는 불평등이 자연스러운 결과일 뿐만 아니라 오히려 바람직할 수 있다는 것을 인정하되, '차등의 원칙'(The Difference Principle)에 의거하여 최소 수혜자에게 그 불평등을 보상할 만한 혜택을 제공하는 경우에만 그것이 비로소 정당화될 수 있다는 것을 의미한다.

(3) 신(新)실용주의 철학의 역사적 의의

1945년 해방 및 분단 이후에 한국사회는 보수(우파)와 진보(좌파)라는 이념 간 갈등을 표출하고 있다. 이 논쟁은 지극히 국가 에너지의 소모전일 뿐이다. 왜냐하면 보수와 진보는 단지 정치권력의 쟁탈전에 필요한 진영 논리일 뿐이기 때문이다. 즉, 다람쥐 쳇바퀴 도는 듯한 권력쟁투의 게임일 뿐이다. 따라서, 우리가 현재 필요한 것은 이념(Ideology)에 바탕을 둔 진영 논리가 아니라 최대다수 최대행복을 위한 비전(Vision)과 주도면밀한 실천전략이다. 즉, 글로벌 경제위기 하에서 새로운 사유 패러다임, 즉 신(新)실용주의(Neopragmatism)를 찾아 그것을 착실히, 일관성 있게 추진하는 것이다.

상기의 주장과 관련하여, 한국사(史)를 잠시 회고해보면, 조선 중기에 양명학(陽明學)의 도태와 조선 후기에 실학파(實學派)의 좌절은 민족사적 비극의 근원이었다는 것을 알 수 있다. 여기서 저자는 다음과 같은 '가설'을 세운다.

만약 선조(宣祖) 시대(1567~1608)와 광해군 시대(1608~1623)에서 성리학(性理學)의 신봉자들이었던 士林이 北人(서경덕·조식), 西人(이이·이익), 南人(이황)으로 분파되어 반목하지 않았더라면, 임진왜란(1592~1598)과 병자호란(1636~1637)을 겪지 않았을 것이며, 특히 병자호란(1636~1637) 당시 청(淸)나라 태종에 대한 인조(仁祖)의 삼전도(三田渡) 굴욕(1637)은 없었을 것이다.

또한, 만약 당시 이황(李滉)을 비롯한 조선 성리학자(性理學子)들이 양명학(陽明學)을 불교의 선학(禪學)과 동일한 것으로 오인하여 신랄하게 비판함으로써 '침몰'시키지 않았었더라면, 일본의 명치유신(明治維新, 1853~1877)과 같이 양명학(陽明學)의 개혁사상은 조선에서도 꽃을 피울 수 있었을 것이다.

나아가, 만약 조선 후기에 실학사상(實學思想)이 당시 양반 지배계층에 의하여 매몰되지 않았더라면, 마치 서양의 실용주의(實用主義)가 미국에서 착근하여 세계적인 국가경쟁력을 일구어냈듯이, 조선은 실학사상(實學思想)에 의거하여 부국강병(富國强兵)을 이룰 수 있었을 것이다. 이 결과, 병인양요(1866), 신미양요(1871), 강화도 사건(1875. 9. 19), 병자수호조약(1876), 한미수호통상조약(1882)을 거쳐 일본에게 국권 침탈(1910. 8)을 당하지 않았을 것이다.

여기서 유의할 것은 다음과 같다. 이익(李瀷, 1681~1763)과 정약용(丁若鏞, 1762~1836)의 실학사상(實學思想)은 프랑스 혁명(1789)의 전후로, 또한 존 롤스(John Rawls)의 「정의론」(A Theory of justice, 1971) 보다 무려 200년 전에 사회정의(社會正義)의 실천방안을 제시했었다는 점이다. 그럼에도 불구하고, 한국의 실학사상(實學思想)이 빛을 보지 못했었던 이유는 당시 지배계급의 사유 패러다임이 성리학(性理學)이었기 때문이었다. 사실, 중국의 고대 유학(儒學) 사상을 신봉했었던 조선의 성리학(性理學)은 오늘날 금융자본주의(Financial Capitalism) 시대에서 시장기능의 '만능'(萬能)을 신봉하는 신(新)자유주의(New Liberalism)에 비유될 수 있을 것이다.

여기서 저자는 다음과 같은 의문을 갖게 된다. 당시(조선 후기), 피(被)지배계층이 갈구했었던 것은 과연 봉건사회의 전복이었을까? 아니면 자유(自由)였을까? 혹은 평등(平等)이었을까? 저자는 자유(自由)와 평등(平等)이 통합된 정의(正義)와, 함께 잘살자는 복지(福祉)였다고 사유한다. 그러하였기 때문에, 조선의 피(被)지배계층은 양반들이 도주해버렸던 임진왜란(1592~1598) 및 병자호란(1636~1637)의 전쟁터에서 기꺼이 목숨을 던졌던 것이다.

7. 국가지도자의 리더십과 역할[91]

일찍이 플라톤(Plato, BC 427~347년)은 "철학자가 통치자가 되거나 혹은 통치자가 철학자가 되지 않으면 정치상황은 개선될 수 없다"라고 갈파하면서 국가통치자의 철학을 강조하였다. 또한, 제레미 다이아몬드(Jeremy Diamond, 1937~현재)는 그의 저서 「문명의 붕괴」에서 문명이 몰락하는 이유는 국가지도자의 잘못된 역할 때문이라고 지적했다.

국가지도자 리더십의 중요성은 맨커 올슨(Mancur Olson, 1932~1998)의 '국가 흥망성쇠론', 밀턴 프리드먼(Milton Friedman, 1912~2006)의 저서 「자유주의 위기론」 등에 서술되어 있다. 특히 경제적 측면에서 국가지도자 리더십의 중요성은 다음과 같은 실증적 분석 자료에 잘 나타나 있다.

91 임양택, 칼럼: "한국 사회의 개혁을 위한 국가지도자의 리더십", 경인일보 경제전망대 제12면, 2016. 12. 22.

2008년 세계은행이 발표한 '성장 보고서'에 의하면, 제2차 세계대전 이후 고도성장을 이뤘던 13개 국가(한국, 일본, 중국, 홍콩, 싱가포르, 대만, 태국, 인도네시아, 브라질, 말레이시아, 오만, 보츠와나, 말타)를 분석한 결과, 고도성장(1950년 이후 최소 25년 이상 연평균 7% 이상 성장)을 가능케 했었던 요인은 다음과 같다. ① 유능한 정부와 신뢰받는 국가지도자의 리더십, ② 수출 등을 통해 성장할 수 있는 우호적인 세계 경제, ③ 안정적인 국내 거시경제, ④ 높은 저축·투자율, ⑤ 정부간섭이 적은 시장경제체제이다.

그런데 맨커 올슨(Mancur Olson) 교수가 그의 저서 「국가 흥망성쇠론」에서 주장하는 바와 같이 개혁의 장애요인은 '기득권 세력'이다. 한국의 경우, 가장 영향력 있는 기득권 세력은 정치권·대기업집단·노동조합이다. 최근 조선일보·한국경제연구원의 여론조사 결과를 보면 '경제성장을 가로막는 가장 중요한 주체'는 정부(33%)와 국회(29%)라고 각각 응답했었다.

민간 연구기관인 니어재단은 서울 여의도 금융투자협회에서 열렸던 한국경제학회 정책세미나(2017. 10. 24)에서 한국경제 시스템이 개혁되지 못하는 요인은 기득권 세력(정치권과 관료, 재벌, 대기업 노조 등) 간의 공생 관계, 변화를 거부하는 경직성, 위험 부담을 기피하는 현상 유지 증후군, 근본적 처방보다 미봉책으로 일관하는 정부정책 때문이라고 발표했다(조선일보, 2017. 10. 23).

그렇다면, 바람직한 리더십은 무엇인가? 그것은 니콜 마키아벨리(Nicol Marchiavelli, 1469~1527)가 그의 저서 「군주론」(II Principe, 1512~1513)에서 서술된 능란한 권모술수나 일반 대중의 감성을 무책임하게 자극·유발하는 선동력이 아니다. 공자(孔子, BC 551~479)는 리더십을 '덕치주의'(德治主義)라고 사유했었다. 그렇다면 '덕'(德)은 무엇인가? 소크라테스(Socratas, BC 469~399)는 '지'(知), 플라톤(Plato, BC 427~347)은 '조화로운 행동', 아리스토텔레스(Aristoteles, BC 384~322)는 '중용'(中庸)이라고 정의했었다.

또한, 중국의 양명학(陽明學)은 모든 물체의 인(仁)이 '참된 지식', 즉 양지(良知)를 이룰 수 있다고 주장하였다. 또한, 다산 정약용(丁若鏞, 1762~1836) 선생은 그의 목민심서(牧民心書, 1818)에서 애민(愛民)·위민(爲民)을 강조하였다. 그리고 민족의 스승인 도산 안창호(島山 安昌浩, 1878~1938) 선생은 무실역행(務實力行)을 가르쳤다.

상기한 선현(先賢)들의 뜻을 받들어, 저자는 국가지도자의 리더십을 인화성·교육성·생산성으로 정의한다. '인화성'이란 분파와 파쟁을 화목으로 유도하는 것이다. '교육성'이란 새로운 행동규범 및 실천의지를 보여주는 것이다. '생산성'이란 사회구성원들에게 비전을

제시하고 그들로 하여금 목적·도전의식, 성취욕을 갖도록 하는 것이다.[92]

상기한 세 가지 덕목 중에서 인화성(仁和性)이 가장 중요하다고 저자는 강조한다. 왜냐하면 홉스(Thomas Hobbes, 1588~1679)가 말하는 '만인 대 만인의 투쟁'에서 빚어지고 있는 첨예한 갈등의 골이 깊어지고 있는 현대사회에서 인화(人和)는 동서고금(東西古今)을 막론하고 가장 중요한 리더십이기 때문이다. 그것은 바로 '섬기는 리더십'(Servant Leadership)을 말한다.

'리더십'(Leadership)을 어떻게 정의하든 간에, 그것은 '집단구성원의 행동에 변화를 유도해 내는 힘'이라고 말할 수 있다. 즉, 자기가 하고 있는 일에 긍지를 갖고 열심히 생활함으로써 자기발전과 국가발전에 신바람나게 기여할 수 있게 하는 것이다. 따라서 국가지도자는 우선 비전을, 불안해하는 일반 국민들에게 안정을, 갈등하는 지성인들에게 확신을, 소외 받아 서러운 계층에게 위안을 각각 줄 수 있는 리더십을 발휘해 주어야 할 것이다.

모름지기, 한국의 정치지도자는 한국 사회의 사회병리적 갈등구조를 해결하고 국민의 에너지를 결집하여 새로운 성장동력산업을 찾아 국가경쟁력을 높이고, 나아가 민족의 생존을 위한 비전과 장·단기 전략을 수립하며 남·북한 통일을 위한 경제역량을 비축해야 할 것이다. 따라서 이러한 비전과 장·단기 전략에 대한 국민합의를 도출하고 각 계층의 단합을 미래지향적으로 유도하는 데 있어서 국가지도자의 리더십(Leadership)이 가장 중요하다.

대한민국의 대통령은 단순히 남한만의 대통령이 아니라 한반도의 대통령이며 또한 동북아의 지도자이다. 또한, 대통령은 민족에게 생존과 번영을 위한 비전과 전략, 즉 '큰 그림'(즉, 최대다수 최대행복의 사회공동체 건설, 남북한 통일, 동북아 평화)을 제시하는 시대의 경륜자임과 동시에 이를 스스로 구현하는 실천자이다.

모름지기, 국가의 '어른'인 대통령은 국민들에게 내일의 희망을 주고 오늘의 고통을 인내할 수 있도록 다독거려 주어야 하며, 이와 동시에 국민의 단견적 아집과 우매를 깨우쳐 주어야 한다. 이러한 '어른'의 역할을 훌륭히 수행한 민족 지도자인 단재 신채호(丹齋 申采浩) 선생의 「대한의 희망」(1908)과 도산 안창호(島山 安昌浩) 선생의 「민족개조론」(1926)을 되새겨 볼 필요가 있다.

우리 한국인은 지난 월드컵 4强(2002)의 추억을 새기면서 다시 한번 뛸 '푸른 그라운드'를 갈망하고 있다. 따라서 대한민국의 대통령은 과거 '새마을 운동'과 같은 '생산성 운동'을 범(凡)국민적으로 전개하여 국민의 에너지를 결집해야 함으로써 총요소생산성(Total Factor Productivity) 증가에 의한 내생적 경제성장(Endogenous Growth)을 촉진하고 완전고용과 형

92 임양택, 칼럼 : "노태우 대통령에 드리는 말씀", 민족지성, 1989.

평한 소득분배를 추구해야 한다.

그렇다면, 국가지도자가 상기한 리더십을 발휘 및 실천할 수 있는 현실적 방안은 무엇인가? 그것은 '갈등관리 컨트롤 타워'를 설치하여 '고비용 사회경제구조'를 혁파하고 '정의로운 국가'와 '행복한 사회'를 건설하기 위한 국민통합을 유도하는 것이라고 저자는 사유한다.[93]

그렇다면, 현재 한국은 '정의로운 국가'와 '행복한 사회'인가? 미국 여론조사기관인 갤럽이 최근 148개국에서 각각 1천 명을 대상으로 행복체감 정도를 조사한 결과 한국인의 행복 순위는 97위로 나타났다. 또한, 현대경제연구원이 2016년 12월 실시한 제19회 '경제행복지수' 조사 결과 38.4점(전기대비 -0.5포인트)으로 5년 만에 최저치를 기록했다.[94] 구체적으로 살펴보면, 경제협력개발기구(OECD) 회원국 중에서 자살률 1위, 이혼율 2위, 주당 평균 노동시간 49.1시간, 중·고교생 하루 평균 학교 체류 13시간, 국민 평균 하루 여가 3.3시간……. 여기서 문제가 되는 것은 자신이 불행하다고 응답한 사람들 대다수가 그것의 원인이 '사회적 구조'(Social Structure)로부터 연유된 결과라고 생각한다는 점이다.

삼성경제연구소에 따르면 한국의 경우 사회적 갈등으로 한 사람의 국민이 매년 900만 원씩을 지출한다고 분석했다. 이것을 국가 전체로 따지면 연간 최소 82조 원에서 최대 246조 원 규모인 셈이다. 한 해 국가예산의 60%를 '사회적 갈등'(Social Conflict) 해소 비용으로 낭비하고 있다는 것이다.

현대경제연구원의 '사회적 갈등이 경제성장에 미치는 영향 분석 결과'라는 연구(2016년)에 따르면 2009~2013년 OECD 29개국의 경우 사회갈등지수가 상승하면 1인당 GDP가 하락하는 상관관계가 존재하는데, 만약 한국의 경우 사회적 갈등 수준이 OECD 평균 수준으로 개선된다면, 실질 GDP는 0.2%포인트 정도 추가 상승할 것이라고 분석했다.

참고로, 고(故) 노무현 전(前) 대통령은 2005년 "화물연대노조 파업에서 시작해 천성산 터널 공사를 둘러싼 논란에 이르기까지 연일 갈등이 분출돼 왔다"라며 "우려스러운 것은 갈등이 과도하게 발생할 경우에 그 사회 비용이 커진다는 것"이라고 지적한 바 있다. 이어서, 그는 "갈등 사안마다 우리 사회가 하나가 아니라 두 개의 한국으로 분열되고, 나뉘고 그리고 그 골이 깊어지는 게 아닌가 하는 우려를 갖지 않을 수 없다"라고 토로했었다. 이러한 인식을 바탕으로, 그는 '갈등관리 시스템'을 가동했었다. 그러나 불행히도 상기 '갈등관리

93 임양택, 칼럼 : "문재인 정부 '갈등관리 컨트롤타워'로 '고비용 사회경제구조' 혁파하라", 경인일보 경제전망대, 2017. 11. 23.

94 여기서 '경제 행복지수'란 개인이 경제적 요인과 관련해 만족과 기쁨을 느끼는 상태에 대한 평가로 경제상태, 의식, 외부 요건 등에 의해 변화되는 것으로 정의된다.

컨트롤 타워'는 이명박(李明博) 정부로 넘어가면서 자취를 감췄었다.

이제 국민통합을 추구하는 문재인 대통령은 상기 '갈등관리 컨트롤 타워'를 복구해 재(再)가동함이 바람직하다. 그것의 실효성을 높이기 위해서는 현재 대통령령으로 시행 중인 '공공기관의 갈등 예방과 해결에 관한 규정'을 한국 사회의 고(高)비용구조(특히 과중한 사교육비와 내 집마련 비용)와 계층 간 갈등구조(소득분배구조 악화와 양극화 심화)를 해결하는 방향으로 개정 및 추진함이 바람직할 것이다. 동시에, 기획재정부가 최근에 신설한 '경제구조개혁국'을 상기 '갈등관리 컨트롤 타워'와 기능적으로 연계해 협력할 수 있도록 한다면 더욱 효과적일 것이다.

나아가, 저자는 후술한 10명의 세계적 국가지도자들의 정치적 리더십을 개관하면서, 다음과 같은 소망을 갖게 된다. 미국의 프랭클린 D. 루스벨트(Franklin Delano Roosevelt)와 로널드 레이건(Ronald Wilson Reagan) 대통령이 탁월한 정치적 리더십으로써 미국의 경제위기를 극복하였듯이 그러한 정치적 리더십에 의하여 한국의 최근 경제위기가 극복될 수 있기를, 영국의 마가렛 대처(Margaret Hilda Thatcher) 총리가 철옹성(鐵甕城)과 같았던 공(公)기업과 노동조합을 대대적으로 개혁하였듯이 한국에서도 철(鐵)밥통과 같은 공(公)기업과 귀족 노조의 기득권이 일대 개혁될 수 있기를, 독일의 헬무트 슈미트(Helmut Schmidt) 총리가 독일 통일의 기반을 조성하였고 이어서 헬무트 콜(Helmut Kohl) 총리가 독일 통일을 이루어냈었던 것처럼 한반도에서도 민족통일의 철학을 갖고 남·북한 통합을 일구어낼 수 있기를 각각 소망한다.

국가지도자 리더십의 예시

우선, 한국의 비전, 즉 국가적 목표로서 세 가지, 즉 ① 대내적으로는 '최대다수의 최대행복'을 추구하는 인본주의(人本主義, Human Capitalism) 사회를 건설하기 위하여 산업·기술 금융투자→지속적 경제성장→고용창출 및 확대→분배 개선 및 소득·소비·증대→내수 촉진→생산·공급 확대라는 선(善)순환구조를 확립하는 것이며, ② 대외적으로는 동(東)시베리아 및 극동 러시아 지역의 에너지·자원 공동개발과 동아시아 경제공동체(EAC)를 창설하는데 한국이 주도적 역할을 담당하는 것이며, ③ 민족적 차원에서는 한민족의 협력→번영→통합을 제시했다.[01]

상기한 대내적 국가목표는 완전고용에 기반한 복지사회(Welfare Society)를 건설하는 것이며, 민족적 및 대외적 국가목표는 현재의 대한민국을 '섬나라'(위에는 북한이 가로막는) 혹은 '반도 국가'(만주와 시베리아로 진출하지 못할 경우)를 뛰어넘어 '대륙 국가'로 진출 내지 웅비하자는 것이다.

이제, 저자는 세계적 국가지도자들 중에서 과연 누가 상기한 한국의 비전 및 국가적 목표를 달성하기 위하여 현재 위기상황(특히 안보위기 및 사회경제적 위기)을 타개하는 데 있어서 가장 적합한 리더십을 갖춘 국가지도자일까를 고뇌한 결과를 밝히고자 한다. 분석대상의 세계적 국가지도자로서 10명, 즉 샤를르 드 골, 프랭클린 루스벨트, 로널드 레이건, 마가렛 대처, 헬무트 슈미트, 헬무트 콜, 앙겔라 메르켈, 나렌드라 모디, 넬슨 만델라, 로저 더글라스를 선정했다.

---

01 임양택(1995), 「비전없는 국민은 망한다 : 21세기 통일한국을 위한 청사진」, 매일경제신문사 출판부.
임양택(2007), 「한국의 비전과 국가경영전략」, 나남출판사.
임양택(2011), 「쿼바디스 도미네 : 성장·복지·통일을 위한 청사진」, 나남출판사.
Lim, Yang-Taek(2008), "Korea's Prospects and National Management Strategies", Keynote Speech delivered at the 20th International Conference on Systems Research, Informatics and Cybernetics(July 24~30, 2008), Baden-Baden, Germany.

샤를르 드 골

프랑스의 샤를르 드 골(Charles Andr Marie Joseph De Gaulle ; 재임 : 1959~1969) 대통령은 독일 나치에 협력했었던 반(反)프랑스 민족 반역자를 과감히 처단하여 과거사를 말끔히 청산하였다. 구체적으로, 사형선고된 6,700여 명 중에서 760여 명이 사형 집행되었고, 2,700여 명이 종신 강제노동형에, 10,600여 명이 유기 강제노동형에, 2천여 명이 금고형에, 2만 2천여 명이 유기 징역형에 각각 처했었다. 이러한 과거사 청산과 함께, 샤를르 드 골 대통령은 '프랑스 영광 회복'을 부르짖으면서 제2차 세계대전 후의 폐허 속에서 프랑스를 부흥시켰다.

프랭클린 D. 루스벨트

미국의 프랭클린 D. 루스벨트(Franklin Delano Roosevelt ;재임 : 1933~1945) 대통령은 1930년대 세계 대공황(1929~1939) 당시에 뉴딜정책을 주도면밀하게 입안하여 과감히 전격적으로, 또한 일관성 있게 실천함으로써 '경제위기'를 극복하였다. 참고로, '타임지'는 1930년대 대공황기부터 제2차 세계대전까지 장장 12년간 미국을 이끌었던 프랭클린 D. 루스벨트 대통령을 '20세기 최고의 지도자'로 선정했었다.

프랭클린 D. 루스벨트 대통령의 성공 비결은 국민을 감동시킨 친밀한 신뢰감에서 비롯됐다고 한다. 그는 재임 기간 중 무려 1,000번이 넘는 기자회견과 대(對)국민담화를 통해 국민의 마음에 다가갔다. 그렇게 국민의 신뢰를 얻었기 때문에 미국경제를 절체절명(絕體絕命)의 대재앙이었던 세계 대공황(1929~1939)에서 구출할 수 있었다.

로널드 레이건

로널드 레이건(Ronald Wilson Reagan ; 재임 : 1980~1989) 대통령은 1970년대 들어 석유위기의 발생, 베트남 전쟁에서 패배, 지속적인 경제성장률의 하락, 두 자릿수의 높은 인플레이션과 실업률로 고통의 늪에 빠져 있다가 1980년에는 빈사 상태에 빠져 있었던 미국경제를 온화한 미소로 국민합의를 도출하고 '작은 정부'(Small Government)를 과감하게 실현함으로써 경제위기 상황을 극복시켰다.

마가렛 대처

영국의 마가렛 대처(Margaret Hilda Thatcher ; 재임 : 1979~1990) 수상은 1980년 후반 철저한 사전준비와 일관성 속에서 시장기능 회복이라는 뚜렷한 목표하에 치밀한 추진전략을 통하여 반대세력들을 포용하면서 공(公)기업 개혁과 노동개혁을 추진하였다.

'철의 여인'으로 불리는 마가렛 대처(Margaret Hilda Thatcher) 수상의 집권 초기에는 일련의 개혁정책으로 실업자의 수가 정치적 생명선이라는 100만 명을 훨씬 초과한 300만 명에 이르렀었고 경제성장률은 노동당 집권 때보다 오히려 0.5%포인트 하락했었다. 국민의 지지율은 집권하는 동안 별로 높지 않았으며 한때 25% 수준을 맴돌아 20세기 영국 수상 중 최악의 지지율을 보이기도 했었다.

그러나 마가렛 대처(Margaret Hilda Thatcher) 수상은 인기에 연연하지 않고 국민들에게 '영국의 부활'이라는 비전을 제시하며 실현하고자 하는 국가경영목표를 세우고 일관성 있게 영국을 이끌었다.

예를 들어, 마가렛 대처(Margaret Hilda Thatcher) 수상이 집권할 당시, 영국의 공(公)기업은 국가자산의 3분의 2를 소유하고 있었다. 마가렛 대처(Margaret Hilda Thatcher) 수상은 민영화를 통한 시장기능의 회복이라는 명제를 가지고 민영화의 대상 공기업을 규모가 작은 공(公)기업에서 규모가 큰 공(公)기업으로 점진적으로 민영화를 확대함으로써 민영화의 시행착오를 최소화하고 경험적 방법론을 축적하였다. 결국, 마가렛 대처(Margaret Hilda Thatcher) 수상은 1990년 퇴임 시까지 총 23개의 공(公)기업을 민영화시켰고, 보수당 정권은 공(公)기업의 민영화를 통해 얻은 600억 파운드의 수입증대 부분을 산업시설의 현대화에 투자했었다.

헬무트 슈미트

독일은 1970년대 초 정치·경제적 혼란기를 맞았다. 1973년 제1차 석유파동으로 전후 복구에 힘쓰던 독일은 심각한 경제적 타격을 받았었다. 특히 빌리 브란트(Willy Brandt) 총리(당시)가 1974년 5월, 비서의 간첩사건 연루에 대한 책임을 지고 사임하는 일까지 벌어졌었다. 이런 혼란을 극복할 적임자로 독일은 국방장관과 재무장관을 지낸 헬무트 슈미트(Helmut Schmidt)를 선택했었다. 훗날 그는 "전후 경제적 번영을 누린 독일 국민의 기대를 충족시킬 수 있을까 하는 부담이 컸다"라고 회고했었다.

헬무트 슈미트(Helmut Schmidt, 재임 : 1974~1982)는 1974년 5월 총리 취임 후 빌리 브란트(Willy Brandt) 총리가 추진했었던 '동방정책'을 계승했었다. 독일 통일을 염두에 두고 동구 공산국가의 관계개선에 외교 노선의 초점을 맞추었던 것이다.

사회민주당(SPD) 출신의 헬무트 슈미트(Helmut Schmidt)는 독일에서 '시류에 흔들리지 않는 정치인', '어떤 사상가보다 존경받는 정치인'이라는 평가를 받아 왔었다. 미국과 소련의 대립이 한창이던 냉전 시대에 미국과의 협력 관계를 유지하면서도 동(東)유럽과의 화해를 이끌어 독일 통일의 기반을 다졌다는 평가를 받았다.

한편, 헬무트 슈미트(Helmut Schmidt)는 금리정책을 통해 석유파동으로 인한 경기침체를 극복했었다. 그는 프랑스의 발레리 지스카르 데스탱(Valery Giscard dEstaing) 대통령과 정례 경제협력틀을 마련해 유로화 체제의 기틀을 닦았었다. 이를 통해, 독일의 현대적 시스템을 정비한 지도자란 평가를 받기도 했었다. 독일 방송 DW는 "어려운 시기에 헬무트 슈미트(Helmut Schmidt)는 '할 수 있다'(can-do)는 정신을 전파한 리더라는 명성을 얻었다"라고 보도했었다.

헬무트 슈미트(Helmut Schmidt)의 리더십은 1977년 적군파(RAF)가 독일 주요 기업인을 상대로 항공기 납치 사건을 벌였을 때 빛을 발(發)했었다. 그는 적군파 요원을 풀어주라는 테러범의 요구를 단호히 거절했었다. 적군파에 피랍됐었던 한스마르틴 슐라이어 독일산업연맹(BDI) 회장이 희생되는 불상사 속에서도 지하 벙커에 들어가 특수부대를 투입해 납치 사건을 해결했었다.

또한, 당시 소련의 SS20 중거리 핵미사일 배치로 안보위기가 닥쳤을 때, 헬무트 슈미트(Helmut Schmidt)는 소련에게 상기 핵미사일의 철거를 요구하는 한편, 북대서양조약기구(NATO)의 미사일을 서독에 배치하는 과단성도 보였다. 이 때문에 "좌파 사회민주당 내의 우파"라는 평가도 받았다.

1989년 11월 9일 분단되었던 독일을 하나로 열어주었던 베를린 장벽 붕괴 사건의 26주년(11월 9일)을 기념하며 축제 분위기를 즐기던 독일 국민에게 2015년 11월 10일(현지시각) 비보(悲報)가 날아들었다. 그것은 헬무트 슈미트 전(前) 서독(西獨) 총리(재임 : 1974~1982)가 향년 96세로 함부르크에 있는 자택에서 사망했다는 소식이었다(조선일보, 2015. 11. 11).

프랑수아 올랑드(Francois Hollande) 프랑스 대통령은 그의 서거 소식에 "위대한 유럽인이 떠났다"라고 말했다. 그는 외국 정상 중 가장 먼저 성명을 발표했다. 슈미트 전(前) 총리가 재임 시절 프랑스와 정례 경제협력 채널을 가동하면서 오일쇼크에 따른 경제위기를 유럽통합의 발판으로 삼은 전례가 있기 때문이었다.

파이낸셜타임스(FT)는 "고인은 후임자인 헬무트 콜(Helmut Schmidt) 전(前) 총리가 독일 통일이라는 과업을 마무리할 수 있게 기반을 제공한 사람"이라고, 독일 시사주간지 '슈피겔'은 헬무트 슈미트(Helmut Schmidt)를 '세기의 조종사'(Pilot of Century)로 각각 평가했다.

헬무트 슈미트(Helmut Schmidt)는 냉전 시대 서독의 부흥을 이끌면서 '최고의 현자(賢者)'로 불리며 독일에서 가장 대중적으로 사랑받았던 전직 총리였다. '세계적 비전을 가졌던 독일의 글로벌 총리'(영국 가디언), '독일과 프랑스, 유럽의 과거사 화해 협력의 예술가'(프랑스 르몽드), '냉전 시대 좌파 테러리즘에 맞섰던 합리적인 중도 리더'(월스트리트저널)…….

회고해보면, 헬무트 슈미트(Helmut Schmidt)는 1918년 12월 독일 북부 함부르크에서 태어났었다.

제2차 세계대전 중에는 소련과의 전투에 참전하기도 했었다. 함부르크 대학에서 경제학을 전공하고, 1953년 연방 의회 의원에 처음으로 당선되어 정치 생활을 시작했었다. 헬무트 슈미트(Helmut Schmidt)는 평소 피아노와 담배를 즐겼었다. 심지어 TV 녹화 때도 담배 10개비를 피워 금연법을 공개적으로 조롱한다는 이유로 당국에 소환될 뻔하기도 했었다. 독일인들은 "국가와 사회를 위해 헌신해 온 슈미트가 그 정도 담배를 피우는 것은 용인할 수 있다"라며 그에게 변함없는 애정을 보였었다(조선일보, 2015. 11. 11).

헬무트 슈미트(Helmut Schmidt)는 정치계를 떠난 뒤에는 주간지 「디 차이트」의 공동발행인으로 변신해 저널리스트 겸 저술가로서 국내·외 이슈에 대해 적극적인 발언을 했었다. "정상회담은 최선을 택하는 것이 아니라 최악을 피하는 것"이라는 등의 '촌철살인(寸鐵殺人)의 어록'으로 사랑받았었다. 고인은 2005년 독일의 정치인, 문화인, 예술인, 체육인에 대한 선호도 조사에서 96%의 지지를 받아 '최고의 현자'로 선정됐었다.

헬무트 콜

서독정부(당시)의 헬무트 콜(Helmut Kohl, 서독 총리 : 1987~1990, 독일 총리 : 1990~1998) 총리(당시)는 소련 및 동구권이 몰락하는 과정에서 베를린 장벽의 붕괴(1989. 11. 9)가 기폭제가 되어 동독 국민의 민주화 운동이 요원의 불길처럼 일어났었던 시기에 조성되었던 천재일우(千載一遇)의 독일통일 기회를 순발력 있게 포착하여 기민한 외교정책을 집요하게 추진하였다. 동·서독 통일에 대한 주변 강대국(미국의 조지 부시 대통령을 제외한 소련의 미하일 고르바초프 대통령, 프랑스의 프랑수아 모리스 마리 미테랑 대통령, 영국의 마가렛 대처 수상)의 반대 분위기를 무마 혹은 설득했었다.

결국, 헬무트 콜(Helmut Kohl) 총리는 1990년 2월 캐나다 오타와에서 유럽안보협력회의(CSCE : Conference on Security and Cooperation in Europe)를 거쳐 동년 9월 12일 동·서독 양국과 미국, 소련, 프랑스, 영국의 대독(對獨) 전승 4개국 외상들이 모스크바에서 "2+4 조약"을 체결함으로써 동년 10월 3일 '통일의 꿈'을 끝내 실현하였다.

앙겔라 메르켈

앙겔라 메르켈(Angela Merkel ; 재임 : 2005~현재) 총리는 독일의 첫 여성 총리, 첫 동독 출신 총리, 전후 최연소 총리이다. 그녀는 무려 4회 연임에 성공함으로써 영국 대처(Margaret Hilda Thatcher) 수상의

11년(1979~1990) 재임 기간을 넘어 최장수 유럽 총리 기록을 세웠다.

앙겔라 메르켈(Angela Merkel)은 시골목사의 딸로 태어난 동독 출신의 여성 물리학자이며 남성 가톨릭 신자들이 이끌던 기민당의 첫 개신교 신자로서 독일 정치의 새로운 지평을 열었다. 그녀는 젊은 시절 공산당원으로도 활동했었지만 동독이 망(亡)해가는 과정을 보면서 사상적으로 전향했었다. 그 후 독일 통일을 바라는 민주 개혁 운동에 앞장섰고, 통독 후 연방의원으로 정치에 입문했었다.

때마침 동독 출신의 새 인물을 찾고 있었던 헬무트 콜(Helmut Kohl) 총리(당시)의 눈에 들어 연방여성청소년부 장관에, 이어서 연방환경부 장관에 각각 기용됐었다. 앙겔라 메르켈(Angela Merkel)은 정치적 멘토인 헬무트 콜(Helmut Kohl) 전(前) 총리로부터 합의가 도출될 때까지 논쟁을 앉아서 지켜보는 끈기를 배웠었다. 또한, 권위보다는 따뜻함과 설득력을 우선시하고, 인기영합주의(Populism)에 영합하지 않으며, 원칙을 앞세워 묵묵히 약속을 지키며, 침묵보다는 참여로 공론을 파악하고, 논쟁 중 목이 말라 호프 한 잔을 들이켜는 소박한 모습을 보여주었다. [02]

게다가 앙겔라 메르켈(Angela Merkel)은 과학자답게 치밀하게 계획하고 신중하게 행동한다. 그녀는 발수가 적고 실수를 잘 하지 않는다. 중대한 사안을 결정할 때 충분한 자문을 받기 때문에 '헛발질'이 없다. 학교 수영 시간에 다이빙 보드에서 꼼짝도 못 했었다는 그녀는 "위험이 따를 때마다 늘 신중히 행동하는 버릇이 있다"라고 말했었다.

정치 전문가들은 앙겔라 메르켈(Angela Merkel)의 깨끗한 이미지를 그녀의 성공 비결로 꼽는다. 예로서, 1999년 헬무트 콜(Helmut Kohl) 총리(당시)의 비자금 문제로 기민당이 만신창이가 됐었을 때, 그녀의 진가(眞價)가 발휘됐었다. 당시, 차기 총리 후보들에 의해 기민당의 임시대표로 뽑혔었던 그녀가 '곧 축출될 것'이라는 예상을 깨고 임시대표직을 굳힐 수 있었던 요인은 상기 비자금 스캔들로부터 그녀가 유일하게 자유로웠기 때문이었다.

앙겔라 메르켈(Angela Merkel)은 권력을 과시하지 않고, 다른 의견을 따뜻하게 모성적인 소통으로 설득하고 포용한 후 강력하게 정책을 펴는 '무티(Mutti)의 리더십'이다. [03] 이로써, 그녀는 유로존 위기 때 보는 상황을 듣고 조율하며 최대공약수를 도출했었던 것은 널리 알려져 있는 사실이다. 그녀는 거창한 구호 대신에 솔직하고 직설적인 화법, 자신을 드러내지 않고 대화와 설득으로 정치적 난제를

---

02 "아, 목 좀 축이고 할게요". 2013년 2월 13일 독일 메클렌부르크포어포메른 주(州) 네빈시에서 열린 정치토론회에서 앙겔라 메르켈(Angela Merkel) 독일 총리는 현안을 두고 지지자와 정치인들 간에 치열한 공방이 벌어지자 큰 글라스에 담긴 맥주를 들이켰다. 공론의 한마당인 '재의 수요일' 행사에서였다. 1947년 공산권의 코민포름에 대응해 민주주의 국가들이 결성한 데민포름이 '데민 정치 토론'을 낳은 모태였다. 이날 모든 정당들이 지지자들과 함께 현안에 대해 열띤 논쟁을 벌이고 있었다. 앙겔라 메르켈(Angela Merkel)이 맥주를 들이켜는 모습은 민주주의를 제대로 지키려는 그의 열정으로 읽혀졌다.

03 한국의 경우, 2013년 9월 3자회담에서 추석 민심과 복지, 민생에 대해 서로 다른 해석을 내놓고 자기주장만 내세우고 '90분 동안 각자 할 말만 하고 헤어진' 한국 정치인들에게도 많은 시사점을 던져주고 있다.

해결하는 '통합의 리더십'을 보여주고 있다.

앙겔라 메르켈(Angela Merkel)은 CNN 방송 인터뷰(2012. 12. 21)에서 "권한이 연방과 16개 주(州) 정부로 나뉜 독일에서 가장 중요한 것은 '사회적 유대'이고, 그렇게 힘든 과정을 거친 합의는 초(超)당파적 해결책이 된다"라고, "모든 것은 남을 설득하는 힘에 달렸다"라고 각각 말했었다(조선일보, 2012. 12. 22).

유럽 정책 싱크탱크인 「오픈 유럽 베를린 연구소」의 미하엘 볼게무스(Michael Wolgemut) 소장은 연합뉴스와의 인터뷰에서 "메르켈의 위상과 이미지는 정당과 정파를 초월한다. 메르켈은 모든 시민과 이해집단을 배려한다. 동시에 가식이 없고 겸손하다. 독일인들이 그녀의 이런 면을 좋아한다"라고 평가했다.

우파(右派) 신문인 벨트는 사설에서 "독일인들은 메르켈이 잘난 척하지 않는 것을 좋아한다"라면서 "그녀가 일하는 방식에는 나르시시즘(自己愛)이 없다. 자신의 측근들을 짜증 나게 하거나 가르치려 들지 않는다"라고 평가했다.

중도(中道) 좌파(左派) 성향의 독일 일간지 「쥐트도이체 차이퉁」은 "독일인들은 돈을 아끼는 슈바벤 지역 주부 스타일의 검소함을 좋아한다"라면서 "메르켈은 권력을 가진 것을 특별하지 않은 일로 바꿔 놓았다. 그리고 "메르켈리즘의 시대가 도래했다"라며 '권력을 과시하지 않지만, 힘을 가진 정책'으로 대변되는 시대를 '메르켈리즘의 시대'로 규정했다.[04]

앙겔라 메르켈(Angela Merkel) 총리의 리더십을 잘 나타내주는 사례를 들면 다음과 같다. 2004년 좌파 여당이던 사회민주당이 저성장 고실업의 경제위기를 타개하고 '유럽의 병자'라는 오명(汚名)을 불식시키기 위해 복지 축소, 고용 유연성 확대 등 정책을 추진했었다가 2005년 총선에서 패배했었다. 그럼에도 불구하고, 앙겔라 메르켈(Angela Merkel)은 2005년 총리가 된 이후 사민당 정책을 수용해 기업의 노동자 해고 요건 완화, 연금수령자 연령대의 상향조정 등 개혁 기조를 유지했었다. 당시, 야당으로 처지가 바뀐 사민당이 민심수습 차원에서 노동개혁의 속도를 늦추자고 고집했었지만, 그녀는 "지금 아니면 안 된다"라면서 단호하게 거절했었다.

앙겔라 메르켈(Angela Merkel)은 합리적이고 건설적이라 판단되는 경우, 야당의 정책도 과감히 수용하는 포용력을 갖고 있다. 여기에 이념(이데올로기)을 앞세우지 않는 '실용주의' 정책으로 국민의 지지를 얻고 있다. 예로서 일본 동북지역 대지진으로 후쿠시마 원전의 위험성이 고조되었던 때, 녹색당의 독일 내 원자력발전소 폐기 요구를 과감히 수용했었고, 가정 복지를 강화하자는 사민당의 제안도 흔쾌히 수락했었다. 2005년 총선에서 승리하자마자 좌파 사민당에 연정을 타진했었다.

---

04 헤럴드경제, 2013. 9. 24.

요컨대, 앙겔라 메르켈(Angela Merkel)의 리더십은 노조와 사회적 약자를 배려하는 '따뜻하고 포용력 있는 보수주의자'이되 '원칙을 지키는 지도자'로 평가된다. 예로서, 그녀는 2010년 초긴축 예산안을 편성하는 과정에서 숱한 반대에 직면했었지만 재계, 노동계, 야당, 연정 내 반대 세력을 차례로 만나 허리띠를 졸라맬 수밖에 없었다는 것을 일일이 설득했었다. 그러나 대외적으로는, 유럽연합(EU)의 최대 경제 강국이자 수호자로서 정공법을 택했다. 즉, 부채 탕감은 없으며, 긴축과 경제 개혁뿐이라는 것이다. 또한, 앙겔라 메르켈(Angela Merkel) 총리는 2013년 2월 최측근으로 불리던 아네테 샤반 교육부 장관이 박사학위 논문 표절 시비에 휘말리자 즉각 경질한 것에서 그의 단호한 원칙론을 확인할 수 있다.

여기서 흥미로운 것은 유럽의 두 여성 총리의 비교이다. 마가렛 대처(Margaret Thatcher) 전(前) 영국 총리가 비(非)타협 강경 노선을 대표하는 정치인인 반면에 앙겔라 메르켈(Angela Merkel) 총리는 통일 독일의 화합을 상징하는 인물이다. 또한, 마가렛 대처(Margaret Thatcher) 전(前) 영국 총리가 야당과 노조 등 자신의 반대 세력에 대해 타협 없이 강하게 대응했었던 반면에 앙겔라 메르켈(Angela Merkel) 총리는 사회적 약자를 배려하는 '화합형 지도자'로 자리매김했다.

한편, 앙겔라 메르켈(Angela Merkel)은 개인적으로는 매우 소탈하다. 예로서, 해외 출장을 앞두고도 남편의 아침 식사를 꼭 챙겨주고, 주말 별장에서 키운 채소로 친구들을 대접하며 농담까지 즐긴다. 독일인들은 돈을 아끼는 슈바벤 지역 주부 스타일의 검소함을 좋아한다. 따라서 그녀에겐 자식이 없지만 '무티'(mutti · 독일어로 '엄마')라는 애칭으로 불리운다.

나렌드라 모디[05]

인도는 1947년 영국으로부터 독립하여 정치적 민주주의를 꽃피웠지만 경제적으로는 '네루식 사회주의'가 남긴 반(反)시장–반(反)개방 정책으로 야기된 빈곤에서 벗어나지 못했었다. 인도는 1991년 경제위기에 직면하고서야 시장 개방을 위한 경제개혁에 착수했었다. 그러나, 오랜 사회주의 경제가 키운 규제 만능의 관료주의, 또한 모든 것을 신(神)의 뜻으로 돌리는 특유의 문화가 쉽게 사라질 리 없었다.

2014년 5월 취임한 빈민 출신의 나렌드라 모디(Narendra Modi · 재임 : 2014~현재) 인도 총리는 성장·시장·기업·개방을 중시하는 '모디노믹스'(Modinomics)로 새바람을 불어넣었다.

---

05 동아일보, 2015. 5. 20.

인도의 격렬한 정파 간 대립, 뿌리 깊은 좌파의 입김, 정치화한 노조의 존재는 한국과 비슷하다. 정치권과 관료사회 곳곳에 박힌 부패구조도 경제발전에 장애가 되고 있다. 이러한 상황에서 나렌드라 모디(Narendra Modi) 총리는 일관되게 '우회전 깜빡이를 켜는' 개혁으로 국내·외 경제계의 신뢰를 얻고 성과를 쌓고 있다.

국제통화기금(IMF)은 2015년 인도가 7.5% 성장해 중국(6.8%)을 웃돌 것으로 전망했다.[06] 이와 대조적으로, 과거 인도를 압도했었던 한국의 2015년 성장률 전망치는 3%대 초반이다. 1인당 국민소득 2만 8,100달러의 한국과 1,626달러의 인도의 경제성장률을 단순 비교하긴 어렵지만 격세지감(隔世之感)을 느끼지 않을 수 없다.

미국 저널리스트 로빈 메레디스(Robin Meredith)는 저서 「코끼리와 용」에서 "수십 년 뒤 세계엔 미국·인도·중국이라는 세 개의 강대국이 존재할 것"이라고 전망한다. 코끼리는 인도를, 용(龍)은 중국을 각각 가리킨다. 카말 나트 전(前) 인도 상무장관은 "중국은 단거리 경주에서 이겼지만 인도는 마라톤에서 결국 승리할 것"이라고 자신한다. 즉, 그는 모디노믹스(Modinomics)의 성공은 인도가 약진할 시기를 앞당길 수 있을 것이라고 확신한다는 것이다.

영국 파이낸셜타임스(FT)는 20세기가 (북미와 유럽 대륙 사이에 있는) '대서양 시대'였다면 21세기는 아시아와 아프리카 사이의 '인도양 시대'가 될 것이라고 전망했다(2015. 4. 14). 상술하면, 파이낸셜타임스(FT)가 유엔·세계은행·미국 브루킹스연구소 등의 인구 및 경제 관련 자료를 종합해 분석한 결과, 2030년 중산층 경제규모 1위 국가는 인도라고 발표했다.[07] "인도양 국가들의 인구, 특히 중산층 인구가 큰 폭으로 늘고 있다"라며 "따라서 21세기 최고의 글로벌 부동산 투자 후보지로 인도양 일대의 휴양지를 주목해야 한다"라고 밝혔다.

이어서, 파이낸셜타임스(FT)는 "인도와 인도네시아가 전체 인구뿐만 아니라 (구매력 있는) 중산층의 비약적 증가세를 보이면서 아시아·태평양 지역 전체의 중산층 인구가 2009년 5억 2,500만 명에서 2030년 32억 2,800만 명으로 급증할 것으로 전망된다"라고 분석했다. 이와 반면에 미국 캐나다 등 북미 국가의 중산층은 전체 인구 감소세 등의 영향으로 같은 기간 3억 3,800만 명에서 3억 2,200만 명으로 1,600만 명 줄어들 것으로 전망됐다. 유럽 지역도 비슷한 이유로 6억 6,400만 명에서 6억 8,000만 명으로 소폭(2.4%·1,600만 명) 증가하는 데 그칠 것으로 전망됐다.

---

06 1970년대 인도의 연간 경제성장률은 3.5%로 박정희 정부의 한국이 기록한 10%대의 고도성장과 비교하면 3분의 1에 불과했었다.

07 중산층을 '가족 구성원 1인당 1일 소비가 10~100달러, 즉 4인 가족이면 40~400달러'로 규정해 산출하면 인도 중산층은 2030년 한 해 동안 12조 8,000억 달러(약 1경 3,952조 원)를 소비할 것으로 추산됐다. 2위는 중국(10조 달러), 3위 미국(4조 달러), 4위 인도네시아(2조 5,000억 달러), 5위 일본(2조 3,000억 달러)이었다. 그 뒤로 러시아(1조 4,000억 달러), 독일(1조 3,000억 달러), 멕시코와 브라질(각 1조 2,000억 달러), 프랑스(1조 1,000억 달러) 순이었다.

넬슨 만델라

남아공의 넬슨 만델라(Nelson Mandela ; 재임 : 1994~1999) 전(前) 대통령은 1918년 7월, 남아프리카공화국 움타타 지역의 움베조 마을에서 족장의 아들로 태어났다. 당시 남아프리카공화국이 '남아프리카 연방'으로 불렸던 시대였는데 그 이유는, 아프리카 원주민이 아닌 영국인과 네덜란드인들이 세운 나라였기 때문이다.

아프리카 땅에서 이권 다툼을 벌였었던 영국과 네덜란드는 '남아프리카 연방'을 세우고 원주민인 흑인들을 차별하고 억압했었다. 당시 흑인은 백인과 같은 자리에 앉을 수 없었고 같이 식사를 할 수 없었다. 심지어 길을 가다 마주친 백인이 심부름을 시켜도 그 일을 해야만 했었다.

시골에서 도시로 나와 학교에 다녔었던 넬슨 만델라(Nelson Mandela)는 흑인이 백인으로부터 받는 부당한 대우에 눈뜨게 되었다. '대자연 아래 모두 형제이며 평등하다'라는 부족의 가르침을 가슴에 담고 살고 있었던 넬슨 만델라(Nelson Mandela)는 피부색이 다르다는 이유로 사람을 차별하는 것은 옳지 않다고 생각했었다. 그래서 누구나 정당한 권리를 누리는 사회를 만들기 위해 흑인들을 짓밟고 괴롭히는 백인들에 대항하기로 마음먹었다. 그리고 가난하고 차별받는 흑인들에게 도움이 되고자 법학을 공부하여 변호사가 되었다. 그 후 넬슨 만델라(Nelson Mandela)는 남아프리카공화국 흑인들의 인권이 짓밟히는 현실을 국내·외에 널리 알렸으며, 흑인 인권 운동에 앞장섰다.

넬슨 만델라(Nelson Mandela)의 삶에서 공감할 수 있는 첫 번째 키워드는 '사랑과 포용'이다. 그는 '아파르트헤이트'라는 악명 높은 백인 정부의 인종차별 정책에 맞서 무장투쟁을 주도한 혐의로 종신형을 받고 27년간 옥살이를 했었다. 그럼에도 불구하고, 그는 1990년 석방된 후 보복 숙청 대신 백인들을 포용·용서하고 대화와 타협으로 '남아프리카 공화국 통합'이라는 꿈을 이뤄냈었다.

두 번째 키워드는 '용기'다. 넬슨 만델라(Nelson Mandela)는 용기를 "두려움이 없는 것이 아니라 두려움을 극복하는 것"이라고 정의했다

세 번째는 키워드는 '겸손'이다. 넬슨 만델라(Nelson Mandela)는 "저는 선지자가 아니라 여러분의 천한 종"이라며 자신을 낮추었다.

넬슨 만델라(Nelson Mandela)의 인권 운동이 알려지면서 전 세계 사람이 남아프리카공화국의 현실에 주목하게 되었고, 수많은 인권단체가 그를 지지했었다. 남아프리카공화국의 인종 차별 정책에 대한 전 세계의 비난이 쏟아지자 남아프리카공화국 정부는 결국 1990년 넬슨 만델라(Nelson Mandela)를 석방했었다.

그 후, 그는 백인 정부와 원주민인 줄루족 등과 협상을 벌여 민주적인 선거를 이끌어내었다. 이 공로를 인정받아 그는 1993년에 노벨평화상을 수상했었다.

1994년 4월 남아프리카공화국에서는 처음으로 인종 차별 없는 대통령 선거가 열렸었다. 이 선

거에서 흑인의 자유와 인권을 위해 투쟁한 넬슨 만델라(Nelson Mandela)가 남아프리카공화국 최초의 흑인 대통령이 되었다. 그는 대통령 취임 연설에서 다시는 남아프리카 땅에 인종 차별이 없을 것이라고 선언했었다.

2014년 12월 5일, 넬슨 만델라(Nelson Mandela) 전(前) 남아프리카공화국 대통령이 타계했다. 남아프리카공화국 흑인들의 인권을 위해 평생을 헌신한 그의 죽음 앞에 전 세계 사람이 고개 숙여 애도했었다. 그의 장례식에는 미국 버락 오바마 대통령, 영국 찰스 왕세자 등 91개국의 지도자와 수많은 유명 인사들(오프라 윈프리 등)이 참석해 그의 삶에 존경을 표했었다.

로저 더글라스

뉴질랜드가 1984년 이후 수행해 온 개혁은 크게 열 가지 즉, 행정, 재정, 경제, 금융, 농업, 노동, 지방정부, 교육, 연금, 의료 등인데, 모두 직·간접적으로 정부부문 개혁과 연관되어 있다. 상술하면, 1984년 이후 지금까지 20여 년 이상 추진해 온 뉴질랜드의 정부부문 혁신은 4대 법안 즉 공기업법, 공무원법, 공공재정법, 재정책임법에 근간을 두고 있는데, 그 특징을 보면 다음과 같다. ① 체계적인 민영화·기업화·상업화·계약주의 등 폭넓은 정책수단을 활용하고, ② 단일 목적의 기관을 수립하고, ③ 내각은 결과에 책임지고 최고 행정가는 산출을 책임지는 철저한 성과중심의 국가경영이었으며, ④ 인력자원 관리와 재정 관리를 기관장에게 위임하는 것이다.

특히, 로저 더글라스(Roger Douglas) 재무부 장관(당시)은 정부부문의 개혁(중앙정부의 축소와 효율증대, 정부조직의 기업화·민영화 촉진, 각종 규제와 보호조치의 약화 혹은 철폐를 통한 관업 및 축소 및 민업 확대)이 국가개혁의 출발점이자 근간임을 믿고 '말로만 하는 개혁'이 아니라, 또한 '밀어붙이는 개혁' 추진이 아니라, 국민들에게 추구해야 할 개혁목표를 사전에 알리고 개혁성과에 대한 기대를 갖게 하고 각 계층의 양보를 얻어내고 침착하게 자신 있게 추진하였다. 로저 더글라스(R. Douglas)의 개혁 추진전략

의 기본조건은 다음과 같다.[08]

① 우수한 인재를 정치가와 관료로 발굴하는 것

② 개혁을 추진할 때는 패키지 형태로, 그것도 대규모로 시행하는 것

③ 개혁은 침착하게 그러나 자신 있게 추진하는 것

④ 일단 시작한 개혁은 최대한 빠르게 추진하는 것

⑤ 초기의 계획 추진력을 상실하지 말고 도중에 개혁을 중단하지 않는 것

⑥ 개혁의 근본은 독점보다 경쟁, 규제보다 자유로운 선택을 장려하는 데 있다는 것

⑦ 개혁에 대한 회의가 들 때마다 「왜 내가 개혁을 시작했는가」라고 생각하며 각오를 다지는 것

⑧ 국민들에게 추구해야 할 개혁목표를 알리고 개혁성과에 대해 기대를 갖게 하는 것

⑨ 개혁을 일관되게 추진하여 국민들에게 개혁의 성공과 그 과실에 대해 확신감을 갖도록 하는 것

⑩ 국민들은 개혁의 성공을 믿게 되면 단기적인 희생을 치를 각오가 되어 있다는 사실을 염두에 두는 것

08 로저 더글러스(R. Douglas)는 45세 때인 1984년, 총선거로 집권한 노동당 정권의 재무장관으로 취임하여 4년여간 재임하면서 정부부문 개혁을 비롯하여 각종 개혁을 주도한 인물이다. 경제정책에 관한 한 확고한 신념의 소유자였던 그는 앞 정권인 국민당의 멀둔(R. Muldoon) 정부가 9년에 걸쳐 추진해온 규제에 의한 철저한 정부개입 정책이 모든 잘못의 출발이라고 생각했다. 뉴질랜드는 서구 선진국 중에서 개혁에 성공한 나라의 하나로 꼽힌다. 지난 십 수년간 중앙정부의 기능과 인력을 줄이고 정부기업과 공기업을 민영화한 결과 거시경제지표가 안정세를 보이게 되었다. 이 같은 환경변화는 그동안 정부를 바라보고 수동적으로 움직이던 기업인과 근로자의 자세를 스스로 알아서 판단하고 실천하는 능동적인 자세로 바꿔 놓았다. 개혁과 개방의 물결 속에서 각종 규제와 보호조치가 풀리면서 외환시장과 상품시장이 대폭 개방되었다. 외국자본이 뉴질랜드로 대거 유입되고 상품수입이 자유화되면서 외환시세가 안정되고 상품가격이 낮아졌다. 농업과 수입대체산업 등 일부부문에서 마이너스 효과가 발생했지만 시간이 경과하면서 개혁과 개방은 뉴질랜드에 전반적으로 유리한 방향으로 작용했다. 정부부문의 개혁과 주요 경제부문의 개혁과정에서 그동안 경제의 각 부문을 둘러싸고 있던 두터운 비효율이 조금씩 제거되었다. 물론 실업률 증가, 높은 물가상승률, 낮은 경제성장률 등과 같은 값비싼 대가를 수년간 치른 것도 사실이다.

제7장 / 요약 및 결론

요약문

연구 목적/목표

본 저서 「글로벌 금융 패러다임과 한국 금융산업 : 이론과 정책」의 연구 목적/목표는 다음과 같다.

첫째, 2008년 하반기부터 시작된 '글로벌 금융위기'의 여파로 세계 금융 패러다임의 변화와 한국 금융산업의 주요 변화를 개관하고 한국의 금융경쟁력을 높일 수 있는 금융개혁 방안을 도출한다.

둘째, 국내 금융불안(주가 및 환율의 변동성 확대, 신용 경색, 자금난 심화, 대외신인도 하락 등)의 구조적 요인을 경제이론적으로 분석하고 국내 금융위기(즉, 급격한 사본 유출에 의한 '외환위기'와 천문학적 가계부채 및 기업부실 급증에 의한 '은행위기')의 발생 가능성에 대하여 분석하고 사전 예방적 대비책을 제시한다. 나아가, 비단 '금융위기'(은행위기와 외환위기)뿐만 아니라 국가경쟁력(특히 수출경쟁력을 구성하는 가격경쟁력과 비가격경쟁력)의 지속적 추락 현상을 보이고 있는 전반적 '경제위기'(低투자, 低성장, 低고용, 低소비, 高실업, 高부채, 高금융불안 등)의 구본적 요인을 분석하고 이를 극복할 수 있는 정책대안을 제시한다.

셋째, '최적 경제성장과 사회보장 모형'(임양택 : 1981, 2007, 2011, 2012, 2014 ; Lim, Yang-Taek : 1978, 2000, 2010) 하에서 슘페테리언 테크노-경제발전 전략(Lim, Yang-Taek : 1996, 2000, 2006 ; 임양택 : 2007, 2011, 2013)의 측면에서 금융부문(단기 금융시장, 자본시장, 외환시장, 파생금융상품 시장)과 실물경제부문(경제성장, 투자, 고용 등)의 상호보완적 균형발전 방향을 제시한다.

넷째, 상기한 '기술-성장-고용-복지'의 상호연계시스템으로써 금융산업이 제조업을 리드할 수 있도록 금융산업을 신(新)성장동력산업으로 육성 및 발전시켜 한국을 '아시아의 금융허브'로 발전시킬 수 있는 필요조건과 충분조건을 분석 및 제시한다.

다섯째, 새로운 국가경영철학으로서 저자(Lim, Yang-Taek : 1996, 2000, 2006 ; 임양택 : 2007, 2011, 2013)의 신(新)실용주의(Neopragmatism)를 소개하며, 상기 철학을 한국사회의 갈등구조(이념 간·보혁 간·노사 간·세대 간 갈등)를 타개하는데, '보편적 공감의 잣대'로서 참고 및 적용할 것을 권장한다.

한국의 '전반적 경제위기' 국면을 타개할 수 있는 국가지도자의 역할을 정립하고 세계적 국가지도자(예로서, 프랑스의 샤를르 드 골 대통령, 미국의 프랭클린 D. 루스벨트·로널드 레이건 대통령, 독일의 헬무트 슈미트·헬무트 콜·앙겔라 메르켈 총리, 영국의 마가렛 대처 총리, 남아프리카 공화국의 넬슨 만델라 대통령, 인도의 나렌드라 모디 총리, 뉴질랜드의 로저 더글라스 장관 등)의 리더십에 관한 사례연구를 제시한다.

주요 내용

상기한 연구 목적/목표하에서, 본 저서 「글로벌 금융 패러다임과 한국 금융산업 : 이론과 정책」의 주요 내용은 다음과 같다.

첫째, 2008년 하반기부터 시작된 글로벌 금융위기의 여파로 세계 금융 패러다임의 변화(부채 축소, 탈세계화, 자본금 유동성 레버리지에 대한 규제 강화)와 한국 금융산업의 메가 트렌드(금융기관 중심에서 금융시장 중심으로 변화, 금융기관의 대마불사(大馬不死, Too Big Too Fail)가 아니라 도산 가능, 전자금융, 종합금융, 외국자본계와의 경쟁체제)를 개관하였다.

상기한 글로벌 금융 패러다임의 변화에 따른 한국의 금융개혁 방향은 다음과 같다.

- 금융감독기능의 정상화를 위해 금융정책과 금융감독을 분리한 다음에, 전자는 기획재정부에게, 후자는 금융위원회(의결기구로서 금융감독)와 금융감독원(금융위원회의 보좌기구와 금융소비자 보호기관으로서 금융감독을 집행)에게 각각 맡기는 금융감독체계가 바람직할 것이다. 이 경우, 금융감독원은 「한국은행」처럼 공익 민간법인으로서 정치적 독립성과 중립성을 갖고 국회에 정기적으로 보고하고 출석함으로써 국민에 대한 책임성을 갖게 될 것이다.
- 선진국(미국, 유럽, 일본 등)의 금융과 산업의 융합처럼, 한국의 현행 금·산(金·産) 분리 관련 규제(산업자본의 금융업 진출 규제, 금융자회사/손자회사의 타회사 출자 제한, 금융기관의 타회사 주식 보유 제

한, 금융기관 의결권 제한)를 폐지하여 '규모의 경제'(Economies of Scale)를 추구함으로써 현재 세계 30위인 금융산업 경쟁력(이와 대조적으로, IMD의 경쟁력 평가에서 국가경쟁력은 23위)을 강화해야 한다.

세계경제포럼(WEF)이 발표하는 '금융발전지수'를 비교해보면, 한국의 동 지수는 홍콩, 싱가포르, 호주, 일본 등 아시아 주요국에 비해 낮다. 또한, '국제금융센터발전지수'(IFCD : International Financial Centers Development Index)를 비교(2011년 기준)해보면 한국 서울은 41.33으로서 세계 45개 지역 국제금융센터에서 24위이다. 종합적으로 보면, 한국은 아시아 지역 내에서도 일본, 홍콩, 싱가포르, 중국, 호주에 비해 국제금융센터로서의 경쟁력뿐만 아니라 자산운용산업의 경쟁력도 크게 떨어진다는 것을 알 수 있다.

둘째, 국내 금융불안(주가 및 환율의 변동성 확대, 신용 경색, 자금난 심화, 대외신인도 하락 등)의 구조적 요인을 경제이론적으로 분석하고 국내 금융위기(즉, 급격한 자본 유출에 의한 '외환위기'와 천문학적 가계부채 총액(2018년 1분기 1,468조 원)과 기업부실 급증에 의한 '은행위기')의 발생 가능성을 분석한 결과, 이에 대한 예방적 대응책은 각각 다음과 같다.

- '외환위기'에 대한 사전 예방적 대비책으로서 조건부 금융거래세, 외화유동성 비율, 외화안전자산 보유액, 외화유동성 리스크 관리기준과 같은 과도한 자본 유·출입에 대한 자본관리정책, 외환보유고 관리 프로그램을 추진하고 대외적으로는 미국·중국·일본·유럽·아세안과의 통화 스왑을 공공히 한다.
- '은행위기'에 대한 사전 예방적 대비책으로서 '커버드 본드'를 활용하고 원리금자동이체형·수익증권형 주택저당 담보부 증권(MBS) 혹은 채권형 주택저당 담보부 채권(MBB)의 발행으로 가계부채의 감수를 유도한다.

상기한 금융위기(은행위기와 외환위기)와 '실물경제부문'(고용/실업, 소비, 투자, 수출, 수입, 재정 등)의 위기를 포함한 전반적인 '경제위기'를 극복하기 위해서, 경제정책 기조는 현행 '소득(임금)주도 성장 전략'(Income(Wage)-led Growth Strategy)에서 '혁신주도 성장 전략'(Innovation driven Growth Strategy)으로 전환되어야 하며, 이를 뒷받침할 수 있는 '테크노-경제 발전 전략(Lim Yang-Taek : 2000, 2006 ; 임양택 : 2007, 2011, 2013)이 추진되어야 한다.

전자(임금주도 성장전략)는 최저임금 인상 → 고용 감축 및 기업 도산 → 근로 소득/소비 감축 → 내수 경기 저해를 야기할 뿐이다. 이와 대조적으로, 후자(혁신주도 성장전략)는 기술혁신 → 기업투자 → 산업 생산 → 성장 촉진 및 고용 증대 → 근로 소득/소비 증가 → 내수 경기 촉진을 유발한다.

상기한 동태적 과정에서 생성되는 '고용창출형 경제성장'(Job-creating Growth)은 지속적 성장과 형평한 분배를 공존시킨다. 여기서, 특히 고용은 생존의 기본수단이며, 인간의 존엄성을 스스로 지킬 수 있는 기본요건이다. 따라서 고용은 '최상의 복지'(임양택, 칼럼, 한국경제신문, 2011. 10. 7)로서 건전한 '복지사회'(Welfare Society)의 근간이며, 복지재정 위기의 문제를 내성적으로 해결할 수 있다.

모름지기, 부존자원이 빈약하고 국내시장이 협소한 한국은 수출경쟁력을 높여야 5,000만 명의 생존과 번영을, 나아가 향후 북한 동포에 대한 경제지원을 각각 도모할 수 있다. 수출경쟁력은 크게 두 가지, 즉 가격경쟁력(임금, 금리, 물가, 환율 등)과 비(非)가격경쟁력(품질, A/S, 납기 준수 등)으로 나누어진다. 특히, 고(高)임금시대에서 품질경쟁력을 높여야 하는데, 그것은 기술혁신(제품혁신과 공정혁신) 없이는 불가능하다. 그런데, 전술한 바와 같이, 한국의 기술인력(특히 설계기술인력)의 공급과 연구개발비(R&D)가 상당히 저조하다.

시장자본주의 경제체제에서 연구개발(R&D) 투자는 이윤축구를 위한 기업의 몫이다. 그러나 열악한 기업환경(과다한 정부규제, 경직적 노조활동)에서는 기업인이 '자선 사업' 혹은 '애국 사업'으로서 투자하고 고용하려 하지 않는다.

더욱이 한국 기업의 99%를 차지하는 중소기업의 환경은 더욱 열악하다. 유망한 사업 프로젝트를 갖고 있음에도 불구하고 '죽음의 계곡'(Vally of Death)에 처해 있는 중소기업과 벤처기업을 위해 '무늬만 기술금융제도'인 현행 제도를 합리적으로 개선해야 한다. 무릇, '기술금융'이란 기술혁신 과정(창업, 연구개발(R&D) 투자, 기술사업화 등)에 필요한 자금을 기술평가를 통해 공급하는 기업금융이다. 따라서 합리적 기술평가를 위한 기술평가인증체제가 필요하다. 완제품 수출 대기업과 부품공급업체인 중소기업의 '기술 계열화'를 촉진하고 중소기업의 담보능력 부족을 해결하기 위한 '역(逆)팩토링 제도'를 도입함이 바람직하다.

셋째, 금융부문(단기 금융시장, 자본시장, 외환시장, 파생금융상품시장)과 실물경제부문(경제성장, 투자, 고용 등)의 상호보완적 균형발전 방향으로서, 2017년부터 500명 이상 모든 기업은 의무적으로 가입하는 퇴직연금제도의 퇴직연금기금(2016년 말 현재 147조 원)과 2053년 고갈될 것으로 예측되는 국민연금기금(2017년 12월 현재 785조 원)을 비롯한 각종 연기금(사학연금, 공무원연금, 교직원공제회, 지방행정공제회 등)을 「한국예탁결제원」(KSD)의 증권정보포털시스템(SEIBro)과 주요 기술금융기관들의 기술정보 및 기술평가정보 인프라와 기술력 평가 시스템을 적극 활용하여 유망한 기업의 신(新)성장동력산업의 프로젝트에 효율적으로 투자함으로써 자산운용산업과 자본시장(장기 금융시장)의 활성화(상장 활성화, 벤처투자 확대, 신금융상품 개발 등)를 도모함과 동시에 세계적으로 최하위인 전(全)국민의 노후 소득보장을 강화해야 한다.

상기한 연기금 투자 및 복지 증진 전략은 '혁신주도형 성장'(Innovation-driven Growth)의 요체로서 '최적 경제성장과 사회보장 모형'(임양택 : 1981, 2007, 2011, 2012, 2014 ; Lim, Yang-Taek : 1978, 2000, 2010) 하에서 슘페테리언 테크노-경제발전 전략(Schumpeterian Techno-Economic Development Strategy ; Lim, Yang-Taek : 1996, 2000, 2006 ; 임양택 : 2007, 2011, 2013)에 이론적 기초를 둔다.

또한, 한국의 금융시장 발전을 촉진하고 통합된 고용·복지 서비스 전달체계를 확립하기 위하여, 호주의 '보장성 퇴직연금제도'(Superannuation Guarantee) 운용전략과 복지 서비스 전달체계인 센터링크(Centerlink)시스템을 벤치마킹할 것을 권장한다. 또한, 호주와 한국의 퇴직연금제도를 비교함으로써, 한국의 퇴직연금제도 및 개인퇴직연금제도(IRP)와 국민연금제도를 개혁해야 할 것이다. 특히, 호주의 '중간 퇴직연금 청산 금지 제도'를 도입하여 퇴직연금이 자본시장의 발전에 기여할 수 있도록 한다.

넷째, 전술한 '금융-기술-산업-성장-고용-복지'의 상호연계시스템으로써 세계 최하위 경쟁력의 금융산업을 신(新)성장동력산업으로 육성 및 발전시켜 한국을 '아시아의 금융허브'로 발전시킬 수 있는 '자산운용산업의 국제화'(참고로, 현재 금융시장 개방도는 OECD 32개 회원국 중에서 14위)를 위한 필요조건으로서 해외투자펀드상품 개발 및 아시아펀드 패스포드(ARFP), 아시아신용보증기구, 아시아채권펀드 등을 활용하여 해외판매시장 개척을, 또한 충분조건으로서 특히 원화 국제화를 충족함으로써 자산운용산업의 국제화를 추진해야 할 것이다.

다섯째, 저자는 금융부문 측면에서 '동아시아 경제공동체'(EAEC)를 금융부문의 측면에서 실현하기 위한 제도적 장치로서, '아시아 통화기금'(AMF)이 아니라, 미국도 가입된 '아시아-태평양 통화기금'(APMF : Asia-Pacific Monetary Fund)을 설립할 것을 제안한다. 구체적으로, '치앙마이 이니셔티브 다자화'(CMIM) 공동기금 1,200억 달러에 미국의 대응자금 1,200억 달러를 보태어 총 2,400억 달러의 공동기금을 조성하여 '동아시아 경제공동체'(EAEC)를 위한 다양한 공동 투자프로젝트에 투자함으로써 공동번영을 추구할 수 있을 것이다.

한 걸음 더 나아가, 저자는 역내·외의 환율 안정화를 도모하기 위하여, '아시아-태평양 통화제도'(APM3)로서 '아시아·태평양 통화바스켓제도'(美 달러+위안화+엔화+원화)를 설립할 것을 제안한다. 이 결과, 국지적으로는 환율변동의 파고(波高)를 상쇄시켜 금융안정화를 도모할 수 있다.

여섯째, 한국경제의 당면과제는 저(低)투자, 저(低)성장, 저(低)고용, 저(低)소비, 고(高)실업, 고(高)부채(중앙정부, 지방자치단체, 공공기관, 공기업, 사기업, 가계의 채무), 고(高)금융불안(주가 및 환율의 변동성 확대, 신용 경색, 자금난 심화, 대외신인도 하락 등)으로 집약적으로 나타낼 수 있다. 특히 고

(高)금융불안은 '한국발(發) 금융위기'(즉, 천문학적 가계부채 총액 1,468조 원과, 기업부실에 의한 '은행위기'와 한·미 간 금리 차이로 유발될 급격한 자본유출에 의한 '외환위기')의 발생 가능성을 잉태하고 있다. 여기에 한반도 안보위기는 외환위기를 격발할 수 있는 방아쇠이며, 이것은 다시 가계부채발(發) 은행위기를 유발할 수 있는 불쏘시개가 될 것이다.

정책 방향(안)

대내적으로는 '총체적 위기' 상황에서, 대외적으로는 미·중(美·中)의 무역전쟁(관세전쟁 및 환율전쟁)하에서, 한국이 선택해야 하고 할 수 있는 것은, 오직 '혁신주도 성장 전략'(Innovation-driven Growth)에 의한 자강(自强)뿐이다.

이를 위하여, 경세제민(經世濟民)의 철학인 신(新)실용주의(NeoPrgmatism)는 하나의 실천철학(Practical Philosophy)으로서 ① '슘페테리안 테크노-경제 발전 전략'과 ② '최적 경제성장과 사회보장 모형'을 제시한다. 그것의 핵심적 내용은 하기와 같은 일련의 동태적 과정 즉 '성장 → 고용 → 복지'의 선순환 메커니즘'이다.

첫째, 문재인 대통령은 대내적으로는 '정의로운 국가'와 '행복한 사회'를 건설하고 민족적으로는 남·북한 통일을 위한 기반을 조성하며 대외적으로는 '동아시아 경제공동체'(EAEC)를 구현하는 정치지도자가 되기를 저자는 소망한다. 이러한 역사적 과업을 제대로 수행하기 위해서는 한국사회의 고질적 병폐인 노동·금융·교육·공공부문 개혁을 과감히 추진하고 정부규제(현재 한국의 정부규제 현황에 대한 WEF 평가기준으로 138개국 중 105위, 미국 29위, 일본 54위, 독일 18위 ; 외국인투자 규제 순위는 OECD 평가기준으로 35개국 중 30위)를 완화 혹은 철폐함으로써 '기업하기 좋은 경영환경'을 조성해야 할 것이다.

이것은 진정한 의미에서의 '적폐 청산'일 것이며, 그것을 실현할 수 있는 인물은 오직 문재인 대통령이라고 저자는 믿는다. 왜냐하면 국가패망의 요인은 기득권 세력들을 혁파(革罷)할 수 있는 민주화 운동권 출신이 바로 문재인 대통령이기 때문이다. 이것은 한미 FTA 타결과 제주 해군기지 설치를 고(故) 노무현 대통령이 운동권의 극렬한 반대를 무마(撫摩)시켰던 것과 같은 역사의 아이러니와도 같은 것이다.

한국경제의 지속적 성장 없이는 고용 및 복지 증대는 불가능하며 남·북한 관계의 개선도 어려울 것이다. 문재인 대통령은 한시바삐 최저임금 1만 원 대선 공약부터 내려놓고, 한국경제의 현재 상황이 최저임금 상승분을 감당하기 힘들다는 점을 노동계에 설득하고 양해를 구해야 할 것이다. 이를 위해 필요한 철학과 덕목은 칼 포퍼(Karl Popper, 1902~1994)의 '열린 사회'(Open Society)와 위르겐 하버마스(Jürgen Habermas)의 '의사소통의 이성'(Communitive Reason)이다. 예로서, 좌파 사회당 출신인 프랑수아 올랑드(Francois Hollande) 제24대 프랑스 대통령(재임 : 2012. 5~2017. 5)은 노동법 개혁(해고가 가능한 정규직 도입), 규제 완화, 직업훈련(50만 명의 실업자를 위한 400~500시간 연수) 등을 추진함으로써 '실업과의 전쟁'(목표 실업률 : 10.8%→9.8%)에 돌입하였다. 그리고 재선 출마를 스스로 포기하고 단임으로 깨끗이 물러났었다.

모름지기, 시장은 냉혹하다. 경제문제는 이념이 아니라 시장논리로 해결해야 한다. 최근 법정 최저임금 인상으로 인하여 중소기업의 연간 인건비 부담이 무려 81조 5천억 원으로 폭증하였으며, 이로 인하여 고용은 오히려 약 4.5% 감소하였다. 2020년부터는 한국의 최저임금 수준이 일본과 대다수 OECD 국가의 그것보다 높아져 한국상품의 수출경쟁력이 추락할 것이다.

문재인 정부의 취지는 정부 주도로 고용증대(소방·경찰·보건·복지 분야 31만 개와 근로시간 단축으로 50만 개를 창출하여 81만 개 일자리를 공약)를 도모하고 저(低)소득계층의 소득증대로 소득분배구조를 개선하겠다는 것이다. 그리고 한계소비성향이 높은 저(低)소득층의 임금을 인위적으로 올리면 소비가 늘어나 경제가 성장할 것이라는 가정하에서 경기부양을 추구하겠다는 것이다.

그러나 정작 소비자 심리는 위축(소비자심리지수는 2018년 7월 101.0으로 6월보다 4.5포인트나 하락)해 민간 소비(0.3%)는 2016년 4분기 이후 최저치였다. 설비투자는 큰 폭으로 하락(-6.6%)했으며, 건설투자(-1.3%)도 마이너스(-1.3%)로 돌아섰다. 수출도 0.8% 증가에 그쳐 1분기(4.4% 증가) 대비 후퇴했다. 이 결과, 2018년 2분기 경제성장률은 지난 1분기 대비 0.7%에 불과했다. 요컨대, 소득주도 성장이 경제성장을 야기한 것이 아니라 부작용만 양산하고 있음을 한국은행이 발표한 2018년 2분기 경제통계가 여실히 보여주고 있다.

최근 법정 최저임금 인상으로 인하여 소득분배구조가 개선된 것도 아니다. 오히려 더 악화되었다. 통계청이 발표(2018. 5. 24)한 2018년 1분기 가계소득 자료를 보면, 2018년 1분기 5분위 배율(최상위 20%의 5분위 계층 평균소득을 최하위 20%의 1분위 계층 평균소득으로 나눈 값)은 5.95배로 1년 전(5.35배)보다 나빠졌다. 상기의 배수 5.95배는 2003년 관련 통계가 작성된 이후 가장 높은 수치이다. 5분위 배율이 클수록 소득 분배가 불평등하다. 또한, 가계소득 증가세는 이어졌지만 상위 20% 가계의 명목소득은 1년 전보다 9.3% 증가한 반면에 하위 20%의 명목소득은 8% 줄었다. 잘사는 20%의 소득 증가 폭이나 못사는 20%의 소득 하락 폭도 모두 역대 최대 규모이다.

둘째, 한국 고용시장의 88% 이상을 분담하고 있는 중소기업의 "한국 탈출 현상"은 고용 문제뿐만 아니라 제조업의 공동화(空洞化) 현상을 야기하여 대량실업을 유발할 가능성이 높다. 따라서 국내 산업공동화 가능성을 방지하고 고용 증대를 도모하기 위해서, 명실상부한 '유턴기업지원법'(2013년 6월, 국회 통과)을 개정하여 해외 대기업과 부품·소재를 공급하는 중소기업을 국내로 유인 및 복귀(re-shoring)시켜야 한다.

해외로 빠져나간 제조업체들의 10%만 국내로 돌아와도 약 29만 개의 일자리가 만들어질 수 있다(한국경제연구원의 보고서). 대한상공회의소가 발표한 '주요국 리쇼어링 동향과 정책시사점'에 따르면 지난 10년간 해외로 나간 국내 기업이 현지에서 만든 일자리는 2005년 약 53만 개에서 2015년엔 약 163만 개로 3배가량 늘었다.

한국경제연구원이 국내 복귀 30개 기업을 대상으로 설문조사한 결과, 절반의 기업들이 '유턴기업지원법'의 지원제도와 인센티브에 대해 만족하지 않았다. 특히, 이들 기업들이 느끼는 애로사항으로 노동시장 경직성(18.7%)과 높은 인건비(17.6%), 자금 조달의 어려움(16.5%) 등을 꼽았다.

참고로, 미국 트럼프 행정부는 규제를 '일자리를 죽이는 산업'이라고 부르며 보다 강력한 규제 완화를 예고하고 있다. 도널드 트럼프 대통령은 규제 한 개를 만들 때 두 개를 없애는 '원 인, 투 아웃'(One in, two out) 행정명령에 서명하기도 했다. 기업 법인세는 현행 35%에서 15%까지 인하할 예정이라고 발표했다.

또한, 일본의 아베 정부는 국가 전략 특구를 지정해 신산업 규제를 대폭 풀고 법인세를 낮춰서 경제에 활력을 불어넣는 데 성공했다. 이와 같이, 선진국 정부들은 한결같이 규제를 풀고 '기업 하기 좋은 환경'을 만들어서 외국 기업을 유치하고 해외로 나간 자국 기업까지 다시 불러들이는 데 온 힘을 쏟고 있다. 이 결과, 미국은 2017년 3월 실업률이 4.5%로 10년 만의 최저를 기록하고 있다. 또한, '아베노믹스'로 경제활동 분위기가 살아난 일본도 2017년 2월 실업률이 2.8%로 22년 만의 최저치를 기록하였고 일본 기업들이 일할 사람들을 찾아다니고 있다. 독일의 실업률은 3.8%에 불과하다. 심지어, '그리스 사태'로 얼어붙었던 유로 존의 평균 실업률은 2017년 6월 9.1%로 2009년 2월 이후 가장 낮은 수준이다.

셋째, 현재 100만 명을 넘는 청년실업자(청년 실업률 11.6%, 아르바이트/공시생을 포함한 확장 실업률 24%)에게 양호한 직장(Decent Job)을 제공하기 위해서는 적극적 노동시장정책, 직업교육훈련, 수습제도, 학습·근로 병행 교육, 공교육 정상화, 청년층의 주거 대책을 실시 및 도모해야 할 것이다. 현재, 유럽연합(EU)의 평균 고용률은 69%로 한국(65.3%)보다 높은 수준인데, 그 비결은 다음과 같다.

① EU는 적극적 노동시장정책은 고용정책과 사회정책을 연계하여 저(低)성장기에 고용주와 구직자의 경제적 부담을 경감함과 동시에 구직자가 빨리 노동시장으로 복귀할 수 있도록 독려한다. 또한 유럽연합고용서비스(EURES : EURopean Employment Services)와 같은 일자리 제공서비스를 강화하여 구직자에게 관련 정보를 빠르게 제공하고 구직자와 고용주(기업)의 부조화를 최소화하고 있다.

② EU는 취약계층의 고용률 제고를 위해 직업교육훈련에 집중하고 있다. 청년의 경우 수습제도와 함께 직업교육훈련을 병행하고 있다. 사실, 수습제도는 단기적으로 고용주의 입장에서 교육받을 근로자의 이직 가능성으로 인해 투자를 어렵게 한다. 그러나 장기적인 차원에서 고용주에게 이익이 될 수 있다. 특히 독일의 '이원화 교육'은 노동시장의 요구에 부합하는 지식 및 기술을 습득할 수 있도록 지원하고 청년이 노동시장에 진입하기 직전에 근로를 경험할 수 있게 한다.

따라서 한국의 사정에 맞는 학습·근로 병행 교육을 발전시킬 필요가 있다. 여기서 유의할 것은 '이원화 교육'이 발달한 국가일수록 청년고용률이 높고, 청년실업률이 낮다는 점이다. 특히 독일의 경우 '이원화 교육' 종료 이후 3년 이내에 실업상태에 놓이는 청년이 10%에 불과하다. 또한, 청년고용과 관련하여 정규직과 비(非)정규직 간의 '이원화 구조'를 축소하려는 노력이 필요하다. 여기서 유의해야 할 것은 임시직에서 정규직으로 이행이 어려운 노동시장의 '이원화'가 높은 청년실업률의 원인이라는 점이다. 사실, 국내 청년층 고용이 임시직에 편중되고, 처우가 열악하다는 점은 그만큼 정규직에 대한 보호수준이 높고, 임시직(비정규직)에 대한 보호수준이 낮다는 점을 의미한다. 이러한 상황에서 청년고용의 확대를 위해서는 비(非)정규직의 직장 안정성을 강화하고 정규직의 고용 및 해고를 유연하게 제도화해야 한다.

넷째, '국가재정의 건전성'은 두 가지, 즉 ① 지속적 경제성장(Sustainable Growth)과 ② 금융 자유화(Financial Liberalization)의 성공을 위한 필요조건이다. 우선, 전자(지속적 경제성장을 위한 필요조건)의 근거는 미국 NBER의 2012년 5월 보고서에 잘 서술되어 있다. 즉, 국가부채가 국내총생산(GDP)의 90%를 넘긴 국가들은 모두 20년 이상 저(低)성장을 기록했다는 것이다. 저(低)성장은 고(高)실업을 야기시킨다. 다음으로, 후자(금융 자유화를 위한 필요조건)의 근거로서 1982년 멕시코 금융위기와 1998년 아시아 금융위기 등을 들 수 있다. 즉, 국가재정의 불안정 기조하에서 금융자유화의 추진은 금융위기를 야기하였다. 따라서 '금융시스템의 안정성과 금융경쟁력 제고와 관련된 본질적 문제는 '국가재정의 건전성' 없이는 불가능하다. 또한, '복지 극대화'(Welfare Maximization)는 '국가재정의 건전성'의 제약조건 하에서 동태적으로 최적화(Optimization)해야 한다.

국가재정의 불(不)건전성을 야기시키는 주요 요인은 무엇보다 인기영합주의적 포퓰리즘(Populism)이라는 점이다. 왜냐하면 선거로 선출되는 정치인은 국가경제 전체의 장기적 관점보다는 투자 효율성이 떨어지더라도 득표를 목적으로 최대한 많은 정부예산을 확보하려고 하기 때문이다.

국가재정의 건전하를 위해서는 무엇보다도 정부의 인기영합적 재정지출('pork barrel', '무상·반값' 시리즈와 공짜 복지)을 지양하여 국가부채('국가부채' 2016년 1,433조 1,000억 원 = '국가채무' 2016년 627조 1,000억 원, 국민 1인당 1,224만 원의 빚 + 공무원·군인 연금의 충당부채 ; S&P의 전망 : 한국의 GDP 대비 국가부채 비율이 2040년 136%로 급상승하여 2050년에는 313%)를 감축함으로써 '국가재정의 건전성'(지속적 경제성장과 금융 자유화의 성공을 위한 필요조건)을 회복 및 유지한다.

국제신용평가회사 스탠더드앤드푸어스(S&P)가 발표한 '세계적인 고령화 2013 : 새로운 도전'이라는 보고서를 보면 한국의 GDP 대비 국가부채 비율이 2040년 136%로 올라가고, 2050년에는 313%까지 치솟을 것으로 전망했다. 그 요인은 고(高)령화와 저(低)출산으로 사회보장 지출이 급증하면서 2050년 노령인구 부양비율이 61%(14~64세 노동가능인구 100명이 65세 이상 노령인구 61명을 먹여 살려야 한다는 뜻)로 높아질 것이기 때문이다.

다행히, 한국의 GDP 대비 국가채무 비율은 38.3%(2016년 기준)로 경제협력개발기구(OECD) 회원국들의 평균 국가채무 비율, 116.3%보다는 상당히 낮은 편이다. GDP 대비 국가부채 비율이 100%를 넘는다는 것은 1년 동안 한 나라가 창출한 모든 소득을 합해도 국가채무를 다 갚을 수 없는 상황을 의미한다. 그러나 한국의 국가채무가 5년 사이에 두 배 가까이 될 만큼 증가 속도가 너무 빠르다. 그 요인은 급속하게 진행되고 있는 인구 고(高)령화 등으로 인해 복지지출이 확대되고 있기 때문이다. 게다가 향후 언젠가 통일로 인한 재정지출 급증 등을 고려할 때 국가부채가 급속히 증가할 가능성이 높다.

다섯째, 정부는 고(高)비용 사회구조(과다한 자녀 교육비와 주거비)를 혁파(革罷)한다. 이 문제를 근본적으로 해결하지 못한 상황에서는 내수 진작, 국가경쟁력 제고, 행복한 사회 등은 연목구어(緣木求魚)이다.

우선, 한국의 과도한 '자녀 교육비'와 관련하여, 핀란드와 독일의 교육제도를 벤치마킹할 필요가 있다. 핀란드와 한국은 모두 OECD 학업성취도평가에서 꾸준히 최상위권에 있는 교육 강국이다. OECD(경제협력개발기구)가 3년마다 실시하는 국제학업성취도평가(PISA)에서 한국과 핀란드 학생들은 최상위권이다.

핀란드 학생들이 PISA에서 높은 성적을 내는 요인은 교사 수준이 매우 우수(최소 석사 학위)하고, 학교가 학생 개개인의 수준과 흥미에 따라 창의성을 키워주는 맞춤형 교육을 하기 때문이다. 핀란드 아이들은 학교 안에서 공부를 끝낸다. 핀란드의 시험은 주어진 주제에 대해 자기 생각을 논리적으로 써 내려가야 하는 방식이다. 이와 반면에, 한국 학생들이 PISA에서 높은 성적을 내는 요인은 한마디로 쥐어짜기 때문이다. 한국 아이들은 학교 밖에서도 엄청난 시간을 공부한다. 한국의 시험은 달달 외우기, 문제 많이 풀기, 실수 안 하기를 가르치는 교육방식을 따른다.

최근 정부가 '2016년 초·중·고 사(私)교육비 실태조사 결과'를 발표했다. 핵심은 1인당 사교육비가 증가했다는 것과 사교육비 지출의 양극화 현상이 더욱 심화되어가고 있다(조선일보, 2017. 3. 24). 사실, 성적으로 줄 세우는 식의 대입 제도가 존재하고 점수 위주의 내신 성적이 반영되는 한, 사교육은 결코 줄어들지 않고 독버섯처럼 번지게 될 것이다. 대다수의 부모는 자녀가 명문대를 나와야 좋은 직장을 구하고 안정된 소득과 삶을 누릴 수 있다고 믿고 있다. 따라서 학교에서의 공교육만으로는 학생들을 만족시킬 수 없고, 교원 간의 실력에도 차이가 있어서 사교육 수요를 막을 수 없다는 것이 일반적 인식이다.

따라서 정부와 교육 당국은 머리를 싸매고 혁신적인 대학 입시 제도와 초·중·고교의 학습 방법 개선 방안을 마련하여 공교육을 정상화해야 한다. 그리고 학벌·학력 중심 구조의 근본적인 변화와 학력에 따른 심한 임금 차별 개선을 사회개혁의 차원에서 추진해야 한다. 이러한 사회를 건설하기 위한 벤치마킹 대상으로서 독일의 사회통념과 교육제도를 본받아야 한다.

독일경제는 탄탄한 중소기업들에 의하여 지탱되고 있다. 독일에서는 직업학교를 나와 중소기업에 취직해도 충분히 높은 소득을 올리고 '장인'(匠人)으로 사회적 대우를 받기 때문에 학벌에 따른 차별이 없다. 따라서 독일에서는 대학까지 모든 학비가 무료인데도 불구하고 대학 졸업자 비율은 29.6%에 불과하다(2016년 OECD 조사, 조선일보, 2017. 3. 22). 나머지 70%는 대학 졸업장 없이도 잘 살아가고 있다는 의미다.

독일 학생들은 초등학교 4학년을 마치고 대학 진학을 준비하는 인문계 학교(Gymnasium) 또는 실업계 학교로 나뉘어 진학한다. 독일통계청 자료에 따르면 대체로 초등학교 졸업자의 40% 정도가 인문계 학교(Gymnasium)를 택한다. 물론, 어떤 학교로 가든 적성에 안 맞으면 언제든 다른 방향으로 진로를 바꿀 수 있다. 독일에서는 원칙적으로 일종의 대입 자격시험인 '아비투어'(Abitur) 시험에만 합격하면 어느 대학이든 지원할 수 있고 입학이 가능하다. 입학 후에 타 대학, 타 전공으로 편입도 자유롭다. 단, 의학, 치의학, 제약학 등 일부 학과는 특성상 정원이 제한돼 있다. 정원보다 많은 학생이 지원할 경우 대학은 '아비투어'(Abitur) 성적과 자체 기준에 따라 학생을 선발한다. 따라서 기본적으로 사교육이 비집고 들어갈 틈 자체가 거의 없는 것이다.

이와 함께, 과도한 사(私)교육비와 함께, 한국사회의 고비용구조를 형성하는 또 하나의 주요 요인인 주거비 부담을 완화해야 한다. 미래에셋은퇴연구소의 조사결과(2016년 11월 서울·경기 및 6대 광역시에서 만 50세 이상 69세 이하 남녀 은퇴자 730명을 대상), 중산층 퇴직자들은 향후 자녀들의 결혼 자금(74.4%·중복 응답)과 주택 마련 자금(49%)을 가장 부담스러워 하는 것으로 나타났다. 결혼 자금(예식비, 혼수 등)으로 평균 6,300만 원 정도를, 주택 마련(전세 포함)에는 평균 1억 5,460만 원을 각각 도와줄 생각이라고 했다. 이것만 해도 2억 원이 넘는 돈이다. 이 부담은 중산층 퇴직자들이 쌓아둔 노후 자산의 30%가 넘는다(조선일보, 2017. 3. 23).

최근 주택시장에서 큰 구조적 변화가 일어나고 있다. 월세 비중이 급속히 확대되면서 다른 나라들처럼 월세가 임대 시장의 주요 점유 형태(2014년 기준 임대 가구 중 월세 비중 55%)로 새롭게 자리매김했다. 월세 비중 확대는 '저(低)출산·고(高)령화'라는 인구사회적 요소와 '저(低)성장·저(低)금리'라는 경제적 요소와 함께 나타나고 있는 현상이다. 청년층의 주거비 부담은 혼인율·출산율을 떨어뜨린다. 취업만큼 큰 고민이 바로 신혼집이라고 한다. 주거비 부담이 급증하고 가계부채가 늘면 가계의 가처분 소득이 줄어들고 이것은 소비 침체와 저(低)성장으로 이어진다.

여섯째, '최적 사회보장세'(Optimal Social Security Tax)의 도입 및 '사회보장기금'(Social Security Fund)의 축적 및 투자로 현행 '저(低)부담·저(低)급여'에서 '고(高)부담·고(高)급여'로 사회보장제도를 개혁하고 호주의 복지전달체계 '센터링크'(Centerlink)를 도입함으로써 정부주도의 '복지국가'(Welfare State)가 아니라 시장주도의 '복지사회'(Welfare Society)를 구현해야 할 것이다.

이와 함께, 세계 최저 수준의 합계출산율(인구 5,000만 명 규모에 1.21명)과 세계 최고의 '고령국가'(65세 이상 인구 비율 : 2018년 14%, 2026년 20%, 2050년 38.2%; 노령인구 부양비율 61%)에서 세계 최고수준의 노인 빈곤율(48.5%, OECD 평균 11.6%에 비하여 4배)과 세계 최고 수준의 노인(65세 이상) 자살률(10만 명당 82명, 미국과 일본의 노인 자살률보다 4~5배, OECD 평균의 3배)에 대비한 노후생활보장을 도모한다.

일곱째, 현행 중소기업 정책은 환골탈태(換骨奪胎)해야 한다. 현재 한국 정부의 중소기업 정책은 중소기업 연구개발(R&D) 투자, 대기업과 중소기업 사이의 임금 격차 해소 등에 포커스가 맞춰져 있을 뿐, 중소기업이 대기업과의 수평적 기술계열화로 상생(相生)할 수 있도록 유도하는 산업정책은 아니다.

따라서 '조립 완제품 대기업'과 '부품·소재 납품 중소기업'의 기술계열화에 기초를 둔 상호보완적 산업기술협력을 촉진하기 위한 조세 인센티브 제도 및 기술금융지원(시중은행의 기술신용대출 규모는 2017년 6월 기준 112조 8,172억 원으로 사상 최고치)을 효율화해야 한다.

물론, 대기업과 중소기업의 불공정한 관계는 항시 근절되어야 한다. 여기서 제기될 수 있는 의문은 수십 년 동안 수십조 원을 정부가 지원하는 중소기업 육성 정책을 추진해 왔었지만, 한국 기업의 99%를 차지하는 수많은 중소기업들 중에서 어느 한 개의 중소기업이라도 대기업으로 상향이동하는 데 성공한 사례가 전무(全無)하다는 것은 무엇을 의미하는가이다.

이에 대한 근본적 해결 방향은 대기업의 경영철학이 중소기업과의 상생(相生) 전략으로 바뀌어야 한다는 것이다. 즉, 경쟁력이 높은 협력 중소기업이 바로 대기업의 생존과 번영의 길이라는 것을 깊이 깨닫고 실천해야 한다는 것이다. 또한, 정부는 '무늬만 있는 중소기업 육성정책'을 요란하게 떠들 것이 아니라 세계적 경쟁력을 갖춘 부품 · 소재 기업을 육성하기 위한 대기업과 중소기업의 상호보완적 산업연관 관계를 맺도록 유도 및 장려해야 한다는 것이다. 이 전략의 유효성은 일본의 부품 · 소재 산업의 성공사례에서 찾아볼 수 있다.

여덟째, 기업은 가격경쟁력(임금, 금리, 환율, 유가, 물류비용 등) 및 비(非)가격경쟁력(품질, 운송, 디자인, 애프터서비스 등)을 제고하여 기업경쟁력(자원 및 역량, 프로세스 경쟁력, 품질경쟁력, 시장경쟁력, 고객성과, 시장성과, 재무성과)을 높여 궁극적으로 국가경쟁력(현재 24위)을 제고한다. 그렇게 함으로써 총요소생산성 향상에 의한 '질적 경제성장'과 고(高)부가가치 제품의 수출을 촉진하고 양호한 고용(Decent Job)의 창출 및 확대할 수 있다.

나아가, 새로운 '패러다임 시프트'(Paradigm Shift, 예로서 최근 TSV를 이용한 '3차원 LSI'가 등장)에 대응한 '파괴적 혁신'('저(低)비용형 파괴'와 '신(新)시장형 파괴')을 통하여 '퍼스트 무버'(First Mover)로서 신(新)상품 · 신(新)공정을 개발하여 연결될 수 있는 '기술 허브'를 구축해야 할 것이다.

신(新)성장 동력산업(특히 핵심 부품 · 소재 분야)에의 집중적 및 효율적 투자로 대(對)일본 기술의존을 탈피하고 '부품 · 소재 선진 강국'으로서 한 · 중 · 일 분업구조(현재 경쟁 구도 : 한국 : 삼성전자와 SK하이닉스 ; 일본 : 소니, 파나소닉 미쓰비시, 후지쯔, 히다치제작소 등 ; 중국 : 칭화유니그룹)에서 기술주도권을 확보해야 한다.

아홉째, 금융경제부문에서는 금 · 산(金 · 産) 분리 관련 규제(산업자본의 금융업 진출 규제, 금융자회사/손자회사의 타회사 출자 제한, 금융기관의 타회사 주식 보유 제한, 금융기관 의결권 제한)를 폐지하여 규모의 경제(Economies of Scale)를 추구한다. 이와 함께 미시경제적 금융감독(자본금 규제, 레버리지 비율 규제 등) 및 거시경제적 금융감독(경기대응 완충자본 제도 도입, 그림자 금융 규제, 금융기관의 보상체계 개선 등)을 강화한다. 금융감독기능의 정상화를 위해 금융정책(기획재정부)과 금융감독(의결기구로서 금융위원회와 금융소비자 보호기관으로서 금융감독원)을 분리하여 상호독립시킨다.

또한, 은행 및 자산운영회사를 비롯한 금융기관의 금융혁신을 통하여 국내 금융시장에서의 자본 축적을 도모한다. 즉, 퇴직연금기금(2016년 말 현재 147조 원), 한국의 공적 연기금(2,800억 달러로 세계 3위, GDP 대비 27.6%로 세계에서 가장 큰 공적 연기금), 단기 부동(浮動)자금(2017년 4월 말 기준으로 958조 원, 약 1,000조 원)을 안정적이고 매력적인 금융투자로 전환한다. 참고로, 2015년 가계금융복지조사에 따르면 60세 이상 가구주의 자산 대부분은 주택 같은 실물자산(82%)인 반면에 현금과 예금 등 금융자산(18%)은 미미하다.

한국예탁결제원(KSD) 증권정보포털시스템(SEIBro)의 다양한 증권발행정보(기업, 공공기관, 지방정부 등의 주식, 채권, 펀드, 파생결합증권, 전자단기사채, CP 등)를 활용하여 개인퇴직연금제도(IRP) 및 자본시장(장기 금융시장)의 활성화(상장 활성화, 벤처투자 화대, 신금융상품 개발 등)를 도모한다.

나아가, 글로벌 금융시장(한국의 금융시장 개방도 : 88.8%, OECD 32개 회원국 중에서 14위, 신흥 19개 국가 중에서 5위)에서 매력적인 해외투자펀드상품 개발하여 해외판매시장을 개척하고 아시아펀드 패스포드(ARFP), 아시아신용보증기구, 아시아채권펀드 등을 활용함으로써 자산운용산업(전체 자산운용 일임시장 규모는 2013년 3월 말 현재 351조 원, 2020년 중립적 전망의 경우 약 900조 원 규모로 각각 추산)의 국제화를 도모한다.

이와 함께, 한국의 대외 금융자산(2016년 말 기준으로 1조 2,397억 달러, 약 1,414조 원)을 효율적으로 투자하여 한국이 '아시아의 금융허브'로 발전할 수 있는 금융환경을 조성한다. 나아가 '원화 국제화'를 추진(2017년 외환보유액 : 3,369억 달러, 세계 7위)하고 '동아시아 경제공동체'(EAEC)의 실현을 위한 주도적 역할을 담당한다.

열째, 한국의 금융시장 개방도는 88.8%로 신흥 19개 국가들 중에서 5번째로 높은 수준이며, 외환보유액(2016년 기준으로 3711억 달러) 대비 단기외채 비율은 49.2%로 신흥국의 동 비율 평균수준인 44.0%를 상회하며, 일평균 외환거래량은 438억 달러로 신흥 19개 국가들의 평균인 1,292억 달러의 3분의 1 수준에 불과하다. 이 결과, 한국은 대외 충격에 극히 취약하다. 세계 경제의 불확실성이 커지고 국제금융시장의 변동성이 확대될 때, 국내경제 규모와 금융시장 규모가 상대적으로 협소하고 유동성 및 개방성이 높기 때문에, 글로벌 금융 변동성의 충격이 증폭될 수 있다.

한국의 주가 변동성과 환율 변동성(2012년의 경우 22.1%, 세계 주요 통화의 환율 변동성 평균 13.6%)이 극심해지고 있다. 따라서 금융 불안(주가 하락, 환율 상승, 주가 및 환율의 변동성 확대, 신용경색, 자금난 심화, 대외신인도 하락 등)을 제거하고 주가·금리·환율의 안정화를 도모한다. 나아가 금융산업경쟁력(IMD평가 기준으로 현재 30위) 및 국제금융센터발전지수(현재 24위)를 제고한다.

따라서 과도한 자본 유·출입에 대한 자본관리정책(CFMs), 즉 외국인 채권투자 과세 환원, 선물환 포지션 규제, 외환건전성 부담금 도입을 실시한다. 이와 동시에, 외환보유고 관리 프로그램을 가동하며 외은지점에도 동일하게 '외화유동성 비율 규제'를 적용한다. 현재 외환보유액 대비 단기외채 비율은 49.2%로 신흥국의 동 비율 평균수준인 44.0%를 상회, 일평균 외환거래량은 438억 달러로 신흥 19개 국가들의 평균인 1,292억 달러의 3분의 1 수준이다.

또한, 향후 금리상승 압력과 원리금 분할상환 시점 도래와 맞물리면 한국경제의 '시한폭탄'인 1,400조 원의 가계부채가 금융대란을 유발할 가능성이 잠재되어 있다. 따라서 한국의 금융불안의 주요한 요인인 천문학적 가계부채(2016년 12월 말 현재 1,344조 3,000억 원, 가구당 부채 평균 7,270만 원)를 감축한다. 이를 위해, '커버드 본드'(Covered Bond)의 활용과 미국의 원리금자동이체형·수익증권형 주택저당증권(Mortgage Pass-Through Securities)을 도입한다.

결론적으로, 상기한 기술-경제 패러다임에 대응한 신(新)성장동력산업 분야(특히 유망한 신소재 및 신부품)에 재(再)투자함으로써 상기 슘페테리언 테크노-경제발전 전략(Schumpeterian Techno-Economic Development Strategy: '기술 → 성장 → 고용 → 복지')와 최적 경제성장과 사회보장(Optimal Economic Growth and Social Security)을 반복한다. 상기한 동태적 발전 과정은 한국경제를 장기적으로 다음과 같은 안장점(鞍裝點, The Saddle Point)으로 유도할 것이다.

(1) 성장·고용·분배의 동태적 일반균형(Dynamic General Equilibrim)하에서 금융부문(단기금융시장, 자본시장, 외환시장, 파생금융상품시장) 및 실물경제부문(경제성장, 설비투자, 고용, 수출, 수입 등)의 상호보완적 균형발전이 이루어질 것이며, 또한 왈라스 일반균형(Walrasian General Equilibrium) 모형에서 파레토 최적(Pareto Optimum)과 사회적 최적(Social Optimum)이 결합될 것이다.

(2) 자유민주주의 정치체제 및 자유시장제도의 경제체제 하에서 타인의 침해를 받지 않는 자연권(自然權)으로서 자유(自由, 인간의 존엄성·자율성·창의성을 위한 자연권, 즉 개인의 생명, 신상, 사유, 재산에 관한 권리)와 평등(平等, '기회균등'과 공정, 기본적 생활권으로서 다섯 개, 즉 ① 고용, ② 교육, ③ 주택, ④ 의료, ⑤ 연금의 보장)이 상호보완적으로 융합(Immanuel Kant의 「실천이성 비판」(1788년); John Rawls의 「정의론」(1971년))될 것이다.

(3) 신(新)실용주의(Neopragmatism)의 목적적 가치인 '정의로운 국가'(A Justice-based State)와 '행복한 사회'가 건설될 것이다. 즉, 맹자(孟子, BC 372~289)의 '무항산 무항심(無恒産 無恒心論)', 아담 스미스(Adam Smith, 1723~1790)의 「도덕감성론」(1759), 존 롤스(John Rawls, 1921~2002)의 '차등의 원칙'(The Difference Principle)에 의한 '최소 수혜자의 최대 이익', 칼 포퍼(Karl Popper, 1902~1994)의 '최대다수의 최소고통'이 실현됨으로써 경제적 효율성(Economic Efficiency)과 사회적 정의(Social Justice)가 공존할 것이다.

그림 7-1 신(新)실용주의 철학 : 시장자본주의에서 인본(人本)자본주의로 지향

고전적 금융자본주의(세계 대공황 이전 : 19세기 후반~1920년대)
- 1914년 Clayton Act (경쟁기업 인수 제한, 담합행위 제재)
- 1933년 Glass Steagall Act (상업은행과 투자은행의 기능 분리)
- 1938년 Chandler Act (투자은행 주도의 기업구조 재편 제한)

→ 세계 대공황(1929~1939)
* 미국의 Smoot Hawley Tariff Act→보호무역주의 확산

고전적 자유주의와 고전학파 경제이론 (↑ 고전적 금융자본주의)
- John Locke, Herbert Spencer, John Stuart Mill 등
- Adam Smith : 「도덕감성론」(1759년), 「국부론」(1776년)
- Thomas Robert Malthus : 「An Essay on the Principle of Population」(1790년)
- David Ricardo : 「Principles of Political Economy」(1820년)
- Karl Marx : 「자본론」(1883년)

적극적 자유주의와 케인지언 경제이론 (↑ 세계 대공황)
- John Maynard Keynes : 「The General Theory of Employment, Interest and Money」(1936년)
- James Tobin
- Joseph Stiglitz
- Paul Krugman
- Thomas Summers

→ Stagflation(경기침체+물가상승)과 '쌍둥이 적자'(재정적자+무역수지 적자)

신(新)고전학파 경제이론과 신(新)자유주의(자본주의 3.0)
- Alfred Marshall : Principles of Economics(1890년)
- Leon Walras : General Equilibrium Analysis(Elements of Pure Economics, translated by William Jaffe, Homewood, Ill : Irwin, 1954년)
- Paul A. Samuelson : Foundations of Economic Analysis(1947년)
  * 고전학파 경제이론과 케인즈 경제학이론의 통합
- Friedrich A. Hayek : 「The Constitution of Liberty」(1960년) "The Mirage of Social Justice.", 「Law, Legislation and Liberty」(1976년)
- Milton Friedman : 「Capitalism and Freedom」(1962년), 「Free to Choose : A Personal Statement」(1980년)
- Ludwig von Mises

→ '신(新)고전학파 경제이론의 위기'(Joan Robinson, 1972년)
- 제1위기 : 대량실업 발생
- 제2위기 : 분배구조 악화와 양극화 심화

→
- 미국 금융위기
- 유럽 재정위기
- 글로벌 경제위기

↓
- 美 Reaganomics : 시장의 자율성, 작은 정부, 정부규제 완화, 세금인하 등
- 英 Thatcherism : 공기업 민영화, 노조파업 근절

↓
- Oswald Spengler : 「서양의 몰락」(1918~1922년)
- Arnold Toynbee, 「역사의 연구」(1934~1954년)
- Daniel Bell, '서구사회의 역사적 위기'
- 나오미 오레스케스 · 에릭 M. 콘웨이, '서양 문명의 붕괴'
- John Naisbitt, '미국 파워의 퇴조'
- Francis Fukuyama, '미국 주식회사의 몰락'
- 라비 바트라, '미국 비즈니스 제국의 몰락'

독점 자본주의

정보통신혁명

자본의 세계화 전략 :
생산의 국제화(Global Imbalance)
금융자유화, 자본자유화

↓

신(新)금융자본주의(1980년대 이후~2008년 하반기 글로벌 금융위기) :
20여 년 동안 '대완화'(Great Moderation)에 의한 '황금기'

- 영국의 금융빅뱅(1987년)
- 금융의 펀드화 · 복합화(신용파생상품화) · 글로벌화
- 헤지펀드 등을 중심으로 그림자 금융(Shadow Banking)
- BASEL I의 지기자본 규제 제외하고 개별 금융기관은 자율적으로 리스크 관리 허용
- 1980년 통화관리법(예금은행 이자율 상한제 폐지)
- 1982년 예금취급 금융기관법(예금금리 규제의 완전 철폐, S&L의 상품취급 업무에 대한 제약 해제, 비상업용 주택 담보 대출→상업용 부동산, 개인 소비 대출 허용)
- 1996년 금융 감독규제 완화법(은행과 증권업의 겸업 확대 허용)
- 1999년 금융서비스 현대화법(Gramm-Leach-Bliley Act) : 1933년 Glass Steagall Act(상업은행과 투자은행 기능 분리)의 폐지(금융업무의 확대와 겸업 허용, 금융지주회사 근거 조항 마련)

↓

글로벌 금융위기 후의 글로벌 트렌드

1) 부채 축소 (Deleveraging)
2) 규제 강화 (Reregulation)
3) 탈(脫)세계화 (DeGlobalization)

논쟁 : 시장 실패vs정부 실패 : 큰 정부vs작은 정부 : 시장 자본주의vs국가 자본주의

- Milton Friedman vs James Tobin / Joseph Stiglitz
- Niall Ferguson vs Paul Krugman
- Thomas Summers vs Ben Bernanke
- Nicholas Gregory Mankiw vs Thomas Piketty
  - * Paul Krugman : 「The Return of Depression Economics」(2009년)
  - * Joseph Stiglitz : 「Free Fall : America, Free Markets and the Sinking of the World Economy」(2010년)
  - * Thomas Piketty : 「Capital in the 21st century」(2012년)
  - * 중국의 '국가 자본주의'(State Capitalism)

→

지구촌 문화 공동체(Global Cultural Community)을 위한 사상적 배경

- 고대 중국의 儒家 : '大同社會'(康有爲, 1858~1927;大同書)
  고대 서양 정치철학 : 'Hermeneia' 현대 서양철학 : 세계시민주의(Cosmopolitanism)
- 엘리기에리 단테(Alighieri Dante, 1265~1321) : '세계정부의 이상'(Monarchia) : '보편군주제 하의 세계제국론'
- Immanuel Kant(1724~1804) : 「영구평화론」(Zum ewigen Frieden) : '세계공화국'
- Bertrand Russell(1872~1970) : '정치적 세계공동체'
- Samuel P. Huntington, "The Clash of Civiligations?"(1993년)
- M. Humbort, 「The Impact of Globalization on Europe's Firms and Industries」(1993년)
- Paul Kennedy, 「Preparing for the 21st Century」(1993년)
- Alvin Toffler, F 「War and Anti-War」(1993년) : '초국가적 시민사회'
- Nouriel Roubini : 「Crisis Economics」(2011년)
- Peter Drucker : 「Post-Capitalism Society」(1933년), 「The New Society」(1949년), 「The New Realities」(1989년)
- John Naisbitt : 「Megatrends」(1982년), 「Megatrends 2000」(1990년), 「Megatrend Asia」(1995년), 「Megatrend China」(2010년)
- Kenneth Ewart Boulding : 「The Meaning of the 20th Century : The Great Transition」(1964년)

〈인류사회의 당면과제〉

- 에너지 · 환경의 위기
- 식량 위기
- 핵무기 위기
- 종교 · 문명의 충돌
- IS 테러

↓

林陽澤(1981, 1985, 2007, 2008, 2011, 2013, 2014) 및 Yang-Taek Lim(1978, 2006, 2007, 2010, 2011, 2012)
신(新)실용주의 철학 (Neopragmatism)의 목표 : 인본(人本) 자본주의 (Anthropocentic Capitalism)('정의로운 국가와 행복한 사회')

- 일반균형(파레토 최적)과 사회정의(사회적 최적)
- 시장질서(경쟁원리)+사회질서(보충원리)
- 경제성장+소득분배(복지)
  1) Joseph A. Schumpeter : 「Capitalism, Socialism and Democracy」(1943년)
  2) John Kenneth Galbraith : 「The Affluent Society」(1958년), 「The New Industrial State」(1967년), 「Economics and Public Purpose」(1973년)
  3) John Rawls : 「Theory of Justice」(1971년), 「Political Liberalism」(1993년)
  4) Francis Fukuyama : 「Trust」(1996년)
  5) Bo Rothstein : 「Just Institutions Matter : the Moral and Political Logic of the Universal Welfare State」(1998년)
  6) Joseph Stiglitz : 「Making Globalization Work」(2006년)
  7) Jeffrey Sachs : 「Common Wealth : Economics for a Crowded Planet」(2008년)

그림 7-2 글로벌 금융 패러다임의 변화와 한국 금융산업의 발전전략

최근 글로벌 금융 패러다임의 변화

- 2008년 하반기 글로벌 금융위기 후 과거 금융 패러다임의 붕괴
- 금융기관의 역할에 대한 기본시각의 변화
- 금융산업 환경의 변화
- 글로벌 금융 규제·감독의 개혁
  - 미시경제적 건전성 규제
  - 거시경제적 건전성 규제
- 한국의 금융국제·감독시스템의 개선방향

↓

한국 금융산업의 메가 트렌드의 현황 및 개선과제

1. 자산시장(단기 금융시장)
   - 콜(Call)시장
   - 양도성예금증서(CD)
   - 판매조건 채권매매(Repo)시장
   - 신용파생금융상품시장
   - 펀드시장
2. 자본사항(장기 금융시장)
   - 전통적 자본시장(주식·채권·연기금·국부펀드·기관투자자)
   - 대체자산시장
   - 사모펀드시장
   - M&A 시장
   - 헤지펀드 시장

국내 금융불안의 요인과 금융위기 대비책

- 한국 금융의 높은 불안전성 원인
  - 금융시장 개방도가 높다(OECD 32중에서 14위).
  - 금융부분의 대외의존도가 높다(외환 및 주식시장에서 외국인 거래 비중이 크다).
  - 금융부문 경쟁력 순위 30위로 국가 경쟁력 순위(23위)보다 낮다(IMD).
  - 은행 총 외채 중에서 단기외채 비중(64%~73%)이 높다.
  - 1997년 하반기 외환위기와 2008년 하반기 글로벌 금융위기의 비교
  - 한국의 '불확실성 함정'과 향후 금융위기 발생 가능성
- 금융불안에 대한 거시경제적 정책방향

1. 외국인 주식 및 채권 투자자금이 일정 수준(과거 외국인자금 유입기간 총유입액의 평균+표준편차)이상 유입 시 '조건부/금융거래세' 자동적으로 부과하되 외국인 자금이 순유출될 경우 자동적으로 중단

* Tobin Tax 혹은 가변예치 의무제는 모든 자본거래(유·출입)에 적용되고 대외신인도 저하를 초래

2. 취약한 금융시장(특히 외환·자본시장)의 체질개선
3. 외환시장 : 외환거래 저변을 제2금융권(증권·보험 등)의 은행 간 외환거래 참여 여건을 조성 및 유도(FX마진 거래를 국내통화 선물거래로 유도), 자본시장 : 장기채권시장
4. 외화 유동성 및 외화 레버리지 비율 규제 도입
5. 기업금융전문 대형 금융기관을 육성하여 중소기업 신용평가 기능을 강화하고 시중자금의 산업자금화로 유도(장기투자 상품개발)

- 한국발 금융위기 대비책
  - 은행위기
  - 가계부채 감소 유도(원리금 자동이체형·수익증권형 주택저당 담보부 증권 발행)
  - 외환위기
  - 외은지점에 동일한 외화유동성 비율 규제 적용
  - 외화유동성 관리 프로그램(총외채 및 외환보유액을 항시 점검)
  - 과도한 자본유입에 대한 자본관리정책(CFMs)
  - 통화 스왑
  - 원화 국제화
- 금융불안지수(FSI)에 기초한 '조기경보 시스템' 구축

자료 임양택, 「글로벌 금융 패러다임의 변화와 한국 금융산업의 발전방향」, (사)아시아평화경제연구원, 연구총서 NO. 8, Summer 2013.

노후 노득보장을 위한 퇴직연금기금 및 국민연금기금과 자산운용산업의 발전 방향

1. 퇴직연금제도(2016년 말 적립금 : 147조 원)
   * 멜버른–머서 글로벌 연금 인덱스(MMGPI) : 한국은 18개국 16위, D등급
   - 선진국(미국·호주·일본)의 퇴직연금 제도
   - 호주 슈퍼에뉴에이션과 한국 퇴직연금제도의 비교
   - 개혁 방향 : 기금형 퇴직연금제도 도입 및 확정기여형
     – 퇴직연금(DC형) 활성화 : 2016년 말기준으로 DB형(100조 원, 67.8%) → DC형(34조 원, 23.2%)
2. 국민연금(2017년 12월 현재 785.3조 원을 조성, 연금급여로 164조 원 지출, 나머지 622조 원(99.9%)을 금융자산에 투자하여 연평균 6% 수익률)
   - 연금기금의 고갈 시기 예측 :
     – 국회예산정책처 : 2053년
     – 2008년 재정추계 : 2060년
   - 국민연금기금의 중·장기 자산운용전략
   - 국민연금기금의 투자전략
3. 자산운용산업
   - 증권정보포털 시스템(SEIBro)
   - 국제화의 필요성·목표 및 추진전략
   - '아시아지역 펀드 패스포트'(ARFP)의 활용방안
4. 기술금융제도
   - 기술신용 대출은 "무늬만 기술금융"
   - 벤처투자의 높은 공공의존도('한국모태펀드')
   - IPO에 대한 인수·합병(M&A) 비중 : 10.3%
     * 미국 : 97.0%, 유럽 : 95.8%, 중국 : 22.9%
   - 최적 경제성장과 사회보장 모형(임양택 : 1981, 2007, 2011a, 2011b, 2012, 2014; Lim, Yang Taek : 1978, 2000, 2010)

→ **단·중기**

'복지사회'의 건설
(임양택, 2011 및 2018)

한국 금융산업의 발전방향

- 금융발전의 결정요인
- 금융시스템 발전의 기본방향
- 금융부문과 실물부문의 연계와 균형발전
- 금·산 분리 관련 규제
  – 주요 선진국의 금산융합 사례
  – 한국의 관련 규제 개혁
- 금융지주회사 도입
- 은행산업의 경쟁력 강화
- 은행산업의 국제화
- 금융산업의 발전과 기술금융제도의 개혁
  – 기술평가시스템의 개선
  – 기술평가등급 제공과 기술평가인증제도
  – 기술정보 및 기술평가정보 인프라 구축
- 중소기업 금융지원제도의 개혁

→ **장기**

한국 : '아시아의 금융허브'

2000년 치앙마이 이니셔티브(CMI) → 2009년 치앙마이 이니셔티브 다자화(CMIM)

2008년 아시아신용 보증기구 + 아시아 채권기술 (Asian Bond Fund)

주제별 요약

1. 글로벌 금융 패러다임의 변화와 한국 금융감독시스템의 개혁 방향

2008년 하반기 글로벌 금융위기의 여파로 글로벌 금융 패러다임의 변화는 크게 세 가지, 즉 ① 부채 축소, ② 탈(脫)세계화, ③ 자본금/유동성/레버리지에 대한 규제 강화이다. 이에 따른 한국 금융산업의 주요 메가 트렌드로서 다섯 가지, 즉 ① 금융기관 중심에서 금융시장 중심으로 변화, ② 금융기관의 대마불사(大馬不死)가 아니라 도산 가능, ③ 전자금융, ④ 종합금융, ⑤ 국내 금융/자본 시장에서 외국자본계와의 경쟁 격화를 들 수 있다.

표 7-1 금융의 과거와 미래

시기	1950~1990년대 중반	1990년대 중반~금융위기	미래 10년
금융의 기능	금융중개	금융상품 관리/중재자	금융중개기능 再강조
부채 및 자산 형태	• 가계로부터 수신 • 기업으로 여신	• 도매금융시장에서 자금차입 • 가계여신+파생상품 투자	• 가계수신 강조 • 모기지/파생상품 투자 축소
수익구조	NIM(순이자마진)	수수료+자기자본투자(PI) 수익	NIM(순이자마진) 중시
규제	업종별 칸막이 규제	• 규제 완화 • 상업은행 자기자본 규제	• 규제 강화 • 자기자본 규제+시스템 규제
금융과 실물의 관계	• 금융의 실물 보조 • 실물중심 경제성장	• 금융의 독자적 발전 • 금융부문의 성장이 실물부문의 성장을 추월	• 금융 및 실물의 연관성 강화 • 금융의 독자적 성장세 억제

자료 김용기(2009), "금융 패러다임의 변화, 과거 10년과 미래 10년", SERI 경제포커스 제243호, 삼성경제연구소, 5. 19.

1) 금융개혁의 필요성

금융개혁(Financial Reform)이 필요한 이유는 금융혁신(Financial Innovation)을 통하여 금융시스템의 안정성과 금융기능의 효율성을 도모하고 현재 세계 30위(IMD평가)인 금융산업경쟁력(이와 대조적으로 국가경쟁력은 23위)을 제고하기 위함이다.

일반적으로 금융혁신(Financial Innovation)의 유형은 상품혁신, 과정혁신, 조직혁신으로 분류할 수도 있다. 상품혁신(Product Innovation)은 옵션, 선물, 주택저당채권, 무이표채권 등 다양한 파생금융상품을 만드는 것이다. 과정혁신(Process Innovation)은 금융서비스를 보다 편리하게 저렴한 비용으로 자금을 조달할 수 있도록 하는 전자단기사채제도(CD) 도입, 전자자금이체 등과 같은 프로세스 혁신을 의미한다. 조직혁신(Organization Innovation)은 보다 질 좋은 금융서비스를 제공하기 위한 머니 마켓펀드(MMF : Money Market Fund) 등과 같이 간접금융으로 인한 높은 금융비용을 유발하는 금융구조를 소액 투자자들이 투자자금을 모아 거액으로 만들어 직접 투자하여 보다 높은 수익을 창출할 수 있도록 금융투자 환경을 바꾸는 것이다.

상기한 금융개혁(Financial Reform)을 위해서 한국의 금융 규제·감독 시스템은 다음과 같은 기본방향으로 개선되어야 할 것이다.

- 시장효율과 금융안정의 균형
- 금융발전과 실물성장의 균형
- 은행과 자본시장, 중개기관과 투자기관 규제의 균형
- 금융소비자 보호와 자기책임투자 원칙의 균형
- 미시감독과 거시감독의 균형, 권역별 감독과 기능별 감독의 균형

상기한 기본방향 하에서, 한국의 금융 규제·감독시스템은 국제적인 건전성 규제의 강화 추세에 따라 다음과 같은 정책과제를 추진해야 할 것이다.

- 금융회사의 추가적인 자기자본 확충
- 경기순응성 완화 및 유동성위험의 관리 강화
- 규제차익의 제거와 규제 사각지대에 대한 감독 강화
- 금융겸업화 및 그룹화에 대응한 기능별 감독체제의 확립
- 자본시장의 효율성 제고
- 거시경제적 건전성 금융 감독 및 시스템 리스크 대응 체제의 확립

표 7-2 한국 금융시장의 구조

금융시장	금융시장	자금시장	콜(Call)시장	담보콜/무담보콜
			환매조건부 채권 매매(Repo)시장	한국은행 Repo, 기관간 Repo
			양도성예금증서(CD)	은행CD, 개인CD
			전자단기사채(CP)	단기채무증권(Short Term Securities)
			기업어음증권	자본시장법상 기업어음증권
		자본시장	채권시장	국채
				지방채
				회사채
				금융채
				특수채
			통화안정증권시장	통화안정채권
			자산유동화증권시장	ABS(자산유동화증권), MBS(주택저당 담보부 증권)
			주식시장	주식(상장주식 및 비상장주식을 모두 기재)
			집합투자증권시장 (투자펀드)	MMF(Money Market Fund)
				뮤추얼펀드(Mutual Fund)
				수익증권 • 상장지수펀드(ETF : Exchange Traded Fund) • 주가연계펀드(ELF : Equity Linked Fund) • 기타수익증권
	외환시장	외환시장	외환시장	환율변동에 따른 외화매매 거래시장
	파생시장	파생금융 상품시장	주식관련시장	선물(Forward Market)/선도(Forward Contract) 옵션(Options) 스왑(Swaps)
			금리관련시장	
			통화관련시장	
			신용파생시장	신용파산스왑(CDS : Credit Default Swaps)
				총수익스왑(TRS : Total Return Swaps)
				신용연계증권(CLN : Credit Linked Notes)
				합성 담보부 증권(CDO : Synthetic Collateralized Debt Obligations)
			파생결합증권시장	주식워런트증권(ELW : Equity Linked Warrants)
				주가연계증권(ELS : Equity Linked Securities)
				기타 파생결합증권(DLS : Derivatives Linked Securities)

자료 임양택, 「글로벌 금융 패러다임의 변화와 한국 금융산업의 발전방향」, (사)아시아평화경제연구원, 연구총서 NO. 8, Summer 2013.

표 7-3 거시경제적 건전성 및 미시경제적 건전성 금융 규제 및 감독의 관점 비교

구분	거시경제적 건전성 규제 및 감독	미시경제적 건전성 규제 및 감독
목적	금융시스템 위기 억제	개별 금융기관 부실화 억제
최종 목표	GDP 가소 회피	소비자(투자자/예금자) 보호
위험의 성격	집단행동으로 발생(내생적)	개별 금융기관 행위와 무관(외생적)
상호연관성	중요	무관
감독체계	시스템 전체 관점 : 하향식	개별 금융기관 관점 : 상향식

자료 Borio, C.(2009), Implementing the Macroprudential Approach to Financial Regulation and Supervision, Financial Stability Review, Vol. 13, pp. 31~41.

그림 7-3 거시경제적 건전성 금융 감독과 미시경제적 건전성 금융 감독의 비교

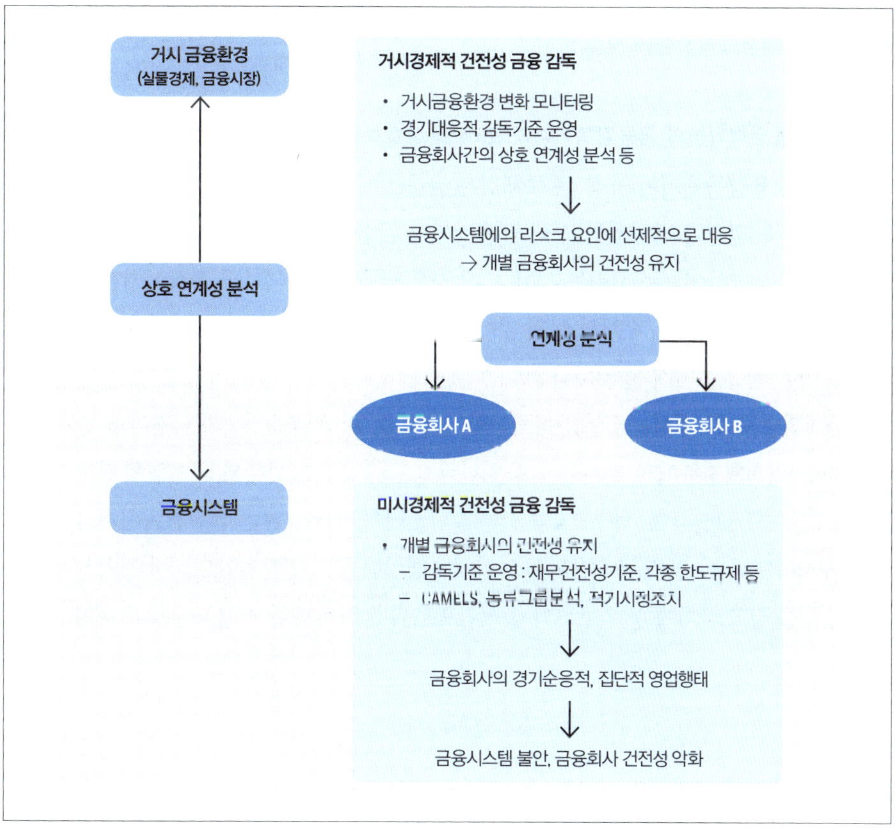

또한, 글로벌 시대에 걸맞게 법과 제도를 정비하여 국내 금융시장과 산업이 세계적 경쟁력을 갖추도록 해야 할 것이다. 국내 금융산업 경쟁력 확보를 위한 정책방안은 다음과 같다.

① 자본시장통합법은 은행시장과 자본시장의 연계성 강화와 기업의 자금조달 구조 다양화를 초래함으로써 금융산업의 균형발전에 크게 기여할 것으로 예상된다.
② 바젤협약의 도입은 은행산업의 국제 경쟁력과 신인도 확보에 매우 중요한 역할을 담당하게 될 대단히 중요한 제도적인 변화이다.
③ 금융감독 행태의 원칙 중심 금융감독 패러다임으로 전환해야 된다. 이것은 또한 국제적인 추세이기도 하다.
④ 금융회사의 신규 인허가 문제와 관련하여서는 진입과 퇴출의 억제 혹은 자유화에 따라 발생할 수 있는 과당 경쟁, 혼란 등 시장의 혼선 가능성에 대해서 종합적으로 고려해야 한다.
⑤ 한국의 금융회사가 글로벌 경쟁력을 갖추기 위해서는 선진 금융서비스를 제공할 수 있는 전문인력을 양성해야 한다.

2) 금융감독시스템의 개혁 방향

(1) 금융정책기능과 금융감독기능의 분리 및 상호독립

현행 금융감독체계의 가장 큰 문제점은 금융정책과 금융감독을 단일 기구가 수행하도록 한다. 즉, 선진국의 사례와 같이 금융정책과 금융감독을 분리하여 금융정책 기능을 단일기관에 통합하여 귀속시키는 것이다. 이 경우 금융정책당국과 금융감독기관은 상호독립적으로 각자의 업무를 수행하게 될 것이며, 이와 동시에 정책과 감독의 실패에 대해서는 각각 분명한 책임을 지게 될 것이다.

구체적으로, 본 저서는 금융감독기능의 정상화를 위해 금융정책과 금융감독을 분리하여 전자는 기획재정부에게, 후자는 금융위원회(의결기구로서 금융감독)와 금융감독원(금융위원회의 보좌기구와 금융소비자 보호기관으로서 금융감독을 집행)에게 각각 맡기는 금융감독체계의 개혁방안을 제시하였다. 이 경우, 금융감독원은 한국은행처럼 공익 민간법인으로서 정치적 독립성과 중립성을 갖고 국회에 정기 보고와 출석함으로써 국민에 대한 책임성을 갖게 된다.

그림 7-4 한국 금융감독체계의 개편방안

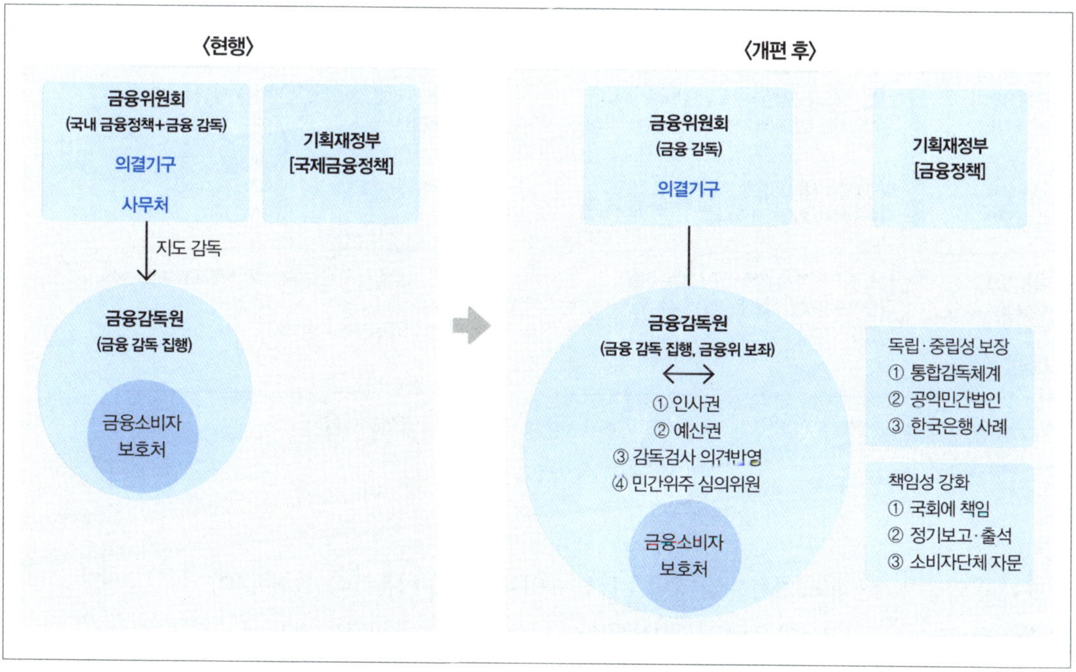

(2) 금·산(金·産) 분리에서 금·산(金·産) 융합으로 개편

선진국(미국, 유럽, 일본 등)의 금융과 산업의 융합처럼, 한국의 현행 금·산(金·産) 분리 관련 규제(산업자본의 금융업 진출 규제, 금융자회사/손자회사의 타회사 출자 제한, 금융기관의 타회사 주식 보유 제한, 금융기관 의결권 제한)를 폐지하여 '규모의 경제'(Economies of Scale)를 추구해야 한다.

현행 국내 금·산(金·産) 분리 관련 규정은 공정거래법, 금융지주회사법 및 개별금융업법 등 12개 법률 48개 규제에 걸쳐있다. 금·산(金·産) 분리 규정의 목적은 금융기관을 통한 사(私)금고화를 방지하고, 자산운용의 건전성을 도모를 위해 금융과 산업의 상호 투자를 금지 또는 제한하고 경제력 집중을 방지하겠다는 것이다.

그러나 한국 정부는 상기 목적에만 주안을 두고, 은행·보험·증권 등 금융권역 간 규제의 차이를 고려하지 않은 채, 시스템 리스크가 낮은 보험·증권 지주회사에게 은행에 준하는 규제를 엄격히 적용하고 있다. 이 결과, 은행 지주회사는 은행업 비중이 총자산 기준으로 85~95%에, 증권지주회사의 증권업 비중이 90%에 각각 달해 금융지주회사들의 주력부문 편중현상이 지속되고 있다. 또한, 은행 지주회사의 주력인 은행이 수익획득에 용이한 예

표 7-4 금·산(金·産) 분리 관련 규제의 개선방향

구분	단기과제	중·장기 과제
금융기관 진입규제	• 산업자본의 은행지분 한도 상향(4%→15%) • 신사업진출 시(인터넷 은행 등) 은행업 예외적 허용	• 감독체제 정비를 전제로 한 산업자본의 금융산업 진출규제 폐지
지주회사 관련 규제	• 일반지주회사의 비은행 자회사 소유 허용 • 금융자회사/손자회사의 타회사 출자 제한 폐지	• 금융권역별(은행/증권/보험) 지주회사 규정 마련
금융기관 주식소유 제한 및 의결권 제한	• 단순 투자목적 시 계열사 주식보유 허용 • 금융기관 의결권 제한 완화(15%→30%)	• 금융기관의 타회사 주식 보유승인제 완화(실질적 지배요건 삭제 등) • 금융기관 의결권 제한 규정 삭제

자료 권혁민(2008), 「금융산업 경쟁력 강화를 위한 금산분리 관련규제의 개혁방안」, 규제개혁시리즈 8, 전국경제인연합회, 10월.

금과 대출 업무에 치중하고, 자회사 간 겸업을 통한 수익 다각화가 미흡하여 비(非)이자수익 비중이 22~25%로서 선진국의 은행 지주회사의 상기 비중 50~70%에 비해 크게 낮다.

선진국의 경우 산업자본의 금융기관 소유 현황을 보면, 유럽·일본은 특별한 제한을 두지 않고 있다. 유럽이나 일본의 경우 자유롭게 산업과 금융업이 융합되어 있으며, 인터넷 전문은행이나 유통서비스와 금융업이 융합되는 새로운 형태의 금융서비스가 활성화되어 금융산업의 발전이 촉진되고 있다.

미국의 경우 은행에 대해서는 산업자본의 소유를 규제하고 있으나 은행 외 금융기관에 대해서는 규제하지 않고 있다. 즉 실질적으로 은행의 기능을 하는 산업융자회사(ILC)는 산업자본을 소유할 수 있도록 함으로써 미국도 다양한 형태의 금융-산업 복합 그룹이 운영되고 있다. 예로서, 미국의 보험지주회사 및 증권지주회사의 경우 산업자본에 대한 투자제한이 없어 전력에너지 등 첨단 산업에 적극 투자하는 등 금융기관의 자금이 자연스럽게 일반 산업으로 유입될 수 있는 여건이 마련되어 있다. 참고로, GE의 경우처럼 금융업과 일반기업을 중간지주형태로 분리운영하더라도 그룹 내에서 최대한 시너지 효과를 내고 있다.

전술한 한국 정부의 과도한 금·산(金·産) 분리 규제가 다음과 같은 크나큰 부작용을 안고 있다는 점을 지적한다.

첫째, IT기술의 발달로 인해 인터넷 전문은행의 등장, 대형 할인마트의 네트워크를 활용한 소위 슈퍼마켓 뱅크 등 금융산업은 새로운 영역으로 발전하고 있으나 한국은 금·산(金·産) 분리 관련 규제로 인해 이러한 기회를 활용할 수 없다. 참고로, 영국의 세인스베

리·TESCO, 일본의 세븐뱅크·이온뱅크 등 주요 선진국에서는 유통업과 금융업의 융합으로 높은 시너지효과를 내고 있으며, IT산업의 발달로 통신·인터넷 등과 결합된 새로운 형태의 금융업(인터넷전업은행 등)도 활발히 운영되고 있다.

둘째, 금·산(金·産) 분리 관련 규제로 인한 국내 자본의 투자 제약으로 외국 자본의 국내 금융기관 잠식이 심화되고 있다. 1997년 하반기 외환위기 이후 국내 주요 은행의 주요 주주가 외국인으로 바뀌면서 국부 유출 문제가 제기되어 왔다.

셋째, 국내 금융지주회사 제도는 지주회사의 경쟁력 강화보다는 경제력 집중 억제의 성격이 강하다. 공정거래법은 일반지주회사와 금융지주회사를 엄격히 구별하여 규정하고 있고, 지주회사의 경우 금융자회사와 비(非)금융자회사를 동시에 소유할 수 없도록 규정하고 있다. 따라서 금융지주회사는 자회사의 타회사 주식소유가 엄격히 제한되어 금융회사 자산의 효율적 운용이 저해되고 있다.

넷째, 국내 금융지주회사 제도는 은행·보험·증권 등 금융권역 간 규제의 차이를 고려하지 않아, 시스템 리스크가 낮은 보험 증권 지주회사의 경우에도 은행에 준하여 엄격히 규제하고 있다. 물론, 미국에서도 엄격한 금·산(金·産) 분리 관련 규제가 존재하지만, 보험, 증권 지주회사의 경우 산업회사에 대한 투자 및 지배에 제한이 없어 시너지 효과가 높은 산업에 대한 투자가 활발하다.

다섯째, 대기업 집단은 은행을 제외한 금융기관 주식소유에 제한이 없는 반면에, 일반지주회사는 은행이 아닌 금융자회사 소유조차 금지되어 대기업집단과 일반지주회사 간 형평성의 문제가 있다. 또한, 이것은 대기업집단의 지주회사 전환에 걸림돌로 작용하고 있다.

대기업집단 소속 금융기관의 다른 회사 주식소유 제한은 자산 안정성 확보 및 금융기관을 통한 경제력 집중의 억제에 그 목적이 있다. 대기업 계열 증권사의 경우 주식 매매 보유 제한 규정으로 인하여 계열사에 대한 단순 투자도 제한되어 다른 증권사 및 외국계 금융기관에 비해 역차별적인 규제를 받고 있다.

여섯째, 대기업 집단 금융기관의 의결권 제한은 주주 재산권의 본질적 부분을 침해하는 위헌적 규제이며, 대기업 소속 금융기관이라는 이유만으로 의결권을 제한하는 것은 다른 금융기관 및 외국 금융기관에 비해 합리적 근거 없이 차별하는 것이다. 이 결과, 금융기관의 의결권 제한은 국내 우량기업들의 경영권 방어 능력을 약화시켜 외국인에 의한 적대적 인수·합병(M&A)에 노출시키는 결과를 초래하고 있다. 심지어, 보유하고 있는 주식에 대해서도 의결권을 행사하지 못함으로써 경영권 방어에 상당한 어려움을 겪게 되고, 이는 기업자금을 투자에 사용하지 못하고 자사주 매입 등 경영권 방어 및 단기수익개선에 집중시키게 되는 부작용이 발생하고 있다.

일곱째, 금·산(金·産) 분리 관련 규제로 인한 국내 자본의 투자 제약으로 외국 자본의 국내 금융기관 잠식이 심화되고 있다. 1997년 하반기 외환위기 이후 국내 주요 은행의 주요 주주가 외국인으로 바뀌면서 국부 유출 문제가 제기되어 왔다.

따라서 국내 금융산업의 국제경쟁력 제고를 위해 금·산(金·産) 분리 관련 규제는 근본적으로 재검토 및 개선되어야 한다. 그 개선방향은 투자 활성화를 위해 은행 소유규제를 단계적으로 완화하고, 장기적으로 사후감독 체제정비를 전제로 다음과 같은 규제를 폐지함이 바람직할 것이다.

① 산업자본의 금융산업 진출 규제

② 금융지주회사의 다른 회사 출자 제한

③ 위헌소지가 높은 의결권 제한

상기한 금·산(金·産) 분리 관련 규제를 혁파함으로써, 국내 은행들은 해외시장 진출을 통해 국제경쟁력 강화를 도모 할 수 있을 것이다. 물론, 국내 은행들은 단순히 대형화를 위한 합병을 통하여 국내 금융시장에서의 점유율 경쟁에 치중해서는 안 될 것이다. 국내 은행들의 해외시장 진출은 포화 상태(Market Saturation)에 있는 국내 금융시장을 극복하고 신성장 동력을 확보하는 데 있어 필수적인 경영전략이다.

2. 한국 금융·자본시장의 불안요인과 파급효과

한국의 당면과제는 低투자·低성장·低고용·低소비·高실업·高부채·高금융불안으로 집약적으로 표현할 수 있다. 이 중에서 가장 시급히 해결해야 할 것은 '금융대란'의 발생 가능성이다.

주지하다시피, 미국과 일본의 양적완화(QE : Quantitative Easing)정책에 의한 '통화전쟁'은 '환율전쟁'으로 치닫고 있다. 급격한 엔저(低) 때문에 한국 수출기업들이 직격탄을 맞아 '비명'을 지르고 있다. 여기서 유의할 것은 원 강세 및 엔저(低) 이후에는 항상 한국은 경제위기를 겪었다는 점이다. 1995~1997년 원화대비 엔화 값이 떨어진 후 1997년 하반기 IMF 외환위기를, 2004~2007년 엔화 값이 추락한 후 2008년 하반기에 글로벌 금융위기를 각각 당했었다는 사실을 상기할 필요가 있다.

한국의 주가 변동성과 환율 변동성이 극심해지고 있다. 한국의 불확실성 지수는

2008년 하반기 글로벌 금융위기 시(時) 87.6p로 가장 높은 수준을, 유럽 재정위기 시(時) 52.8p를 각각 기록했었다. 최근 대·내외 경제정책의 불확실성이 반영되어 2016년 10월 37.7p에서 12월 48.0p로 10.3p 급등했었다. 또한, 실물경제부문도 중국의 고도성장 덕분으로 수출이 증가하여 경상수지 흑자를 시현하였지만, 이젠 글로벌 금융불안과 중국의 기술 추격(특히 반도체 분야)으로 인하여 수출과 경상수지 흑자 기반이 위협받기 시작했다.

신흥국의 경우, 금융시장 개방도가 높을수록, 단기외채 비율이 높을수록, 외환시장의 규모가 작을수록 해당국의 환율이 글로벌 금융불안에 더욱더 민감하게 반응한다. 왜냐하면, 상기한 세 가지 경우, 외부 충격에 의한 소규모의 외화 유출·입으로써도 해당국의 환율이 민감하게 반응하기 때문이다. 게다가 자유변동환율제도에 가까운 환율제도를 운용하고 있는 국가의 통화는 자연히 글로벌 금융불안에 대한 민감도가 높은 경향을 보일 수밖에 없다.

한국의 경우, 금융시장 개방도는 88.8%로 신흥 19개 국가 중에서 5번째로 높은 수준이며, 외환보유액 대비 단기외채 비율은 49.2%로 신흥국의 동 비율 평균수준인 44.0%를 상회하며, 일평균 외환거래량은 438억 달러로 신흥 19개 국가의 평균인 1,292억 달러의 3분의 1 수준에 불과하다. 따라서 한국 경제는 글로벌 경제위기의 태풍권에서 매우 민감하게 반응할 수밖에 없는 것이다.

설상가상으로, 북한의 핵무기 문제와 관련하여 '제2 한반도 전쟁'이 발발할 가능성이 거론됨에 따라 한국 금융시장의 불안이 가중되어 기업의 자금조달 환경이 더욱 악화될 우려가 있다. 최근에 남·북한 정상회담(2018. 4. 27) 및 북·미(北·美) 간 정상회담(2018. 6. 12)을 통하여 일촉즉발(一觸卽發)의 '한반도 전쟁' 위기를 넘겼지만 북한의 핵무기가 '완전히'(CVID) 폐기되지 않는 한, 상기한 위기는 상존(常存)한다. 01

---

01 다행히, 2018년 4월 27일 문재인 대통령과 김정은 국무위원장은 세계인의 이목이 집중되는 가운데, 2018년 4월 27일 분단의 상징인 판문점 남측 '평화의 집'에서 제3차 남북 정상회담을 개최해 다음과 같은 '판문점 선언'에 합의했다. 즉, "완전한 비핵화를 통해 핵 없는 한반도를 실현한다는 공동의 목표"를 확인하고 "북측이 취하고 있는 조치가 비핵화를 위해 중대한 조치라는 데 인식을 같이하면서 한반도 비핵화를 위한 국제사회의 지지와 협력을 위해 적극 노력"하기로 선언했다. 이어서, 도널드 트럼프(Donald Trump) 대통령과 김정은 국무위원장이 2018년 6월 12일, 싱가포르 센토사섬의 카펠라 호텔에서 북·미(北美) 정상회담을 갖고 북한의 비(非)핵화 관련 문제를 타결했다.

여기서 제기될 수 있는 이슈들은 다음과 같다. 과연 김정은 국무위원장이 도널드 트럼프 대통령의 요구인 CVID를 제대로 이행할 것인가? 그렇다면, 어떠한 반대급부를 미국은 북한에게 약속할 것인가? 그 약속의 이행 시기는 즉각적인가? 아니면 단계적인가? 또한 그 반대급부의 내용에서 한국의 부담은 무엇인가? 북한과 미국의 쌍방 약속이 확실히 수행한다는 보장은 무엇인가? 그 보장과 관련하여, 한반도의 다른 주변 강국인 중국, 러시아, 일본의 역할은 각각 무엇인가? 또한, 북·미(北美) 간 타결이 되지 않은 상황(예로서, 폼페이오 국무장관이 북한을 세 차례 방문했으나 허탕만 치고 돌아온 상태)에서 남·북한 '종전선언'이 바람직한가? 그것은 북한의 '주한미군 철수' 주장을 뒷받침할 결정적인 근거가 되지 않을까? 이 경우, 한국이 얻게 될 실익은 무엇인가? 그러나 상기와 같은 이슈들은 본 저서의 범위로부터 벗어난다.

그림 7-5 글로벌 금융위기의 국내 금융시장 불안 파급경로

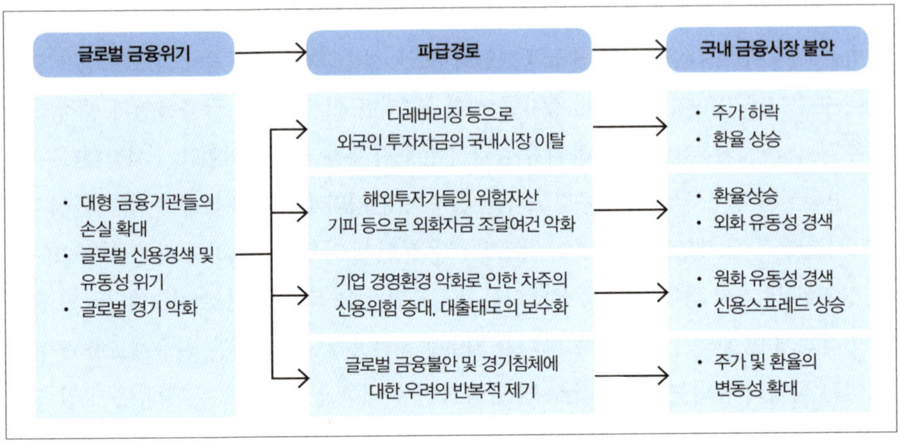

자료 임양택, 「글로벌 금융 패러다임의 변화와 한국 금융산업의 발전방향」, (사)아시아평화경제연구원, 연구총서 NO. 8, Summer 2013.

그림 7-6 금융시장 불안의 실물경제부문으로의 파급경로

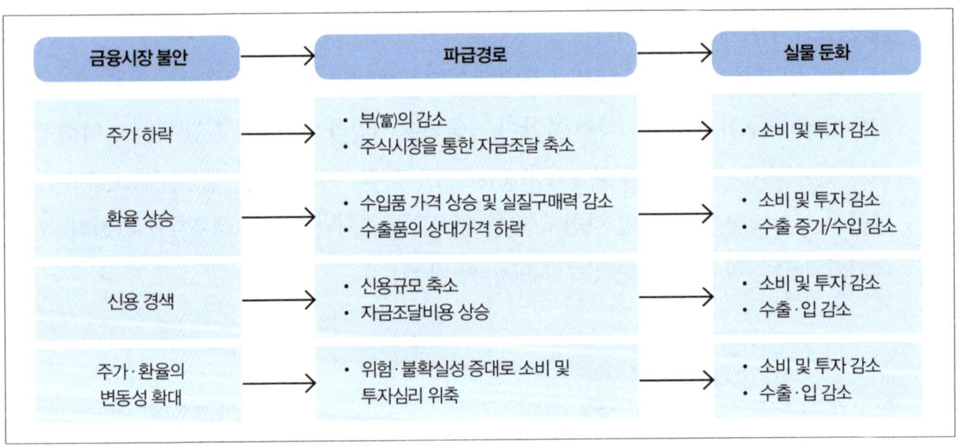

자료 임양택, 「글로벌 금융 패러다임의 변화와 한국 금융산업의 발전방향」, (사)아시아평화경제연구원, 연구총서 NO. 8, Summer 2013.

만약 현재 상황이 지속된다면, 1997년 하반기 외환위기와 2008년 하반기 글로벌 금융위기 수준을 넘어 '불확실성 함정'(Uncertainty Trap)에 빠질 가능성이 크다. 이 결과, 가계와 기업의 심리가 더욱 위축될 것이고 금융기관이 대출 심사를 강화함에 따라 한국의 소비와 투자가 더욱더 감소할 것이다.

금융시장을 구성하는 주식, 금리, 외환 등 세부 금융부문들에서의 불확실성 확대는 특정 시장 또는 특정 산업에 대해서만 나타나는 것이 아니라 하기의 파급경로를 경유하여 실물경제부문에 영향을 미치게 된다.

첫째, 금리 측면의 불확실성이 증대하면 금융자산의 가격에 대한 불확실성 확대로 경제주체가 현금보유를 더욱 선호하게 되고 결국 금융자산의 리스크 프리미엄이 커지게 된다. 이 결과, 기업에 자금조달의 어려움을, 그리고 가계에는 소득 감소 등을 각각 초래한다. 결국 투자와 소비 위축을 통해 실물경제부문에 부정적 영향을 끼친다.

둘째, 주가 수익률에 대한 불확실성은 자산가격의 변동성을 증가시켜 경제주체들이 위험기피적 성향을 갖도록 유도하여 투자행태를 변화시키고 소비의 평활화(consumption smoothing)를 위한 자산구성의 변화를 유도하여 결국 실물경제부문의 활력을 저하시켜 각 산업별로 생산위축, 고용감소를 유발하게 된다.

셋째, 환율변동성 확대는 산업생산의 변동성을 유발한다. 만약 급격히 환율이 변동하는 경우 경제구조에 대해 불확실성이 증대하여 이윤에 대한 기대(profit expectation) 및 투자 이윤성(investment profitability)이 악화되고 투자가 감소될 수 있다. 실제로, 1997년 하반기 외환위기의 여파로 기업이 위험기피적인 행태로 변화함에 따라 기업의 자금사정이 비교적 개선됨에도 불구하고 저(低)투자를 야기했었다.

요컨대, 금융불안이 기업의 투자에 부정적인 영향을 끼치는 메커니즘은 금융불안이 기업의 기대수익과 현금흐름, 그리고 부채비율의 투자에 대한 민감도를 저하시키는 경로이다. 따라서 투자활성화를 위한 가장 큰 당면과제는 투자의 주체인 기업들의 투자 의욕을 고취하는 것이다.

첫째, 투자의 불확실성을 감소시키기 위해서, 정부는 일관성과 투명성이 유지되는 정책을 집행해야 한다.

둘째, 기업이 자유로운 활동을 보장하는 비즈니스 프렌들리(business friendly)한 기업 환경을 조성할 필요가 있다.

셋째, 기업들이 신(新)성장동력산업을 지속적으로 발굴할 수 있도록, 정부는 신규산업의 위험을 민간과 함께 부담하는 정책방안을 수립해야 한다.

넷째, 기업의 기술, 신용, 그리고 사업 가능성에 대한 철저한 평가와 리스크 관리에 기초하여 대출이 이루어질 수 있도록 해야 한다.

다섯째, 우량 중소기업의 직접금융참여를 확대하고 기업자금조달시장의 다양화를 위해 직접금융시장을 활성화해야 한다.

여섯째, 전반적인 금융시장의 효율성 제고가 필요하다. 예로서 전문 투자은행의 육성,

그림 7-7 금융시장 불안에 대한 대응역량 강화를 위한 정책 방향

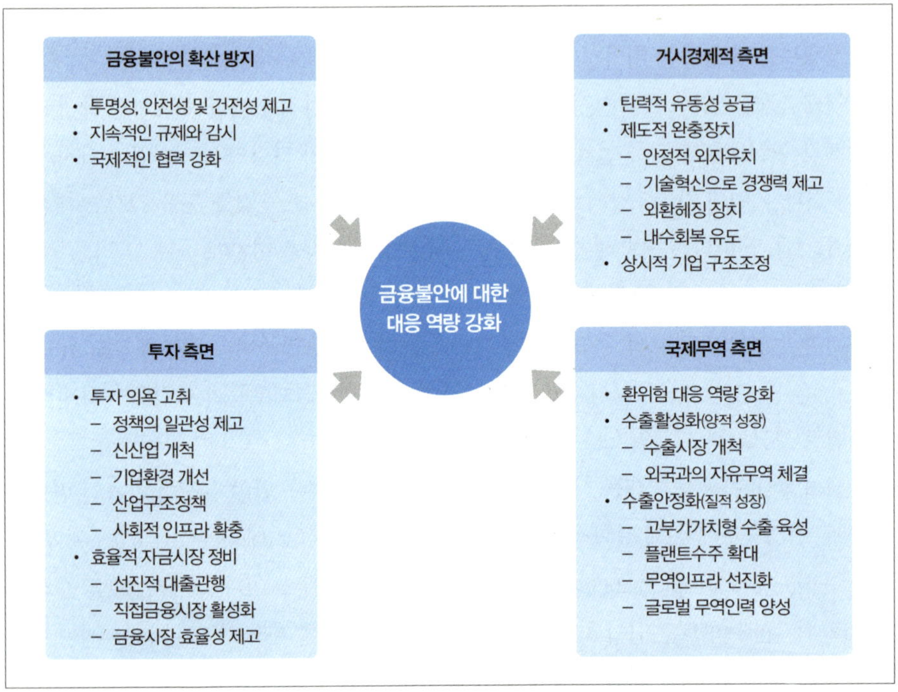

자료 임양택, 「글로벌 금융 패러다임의 변화와 한국 금융산업의 발전방향」, (사)아시아평화경제연구원, 연구총서 NO. 8, Summer 2013.

인수·합병(M&A) 시장 활성화, 금융인력 육성, 민·관(民·官)이 공동으로 참여하는 다양한 펀드의 활성화 등을 들 수 있다.

마지막으로, 경제는 실물경제부문과 금융부문으로 나눌 수 있다. 실물경제부문의 선순환 구조뿐만 아니라 금융부문의 선순환 구조가 확립되어야 하며, 나아가 두 부문의 선순환 구조가 필요하다. 즉, 실물경제부문의 '테크노-경제발전 전략'(Schumpeterian Techno-Economic Development Strategy)이 제대로 작동하기 위해서는 금융부문이 효율적으로 뒷받침되어야 한다. 예를 들어, 신(新)성장동력 사업프로젝트가 실현되기 위해서는 효율적인 기술금융지원이 뒷받침되어야 한다.

여기서 유의할 것은 정부의 경기부양책과 한국은행의 기준금리 인하 등으로 시중에 '단기 부동자금'이 넘쳐나고 있지만 경기침체가 심화되고 있다는 점이다. 2017년 4월 말 기준으로 한국의 단기 부동자금은 약 1,000조 원(정확히 958조 원)으로서 관련통계가 발표되기 시작한 2002년 1월 이후 사상 최고치다. '단기 부동자금'이란 현금, 요구부불예금, 수시 입·

출식 저축성 예금, 양도성예금증서, 환매조건부 채권(RP), 투신사 머니마켓펀드(MMD), 종합자산관리계좌, 6개월 미만 정기예금, 증권사 투자자 예탁금 등을 의미한다.

무려 1,000조 원에 가까운 단기 부동자금(958조 원)이 수시 입·출금이 가능한 만기 6개월 미만 예·적금 등 금융상품에만 묶여있다 보니 단기 부동자금이 기업의 실물투자로 흘러 들어가지 못하는 '돈맥경화' 현상이 심화되고 있다. 즉, 주식시장을 통한 자금조달이 위축되면서 기업공개(IPO)와 유상증자 규모가 급감했다. 또한, 단기 부동자금이 투기 목적의 단기 금융거래가 크게 증가함에 따라 심화시켜 금융시장의 불안이 가중되고 있다.

이 결과, 화폐유통속도가 감소되었다. 즉 수시로 현금이 가능한 요구불예금의 회전율과, 기업 간 결제자금으로 사용되는 당좌예금의 회전율이 모두 하락하였다. 가계는 소비를 줄이고 기업은 투자를 기피함으로써 돈이 은행에 잠자고 있다. 고용을 창출하는 실물경제도 자금유입이 어렵다. 쉽게 말하면, 만성적인 당뇨병 증세로 인하여 심장으로 흘러가야 할 혈액이 부족해 가쁜 숨을 몰아쉬고 있는 상태가 바로 한국 경제의 실상이다.

따라서 돈이 흐를 수 있는 다양한 형태의 새로운 물꼬를 터주는 것이 정부가 할 수 있는 최선의 창조금융정책인 것이다. 기존의 수로(水路)로 갑자기 많은 양의 물을 흘려보내면 넘쳐흘러 소실되거나 기존 수로(水路)를 통하여 땅으로 많이 스며들 뿐이다. 따라서 수로(水路)를 정비하거나 새로운 수로(水路)로 물이 흘러가도록 해야 한다는 것이다.

따라서 오래된 금융관행을 타파하고 구조적인 한계를 극복할 수 있도록 제도를 개선하고 정부가 더욱 강력한 인센티브제도 도입 등을 통하여 금융순환을 촉진시켜야 할 것이다. 요컨대, 기존의 잘못된 시장 질서를 타파하여 새로운 기회를 창출하기 위한 금융개혁(Financial Innovation)이 절실히 필요한 것이다.

3. 한국 금융위기의 대비책

1) 최근 글로벌 금융시장 변동성 확대의 배경

최근 미국 경제성장률은 2%대 중후반 수준을 유지하고 있고, GDP 격차가 2017년 3/4분기를 기점으로 플러스로 전환되면서 물가 상승 압력이 높은 상황이다. 여기에 노동시장은 완전 고용 수준으로 개선되었고 최근 시간당 임금 상승률이 큰 폭으로 상승하면서 기대 인플레이션이 확산되고 있다. 이처럼, 미국 경기 확장세가 지속되는 가운데 통화 정책 기준의 핵심 지표인 실업률과 물가 지표가 목표치에 근접하면서 정책 금리 인상 속도가 빨라지고 있다.

유로존과 영국의 경우 GDP 격차 마이너스 폭이 축소되면서 향후 물가 상승 압력이 발생하고 있다. 더욱이 영국의 실업률은 자연실업률을 하회하고, 유로존 실업률은 자연실업률 수준에 근접하면서 긴축 정책이 가속화될 가능성이 높다. 다만 유로존의 경우 유로화 강세에 대한 우려로 유럽중앙은행(ECB)은 현 기조로 이어갈 것으로 전망된다.

일본경기가 완만하게 회복되면서 경제성장률이 확대되고 마이너스 GDP 격차가 축소는 되고 있지만 물가 상승률은 여전히 낮은 수준이다. 그러나 일본의 실업률은 빠르게 개선되면서 균형실업률 수준을 하회하고 있다.

상기와 같이 세계 경기가 최근에 양호한 흐름을 보이고 있음에도 불구하고 최근 국제 금융시장의 변동성이 확대되고 있다. 즉 주식, 채권, 환율 시장의 변동성 지수가 2018년 초 대비 각각 6.7p, 15.4p, 0.8p씩 상승했다. 최근 글로벌 금융시장 변동성 확대의 배경은 다음과 같다.

첫째, 세계 경제는 양호한 성장 흐름을 지속할 것으로 전망된다. IMF는 2018년 1월 세계 경제 전망치를 3.9%로 기존 전망치(2017년 10월) 3.7%보다 0.2%P 상향 조정하였다. 세계 경기 회복세, 기대 인플레이션 확대 등으로 주요국의 통화정책 정상화 속도가 빨라질 수 있다.

둘째, OECD 대상국 가운데 GDP 격차가 플러스인 국가가 2013년 2개국이었으나 2018년에 17개국으로 확대될 것으로 전망된다. 이와 같이 세계 경제 회복 지속으로 국제 유가를 비롯한 원자재 가격 상승이 물가 상승압력을 점차 유발하고 있다. 국제 유가는 2016년 1월 배럴당 26.9달러에서 2018년 2월 현재 66.0달러까지 상승했다. 또한, 선진국의 GDP 격차가 플러스로 전환되거나 마이너스 폭이 축소되면서 글로벌 에너지 및 원자재 수요가 확대되고 있다.

2) 국내·외 금융불안 요인

최근에 점증하고 있는 국내·외 금융불안으로 인하여 기업부문의 구조조정과 금융부문의 구조조정이 교착 상태에 빠질 가능성도 있다. 즉 금융·기업부문의 구조조정 과정에서, 금융시장의 불안지속 → 신용경색 및 주가하락 → 자금난 심화 → 기업부도 및 기업 구조조정 지연 → 대외신인도 하락 → 금융시장 및 경제전체의 불확실성 증가라는 악순환에 진입하고 있다. 국내·외 금융불안의 요인은 다음과 같이 세 가지를 들 수 있다.

(1) 1997년 외환위기 이후, 한국의 대(對)미국 수출의존도 감소에도 불구하고 한국의 1998년 자본시장 자유화에 따라 금융, 자본시장 측면에서 대(對)미국 동조성이 높아졌다. 미국 경제성장률에 1%포인트 충격이 발생할 때 다음 분기에 한국의 경제성장률은 약 0.83%포인트의 유의적인 동조현상을 보이는 것으로 나타났다. 또한, 미국 경제성장률 1%포인트 변화할 때 한국의 총수출 및 대(對)미국수출 증가율은 각각 1.8%포인트, 4.1%포인트 변동효과를 보였다. 또한, 미국경기는 1분기 정도의 시차를 두고 한국의 수출이나 경기에 영향을 미치는 것으로 분석된다.

(2) 중국경제의 경착륙이다. 중국경제의 고(高)성장에도 불구하고 대외불균형, 자산가격 버블, 과잉유동성 및 과잉투자 등으로 인해 중국경제의 하방리스크가 증가하고 있다. 중국 정부의 경기과열 억제 정책이 실패하거나 혹은 과도한 금융긴축 정책을 사용하는 경우, 중국경제는 경착륙할 가능성이 크다. 중국 경기침체 리스크가 현재화되는 경우, 중국 관련주가의 하락으로 국내 금융시장의 불안이 초래되고 대(對)중국 수출이 급감해 한국의 경제성장이 위협받을 것이다.

(3) 부동산버블 붕괴로 인한 가계부실 위험이다. 한국 가계의 금융자산 대비 금융부채 비율이 52.5%로 주요국에 비해 높다. 가계부실 위험이 현재화되는 경우, 금융기관의 주요 고객인 중산층이 붕괴될 것이며, 이러한 버블붕괴형 가계부실은 장기불황형 가계부실로 전환될 것이다. 게다가 물가안정을 도모하거나 혹은 주택경기과열을 억제하기 위해 국내 금리가 상승하는 경우, 이자상환비율이 상승함으로써 가계의 채무상환능력이 악화되고 금융기관이 부실화될 가능성이 높다.

한국은 1970년 이후 현재까지 경제위기를 포함한 크고 작은 경제적 충격 등으로 9차례의 경기순환을 겪었다. 이 중에서 경기침체는 5차례, 즉 ① 1974년 제1차 석유파동, ② 1978년 제2차 석유파동, ③ 3저(低)현상 소멸 후 1988~1989년 상반기 중 경기둔화, ④ 1997년 하반기 외환위기, ⑤ 2008년 하반기 글로벌 금융위기를 각각 당했다.

한국에서 금융불안이 반복되는 이유는 다음과 같다. ① 금융시장이 거의 대부분 개방되어 있으며, 국내 외국인 투자자금의 유·출입이 빈번한 주식투자에 집중되어 있다. ② 외환시장의 규모가 작고 외국인의 거래 비중이 매우 높다. ③ 정부의 외환건전성 관리에 있어 외환보유액의 시장 안정화 기능이 미흡하다.

상기의 세 가지 요인에 대하여 각각 상세한 분석이 전제되어야 적절한 대응책이 마련될 수 있다.

첫째, 한국 금융시장은 거의 완전 개방 수준에 도달했으며, 외국인 자금이 주식투자에 주로 집중되어 국내 외국인 투자자금의 유·출입이 빈번하다. 상술하면, OECD 가입 및 IMF 구제금융지원조건 충족 등을 계기로 금융시장 개방 및 자유화 폭이 단계적으로 확대됨에 따라 현재는 OECD 32개 회원국 중에서 14위로 중·상위권 수준, 즉 선진국 수준에 도달해 있다. IMF는 한국의 자본시장 개방 및 외환거래제도 자유화 정도는 일본 및 스위스와 유사한 수준이라고 평가했다.

특히, 국내 주식시장에서 외국인의 보유 비중이 높다. 상술하면, 한국의 총 외국인투자 중 주식투자 비중은 39.0%(2007년 기준)로 OECD 국가 30개국 중에서 3위이다. 2006년 말 기준으로 한국의 외국인 주식투자 비중은 37.3%로 헝가리(77.7%), 리투아니아(51.7%), 멕시코(45.1%) 다음으로 높은 수준이다.

이 결과, 해외 금융불안과 한국의 금융불안 간의 동조성이 매우 높아졌다. 이 결과, 한국의 금융국제화의 진전은 전반적으로 금융불안의 정도에 큰 영향을 주지 않았음에도 불구하고, 미국으로 대표되는 해외 금융부문과의 연계가 강화되었다. 따라서 해외 금융불안이 국내로 전파되어 국내 금융시장을 불안하게 하는 요인이 되었다. 나아가, 해외 금융시장에 대한 국내 금융시장의 연계와 국내·외 금융불안의 동조화는 국내 금융 및 실물시장이 해외 충격에 의하여 부정적 영향을 받을 개연성이 높아졌다.

이에 대응한 정책방향은 소규모 개방경제(Small Open Economy)인 한국으로서는 금융부문의 투명성·안정성·건전성과 자원배분의 효율성을 제고함으로써 금융산업경쟁력을 높이는 것 외에는 다른 왕도(王道)가 없다. 상기한 기본방향 하에서, 2008년 하반기 글로벌 금융위기에서 경험했었던 것처럼, 국내 금융시장에 대한 적절한 규제와 감시와 함께 개혁이 수반되어야 한다.

둘째, 1997년 하반기 외환위기 이후 한국의 금융불안 진원지는 외환시장이다. 2008년 하반기 글로벌 금융위기 전·후로 국제비교한 결과, 한국은 외환시장이 주요국에 비해 특히 불안하고, 다음 순서로 주식시장과 자금중개시장으로 나타났다. 외환시장은 주식시장과 달리 2008년 하반기 글로벌 금융위기 전에는 안정된 모습을 보였으나 그 후 극도로 불안한 양상을 보였다.

구체적으로, 2010년 3월 이후 금융불안지수(FSI : Fineancial Stress Index) 상승에 외환시장의 기여율이 62.8%로 가장 높았으며 다음으로 주식시장(32.0%), 자금중개시장(5.2%) 순이다. 최근에 들어 금융불안지수(FSI)에서는 외환시장의 기여율이 1997년 하반기 외환위기와 2008년 하반기 글로벌 금융위기에 비해 높아진 반면에 자금중개시장의 금융불안 기여율은 크게 낮아졌다. 이러한 특징은 2008년 하반기 글로벌 금융위기 전·후 국제비교 분석에서도 한국 외환시장의 불안정성이 다른 나라에 비해 두드러지게 큰 것으로 나타났었다.

국내 주식시장과 달리 외환시장에서는 국내 금융기관과 개인의 비중이 낮아 외국인 투자자금의 움직임에 반대 포지션을 취함으로써 국내 외환시장의 안정을 회복시킬 힘이 미약하다. 게다가 외환시장에서 외국인 거래 비중이 높고 거래통화가 대부분 달러화로 구성되어 외국인의 영향력이 크다. 2010년 1/4분기 말 현재 외은지점이 전통적 외환거래(현물환, 선물환, 외환스왑)에서 차지하는 비중은 48.5%이며 외환파생거래에서 차지하는 상기 비중은 66.5%이다. 특히, 원/달러 선물환 거래에서 역외 NDF(Nondelivery Forward) 거래 규모는 일평균 52억 2,000만 달러로 전체(60억 3,000만 달러)의 86.6%를 차지했었다.

셋째, 외환보유액이 외환시장을 안정화하는 최종대부자로서의 역할이 미흡하다. 상술하면, 2008년 하반기 글로벌 금융위기 당시 외환보유액이 2,000억 달러를 상회하였음에도 불구하고 2008년 하반기와 2009년 상반기에 '금융위기설'이 반복해서 제기됐었다. 급기야 300억 달러의 한-미 통화 스왑 체결(2008년 10월), 각각 300억 달러로 확대된 한-중·한-일 통화 스왑(2008년 12월)으로 국내 금융불안이 진정됐었다.

또한, 2008년 글로벌 금융위기 당시, 외환보유액이 2007년 말 2,622억 달러에서 2008년 말에 2,012억 달러로 610억 달러 감소하였을 뿐만 아니라 외환보유액의 가용성에 대한 불신도 '한국 위기설' 제기에 일조했었다. 즉 한국투자공사의 손실, 미(美) 회사채·자산유동화증권 투자 손실 등으로 가용외환보유액이 많지 않을 것이라는 주장이 제기됐었다.

3) 향후 금융위기(외환위기 및 은행위기)에 대한 대비책[02]

도널드 트럼프(Donald Trump) 대통령은 환태평양 경제동반자 협정(TPP)에서 미국의 탈퇴, 한·미(韓·美) FTA 및 북미(北美) FTA의 재협상, 중국과 멕시코로부터의 수입품에 대한 고율의 관세부과를 추진 및 천명하였다. 이에 대응하여 중국도 자국 산업보호에 나섰다. 이러한 국면이 지속될 경우 세계 경제는 장기침체(Secular Stagnation) 국면으로 빠져들 것이다. 이것은 마치 세계 대공황(1929~1939) 당시 미국의 스무트 홀리 관세법과 같이, 보호무역주의를 세계에 확산시켜 세계 경제에 치명적 타격을 가할 것이다.

---

02 임양택, 칼럼 : "한국의 탈(脫)경제위기 방안", 제12면, 2017. 1. 5.

그림 7-8 실물경제부문과 금융시장의 악순환

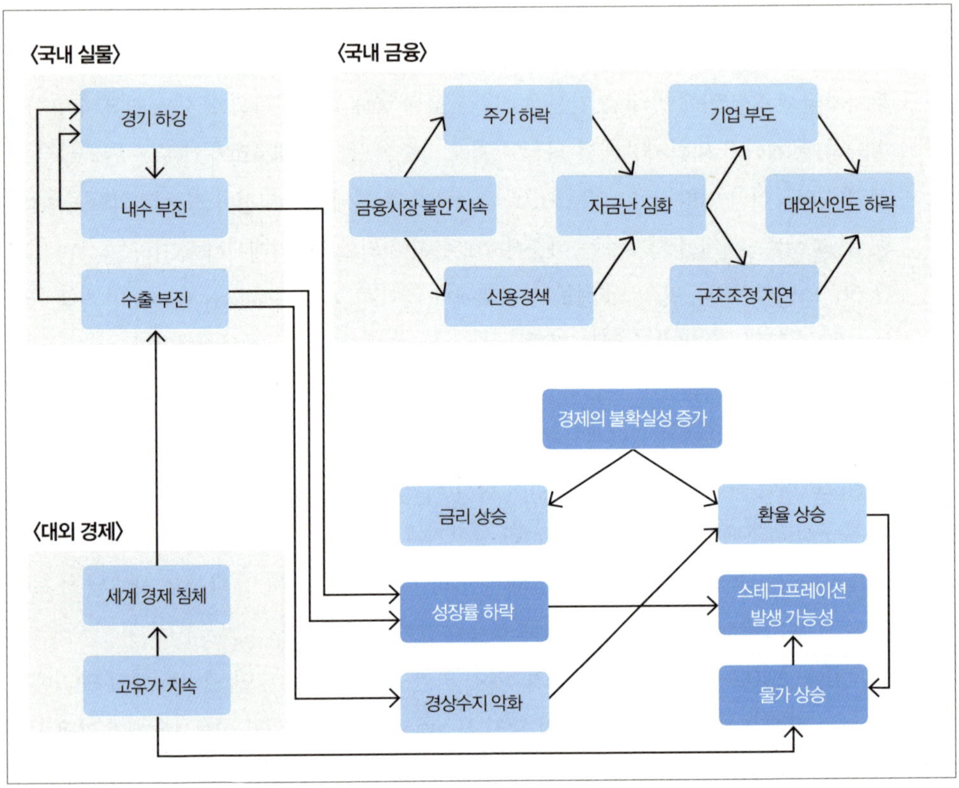

자료 임양택, 「글로벌 금융 패러다임의 변화와 한국 금융산업의 발전방향」, (사)아시아평화경제연구원, 연구총서 NO. 8, Summer 2013.

최근에 세계 1, 2위 경제대국으로서 세계 경제의 34%를 차지하고 있는 미국과 중국이 역사상 유례가 없었던 수준의 무역전쟁(관세전쟁)을 벌이기 시작했다. 상술하면, 2018년 7월 6일, 오는 11월 중간선거를 앞에 두고 있는 미국이 2015년 반(反)덤핑 관련 규정을 개정하여 만든 '특별 시장 상황'(PMS : Particular Market Situation) 조항에 의거하여 500억 달러 규모의 중국산 수출상품(818개 품목)에 25% 관세를 부과하였다. 이에 대응하여, 중국도 즉각 동일한 규모의 미국산 수출상품(545개 품목)에 보복관세를 부과했다. 이어서, 2018년 7월 10일, 미국은 추가로 2,000억 달러 규모의 중국산 수출상품 품목에 추가로 10% 관세를 부과할 계획을 발표했다. 이에 대응하여, 중국 또한 상응한 보복 관세를 부과할 것을 천명했다. 또한, 유럽연합(EU)과 캐나다 등도 미국에 맞불 관세로 맞서면서 보호무역주의의 물결이 세계로 확산되고 있다.

그림 7-9 향후 금융위기의 메커니즘과 대비책

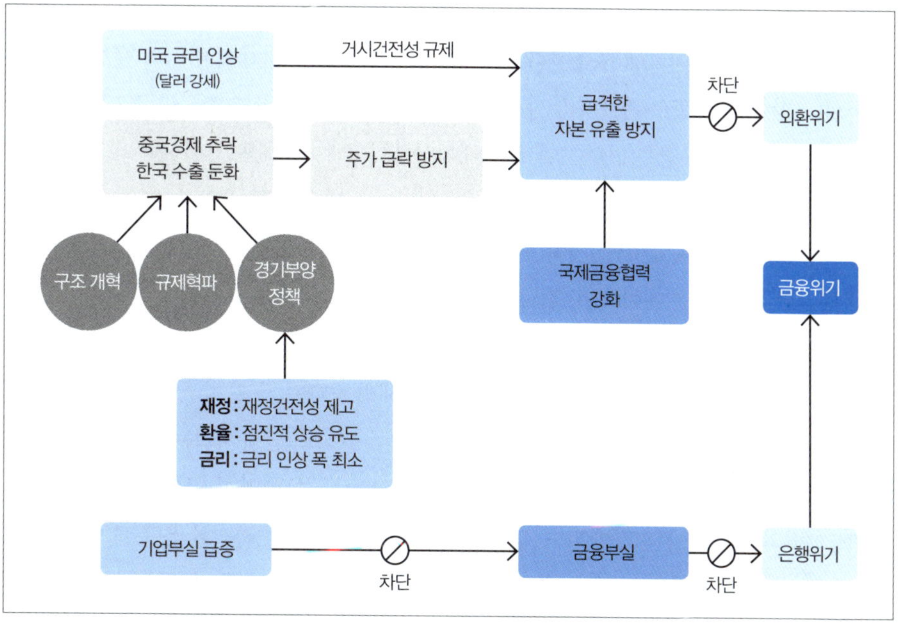

자료 임양택, 「글로벌 금융 패러다임의 변화와 한국 금융산업의 발전방향」, (사)아시아평화경제연구원, 연구총서 NO. 8, Summer 2013.

참고로, 1870~1914년의 기간 동안에 영국, 프랑스, 독일은 당시 세계시장을 두고 각축하였다가 결국 제1차 세계대전을 야기했었다. 이젠, 1980년 이후 현재까지 미국은 세계화(Globalization)를 확산시켜 왔으나 도널드 트럼프(Donald Trump) 대통령의 '미국 우선주의'(America First)를 따른 '보호무역주의'와 중국의 보복관세로 인하여 글로벌 자유무역 질서는 2008년 하반기 미국발 글로벌 금융위기 이후 10년 만에 또다시 교란되고 있다. 그 귀추가 '제3차 세계대전'이지 않기를 바란다.

상기한 미·중(美·中)의 무역전쟁으로 인하여 가장 큰 피해를 입을 국가는 한국일 것이다. 왜냐하면 미국과 중국에 대한 한국의 수출의존도가 40%인 상황에서 미·중(美·中)의 관세전쟁이 주요 대상 산업분야가 자동차·철강·화학·반도체 등인데, 이들은 바로 한국의 주력 수출산업들이기 때문이다.

상기 제품들의 대(對)중국 수출은 한국의 전체 수출에서 37%를 차지하고 있다. 예로서, 한국의 대표적 수출상품인 메모리(저장용) 반도체 모듈이 미국의 대(對)중국 관세 부과 대상 품목으로 선정되었다. 따라서 중국에서 상기 제품을 생산하여 미국에 우회 수출하는 삼성전자와 SK하이닉스의 발등에 불덩어리가 떨어진 것이다. 또한, 삼성전자와 LG전자는 중국에서 냉장고를 생산하여 최대 20% 물량을 미국에 수출한다.

주지하다시피, 중국은 '세계의 생산공장'이다. 대만·말레이시아·한국은 중국에서 각종 부품을 제조하여 미국에 수출한다. 만약 이러한 부품들에 대하여 미국의 '특별 시장 상황'(PMS) 조항에 따라 25% 관세가 부과됨에 따라 중국이 대(對)미국 수출물량을 10% 줄이면, 경제성장률이 대만의 경우 1.9%포인트, 말레이시아의 경우 1.3%포인트, 한국의 경우 0.9%포인트가 각각 하락할 것이다(블룸버그 통신, 2018. 7. 9). 이 결과, 한국의 경제성장률은 2017년 3.1%에서 2.2 %로 저락(低落)할 것이며, 다른 제품들의 수출물량 감소 효과까지 감안한다면 1%대로 추락할 수 있을 것이다. 이 결과, 고용과 가계소비는 더욱더 감축될 것이다.

전술한 국내·외 경제환경 변화를 염두에 두고, 본 저서 「글로벌 금융 패러다임과 한국 금융산업 : 이론과 정책」은 한국의 탈(脫)경제위기 해법을 다음과 같이 서술한다. 무엇보다도 중요한 것은 금융위기의 재발을 막는 것이다. 향후 한국의 금융위기는 두 가지 현상, 즉 ① 외환위기와 ② 은행위기로 나타날 것이다. 전자(前者)는 미국 금리 인상에 의한 달러 강세(원화 약세)와 한국 증권시장에서 주가 급락에 따른 외국자본의 급격한 유출에 의하여, 후자(後者)는 가계 및 기업 부실 급증에 따른 금융기관 부실에 의해 각각 발생할 것이다.

우선, '외환위기'에 대한 사전 예방적 대비책으로서 조건부 금융거래세, 외화유동성 비율, 외화안전자산 보유액, 외화유동성 리스크 관리기준과 같은 과도한 자본 유·출입에 대한 자본관리정책, 외환보유고 관리 프로그램, 통화 스왑을 제시한다. 다음으로, '은행위기'에 대한 사전 예방적 대비책으로서 원리금자동이체형·수익증권형 주택저당증권(MBS) 혹은 채권형 주택저당담보부채권(MBB) 발행으로 가계부채 감소 유도하는 방안을 제시한다.

상기 정책대응과 함께, '제2 외환위기 가능성'을 해소함과 동시에 경제활력을 회복하기 위한 기본방향으로서 2017년 4월 말 기준으로 단기 부동자금 958조 원을 안정적이고 매력적인 금융투자 기회로 연결해야 한다.[03] 이 정책방안은 바로 신(新)성장 동력 산업을 발굴하는 것이며 금융부문과 실물경제부문의 선순환을 도모하는 것이다. 다시 말하면, 기업이 투자를 줄이면서 자금 조달 규모가 감소하고, 기업의 현금 보유가 늘고 투자자들의 대기성 투자 자금이 확대됨에 따라 저(低)금리로 법인형 머니마켓펀드(MMF) 같은 현금과 6개월 이하 단기금융상품 설정액이 급증한 반면에 중·장기 금융상품 수요가 감소하고 증시로의 자금 유입도 제한적이기 때문에 실물경제부문으로 자금이 선순환되지 않고 있는 상황을 타개해야 한다는 것이다.

---

03 임양택, 칼럼 : "약 1천 조 단기부동자금, 금융상품 개발 투자로 연결을", 경인일보 경제전망대, 제12면, 2018. 1. 18.

4) 외환위기에 대한 대비책

향후 '제2 외환위기' 우려는 배제할 수 없다. 그 근거로서, 대외적 측면에서 현재 한국과 미·일(美·日)과의 관계가 각각 원만하지 않으며, 대내적으로는 구조 개혁이 추진되지 않고 국가재정의 건전성이 무너지고 있기 때문이다. 이러한 상황에서 노동개혁과 규제혁신은 실종되었고 최저임금제 논쟁만 무성(茂盛)하다.

여기서 유념해야 할 것은 1997년 하반기 외환위기의 발생 배경이 당시 특히 노동개혁을 정치적 이유로 미루었기 때문이었다는 점이다. 현재 한국경제의 당면과제는 노동생산성 저하, 혁신을 가로막는 정부규제, 소득 불평등 및 양극화의 심화 등이다. 따라서 수출 급락에 대응하여 내수를 획기적으로 육성해야 하지만 소비와 투자가 모두 얼어붙은 상황에서 국가경제의 생존을 위한 규제혁파와 구조개혁(특히 노동개혁)을 과감히 추진해야 한다.

본 연구는 한국의 향후 '외환위기' 발생 가능성에 대비한 정책 방안 및 수단으로서 외환보유고 관리 프로그램, 통화 스왑 활용뿐만 아니라, 과도한 자본 유·출입에 대한 자본관리정책으로서 조건부 금융거래세, 외화유동성 비율, 외화안전자산 보유액, 외화유동성 리스크 관리기준을 제시한다.

한국은행에 따르면 2016년 말 기준 외환보유액은 3,711억 달러다. 1997년 외환위기의 300억 달러와 2008년 글로벌 금융위기의 2,000억 달러에 비해 크게 증가했다. 단기외채(만기 1년 미만 외채) 비중은 2016년 9월 현재 27.9%로 1997년의 36%와 2008년 3/4분기 72.6%, 2010년 2/4분기 63.7%, 2014년 76.3%에 비해 매우 개선되었다.

국제적으로 비교해 보면, 한국의 외환보유액은 세계 7위를 차지하고 있다. 국내총생산(GDP) 규모가 13위인 한국이 외환보유액에서는 7위인 것은 상당히 많은 외환보유액을 갖고 있다고 말할 수 있다. GDP 대비 외환보유액 비중을 보면 홍콩이 113.1%로 가장 높고 사우디아라비아가 98.1%로 그 뒤를 잇고 있다. 대만이 스위스와 비슷한 79.1%, 중국도 37.1%로 높은 편에 속한다. 일본(27.4%)에 이어 한국도 25.8%로 낮은 편은 아니다. 이와 반면에 러시아(20.7%)와 브라질(15.5%), 인도(15.7%)는 상대적으로 적은 편이다.

한국의 경우, 외환보유액의 적정 규모를 산정하는 기준으로는 통상 세 가지가 있다 ① 국제통화기금(IMF, 1953년)이 제시한 '3개월분 수입액', ② 그린스펀-기도티 룰(1999년)이라고 불리는 '3개월분 수입액 + 유동외채(1년 내에 갚아야 할 외채)', ③ 국제결제은행(BIS, 2004년)이 제시한 '3개월분 수입액 + 유동외채 + 외국인 포트폴리오 투자자금의 3분의 1'이다.

상기의 기준에서 보면, 최종 외환부족액은 632억 8,300만 달러(한·중 통화 스왑 560억 달러와 CMI 384억 달러를 포함)로 추산된다. 상술하면, 한국의 외화보유액은 2015년 8월 말 기준

표 7-5 외은지점 및 국내 은행에 대한 외환건전성 규제 현황

규제내용	외은지점	국내 은행
외환파생리스크 관리기준	○	○
외국환포지션	○	○
외화유동성비율	×	○
중·장기외화대출재원 조달비율	×	○
외화안전자산 보유	×	○
외화유동성리스크 관리기준	×	○

자료 이성남(2010. 4). "반복되는 외환시장 혼란의 원인과 개선 방안", 『정책자료집』.

으로 3,675억 3,400만 달러인 반면에 위기 시 소요외환보유액은 4,752억 1,700만 달러로서 외환부족액이 1,076억 8,300만 달러이다. 다행히 2선 외화유동성이 944억 달러이지만 그래도 외환부족액이 32억 8,300만 달러이다. 게다가 자본도피가 300억 달러로, 환율 안정을 위한 정부의 시장개입 소요액이 300억 달러로 각각 추정된다.

결론적으로, 단기 외채의 소폭 증가에도 불구하고 외채 건전성과 지급능력 지표는 건전한 수준이 유지되고 있다고 말할 수 있다. 그러나 미국 금리 인상 가능성, 트럼프 정부의 보호무역주의 등 국제금융시장의 불확실성이 상존하고 있는 상황이기 때문에, 게다가 북한의 핵무기 문제로 인한 한반도의 위기감이 금융불안을 촉발시킬 수 있기 때문에 정부는 외채(특히 단기외채)와 외환보유고의 동향을 면밀히 점검하는 등 대외건전성 유지에 각별히 유의해야 할 것이다. 이것은 유비무환(有備無患)이다. 1997년 하반기 외환위기를 망각해서는 안 될 것이다.

구체적으로 말하면, 금융불안의 충격을 최소화하기 위한 정책방향은 외환시장을 안정시켜 변동성을 줄이고 불확실성을 해소하는 것에 초점을 맞추어야 한다. 이를 위해서 환율 변동을 체계적으로 모니터링하고 예측하는 시스템을 구축해야 한다. 여기서 고려할 수 있는 정책방안으로서 다음과 같은 두 가지 정책방안을 제시한다.

① 외국인 주식 및 채권 투자자금이 일정 수준(과거 외국인자금 유입기간 총유입액의 평균 + 표준편차) 이상으로 유입될 경우 '조건부 금융거래세'를 자동적으로 부과하되 외국인 자금이 순유출될 경우 자동적으로 중단하는 조치이다. 흔히, 토빈세(Tobin Tax) 혹은 가변예치 의무제가

거론되지만, 상기 두 가지 정책수단은 모든 자본거래(유·출입)에 적용되고 대외신인도 저하를 초래할 가능성이 커 가급적이면 회피하는 것이 바람직할 것이다.

② 외환시장 : 외환거래 저변을 제2금융권(증권·보험 등)의 은행 간 외환거래 참여 여건을 조성(FX마진 거래를 국내통화 선물거래로 유도)하는 것이다.

상기 두 가지 정책수단보다 더 시급한 것은 취약한 금융시장(특히 외환·자본시장)의 체질 개선이다. 즉 외환시장의 안정을 위한 외은지점에도 동일하게 '외화유동성 비율 규제'를 적용하는 것이다. 외은지점은 외화유동성을 국내에 공급하는 과정에서 외환시장을 교란시키기도 한다. 외은지점 외채가 급증하면 달러공급 증가로 환율이 과도하게 하락하고, 글로벌 금융불안 시에는 외화자금의 이탈로 환율이 급등한다. 또한 핫 머니(Hot Money)에 대한 규제도 도입할 필요가 있다.

여기서 유의할 것은 국내 단기외채에서 외은지점이 차지하는 비중(국가 전체 단기외채와 은행 단기외채에서 외은지점이 차지하는 비중은 각각 47.9%, 63.1%)이 높지만 국내 은행에 적용되는 외화유동성 비율 등이 외은지점에는 적용되지 않는다는 점이다. 또한 단기외채의 유·출입이 국내 은행보다는 외은지점을 중심으로 이루어지고 있다는 점에 유의할 필요가 있다.

중·장기적으로는 외환거래 저변 확대, 시장조성자 육성, 이종(異種)통화 직거래 활성화 등 외환시장 구조를 개선하고, 금융기관의 글로벌 업무 역량을 확보하여 실질적인 원화의 국제화도 추진해야 할 것이다.

5) 은행위기에 대한 대비책

물론, 한국의 대외 건전성은 1997년 하반기 외환위기 당시보다 훨씬 튼튼하다. 대출금리가 1%포인트 올라도 가계와 기업이 대체로 감내할 수 있다고 한다. 즉, 2017년 11월에 6년 5개월 만에 기준금리를 올린 데 이어, 추가로 금리를 인상해도 큰 문제가 없다는 것이다. 또한, 1997년 하반기 외환위기 당시 투기 등급인 'B+'까지 떨어졌었던 국가신용등급은 현재 중국·일본보다 높은 'AA'이다. 한국의 외환보유액은 2017년 10월 현재 3천 845억 달러로 세계 9위다. 그만큼 한국경제의 대외 신인도는 높아졌고 외환위기의 재발 가능성은 상대적으로 매우 작아진 것은 사실이다.

그러나 문제는 미국의 금리가 한국의 금리보다 높아지면 외국인 자금 유출 우려가 커진다는 것이다. 사실, 미국과 신흥국의 장기채권금리가 뛰어올랐고 유럽·일본·신흥국의 대(對)미국 환율이 치솟았다. 또한, 신흥국(특히 중국)의 장기 채권에 몰렸던 자본이 미국으로 빠져나갔다.

참고로, 한·미(韓·美) 기준금리가 역전된 시기가 두 번(1999년 7월~2001년 3월, 2005년 8월~2007년 9월 등) 있었다.[04]

한편, 미국의 연방준비제도(Fed)는 연방공개시장위원회(FOMC)를 열고 10년 만기 미국 국채금리의 기준금리를 1.00~1.25%에서 1.25~1.50%로 0.25%포인트 인상했다. 이번 인상은 지난 3월과 6월에 이어 2018년 세 번째이자 마지막 기준금리 인상이다. 이번 미(美) 연준의 결정으로 2018년엔 한·미 금리 역전(逆轉)이 현실화될 가능성이 커졌다. 왜냐하면 미(美) 기준금리 상단이 한국은행 기준금리(1.50%)와 같아진 데다, 연준이 2018년에도 세 차례 금리 인상이 예상된다고 밝혔기 때문이다.

따라서 한·미(韓·美) 간 금리 차로 인한 외환(미(美) 달러)의 해외 유출을 제어하기 위해 국내 기준금리를 높이면 천문학적 가계부채 부담이 커지게 되어 국내 금융위기가 발생할 가능성이 높아질 것이다. 2018년 1분기 가계부채 총액은 1,468조 원이다(한국은행의 금융안정보고서, 2018. 6. 20). 가계부채 총액 1,468조 원은 2016년 국내총생산(GDP) 1,664조 원의 85%에 해당한다. 국내 부채가구 수(2017년 3월 기준)가 1,100만 가구이므로 가구당 평균 1억 3,300만 원의 부채를 안고 있는 셈이다. 가처분소득 대비 가계부채 비율은 2013년 134%에서 2016년 153%로 늘었다. 버는 돈(소득) 보다 갚아야 할 빚이 더 많아졌다는 뜻이다.[05]

한국은행에 따르면 대출금리가 0.5% 오르면 고위험가구(금융과 실물 자산을 팔아도 빚을 갚을 수 없는)의 금융부채 규모는 현재 62조 원에서 4조 7,000억 원 더 늘어난다. 이 결과, 가계부채라는 한국 경제의 시한폭탄이 언제 터질지 모른다. 특히 기준금리가 인상됨에 따라 시한폭탄의 초침이 째깍째깍 돌고 있다.

한국은행이 최근 금융시장 전문가 68명을 대상으로 한 설문조사에서 응답자의 35%가 가계 부채를 한국 금융시스템의 가장 위험한 요인으로 꼽았다. 국제통화기금(IMF) 미션단도

---

04 상술하면, 미국의 거듭된 금리 인상 배경에는 자국 경제에 대한 '자신감'이 깔려있다. FOMC는 이날 성명에서 "미국 경제 활동이 꾸준한 속도로 성장하고 있고 일자리 증가세도 견조하다"라고 밝혔다. 금년 미국 국내총생산(GDP)의 전망치도 2.1%에서 2.5%로 올려 잡았다. 미(美) 연준의 금리 인상에 대한 대응으로 중국 인민은행도 정책 금리 역할을 해온 시장의 단기 금리를 인상했다. 이번 미(美) 연준의 결정으로 2018년엔 한·미 금리 역전(逆轉)이 현실화될 가능성이 크다. 왜냐하면 미(美) 기준금리 상단이 한국은행 기준금리(1.50%)와 같아진 데다, 연준이 2018년에도 세 차례 금리 인상이 예상된다고 밝혔기 때문이다. 한·미(韓·美) 기준금리가 역전된 시기는 1999년 7월~2001년 3월, 2005년 8월~2007년 9월 등 두 차례뿐이었다.

05 항목별로 보면, 가계 대출(1,341조 2,000억 원)이 2분기보다 28조 2,000억 원 늘었다. 신용카드 이용 등 판매신용은 3조 원 늘어난 78조 원을 기록했다. 가계신용은 국내 가계가 금융회사에서 빌린 돈(가계 대출)과 아직 결제하지 않은 신용카드 사용금액(판매신용)을 포함한다. 2015년(118조 원), 2016년(139조 원)에 이어 3년 연속 연간 가계 빚 증가 규모가 100조 원을 넘는다. 3분기 가계부채 증가는 주택담보대출과 신용대출의 '쌍끌이 효과'이다.

그림 7-10 한국 가계부채의 확대 과정

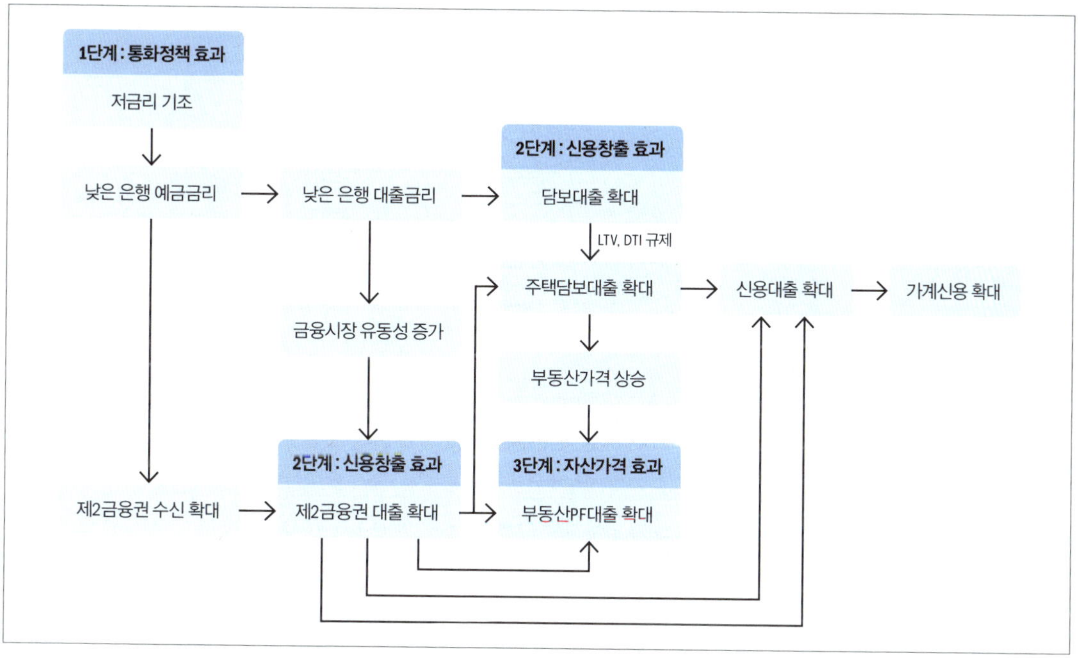

자료 임양택, 「글로벌 금융 패러다임의 변화와 한국 금융산업의 발전방향」, (사)아시아평화경제연구원, 연구총서 NO. 8, Summer 2013.

14일 연례협의(2017. 11. 14) 이후 "가계 부채가 한국의 금융리스크 요인"이라고 지적했다.

따라서 미국 금리 인상과 달러 강세에 대응하기 위한 국내 금리 인상 속도를 조절해야 한다. 즉, 정부의 채권안정기금이나 한국은행의 장기채권시장 개입을 통하여 국내 금리의 점진적 상승으로 유도하고 원화 환율의 급격한 상승을 억제해야 한다. 왜냐하면 미국경제와 연동되어 있는 한국은 자본유출을 막기 위해서 결국 금리를 인상하지 않을 수 없는데, 그 여파로 1천 468조 원의 가계부채발(發) 금융위기가 염려되기 때문이다.

따라서, 은행에 정기·고정금리로 자금 조달을 할 수 있는 유인으로서 현행법상 '커버드 본드 법'에 의거하여 '커버드 본드'(Covered Bond)를 활용하는 것이다. 이것은 자신이 보증하는 고정금리 주택 대출을 기초로 유동화증권인 주택저당 담보부 증권(MBS) 형태로 자본시장에서 발행할 수 있도록 함으로써 고정금리의 장기자금을 조달할 수 있도록 하는 것이다. 이 경우, 저리(低利)로 10년 넘게 장기간 빌리면서, 고정금리의 금리 변동 위험을 회피할 수 있다. 이와 동시에, 주택저당 담보부 채권(MBB)을 원리금자동이체형·수익증권형 주택저당 담보부 증권(MBS)으로 대체함이 바람직할 것이다.

그림 7-11 가계부채의 감축 · 부동산 거래의 활성화 · 건설산업의 정상화를 위한 부동산 자산의 증권화 방안

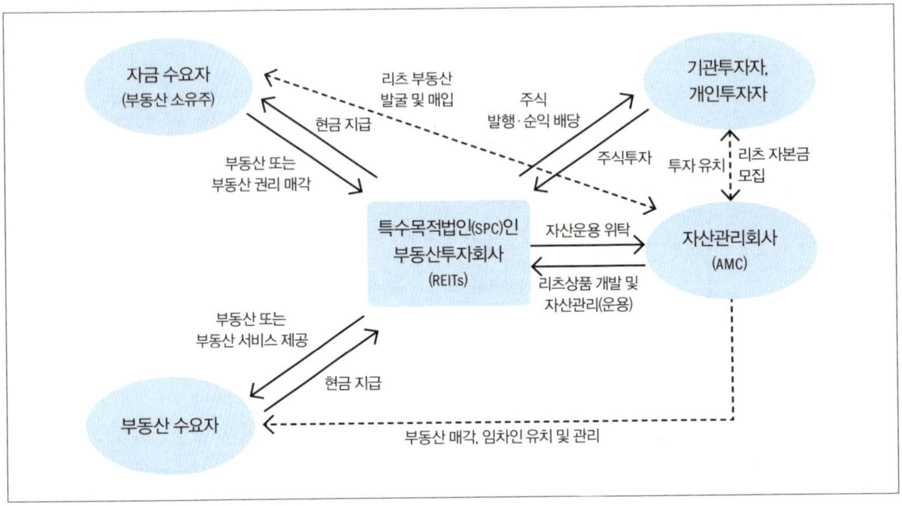

자료 임양택, 「글로벌 금융 패러다임의 변화와 한국 금융산업의 발전방향」, (사)아시아평화경제연구원, 연구총서 NO. 8, Summer 2013.

그림 7-12 원리금자동이체형 · 수익증권형 주택저당 담보부 증권(MBS) 발행 흐름도

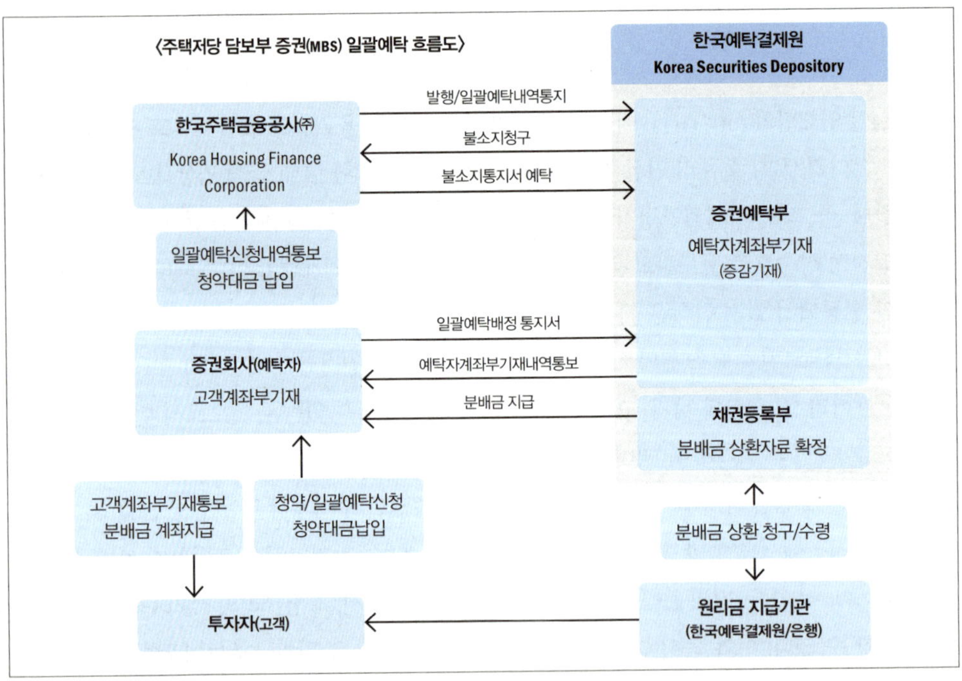

자료 임양택, 「글로벌 금융 패러다임의 변화와 한국 금융산업의 발전방향」, (사)아시아평화경제연구원, 연구총서 NO. 8, Summer 2013.

그림 7-13 채권형 주택저당 담보부 채권(MBB)의 발행 구조

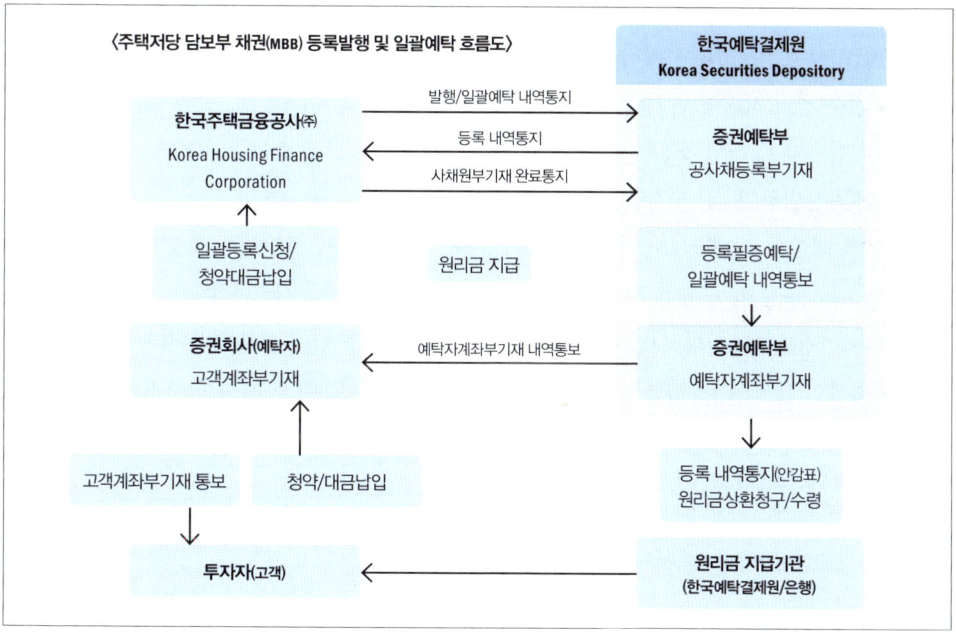

따라서 전술한 미국의 관련 제도인 원리금자동이체형·수익증권형 주택저당 담보부 증권(MBS : Mortgage Pass-Through Securities)을 도입할 경우, 발행기관의 입장에서 대출자의 대출채권의 불규칙적인 원리금상환에 대한 재(再)투자리스크를 근본적으로 해결하기 위하여 기초자산인 대출채권의 원리금이 상환되면 그대로 주택저당 담보부 증권(MBS) 투자자에게 지분만큼 상환해 준다.

4. 전반적 경제위기의 요인과 극복 방안

1) 혁신주도성장 전략 : 테크노-경세발선 모형

전술한 금융위기(은행위기와 외환위기)와 '실물경제부문'(고용/실업, 소비, 투자, 수출, 수입, 재정 등)의 위기를 포함한 전반적인 '경제위기'를 극복하기 위해서는, 무엇보다도 한국 정부의 경제정책 기조를 현행 '소득(임금)주도 성장 전략'(Income(Wage)-led Growth Strategy)에서 '혁신주

도 성장 전략'(Innovation-driven Growth Strategy)으로 전환하고 이를 뒷받침할 수 있는 '테크노-경제 발전 전략'(Lim Yang-Taek : 2000, 2006 ; 임양택 : 2007, 2011, 2013)을 추진해야 한다.

전자(임금주도 성장전략)는 '최저임금 인상 → 고용 감축 및 기업 도산 → 근로 소득/소비 감축 → 내수 경기 저해'를 야기할 뿐이다. 이와 대조적으로, 후자(혁신주도 성장전략)는 '기술혁신 → 기업투자 → 산업 생산 → 성장 촉진 및 고용 증대 → 근로 소득/소비 증가 → 내수 경기 촉진'을 유발한다.

상기한 테크노-경제발전 전략을 추진하는 동태적 과정에서 생성되는 '고용-창출형 경제성장'(Job-creating Growth)은 지속적 성장과 형평한 분배를 공존시킨다. 여기서, 특히 고용은 생존의 기본수단이며, 인간의 존엄성을 스스로 지킬 수 있는 기본요건이다. 따라서 고용은 '최상의 복지'(임양택, 칼럼, 한국경제신문, 2011. 10. 7)로서 건전한 '복지사회'(Welfare Soci-

그림 7-14 기술혁신의 메커니즘 및 파급효과 : 미시경제적 측면

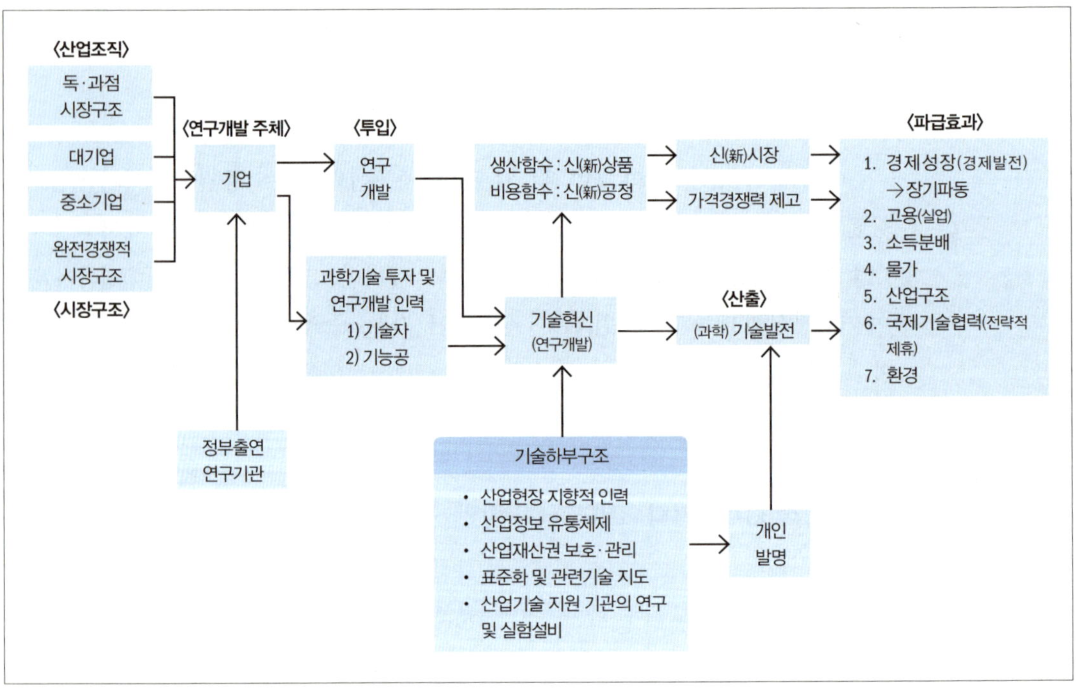

자료 임양택(1998), 「기술개발지원제도의 현황 및 개선방안」, KDI주관 1997년도 국가정책개발사업, 한국 개발 연구원.
임양택(2007), 「한국의 비전과 국가경영전략」, 나남출판사.
임양택(2011), 「쿼바디스 도미네 : 성장·복지·통일을 위한 청사진」, 나남출판사.
임양택(2013), 「글로벌 경제와 한반도 위기 : 한국의 비전 및 전략」, 나남출판사.

ety)의 근간이며, 복지재정 위기의 문제를 내생적으로 해결할 수 있다.

모름지기, 부존자원이 빈약하고 국내시장이 협소한 한국은 수출경쟁력을 높여야 5,000만 명의 생존과 번영을, 나아가 향후 북한 동포에 대한 경제지원을 각각 도모할 수 있다. 수출경쟁력은 크게 두 가지, 즉 가격경쟁력(임금, 금리, 물가, 환율 등)과 비(非)가격경쟁력(품질, A/S, 납기 준수 등)으로 나누어진다. 특히, 고(高)임금시대에서 품질경쟁력을 높여야 하는데, 그것은 기술혁신(제품혁신과 공정혁신) 없이는 불가능하다. 그런데, 한국은 기술혁신을 위한 기술인력(특히 설계기술인력)의 공급과 연구개발비(R&D)의 투자 및 지원이 상당히 저조하다.

그림 7-15 테크노-경제발전 모형 : 거시경제적 측면

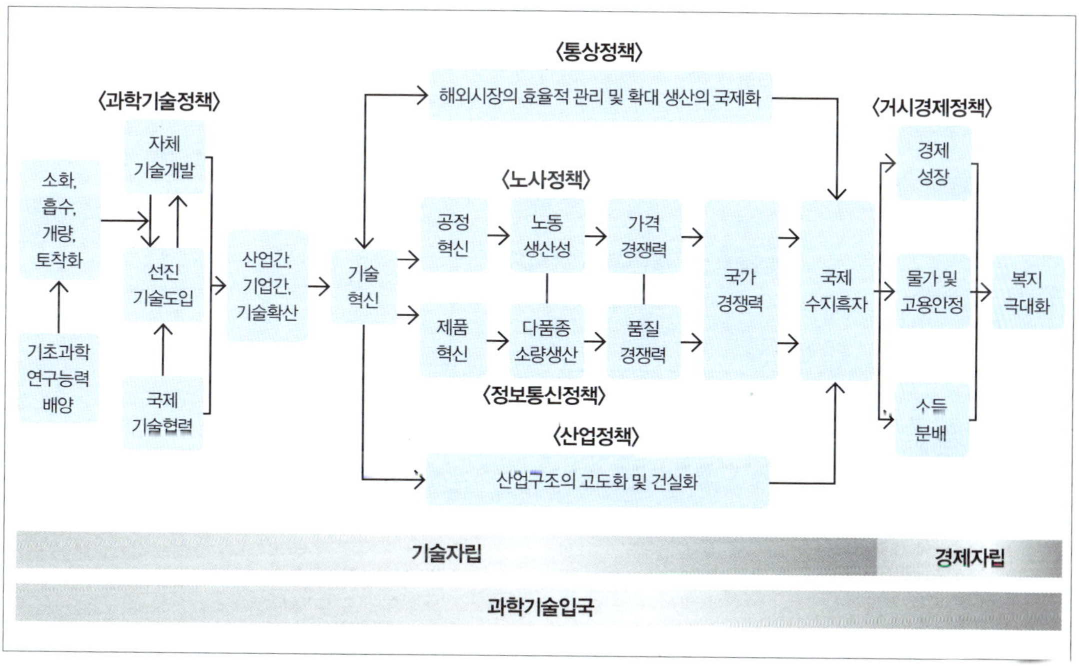

자료 Lim, Yang-Taek(1996), "An International Comparative Study of Basic Scientific Research Capacity : OECD Countries Taiwan and Korea", *Technological Forecasting and Social Change*, Vol. 52, pp. 75~94.

Lim, Yang-Taek(2000), *Korea in the 21st Century*, New York : NOVA Science Publishers, Inc.

Lim, Yang-Taek(2006), "A New Techno-Economic Development Model : he Case of South Korea", In George E. Lasker & Kensei Hiwaki, ed., *Sustainable Development and Global Community*, Vol. VII, Niagara Falls : Coutts Library Services, Ltd., pp.19~33.

임양택(2007), 「한국의 비전과 국가경영전략」, 나남출판사.

임양택(2011), 「퀵바디스 도미네 : 성장·복지·통일을 위한 청사진」, 나남출판사.

임양택(2013), 「글로벌경제와 한반도 위기 : 한국의 비전 및 전략」, 나남출판사.

2) 국가 기술혁신 시스템과 기술금융지원제도

시장자본주의 경제체제에서 연구개발(R&D) 투자는 이윤축구를 위한 기업의 몫이다. 그러나 열악한 기업환경(과다한 정부규제, 경직적 노조활동)에서 어느 기업인이 '자선 사업' 혹은 '애국 사업'으로서 투자하고 고용하려고 할 것인가? 더욱이 한국 기업의 99%를 차지하는 중소기업의 환경은 더욱 열악하다. 유망한 사업프로젝트를 갖고 있음에도 불구하고 '죽음의 계곡'(Vally of Death)에 처해 있는 중소기업과 벤처기업을 위해 '무늬만 기술금융제도'인 현행 제도를 합리적으로 개선해야 한다. 무릇, '기술금융'이란 기술혁신 과정(창업, 연구개발(R&D) 투자, 기술사업화 등)에 필요한 자금을 기술평가를 통해 공급하는 기업금융이다. 따라서 저자는 합리적 기술평가를 위해 기술평가인증체제와, 대기업과 중소기업의 '기술 계열화'를 촉진할 수 있는 '팩토링 제도'를 제시한다.

그림 7-16 국가 기술혁신 시스템의 모형

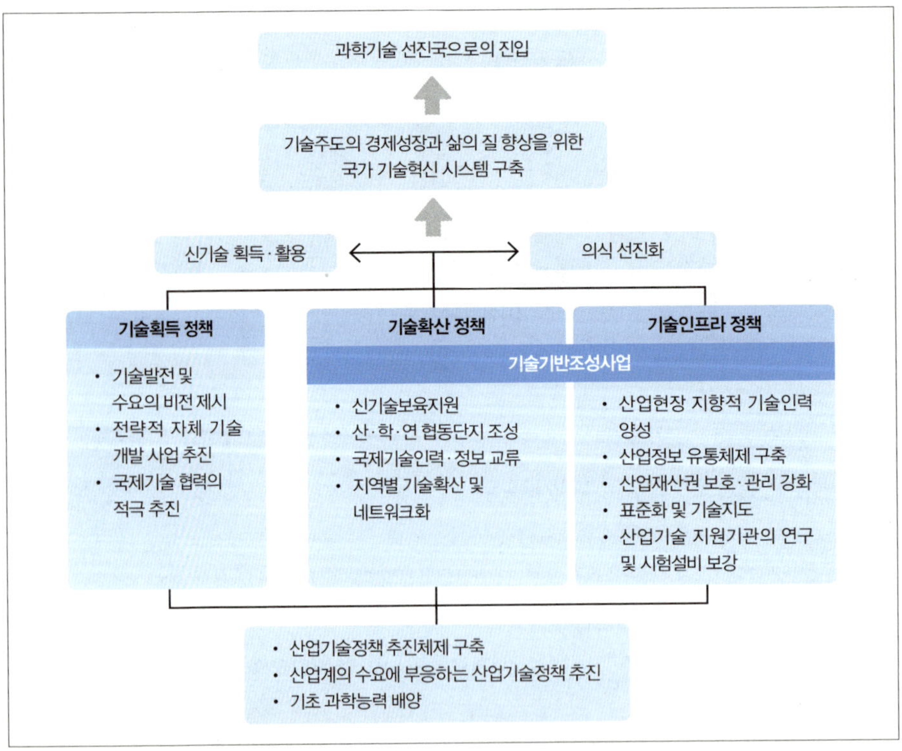

자료 임양택, 기술개발지원제도의 현황 및 개선방안(KDI주관 1997년도 국가정책개발사업), 한국개발연구원, 1998. 1.

그림 7-17 경쟁력에 대한 기술하부구조의 파급효과

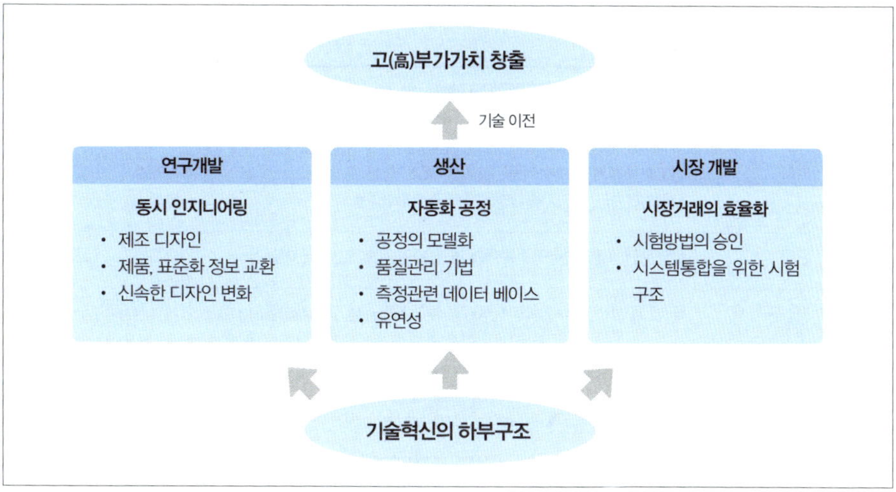

현재 한국에서 실시되고 있는 기술혁신 금융지원 체제는 기술개발 단계에서는 정부 출연금 및 보조금을 통해 산업혁신기술개발사업, 특정연구개발사업, 중소기업기술혁신개발사업, 정보통신개발사업 등 국가연구 개발사업을 지원하고 있다. 사업화단계에서는 정보화촉진기금, 과학기술진흥기금, 중소기업진흥 및 산업기반기금 등을 통해 기술혁신 활동이 지원되고 있다.

(1) 정책금융체계의 개혁 필요성

그동안 기업 구조조정뿐만 아니라 기업부실을 방조해온 한국의 정책금융기관들도 반드시 개편해야 할 것이다. 「한국산업은행」의 개발금융, 「한국수출입은행」의 수출금융, 중소기업 정책금융과 보증 등 모든 정책금융이 총체적인 난맥상을 보이고 있어 대대적인 구조조정(민영화와 통폐합 등)이 필요하다.

「한국산업은행」 관리기업 268개 중에서 구조조정 중인 부실기업 수만 2015년 3월 말 기준으로 114개나 되어 불과 4년 만에 2배나 늘어났고 이들의 부실여신 잔액이 무려 3조 원을 넘었다. 예로서 최근 3~4조 원으로 추산되는 「대우조선해양」의 숨겨진 부실이 드러났다. 그러나 아무도 책임을 지지 않는다.

또한, 「한국수출입은행」의 경우, 2014년 말 기준으로 자산 73조 원 가운데 부실여신이 2조 1,500억 원으로 자기자본 비율이 10.5%에 불과하다.

표 7-6 한국의 기술혁신 금융지원 체제

		지원내용	지원단계	비고
정책 금융	정부출연금, 보조금	산업혁신기술개발사업, 특정연구개발사업, 정보통신개발사업, 중소기업기술혁신개발사업 등 국가연구개발사업	기술개발	보조(연구개발비의 50~75%)
	기금	정보화촉진기금, 과학기술진흥기금, 중소기업진흥 및 산업기반기금, 산업기술개발융자자금(재특회계) 등	추가개발, 사업화	융자(재특금리 등에 연동)
일반 금융	은행	산업은행, 기업은행, 국민은행, 시중은행의 기술개발자금 대출 등	기술개발, 사업화, 성장단계	융자(시중금리)
	기술금융사	투자, 회사채인수, 시설대여, 팩토링, 투자조합결성, 기술개발융자		투융자(시중금리)
	창업투자사	주식, 전환사채 인수에 의한 투자지원 및 벤처투자조합의 결성 등		투융자(시중금리)
신용보증		기술신용보증기금, 신용보증기금의 신용보증		보증료(1.0~1.5%)

자료 1. 홍지승, 기술혁신 융자지원사업의 활성화 방안.
2. 남주하, "금융산업의 발전전략과 기술금융".

(2) 기술금융지원제도의 현황 및 문제점과 개선방향

'기술금융'이란 기술혁신 과정(창업, R&D, 기술사업화 등)에 필요한 자금을 기술평가를 통해 공급하는 기업금융이다. 이는 '혁신성장'의 주요 주체인 벤처·스타트업의 기술혁신과 성장을 위한 필수자원으로써 매우 중요하다. 특히, 기술력은 갖고 있으나 자금이 부족한 벤처·스타트업은 기술금융을 통한 자금조달이 기술사업화 성공에 큰 역할을 할 수 있다.

일반적으로, 기술금융지원은 크게 두 가지, 즉 ① 융자에 의한 간접금융지원, ② 시장 중심의 직접금융지원(벤처캐피털 등)으로 구분할 수 있다. 한편, 기술개발 금융의 수요는 기술혁신단계에 따라 자금의 조달 소스와 규모 등 자금수요의 내용이 다르다.

우선, 기술혁신단계별 자금 소스를 보면, 초기 연구개발 단계에서는 개인의 자금이나 엔젤의 투자에 의존하고, 손익분기점 전의 초기성장단계에서는 개인자금, 엔젤자금, 벤처캐피털, 개인자격의 상업은행 대출에 주로 의존하고 있다. 일단 손익분기점을 넘어서면 상업은행과 보험회사 등 공식적인 금융기관의 대출을 활용한다.

다음으로, 기술혁신단계별 자금수요 규모를 보면 연구개발 단계보다는 기업화하여 성장하는 단계에 더 많은 자금의 수요가 필요하다. 기술혁신 단계 중에서 금융조달이 가장 어려운 단계는 생산을 준비하는 단계이다. 이 기간 중에 시설이나 장비에 대한 투자수요와 인력훈련비 등 개발된 기술의 본격적인 상업화에 대한 자금수요가 크다.

① 기술금융제도의 현황 및 문제점

다행히 시중은행의 기술신용대출 규모는 2017년 6월 기준 112조 8,172억 원으로 사상 최고치를 경신하였다. 이 과정에서 시중은행은 기존 일반 중소기업 대출 거래 기업을 기술금융에 편입시키거나 기술신용대출에 담보 보증을 요구하는 방식으로 대출 규모를 대폭 확대했다. 그러나 순수 신용대출을 확대하겠다는 정부의 정책적 의지와 달리, 2017년 6월 기준으로 담보 보증 대출 비중은 71.7%로 2015년 4월 기준 59.8%보다 더욱 높아졌다. 국내 은행들은 지나치게 미래의 성장 가능성보다는 담보위주의 여신관행에 익숙하여 기술혁신형 기업에 대한 대출이 매우 저조하다. 이것은 기술신용대출이 '무늬만 기술금융'이라는 비판을 유발하고 있다.

사실, 대부분 중소기업의 경우 신용도와 지명도가 상대적으로 낮을 뿐만 아니라 금융비용이 높기 때문에 이들은 직접금융활용, 즉 주식이나 회사채 발행 등에 의한 자금조달을 기피하고 있다. 특히 재무적 평가에 의존하는 현행 기업신용등급평가제도는 창의성과 개별 기술력을 특성으로 하는 기술혁신형 중소기업에게는 불합리하다. 이 결과, 국내의 기술혁신형 기업들의 자금지원은 주로 정책금융에 의존할 수밖에 없으며, 이것은 다시 민간금융기관들의 기술개발자금에 대한 지원을 위축시키는 악순환을 되풀이하고 있다.

② 개선방향

우수한 기술을 보유한 혁신기업이 자금부족으로 도태되지 않도록 기술금융시스템을 다음과 같은 방향으로 개선해야 할 것이다.

첫째, 창업 초기 기업을 위한 기술금융공급을 다음과 같이 대폭 확대해야 한다. 상술하면, 국내 기술금융환경에서 창업 초기 기업이 담보 보증과 기업 성과에 의한 신용을 확보하기에는 매우 힘들다. '죽음의 계곡'(Valley of Death)과 같은 자금조달 문제는 주로 창업 초기에 발생하고 있기 때문에 적극적인 정부개입이 필요하다. 보수적 투자 성향이 비교적 약한 엔젤투자사나 엑셀러레이터는 창업 초기 기업에 대한 투자 가능성이 크기 때문에 단계적으로 육성해야 한다. 기술력 평가 신뢰도를 제고하고 기술력에 대한 평가 비중을 높여 기술력만으로 자금 조달이 가능한 기술금융도입의 본래 취지를 점차 살려나가야 할 것이다.

둘째, 기술신용대출이 실제 기술평가를 기반으로 공급될 수 있도록 체질 개선이 필요하다. 상술하면, 기술신용대출 규모의 빠른 증가는 민간 시중은행이 정부 정책 방향성에 부합한 결과이지만 그 한계가 드러나고 있다. 즉 현재 시중은행의 기술신용대출은 기술력보다는 신용도를 더 중요시하고 담보 보증 요구 비율이 증가하는 등과 같이, 기술금융으로서의 역할이 상실되고 있기 때문에 기업 대출 심사 시, 기술평가 비중을 더욱 확대하고 질

그림 7-18 기술평가인증 체계

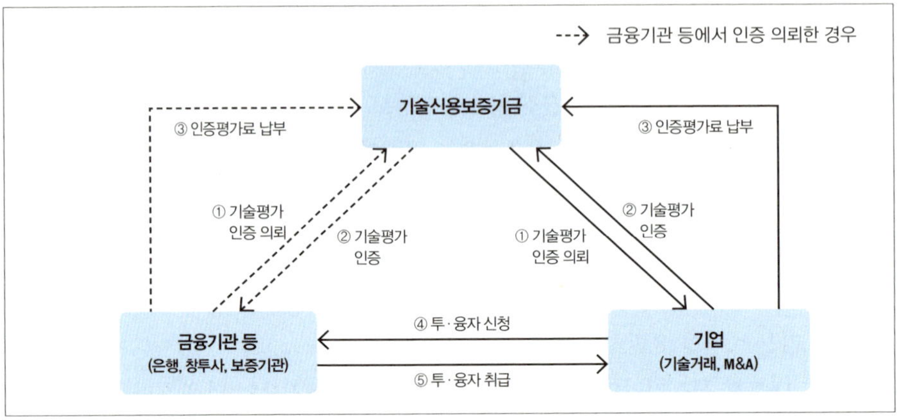

적 평가 중심의 기술신용대출 공급이 이루어질 수 있도록 가이드라인을 마련해야 한다. 물론, 기술신용대출 공급 후, 기업의 성과를 주요 실적 평가 척도로 반영하고, 기업에게 자금이 적절하게 분배되고 있는지에 대한 모니터링이 필요하다.

셋째, 벤처투자 생태계는 정부가 투자재원을 공급하는 '한국모태펀드'에 대한 의존도가 높다. 상술하면, 한국모태펀드는 안정적 벤처투자재원 공급체계를 마련하기 위하여 2005년 결성되었으며, ㈜한국벤처투자'에서 운용 중이다. 2017년 기준으로, 공공부문의 벤처투자 출자액 비중은 39.6%이며, 이 중 한국모태펀드는 65.7%를 차지하는 가장 큰 출자자로 벤처투자 활성화를 위해 노력해오고 있다. 모름지기, 한국모태펀드는 정책 목적에 따라 피투자업종, 업력, 투자비율, 출자비율 등을 사전에 정하여 벤처캐피털을 모집·선정하는 구조이다. 또한 한국모태펀드는 관리 감독 기능도 갖고 있어 벤처투자 생태계에 미치는 영향이 크다.

그러나 벤처캐피털의 운영 현황을 보면, 벤처투자가 공공주도 펀드에 길들여져 보수적 투자 및 운용보수에 의존한 투자 행태로 변질되고 있다. 즉, 조합 운용보수가 주요 수입원이기 때문에 다수의 조합을 운용해야 생계유지가 가능하다. 따라서 출자규모가 큰 공공기관에 종속되어 있으며, 규모가 큰 모태펀드의 조합운용사로 선정되기 위하여 치열하게 경쟁한다. 이 결과, 벤처캐피털은 유망기업을 발굴하고 이를 통해 수익을 창출하려는 노력보다는 조합 운용을 통한 수수료 수익에 치중하고 있다.

상기한 벤처투자 생태계는 벤처캐피털이 모험적인 투자보다는 안정적인 투자를 선호하는 경향을 띠게 되는 원인이 되고 있다. 즉 벤처캐피털은 창업 중에서 후기 기업에게 대한 투자를 선호하고, 보통주 투자보다는 상환전환우선주(RCPS)나 전환사채(CB), 신주인수권부사채(BW)와 같은 보수적 상품을 선호하게 된다는 것이다. 참고로, 2016년 기준으로 RCPS, CB, BW 비중은 각각 61.5%, 48.4%, 13.1%이다.

따라서 한국모태펀드와 같은 공공주도 펀드의 경우, 창업 초기 기업 혹은 기술의 파급효과 및 기술 자체의 우수성은 높지만 위험도가 높은 벤처기업 등 시장의 사각지대에 지원하는 공공 본연의 역할에 충실할 수 있도록 개편해야 한다. 다시 말하면, 민간 주도의 벤처투자 생태계를 조성하기 위하여 규제개선, 기업정보의 제공, 중간회수시장 활성화와 같은 환경이 조성되어야 한다.

5. '최적 경제성장과 사회보장'을 위한 퇴직연금기금의 운용전략

대한민국은 1987년 6.10 민주항쟁 이후 30년 만에 민주화와 선진화를 이루었다. 그런데 한국사회는 민생불안의 시대로 진입하고 있다. 구체적으로 살펴보면 900만 명에 가까운 비정규직 노동자, 사실상 100만 명을 넘는 청년실업자(청년 실업률 11.6%, 아르바이트/공시생을 포함한 확장실업률 24%), OECD 국가들 중에서 소득 불평등이 가장 심한 미국에 필적하는 소득 불평등, 세계 최저 수준의 합계출산율(인구 5,000만 명 규모에 1.21명), 세계 최고 수준의 자살률(특히, OECD 평균의 3배에 이르는 노인 자살), 부모의 과도한 자녀교육비 부담, 천정부지로 치솟는 전·월세 값과 물가는 서민들의 삶을 극한으로 내몰고 있다.

통계청 발표에 따르면, 65세 이상 인구 비율은 2018년 14%, 2026년 20%에 이르고, 2050년에는 38.2%로 증가하여 한국은 세계 최고의 '고령국가'가 될 것이라고 전망된다. 그런데 65세 이상 고령인구의 55% 이상이 자신의 근속기간 동안 '내 집 마련'이나 '자녀 교육' 등으로 인하여 자신의 노후를 제대로 준비하지 못하고 있다. 이로 인해 한국의 '노인 빈곤율'은 경제협력개발기구(OECD) 평균 11.6%보다 무려 4배 이상 높은 48.5%에 달하고 있다.

한국은 일자리 창출을 통해 '성장이 곧 복지'라고 믿었다. 사회적 자원을 복지보다 경제성장에 집중 투입했다. 자연스럽게 '저(低)부담-저(低)복지' 모델이 정착됐다. 그러나 이제 고도성장은 환상이 됐고, 민주화와 함께 복지 욕구가 터져 나오고 있다. 사회 양극화는 갈수록 악화되고 있다. 이러한 상황에서 진보세력은 '무상·반값' 시리즈를 내걸었고, 심지어 보수세력마저 '공짜 복지' 경쟁에 가세하였다. 이에 따라 국가부채가 급증하고 있다. 게다가 앞으로도 저(低)출산·고(高)령화 대비는 물론, 남·북한 대치 상황에서 통일비용까지 축적해야 하는 부담을 안고 있다.

1) 기본 방향

본 연구는 노후생활(소득) 보장 문제에 대한 근본적 해결방안으로서 저자의 '최적 경제성장과 사회보장'(임양택 : 1981, 2007, 2011, 2012, 2014 ; Lim, Yang-Taek : 1978, 2000, 2010)의 이론적 모형에 기초를 두고 호주의 퇴직연금 자산운용전략을 벤치마킹하여 퇴직연금을 자산운용산업의 국내·외 자본투자로 활용하여 은퇴인구의 금융자산을 높일 수 있는 연금제도 개혁방안을 제시한다.

다행히, 상기한 연금제도(특히 퇴직연금제도)의 개혁방안이 성공할 수 있는 여건은 성숙되고 있다. 특히, 2017년부터 500명 이상 모든 기업은 의무적으로 가입하는 퇴직연금제도의 퇴직연금기금(2016년 말 현재 147조 원)이 증가되고 있으며 최근에 확정급여형(DB형)에서 확정기여형(DC형)으로 전환되고 있는 추세에 따라 기금구조가 안정화되고 있다.

또한, 한국의 공적 연기금은 전 세계 공적 연기금 기준 절대금액 면에서는 2,800억 달러로 세계 3위, 경제규모(GDP) 대비 비중 기준으로는 27.6%로 세계에서 가장 큰 공적 연기금이다. 특히 국민연금은 2008년 재정추계 기준으로 2043년에 2,465조 원의 기금이 축적되는 등 향후 30년간 기금규모는 급격하게 증가할 것으로 전망된다.

그러나 한국은 호주와는 달리 자산운용시장을 견인하는 강력한 주체로 연기금이 자리매김하고 있지는 못하고 있는데, 그 요인은 연금 제도의 구조적 차이와 이로 인한 연기금의 운용 환경이 상이하기 때문이다. 즉, 한국의 경우 연기금 운용 자산의 대부분이 국민연금기금으로 구성되어 있어 호주와 같은 연기금의 적극적인 역할을 기대하기는 힘든 구조이다.[06]

따라서 한국 자산운용산업의 도약을 위하여 호주의 성공 사례를 참조하는 것이 대단히 유효할 것이지만 한국의 대표적 연기금인 국민연금기금은 국가가 관리하는 단일 기금이라는 측면에서 민간 시장의 발전을 견인하는 데는 구조적 한계가 있다. 다시 말하면, 무려 3만 개가 넘는 펀드가 민간 자산운용회사로 분산되어 있는 호주의 퇴직연금기금에 비하여 국민연금기금은 국가가 관리하는 단일 펀드이다. 물론, 국민연금기금의 분할을 통한 확정기여형(DC형) 국민연금제도의 도입[07] 등이 주장되지만 이 주장은 단기적으로 실현되

---

06 「국민연금」은 1999년 「기금운용본부」를 설립해 동년 2조 7293억 원을 투자한 이후 2014년 1월까지 총 투자액을 81조 원까지 확대함으로써 매년 투자비중을 확대해왔다. 그러나 2013년과 2014년의 투자 목표치는 20%로 동일했었다. 심지어, 정부는 2018년 7월 스튜어드십 코드를 도입하여 626조 원을 운용하는 국민연금이 대주주인 기업에 대한 주주권 행사를 강화하겠다고 발표했었는데, 이것을 총괄하는 국민연금 기금운용본부장(CIO)이 2018년 8월 현재 12개월 동안 공석이다.

07 김재원 의원 주최 국회 정책 토론회(2013. 4. 2)

그림 7-19 라이프-사이클 사회보장 모형

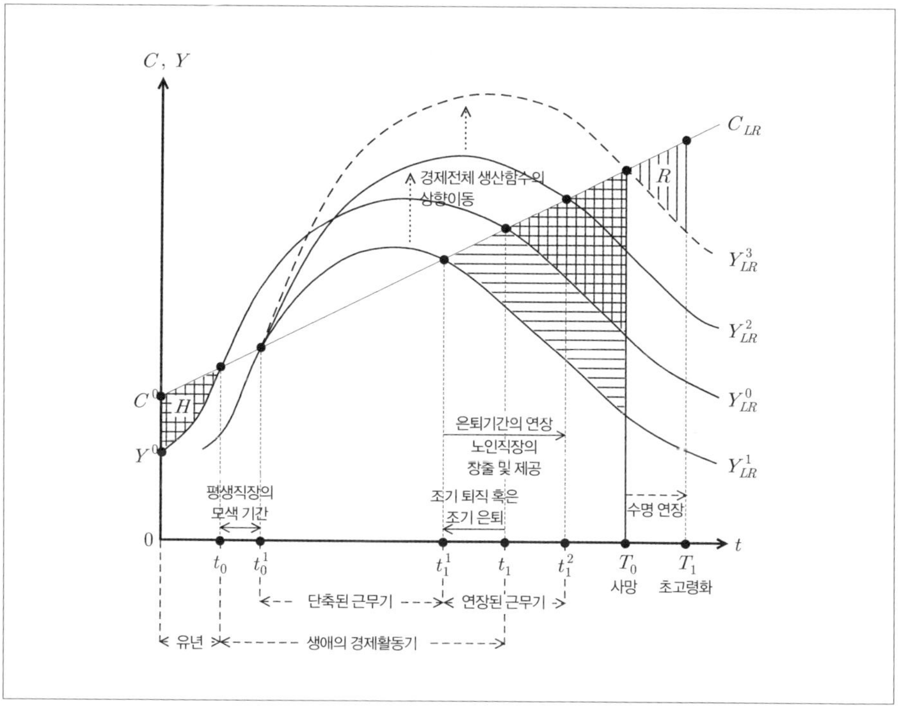

자료 임양택(2011), 「쿼바디스 도미네 : 성장·복지·통일을 위한 청사진」, 나남출판사, p 294.
임양택(2011), 「한국형 복지사회를 위한 청사진」, 한양대학교 출판부.
임양택(2014), 「최적 사회보장과 창조경제를 위한 국민연금기금의 자산운용전략」, 국민연금연구원 용역 보고서, 2014-01.

기 어렵다. 그러나, 금융선진국의 해외사례를 살펴보면, 자산운용산업의 양적인 성장과 질적인 발전에 있어 안정적이고 건전한 투자 주체로서 연기금의 선도적인 역할이 가장 주요한 요인인 것을 알 수 있다.

따라서 현실적으로 실천 가능한 방안은 현재 대부분 원금보장형 상품으로 편향되면서 구성되어 있는 퇴직연금기금의 운용 형태를 법적 규제 및 정책적 지원 차원에서 퇴직연금기금에 대한 규제사항 및 운용 체계를 적극적으로 개선하는 것이다. 이 과정에서 호주 퇴직연금의 성공 사례가 적절한 벤치마크가 될 수 있을 것이다. 또한, 퇴직연금 시장은 금융시장에서 매우 큰 비중을 차지하고 있으며, 따라서 그것은 금융산업의 발전에 크게 기여할 수 있다.

사실, 한국에도 세계 3위 규모의 국민연금기금과 최근 빠르게 성장하고 있는 퇴직연금

그림 7-20 최적 경제성장과 사회보장 모형

최적 경제성장 궤적이란 수학적으로는 다음과 같이 각각 나타낼 수 있다.

$$f[k^*(t)] = \rho - \dot{p}/p$$

〈증명〉

$$Maximize$$
$$s(t) \cdot \theta(t)$$
$$SW = \int_0^{+\infty} e^{-(\rho-n)t} U[c(t)]\,dt$$

subject to

$$C(t) = [1-s(t)]\{[1-\theta(t)]f[k(t)] + \theta(t)r(t)k(t)\}$$
$$f[k(t)] = f[k_p(t),\ k_s(t)] = w(t)h(t) + r(t)k(t)$$
$$\dot{k}(t) = \dot{k}_p(t) + \dot{k}_s(t)$$
$$\dot{k}_p(t) = i_p(t) - nk_p(t)$$
$$\dot{k}_s(t) = i_s(t) - nk_s(t)$$
$$i_p(t) = s(t)\{[1-\theta(t)]f[k(t)] + \theta(t)r(t)k(t)\}$$
$$i_s(t) = \frac{re^{(r-n)t} - n}{r-n}\{f[k(t)] - r(t)k(t)\}\theta(t)$$
$$i(t) = i_p(t) + i_s(t)$$
$$k(t) = k_p(t) + k_s(t)$$
$$\rho > n > 0$$
$$r > n$$
$$0 < s(t) < 1$$
$$0 < \theta(t) < \tau < 1$$
$$0 < \theta(t) + \tau < 1$$
$$f[k(t)] \geq c(t) + dk(t)/dt$$
$$f' > 0,\ f'' < 0,\ f(0) = 0,\ f(\infty) = \infty,\ f'(0) = \infty,\ f'(\infty) = 0$$
$$U' > 0,\ U'' < 0,\ U(0) = -\infty,\ U(\infty) = \infty,\ U'(0) = +\infty,\ U'(\infty) = 0$$
$$k(0) = k_0 > 0$$
$$k_p(0) = k_p^0 > 0$$
$$k_s(0) = k_s^0 > 0$$

자료 임양택(2011), 「쿼바디스 도미네 : 성장·복지·통일을 위한 청사진」, 나남출판사, p 294.
임양택(2011), 「한국형 복지사회를 위한 청사진」, 한양대학교 출판부.
임양택(2014), 「최적 사회보장과 창조경제를 위한 국민연금기금의 자산운용전략」, 국민연금연구원 용역 보고서, 2014-01.

등으로 인하여 호주의 퇴직연금에 비하여 결코 작지 않은 규모의 연기금이 축적되고 있다. 공공기관이 운영하는 3대 연금(국민연금·사학연금·공무원연금)과 4대 공제회(교직원·군인·지방행정·과학기술)와 3대 연금(국민연금·사학연금·공무원연금)과 4대 공제회(교직원·군인·지방행정·과학기

그림 7-21 '최적 저축률' 및 최적 '사회보장세'가 도입된 장·단기 균형성장 궤적

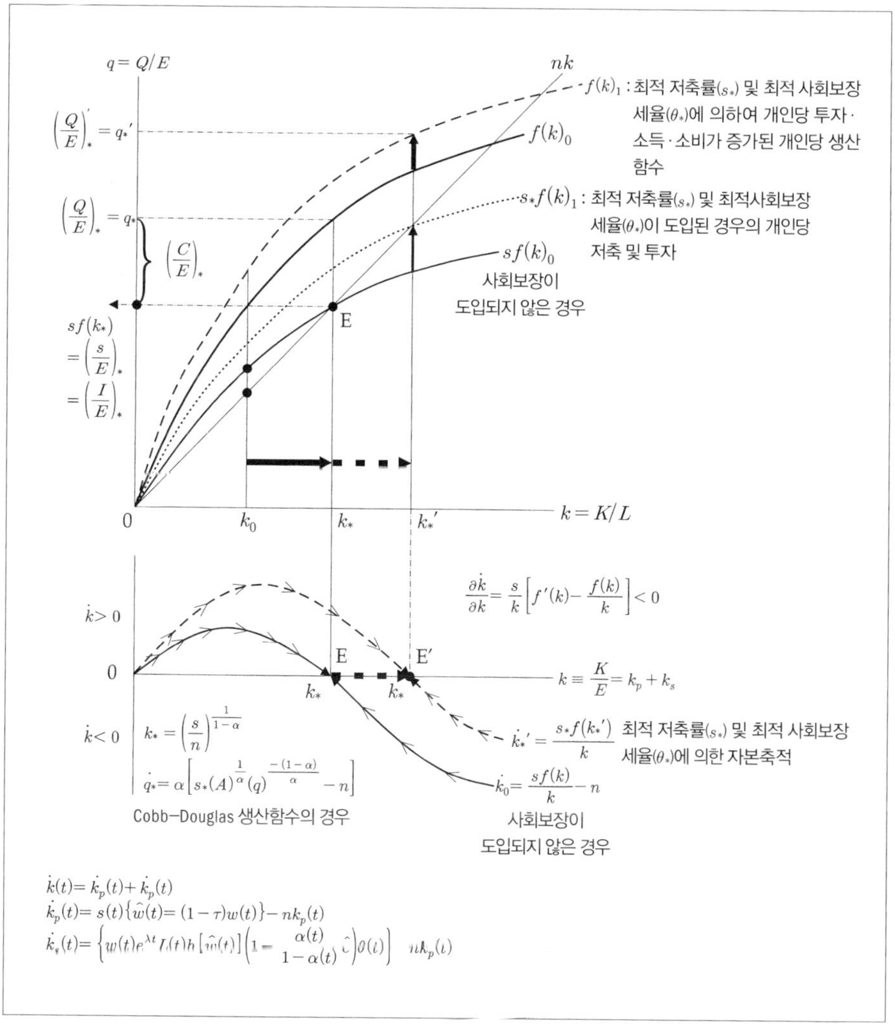

자료 임양택(2011), 「퀴바디스 도미네 : 성장·복지·통일을 위한 청사진」, 나남출판사, p.294.
임양택(2011), 「한국형 복지사회를 위한 청사진」, 한양대학교 출판부.
임양택(2014), 「최적 사회보장과 창조경제를 위한 국민연금기금의 자산운용전략」, 국민연금연구원 용역 보고서, 2014-01.

술)의 장/단기 투자전략이 '선진 복지사회 건설'이라는 합목적에 따라 체계적으로 협력한다면, 호주도 성공하고 있는데, 한국이 도전 및 성공하지 못할 이유가 없다.

그림 7-22 '최적 경제성장과 사회보장 모형'에 입각한 한국의 복지재원 조달 방안

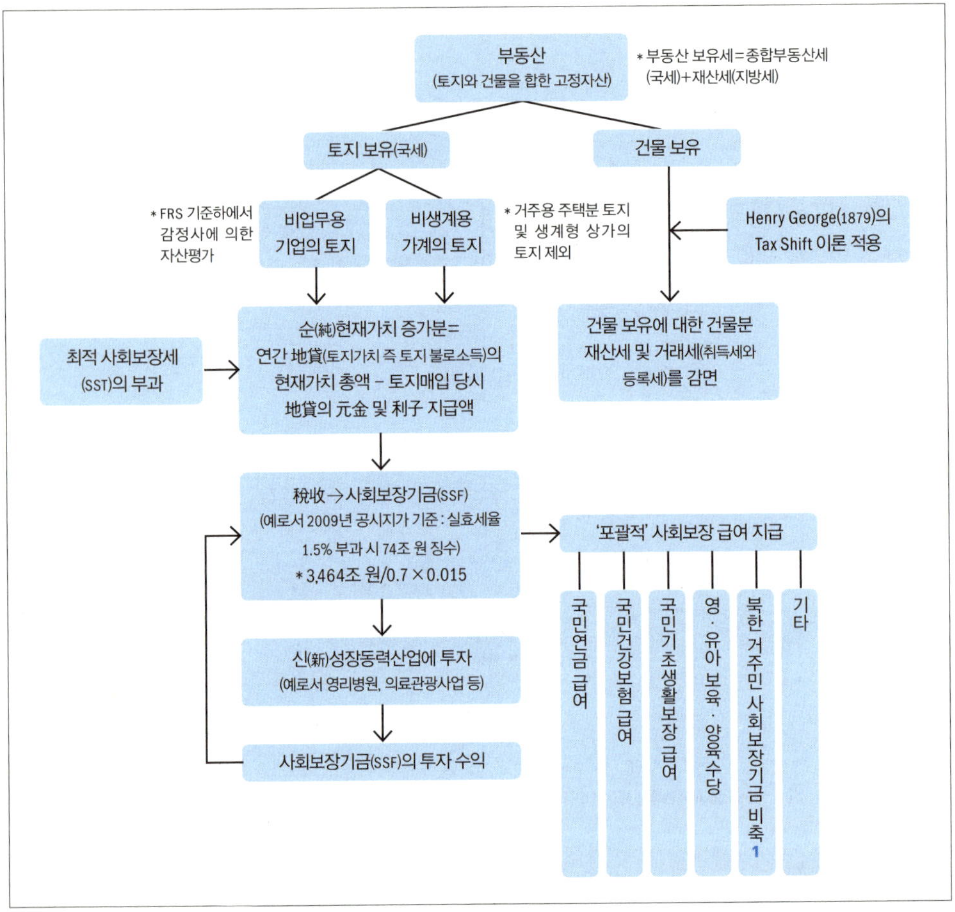

자료 임양택(2011), 「쿼바디스 도미네 : 성장·복지·통일을 위한 청사진」, 나남출판사, p 294.

임양택(2011), 「한국형 복지사회를 위한 청사진」, 한양대학교 출판부.

임양택(2014), 「최적 사회보장과 창조경제를 위한 국민연금기금의 자산운용전략」, 국민연금연구원 용역 보고서, 2014-01.

주 1 남한 주민의 최저 생계비 수준을 기준으로 249조 원 소요.

2) 한국 퇴직연금제도의 문제점 및 개선방향

호주의 퇴직연금제도와 대조적으로, 현재 한국 퇴직연금제도의 경우 원리금보장형과 실적배당형 중에서 확정급여형(DB형)은 97.7%가 원리금보장인형 반면에 확정기여형(DC형)의 경우 79.0%가 원리금보장형으로 운용되고 있으며, 확정급여형(DB형)과 확정기여형(DC형) 모두 은행의 예·적금 적립비중이 상당히 높은 편이다. 2014년 3월 기준으로 원리금보장

형의 경우 은행의 예·적금 적립규모는 총 51.9%를 차지한 반면에 실적배당형의 경우 집합투자증권의 비중이 총 5.9%로 가장 많았다.

한국의 퇴직연금이 원리금보장형으로 집중되는 이유는 가입자 상당수의 금융지식 부족으로 퇴직연금 사업자가 추천하는 상품에 가입하는 현상이 높기 때문이다. 따라서 국내 퇴직연금시장은 원리금보장형 금융상품 위주로 운영되고 있다. 개인퇴직연금(IRP) 역시 예금, 적금 등의 투자비중이 전체의 90% 이상을 차지하고 있으며 은행권역의 비중이 51%인 반면에 증권 및 보험권의 비중은 낮다.

최근 확정급여형(DB형)과 확정기여형(DC형) 모두 양적으로는 큰 성장을 기록하고 있으나, 점유율 면에서는 확정급여형(DB형)은 하락국면에, 확정기여형(DC형)은 상승국면에 각각 진입하고 있다. 상기 추세는 앞으로 가속화될 가능성이 크다. 그 이유는 기업이 기금 운영의 결과에 대한 책임을 지는 확정급여형(DB형) 선호 성향이 강한 대기업에서는 퇴직연금 도입이 거의 끝나가는 반면에, 개인이 기금 운영을 책임지는 확정기여형(DC형)을 선호하는 중소기업에서는 퇴직연금 도입률이 낮기 때문이다. 게다가 낮은 임금상승률과 임금상승률에 대한 불확실성도 확정기여형(DC형)을 선호하게 만든다. 이런 점을 감안해서 추정해보면, 확정급여형(DB형)의 비중은 꾸준히 하락해 2019년에는 48.3%로 50%를 밑돌 것으로 예상된다. 이와 반면에 확정기여형(DC형)과 개인퇴직연금(IRP)의 점유율은 크게 상승하여 둘을 합치면 2019년에 51.7%로 확정급여형(DB형)을 넘어설 것으로 전망된다. 이런 경향은 지속되어 2023년에는 확정급여형(DB형)의 점유율이 42.4%로, 확정급여형(DB형, 36.1%)을 추월할 것으로 예상된다. 왜냐하면 상대적으로 안정적인 대기업이나 공기업 등은 회사가 운영하고 확정이자를 지급하는 확정급여형(DB형)을 선호하는 경향이 있지만 현재 회사가 상대적으로 부도가 나기 쉬운 중소기업의 경우에는 지인들이 자신의 퇴직금을 회사와 분리하여 독립적으로 관리하기 위하여 확정기여형(DC형)을 선호하고 있기 때문이다.

상기한 전망대로, 퇴직연금시장의 중심이 확정급여형(DB형)에서 확정기여형(DC형)으로 옮겨가는 것은 근로자의 노후자금 서식지가 기업 책임 영역에서 근로자 책임 영역으로 이동하는 것을 의미한다. 따라서 확정기여형(DC형)으로의 증가 추세에 따라, 기업이 망(亡)하더라도 개인의 퇴직금은 보호할 수 있는 방안을 마련해야 하며 개인이 퇴직금을 안정적으로 수익을 보상받을 수 있는 펀드 등 금융투자상품을 개발해야 할 것이다. 또한 개인퇴직연금(IRP)의 불입금에 대하여 보다 강력한 세제 혜택이 필요할 것이다. 다시 말하면, 국내 퇴직연금시장에서 개인퇴직연금시장에서 지속적으로 성장하기 위하여 퇴직 후 개인퇴직연금계좌를 해지하지 않고 운영할 수 있는 제도의 마련과 은행의 예금 및 적금 위주의 투자에서 벗어나 자산운용산업과 적극적인 연계가 필요하다.

3) 자산운용산업의 국제화

본 연구는 '자산운용산업의 국제화'(참고로, 현재 금융시장 개방도는 OECD 32개 회원국 중에서 14위)를 위한 필요조건(예로서 해외투자펀드상품 개발 및 아시아펀드 패스포드(ARFP), 아시아신용보증기구, 아시아채권펀드 등을 활용하여 해외판매시장 개척)과 충분조건(특히 원화 국제화)을 제시한다.

〈그림 7-23〉은 한국 자산운용산업의 국제화 목표를, 〈그림 7-24〉는 상기의 목표를 위한 과제를 각각 요약한 것이다.

한국 자산운용산업의 국제화 전략은 적극적인 해외진출을 통하여 성장동력을 찾는 것이다. 이와 반면에, 금융허브 또는 금융중심지 전략은 기본적으로 유수한 해외 자산운용회사를 국내에 유치하여 그에 따른 경제적 가치창출 효과와 국내 자산운용업계의 효율성 증진을 목적으로 한다.

여기서 유의할 것은 아시아지역 펀드 패스포트(ARFP)가 도입될 경우 현재와 같은 내수 중심의 시장구조를 유지하게 되면 국내 자산운용회사들은 유수한 해외 자산운용회사들이 운용하는 아시아지역 펀드 패스포트(ARFP) 펀드와의 경쟁에서 해외투자 펀드 시장을 상당 부분 잠식당할 수도 있다는 점이다. 이러한 대외적인 환경변화를 감안하더라도 한국의 자산운용산업의 국제화는 더 이상 미룰 수 없는 과제이다.

특히, 국민연금 기금은 2043년에 무려 2,465조 원으로 축적될 것으로, 이 기금의 국내·외 일임투자도 급격하게 증가할 것으로 각각 전망된다. 특히, 해외주식이나 해외대체투자의 경우, 전문성 부족으로 거의 대부분의 해외투자를 해외 자산운용회사에 위탁하여 운용하고 있다. 또한, 국부펀드는 수탁자의무에 대한 제약이 없고, 수익률 관점 못지않게 국가전략 관점에서 자산을 배분할 수 있다는 점에서 금융회사의 글로벌 전략, 특히 자산운용의 국제화 전략과 상호작용 할 여지가 매우 높다.

따라서 국내 연기금 및 국부펀드의 해외투자정책과 자산운용의 국제화를 연계하여 자산운용회사의 해외진출과 역량강화를 지원하는 방안을 강구해야 한다. 즉, 연기금 및 국부펀드의 해외투자 위탁운용 중 일부분을 국내 자산운용회사에 위탁하여 국내 자산운용회사의 해외진출 유인을 높이고 그들의 자금운용역량을 축적할 수 있도록 지원하는 것이다.

예를 들어, 해외투자 정책 수행에 적합한 해외지역에 현지법인을 설립하거나 운용경험과 투자성과가 뛰어난 국내 자산운용회사에 위탁하는 것이다. 다만, 일시에 자금을 배분하기보다는 중·장기적인 관점에서 경영성과에 연계하여 투자자금을 점차 늘리는 것이 바람직할 것이다. 또한, 대체투자(AI) 자금을 배분할 때에도 투자기회를 발굴하거나 매칭펀드를 구성할 때 국내 자산운용회사의 참여를 늘릴 수 있는 방안을 강구할 필요가 있다. 물론,

위탁 자산운용회사 선정 기준을 명확히 하여 연기금 및 국부펀드의 투자정책과 신인의무 원칙을 훼손하지 않는 범위 내에서 상기한 전략이 추진되어야 할 것이다.

그림 7-23 한국 자산운용산업의 국제화 목표

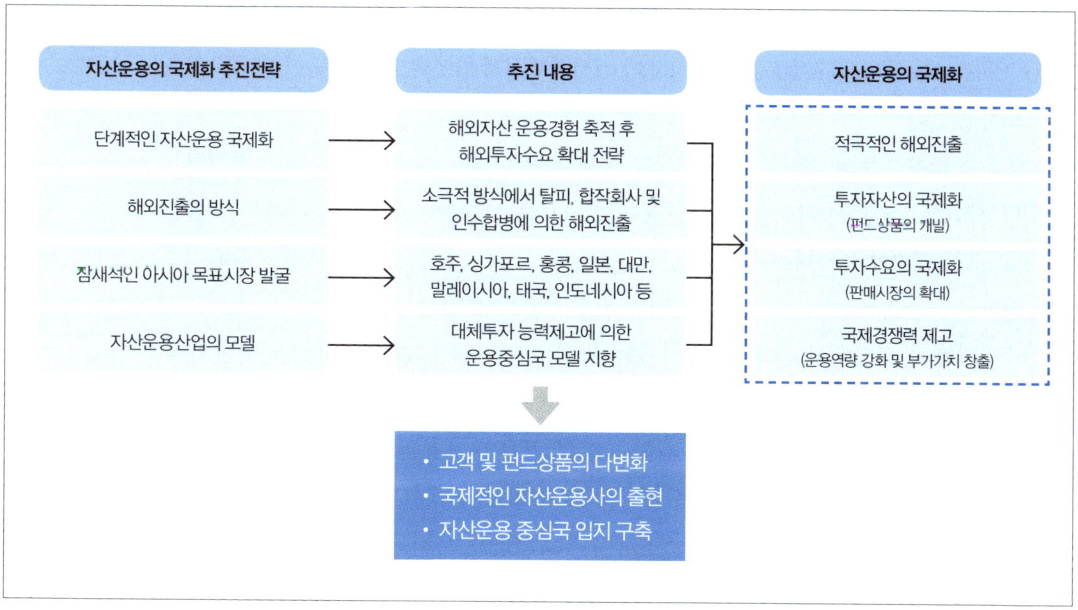

그림 7-24 한국 자산운용산업의 국제화를 위한 과제

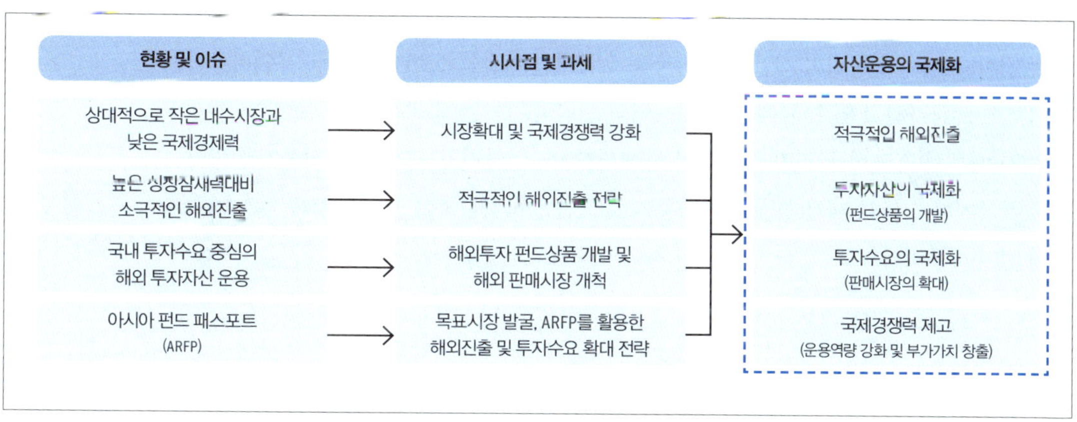

6. 아시아·태평양 통화제도(APMS)를 위한 '아시아·태평양 통화바스켓제도'와 '아시아-태평양 통화기금'(APMF)

한국·중국·일본은 명실공히 동아시아의 3대 경제 강국이므로 역내 금융불안에 대응하여 가칭 '한·중·일 역내 금융협력기구'를 설립함이 바람직할 것이다. 참고로, 과거 금융위기를 빈번하게 경험한 남미(南美)는 독자적인 지역금융협력체제 구축으로 역내 금융시장 안정과 위기 재발 방지를 도모하기 위하여 1991년 남미(南美) 6개국은 남미(南美) 준비기금(FLAR : Latin America Reserve Fund)을 조성하여 거시경제정책 협조와 금융시장 안정화를 위해 노력하고 있다.

저자는 금융부문의 측면에서 '동아시아 경제공동체'(EAEC)를 금융부문에서 실현하기 위한 제도적 장치로서 아시아·태평양 통화제도(APMS : Asia-Pacific Monetary System)를 위한 '아시아·태평양 통화바스켓제도'(美 달러 + 위안화 + 엔화 + 원화)와 '아시아-태평양 통화기금'(APMF : Asia-Pacific Monetary Fund)을 설립할 것을 제안한 바 있다.

이를 위하여, '치앙마이 이니셔티브 다자화'(CMIM) 공동기금 1,200억 달러에 미국의 대응자금 1,200억 달러를 보태면 총 2,400억 달러의 공동기금을 조성할 것을 제안한다. 이 기금을 '동아시아 경제공동체'(EAEC)를 위한 다양한 공동 투자프로젝트에 투자함으로써 공동번영을 추구할 수 있을 것이다.

한 걸음 더 나아가, '아시아·태평양 통화제도'(APMS)로서 '아시아·태평양 통화바스켓제도'를 설립할 것을 제안한다. 이 경우, 아시아·태평양 지역의 통화바스켓을 달러화·위안화·엔화로 구성함으로써 역내·외의 환율 안정화를 도모할 수 있을 것이다. 이 결과, 국가적으로는 환율변동의 파고(波高)를 상쇄시켜 외환변동의 안정화를 도모할 수 있을 것이다.

여기서 유의할 것은 상기한 저자의 제안, 즉 '아시아-태평양 통화제도'(APMS)와 '아시아-태평양 통화기금'(APMF)은 '치앙마이 이니셔티브 다자화'(CMIM)와는 달리 미국을 포함시킨다는 점이다. 저자가 상기의 제안에서 미국을 포함시킨 이유는 동아시아 역내 무역비중이 점진적으로 증가하고 있으나, 아직까지는 역외 선진국(미국 등)에 대한 무역의존도가 여전히 높기 때문이며, 또한 글로벌 금융위기 하에서도 미(美) 달러가 세계 전체 외환거래의 약 44%를 차지할 정도로 세계 경제의 기축통화로서 엄연히 역할하고 있는 현실을 인정할 수 밖에 없기 때문이다.

그림 7-25 '동아시아 경제공동체'(EAEC)를 위한 전략 구도 : 한·중·일 FTA와 아시아 금융협력

동아시아 경제공동체(EAEC)

↑

동아시아 13개국+3개국(인도, 호주, 뉴질랜드)의 '쿠알라룸푸르 선언'(2005. 12. 14)
- 하토야마 유키오(鳩山由紀夫) 총리(2009. 8. 27)의 'A New Path for Japan' : '脫美入亞' → '동아시아 공동체'(EAC) 구상
- 오바마 대통령의 '신아시아정책'(2009. 11. 14, 동경)

↑

'동아시아 자유무역지대'(EAFTA) : '아세안 10개국+한·중·일'의 경우 GDP 1.18% 증가(아세안 10개국 : GDP 3.64% 증가, 한·중·일 3국 : GDP 0.92% 증가)

↑

ASEAN(10개국 : 브루나이, 인도네시아, 말레이시아, 필리핀, 싱가포르, 태국, CLMV : 캄보디아, 라오스, 미얀마, 베트남)+인도·호주·뉴질랜드(총인구 : 30억 명, 총GDP : 7~8조 달러)

↑

실물부문
- 한·중·일의 투자협정 체결
- 低탄소 녹색성장협력
- '동북아 IT공동체'(NAITC) 추진

↑

한·중·일 FTA(2009. 10. 10, 베이징)
- 한국 : 무역량 10% 증가, 경제성장률 5.1% 상승
- 중국 : 무역량 12% 증가, 경제성장률 1.5% 상승
- 일본 : 무역량 5.2% 증가, 경제성장률 1.2% 상승

↑

한·중 FTA

한·중 정치적 관계

국교 정상화(1992. 8)
→ '전략적 협력 동반자 관계' (2008. 5. 27)

한·중 산업기술협력

자동차, 부품, HDTV, 전전자교환기, 석유화학, 중형항공기

한·일 FTA

한·일 정치적 관계

국교 정상화(1965. 6)
→ '성숙한 동반자 관계'(2008. 4. 22)한·중 산업기술협력

한·일 산업기술협력

부품 및 소재, 반도체, 컴퓨터, 가전제품, 자동차, 공작기계

＋

금융부문
- CMI(2000년 5월) : '아시아지불준비금 스왑자금' 확대
- CMI(2008. 5. 4) : '상호 자금지원체계'를 합의
- CMIM(2009. 5. 3 결의; 2010. 3. 24 출범) 한·중·일+ASEAN : 10개국이 CMI 다자화 공동기금(US $1,200억) 조성하여 역내 금융협력 강화
- 아시아·태평양통화제도(APMS) : '아시아·태평양 통화바스켓제도'(美달러+위안화+엔화+원화) → 아시아·태평양 지역의 '통화동맹'
- 아시아·태평양 통화기금(APMF) : CMIM 공동기금 1,200억 달러+USA Matching Fund 1,200억 달러=APMF 2,400억 달러

자료 임양택, 「글로벌 금융 패러다임의 변화와 한국 금융산업의 발전방향」, (사)아시아평화경제연구원, 연구총서 NO. 8, Summer 2013.

7. 국가지도자의 리더십과 국가경영철학으로서 신(新)실용주의

1) 한국경제의 당면과제와 비전 및 국가경영전략

그림 7-26 한국의 비전과 국가경영전략

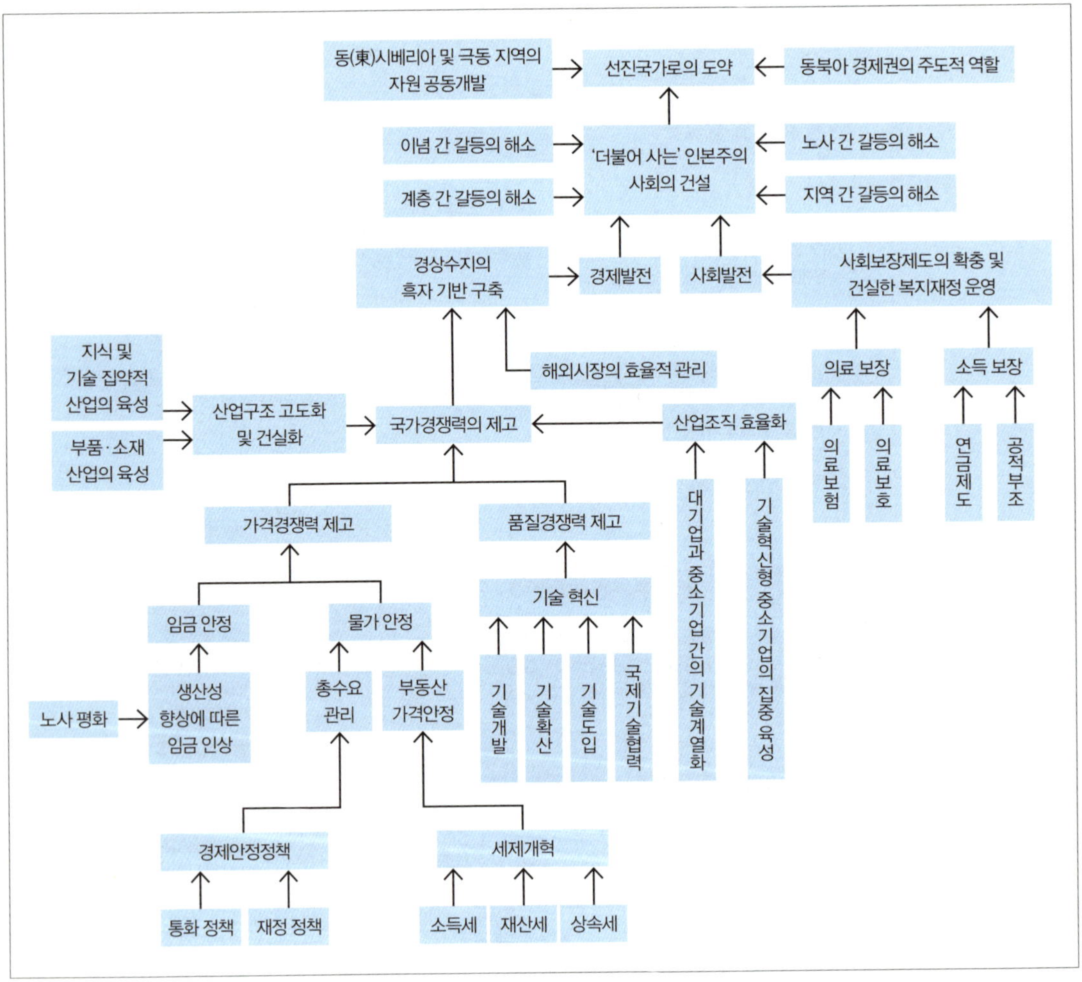

자료 임양택(1995), 「비전없는 국민은 망한다 : 21세기 통일한국을 위한 청사진」, 매일경제신문사 출판부.

임양택(2007), 「한국의 비전과 국가경영전략」, 나남출판사.

임양택(2011), 「쿼바디스 도미네 : 성장·복지·통일을 위한 청사진」, 나남출판사.

임양택(2013), 「글로벌 경제와 한반도 위기 : 한국의 비전 및 전략」, 나남출판사.

Lim, Yang-Taek(2008), "Korea's Prospects and National Management Strategies", Keynote Speech delivered at the 20th International Conference on Systems Research, Informatics and Cybernetics(July 24~30, 2008), Baden-Baden, Germany.

전술한 한국경제의 위기 상황과 관련하여, 저자는 한국경제의 당면과제를 다음과 같이 열 가지를 지적한다. 즉, ① 국가채무의 누증, ② 대기업과 중소기업의 기능적 연계 약화, ③ 경기침체로 인한 저조한 기업의 설비투자와 과도한 가계부채로 인한 내수시장의 침체, ④ 대량실업과 청년실업의 폭증 및 노동시장의 불안정, ⑤ 만성적인 대(對)일본 무역수지 적자의 급증, 대(對)중국 및 대(對)미국 무역수지 흑자의 급감에 따라 경상수지의 불안정, ⑥ 환율 및 외환시장의 불안정, ⑦ 국내 금융산업의 상대적 낙후, ⑧ 사회보장제도(국민연금제도 및 의료보험제도)의 재정위기, ⑨ 소득분배의 불공정 심화와 소득양극화의 악화로 인한 사회불안의 고조, ⑩ 금융자산·토지·주택소유의 극심한 편중으로 인한 계층 간 갈등의 심화 등이다.

상기한 한국경제의 10대 당면과제는 한국의 비전 및 국가경영전략으로 체계적으로 해결해 나가야 한다. 국가발전의 측면에서 보면 두 가지의 축, 즉 ① 경제발전과 ② 사회발전의 문제로 구분하여 분석할 수 있다. 전자의 핵심적 목표는 국가경쟁력의 제고인 반면에 후자의 그것은 사회보장제도의 개혁과 건실한 복지재정의 확립이다.

2) 국가경영철학으로서 신(新)실용주의(Neopragmatism)

상기한 10대 당면과제를 효율적으로 해결함으로써 한국경제의 위기 상황(외환위기 및 은행위기를 포함한 전반적 경제위기)을 극복하고 한국의 비전을 구현하기 위해서는, 무엇보다도 시장친화적 경제정책을 추진해야 한다. 그런데 그렇게 하지 않는 이유는 바로 '시장 자본주의'(Market Capitalism)가 아니라 '국가 자본주의'(State Capitalism)에 대한 환상과 집착 때문이라고 저자는 사유한다.

중국과 러시아 등이 이미 국가 자본주의(State Capitalism)의 한계를 인식하고 시장 자본주의(Market Capitalism)에로 이 전환을 시도하기 위하여 각종 시장제도의 규범과 규칙/관행을 도입하고 있다. 극명한 예로서, 폐쇄적이고 소규모인 북한경제의 경우에서도 중앙계획당국의 자원배분 기능은 이미 실패하였고 이젠 '장마당'이 보완적 기능으로써 연명하고 있으며, 심지어 이젠 핵무기를 매개로 경제지원과 외국자본을 끌어내기 위해 안간힘을 쏟고 있다.

그럼에도 불구하고, 유독 한국은 거꾸로 시장 자본주의(Market Capitalism)에서 국가 자본주의(State Capitalism)로 가려는 이유는 경제현상을 이념(Ideology)의 시각에서 보기 때문이다. 그러나 경제(시장)는 이념의 가치가 아니라 경제 논리에 의하여 움직일 뿐이다. 어떤 정부(심지어 독재정권)도 언론을 상대해서 이길 수 없는 것과 마찬가지로, 어떤 정부의 경제정책도 시장의 본성을 거스를 수 없는 것이다. 즉, 경제는 탈(脫)이념적인 것이다.

그림 7-27 인본(人本)자본주의와 신(新)실용주의

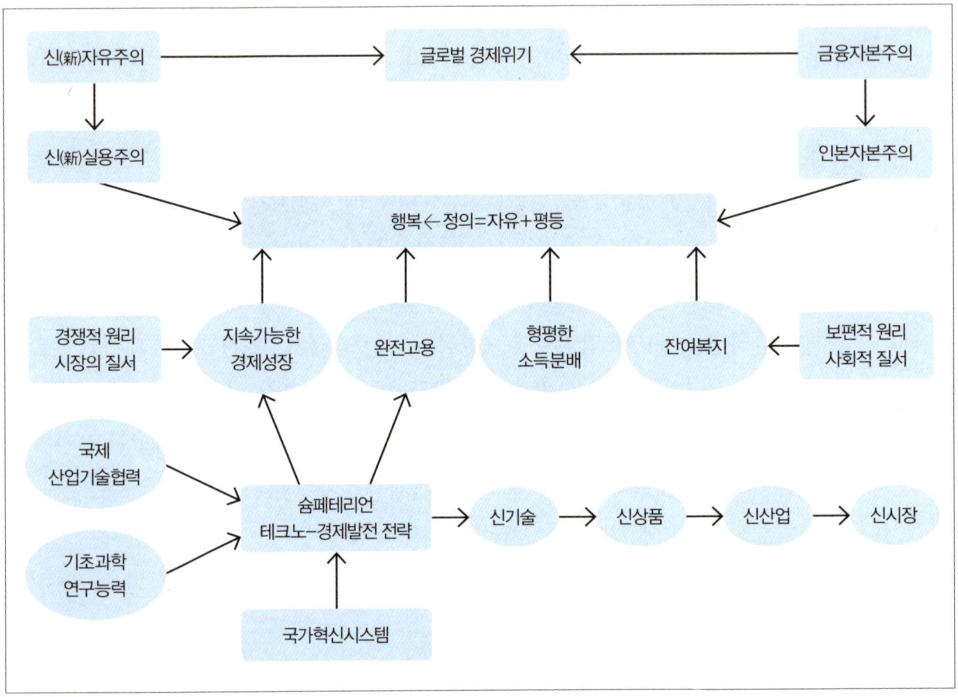

자료 임양택(2008), "'新실용주의' 철학의 논리 구조에 관한 연구—동·서양 철학을 중심으로", 「경제연구」, 제29권 제2호, 한양대학교 경제연구소.

임양택(2017a), "'글로벌 경제철학'을 위한 동·서양 철학의 비교분석", 국제지역학회, 2017년 동계학술대회, 경기대학교 강당, 12월 8일.

임양택(2017b), "새로운 패러다임 하에서 경세제민을 위한 신(新)실용주의: 철학과 정책", 한국국제경제학회 2017년 동계학술대회, 고려대학교 경영관, 12월 15일.

Lim, Yang-Taek(2010), "Neopragmatic Solutions to the Structural Problems of South Korean Economy, the Korean Peninsula and the East Asian Community", The International Institute for Advanced Studies in Systems Research and Cybernetics, Symposium, Baden-Baden, Germany.

Lim, Yang-Taek(2012a), "A Philosophical Foundation for Neopragmatism", The Journal of Global Issues and Solutions, November/December.

Lim, Yang-Taek(2012b), Neopragmatism as an Alternative for New Liberalism, The Institue of Business and Economic Research Inha University.

Lim, Yang-Taek(2014), A New Philosophy, 'Neopragmatism' for Korea Reform, The Journal of Global Issues and Solutions : Published by the Bibliotheque: World Wide Society.

그러나 시장기능이 완벽한 것은 아니다. 시장 실패(Market Failure)를 보정(補正)하기 위해 정부가 존재하는 것이다. 시장은 경쟁을 통하여 자원배분의 효율성을 높이되 소득분배 구조의 악화를 야기한다. 왜냐하면 상대적으로 높은 경쟁력은 시장경쟁에서 우의를 차지할 수밖에 없기 때문이다.

그렇다면, 성장과 분배를 조화시킬 수 있는, 즉 이념 간 갈등을 해소할 수 있는 경제철학은 무엇인가? 이에 대한 답변으로서, 저자는 신(新)실용주의(Neopragmatism)를 제시해 왔다(임양택 : 2008, 2017, 2018; Lim, Yang-Taek : 2010, 2011, 2012, 2014). 상기 철학의 정의는 다음과

그림 7-28 신(新)실용주의 철학의 사상적 체계

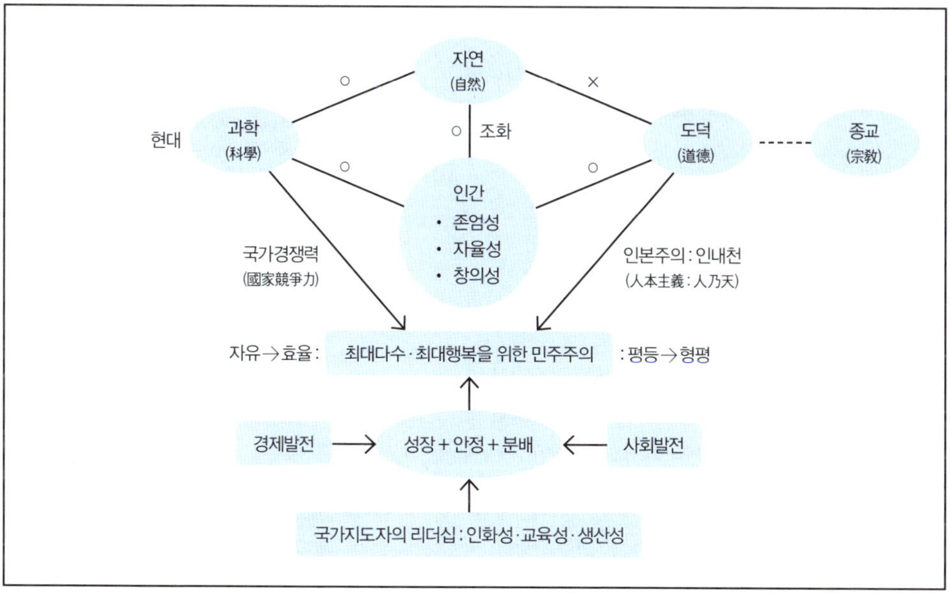

자료 임양택(2008). "'新실용주의' 철학의 논리 구조에 관한 연구—동 · 서양 철학을 중심으로", 「경제연구」, 제29권 제2호, 한양대학교 경제연구소.

임양택(2017a). "'글로벌 경제철학'을 위한 동 · 서양 철학의 비교분석", 국제지역학회, 2017년 동계학술대회, 경기대학교 강당, 12월 8일.

임양택(2017b). "새로운 패러다임 하에서 경세제민을 위한 신(新)실용주의 : 철학과 정책", 한국국제경제학회 2017년 동계학술대회, 고려대학교 경영관, 12월 15일.

임양택(2018). "동아시아의 평화 정착과 경제발전을 위한 신(新)실용주의의 접근방향", 한국경제학회, 2018년 경제학 공동학술대회, 2월 5일.

Lim, Yang-Taek(2010). "Neopragmatic Solutions to the Structural Problems of South Korean Economy, the Korean Peninsula and the East Asian Community", The International Institute for Advanced Studies in Systems Research and Cybernetics, Symposium, Baden-Baden, Germany.

Lim, Yang-Taek(2012a). "A Philosophical Foundation for Neopragmatism", *The Journal of Global Issues and Solutions*, November/December.

Lim, Yang-Taek(2012b). Neopragmatism as an Alternative for New Liberalism, The Institue of Business and Economic Research Inha University.

Lim, Yang-Taek(2014). A New Philosophy, 'Neopragmatism' for Korea Reform, The Journal of Global Issues and Solutions : Published by the Bibliotheque: World Wide Society.

같다. 국가 정체성과 절차적 민주주의를 바탕으로, 대내적으로는 '최소 수혜자의 최대 이익'을 추구할 목적으로 사회구성원의 기본 욕구(직장, 주택, 교육, 의료, 연금 등)를 보장함으로써 인간의 존엄성 · 자율성 · 창의성이 존중되는 '정의롭고 행복한 복지사회'를 구현하고자 하는 '실천 철학'(Practical Philosophy)이며, 대외적으로는 '지구촌 문화 공동체'의 공동번영을 위한 '글로벌 철학'(Global Philosophy)으로 지향하고자 하는 인본주의적 사유 패러다임(인식론적 원리와 존재론적 원리)이다.

신(新)실용주의(Neopragmatism)는 형이상학(Methaphysics)이나 분석철학(Analytical Philosophy)의 한계를 넘어 실천철학(Practical Philosophy)임을 저자는 강조한다. 다시 말하면, 신(新)실용주의(Neopragmatism)는 '이론 철학'(유교의 도덕철학 및 임마누엘 칸트의 자유민주주의적 규

그림 7-29 자유와 평등을 위한 사상·철학적 기초

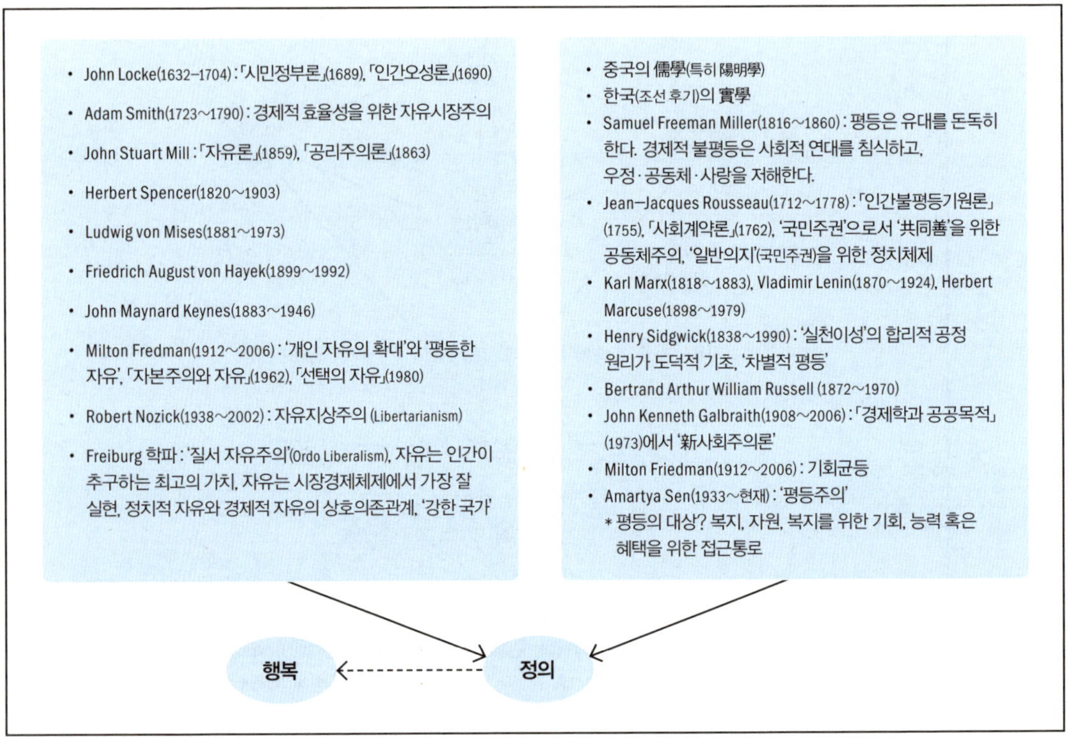

범론)과 '실천 철학'(맹자의 민본주의 경제철학, 존 롤스와 아담 스미스의 '정의론', 막스 베버의 '윤리론', 슘페테리언의 테크노-경제발전이론)의 종합이라고 저자는 강조한다.

신(新)실용주의(Neopragmatism)의 철학은 두 가지, 즉 미시경제이론적 측면과 거시경제이론적 측면으로 나누어 설명될 수 있다. 전자(미시경제이론적 측면)에서 왈라스 일반균형(Walrasian General Equilibrium) 모형에서 파레토 최적(Pareto Optimum)과 사회적 최적(Social Optimum)의 결합을 추구한다. 후자(거시경제이론적 측면)에서 성장 → 고용 → 분배(복지)를 통하여 '복지 극대화'를 추구하는 동태적 경제발전 모형(Lim, Yang-Taek, 1978, 2011, 2014)이다. 또한, 신(新)실용주의(Neopragmatism)는 실천 철학(Practical Philosophy)으로서 조셉 슘페터(Joseph A. Schumpeter, 1883~1950)의 장기파동 이론에 근간을 둔 테크노-경제 발전 모형(임양택: 1996, 2008, 2011, 2014; Lim, Yang-Taek: 2010, 2011)과 연계된다.

상기한 '근본사상'(원리로서 理, 體)을 바탕으로 한 '시대사상'(도구로서 氣, 用)을 구현하기 위한 신(新)실용주의의 실천 윤리는 다음과 같다. 자원배분의 효율성(efficiency)과 소득분배

의 공정성(fairness) 혹은 형평성(equity)이 조화되는 질적 '최대다수의 최대행복', 특히 '최소수혜자의 최대 이익'을 보장하는 '정의롭고 행복한 복지사회'를 건설하기 위해서는, 지속적 경제성장과 공정한 소득분배가 동시적으로 만족되어야 하는데, 이를 위해서는 완전고용(Full Employment)을 추구함과 동시에 중산층 복원과 사회안전망을 구축할 수 있는 사회보장의 재원조달 방안을 강구해야 한다.

요컨대, 신(新)실용주의(Neopragmatism)는 실천철학(Practical Philosophy)으로서 인간의 기본적 욕구(직장, 주택, 교육, 의료, 연금 등)를 충족시키기 위한 완전 고용(Full Employment)을 추구하는 것이다.[08] '완전고용'(Full Employment)은 신(新)실용주의(Newpragmatism)의 '근본적 가치'이다. 이를 구현하기 위한 방법론은 슘페테리언 기술-경제 발전 전략(Schumpeterian Techno-Economic Development Strategy) : 신기술 → 신상품 → 신시장 → 소득 → 소비 및 저축 → 투자 → 고용이다.[09]

인류문명의 역사는 동서고금(東西古今)을 막론하고 자유(自由)와 평등(平等)을 추구하는 과정이었으며, 이 두 가치를 쟁취하기 위하여 수많은 희생자들이 피(血)를 흘렸었다. 이를 입증할 수 있는 역사적 사례로서 영국의 마그나 카르타(Magna Carta, 1215년)·청교도 혁명(1642~1649년)·명예혁명(1688년), 미국의 독립전쟁(1775~1783년), 프랑스 혁명(1789년), 미국 남북전쟁(1861~1865년)·한국의 3·1운동(1919년)·중국의 5·4운동(1919년) 등을 들 수 있다.

여기서 저자가 제기하는 이슈는 자유(自由)와 평등(平等)은 보완적 관계인가 혹은 갈등적 관계인가이다. 또한, 자유와 평등이 보완적 관계인 경우, 어느 가치가 우선시 되어야 하는가? 상기 두 가지 가치가 갈등적 관계라면 이들을 보완적 관계로 전환할 수 있는 방안은 무엇인가이다.

존 로크(John Locke, 1632~1704)는 자유와 평등을 위한 '자연권'으로서 사유재산권과 사회계약론을 제시했으며 이를 구현하기 위한 '헌정 민주정치'를 주장했었다. 그 후, 장-자크 루소(Jean-Jacques Rousseau, 1712~1778)는 그의 논문 「인간 불평등 기원론」(1755년)에서 '사회계약'이란 부자와 권력자의 기만책에 불과하고 불평등을 정당화시키며 '정의롭지 못한 사회'를 정립한다고 비판하면서 국민주권('일반의지')으로서 '공동체 선(善)'을 위한 사회계약론을 주장했었다.

상기한 장-자크 루소(Jean- Jacques Rousseau)의 주장은 그의 논문 「사회계약론」(Du

---

08 고용의 중요성에 관한 경제 철학적 접근을 위해서 Joan Robinson(1937, 1952, 1953a)을 참조.

09 임양택(2007, 2008) ; Lim Yang-Taek(2010, 2011)

Contrat Social, 1762년)에서 다음과 같이 논술되어 있다. 법(法)의 원천은 '일반의지'(즉, 국민주권)이며, 이것은 항상 전체(국가) 및 각 부분(개인)의 보존과 행복을 추구하는 것이다. 그리고 국가는 하나의 도덕적 인격체이고 법(法)은 '일반의지'의 행위이며 그 목적은 시민의 자유의 평등이라는 것이다.

따라서 '일반의지'(국민주권)가 관철되는 정치체제를 만들어 내고, 인간이 '자연상태'에서 가지고 있었던 자유(自由)와 평등(平等)을 되찾는 것이 가장 중요한 문제라고 그는 강조했었다. 또한, 그는 국가를 개인적 이익을 보호하는 소극적 의지가 아니라 '공동체의 선(善)'이라는 '일반의지'(국민주권)를 실현하기 위한 사회계약을 시민들이 자유롭게 체결한 결과로 간주했었다.

여기서 유의할 것은 장-자크 루소(Jean- Jacques Rousseau)의 '국민주권' 사상은 조선(朝鮮)의 성호 이익(李瀷, 1681~1763)이 군주(君主)에 대한 민(民)의 상대적 독자성을 강조하여 군주(君主)보다 민(民)이 중요하다는 주장과, 다산 정약용(丁若鏞, 1762~1836)은 아예 민(民)이 정치적 주체라는 주장과 일맥상통한다는 점이다.

3) 국가지도자의 역할 및 리더십

상기의 국가경영철학(신(新)실용주의)과 테크노-경제발전전략과 최적 경제성장과 사회보장 모형을 제대로 추진하기 위해서는 국가지도자의 역할과 리더십이 필요하다. 국가지도자 역할의 중요성은 밀턴 프리드먼(Milton Friedman), 제레미 다이아몬드(Jeremy Diamond), 맨커 올슨(Mancur Olson) 등에 의하여 강조되었다.

저자는 국가지도자의 리더십(Leadship)을 인화성·교육성·생산성으로 정의한다. 즉, 사회적 갈등으로 연간 82조 원~246조 원(국가예산의 60%)을 지출(낭비)하는 한국사회에서, 대통령은 '갈등관리 컨트롤 타워'를 복구하여 이념 간·보혁 간·계층 간·세대 간 갈등을 화합으로 유도하고 국민의 단견적 및 편향적 아집과 우매를 깨우쳐 주고 국가의 총요소생산성(Total Factor Productivity)을 드높여야 한다.

아무쪼록, 저자는 대한민국의 대통령은 다음과 같은 세계적 지도자들의 리더십과 성공사례를 참조하여 한국의 비전뿐만 아니라 '글로벌 비전'을 가진 '최고의 현자(賢子)'로 칭송받기를 소망한다.

- 프랑스의 샤를르 드 골(Charles Andr Marie Joseph De Gaulle) 대통령이 철저한 과거청산과 함께 프랑스의 비전을 제시하였던 것처럼 한국에서도 뒤늦게나마 '친일파(親日派) 청산'을

통하여 '역사의 정의'를 세우고 '국가적 정체성'을 확립할 수 있기를 바란다.

- 미국의 프랭클린 D. 루스벨트(Franklin Delano Roosevelt)와 로널드 레이건(Ronald Wilson Reagan) 대통령이 탁월한 정치적 리더십으로써 미국의 경제위기를 극복하였듯이 그러한 정치적 리더십에 의하여 한국의 최근 경제위기가 극복될 수 있기를 바란다.
- 영국의 마가렛 대처(Margaret Hilda Thatcher) 총리가 철옹성(鐵瓮城)과 같았던 공(公)기업과 노동조합을 대대적으로 개혁하였듯이 한국에서도 철(鐵)밥통과 같은 공(公)기업과 '귀족 노조'의 기득권이 일대 개혁될 수 있기를 바란다.
- 뉴질랜드의 로저 더글라스(Roger Douglas) 장관이 그렇게 추진했었던 것처럼 한국의 국가개혁이 정부부문의 개혁(중앙정부의 축소와 효율증대, 정부조직의 기업화·민영화 촉진, 각종 규제와 보호조치의 약화 혹은 철폐를 통한 공기업 축소 및 민간기업 확대)이 국가개혁의 출발점이자 근간임을 믿고 '말로만 하는 개혁'이 아니라, 또한 '밀어붙이는 개혁' 추진이 아니라, 국민들에게 추구해야 할 개혁목표를 사전에 알리고 개혁성과에 대한 기대를 갖게 하고 각 계층의 양보를 얻어내고 침착하게 자신 있게 추진될 수 있기를 기대한다.
- 독일의 헬무트 슈미트(Helmut Schmidt) 총리가 독일 통일의 기반을 조성하였고 이어서 헬무트 콜(Helmut Kohl) 총리가 독일 통일을 이루어냈었던 것처럼, 한반도에서도 민족통일의 철학을 갖고 남·북한 통합을 일구어낼 수 있기를 고대한다.
- 남아프리카 공화국의 넬슨 만델라(Nelson Mandela) 대통령의 화합 정신과 앙겔라 메르켈(Angela Merke) 총리의 포용력 및 결단력을 갖춘 정치지도자가 한국에서도 칼 포퍼(Karl Popper)의 '열린 사회'(Open Society)가 구현될 수 있기를 바란다.
- 인도의 나렌드라 모디(Narendra Modi) 총리가 '잠자는 코끼리'를 깊은 잠에서 일깨운 것처럼 '백두산 호랑이'와 같은 한국인의 용맹과 저력이 또다시 포효(咆哮)할 수 있기를 기도한다.

맺음말

/

아놀드 토인비(Arnold Toynbee, 1825~1883)가 "발전하는 민족에게는 발전의 시기에 앞서 자기성찰의 시기가 있었다"라고 말했듯이, 현재 한국은 국가발전과 민족번영을 위한 대내·외적 전략을 수립해야 할 중대한 전환기적 위기상황에 놓여 있다. 왜냐하면 한국은 현재 다섯 가지 위기, 즉 ① 역사적 위기, ② 정치적 위기, ③ 경제적 위기, ④ 사회문화적 위기, ⑤ 교육의 위기에 직면해 있기 때문이다. 게다가 이러한 총체적 위기상황을 극복해야 할 국민은 현재 다섯 가지 갈등, 즉 ① 이념 간 갈등, ② 계층 간 갈등, ③ 노사 간 갈등, ④ 세대 간 갈등, ⑤ 지역 간 갈등으로 인하여 국민통합이 이루어지지 않고 있기 때문이다.[01]

그렇다면, 한국사회의 갈등구조를 혁파(革罷)하고 용해(溶解)할 수 있는 비결(祕訣)은 무엇인가? 그것은 두 가지, 즉 ① 국민 모두가 함께 그리는 '공통의 꿈'(비전)과 ② 자신이 스스로 비춰보아 시·비·선·악(是·非·善·惡)을 가릴 수 있는 '깨끗한 거울'(이성, 理性)을 갖도록 하는 것이라고 저자는 사유한다. 모름지기, 성경(聖經)은 '비전없는 국민은 망(亡)한다'(영문 잠언: 29-18)라고 경고하신다.

한국의 비전(Vision)과 실천철학(Practical Philosophy) 및 청사진(青寫眞)은 무엇인가?

우선, '공통의 꿈'(비전)을 생각해보자. 일본(日帝) 강점기에 민족 반역적 행위를 저질렀었던 친일파(親日派)를 제외한 나머지 모든 한국인의 '공통적 꿈'은 무엇이었는가? 그것은 일제(日帝)로부터의 '자주독립국가'였다. 당시, 봉건제도(封建制度)와 절대빈곤(絶對貧困)에 대한 불만은 있었지만 전술한 사회갈등은 없었다. 또한, 과거 군사정권의 독재체제 하에서 기생(寄

---

01 각 갈등구조에 관한 상세한 설명을 위해서 임양택, 「한국의 비전과 국가 경영전략」, 나남출판사, 2007.

生)했었던 기득권 집단을 제외한 나머지 대다수 한국시민의 '공통적 꿈'은 무엇이었나? 그것은 '타는 목마름'으로 불렀었던 '민주주의'였다. 그렇다면, 그다음의 '꿈'은 무엇인가?

여기서 잠시 회고해보자. 저자는 1948년생으로서 금년(2018년)에 칠순(七旬)이다. 그해 1948년은 역사적으로 의미가 깊다. 8월에 대한민국 정부가 수립되었고 9월에 국토가 분단되었다. 2년 후 한국전쟁(1950~1953)이 터졌다.

저자가 만12세 소년이었던 1960년 3·15 부정선거에 격분했었던 대학생들이 '4·19 혁명'을 일으켰었다. 이어서, 1961년 '5·16 군사 쿠데타', 1979년 '10·26 사건'과 '12·12 사건'이 터졌다. 박정희 대통령(재임 : 1963~1979)에 이어서 전두환(재임 : 1980~1988)·노태우(재임 : 1989~1993)의 군부 출신 대통령의 통치 시대가 전개되었다.

군부의 과도정치에 반발하여, '부마(釜馬) 민주항쟁'(1979. 10. 16~20), '광주 민주화 운동'(1980. 5. 18), '부림(釜林) 사건'(1981. 9)이 전개되었다. 이러한 민주화 열망은 1987년 '6·10 민주항쟁'으로 '대통령 선출 직선제'를 공약한 '6·29 선언'을 이끌어냈었다. 그러나 1987년 '6·29 선언'으로 '직선제 민주주의'는 달성됐었지만, 그 이후 22년 동안 대의(代議) 민주주의를 추진하는 한국 정치의 낙후성과, 그에 따른 폐해는 우리 모두가 잘 알고 있는 사실이다. 그로부터, 약 30년 만에 2016년 소위 '촛불혁명'은 문재인 정부(2017~2022)를 분만했다.

저자는 한국 민주화 과정을 기·승·전·결(起承轉結)로 나타낸다. 1960년 4·19 혁명을 '기'(起)로, 1979년 부마(釜馬) 민주항쟁과 1980년 5·18 광주 민주화 운동을 '승'(乘)으로, 1987년 6·18 민주항쟁을 '전'(轉)으로, 2016년 '촛불혁명'을 '결'(結)로 각각 규정할 수 있다.

여기서 저자가 제기하는 근본적 문제는 다음과 같다. 문재인의 정부(2017~2022)는 2016년 '촛불혁명'을 어떻게 완성할 것인가? 2016년 '촛불혁명'은 한국의 '명예혁명'으로서 산업화(Industrialization) 과정을 거쳐 민주화(Democratization) 완성이라고 말할 수 있겠지만, 과연 한국의 민주주의는 이젠 완성되었다고 말할 수 있는가? 한국 민주화의 내용이 '정권교체형 민주화'가 아니라 '질적 민주화'로 고양되어야 할 것이 아닌가? '질적 민주화'는 구체적으로 어떠한 시대적 가치를 말하는 것인가?[02]

2017년 8월 국민인수위의 국민보고대회에서 문재인 대통령은 "국민들이 선거 때 한 표 행사하는 간접민주주의로는 만족하지 못하고 있다. 우리 정치가 낙후됐다고 생각한다. 국민들은 정당과 정책에 참여하는 직접민주주의를 요구하고 있다"라고 밝히면서 직접민주

02 추미애 더불어민주당 대표는 2017년 9월 18일 파비앙 페논 프랑스 대사를 만난 자리에서 "지난 겨울 대한민국 국민이 만든 촛불혁명은 1789년의 세계를 울렸던 자유·평등·박애의 프랑스 혁명정신과 닮았다"라고 말했다(아시아경제, 2017. 9. 18). 그러나 어떠한 점에서 한국의 2016년 촛불혁명과 1789년 프랑스 대혁명과 유사한가에 관하여 언급하지 않았다.

주의를 적극적으로 강화하겠다는 의지를 드러낸 바 있다.

상기한 문재인 대통령의 '직접민주주의' 발언은 낡고 부패한 정당으로 대표되는 대의제 정치에 대한 시민들의 불신이 극에 달해 있는 것을 반영한 것이라고 생각할 수 있다. 또한, 시민들이 정부의 정책 결정 과정에 직접적으로 관여하는 흐름은 세계적인 추세이기도 하다. 24시간 방송되는 뉴스 채널이 활성화된 지 오래고 시민 각자가 소셜네트워크서비스(SNS)로 정치에 대한 의견을 쏟아내는 시대다. 그러나 시민들이 지향하는 민주주의는 대의제와 시민 참여가 공존하면서 긴장을 유지하는 투 트랙(two track) 민주주의일 것이다.

여기서 저자가 논술하고자 하는 것은 한국의 직·간접 민주주의 제도에 관한 것이 아니라 2016년 '촛불혁명' 이후 한국의 민주주의의 질적 개선을 위하여 우리 모두가 이루어 내야 할 한국인의 '공통의 꿈'(비전)이 무엇이며, 그것을 어떻게 실현할 것인가이다. 이와 관련하여, 저자는 '비전(꿈)'의 측면에서 역사를 회고해보고 한반도 주변 정세를 간략히 언급하고자 한다.

현재로부터 435년 전인 1583년, 여진족(女眞族)의 누르하치(奴兒哈赤)라는 약 25세의 영웅이 나타났었다. 그는 겨우 30명으로 거병(擧兵)한 지 33년 후인 1616년에 후금(後金)을 창건하고 중국의 명(明)을 삼켜 청(淸)을 건국했었다. 당시, 그는 다음과 같이 외쳤었다. "한 사람이 꾸는 꿈은 단지 하룻밤의 꿈에 그치지만 모두가 함께 꾸는 꿈은 역사가 되고 현실이 된다."

그 후 400년이 경과한 후, 중국(만주를 포함)은 엄청난 사상적 변화를 겪고 있다. 전통적 유교(儒教)의 격물치지설(格物致知說) "격물(格物) → 치지(致知) → 성의(誠意) → 정심(正心) → 수신(修身) → 제가(齊家) → 치국(治國) → 평천하(平天下)"가 덩샤오핑(鄧小平)의 실사구시(實事求是),[03] 즉 '흑묘백묘'(黑猫白猫)로, 이젠 시진핑(習近平)의 국가자본주의(State Capitalism)로 전환하고 있다.[04]

여기서 유의할 것은 시진핑(習近平) 국가주석이 2012년 11월 '중국 몽'(中國 夢)을 위한 '국가발전전략론'을 제시했다는 점이다. 이젠, 중국은 '도광양회(韜光養晦) → 유소작위(有所作爲) → 책임대국론(責任大國論) → 돌돌핍인(咄咄逼人)'의 단계에 이르렀다. 또한, 중국은 '경제대

03 덩샤오핑(鄧小平)의 실사구시(實事求是) : '흑묘백묘'(黑猫白猫)에서 '고양이'(猫)는 중국 공산당이며, 검은 혹은 흰 색깔(사회주의 혹은 자본주의)로 분장하든 간에 포획(捕獲)하고자 하는 '쥐'(鼠)는 중국 인민의 가난이었다.

04 시진핑(習近平)의 국가자본주의(State Capitalism)는 존 롤스(John Rawls) 교수의 「정의론」(1971년)의 관점에서 보면 '정의로운 경제체제'가 아니다. 그 이유는 '통제경제를 갖는 국가사회주의'(state socialism with a command economy)는 평등한 기본권과 기본적 자유를 침해하는 일당독재의 경제체제로서 통제경제체제는 중앙계획 당국이 채택한 일반 경제계획에 의해 관리되고 민주적 절차나 시장을 거의 이용하지 않기 때문이다(John Rawls, 2001, p. 138).

국 → 군사대국 → 금융대국'이 되었다. 드디어, 2016년 10월, 위안화는 오랜 소망 끝에 국제통화가 되었다.

일찍이, 1803년경, 보나파르트 나폴레옹(Bonaparte Napoleon, 1769~1821)은 '잠자는 사자'인 중국을 깨우지 말라고, 만약 잠자고 있는 사자가 깨어나면 세계가 벌벌 떨 것이라고 예언했었다. 이젠 중국은 척박한 토양인 중국 대륙에서의 사자(獅子)가 아니라 세계를 향한 용(龍)이 되어 불을 품고 있다. 중국은 일대일로(一帶一路)를 위하여 '아시아 인프라 투자은행'(AIIB)을 앞세워 '현대판 실크로드'를 깔고 있다. 19세기에 중국을 침탈(侵奪)했었던 영국과 프랑스도 앞다투어 '아시아 인프라 투자은행'(AIIB)에 가입했다. 이에 대응하여, 미국과 일본은 '환태평양 파트너쉽'(TPP)으로 맞섰지만, 2017년 1월, 미국 대통령(당시 당선자) 도널드 트럼프(Donald Trump)는 '환태평양 파트너쉽'(TPP)으로부터 미국 탈퇴를 선언하였다.

또한, 도널드 트럼프(Donald Trump) 대통령은 많은 비판과 비난을 받고 있지만 '미국 우선주의'(America First)를 외치고 있는데, 그것은 과거 '강한 달러' 및 '강한 주가'를 누렸었던 '미국의 호황 시대'(저자는 일본의 '잃어버린 10년'의 시작(1992년)에서 2001년 9·11 테러 사건까지의 기간으로 정의함)의 도래(到來)를 염원하는 일종의 '미국 몽'(美國 夢)이 아니겠는가?

그렇다면, '한국 몽'(韓國 夢)은 무엇인가? 과거 유명한 어느 인사(저자의 친구)가 '세계 일류 국가'를 제시했었다. 이를 받아들여 김영삼 정부는 '세계화'(Globalization)를 국정지표로 삼았었다. 그러나 세계화(世界化)를 위한 준비가 전혀 되어 있지 않았었던 상태에서 허울 좋은 '세계화'(世界化)는 1997년 하반기 외환위기를 자초했었으며, 다시 이것은 한국사회의 사회경제구조의 일대 변혁을 일으켰었다.

과거 고종(高宗)이 일제(日帝)에게 짊어지고 있었던 1천만 원(당시)의 국가채무를 갚아주기 위해 전국 방방곡곡에서 분연히 일어났었던 '국채보상운동'(國債報償運動)과 같이, 1997년 '외환위기' 당시의 외채(外債)를 갚기 위해 한국 시민들은 장롱 속에 보관해두었던 아이 돌 반지를 비롯한 금(金)붙이를 내놓았었다.[05] 당시 세계인을 놀라게 했었던 '공동체 의식'을 지녔었던 한국 시민들은 이젠 약 1,500조 원(2018년 2분기 1,493조 2,000억 원)의 가계부채에 시달리고 있으며 '먼 산(山)을 바라보는 노루'처럼 암울한 경제 현실에 지쳐 주저앉고 있다.

사실, '세계화'(Globalization)는 미국과 서(西)유럽의 '신(新)자유주의'(New Liberalism)를 위한 이데올로기였으며, 2008년 하반기 글로벌 금융위기로 인하여 그것의 모순과 위선이 온 천하에 드러났었다.

---

05 임양택(1985), 「외채위기의 극복과 자립경제로의 도전」, 한밭출판사.

이제, 모든 한국 시민은 편견 없이 냉철하게 숙고해보자. '소규모 개방경제'(Small Open Economy)로서 4강(미국, 중국, 일본, 러시아)의 틈바구니에서 북한의 핵무기를 머리에 얹어놓고 살아가는 '대한민국의 꿈(夢)'은 무엇이 되어야 하는가? 그것의 실천철학(Practical Philosophy)과 구체적 청사진(青寫眞)은 무엇인가? 여기서 저자는 다음과 같이 답변한다.

첫째, '한국 몽'(韓國 夢)은 '정의로운 국가'와 '행복한 복지사회'를 구현하기 위한 '질서정연한 민주주의 사회'(A well-ordered Democratic Society)의 건설이다.[06]

그렇다면, 한국의 현대사회에서 '행복'(幸福)이란 무엇인가? 이에 대한 답변을 잠시 미루고, 우선 동·서양의 '행복관'을 설명하고자 한다. 동양의 '행복론'(幸福論)은 「서경」(書經)의 「홍범편」에 '오복'(五福, The Five Blessings)으로 서술되어 있다. 다섯 가지 복(福)이란 수(壽, Longevity)·부(富, Wealth)·강녕(康寧, Health)·유호덕(攸好德, Love of Virtue)·고종명(考終命, Peaceful Death)을 말한다.

여기서 수(壽)는 장수를 원하는 소망을, 부(富)는 부유하고 풍족하게 살기를 바라는 소망을, 강녕(康寧)은 평생 건강하게 살고자 하는 욕망을 각각 나타낸다. 유호덕(攸好德)은 오래 살고 풍족하고 몸마저 건강하면 그다음에는 이웃이나 다른 사람들을 위하여 보람 있는 봉사를 하는 것, 즉 덕(德)을 쌓는 것을 의미한다. 고종명(考終命)은 깨끗한 죽음을 뜻한다. 즉, 모든 사회적인 소망을 달성하고 남을 위하여 봉사한 후에는 객지가 아닌 자기 집에서 편안히 일생을 마치기를 바라는 것이다.

한편, 서양의 '행복론'(幸福論)을 보면, 아리스토텔레스(Aristoteles, BC 384~322)는 '행복'(幸福)이란 '덕(德)을 동반하고 이성(理性)을 중심으로 움직이는 영혼의 활동'이라고 갈파했었다. 다시 말하면, 인간은 "단지 살기 위해서가 아니라 잘 살기 위해서" 서로 단합하여 사회를 만들었으며, '행복'이란 어떤 물질적 수단으로 이루어지는 만족과 쾌락이 아니라 정신적인 것으로 이루어지는 것이라고, 따라서 '행복'이란 올바른 방식의 행위를 통해 얻을 수 있는

---

06 여기서 '질서정연한 민주주의 사회'(A well-ordered Democratic Society)에 관한 개념은 존 롤스(John Rawls, 1921~2002)는 그의 저서 「정의론」(1971년)과 「정치적 자유주의」(1993년)에서 다음과 같이 정의하였다. 정의(正義)에 대한 합리적 견해를 모든 개인이 자발적으로 합의를 통해 수용하고, 이러한 정의(正義)의 두 가지 원칙이 사회의 '기본구조'(basic structure)에 실현되는 사회라는 것이다. 여기서 정의(正義)의 두 가지 원칙이란 ① 평등한 자유(Equal Liberty)의 원칙과 ② 차등의 원칙(The Difference Principle)을 '포괄적 교의'(Comprehensive Doctrine)로서 수용하는 사회로 개념이다. 여기서 존 롤스(John Rawls)가 강조하는 것은 정치적 민주주의 원리에 기반하는 '이상적 사회'는 공동체(community)나 결사체(association)와 구분되어야 한다는 점이다. 즉, 민주주의적 정치사회는 자기완결적 체계이며 또한 어떠한 구체적인 궁극적 목적이나 목표를 가지지 않는다는 측면에서 결사체와 구분된다. 나아가 '질서정연한 민주주의 사회'는 '포괄적인 종교적·철학적·도덕적 신념체계'에 의해 지배되는 공동체와는 달리 전체적 통합에의 열망에 의해 지배되지 않는다는 것이다.

것이라고 각각 설파했었다.

여기서, 저자가 제기하는 문제의식은 전술한 '형이상학적 행복관'이 아니라 현실 세계에서 인간의 행복을 실질적으로 결정하는 것은 무엇인가이다. 한국의 경우, 소득수준이 낮아 가난했던 시절에는 소득이 행복을 결정짓는 가장 중요한 요인이었을 것이다. 그러나 선진국 대열에 들어선 오늘날 소득만이 행복을 결정하는 것은 아니다.

미국 경제사학자 리처드 이스털린(Richard Easterlin) 교수(University of Southern California)는 소득이 일정 수준을 넘어 기본적 욕구가 충족되면 소득이 늘어나도 행복은 더 이상 증가하지 않는다고 주장했다. 즉, 인간의 욕구가 크지 않는 상황에서는 소득의 증가가 행복으로 이어지지만, 인간의 욕구가 커지면 소득의 증가가 행복으로 이어지지 않는다는 것이다. 이것을 '이스털린의 역설'(Easterlin paradox)이라고 불린다.[07]

UNDP(유엔개발계획)의 인간개발지수(Human Development Index, HDI)와 OECD의 '더 나은 삶의 질 지수'(Better Life Index, BLI)는 각각 4개와 24개로 구성된 부분지표를 종합한 지수이다. 인간개발지수(HDI)로 한국은 좋은 평가(188개국 중 17등)를 받았지만, '더 나은 삶의 질 지수'(BLI)로는 낮은 평가(38개국 중 28위로)를 받았다. 즉, 객관적인 지표만 다루는 HDI는 좋은 평가를 내리는 반면, 주관적인 지표를 포함하는 BLI에서는 별로 평가가 좋지 않다. 따라서 한국에서 물질적인 삶은 좋아지고 있지만 '삶의 질'은 그렇지 않다는 것이다. 실제로 갤럽에서 전 세계 공동으로 조사하는 '삶에 대한 만족도' 조사에서 한국의 점수는 2011년 이후 계속 낮아지고 있다.

상기와 같이, 한국의 행복지수가 하위권을 맴도는 이유는 무엇일까? 그 이유를 쉽게 말하면 삶이 갈수록 더 고단해지고 팍팍해진다고 느끼는 국민이 많기 때문이다. 사실, 앞만 보고 내달리는 사이에 양극화(Polarization) 현상과 물질주의(Materialism)가 사회 전반에 퍼지고, 과도한 근로시간으로 가족과 보내는 시간이 줄면서 '삶의 질'이 하락하고 있다.

예로서, 경제협력개발기구(OECD) 회원국 중에서 출산율 꼴찌에 고령화 최선두, 자살률(여성 자살률) 1위, 이혼율 2위, 매우 높은 자동차사고율, 근로시간 최장(주당 평균 노동시간 49.1시간), 중·고교생 하루 평균 학교 체류 시간 13시간, 국민 평균 하루 여가 시간 3.3시간…….

게다가 한국의 경우, 소득 양극화가 심화되고 있다. 통계청 조사에 따르면 소득 5분

---

07 참고로, 부탄에서는 일찍이 명상·기도와 같은 영적 활동을 포함하는 '국민행복지수'를 개발하여 1982년부터 국가정책의 목표로 삼아 왔다. 부탄은 2006년 비즈니스 위크(Business Week)의 '국민행복지수' 조사에서 아시아 1위, 세계 8위를 각각 차지했다. 부탄의 1인당 국민소득은 2015년 기준으로 2,656달러로 180개국 중 122위에 불과하다(중앙일보, 2017. 3. 23).

위 배율에서 가장 낮은 1분위의 소득은 2016년 전년 대비 5.6% 급감한 데 비해 가장 높은 5분위 소득은 2.1% 늘었다. 또한, 국세청에 따르면 자산이 5,000억 원이 넘는 국내 대기업은 2016년 1,282개로 전체 법인의 0.21%밖에 되지 않지만 이들은 나머지 59만 개 법인보다 많은 107조 6,692억 원의 순이익을 올렸다. 국내 10대 대기업 사내유보금은 2016년 말 기준으로 724조 7,894억 원에 달한다. 불과 1년 만에 50조 원 이상 증가했다.

한국경제신문(2012. 12. 31)은 여론조사업체 「글로벌리서치」에 의뢰해 '대국민 행복보고서'를 작성했다. 전국 만 19세 이상 성인 남녀를 대상으로 유선과 휴대전화 통화 방식으로 국민 1,000명에게 '지금 당신은 행복하십니까'라는 질문을 해봤다. 33.1%만이 '행복하다'라고 답했다. '보통이다'는 47.9%, '행복하지 않다'는 19.0%였다. 표본오차는 95% 신뢰 수준에 ±3.1%다. 결론적으로, 3명 중 1명만이 행복감을 느끼고 있다는 것이다. 다행히, '보통이다'(47.9%)가 절반 가까이에 이르는 만큼 전체적으로 균형을 갖췄다고 볼 수도 있다.

여기서 유의할 것은 '행복하지 않다'라고 응답한 사람에게 그 이유를 묻는 설문에는 '경제적 여건'(56.5%)을 가장 많이 꼽았다는 점이다. 그리고 '행복해지기 위해 노력하고 있지만 노력만큼 행복해지지 않는다'라는 응답 비율은 41.4%에 달했다. 이렇게 답한 응답자(41.4%) 중에서 40.4%는 노력만큼 행복해지지 않는 이유로 '사회구조의 문제'를 들었다. 그들이 지적한 '사회구조의 문제'란 청년층을 포함한 일반 시민의 입장에서 보면 '고용 절벽'과 '고(高)비용 사회구조'를 뜻한다고 저자는 추측한다.

최근 「현대경제사회연구원」의 설문조사(2015년)에 의하면, 세대별 '불안감'을 보면, 20대는 '일자리 불안'(27.2%), 30대는 '가계부채 부담'(28.1%), 40대는 '자녀 교육비 부담'(39.8%), 50대는 '노후 준비 부족'(25.3%), 60대 이상은 '소득 감소'(33.0%)로 각각 나타났다. 또한, '경제적 행복'을 가로막는 가장 큰 장애요인의 순서는 ① '노후 준비 부족'(24.8%), ② '자녀교육 문제'(22.6%), ③ '주택 문제'(16.6%), ④ '일자리 부족'(16.3%)으로 나타났다. 상기와 같은 행복의 개념과 한국인의 기본욕구를 바탕으로, 저자는 '어떻게 행복한 사회를 건설할 것인가'를 논술하고자 한다. 이것은 행복(幸福)과 정의(正義)의 상호 관련성과 직결되는 이슈이다.[08] 저자는 다음과 같이 사유한다. '행복'(幸福)을 한자(漢字)로 나타내는 '행'(幸)은 쓰릴 '신'(辛)과 유사하다. 즉, 쓰라린 '신'(辛)에 수평선(一)을 하나 더 추가해야 비로소 '행'(幸)이 된다.

---

08 임마누엘 칸트(Immanuel Kant, 1724~1804)는 그의 「실천이성비판」(1788년)에서 다음과 같이 설파했었다. 사람들은 '목적의 왕국'(The Kingdom of Ends)의 일원으로서 행복(幸福)을 생각하지 말고 '실천이성'(Practical Reason)에 바탕을 둔 '도덕적 의무'를 지상명령(Categonical Imperative)으로 실천하라는 것이다. 다시 말하면, 자신의 행위의 격률(格率, Maxim)이 보편적 법칙과 일치하도록 하는 것이다.

자유와 평등을 위한 사상·철학적 기초

- John Locke(1632–1704):「시민정부론」(1689),「인간오성론」(1690)
- Adam Smith(1723~1790): 경제적 효율성을 위한 자유시장주의
- John Stuart Mill:「자유론」(1859),「공리주의론」(1863)
- Herbert Spencer(1820~1903)
- Ludwig von Mises(1881~1973)
- Friedrich August von Hayek(1899~1992)
- John Maynard Keynes(1883~1946)
- Milton Fredman(1912~2006): '개인 자유의 확대'와 '평등한 자유',「자본주의와 자유」(1962),「선택의 자유」(1980)
- Robert Nozick(1938~2002): 자유지상주의 (Libertarianism)
- Freiburg 학파: '질서 자유주의'(Ordo Liberalism), 자유는 인간이 추구하는 최고의 가치, 자유는 시장경제체제에서 가장 잘 실현, 정치적 자유와 경제적 자유의 상호의존관계, '강한 국가'

- 중국의 儒學(특히 陽明學)
- 한국(조선 후기)의 實學
- Samuel Freeman Miller(1816~1860): 평등은 유대를 돈독히 한다. 경제적 불평등은 사회적 연대를 침식하고, 우정·공동체·사랑을 저해한다.
- Jean–Jacques Rousseau(1712~1778):「인간불평등기원론」(1755),「사회계약론」(1762), '국민주권'으로서 '共同善'을 위한 공동체주의, '일반의지'(국민주권)을 위한 정치체제
- Karl Marx(1818~1883), Vladimir Lenin(1870~1924), Herbert Marcuse(1898~1979)
- Henry Sidgwick(1838~1990): '실천이성'의 합리적 공정 원리가 도덕적 기초, '차별적 평등'
- Bertrand Arthur William Russell (1872~1970)
- John Kenneth Galbraith(1908~2006):「경제학과 공공목적」(1973)에서 '新사회주의론'
- Milton Friedman(1912~2006): 기회균등
- Amartya Sen(1933~현재): '평등주의'
  * 평등의 대상? 복지, 자원, 복지를 위한 기회, 능력 혹은 혜택을 위한 접근통로

행복 ← 정의

그 하나(수평선)의 정의(正義)라는 것이다.

따라서 저자는 '한국 몽'(韓國 夢), 즉 '한국의 비전'은 '정의로운 국가'와 행복한 복지사회'를 구현하기 위한 '질서정연한 민주주의 사회'(A well-ordered Democratic Society)를 건설하는 것이라고 규정한다. 그렇다면, 상기 '비전'(꿈)을 담아 운행(運行)하는 제도인 '민주주의(Democracy)의 가치'는 무엇인가? 그것은 단연코 자유(自由)와 평등(平等)이라고 저자는 사유한다

사실, 인류가 가장 갈구해온 가치(value)는 자유(自由)와 평등(平等)이라고, 따라서 인류 문명사는 상기 두 가치를 추구하는 역사였다고 각각 말할 수 있다. 이를 입증할 수 있는 역사적 사례로서 영국의 마그나 카르타(Magna Carta, 1215년)·청교도 혁명(1642~1649년)·명예혁명(1688년), 미국의 독립전쟁(1775~1783년), 프랑스 혁명(1789년), 미국 남북전쟁(1861~1865년) 등을 들 수 있다.

그렇다면, 민주주의 중요한 가치 중의 하나인 자유(自由)는 무엇을 의미하는가? 그것은 '시장에서의 자유로운 개인의 선택'을 의미한다. 또 하나의 중요한 민주주의 가치인 평등(平等)은 무엇을 의미하는가? 밀턴 프리드먼(Milton Friedman, 1912~2006)이 갈파하였듯이, 평등(平等)은 '기회균등'과 '공정'(公正, fairness)을 의미하며, 평등(平等)의 대상은 인간의 능력이 아니라 '인간의 기본권과 시장기회'이다.

여기서, 논리 전개상, 제기될 수 있는 문제는 다음과 같다. 자유(自由)와 평등(平等)은 보완적 관계인가 혹은 갈등적 관계인가이다. 또한, 자유(自由)와 평등(平等)이 보완적 관계인 경우, 어느 가치가 우선시 되어야 하는가? 상기 두 가지 가치가 갈등적 관계라면 이들을 보완적 관계로 전환할 수 있는 방안은 무엇인가이다.

전술한 인류 문명사를 보면, 자유(自由)는 본질적으로 평등(平等)의 대상이기 때문에, 자유(自由)와 평등(平等)은 결코 상충하지 않는다. 다만, 어느 것을 더욱 강조하는가 하는 것은 사회적 가치관과 시대정신에 따른 가중치의 문제일 뿐이다.

또한, 정의(正義)는 자유(自由)와 평등(平等)의 결합체이다. 임마누엘 칸트(Immanuel Kant, 1724~1804)와 존 롤스(John Rawls, 1921~2002)가 갈파하였듯이, 정의(正義)는 행복(幸福)의 사전조건이다. 특히, 존 롤스(John Rawls, 1921~2002)는 존 로크(John Locke, 1632~1704)의 자유(自由)와 장-자크 루소(Jean-Jacques Rousseau, 1712~1778)의 평등(平等)의 갈등을 임마누엘 칸트(Immanuel Kant)의 '의무론적 윤리론'으로서 해결했었다.

요컨대, '정의로운 국가'와 '행복한 복지사회'는 인류공동체의 목적적 가치일 뿐만 아니라 특히 '한국 몽'(韓國 夢)이다. 정의(正義)는 행복(幸福)의 선행조건이다. 즉, 정의(正義) 없는 국가(혹은 사회)에서는 존 롤스(John Rawls)의 '최소 수혜자의 최대 수익'과 칼 야스퍼스(Karl Jaspers, 1883~1969)의 '최대다수의 최소고통'을 보장할 수 없다.[09]

여기서 제기될 수 있는 근본적 문제는 행복(幸福)의 선행조건인 정의(正義)를 구현하는데 있어서, 목적론적 신념이 제안하는 개인의 권리(개인의 자유와 사회적 및 경제적 기본권)와 사회공동체의 '공동선'(共同善)이 상충하는 경우, 이 두 개의 가치를 조화할 수 있는 방법은 무엇인가이다. 이 문제는 권리(權利)와 선(善)의 철학적 선택과 우선순위에 관한 것이다. 사실, 우선순위의 문제는 국가의 정체성(正體性)과 경제체제(經濟體制)를 결정하는데 중요한 요소이다.

09 존 롤스(John Rawls, 1921~2002)는 그의 저서 「정의론」(1971년)과 「정치적 자유주의」(1993년)에서 '가언적 사회계약'으로부터 '정의(正義)의 두 가지 원칙'을 도출하였다. 이로써, 그는 데이비드 흄(David Hume, 1711~1776)의 경험주의 철학(Empiricism)에 의해 와해되었고 제레미 벤담(Jeremy Bentham, 1748~1832) 및 존 스튜어트 밀(John Stewart Mill, 1773~1836)의 공리주의(Utilitarianism, 功利主義)에 의하여 그 잔해가 사장(死藏)되어버렸던 '사회계약론'을 복원시켰다.

'정의'(正義)에 관한 사상 · 철학적 기초

- 孔子(BC551~479) : '見利思義'
- 墨子(經上編) : '義利也'(천하를 이롭게 하는 義가 利이다), 義가 利가 되는 사회 건설
- Platon(BC427~347) : 「국가론」, 「법률」
  - '국가형성이론'에서 正義를 ① '개인적 정의'로서 德 = 知識(교육을 강조) ; ② '사회적 정의'로서 '共同善'
- Thomas Hobbes(1588~1679) : 「Levithan」(1651), 「물체론」(1655), 「인간론」(1658), 「시인론」(1642~1647)
  - 正義는 法을 준수하는 것(약육강식의 자연상태, '만인대 만인의 투쟁')
- John Locke(1632~1704) : 「인간오성론」(1690), 「시민정부론」(1690)
  - 자유와 평등을 위한 '자연권', '사유재산권', '사회계약론', '헌정 민주정치론'
- Jean-Jacques Rousseau (1712~1778)
  - 「인간불평등기원론」(1755)에서 '사회계약'은 부자와 권력자의 기만책에 불과하다며, 불평등을 정당화시키며, '정의롭지 못한 사회'를 정당화한다.
  - '국민주권'으로서 '共同善'을 위한 '사회계약론' 및 정치체제
- David Hume(1711~1776) : 共感에 의한 正義 → 도덕적 승인을 위한 근거
- Adam Smith(1723~1790) : '경제적 효율성'을 위한 '사회적 정의', 共感에 바탕을 둔 正義
- John Rawls(1921~2002) : "Justice as Fairness"(1958), 「정의론」(1971), 「정치적 자유주의」(1993)
  - 자유주의적 평등주의로서 '최소수혜자와 최대이익'
  - 自由와 平等의 조화, 자유주의 경제체제에 '복지주의'를 접목
    - 제1원칙(평등한 기본적 자유의 원칙)
    - 제2원칙('차등의 원칙')
    - 正義의 우선순위 : 제1원칙 〉 제2원칙
    - 正義의 제2원칙에서 우선순위 : '기회균등의 원칙' 〉 '수혜의 원칙'
    - 복지국가의 기본원리 : '최소수혜자의 최대이익' 즉, 가장 못사는 사람들의 복지를 극대화

* John Stuart Mill, 「Utilitarianism」(1861) : '최대다수 최대행복'(복지 평균 수준의 극대화)

일찍이, 아리스토텔레스(Aristoteles, BC 384~322)는 정의(正義)란 선(善)을 바탕으로 이루어지는 하나의 목적(目的)이라고 주장했었다. 존 로크(John Locke, 1632~1704)는 자유와 평등을 위한 '자연권'으로서 사유재산권을 주장했으며 이를 구현하기 위한 '헌정(憲政) 민주정치'를 주장했었다. 그 후, 장 자크 루소(Jean-Jacques Rousseau, 1712~1778)는 그의 논문 「인간 불평등 기원론」(1755년)에서 '사회계약'이란 부자와 권력자의 기만책에 불과하고 불(不)평등을 정당화시키며 '정의롭지 못한 사회'를 정립한다고 비판하면서 '국민주권'(그가 말한 '일반의지')으로서 '공동선'(共同善)을 위한 사회계약론과 정치체제를 주장했었다.

상기의 주장은 장-자크 루소(Jean-Jacques Rousseau)의 논문 「사회계약론」(Du Contrat

Social ou principes du droit politique, 1762년)에서 다음과 같이 논술되어 있다. 법(法)의 원천은 '일반의지'(즉, 국민주권)이며, 이것은 항상 전체(국가) 및 각 부분(개인)의 보존과 행복을 추구하는 것이다. 그리고 국가는 하나의 도덕적 인격체이고 법(法)은 '일반의지'의 행위이며 그 목적은 시민의 자유(自由)와 평등(平等)이라는 것이다.

따라서 '일반의지'가 관철되는 정치 체제를 만들어 내고, 인간이 '자연상태'에서 가지고 있었던 자유(自由)와 평등(平等)을 되찾는 것이 가장 중요한 문제라고 그는 강조했었다. 또한, 그는 국가를 개인적 이익을 보호하는 소극적 의지가 아니라 '공동선'(共同善)이라는 '일반의지'를 실현하기 위한 사회계약을 시민들이 자유롭게 체결한 결과로 간주했었다. 즉, 그는 '공동체주의'(Communitarianism)를 고수하는 철학자였다.

요컨대, 장-자크 루소(Jean-Jacques Rousseau)는 그의 「사회계약론」(1762년)에서 자유(自由)와 평등(平等)의 자연권(自然權)을 국가 상태에 있어서 확정하기 위한 이론적 근거로서 '사회계약론'(社會契約論)을 제시하고 국민주권(國民主權)을 정립하였다.

또한, 장-자크 루소(Jean-Jacques Rousseau)는 개인은 공동체의 성원이며 '역사의 주인'은 기층민중(基層民衆)이라고 주장했었다. 이것은 1789년 프랑스 대혁명을 유발했었다. 그것의 이념인 자유·평등·박애는 모든 사람이 자유롭고 평등하며, 모든 사람은 형제이니 서로 사랑해야 한다는 정신을 표현한 것이었다. 이 사상은 유럽 사회에 엄청난 영향을 끼쳤고, 오늘날에도 여전히 이어지고 있다.

여기서 저자는 신(新)실용주의(Newpragmatism)의 철학적 사유의 입장을 다음과 같이 분명히 밝힌다. 즉, 공동선(共同善) 보다 개인의 권리(權利), 즉 자유와 기본권에 더 많은 가중치를 부여해야 한다는 것이다. 왜냐하면, 존 로크(John Locke, 1632~1704)가 자연권(개인의 생명, 건강, 자유, 재산에 관한 권리) 중에서 재산권(財産權)이 가장 중요하고 우선되어야 한다고 주장하였듯이, 자유민주주의 정치체제 및 자유시장제도의 경제체제 하에서 타인의 침해를 받지 않는 자연권(自然權)으로서 인간의 기본권, 즉 개인의 권리(權利)보다 더 중요한 공동선(共同善)은 존재하지 않는다고 저자는 사유하기 때문이다.

다시 말하면, 만약 기본권이 보장되지 않으면, 개인의 선(善)한 덕행(德行)이 실현되기 어려우며, 따라서 공동선(共同善)은 달성되기 어렵게 되기 때문이다. 즉, 아리스토텔레스(Aristoteles)의 목적적 가치인 '선(善)한 삶'을 추구할 수 없기 때문이다. 이것을 비유적으로 말하면, 의사가 인간의 생명을 구원하기 위한 의술을 베풀기 위해서는 (즉, 선(善)을 실현하기 위해서는), 우선 '의사 면허증'이라는 자격증, 즉 권리(權利)를 우선 획득해야 하는 것이다.

전술한 바와 같이, 서양에서는 자유(自由)와 평등(平等)을 인류의 보편적 가치로서 신봉해 왔는데, 동양(특히 고대 중국)은 어떠한 가치를 추구해 왔는가? 유학(儒學, Confucianism)에서, 공자(孔子, BC 551~479)는 인(仁)을, 맹자(孟子, BC 372~289)는 선(善)을, 순자(荀子, BC 298~238)는 예(禮)를 각각 설파하였다. 그러나 개인의 권리(權利)는 왕도(王道) 정치체제에서 덕치주의(德治主義)에 의하여 함몰되어버렸다.[10] 이 결과, 중국 인민(人民)에겐 황제(皇帝)의 무한대 자유와 재산권을 보장하기 위한 의무와 희생이 강제되었고, 이것은 인·의·예·지·신(仁·義·禮·智·信)으로 미화(美化)되었다.

여기서 유의할 것은 유교사상(儒教思想)의 공통적 특징은 자신이 욕망을 극복하고 남을 먼저 위하는 도덕적 사고를 강조한다는 점이다. 이러한 이타적(利他的) 사상을 통해 개인의 이익보다는 사회 전체의 안정을 우선시하는 '공동체 사상'이 형성되어 왔다. 개인의 경제행위와 관련하여, '개인적 이(利)'를 보면 '사회적 의(義)'를 우선적으로 생각하라는 '견리사의'(見利思義) 정신을 강조한다.[11]

또한, 유교(儒教)는 삶을 위한 경제적 행위는 '의'(義)와 '예'(禮)에 어긋나지 않게 행동할 것을 강조한다. 즉, '절지이례'(節之以禮)인 "예로써 절제된 생활을 한다"라는 것이다. 특히, 순자(荀子)는 부족한 물(物)로 끝없는 욕(欲)을 채우고자 하면 분란이 일어나므로 물(物)과 욕(欲)을 조화할 수 있도록 인간의 욕(欲)을 절제해야 하며, 이러한 절제행위를 '예'(禮)라고 하였다. 이것은 유가(儒家)의 윤리적 경제관이라고 말할 수 있다.

상기와 같이, 경세제민(經世濟民)의 치세(治世) 철학으로 표현되는 유가(儒家)의 경제사상은 인(仁)에 기초를 둔 도덕정치의 실현에 그 목적을 두고 있다. 경제활동과 관련된 정책사상에서도 도덕적 요소인 '덕'(德)을 근본으로 삼고 경제적 요소인 '재'(財)를 부수적 요소[德本材末]로 간주하고 있다.[12] 이것은 다시 덕치주의(德治主義)의 치세(治世) 철학 속에 용해되어 있는 것이다.

그렇다면, 유학(儒學)의 '덕치주의'(德治主義)는 서양(西洋) 철학에서는 어떻게 나타났는가? 소크라테스(Socrates, BC 470~399)는 '덕'(德)을 '지'(知)라고, 플라톤 (Plato, BC 472~347)은 '조화로운 행동'이라고, 아리스토텔레스(Aristoteles, BC 384~322)은 '중용'(中庸, The Golden Mean)이

10 고전적 유교는 법치(法治)보다 덕치(德治)에 더 치중하였고 법치(法治)를 하더라도 덕(德)과 예(禮)의 기초 위에서 행해진다면 사회 안정을 도모할 수 있다고 주장했다. 왜냐하면 도덕이 바로 서면 법질서 유지를 위한 사회적 비용이 줄어들고 공공조직이 효율성은 높아지기 때문이라는 것이다. 즉, 도덕이 바로 서면 부정·부패가 줄어들고 백성은 서로 믿고 존중하는 삶의 가치를 실현할 수 있다는 것이다.

11 「論語」, 顔淵편, "……見利思義 見危授命……"

12 「大學」 十章 九節, "……德者本也 財者末也……"(덕이 근본이고 재물은 그 결과물이다.) 縣吐完譯, 「大學, 中庸 集註」, 傳統文化研究會, 2003(성백효 譯註) 및 이기동 역해, 「大學 中庸 講說」. 그러나 덕(德)과 재(財) 사이의 역할을 구분할 뿐, 덕(德)만 중시하고 재(財)는 무시할 수 있다는 뜻은 아니다. 「大學」 十章 九節, "……德者本也 財者末也……"(덕이 근본이고 재물은 그 결과물이다.)·縣吐完譯, 「大學, 中庸 集註」, 傳統文化研究會, (성백효 譯註 및 이기동 역해), 「大學 中庸 講說」, 성균관대학교 출판부, 2003.

라고 각각 정의했었다.

둘째, 신(新)실용주의(Neopragmatism)는 '한국 몽'(韓國 夢), 즉 '정의로운 국가'와 '행복한 복지사회'를 구현하기 위한 '질서정연한 민주주의 사회'(A well-ordered Democratic Society)의 실천철학(Practical Philosophy)이다.

저자는 경세제민(經世濟民)의 철학인 '신(新)실용주의'(Neopragmatism)를 최초로 주창(임양택 : 2008, 2011, 2013, 2014, 2017, 2018 ; Lim, Yang-Taek : 2007, 2008, 2010, 2011, 2012, 2014)하고 다음과 같이 정의(定義)하였다. 국가 정체성과 절차적 민주주의를 바탕으로, 대내적으로는 '최소 수혜자의 최대 이익'을 추구할 목적으로 사회구성원의 기본 욕구(직장, 주택, 교육, 의료, 연금 등)를 보장함으로써 인간의 존엄성·자율성·창의성이 존중되는 '정의롭고 행복한 복지사회'를 구현하고자 하는 '실천 철학'(Practical Philosophy)이며, 대외적으로는 '지구촌 문화 공동체'의 공동번영을 위한 '글로벌 철학'(Global Philosophy)으로 지향하고자 하는 인본주의적 사유 패러다임(인식론적 원리와 존재론적 원리)이다.

다시 말하면, 자유(自由)와 평등(平等)의 결합체인 정의(正義)에 기초를 둔 행복(幸福)의 조건은 시대마다 국가마다 다를 수 있겠으나 인간의 존엄성·자율성·창의성을 위한 기본생활권이 필요하다. 즉, 정의(正義)의 한 요소인 평등(平等)의 대상으로서 기본적 자유권뿐만 아니라 기본생활권이 보장되어야 한다. 이러한 기본적 생활권을 확보해줌으로써 사회구성원은 행복을 느낄 수 있는 것이다.[13]

저자는 인간의 존엄성·자율성·창의성을 위한 기본권으로써 다섯 가지, 즉 ① 고용, ② 교육, ③ 주택, ④ 의료, ⑤ 연금을 제시한다.[14] 상기한 인간의 다섯 가지 사회지표(고용, 교육, 주택, 의료, 연금)는 UN 인간개발지수(HDI : Human Development Index)와 OECD 행복지수에 잘 나타나 있다. 또한, 한국 사회의 경우, 「현대경제연구원」의 2015년 설문조사에 의하면, '경제적 행복'을 가로막는 가장 큰 장애요인들의 순위를 보면 ① '노후 준비 부족'(24.8%), ② '자녀 교육 문제'(22.6%), ③ '주택 문제'(16.6%), ④ '일자리 부족'(16.3%)으로 나타났다. 상기

13 참고로, 프랭클린 D. 루스벨트(Franklin Delano Roosevelt, 1882~1945) 대통령은 미국의 「사회보장법」(1936년)을 제안하면서 '궁핍한 사람은 자유롭지 못하다'라고 호소했었다. 최근에 버락 오바마(Barack Obama, 1961~현재) 대통령은, 미국의 의료 시스템의 개혁을 위한 소위 '오바마 케어'를 실시했다.

14 여기서 유의할 것은 상기한 기본생활권 보장은 가계부채와 관련 짓지 않았다는 점이다. 사실, 가계 부채가 중산층의 삶을 가장 어렵게 하는 요인이다. 중산층 소득 가운데 원금과 이자 등 빚 갚는 데 쓴 돈(부채 상환)이 차지하는 비중은 1990년 10.4%에서 2010년 27.5%로 급증했다. 이에 따라 중산층 가구의 최대 지출 항목이 '식료품'(20.6% → 11.0%)에서 '부채 상환'으로 바뀌었다(조선일보, 2011. 8. 29).

의 표본조사를 세대별 불안감의 측면에서 보면 20대가 '일자리 불안'(27.2%), 30대가 '가계 부채 부담'(28.1%), 40대가 '자녀 교육비 부담'(39.8%), 50대가 '노후준비 부족'(25.3%), 60대 이상이 '소득 감소'(33.0%)로 각각 나타났다. 상기한 설문조사 결과는 보편적으로 적용할 수는 없지만, 최소한 한국 사회의 경우, 서구 사회(특히 핀란드)의 '기본 소득'을 넘어 '기본생활권'의 보장이 필요하다는 것을 나타낸다.

여기서 유의할 것은 '기본생활권' 보장은 칼 포퍼(Karl Popper, 1902~1994)의 '최대 다수 최소 고통'과 관련된다는 점이다. 그는 도덕적으로 해결해야 할 가장 긴급한 문제는 '행복의 증대'가 아니라 '고통의 감소'라고 주장했다. 그러므로 '최대다수 최대행복'을 추구하는 공리주의(功利主義, Utilitarianism)의 원리를 '최대다수 최소고통'을 추구하는 원리로 바꾸지 않으면 안 된다는 것이다. 즉, '행복의 극대화 원칙'을 '고통의 극소화 원칙'으로 수정하자는 것이다. 이때 피할 수 없는 고통은 가능한 한 균등하게 감수하지 않으면 안 된다는 것이다. 예로서 흉년이 들어 식량이 부족하다면 배고픔, 즉 '고통'을 분담하자는 것이다. 따라서 '최대다수 최소고통'의 원리는 정치적 수단에 의해 행복(幸福)을 증진시키려고 노력하기보다는 구체적인 사회적 악(惡)을 제거하도록 힘써야 한다는 것이다.

또한, 칼 포퍼(Karl Popper)의 주장은 아마르티아 센(Amartya Sen, 1933~현재)이 평등(平等)의 대상은 복지, 자원, 기회, 능력 혹은 혜택을 위한 접근통로가 되어야 한다고 주장한 것과 일맥상통한다. 또한, 그것은 존 롤스(John Rawls, 1921~2002)의 '최소수혜자의 최대행복'을 위한 '정의로운 경제체제'의 필요성과 정의(正義)의 둘째 원리의 정당성을 뒷받침한다.

한 걸음 더 나아가, 보 로스타인(Bo Rothstein, 1954~현재)은 그의 저서 「Just Institutions Matters : The Moral and Political Logic of the Universal Welfare States」(1998년)에서 국민이 자율적 개인으로 활동할 수 있도록 하기 위해서는 '숙고된 선택'을 가능케 하는 '기본적 능력'을 갖출 수 있는 권리를 국가가 부여해야 한다고 주장했다.

상기한 맥락에서, 서자의 신(新)실용주의(Neopragmatism)가 규정한 실천철학적 입장 "인간의 존엄성·자율성·창의성을 위한 기본권"으로서 다섯 가지, 즉 ① 고용, ② 교육, ③ 주택, ④ 의료, ⑤ 연금은 존 스튜어트 밀(John Stuart Mill의 「공리주의(Utilitarianism)」, 1861년)의 '최대다수 최대행복'(복지 평균 수준의 극대화)이 아니라, 칼 포퍼(Karl Popper, 1902~1994)의 '최대다수의 최소고통'과 존 롤스(John Rawls, 1921~2002)의 '최소 수혜자의 최대 이익'을 구현하는 사상인 것이다.

또한, 신(新)실용주의(Neopragmatism)의 기본권(① 고용, ② 교육, ③ 주택, ④ 의료, ⑤ 연금)은 일찍이 맹자(孟子, BC 372~289)의 민본주의적(民本主義的) 평등사상, 즉 '무항산(無恒産)·무항심(無恒心)'을 나타내는 것이다. 맹자(孟子)는 도덕적 평상심(平常心)을 가진 사회건설은 가족의 생존과 부양을 일정하게 유지시켜주는 생업(生業)이 보장될 때 가능하며, 그렇지 않으면 백성은 도덕심을 잃고 타락하게 된다고 '무항산 무항심'(無恒産 無恒心論)을 주장하였다. 다시 말하면, 맹자(孟子)는 백성은 생업(恒産)이 없으면 도덕적 항심(恒心)도 없어진다고 하여 경제적 삶을 우선시했다.[15]

셋째, '한국 몽'(韓國 夢), 즉 '정의로운 국가'와 '행복한 복지사회'를 구현하기 위한 실천철학(Practical Philosophy)인 신(新)실용주의(NeoPrgmatism)의 청사진(靑寫眞)과 정책방향은 무엇인가?

모름지기, '고용은 최상의 복지'이다.[16] 따라서 '복지사회'(Welfare Society)를 구현하기 위해서는 무엇보다도 공정한 게임에 의한 고용기회의 확대가 필요하다.[17] '완전고용'(Full Employment)은 신(新)실용주의(Newpragmatism)의 '근본적 가치'이다.[18]

윌리엄 헨리 베버리지(William Henry Beveridge, 1879~1963)는 복지국가(Welfare State)의 사전조건이 '완전고용'(Full Employment)이라고 역설했었다. 또한, 아서 세실 피구(Arthur Cecil Pigou, 1877~1959)는 그의 저서 「복지 경제학」(1952년)에서 복지 극대화의 조건은 '성장·분배·안정'이라고 갈파했었다. 이 '세 마리 토끼'를 잡기 위해서는 완전고용(Full Employment)이 전제되어야 한다.

저자는 '한국 몽'(韓國 夢)의 청사진(靑寫眞)으로서 완전고용(Full Employment)을 위한 '테크노-경제 발전 전략'(Schumpeterian Techno-Economic Development Strategy ; 임양택 : 2007, 2011, 2013 ; Lim, Yang-Taek : 1996, 2000, 2006)과 '최적 경제성장과 사회보장 모형'(Optimal Economic Growth and Social Security ; 임양택 : 1981, 2007, 2011, 2012, 2014 ; Lim, Yang-Taek : 1978, 2000, 2010)을 제시한다. 상기한 청사진(靑寫眞)의 정책방향은 '신(新)기술 → 신(新)상품 → 신(新)시장 → 소득 증대 → 소비 및 저축 증가 → 신(新)투자 → 고용 창출 → 복지 확충'이다.

상기한 동태적 발전 과정으로 요약할 수 있다. 기초과학연구능력 확충 → 소화·흡

15 "……항산(恒産)을 가진 자는 항심(恒心)을 가질 수 있으나, 항산(恒産)이 없는 자는 항심(恒心)도 유지할 수 없다. 만약 항심(恒心)이 없으면 방벽사치하지 않을 수 없으니……"("民之爲道也 有恒産者 有恒心, 無恒産者 無恒心, 苟無恒心, 放辟邪侈, 無不爲己"), "항산(恒産)을 보장하지 않고 죄를 짓게 한 다음, 형(形)으로 다스리면 백성에 그물 치는 것과 같다……"("及陷乎罪, 然後從而形之, 是罔民也, 罔民而可爲也……"). 「孟子」, 梁惠王章句 上, 7장, "……若民則 無恒産 因無恒心 苟無恒心 放僻邪侈 無不爲己……"(滕文公上 3장 참조).

16 임양택 칼럼, 한국경제신문(2011. 10. 7).

17 고용의 중요성에 관한 경제 철학적 접근을 위해서 Joan Robinson(1937, 1952, 1953a)을 참조.

18 '고용없는 성장'(Jobless Growth)에 대응하여 독일식의 '성장없는 고용'(Growthless Job), 즉 '일자리 나누기'는 궁여지책(窮餘之策)일 뿐, 근본적인 해답이 될 수 없다.

수·개량·토착화 → 자체기술개발, 선진기술 도입, 산업간 및 산업내 기술확산, 국제기술협력 → 기술혁신의 촉진 → 기업경쟁력(자원 및 역량, 프로세스 경쟁력, 품질경쟁력, 시장경쟁력, 고객성과, 시장성과, 재무성과)의 제고 → 가격경쟁력(임금, 금리, 환율, 유가, 물류비용 등)의 제고 및 비(非)가격경쟁력(품질, 운송, 디자인, 에프터서비스 등)의 제고 → 국제경쟁력의 강화 → 경상수지 흑자(기계류·부품·소재의 대(對)일본 기술 및 수입의존도 감소, 에너지절약 및 대체에너지 개발 등) → 성장·고용·분배(복지) → '최대다수의 최소고통' 및 '최소 수혜자의 최대이익'이다.

이와 동시에, '최소 수혜자의 최대 이익'을 보장하는 '정의롭고 행복한 복지사회'를 건설하기 위해서는, 지속적 경제성장과 공정한 소득분배가 동시적으로 만족되어야 한다. 이를 위해서는 완전고용(Full Employment)뿐만 아니라 중산층 복원과 사회안전망을 구축할 수 있는 사회보장의 합리적 재원조달 방안을 강구해야 한다. 이로써, 자원배분의 효율성(efficiency)과 소득분배의 공정성(fairness) 혹은 형평성(equity)이 조화될 수 있다.

경제이론적으로 설명하면, 신(新)실용주의(Neopragmatism)의 경제철학은 두 가지, 즉 미시경제이론적 측면과 거시경제이론적 측면으로 나누어 설명될 수 있다. 전자는 왈라스 일반균형(Walrasian General Equilibrium) 모형에서 파레토 최적(Pareto Optimum)과 사회적 최적(Social Optimum)의 결합이다. 후자는 '성장 → 고용 → 분배(복지)'를 통하여 '복지 극대화'를 추구하는 동태적 경제발전이다.

상기한 바와 같이, 신(新)실용주의(Neopragmatism)는 형이상학(Methaphysics)이나 분석철학(Analytical Philosophy)의 한계를 넘어 실천철학(Practical Philosophy)임을 저자는 강조한다. 다시 말하면, 신(新)실용주의(Neopragmatism)는 '이론 철학'(유교의 도덕철학 및 임마누엘 칸트의 자유민주주의적 규범론)과 '실천 철학'(맹자의 민본주의 경제철학, 존 롤스와 아담 스미스의 '정의론', 막스 베버의 '윤리론', 조셉 슘페터(Joseph A. Schumpeter, 1883~1950)의 장기파동 이론)의 종합이라고 저자는 강조한다.

여기서 유의할 것은 최근의 장기 침체(Secular Stagnation)의 돌파구는 기술-경제 패러다임(Techno-Economic Paradigm)에 의거한 기술교착 상태(Technological Stalemate)의 타개라는 점이다. 이것은 주요산업(철강·조선·자동차·반도체·컴퓨터·정보통신 등)의 세계시장 주도권 변천사가 바로 기술-경제 패러다임(Techno-Economic Paradigm)의 변화였다는 점에서 자명(自明)해진다.

과거 '한강의 기적'을 이뤄냈었던 전자·자동차·조선·철강·석유화학 등의 제조업은 미국·중국·일본 등 경쟁국에 치여 쇠퇴의 길을 걷고 있다. 한국경제연구원의 '대한민국 주력산업의 글로벌 경쟁력 비교' 보고서에 따르면 우리나라 주력산업의 매출 증가율은 하락세를 면치 못하고 있다(동아일보, 2016. 1. 11). 이와 대조적으로, 독일은 '인더스트리4.0'을 통해

4차 산업혁명을 준비하고 있다. 사물인터넷 등의 정보통신기술(ICT)을 활용해 제조업의 전 생산공정을 디지털화하는 게 핵심이다. 한편, 중국의 '자주창신'(自主創新)이나 일본의 '산업재흥플랜', 미국의 '리메이킹 아메리카'(Remaking America) 등의 경제정책의 목표는 제조업 혁신으로 경제에 활력을 불어넣겠다는 것이다.

이러한 상황에서, 한국의 신(新)성장동력산업은 무엇인가? 그것은 부품·소재 분야이다. 왜냐하면 상기 산업분야는 특성상 대기업과 중소기업이 상생(相生)하기에 가장 적합하기 때문이며, 한·중·일 분업구조에서 국제경쟁력을 확보할 수 있기 때문이다. 따라서 부품·소재 분야에의 집중적 및 효율적 투자로 대(對)일본 기술의존 탈피하고 '부품·소재 선진 강국'으로서 한·중·일 분업구조(현재 경쟁 구도: 한국: 삼성전자와 SK화이닉스; 일본: 소니, 파나소닉 미쓰비시, 후지쓰, 히타치제작소 등; 중국: 칭화유니그룹)에서 기술주도권을 확보해야 할 것이다.

여기서 저자가 강조하는 것은 다음과 같다. 상기한 동태적 메커니즘, 즉 '신(新)기술 → 신(新)시장 → 소득 증대 → 소비 및 저축 증가 → 신(新)투자 → 고용 창출 → 복지 확충'을 원활하게 작동시키는 것이 금융(金融)의 역할이다. 이 관계를 인체에 비유해서 말하면, 상기한 경제의 메커니즘은 신체 기능을 의미하며, 신체 기능을 건강하게 작동하도록 하는 것이 혈액(血液)인 것과 마찬가지로 '금융'(金融)은 경제(經濟)의 피(血)인 것이다. 주지하다시피, 건강의 근원은 정상적 혈액순환이며, 만병(萬病)은 불결한 혈액과 비(非)정상적 혈액순환에서부터 비롯된다. 예로서 '당뇨병'(糖尿病)이란 혈액이 끈적끈적해져서 순환이 원활하지 못해 각종 질환을 유발하는 것이다. 이와 마찬가지로, 금융(金融)이 제대로 흐르지 않으면, '화폐유통속도'가 느려져서 경제활동 수준이 떨어지는 것이다.

경제 현실적으로 말하면, 2017년 4월 말 기준으로, 단기 부동자금 약 1,000조 원(정확히 958조 원)이다. '단기 부동자금'이란 현금, 요구불예금, 수시입출식 저축성 예금, 양도성예금증서, 환매조건부 채권(RP), 투신사 머니마켓펀드(MMF), 종합자산관리계좌, 6개월 미만 정기예금, 증권사 투자자 예탁금 등을 의미한다. 이러한 단기 자금에 무려 1,000조 원의 금융이 집중되어있다는 것은 경기 불확실성 하에서 금융시장이 소위 '돈맥경화증'(심각한 당뇨병)에 걸려 자금이 돌지 않고 있다는 것을 의미한다.

환언하면, 가계가 소비를 줄이고 기업이 투자를 기피함으로써 돈이 '은행에 잠자고 있다'라는 것이다. 즉, 기업이 투자를 줄이면서 자금 조달 규모가 감소하고, 기업의 현금 보유가 늘고 투자자들의 대기성 투자 자금이 확대됨에 따라 저(低)금리로 법인형 머니마켓펀드(MMF) 같은 현금과 6개월 이하 단기금융상품 설정액이 급증한 반면에 중·장기 금융상품 수요가 줄고 증시로의 자금 유입도 제한적이기 때문에 실물경제부문으로 자금이 선순환되지 않고 있는 것이다.

그러므로 신(新)성장동력산업(특히 부품·소재 분야)을 발굴하여 천문학적 '단기 부동자금'(약 1,000조 원, 정확히 958조 원)을 매력적이고 안정적인 금융투자 기회로 연결함으로써 금융부문과 실물경제부문의 선순환을 도모해야 할 것이다. 이를 위한 정책대안을 특히 금융(金融)의 측면에서 제시한 것이 바로 본 저서 「글로벌 금융 패러다임과 한국 금융산업 : 이론과 정책」이다.

저자는 진정한 '탈(脫)경제위기 방안'은 기술-경제 패러다임에 입각하여 '기술혁명'에서 찾아야 하며, 그것을 산업에 제대로 착근 및 작동될 수 있도록 '금융'(金融)이 제대로 소기의 역할을 수행해야 한다고 믿는다. 이 경우 성장과 고용은 연계될 수 있을 것이며, 이러한 연계구조하에서 복지프로그램이 설계되어야 할 것이다. 왜냐하면 '최상의 복지는 고용'이며(임양택 칼럼, 한국경제신문, 2011. 10. 7), 고용은 성장에 의하여 창출되며, 성장은 지속가능하기 위해서는 기술에 근간을 두어야 하기 때문이다.

여기서 저자는 참으로 답답한 한국사회의 최근 논쟁 즉, '혁신주도 성장론'인가 혹은 '소득주도 성장론'인가에 대한 논평을 남기고 싶다. 저자가 제시한 '한국 몽'(韓國 夢)의 청사진(青寫眞)인 '슘페테리언 테크노-경제발전 전략'(Schumpeterian Techno-Economic Development Strategy)과 '최적 경제성장과 복지 모형'(Optimal Economic Growth and Social Security)이 제시하는 정책방향인 '신(新)기술 → 신(新)시장 → 소득 증대 → 소비 및 저축 증가 → 신(新)투자 → 고용 창출 → 복지 확충'에서 보면 '혁신주도 성장론'은 전반부인 '신(新)기술 → 신(新)시장 → 소득 증대'를 의미하는 반면에 '소득주도 성장론'은 후반부의 중간 부분인 '소득 증대 → 소비 및 저축 증가 → 고용 창출'을 나타낸다. 따라서 경제의 전체 메커니즘에서 보면 선·후 문제를 두고 어느 것이 옳은지 그른지 치열하게, 또한 진부하게 논쟁하고 있으니 실로 한심하기 짝이 없다. 모두 올바른 경제철학 없이 표면적 경제현상에만 집착한 아집(我執)과 무지(無智)의 소치(所致)일 것이다.

한국경제 문제의 핵심은 치열한 세계적 기술전쟁 하에서 어떻게 한국이 유망한 기술개발을 산·학·연·정의 협력으로 이루어낼 것인가? 그 첨단기술을 어떻게 신(新)성장동력산업으로 전환하여 글로벌 시장경쟁력을 갖출 것인가? 이를 촉진하기 위한 기술금융지원을 어떻게 효율적으로 투입하여 소기의 성과를 거둘 것인가? 상기의 과정에서 어떻게 수출 대기업과 부품·소재 중소기업이 기술계열화 및 산업연관관계를 맺을 수 있을 것인가? 이와 동시에, 어떻게 성장 → 고용 → 분배 → 복지의 동태적 메커니즘을 창출할 것인가이다.

요컨대, '한국 몽'(韓國 夢), 즉 한국의 비전은 '정의로운 국가'와 '행복한 복지사회'를 구현하기 위한 '질서정연한 민주주의 사회'(A well-ordered Democratic Society)를 건설하는 것이다. 이를 규명하기 위해 저자는 무려 20여 년의 장정(長程)을 걸어왔다. 구체적으로 밝히면,

「비전없는 국민은 망(亡)한다」, 매일경제신문사 출판부(1995년) →「한국의 비전과 국가경영 전략」, 나남출판사(2007년) →「퀴바디스 도미네 : 성장 · 복지 · 통일을 위한 청사진」, 나남출판사(2011년) →「글로벌 경제와 한반도 위기 : 한국의 비전 및 전략」, 나남출판사(2013년) 등을 들 수 있다.

넷째, 현재 한국이 필요로 하는 것은 이데올로기(이념)가 아니라 비전과 전략이다. 이데올로기는 이미 죽었다. 1960년대 초반에 다니엘 벨(Daniel Bell)은「이념의 종언(The End of Ideology)」(1960년)을, 30여 년 후 프랜시스 후쿠야마(Francis Fukuyama)는「역사의 종언(The End of History)」(1989년)을 각각 출판했다. 이젠, 이념의 시대를 넘어 '자유민주주의'에로의 역사적 마지막 발전 단계에 이르렀다.

그럼에도 불구하고, 한국사회에서는 때늦은 '이데올로기 논쟁'이 벌어지고 있다. 예로서, 민경국 회장(한국제도경제학회)의 '자유주의' 혹은 신(新)자유주의, 고(故) 박세일 이사장(한반도선진화재단)의 '공동체 자유주의', 최장집 이사장(정책네트워크 내일)의 '진보적 자유주의', 주대환 공동대표(사회민주주의연대)의 '사회민주주의'를 들 수 있다. '사회민주주의'를 제외한 나머지 모두 '자유주의'라는 '최대공약수'에 접두사(신(新), 공동체, 진보적)를 붙여 자신의 '외골수 가치'를 강조한다.

(1) 영국에서 출생했었던 '자유주의'(Liberalism)는 미국에서 '신(新)자유주의'(New Liberalism)로 명명되었으며, 이에 대한 심판은 2008년 하반기 글로벌 금융위기로 이미 끝났다. 상술하면, 영국에서 공리주의(Utilitarianism)가 풍미(風靡)하고 있었던 반면에 미국에서는 자유주의(Liberalism), 신(新)자유주의(New Liberalism), 자유지상주의(Libertarianism)가 대두하였다. 특히 밀턴 프리드먼(Milton Friedman, 1912~2006)은 그의 저서「자본주의와 자유」(1962년),「선택의 자유」(1980년)에서 '자유주의'(Liberalism)를 주장하였다. 한 걸음 더 나아가, 로버트 노직(Robert Nozick, 1938~2002)은 '자유지상주의'(Libertarianism)를 역설하였다.

신(新)자유주의(New Liberalism)는 미국의 레이거노믹스(Reagonomice)와 영국의 대처리즘(Thatcherism)에 의하여 각각 구체화 되었다. 그러나 바로 그 두 국가(미국과 영국)가 반(反)신자유주의 폭동의 근거지가 되었다. 즉, 글로벌 금융위기에 격분했었던 미국 시민들은 '월가(Wall Street)를 점령하라'라는 시위를, 유럽인들은 '신(新)자유주의(New Liberalism)를 점령하라'라는 시위를 각각 벌였다. 결국, 영국은 2016년 6월 유럽연합(EU) 탈퇴(BREXIT)를 결정하였다. 이것은 세계화(Globalization) 및 신(新)자유주의(New Liberalism)의 좌초와 서구적 자유민주주의 한계를 드러냈던 역사적 사건이었다.

사실, 신(新)자유주의(New Liberalism)는 그간 사람들을 약육강식의 경쟁 상황으로 내모는 비(非)인간적 사회를 만들어 인간을 소외(疏外)시키고 경제 불평등을 심화시킨다는 비판을 받아왔다. 예를 들어, 파이낸셜 타임스는 "신(新)자본주의 실험은 실패했다"라고 보도하였고, 폴 크루그먼(Paul Krugman)은 "지금의 금융위기는 시장 만능주의가 부른 재앙으로 앞으로는 정부의 규제가 강화된 자본주의가 될 것이다"라고 전망했다.

(2) '공동체 자유주의'(Communitarianism)는 '공동선'(共同善)을 추구한다.[19] 대표적 공동체 자유주의자(Communitarianist)인 마이클 샌델(Michael Sandel, 1953~현재)은 개인의 권리(權利)보다 공동선(共同善, the Common Good), 즉 '좋은 삶'(Good Life)이 우선되어야 한다고 주장한다.

주지하다시피, 플라톤(Plato, BC 427~347)은 '선(善)의 이데아 이론'을 제시하였으며, 아리스토텔레스(Aristoteles, BC 384~322)는 선(善)의 실천을 주장했었다. 공리주의자인 존 스튜어트 밀(John Stewart Mill, 1806~1893)은 개인의 쾌락(快樂)이 아닌 사회 전체의 공동선(共同善)을 '고급 쾌락'으로 간주하였다. 그러나 존 스튜어트 밀(John Stewart Mill)은 쾌락(즉 행복)의 조건이나 권리를 고려하지 않았다. 또한, 대표적 공동체 자유주의자인 마이클 샌델(Michael Sandel)은 무엇이 공동선(共同善, the common good)이며 어떠한 삶이 '좋은 삶'(Good Life)인가를 아직 구체화하지 못하고 있다.

이와 반면에, 존 롤스(John Rawls)는 그의 '정의론'(1971년, 1985년, 1993년, 1999년, 2001년)에서 권리(權利)는 도덕적 행위자에겐 목적이 아니라 선택이며, 또한 권리(權利)는 공동선(共同善)보다 우선한다고 주장했었다. 즉, 그는 인간이란 도덕적 선입견에 얽매이지 않고 자유롭게 선택할 권리(개인적 및 중립적)를 지닌 자아(自我)라고 정의했었다. 따라서 그는 정부가 '선택의 자유'를 보장하는 물질적 조건을 확보해주어야 한다고 주장했다. 그의 상기 주장은 계몽주의자인 존 로크(John Locke, 1632~1704)의 「시민정부론」(1689년) 사상, 즉 자연권(自然權)으로서 '사유재산권'을 위한 사회계약론에 근거를 둔다.

(3) '진보적 자유주의'는 '자유주의'를 보수적(保守的)인 것으로 묵시적으로 가정하고 자유와 평등 중에서 평등(平等)을 좀 더 강조하는 진보적(進步的) 입장을 취하는 것이지만, 이것은 자유와 평등의 철학적 관계를 무시하거나 현학적(衒學的) '언어의 유희'일 뿐이다. 진정, 무엇이 보수(保守)이며, 무엇이 진보(進步)인지를 각각 규명부터 해야 '진보적 자유주의'는 설득력을 얻을 수 있을 것이다. 그러나 진보와 보수는 다른 차원에서 논의되어야 할 주제이

19 고(故) 박세일 교수는 2000년대 들어 산업화→민주화에 이은 '선진화'를 보수(保守)의 전략으로 제시하며 '선진화'의 내용을 '공동체 자유주의'로 구체화하는 데 주력해왔다.

다. 그러나, 이 기회를 빌려, 저자는 평소 소견을 다음과 같이 피력한다.[20]

보수(保守)와 진보(進步)는 '자유'(自由)와 '평등'(平等) 중에서 어느 것을 더 중요하게 생각하느냐에 따라 결정된다. 보수(保守)는 '평등'(平等)보다는 '자유'(自由)를 택하겠다는 이념인 반면에 진보(進步)는 '자유'(自由)보다는 '평등'(平等)을 택하겠다는 이념이다.

인류의 정치적·경제적 발전은 한마디로 자유(自由)의 확대와 함께 이루어져 왔다. 자유는 시민을 압제의 사슬에서 풀어주었을 뿐 아니라 기업가 정신을 진작시켜 창업과 고용을 창출했다. 그러나 자유에는 반드시 대가가 있다. 그것은 소득분배구조의 악화와 사회 양극화 현상이다. 왜냐하면 사람마다 임마누엘 칸트(Immanuel Kant)가 말하는 '자연상태' 혹은 존 롤스(John Rawls)가 일컫는 '원초적 입장'(original position)이 다르고 능력에 차이가 있기 때문이다. 바로 이 불평등을 개선하자는 것이 진보다.

그럼에도 불구하고, 보수(保守)는 '민주주의'(民主主義)를 정치적 실천(특히 1987년 6월 민주항쟁)을 통해 보편적 이념으로 정착시켰으나 '자유주의'(自由主義)를 냉전 반공주의(反共主義)와 동일시함으로써 그 이념을 실천하는 것을 소홀히 했다. 즉, '자유주의'(自由主義)는 과도한 '국가중심주의'에 억눌리거나 유보되었던 것이다.[21] 이와 반면에, 진보(進步)는 '민주화'(民主化)에 앞장섰음에도 불구하고 자유주의(自由主義)를 '친미적 부르주아 이념'으로 경멸했다.[22]

이젠, 때늦은, 국력 소모적인 이념 간 논쟁을 끝내고 국가 위기 상황을 극복하기 위한 모든 지혜를 모아야 한다. 대한민국을 긍정하는 좌파(左派)는 공존의 대상이며 경쟁의 대상으로 끌어안아야 한다. 그러나 대한민국에 적대적인 폭력 공산혁명(共産革命) 세력은 지각있는 유권자의 표로써 제거되어야 한다. 그렇지 않으면 대한민국은 선진국의 문턱에서 주저앉을 수밖에 없다.

한국사회에서의 보수와 진보의 이념적 성향을 비교해보면 다음과 같다. 우선, 보수(保

---

20 임양택(2012), "보수 진보가 아니라 비전이 문제다!", 월간 조선, 7월.

21 강정인 서강대학교 교수(정치사상)는 한국 보수의 '이념적 빈곤'을 지적하면서 (실현되지도 않은) 자유민주주의를 지키기 위해 반공(反共)을 해야 한다'라는 논리가 '반공을 위해서는 자유민주주의를 제한할 수밖에 없다'는 논리로 전도됐다가, 급기야는 '반공이 곧 자유민주주의'라는 억설로 둔갑하고 말았다"라고 주장한다(조선일보, 2010. 7. 3).

22 김윤태 고려대학교 교수(사회학)는 오히려 1987년 6월 민주화 이후 진보(민주화 운동)세력이 방향 감각을 상실했다고 비판한다. "정당은 국회의 권력 게임에 매몰됐고, 노동조합은 때 이른 쇠퇴를 맞았다. 시민사회의 복원은 너무 짧은 시기에 쇠퇴에 직면해야 했다." 이 같은 이념 과잉은 진보세력의 발목을 붙잡은 족쇄가 됐다고 지적하면서 "사실 진보의 위기는 노무현 정부에서 비롯된 것이 아니라 1987년 직후부터 시작되었다"라고 주장한다. 심지어, 주대환 사회민주주의연대 공동대표는 "한국 진보는 파산했다"라며 '뉴레프트 운동'을 제안했는데, 그 주요 내용은 대한민국을 긍정하며, 시장의 실패를 교정할 국가의 역할을 인정하고, 민족주의는 우파에게 돌려주고 세계주의를 회복하자는 것이다(조선일보, 2010. 7. 3).

守)는 대한민국의 정통성과 정체성을 인정하고 자유시장경제체제를 지향한다.[23] 이와 반면에, 진보(進步)는 대한민국을 인정하고 시장경제체제에서 인간적이고 민주적인 복지국가를 추구한다.[24] 그러나 친(親)북한 좌파 세력은 대한민국의 역사를 실패의 역사, 부도덕한 역사, 기회주의가 성공한 역사로 폄하한다. 과거에는 보수(保守)와 진보(進步)가 대(對)북한 정책에 관하여 대립하였지만, 최근에는 소득분배의 불균등과 양극화가 심화함에 따라 한국사회의 복지 문제로 대립하고 있다.

만약 진보와 보수가 공존하려면 나라의 근본에 대한 경쟁, 국가 정체성에 대한 경쟁보다 정책에 대한 경쟁, 정부를 차지하기 위한 경쟁을 해야 한다. 보수든 혹은 진보든 간에 구체적인 정책을 통해 이념을 이야기해야 한다. 그 논쟁의 핵심은 성장 동력을 확충하는 걸 우선해야 할지, 사회적 양극화를 막는 데 먼저 힘을 쏟아야 할지, 아니면 이 둘이 함께 갈 방법은 없는 지이다. 물론, 이런 주제들에 대한 비전 제시와 정책 개발은 어느 한 집단이 독점할 수 있는 것이 아니다. 그것은 합리적인 토론에 기반한 국민적 공론에 의해 결정될 문제다.

오늘날 한국사회의 위기는 보수(우파)와 진보(좌파)의 사상적 대립으로 나타내고 있지만, 그 내면의 본질을 보면 정권의 유지 혹은 쟁취를 위한 단견적 목표의식과 그들 자신의 정체성의 혼란 및 부재로 비롯된 것이다. 사실, '보수'와 '진보'가 생산적으로 논쟁하고 투쟁해야 할 대상은 자유민주주의와 시장경제체제에 국가적 정체성을 두고 있는 한국 사회에서 '사회정의'(Social Justice)를 구현하는 범위와 속도에 관한 것이어야 한다.

모름지기, '보수'(保守)는 어떠한 가치를 어떻게 지키고 발전시키겠다는 비전과 전략을

---

23 뉴라이트인 박효종 교수(서울대학교 윤리교육학과 교수, 바른사회시민회의 공동대표)는 다음과 같이 주장한다(중앙일보, 2010. 4. 7). 우파(右派)와 보수(保守)는 대한민국의 정통성과 정체성을 인정하는 데서 출발한다. 물론, 요즘은 보수는 대북 포용정책 자체를 인정하자는 자세를 높이고 있다. 왜냐하면 북한 주민들을 돕는 것은 민족적 의무이자 휴머니즘의 발로이기 때문이라는 것이다. 이젠, 보수가 진보를 이단으로 생각하는 사고방식을 버리고 '열린 보수'가 되어야 한다. 진보의 강점은 인권과 권리의식을 통해 민주주의를 풍요롭게 만드는 것이다. 또한, 교육 평준화의 큰 틀 속에서 다양성과 경쟁 요소가 포함돼야 한다. 근본주의(根本主義) 성향의 '하향 평준화'는 교실붕괴로 이어졌다. 평준화가 제대로 되기 위해서라도 다양성과 경쟁의 요소가 포함돼야 한다.

24 뉴레프트의 김형기 교수(경북대학교 경제통상학부 교수, 좋은정책포럼의 공동대표)는 다음과 같이 주장한다(중앙일보, 2010. 4. 7). 그동안 좌·우 갈등이 너무 소모적이고 비생산적이었다. 보수(保守)의 선진화 혹은 진보(進步)의 인간화든 간에 아무튼 대한민국은 더 나은 사회로 나아가야 한다. 좌파(左派)는 과거엔 사회주의권을 의미했지만 사회주의가 붕괴하면서 자유시장경제를 지향한다. 이제, 좌파(左派)는 국가나 시민사회에 의한 조정된 시장경제(coordinated market economy)가 필요하다는 입장이다. 새로 부상하는 진보(進步)는 대한민국을 인정하고 시장경제의 틀 속에서 좀 더 인간적이고 민주적인, 복지국가가 실현되는 시장경제로 가자고 주장한다. 물론, 과거에는 진보(進步)가 반미(反美)경향이 강했다. 그러나 한·미 동맹은 강화해야 한다. 통일을 위해선 미국 역할이 결정적이다. 진보(進步)는 변화가 필요하다. 단순한 저항세력이 아니라 대안세력으로서 국가를 경영할 수 있어야 한다. 한편, 교육의 평준화는 진보의 대안이 아니다. 과정의 불평등을 해소하지 않고 결과의 평등만을 추구한 정책이다. 평준화는 지역별, 계층별 불평등 해소에 실패했다.

구체적으로 제시해야 한다. '진보'(進步)라면 역사 발전을 저해하는 여러 가지 요인들을 과학적으로 분석하고 그 대안을 구체적으로 제시해야 한다. 모두 그러한 양심적인 노력은 하지 않고 '말장난'만 일삼는 것 같다. 이러한 모습은 특히 정치지도자들에게 쉽게 발견된다.

저자가 더욱 개탄스럽게 생각하는 것은, 소위 지식인들이 무엇이 보수(우파)이며 무엇이 진보(좌파)인지에 대하여 명확한 개념 및 정의(定義)도 하지 않은 채, 또한 정치·경제·사회 현상에 대한 구체적 대안도 없이, 마치 '삼류 단편 소설가' 혹은 '길거리에서의 삼류 가수'처럼 마구 무책임하게 지껄인다는 점이다.

(3) 사회민주주의(Social Democracy)는 생산수단의 사회적(공적) 소유와 사회적(공적) 관리에 의한 사회의 개조를 민주주의적인 방법을 통해서 실현하려고 하는 주장 또는 운동을 총칭한다. 사회민주주의(Social Democracy)가 역사상 처음으로 나타난 것은 1860년대로서, 1864년 창간된 F.J.G.라살파(派)의 '전독일노동자협회'(全獨逸勞動者協會)의 기관지《사회민주주의자》는 그들이 사회민주주의를 지도이념으로 삼고 있음을 보여 주고 있다. 1869년 카를 마르크스(Karl Heinrich Marx)와 프리드리히 엥겔스(Friedrich Engels)의 지도하에 조직된 사회민주노동자당(SDAP), 이른바 아이제나흐파 역시 사회민주주의를 지도이념으로 내걸고 있다.

사회민주주의(Social Democracy)를 제대로 이해하려면 그것의 대두 배경을 알아야 한다. 우선, '자본주의'(Capitalism)란 원래 개인 이윤을 목적으로 개인 소유 위에서 개인 경쟁에 의하여 운영되는 경제적 '개인주의'(Individualism)이다. 그런데, 19세기 사회주의 사상가들은 '자본주의적 민주주의'가 자유·평등을 실현하지 못하는 원인이 자본주의의 '개인주의'(Individualism)에 있다고 생각하였다. 따라서 자유·평등의 민주주의 사회를 실현하려면 자본주의의 '개인주의'(Individualism)를 그 반대의 원리인 '사회주의'(Socialism)로 바꾸어야만 한다고 믿었다.

마르크스주의자(Marxist)들은 '사회주의'(Socialism)로의 전환 수단으로서 폭력혁명을, 사회민주주의자(A Social Democrat)들은 폭력이 아닌 민주주의적 방법을 각각 선택했었다. 카를 마르크스(Karl Heinrich Marx, 1818~1883)와 프리드리히 엥겔스(Friedrich Engels, 1820~1895)는 자본주의가 진행함에 따라 생산력이 증진하지만, 중산계급은 몰락하여 프롤레타리아(Proletariat)로 전락하고 프롤레타리아(Proletariat)는 점차로 궁핍해진다고, 생산과 소비의 불균형에 의하여 경제가 불안정해진다고 각각 주장했었다. 이 과정에서 소수 자본가의 수중에 집중되어 있는 자본과 토지를 폭력으로써 탈취하기 위한 투쟁이 야기된다는 것이다.

그러나 자본주의의 발달 자체에 의해서 야기된 혁명이란 세계의 어느 곳에서도 일어나지 않았다. 물론, 1830년 7월 혁명, 1848년 2월 혁명, 1870년 파리 코뮌(인민의회)이 발발하였지만 상기 사회혁명은 모두 포말(泡沫)로 끝났었다. 물론, 인민 대중의 경제상태는 다소 불만족스러운 면은 있을지라도 실제로 혁명의 폭발을 유도할 만큼 비참하지 않았다. 중산계급도 곤란을 느끼고는 있으나 몰락하지는 않았다. 토지는 수많은 중·소 농민에 의해서 소유 및 경작되고 있다.

'공산당 선언'(Communist Manifesto)은 인민 대중의 경제생활이 극도로 궁핍해지면 그들은 극단적인 상황을 타개하기 위해서 혁명을 일으키게 되리라는 것을 예언하였다. 그러나 러시아 혁명(1917)은 자본주의 경제의 구조적 모순으로부터 야기된 것이 아니라 전쟁 특히 패전에 의한 피폐와 혼란에서 촉진된 것이다.

요컨대, 자본주의(Capitalism)는 카를 마르크스(Karl Heinrich Marx)가 예언한 경로에 의해서 파국으로 향하여 걷고 있지 않을 뿐만 아니라 오히려 진화하고 발전하여 새로운 산업의 혁신을 유도하고 있다. 즉, 카를 마르크스(Karl Heinrich Marx)의 예언과는 달리, 선진국에 있어서 노동자는 궁핍에 헤매고 있지 않으며 오히려 노동자의 경제상태는 상대적으로 개선됐다. 또한, 중산계급이 멸망하여 유산자가 감소한다는 것도 사실과는 다르다.

또한, '사회민주주의'(Social Democracy)의 전범(典範)으로 회자되는 전후(戰後) 독일의 헌법은 아예 기본권 조항들을 개헌을 통해서도 바꿀 수 없다고 못 박으며 자유(自由)가 불변의 국시(國是)임을 강조하고 있다. 따라서 '사회민주주의'(Social Democracy)의 사회도 자유를 실현하기 위한 수단, '자유민주주의'의 발전적 구현으로 보는 게 타당하다.

여기서 저자가 지적하는 이슈는 '사회민주주의'(Social Democracy)와 대칭적인 '민주사회주의'(Democratic Socialism)가 왜 한국의 이데올로기가 되어서는 안 되는지에 관한 비교분석이 결여되어 있다는 점이다. 코미스코(COMISCO)는 1951년 6월 말부터 7월 초에 걸쳐 독일 프랑크푸르트 암마인에서 열린 제4차 대회에서 이 기구의 명칭을 '사회주의 인터내셔널'로 바꾸는 한편, '민주사회주의(Democratic Socialism)의 목적과 임무'라는 강령을 발표하였으며, 다시 1962년 6월 제2선언인 '오슬로 선언'(Declaration of Oslo)을 발표하였다.

'오슬로 선언'(Declaration of Oslo)은 전문(前文)에서 4장 ① 정치적 민주주의, ② 경제적 민주주의, ③ 사회적 민주주의, ④ 국제적 민주주의로 구성되어 있는데, 이와 같은 구성 자체가 '민주사회주의'(Democratic Socialism)의 사상적 특성을 잘 나타내고 있다. 즉, 이 사상의 근본 주장은 민주주의를 인간 생활의 정치적·경제적·사회적 및 국제적 영역, 한 마디로 인간 생활의 모든 영역에 민주주의를 확대·발전시키는 방법으로 민주주의 자체를 완성해 나가며, 그렇게 함으로써 사회를 개조할 수 있고 또 개조하자는 것이다.

또한, 존 롤스(John Rawls, 2001, p. 139)가 주장하였듯이, '민주적 사회주의 체제'는 생산

수단이 사회에 의해 소유되지만 정치권력이 다수의 민주적 정당에 분산되어 있으며, 기업 내의 노동자 또는 노동자에 의해 선출된 대리인에 의해 기업의 방침이나 관리가 이루어짐으로써 경제 권력 또한 분산된다.

따라서 '민주적 사회주의'(democratic socialism)는 '사유재산제 민주주의'(property-owning democracy)와 같이 '정의(正義)의 두 가지 원리'를 만족시키는 '정의로운 경제체제'라고 주장했다(John Rawls, 2001. P.138). 왜냐하면 상기의 두 경제체제는 '평등한 정치적 자유의 공정한 가치'를 가진 기본적 자유와 공정한 기회의 균등을 보장하며, 비록 '차등의 원칙'(The Difference Principle)에 의하지 않더라도 상호성(reciprocity)의 원리에 따라 경제적 및 사회적 불평등을 해소할 수 있기 때문이라고 주장했다(John Rawls, 2001, p138).

그럼에도 불구하고, 민주사회주의(Democratic Socialism) 사상이 종래의 사회주의와 종종 혼동·오해되고 있다. 그 이유는 그들의 선언·강령·사상·정책 등을 일관성 있게 설명할 수 있는 과학적 이론의 결여와, 종래 사회주의·공산주의를 밑받침해 왔던 마르크스주의(Marxism)를 대체할 수 있는 이론적 대안(代案)이 아직 없기 때문이다.

다섯째, 한국사회에서 '질서정연한 민주주의 사회'(A well-ordered Democratic Society)를 건설하기 위해서는 '칼 포퍼'(Karl Popper)의 '열린 사회'(Open Society)로 지향하는 위르겐 하버마스(Jürgen Habermas)의 '의사소통적 이성'(Communicative Reason)이 보편화되어야 한다.

저자는 이 기회를 빌려 '흥미로운' 사실 하나를 밝힌다. 2011년 저자가 두 권의 신간 저서 「퀴바디스 도미네 : 성장·복지·통일을 위한 청사진」(나남출판사, 2011)과 「한국형 복지사회를 위한 청사진」(한양대학교 출판부, 2011)을 위한 출판기념회(2011. 11. 16, 한양대학교 HIT 6층 대강당)를 성대히 치렀다.

당시 축사해주셨던 여러 인사들 중에서 '청와대 경제수석'을 역임했었던 분이 다음과 같이 말씀하셨다. "대통령께서 한국의 비전을 만들라는 명(命)을 제가 받고 교보문고에 가서 임양택 교수님의 비전 관련 저서들을 한 보따리에 싸서 관련 공무원들과 탐독했었던 적이 있습니다. 그런데 정권이 바뀔 때마다 한국은 다람쥐 쳇바퀴 돌 듯이 한국의 비전을 찾아야 하니, 우리는 왜 그리고 언제까지 이렇게 해야 합니까?" 한동안 기념식장에서는 얼어붙은 침묵이 흘렀었다.

그분의 한탄과 질문에 대한 저자의 답변을 단도직입적으로 말하면 다음과 같다. 국가지도자 자신이 '국가 비전'에 관하여 깊은 성찰을 한 적이 없었기 때문이다. 그럼에도 불구하고, 한국의 정치인이 국가지도자가 될 수 있었던 배경은 한국인에겐 '합리적 이성'(Rational Reason)이 부족 혹은 결여되어 있기 때문이다. 여기서 '합리적 이성'(Rational

Reason)이란 르네 데카르트(René Descartes, 1596~1650)가 '자연의 빛'(lumen naturale)이라고 칭한 이성(理性, Reason)을 의미하는 것이다. 그것은 니콜로 마키아벨리(Niccolò Machiavelli, 1469~1527)가 주장했었고 게오르크 빌헬름 프리드리히 헤겔(Georg Wilhelm Friedrich Hegel, 1770~1831)이 정당화시켰던 '국가 이성'(國家 理性, Reason of State)과는 전혀 다르다.

그렇다면, '합리적 이성'(Rational Reason)이 한국인에게 부족 혹은 결여되어 있는 이유는 무엇인가? 여기서 저자는 굳이 한국인의 유전인자(DNA) 혹은 민족성을 진부하게 논하고 싶지 않다. 상기의 진정한 이유는 한국의 역사와 사회에서 정의(正義)가 능멸(凌蔑)당하고 결국 죽었기 때문이다.

그렇다면, 그 범인은 누구인가? 그 범인은 일제(日帝)강점기에 민족반역적 행위를 저질렀었다가 8·15 광복 후 이승만(李承晩) 대통령의 민간 독재체제에 기생(寄生)하면서 독립운동가들과 민족주의자들을 '공산주의자'로 몰아 탄압하고 심지어 죽였었던 친일파(親日派)이다.[25] 이어서, 5·16 군사 쿠데타로 집권했었던 박정희(朴正熙) 대통령과 군사 독재체제 하에서 기생(寄生)하여 부귀영화(富貴榮華)를 누리면서 수많은 젊은 민주투사들을 역시 '빨갱이'로 몰아 고문치사(拷問致死) 했었던 기득권(旣得權) 집단이다.

친일파(親日派)를 청산하지 못한 한국 사회는 일제(日帝)강점기 때에 외세에 빌붙어 민족과 조국을 배반한 무리와 그 후예들은 잘살고, 독립운동을 하면서 헐벗고 굶주렸던 민족운동가들과 그 후예들은 독립된 나라에서도 찬밥 신세로 되었다.[26] 이로써 해방 후 민족의 자존을 회복하여 자주독립을 완성하고 민족정기를 확립하려는 원대한 국가재건 계획은 성공할 수 없었다. 친일파(親日派)들은 우리 역사의 고비마다 민주·민족 독립국가 건설에 저해되는 '반동세력'으로 준동하게 되었고, 사회정의를 확립하고 민족통합을 이룩하는 가치

---

25 1948년 9월 제헌국회에서 '반민족행위처벌법'을 만들어 거의 1년간 시행하였으나 결국 실패하고 말았다. '반민족행위처벌법'은 다음과 같은 행위를 한 자를 친일파로 규정하였다. 첫째, 일본 정부와 통모(通謀)하여 한일합병에 적극 협력하였거나 한국의 주권을 침해하는 조약 또는 문서에 조인하는 자. 둘째, 일본 정부로부터 작(爵)을 받은 자 또는 일본제국의회 의원이 되었던 자. 셋째, 일본 치하에서 독립운동한 자나 그 가족을 악의로 살상·박해한 자 또는 이를 지휘한 자. 넷째, 습작(襲爵)한 자, 중추원 부의원(府議院)의 고문 또는 참의, 칙임관 이상의 관리, 밀정행위, 독립 운동을 방해할 목적으로 단체를 조직했거나 그 단체의 간부 된 자, 군 경찰의 관리로서 악질적인 자, 군수공업을 경영한 자, 도·부의 자문 또는 결의기관의 의원이 된 자 중에서 일제에 아부하여 죄적이 현저한 자, 관공리가 되었던 자로서 악질적인 죄적이 현저한 자, 일본 국책을 추진시킬 목적으로 설립된 각 단체 본부의 수뇌간부로서 악질적인 자, 종교·사회·문화·경제 기타 각 분야에서 악질적인 언론저작과 지도를 한 자, 일제에 대한 악질적인 아부로 민족에게 해를 가한 자 등으로 규정하였다.

26 참고로, 불과 4년밖에 나치 독일에 점령당하지 않았던 프랑스와 유럽의 몇몇 나라들은 철저하게 나치 협력자를 처벌하여 '과거 청산'을 단행했었다. 프랑스의 경우, 사형선고된 자가 6,700여 명인데, 그중 760여 명이 사형 집행되었고, 2,700여 명이 종신 강제노동형에, 10,600여 명이 유기강제 노동형에, 2천여 명이 금고형에, 2만 2천여 명이 유기징역에 처해졌었다. 벨기에는 5만 5천 건, 네덜란드는 5만 건 이상의 징역형이 처해졌었다.

관 확립에도 아주 부정적인 영향을 미치게 되었다.

또한, 30여 년간의 군사통치가 끝나면서 한국사회에는 청산해야 할 군사 문화적 요소들이 많았다. 그러나 그것들을 제대로 청산하지 못했었다. 그 연원(淵源)은 친일파(親日派)들을 청산하지 못한 데서 찾을 수 있다. 친일파(親日派)를 청산하는 역량과 역사적인 경험을 가졌었다면 군사문화의 잔재를 청산하는 것도 그만큼 가능했었을 것이다. 왜냐하면 부정(否定)을 부정(否定)하는 것이야말로 가장 강력한 긍정(肯定)이기 때문이다. 거기에서 새로운 창조가 시작될 수 있는 것이다.[27]

모름지기, 기득권(旣得權) 집단은 동서고금(東西古今)을 막론하고 '반(反)개혁 세력'으로서 공동체 발전을 저해하는 암(癌)과 같은 존재이다. 맨커 올슨(Mencur Olson, 1932~1998)은 영국이 산업혁명의 선두주자였음에도 불구하고 오늘날 경제 열등국으로 전락하게 된 요인은 각종 이익집단의 첨예한 이해관계 대립으로 인하여 외부여건의 변화에 신속히 대응하는 유연성을 잃어버렸기 때문이라고 해석하였다.

또한, 자유주의 사상의 선구자인 밀턴 프리드먼(Milton Friedman, 1912~2006)의 『자유주의의 위기론』에 의하면 미국 사회에서 경제개혁이 어려운 이유를 다음과 같은 세 가지 기득권(旣得權) 집단들이 존재하고 있기 때문이라고 지적하였다. ① 어떤 정책 때문에 현재 혜택을 받고 있거나 그것이 없어지면 피해를 입는다고 생각하는 수익자 집단, ② 자신의 돈이나 후원자의 돈을 사용해서 투표에서 승리하려는 정치가 집단, ③ 보다 강력한 힘을 부여받기 위해 보다 많은 사람을 자기의 관할 밑에 두고자 하는 타성을 가지고 있는 관료체제이다. 이와 같은 세 가지 기득권(旣得權) 집단이 '철의 트라이앵글'을 형성하여 기득권을 유지하려 하기 때문에 개혁은 저항에 부딪히게 된다고 그는 주장하였다.

실로, 상기한 일제(日帝)강점기에 민족반역적 친일파(親日派)와 군사 독재체제의 기득권(旣得權) 집단은 비록 그들의 죄상(罪狀)을 계량적으로 제시할 수 없지만 한국사회에 뿌리 깊고 광범위한 죄(罪)를 범하였다.[28] 상술하면, 그들은 한국의 사회정의(社會正義)를 압살(壓殺)했었고 역사를 왜곡(歪曲)하였으며, 국민의식을 편의주의(便宜主義)로 오염(汚染)시켰으며, 시장자본주의(Market Capitalism)를 천민자본주의(賤民資本主義, Pariah Capitalism, Pariakapitalis-

---

27 임양택(2013), 「아버지를 말한다 : 비운의 정치가 임갑수 국회의원」, 나남출판사.

28 물론, 박정희(朴正熙) 대통령의 산업화(産業化)의 공로(功勞)가 크다는 것은 사실이다. 당시 '한강의 기적' 덕분으로 한국사회는 '보릿고개'를 넘었다. 그러나 여기서 유의할 것은 독재정권과 보수담론의 오랜 곡해(曲解)와는 반대로 민주주의가 경제성장을 견인했다는 점이다. 이 사실은 '경제발전지표'(국내총생산(GDP), 1인당 국민총소득, 외환보유액, 수출, 주가, 기업 규모, 첨단기술, 국제 경쟁, 정보기술(IT), 정보화)들은 민주화 이후에도 지속적인 성장을 이룩했다는 사실에서 잘 나타나 있다(중앙일보, 2017. 11. 17).

mus)로 타락(墮落)시켰나. 이젠, 배금주의(拜金主義, Mammonism)가 만연(漫然)되어 있고 '삶의 철학'을 포기한 '돈벌레들'의 오만한 행진과 쟁투(爭鬪)가 벌어지고 있다.

그 결과, 남을 끌어 내리고 나만 올라서려는, 남은 어떻게 되든 상관없이 나만 잘 먹고 잘살면 된다는 극단적 이기주의(利己主義)가 사회 전반에 팽배(澎湃)하여 사회적 갈등(Social Conflict)은 심화 및 확산되었다. 개인은 의무와 책임 의식은 멀리하고 자신의 권리 추구에만 혈안(血眼)이 되어 있으며, 심지어 '한탕주의'가 만연(漫然)되어 있다.

참고로, 삼성경제연구소(2017)에 따르면 한국의 경우 사회적 갈등으로 모든 국민이 매년 900만 원씩을 쓴다. 국가 전체로 따지면 연간 무려 82조 원에서 최대 246조 원 규모인 셈이다. 한 해 국가 예산의 60%에 이르는 금액을 사회적 갈등 비용으로 낭비하고 있다는 것이다. 사실, 안국은 이미 국내총생산(GDP)의 27%를 갈등관리 비용에 쓰고 있다(한국경제, 2017. 8. 7).

또한, 현대경제연구원(2016)의 연구 '사회적 갈등이 경제성장에 미치는 영향 분석' 결과에 의하면 2009~2013년 경제협력개발기구(OECD) 29개국의 경우 사회갈등지수가 상승하면 1인당 GDP가 하락하는 상관관계를 분석했다. 한국의 경우, 사회적 갈등 수준이 OECD 평균 수준으로 개선된다면, 실질 GDP는 0.2%포인트 정도 추가 상승할 것이라고 분석했다.

아무튼, 대한민국은 1987년 6·10 민주항쟁 이후 30년 만에 산업화(Industrialization)에 이어서 민주화(Democratization)를 이루었다. 저자는 세계 민주화 운동을 심도있게 개관한 바 있다.[29] 동(東)유럽에서 폴란드 노조의 '자유화 운동'(1956년), 헝가리 '자유혁명'(1956년 10월), 체코 슬로바키아 '프라하의 봄'(1968년), 남미(南美)의 민주화 운동을 보면 브라질에서 대학살(1932년), 멕시코에서 반(反)독재 민주화 시위(1968년), 아르헨티나에서 '추악한 전쟁'(1976년 3월), 중동(中東)의 '아랍의 봄'(2011년) 등이다.

상기한 세계 민주화 운동과 한국의 민주화 운동을 비교해보면 한국 시민의 민주화 역량은 매우 높았을 뿐만 아니라 그 성취 속도가 매우 빨랐다는 것을 알 수 있었다. 또한, 민주화 대상이었던 한국의 독재자들이 세계 다른 지역의 독재자들에 비하여 상대적으로 합리적이었기 때문에 한국의 민주화가 상대적으로 피(血)를 덜 흘리고 정착될 수 있었다.

그러나 한국사회를 곰곰이 들여다보면 우울하기 짝이 없다. 민생불안의 시대가 전개

29 새뮤엘 헌딩턴(Samuel Huntington, 1927~2008)의 기준에 따르면 '제1 민주화 물결'이 유럽과 미국에서의 보편선거권 운동이고, '제2 민주화 물결'은 제2차 세계대전 종전 후 신생 국가들의 독립이며, '제3 민주화 물결'은 1980년대 한국의 '6월 항쟁'을 포함한 '피플 파워 혁명'이고, '제4 민주화 물결'은 '아랍의 봄'이라는 것이다.

되고 있다. 한국은 그동안 경제성장을 우선해 왔다. 일자리 창출을 통해 '성장이 곧 복지'라고 믿었다. 사회적 자원을 복지보다 경제성장에 집중적으로 투입했었다. 이 결과, '저(低)부담-저(低)복지' 모델이 정착됐다. 그러나 이제 고도성장은 환상이 됐고, 민주화(民主化)와 함께 복지 욕구가 터져 나오고 있다. 사회 양극화(兩極化)는 갈수록 악화되고 있다.

이러한 사회시스템에서, 부모는 자녀교육에 모든 것을 바칠 수밖에 없다. 자녀들을 '중심부'로 보내기 위한 부모는 필사적 노력을 경주할 수밖에 없다. 왜냐하면 그러한 대열에 끼어들지 못하면 사실상 '박탈의 악순환'과 '빈곤의 덫'에서 평생 벗어나지 못하기 때문이다. 따라서 과도한 자녀교육비(특히 사교육비) 부담은 부모의 등 허리를 휘게 한다. 천정부지로 치솟는 전·월세 값과 물가는 서민들의 삶을 극한으로 내몰고 있다. 결국, '소득의 양극화'는 '교육의 양극화'를, 이것은 다시 '기회의 양극화'를 각각 야기 시킨다.

구체적으로 살펴보면, 900만 명에 가까운 비정규직 노동자, 사실상 100만 명을 넘는 청년실업자(청년 실업률 11.6%, 아르바이트/공시생을 포함한 확장실업률 24%), 경제협력개발기구(OECD) 국가들 중에서 불평등이 가장 심한 미국에 필적하는 소득 불평등, 인구 5,000만 명 규모에 1.21명이라는 세계 최저 수준의 합계출산율, 세계 최고 수준의 자살률, 노인 빈곤율, 경제협력개발기구(OECD) 평균의 3배에 이르는 노인 자살, 직계존속 살인비율, 직계비속 살인비율, 교통사고 사망, 산업재해 사망, 여성 권한 척도, 노동시간, 남성 가사노동시간은 경제협력개발기구(OECD) 최하와 최악 수준이다. 또한, 거리시위와 사회갈등지수는 경제협력개발기구(OECD) 회원국 중에서 단연코 최고 수준이다(중앙일보, 2017. 11. 17).

나아가, 한국 사회의 피폐 현황을 개관해보면, 자살·이혼·고독사 급증, 사이코패스적 살인과 '묻지마 칼부림', 4대 중독(게임·도박·알코올·약물), 세계 최하위의 사회안전망, 희박한 '노블레스 오블리주'(예로서 복지 담당 공무원들의 횡령 사건, 쌀 소득 보전 직불금의 착복, 국회의원들의 보좌진 월급 착복과 비행, 재벌 오너들의 경영 분쟁, 일부 재벌 가족들의 탈선과 오만한 '갑질 행위', 일부 교수들의 '표지갈이' 등), 부정·부패(예로서 「부산저축은행 그룹」의 비리 사건, 정피아·관피아에 의한 부실 「대우조선 해양」 공적자금의 착복, 대부분 국세청장들의 뇌물 수리로 구속, 군 최고 지휘관의 부정·부패와 방산 비리 등)를 들 수 있다. 게다가 한국사회의 부정·비리 부패와 공직자 윤리의 실종은 중증(重症)에 가깝다.[30]

이러한 사회풍토 하에서, 과연 기득권 세력들이 국가의 비전과 전략을 위해 자신들의

30 상기한 사례를 들면 다음과 같다. 2006년 7월 1일에 취임한 민선 4기 기초단체장 230명 중 97명(42.2%)이 비리 위법으로 재판에 넘겨졌다. 그리고 2010년 7월 1일 출범한 민선 5기 기초단체장 중 44명이 기소되어 11명이 100만 원 이상의 형을 받아 당선무효 처리(2011. 10. 1 현재) 되어 2011년 10월 26일 재(再)보궐선거를 했다. 그리고 4년마다 군수 선거를 해야 하는데 C군은 18개월 동안 군수 선거를 3번 치렀고, 또 다른 C군은 37개월 동안 군수 선거를 네 번 치렀다. 상기와 같은 선거법 위반과 비리 또는 사퇴로 재(再)보궐선거를 하게 되면 원인을 제공한 당사자가 선거비용을 물어내도록 공직선거법을 고쳐야 할 것이다.

탐욕을 내려놓을 수 있을까? 어떠한 '공동선(共同善)'이 정착될 수 있겠는가? 따라서 '공동체 자유주의'가 착근될 수 있을까? 과연 경제위기(금융위기 포함)를 극복할 수 있는 국민의 통합적 '일반의지'가 도출될 수 있을까? 사회정의(社會正義)가 실종된 '정의롭지 않은 국가'에서 어떻게 '행복한 사회'를 기내할 수 있겠는가? 정녕, 한국사회에서는 '정의로운 국가'와 '행복한 사회'가 먼 산의 무지개일 뿐인가?

문재인 대통령은 2018년 정초(正初)에 "과거의 잘못을 바로잡기 위한 노력을 지속하면서 국민의 삶을 바꾸는 데 모든 역량을 집중하겠다"라며 "국민의 삶의 질 개선을 최우선 국정 목표로 삼아 국민 여러분이 피부로 느낄 수 있는 변화를 만들겠다"라고 강조했다. 그러면서 "공정하고 정의로운 대한민국을 만들라는 국민의 뜻을 더 굳게 받들겠다"라며 "나라를 나라답게 만드는 일이 국민 통합과 경제 성장의 더 큰 에너지가 될 것이라고 확신한다"라고 했다(중앙일보, 2018. 1. 1). [31]

이제, 한국사회는 칼 포퍼(Karl Popper, 1902~1994)가 주장한 '열린 사회'(Open Society)에서 위르겐 하버마스(Jurgen Habermas, 1929~현재)가 주장한 '의사소통의 이성'(Communicative Reason)이 필요하다고 저자는 강조한다.

우선, 칼 포퍼(Karl Popper)는 그의 저서, 「탐구의 논리」(Logik der Forschung, 1934년)와 「열린 사회와 그 적들」(The Open Society and its Enemies, 1945년)에서 인류의 역사를 '열린 사회'(Open Society)와 '닫힌 사회'(Closed Society) 간의 투쟁의 과정으로 해석하고 '열린 사회'(Open Society)를 다음과 같이 정의했다. 개인들이 자유롭게 결단을 내릴 수 있는 개인 중심의 자유주의 사회, 고통을 최소화하는 반(反)공리주의(功利主義) 사회, 즉 다수의 행복을 위하여 소수의 고통을 요구하지 않으며 소수의 행복을 위하여 다수의 고통을 요구하지 않는 사회다. [32] 그리고 '열린 사회'(Open Society)의 적(敵)들이란 권위주의적이고, 비(非)타협적이며, 배타적이고, 독단적인 성격의 소유자라고 규정했다.

---

31 여기서 제기될 수 있는 문제의식은 다음과 같다. 문재인 대통령이 소망하는 "나라다운 나라"가 어떠한 나라일까? 최우선 국정 목표로서 자리매김한 국민의 '삶의 질' 개선을 위한 구체적 실행계획은 무엇인가? 사실, 상기 문제에 관한 저자 나름대로의 정책대안이 바로 본 저서 「글로벌 금융 패러다임과 한국 금융산업 : 이론과 정책」이라고 말할 수 있다.

32 '열린 사회'(Open Society)와 '닫힌 사회'(Closed Society)라는 대립되는 사회의 유형을 체계적으로 이론화시킨 최초의 사람은 세계 철학계에서 '플라톤('유물론')을 죽인 다윗'으로 불리는 앙리 루이스 베르그송(Henri Louis Bergson, 1859~1941) 이었다. 그는 도덕과 종교의 두 원천에서 '열린 사회'(Open Society)란 '열린 도덕'(Open Moral)과 '동적 종교'(Dynamic Religion)를 기초로 하는 사회이고, '닫힌 사회'(Closed Society)란 '닫힌 도덕'(Closed Moral)과 '정적 종교'(Static Religion)를 기초로 하는 사회라고 각각 규정했다. 여기서 '닫힌 도덕'(Closed Moral)은 불변의 도덕, 의무의 도덕, 배타적인 도덕으로서 사회적 통합만을 목적으로 삼는 지성 이하에 기원을 둔 도덕이라고 말했다. 이와 반면에 '열린 도덕'(Open Moral)은 변화를 승인하는 도덕, 호소와 열망의 도덕, 인류애의 도덕으로 지성 이상의 직관적인 것에 근거하고 있는 도덕이라고 말했다. 한편, '정적 종교'(Static Religion)란 사회 전체의 통합을 최고 목표로 삼는 독단적 종교인 반면에, '동적 종교'(Dynamic Religion)는 생명의 창조적 열망에서 발생하는 열린 영혼의 종교라는 것이다.

나아가, 칼 포퍼(Karl Popper)는 합리주의자(合理主義者)로서 그의 저서, 「열린 사회와 그 적들」(The Open Society and its Enemies, 1945년)에서 '역사주의적 사회공학'(Historical Social Engineering)을 비판하고 과학에서의 '비판적 합리주의'(Critical Rationalism)를 민주주의적 사회 개조의 원리에 적용함으로써 폭력이 아닌 이성(理性)으로 비판과 토론을 통해 '더 살기 좋은 사회'를 만들어 가기 위한 '점진적 사회공학'(Piecemeal Social Engineering)을 제시하였다.

또한, 칼 포퍼(Karl Popper)는 합리성(合理性, Rationality)은 타인(他人)을 판단하는 기준이 아니라 자기 자신(自身)을 판단하는 기준이어야 한다고 주장했다. 이것은 인간에 관한 객관적인 사실을 받아들임으로써, 즉 인간이 완전하지 못하므로 독단적으로 이상적인 선(善)을 추구하기보다는 먼저 구체적인 악(惡)을 제거함으로써 우리가 당장 할 수 있고 또 해야 하는 일들을 하나씩 해나가자는 입장이다.[33]

다음으로, 상기한 칼 포퍼(Karl Popper)의 '열린 사회'(Open Society)를 위해서는 위르겐 하버마스(Jürgen Habermas, 1929~현재)의 '의사소통적 이성'(Communicative Reason), 즉 '소통(疏通)을 위한 대화(對話)'가 반드시 필요하다.[34]

위르겐 하버마스(Jürgen Habermas, 1929~현재)는 게오르크 빌헬름 프리드리히 헤겔(Georg Wilhelm Friedrich Hegel, 1770~1831)의 '절대적 관념론'과 베네딕투스 스피노자(Benedictus de Spinoza, 1632~1677)의 '절대적 이성'을 거부하고 '의사소통의 이성'(Communicative Reason)을 주장한다.[35]

상술하면, 사람들이 어떤 사안에 관한 합의를 끌어내는 방식은 지속적인 의사소통을 통하여 서로의 입장을 이해하고 상대방을 설득하는 것이다. 여기서 위르겐 하버마스(Jür-

---

33 이것은 아리스토텔레스(Aristoteles, BC 384~322)의 '중용(中庸, The Golden Mean)의 덕(德)'(mesotes)을 추구하는 방법과 매우 흡사한 점이 있다.

34 독일의 철학자이자 사회학자인 위르겐 하버마스(Jürgen Habermas, 1929~현재)는 프랑크푸르트학파의 제2세대로서 이성(理性) 중심주의와 계몽에 대한 선배들의 업적을 긍정적으로 계승하지만 현대에 적합한 좀 더 새로운 이론을 찾아야 한다고 주장하면서 '의사소통 이론'을 제시했다.
Harbermas, Jürgen(1970), Toward a Rational Society.
Harbermas, Jürgen(1984), The Theory of Communicative Action.
참고로, 프랑크푸르트학파의 전통은 막스 호르크하이머(Max Horkheimer, 1895~1973)와 데오도르 아도르노(Theodor Wiesengrund Adorno, 1903~1969)에 의해 시작되어 에리히 프롬(Erich Fromm, 1900~1980)과 하버트 마르쿠제(Herbert Marcuse, 1898~1979)를 거쳐 위르겐 하버마스(Juergen Habermas, 1929~현재)로 계승됐다.

35 임마누엘 칸트(Immanuel Kant, 1724~1804)가 이성(理性)을 정신이 세계에 부과하는 형식으로 간주했었던 반면에 게오르크 빌헬름 프리드리히 헤겔(Georg Wilhelm Friedrich Hegel, 1770~1831)은 이성(理性)을 세계 자체를 구성하는 것, 즉 '정신이 부과하는 어떤 것'이 아니라, '정신이 발견하는 어떤 것'으로 규정했었다.

gen Habermas)는 이성(理性)의 필요성과 긍정성을 강조한다. 각 사회의 구성원이 서로 주장을 검토하고 그것에 대해 토론함으로써 의견의 차이를 뛰어넘고 합의를 도출하는 것이야말로 갈등(葛藤)을 넘어 사회적 통합(Social Integration)을 확보하면서 이성(理性)의 독단을 피할 수 있는 방법이라고 주장한다. 예컨대, 모든 문제는 대화를 통해 해결 가능한 것이고, 그러한 의사소통(意思疏通)에 의하여 계몽(啓蒙)은 비로소 이루어질 수 있다는 것이다.

여기서 중요한 것은 대화에 임하는 자세, 즉 '의사소통의 윤리'이다. 상대방과 자기가 평등(平等)하다는 것을 인정하지 않으면 대화는 지속될 수 없다는 점이다. 어느 한쪽이 다른 한쪽을 권위나 힘으로 누르려 한다면 어떤 대화도 불가능하다. 또한, 대화 당사자들은 자신의 말과 행위에 책임을 지려는 자세를 가져야 한다. 그러한 규칙이 바로 위르겐 하버마스(Jürgen Habermas)의 '의사소통의 윤리'인 것이다.[36]

상기한 칼 포퍼(Karl Popper)의 '열린 사회'(Open Society)를 위한 위르겐 하버마스(Jürgen Habermas)의 '의사소통적 이성'(Communicative Reason)을 박근혜 대통령(당시)의 '국정마비'에 적용해보면, 그것의 원인은 '최순실 게이트'를 차치하더라도 박근혜 대통령 자신의 소통(疏通) 부족에도 있었다는 것을 알 수 있다. 박근혜 대통령(당시)은 야당 지도자들을 초청하여 경제 활성화 법안들이 어떻게 경제위기를 극복할 수 있을 것인지를 설득해 본 적이 있는가? 청와대 수석비서관 회의와 국무회의에서 준비된 원고를 읽어가는 모습보다는, 법안과 정책의 쟁점을 토론하는 모습을 보여줄 수는 없었는가?

한편, 저자는 문재인 대통령이 칼 포퍼(Karl Popper)의 '열린 사회'(Open Society)를 지향하고 있으며, 또한 그러한 품성을 선천적으로 타고났을 뿐만 아니라 그러한 모습을 자주 보여왔다고 생각한다. 그러나 문재인 대통령이 위르겐 하버마스(Jürgen Habermas)의 '의사소통적 이성'(Communicative Reason)은 충분한가에 대하여 최근에 의구심이 들면서 안타깝기 그지없다. 왜냐하면 국민과의 소통(疏通)이 잘 진행되고 있다고 보기 어렵기 때문이다. 사례를 들면 다음과 같다.

2018년 고용 창출을 위해 국가 예산 50조 원을 쏟아부었지만 "고용 참사"(2018년 7월에 일자리 증가 폭이 5,000개로 감소)로 나타난 상황에서 국민 대다수 국민은 그 요인(최저임금 인상 등)을 익히 알고 있는데, 왜 그것의 인식 속도가 이토록 느린가?

2018년 여름 폭염으로 인한 냉방 수요 급증과 향후 전력 수급에 대한 국민의 우려가

---

36 사실, 위르겐 하버마스(Jürgen Habermas)가 말하는 '대화'(對話)라는 것은 사람들의 지위가 평등(平等)하지 않을 경우, 이루어질 수 없다. 따라서 그는 유럽에서 어느 정도 평등의 정치적 규범이 마련된 상태를 전제한 가운데 대화라는 것이 가능하다고 보았다.

고조되고 있는 상황에서, 더욱이 한국원자력위원회가 한국리서치에 의뢰한 설문조사 결과 응답자의 71.6%가 원전(原電)의 전력 공급을 찬성하고 있을 정도로 대다수 한국 시민들이 원전(原電)을 원하고 있는데도 불구하고, 왜 원자력(原子力) 발전소(發電所) 유지에 강한 거부감과 탈(脫)원전(原電) 정책에 집착하는가?

정년(停年)은 60세인데 국민연금 보험료 납부는 65세까지라는 '날벼락'을 받아 아연실색하는 일반 시민들과 얼마만큼 진지하게 소통(疏通)을 시도하였는가?

저자는 문재인 대통령의 역사적 소명은 대내적으로는 '고(高)비용구조'와 '기득권 세력'을 혁파하고 '정의롭고 행복한 복지사회'를 건설하며, 이러한 자강(自强)을 바탕으로 남·북한 경제교류를 정착시키는 것이라고 생각한다. 문재인 대통령은 운동권 출신이기 때문에 '귀족 노조'를 설득할 수 있을 것이다. 참고로, 고(故) 노무현 대통령은 극렬한 운동권의 반대 시위에 맞서 한미 FTA를 타결하였고 제주 해군기지를 설치했으며 역대 대통령 중에서 가장 많이 규제를 혁파하였다. 부디, 문재인 대통령이 '성공한 대통령'으로 역사에 기록되기를 기원한다.

여섯째, '정의로운 국가'와 '행복한 복지사회'를 구현하기 위해서는 우선 당면한 '사회경제적 위기'를 극복해야 하는데, 이를 위해서는 경세제민(經世濟民)의 철학인 신(新)실용주의(Neopragmatism)의 시각에서 접근해야 한다.

이제, '마무리 발언'으로서, 저자는 신(新)실용주의(Neopragmatism)의 국가경영철학으로서의 유용성을 한국사(특히 조선 후기)와 관련지어 강조하고자 한다. 이제, 우리는 신(新)실용주의(Neopragmatism)로써 1910년 망국(亡國)의 한(恨)을 곱씹으면서, 과거 조선(朝鮮) 후기의 실학파(방이지, 왕부지, 박세당, 안원, 이익, 홍대용, 박지원, 박제가, 김정희, 정약용, 최한기 등)가 주창하였던 개화사상(開化思想)을 넘어, 지난 60년의 산업화(Industrialization)와 민주화(Democratization)의 역사를 토대로, 대내적으로는 '정의로운 국가'와 '행복한 복지사회'를 구현하기 위한 '질서정연한 민주주의 사회'(A well-ordered Democratic Society)를 건설하고 대외적으로는 강한 국가경쟁력을 바탕으로 인류사회의 보편적 가치(존엄성·자율성·창의성)를 추구하는 선도적 국가가 되어야 할 것이다.

사실, 한국은 세계사에 기록될 정도로 빠른 경제성장을 이뤘다. 1960년 1인당 GDP는 100달러에도 미치지 못했지만 1995년 1만 1,470달러를 기록하며 30여 년 만에 1만 달러를, 2007년에는 2만 달러를 각각 돌파했다. 2012년에 들어, 한국은 1인당 소득 2만 달러-인구 5,000만 명 이상 나라들을 일컫는 '20-50 클럽'에 세계 일곱 번째로 가입한 데 이어 한국의 국가신용등급이 일본의 그것을 추월하였고 세계 무역 8강 진입이라는 기념비적인 이정표를 세웠다.

그러나 현재 한국의 GDP는 10년 넘게 2만 5,000달러를 넘지 못하고 그 언저리에서 맴돌고 있다. 이 고비를 넘어서야 3만 달러 이상으로 올라갈 수 있다는데, 한국경제는 그 언덕에 멈춰 섰다. 여기까지가 과연 우리의 한계인가?

한국경제의 당면과제는 저(低)투자, 저(低)성장, 저(低)고용, 저(低)소비, 고(高)실업, 고(高)부채(중앙정부, 지방자치단체, 공공기관, 공기업, 사기업, 가계의 채무), 고(高)금융불안(주가 및 환율의 변동성 확대, 신용 경색, 자금난 심화, 대외신인도 하락 등)으로 집약적으로 나타낼 수 있다. 특히 고(高)금융불안은 '한국발(發) 금융위기', 즉 천문학적 가계부채 총액 1,468조 원(최근에 1,500조 원으로 급증)과, 기업부실(삼성전자 외의 다른 모든 상장기업들의 순이익이 급감)에 의한 '은행위기'와 한·미(韓·美) 간 금리 차이로 유발될 급격한 자본유출에 의한 '외환위기'의 발생 가능성을 잉태하고 있다. 여기에 한반도 안보위기는 외환위기를 격발할 수 있는 방아쇠이며, 이것은 다시 가계부채 및 기업부실 발(發) 은행위기를 유발할 수 있는 '불쏘시개'가 될 것이다.

게다가 한국경제는 '소규모 개방 경제'(Small Open Economy)이며, 자본자유화(Capital Liberalization)를 1997년 하반기 외환위기 이후 단행했었기 때문에 주요 경제변수들(특히 금리와 환율 등)이 세계 경제 동향에 따라 민감하게, 또한 즉각적으로 반응한다.

본 저서 「글로벌 금융 패러다임과 한국 금융산업 : 이론과 정책」은 전술한 다섯 가지 위기(① 역사적 위기, ② 정치적 위기, ③ 경제적 위기, ④ 사회문화적 위기, ⑤ 교육의 위기) 중에서 경제위기를, 특히 '금융위기'(Financial Crisis)와 관련된 국내·외 사회경제적 문제를 각각 다루었다. 금융위기(은행위기와 외환위기)는 경제위기의 한 부분집합이다. 다시 말하면, 경제위기는 금융부문에서만 야기되고 금융부문에서만 종결되는 것이 아니라 금융부문과 실물부문의 상호작용을 통하여 국가경제 전체에, 나아가 사회 전반에 각각 악영향을 파급시킨다.

한국경제의 위기는 국가경쟁력(특히 수출경쟁력)이 지속적 추락으로 압축적으로 정의할 수 있다. 구체적으로, 국가경쟁력은 24위, 금융산업경쟁력은 30위, 국제금융센터발전지수는 24위 등이다. 이러한 상황에서, 한국의 무역의존도가 높은 미국과 중국의 무역전쟁(관세전쟁 및 환율전쟁)이 점입가경(漸入佳境)으로 치닫고 있다. 이대로 한국경제의 본질적 문제에 대한 국가개혁을 방치한다면, 미·중(美·中)의 '고래 싸움'에서 가장 먼저 '등 터지는 새우'가 바로 한국일 것이다.

상기와 같은 '총체적 위기' 상황에서, 특히 미·중(美·中)의 무역전쟁(관세전쟁 및 환율전쟁) 하에서 한국이 선택해야 하고 할 수 있는 것은, 과거 역사에서나 현재에서, 오직 '혁신(특히 기술)주도 성장 전략'(Innovation-driven Growth)에 의한 자강(自强)뿐이다.

그러한 시도로서, 저자는 상기 경제적 당면과제에 대한 해법('신(新)기술 → 신(新)시장 → 소득 증대 → 소비 및 저축 증가 → 신(新)투자 → 고용 창출 → 복지 확충')으로서 제시한 두 가지 전략, 즉 ① 슘페테리안 테크노-경제발전 전략(Schumpeterian Techno-Economic Development Strategy ; Lim, Yang-Taek : 1996, 2000, 2006 ; 임양택 : 2007, 2011, 2013)과 ② 최적 경제성장과 사회보장 모형(Optimal Economic Growth and Social Security ; 임양택, 1981, 2007, 2011, 2012, 2014 ; Lim, Yang-Taek : 1978, 2000, 2010)을 제시한다.

상기한 해법을 뒷받침하기 위하여, 저자는 세계사적 배경(신(新)금융자본주의 및 신(新)자유주의 → 신(新)실용주의)과 철학적 사유 패러다임(특히 국가지도자의 국정경영철학 및 국가지도자의 리더십)을 보완적으로 논술함으로써 본 저서의 주제를 보다 심도있게 부각하려고 시도했다. 왜냐하면, 하나의 정책은 어떤 이론으로부터 구체화되는 것이며, 그 이론은 근본적으로 어떤 역사적 배경과 경세제민(經世濟民)의 철학으로부터 도출되어야 하기 때문이다. 이러한 추가적 논술은 마치 '한 송이 꽃'을 예쁜 '꽃바구니'에 담는 것과 같다. 그러한 시각에서, 저자는 역사적 배경과 경세제민(經世濟民)의 철학(哲學)에 바탕을 둔 본 저서 「글로벌 금융 패러다임과 한국 금융산업 : 이론과 정책」의 의의를 강조하고 싶다.

저자는 '세월호 참사'(2014. 4. 16) 당시에 칼럼 "세월호 참사로 본 한국사회에 대한 所懷"(데일리안, 2014. 4. 29)에서 한국사회의 총체적 위기를 지적하고 '우리를 슬프게 하는 것들'(Anton Schnack(1892~1973), Jugendlegende Begegnungen am Abend, 1941)을 개탄했었다. 그로부터 4년 후, 이제, 저자는 노산 이은상(李殷相) 선생의 시(詩)인 '고지가 바로 저긴데'를 음미하면서 필(筆)을 놓으려 한다.[37]

고난의 운명을 지고, 역사의 능선을 타고,
이 밤도 허위적거리며 가야만 하는 겨레가 있다.
고지가 바로 저긴데 예서 말 수는 없다.

---

37 노산 이은상(李殷相, 1903~1982) 선생은 1954년 그믐날 밤에 쓴 송년시로서 '고지가 바로 저긴데'를 썼다. 6·25 동란(1950년)으로 인해 민족의 고난을 의지와 투지로 극복하도록 다짐하고 있는 시조이다. 이은상 선생은 그의 글에서 '고지가 바로 저긴데'라는 시조를 다음과 같이 말했다. "우리는 수난(受難)하는 민족(民族)이다. 통일과 번영을 위해 싸우는 민족(民族)이다. 지금 이 밤에도 쉬지 않고 싸우는 것이다. 기어이 고지를 점령(占領)해야 한다. 우리가 말하는 고지는 자유(自由)와 평화(平和)와 승리(勝利)를 전취(戰取)할 수 있는 지점을 이름이다. 우리는 그 고지를 바라보며 달리는 것이다. 바로 그 고지가 우리 눈앞에 있다. 그러므로 여기서 우리들의 행진을 포기할 수 없다. 중단해서는 안 된다. 끝까지 그 고지를 점령해야 한다. 이것이 제 1연의 뜻이다. 그 당시 우리는 패배(敗北)의 쓴잔을 맛보았었다. 가는 곳마다 처참한 전쟁의 자취 뿐이요, 그 중에서도 서울은 완전히 폐허(廢墟)가 되었다. 그러나 우리에게는 남아 있는 것이 있었다. 깨뜨릴 수 없는 심장이었다. 여기서 말하는 심장은 나라 사랑하는 의기와 정열을 이름이다. 그것이 우리들에게 가장 소중한 보배인 것이다. 그것만 있으면 다시 살아날 것이기 때문이다. 그 심장을 안고 가자. 반드시 우리에게는 영광의 시대가 오고야 말 것이다. 우리는 내일을 향해서 간다. 이 유혈 속에서 통일과 번영의 내일을 만날 수 있을 것이다. 나는 굳이 그것을 노래하고 싶었다. 이것이 제2연의 뜻이다."

넘어지고 깨어지고라도 한 조각 심장만 남거들랑
부둥켜안고 가야만 하는 겨레가 있다.
새는 날 피 속에 웃는 모습 다시 한번 보고 싶다.

이것으로써, 저자는 1979년 미국에서부터 경제학 교수로서 학자의 길을 걸어온 지 만 40년의 장정(長程)을 마무리하는 셈인 본 저서의 집필에서 필(筆)을 놓는다.

"겨레에 복이 있으라."

참고
문헌
/

SK 경영경제연구소(2008), 「지주회사 관련 제도개선 방향과 과제」.

강종만(2010), "국내금융회사의 투자은행업무 발전방향", 주간 금융브리핑 19권 4호, 한국금융연구원.

경제·인문사회연구회(2006), 「인구구조 고령화의 경제·사회적 파급효과와 대응과제」, 협동연구 총서, 5. 1.

구본성(2008), 「국내 은행의 성장성과 국제화 방향」, 한국금융연구원, 8월.

국민연금관리공단(2013), 「2012 국민연금 기금운용 보고서 개정판」.

국민연금발전위원회(2003), "2003 국민연금 재정계산 및 제도개선방안", 6월.

국민연금연구원·자본시장연구원(2013), 「연금사회와 자산운용산업의 미래」.

국민연금재정추계위원회(2008), 「국민연금재정계산 국민연금 장기재정추계 및 운영개선방향」.

국제금융연구원(2009), "금융안정포럼의 금융시스템 강화 방안", 주간금융브리프 18권 15호, 4월.

권혁민(2008), 「금융산업 경쟁력 강화를 위한 금산분리 관련규제의 개혁방안」, 규제개혁시리즈 8, 전국경제인연합회, 10월.

금융감독원(2005), PEF 활성화 관련 가이드라인 마련, 보도자료, 7. 18.

금융감독원(2011a), 「사모투자전문회사 실무안내」.

금융감독원(2011b), 고령화 사회의 진전으로 인한 사적연금시장의 급성장, 보도자료, 3. 24.

금융감독원(2011c), PEF 제도도입 6년의 평가와 향후과제, 보도자료, 6. 7.

금융감독원(2013a), '12년 사모투자전문회사(PEF) 동향, 보도자료, 2. 1.

금융감독원(2013b), 개인연금 활성화 방안, 보도자료, 8. 6.

금융위원회(2012a), 헤지펀드 시장 동향 및 향후 정책방향, 보도자료, 7. 27.

금융위원회(2012b), 헤지펀드 도입 1년 평가 및 향후 정책방향, 보도자료, 12. 6.

금융위원회(2013), 사모투자전문회사(PEF) 옵션부 투자 모범규준 개정, 보도자료, 4. 11.

김경록(2015), "퇴직연금시장 구조변화와 자본시장의 역할", 금융투자.

김경수·노진호(2012), "단기 금융시장 활성화 방안", 하나금융경영연구소, 9월.

김병덕·함준호(2010), 「글로벌 금융위기 이후의 금융회사의 건전성 감독 논의와 전망」, 한국금융연구원, 7월.

김석진(2014), "금융에 관한 철학적 소고", 金融硏究(Journal of Money&Finance) Vol. 28 No. 4.

김성곤·김은지·김윤옥(2013), "주요국의 창조경제 추진사례와 시사점", KIEP 오늘의 세계경제, Vol. 13,

No. 15, 대외경제정책연구원, 7. 22.

김성숙(2011), "OECD 주요국의 공적연금제도와 개혁동향", 국민연금연구원.

김수완(2004), "영국의 공적연금 개혁-복지국가의 전략적 선택과 평가", 「한국사회정책」, Vol.11, No.1, 한국사회정책학회.

김수완·김순옥·안상훈(2005), 『다층노후 소득 보상 체계 구축 연구』, 국민연금관리공단, 국민연금연구원.

김순옥(2005), "장래인구의 국민연금 재정", 『국민연금』, 국민연금연구원.

김완중(2012), "CD금리 논쟁과 단기지표금리 육성", 하나금융경영연구소, 9월.

김용기(2009), "금융 패러다임의 변화, 과거 10년과 미래 10년", SERI 경제포커스 제243호, 삼성경제연구소, 5. 19.

김용하(2005), "국민연금의 포괄적 개혁방안", 「응용경제」, 제7권, 제2호.

김재칠·김종민(2011), 「한국형 헤지펀드의 미래와 영향」, 자본시장연구원 이슈 페이퍼 11-06.

김재칠·장지혜(2013), 「자산운용업의 경영현황 분석과 자생력 확보 방향」, 자본시장연구원 조사보고서 13-01.

김종년(1999), "금융산업의 5대 트렌드와 과제", CEO Information 224호, 삼성경제연구소, 12. 15.

김종민(2012a), "UCTIS IV의 주요 특징과 시사점", 자본시장연구원 「유럽 금융시장 포커스」 2012년 가을호.

김종민(2012b), "2008년 이후 국내 자산운용회사 주식운용의 특징과 시사점", 자본시장연구원 「자본시장 Weekly」 2012-28.

김종민(2013a), 도입 이후 국내 헤지펀드 성과의 주요 특징과 시사점, 자본시장연구원 「자본시장 Weekly」 2013-07.

김종민(2013b), 아시아 펀드패스포트(ARFP)에 대한 논의와 시사점, 자본시장 연구원 이슈와 정책.

김종민(2013c), 펀드패스포트에 대한 국제적인 논의와 시사점, 자본시장연구원 「자본시장 Weekly」 2013-32.

김종민·송홍선(2012), 「국내 주식형펀드의 투자효율성과 규모효과에 대한 연구」, 자본시장연구원 연구보고서 12-03.

김진웅(2009), "금융불안이 산업별 생산에 미치는 영향과 시사점", KIET산업경제, 산업연구원, 12월.

김진웅·노영진(2009), "금융불안과 실물경제의 관계분석과 시사점", e-KIET 산업경제정보 제436호 (2009-11), 산업연구원, 5월.

김태정(2011), "인구 고령화의 파급영향 및 대응방향: 노동공급 및 연금제도를 중심으로", 「경제학 연구」, Vol.59, No.2, pp. 5~39.

김한수(2010), "글로벌 금융위기 이후 아시아 금융협력의 미래", 「자본시장 Weekly」 2010-16호, 자본시장연구원.

김훈·유종민(2008), "금융지주회사의 도입효과 분석과 발전방향", Monthly Bulletin, 한국은행, 9월.

노희진(2009), "국제 금융위기 이후 자본시장의 발전 방안", 「자본시장 Weekly」 2009-27호, 자본시장연구원.

박기환(2009), "금융위기 재발방지를 위한 규제와 감독의 방향", 한국경제연구원 경제이슈논평, 2. 4.

박덕배(2008), "신용파생상품시장의 명암과 과제", 금융빅뱅 인사이트 08-03, 현대경제연구원.

박성민·신경혜·박무환·한정림(2012), 「국민연금중기재정전망(2013-2017)」, 국민연금연구원 연차보고서 2012-03.

박영곤·윤석명(2007), 「서유럽 주요국들의 연금제도 분석 및 시사점」, 대외경제정책연구원.

박용린·천창민·안유미(2012), 「해외 선진 PEF의 운영현황과 시사점-바이아웃(buyout)을 중심으로」, 자본시장연구원, 조사보고서 12-03.

박창균(2005), "고령화와 금융부문 정책과제", 「인구고령화와 재정·금융대책」, 경제 사회연구회 소관 연구기관 고령화대비 협동 연구 시리즈, 05-10-05, 한국개발연구원.

박태준(2009), "금융 규제 개혁에 합의한 G20 정상회담", 자본시장 Weekly 2009-38호, 자본시장연구원, 18권 15호, 4월.

박현수(2009), "금융위기 이후 글로벌 금융산업 재편 전망", CEO Information 제724호, 삼성경제연구소, 9. 30.

박현수(2010), "글로벌 금융시장의 경쟁구도 변화", SERI 경제포커스 제311호, 삼성경제연구소, 10. 5.

박현수(2010), "금융위기 이후의 글로벌 금융 규제", Issue Paper, 삼성경제연구소.

방하남·김원식·김호경·이호경·신기철(2001), "기업연금제도 도입방안", 「연구보고서 2001-06」, 한국노동연구원.

빈기범·강원철(2009), "외환시장과 외화자금시장의 구분 및 KRX 통화시장 역할의 중요성", Issue Paper 09-03. 자본시장연구원.

송홍선·공경신(2008), 「선진 자산운용회사의 경영전략과 시사점」, 자본시장연구원 조사보고서 08-03.

시장경제연구원(2012), 「국민연금기금이 국민경제 및 자본시장에 미치는 영향에 따른 장기기금운용방향」.

신석하(2006), 『경제위기 이후 고용상황과 기술변화』, 한국개발연구원, 연구보고서 2006-7.

신용상·오완근(2004), 금융발전 및 성장기회가 산업성장에 미치는 영향, 한국금융연구원, 6월.

유정석(2008), "신용파생금융상품 시장의 급성장 배경과 시사점", SERI 경제 포커스 제215호.

윤석명·김원식·박상현(1999), "공적연금과 사적연금의 균형적 발전방안", 「연구 보고서 99-09」.

윤석명·이정우·김대철(2003), 「고령시대를 대비한 소득보장체계 구축방안」, 국민연금관리공단, 국민연금연구원.

윤석명·주은선(2000), "공적연금 유형의 국제비교 : 주요국 이원연금체계를 중심으로", 「연구보고서 2000-07」, 국민연금연구센터.

이규복(2010), "글로벌 금융위기와 외환위기와의 정책대응 차이 평가 및 시사점", 주간 금융브리프 19권 2호, 한국금융연구원.

이대기(2008), "국제금융체제 개편에 관한 최근 논의와 전망", 주간 금융브리프 17권 43호, 한국금융연구.

이성남(2010. 4), "반복되는 외환시장 혼란의 원인과 개선 방안", 『정책사료집』.

이호(2012), "국내 주요 은행들의 해외 진출 현황 및 시사점", 금융내비게이터, 금융의 창을 열다, 우리금융지주 글로벌전략부.

임양택(1981), "最適經濟成長과 社會保障", 韓國 國際經濟學會, 1981. 2.

임양택(1988), 「거시경제학」, 법문사.

임양택(1988), 「기술혁신의 산업조직적 특성에 관한 연구 : 우리나라 기계공업부문을 중심으로」, 한국경제연구원, 연구총서 No. 48.

임양택(1988), 「기업의 기술확산에 관한 연구 : 우리나라 기계공업부문을 중심으로」, 한국경제연구원, 연구총서 No. 49.

임양택(1995), 「비전없는 국민은 망한다 : 21세기 통일한국을 위한 청사진」, 매일경제신문사.

임양택(2001), 「기술경제학개론」(박우희 외 공저), 서울대학교 출판부.

임양택(2007), 「한국의 비전과 국가경영전략」, 나남출판사.

임양택(2008), "'新실용주의' 철학의 논리 구조에 관한 연구-동·서양 철학을 중심으로", 「경제연구」, 제29권 제2호, 한양대학교 경제연구소.

임양택(2011), 「퀴바디스 도미네 : 성장·복지·통일을 위한 청사진」, 나남출판사.

임양택(2011a), "최적 의료자원 배분 모형과 국민건강보험의 재정 안정화에 관한 연구", 사회정책연합학술대회, 한국사회보장학회, 9. 23.

임양택(2011b), "장기 균형성장과 최적 사회보장의 동태적 특성에 관한 연구", 사회정책연합학술대회, 한국사회보장학회, 9. 24.

임양택(2011c), 「한국형 복지사회를 위한 청사진」, 한양대학교 출판부, 11월.

임양택(2012), 「퀴바디스 도미네 : 성장·복지·통일을 위한 청사진」, 나남출판사.

임양택(2013a), 「글로벌 경제와 한반도 위기 : 한국의 비전 및 전략」, 나남출판사.

임양택(2013b), 「글로벌 금융 패러다임의 변화와 한국 금융산업의 발전방향」, 아시아평화경제연구원, 연구총서 NO. 8, Summer 2013.

임양택(2014a), 「최적 사회보장과 창조경제를 위한 국민연금기금의 자산운용전략」, 아시아평화경제연구원, 연구보고서, 2014-01.

임양택(2014b), 〈아버지를 말한다 : 비운의 정치가, 국회의원 임갑수〉, 나남출판사.

임양택(2017a), "'글로벌 경제철학'을 위한 동·서양 철학의 비교분석", 국제지역학회, 2017년 동계학술대회, 경기대학교 강당, 12월 8일.

임양택(2017b), "새로운 패러다임 하에서 경세제민을 위한 신(新)실용주의 : 철학과 정책", 한국국제경제학회 2017년 동계학술대회, 고려대학교 경영관, 12월 15일.

임양택(2018), "동아시아의 평화 정착과 경제발전을 위한 신(新)실용주의의 접근방향", 한국경제학회, 2018년 경제학 공동학술대회, 2월 5일.

임형석(2010), "금리정책이 금융기관의 위험추구 행태에 미치는 영향과 시사점", 주간금융브리프, 제19권 3호.

자본시장연구원(2013), 「연금사회와 자산운영산업의 미래」.

장지혜(2014), "최근 퇴직연금의 제도 개선 방향과 시사점", 자본시장 Weekly 2014-27호.

전국경제인연합회(2004), 대규모 기업집단의 차별규제 현황과 개선방향.

정경배(2004), 「국민연금 기금의 운용방향과 관리체계」, 한국재정, 공공경제학회, 국민연금센터, 국민연금 제도 개선 정책토론회.

정대석(2010), "한국 외환시장과 주식시장의 불안정성 비교", SERI 경제포커스 제301호, 삼성경제연구소, 7. 13.

정영식 외(2010), "금융불안지수로 본 한국금융", CEO Information 제761호, 삼성경제연구소.

정윤미(2010), "은행의 CIB 겸업에 대한 국제 논의 및 국내 은행의 향후 진로", 조사연구 Review 29권, pp. 1~43.

최병호(2002), "사회보험정책의 평가와 향후 발전방향 : 국민건강보험과 국민연금을 중심으로", 『보건복지 포럼』, 12월호, 한국보건사회연구원.

최성민(2013), "개인형 퇴직연금(IRP) 도입과 퇴직연금시장의 변화", 하나퇴직연금 BRIEF, NO. 58.

함준호·김병덕(2009), "금융 규제 감독 체계의 개선방향", 한국금융학회 금융정책 심포지엄, 5. 29.

황종률(2009), 「글로벌 금융위기와 한국의 잠재성장률」, 경제현안분석 제47호, 국회예산정책처, 12월.

Altunbal, Y., Gambacorta, L., & Marques-Ibanez, D.(2009), An Empirical Assessment of the Risk-Taking Channel, Monetary Policy and Financial Stability, September 10~11, Basel : Switzerland.

Altunbas, Y. P. Molyneux and J. Thornton(1997), "Big Bank Mergers in Europe : An Analysis of The Cost Implications", Economica 64, pp. 317~329.

Barry Eichengreen and Douglas A. Irwin(2010), "The Slide to Protectionism in the Great Depression : Who Succumbed and Why?", Journal of Economic History, Vol. 70.

Berger, A. N., Akhavein J. D., and David B. Humphrey(1997), "The Effects of Megamergers on

Efficiency and Prices : Evidence from a Bank Profit Function", Review of Industrial Organization, Vol. 12, pp. 95~139.

Borio, C.(2009), Implementing the Macroprudential Approach to Financial Regulation and Supervision, Financial Stability Review, Vol. 13, pp. 31~41.

Demsetz, R. S. and P. E. Strahan(1997), "Diversification, Size, and Risk at Bank Holding Companies", Journal of Money, Credit, and Banking, Vol. 29, pp. 300~313.

Diamond, D. W & Rajan, R. G.(2009), Illiquidity and Interest Rate Policy(Working Paper Series, No. 15197), NBER.

Dymski, G.(2002), "The Global Bank Merger Wave : Implications for Developing Countries", The Developing Economics 40-4, pp. 435~466.

Feldstein, M. S.(1975), "Toward a Reform of Social Security", The Public Interest, Vol. 40, Summer.

Fisman, R. and I. Love(2003), "Financial Dependence and Growth Revisited", NBER Working Paper 9582.

Gambacorta, L.(2009), Monetary Policy and the Risk-Taking Channel, BIS Quarterly Review, December, pp. 43~53.

Khorana, A., Servaes H., Tufano P.(2005), Explaining the size of the mutual fund industry around the world, Journal of Financial Economics, 78, 145-185.

Kohn, D. L.(2006), "The Evolving Nature of the Financial System : Financial Crises and the Role of the Central Bank."

Lim, Yang-Taek(1978), Optimal Economic Growth and Social Security, Ph.D. Dissertation, Department of Economics, Georgia State University.

Lim, Yang-Taek(1996), "An International Comparative Study of Basic Scientific Research Capacity : OECD Countries, Taiwan and Korea", Technological Forecasting and Social Change, Vol. 52, No. 1, May.

Lim, Yang-Taek(1996), "Korea's Liberalization Policy Directives amid Weakening Competitiveness", Journal of Asian Economics, Vol. 7, No. 4, Winter 1996.

Lim, Yang-Taek(1998), "The Role of Korea in the Asian Pacific Economic Cooperation", in M. Dutta, ed., Research in Asian Economic Studies, Vol. 8, London&England, JAI Press Inc.

Lim, Yang-Taek(2000a), "A Historical Perspective on the Korean Economic Development", Current Politics and Economics of Asia, New York : NOVA Science Publishers, Inc., Vol. 9, No. 3.

Lim, Yang-Taek(2000b), *Korea in the 21st Century*, New York : NOVA Science Publishers. Inc.

Lim, Yang-Taek(2006), "A New Techno-Economic Development Model : The Case of South Korea", In George E. Lasker&Kensei Hiwaki, ed., Sustainable Development and Global Community Vol. VII, Niagara Falls : Coutts Library Services, Ltd., 2006, pp. 19~33.

Lim, Yang-Taek(2007), "Optimal Economic Growth and Human Capital : Some Implications for the Korean Education System", 2007 IIAS Symposium.

Lim, Yang-Taek(2010), "Neopragmatic Solutions to the Structural Problem of South Korean Peninsula and East Asian Community", International Journal of Asian Economic, Vol.1, No.1.

Lim, Yang-Taek(2011), "Optimal Social Security for Intertemporal Resource Allocation", International Journal of Asian Economics, Vol.2, pp. 100~270.

Lim, Yang-Taek(2012a), "A Philosophical Foundation for Neopragmatism", *The Journal of Global Issues and Solutions*, November/December.

Lim, Yang-Taek(2012b), Neopragmatism as an Alternative for New Liberalism, The Institue of Business and Economic Research Inha University.

Lim, Yang-Taek(2014), A New Philosophy, 'Neopragmatism' for Korea Reform, The Journal of Global Issues and Solutions : Published by the Bibliotheque : World Wide Society.

Markowitz, H.(1952), "Portfolio Selection", Journal of Finance, Vol.7, pp. 77~91.

Pigou, A. C.(1952), The Economics of Welfare, 4th edition, London : MacMillan Publishing Company.

Rajan, R. G. and L. Zingales(1998), "Financial Dependence and Growth", American Economic Review, Vol. 88(3), pp. 559~586.

Reinhart, C. M., and Kenneth S. Rogoff(2008), "Is the 2007 U.S. Subprime Crisis So Different? An International Historical Comparison", American Economic Review, Vol. 98, pp. 339~344.

Samuelson, P. A.(1975a), "The Optimum Growth Rate for Population", International Economic Review, Vol. 16, October, pp. 531~538.

Samuelson, P. A.(1975b), "Optimum Social Security in a Life-Cycle Growt Model", International Economic Review, Vol. 25, October, pp. 539~544.

Schumpeter, Joseph A.(1933), Business Cycles : A Theoretical Historical and Statistical Analysis of the Capitalist Process, Vol.2, New York : McGrew Hill.

Schumpeter, Joseph A.(1942), Capitalism, Socialism and Democracy, New York : Harper&Row, Harper Colophon, ed.

Sharpe, W. F.(1963), "A Simplified Model for Portfolio Analysis", Management Science, Vol. 9, pp. 277~293.

Shaw, Edward S.(1955), Financial Aspects of Economic Development, The American Economic Review, XLV(4), pp. 515-538.

Shleifer, A. & Vishny, R.(1997), The Limits for Arbitrage, Journal of Finance, Vol.52, pp. 35~55.

Tarullo, D. K.(2009), Financial Regulation : Past and Future, Speech at the Money Marketeers of New York University, November 9, New York : New York.

The Financial Crisis Inquiry Commission(2011), "The Financial Crisis Inquiry Commission Report : Final Report of the National Commission on the Causes of the Financial and Economic Crisis in the United States."

UNCTAD(2010), Creative Economy Report 2010.

Vander Vennet, R.(1998), "Causes and Consequences of EU Bank Mergers", The Changing European Landscape, Center for Economic Policy Research, pp. 45~61.

【 임양택 칼럼 】

임양택(1999), "남-북 경제특구 설치 서둘러야", 매일경제, 4. 21.

임양택(1999), "외환보유고 더 늘려야", 한국경제신문, 2. 8.

임양택(2007), "결국은 교육이 경쟁력이다", 데일리안, 10. 25.

임양택(2007), "시론 : -7% 성장률 달성의 조건", 한국경제신문, 3. 18.

임양택(2007), "지도자 잘못 선택하면 잃어버린 30년 까지 갈 수 있다", 데일리안, 12. 18.

임양택(2007), "청년이 바로서야 국가가 바로 선다", 데일리안, 10. 31.

임양택(2008), "국가경영전략 담은 비전을 제시하라", 데일리안, 9. 5.

임양택(2008), "기술에 눈 떠야 산은이 산다", 한국경제신문, 7. 29.

임양택(2008), "남한내 남북한 경제특구 만들자", 데일리안, 1. 11.

임양택(2008), "청의 고신책략과 한국의 4강외교", 조선일보, 10. 8.

임양택(2008), "헤지펀드", 조선일보, 10. 29.

임양택(2008), 연재 : "위기의 한국경제 : 금융내란의 발생 가능성과 긴급 대책", 데일리안, 7. 11~15.

임양택(2008), 연재 : "한국의 비전과 국가경영전략", 데일리안, 2. 8~19.

임양택(2008), 한국산업은행의 역할 재정립, 한국경제신문, 7. 29.

임양택(2009), "2010년 국내외 경제 전망", 데일리안, 12. 13.

임양택(2009), "글로벌 경제위기의 파급과 한국의 선택", 데일리안, 6. 6.

임양택(2009), "신자유주의인가? 혹은 신(新)실용주의인가?", 데일리안, 11. 21.

임양택(2009), "한국-중국이 간도 개발로 '북 식량난' 해결해야, 데일리안, 12. 16.

임양택(2009), "한민족의 '근·현대사적 비극'", 데일리안, 12. 4.

임양택(2009), "한민족의 '근·현대사적 비극", 데일리안, 12. 4.

임양택(2010), "동아시아 공동체의 구현을 위한 제언", 데일리안, 1. 8.

임양택(2011), "글로벌 경제위기와 한국경제의 딜레마", 데일리안, 8. 13.

임양택(2011), "기획 특집 : 한국인에게 고함〈1〉 피히테 총장의 「독일국민에게 고함」과 단재 신채호 선생의 「대한의 희망」 및 도산 안창호 선생의 「한국개조론」", 데일리안, 8. 29.

임양택(2011), "기획 특집 : 한국인에게 고함〈2〉 글로벌 경제위기와 한반도 위기", 데일리안, 8. 30.

임양택(2011), "기획 특집 : 한국인에게 고함〈3〉 한국의 국가적 당면과제와 해결방향", 데일리안, 8. 31.

임양택(2011), "기획 특집 : 한국인에게 고함〈4〉 한국사회의 보수(우익)와 진보(좌익)의 대립", 데일리안, 9. 1.

임양택(2011), "기획 특집 : 한국인에게 고함〈5〉 신(新)실용주의의 제창", 데일리안, 9. 4.

임양택(2011), "기획 특집 : 한국인에게 고함〈6〉 '한국형 복지사회'의 모색", 데일리안, 9. 9.

임양택(2011), "최상의 복지는 '고용'이다", 한국경제신문, 10. 7.

임양택(2012), "한국 대선의 이념논쟁과 시대적 과제 : 보수·진보가 아니라 비전이 문제다!", 월간 조선, 7월.

임양택(2016), "'100만 시민의 촛불'은 '국가시스템 개조'로 승화되어야", 경인일보 〈경제전망대〉, 11. 24.

임양택(2016), "가계부채 급증과 부동산경기 활성화는 亡國의 첩경", 경인일보 〈경제전망대〉, 10. 27.

임양택(2016), "한국사회의 개혁을 위한 국가지도자의 리더십", 경인일보 〈경제전망대〉, 12. 22.

임양택(2017), [특별기고] 도널드 트럼프 대통령에게 바란다, 경인일보 〈경제전망대〉, 1. 19.

임양택(2017), [특별기고] 주한미군 주둔과 한반도 평화를 위한 '큰 사고', 경인일보 〈경제전망대〉, 2. 2.

임양택(2017), "고용 창출을 위한 합리적 정책방안과 선진국의 사례", 경인일보 〈경제전망대〉, 6. 29.

임양택(2017), "국내·외 경제동향과 한국의 탈(脫) 경제위기 방안", 경인일보 〈경제전망대〉, 1. 5.

임양택(2017), "문재인 대통령의 역사적 소명은 '노동개혁' 추진이다", 경인일보 〈경제전망대〉, 10. 26.

임양택(2017), "문재인 정부의 '고용' 대책에 대한 비판과 대안", 경인일보 〈경제전망대〉, 6. 1.

임양택(2017), "문재인 정부의 '소득(임금)주도 성장론'에 대한 평가와 보완", 경인일보 〈경제전망대〉, 9. 21.

임양택(2017), "文정부 '갈등관리 컨트롤타워'로 '고비용 사회경제구조' 혁파하라", 경인일보 〈경제전망대〉, 11. 23.

임양택(2017), "재정 건전성을 위한 경제성장과 복지정책의 최적화 방향", 경인일보 〈경제전망대〉, 12. 21.

임양택(2017), "제4차 산업혁명의 명암과 대응", 경인일보 ⟨경제전망대⟩, 7. 27.

임양택(2017), "중국의 통상 압력에 대한 대응", 경인일보 ⟨경제전망대⟩, 4. 6.

임양택(2017), "트럼프 대통령의 한·미 FTA 재협상 발언에 대한 반론", 경인일보 ⟨경제전망대⟩, 5. 4.

임양택(2017), "한·중 경제관계 현황과 금융협력의 추진 방향", 경인일보 ⟨경제전망대⟩, 8. 24.

임양택(2017), "한국 경제성장률의 하락과 그 요인", 경인일보 ⟨경제전망대⟩, 2. 23.

임양택(2017), "한국경제 불황 탈출구는 부품·소재산업과 R&D 효율성", 경인일보 ⟨경제전망대⟩, 3. 9.

임양택(2018), "약 1천조 단기부동자금, 금융상품 개발 투자로 연결을", 경인일보 ⟨경제전망대⟩, 1. 18.

【 웹사이트 】

IMP ⟨www.imf.org⟩

World Bank ⟨http://data.worldbank.org⟩

국민연금 ⟨www.nps.or.kr⟩

금융감독원 ⟨www.fss.or.kr⟩

금융투자협회 ⟨www.kofia.or.kr⟩

보건복지부 ⟨www.mw.go.kr⟩

통계청 ⟨www.kostat.go.kr⟩

한국은행 ⟨www.bok.or.kr⟩

글로벌 금융 패러다임과 한국 금융산업 : 이론과 정책

펴낸날 2018년 9월 30일 초판 1쇄

지은이 임양택 ● **펴낸이** 이영무 ● **펴낸곳** 한양대학교출판부

주소 서울 성동구 왕십리로 222 ● **전화** 02.2220.1432-4 ● **팩스** 02.2220.1435

홈페이지 press.hanyang.ac.kr ● **이메일** presshy@hanyang.ac.kr

출판등록 제4-7호(1972.2.29) ● **편집** 오은애 ● **인쇄** 현문

ISBN 978.89.7218.601.4 (93320)